2004

中国电力年鉴

《中国电力年鉴》编辑委员会

中国电力出版社

本年鉴荣获中央级年鉴评比一等奖

图书在版编目（CIP）数据

2004中国电力年鉴／《中国电力年鉴》编辑委员会编．北京：中国电力出版社，2004
ISBN 7-5083-2601-6

Ⅰ.2...　Ⅱ.中...　Ⅲ.电力工业—中国—2004—年鉴　Ⅳ.F426.61-54

中国版本图书馆CIP数据核字（2004）第095540号

中国电力出版社出版、发行
（北京三里河路6号　100044　http：//www.cepp.com.cn）
北京市铁成印刷厂印刷
各地新华书店经售
*
2004年12月第一版　2004年12月北京第一次印刷
787毫米×1092毫米　16开本　48.5印张　1672千字　36插页
印数0001—3700册　定价180.00元

1．2003年2月1日，中共中央总书记胡锦涛到北京供电公司看望和慰问电力职工，并向全国电力系统职工拜年。

2.2003年11月17日，中共中央政治局常委、全国人大常委会委员长吴邦国视察了中电国际淮南平圩发电有限责任公司。

（中国电力投资集团公司　供稿）

3.2003年10月26日，国务院总理温家宝视察武警水电部队承建的三峡永久船闸工程，亲切接见水电部队官兵。

（廖德真 摄影）

4.2003年12月12日，国家副主席曾庆红视察中国华电四川广安发电有限公司。

（中国华电集团公司　供稿）

5.2003年9月15日，中共中央政治局常委、中纪委书记吴官正视察龙羊峡水电站，并亲切接见了水电站职工代表。

（中国电力投资集团公司　供稿）

6.2003年5月13日，中共中央政治局常委李长春视察武警水电部队承建的三峡永久船闸工程。

（廖德真　摄影）

7.2003年8月21日，国务院副总理曾培炎视察云南宝峰变电站。

（云南省电力公司　供稿）

8.2003年9月16~17日，国家电网公司在杭州召开“美加大停电”事故分析座谈会，图为李鹏同志和国家电网公司总经理赵希正在座谈会上。

（浙江省电力公司　供稿）

9.2003年4月10日，中国电力企业联合会在西安召开第三届理事会第四次会议。

(中国电力企业联合会　供稿)

10.2003年9月8日,2003中国电力论坛在上海召开。

(中国电力企业联合会　供稿)

11.2003年2月22~24日,由中国电力企业联合会主办的2003年经济形势与企业改革分析预测会在北京举行。

(中国电力企业联合会　供稿)

12.2003年7月21日，2003年电力可靠性指标发布会在北京隆重召开。

（中国电力企业联合会　供稿）

13.2003年1月20日，中国电力企业联合会在北京召开“2003年电力行业统计会议”。

（中国电力企业联合会　供稿）

14.2003年11月5日，华中电网有限公司举行成立大会，在主席台上就坐的有国家电网公司及湖北、河南、湖南、江西、四川和重庆等省（市）的有关领导。

（华中电网公司　供稿）

15.2003年2月25～26日，中国电力投资集团公司在辽宁清河发电厂召开了2003年工作会议。中央政治局常委、国务院副总理吴邦国，国家电力监管委员会分别为会议发来贺信。

（中国电力投资集团公司　供稿）

16.2003年1月22～23日，中国国电集团公司在北京召开了2003年工作会议。

（中国国电集团公司　供稿）

17.2003年12月5日，中国电力投资集团公司在北京人民大会堂举行了新闻发布会。自12月8日起将向社会公开发行30亿元企业债券。

（中国电力投资集团公司　供稿）

18. 2003年9月23日，中国电力投资集团公司与平顶山煤业（集团）有限责任公司在郑州签署了《战略合作框架协议书》。集团公司总经理王炳华、副总经理张晓鲁、河南省副省长史济春出席签字仪式。

（中国电力投资集团公司　供稿）

19. 2003年3月10～13日，中国华电集团公司先后同国家开发银行、中国建设银行和中国工商银行签定《战略合作协议》。

（中国华电集团公司　供稿）

20. 2003年1月9日，中国华电集团公司总经理贺恭一行到山东与山东省政府商讨全面合作事宜，并举行合作意向书签字仪式。

（中国华电集团公司　供稿）

21. 2003年6月10日，中国电力投资集团公司总经理王炳华、中国华能集团公司总经理李小鹏、淮南矿业（集团）有限责任公司董事长王源在北京签署了《联合开发建设淮南煤电基地合作意向书》，标志着安徽淮南煤电基地建设正式拉开了序幕。

（中国电力投资集团公司　供稿）

22. 2003年3月14日，王炳华总经理，丁中智、张晓鲁副总经理会见山东省韩寓群省长一行，双方重点讨论了开发山东海阳核电项目事宜，并正式签署了合作协议。

（中国电力投资集团公司　供稿）

23. 2003年5月21日，中国国电集团公司总经理周大兵、副总经理李庆奎参加了在北京国宾饭店举行的中国国电集团公司与国家开发银行、中国建设银行合作协议的签字仪式。

（中国国电集团公司　供稿）

24. 2003年8月5日，中国国电集团公司总经理周大兵与中国华能集团公司总经理李小鹏在北京签署友好协商备忘录，两大发电集团携手共谋发展。

（中国国电集团公司　供稿）

25. 2003年4月1～2日，中国大唐集团公司在北京召开发展战略研讨会。

（中国大唐集团公司　供稿）

26. 2003年11月18日，中国大唐集团公司与江苏省电力公司就发电企业资产财务及劳资保险划转移交在南京举行签字仪式。

（中国大唐集团公司　供稿）

各级领导到基层视察和指导工作

27.2003年5月15日，国务院国有资产监督管理委员会主任李荣融到中国大唐集团公司调研。

（中国大唐集团公司　供稿）

28.2003年11月2日，国家电力监管委员会主席柴松岳视察云南电网。

(云南省电力公司　供稿)

29.2003年4月18日，国家电网公司总经理赵希正一行到三峡龙泉换流站检查工作。

(华中电网公司　供稿)

30．2003 年1 月，国家电网公司副总经理刘振亚一行到陕西银河集团公司视察指导工作。

（王朝旭　摄）

31．2003 年6 月26 日，中国南方电网有限责任公司总经理袁懋振在沙塘500kV 变电站检查工作时，高兴地为该站留言勉励“希望在国电公司青年文明号的基础上再接再厉，更上一层楼，争创全国青年文明号，为西电东送，为南方电网争光。”

（黄启辉　摄）

32.2003年8月28~30日，北京市人大常委会组织全国人大北京团代表视察北京大唐张家口发电厂。中国大唐集团公司总经理翟若愚作为全国人大北京团代表也参加了视察。

(中国大唐集团公司　供稿)

33.2003年12月22日，中国华电集团总经理贺恭一行到石家庄热电厂检查指导工作。

(河北省电力公司　供稿)

34.2003年7月23日，中国国电集团公司总经理周大兵视察国电石嘴山发电厂。

(中国国电集团公司　供稿)

35. 2003年2月19日，浙江省省委书记习近平、副省长王永明视察嘉兴发电厂二期工地。

36. 2003年5月20日，湖北省省长罗清泉视察华润赛德发电有限公司蒲圻电厂建设工地。

（肖辉　摄）

37.2003年9月30日，湖北省电力公司总经理王远璋一行深入发电、输电、供电和调度单位，慰问生产一线职工，确保节日安全生产供电。

（杨亚西 摄）

38.2003年7月19日，江西省省委书记孟建柱等一行来到南昌供电公司，慰问冒着烈日酷暑工作的供电抢修班职工。

（向建中 摄）

39.2003年除夕，陕西省省委书记李建国、省长贾治邦在西安高压供电局视察和慰问节日上班的电力职工。

（王朝旭 摄）

40. 2003年4月16日，由河北省电建公司承建的保定热电技改工程9号机组正式移交生产。

（河北省电力公司　供稿）

41．西柏坡发电厂认真坚持“安全第一”方针，加强科学管理，从而保证了2003年各个机组的安全、经济、稳定运行。

（河北省电力公司　供稿）

42.2003年10月26日，耒阳电厂二期扩建工程3号机组(30万kW)并网成功。

(中国大唐集团公司　供稿)

43.2003年8月12日，“西电东送”北通道骨干工程——内蒙古大唐托克托工程一期2台60万kW机组全部投产。

(中国大唐集团公司　供稿)

44.2003年8月29日，湖南华银株洲电厂二期技改3号机组(30万kW)完成168h试运行，正式投产。

(中国大唐集团公司　供稿)

45.2003年10月10日，长春第二热电有限责任公司二期工程正式开工建设。

(中国大唐集团公司　供稿)

46. 建设中的华能沁北电厂，电厂规划装机容量6 × 60万kW，一期工程安装2 × 60万kW超临界火电机组，是国家计委确定的首批超临界国产化依托项目。

（中国华能集团公司　供稿）

47. 2003年8月12～13日，山西漳泽电力河津发电厂分别被国家电网公司和国家环保总局命名为“一流火力发电企业”和授予“国家环境保护百佳工程”称号。

（中国电力投资集团公司　供稿）

48．2003年12月18日，武汉华能发电有限公司（阳逻电厂）举行三期工程奠基仪式。

（武汉华能发电有限公司　供稿）

49．2003年12月26日，国电荆门热电厂二期2×600MW工程奠基仪式在荆门举行，刘彭龄副总经理出席仪式。

（中国国电集团公司　供稿）

水力发电

50.2003年6月16日，武警水电部队承建的三峡水利枢纽双线五级船闸试通航成功。

(廖德真　摄)

51.三峡大坝泄洪。

(亚西　马力 摄)

“西电东送”工程

52. 公伯峡水电站施工夜景。　　　　(丁海生　摄)

53.2003年6月26日，大唐汉江喜河水电站举行开工典礼。

（中国大唐集团公司　供稿）

54.2003年11月8日，“西电东送”标志性工程乌江构皮滩水电站开工典礼。　（中国华电集团公司　供稿）

55.2003年9月7日，国家“十五”重点工程三板溪水电站截流成功。中国电力投资集团公司副总经理石成梁、贵州省副省长包克辛、湖南省副省长徐宪平，以及两省政府有关部门的领导出席了大江截流仪式。（中国电力投资集团公司　供稿）

56. 2003年11月6日，我国在建的第二大水电站、“西电东送”标志性工程——龙滩水电站成功实现大江截流。

（中国大唐集团公司　供稿）

57. 湖北黄龙滩电厂扩建工地，图为2003年夏季工人们正在进行厂房基础施工。

(杨西亚　摄)

58. 中国安能建设总公司参建的“西电东送”标志性工程——贵州洪家渡水电站大坝填筑现场(2003年8月17日拍摄)。

(梁逵　摄)

59. 2003年12月6日，张河湾抽水蓄能电站举行开工典礼。　(河北省电力公司　供稿)

核电及新能源发电

61．贺兰山风力发电场当年开工当年发电，宁夏风力发电实现零的突破。图为2003年8月开工典礼现场。

（宁夏电力公司　供稿）

60．2003年1月8日，岭澳核电站一期工程2号机组建成并投入运行，至此，岭澳核电站一期工程两台机组全部建成投产。

（中国广东核电集团有限公司　供稿）

62. 2003年6月26日，云电送粤500kV“三变五线”工程投产庆功典礼。（云南省电力公司　供稿）

63.2003年6月26日晚，柳州沙塘500kV变电站贵州至广东交流500kV输变电工程试送电成功。图为500kV开关合闸瞬间。（黄启辉　摄）

64. 2003年7月2日，陕西省电力公司召开“优质服务是国家电网的生命线”宣传教育活动动员大会。 (王朝旭　摄)

65. 2003年10月，南昌迎峰度夏3个输变电工程举行开工典礼，提前启动南昌电网迎峰度夏工作。图为江西省电力公司总经理毛日峰在开工典礼上讲话。 (向建中　摄)

66. 2003年7月30日，国家电网公司建设部副主任梁旭明等领导为三峡输变电工程——湖州500kV变电所举行开工奠基仪式。
(浙江省电力公司　供稿)

67. 2003年5月12日，山西电力超高压输变电公司工人正对500kV超高压输电线路进行全面巡查。 (田进 摄)

68. 2003年6月18日，西安南郊330kV变电站改扩建工程竣工。 （王朝旭　摄）

69. 2003年7月，宁夏送变电公司承担首条220kV同塔四回路输电线路在银川金凤区建成投运。 （宁夏电力公司 供稿）

70.广西桂林夜景。　　(黄启辉　摄)

71. 2003年5月30日，江西省电力公司和省经贸委召开各发电企业负责人座谈会，共商电网迎峰度夏之策。
(向建中 摄)

72. 2003年6月8日，广西电力公司在南宁朝阳广场开展安全用电咨询活动。
(邓新南 摄)

73．东亚及西太平洋电力工业协会2003年CEO会议10月30～31日在桂林漓江大瀑布饭店召开。来自东亚及太平洋15个国家和地区的100多位电力企业首脑参加了会议。图为中国电力企业联合会理事长赵希正正在致辞。

（黄启辉　摄）

74．2003年7月22日，中国大唐集团公司总经理翟若愚会见瑞银投资银行全球执行主席里昂·布列坦勋爵。

（中国大唐集团公司　供稿）

75．2003年11月13日，广西电力公司总经理曲曙陪同香港中华电力亚洲有限公司高层到防城港进行实地考察。图为参观防城港码头建设规划立体模型。

（黄启辉　摄）

76. 2003年9月1日，中国电力企业联合会与加拿大RWDI工程顾问公司”环境保护合作谅解备忘录”签字仪式在加拿大驻华大使馆举行。

（中国电力企业联合会　供稿）

77. 2003年7月29日，中国电力国际有限公司与澳门电力公司在澳门签署股份买卖合同。澳门电力的两大股东——中法投资公司和中葡投资公司，分别向中电国际出售3%澳电股权，涉及金额约2亿澳门元。

（中国电力投资集团公司　供稿）

78. 2003年12月5日，龙源电力集团公司总经理谢长军与国家电网公司、中国国电集团公司、中国电力科学研究院、德国技术合作公司（GTZ）项目负责人在京签署中－德“风电中心”项目规划书。

（中国国电集团公司　供稿）

79.2003年11月18日，全国人大常委、全国著名劳模郭凤莲为参加山西电力创建学习型班组会议代表讲述大寨巨变。

（田进　摄）

80.2003年9月13日，广西电力公司举行服务广西、诚信广西、政府放心、人民满意“百千万”大行动（即百支青年服务队进社区，千名党员进村屯，满意服务进万家）。图为向青年服务队授旗仪式。

（邓新南　摄）

81.2003年12月24日，云南电力集团公司向云南“爱心成就未来”特别助学活动捐款。

（云南省电力公司　供稿）

82．广西电力公司代表中国南方电网有限责任公司向广西人民抗击"非典"捐款100万元。（邓新南　摄）

83．2003年6月3日，中国大唐集团公司向山西省人民政府捐赠抗击"非典"资金100万元。至此，中国大唐集团公司已向"非典"严重地区地方政府捐款共计900万元。（中国大唐集团公司　供稿）

84．2003年4月29日，为了做好"非典"疫情的预防控制，广西电力公司"防非"领导小组组长、公司总经理曲曙和工会主席卢柳春深入一线了解情况，现场解决"防非"工作遇到的困难。（黄启辉　摄）

85．2003年4月23日，山西电力清洗公司发挥专业优势，不畏险情，全力投入到抗击"非典"行列，出色完成了上级交给的消毒任务。（田进　摄）

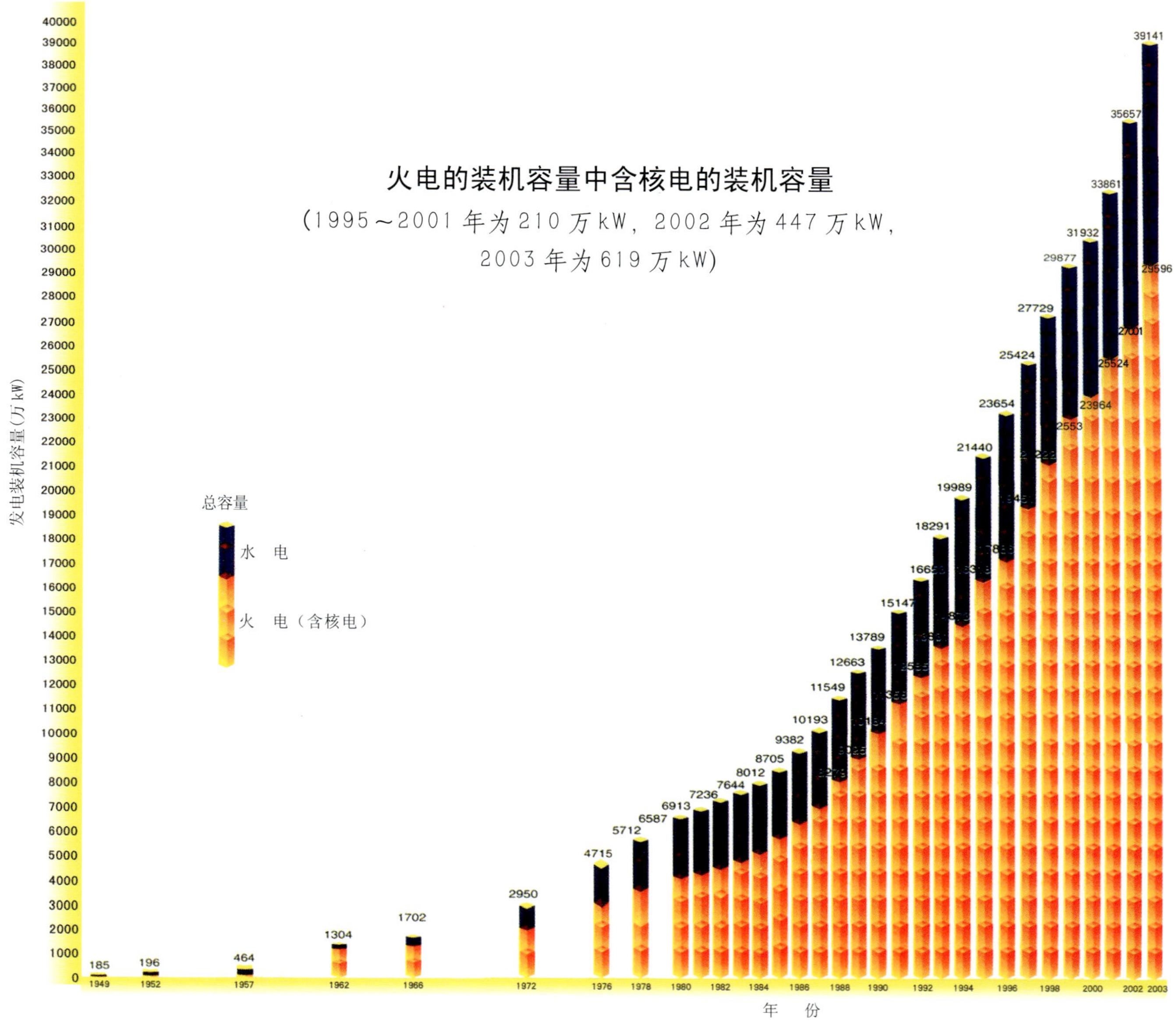

86. 中国历年发电装机总容量示意图（未含香港、澳门特别行政区及台湾省数据）。

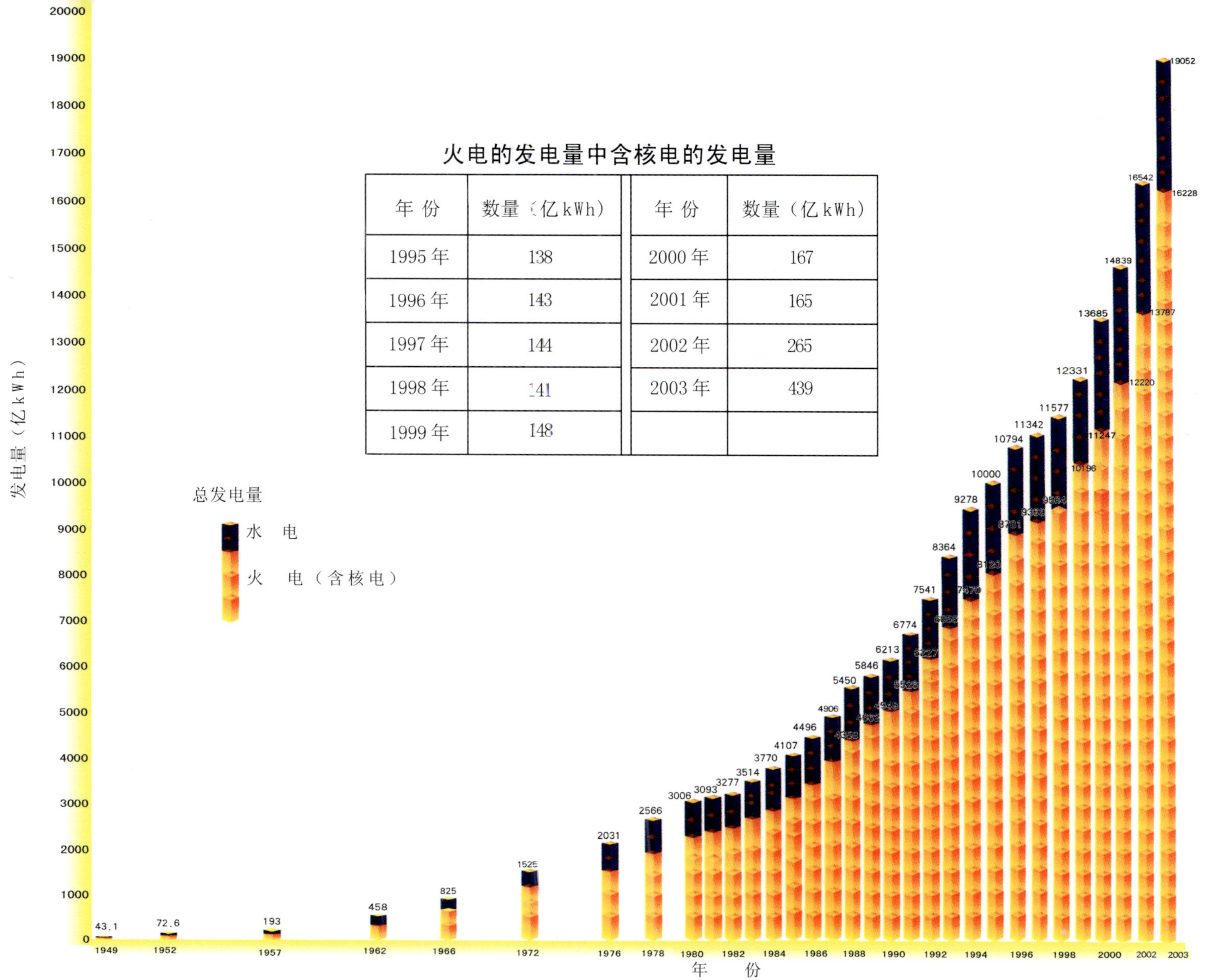

火电的发电量中含核电的发电量

年 份	数量（亿kWh）	年 份	数量（亿kWh）
1995年	138	2000年	167
1996年	143	2001年	165
1997年	144	2002年	265
1998年	141	2003年	439
1999年	148		

87．中国历年发电量示意图（未含香港、澳门特别行政区及台湾省数据）。

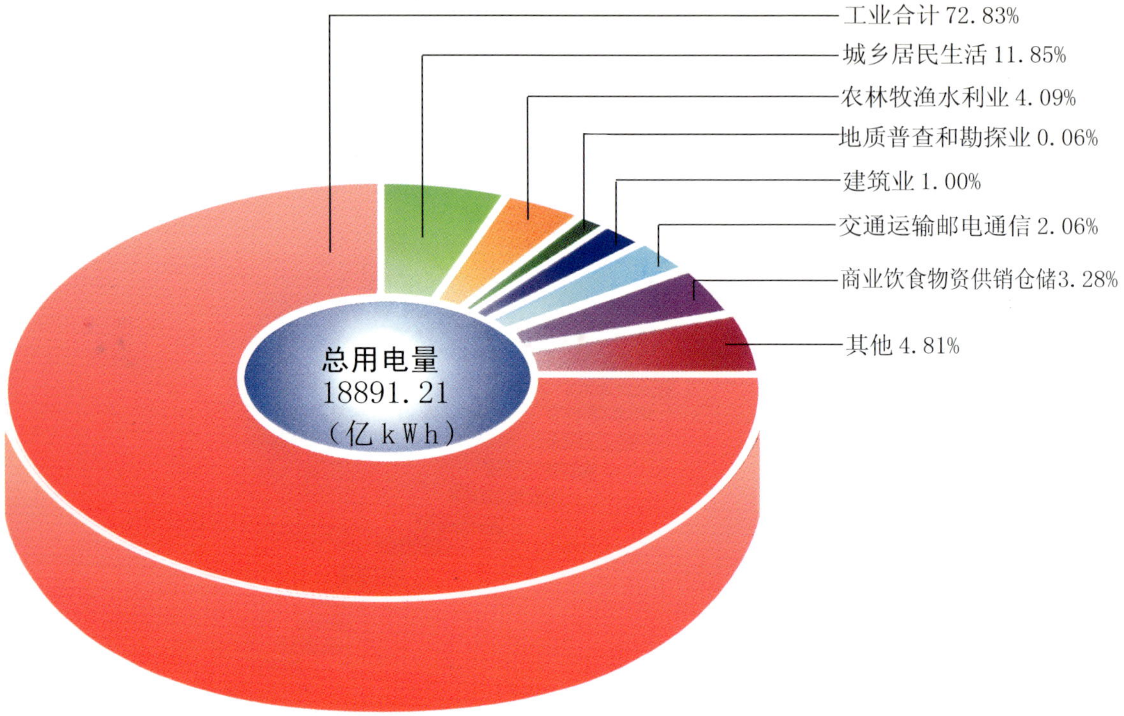

88. 2003年中国总用电量及其构成示意图（未含香港、澳门特别行政区及台湾省数据）。

年份	总用电量（亿kWh）	用电量构成（%）								
		城乡居民生活	农林牧渔水利业	重工业	轻工业	地质普查和勘探业	建筑业	交通运输邮电通信	商业饮食物资供销仓储	其他
1987年	4902.7	5.46	7.05	64.53	16.45	0.07	0.82	1.57	1.01	3.04
1988年	5358.7	6.00	7.01	64.04	16.22	0.07	0.81	1.62	1.14	3.00
1989年	5762.0	6.46	6.95	63.99	15.80	0.07	0.77	1.67	1.18	3.11
1990年	6126.0	7.53	6.78	62.60	16.07	0.08	0.74	1.71	1.26	3.23
1991年	6696.8	7.94	6.93	61.69	16.03	0.08	0.79	1.73	1.34	3.47
1992年	7455.4	8.50	6.78	61.22	15.86	0.08	0.85	1.78	1.47	46
1993年	8201.1	8.89	6.30	61.19	15.48	0.08	0.99	1.84	1.63	3.60
1994年	9046.5	9.67	6.27	60.32	15.10	0.09	1.07	1.85	1.82	3.81
1995年	9886.36	10.17	6.22	59.78	15.04	0.08	1.10	1.87	1.93	3.84
1996年	10570.29	10.71	6.11	59.28	14.80	0.08	1.10	1.86	2.12	3.94
1997年	11039.11	11.35	6.19	58.33	14.64	0.08	1.04	1.87	2.39	4.12
1998年	11347.30	12.22	5.88	57.61	14.16	0.07	1.05	1.94	2.62	4.44
1999年	12092.28	12.16	5.75	57.46	14.36	0.07	1.01	1.96	2.75	4.49
2000年	13466.22	12.42	5.26	56.75	14.94	0.06	0.98	1.94	2.98	4.66
2001年	14682.51	12.53	5.19	56.38	15.06	0.07	0.99	1.99	3.10	4.69
2002年	16386.28	12.21	4.73	56.42	15.56	0.06	1.00	2.03	3.27	4.72
2003年	18891.21	11.85	4.09	工业合计72.83		0.06	1.00	2.06	3.28	4.81

89. 中国总用电量及其构成情况表（未含香港、澳门特别行政区及台湾省数据）。

《中国电力年鉴》编委会

《中国电力年鉴》编辑部

特约撰稿人（按姓氏笔画排列）

牛健伟	王小萍	王元相	王　历	王文庆
王东颖	王守佳	王进强	王　丽	王晓平
王晓葵	王锡淳	尹兰英	孔志鹏	石　峰
龙建平	卢晓山	田光华	白学桂	包雪龙
包　鹏	冯水英	曲　宏	朱二苗	朱士祥
朱耀泉	乔仁贵	任龙献	任　萱	华　峰
刘　丰	刘叔友	刘廷辉	刘志强	刘春梅
刘胜鸿	刘　晖	刘　健	刘清鑫	刘　博
刘　雷	刘福长	安华云	安晓滨	孙秀平
孙　岩	孙建华	孙　巍	杜　兵	杨　倞
杨万涛	杨　勇	杨凌云	李川云	李卫东
李　扬	李　威	李厚忠	李　敏	李悠勇
李　霞	肖　平	肖振官	吴利民	时香丽
旷路明	余传毅	余勤德	汪年凤	宋力生
张永军	张永胜	张怀廉	张建扬	张明燕
张　建	张重汶	张　莉	张振华	陆远兴
陈永平	陈　志	陈秀杰	陈叔康	陈宗桂
陈祥健	林　建	林耀庭	罗晓萍	周成文
房庆红	赵付明	赵连雨	赵　炎	赵新华
赵振方	胡光耀	胡耀斌	柏　敏	柳贞姬
祝敬泉	原增光	殷人琦	高一萍	高同全
高建国	高爱革	黄秀芳	曹成林	崔文富
崔保卫	董志新	覃桂平	程军生	程彦韬
傅楚武	曾承志	谢兴发	谢智林	蒲秀兰
熊自安	腾华杰	黎　江	魏权华	瞿于强
虞　甜				

编辑说明

1.《中国电力年鉴》于1993年创刊，已连续出版10期，是一本融史实性、资料性为一体的专业年鉴，也是一本全面实用，文、图、表并茂的综合性大型年刊。其主要服务对象为从事电力生产、建设、经营管理、科研技术的有关人员，以及与电力相关的政府和企事业单位的有关人员。

2. 本《年鉴》的编纂指导思想为：围绕电力工业改革与发展的主线，全面记载电力工业改革与发展、生产与经营、科技与进步等各方面的成就和内容。

3. 本《年鉴》是在国家电力监管委员会和中国电力企业联合会的指导下，由国家电网公司联合中国南方电网公司、中国华能集团公司、中国大唐集团公司、中国华电集团公司、中国国电集团公司、中国电力投资集团公司等组织编写的。《年鉴》编委会由国家电力监管委员会、中国电力企业联合会、国家电网公司、中国南方电网公司、五大发电集团公司、中国三峡长江开发公司和四个辅业集团公司的主要负责人，及有关单位的负责同志为委员组成，并作为《年鉴》的领导机构，决定《年鉴》编辑出版的指导思想、主要内容和编写大纲。

4. 根据《年鉴》编委会对本期年鉴编纂指导思想的确定，本期年鉴的框架结构作了较大的调整。首先，按照电力体制改革后电力系统的新格局，设置了全面反映中国电力工业的新篇目——电力工作会议、电力工业论坛、电力监管、电力企业等；其次，调整和改变了部分篇目所在的位置（如大事记、电力建设和电力生产、行业学会、学术团体等），理顺了各篇目之间的关系，较好地反映电力工业改革与发展、生产与经营的主线；第三，完善了部分篇目的内容，增加了2003年度大事、要事和新事的记载，充实了具有丰富信息含量的“统计资料”的内容，压缩了文件、法规等的篇幅，加强了文献二次加工。

5. 本期《年鉴》主要收录了2003年我国电力工业各方面所取得的成绩，重点反映了2003年电力工业发展和电力生产的内容。本期《年鉴》的框架结构由篇目、栏目、类目、条目4个层次共17篇目和100多幅彩图组成。

特载：国务院文件、国务院领导关于电力的重要事件、体制改革、供需形势、安全生产、重点工程。

电力工作会议：通过两个电网公司和五大发电公司的工作会议反映2003年电力工业发展的重大脉络。

大事记：通过2003年电力工业十件大事，以及国家电力监管委员、中国电力企业联合会、国家电网公司、中国南方电网公司、中国华能集团公司、中国大唐集团公司、中国华电集团公司、中国国电集团公司、中国电力投资集团公司等部门的主要事件突出了电力工业的大事、要事。

电力工业论坛：通过2003年主要全国电力论坛和电力的权威人士的综述性文章论述电力工业的发展概况。

电力监管：按照国务院授权，国家电力监管委员会行使行政执法职能，依照法律、法规统一履行全国电力监管职责。负责全国电力监管工作，建立统一的电力监管体系，对国家电力监管委员会的派出机构实行垂直领导。

行业协（学）会：全面介绍了中国电力企业联合会的行业管理和服务工作。

学术团体：介绍了电力专业的国际合作、外事管理、国际会议、国际展览、学术会议和学术交流方面的情况，并对电力行业主要的学术团体作了介绍。

电力建设与电力生产、电力企业、部分电力企事业单位、各地区电力工业：此四个篇目全面反映了2003年度全国电力工业生产和建设所取得的巨大成就。

重要文献：收录了国家综合管理部门、国家电力监管委员、中国电力企业联合会和各大公司有关电力的重要文件、规章等。

统计资料：来自电力统计部门的权威数据，未包括我国台湾省和澳门地区。

人物：人大代表、电力系统全国“五一”劳动奖状和奖章获得者名单。

企业风采：中国电力工业经过改革开放以来的巨大发展，通过城农网改造、电厂技术进步和管理水平的加强，整个电力工业水平有了很明显的提高，这与电力设备制造企业提供的技术先进的产品密不可分，为更好地推进电力工业的技术进步，并集中反映电力设备制造企业的综合实力，从本期《年鉴》开始增设本栏目。

附录：收录了国家电网公司系统表彰先进的内容和文号，选编了方便读者了解世界电力工业情况的世界电力工业资料和世界主要国家资料。

索引：本期《年鉴》在保留英文目录和主题内容索引的基础上，扩大了索引的范围，索引范围包括条目的部分内容。大事记、重要文献、统计资料、企业风采、附录未作索引。

5. 本《年鉴》实行文责自负。条目内容、数据、彩图等均由撰稿单位校核及审定。

篇 目

目　录

特　载

电力工作会议

大　事　记

电力工业论坛

电力建设与电力生产

电力监管

行业协会

学术团体

电力企业

部分电力企事业单位

各地区电力工业

重 要 文 献

统 计 资 料

人　物

企　业　风　采

附　录

索　引

Contents

Working Meetings on the Electric Power

Chronicle of Events

Electric Power Industry Forum

Electric Power Construction and Production

Electric Power Supervision and Inspection

Associations

Learned Societies

Electric Power Enterprises

Part of Enterprises and Institutions in Power Sector

Electric Power Industry in Provinces, Autonomous Regions and Municipalities Directly Under the Central Government

Main Documents

Statistical Data

Personage

Enterprises

Appendix

Index

彩 图 目 录

亲切关怀

1. 2003年2月1日，中共中央总书记胡锦涛到北京供电公司看望和慰问电力职工，并向全国电力系统职工拜年。

2. 2003年11月17日，中共中央政治局常委、全国人大常委会委员长吴邦国视察了中电国际淮南平圩发电有限责任公司。（中国电力投资集团公司 供稿）

3. 2003年10月26日，国务院总理温家宝视察武警水电部队承建的三峡永久船闸工程，亲切接见水电部队官兵。（廖德真 摄影）

4. 2003年12月12日，国家副主席曾庆红视察中国华电四川广安发电有限公司。（中国华电集团公司 供稿）

5. 2003年9月15日，中共中央政治局常委、中纪委书记吴官正视察龙羊峡水电站，并亲切接见了水电站职工代表。（中国电力投资集团公司 供稿）

6. 2003年5月13日，中共中央政治局常委李长春视察武警水电部队承建的三峡永久船闸工程。（廖德真 摄影）

7. 2003年8月21日，国务院副总理曾培炎视察云南宝峰变电站。（云南省电力公司 供稿）

改革及重要会议

8. 2003年9月16～17日，国家电网公司在杭州召开"美加大停电"事故分析座谈会，图为李鹏同志和国家电网公司总经理赵希正在座谈会上。（浙江省电力公司 供稿）

9. 2003年4月10日，中国电力企业联合会在西安召开第三届理事会第四次会议。（中国电力企业联合会 供稿）

10. 2003年9月8日，2003中国电力论坛在上海召开。（中国电力企业联合会 供稿）

11. 2003年2月22～24日，由中国电力企业联合会主办的2003年经济形势与企业改革分析预测会在北京举行。（中国电力企业联合会 供稿）

12. 2003年7月21日，2003年电力可靠性指标发布会在北京隆重召开。（中国电力企业联合会 供稿）

13. 2003年1月20日，中国电力企业联合会在北京召开"2003年电力行业统计会议"。（中国电力企业联合会 供稿）

14. 2003年11月5日，华中电网有限公司举行成立大会，在主席台上就坐的有国家电网公司及湖北、河南、湖南、江西、四川和重庆等省（市）的有关领导。（华中电网公司 供稿）

15. 2003年2月25～26日，中国电力投资集团公司在辽宁清河发电厂召开了2003年工作会议。中央政治局常委、国务院副总理吴邦国，国家电力监管委员会分别为会议发来贺信。（中国电力投资集团公司 供稿）

16. 2003年1月22～23日，中国国电集团公司在北京召开了2003年工作会议。（中国国电集团公司 供稿）

17. 2003年12月5日，中国电力投资集团公司在北京人民大会堂举行了新闻发布会。自12月8日起将向社会公开发行30亿元企业债券。（中国电力投资集团公司 供稿）

18. 2003年9月23日，中国电力投资集团公司与平顶山煤业（集团）有限责任公司在郑州签署了《战略合作框架协议书》。集团公司总经理王炳华、副总经理张晓鲁、河南省副省长史济春出席签字仪式。（中国电力投资集团公司 供稿）

19. 2003年3月10～13日，中国华电集团公司先后同国家开发银行、中国建设银行和中国工商银行签定《战略合作协议》。（中国华电集团公司 供稿）

20. 2003年1月9日，中国华电集团公司总经理贺恭一行到山东与山东省政府商讨全面合作事宜，并举行合作意向书签字仪式。（中国华电集团公司 供稿）

21. 2003年6月10日，中国电力投资集团公司总经理王炳华、中国华能集团公司总经理李小鹏、淮南矿业（集团）有限责任公司董事长王源在北京签署了《联合开发建设淮南煤电基地合作意向书》，标志着安徽淮南煤电基地建设正式拉开了序幕。（中国电力投资集团公司 供稿）

22. 2003年3月14日，王炳华总经理，丁中智、张晓鲁副总经理会见山东省韩寓群省长一行，双方重点讨论了开发山东海阳核电项目事宜，并正式签署了合作协议。（中国电力投资集团公司 供稿）

23. 2003年5月21日，中国国电集团公司总经理周大兵、副总经理李庆奎参加了在北京国宾饭店举行的中国国电集团公司与国家开发银行、中国建设银行合作协议的签字仪式。（中国国电集团公司 供稿）

24. 2003年8月5日，中国国电集团公司总经理周大兵与中国华能集团公司总经理李小鹏在北京签署友好协商备忘录，两大发电集团携手共谋发展。（中国国电集团公司 供稿）

25. 2003年4月1～2日，中国大唐集团公司在北京召开发展战略研讨会。（中国大唐集团公司　供稿）

26. 2003年11月18日，中国大唐集团公司与江苏省电力公司就发电企业资产财务及劳资保险划转移交在南京举行签字仪式。（中国大唐集团公司　供稿）

各级领导到基层视察和指导工作

27. 2003年5月15日，国务院国有资产监督管理委员会主任李荣融到中国大唐集团公司调研。（中国大唐集团公司　供稿）

28. 2003年11月2日，国家电力监管委员会主席柴松岳视察云南电网。（云南省电力公司　供稿）

29. 2003年4月18日，国家电网公司总经理赵希正一行到三峡龙泉换流站检查工作。（华中电网公司　供稿）

30. 2003年1月，国家电网公司副总经理刘振亚一行到陕西银河集团公司视察指导工作。（王朝旭　摄）

31. 2003年6月26日，中国南方电网有限责任公司总经理袁懋振在沙塘500kV变电站检查工作时，高兴地为该站留言勉励"希望在国电公司青年文明号的基础上再接再厉，更上一层楼，争创全国青年文明号，为西电东送，为南方电网争光。"（黄启辉　摄）

32. 2003年8月28～30日，北京市人大常委会组织全国人大北京团代表视察北京大唐张家口发电厂。中国大唐集团公司总经理翟若愚作为全国人大北京团代表也参加了视察。（中国大唐集团公司　供稿）

33. 2003年12月22日，中国华电集团总经理贺恭一行到石家庄热电厂检查指导工作。（河北省电力公司　供稿）

34. 2003年7月23日，中国国电集团公司总经理周大兵视察国电石嘴山发电厂。（中国国电集团公司　供稿）

35. 2003年2月19日，浙江省省委书记习近平、副省长王永明视察嘉兴发电厂二期工地。

36. 2003年5月20日，湖北省省长罗清泉视察华润赛德发电有限公司蒲圻电厂建设工地。（肖辉摄）

37. 2003年9月30日，湖北省电力公司总经理王远璋一行深入发电、输电、供电和调度单位，慰问生产一线职工，确保节日安全生产供电。（杨亚西　摄）

38. 2003年7月19日，江西省省委书记孟建柱等一行来到南昌供电公司，慰问冒着烈日酷暑工作的供电抢修班职工。（向建中　摄）

39. 2003年除夕，陕西省省委书记李建国、省长贾治邦在西安高压供电局视察和慰问节日上班的电力职工。（王朝旭　摄）

火力发电

40. 2003年4月16日，由河北省电建公司承建的保定热电技改工程9号机组正式移交生产。（河北省电力公司　供稿）

41. 西柏坡发电厂认真坚持"安全第一"方针，加强科学管理，从而保证了2003年各个机组的安全、经济、稳定运行。（河北省电力公司　供稿）

42. 2003年10月26日，耒阳电厂二期扩建工程3号机组(30万kW)并网成功。（中国大唐集团公司　供稿）

43. 2003年8月12日，"西电东送"北通道骨干工程——内蒙古大唐托克托工程一期2台60万kW机组全部投产。（中国大唐集团公司　供稿）

44. 2003年8月29日，湖南华银株洲电厂二期技改3号机组（30万kW）完成168h试运行，正式投产。（中国大唐集团公司　供稿）

45. 2003年10月10日，长春第二热电有限责任公司二期工程正式开工建设。（中国大唐集团公司　供稿）

46. 建设中的华能沁北电厂，电厂规划装机容量6×60万kW，一期工程安装2×60万kW超临界火电机组，是国家计委确定的首批超临界国产化依托项目。（中国华能集团公司　供稿）

47. 2003年8月12～13日，山西漳泽电力河津发电厂分别被国家电网公司和国家环保总局命名为"一流火力发电企业"和授予"国家环境保护百佳工程"称号。（中国电力投资集团公司　供稿）

48. 2003年12月18日，武汉华能发电有限公司(阳逻电厂)举行三期工程奠基仪式。（武汉华能发电有限公司　供稿）

49. 2003年12月26日，国电荆门热电厂二期2×600MW工程奠基仪式在荆门举行，刘彭龄副总经理出席仪式。（中国国电集团公司　供稿）

水力发电

50. 2003年6月16日，武警水电部队承建的三峡水利枢纽双线五级船闸试通航成功。（廖德真　摄）

51. 三峡大坝泄洪。

"西电东送"工程

52. 公伯峡水电站施工夜景。（丁海生　摄）

53. 2003年6月26日，大唐汉江喜河水电站举行开工典礼。（中国大唐集团公司　供稿）

54. 2003年11月8日，"西电东送"标志性工程乌江构皮滩水电站开工典礼。（中国华电集团公司　供稿）

55. 2003年9月7日，国家"十五"重点工程三板溪水电站截流成功。中国电力投资集团公司副总经理石成梁、贵州省副省长包克辛、湖南省副省长徐宪平，以及两省政府有关部门的领导出席了大江截流仪式。（中国电力投资集团公司　供稿）

56. 2003年11月6日，我国在建的第二大水电站、“西电东送”标志性工程——龙滩水电站成功实现大江截流。（中国大唐集团公司　供稿）

57. 湖北黄龙滩电厂扩建工地，图为2003年夏季工人们正在进行厂房基础施工（杨西亚　摄）

58. 中国安能建设总公司参建的“西电东送”标志性工程——贵州洪家渡水电站大坝填筑现场 2003年8月17日拍摄。（梁逵　摄）

59. 2003年12月6日，张河湾抽水蓄能电站举行开工典礼。（河北省电力公司　供稿）

核电及新能源发电

60. 2003年1月8日，岭澳核电站一期工程2号机组建成并投入运行，至此，岭澳核电站一期工程两台机组全部建成投产。（中国广东核电集团有限公司　供稿）

61. 贺兰山风力发电场当年开工当年发电，宁夏风力发电实现零的突破。图为2003年8月开工典礼现场。（宁夏电力公司　供稿）

输变电工程

62. 2003年6月26日，云电送粤500kV“三变五线”工程投产庆功典礼。（云南省电力公司　供稿）

63. 2003年6月26日晚，柳州沙塘500kV变电站贵州至广东交流500kV输变电工程试送电成功。图为500kV开关合闸瞬间。（黄启辉　摄）

64. 2003年7月2日，陕西省电力公司召开“优质服务是国家电网的生命线”宣传教育活动动员大会。（王朝旭　摄）

65. 2003年10月，南昌迎峰度夏3个输变电工程举行开工典礼，提前启动南昌电网迎峰度夏工作。图为江西省电力公司总经理毛日峰在开工典礼上讲话。（向建中　摄）

66. 2003年7月30日，国家电网公司建设部副主任梁旭明等领导为三峡输变电工程—湖州500kV变电所举行开工奠基仪式。（浙江省电力公司　供稿）

67. 2003年5月12日，山西电力超高压输变电公司工人正对500kV超高压输电线路进行全面巡查。（田进　摄）

68. 2003年6月18日，西安南郊330kV变电站改扩建工程竣工。（王朝旭　摄）

69. 2003年7月，宁夏送变电公司承担首条220kV同塔四回路输电线路在银川金凤区建成投运。（宁夏电力公司　供稿）

供用电

70. 广西桂林夜景。（黄启辉　摄）

71. 2003年5月30日，江西省电力公司和省经贸委召开各发电企业负责人座谈会，共商电网迎峰度夏之策。（向建中　摄）

72. 2003年6月8日，广西电力公司在南宁朝阳广场开展安全用电咨询活动。（邓新南　摄）

国际合作与友好往来

73. 东亚及西太平洋电力工业协会2003年CEO会议10月30～31日在桂林漓江大瀑布饭店召开。来自东亚及太平洋15个国家和地区的100多位电力企业首脑参加了会议。图为中国电力企业联合会理事长赵希正正在致辞。（黄启辉　摄）

74. 2003年7月22日，中国大唐集团公司总经理翟若愚会见瑞银投资银行全球执行主席里昂·布列坦勋爵。（中国大唐集团公司　供稿）

75. 2003年11月13日，广西电力公司总经理曲曙陪同香港中华电力亚洲有限公司高层到防城港进行实地考察。图为参观防城港码头建设规划立体模型。（黄启辉　摄）

76. 2003年的9月1日，中国电力企业联合会与加拿大RWDI工程顾问公司“环境保护合作谅解备忘录”签字仪式在加拿大驻华人使馆举行。（中国电力企业联合会　供稿）

77. 2003年7月29日，中国电力国际有限公司与澳门电力公司在澳门签署股份买卖合同。澳门电力的两大股东——中法投资公司和中葡投资公司，分别向中电国际出售3%澳电股权，涉及金额约2亿澳门元。（中国电力投资集团公司　供稿）

78. 2003年12月5日，龙源电力集团公司总经理谢长军与国家电网公司、中国国电集团公司、中国电力科学研究院、德国技术合作公司(GTZ)项目负责人在京签署中—德“风电中心”项目规划书。（中国国电集团公司　供稿）

精神文明建设

79. 2003年11月18日，全国人大常委、全国著名劳模郭凤莲为参加山西电力创建学习型班组会议代表讲述大寨巨变。（田进　摄）

80. 2003年9月13日，广西电力公司举行服务广西、诚信广西、政府放心、人民满意“百千万”大行动（即百支青年服务队进社区，千名党员进村屯，满意服务进万家）。图为向青年服务队授旗仪式。（邓新南　摄）

81. 2003年12月24日，云南电力集团公司向云南

“爱心成就未来”特别助学活动捐款。（云南省电力公司　供稿）

82. 广西电力公司代表中国南方电网有限责任公司向广西人民抗击“非典”捐款100万元。（邓新南　摄）

83. 2003年6月3日，中国大唐集团公司向山西省人民政府捐赠抗击“非典”资金100万元。至此，中国大唐集团公司已向“非典”严重地区地方政府捐款共计900万元。（中国大唐集团公司　供稿）

84. 2003年4月29日，为了做好“非典”疫情的预防控制，广西电力公司“防非”领导小组组长、公司总经理曲曙和工会主席卢柳春深入一线了解情况，现场解决“防非”工作遇到的困难。（黄启辉　摄）

85. 2003年4月23日，山西电力清洗公司发挥专业优势，不畏险情，全力投入到抗击“非典”行列，出色完成了上级交给的消毒任务。（田进　摄）

中国电力工业总况

86. 中国历年发电装机总容量示意图（未含香港、澳门特别行政区及台湾省数据）。

87. 中国历年发电量示意图（未含香港、澳门特别行政区及台湾省数据）。

88. 2003年中国总用电量及其构成示意图（未含香港、澳门特别行政区及台湾省数据）。

89. 中国总用电量及其构成情况表（未含香港、澳门特别行政区及台湾省数据）。

特　载

国务院文件

国务院办公厅关于调整电力电信民航体制改革领导小组和工作小组组成人员及单位的通知

（国办函［2003］46号）

发展改革委、信息产业部、民航总局：

根据工作需要，国务院决定对电力电信民航体制改革领导小组和下设3个工作小组组成人员及单位进行调整。现将调整后的组成人员和单位名单通知如下：

一、电力电信民航体制改革领导小组

组　长：黄　菊　国务院副总理

副组长：马　凯　发展改革委主任

王旭东　信息产业部部长

杨元元　民航总局局长

尤　权　国务院副秘书长

成员单位：中组部、中编办、发展改革委、公安部、财政部、劳动保障部、信息产业部、审计署、国资委、税务总局、环保总局、民航总局、法制办、电监会。

二、电力体制改革工作小组

组　长：马　凯　发展改革委主任

副组长：柴松岳　电监会主席

李荣融　国资委主任

成员单位：中编办、发展改革委、财政部、劳动保障部、国资委、法制办、电监会、国家电网公司、南方电网公司、中国华能集团公司、中国大唐集团公司、中国华电集团公司、中国国电集团公司、中国电力投资集团公司。

电力体制改革工作小组办公室设在电监会，电监会副主席邵秉仁任办公室主任。

三、电信体制改革工作小组

组　长；王旭东　信息产业部部长

成员单位：发展改革委、财政部、信息产业部、国资委。具体工作由信息产业部承担。

四、民航体制改革工作小组

组　长：杨元元　民航总局局长

成员单位：中编办、发展改革委、公安部、财政部、国资委、税务总局、民航总局。具体工作由民航总局承担。

请你们根据上述调整情况，抓紧开展工作。

二〇〇三年七月九日（印）

国家电力监管委员会职能配置内设机构和人员编制规定

（国办发［2003］7号）

根据《国务院关于印发电力体制改革方案的通知》（国发［2002］5号），设立国家电力监管委员会。国家电力监管委员会为国务位，根据国务院授权，行使行政执法职能，依照法律、法规统一履行全国电力监管职责。

一、主要职责

（一）负责全国电力监管工作，建立统一的电力监管体系，对国家电力监管委员会的派出机构实行垂直领导。

（二）研究提出电力监管法律法规的制定或修改建议，制定电力监管规章，制定电力市场运行规则。

（三）参与国家电力发展规划的制定，拟定电力市场发展规划和区域电力市场设置方案，审定电力市场运营模式和电力调度交易机构设立方案。

（四）监管电力市场运行，规范电力市场秩序，维护公平竞争；监管输电、供电和非竞争性发电业务。

（五）参与电力技术、安全、定额和质量标准的制定并监督检查，颁发和管理电力业务许可证，协同环保部门对电力行业执行标准进行监督检查。

（六）根据市场情况，向政府价格主管部门提出调整电价建议；监督检查有关电价；监管各项辅助服务收费标准。

（七）依法对电力市场、电力企业违法违规行为进行调查，处理电力市场纠纷。

（八）负责监督电力社会普遍服务政策的实施，

研究提出调整电力社会普通服务政策的建议；负责电力市场统计和信息发布。

（九）按照国务院的部署，组织实施电力体制改革方案，提出深化改革的建议。

（十）承办国务院交办的其他事项。

二、内设机构

根据上述职责，国家电力监管委员会设7个职能部门。

（一）办公厅（国际合作部）。

组织机关日常工作；负责公文处理和新闻宣传工作，承办重要会议；管理机关财务、档案、资产、保密、安全保卫、后勤服务；负责电力市场统计，统一对外发布信息，负责组织建立电力监管信息系统：负责电力监管机构的内部审计工作；负责电力监管国际比较研究；管理电力监管派出机构的涉外事务和有关国际合作项目；负责组织国际交流合作活动、安排人员出访和接待国（境）外人员来访；负责办理人民来信来访。

（二）政策法规部（电力体制改革办公室）。

草拟电力监管法律法规，提出制定或修改建议；负责授权范围内的电力法律法规的解释和宣传工作；统一审核会内各类规章、规则和管理办法；按照国家对电力体制改革的决定和部署，组织实施电力体制改革方案，提出深化改革的建议；组织办理涉及电力监管机构的行政复议案件、行政诉讼案件和国家赔偿案件的应诉工作。

政策法规部内设专家委员会办公室，承担专家委员会的组织协调工作。

（三）市场监管部。

制定发电业务许可证管理办法，颁发和管理发电业务许可证；拟定电力市场运行规则；审定电力市场运营模式和电力调度交监督检查容量电价的执行情况；监管电力调度交易机构的调度、信息披露、结算等行为；查处操纵市场价格的行为；参与制参与制定发电企业技术、安全、定额和质量标准并监督检查；监管非竞争性发电业务。

（四）输电监管部。

制定输电业务许可证管理办法，颁发和管理输电业务许可证：参与制定输电企业技术、安全、定额、质量标准并监督检查；监督输电企业无歧视和公平开放电网；监督检查输电企业成本规则和输电电价执行情况；参与制定并监督实施电网发展规划，监督电网企业的投资行为。

（五）供电监管部。

制定供电业务许可证管理办法，负责指导供电营业区的划分，颁发和管理供电业务及其相关业务许可证；参与制定供电企业技术、安全、定额、质量标准并监督检查，制定供电服务投诉及处理程序，监管电能及供电服务质量；监督检查供电企业成本规则和销售电价的执行情况；监管供电企业信息披露；根据国家有关政策制定电力普遍服务计划并监督实施。

（六）价格与财务监管部（稽查局）。

研究提出容量电价、输电配电电价和销售电价的定价建议；监管各项辅助服务收费标准；按照国家规定，拟定输电和供电企业成本规则；协同环保部门对电力行业执行环保政策、法规和标准进行监督检查；按照公平竞争原则，对电力企业兼并重组提出建议；负责电力行政执法；拟定电力争议纠纷解决程序，处理投诉、申诉和电力争议纠纷；组织调查电力市场违法违规案件并提出处理意见，执行国家电力监管委员会对违法违规案件的处理决定。

（七）人事培训部（机关党委）。

拟定机关及派出机构的人事管理制度；承办干部调配、任免、考核、培训、奖惩、交流、出国政审以及机关工作人员的工资福利、社会保险、离退休干部管理等工作；管理人事档案；负责机关、派出机构专业技术职务评聘工作；负责机关及在京直属单位和代管单位的党群工作。

三、人员编制

国家电力监管委员会机关事业编制为98名。其中：主席1名，副主席4名；局级领导职数28名（含总监、首席会计师、首席工程师和机关党委专职副书记各1名）。

四、其他事项

（一）根据政府职能转变和电力监管工作的发展，逐步调整国家电力监管委员会的职能、内设机构和人员编制。

（二）国家电力监管委员会派出机构及其人员编制另行核定。

（三）国家电力监管委员会直属事业单位的设置及其人员编制和国家电力公司划转的事业单位及其人员编制，按有关规定另行核定。

（四）中国电力企业联合会由国家电力监管委员会主管，受其委托承担相关工作。

国务院关于组建国家电网公司有关问题的批复

（国函［2003］30号）

国家经贸委：

你委《关于报请批准国家电网公司组建方案和章

程的请示》（国经贸电力［2002］977号）收悉。现就组建国家电网公司有关问题批复如下：

一、原则同意《国家电网公司组建方案》和《国家电网公司章程》。

二、国家电网公司是在原国家电力公司部分企事业单位基础上组建的国有企业。主要成员单位包括36个全资企业、1个控股企业、1个事业单位，以及38个发电企业（暂由国家电网公司代管，下一步根据实际需要逐步调整和转让）。国家电网公司组建后，要依照《中华人民共和国公司法》（简称《公司法》）等有关规定进行改组和规范，加快建立现代企业制度。

三、国家电网公司主要从事电力购销业务，负责所辖各区域电网之间的电力交易和调度。公司注册资本暂定为人民币2000亿元，不进行资产评估和审计验资；实有国有资本数额，待公司成立后由财政部会同你委及有关部门另行核定。

四、国家电网公司由中央管理。按照《中共中央关于成立中共中央企业工作委员会及有关问题的通知》（中发［1999］18号）和《国务院关于印发电力体制改革方案的通知》（国发［2002］5号）精神，公司领导班子和领导人员由中央管理；资产管理及有关的财务关系由财政部负责；其他关系依照《中共中央办公厅、国务院办公厅关于印发中央党政机关与所办经济实体和管理的直属企业脱钩的有关配套文件的通知》（中办发［1999］8号）精神办理。公司实行总经理负责制。按照《国有企业监事会暂行条例》的有关规定，国务院向公司派出国有重点大型企业监事会，对其国有资产保值增值状况实施监督。

五、同意国家电网公司进行国家授权投资的机构和国家控股公司的试点。公司对其全资企业、控股企业、参股企业（简称有关企业）的有关国有资产和国有股权行使出资人权利，对有关企业中国家投资形成并由国家电网公司拥有的国有资产和国有股权依法进行经营、管理和监督，并相应承担保值增值责任。在国家宏观调控和监督管理下，公司依法自主进行各项经营活动。

六、国家电网公司在保证有关企业合法权益和自身发展需要的前提下，可依照《公司法》等有关规定，集中部分国有资产收益，用于国有资本的再投入和结构调整。国家电网公司要规范与有关企业的关系，充分调动其积极性，提企业经济效益

七、国家电网公司的资产与财务关系在财政部单列；公司为完成国家任务所需的资源和生产经营条件，凡属国家统一配置范围内的，均在国家相应计划中单列，并由公司统一组织实施。公司组建后，国务院及有关部门对有关企业实行的原有优惠政策保持不变。

八、国家电网公司要根据国家产业政策和行业规划，制定发展战略，在国家宏观调控下，深化企业改革，转变经营机制式，优化组织结构，强化内部管理，加快结构调整，推进技术创新，加快电网发展，增强企业实力，安全、优质、高效地为国民经济发展服务。同时，按照精简、统一、效能的原则，建立精干高效、职责明确的内部管理机构。

九、国家电网公司要继续做好农村电力体制改革工作，坚持政企分开，减少中间环节，实现城乡用电同网同价。西藏电力企业由国家电网公司代管。

十、为确保电网安全稳定运行，确保安全供电，电力体制改革过渡期内，全国电网调度工作暂由国家电网公司负责，统一协调和调度。具体过渡期限，待南方电网公司组建完毕并正常运营后另行明确。

组建国家电网公司是深化电力工业体制改革的重要内容之一，各有关地区和部门要给予积极支持。你委和国家计委要会同有关部门，加强指导和协调，确保国家电网公司组建工作和电力体制改革顺利进行。《国家电网公司组建方案》和《国家电网公司章程》由你委根据本批复精神，做必要修改后印发。

二〇〇三年二月二十八日（印）

国务院关于组建中国南方电网有限责任公司有关问题的批复

（国函［2003］114号）

发展改革委：

你委《关于审批中国南方电网有限责任公司组建方案和章程的请示》（发改能源［2003］1287号）收悉。现就组建中国南方电网有限责任公司有关问题批复如下：

一、原则同意《中国南方电网有限责任公司组建方案》和《中国南方电网有限责任公司章程》。

二、中国南方电网有限责任公司是以广东省、海南省电网资产，以及国家电网公司在广西、贵州、云南所属电网资产为基础组建的国有企业。主要成员单位包括广东电网公司、广西电网公司、海南电网公司、贵州电网公司、云南电网公司、南方电网公司超高压输变电公司6个电网运营企业，以及鲁布革电厂、天生桥二级电站、广州抽水蓄能电厂3个发电企业（暂由中国南方电网有限责任公司代管，下一步根据实际需要逐步调整）。中国南方电网有限责任公司组建后，要依照《中华人民共和国公司法》（简称《公司法》）等有关规定逐步进行改组和规范，加快建立现代企业制度。

三、中国南方电网有限责任公司从事电力购销业务，负责投资、建设和经营管理南方区域电网，经营相关的输配电业务。公司注册资本暂定为人民币600亿元，暂不进行清产核资，遗留问题逐步清理，妥善处理。

四、中国南方电网有限责任公司由中央管理。按照《中共中央关于成立中共国务院国有资产监督管理委员会有关问题的通知》（中发［2003］6号）和《国务院关于印发电力体制改革方案的通知》（国发［2002］5号）精神，公司领导班子和领导人员由中央管理；公司财务关系在财政部单列；其他关系依照《中共中央办公厅国务院办公厅关于印发中央党政机关与所办经济实体和管理的直属企业脱钩的有关配套文件的通知》（中办发［1999］8号）精神办理。由国资委向公司派出国有重点大型企业监事会，对其国有资产保值增值状况实施监督。

五、中国南方电网有限责任公司对其全资企业、控股企业、参股企业（简称有关企业）的国有资产和国有股权行使出资人权利，依法经营、管理和监督，并相应承担保值增值责任。在国家宏观调控和监督管理下，公司依法自主进行各项经营活动。

六、中国南方电网有限责任公司在保证有关企业合法权益和自身发展需要的前提下，可依照《公司法》等有关规定，集中部分国有资产收益，用于国有资本的再投入和结构调整。要规范与有关企业的关系，充分调动其积极性，提高经济效益。

七、中国南方电网有限责任公司为完成国家任务所需的资源和生产经营条件，凡属国家配置范围内的，均在国家相应计划中单列，并由公司统一组织实施。公司组建后，国务院及有关部门对有关企业实行的原有优惠政策继续保持不变。

八、中国南方电网有限责任公司要根据国家产业政策和行业规划，制定发展战略，在国家宏观调控下，深化企业改革，转变经营机制和经济增长方式，强化内部管理，加快结构调整，推进技术创新，加快电网发展，增强企业实力，安全、优质、高效地为国民经济发展服务。同时，按照精简、统一、效能的原则，建立精干高效、职责明确的内部管理机构。

九、中国南方电网有限责任公司要继续做好农村电力体制改革工作，坚持政企分开，减少中间环节，实现城乡用电同网同价。

十、中国南方电网有限责任公司组建后，原由国家电网公司代为行使的南方电网调度职责交由中国南方电网有限责任公司负责，两公司要顾全大局，加强协调，密切配合，共同做好电网间的电力调度工作，确保电网安全稳定运行，安全供电。

组建中国南方电网有限责任公司是深化电力体制改革的重要内容之一，有关地区和部门要给予积极支持。你委和有关部门要加强指导和协调，确保中国南方电网有限责任公司组建工作和电力体制改革顺利进行。

《中国南方电网有限责任公司组建方案》和《中国南方电网有限责任公司章程》由电力体制改革工作小组根据本批复精神，做必要修改后印发。

二〇〇三年十一月八日（印）

国务院关于改组中国华能集团公司有关问题的批复

（国函［2003］9号）

国家经贸委：

你委《关于报请批准中国华能集团公司改组方案和章程的请示》（国经贸电力［2002］952号）收悉。现就改组中有关问题批复如下：

一、原则同意《中国华能集团公司改组方案》和《中国华能集团公司章程》。

二、中国华能集团公司是在原中国华能集团公司及原国家电力公司部分企事业单位基础上改组的国有企业，主要成员单位包括7个全资企业、3内部核算单位、26个控股企业和4个参股企业。中国华能集团公司改组后，要依照《中华人民共和国公司法》（简称《公司法》）等有关规定进行改组和规范，加快建立现代企业制度。

三、中国华能集团公司主要从事电源的开发、投资、建设、经营和管理，组织电力（热力）生产和销售等方面的业务。集团公司暂按人民币200亿元作为注册资本，不进行资产评估和审计验资；实有国有资本数额，待公司成立后由财政部会同你委及有关部门另行核定。

四、中国华能集团公司由中央管理。按照《中共中央关于成立中共中央企业工作委员会及有关问题的通知》（中发［1999］18号和《国务院关于印发电力体制改革方案的通知》（国发［2002］5号）精神，集团公司领导班子和领导人员由中央管理；资产管理及有关的财务关系由财政部负责；其他关系依照《中共中央办公厅、国务院办公厅关于印发中央党政机关与所办经济实体和管理的直属企业脱钩的有关配套文件的通知》（中办发［1999］8号）精神办理。集团公司实行总经理负责制。按照《国有企业监事会暂行条例》的有关规定，国务院向集团公司派出国有重点大型企业监事会，对其国有资产保值增值状况实施监督。

五、同意中国华能集团公司进行国家授权投资的机构和国家控股公司的试点。集团公司对所属全资企业、控股企业、参股企业（简称有关企业）的有关国有资产和国有股权行使出资人权利，对有关企业中国家投资形成并由集团公司拥有的国有资产和国有股权依法进行经营、管理和监督，并相应承担保值增值责任。在国家宏观调控和监督管理下，集团公司依法自主进行各项经营活动。

六、中国华能集团公司在保证有关企业合法权益和自身发展需要的前提下，可依照《公司法》等有关规定，集中部分国有资产收益，用于国有资本的再投入和结构调整。集团公司要进一步规范与有关企业的关系，充分调动有关企业的积极性，提高企业经济效益。

七、中国华能集团公司的资产与财务关系在财政部单列。集团公司为完成国家任务所需的资源和生产经营条件，凡属国家统一配置范围内的，均在国家相应计划中单列，并由集团公司统一组织实施。集团公司改组后，国务院及有关部门对有关企业实行的原有优惠政策继续保持不变。

八、中国华能集团公司要根据国家产业政策和行业规划，制定发展战略，在国家宏观调控下，深化企业改革，转变经营机制和经济增长方式，优化组织结构，强化内部管理，加快结构调整，推动技术创新，增强市场竞争能力，最大限度地提高效益。同时，按照精简、统一、效能的原则，建立精干高效、职责明确的内部管理机构。

改组中国华能集团公司是深化电力工业体制改革的重要内容之一，各有关地区和部门要给予积极支持。你委和国关部门，加强指导和协调，确保中国华能集团公司改组工作和电力体制改革顺利进行。

《中国华能集团公司改组方案》和《中国华能集团公司章程》由你委根据本批复精神，做必要修改后印发。

二〇〇三年一月二十日（印）

国务院关于组建中国大唐集团公司有关问题的批复

（国函［2003］16号）

国家经贸委：

你委《关于报请批准中国大唐集团公司组建方案和章程的请示》（国经贸电力［2002］955号）收悉。现就组建中有关问题批复如下：

一、原则同意《中国大唐集团公司组建方案》和《中国大唐集团公司章程》。

二、中国大唐集团公司是在原国家电力公司部分企事业单位基础上组建的国有企业。主要成员单位包括2个全资企业、33个内部核算单位、48个控股企业和11个参股企业。中国大唐集团公司组建后，要依照《中华人民共和国公司法》（简称《公司法》）等有关规定进行改组和规范，加快建立现代企业制度。

三、中国大唐集团公司主要从事电源的开发、投资、建设、经营和管理，组织电力（热力）生产和销售等方面的业按人民币120亿元注册资本，不进行资产评估和审计验资；实有国有资本数额，待公司成立后由财政部会同你委及有关部门另行核定。

四、中国大唐集团公司由中央管理。按照《中共中央关于成立中共中央企业工作委员会及有关问题的通知》（中发［1999］18号和《国务院关于印发电力体制改革方案的通知》（国发［2002］5号）精神，集团公司领导班子和领导人员由中央管理；资产管理及有关的财务关系由财政部负责；其他关系依照《中共中央办公厅、国务院办公厅关于印发中央党政机关与所办经济实体和管理的直属企业脱钩的有关配套文件的通知》（中办发［1999］8号）精神办理。集团公司实行总经理负责制。按照《国有企业监事会暂行条例》的有关规定，国务院向集团公司派出国有重点大型企业监事会，对其国有资产保值增值状况实施监督。

五、同意中国大唐集团公司进行国家授权投资的机构和国家控股公司的试点。集团公司对所属全资企业、控股企业、参股企业（简称有关企业）的有关国有资产和国有股权行使出资人权利，对有关企业中国家投资形成并由集团公司拥有的国权依法进行经营、管理和监督，并相应承担保值增值责任。在国家宏观调控和监督管理下，集团公司依法自主进行各项经营活动。

六、中国大唐集团公司在保证有关企业合法权益和自身发展需要的前提下，可依照《公司法》等有关规定，集中部分国有资产收益，用于国有资本的再投入和结构调整。集团公司要进一步规范与有关企业的关系，充分调动有关企业的积极性，提高企业经济效益。

七、中国大唐集团公司的资产与财务关系在财政部单列。集团公司为完成国家任务所需的资源和生产经营条件，凡属国家统一配置范围内的，均在国家相应计划中单列，并由集团公司统一组织实施。集团公司组建后，国务院及有关部门对有关企业实行的原有优惠政策继续保持不变。

八、中国大唐集团公司要根据国家产业政策和行业规划，制定发展战略，在国家宏观调控下，深化企业改革，转变经营机制和经济增长方式，优化组织结构，强化内部管理，加快结构调整，推动技术创新，增强市场竞争能力，最大限度地提高投资效益和经济效益。同时，按照精简、统一、效能的原则，建立精干高效、职责明确的内部管理机构。

组建中国大唐集团公司是深化电力工业体制改革的重要内容之一，各有关地区和部门要给予积极支持。你委和国家计委会同有关部门加强指导和协调，确保中国大唐集团公司组建工作和电力体制改革工作顺利进行。

《中国大唐集团公司组建方案》和《中国大唐集团公司章程》由你委根据本批复精神，做必要修改后印发。

二〇〇三年二月二日（印）

国务院关于组建中国华电集团公司有关问题的批复

（国函［2003］19号）

国家经贸委：

你委《关于报请批准中国华电集团公司组建方案和章程的请示》（国经贸电力［2002］953号）收悉。现就组建中国华电集团公司有关问题批复如下：

一、原则同意《中国华电集团公司组建方案》和《中国华电集团公司章程》。

二、中国华电集团公司是在原国家电力公司部分企事业单位基础上组建的国有企业。主要成员单位包括5个全资企业、43个内部核算单位、47个控股企业和22个参股企业。中国华电集团公司组建后，要按照《中华人民共和国公司法》（简称《公司法》等有关规定进行改组和规范，加快建立现代企业制度。

三、中国华电集团公司主要从事电源的开发、投资、建设、经营和管理，组织电力（热力）生产和销售等方面的业务。集团公司暂按人民币120亿元注册资本，不进行资产评估和审计验资；实有国有资本数额，待公司成立后由财政部会同你委及有关部门另行核定。

四、中国华电集团公司由中央管理。按照《中共中央关于成立中共中央企业工作委员会及有关问题的通知》（中发［1999］18号和《国务院关于印发电力体制改革方案的通知》（国发［2002］5号）精神，集团公司领导班子和领导人员由中央管理；资产管理及有关的财务关系由财政部负责；其他关系依照《中共中央办公厅、国务院办公厅关于印发中央党政机关与所办经济实体和管理的直属企业脱钩的有关配套文件的通知》（中办发［1999］8号）精神办理。集团公司实行总经理负责制。按照《国有企业监事会暂行条例》的有关规定，国务院向集团公司派出国有重点大型企业监事会，对其国有资产保值增值状况实施监督。

五、同意中国华电集团公司进行国家授权投资的机构和国家控股公司的试点。集团公司对所属全资企业、控股企业、参股企业（简称有关企业）的有关国有资产和国有股权行使出资人权利，对有关企业中国家投资形成并由集团公司拥有的国权依法进行经营、管理和监督，并相应承担保值增值责任。在国家宏观调控和监督管理下，集团公司依法自主进行各项经营活动。

六、中国华电集团公司在保证有关企业合法权益和自身发展需要的前提下，可依照《公司法》等有关规定，集中部分国有资产收益，用于国有资本的再投入和结构调整。集团公司要进一步规范与有关企业的关系，充分调动有关企业的积极性，提高企业经济效益。

七、中国华电集团公司的资产与财务关系在财政部单列。集团公司为完成国家任务所需的资源和生产经营条件，凡属国家统一配置范围内的，均在国家相应计划中单列，并由集团公司统一组织实施。集团公司组建后，国务院及有关部门对有关优惠政策继续保持不变。

八、中国华电集团公司要根据国家产业政策和行业规划，制定发展战略，在国家宏观调控下，深化企业改革，转变经营机制和经济增长方式，优化组织结构，强化内部管理，加快结构调整，推动技术创新，增强市场竞争能力，最大限度地提高投资效益和经济效益，同时，按照精简、统一、效能的原则，建立精干高效、职责明确的内部管理机构。

组建中国华电集团公司是深化电力工业体制改革的重要内容之一，各有关地区和部门要给予积极支持。你委和国家计委有关部门加强指导和协调，确保中国华电集团公司组建工作和电力体制改革工作顺利进行。

《中国华电集团公司组建方案》和《中国华电集团公司章程》由你委根据本批复精神，做必要修改后印发。

二〇〇三年二月二日（印）

国务院关于组建中国国电集团公司有关问题的批复

（国函［2003］18号）

国家经贸委：

你委《关于报请批准中国国电集团公司组建方案

和章程的请示》（国经贸电力［2002］954号）收悉。现就组建中国国电集团公司有关问题批复如下：

一、原则同意《中国国电集团公司组建方案》和《中国国电集团公司章程》。

二、中国国电集团公司是在原国家电力公司部分企事业单位基础上组建的国有企业。主要成员单位包括6个全资企业、41个内部核算单位、53个控股企业和19个参股企业。中国国电集团公司组建后，要按照《中华人民共和国公司法》（简称《公司法》）的有关规定进行改组和规范，加快建立现代企业制度。

三、中国国电集团公司主要从事电源的开发、投资、建设、经营和管理，组织电力（热力）生产和销售等方面的业务。集团公司暂按人民币120亿元注册资本，不进行资产评估和审计验资；实有国有资本数额，待公司成立后由财政部会同你委及有关部门另行核定。

四、中国国电集团公司由中央管理。按照《中共中央关于成立中共中央企业工作委员会及有关问题的通知》（中发［1999］18号）和《国务院关于印发电力体制改革方案的通知》（国发［2002］5号）精神，集团公司领导班子和领导人员由中央管理；资产管理及有关的财务关系由财政部负责；其他关系依照《中共中央办公厅、国务院办公厅关于印发中央党政机关与所办经济实体和管理的直属企业脱钩的有关配套文件的通知》（中办发［1999］8号）精神办理。集团公司实行总经理负责制。按照《国有企业监事会暂行条例》的有关规定，国务院向集团公司派出国有重点大型企业监事会，对其国有资产保值增值状况实施监督。

五、同意中国国电集团公司进行国家授权投资的机构和国家控股公司的试点。集团公司对所属全资企业、控股企业、参股企业（简称有关企业）的有关国有资产和国有股权行使出资人权利，对有关企业中国家投资形成并由集团公司拥有的国有资产和国有股权依法进行经营、管理和监督，并相应承担保值增值责任。在国家宏观调控和监督管理下，集团公司依法自主进行各项经营活动。

六、中国国电集团公司在保证有关企业合法权益和自身发展需要的前提下，可依照《公司法》等有关规定，集中部分国有资产收益，用于国有资本的再投入和结构调整。集团公司要进一步规范与有关企业的关系，充分调动有关企业的积极性，提企业经济效益。

七、中国国电集团公司的资产与财务关系在财政部单列。集团公司为完成国家任务所需的资源和生产经营条件，凡属国家统一配置范围内的，均在国家相应计划中单列，并由集团公司统一组织实施。集团公司组建后，国务院及有关部门对有关企业实行的原有优惠政策继续保持不变。

八、中国国电集团公司要根据国家产业政策和行业规划，制定发展战略，在国家宏观调控下，深化企业改革，转变经营机制和经济增长方式，优化组织结构，强化内部管理，加快结构调整，推动技术创新，增强市场竞争能力，最大限度地提高投资效益和经济效益。同时，按照精简、统一、效能的原则，建立精干高效、职责明确的内部管理机构。

组建中国国电集团公司是深化电力工业体制改革的重要内容之一，各有关地区和部门要给予积极支持。你委和国家计委会同有关部门加强指导和协调，确保中国国电集团公司组建工作和电力体制改革工作顺利进行。

《中国国电集团公司组建方案》和《中国国电集团公司章程》由你委根据本批复精神，做必要修改后印发。

二〇〇三年二月二日（印）

国务院关于组建中国电力投资集团公司有关问题的批复

（国函［2003］17号）

国家经贸委：

你委《关于报请批准中国电力投资集团公司组建方案和章程的请示》（国经贸电力［2002］956号）收悉。现就组建中国电力投资集团公司有关问题批复如下：

一、原则同意《中国电力投资集团公司组建方案》和《中国电力投资集团公司章程》。

二、中国电力投资集团公司是在原国家电力公司部分企事业单位基础上组建的国有企业。主要成员单位包括5个全资企业、31个内部核算单位、46个控股企业和15个参股企业。中国电力投资集团公司组建后，要按照《中华人民共和国公司法》（简称《公司法》）等有关规定进行改组和规范，加快建立现代企业制度。

三、中国电力投资集团公司主要从事电源的开发、投资、建设、经营和管理，组织电力（热力）生产和销售等方面的业务。集团公司暂按人民币120亿元注册资本，不进行资产评估和审计验资；实有国有资本数额，待公司成立后由财政部会同你委及有关部门另行核定。

四、中国电力投资集团公司由中央管理。按照《中共中央关于成立中共中央企业工作委员会及有关问题的通知》（中发［1999］18号）和《国务院关于印发电力体制改革方案的通知》（国发［2002］5号）精神，集团公司领导班子和领导人员由中央管理；资产管理及有关的财务关系由财政部负责；其他关系依照《中共中央办公厅、国务院办公厅关于印发中央党政机关与所办经济实体和管理的直属企业脱钩的有关配套文件的通知》（中办发［1999］8号）精神办理。集团公司实行总经理负责制。按照《国有企业监事会暂行条例》的有关规定，国务院向集团公司派出国有重点大型企业监事会，对其国有资产保值增值状况实施监督。

五、同意中国电力投资集团公司进行国家授权投资的机构和国家控股公司的试点。集团公司对所属全资企业、控股企业、参股企业（简称有关企业）的有关国有资产和国有股权行使出资人权利，对有关企业中国家投资形成并由集团公司拥有的国有资产和国有股权依法进行经营、管理和监督，并相应承担保值增值责任。在国家宏观调控和监督管理下，集团公司依法自主进行各项经营活动。

六、中国电力投资集团公司在保证有关企业合法权益和自身发展需要的前提下，可依照《公司法》等有关规定，集中部分国有资产收益，用于国有资本的再投入和结构调整。集团公司应进一步规范与有关企业的关系，充分调动有关企业的积极性，提高企业经济效益。

七、中国电力投资集团公司的资产与财务关系在财政部单列。集团公司为完成国家任务所需的资源和生产经营条件，凡属国家统一配置范围内的，均在国家相应计划中单列，并由集团公司统一组织实施。集团公司组建后，国务院及有关部门对有关企业实行的原有优惠政策继续保持不变。

八、中国电力投资集团公司要根据国家产业政策和行业规划，制定发展战略，在国家宏观调控下，深化企业改革，转变经营机制和经济增长方式，优化组织结构，强化内部管理，加快结构调整，推动技术创新，增强市场竞争能力，最大限度地提高投资收益和经济效益。同时，按照精简、统一、效能的原则，建立精干高效、职责明确的内部管理机构。

组建中国电力投资集团公司是深化电力工业体制改革的重要内容之一，各有关地区和部门要给予积极支持。你委和国家计委要会同有关部门，加强指导和协调，确保中国电力投资集团公司组建工作和电力体制改革顺利进行。

《中国电力投资集团公司组建方案》和《中国电力投资集团公司章程》由你委根据本批复精神，做必要修改后印发。

二〇〇三年二月二日（印）

国务院关于组建中国电力工程顾问集团公司有关问题的批复

（国函［2003］26号）

国家经贸委：

你委《关于报请批准中国电力工程顾问集团公司组建方案和章程的请示》（国经贸电力［2002］969号）收悉。现就组建中国电力工程顾问集团公司有关问题批复如下：

一、原则同意《中国电力工程顾问集团公司组建方案》和《中国电力工程顾问集团公司章程》。

二、中国电力工程顾问集团公司是在原国家电力公司所属中国电力工程顾问（集团）有限公司及有关企事业单位基础上组建的国有企业。主要成员单位包括8个全资企业和1个事业单位。集团公司组建后，要对所属全资企业和事业单位（简称有关企业）依照《中华人民共和国公司法》（简称《公司法》）等有关规定逐步进行改组和规范，加快建立现代企业制度。

三、中国电力工程顾问集团公司主要从事电力工程的勘测、规划设计、咨询、监理、总承包，以及电力工程技术中介咨询等业务。集团公司注册资本暂定为人民币4.1亿元，不进行资产评估和审计验资；实有国有资本数额，待公司成立后由财政部会同你委及有关部门另行核定。

四、中国电力工程顾问集团公司由中央管理。按照《中共中央关于成立中共中央企业工作委员会及有关问题的通知》（中发［1999］18号）和《国务院关于印发电力体制改革方案的通知》（国发［2002］5号）精神，集团公司领导班子和领导人员由中央管理；资产管理及有关的财务关系由财政部负责；其他关系依照《中共中央办公厅、国务院办公厅关于印发中央党政机关与所办经济实体和管理的直属企业脱钩的有关配套文件的通知》（中办发［1999］8号）精神办理。集团公司实行总经理负责制。按照《国有企业监事会暂行条例》的有关规定，国务院向集团公司派出国有重点大型企业监事会，对其国有资产保值增值状况实施监督。

五、中国电力工程顾问集团公司对有关企业中国家投资形成并由集团公司拥有的国有资产和国有股权行使出资人权利，依法经营、管理和监督，并相应承担保值增值责任。在国家宏观调控和监督管理下，集团公司依法自主进行各项经营活动。

六、中国电力工程顾问集团公司在保证有关企业合法权益和自身发展需要的前提下，可依照《公司法》等有关规定，集中部分国有资产收益，用于国有资本的再投入和结构调整。集团公司要规范与有关企业的关系，充分调动其积极性，提高经济效益。

七、中国电力工程顾问集团公司的资产与财务关系在财政部单列；集团公司为完成国家任务所需的资源和生产经营条件，凡属国家统一配置范围内的，均在国家相应计划中单列，并由集团公司统一组织实施。

八、中国电力工程顾问集团公司要根据国家产业政策和行业规划，制定发展战略，在国家宏观调控下，深化企业改革，转变经营机制和经济增长方式，强化内部管理，加快结构调整，推动技术创新，增强市场竞争能力，努力提高投资收益和经济效益。同时，按照精简、统一、效能的原则，建立精干高效、职责明确的内部管理机构。

组建中国电力工程顾问集团公司是深化电力体制改革的重要内容之一，各有关地区和部门要给予积极支持。你委和国家计委要会同有关部门加强指导和协调，确保中国电力工程顾问集团公司组建工作和电力体制改革顺利进行。《中国电力工程顾问集团公司组建方案》和《中国电力工程顾问集团公司章程》由你委根据本批复精神，做必要修改后印发。

二〇〇三年二月二十日（印）

国务院关于组建中国水电工程顾问集团公司有关问题的批复

（国函［2003］32号）

国家经贸委：

你委《关于报请批准中国水电工程顾问集团公司组建方案和章程的请示》（国经贸电力［2002］970号）收悉。现就组建中国水电顾问集团公司有关问题批复如下：

一、原则同意《中国水电工程顾问集团公司组建方案》和《中国水电工程顾问集团公司章程》。

二、中国水电工程顾问集团公司是在原国家电力公司所属中国水电顾问有限公司及有关企事业单位基础上组建的国有企业，主要成员单位包括9个全资企业和1个事业单位。集团公司组建后，要对其全资企业和事业单位（简称有关企业）依照《中华人民共和国公司法》（简称《公司法》）等有关规定逐步进行改组和规范，加快建立现代企业制度。

三、中国水电工程顾问集团公司主要从事水电和新能源等方面工程的勘测设计、咨询、监理、施工、项目管理、总承包及相关技术和中介服务，以及河流（河段）水电规划等业务。集团公司注册资本暂定为人民币5.1亿元，不进行资产评估和审计验资；实有国有资本数额，待公司成立后由财政部会同你委及有关部门另行核定。

四、中国水电工程顾问集团公司由中央管理。按照《中共中央关于成立中共中央企业工作委员会及有关问题的通知》18号）和《国务院关于印发电力体制改革方案的通知》（国发［2002］5号）精神，集团公司领导班子和领导人员由中央管理；资产管理及有关的财务关系由财政部负责；其他关系依照《中共中央办公厅、国务院办公厅关于印发中央党政机关与所办经济实体和管理的直属企业脱钩的有关配套文件的通知》（中办发［1999］8号）精神办理。集团公司实行总经理负责制。按照《国有企业监事会暂行条例》的有关规定，国务院向集团公司派出国有重点大型企业监事会，对其国有资产保值增值状况实施监督。

五、中国水电工程顾问集团公司对有关企业中国家投资形成并由集团公司拥有的国有资产和国有股权行使出资人权利，依法经营、管理和监督，并相应承担保值增值责任。在国家宏观调控和监督管理下，集团公司依法自主进行各项经营活动。

六、中国水电工程顾问集团公司在保证有关企业合法权益和自身发展需要的前提下，可依照《公司法》等有关规定，集中部分国有资产收益，用于国有资本的再投入和结构调整。集团公司要规范与有关企业的关系，充分调动其积极性，提高经济效益。

七、中国水电工程顾问集团公司的资产与财务关系在财政部单列；集团公司为完成国家任务所需的资源和生产经营条件，凡属国家统一配置范围内的，均在国家相应计划中单列，并由集团公司统一组织实施。

八、中国水电工程顾问集团公司要根据国家产业政策和行业规划，制定发展战略，在国家宏观调控下，深化企业改革，和经济增长方式，强化内部管理，加快结构调整，推动技术创新，增强市场竞争能力，努力提高投资收益和经济效益。同时，按照精简、统一、效能的原则，建立精干高效、职责明确的内部管理机构。

组建中国水电工程顾问集团公司是深化电力体制改革的重要内容之一，各有关地区和部门要给予积极支持。你委和国家计委会同有关部门加强指导和协调，确保中国水电工程顾问集团公司组建工作和电力体制改革顺利进行。《中国水电工程顾问集团公司组建方案》和《中国水电工程顾问集团公司章程》由你委根据本批复精神，做必要修改后印发。

二〇〇三年二月二十八日（印）

国务院关于组建中国水利水电建设集团公司有关问题的批复

（国函［2003］25号）

国家经贸委：

你委《关于报请批准中国水利水电建设集团公司组建方案和章程的请示》（国经贸电力［2002］971号）收悉。现就组建中国水利水电建设集团公司有关问题批复如下：

一、原则同意《中国水利水电建设集团公司组建方案》和《中国水利水电建设集团公司章程》。

二、中国水利水电建设集团公司是在原国家电力公司所属中国水利水电工程总公司及有关企业基础上组建的国有企业。主要成员单位包括23个全资企业和2个控股企业。集团公司组建后，要对其全资企业、控股企业（简称有关企业）依照《中华人民共和国公司法》（简称《公司法》）等有关规定进行改组和规范，加快建立现代企业制度。

三、中国水利水电建设集团公司主要从事水利和水电建设工程的总承包及勘测设计、施工、咨询和监理等业务。集团公司注册资本暂定为人民币20亿元，不进行资产评估和审计验资；实有国有资本数额，待公司成立后由财政部会同你委及有关部门另行核定。

四、中国水利水电建设集团公司由中央管理。按照《中共中央关于成立中共中央企业工作委员会及有关问题的通知》（中发［1999］18号）和《国务院关于印发电力体制改革方案的通知》（国发［2002］5号）精神，集团公司领导班子和领导人员由中央管理；资产管理及有关的财务关系山财政部负责；其他关系依照《中共中央办公厅、国务院办公厅关于印发中央党政机关与所办经济实体和管理的直属企业脱钩的有关配套文件的通知》（中办发［1999］8号）精神办理。集团公司实行总经理负责制。按照《国有企业监事会暂行条例》的有关规定，国务院向集团公司派出国有重点大型企业监事会，对其国有资产保值增值状况实施监督。

五、中国水利水电建设集团公司对有关企业中国家投资形成并由集团公司拥有的国有资产和国有股权行使出资人权利，依法进行经营、管理和监督，并相应承担保值增值责任。在国家宏观调控和监督管理下，集团公司依法自主进行各项经营活动。

六、中国水利电力建设集团公司在保证有关企业合法权益和自身发展需要的前提下，可依照《公司法》等有关规定，集中部分国有资产收益，用于国有资本的再投入和结构调整。集团公司要规范与有关企业的关系，充分调动有关企业的积极性，提高经济效益。

七、中国水利水电建设集团公司的资产与财务关系在财政部单列。集团公司为完成国家任务所需的资源和生产经营条件，凡属国家统一配置范围内的，均在国家相应计划中单列，并由集团公司统一组织实施。

八、中国水利水电建设集团公司要根据国家产业政策和行业规划，制定发展战略，在国家宏观调控下，深化企业改革，转变经营机制和经济增长方式，强化内部管理，加快结构调整，推动技术创新，增强市场竞争能力，努力提高投资收益和经济效益。同时，按照精简、统一、效能的原则，建立精干高效、职责明确的内部管理机构。

组建中国水利水电建设集团公司是深化电力体制改革的重要内容之一，各有关地区和部门要给予积极支持。你委和国家计委要会同有关部门，加强指导和协调，确保中国水利水电建设集团公司组建工作和电力体制改革顺利进行。

《中国水利水电建设集团公司组建方案》和《中国水利水电建设集团公司章程》由你委根据本批复精神，做必要修改后印发。

二○○三年二月二十日（印）

国务院办公厅关于认真做好电力供应有关工作的通知

（国办发［2003］21号）

各省、自治区、直辖市人民政府，国务院各部委、各直属机构：

“十五”以来，我国电力工业加快发展，发电装机总容量和年发电量已位居世界第二位。“西电东送”、城乡电网改造等工作成效显著，电力供应基本上满足了国民经济和社会发展的需要。但是，随着国民经济的快速发展和人民生活水平的不断提高，全社会对电力的需求大幅度增加。2003年一季度，全国平均用电增长率达17.6%，为历年同期的最高水平。由于高耗能产业发展过快，部分地区新投产的发电容量偏少，主要江河来水偏枯和原油价格上涨，电网结构、设备维修保养以及体制和管理上还存在一些问题，预计2003年部分地区夏、冬两季用电高峰时期供电形势会较为严峻。

保证电力安全、稳定和充足的供应，事关经济发展和社会稳定大局。针对电力供需形势的新情况和新问题，国务院有关部门、地方各级人民政府以及电力企业要高度重视，未雨绸缪，加强领导，通力协作，加快电力体制改革，落实“十五”电力调整规划，加快电力工业发展，逐步解决电力供求不平衡的问题。当前要加强宏观调控，采取有力措施，缓解局部地区电力供应紧张状况，确保安全度过用电高峰期。经国务院同意，现将有关事项通知如下：

一、国务院有关部门和地方各级人民政府要密切关注电力供需形势的变化，对各地区电力供应在用电高峰季节和时段可能出现的各种问题早做研究。要采取切实可行的措施，监督落实安全生产的各项责任制度，及时协调电煤交易和运输过程中存在的问题。加强与电力企业的沟通，共同研究制定应对紧急情况的预案。在电力供应紧张的情况下，首先保证居民生活、重要单位用电，合理安排其他行业和工业企业的供电次序，尽量减少限电可能造成的损失。要认真做好水情预测预报工作，优化水库调度，统筹安排发电和防洪、灌溉，用好宝贵的水资源。

二、电力企业要加强安全生产管理，充分发挥现有电力设施的生产能力。发电企业要合理安排检修计划，避开在用电高峰期检修，提高设备可用率，努力保证发电机组在用电高峰季节和时段正常运行；电网经营企业要优化调度，确保电网稳定运行；建设单位要加快在建电源、电网工程的建设进度，保证工程质量，争取尽快投产；电力设备制造企业要抓好生产调度管理，挖掘潜力，增加产量，保证质量，按期交货。对拖期交货，随意提价和出现质量事故的制造企业，除按合同追究责任外，今后招投标时要相应降低对其资质的评价。

三、打破分省平衡、地方保护的格局，开放市场，鼓励竞争，加强电网调度，促进“西电东送”和网间的丰枯、峰谷和余缺调剂，发挥电网间的“错峰”效益。针对当前电力资源配置中的问题，国家电力监管委员会要会同电网企业，抓紧制定区域之间和区域内跨省电力优化调度的规则，价格管理部门要建立和完善送受电价格形成机制，在2003年夏季用电高峰到来以前实施。

以最大限度满足市场用电需求为目标，合理安排电力生产计划和电力调度。在供电紧张时要鼓励电厂多发电，多发高峰电。地方省级人民政府行业主管部门和电网企业不得以“计划外指标”等名义压低上网电价，影响企业发电积极性。要取消在电力供应富余时期采取的一些限制发电的措施，允许企业的自备电厂将富余电量以不高于地区平均上网价格上网供应。“竞价上网”涉及电力系统调度规则和现行电价体系的改革，应按国家电力体制改革的进程统一部署，国家电力监管委员会要加强监管，防止不规范的竞价上网影响电力生产。

四、加强用电侧管理，充分发挥价格杠杆作用，科学引导电力消费，缓解电网峰谷差矛盾。国家发展和改革委员会要会同有关部门，尽快制定出台相关规定，在发电和用电环节普遍推行峰谷电价政策。用电紧张地区在高峰用电期可合理安排大用户“错峰用电”。同时加强节能和环保方面的宣传工作，增强用户节电意识。

五、地方各级人民政府要认真贯彻国家的产业政策，正确引导高耗能产业的发展。对产品供大于求、经济规模不足、市场竞争力差的高耗能企业，要清理和调整自行颁布实施的优惠电价政策。国家发展和改革委员会、国家电力监管委员会可以在必要时组织检查，进行整顿。各地政府和中介组织、行业协会要严格遵守国家价格政策，绝不允许搞煤炭价格同盟，搞行业保护和地方保护，干预企业市场采购。

六、国家发展和改革委员会要抓紧落实“十五”电力规划调整方案，结合电力工业结构调整的各项方针，抓紧审批、开工一批电源、电网项目，加快国家规划内电力项目的前期工作进度，使电力工业实现持续稳定的增长。

七、电力工业是资金、技术密集型产业，工程建设周期较长，与水资源、大气排放等环境因素及其他行业的发展密切相关。为了保证电力工业稳定有序发展，当前在部分地区出现电力紧张的情况下，更要注意防止电力投资过热、项目一哄而上的倾向。电力项目的建设必须服从总体规划，地方各级人民政府均不得自行审批、建设燃煤发电厂。银行不得对未经批准的电厂提供贷款。凡违规建设电厂因燃煤供应、上网价格、资金供应造成的纠纷和损失，均由违规审批单位和项目业主承担责任。严重违规的，要追究责任。

二〇〇三年四月二十日（印）

国务院办公厅关于印发电价改革方案的通知

（国办发［2003］62号）

各省、自治区、直辖市人民政府，国务院各部委、各直属机构：

发展改革委会同有关单位提出的《电价改革方案》已经国务院同意，现印发给你们，请认真贯彻执行。

电价改革是电力体制改革的重要组成部分，对建立和培育电力市场、优化电力资源配置具有重要意义。发展改革委要根据《电价改革方案》的总体要求，会同有关部门进一步制定实施办法。电价改革要结合各地电力供求情况，因地制宜，因时制宜，稳步推进，既要有利于引导电力投资和建设，促进电力工业改革和正常生产，保证企业生产和居民生活用电需要，又要重视电价改革对宏观经济和人民生活的影响，改革初期要保持电价水平总体稳定，确保新旧电价体制平稳过渡。

二〇〇三年七月三日（印）

电价改革方案

一、深化电价改革的必要性

（一）改革开放以来，我国电价形成机制经历了一系列变革。从1985年以来，先后实行了“还本付息电价”、“燃运加价”、“经营期电价”等多项电价政策，对扭转我国长期存在的缺电局面，支持国民经济持续快速增长，促进电力企业加强管理、提高效率，起到了积极作用。但是，随着电力供求关系、市场结构的变化，上述定价方法及高度集中的电价管理体制已难以适应电力工业健康发展的要求。

（二）为了促进电力工业发展，提高国民经济整体竞争能力，国务院决定进行电力体制改革。作为电力体制改革的核心内容，电价改革势在必行。

二、电价改革的指导思想、目标和原则

（三）电价改革的指导思想是：按照《国务院关于印发电力体制改革方案的通知》（国发［2002］5号）精神，在总结和借鉴国内外改革经验教训的基础上，从国情出发，立足长远、兼顾当前，逐步建立与社会主义市场经济体制相适应的电价形成机制，以优化资源配置，促进电力工业健康发展，满足全社会不断增长的电力需求。

（四）电价改革的长期目标：在进一步改革电力体制的基础上，将电价划分为上网电价、输电价格、配电价格和终端销售电价；发电、售电价格由市场竞争形成；输电、配电价格由政府制定。同时，建立规范、透明的电价管理制度。

改革的近期目标：在厂网分开的基础上，建立与发电环节适度竞争相适应的上网电价机制；初步建立有利于促进电网健康发展的输配电价格机制；实现销售电价与上网电价联动；优化销售电价结构；具备条件的地区，在合理制定输配电价的基础上，试行较高电压等级或较大用电量的用户直接向发电企业购电。

（五）电价改革应注重价格信号对电力投资的引导作用，并把提高效率，促进增长和保护环境有机结合起来。

（六）电价改革应与整个电力体制改革协调推进，与电力市场模式、企业重组等改革互相衔接。

（七）电价改革应总体设计、循序渐进、搞好试点、分步实施。应根据电力行业的技术、经济特性分轻重缓急，制定阶段性改革目标和措施，通过试点取得经验后逐步推广。竞价上网应在电力供大于求的情况下实施，竞价初期应保持电价水平总体稳定，确保平稳过渡。

（八）电价改革应坚持统一领导与分级负责相结合。按照改革的整体部署和原则，各地可根据本地区具体情况，因地制宜地制定电价改革实施办法，报国务院价格主管部门批准后实施。

三、关于厂网价格分开

（九）厂网分开时，为使原国家电力公司系统没有上网电价的电厂分离出来后能够正常运营，应对其核定临时上网电价。临时上网电价原则上以实施厂网资产分离前一年电厂发电成本、财务费用、税金和上网电量为基础确定，当年的成本、费用和上网电量情况不正常的，可进行适当调整。

四、关于上网电价改革

（十）上网电价改革的方向是全面引入竞争机制，价格由供需各方竞争形成。过渡时期，上网电价主要实行两部制电价，其中，容量电价由政府制定，电量电价由市场竞争形成。各地也可以根据实际采取部分电量竞价等其他过渡方式。

（十一）容量电价应为投资者提供部分收入保障，并能够引导电力长期投资。容量电价水平可按电力调度交易中心经营范围内发电企业平均投资成本的一定比例制定，原则上实行同网同价，并保持相对稳定。

（十二）电量电价的形成机制，既要促进有效竞争，也要避免价格的非正常涨落。各区域电力市场应选择符合本区域实际的竞价模式。同一区域电力市场不同调度交易中心的竞价模式应保持一致。

（十三）发电企业全部电量实行集中竞价上网的地区，在建立现货市场的基础上，应允许市场参与者采取签订差价合同等措施规避交易风险。在现货市场价格出现非正常涨落时，有关部门可规定最高或最低限价。

（十四）具备条件的地区，实行集中竞价的同时，在合理制定输配电价的基础上，应允许较高电压等级或较大用电量用户、独立核算的配电公司与发电公司

进行双边交易，双边交易的电量和价格由买卖双方协商确定，交易办法另行规定。集中竞价的交易价格为供需双方的市场均衡价格。竞价初期，可制定相应的规则，对成交价格进行适当调控，确保市场交易平稳有序。

（十五）新建和现已具备条件的核电企业应参与市场竞争；风电、地热等新能源和可再生能源企业暂不参与市场竞争，电量由电网企业按政府定价或招标价格优先购买，电力市场成熟时由政府规定供电企业售电量中新能源和可再生能源电量的比例，建立专门的竞争性新能源和可再生能源市场。

（十六）符合国家审批程序的外商直接投资企业，1994年以前建设并已签订购电合同的、1994年及以后经国务院批准承诺过电价或投资回报率的，在保障投资者合理收益的基础上，可重新协商，尽可能使其按新体制运行。

（十七）改革中的“搁浅成本”问题，原则上通过企业重组或国有资产变现等办法解决。具体办法另行制定。

（十八）电力市场竞价前，各发电企业上网电价应严格按政府价格主管部门制定的标准执行。

五、关于输配电价改革

（十九）输配电价由政府价格主管部门按“合理成本、合理盈利、依法计税、公平负担”原则制定，并逐步实现政府定价的规范化、科学化。

（二十）政府对输配电价格的管理，作为方向性目标，可选择激励作用较强的定价方式。厂网分开时按电网平均销售电价扣除平均购电价格确定，竞价实施后，逐步向成本加收益管理方式过渡。要制定与价格管理相适应的成本规则，按社会平均水平确定电网运营成本，以电网企业有效资产和市场筹资成本为基础确定投资收益。

（二十一）输配电价格分为共用网络服务价格、专项服务价格和辅助服务价格。这些价格的制定，均与电网企业总收入水平统筹考虑。

（二十二）共用网络服务价格按电压等级制定，各电压等级价格应反映其对系统造成的成本耗费。竞价初期，同一电压等级的用户输配电价执行同一价格水平，原则上实行单一电量电价。条件成熟后，逐步引入更加科学的计价方法。

（二十三）专项服务价格分为电厂接入价、专用输电工程服务价和联网价三类。价格水平以成本为基础确定。

（二十四）辅助服务实行有偿提供，具体办法另行制定。

六、关于销售电价改革

（二十五）销售电价改革的方向，是在允许全部用户自由选择供电商的基础上，由市场定价。竞价初期仍由政府制定的销售电价，应逐步实现定价的规范化、科学化，并有利于同市场接轨。

（二十六）政府制定销售电价的原则是坚持公平负担，有效调节电力需求，兼顾公共政策目标，并建立与上网电价联动的机制。

（二十七）竞价初期销售电价由购电成本、输配电损耗、输配电价和政府性基金构成，输配电价中包含电力销售费用。

（二十八）根据用户用电负荷特性及便于与上网电价联动的原则对销售电价的分类进行调整，目标是将用户分为居民生活用电、农业生产用电、工商业及其他用电三类，每类用户按电压等级和用电负荷特性定价。竞价初期，销售电价分类应根据用户承受能力逐步调整，工业用电，趸售用电价格可单独分类。

（二十九）对具备条件的用户普遍推行两部制电价，并合理调整基本电价在销售电价中的比重，使基本电价能准确反映用户对系统固定费用的实际耗费。

（三十）全面实行峰谷电价。具备条件的地区，也可同时实行季节电价，高可靠性电价、可中断电价等有利于系统平衡、降低系统成本的电价形式。

（三十一）销售电价的调整，采取定期调价和联动调价两种形式。定期调价是指政府每年对销售电价进行校核，如果年度间电价水平变化不大，应尽量保持稳定。联动调价指上网电价同方向变化超过一定幅度时对销售电价作相应调整，适用范围仅限于工商业及其他用户。

（三十二）电力市场开始竞价的第一年内，居民生活用电及农业生产用电价格水平原则上保持稳定。调整用户分类、扩大两部制电价范围等改革措施，在电力市场竞价开始半年后逐步实施。上述期间内如果上网电价变化幅度较大，电网企业增支或减支部分在以后调整销售电价时解决。

七、关于电价管理

（三十三）需由政府管理的电价，由政府价格主管部门按照统一领导、分级负责的原则进行管理。重大价格决策，应充分听取政府电力监管部门、电力行业协会及有关市场主体的意见。电力监管部门根据市场情况向政府价格主管部门提出调整电价的建议。

（三十四）电价管理原则和各电力市场的容量电

价、输电价格由国务院价格主管部门负责制定。配电价格和对终端用户的销售电价，在输、配分开前，由国务院价格主管部门负责制定；输、配分开后，由省级人民政府价格主管部门负责制定（跨省的报国务院价格主管部门审批）。

（三十五）政府价格主管部门和电力监管部门按各自职责对电力市场参与者的价格行为进行监督和检查。

国务院办公厅关于加强电力安全工作的通知

（国办发［2003］98号）

各省、自治区、直辖市人民政府，国务院各部委、各直属机构：

电力工业是关系国计民生的重要基础产业和公用事业，电力安全事关经济发展和社会稳定，与人民群众的生产生活密切相关。长期以来，我国电力建设和运行坚持“统一规划、统一调度”的原则，电源电网布局基本合理，电网结构清晰，电压等级简明，二次系统同步，基本建立了保障电力安全的法律法规、技术标准和管理体系，保证了电力系统安全，对保障我国国民经济持续快速健康发展发挥了重要作用。但是，我国电力工业正处在发展阶段，电力需求增长很快，电力供需矛盾突出，部分地区发电和输变电备用容量不足，电网网架结构薄弱，安全运行存在隐患；电力生产运行中违反调度规则和指令的情况时有发生，各地违章施工、偷盗电力设施等严重危害电力安全的情况屡禁不止；现行电力安全法律法规有的不适应当前形势或新的体制，需要进一步修改和完善。为加强电力安全工作，经国务院同意，现将有关事项通知如下：

一、加强法规建设，切实落实电力安全生产责任制

电力系统安全和应急处置事关国家安全和社会稳定大局，各地区、各部门要高度重视电力安全工作，强化电力安全生产责任，严格安全生产监督检查。为了加强电力安全监管工作，国务院授权电监会具体负责电力安全监督管理，安全监管局负责综合管理。有关部门要根据电力体制改革的新形势和电力安全工作的新要求，抓紧研究提出修订电力安全生产方面行政法规的意见，完善电力安全法律保障体系。

地方各级人民政府要加强电力设施保护方面法律法规的宣传教育工作，增强全社会维护电力设施安全的守法意识。同时，各地公安等有关部门要加大执法力度，严厉打击各类破坏电力设施的违法犯罪行为，为电力系统的安全稳定运行创造良好的社会环境。

电力企业要始终坚持“安全第一、预防为主”的方针，切实落实企业内部安全生产责任制，严明组织纪律，加强安全技术培训，提高电力系统运行可靠性和电力企业安全管理水平，确保电力安全生产和供应。国家电网公司和中国南方电网有限责任公司分别负责所辖范围内的电网安全，南方电网与其他区域电网联网线路的安全责任由国家电网公司承担。

二、完善调度协调体系，建立有效的电力安全应急机制

电力系统运行要坚持统一调度、分级管理、分区分层运行的原则，进一步完善统一的调度协调体系。在电网运行方式、备用容量安排、设备检修计划、紧急事故处理以及事故发生后恢复等方面做到统筹安排。电力企业要顾全大局，服从统一调度，严格按照调度指令安排运行方式，做到令行禁止。

地方各级人民政府要借鉴国内外处理公共突发事件的经验，抓紧建立适合本地区实际情况的电力安全应急处理机制，制定周密、完备的应急预案，并向社会广泛宣传和定期组织演习。党政机关、金融机构、通信企业、广播电台、电视台、医院和机场等重要单位要安装备用电源。对建设备用电源确有困难的单位，要给予必要的支持。

电力企业要建立有效的电力系统突发事件应急机制，针对电力生产运行中的薄弱环节，定期进行反事故演习，提高处理事故的能力。特别是电网企业要制定完备的“黑启动”预案，并定期组织演练。

三、抓紧制定电力发展规划，统筹安排电源和电网建设

电力发展要坚持统一规划的原则，抓紧制定电力发展中长期规划，以科学的规划指导电力建设，保证供需平衡，满足国民经济发展和人民生活的需要。电力发展规划要充分论证，统筹兼顾，适当超前，使电力工业稳步有序发展，避免大起大落。要统筹安排电源和电网建设，优化电源布局和电网结构，保持电源与电网稳步协调发展，促进水电、煤电、核电和蓄能电站等电源合理互补。加快“西电东送”项目建设，实现更大范围内的电力资源优化配置。有关部门要抓紧协调落实资金渠道，加快电网建设。要依靠科学技术，坚持全国统一的电力技术标准、技术规范和电网安全技术手段，加强电力系统安全运行的基础，提高电力系统抗风险能力。区域电网要因地因网制宜，重视网架结构和布局的科学合理性，建设坚强、清晰、

合理、可靠的骨干网架。重视电网二次系统的同步配套建设，加强电网安全的监控和保护。继续改造城市电网，解决城市电网薄弱、配电容量不足问题，提高城市电力供应的可靠性，减少安全隐患。电网公司可拥有必要的调峰调频及事故备用发电容量，提高系统安全性。

新建电力项目必须服从国家的统一规划，严格执行国家规定的审批程序。对违规建设的电力项目要依法处理。要适当简化规划内电力建设项目审批程序，加快建设步伐，增加电力供应。

四、加强用电侧管理，科学引导电力消费

加强用电侧管理既是当前做好电力供应工作的一个重要内容，又是电力工业节约能源，实现可持续发展的有效途径。在缺电时错峰用电，在紧急情况下按预案有序切断负荷，是保证电网安全的必要手段。要充分运用价格杠杆等经济手段，加快实行发电和用电的峰谷电价，科学引导电力消费，缓解电网峰谷差矛盾，提高电网运行的可靠性。

五、积极稳妥地推进电力体制改革

电力体制改革是适应社会主义市场经济需要、优化电力资源配置、促进电力工业发展的重要举措。各有关部门和地区要继续按照电力体制改革方案，积极、稳妥、分步推进各项改革措施。要正确处理改革和电力安全生产的关系，在保证电力安全生产和电力系统稳定运行的前提下不断把改革推向深入。

电力体制改革工作小组要加强对电力体制改革工作的领导，各成员单位要按照统一部署和工作分工，密切配合，各司其职，认真完成改革方案确定的各项任务。

二〇〇三年十二月五日（印）

中华人民共和国国务院令

第378号

《企业国有资产监督管理暂行条例》已经2003年5月13日国务院第8次常务会议讨论通过，现予公布，自公布之日起施行。

总理　温家宝

二〇〇三年五月二十七日

企业国有资产监督管理暂行条例

第一章　总　则

第一条　为建立适应社会主义市场经济需要的国有资产监督管理体制，进一步搞好国有企业，推动国有经济布局和结构的战略性调整，发展和壮大国有经济，实现国有资产保值增值，制定本条例。

第二条　国有及国有控股企业、国有参股企业中的国有资产的监督管理，适用本条例。

金融机构中的国有资产的监督管理，不适用本条例。

第三条　本条例所称企业国有资产，是指国家对企业各种形式的投资和投资所形成的权益，以及依法认定为国家所有的其他权益。

第四条　企业国有资产属于国家所有。国家实行由国务院和地方人民政府分别代表国家履行出资人职责，享有所有者权益，权利、义务和责任相统一，管资产和管人、管事相结合的国有资产管理体制。

第五条　国务院代表国家对关系国民经济命脉和国家安全的大型国有及国有控股、国有参股企业，重要基础设施和重要自然资源等领域的国有及国有控股、国有参股企业，履行出资人职责。国务院履行出资人职责的企业，由国务院确定、公布。

省、自治区、直辖市人民政府和设区的市、自治州级人民政府分别代表国家对由国务院履行出资人职责以外的国有及国有控股、国有参股企业，履行出资人职责。其中，省、自治区、直辖市人民政府履行出资人职责的国有及国有控股、国有参股企业，由省、自治区、直辖市人民政府确定、公布，并报国务院国有资产监督管理机构备案；其他由设区的市、自治州级人民政府履行出资人职责的国有及国有控股、国有参股企业，由设区的市、自治州级人民政府确定、公布，并报省、自治区、直辖市人民政府国有资产监督管理机构备案 。

国务院，省、自治区、直辖市人民政府，设区的市、自治州级人民政府履行出资人职责的企业，以下统称所出资企业。

第六条　国务院，省、自治区、直辖市人民政府，设区的市、自治州级人民政府，分别设立国有资产监督管理机构。国有资产监督管理机构根据授权，依法履行出资人职责，依法对企业国有资产进行监督管理。

企业国有资产较少的设区的市、自治州，经省、自治区、直辖市人民政府批准，可以不单独设立国有资产监督管理机构。

第七条 各级人民政府应当严格执行国有资产管理法律、法规，坚持政府的社会公共管理职能与国有资产出资人职能分开，坚持政企分开，实行所有权与经营权分离。

国有资产监督管理机构不行使政府的社会公共管理职能，政府其他机构、部门不履行企业国有资产出资人职责。

第八条 国有资产监督管理机构应当依照本条例和其他有关法律、行政法规的规定，建立健全内部监督制度，严格执行法律、行政法规。

第九条 发生战争、严重自然灾害或者其他重大、紧急情况时，国家可以依法统一调用、处置企业国有资产。

第十条 所出资企业及其投资设立的企业，享有有关法律、行政法规规定的企业经营自主权。

国有资产监督管理机构应当支持企业依法自主经营，除履行出资人职责以外，不得干预企业的生产经营活动。

第十一条 所出资企业应当努力提高经济效益，对其经营管理的企业国有资产承担保值增值责任。

所出资企业应当接受国有资产监督管理机构依法实施的监督管理，不得损害企业国有资产所有者和其他出资人的合法权益。

第二章 国有资产监督管理机构

第十二条 国务院国有资产监督管理机构是代表国务院履行出资人职责、负责监督管理企业国有资产的直属特设机构。

省、自治区、直辖市人民政府国有资产监督管理机构，设区的市、自治州级人民政府国有资产监督管理机构是代表本级政府履行出资人职责、负责监督管理企业国有资产的直属特设机构。

上级政府国有资产监督管理机构依法对下级政府的国有资产监督管理工作进行指导和监督。

第十三条 国有资产监督管理机构的主要职责是：

（一）依照《中华人民共和国公司法》等法律、法规，对所出资企业履行出资人职责，维护所有者权益；

（二）指导推进国有及国有控股企业的改革和重组；

（三）依照规定向所出资企业派出监事会；

（四）依照法定程序对所出资企业的企业负责人进行任免、考核，并根据考核结果对其进行奖惩；

（五）通过统计，稽核等方式对企业国有资产的保值增值情况进行监管；

（六）履行出资人的其他职责和承办本级政府交办的其他事项。

国务院国有资产监督管理机构除前款规定职责外，可以制定企业国有资产监督管理的规章、制度。

第十四条 国有资产监督管理机构的主要义务是：

（一）推进国有资产合理流动和优化配置，推动国有经济布局和结构的调整；

（二）保持和提高关系国民经济命脉和国家安全领域国有经济的控制力和竞争力，提高国有经济的整体素质；

（三）探索有效的企业国有资产经营体制和方式，加强企业国有资产监督管理工作，促进企业国有资产保值增值，防止企业国有资产流失；

（四）指导和促进国有及国有控股企业建立现代企业制度，完善法人治理结构，推进管理现代化；

（五）尊重、维护国有及国有控股企业经营自主权，依法维护企业合法权益，促进企业依法经营管理，增强企业竞争力；

（六）指导和协调解决国有及国有控股企业改革与发展中的困难和问题。

第十五条 国有资产监督管理机构应当向本级政府报告企业国有资产监督管理工作、国有资产保值增值状况和其他重大事项。

第三章 企业负责人管理

第十六条 国有资产监督管理机构应当建立健全适当现代企业制度要求的企业负责人的选用机制和激励约束机制。

第十七条 国有资产监督管理机构依照有关规定，任免或者建议任免所出资企业的企业负责人：

（一）任免国有独资企业的总经理、副总经理、总会计师及其他企业负责人；

（二）任免国有独资公司的董事长、副董事长、董事，并向其提出总经理、副总经理、总会计师等的任免建议；

（三）依照公司章程，提出向国有控股的公司派出的董事、监事人选，推荐国有控股的公司的董事长、副董事长和监事会主席人选，并向其提出总经理、副总经理、总会计师人选的建议；

（四）依照公司章程，提出向国有参股的公司派出的董事、监事人选。

国务院，省、自治区、直辖市人民政府，设区的市、自治州级人民政府，对所出资企业的企业负责人的任免另有规定的，按照有关规定执行。

第十八条 国有资产监督管理机构应当建立企业负责人经营业绩考核制度，与其任命的企业负责人签订业绩合同，根据业绩合同对企业负责人进行年度考核和任期考核。

第十九条 国有资产监督管理机构应当依照有关规定，确定所出资企业中的国有独资企业、国有独资公司的企业负责人的薪酬；依据考核结果，决定其向所出资企业派出的企业负责人的奖惩。

第四章 企业重大事项管理

第二十条 国有资产监督管理机构负责指导国有及国有控股企业建立现代企业制度，审核批准其所出资企业中的国有独资企业、国有独资公司的重组、股份制改造方案和所出资企业中的国有独资公司的章程。

第二十一条 国有资产监督管理机构依照法定程序决定其所出资企业中的国有独资企业、国有独资公司的分立、合并、破产、解散、增减资本、发行公司债券等重大事项。其中，重要的国有独资企业、国有独资公司分立、合并、破产、解散的，应当由国有资产监督管理机构审核后，报本级人民政府批准。

国有资产监督管理机构依照法定程序审核、决定国防科技工业领域其所出资企业中的国有独资企业、国有独资公司的有关重大事项时，按照国家有关法律、规定执行。

第二十二条 国有资产监督管理机构依照公司法的规定，派出股东代表、董事，参加国有控股的公司、国有参股的公司的股东会、董事会。

国有控股的公司、国有参股的公司的股东会、董事会决定公司的分立、合并、破产、解散、增减资本、发行公司债券、任免企业负责人等重大事项时，国有资产监督管理机构派出的股东代表、董事，应当按照国有资产监督管理机构的指示发表意见、行使表决权。

国有资产监督管理机构派出的股东代表、董事，应当将其履行职责的有关情况及时向国有资产监督管理机构报告。

第二十三条 国有资产监督管理机构决定其所出资企业的国有股权转让。其中，转让全部国有股权或者转让部分国有股权致使国家不再拥有控股地位的，报本级人民政府批准。

第二十四条 所出资企业投资设立的重要子企业的重大事项，需由所出资企业报国有资产监督管理机构批准的，管理办法由国务院国有资产监督管理机构另行制定，报国务院批准。

第二十五条 国有资产监督管理机构依照国家有关规定组织协调所出资企业中的国有独资企业、国有独资公司的兼并破产工作，并配合有关部门做好企业下岗职工安置等工作。

第二十六条 国有资产监督管理机构依照国家有关规定拟订所出资企业收入分配制度改革的指导意见，调控所出资企业工资分配的总体水平。

第二十七条 所出资企业中的国有独资企业、国有独资公司经国务院批准，可以作为国务院规定的投资公司、控股公司，享有公司法第十二条规定的权利；可以作为国家授权投资的机构，享有公司法第二十条规定的权利。

第二十八条 国有资产监督管理机构可以对所出资企业中具备条件的国有独资企业、国有独资公司进行国有资产授权经营。

被授权的国有独资企业、国有独资公司对其全资、控股、参股企业中国家投资形成的国有资产依法进行经营、管理和监督。

第二十九条 被授权的国有独资企业、国有独资公司应当建立和完善规范的现代企业制度，并承担企业国有资产的保值增值责任。

第五章 企业国有资产管理

第三十条 国有资产监督管理机构依照国家有关规定，负责企业国有资产的产权界定、产权登记、资产评估监管、清产核资、资产统计、综合评价等基础管理工作。

国有资产监督管理机构协调其所出资企业之间的企业国有资产产权纠纷。

第三十一条 国有资产监督管理机构应当建立企业国有资产产权交易监督管理制度，加强企业国有资产产权交易的监督管理，促进企业国有资产的合理流动，防止企业国有资产流失。

第三十二条 国有资产监督管理机构对其所出资企业的企业国有资产收益依法履行出资人职责；对其所出资企业的重大投融资规划、发展战略和规划，依照国家发展规划和产业政策履行出资人职责。

第三十三条 所出资企业中的国有独资企业、国有独资公司的重大资产处置，需由国有资产监督管理机构批准的，依照有关规定执行。

第六章 企业国有资产监督

第三十四条 国务院国有资产监督管理机构代表国务院向其所出资企业中的国有独资企业、国有独资公司派出监事会。监事会的组成、职权、行为规范等，依照《国有企业监事会暂行条例》的规定执行。

地方人民政府国有资产监督管理机构代表本级人民政府向其所出资企业中的国有独资企业、国有独资公司派出监事会，参照《国有企业监事会暂行条例》的规定执行。

第三十五条 国有资产监督管理机构依法对所出资企业财务进行监督，建立和完善国有资产保值增值指标体系，维护国有资产出资人的权益。

第三十六条 国有及国有控股企业应当加强内部监督和风险控制，依照国家有关规定建立健全财务、审计、企业法律顾问和职工民主监督等制度。

第三十七条 所出资企业中的国有独资企业、国有独资公司应当按照规定定期向国有资产监督管理机构报告财务状况、生产经营状况和国有资产保值增值状况。

第七章 法律责任

第三十八条 国有资产监督管理机构不按规定任免或者建议任免所出资企业的企业负责人，或者违法干预所出资企业的生产经营活动，侵犯其合法权益，造成企业国有资产损失或者其他严重后果的，对直接负责的主管人员和其他直接责任人员依法给予行政处分；构成犯罪的，依法追究刑事责任。

第三十九条 所出资企业中的国有独资企业、国有独资公司未按照规定向国有资产监督管理机构报告财务状况、生产经营状况和国有资产保值增值状况的，予以警告；情节严重的，对直接负责的主管人员和其他直接责任人员依法给予纪律处分。

第四十条 国有及国有控股企业的企业负责人滥用职权、玩忽职守，造成企业国有资产损失的，应负赔偿责任，并对其依法给予纪律处分；构成犯罪的，依法追究刑事责任。

第四十一条 对企业国有资产损失负有责任受到撤职以上纪律处分的国有及国有控股企业的企业负责人，5年内不得担任任何国有及国有控股企业的企业负责人；造成企业国有资产重大损失或者被判处刑罚的，终身不得担任任何国有及国有控股企业的企业负责人。

第八章 附 则

第四十二条 国有及国有控股企业、国有参股企业的组织形式、组织机构、权利和义务等，依照《中华人民共和国公司法》等法律、行政法规和本条例的规定执行。

第四十三条 国有及国有控股企业、国有参股企业中中国共产党基层组织建设、社会主义精神文明建设和党风廉政建设，依照《中国共产党章程》和有关规定执行。

国有及国有控股企业、国有参股企业中工会组织依照《中华人民共和国工会法》和《中国工会章程》的有关规定执行。

第四十四条 国务院国有资产监督管理机构，省、自治区、直辖市人民政府可以依据本条例制定实施办法。

第四十五条 本条例施行前制定的有关企业国有资产监督管理的行政法规与本条例不一致的，依照本条例的规定执行。

第四十六条 政企尚未分开的单位，应当按照国务院的规定，加快改革，实现政企分开。政企分开后的企业，由国有资产监督管理机构依法履行出资人职责，依法对企业国有资产进行监督管理。

第四十七条 本条例自公布之日起施行。

中央国务院领导关于电力的重要事件

胡锦涛看望春节坚守岗位的首都供电职工

2月1日上午，中共中央总书记胡锦涛来到北京市供电局，亲切看望并慰问坚守岗位的干部职工，送去党中央的亲切关怀和新春祝福。他希望广大干部群众在新的一年里，深入学习贯彻十六大精神，认真实践“三个代表”重要思想，坚持全心全意为人民服务，与时俱进，开拓创新，在全面建设小康社会的伟大征程上不断创造新的工作业绩。

胡锦涛和随行的中共中央政治局候补委员、中央书记处书记、中央办公厅主任王刚，在中共中央政治局委员、北京市委书记刘淇和市长孟学农的陪同下，察看了北京市供电的运行情况。

在北京供电局，胡锦涛看望慰问了电力职工，并向全国电力系统的职工拜年。在供电调度室，胡锦涛察看了地区整点负荷棒图，了解北京市春节期间和夏季用电高峰时的电力供应情况。他说，电力系统的安全运行关系到广大群众的生活，关系到经济和社会发展的全局。在节日期间，由于工作的需要，你们没能与家人团聚，但你们以自己的辛勤工作为广大群众送去光明和温暖，保证广大群众都过上欢乐、祥和的春节。

吴邦国致电三峡总公司负责人，要求确保三峡工程三大目标如期实现

2003年1月，中共中央政治局常委、国务院副总理吴邦国致电三峡工程开发总公司负责人，要求2003年确保工程蓄水、通航、发电三大目标如期实现。

吴邦国指出，2002年三峡工程硕果累累，成绩可喜可贺。11月6日顺利实现导流明渠截流，五级船闸进入有水调试阶段，二期围堰施工完成10万m^3混凝土浇筑，有关单项工程通过验收，公司改制上市工作取得实质性进展。这是公司全体干部职工辛勤努力的结果，请向同志们转达我的诚挚问候！

针对2003年艰巨的任务，吴邦国强调，2003年三峡工程将实现蓄水、通航、发电三大目标，各项任务十分繁重也极为关键。希望你们在党的十六大精神指引下，努力实践“三个代表”重要思想，团结一心，再接再厉，开拓创新，确保工程质量，确保三大目标如期实现。

温家宝考察三峡库区时强调做好工程建设各项工作

在三峡二期工程建设顺利完成、三期工程全面展开之际，中共中央政治局常委、国务院总理、国务院三峡工程建设委员会主任温家宝10月24～26日赴三峡库区考察。他指出，三峡工程是举世瞩目的千秋伟业。在整个工程建设中，要始终高度重视移民工作和库区经济发展，始终高度重视库区的生态环境保护和地质灾害防治，始终高度重视工程建设质量，全面做好三峡建设各项工作。

温家宝先后来到三峡库区的万州、云阳、奉节、秭归等地，考察了移民新区、对口支援企业、迁建学校、乡村农舍。每到一处，他都同库区移民群众亲切交谈，详细询问他们的生活和生产情况。温家宝十分关注三峡库区生态环境保护和地质灾害防治工作，在考察中，他实地察看了一些地方的库底清理现场、滑坡治理现场和污水处理厂等。26日上午，温家宝来到三峡大坝工地，考察了双线五级船闸集中控制室、左岸电站厂房、右岸三期施工现场以及坝前蓄水和泄洪情况。他与三峡工程建设者亲切见面，勉励他们艰苦奋斗，连续作战，顽强拼搏，为三峡工程建设作出新的贡献。

考察期间，温家宝先后听取重庆市、湖北省和国务院三峡工程建设委员会办公室、中国长江三峡工程开发总公司的工作汇报。他在讲话中充分肯定了十多年来三峡工程建设各项工作取得的显著成绩，高度赞扬三峡地区各级党委、政府和广大人民群众以及全体建设者为三峡工程建设作出的重大贡献。温家宝说，三峡工程建设的任务仍然相当繁重和艰巨，我们要以对国家、对人民、对历史高度负责的精神，再接再厉，尽心尽责，团结协作，确保如期实现三峡工程建设目标。

温家宝说，移民工作是三峡工程建设的重点和难点。经过多方面的共同努力，一、二期移民安置任务按计划顺利完成。今后，在继续做好移民安置的同时，要把工作重点放在发展库区经济，解决移民长远生计问题上。要充分发挥库区的自然资源和劳动力丰富的优势，积极调整产业结构，大力发展特色经济和优势产业，包括农产品加工业、畜牧业和旅游业。要遵循市场经济规律，研究市场需求和容量，努力提高产业的市场竞争力。要广开就业门路，创造就业机会，增加移民收入，真正实现移民“搬得出、稳得住、逐步能致富”的目标，实现库区社会稳定，长治久安。各级党委和政府要从执政为民的高度，切实抓好移民工作，认真落实三峡移民的有关政策。各有关地区要继续做好对口支援三峡库区移民和发展经济的工作。

温家宝强调，要把三峡库区地质灾害防治和生态环境保护工作放到更加突出的位置。在三峡工程建设中，必须尊重自然规律。要采取切实有效措施，进一步做好库区生态环境的监测和地质灾害的预警、预报，加强水污染治理和地质灾害治理，搞好天然林保护和库区周边绿化带建设。要高度重视研究库区蓄水后出现的新情况，及时解决新问题，确保库区水质安全、生态安全和人民生命财产安全，实现人与自然和谐，走可持续发展之路。

温家宝指出，要始终把质量放在三峡工程建设的首位。百年大计，质量第一。质量是三峡工程的生命。要全面落实质量保证措施，严格执行工程质量责任制，确保三期工程万无一失。要紧紧依靠科技进步，积极采用新技术、新工艺，在引进消化国外先进技术的同时，继续搞好科研攻关，力争在一些重大技术上取得突破。要切实加强安全生产。三峡枢纽工程和输变电工程建设进入了边施工、边运营阶段，要加强企业现代化管理，努力提高运营效率和效益。

曾庆红视察华电四川广安发电公司

中共中央政治局常委、国家副主席曾庆红于12月12日在中国华电集团四川广安发电有限责任公司视察工作时强调，要抓好广安电厂的生产和建设。他对目前该厂二期工程进展表示满意，要求抓紧三期工程建设，加快电力发展，更好地促进社会经济发展。

四川省委书记张学忠、副书记刘鹏，华电集团公司总经理贺恭陪同视察。

曾庆红一行视察了四川广安发电厂二期施工工地和一期生产现场。还到集控室看望了运行值班人员，询问了公司生产经营和工程建设情况，并进行了亲切交谈。

在听取了贺恭以及广安发电有限责任公司负责人的工作汇报后，曾庆红同志指出，广安是一代伟人邓小平同志的家乡，要努力建好广安电厂，为地方经济作出更大贡献。希望广安发电公司领导班子继续发挥围绕生产经营抓党建工作的优势，把公司管理好、经营好、发展好，确保二期工程按时并网发电，为小平同志诞辰100周年献礼。

曾庆红同志对华电集团开局之年安全稳定、扭亏增盈、项目发展等工作的顺利推进给予了充分肯定，并提出了殷切希望。他指出，当前我国国民经济持续、健康、快速发展，部分省（市、区）出现了不同程度的缺电局面。发电集团要搞好生产经营，同时加快电力发展，更好地满足社会经济发展对电力的需求。

曾庆红同志强调指出，电力体制改革促进了电力的发展，发电集团要抓住当前的机遇，努力发展。希望电力系统面对当前发展的好形势和部分省（市、区）缺电的局面，加快电力发展，抓好安全生产，更好地满足经济和社会发展对电力的需求。

黄菊致亚太电协CEO会议贺辞

东亚及西太平洋电力工业协会（简称亚太电协）2003年CEO会议于10月30～31日在广西桂林召开。本次会议的主题是："优化能源利用，实现可持续发展"。

来自东亚及西太平洋15个国家和地区的近200位电力企业首脑、政府官员及有关专家参加。这是该组织1975年成立以来，第一次在中国内地举办CEO会议。会议得到了国家领导人的高度重视和地方政府的大力支持，国务院副总理黄菊为会议发来了贺辞。

东亚及西太平洋电力工业协会是一个区域性非政府组织，在推动亚太地区国家和电力业主之间的交流与合作，解决共同面临的问题方面，一直发挥着桥梁与纽带作用。

黄菊在致亚太电协CEO会议的贺辞中说，中国政府历来重视电力工业的发展。特别是改革开放以来，中国电力工业快速发展，取得了举世瞩目的成就，装机容量和发电量均居世界第二位。但是，与中国人民全面建设小康社会和实现工业化、现代化的要求相比，中国电力工业还要继续做出艰苦的努力。中国愿与亚太各国和地区携手共进，互利互惠，在电力工业以及更为广阔的经济技术领域加强合作，共同发展。

国务院部署六大缓解电力紧张局面的措施

2003年12月，中共中央政治局委员、国务院副总理曾培炎主持召开会议，研究部署缓解电力供应瓶颈制约有关措施。会议强调，要进一步搞好电力生产调度，加强电源电网建设，理顺电价机制，努力满足经济社会发展对电力的需求。

会议指出，2002年6月以来，随着我国经济的快速发展和部分地区水情、气候的异常变化，全国用电量超常增长，连续17个月平均增速超过15%，21个省区先后出现不同程度的限电情况，对人民生活和经济发展带来一定影响。面对电力供应出现的瓶颈制约，各电力企业和有关部门、地方政府做了大量工作。国家发改委等部门积极贯彻国务院关于保证电力供应的部署，采取了一系列政策措施。国家电网公司、南方电网公司加强统一调度，在更大范围内实现资源的优化配置。发电企业在保证质量的同时，加快在建项目建设进度，电力设备制造企业及时供货。预计全年可投产发电装机2965万kW；发电设备制造完成2350万kW以上；新开工发电项目3000万kW，创历史最高水平。三峡首批机组的投产为缓解电力供应紧张发挥了积极作用，在用电高峰时，将增发电量的40%输送到最急需的华东地区。同时，有关部门和地方政府，加强用电侧管理，合理引导电力消费，缓解了电网峰谷差矛盾。

会议要求，为确保电力供应，当前各有关方面要着力做好以下几项工作：

第一，搞好电力生产调度。电力企业要充分发掘现有生产能力，电网公司要加强管理，优化网内调度，国家电网公司要搞好区域电网间的协调。水电在我国一部分地区占的比重较大，要注意做好水情预测和用水调度工作，充分发挥三峡等水电站的发电能力。

第二，加强电源、电网建设。在保证质量的前提下，在建电力项目要争取早日投产。加强项目前期工作，保持适当容量的项目储备。维护电力建设正常秩序，对无视国家产业政策和建设程序，越权审批、盲目布点、抢购设备、擅自开工的项目，有关政府部门、金融机构、电网和制造企业要采取措施，坚决加以遏制。

第三，理顺电力价格机制。调整电力供大于求时对发电的限制性政策，取消各地擅自出台的优惠电价。疏导电、煤价格矛盾，发挥市场机制在电价制定中的作用，不断改进电价管理办法。

第四，搞好煤、电、运衔接。煤炭企业要做好电煤的生产供应工作，铁路、交通部门要加强煤炭调运，确保电力用煤需要。

第五，加强用电侧管理。要按照先生活后生产的原则，重点保证居民生活用电。严格控制高耗能产业的发展，合理引导消费，尽快研究并完善峰谷电价和丰枯分季电价政策，促进电网“移峰填谷”。

第六，确保电网的安全稳定运行。两大电网公司和各发电企业要切实履行好电力安全责任，电监会要做好电力安全的监督检查工作。加快区域电网建设，提高输电能力和安全保障水平。

曾培炎强调，当前电力生产和建设任务十分艰巨，元旦、春节将至，各有关方面要按照国务院的部署，采取积极有效的措施，保障城乡居民生活和生产安全供电，为国民经济持续、快速、协调、健康发展和社会全面进步作出贡献。

体 制 改 革

电力体制改革工作小组组长、国家发展和改革委员会主任马凯在电力体制改革工作小组第六次工作会议上的讲话（摘要）

一、关于电力体制改革工作小组的职责和任务

最近，国务院已经明确，继续保留国务院电力、电信、民航改革领导小组，组长是黄菊同志。领导小组下设三个专项改革工作小组，电力体制改革工作小组是其中之一。

电力体制改革工作小组的主要职责是：在国务院电力、电信、民航体制改革领导小组的领导下，认真落实中央关于电力体制改革的各项决策和政策措施，部署和组织改革的实施工作，研究、协调和解决改革过程中的一些重大问题，特别重大的问题报请领导小组和国务院决定。

工作小组的工作方式：主要是围绕改革中的一些重大政策问题和出现的新情况、新问题，组织专题调研；不定期地召开组长会议、组长扩大会议和全体会议，研究、审议改革中遇到的一些重大问题。工作小组的办公室原来设在国家计委，现在已经转到电监会，由邵秉仁同志任办公室主任。办公室在工作小组的领导下，负责一些日常工作，包括各单位之间的联系、沟通和需要协调处理的一些具体工作，安排工作小组的会议，编写简报，检查工作小组决定事项的落实情况。

在改革过程出现的各类问题中，有一些是带有共性的问题，有一些是个性问题。对于这些问题，明确有主管部门负责的，可以找主管部门去研究，协调解决问题。比如说，属于劳动和社会保障部，或财政部负责的事，职责分工明确的，就可以直接找这些部门去反映解决。有些带有综合性的问题，可以向工作小组办公室直接反映，由办公室按照部门职能和分工，提请有关部门研究解决，必要时，可以由办公室出面协调处理。重大问题报请工作小组的组长会议或全体会议研究决定。有些有条件处理的事情，可商有关部门及时处理。比较重大的、带有共性的复杂问题，可以召开工作小组会议研究解决。

电力体制改革是一项十分复杂的系统工程。要完成这项艰巨的任务，最重要的是要加强领导，加强协调。工作小组各成员肩负着重要的责任，大家都要以事业为重，以大局为重，各司其职，各尽其责，加强沟通，团结协作，共同完成好国务院赋予我们的任务。

二、关于 2003 年电力体制改革的主要任务

自党中央、国务院 2002 年 1 月批准电力体制改革方案，国务院以国发［2002］5 号文件下发实施，

到现在已经一年半了。刚才，邵秉仁同志对一年多来改革情况做了简要回顾。可以说，电力体制改革已经有了一个良好的开端。

关于2003年电力体制改革的主要工作和任务，曾培炎同志在2002年工作小组第五次会议和2003年3月24日视察国家电网公司的讲话中，已经做了具体部署。发展改革委和电监会研究提出了2003年电力体制改革的主要任务、目标和工作分工的建议。这个文件比较全面，经过讨论，大家原则上都赞同，同时又提出了一些修改意见。会后请办公室根据大家讨论意见，修改以后正式下发。

2003年的改革任务内容较多，有几项工作需要特别注意抓紧。

（一）关于电网企业的重组工作

第一，按照国发［2002］5号文件的要求，由国家电网公司组建5个区域电网有限责任公司。要尽快将组建方案完成并报工作小组审议批准。其中，华北和东北两区域电网公司的组建，应执行5号文件的规定，由国家电网公司和内蒙古自治区研究组建区域电网有限责任公司，而不能在内蒙古自治区内单独组建电网有限公司，形成“省为实体”，不利于“西电东送”。

第二，各区域电网有限公司要抓紧将省级电力公司改组为分公司或子公司。省级公司改组要按照曾培炎副总理提出的原则，即：要打破省际界限，不能再搞市场分割和地方保护，也不能搞简单的“翻牌”。各区域公司形成省级电力公司改组方案后，也需要尽快报批。

第三，加快推进电网“主辅分离”的工作步伐。根据曾培炎副总理3月24日讲话要求，2003年内要制定出各级电网企业所属的辅业、“三产”和多种经营企业剥离工作的整体方案。请国家电网公司和南方电网公司分别落实这项工作，力争早日将各自的方案报工作小组审议。

（二）关于新公司的清产核资工作

国务院国阅［2002］18号会议纪要中明确，在“厂网分开”重组时，实行无偿划转，不进行清产核资。现在新的发电和电网企业已经成立，因此要按照《中华人民共和国公司法》中对新建国有公司的有关规定：“有步骤地清产核资，界定产权，清理债权债务，建立规范的内部管理机构。”这件事情我赞成刚才几位发电公司领导提出的意见，先进行审计。实际上审计也是为清产核资奠定前期工作的基础，这两件事情是互相联系的。在审计的基础上，再进行清产核资。培炎同志要求在2003年底前结束清产核资工作，向国务院报告。因为受到“非典”等其他方面影响，这项工作有些滞后。但无论怎样，还是要抓紧进行清产核资工作，力争到2004年一季度末能够完成。请国资委牵头，会同财政部和审计署，共同安排好这项工作。

关于一些电力企业向行业内有关联的“三产”、多经企业、职工持股会及职工个人转让、出售国有电力资产的问题，国务院领导同志两次做出批示。目前，国资委、发改委和财政部已经草拟了《关于继续贯彻落实国务院有关规定，暂停电力系统职工投资电力企业的紧急通知》，准备下发。关于规范实施的具体办法，请国资委按照国务院领导批示，会同有关部门抓紧工作，力争在年内制定出管理办法报国务院审批。

在上述清产核资和清理整顿国有电力资产出售的两项工作中需要重申：要严明纪律，严格执行国务院国阅［2002］18号会议纪要的规定，电力企业重组时有关资产、负债、权益等按2000年度财务决算数确定。也就是说，在国务院下达了国办发［2000］69号文，明确规定停止任何形式国有电力资产的流动以后，凡违反69号文件规定的投资和交易活动一律无效，已经发生的要严肃纠正；造成损失的，或引发重大不安定因素的，要追究相关责任人的责任。同时，对于在69号文发布以前发生的国有电力资产的买卖活动，凡违反国家有关规定的，也要进行纠正。今后这项工作要按新的管理规定进一步规范。请国资委会同有关部门，在工作中按照以上要求严格把关。

（三）为逐步实现竞价上网，积极、稳妥地推进各项配套改革和准备工作

国发［2002］5号文件要求，到“十五”末，在全国大部分地区实施竞价上网，运行新的电价机制。根据国务院总体部署，在抓紧企业重组的同时，重点是围绕“竞价上网”所需各项条件，积极进行准备工作。一是抓紧区域电力调度交易中心的建设，建立市场运行规则和监管体系。二是积极开展发电企业与大用户直接交易的试点工作，取得经验，逐步推行。这项工作总的要求是要“积极试点、稳步推进”。要在保证电网安全运行，符合国家产业政策，维护国家整体利益的前提下，选择试点单位、试点地区。三是随着电网企业改组整合，实行新的电网定价办法，包括近期要在输、配电业务仍为一体化经营的电网企业中，逐步实行输、配业务财务分开核算。条件成熟时，实行“输配分开”的改革。以上三项准备工作，都是实行竞价上网的必要条件。前两项工作由电监会负责，第三项工作由国家发展改革委和财政部负责。此外，为了实行竞价上网，还需要创造技术方面的支持条件，这项工作由国家电网公司和南方电网公司分别负责。

除了上述三个方面的重点工作外，2003年还将结合

投资体制改革，改革电力项目行政审批办法。这项工作由发展改革委负责。根据国务院2003年立法工作安排意见，要开始修订《中华人民共和国电力法》的准备工作。这项工作由国家发展改革委、电监会共同承担，会同国务院法制办，广泛征求意见，力争尽快上报国务院。

总体上看，2003年电力体制改革各项工作任务相当繁重，涉及面广，工作内容相对分散，因此，特别需要各单位加强协调，密切配合。

在此我想强调一点，就是在电力体制改革过程中，一定要本着“坚持方向，稳步推进”的原则开展改革的各项工作。“坚持方向”，就是要按照国发[2002] 5号文件提出的总体目标，特别是要逐步打破“省为实体”的格局。希望大家能够把思想统一到5号文件的要求上来。同时，还需要从实际出发。当前各地区的电网结构强弱程度不同，区域电力市场的发育水平不同，遵循“渐进”的原则，逐步发展。条件好的地区，步子可以快一点。但无论如何，改革的方向不能走偏，各项改革工作要有利于确立区域电网公司的主体地位。

三、关于在电力体制改革进展中需要研究解决的几个问题

办公室向工作小组提交了关于当前电力体制改革中需要研究解决的几个重要问题，大家都展开了热烈的讨论。我把主要原则和分工再明确一下。

（一）关于界定中央与地方电力资产产权的问题

对于发电资产重组中的产权纠纷和争议，要本着尊重历史，依法行事，公平合理，协商解决的原则处理。

建议对过去“投贷不分”的项目，在明晰产权时，首先以当时国家对项目的审批文件中确定的各方投资比例为基础，确定产权比例，进行公司化改制。对于以后在项目进展过程中投资比例发生的变化，主要应考察后续合同的有效性，以及合同实际执行情况，实际投入资金数量等因素，协商解决。必要时可由国资委牵头，组织财政部、电监会、国家电网公司等有关方面协调、裁决。

（二）中外合资、合作的发电企业在资产重组中的问题

总的原则是，要过细工作，把这件事做好。首先，要向外商说明，这次中方股东变化是依据国家改革方案进行的。因此，合资企业应按政府规定，办理好相关股东变更手续。第二，关于外商投资电厂权益问题，要严格执行国发[2002] 5号文件和《电价改革方案》的有关规定，对符合国家审批程序电厂的购电合同，由所在地电网公司与外商采取重新协商的办法调整修改。经协商后，对于中方要继续执行的承诺，电网公司有责任在生产调度和财务结算上保证外商的合法权益。第三，在处理外商购电合同时，可能会有很多的复杂情况，建议可以考虑采用多种方式，妥善处理利益关系。比如说，通过“再融资”，用人民币贷款替换国外贷款，降低融资成本，减轻来自国外银行和外商的压力。比如以延长电厂经营年限作为条件，或把BOT改为BOO，解除原有购电合同，使电厂转为国民待遇，参与市场竞争。可能还有其他办法，请大家研究。总之，要用多种方式来化解这些矛盾。

对个别问题较大的项目，要视情况专门研究处理。例如，山东中华发电公司的问题，现在有了初步方案，初步想法是采取产权置换来解决这个问题，将来由发展改革委和办公室协调解决。

（三）关于发电企业“一厂多制”的问题

“一厂多制”问题比较复杂，可以采取多种形式解决。比如说，有的可以采取置换的办法，通过公司之间协商，置换或者有偿转让产权；有的可以采取重组的办法，各投资方按现代企业制度，把资产合起来组建新的有限公司，共同经营，按产权比例分享收益；有的也可以考虑采取委托的办法，产权与经营权分离，各方共同委托另外一家企业来运营电厂，以利于充分利用厂址资源。在解决“一厂多制”的具体问题过程中，建议请国资委和电监会牵头，根据发电企业提出的意见和要求，组织实施这项工作。

（四）关于920万kW权益发电资产划分问题

在讨论过程中，大家的意见比较一致。这项工作可以明确几个要点。第一，由电监会来牵头解决。第二，进一步摸清家底，这920万kW的实际权益有多大，分布在何处。第三，选择适当的运作方式。究竟是交给一个中立单位来管理资产，按各方比例分配收益，还是将这部分资产出售变现，一次性分配完毕。出售变现究竟是招标竞争，还是举手拍卖，具体方式由电监会牵头，商有关方面，比较利弊后确定。第四，明确使用方向，规范使用用途，要制定具体的管理办法和使用办法。

（五）关于中国南方电网有限公司组建问题

刚才张国宝同志介绍了南方电网组建中的一些情况。南方电网公司的组建工作滞后了一段时间，目前不能再拖了。按照国务院、中组部已经确定的原则，先按照不设立股东会的方式报国务院审批。先运行一段时间后再看。

刚才电监会提出需要解决的问题还很多，可由办公室对这些问题进一步梳理，属于哪个部门主管的，由该部门研究解决，包括中国电力投资公司提出的黄河上游水电开发的政策支持问题等。

四、一手抓电力体制改革，一手抓电力生产建设，全面推进电力工业健康发展

改革是一种手段，是为了促进发展，是为了给电力工业的健康发展提供体制和机制上的保障。在积极推进改革各项工作的同时，要正确处理好改革、发展和稳定的关系，妥善安排好电力发展规划、建设项目的前期工作、工程勘测设计和施工建设等各环节的工作。

2003年上半年，电力行业跟全国一样，总体发展形势良好，初步统计，发电量达到了8466亿kWh，同比增长了15.4%。全社会用电量8541亿kWh，同比增长了15.6%。但是部分地区供需形势还是紧张。当前抓好安全度夏和下半年度过冬季用电高峰仍然是我们电力行业的一项重要工作。希望大家按照国务院统一部署，做好各项保证电力供应的工作。特别是当前在各地区夏季用电高峰到来的前夕，要合理安排运行方式，有计划地安排电力设备的检修、消缺工作，提高迎峰度夏时期设备的可靠性。同时，还要进一步加强区域间电力、电量的交换，优化电力调度，在更大范围内优化电力资源的配置。

另外，还要督促华东、广东等地区，制定实施用电错峰、避峰的措施，并对原有的应急预案按照实际情况进行必要的调整修改，力争做到有序限电。同时，要进一步推行峰谷电价，运用价格杠杆促进合理用电，移峰填谷，节约用电。

上次全国保证电力供应电视电话会议已经提出，各地要取消自行制定的用于鼓励高耗能产业的相关电价政策。下一步要进行一次检查。对于不合时宜的政策，该纠正的一定要予以坚决纠正。对于有关地区不执行价格政策，擅自降低上网电价的情况，在调查研究的基础上，也要采取措施予以制止。

电力体制改革工作小组第六次工作会议纪要

7月18日，国家发改委主任，电力体制改革工作小组组长马凯同志主持召开了电力体制改革工作小组第六次会议。

会议由电监会主席，工作小组副组长柴松岳通报了工作小组成员调整情况及新的组成名单；听取了电监会副主席兼工作小组办公室主任邵秉仁就当前电力体制改革进展情况和需要解决的几个问题的工作建议；听取了发改委副主任张国宝关于中国南方电网有限责任公司组建和中电联深化改革情况的说明。

会议就有关问题进行了讨论，并对需要专题研究解决的问题明确了任务分工和工作程序。马凯同志做了讲话。现纪要如下：

一、关于调整后的电力体制改革工作小组

按照《国务院办公厅关于调整电力电信民航体制改革领导小组和工作小组组成人员和单位的通知》（国办函［2003］46号），调整后的电力体制改革工作小组组长由发改委主任马凯接任，电监会主席柴松岳、国资委主任李荣融任副组长，中编办王澜明、发改委张国宝、财政部朱志刚、劳动保障部刘永富、国资委邵宁、法制办李适时、电监会邵秉仁，国家电网公司李彦梦、中国南方电网有限责任公司袁懋振、中国华能集团公司李小鹏、中国大唐集团公司翟若愚、中国华电集团公司贺恭、中国国电集团公司周大兵、中国电力投资集团公司王炳华为小组成员。电监会副主席邵秉仁兼工作小组办公室主任。国家环保总局和中电联继续作为工作小组会议的列席单位。国务院其他有关部门和单位根据工作需要可列席有关会议。

电力体制改革工作小组继续在国务院电力、电信、民航改革领导小组的领导下开展工作，统一部署和指导电力体制改革实施工作，研究、审议和决定电力体制改革中的重大问题。电力体制改革工作小组办公室主要负责各成员单位之间的联系、沟通与协调，组织专题调研，检查工作小组决定事项的落实情况，处理日常具体工作，重大问题报工作小组审议。

二、关于2003年电力体制改革的主要任务及工作分工

按照国务院国发［2002］5号文件的总体要求和曾培炎副总理的指示，2003年电力体制改革的主要任务及分工如下：

（一）积极推进电网企业重组，稳步实施电网主辅分离

国家电网公司负责组建5个区域电网公司，随后要抓紧进行现省级电力公司的改组工作。要及时与发改委和电监会沟通进展情况，与区域电力市场建设相衔接，尽快将各区域电网公司组建方案报工作小组审议批准后实施。其中，对于华北和东北区域电网公司，要按照5号文件规定，会同内蒙古自治区研究组建区域电网有限责任公司。各区域电网公司组建后，抓紧将现省级电力公司改组为分公司或子公司。对省级电力公司的改组，要打破“省为实体”，不能搞简单的“翻牌”。改组方案也需要报批，成熟一个，组建一个。

国家电网公司和南方电网公司负责制定各级电网企业所属的辅业、“三产”和多种经营企业剥离工作的整体方案。国资委要给予支持和指导，年底前，将整体方案报工作小组审议。

（二）抓紧做好电力企业的清产核资工作

国资委会同财政部和审计署，在对原国家电力公司进行财务审计工作的基础上，共同安排新组建电力企业的清产核资工作，包括核实资产、界定产权和清理债权债务等。这项工作力争在2004年一季度末完成。

国资委会同发改委和财政部，根据国务院领导批示，进一步核实一些电力企业向其有关联的“三产”、多经企业、职工持股会及职工个人转让、出售国有电力资产的情况，首行联合发文予以制止，并在年内提出管理办法，报国务院审批后实施。

财政部协助电网公司做好第二阶段发电资产移交工作。对2002年末以前有关利润分配、在建项目资本金、内部核算电厂流动资金、工资余额分配等问题，进行专题调研，提出指导意见。

（三）积极推进各项配套改革工作

电监会会同国家电网公司继续做好区域电力市场试点工作，抓紧组建区域电力调度交易中心，制订市场运行规则和监管体系；要在保证电网安全，符合国家产业政策，维护国家整体利益的前提下，积极稳妥地开展发电企业与大用户直接交易的试点工作。会议明确由发改委和电监会联合下发《关于开展发电企业与大用户直接交易试点办法》，由电监会组织制定有关实施细则和相关合同范本，广泛征求意见，确定试点范围。由发改委负责制定直接交易过网费标准。

要积极推进输配电价改革，在输配电业务仍为一体化经营的电网企业中逐步实行输配业务财务分开核算。条件成熟时，实行“输配分开”改革。发改委会同电监会、财政部研究制订输配电价管理办法。财政部会同发改委和电监会负责制订输配业务财务分开核算办法。

发改委要结合投融资体制改革，抓紧制定电力项目行政审批办法的改革方案，征求意见后报国务院审批。

根据国务院2003年立法工作安排意见，由发改委和电监会负责《中华人民共和国电力法》修订工作。这项工作要广泛征求各界意见，抓紧开展工作，力争年底上报国务院。

发改委负责会同国家电网公司、南方电网公司，在认真总结近几年“两改一同价”改革成果的基础上，继续深化和完善农村电力管理体制改革。

三、关于需要专题研究解决的几个具体问题

（1）中央与地方电力资产产权界定问题。由国资委牵头，会同财政部、发改委、电监会、国家电网公司、有关地方政府、电力投资企业等单位，结合清产核资工作，本着尊重历史，依法行事，公平合理，协商解决的原则，进行调查核实和政策研究。对有争议的问题进行协调和落实。

（2）中外合资（合作）电厂问题。电监会和发改委会同商务部、国家电网公司、有关电力集团公司和地方政府相关单位，根据国务院5号文件、《电价改革方案》的有关规定，进行专题研究。对符合国家审批程序的电厂的购电合同，由所在地电网公司与外商采取重新协商的办法调整修改。经协商后，对于中方要继续执行的承诺，电网企业有责任在生产调度和财务结算上保证外商的合法权益。此外，可以考虑再融资、延长电厂经营年限等方式，妥善处理好原有购电合同，争取使电厂转为国民待遇，参与市场竞争。对于个别问题较大的项目，要视情况专门研究处理。如对山东中华发电有限公司，应将保留在电网公司的发电资产置换出来。具体由发改委商电监会落实。

（3）发电企业“一厂多制”问题。国资委会同电监会，根据发电企业提出的意见和要求，进行调查核实。根据不同情况，可分别采取股权置换、有偿转让、规范改制、委托经营等多种方式妥善解决。

（4）920万kW权益发电资产划分问题。由电监会牵头，会同国家电网公司，在进一步摸清“家底”的基础上，研究并选择适当的运作方式，规范资金使用方向和用途。方案征求有关方面意见后，报工作小组审定。

（5）中国南方电网有限公司组建问题。根据国务院5号文件、国务院对南方电网公司领导班子的批复（国人字［2002］107号）的规定，暂不设立股东会，维持现有7名董事会成员不变，由发改委负责尽快将南方电网公司组建方案和公司章程报国务院审批。

（6）中电联深化改革问题。中电联深化改革方案，在前一段发改委协调意见的基础上，由发改委报国务院审批。

（7）黄河上游水电公司问题。由工作小组办公室负责听取中电投集团公司专题汇报，协调有关部门研究，提出解决办法。

马凯同志在讲话中强调指出，电力体制改革是一项十分复杂的系统工程，是我国经济体制改革中的重要内容，意义十分重大。总体上看，2003年是实施电力体制改革方案关键的一年，与2002年相比，各项工作任务依然相当繁重，改革的内容更广泛，工作难度也更大。因此，特别需要各单位加强协调，密切配合，各成员单位要按照任务分工，积极稳妥地做好各项工作。

在改革实施过程中，要坚持方向，稳步推进。既要按照5号文件的总体要求，逐步打破“省为实体”的格局，也要从实际出发，根据各地电网结构的强弱和区域电力市场的发育水平，循序渐进地开展工作。条件好的地区，步子可以快一点。但无论如何，改革的方向不能走偏，各项改革工作要有利于确立区域电网公司的主体地位。

在积极推进各项改革工作的过程中，要正确处理

好改革、发展和稳定的关系，妥善安排好电力发展规划、建设项目的前期准备、工程勘测设计和施工建设等各个环节的工作。要高度重视、认真贯彻国务院办公厅［2003］21号文件的要求，切实抓好电力生产和建设方面的日常工作。各级电力企业要认真落实安全生产责任制度，干部和职工要明确责任，坚守岗位，服从调度，确保电力系统安全生产，确保全社会电力供应，为改革、发展和稳定做出新的贡献。

2003年电力体制改革

2002年12月29日，新组建（改组）的11家电力公司挂牌成立，标志着电力体制改革方案的实施进入了实质性操作阶段。2003年，在党中央、国务院的正确领导下，在国务院电力体制改革工作小组相关成员单位的组织实施下，相关电力企业工作又取得了重要的阶段性成果。

1. 明确了2003年电力体制改革的主要任务

2002年12月20日，中央政治局委员、国家计委主任、国务院电力体制改革工作小组组长曾培炎主持召开了电力体制改革工作小组第五次会议，明确了2003年电力体制改革四个方面的任务：一是继续完成电力企业资产重组工作，按照现代企业制度推进新公司的建设。各新组建公司要尽快到位、进入角色，保证各项工作的正常运行和安全供电。二是开展各电力企业资产、财务的审计工作，清产核资，防止国有资产流失。三是按照国务院国发［2002］5号文件提出的“十五”电力体制改革的任务和要求，积极稳妥推进各项改革。四是正确处理改革、发展、稳定的关系，确保电力生产和建设的正常进行，确保电力供应满足国民经济发展和人民生活的需要。

2003年3月24日，曾培炎副总理在电力建设与改革工作座谈会上，对继续推进电力体制改革工作又提出了六方面的要求：一是继续完善新组建电力企业的重组工作；二是继续组建区域电网公司，促进在更大范围内的资源优化配置；三是逐步实施主辅分离工作；四是在具备条件的地区，适度开展发电企业向大用户直接供电的试点工作；五是继续推进农电体制改革，重点是以县供电范围为单位，实施公司化改制；六是抓紧制定和实施电力体制改革的各项配套政策。

2003年7月18日，国家发展与改革委员会主任、电力体制改革工作小组组长马凯主持召开了电力体制改革工作小组第六次会议，按照曾培炎副总理在电力建设与改革工作座谈会上的讲话精神，进一步确定了2003年电力体制改革的具体工作任务：一是积极推进电网企业重组，稳步实施电网的主辅分离。国家电网公司负责组建5个区域电网公司，国家电网公司和南方电网公司负责制定各级电网企业所属的辅业、“三产”和多种经营企业剥离工作的整体方案。二是做好电力企业的清产核资工作。三是积极推进各项配套改革工作，其中包括：区域电力市场试点工作、发电企业与大用户直接交易试点工作、输配电业务财务分开核算研究、电力项目审批办法改革方案的制定以及《中华人民共和国电力法》的修订工作。此次会议还明确了几个需要专题研究的具体问题分工，包括：中央与地方电力资产产权界定问题、中外合资（合作）电厂问题、发电企业“一厂多制”问题、920万kW权益发电资产划分问题、中国南方电网公司组建问题、中电联的深化改革问题、黄河上游水电公司问题。

2003年电力体制改革工作任务和具体分工的明确，为相关部门和电力企业继续实施电力体制改革方案，深化电力体制改革奠定了良好的基础。

2. 成立国家电力监管委员会

2003年2月2日，国务院办公厅印发关于《国家电力监管委员会职能配置内设机构和人员编制规定》的通知（国办发［2003］7号）。通知明确了国家电力监管委员会九个方面的主要职责：一是负责全国电力监管工作，建立统一的电力监管体系，对国家电力监管委员会的派出机构实行垂直领导。二是研究提出电力监管法律法规的制定或修改建议，制定电力监管规章，制定电力市场运行规则。三是参与国家电力发展规划的制定，拟定电力市场发展规划和区域电力市场设置方案，审定电力市场运营模式和电力调度交易机构设立方案。四是监管电力市场运行，规范电力市场秩序，维护公平竞争。监管输电、供电和非竞争性发电业务。五是参与电力技术、安全、定额和质量标准的制订并监督检查，颁发和管理电力业务许可证，协同环保部门对电力行业执行环保政策、法规和标准进行检查。六是根据市场情况，向政府价格主管部门提出调整电价的建议；监督检查有关电价；监管各项辅助服务收费标准。七是依法对电力市场、电力企业违法违规行为进行调查，处理电力市场纠纷。八是负责监督电力社会普遍服务政策的实施，研究提出调整电力社会普遍服务政策的建议，负责电力市场统计和信息发布。九是按照国务院的部署，组织实施电力体制改革方案，提出深化改革的建议。

2003年3月20日，国家电力监管委员会作为国务院直属事业单位正式挂牌成立，并开始正式履行全国电力监管职能。

3. 印发电力新组建（改组）公司组建方案和章程

为确保电力生产建设和经营管理的正常秩序，做好新旧电力体制的平稳过渡，按照国务院有关电力体制改革的统一部署，11家电力新组建（改组）公司先行挂牌成立，之后进行组建方案和公司章程的报批，并办理相应的工商登记注册手续。

2003年2～3月，除南方电网公司外，国务院相继批复了国家电网公司等10家新组建（改组）电力公司的有关问题。3～4月，国家经贸委相继印发了国家电网公司等10家新组建（改组）公司的组建方案和公司章程。在新公司的组建方案中，规定了各新公司的性质均为在原国家电力公司部分企事业单位基础上组建的国有企业，经国务院同意进行国家授权的投资机构和国家控股公司的试点。组建方案要求各新公司组建后要对所属的全资企业、控股企业、参股企业逐步按照《公司法》进行改组和规范。组建方案明确对各新公司的组建所涉及的成员单位的有关国有资产（含股权）均实行无偿划转，不进行资产评估和审计验资。

2003年，除南方电网公司外的10家新组建（改组）电力公司相继完成了工商登记注册。各电力新公司积极理顺内外部关系，认真做好新旧体制的衔接工作，积极加强领导班子建设，较好地实现了机构、人员和责任的迅速到位，较好地实现了电力企业生产经营活动的平稳过渡。

4. 启动区域电力市场试点工作

构建政府监管下的政企分开、公平竞争、开放有序、健康发展的电力市场体系，是5号文件确定的改革目标。

2003年6月，国家电力监管委员会相继印发了《关于建立东北区域电力市场的意见》和《关于开展华东电力市场试点工作的通知》，全面启动了东北和华东区域电力市场建设试点工作。7月，国家电力监管委员会下发了《关于印发区域电力市场建设指导意见的通知》。10月，下发了《关于印发〈电力市场运营基本规则（试行）〉、〈电力市场技术支持系统功能规范（试行）〉、〈电力市场监管办法（试行）〉的通知》。

电网经营企业和发电集团公司积极参与和配合东北、华东区域电力市场建设试点工作，积极提出意见和建议。相关区域电网公司加大电力市场基础设施的资金投入，建设和完善电力市场技术支持系统。国家电网公司积极推进全国联网，实施西电东送、南北互供，为建立开放的省级市场、竞争有序的区域市场和实现更大范围优化配置资源的国家级电力市场积极创造条件。

5. 《电价改革方案》出台

电价改革是电力体制改革的重要组成部分，对建立和培育电力市场、优化电力资源配置具有重要意义。

2003年7月，国务院办公厅以国办发［2003］62号文件下发《国务院办公厅关于印发电价改革方案的通知》，该方案明确了电价改革的指导思想，电价改革的长期目标和近期目标，电价改革的基本原则。该方案规定了有关厂网价格分开、上网电价改革、输配电价改革以及销售电价改革的主要内容，确定了“统一领导、分级负责”的电价管理原则，界定了相关部门各自的电力价格管理权限。

《国务院办公厅关于印发电价改革方案的通知》要求，电价改革要结合电力供需情况，因地制宜，因时制宜，稳步推进，既要有利于引导电力投资和建设，促进电力工业改革和正产生产，保证企业生产和居民生活用电需要，又要重视电价改革对宏观经济和人民生活的影响，改革初期要保持电价水平的总体稳定，确保新旧电价体制的平稳过渡。

6. 完成国家电网公司所属5家区域电网公司组建工作

按照国务院［2002］5号文件的要求，国家电网公司负责所属5家区域电网公司的组建工作。国家电网公司把区域电网公司组建作为2003年改革工作的重中之重，在工作中深入调查研究，广泛征求各方面意见，对区域电网公司组建中的关键和共性问题进行了认真分析和研究，在此基础上提出《关于区域电网公司组建有关工作的意见》（国家电网党［2003］41号），并上报国务院领导及国务院电力体制改革工作小组、发改委、国资委和国家电力监管委员会。

《关于区域电网公司组建有关工作的意见》对区域电网公司的性质和定位，名称，法人治理结构和领导班子，省公司体制模式，区域网省公司电网资产界定，应急和调峰调频电厂经营管理权及调度管辖范围划分，组织机构设置，电力通信资产和管理体制等问题均提出了原则性意见。

在区域电网公司的组建方式上，考虑到直接组建多元投资主体的区域电网公司存在很多难以克服的障碍，而区域公司又急需转换其仍为国家电力公司分公司或子公司的体制，因此国家电网公司按照“总体设计、分步实施”的既定原则．提出分步组建区域电网公司的基本思路，即：第一步先将区域电网公司按照《中华人民共和国公司法》组建为国家电网公司出资设立的国有独资有限公司；第二步，再积极创造条件，将其改组为国家电网公司控股的有限责任公司或股份有限公司。

在起草区域电网公司组建方案和章程的过程中，国家电网公司反复与区域公司协商具体的表述内容，多次征求有关省（自治区、直辖市）电力公司的意见，使区域电网公司的组建既坚持改革的正确方向，又充分反映网省公司的客观实际，同时为下一步区域电网公司的深化改革留有余地。从2003年8月上旬到9月下旬，国家电网公司党组会议先后对5家区域电网有限公司组建方案和章程进行多次审议，修改完善后上报国务院电力体制改革工作小组并得到正式批复。

2003年9月25日～11月8日，在完成了在相应工商行政管理部门的注册登记之后，国家电网公司所属的东北、华东、华中、西北、华北5家区域电网有限公司相继挂牌成立。这是继2002年底11家电力新公司挂牌成立后，我国电力体制改革取得的又一重大进展。区域电网公司的组建，使国家电网公司朝着5号文件确定的改革目标迈出了重要的一步，也为国家电网公司建立新型母子公司管理体制奠定了坚实基础，更为推进区域电力市场的建立、实现更大范围的资源优化配置创造了必要的体制和管理基础。

7. 基本完成发电企业划转移交工作

发电企业划转移交是厂网分开改革的核心内容和关键环节，是新组建的发电集团公司和电网经营企业按新体制运作的基础。2003年初，根据《国家计委关于国家电力公司发电资产重组划分方案的批复》（计基础［2002］2704号）的有关规定，在先期以华能集团公司为试点并取得经验的基础上，经征求5家发电集团公司的意见，国家电网公司以国电总［2003］1号）印发了《国家电力公司发电企业划转移交实施方案》，全面启动了发电企业划转移交工作。为确保电力系统的安全运行和职工队伍稳定，实现新旧体制的平稳过渡，发电企业划转移交工作分两个阶段进行，第一阶段为安全和生产经营管理以及干部和组织关系的划转移交；第二阶段为资产财务和劳动工资保险的划转移交。截止到2003年3月3日，基本完成发电企业划转移交第一阶段工作。

2003年6月6日，国家电网公司与各发电集团公司认真协商后，根据国电总［2003］1号和《财政部关于电力资产重组工作中有关资产财务划分问题的通知》（财企［2003］92号）等文件的精神，以国家电力公司名义下发《关于开展发电企业划转移交第二阶段工作的通知》（国电总［2003］56号），启动有关资产财务和劳动工资保险的发电企业划转移交第二阶段工作。

国家电网公司、各网省公司、5家发电集团公司及相关电力企业，按照“尊重历史、面对现实、平等协商、公平合理、操作简便、降低改革成本”的原则，做了大量艰苦细致的数据测算、问题协商和划转移交谈判工作。

在国家财政部等有关部门的大力支持下，在国家电网公司的有效组织下，发电企业划转移交第二阶段工作总体上进展顺利。2003年9月3日，中国国电集团公司与江苏省电力公司率先完成发电企业划转移交协议签署工作；9月23日，国家电网公司与中国华能集团公司签署《发电企业划转移交工作备忘录》。截止到2003年12月31日，385户电厂资产移交协议（或备忘录）签订工作已经完成，占应移交发电企业总数的77.3%。这是国家电网公司、各网省公司、发电集团公司领导高度重视和工作人员辛勤工作的结果，也充分体现了各有关单位识大体、顾大局及对电力事业高度负责工作作风。

8. 协调解决电力资产重组后的遗留问题

按照电力体制改革工作小组第五次会议提出的“在新公司挂牌后，国家电力公司名义上还要保留一段时间，需要处理和完善一些后续工作，在此期间由国家电网公司实际负责这方面的善后工作”的要求，国家电网公司努力找准工作定位，注意工作方式，依靠政府主导，加强与有关部门、单位的沟通和协调，严格按政策规定办事，认真完成好国家电力公司系统重组后的遗留工作。

这方面的主要工作包括：分解和移交国家电力公司受委托的政府职能和行业管理职能，如电力系统水电站大坝安全管理的职能、对各地电煤质量监督检验中心归口管理的职能等；协调落实国家计委计基础［2002］2704号文件明确的有关配套政策；配合落实电源前期项目划分方案；联系协调有关辅业单位重组的后续工作及学会、协会体制问题；牵头开展中国电力财务公司、中国电力进出口公司、中兴电力实业发展总公司、中能燃料公司的改组、国家燃烧中心的归属以及华北电力大学校董会的组建等工作。其中，华北电力大学校董会已经组建完成，中能燃料公司也已接受委托办理该公司重组有关工作事宜，中电财、中电技和中兴实业公司组建方案正在征求有关方面的意见。此外还有一些其他问题需要进一步深入研究，并在将来深化改革中逐步加以解决。

9. 积极推进农村电力管理体制改革

根据国务院国发［1999］2号文件和国发［2002］5号文件精神，继续深化农电体制改革，对于巩固“农电两改一同价”工作成果，理顺省（自治区、直辖市）电力公司与县供电企业的资产和管理关系，健全和完善县乡一体化管理体系，培育和规范农村电力市场具有十分重要的意义。

2003年国家电网公司从实际出发，针对农电管理体制与发展机制不相适应的诸多问题，积极探索农村电力管理体制改革的有效途径，研究提出了《关于进一步深化农电管理体制改革的意见》（国家电网农［2003］456号）。该意见明确了新体制下农电体制改革的指导思想和基本原则，提出了深化农电体制改革的四个方面的要求：一是进一步加强对趸售县农电企业的代管工作，不断理顺和完善代管关系；二是继续推进县供电企业的公司制改革，县供电有限责任公司要按照现代企业制度进行规范运作；三是稳步推进多种管理体制改革试点，对于改革试点应充分论证，进行多方案比较，并报国家电网公司批准后实施；四是深化农村供电所改革，建立健全管理机制。该意见下发后，进一步统一了各相关电力企业的思想认识，明确了今后的努力方向，坚定了继续推进农电体制改革的信心和决心。目前国家电网公司系统的农电体制改革工作正在积极稳妥地向前推进。

10. 启动电力主辅分离改革方案研究

根据国务院5号文件精神，电网经营企业始终把电力主辅分离改革作为深化改革的重要工作来抓。从2003年初开始，就组织专门力量积极开展了有关问题的调查研究工作。国务院电力体制改革工作小组第六次会议以后，国家电网公司和南方电网公司立即按照会议要求启动了电力主辅分离改革方案的研究制定工作。

国家电网公司多次召开党组会议专题研究主辅分离改革工作，在主辅分离改革方案制定中坚持了以下几个基本原则：一是坚持落实国务院5号文件明确的改革方向；二是坚持以人为本，有利于职工队伍的稳定；三是统筹兼顾，有利于辅业单位的生存和发展；四是坚持积极稳妥，先易后难，即先开展主辅分离，后开展多经企业的调整重组和分离。2003年12月，国家电网公司专题召开了主辅分离改革工作座谈会，进一步听取各网省公司的意见和建议，为按照要求尽快将电力主辅分离改革方案上报国务院电力体制改革工作小组奠定了基础。

同时，电网经营企业及其有关单位认真学习国家经贸委等八部委联合下发的《关于国有大中型企业主辅分离副业改制分流富余人员的实施办法》（国经贸企改［2002］859号）文件精神及全国再就业工作会议精神，研究并积极争取主辅分离改革的配套政策，包括财税扶持政策和劳动工资政策等，以确保主辅分离改革后辅业单位的发展和企业职工队伍的稳定。

2003年的电力体制改革工作，有关各方正确认识和把握了改革中遇到的新情况和新问题，体现了实事求是、与时俱进的思想精髓，取得了重要的丰硕成果。2004年电力体制改革的任务依然相当繁重，尤其是主辅分离改革将触及广大辅业单位和职工的切身利益，改革的难度和稳定的压力将更大。我们相信只要继续坚持“三个代表”的重要思想，认真贯彻执行党中央、国务院有关国有企业改革和电力体制改革的要求和部署，坚持改革的力度、发展的速度与职工的承受程度相适应，坚持充分调动广大职工参与改革、投身改革的积极性和创造性，就一定能够继续将电力体制改革向纵深推进，确保“十五”电力体制改革既定目标的如期实现。

国务院批准国家电力监管委员会正式成立

（2003年3月）

经国务院批准，国家电力监管委员会（简称电监会）2003年3月20日在京挂牌成立，开始根据国务院授权行使行政执法职能，依照法律、法规统一履行全国电力监管职责。

2003年2月2日，国务院办公厅印发关于《国家电力监管委员会职能配置内设机构和人员编制规定》的通知（国办发［2003］7号）（简称“三定”方案），明确国家电力监管委员会为国务院直属事业单位，其主要职责是：负责全国电力监管工作，建立统一的电力监管体系；研究提出电力监管法律法规的制定或修改建议，制定电力监管规章和电力市场运行规则；拟定国家电力市场发展规划和区域电力市场设置方案，审定电力市场运营模式和电力交易机构设立方案；监管电力市场运行，监管输电、供电和非竞争性发电业务；参与电力技术、安全、定额和质量标准的制度并监督检查，颁发和管理电力业务许可证；向政府价格主管部门提出调整电价建议，监督检查有关电价，监管各项辅助服务收费标准；依法对电力市场、电力企业违法违规行为进行调查，处理电力市场纠纷；负责监督电力社会普遍服务政策的实施；按照国务院的部署，组织实施电力体制改革方案，提出深化改革的建议。

“三定”方案还明确了国家电力监管委员会内设职能部门和编制。同时还强调，根据政府职能转变和电力监管工作的发展，国家电力监管委员会的职能和机构编制逐步调整。

电监会是我国基础产业领域的首家政府监管机构。它的设立，将改变以政府行政审批为主要方式、多头分散管理的体制，逐步改变政府电力管理职能缺位、越位和错位现象并存的状况；将适应电力工业市场化改革引起的市场结构和市场主体多元化的变化，防止电力体制转换时期可能出现的市场失序现象，使投资者建立合理、稳定的预期；有利于平衡和调整各方利益，及时化解改革和市场运行中的矛盾和问题；有利于打破部门分割、地区分割和省间壁垒，为电力资源和优化配置奠定体制基础。

国务院批准国家电网公司组建方案和章程

（2003 年 2 月 28 日）

2003 年 2 月 28 日国务院以国函［2003］30 号文正式批准国家经贸委报送的《国家电网公司组建方案》和《国家电网公司章程》。

国家电网公司是在原国家电力公司部分企事业单位基础上组建的国有企业。主要成员单位包括 36 个全资企业、1 个控股企业、1 个事业单位，以及 38 个发电企业（暂由国家电网公司代管，下一步根据实际需要逐步调整和转让）。国家电网公司组建后，要依照《中华人民共和国公司法》（简称《公司法》）等有关规定进行改组和规范，加快建立现代企业制度。

国家电网公司主要从事电力购销业务，负责所辖各区域电网之间的电力交易和调度。公司注册资本暂定为人民币 2000 亿元，不进行资产评估和审计验资；实有国有资本数额，待公司成立后由财政部会同你委及有关部门另行核定。

国家电网公司由中央管理。按照《中共中央关于成立中共中央企业工作委员会及有关问题的通知》（中发［1999］18 号）和《国务院关于印发电力体制改革方案的通知》（国发［2002］5 号）精神，公司领导班子和领导人员由中央管理；资产管理及有关的财务关系由财政部负责；其他关系依照《中共中央办公厅、国务院办公厅关于印发中央党政机关与所办经济实体和管理的直属企业脱钩的有关配套文件的通知》（中办发［1999］8 号）精神办理。公司实行总经理负责制。按照《国有企业监事会暂行条例》的有关规定，国务院向公司派出国有重点大型企业监事会，对其国有资产保值增值状况实施监督。

国家电网公司为国家授权投资的机构和国家控投公司的试点。公司对其全资企业、控股企业、参股企业（简称有关企业）的有关国有资产和国有股权行使出资人权利，对有关企业中国家投资形成并由国家电网公司拥有的国有资产和国有股权依法进行经营、管理和监督，并相应承担保值增值责任。在国家宏观调控和监督管理下，公司依法自主进行各项经营活动。

国家电网公司在保证有关企业合法权益和自身发展需要的前提下，可依照《公司法》等有关规定，集中部分国有资产收益，用于国有资本的再投入和结构调整。

国家电网公司的资产与财务关系在财政部单列；公司为完成国家任务所需的资源和生产经营条件，凡属国家统一配置范围内的，均在国家相应计划中单列，并由公司统一组织实施。

国家电网公司要根据国家产业政策和行业规划，制定发展战略，优化组织结构，强化内部管理，加快结构调整，推进技术创新，加快电网发展，增强企业实力，安全、优质、高效地为国民经济发展服务。

国家电网公司要继续做好农村电力体制改革工作，坚持政企分开，减少中间环节，实现城乡用电同价。西藏电力企业由国家电网公司代管。

国务院批准南方电网公司组建方案和章程

（2003 年 11 月 8 日）

根据《国务院关于组建中国南方电网有限责任公司有关问题的批复》（国函［2003］114 号）精神，国家发展和改革委员会近日发出了关于《中国南方电网有限责任公司的组建方案》和《中国南方电网有限责任公司章程》的通知。

《中国南方电网有限责任公司组建方案》对公司的名称、性质，公司的组建原则、方式和成员单位，注册资本与出资比例、经营范围和法定住所，公司的目标、主要职责和权限，公司的管理体制、机构设置等方面作出了规定。

公司组建原则为：政企分开、优化资源配置、建立现代企业制度、稳定实施。公司组建后，对其全资企业、控股企业、参股企业、逐步依照《中华人民共和国公司法》进行改组和规范。根据章程，公司以其出资额为限，对其全资企业、控股企业、参股企业承担有限责任。

南方电网公司主要成员单位包括：广东、广西、海南、贵州、云南五省（区）电网公司、南方电网公司超高压输变电公司、鲁布革电厂、天生桥二级电站、广州抽水蓄能电厂。南方电网公司的注册资本暂定为人民币 600 亿元。

南方电网公司经营范围为：投资、建设和经营管理南方区域电网，经营相关的输配电业务，参与投资、建设和经营相关的跨区域输变电网和联网工程；从事电力购销业务，负责电力交易和调度，管理南方区域电网电力调度交易中心，根据国家有关规定，经有关部门批准，从事国内外投融资业务；经国家批准，自主开展外贸流通经营、国际合作、对外工程承包和对外劳务合作等业务；从事与电网经营和电力供应有关的科学研究、技术开发、电力生产调度信息通信、咨询服务和培训等业务。

南方电网公司由中央管理。董事长是公司的法定代表人。由国资委向南方电网公司派出国有重点大型企业监事会，对其国有资产保值增值状况实施监督。南方电网公司按照精简、统一、效能和权责一致的原则，设置内部管理机构。

国务院批准中国华能集团公司改组方案和章程

(2003 年 1 月 20 日)

国家经贸委印发了经国务院批准的中国华能集团公司改组方案和章程。

中国华能集团公司是在原中国华能集团公司及原国家电力公司部分企事业单位基础上改组的国有企业，主要成员单位包括华能国际电力开发公司、华能国际电力股份有限公司等 7 个全资企业、3 个内部核算单位、26 个控股企业和 4 个参股企业。

改组后华能集团公司主要从事的业务：电源的开发、投资、建设、经营和管理，组织电力（热力）生产和销售，以及信息、交通运输、新能源、环保、贸易等相关产业、产品的投资、建设和生产经营。集团公司暂按人民币 200 亿元作为注册资本，不进行资产评估和审计验资。

改组后的中国华能集团公司由中央管理。集团公司领导班子和领导人员由中央管理；资产管理及有关的财务关系由财政部负责。集团公司实行总经理负责制。国务院向集团公司派出国有重点大型企业监事会，对其国有资产保值增值状况实施监督。

国务院批准同意中国华能集团公司进行国家授权投资的机构和国家控股公司的试点。华能集团公司的资产与财务关系在财政部单列。集团公司为完成国家任务所需的资源和生产经营条件，凡属国家统一配置范围内的，均在国家相应计划中单列。集团公司改组后，国务院及有关部门对有关企业实行的原有优惠政策继续保持不变。

国务院批复要求，中国华能集团公司要根据国家产业政策和行业规划，制定发展战略，深化改革，强化管理，加快调整，推动技术创新，增强市场竞争能力，最大限度地提高投资收益和经济效益，逐步发展成为实力雄厚、管理一流、服务国家、走向世界，具有国际竞争力的大型企业集团。同时要求各有关地区和部门要给予积极支持，确保集团公司改组工作和电力体制改革顺利进行。

据了解，根据国民经济发展和电力体制改革的新形势，中国华能集团公司提出了在新世纪前 20 年发展奋斗目标：到 2010 年发电装机容量达到 6000 万 kW，争取进入世界企业 500 强；到 2020 年争取发电装机达到 1 亿～1.2 亿 kW。

国务院批准中国大唐集团公司组建方案和章程

(2003 年 2 月 2 日)

国务院正式批准了中国大唐集团公司组建方案和章程。

中国大唐集团公司是在原国家电力公司部分企事业单位基础上组建的国有企业，主要成员单位包括 2 个全资企业、33 个内部核算单位、48 个控股企业和 11 个参股企业。

中国大唐集团公司主要从事电源的开发、投资、建设、经营和管理，组织电力（热力）生产和销售等方面的业务。集团公司暂按人民币 120 亿元作为注册资本，不进行资产评估和审计验资。

中国大唐集团公司由中央管理。集团公司领导班子和领导人员由中央管理，资产管理及有关的财务关系由财政部负责。集团公司实行总经理负责制。国务院向集团公司派出国有重点大型企业监事会，对其国有资产保值增值状况实施监督。

国务院批准同意中国大唐集团公司进行国家授权投资的机构和国家控股公司的试点。集团公司对所属全资企业、控股企业、参股企业的有关国有资产和国有股权行使出资权利，对这些企业中国家投资形成并由集团公司拥有的国有资产和国有股权进行经营、管理和监督，并相应承担保值增值责任。在国家宏观调控和监督管理下，集团公司依法自主进行各项经营活动。

中国大唐集团公司的资产与财务关系在财政部单列。集团公司为完成国家任务所需的资源和生产经营条件，凡属国家统一配置范围内的，均在国家相应计划中单列。集团公司组建后，国务院及有关部门对有关企业实行的原有优惠政策继续保持不变。

国务院批准中国华电集团公司组建方案和章程

(2003 年 2 月 2 日)

2003 年 2 月 2 日国务院以国函［2003］19 号文正式批准了《中国华电集团公司组建方案》和《中国

华电集团公司章程》。

中国华电集团公司是在原国家电力公司部分企事业单位基础上组建的国有企业，由中央直接管理，是经国务院同意进行国家授权投资的机构和国家控股公司的试点。公司暂按资本金120亿元注册，可控资产760亿元。中国华电按集团模式进行经营管理，实行总经理负责制，总经理是公司的法定代表人。中国华电在国家计划中单列，财务计划在国家财政中单列。国务院向集团公司派出国有重点大型企业监事会，对其国有资产保值增值状况实施监督。

中国华电包括48个全资企业、47个控股企业、22个参股企业。集团公司对有关国有资产和国有股权行使出资权，对这些企业中国家投资形成并由集团公司拥有的国有资产和国有股权进行经营、管理和监督，并相应承担保值增值责任。在国家宏观调控和监督管理下，集团公司依法自主进行各项经营活动。

中国华电依法经营集团公司及有关企业中由国家投资形成并由集团公司拥有的国有资产，主要从事电源及与电力相关产业的开发、投资、建设、经营和管理，组织电力（热力）生产和销售；从事新能源、科技开发，国内外工程建设、承包与监理，设备制造；从事国内外投融资业务，自主开展外贸流通经营、国际合作等业务以及国家批准或允许的其他业务。

国务院批准中国国电集团公司组建方案和章程

（2003年2月2日）

国务院正式批准了《中国国电集团公司组建方案》和《中国国电集团公司章程》。

中国国电集团公司是在原国家电力公司部分企事业单位基础上组建的国有企业，主要成员单位包括6个全资企业、41个内部核算单位、53个控股企业和19个参股企业。中国国电集团公司主要从事电源的开发、投资、建设、经营和管理，组织电力（热力）生产和销售等方面的业务。集团公司暂按人民币120亿元注册资本，不进行资产评估和审计验资。

中国国电集团公司由中央管理。集团公司领导班子和领导人员由中央管理，资产管理及有关的财务关系由财政部负责。集团公司实行总经理负责制。按照《国有企业监事会暂行条例》的有关规定，国务院向集团公司派出国有重点大型企业监事会，对其国有资产保值增值状况实施监督。国务院批准同意中国国电集团公司进行国家授权投资的机构和国家控股公司的试点。集团公司对所属全资企业、控股企业、参股企业的有关国有资产和国有股权行使出资人权利，对有关企业中国家投资形成并由集团公司拥有的国有资产和国有股权依法进行经营、管理和监督，并相应承担保值增值责任。

中国国电集团公司的资产与财务关系在财政部单列。集团公司为完成国家任务所需的资源和生产经营条件、凡属国家统一配置范围内的，均在国家相应计划中单列，并由集团公司统一组织实施。集团公司组建后，国务院及有关部门对有关企业实行的原有优惠政策继续保持不变。

国务院批准中国电力投资集团公司组建方案和章程

（2003年2月2日）

国务院正式批准了中国电力投资集团公司组建方案和章程。

中国电力投资集团公司是在原国家电力公司部分企事业单位基础上组建的国有企业。主要成员单位包括5个全资企业、31个内部核算单位、46个控股企业和15个参股企业。集团公司主要从事电源开发、投资、建设、经营和管理，组织电力（热力）生产和销售等方面的业务。集团公司暂按120亿元注册资本，不进行资产评估和审计验资。

中国电力投资集团公司由中央管理。公司领导班子和领导人员由中央管理；资产管理及有关的财务关系由财政部负责。集团公司实行总经理负责制。国务院向集团公司派出国有重点大型企业监事会，对其国有资产保值增值状况实施监督。

国务院批准同意中国电力投资集团公司进行国家授权投资的机构和国家控股公司的试点。集团公司对所属全资企业、控股企业、参股企业的有关国有资产和国有股权行使出资人权利，对有关企业中国家投资形成并由集团公司拥有的国有资产和国有股权依法进行经营、管理和监督，并相应承担保值增值责任。在国家宏观调控和监督管理下，集团公司依法自主进行各项经营活动。

中国电力投资集团公司的资产与财务关系在财政部单列。集团公司为完成国家任务所需的资源和生产经营条件，凡属国家统一配置范围内的，均在国家相应计划中单列，并由集团公司统一组织实施。集团公司组建后，国务院及有关部门对有关企业实行的原有优惠政策继续保持不变。

国务院批准中国电力工程顾问集团公司组建方案和章程

（2003 年 2 月 20 日）

国务院正式批准了中国电力工程顾问集团公司组建方案和章程。

中国电力工程顾问集团公司是在原国家电力公司所属中国电力工程顾问（集团）有限公司及有关企事业单位基础上组建的国有企业。主要成员单位包括 8 个全资企业和 1 个事业单位。

中国电力工程顾问集团公司主要从事电力工程的勘测、规划、设计、咨询、监理、总承包以及电力工程技术中介咨询等业务。集团公司注册资本暂定为人民币 4.1 亿元，不进行资产评估和审计验资。

中国电力工程顾问集团公司由中央管理。集团公司领导班子和领导人员由中央管理。资产管理及相关的财务关系由财政部负责。集团公司实行总经理负责制。国务院向集团公司派出国有重点大型企业监事会，对其国有资产保值增值状况实施监督。

国务院批准同意中国电力工程顾问集团公司作为国务院确定的国有大中型重点企业，享受国家对国有大中型重点企业的有关政策。集团公司对有关企业中国家投资形成并由集团公司拥有的国有资产和国有股权行使出资人权利，依法经营、管理和监督，并相应承担保值增值责任。在国家宏观调控和监督管理下，集团公司依法自主进行各项经营活动。

中国电力工程顾问集团公司的资产与财务关系在财政部单列。集团公司为完成国家任务所需的资源和生产经营条件，凡属国家统一配置范围内的，均在国家相应计划中单列，并由集团公司统一组织实施。集团公司组建后，国务院及有关部门对有关企业实行的原有优惠政策继续保持不变。

国务院批准中国水电工程顾问集团公司组建方案和章程

（2003 年 2 月 28 日）

国务院批准中国水电工程顾问集团公司组建方案和章程。

中国水电工程顾问集团公司是在原国家电力公司所属中国水电顾问有限公司及有关企事业单位基础上组建的国有企业，主要成员单位包括 9 个全资企业和 1 个事业单位。主要从事水电和新能源等发电项目的勘测设计、咨询、监理、施工、项目管理、总承包及相关技术和中介业务等，以及河流（河段）水电规划；从事水电站、新能源及相关产业的开发、投资、经营和管理等业务。集团公司注册资本暂定为人民币 5.1 亿元，不进行资产评估和审计验资。

中国水电工程顾问集团公司由中央管理。集团公司实行总经理负责制，领导班子和领导人员由中央管理，资产管理和有关的财务关系在财政部单列。按照《国有企业监事会暂行条例》的有关规定，国务院向集团公司派出国有重点大型企业监事会，对其国有资产保值增值状况实施监督。

国务院批准同意：中国水电工程顾问集团公司对有关企业中国家投资形成并由集团公司拥有的国有资产和国有股权行使出资人权利，依法进行经营、管理和监督，并相应承担保值增值责任。在国家宏观调控和监督管理下，集团公司依法自主进行各项经营活动。中国水电工程顾问集团公司在保证有关企业合法权益和自身发展需要的前提下，可依照《公司法》等有关规定，集中部分国有资产收益，用于国有资本的再投入和结构调整。集团公司为完成国家任务所需的资源和生产经营条件，凡属国家统一配置范围内的，均在国家相应计划中单列，并由集团公司统一组织实施。

国务院批准中国水利水电建设集团公司改组方案和章程

（2003 年 2 月 20 日）

国务院批准了中国水利水电建设集团公司改组方案和章程。

中国水利水电建设集团公司是在原国家电力公司所属中国水利水电工程总公司及有关企业基础上组建的国有企业，主要成员单位包括 23 个全资企业和 2 个控股企业。

中国水利水电建设集团公司主要从事水利水电建设工程的总承包及勘测设计、施工、咨询和监理等业务。集团公司注册资本暂定为人民币 20 亿元，不进行资产评估和审计验资。

中国水利水电建设集团公司由中央管理。集团公司领导班子和领导人员由中央管理；资产管理及有关的财务关系由财政部负责。集团公司实行总经理负责制。按照《国有企业监事会暂行条例》的有关规定，国务院向集团公司派出国有重点大型企业监事会，对其国有资产保值增值状况实施监督。

国务院批准同意：中国水利水电建设集团公司对有关企业中国家投资形成并由集团公司拥有的国有资产和国有股权行使出资人权利，依法进行经营、管理和监督，并相应承担保值增值责任。在国家宏观调控和监督管理下，集团公司依法自主进行各项经营活动。

中国水利水电建设集团公司在保证有关企业合法权益和自身发展需要的前提下，可依照《公司法》等有关规定，集中部分国有资产收益，用于国有资本的再投入和结构调整。集团公司要规范与有关企业的关系，充分调动有关企业的积极性，提高经济效益。

中国水利水电建设集团公司的资产与财务关系在财政部单列；集团公司为完成国家任务所需的资源和生产经营条件，凡属国家统一配置范围内的，均在国家相应计划中单列，并由集团公司统一组织实施。

供需形势

2003年电力供需状况

2003年全国电力供需总体紧张，部分电网持续性拉限电

2003年，我国经济快速发展，资源“瓶颈”对经济增长的制约凸显，电力供需紧张成为经济运行中的突出矛盾和社会各界关注焦点。

据中电联初步统计，截至2003年底，全国电力装机总量为3.91亿kW，净增装机超过3400万kW，是建国以来新增装机最多的一年，但用电增长更为迅猛，2003年，我国全社会用电总计达到18891亿kWh，同比增长15.3%，是改革开放以来增速最快的一年。电力供需均出现快速增长局面，并呈现以下特点：

（一）用电全面高速增长，用电结构进一步重型化

2003年全国用电增长有两个重要特征。首先是呈全局性高速增长特征。从行业用电增长看，绝大多数行业的用电增速都超过了10%，从地区用电增长看，除东北地区外，其他五大区域用电增速均超过13%。东北地区也走出了近10年的用电增长低谷，增长速度达到9.83%的较高水平。第二，用电结构进一步重型化。重工业成为用电高速增长的主导，全年重工业用电增长17%，增速超过轻工业，其用电占工业用电的比重达到78.6%。高耗能行业用电增长势头持续强劲，黑色金属、有色金属、建材和化工行业用电增长速度均创1990年以来最高水平，四大行业在工业中的用电比重从2002年的37.7%上升到2003年的39.1%。

（二）电力供应能力大幅度提高，但仍滞后于需求的增长，供应压力持续增大

2003年全国净增装机超过3400万kW，增长9.8%，220kW及以上输电线路和变电设备容量分别长9.8%和15.0%。但与需求相比，电力供应能力的增长仍然滞后，电力供应压力不断增大。主要体现在：第一，供应相对不足的矛盾不断加深。在2002年电力供需开始紧张的基础上，2003年的装机增长落后用电增长5.5个百分点。第二，新增装机分布不均，供需最紧张的华东地区新增装机只占新增电源总量的15%，相对偏少。第三，发电设备利用小时数继续大幅度提高。2003年平均利用小时提高390h，其中火电利用小时增加了488h，机组检修安排非常困难。第四，大部分地区备用容量严重不足，安全隐患不断加大。

（三）电力供需矛盾日益突出

2003年，除东北、山东和陕西等少数地区电力供需平衡或略有富余外，大部分地区出现拉限电现象，是我国进入20世纪90年代以来电力供需最为紧张的一年。全国发电装机缺额1500万～2000万kW，电量缺额约350亿kWh。电力供需矛盾日益突出，主要体现在：第一，拉限电范围进一步扩大。2003年全国出现拉限电的省级电网达23个，比2002年多11个。第二，缺电程度加深，部分电网连续拉限电。河北南网、山西、蒙西、浙江、江苏、广东、云南等7个省级电网拉限电贯穿全年，

上海、河南、湖北、四川、宁夏、贵州等6个省级电网全年有三个季度出现拉限电。

值得一提的是，2003年跨区跨省电力电量交换异常活跃，跨区送电的资源优化配置作用更加明显。全国跨区送电达到1636亿kWh，其中跨大区送电达到296亿kWh，区域电网内跨省送电1340亿kWh，一定程度上缓解了部分地区电力供应紧张的状况。

多方面的原因合力造成了当前的电力供需紧张局面

综合分析影响2003年电力供需偏紧的多方面因素，其主要原因可以归纳为以下五个方面：

（一）电力建设滞后，开工规模有较大历史欠账，电力供应总量不足

由于1998年的全国电力供应过剩，以及此前的亚洲金融危机及对未来需求预测的保守，从1998年开始，我国开始大幅度压缩电力新开工规模。“九五”后三年全国电源平均新开工规模仅为1990～1997年平均新开工规模的60%，导致1998年后每年新投装机规模逐年减少，与不断扩大的经济规模未能形成匹配。

（二）粗放型经济增长方式带动用电需求全面高涨，电力供应对经济的快速增长难以支撑

高投入、高消耗、高排放、不协调、难循环、低效率的粗放型经济增长导致经济增长对能源消费的依赖性越来越强，电力供应支撑经济增长的能力相对减弱。2003年用电增长的15.3个百分点中，有6.3个百分点是由于GDP用电单耗上升所致。

（三）持续高温、干旱、来水不足以及水利防洪调度与发电协调不充分等偶然性因素，使部分地区的供需矛盾进一步加剧

2003年，我国的华东、华中等地均出现了较为罕见的持续高温，主要河流和水库来水是20世纪90年代以来甚至是几十年以来最少的年份之一。加上有关防洪部门对水情判断存在偏差，在汛期到来前将水库放空至防汛水位，而实际遭遇连续干旱，导致水电发电大幅度减少，加大了这些地区的电力缺口。

（四）电煤供应紧张，相当规模燃煤机组停发，进一步恶化了电力供需形势

我国大部分电源是燃煤机组，并且电煤库存警戒线又偏低，火电厂的发电能力对电煤供应非常敏感，电煤供应不足致使部分地区火电厂出力受限，加剧了相关地区电力供应紧张局面。当前电煤供应紧张的原因主要在于煤炭产能不够、运输吃力、价格难协调。由于这三个原因，电煤质量不断下降，进一步加重了电煤紧张的矛盾。

（五）电网缺乏发展资本金，局部电网结构薄弱，还存在输配电“卡脖子”问题，制约了有限资源的优化配置

在用电需求大幅度增长的情况下，一些电网的主网架相对薄弱，电网结构不尽合理，还存在输配电“卡脖子”问题，限制了电网对供电资源的调配能力。主要包括山西北电南送、山东胶东地区、东北地区北电南送、蒙西乌海地区受电、江苏长江南北衔接地区、陕北陕南地区、湘南地区、江西东北地区和西南部等。

此外，电价改革滞后，需求侧管理缺乏必要的法律法规支持和激励机制。

2004年全国电力供需形势预测

2004年，我国经济发展继续承接快速发展态势，各行业保持快速发展。受此拉动，一季度全社会用电量完成4805亿kWh，同比增长15.7%。其中工业用电同比增长17.61%，重工业用电增长18.63%，仍然是用电快速增长的主导力量。

全国电力供需更为严峻，共有24个省级电网出现拉限电现象，较2003年同期增加8个。一季度全国电力缺口合计超过2000万kW，已超过2003年冬季。在出现拉限电的24个省级电网中，除山东、江西、河南、陕西、上海、安徽等6个省拉限电较轻外，其余电网均较为严重，浙江、山西、蒙西、河北南网、福建、湖南、四川、宁夏等电网供需矛盾尤为突出。

电煤供应紧张成为2004年一季度缺电进一步加重的最突出原因。京津唐、安徽、河南、湖北、湖南和陕西电网日最大缺煤停机容量分别为80万、98.5万、60万、120万、77万kW和220万kW，其中陕西电网日最大缺煤停机容量超过日最大负荷的35%，山东日最大缺煤停机容量曾接近300万kW，严重制约了这些地区的电力供应能力。此外，部分水电厂来水持续特枯以及设备检修不足，临时故障增多也是一季度缺电加重的重要原因。

经济的快速增长需要有较快的电力增长支撑，但国家对固定资产投资增长的控制会遏制电力需求增长速度的进一步上升势头，全年用电增长速度较2003年有小幅回落。预计2004年全社会用电量将达到21150亿～21725亿kWh，相应增长速度为12%～15%，推荐全国全社会用电量21435亿kWh左右，同比增长13.5%左右。

预计2004年全国新增发电装机4174万kWh，

年底总装机将达到4.32亿kWh，同比增长10.7%。根据目前掌握的情况，上半年将投产1545万kW，大部分新机在下半年才相继投产，难以满足夏季高峰时期的需求。全年电力供需将比2003年更为严峻，持续缺电地区还将扩大。全国合计电力缺口3500万kW左右，电量缺口600亿kWh左右。全国发电设备利用小时数可能达到5380h，比2002年提高130h。

预计2004年下半年，全国只有黑龙江、吉林、海南、新疆、西藏等5个省（区）不会出现拉限电，北京、天津、辽宁、山东等4个省（市）可能在高峰时期出现短时拉限电，其他22个省（市、区）均会出现拉限电。严重缺电地区主要包括浙江、江苏、河北、山西、蒙西和南方电网的云南、贵州等7个省（区）。

对策及建议

（1）建立和完善电力安全危机管理机制。坚持统一调度，加强并网机组的安全管理，建立和完善电力安全应急机制，防范出现大的电网事故。

（2）确保电煤供应。建议政府加大对发电企业和煤炭企业的协调，压缩煤炭出口规模，扩大煤炭进口规模。在可承受的范围内适当提高电煤价格，在电价改革尚为到位前实行燃运加价政策，逐步理顺电煤市场关系。鼓励煤电联营。

（3）优化调度，努力增加电力供应能力，加大地区间余缺调剂力度。提高设备健康水平，保证迎峰度夏期间设备处于良好状态。进一步加大跨大区、跨省送电，强化资源配置。加快在建项目建设进度，争取提前发挥效能。科学安排水电调度协调，提高资源的利用效率。

（4）增强电网自我发展能力，优化电网结构，消防电网瓶颈。当前电网建设资本金来源匮乏，需要尽快建立电网独立合理的输配电价格，增强电网自我发展的能力。加快在建电网项目建设，抓紧开工一批电网项目，消除电网制约。优化电网结构，努力消除瓶颈，确保电力送得出、落得下、用得上。

（5）加快电价体制改革，合理配置现有发电资源，抑制低效用电需求。尽快调减甚至取消在电力过剩时出台的特别是对高耗能行业的不合理的电价优惠政策。尽快出台实施辅助服务电价制度，充分调动现有发电厂调峰、调频和用户主动避峰的积极性。

（6）加强需求侧管理，大力宣传节能节电，建设资源节约型社会。2004年夏季高峰的电力供需矛盾更为突出。需要及早动手，统筹安排，科学引导用户在高峰时段合理避峰和错峰用电，实行计划限电和错峰，减少高峰用电，缓解电网运行压力。大力推动节能节电，提高能源利用效率。

（7）避免电力供需的大起大落，解决当前缺电和保证中长期有效电力供应要协调。完善宏观调控，深化电力项目审批制度改革，杜绝电源建设的无序。根据电力供需形势的发展优化电源建设进程，优化电源布局。

（国家电网公司战略规划部市场处）

安 全 生 产

国家电网公司关于美、加电网事故有关情况的报告

黄菊副总理并家宝总理：

美国、加拿大发生的电网事故引起了国内外普遍关注，现将有关情况报告如下。

一、电网事故的基本情况

美国东部时间8月14日16时11分（北京时间8月15日4时11分）开始，美国东北部和加拿大联合电网发生大面积停电事故。事故起始于15：06俄亥州克利夫兰附近一条345kV线路，历时1小时05分发展成大面积停电事故。据统计，事故全过程共损失负荷6180万kW，美国和加拿大的100多座电厂跳闸，其中包括22座核电站。停电范围为9300多km^2，涉及美国的密歇根、俄亥俄、纽约州、新泽西、马萨诸塞、康涅狄格等8个州和加拿大的安大略、魁北克省，受影响的居民人数约为5000万人。

目前，事故原因尚不清楚。从北美电力可靠性委员会和收集到的有关信息来看，事故可能起源于俄亥

俄州克利夫兰市，发展过程如下（美国东部夏令时）：

15：06 Chambeilain 至 Harding 的 345kV 线路原因不明跳闸；

15：32 由于过负荷，Hanna 至 Juniper 345kV 线路下垂并跳闸；

15：41 Star 至 S. canton 345kV 线路跳闸；

15：46 Tidd 至 Canton Ctrl 345kV 线路跳闸；

16：06 Sammis 至 Star 345kV 线路跳闸并重合成功；

（上述线路位于俄亥俄克利夫兰附近）

16：08 美国东部和加拿大电网发生系统振荡；

16：10 Cambe11 3 号机组跳闸；

16：10 Hampton 至 Thetford 345kV 线路跳闸；

16：10 Oneida 至 Majestic 345kV 线路跳闸；

16：11 Avon 9 号机跳闸；

16：11 Beaver 至 Davis Besse 345kV 线路跳闸；

16：11 Midway 至 Lemoyne 至 Foster 138kV 线路跳闸；

16：11 Perry 1 号机跳闸；

16：15 Sammis 至 Star 345kV 线路跳闸并重合成功；

16：17 Fermi 核电站停机；

16：17～16：21 密歇根州数条线路跳闸。

事故波及整个东部电网，但南部和西部电网没有受到影响。到美国东部时间 8 月 15 日早晨，美国停电地区开始恢复供电，截止到 8 月 15 日 8 时负荷恢复共计约 4880 万 kW。8 月 15 日晚 9：30，纽约城在停电 29h 后全面恢复供电。

二、事故暴露出的主要问题

这次事故是一起比较典型的由电网局部事故，扩大到电网稳定破坏，电网振荡，最后造成电网瓦解，引起大面积停电的严重事故，性质恶劣，损失十分严重。事故波及面之广、影响之大是前所未有的。从事故处理和恢复过程以及相关评论来看，反映出美国在电网建设和管理方面存在以下问题：

（1）电网调度缺乏统一有效的管理机制。美国电网管理采用联合电网、联合调度的方式，只注重按市场法则办法，忽视了电力生产固有的客观规律，电网缺乏统一有效的管理机制，难以实现统一调度。虽然在 1965 年 11 月电网事故后，美国也意识到这一问题，采取了相应的改进措施，成立了北美电力可靠性协会，负责协调电网规划和设计准则、事故调查等，但缺乏强制性。这次事故发展过程历时 1 个多小时，没有将初始发生的单条 345kV 线路故障控制住，造成多条线路连续过载发生故障跳闸，最终演变成系统振荡、电网瓦解的大面积停电事故，而且事故恢复的时间长，达到 29h。从事故进程可以看出，美国缺乏电网统一调度和事故统一指挥，未能迅速有效地处理事故，减少损失。应当说，电力生产的产、供、销瞬间同时完成，电网必须实行统一调度，这是电力生产的客观规律，在美国却受到了严重忽视。

（2）电网发展滞后，备用容量不足。美国进行电力市场化改革后，电力供应商竞争激烈，经费短缺，又过分强调电网的市场竞争机制，造成电网建设严重滞后于发展需要，输电容量不足，夏季高峰季节线路负载过重，电网运行稍有异常，容易引发大面积的停电事故。美国 20 世纪 90 年代后发生的 3 次大面积停电事故均是发生在夏季负荷高峰期。另外，美国电网的旋转备用容量也相对不足。

（3）电网网架结构存在问题。发生事故的电网交直流混合，输电电压从 765kV 到 230kV 等级过多，电网结构复杂，电网内部存在电磁环网，很难实施有效控制和解列措施。由于结构不合理，造成部分线路过载。

（4）电网二次系统和安全措施不全面。从事故的发展过程看，由单条 345kV 线路故障跳闸，引起电网连锁反应，继而发展成为大面积停电事故，而且历时 1 个多小时，电网有关的二次系统和安全稳定装置没有发挥有效作用，不能及时根据事先预定的方案，将故障迅速隔离，说明美国电网在二次系统功能和安全稳定控制措施方面不完善。

三、我们保证电网安全的做法和几点建议

美国东北部及加拿大电网事故发生后，人们普遍关心：中国会不会发生类似的事故？与美国相比，我国电网正处全国联网的初级阶段，网架相对薄弱，而且电力供应紧张，用电负荷大；同时，在发输电装备水平、设备可靠性以及自动化程度等方面也有较大的差距，电网运行环境也相对较差（城市中 70% 以上的输电设备故障是由于外力破坏引起的）。因此，发生电网故障的概率要比美国大。但在这种情况下，我国电网经受住了 2003 年夏季严重缺电且高峰负荷剧增的严峻考验，电网安全无恙，主要因为我们始终把安全生产放在首位，坚持了按电力生产的客观规律办事，坚持了多年形成的行之有效的安全生产管理机制，坚持了电网的统一规划和统一调度，制定了有效的事故预防和应急措施，发挥了电网企业、发电企业、用户间相互协调配合、团结治网的精神。我们的主要做法是：

（1）始终坚持“安全第一”方针，坚持把防止电网瓦解破坏和大面积停电放在反事故措施的首

位。电力既是生产资料又是生活资料，关系经济发展和社会稳定。电网既是电力市场的载体，又是国民经济的命脉，涉及国家安全。我们始终把安全生产放在首位，始终坚持市场经济规律和电力生产的客观规律相结合，把防止发生电网稳定破坏事故、电网瓦解事故和大面积停电事故作为安全工作的重中之重。

（2）始终坚持电网“统一规划、统一建设、统一管理、统一调度”。科学统一规划是优化电网结构、合理安排电源布局的前提。我们坚持电网与调度密不可分，电网的调度和交易不可分，加强电网的统一调度和统一管理；坚持电网与电源协调发展，积极推进西电东送、南北互供和全国联网。目前，已初步形成了全国联网的格局，并将进一步建设坚强的国家级电网、区域电网、省级电网和城乡供电网，为电网的安全稳定运行奠定坚实的基础。

（3）加强电网与电厂的安全管理协调。电力系统是由发电厂、电网、用户组成的有机整体，电网的安全稳定运行不仅是电网企业的职责，也是发电企业和用户共同的职责。厂网分开后，为保证电网安全，我们制定了《关于在电力体制改革过程中加强电网安全稳定运行管理的若干规定》、《加强网厂安全管理保证电网安全稳定运行的指导意见（试行）》等，网厂协调机制正逐步建立。在保证电网安全运行的同时，积极创造条件，尽量为电厂安排检修机会，减少非计划停运率和事故率。

（4）加强二次系统管理，加强了电网安全稳定装置和继电保护的管理，严格执行电网稳定控制措施。我们将二次系统（继电保护装置和安全自动装置等）的配置和运行纳入电网的统一管理，以保证事故时能够及时正确地切除故障。积极应用新技术和新装置，提高二次系统技术装备水平，以保证系统能够正确动作。严格执行电网稳定运行准则，严格控制电网稳定极限，按照电网稳定控制要求，全网统一部署保证电网安全的“三道防线”。

（5）制订完备的反事故措施、反事故预案和电网黑启动预案。我们坚持多年形成的行之有效的反事故措施，根据具体情况不断调整和完善《防止电力生产重大事故的二十五项重点要求》。针对电网的薄弱环节，开展反事故演习，提高事故处理能力和速度，一旦发生事故，能够将事故损失减少到最小。制订完备的电网黑启动预案，一旦发生大面积停电事故，能够在最短时间内恢复。我们还重视对电网调度人员的选拔和培训，使他们具有较强的应急处理能力。

（6）加强需求侧管理。我们加强了负荷预测工作，在各级地方政府的大力支持下，采取多种方式，科学地引导用户在高峰负荷时段合理避峰和错峰用电，在电力供应紧张的情况下，对缓解电网运行压力、保证电网安全发挥了积极作用。

尽管我们做了上述工作，但是从我国电网结构和电力供应总量上来看，还存在不少问题。在电力体制改革中也遇到许多新情况、新问题，亟待研究解决。提出三点建议：

（1）切实做好电力“十一五”发展规划和2020年远景目标规划，加快电力建设，加强电网建设，电网建设应适度超前。根据我国目前社会经济发展的速度和阶段，电力需求将持续快速增长，因此，保持电力适度超前发展、电网适度超前建设是必要的。2010年我国装机规模应达到6亿kW以上，2020年应达到9亿kW以上，以保证电力供需的总量平衡。要优化电源建设，尽快在能源基地启动一批大型电源项目，在负荷中心建设必要的电源支撑。同时，加快建设坚强的各级输配电网络，配套建设相应的二次系统装置。在电力建设与发展中，要以安全第一为主要价值取向。

（2）积极稳妥地推进电力体制改革。美国加州电力危机和此次美、加停电事故，都受到世界各国的普遍关注，引起对电力体制改革进程和取向的反思。我国目前经济发展较快，电力供应紧张，发展的任务繁重，保证电网安全的压力较大。同时，电力市场建设还处于起步阶段。在这种形势下，要按照国务院5号文件精神，统筹考虑，积极稳妥地推进改革，把改革的远期目标和近期目标有机地结合起来，先立法，后试点，取得经验，在确保电网安全的前提下，逐步推进大用户直购电、输配分开等改革，保证改革顺利进行。

（3）加快电力安全生产立法。厂网分开后，市场主体和市场环境发生了较大变化，过去行之有效的安全管理规章和管理办法已经难以适应新形势的需要，要尽快建立一系列新的规章制度，以保证电网安全。特别是在制定厂网分开、竞价上网运行规则时，一定要突出电网安全，在确保电网安全稳定的前提下进行。维护电网安全稳定运行，不仅是电网企业的重要职责，也是所有并网发电企业、电力用户的共同要求和职责。新的法律法规体系的建立，要有利于调动各方面的积极性，共同维护市场秩序，共同担负安全责任，保护好电网企业、发电企业和用户等各方面的利益。在新修订的《中华人民共和国电力法》中，应对各市场主体保证电网安全的职责作出明确的法律规定。

强化电网安全 保障可靠供电

——美、加8·14停电事件给我们的启示

（国家电网公司总经理赵希正）

21世纪的今天，中国电力发展已步入了大电网、大机组、高参数、超高压和自动化、信息化的新阶段，电力已成为经济发展和人民生活须臾不可缺少的生产资料和生活资料，保证安全可靠的电力供应至关重要。电网瓦解和大面积停电事故，不仅会造成巨大的经济损失，影响人民正常生活，还会危及公共安全，造成严重的社会损失。美、加8·14停电事件引发了我们对电网安全问题的深入思考。

一、美、加停电事件反映的主要问题

美国东部时间8月14日16时11分（北京时间8月15日4时11分）开始，美国东北部和加拿大联合电网发生大面积停电事故。事故发生的最初3min内，包括9座核电站在内的21座电厂停止运行。随后美国和加拿大的100多座电厂跳闸，其中包括22座核电站。负荷损失总计6180万kW，停电范围为9300多平方英里，涉及美国的密歇根、俄亥俄、纽约、新泽西、马萨诸塞、康涅狄格等8个州和加拿大的安大略、魁北克省，受影响的居民约5000万人。到8月15日晚9时30分，纽约城在停电29h后全面恢复供电。

这次事件造成了巨大的经济损失和社会影响，引起了世界各国的普遍关注。目前，美国和加拿大有关部门正在联合调查，对事故原因、扩大过程等进行分析。美、加停电事件是一起由电网局部故障，扩大到电网稳定破坏，电压崩溃，最后造成电网瓦解，引起大面积停电的严重恶性事故，波及面之广，影响之大，是北美历史上没有过的，也是世界上从未有过的。从8·14停电事件本身来看，反映了北美在电网规划、建设、调度和管理等方面存在一些突出问题。

电网缺乏科学统一的规划，没有形成合理的网架结构。北美电网由多个电网逐步联合而成，由于没有实行统一规划，造成电网电压等级多，网架结构复杂，电磁环网交错，事故时很难实施有效的控制和解列措施。

电网建设滞后，网络输送能力不足。美国过于强调市场机制的作用，特别是控制销售电价，放开上网电价，使得电网的利润水平下降，投资回报率低，投资商对电网建设失去兴趣，影响了电网的发展。据美国电力研究协会分析，过去10年美国电力需求增长了30%，而电力输送能力仅增长了15%。由于电网建设滞后，在夏季负荷高峰时段，线路负载过重，一旦有异常情况，容易引起连锁反应，导致大面积停电事故。

电网管理缺乏有效协调机制，难以统一调度，统一指挥。电力的发、供、用瞬间同时完成，电力的生产和消费必须保持瞬时平衡。大电网必须实行统一调度，协调控制，事故时统一指挥，这是由电力生产客观规律所决定的。在美国却因电网管理体制和运行机制的制约而难以实现。美国电网采取分散管理模式，每个电网管理上相对独立，运行时没有统一调度，事故时缺乏统一指挥。在电力市场中，市场主体众多（负责电力传输的输电商有100多个），每个主体为了局部经济利益，容易忽视电网安全，忽视电力生产的客观规律。在事故时，常常出现优先考虑局部利益，而置全局利益于不顾的情况，结果导致事故扩大。1965年以来，美国电网先后多次发生大面积停电事故，电网管理体制和机制上的问题不能不说是一个重要原因。另外，这次事故从局部发生，一个多小时没能及时处理，而扩展成电网瓦解，又经过长达29h后才得以恢复，表明美国电网事故时的应急处理机制也不健全。美国以前虽然已意识到这些问题，也采取过改进措施，在1965年11月的事故后，成立了北美电力可靠性协会，但仅仅是一个行业组织，由于缺乏强制性的管理手段，收效并不明显。

电网继电保护和安全自动装置的协调性差，没能阻止事故扩大。由于电网不能统一调度和管理，美国电网的二次系统无法统一配置和整定，在这次事故中，没能根据事故状况，及时、有效地消除故障影响，导致一系列连锁反应，发展为大面积停电事故。这表明二次系统的配置及其协调存在明显缺陷，功能不完善。

各电网公司为了降低成本，对高压输电线路未进行正常的维护。美国电网曾因未及时清理输电线路通道内的树木而引发事故，这个问题在1996年西部大停电事故中已经暴露，2003年又再一次成为事故的导火索。

北美电网存在的这些问题，值得我们认真对照和反思。

二、我国电网安全管理现状及美、加停电事件的启示

我国电网基本是以行政区划为基础，由小到大逐步发展起来的。20世纪80年代初，我国第一项

500kV超高压输变电工程（平武工程）的建设，启动了跨省、超高压电网建设的进程。80年代末投运的±500kV葛沪直流输电工程，拉开了跨大区联网的序幕。到2000年，全国已形成东北、华北、华中、华东、西北、川渝、南方互联共7个跨省（区）大电网，以及山东、福建、新疆、海南等独立省（区）网。

进入21世纪，随着经济发展和西部大开发战略的实施，电力需求快速增长，电力建设不断加强，我国电网发展开始进入全面推进西电东送、南北互供和全国联网，实现更大范围资源优化配置的新阶段。2001年5月，华北与东北电网通过500kV线路实现了第一个跨大区交流联网。2001年10月，华东电网与福建电网通过单回500kV交流线路联网；2002年5月，川电东送工程实现了川渝与华中联网。

2003年，随着三峡电站机组的陆续投产和华中—华北联网工程的投入，将形成由东北、华北、华中、川渝电网互联、容量超过1.4亿kW的交流同步电网。该系统东部通过直流与华东电网（含福建）相连，南部将通过正在建设的三峡—广东直流工程与南方电网相联，形成全国联网的基本框架。但目前，各区域电网的网架结构以及区域之间的联系还较为薄弱。

在电力发展方面，我国坚持统一规划，力争做到电力发展与国民经济发展相协调，电网建设与电源建设相协调。近年来，国务院确定的西电东送、南北互供、全国联网战略得到积极贯彻，电网建设不断加强。国家发行国债进行城市和农村电网改造，初步扭转了重发、轻供的状况。实践表明，统一规划是保证电力持续健康发展的前提，应长期坚持下去。

在电网管理方面，我国始终坚持“安全第一、预防为主”的方针，牢牢把握安全生产这个关键环节不动摇。国家通过颁布和实施《中华人民共和国电力法》、《电网调度管理条例》、《电力设施保护条例》和《电力系统安全稳定导则》等一系列法律法规，从法律上确立了我国电网实行统一调度的基本原则，保证了电网运行、管理、指挥的协调和统一，奠定了电网安全运行的基础。在统一调度原则的指导下，形成了一套行之有效的电网安全管理模式，供电可靠性逐年提高。

在电网安全管理上，我国一直坚持做好六个方面的工作：

(1) 统一安排电力系统运行方式，合理安排系统备用容量和检修。

(2) 统一电网运行标准，按照《电力系统安全稳定导则》的要求，制定统一的电网稳定运行规定，全网统一进行系统安全稳定分析和校核。

(3) 统一配置和整定电网继电保护装置和安全稳定控制装置，对继电保护进行了普遍更新，采用了当前国际上先进的微机保护，大大提高了正确动作率，能够实现正确、可靠动作，及时隔离故障，防止事故扩大。

(4) 建立统一、可靠的专用通信和调度自动化系统，保证通信畅通，并采用逐级采集、传递信息方式，使运行信息能够准确、可靠、快速地传递。

(5) 统一进行事故处理，服从调度命令，缩短事故处理时间。预先通过组织联合反事故演习以及制定电网“黑启动”方案等措施，不断提高调度人员和生产一线人员应付电网突发事故的能力。

(6) 坚持安全生产责任制考核，积极探索新技术和新的管理方式，不断提高安全管理的科学性，建立和完善了保障电网安全的“三道防线”。

由于坚持了电网的统一规划、统一调度以及事故情况下的统一指挥，严格执行《电力系统安全稳定导则》，并且得到各级政府、发电企业和用户的大力支持与配合，发扬团结治网的精神，保证了电网安全。局部发生的停电事故，都能够及时切除或控制在局部地区，不致酿成电网瓦解事故。多年来未发生稳定破坏事故和大面积停电事故。特别是2003年夏季，由于电力供应紧张，不少配电变压器和配电线路满负荷或过负荷运行，许多地区出现拉路限电，错峰调荷频繁。但这一切都在电网的统一调度和指挥下进行，对可能出现的各种事故情况都制定了预防方案，电网经受住了严峻的考验。

实际上，我国电网结构比较薄弱，加上装机容量不足，供电紧张，负荷高峰时段电力系统往往处于零备用运行，电网安全受到极大威胁。我国电网主要存在八个方面的问题：

(1) 电网建设长期滞后，近年来国家虽然加大了电网建设投入，实施了城乡电网改造等工程，但由于用电增长快，电网建设仍满足不了需要。

(2) 我国处于全国联网的初期，联网要经过一个由弱联系到强联系的过程，交流弱联系统的安全稳定问题十分突出，在某些运行方式下存在诱发低频振荡的可能性。

(3) 电磁环网问题影响输电能力的充分发挥。由于部分电网500kV网架薄弱，为保证电网可靠性，被迫采用500kV与220kV电磁环网运行，使输电断面的稳定水平降低，不能充分发挥500 kV电网应有的效益。

(4) 电网无功补偿容量不足，且没有实现分层分区平衡，影响电压质量，导致部分电网电压波动幅度大。

(5) 负荷中心的电源支撑不足，受端电网的有功和无功均显不足，影响电网的安全运行。

(6) 二次系统存在安全隐患。由于我国电网一次系统较为薄弱，相应要强化二次系统，才能保证电网安全。因此，电网安全对二次系统可靠性的要求较高，且依赖性较强，二次系统一旦出现问题，容易造成电网事故。

(7) 电网安全运行受到外力破坏的威胁。据统计，城市中70%的输电设备故障是由于外力破坏造成的。

(8) 部分装备质量不高，在一定程度上影响电网的安全、可靠、高效和灵活运行。

在厂网分开的新形势下，电网安全还面临一些新的问题。尤其在近期，电网安全运行存在较大的隐患。首先，厂网分开后，电网缺乏保证电网安全的有力调控手段，在网络结构薄弱和部分新投产机组运行不稳定的情况下，一旦大机组故障跳闸等冲击或出现网厂不协调问题，容易引发大的电网事故。其次，在实施西电东送、南北互供、全国联网战略过程中，电网必然要经历一个由弱联系到强联系的过程。按目前的电网结构，实施华北与华中联网后，互联电网的稳定问题比较突出。第三，电网运行的外部环境不佳，经常遭受外力等破坏，严重威胁电网安全。在这种新形势下，类似美、加电网事故造成区域性的大停电在我国不是不可能发生的。

因此，要客观地分析我国电网的状况，切实采取加快发展和加强管理的双重措施，发扬团结治网的优良传统和作风，以保证电网安全稳定运行为基础和前提，尽快建立和健全适应新体制的保证电网安全的制度和法规，积极稳妥推进改革，尽力防止这类事故发生，避免给国民经济和人民生活造成重大损失。这既是发电企业、电网企业和电力用户的共同职责，也是对电力企业职业道德的基本要求。同时，我们还要积极争取国家有关部门和各级地方政府的支持，共同担负保障电网安全的责任，维护公共安全。

结合我们的工作，美、加停电事件给我们四点启示。

启示一：电网和电源必须统一规划，适度超前建设，这是保证电网安全的前提。电力系统是一个有机的整体。只有统一规划，才能优化电源布局，优化电网结构，做到电源与电网相协调，送端和受端相协调，有功和无功相协调；只有统一规划，才能做到输电网与配电网协调发展，二次系统与一次系统同步发展、协调动作；只有统一规划，才能使区域电网之间、省级电网之间以及省级电网与区域电网之间相互协调，运行灵活，供电才有保证。长期以来，我国一直注重电网和电源的统一规划，在电网结构薄弱的情况下，对于保证电网安全发挥了重要作用。

启示二：厂网分开后，电网必须实行统一调度，各方协调配合，才能提高防御事故的能力。我国电网在发展过程中，始终坚持电网管理与电力调度不可分的原则，实行统一调度，一旦联网，便有更高一级的电网调度机构负责协调电网运行，而且有《中华人民共和国电力法》、《电网调度管理条例》等法律保障和《电力系统安全稳定导则》等强制性技术标准，电网安全管理更加严格和科学，符合电力生产的客观规律。历次电网事故都证明，在事故处理和恢复过程中，统一调度、统一指挥和协调配合非常重要，包括统一安排“黑启动”电源恢复方式和与其他互联电网的配合等，任何指挥和技术措施配合上的不协调，都会造成事故扩大，延缓恢复的时间。

启示三：要加快建立和完善重大电网事故的应急处理机制。电网是涉及公共安全的基础设施，关系公众利益，必须从国家安全的角度，重视电网安全问题。国家要统筹考虑，建立健全电网重大事故的应急处理机制，保证公共安全。同时，要加强对公众的应急教育，增强自助自救意识。电网企业要进一步完善突发事故处理预案以及电网瓦解后“黑启动”方案，开展反事故演习，缩短停电时间。政治、军事、金融、医院、机场等重点部门和单位要配置可靠的备用电源，保证在紧急情况下能够正常运转，最大限度地减少损失。

启示四：局部利益要服从全局利益。胡锦涛总书记指出，群众利益无小事。国家和人民的利益高于一切，当电网的安全性和经济性发生矛盾时，要以保护国家和广大人民群众的根本利益为重，把保证电网安全放在第一位。尤其在事故发生时，要顾全大局，按照电网的统一调度和指挥，严格执行调度运行方案及反事故预案，采取有效措施，维护电网安全稳定运行，避免事故扩大。电网运行调度方案应充分考虑电力市场竞价上网交易的需要，电力企业要在保障电网安全的前提下，实现企业的经济利益。

二、加快电力发展，强化电网安全，保障可靠供电

电网既是电力市场的载体，又是关系国计民生、涉及国家安全和社会稳定的基础设施。发电厂和用电设备通过电网连接在一起，构成一个不可分割、协调运行的整体。电网企业、发电企业和电力用户在保证电网安全方面都发挥着重要作用，担负着重大责任。电网事故不仅给电力企业带来损失，更重要的是会对广大人民群众和整个社会生活造成严重影响。美、加停电事件引起党中央、国务院领导的高度重视。胡锦涛总书记指出，有备才能无患，应吸取美、加停电事件的教训，认真研究电力系统安全问题，完善应急处理机制，确保电力生产和输配的安全。我们要按照胡

锦涛总书记的指示要求，在深入分析研究的基础上，采取有效措施，加快发展，强化管理，确保电网安全稳定经济运行。

(一) 坚持以发展为第一要务，加快电网发展，适度超前建设电网

发展大电网是电力发展的趋势，能够充分发挥电网优化配置资源的基础性作用，实现互为备用、事故支援、调剂余缺、错峰等联网效益，提高供电可靠性。发展是解决目前我们所面临问题的根本途径，要在发展中强化电网，增强电网抵御事故的能力。建设坚强的输电网架和配电网络，是保证电网安全的基础。

根据预测，在今后一个时期，我国电力需求将持续保持较快增长。2005 年，全社会用电量将达到 20000 亿 kWh 左右，装机 4.3 亿 kW 左右；2010 年，全社会用电量达到 27000 亿 kWh 左右，装机 6 亿 kW 以上；2020 年，全社会用电量达到 42000 亿 kW 左右，装机 9 亿 kW 以上。2003～2010 年全社会用电量年均增长速度为 6.6%～7.0%，2011～2020 年年均增长速度为 4.5%～5.5%。为满足需求，在国民经济中保持电力适度超前发展十分必要。

要适度超前建设电源，保证必要的系统备用容量。优化电源结构，尽快在能源基地启动一批大型电源项目。同时在负荷中心建设一批满足用电需求及保证电网安全必要的电源点。要提高发电设备供应能力，拓展设备供应渠道。

要适度超前建设电网，使其具有足够的输配电能力，保证电力送得出、落得下、用得上。今后一个时期，超高压电网建设的重点是西电东送、南北互供、全国联网工程和受端电网工程。随着山东与华北联网和华中与西北直流背靠背联网工程的实施，2005 年将初步形成全国范围的互联电网，系统装机容量超过 3.7 亿 kW。“十一五”期间，继续加强和完善区域主干网架和各省受端网架建设，促进省级电网、区域电网和全国联合电网同步发展。

到 2010 年，全国将形成结构合理、层次分明、各区域电网联系较为紧密的互联电网。2010 年以后，逐步形成以三峡电力系统为核心、以坚强的区域电网网架和跨大区输电网架为基础、区域电网间联系紧密的全国互联电网。预计到 2020 年可将西部 1 亿 kW 左右的电力送到东部，大区之间的电力互送达到 7000 万～8000 万 kW，大电网在保证电网安全和提高经济效益方面的作用将得到充分发挥。

当前，要进一步加强区域电网网架和大区间联网建设。除在建工程外，还要特别重视华东电网的江苏、安徽第三条和第二条过（长）江通道及浙江沿海第二回 500kV 输电工程、东北电网的第三通道工程、川渝电网的成都 500kV 环网及二滩送出加强工程等建设。在大区联网方面，要做好三峡向华北京津唐电网送电、西北向华北送电、西北—川渝联网直流输电线路的前期准备工作，并进一步优化华中与华北联网，加快山东与华北联网，尽快形成比较坚强的全国联网主干网架。各区域内部的骨干网架也应尽快形成，为建立区域电力市场奠定物质基础。

今后，电网建设与发展的任务十分繁重，需要大量资金投入。但目前的电价形成机制很难保证未来电网的可持续发展。为保证电网适度超前建设，必须尽快建立合理的电价形成机制，使电网企业在国家监管下取得合理的利润，具备自我发展能力，使电网建设具有吸引社会投资的能力。这是电网安全稳定运行的前提和保证，也是电网企业更好地为社会服务的需要。在加快发展的同时，要注重提高电网的技术装备质量和电力科技水平，减少因设备质量问题造成对电网安全的不利影响。

(二) 坚持统一规划，保证电力协调发展

在电力发展中必须坚持统一规划，切实做好“十一五”发展规划和 2020 年远景目标规划，包括统一规划电源和电网，统一规划全国电网、区域电网、省级电网和城乡配电网，统一规划一次系统和二次系统，统一规划送端电网和受端电网，统一规划有功和无功等。这是由电力发展客观规律所决定的，也是电力发展应长期遵循的一条基本原则。

在电网发展中，要加强输配电网的统一规划和管理，实现输电网和配电网协调发展。只有在统一规划下同步配套建设，才能提高电网运行的整体协调性、可靠性和安全性，充分发挥大电网的优越性、经济性和优化配置资源的作用。

(三) 加快电力立法，为安全生产提供法律保证

厂网分开后，市场主体和市场环境发生了较大变化，在电力市场建设方面，我们还缺乏经验，正在积极探索过程中。但是有些过去行之有效的安全管理规章和管理办法已经难以适应新形势的需要，要尽快建立一系列新的规章制度，完善电力法律法规体系，以保证电网安全。维护电网安全稳定运行，不仅是电网企业的重要职责，也是所有并网发电企业、电力用户的共同要求和职责。新的法律法规体系的建立，要有利于调动各方面的积极性，共同维护市场秩序，共同担负安全责任，保护好电网企业、发电企业和用户等各方面的合法权益。在新修订的《中华人民共和国电力法》中，应对各市场主体保证电网安全的职责作出明确的法律规定。特别是事故应急处理方面，要有明确的职责和相应的法律条款。

(四) 坚持市场经济普遍规律与电力工业特殊规律相结合，积极推进电力市场体系建设，为电网安全稳定运行创造良好的市场环境条件

市场经济一般规律按利润原则配置资源，美国一个时期以来重视按市场规律办事，忽视了电力生产的特殊规律，造成电网建设滞后，是极为深刻的教训。电网是电力市场的基础和载体，电力市场在建设过程中，要充分考虑电网的安全稳定运行问题，这是电力生产特殊规律的客观要求。在厂网分开初期，为保证电网安全运行，应按照先立后破的原则，在政府的主导下，加快制定电力市场竞价规则和有关监管规则，为各市场主体提供公开、公平、公正的环境，保证竞争有序进行。在制定厂网分开、竞价上网规则时，一定要把确保电网安全放在首位。同时，要用市场经济的办法，解决系统备用、调峰、调频、调压等保证电网安全必需的辅助服务问题。在进行电力市场结构体系设计时，国家级电力市场、区域电力市场和省级电力市场的定位要准确，责权要明晰，结构要合理，功能要协调。国家电网公司负责运作国家级电力市场，区域电网公司负责运作区域电力市场，省级电网公司负责运作省级电力市场。同一级市场之间要相互开放；上一级市场要对下一级市场开放，并对下一级市场进行协调。

发电企业和电力用户作为电力市场的主体之一，在享受电力市场提供的服务的同时，都要遵守市场规则，自觉维护市场秩序。

（五）坚持行之有效的电网安全管理模式，进一步强化安全生产管理，提高电网的安全可靠性

一要坚持“安全第一、预防为主”的方针。把防止电网瓦解破坏和大面积停电放在反事故措施的首位。要根据具体情况不断调整和完善《防止电力生产重大事故的二十五项重点要求》。针对电网的薄弱环节，开展反事故演习，提高事故处理能力和速度，一旦发生事故，能够将事故损失减少到最小。要制订完备的电网“黑启动”预案，一旦发生大面积停电事故，能够在最短时间内恢复。还要继续重视对电网调度人员的选拔和培训，使他们具有较强的应急处理能力。

二要坚持电网的统一调度和统一管理。应赋予电网统一调度的法律权威，严格执行相关法律法规，统一安排电网运行方式。为确保电网安全，并网电厂必须服从电网统一调度，同时，电网也应拥有必要的调峰、调频电源。并网电厂中涉及电网运行安全的继电保护、通信、自动化及安全自动装置、无功调节及发电励磁系统、一次调频功能以及其他一次、二次系统设备等，都要纳入电网的统一规划和运行管理。按照电网稳定控制要求，全网统一部署“三道防线”，以保证正常情况下系统的安全稳定运行和事故时能够及时正确地切除故障，防止事故扩大。

在厂网分开、竞价上网的条件下，要按照市场竞价规则，根据合同或协议要求，实行“三公”调度，建立和维护公平、公开、公正的市场竞争新秩序，促进公平竞争，降低成本，提高效率，改善服务，保障各市场主体的合法利益。

在事故情况下，要赋予电网调度处理突发事件的紧急处理权，坚持安全第一，统一指挥事故处理，严格执行事故应急处理预案，采取切机、切负荷等措施，确保系统安全稳定运行。

三要坚持电网与电厂及用户的安全管理协调。电力系统是由发电厂、电网、用户组成的有机整体，电网的安全稳定运行不仅是电网企业的职责，也是发电企业和用户共同的职责。厂网分开后，为保证电网安全，国家电网公司制定了《关于在电力体制改革过程中加强电网安全稳定运行管理的若干规定》、《加强网厂安全管理保证电网安全稳定运行的指导意见（试行）》等，网厂协调机制正在逐步建立。在保证电网安全运行的同时，电网要积极创造条件，有计划地合理安排发电设备检修，减少非计划停运率和事故率。要加强与用户的协调，争取用户的理解、支持与配合。并网电厂和电力用户也要对电网安全承担相应的责任。电厂和电力用户发生的重大事故要及时向电网报告。用户侧低频、低压自动减负荷必须做到容量足、分布合理。要利用需求侧管理手段，科学地引导用户在高峰负荷时段合理避峰和错峰用电，在电力供应紧张的情况下，缓解电网运行压力。为保证正常的工作联系和沟通，可由电网企业牵头，定期召开由电网企业、发电企业和重点用户共同参加的电力安全生产协调会。

（六）深入研究电力系统安全问题，尽快建立和完善重大电网事故应急处理机制

电力行业属于公用事业。随着西电东送、南北互供、全国联网的推进，我国电网的规模和电力交换的规模都在不断扩大，大电网事故的影响面和影响程度越来越大，建立和完善重大电网事故应急处理机制越来越重要，也越来越迫切。电力应急机制的建立要由国家有关部门牵头，统筹考虑电网、发电、用电和社会等各个环节，保证应急机制的协调运行和快速反应。要充分利用信息化手段，尽快建立和完善电网安全预警监测体系。要加强对公众的应急教育，自觉维护紧急情况下正常的社会秩序。

（七）加大电力设施保护力度，营造良好电网运行环境

电力设施是构成电力系统的基本元件，担负着生产、输送、分配电能的任务，具有点多、线长、分布面广的特点。长期以来，特别是最近，电力设施遭受外力破坏的情况不断发生，严重威胁电网安全稳定运行。应加大对破坏和盗窃电力设施犯罪行为的打击力度，为电网安全稳定运行创造良好环境。

我国电力工业正处在深化改革、加快发展的关键时期，改革、发展和稳定的任务繁重而艰巨，在为经

济发展和人民群众提供安全、可靠电力供应方面肩负重要的责任。美、加停电事件警示我们，保证电网安全关系重大，必须始终放在各项工作的首位，任何时候都不能有丝毫松懈。我们将在党中央、国务院的正确领导下，牢牢把握安全生产这个关键，以发展为第一要务，发扬团结治网的精神，与各电力企业密切配合，扎实工作，确保电网安全，保障可靠供电，为全面建设小康社会做出新的、更大的贡献。

2004
中国电力年鉴

重 点 工 程

三 峡 工 程 建 设

三峡水库蓄水

经过10年的施工建设，三峡水库于6月1日正式开始蓄水，10天以后的6月10日22时，三峡工程水库上游蓄水位达到135m，大坝下游水位为66.32m。当日入库流量为16500m³/s，是大坝蓄水以来通过的最大流量，出库流量为7340m³/s，整个蓄水过程蓄水总量为121.822亿m³，接近设计总库容393亿m³的1/3。伟人毛泽东描绘的“高峡出平湖”壮丽景观已经呈现，中华民族的百年梦想终于成为现实。

为了三峡水库顺利蓄水的目标，年初，公司积极配合长江水利委员会根据工程进度及施工需求，结合长江来水情况，制订了适宜的蓄水调度方案，分析了蓄水位控制要求、来水分析和蓄水对葛洲坝电厂发电的影响等问题。库区沿线政府大力支持，广大移民积极行动，对135m蓄水线以下进行了彻底的移民迁建和库区清理检查，完全可以满足135m蓄水线的蓄水要求。

蓄水实施过程中，针对前3个月长江上游来水偏枯的实际，分为了三个阶段：自然蓄水期、蓄水准备期及正式蓄水期。5月20～24日为自然蓄水期，三峡水库水位从当时运行水位高程78m逐步抬升到80m；从5月25日进入蓄水准备期，到6月1日0时，三峡库水位达104.94m，较计划的98m多蓄了6.94m，多蓄库容10.04亿m³，相当于在流量11600m³/s情况下多蓄了一天时间；6月1日上午9时，三峡水库开始正式下闸蓄水，在保证3300m³/s船舶通航流量的前提下，多余流量均被留在三峡水库内。到6月10日晚上10时整，三峡工程坝前水位正式达到135m，提前5天实现了三峡水库的初期蓄水目标，三峡水库库容净增100亿m³，水库容量达到121.822亿m³。

为保证蓄水安全，具体操作的梯调通信中心严格贯彻落实三峡工程蓄水期间水库水位调度计划，出台多项有针对性的蓄水具体措施；要求水库调度人员严格遵守水库调度规程，加强水情预报工作，提高预报精度；蓄水期间，水库调度技术骨干全部参与水库调度值班，以充实调度技术力量，梯调中心领导和各部门负责人安排24小时值班，以应付突发事件能及时处理；还要求水调人员优化调度，尽可能减少蓄水对葛洲坝电厂的发电损失；针对三峡水库蓄水期间调度情况复杂，加强与工程建设、航运及电网等部门的联系和协调，随时应对紧急事件；水情信息发布准确及时，实行水情信息发布签发制度，并利用Web网站及三峡总公司Notes网等多种渠道及时对外发布水情信息。同时积极配合中央电视台等多家新闻媒体对三峡水库蓄水情况的实时报道。三峡水库的整个蓄水过程是顺利安全的，达到了预期目标。

三峡永久船闸试通航成功

6月16日，举世瞩目的三峡工程五级船闸试通航成功。当日9时，近万名中外来宾、三峡建设者和当地群众参加了在工地举行的“三峡工程双线五级船闸试通航仪式”，新华社、中央人民广播电台和中央电视台三家新闻单位对仪式进行了直播。国务院副秘书长汪洋在仪式上宣读了国务院总理温家宝的重要批示，中共中央政治局委员、国务院副总理、国务院三峡工程建设委员会副主任曾培炎向世人宣告：根治长江水患，发挥大江水利，这个世世代代中国人民的梦想，正在逐步变成现实。

建成后的三峡双线五级船闸结构段总长1607m，包括上下游引航道全长6400多米，上下游总落差为113m，分双线五级过船，由五个各长280m、宽34m的闸室组成，每一级的落差为22～23m；每次可通过由三条3000吨级的驳船和一个机动拖船组成的万吨级船队，每次通过的时间为2小时40分钟。南北两线船闸可同时或单独运行，在改进后的船舶组合条件下，每年的单向通过能力为5000万t，是长江航道中的重要通航建筑物。

三峡船闸是当今世界上规模最大的内河船闸，是当今世界上水头最高、规模最大、级数最多、运行工况最为复杂的通航建筑物。1994年4月17日，三峡双级五级船闸顺利开工。工程规模巨大，技术复杂，从开挖航道、开挖地下工程、锚固高边坡到混凝土浇筑、金属结构安装各个环节，施工中采用了先进的工程技术，攻克了一系列工程难题，终于在海拔265m的花岗岩山体中开凿出一条长6442m（约7km）、宽300m、深176m的人工航道，人称“长江第四峡”。船闸高边坡锚固与稳定是国家“七五”“八五”重点科技攻关项目、世界难题之一，武警水电部队成功采用了4376束抗拉力100吨级至300吨级长度29～60m的锚索，对船闸176m的高边坡进行了深层锚固。1999年1月25日船闸主体工程开始浇筑第一方混凝土，工程技术人员创造发明了“单侧滑模”和“滑杠导模”技术，解决了船闸混凝土薄壁衬砌墙浇筑难题，该项技术获得国家专利。建设中共完成4100万m^3岩石开挖及两侧高边坡岩体锚固工程，21km长的地下输水及排水系统隧洞工程，400余万米^{3}钢筋混凝土工程，38500t闸门及钢结构的制造和安装，完成了各类启闭及控制、机电设备共134台（套）以及监控、消防、通信系统的安装和调试。在船闸建设中，建设者充分发挥了社会主义市场经济机制的作用，实行公开招标、公平竞争、公正决标、工程监理和信息化管理的模式，顺利地完成了这一伟大工程的建设。

船闸工程2002年7月基本完成各项施工任务，随即开展了2个月的无水调试和9个月的有水调试。在施工阶段，接受了国务院三建委质量检查专家组9次检查，5月通过国务院三峡工程验收委员会枢纽验收组的验收，国务院三峡建委第十二次全体会议正式批准，同意船闸进行试通航。6月1日三峡水库开始蓄水，10日水位蓄到135m。同时，船闸上游导航浮堤的定位及各闸室自上而下和自下而上进行了充水调试。6月13日18时完成了实船试航试验。船闸试通航成功，断航67天的长江黄金水道也恢复通航。航闸的运行管理由中国三峡总公司委托长航三峡通航管理局负责，签订委托协议。

三峡船闸由长江水利委员会设计院总负责设计。武警水电三峡指挥部、葛洲坝集团、三七八联营总公司、以水电十四局为主的三联总公司、江南重工集团、武昌造船厂、南京洛普公司、中船总公司709、704所、三八八厂、四七一厂，大连大起集团、水利部夹江水工机械厂等单位参与建设。中南勘测设计研究院三峡监理中心负责工程监理。大量的钢材及原材料企业为船闸工程提供了优质材料。全体参建单位在三峡总公司统一组织下，团结协调，互相配合，成功地创造了这一工程奇迹。

蓄水通航目标的实现，标志着三峡工程建设取得了重大的阶段性成果，在三峡工程建设史上乃至于人类科学利用水资源的历史上，迈出了新的步伐。现在，库区港口水域宽阔，码头条件优越，船舶航行条件极大改善，将使运输船队有条件扩大规模、加大载量，有利于船型、船队向标准化、大型化方向发展、给长江水上运输的结构性优化调整提供了契机。三峡船闸通航将成为长江航运发展史上的一个重要里程碑。

温家宝为三峡船闸试通航作重要批示

在6月16日三峡船闸试通航的仪式上，国务院副秘书长汪洋宣读了中共中央政治局常委、国务院总理、国务院三峡工程建设委员会主任温家宝于6月11日在关于三峡船闸试通航请示上所作的重要批示：“三峡水库正式蓄水，永久船闸试通航，标志着三峡工程建设取得重大阶段性成果。这是广大三峡建设者艰苦奋斗、库区移民群众甘于奉献的结果，也是全国人民和社会各方面大力支持的结果。希望广大三峡建设者继续努力，再接再厉，以对人民负责、对历史负责、对子孙后代负责的精神，高标准、高质量完成三峡建设任务。”

三峡水库第二次蓄水至海拔139m

11月5日，三峡水库在成功实现135m蓄水目标后，第二次蓄水将非汛期蓄水位由135m提升到139m。

为了充分有效地发挥三峡工程的综合效益，中国三峡总公司根据《三峡（围堰发电期）——葛洲坝水利梯级调度规程》的有关精神，提出汛后蓄水至139m的建议，得到了库区各级政府的高度重视和大力支持。10月28日，在三峡枢纽建筑物及库区移民相关项目准备就绪并经有关部门验收合格后，国务院正式批准实施汛后蓄水至139m方案。

汛后蓄水至139m，可以有效改善因三峡水库运用后，由于清水冲刷带来的葛洲坝航道下切引起的碍航现象；当出现小于枯水期设计通航流量时，动用水库库容进行补偿调节，保证葛洲坝下游航道在不低于38m水位线上运行；同时，在135m的基础上提高4m水头运行后，可以改善水轮发电机组的运行工况，提高机组的稳定性；还可以增加一部分发电量，在一定程度上缓解枯水期电网电能紧张的状况；从防洪的角度讲，三峡三期围堰洪水标准为百年一遇，相应库水位为139.8m，汛后139m蓄水方案提前安置了139m水位线以下的三期移民，可避免遭遇大洪水时库区沿江人民生命财产的重大损失，有利于工程安全渡汛和防洪应急预案的实施。

三常直流工程通过国务院验收组终验

“三常直流输电工程具备输送300万kW的能力，可以满足三峡二期工程首批机组发电的电力安全稳定外送需要。”7月12日，国家发改委主任马凯代表国务院工程验收组在宜昌宣布，三峡至常州500kV直流输电工程正式通过终验。

终验组认为：由国家电网公司负责实施建设的三常直流输变电工程，管理科学规范，工程质量整体达到优良；工程投资控制有效合理；安全处于受控状态，没有发生重大设备损坏和人身伤亡事故；工程如期完成，达到世界领先水平，具备输送300万kW能力，可以满足三峡首批机组发电电力外送的需要。

三峡至常州500kV直流输电工程是于2000年7月正式破土动工的。该工程是三峡输送电的标志性工程，是三峡首批机组发电送华东的主干通道，承担三峡向华东送电300万kW的任务，同时也是华中与华东电网互联的主要联络线，担负川电出川，华中、华东电网电量相互调剂等任务。国家电网公司是工程业主和建设单位。工程包括直流输电线路、换流站、接地极、通信四部分。工程西起三峡电站以东63km处的龙泉换流站，途经湖北、安徽、江苏三省，跨越汉江和长江、东至江苏常州的政平换流站，线路全长860km，输送容量300万kW，为目前世界上输送容量最大、输送距离最长的直流工程。

据了解，此工程验收采取国家电网公司初验、国务院专家组终验的形式进行。此前的6月26日，国家电网公司组织召开了初步验收会议，对工程质量、运行等情况进行了初步验收，为终验做了充分的准备。

华北、华中电网联网

9月20日10时36分，500kV辛嘉线通过辛安变电站5062开关首次并列成功。至此，华北电网、华中电网实现了历史上的第一次握手。

华北、华中联网工程起点在河北省邯郸市的辛安开关站，落点为河南省新乡市的获嘉变电站。线路全长210km，工程总投资4.6亿元。随着辛嘉线的启动调试完成，华北、东北、华中、川渝电网成功实现了交流联网运行，一个北起黑龙江伊敏电厂、南至四川二滩电站，地跨14个省（自治区、直辖市），南北距离超过4600km，装机容量超过1.4亿kW的超大规模交流同步电网就此形成。

自9月19日开始的华北、华中联网工程启动调试历时3天，在国家电网调度通信中心的统一指挥下，华北、华中、东北、川渝电网的调度、发电、基建、科研等单位团结协作，成功地完成了包括联络线功率调整试验、系统扰动试验在内的8项重要调试项目。

国家电网公司副总经理郑宝森说，辛嘉线的启动、调试、并网运行具有重要意义，是全国联网进程中的又一个重要里程碑。他强调，在今后的长期运行中如何确保东北、华北、华中、川渝大联合电力系统的安全稳定运行，避免发生电网瓦解和大面积停电事故，并在此基础上实现优化调度，使资源在更大范围内得到优化配置，成为更重要的任务和更严峻的考验。下半年三广直流将投产，2004年还将投产华北东北和川渝华中之间的加强联网工程以及华北山东联网工程。推进全国联网任重道远，需要各单位总结经验，继续创新，不断提高电网建设和运行水平。

国家电网公司总工、国调中心主任赵遵廉说，辛嘉线的建设充分体现了电力新技术的应用，为今后电网的发展积累了经验。辛嘉线首次在500kV跨大区交流联网项目中采用紧凑型线路设计，提高了输送能力，节省了线路走廊。电力调度部门针对华北、华中电网联网后形成的大型同步系统，使用大电网稳定分析技术对电网的安全稳定问题进行分析，并采取了大量先进的稳定控制手段，为保证大电网的稳定运行提供了技术保障。

西北750kV输变电工程开工

9月19日，西北750kV官亭至兰州东输变电示范工程正式开工建设。该工程是推进西部大开发、实施西电东送战略的又一标志性工程，更标志着我国电网输变电压等级由目前最高的500kV即将升级为750kV，实现历史性跨越。

中共中央政治局委员、国务院副总理曾培炎为工程开工做出批示：西北750kV输变电工程开工，对我国电网建设具有重要意义。希望国家电网公司高质量、高标准完成建设任务，为西部大开发，促进经济社会发展做出新的贡献。

西北作为我国重要的能源基地，在西部大开发、西电东送战略中具有十分重要的地位。但是，随着电网规模的不断扩大，现有330kV电网已趋饱和，330kV主网架已不能满足西北电网长距离、大容量电力输送和交换的要求，西北迫切需要发展高一级电压。经过科研人员长时间广泛细致地调研、论证，2003年2月19日，在国务院第68次总理办公会上，西北750kV官亭至兰州东输变电示范工程获得通过。

该示范工程将新建750kV官亭和兰州东变电站两座，新建750kV线路146km。工程由国家电网公司投资建设，国电西北公司受国家电网公司委托负责工程的建设和管理。工程总投资10.5亿元，计划2005年底建成投运。

国家电网公司总经理赵希正在开工典礼上指出，该工程的开工建设，填补了我国500kV以上电压等级的空白，对形成和发展西北电网的骨干网架，加快黄河上游水电和新疆、宁夏、陕北火电集中外送，加快西电东送北通道建设，推动我国超高压电网发展，推进全国联网，提高我国超高压设备制造水平都具有重大意义。

秦山三期核电站全面建成

10月23日，我国首座商用重水堆核电站——秦山三期核电站全面建成庆祝大会在浙江秦山召开。国务院副总理曾培炎与加拿大总理约瑟夫·让·克雷蒂安出席庆祝大会，并为秦山三期（重水堆）核电站工程全面建成纪念碑揭幕。

秦山三期核电站工程是国家“九五”重点工程，它采用加拿大成熟的坎杜6重水堆核电技术，建造两台70万kW级核电机组，设计寿命为40年，总投资28亿美元，工程造价比国家批准的概算节约10%。

工程由中国核工业集团公司、中国电力投资集团公司、浙江省电力开发公司、申能（集团）有限公司和江苏省国信资产管理集团有限公司共同投资建设。秦山第三核电有限公司是该工程的业主单位。

曾培炎说，秦山三期核电站是迄今为止中加两国间最大的合作项目，它的建成是两国经贸合作史上的重要里程碑。经过双方共同努力，项目建设取得圆满成功，工程技术实现新的突破。2002年底和2003年7月，两台机组先后投入商业运行，为缓解我国华东地区电力紧张状况发挥了积极作用。

克雷蒂安表示，秦山三期核电站的建设成功，是加中两国工程技术人员共同努力的结果，标志着两国在能源领域的合作迈上了新台阶，加拿大政府对此表示热烈祝贺。

中国核工业集团公司总经理康日新告诉记者，秦山三期核电站1号机组于2002年11月19日首次并网发电，并于2002年12月31日投入商业运行，比中加主合同规定的55个月建设工期提前了43天。2号机组于2003年6月12日首次并网发电，并于2003年7月24日投入商业运行，比中加主合同规定的进度提前了112天，创造了国际重水堆核电机组建设周期最短的纪录。

秦山三期核电站两台机组年发电近100亿kWh，将为缓解中国华东地区电力供应紧张局面发挥有效作用。截至10月23日0时，两台机组累计发电61.6亿kWh。

专家认为，与国际同类核电站相比，秦山三期核电站工程在设计上的技术性能、安全水平和经济指标，均达到了最好水平。

在工程建设中，秦山三期核电站工程实现了国际水准的工程建造自主化、调试自主化、生产准备自主化、运营管理自主化，在工程管理上与国际接轨，实现了程序化和信息化，对我国核电发展和实现与国际接轨的规范化管理做出了重大贡献。

龙滩水电工程成功截流

11月6日上午10时22分，奔腾不息的红水河随着施工人员抛下巨大的石笼和石料，被拦腰截断。龙滩水电工程顺利实现第二个里程碑目标。

国务院总理温家宝为截流仪式发来贺辞：龙滩水电站是国家实施西部大开发和“西电东送”的重点工程，电站的建设对于开发西南水电资源，促进广西、贵州两省经济发展，加强东西部合作，有着十分重要的意义。在龙滩水电站即将截流的时刻，谨向两省区及建设单位的干部群众表示热烈祝贺，希望你们发扬艰苦奋斗、连续作战的优良作风，精心施工，确保质量，慎终如始，再接再厉，圆满完成各项建设任务，使工程早日发挥效益。

此次大江截流方案为上下游截流戗堤同时进占，上游戗堤先合龙，随后下游戗堤合龙。其中上游预留龙口宽度为30m，下游预留龙口宽度为40m。9时30分，随着广西壮族自治区党委书记曹伯纯一声令下，整装待发的两条汽车长龙分别在相距600m的上游和下游两个土石围堰，向龙口行进，把一车车大块石料倾倒入河。经过50多分钟的战斗，10时22分，奔腾不息的红水河在龙滩被拦腰截断，截流圆满成功。

龙滩水电工程位于红水河上游广西河池市天峨县境内，是红水河梯级开发龙头骨干控制性工程。中国大唐集团公司、广西投资（集团）有限公司、贵州省基本建设投资公司分别出资65%、30%、5%。工程规划总装机容量540万kW，安装9台60万kW的水轮发电机组，年均发电量187亿kWh，总投资为243亿元，是我国目前在建的仅次于三峡工程的巨型水电工程。工程自2001年7月1日开工建设以来，已累计完成投资43.5亿元，预计2007年7月第一台机组发电，2009年底全部机组投产发电。

大江截流后，龙滩工程将实现重要的阶段性转移，大坝主体工程建设全面铺开。据介绍，建成后的龙滩工程将拥有三项世界之最——最高的碾压混凝土大坝、最大的地下厂房、提升高度最高的升船机。这些世界之最对未来施工建设还将提出严峻的考验。

拉西瓦水电站

交通洞工程

左低过坝交通洞全长1018m，本年度共完成石方洞挖39954m³，浆砌石砌筑326m³，混凝土喷护2778m³，进出口明拱混凝土衬砌2071m³。左低过坝交通洞各施工项目均已完成并通车；右岸低线过坝交通洞全长1148m，于2002年11月1日开工，2003年共完成石方洞挖87013m³，洞身混凝土喷护1669m³，路面混凝土4462m³，洞身照明设施已安装完毕并通车；左高线交通洞全长2564.9m，于2002年7月1日开工，2003年开挖至桩号K3+340m，剩余78.64m贯通。洞身混凝土衬砌完成7767m³，洞身混凝土喷护完成4112m³；主进厂交通洞全长807.26m，于2003年4月23日开工，已全部贯通。副进厂交通洞全长386.81m，已于9月贯通；左岸上缆交通洞全长811.01m，2003年累计开挖进尺445m；右岸上缆交通洞于2003年12月16日开工。2003年只进行了各项施工准备工作。

公路工程

右岸高线公路工程全长1763.14m，于2002年7月27日正式开工，2003年共完成石方洞挖79304m³，洞身混凝土衬砌3936m³，混凝土喷护2553m³，除部分路面混凝土、照明设施未完成，其他项目均已完工；右岸低线公路隧洞全长1384m，于2002年7月7日开工，2003年度石方洞挖完成15531m³，混凝土喷护完成3073m³，混凝土衬砌完成9283m³，路面混凝土、衬砌段回填灌浆、固结灌浆全部完成，已通车；右岸接线公路工程（含牧羊沟大桥）本年度完成石方开挖7.64万m³，土石方回填7.17万m³，桥梁工程已全部竣工，路面混凝土浇筑全部完成，已通车；尼那至砂石料场公路工程全长2.4km，各标段路基工程基本完工，丹义沟桥、跨公路大桥、尼那沟桥大梁吊装完毕。

施工支洞工程

厂房系统上层施工支洞包括厂房上支洞、主变压器上支洞、尾闸上支洞、尾调上支洞。主厂房上支洞全长69.58m，主变压器上支洞全长213.72m，尾闸上支洞全长138.19m，尾调上支洞全长138.81m，2003年各施工支洞全部贯通；尾水施工支洞全长660.28m。其中尾水施工支洞下叉洞长478.24m，2003年累计完成387m，尾水施工支洞上叉洞长182.04m，2003年度累计完成91m。

导流洞工程

导流洞总长1557.094m，于2002年12月28日开工，2003年导流洞工程除闸室2267.00m，高程以上混凝土衬砌未完工外，其他各项目已完工。导流洞具备过流条件。

其他工程

厂房主变压器开关室土建及埋件工程10月26日正式开工，2003年施工供水、供电、供风等临建和辅助工程均已完工，石方洞挖累计完成9181m³；右岸坝顶以上高边坡处理一期工程已经完工，2003年累计完成土石方开挖8.3万m³，左岸坝顶以上高边坡处理一期工程因施工范围增加仍在进行中，目前已完成土石方开挖18.1万m³，右岸坝顶以上高边坡处理二期工程于9月29日正式开工，招标文件土石方开挖工程量为33.2万m³，2003年共完成土石方开挖18.7万m³；左岸缆机平台及进料线平台开挖支护工程于2003年9月6日开工，2003年共完成土石方开挖9.4万m³；右岸缆机平台、出线平台开挖支护工程于2003年11月14日开工，2003年土石方开挖20000m³；上下游围堰工程、基坑开挖及出渣工程于2003年11月开始进行截流备料工作；右岸混凝土拌和系统一期工程于2003年9月1日投入运行；红柳滩砂石料系统于2003年8月15日投入运行；110kV变电所土建工程及机电设备安装工程已全部完工；2003年共兴建职工公寓楼9栋、建筑面积25274m²，接待中心楼1栋、建筑面积7935m²，2号食堂1栋、建筑面积2175m²。上述楼房均已投入使用。

2003年，拉西瓦水电站工程共完成土方开挖381.53万m³，石方开挖178.82万m³，砂砾石开挖1.32万m³，石方洞挖113.81万m³、混凝土浇筑14.19万m³，钢筋制安8013t，完成投资54130.56万元。

拉西瓦水电站工程通过截流验收

2003年12月22日，由中国电力投资集团公司，青海省支援黄河上游水电工程办公室、黄河水电公司、青海省海南州移民安置办公室、西北勘测设计研究院、北京华源咨询公司、中水东北公司、中国水电第四工程局、中国葛洲坝集团公司、国家电力公司水电建设工程质量监督总站质量巡视专家组组成的拉西瓦水电站工程截流验收委员会经过对工程形象进度，导流洞施工质量、库区移民安置等项目的认真审查，通过了《黄河拉西瓦水电工程截流验收鉴定书》，认为截流工程已经具备过水条件，同意验收。

拉西瓦水电站工程采用上下游围堰河床断流，左岸导流隧洞导流，基坑全年施工的导流方式。导流隧洞全长1557.074m，其中隧洞长1438.275m。导流洞由进口段、有压段、闸室及渐变段、无压段和出口涵洞及明渠段五部分组成。导流洞工程于2002年12月28日开工，2003年12月20日基本完工，具备过流条件。2003年11月18日河床截流和上下游围堰设计通过专题会审定。2003年12月5日，拉西瓦建设分公司通过单项工程验收。2003年12月17～20日通过国家电力公司水电建设工程质量监督总站质量现场巡视专家组的检查，导流洞施工质量满足设计要求，工程截流相关工程形象满足截流要求。2003年12月20日黄河水电公司通过竣工验收。

（胡耀斌）

华能沁北电厂工程

华能沁北电厂由华能国际电力股份有限公司（55%）、河南省建设投资公司（35%）、河南省电力公司（5%）、济源市建设投资公司（5%）共同投资建设，是原国家计委按“引进技术，联合设计，合作生产”原则确定的首批600MW超临界机组国产化的依托项目，被原国家电力公司确定为“21世纪燃煤电站示范设计的试点工程”。

工程规划装机容量6×600MW，一期工程为2×600MW超临界机组，由西北电力设计院负责设计，三大主机设备分别由东方锅炉（集团）有限公司、哈尔滨汽轮机厂有限公司、哈尔滨电机厂有限公司制造供货，主厂房建筑、1、2号机组安装工程分别由河南省建二公司、东电一公司、东电三公司和河南火电二公司承担建设，中国电力建设工程咨询公司和北京中城建建设监理公司分别为安装和土建监理单位。

华能沁北电厂采用600MW超临界火电机组，该种机组的国产化是国家“九五”期间9项重大装备国产化项目之一。通过超临界机组国产化依托项目，经过两台600MW国产化超临界机组的建设，达到超临界机组国产化率70%，煤耗300g/kWh的目标，掌握该种机组的生产制造技术，设计院和制造厂取得设计和生产的资质，并为形成更高等级的机组开发能力打下基础。因此，华能沁北电厂的建设将对发展民族工业，提高我国重大装备国产化水平，促进产业升级，推动电力结构调整和优化，加快中西部地区开发具有重要意义。

华能沁北电厂在一期工程主机设备招标中，在参数选择、设备制造、质量工艺要求、机型确定上都本着更好地贯彻落实国家相关政策要求来进行，尽可能保证超临界设备的可靠性和先进性。最后确定锅炉最大连续蒸发量（BMCR）为1900t/h，过热蒸汽压力为25.5MPa，过热汽温度571℃，再热汽出口温度569℃，锅炉效率93.07%；汽轮机采用一次中间再热、三缸、四排汽、单轴、凝汽式，额定功率为600MW，主汽门前压力为24.2MPa，主汽门前温度为566℃，再热汽门前温度为566℃。

华能沁北电厂于2002年10月26日正式开工建设。截止到2003年底，主厂房、冷却塔、烟囱、输煤、化水等各项土建工程已基本结束，化水、输煤等各项附属工程基本安装完成，工程全面进入安装阶段。根据工期计划安排，2004年底实现一台机组投产一台机组并网的目标。

华能小湾水电站

华能小湾水电站是澜沧江中下游河段水电梯级开发“两库八级”方案中的第二个梯级和龙头水库。电站位于云南省大理白族自治州南涧县与临沧地区凤庆县交界处，距昆明公路距离456km（其中新建约68km），直线距离约260km，距广州直线距离约1500km。

电站正常蓄水位为1240m，水库总库容149.14亿m^3，调节库容98.95亿m^3，水库面积189.1km^2，干流回水长度178km，淹没耕地面积65732亩，移民安置人口43976人。

大坝为抛物线型混凝土双曲拱坝，最大坝高292m，为世界已建和在建的最高双曲拱坝。电站装设6台混流式机组，单机容量70万kW，总装机规模420万kW，保证出力177.8万kW，占总装机容量的42.3%。多年平均发电量189.9亿kWh，其中枯期电量95.7亿kWh，占全年发电量的50.4%，年利用小时4521h。电站采用发电机—变压器单元接线，以6回500kV出线接入升压站。

华能小湾水电站于2002年1月20日正式开工。2003年，全年完成投资11.32亿元，主要形象进度：

导流洞工程：1、2号洞除出口段外洞挖全部完成。

左岸坝肩开挖及支护工程：2号山梁开挖至高程1245m，支护至高程1274m。4号山梁开挖至高程1235m，支护至高程1274m。高缆基础拱桥桥台混凝土完成，拱支承排架施工完成1/2，高缆下游端地基梁混凝土施工全部完成。低缆地基梁基础开挖完成。

右岸坝肩开挖及支护工程：进水口开挖至高程1200m，坝肩槽开挖至高程1190m，水垫塘桩号0+350上游开挖至高程1170m，桩号0+350下游部分开挖至高程1090m。高缆安装场地基梁、基础井桩、基础处理、承重平台施工完成，墩墙混凝土完成一半。

引水发电系统工程：尾水闸门运输洞洞挖完成，主厂房交通洞Ⅰ层开挖完成 420m，进风洞开挖支护完成，厂房导洞施工完成 100m，电梯井上球冠开挖完成。4 号施工支洞完成 130m，7 号施工支洞完成 280m。

“四通一平”工程全部结束，房建工程完成了 A、B、C 承包商营地二期建设，供电照明工程得到进一步完善，交通工程竣工验收及竣工结算工作全部完成，施工区移民工作已开始启动，完成绿化面积 24 万多米^2，建成弃渣场 17 个。

电力工作会议

工作会议综述

2003年2月15～16日，国家电网公司工作会议在湖北武汉召开。赵希正总经理在会上做了“建设控股型经营型集团化现代化的国家电网公司”的工作报告，报告中提出了2003年国家电网公司的各项工作目标和重点工作，强调了公司要继续加强党的建设和精神文明建设。刘振亚副总经理做了总结讲话。湖北省委常委、常务副省长周坚卫，国务院派驻国家电网公司监事会主席路耀华，国家电力监管委员会副主席史玉波，中组部、国家经贸委、中电联及南方电网公司、五大发电集团公司等单位领导应邀出席了会议。

2003年3月24日，中国南方电网有限责任公司在广州召开工作会议，袁懋振董事长在会上作了“深入学习贯彻十六大精神　为建设统一开放　结构合理　技术先进　安全可靠的现代化南方电网而奋斗”的工作报告。会议提出了把公司建设成为经营型、服务型、一体化、现代化企业的发展战略目标，明确了把南方电网建设成为统一开放、结构合理、技术先进、安全可靠的现代化大电网的总体发展目标以及三个阶段的分步目标。中组部巡视员荆德建、国家经贸委副司长吴贵辉、财政部副司长李春满、国家审计署副特派员王善用、广东省副省长游宁丰、中国能源化学工会主席赵永金、中电联副理事长叶荣泗等来宾应邀出席会议并讲话。

2003年1月22～23日，中国华能集团公司在北京召开了工作会议，李小鹏总经理做了“深入学习贯彻党的十六大精神　努力促进华能事业的全面发展”的工作报告，报告提出了2003年的工作目标：①确保人身及设备安全，杜绝人身死亡、重伤和群伤事故，设备重大事故，重大火灾事故，重大交通事故。②完成发电量1629亿kWh，比2002年实际发电量增长7%以上。③投产发电装机容量114万kW；新开工电力项目151万kW。④加强战略规划和前期工作，争取2004年新开工电力项目533万kW。⑤集团公司全口径营业收入435亿元；实现合并利润比2002年同期增长8%以上。

2003年8月5～6日，中国大唐集团公司在哈尔滨召开了工作会议，翟若愚总经理做了“开拓进取　求真务实”的工作报告。会议正式提出了集团公司发展战略，即把中国大唐集团公司建设成经营型、控股型，市场化、集团化、现代化、国际化，具有较强发展能力、盈利能力和国际竞争能力的大型电力企业集团。明确提出了集团公司的定位：集团公司是集团的战略规划中心、资产经营中心、重大决策中心、利润中心。同时，会议还确定了集团公司未来8年的发展战略目标。

2003年1月25日，中国华电集团公司在北京召开了工作会议，贺恭总经理做了“团结创新　加快发展　携手共创中国华电美好的明天”的工作报告。报告中提出了2003年工作总的要求：以“三个代表”重要思想和十六大精神为指导，认真贯彻中央经济工作会议精神，继续贯彻落实党中央、国务院关于深化电力体制改革的部署，把稳定巩固、发展提高、突破创新三个重要环节紧密结合起来，实现资产平稳移交，确保安全和稳定；基本建立起现代企业制度和健全的生产经营指挥体系；全面落实电源建设项目，实现公司实力和市场竞争力明显提升；确立公司的发展战略和发展规划；加强领导班子、干部队伍和员工队伍建设，加强企业文化建设，树立中国华电良好形象；力求在公司成立的第一年，开好局、铺好路、迈好步，为公司的长远发展奠定坚实基础。

2003年1月22日，中国国电集团公司召开了工作会议，周大兵总经理做了“统一思想　与时俱进　深化改革　加快发展　在中国国电集团公司做实做新做大做强”的工作报告。报告中提出了集团公司2003年工作的指导思想是：认真学习贯彻党的十六大和中央经济工作会议精神，按照“三个代表”的要求，贯彻国务院国发［2002］5号文件精神和电力体制改革部署，深化电力体制改革，加快公司发展，为国民经济发展和人民生活水平提高提供优质的电能。同时提出了2003年集团公司的工作目标和重点工作。

2003年2月25日，中国电力投资集团公司在辽宁清河发电厂召开了工作会议，王炳华总经理做了“以党的十六大精神统揽全局　与时俱进　艰苦奋斗　努力开创集团公司改革与发展的新局面”的工作报告。报告提出了集团公司的总体发展战略思路：坚持把发展作为第一要务，以满足国民经济发展需要和市场需求为导向，以安全生产为基础，以经济效益为中心，以深化改革和科技进步为动力，以合理布局和优化结构为重点，确立诚信合作和服务客户的理念，以电力为核心产业，稳定向相关产业延伸，积极寻求海外发展，努力把集团公司建设成为具有较强核心竞争能力、获利能力、可持续发展能力的控股型、经营型、集团化、现代化的大型跨国企业集团。同时展望和部署了2003年公司的目标和任务。

国家电网公司工作会议

建设控股型经营型集团化现代化的国家电网公司

——赵希正总经理在国家电网公司2003年工作会议上的报告（摘要）

（2003年2月15日）

2003年，中央提出经济增长的预期目标是7%左右；全社会固定资产投资增长12%左右。根据预测，2003年底，我国电力工业发电装机容量将达到3.7亿kW，同比增长4.8%；全国发电量将达到18000亿kWh，同比增长8.8%；全社会用电量将达到17800亿kWh，同比增长8.8%。据此，公司研究确定了2003年的各项工作目标和重点工作。

一、工作目标

（一）电力生产

售电量10500亿kWh，同比增长8.3%；公司管理机组（保留及待出售机组）发电量1205亿kWh；购电量10680亿kWh；跨区互供电量300亿kWh。

（二）电力建设

电网投产330kV及以上线路5104km，变电容量1859万kVA；电网开工330kV及以上线路7269km，变电容量3788万kVA；电源新开工544万kW，其中，抽水蓄能电站开工440万kW；固定资产投资513亿元（未含县城电网改造），其中，电网投资442亿元，电源投资36亿元。

（三）经营管理

利润总额32.1亿元；主营业务收入4128亿元；资产总额8906亿元；应收电热费余额243亿元；资产负债率62%；线损率为6.9%；供电煤耗360g/kWh；电网频率合格率为99.90%，综合电压合格率97%；科技投入总额为25.8亿元，完成重大科技项目12项。

（四）安全生产

不发生特别重大事故；不发生人员责任的重大电网事故和设备事故；人身事故死亡人数同比下降10%。

（五）劳动效率

职工总数72.5万人，工业企业劳动生产率34.3万元/（人·年）。

二、重点工作

（一）确保电网安全稳定运行

公司系统要坚持“安全第一、预防为主”的方针，克服松懈麻痹思想，以高度的政治责任感和严谨科学的工作态度，加强管理，严明纪律，杜绝重大事故的发生。要重申和特别强调落实好各级安全生产第一责任人的责任，强化安全生产责任制的考核。依法加强电网统一调度，严肃调度纪律。

（二）积极稳妥地推进电力体制改革

公司2003年改革的主要任务是：抓紧组建区域电网公司。由华北电力集团公司和东北、华东、华中、西北公司党组负责，研究起草区域电网公司组建方案和章程。组建区域电网公司要认真贯彻国务院5号文件精神，坚持规范改制的原则、维护出资人权益的原则、兼顾各方利益的原则，成熟一个，组建一个。区域电网公司成立之前，各分公司授权经营方式不变。积极稳妥地开展网省公司层面主辅分离工作。要同步研究制定划转辅业单位的920万kW发电资产权益容量的划分建议方案。研究成立电力调度交易中心，逐步建立和完善电力市场技术支持系统；参与电价改革，实现从厂网分开到竞价上网过渡期内电价的平稳过渡；配合做好有关电力法律法规的修订工作；配合开展区域电力市场竞价上网的试点工作，参与电力市场运营规则的制定；研究大用户直购电的试点办法；继续推进农电管理体制改革；继续做好国家电力公司系统资产重组后的遗留工作。

（三）加快制定公司发展战略和发展规划

国家电网公司作为国家电网投资和经营的主体，要在电网规划上下功夫，超前规划，适时建设，尽快形成电网与电源、输电与配电、一次系统与二次系统协调发展的安全、经济和坚强的网架结构。

要结合“十五”计划执行情况和电力供需形势的变化，开展“十五”计划的滚动调整和“十一五”规划研究工作，做好全国联网、西电东送输电通道、区域电网和省电网主网架规划以及电网调峰规划的研究工作。开展全面建设小康社会的电力发展规划研究，特别要重视配电网规划。要提高电力市场分析预测水平。

（四）加快重点项目建设

积极推进“西电东送，南北互供，全国联网”。2003年要实现华中—华北联网工程投产；完成西北与华中直流背靠背联网工程换流站土建工程。完成一批区域和省级电网的输变电工程，解决供电紧张地区电网“卡脖子”和迎峰度夏问题。开工建设东北—华北加强联网工程、山东—华北联网工程。完成华中—华北加强联网的可研工作，开展西北—华北联网的可研工作，启动华北—华东联网的前期研究工作。西电东送工程重点落实北通道的建设项目，尤其是西北电力外送以及750kV输变电示范工程的相关工作。全面完成第二批农网建设与改造任务，启动县城电网改造工程。

2003年三峡电站首批机组将投产发电，要抓紧抓好三峡输变电工程的建设。要确保按时完成三常直流的双极投产，确保三广直流在年底前完成单极站系统调试，加快三万二回、鄂赣二回等输变电工程的建设，确保首批投产机组发电的安全可靠送出。各有关网省公司要按期完成涉及三峡电力消纳的配套输变电工程。

要抓好电网调峰这个关键环节，重视和加强调峰调频电源的建设，确保电网安全经济运行。

（五）进一步提高跨区送电水平

要规范跨区电网管理体制，理顺管理关系，制定跨区输电管理办法，建立跨区电力电量交易机制。要加强跨区联络线送电计划考核，同时制定公开、规范的现货交易办法，认真组织电力存量资源的交易，发挥现有发输电设备的能力。各网省公司要树立大局意识、市场意识、效益意识，打破市场壁垒，积极推动跨区送电。重点做好川电东送、阳城送江苏、东北送华北，福建与华东、华东与华中、华中与川渝的电力交易工作。按照《国务院关于三峡水电站电能消纳方案的批复》精神，以三峡电站投产发电为契机，做好葛沪直流和三常直流的跨区送电工作，消纳三峡电力电量，努力增加互供电量。

（六）切实加强经营管理

2003年公司系统经营形势严峻。要以提高经济效益为中心，全面加强企业经营管理，防范经营风险，不断改善财务状况。继续执行资产经营责任制考核。积极开拓电力市场，增收节支，开源节流。继续疏导电价矛盾，拓展盈利空间。努力控制上网电价攀升的势头。大力降低工程造价，压缩非生产性开支，坚决停止非生产性的固定资产投资，严格控制成本费用支出。亏损企业要大力控制投融资规模，减少财务费用，扭亏增盈。积极探索提高资金集中管理的有效方式，对过度分散的资产进行整合，形成规模优势，发挥规模效益。要因地因网制宜，积极研究和探索增强供电企业内在动力和活力的经营模式。加强银企合作，优化资本性收支结构，切实控制负债水平。多渠道筹措资金，弥补电网建设资本金的缺口。加快构建国家电网公司财务管理新体制。主动接受监事会的监督。

2003年审计署将对公司进行全面审计。各单位要积极配合，做好“迎审”工作。要主动开展自查自纠，对查出的问题认真整改，加强公司内部控制，堵塞管理漏洞，防止国有资产流失。

（七）进一步推进技术进步

着力研究电网参数建模、电网分析计算技术、稳定控制策略及其他联网关键技术，增加输电线路输送能力，提高系统稳定运行水平。制定华北—华中联网系统稳定控制技术措施。加强引进技术的国产化和科技成果的转化。完成高电压等级铁塔试验站、电力系统仿真中心直流实验能力扩展、电力光纤实验室等基础设施的建设。

大力推进信息化建设。制定公司信息化规划，以规划为指导，建立规范、统一的企业管理信息系统网络。采取有效措施，加强网络与信息安全管理。

加强对市场结构、市场规则、辅助服务、电价机制等电力市场软科学课题的研究，为电力市场的建立提供决策支持。同时加快建设电力市场技术支持系统。

（八）加强人力资源开发利用

按照建立学习型企业的要求，研究制定国家电网公司人力资源开发战略和规划，探索建立精干高效的组织管理体系。实施人才工程，加大人力资源开发工作力度。深化劳动人事和工资分配制度改革，建立引进和稳定人才的有效激励机制。深化企业内部用工制度的改革，实行择优竞争上岗，推行人事代理制度。建立完善企业补充保险制度，规范企业年金管理，保障职工切身利益。建立适应不同层次和专业岗位需要、具备综合功能的网络化教育培训体系。

（九）不断提升电力优质服务水平

优质服务是公司承担的社会职责，也是树立公司良好形象、提高竞争力的重要手段。要继续坚持“优质、方便、规范、真诚”的方针，进一步强化服务意识，继续履行好优质服务的各项承诺。要切实做好用电客户的服务，并把发电公司作为新的客户纳入优质服务范畴。认真开展纠风工作，进一步加强行风建设。认真处理并及时反馈客户投诉举报的问题。

认真贯彻中央农村工作会议精神，将农电优质服务工作放在突出位置。充分发挥农网改造形成的生产能力，提升服务水平。继续做好“两改一同价”工作，切实减轻农民负担。

（十）加大国际合作和对外开放力度

开展形式多样的国际交流与合作，引进国外先进技术，学习借鉴国外先进的管理经验。根据国家政策，有计划、有步骤地开展境外投资，扩大资本、劳务、技术和产品输出。支持有条件的企业加大对外投资力度，培育新的经济增长点，不断壮大公司实力，提高国际竞争力。

三、加强党的建设和精神文明建设

一是深入学习贯彻十六大精神，坚持学以致用，用“三个代表”重要思想统领各项工作。

二是加强领导班子和干部队伍建设。坚持干部“四化”方针和德才兼备的原则，切实加强各级领导班子的组织建设。认真贯彻和执行民主集中制，加强领导班子团结。

三是大力加强党风廉政建设。把加强党风廉政建设，深入开展反腐败斗争放在突出位置。坚持从源头上预防和治理腐败。加大对重大经济案件的查处力度。

四是加强思想政治工作，确保队伍稳定。切实做好改革中的思想政治工作，引导干部职工正确认识改革形势，积极支持和参与电力改革。

中国南方电网有限责任公司工作会议

深入学习贯彻十六大精神 为建设统一开放 结构合理 技术先进安全可靠的现代化南方电网而奋斗

——袁懋振总经理在中国南方电网公司2003年工作会议上的报告（摘要）

（2003年3月24日）

一、**2002**年工作回顾

过去的一年是很不平凡的一年。在国家电力公司，广东等五省（区）党委、政府的领导和支持下，各单位认真学习贯彻党的十六大精神，面对电力体制改革带来的深刻变化，广大干部职工识大体、顾大局、守纪律，保证了电网安全稳定和职工队伍稳定，以实际行动支持了改革的顺利进行，全面完成了年初确定的工作任务和目标，两个文明建设取得丰硕成果。

（一）电力体制改革取得重要成果

经国务院批准，2002年12月29日两家电网公司、五家发电公司和四家辅业集团在人民大会堂正式挂牌成立。这是电力体制改革的重要成果，是电力工业发展的一个新的里程碑。南方电网公司的成立，是电力体制改革的重大突破，标志着南方电网的发展进入了一个新的历史时期。

2002年3月，党中央、国务院做出了关于电力体制改革的重大决策，出台了电力体制改革方案。各单位深入学习国务院国发［2002］5号文件精神，提高认识，把思想统一到党中央、国务院的决策和部署上来，认真落实各级人员责任制，毫不放松地抓好生产、基建、经营和思想政治工作，做到思想不散、工作不断、秩序不乱。在整个改革过程中，各单位做了大量卓有成效的工作。

10月15日，中组部宣布了南方电网公司筹备组成立。筹备组认真履行职责，积极主动地向国家有关部门和五省（区）党委、政府领导汇报工作，争取理解和支持。先后召开了六次会议，研究公司筹备工作的重大问题，上报了公司组建方案和章程，较好地完成了筹备阶段的任务。

12月29日公司成立以后，为了起好步，开好局，公司党组把握大局，抓住重点，加强领导班子建设，用十六大精神统一思想，统领各项工作，强调坚持“两个务必”。制定了公司党组《关于加强自身建设的若干规定》和《办事规则》，提出了对中央负责，为五省（区）服务，顾全大局，摆正位置，团结一致干事业的总体要求。召开公司系统“两个稳定”第一责任人会议，落实了责任。围绕“建设一个什么样的南方电网，怎样建设南方电网”这个课题，深入到五省（区）调查研究，征求党委和政府的意见，掌握基层单位的第一手资料，初步形成了今后工作的框架思路。针对广东电力紧张、电网“卡脖子”问题，研究采取切实措施，为迎峰度夏做好准备。研究确定了公司本部“三定”方案，人员逐步到位，基本完成了分公司、子公司的班子配备。目前公司各项工作已步入正轨。

这次电力体制改革是党中央、国务院的英明决策，是生产力发展的必然要求，符合中国国情和电力工业的实际。改革有利于打破垄断，引入竞争，提高效率，降低成本，加快电力发展。南方电网公司的成立对于进一步贯彻落实西部大开发、西电东送战略，促进南方五省（区）资源优化配置，实现优势互补、东西双赢，具有十分重要的意义。五省（区）党委、政府坚决拥护党中央、国务院关于电力体制改革的决策，大力支持公司的工作，希望公司加快发展，保证电力供应，做好优质服务。这极大地增强了我们做好工作的信心。

（二）各项工作取得新的成绩

2002年，公司系统完成发电量1983亿kWh；售电量2137亿kWh，增长14.5%；西电送广东电量160亿kWh，增长38.8%。实现主营业务收入1077亿元，增长15.6%；资产保值增值率106.5%。工业企业劳动生产率146万元/（人·年）。完成基建投资398亿元。

至2002年底，公司资产总额达到2038亿元，所有者权益938亿元，资产负债率54%。220kW及以上输电线路30662km，变电容量9683万kVA，应急调峰电厂装机容量372万kW。

电网保持了安全稳定运行。各单位以高度的责任感把保证电网安全稳定作为一项政治任务来抓。认真贯彻《中华人民共和国安全生产法》和国家电力公司1、2号令，落实各级安全生产责任制，坚持团结治网，加强电网调度运行管理。研究落实迎峰度夏各项措施，保证了五省（区）的电力供应。特别是在2002年夏季广东电网负荷一再攀升，电力供应趋紧的情况下，各单位团结协作，密切配合，统筹安排电网运行方式，精心调度，积极组织西电东送电力电量。贵州在备用容量紧张的情况下，保证东送电力，云南努力挖掘本省发电潜力，广西尽可能让出通道容量，广东加快省网配套工程建设，加大错峰用电的管理。经过共同努力，顺利完成了迎峰度夏任务和十六大等重大政治活动的保电任务。全年公司系统未发生电网稳定破坏事故、大面积停电事故、重大设备事故。电厂和电网安全渡汛。全网频率合格率99.98%，综合电压合格率97.48%。

电力建设取得重大进展。“十五”期末西电新增向广东送电1000万kW以及各省（区）内电力工程建设达到了预定目标。天生桥至广东第三回500kV交流输变电工程2002年6月投入运行，西电送广东能力达到370万kW。云南宝峰至草铺、宝峰至罗平500kV交流输电线路贯通，形成云电送粤百万千瓦输送大通道。贵州500kV“日”字形主干环网建成，为黔电送粤和省内用电提供了更加可靠的网架支撑。广东省网8项重点电网工程全部投产，对缓解深圳、东莞等地区供电紧张局面起到了积极作用。海南东方至罗带220kV输变电工程竣工。公司系统220kV及以上输电线路投产3405km，新开工4873km；变电容量投产1361万kVA，新开工2416万kVA。城网、农网改造完成投资127亿元。

经营管理稳中求进。在新旧体制转换和外部经营环境发生较大变化的情况下，坚持以经济效益为中心，依法经营，规范管理。加大电力营销力度，努力开拓电力市场，售电量有较大幅度的提高，西电东送电力电量创历史新高。加大电费回收力度，实现当年电费结零。全面加强预算管理，落实了经营承包责任制。从严控制经营成本，加强投融资成本和购电成本管理。加强了财务监督和内部审计。全面完成了资产经营目标。

优质服务水平进一步提高。积极采用先进的技术，建立和完善电力营销服务网络。认真履行社会服务承诺，在主动服务、跟踪服务、个性服务上有了新的突破。云南电力“彩虹工程”、广西“创三佳”劳动竞赛等活动取得了良好效果，广州、深圳供电分公司应用现代信息技术，提高供电服务水平。开展城乡供电营业规范化服务、示范窗口创建活动，开通了95598供电服务热线。加强职业道德教育，纠正行业不正之风。落实服务监督机制，提高了客户满意率。通过“两改一同价”和加强管理，提高了农电系统优质服务水平，拉动了农村消费。

党的建设和精神文明建设取得明显成效。认真学习贯彻“三个代表”重要思想和党的十六大精神，坚持不懈地抓好党的思想建设、组织建设、作风建设和制度建设。认真落实党风廉政建设责任制，加大了防治腐败的力度。加强思想政治工作，把改革的必要性讲清楚，把改革的方案讲明白，引导职工理解和支持改革；关心困难职工、离退休职工的生活；及时化解不稳定因素，维护了稳定的大局。各单位领导班子讲政治、顾大局，全体职工坚守岗位，恪尽职守，表现出良好的政治素质和精神状态，以实际行动为改革、发展和稳定做出了贡献。国电南方公司等6个单位被命名为全国精神文明建设先进单位，遵义供电局、个旧供电局等11个单位被命名为全国创建文明行业先进单位，珠海供电分公司、南宁供电局等142个单位被授予省部级双文明单位称号。

这些成绩的取得来之不易，靠的是党中央、国务院的正确领导；靠的是国家有关部门，国家电力公司，广东等五省（区）党委、政府的领导和支持；靠的是公司系统全体干部职工团结一致，顽强拼搏，艰苦奋斗。

二、公司发展战略构想

中国南方电网有限责任公司是根据国务院《电力体制改革方案》，在原广东省广电集团有限公司，国家电力公司所属南方公司、云南电力集团有限公司、广西电力有限公司、贵州省电力公司，以及海南省电力有限公司的基础上，由广东省政府授权投资主体、国家电网公司和海南省政府授权投资主体共同出资设立的有限责任公司。公司由中央管理，在国家实行计划单列。公司的主要职责是：依法经营南方电网，保证供电安全，规划南方电网发展，培育南方电力市场，管理电力调度及交易中心，按照电网运行规律及市场规则进行电力调度等。

在南方电网公司内，超高压输变电公司、电力财务公司以及拟组建的调峰调频电厂公司是按专业设立的分公司。广东、广西、贵州、云南和海南电网公司是其全资子公司。公司本部是公司的战略规划中心、经营决策中心、电力调度指挥中心、电力交易管理中心和资本运营中心。

（一）公司面临的形势

当今世界经济全球化进程加快，世界经济出现复苏迹象，发达国家正在进行经济结构调整，新一轮国际分工为我国经济发展提供了新的机遇和空间。近年来，国家坚持扩大内需的方针，实施积极的财政政策和稳健的货币政策，加快经济结构的战略性调整，实现了国民经济持续快速健康发展。党的十六大提出了全面建设小康社会的目标，南方五省（区）也提出了相应的发展目标。广东要在全国率先基本实现现代化，其他四省（区）力争经济发展速度高于全国平均水平。到2020年，五省（区）GDP将比2000年翻两番，超过6万亿元。预计到2005年和2010年，五省（区）全社会用电量将分别达到3600亿kWh和5200亿kWh，约占同期全国用电量的20%。经济的持续快速增长，为公司提供了广阔的发展空间。

南方电网所处的五省（区）内，东部经济发达的广东和港澳地区能源资源匮乏，但电力市场潜力巨大，西部经济欠发达的省（区）拥有丰富的水火互济的能源资源优势，海南蕴藏着巨大的油气资源，各方在能源资源和电力市场方面有极强的互补性。南方电网公司作为一种新的电网组织形式，为区域能源资源的优化配置搭建了更高层次的平台，对促进东西部相互融合、互利互惠、协调发展将起到十分重要的作用。

与南方电网所处五省（区）接壤的东南亚地区，是正在加快一体化进程、经济快速增长的国际经济区域，云南省已经成为大湄公河次区域合作的正式成员。随着云电外送项目的实施以及中国与东盟自由贸易区的建立，南方电网将直接面对东南亚地区这个潜在的国际市场。

通过对上述形势的分析，根据我们的实际情况，可以得出一个基本的判断：今后5～10年内，是南方电网发展的重要战略机遇期。

（二）公司的战略定位

公司在国民经济和社会发展中，在西电东送和资源优化配置中，以及在南方区域电力市场中具有特定的地位、功能和作用。

公司作为由中央管理的国有特大型企业，从事国民经济的基础产业和国计民生的公用事业，关系到国民经济命脉、国家能源安全与社会稳定大局，在国民经济和社会发展中发挥着举足轻重的作用。公司直接服务于南方五省（区），是五省（区）全面建设小康社会和广东率先基本实现现代化的“先行官”。公司在南方电网发展和南方电力资源乃至能源资源优化配置中发挥主导作用，承担着实施国家西部大开发、西电东送战略的重要任务，协助政府调整电力结构，保证电力工业持续快速健康发展。公司是社会主义市场经济环境下以电网为主营业务的运营商，是区域电力市场交易的主体，在接受政府监管的同时，积极培育电力市场，协助政府维护电力市场秩序，实现电力市场的规范化运营。

（三）公司发展的战略目标

根据公司面临的形势和战略定位，初步提出公司发展的战略目标是：把公司建设成为一个经营型、服务型、一体化、现代化的企业。

经营型——以电网经营为主营业务，以经济效益为中心，制定遵循市场规律、以市场需求为导向的经营方略，大力拓展电力市场，积极培育新的经济增长点，提高效益水平。严格控制成本，降低消耗，增加产出，提高效率。积极利用公司的资金资源优势，搭建资本运作平台，开展资本经营，为电网发展提供有力支持。在做好有形资产运作的同时，重视商誉、知识产权等无形资产运作。实现南方电网的良性发展，确保国有资产保值增值。

服务型——作为从事基础性公用事业的电网企业，优质服务既是公司对社会的责任，也是公司核心能力的重要组成部分。要坚持客户为中心的经营理念，注重社会效益和公众利益，保证电网安全稳定运行，提供安全、可靠、优质、价格合理的电力，满足经济发展和人民生活水平提高对电力的需求。处理好与广大客户、发电企业的利益关系，做到公平、公正、公开、透明，提供优质服务，让客户满意，让政府放心。

一体化——为了维护公司的整体利益和形象，公司系统要加强融合，形成统一的意志、统一的认识、统一的步调，具有一体化的发展战略规划、一体化的管理运作机制、一体化的内部资源调配秩序、一体化的企业文化，全公司一盘棋，增强凝聚力和向心力，促进南方电网和公司的统一协调发展。

现代化——积极参与国际经济技术交流与合作，大力推进信息化，加快科技进步，吸收先进的经营管理理念和方法，建立现代化企业管理机制。在员工队伍、装备水平、运营管理、创新能力、优质服务、企业文化等方面，向世界一流的跨国大企业看齐。

（四）南方电网发展目标

适应公司发展战略目标，要把南方电网建设成为统一开放、结构合理、技术先进、安全可靠的现代化大电网。

统一开放，作为统一的电网，就是对电网实行统一规划、统一建设、统一调度、统一管理，在南方电网的层面上集中体现国家的宏观经济调控政策、能源政策和环保政策，实现区域电力资源的优化配置。作为开放的电网，要与国家电网公司密切合作，推进全国联网，促进南北互供，利用南方电网的特殊区位优势，积极实施“走出去”战略，与东南亚国家加强合作，与香港电网互通有无，开拓澳门市场。结构合理，就是统筹规划南方电网主网架和省（区）内配套电网，使之与电源布局相适应，满足用户用电需求，容载比例合理，结构坚强，运行灵活，经济适用。技术先进，就是以科技进步为动力，积极采用新技术、新装备，不断提高电网科技含量和自动化水平。安全可靠，就是在电网结构合理和技术先进的基础上，通过加强管理，提高电网的管理水平，增强驾驭大电网的能力，保证电网安全稳定运行，提高供电可靠性。

按照五省（区）全面建设小康社会的经济发展规划，初步确定南方电网分阶段发展目标为：

第一阶段：到2005年，电网主网架形成“六交三直”九条大通道，西电送广东容量达到1088万kW。实现与海南联网。启动调峰调频电源建设项目。五省（区）电源装机容量达到7700万kW，全社会用电量达到3600亿kWh。各省（区）电网改善和优化网架结构，解决电网供电“卡脖子”问题。

第二阶段，2006～2010年，新建西部至广东负荷中心的直流输电通道1～2回、交流输电通道2～4回，西电送广东容量在“十五”的基础上新增600万～1000万kW。建成广东省“十大重点工程”中能源建设项目的配套电网。根据电网的需要，投产必要容量的应急调峰电源。五省（区）电源装机容量达到11600万kW，全社会用电量达到5200亿kWh。各省（区）电网与负荷、电源同步发展，形成结构合理的骨干网架，保证电力送得出，落得下，用得上。

第三阶段，2011～2020年，结合西部能源资源特别是澜沧江、乌江、金沙江、怒江等流域水电资源的开发，建设小湾、糯扎渡、景洪、构成滩等水电站电力送出工程。根据发展需要，经充分论证，启动特高压输电项目。扩大南方电网与国内周边电网的联网规模，进一步推进南方电网与东南亚联网工作，建成东西贯通、南北互联的大电网。南方电网主网架和各省（区）输配电网适应全面建设小康社会的要求，起到“先行官”的作用。

（五）要把握好的几个关系

中央与地方的关系。坚持对中央负责，为五省（区）经济发展服务的原则，保证南方五省（区）电力供应，促进资源优化配置。在国家监管下依法经营，维护各出资方的利益，实现资产保值增值。各单位要积极主动地取得当地党委、政府的领导和支持，依靠党委、政府做好工作。

东部与西部的关系。充分尊重南方区域能源资源分布和经济发展不均衡的客观事实，积极推动加快形成电能输出省和受端省在电力交易中合理的利益格局，建立和巩固相互依赖、相互支持、互利互惠的利益共同体，实现东西双赢。

电力市场中卖方与买方的关系。公司作为南方电网中电能的主要购买者和销售者，坚持公平、公正、公开的原则，为电能的生产者和消费者提供优质服务，保障买卖双方和投资者的合法权益。

电网与电源的关系。电网在电力资源的优化配置和电力结构的调整中，发挥着不可替代的重要作用。要以电网规划为重点，做好电力规划，使电源布局与电网发展相配套，为政府当好参谋助手。按照市场经济运行规则，遵循电力系统运营的特殊规律，在国家宏观调控下，通过与电源开发商签订经济合同，使电网经营企业和发电企业协调发展，共同繁荣。

三、2003年工作安排

2003年是南方五省（区）为党的十六大提出的宏伟目标和各项任务进行奋斗的第一年，也是公司正式运作的开局之年。为了起好步、开好局，我们必须审时度势，在认清形势、把握机遇的同时，清醒地认识到我们所处的微观经济运行环境并不宽松，还有不少困难和问题。一是电网安全不容乐观。南方电网西电东送容量大、距离远，交直流并联运行，技术复杂。电网有薄弱环节，抗事故能力欠强，存在大面积停电的风险。由于容载比较低，设备长时间、大负荷运行，检修安排困难，存在安全隐患。新的电网管理机制和调度运行规则还未健全，可能会出现安全管理、电力电量组织上的责任真空。二是供电形势趋紧。受负荷增长较快、来水量偏少、电煤供应紧张等因素的影响，电力供需矛盾再度显现。有的省电网建设欠账太多，存在“卡脖子”问题。三是盈利能力下降。新的电价形成机制没有建立，部分地区销售电价降低，电网经营的合理利润难以保证；城乡电网改造还贷政策没有到位，欠费数额较大，财务风险加剧；电网建设资本金短缺，融资能力下降，制约了电网发展。四是队伍存在不稳定因素。随着改革的继续深入，特别是主辅分离工作的开展，将会涉及部分职工的切身利益，引起思想不稳定。这些困难和问题，需要我们在2003年的工作中认真分析研究，制定措施，切实加以解决。

2003年公司工作总的要求是：高举邓小平理论伟大旗帜，学习贯彻党的十六大精神，实践“三个代表”重要思想，坚持“两个务必”，认真落实中央经济工作会议部署，顾全大局，摆正位置，明确目标，艰苦奋斗，继续深化改革，确保安全生产，加快电网发展，提高经营水平，创新管理机制，提升服务质量，努力开创公司改革、发展、稳定的新局面。

按照上述要求，2003年工作的主要目标是：

安全生产：在电力生产中，防止发生对社会和公司造成重大影响、对资产造成重大损失的事故，确保人身、电网、设备安全。杜绝重大人身死亡事故，杜绝特别重大电网事故和有人员责任的重大电网事故，杜绝特别重大设备事故和电厂垮坝事故。电网频率合格率≥99.9%，电网综合电压合格率≥97.50%，城市供电可靠率≥99.90%。

电网建设：固定资产投资373亿元，其中大中型电网项目投资260亿元。新开工220kV及以上输电线路4514km，变电容量1518万kVA。投产220kV及以上输电线路6494km，变电容量2231万kVA。确保贵州至广东交流工程6月底前投产。

电力营销：公司系统售电量2366亿kWh，同比增长10.7%，应急调峰电厂发电量115亿kWh，购电量2447亿kWh。西电东送电量259亿kWh，同比增长28.2%，其中送广东211亿kWh，增长32.2%，送广西48亿kWh，增长13.4%。

资产经营：主营业务收入1160亿元，利润总额11.2亿元，资产总额2262亿元，应收电热费余额84.5亿元，资产负债率57.94%。线损率7.80%，供电单位成本下降1.82元/MWh。工业企业劳动生产率153.3万元/（人·年）。

精神文明：全面落实党风廉政建设责任制目标。各单位本部和下一级领导班子及其成员不发生违法和严重违纪问题。不发生影响公司形象和稳定的重大事件。

为了完成上述目标，2003年要重点做好以下几项工作：

（一）确保电网安全稳定运行，保证五省（区）电力供应

把保证电网安全稳定运行作为公司的生命线。站在顾大局、讲政治和巩固改革成果的高度，深刻认识安全生产的特殊重要意义，并将其放在先于一切、重于一切的位置上，花大力气抓实、抓好。

强化安全生产管理，夯实安全生产基础。认真贯彻落实公司1号令，实行安全目标管理，建立健全公司系统安全生产保证体系和监督体系。开展与“违章、麻痹、不负责任”三大安全敌人作斗争的活动，加强全员安全思想教育。落实各级安全生产责任制，强调各单位安全生产第一责任人的责任，严防出现责任真空。认真研究厂网分开对电网安全管理带来的变化，界定电网与电厂的安全责任。抓紧建立健全公司安全生产管理的各项规章制度，在新的规章制度出台前，继续严格执行原国家电力公司颁发的行之有效的有关规章制度，特别是“两票三制”。加强安全生产监督管理，对发生的事故和发现的隐患，要严格按照“三不放过”的原则，小题大作，提级分析，举一反三，吸取教训。

坚持依法治网，强化统一调度。建立统一调度、分级管理的电网调度管理体系，依法树立电网调度的权威，严肃调度纪律。根据调度管理范围的调整，抓紧制定南方电网调度管理规程，理顺调度关系，加强对骨干网架和重要联络线的调度管理。规范网内发电厂以及南方电网与其他电网的并网协议。严格调度运行管理与考核，精心安排电网运行方式，强化二次系统特别是继电保护、安全自动装置的管理。制定各种方式下的事故预案，有针对性地开展反事故演习。开展直流运行技术、交直流混合电网特性等方面的课题研究，提高对电网的调控能力。

全力以赴做好迎峰度夏工作，保证电力供应。2003年以来，南方电网负荷增长迅猛，3月17日，全网统调负荷达到2820万kW，其中广东统调负荷达到1992万kW，比2002年同期增长24.7%，第一次负荷高峰已经提前到来。要做好负荷预测，落实电源组织、设备检修、电力平衡等迎峰度夏各项措施。抓紧落实电网和电厂设备检修、改造计划，保证设备完好。发挥大电网的优势，做好负荷高峰期的调度管理，挖掘现有发电设备的潜力，加大错峰用电管理的力度，缓解高峰用电压力。2003年广东统调最大负荷预计为2300万kW，比2002年增长14%，同时部分地区电网“卡脖子”，保证电力供应的难度较大，是南方电网迎峰度夏的重点。各单位要密切配合，统一调配网内电力资源，共渡难关。抓紧在建工程建设，6月底前增加西电向广东送电能力150万kW；广电集团要加快省内输配电网建设进度，缓解局部“卡脖子”问题。云南、贵州电力公司要千方百计保证按合同计划向广东送电。

（二）抓紧公司发展战略研究，完善南方电网发展规划

研究制定公司发展战略。围绕公司发展战略构想和电网发展目标，深入开展调查研究和论证，学习借鉴国内外成功大企业的战略管理经验，与权威战略管理咨询机构合作，制定公司总体发展战略。特别要重视西电东送战略、科教兴网战略和管理创新战略，把南方电网规划好、建设好、管理好。通过实施西电东送战略，强化主网架，提高送电能力和电网安全可靠

性。通过实施科教兴网战略，积极引进先进的技术和设备，全面提高人员的素质，为实现南方电网的发展目标提供技术和智力支持。通过实施管理创新战略，提高公司的整体效率，增强公司的核心竞争力。同时还要研究市场营销战略、“走出去”战略和企业文化战略等各项子战略，以战略管理为龙头，统揽公司各项工作。

编制完善电力发展规划。结合五省（区）全面建设小康社会的目标，抓紧编制完善南方电网骨干网架和各省（区）电网的发展规划，对电源规划提出建议。要准确分析电力供需形势的变化，提高电力市场分析预测水平。电网发展规划要注意与地方经济发展相适应，与城市建设规划相配套，注重环境保护和可持续发展。要优化主网架方案及输电方案。研究解决好电网与电源的配合问题，电网调峰问题，无功问题，以及电力送得出、落得下的问题。上半年完成南方电网“十一五”规划报告，年底前完成南方电网2020年规划报告，重点抓好龙滩、小湾、构皮滩等“十一五”电源项目送出工程的前期工作。要重视并加快与海南联网，下半年完成可研报告并上报国家计委，争取年内立项。开展南方电网与东南亚地区能源资源互补特性的研究，抓紧开展与东南亚电网联网规划。

（三）加快重点项目建设

基本建设要创新管理体制，提高管理水平，在保证安全、质量的前提下，加快工程建设进度，严格控制造价。

加快西电东送工程建设。采取措施，保证天贵线π接工程4月上旬和贵广交流工程、平果串补工程6月底前按计划投产。力争鲁布革至天生桥第二回220kV输电工程6月底前建成，进一步扩大云电送粤能力。贵广直流工程要达到预期的形象进度目标，为明年10月单极投产、2005年双极建成打好基础。天广四回、柳州—贺州—罗洞二回、肇庆—花都—博罗输变电工程年内开工。

抓好省（区）输配电网的建设。各省（区）公司要落实各项输配电工程的建设进度，重视与西电东送主干网架配套工程的建设，与有关单位签订工程建设责任状，落实人员责任，保证电网建设任务的完成。重点抓好广东省解决“卡脖子”问题的鹏城至公明等12项关键工程。

加强工程建设的全过程管理。按照“五制”的要求，本着科学、实用、高效的原则，创新公司基建管理体制。推行项目经理责任制，采用“小业主、大监理”的模式，充分发挥各方的积极性。在工程时间紧、任务重的情况下，更要注重施工安全和质量。严肃招投标纪律，规范管理，择优选择施工队伍和采购物资设备。加强概算管理，严格合同审批、支付程序、实时监控工程进度及造价。

（四）全面加强经营管理，确保完成各项经营任务

面对2003年严峻的经营形势，我们要化压力为动力，以监事会进驻和国家开展对电力行业审计为契机，全面加强经营管理。坚持依法经营，勤俭办企业，严格控制成本，努力挖掘潜力，切实提高公司的经济效益。

疏导电价矛盾。认真开展南方电网上网电价、输配电价及销售电价形成机制的分析研究，协助政府相关部门建立合理的电价形成机制，合理确定分离电厂的结算电价，清理不合理电价及过高的上网电价。在满足安全运行、完成合同计划电量的前提下，坚持最低购电成本原则，实施电网经济调度，通过调整上网电量结构，降低上网电价水平，减轻电网经营压力。

积极开拓电力市场。认真分析电力市场供求关系，强化需求侧管理，积极培育电力需求新的增长点。发挥市场的作用，有计划地减少小机组发电。充分利用丰枯、峰谷分时电价杠杆，引导客户用电消费。抓住城乡电网改造带动电力需求增长的机遇，努力增供扩销。继续加强电费回收工作，实现当年电费结零，旧欠回收10%。

推行全面预算管理和综合计划管理。加快制订全面预算管理办法，建立公司系统逐级预算管理指标体系和考评体系，形成预算刚性约束机制。重点加强成本管理，树立大成本管理观念，从严控制生产经营成本、基本建设成本和投融资成本。制定成本考核办法和政策，鼓励各级核算单位控制成本。建立公司综合计划管理体系，定期开展综合统计分析和经济活动分析，加强内控，提高计划管理的科学性和有效性。积极探索资金集中管理的有效方式，促进产业资本和金融资本的有机结合，实现公司资金优化配置，提高效益。

坚持依法经营。把依法经营作为公司长治久安的基本方针。增强各级领导班子的法律意识，建立健全依法经营决策的管理机制，加强内部审计、财务稽核、效能监察等内控机制建设，堵塞管理漏洞，防范经营风险。

按照《国有企业监事会暂行条例》，国务院决定向南方电网公司派出监事会，这是党中央、国务院深化国有企业改革，加强对国有企业监督管理的一项重大举措。各单位要积极配合监事会开展工作，自觉接受监事会的监督、指导和帮助，提高经营管理水平。国家审计署对公司的审计工作已经开始，各单位要积极做好配合工作，对审计中发现的问题要切实制定措施，抓好整改。

（五）建立现代企业管理机制

管理是企业永恒的主题。我们要以改革为契机，通过创新管理思想、管理制度、管理手段、管理机制，提高管理能力、管理水平，实现管理到位。

管理思想现代化。目前公司的管理与社会主义市场经济和建立现代企业制度的要求，与国际先进企业相比，还有很大的差距。要系统地学习现代管理知识，积极主动地吸收先进的管理思想，树立战略管理、人本管理、信息化管理、企业管理流程再造等新的管理理念，并引入到生产、经营等工作的各个环节中。

管理制度规范化。按照科学、严谨、规范的要求，上半年建立和完善公司各项基础管理制度，三季度前建立公司工作、管理、技术三大标准体系。把各项规章制度作为公司内部的宪章，一切按制度办事。通过严格执行规章制度，解决管理不到位的问题。一切工作都要坚持高标准、严要求、快节奏、高效率，注重工作质量，做到管理层次清晰，管理界面清楚，实现按系统、分层次、程序化、责任制运作。

管理手段信息化。利用公司系统先进的通信资源，加速建设覆盖全公司、覆盖管理全过程的信息化系统。上半年建立公司本部办公自动化系统，年内提出信息化建设规划。按照统一规划、分步实施的原则，逐步实现行政管理、电网运行、市场交易、财务管理等生产经营环节的在线管理，提高公司决策和管理的信息化水平。

管理机制科学化。2003年要重点建立四个机制：①建立民主科学的决策机制，完善决策制度，严格执行决策程序，提高决策水平；②建立应对市场变化的快速反应机制，以市场需求为导向，改进营销、生产、供应管理，形成紧凑高效的市场链；③建立有效的激励和约束机制，实行安全生产、资产经营、党风廉政建设三项责任制，调动基层单位和经营管理者的积极性，同时强化全面预算管理和综合计划管理等内控体系，加强监督考核；④建立优胜劣汰的用人机制，逐步做到经营者能上能下、员工能进能出、收入能增能减。

（六）建设高素质的人才队伍

坚持党管干部、党管人才的原则，树立大教育、大培训的观念，下大力气，建设高素质的人才队伍，为公司的改革与发展提供组织保证。

加强各级领导班子建设。认真贯彻执行中共中央关于《党政领导干部选拔任用工作条例》和公司党组《关于加强自身建设的若干规定》，把各级班子建设成为奋发有为、开拓创新，求真务实、清正廉洁，团结一致干事业的坚强领导集体。“一把手”要有战略思维，善于驾驭全局，搞好协调，在班子中发挥核心作用。班子成员要有大局意识，各负其责，各司其职，优势互补，形成合力。各级领导干部要加强自身修养，做到“博学之，审问之，慎思之，明辨之，笃行之”，通过学习、实践、总结、提高，形成端正的思维、正确的思路和得当的方法。要坚持“两个务必”，脚踏实地，勇于创新，不断开创各项工作的新局面。加强后备干部队伍建设，形成合理的梯次结构。

着力建设好三支人才队伍。牢固树立人才强企的观念，以人才开发为中心，以调整和优化人才结构为主线，着力建设高级经营管理人才、专业技术人才和技能型人才三支队伍。通过选拔、培训、轮岗、交流，培养懂业务、善经营、会管理的复合型管理人才，建设高级经营管理人才队伍。通过技术应用、研究开发的实践，培养一批专业技术带头人和各门类专业技术人员，建设专业技术人才队伍。通过业务培训、实际操作、技术比武等形式，培养一大批技师、高级技师、技术能手等实用型人才，建设技能型人才队伍。

建立人力资源开发管理机制。尽快制定公司人力资源开发规划，明确各类人才培养目标。建立多层次、多渠道、系统性的教育培训工作格局，做到重点干部重点培训，优秀干部加强培训，年轻干部经常培训，紧缺人才抓紧培训。建立一套吸引人才、留住人才、有利于人才脱颖而出的新机制，形成广纳群贤、各尽其才、各显其能、各得其所、心情舒畅的氛围，研究建立人员聘用制度、薪酬制度、福利制度，做到奉献与索取、付出与报酬、有为和有位的统一，鼓励职工为公司多做贡献。建立和完善企业补充保险制度和企业年金制度，保障职工切身利益。

（七）提升服务质量，树立公司良好形象

围绕公司建立服务型企业的战略目标，牢固树立客户至上的服务理念。坚持“优质、方便、规范、快捷”的服务方针，通过提供优质的电能和良好的服务，树立公司崭新的社会形象，赢得公众的信赖。

要依靠现代信息技术，创新服务手段，提高服务层次和服务水平。通过横向比较、纵向比较，认真查找我们在服务方面存在的差距和不足，向国内外先进企业学习。建立网络客户服务系统，扩大网上查询、报装、投诉的覆盖面。推广银电联网，逐步普及银行网点交费。在主要城市逐步建立卫星定位系统，加快抢修速度。建立电力市场信息披露制度，为发电公司做好服务。不断创新客户服务中心的功能，建立和完善优质服务常态机制，切实履行好各项承诺。根据客户的不同需求，提供个性化的服务。加强行风建设，建立优秀的营销人员队伍和监督考核机制，创建一批“文明服务窗口”。

（八）广泛开展国际合作，扩大公司的国际影响力以开发景洪电站向泰国送电为突破口，积极开展与周边国家和地区进行电力贸易的可行性研究。尽快理顺外事管理关系，规范公司系统内进出口经营管理和国际事务工作。与国外电力企业、国际电力学术机构加强合作。广泛开展经济技术合作与交流，加速公司与国际接轨的进程，提高公司的知名度和影响力。

（九）继续深化电力体制改革

按照国务院5号文件和国家的统一部署，积极稳妥地继续深化电力体制改革。

配合做好厂网分开过程中发电企业资产财务的移交工作。根据国家有关政策，本着合理划分资产、人员，合理分担改革成本的原则，积极与有关发电公司协商做好各项工作。对于资产划转中存在的问题，要积极主动地提出解决的办法。

稳妥地推进主辅分离。按照国家的统一安排，本着尊重历史，面对现实，实事求是，因地制宜的原则，加大对主辅分离的研究，有计划、有步骤地进行辅业单位的重组和公司化改造，增强其在市场竞争中自求生存、自我发展的能力。主辅分离过程中，要力求把握好改革的力度、速度与职工承受能力的关系，高度重视职工队伍的稳定，掌握职工思想动态，及时化解各种不稳定因素。

积极培育南方电力市场。学习和借鉴国外电力市场的先进经验，积极参与南方电力市场运行机制和交易规则的研究和制定，组建南方电网电力交易、调度中心和省级交易、调度中心，逐步建立和完善电力市场技术支持系统。坚持立法先行、依法治网的原则，协助政府部门建立电力市场监管体制和法律框架，为电力市场的运营创造一个良好的法制环境。

研究建立公司新的组织模式和运作机制。南方电网公司在体制上是一次创新，在组织模式、运作机制和工作的方式方法上有待探索。要加强政策研究，适应政府机构改革带来的新变化，结合公司组建方案和章程，按照公司发展战略和电网发展目标的要求，完善法人治理结构，依法界定总分公司、母子公司的管理界面，确立各专业口的管理模式，保证公司各项管理工作层次清晰、关系协调、运作高效。

（十）加强党的建设和精神文明建设

深入学习贯彻党的十六大精神。把学习贯彻十六大精神作为当前和今后一个时期的首要政治任务，继续围绕主题，把握灵魂，狠抓落实，在深入人心上下功夫，在开拓创新上下功夫，在力求实效上下功夫，用十六大精神统一思想，指导实践，推动工作。

全面加强党的建设，保持党的先进性。坚持党组和党委中心组、党员干部理论学习制度，提高学习的质量。上半年建立健全公司系统党组织机构，理顺管理关系。加强和改进党的作风建设，务必继续地保持谦虚、谨慎、不骄、不躁的作风，务必继续地保持艰苦奋斗的作风，切实改进学风，增强纪律性，转变工作作风。在公司系统开展争创“党建先进单位”和“一个党员一面旗帜”、“党员身边无事故、无违纪、无邪气”责任区活动。

认真贯彻落实中纪委二次全会精神，加强党风廉政建设和反腐败斗争。坚持标本兼治、综合治理的方针，着重从源头上预防和治理腐败。开展纪律教育学习月活动，做好正面学习宣传和反面警示教育，筑牢廉洁自律的思想防线。针对公司重点环节在制度建设中引入监督机制，强化对重点岗位、重点工作的监督和约束。全面开展与合作方廉政共建活动，引入外部监督。全面落实党风廉政建设责任制，严格责任考核和责任追究。

推进公司民主建设。进一步扩大民主，健全制度，依法治企。领导和支持职工当家作主，成立公司工会工作委员会，发挥好工会、共青团等群众组织的作用，健全厂务公开制度，完善重大决策程序，保证广大职工依法实行民主选举、民主决策、民主管理和民主监督。

加强思想政治工作，保证职工队伍稳定。稳定是做好公司一切工作的基础。各单位主要负责人是稳定工作的第一责任人，要守土有责，保一方平安。及时掌握职工思想动态，加强信访工作，对深化改革过程中出现的热点问题，进行分析和跟踪，解疑释惑，疏导矛盾。关心困难职工生活，关心离退休老同志，帮助他们解决实际困难。维护公司系统稳定，维护社会稳定。

加强企业文化建设，创建学习型组织。企业文化是企业的灵魂。要从公司发展战略和核心竞争力的高度来认识、构造、建设企业文化。总结提炼公司的价值观体系，坚持以人为本的管理思想，发扬与时俱进的创新精神，继承艰苦奋斗的优良传统，弘扬上下同欲的团队精神，培育具有公司特色、职工认同的企业文化，增强公司的凝聚力和向心力。2003年要制定并推广公司标识系统，推动学习型组织的创建工作。加大新闻宣传力度，树立公司良好的社会形象。

实现公司发展战略和南方电网的发展目标，做好2003年的工作，完成全年的各项任务，关键是要转变观念，摆正位置，保持良好的精神状态，团结一致干事业。全体干部职工都要增强大局意识，站在全网一盘棋的角度去思考问题、处理问题、解决问题，做到小局服从大局、局部利益服从公司的全局利益。要识大体、顾大局，严肃纪律，政令畅通。严肃责任制，一级抓一级，一级对一级负责，管好自己的人，办好自己的事，把公司党组的各项决策和部署落到实处，创造性地开展工作。

中国华能集团公司工作会议

深入学习贯彻党的十六大精神 努力促进华能事业的全面发展

——李小鹏总经理在中国华能集团公司2003年工作会议上的报告（摘要）

（2003年1月22日）

今天我们在这里召开经中央批准改组后的中国华能集团公司的第一次工作会议。中国华能集团公司的改革与发展一直受到中央领导的高度重视，中共中央政治局常委、国务院副总理吴邦国同志得知公司召开工作会议后，1月22日专门致信公司，全文如下：

“中国华能集团公司在党中央、国务院领导下，在改革开放政策指引下，18年来按照内强素质、外塑形象的要求，深化改革，加快发展。特别是通过3年重组，确立了以电为主、综合发展的方针，优化了资源配置，理顺了内部管理关系，实现了电力产业强强联合，非电产业重新组合的目标。通过加强管理，控制成本，经济效益不断提高，为促进电力工业的发展做出了积极的贡献。”

“2002年华能集团公司全面完成了各项任务，安全生产再创佳绩，重组改革稳步开展，职工队伍团结稳定，经济效益大幅度提高，保持了良好的发展势头，为公司的进一步发展奠定了良好的基础。”

“当前，全国人民正在学习十六大精神，电力体制改革也进入了新的阶段。国民经济的持续发展，对电力工业提出了新的要求。希望你们抓住机遇，谋求发展，继续不懈努力，把华能集团公司办成实力雄厚、管理一流、服务国家、走向世界，具有国际竞争力的企业集团，为全面建设小康社会做出更大的贡献。向华能全体职工致以新春的问候！”

吴副总理的指示既是对我们工作的鞭策和鼓励，也是对我们工作提出的更高要求，我们一定要深入学习，认真贯彻，坚决落实。

这次会议的主题是：深入贯彻党的十六大精神和中央经济工作会议精神，积极落实电力体制改革的各项举措，认真分析我们当前面临的形势，研究确定华能的发展战略，全面总结2002年的各项工作，部署2003年的工作目标和任务，团结和鼓舞全体华能员工，为促进华能事业的全面发展而努力奋斗。

深入学习贯彻党的十六大精神

党的十六大胜利闭幕之后，华能集团公司党组多次召开扩大会议，认真学习十六大精神，研究部署贯彻十六大精神的各项措施。学习贯彻党的十六大精神最重要的就是要围绕主题、把握灵魂、狠抓落实。

党的十六大的主题是高举邓小平理论伟大旗帜，全面贯彻“三个代表”重要思想，继往开来，与时俱进，全面建设小康社会，加快推进社会主义现代化，为开创中国特色社会主义事业新局面而奋斗。“三个代表”重要思想是十六大的灵魂。十六大的一个历史性决策和历史性贡献，就是把“三个代表”重要思想同马克思列宁主义、毛泽东思想、邓小平理论一道确立为党必须坚持的指导思想，实现了我们党指导思想上的与时俱进。

中央要求围绕主题、把握灵魂，深入学习贯彻十六大精神，要落实到把全党和全国人民的思想统一到十六大精神上来，把力量凝聚到实现十六大提出的各项任务上来，确保党和国家在新世纪新阶段奋斗目标的顺利实现。

深入学习贯彻十六大精神，落实在华能的实际工作中，就是要继往开来，与时俱进，抓住机遇，加快发展，切实做到发展要有新思路，改革要有新突破，开放要有新局面，各项工作要有新举措。

经济增长、社会进步及人民生活水平的提高，要求电力工业保持一定的增长速度，以满足日益增长的电力需求。华能作为中央直接管理的国有重要骨干企业、电力体制改革后的五家发电集团之一，要加快发展的速度，提高发展的质量，在发展中提高我们的生存力、竞争力和抗风险力，为电力工业的发展和全面建设小康社会做出应有的贡献。我们要在科学分析市场的前提下，积极调整发展思路，完善发展战略，确立新世纪、新阶段华能发展的新目标。

十六大报告提出要坚持和完善基本经济制度，深化国有资产管理体制改革。根据解放和发展生产力的要求，坚持和完善公有制为主体，多种所有制共同发展的基本经济制度；继续调整国有经济布局和结构，把改革国有资产管理体制作为深化经济体制改革的重大任务；深化国有企业改革，进一步探索公有制特别是国有制的多种有效实现形式，大力推进国有企业的体制、技术和管理创新。华能作为国务院同意的进行国家授权投资的机构和国家控股公司的试点，我们要充分认识到国有企业是有中国特色社会主义的物质基础，是增强我国综合国力的物质基础，是实现中华民族伟大复兴的物质基础。发展壮大国有经济，控制国民经济的命脉，对于发挥社会主义制度优越性，增强我国的经济实力、国防实力和民族凝聚力具有关键作用。要按照十六大报告的要求，积极探索公有制的多种有效实现形式，大力推进企业的体制、技术和管理创新，深化分配制度改革，建立健全岗位责任体系、考核评价体系和员工培训体系。

十六大报告提出走新型工业化的道路，并强调实现工业化仍然是我国现代化进程中艰巨的历史任务。信息化是我国加快实现工业化和现代化的必然选择。报告要求我们坚持以信息化带动工业化，以工业化促进信息化，要加快信息化的步伐，走一条科技含量高、经济效益好、资源消耗低、环境污染少、人力资源优势得到充分发挥的新型工业化路子。我们要高度重视并充分发挥科学技术作为第一生产力的重要作用；要加大对科技研究开发的投入，特别是加强对高效、环保发电技术开发的投入；要完善华能的科技管理体制，发挥科研机构的作用，加强华能专家委员会，建立华能专业人才网络；要加强对大型水电、燃煤超超临界发电、燃气发电、环保、新能源等技术的研究；要加快信息化的步伐，以信息化促进华能的现代化。

积极落实电力体制改革的各项举措

2002年12月29日，中国电力新组建（改组）公司成立大会在北京人民大会堂隆重举行。中共中央政治局委员、国家电力体制改革工作小组组长、国家计委主任曾培炎出席会议并发表重要讲话。这次会议是我国电力工业发展历史上的一次重要会议，11家新组建（改组）公司的揭牌是我国电力体制改革的重要成果，标志着电力工业深化改革、加快发展进入到了一个新的历史时期。

国务院国发［2002］5号文件指出，电力体制改革的目标是：打破垄断，引入竞争，提高效率，降低成本，健全电价机制，优化资源配置，促进电力发展，推进全国联网，构建政府监管下的政企分开、公平竞争、开放有序、健康发展的电力市场体系。这一目标是党中央、国务院根据我国建立社会主义市场经济体制的总体要求，总结电力工业改革发展的成就，正确分析电力工业改革发展的形势，借鉴国外的经验和教训而提出的。这一目标符合我国电力工业的实际情况。这一目标的实现，将促进建立符合有中国特色的社会主义市场经济体制的新型电力市场体系，必将极大地推动电力工业深化改革、加快发展，为国民经济增长、社会进步、人民生活水平提高，提供安全、可靠、充足、环保、价格合理的电能。华能集团公司党组坚决拥护党中央、国务院关于电力体制改革的决定，我们要以实际行动贯彻落实电力体制改革的各项举措和中央领导的要求。我们相信，在党中央、国务院正确方针的指引下，在有关部门的具体领导下，通过各方面的共同努力，电力体制改革的总体目标一定能够实现。

经党中央批准，华能集团公司新的领导班子已经组成。这不仅是党中央、国务院对我们每一位班子成员的信任，也是对华能奋斗18年所取得成绩的充分肯定，是对华能的鼓励和支持；也反映了广大华能职工对我们的信任和支持。我们决不辜负党中央、国务院和广大华能职工的信任。面对新的形势、新的挑战，我们深感责任重大，我们要积极落实改革的各项举措，要努力加快华能的发展，努力提高管理水平，努力加强班子建设，努力提高个人的素质。我们要做到：在政治上立场坚定，旗帜鲜明；在思想上与时俱进，开拓创新；在工作中科学决策，加强管理；在学习上刻苦认真，不断进步；在作风上谦虚谨慎、艰苦奋斗；在班子内部团结一致、民主集中。我们要遵纪守法、廉洁奉公，深入实际、讲求实效，关心群众、依靠员工，在新世纪、新阶段促进华能新的发展。

在新组建（改组）公司成立大会上，曾培炎同志就2003年电力体制改革提出了明确要求，他指出，要按照建立现代企业制度的要求，抓紧公司化改制工作，建立科学的法人治理结构，优化组织机构，精简管理层次，健全各项管理制度，认真做好新旧体制的衔接工作；要加强班子建设，理顺工作关系，保证人员到位、责任到位，实现企业生产经营活动的平稳过渡；要做好资产、财务审计工作；要积极推进电价改革工作，积极推进发电企业向大用户直接供电的试点；要抓紧电力项目建设的前期工作，抓好西电东送等重点工程的建设，确保建设的进度和质量。对于上述任务，我们要积极贯彻落实。

随着11家新组建（改组）公司的揭牌，厂网分开的目标已初步实现，新的竞争格局也已形成。随着电力体制改革进入新的阶段，改革将逐步深化，竞争也会日趋激烈。我们要按照党中央、国务院关于电力体制改革的总体要求和国家有关部门的具体部署，积极参加改革，适应改革，推进改革，完成好各项改革任务。

促进华能事业全面发展的目标和方针

在新的发展时期，我国全面建设小康社会的奋斗目标，电力工业深化改革、加快发展的举措，为华能的全面发展带来良好的机遇。与此同时，面对新的电力市场、新的监管机制、新的竞争格局，我们也将面临着新的挑战：

我们不仅面临着与国内同行的竞争，也面临着与国际同行的竞争，必须进一步提高生存力、竞争力和抗风险力；我们管理的电厂越来越多，项目越来越大，必须建设好、管理好、运营好电厂，提高效率和效益，成为国内一流、世界优秀的电力公司；我们承担着更加艰巨的发展任务，责任重大，必须高质量地完成，要运用包括资本运作在内的各种手段，把公司做强、做大，早日进入世界企业500强。

我们完全有条件抓住机遇，加快发展。从华能的自身来看，经过18年的发展，逐步形成了一定的优势：

第一，实力优势。经过18年的发展尤其是3年重组以来，华能的实力明显增强，在国内发电企业中具有一定的优势。2002年华能在全国企业500强中，销售收入列34位，资产列23位，利润列19位。

第二，管理优势。经过18年的发展，华能形成了一支具有较强市场观念、熟悉市场经济条件下企业管理的干部队伍；形成了适应市场经济要求的、集约型的经营管理模式；建立了以母子公司为主体、条块结合的管理体制。

第三，技术优势。在18年的发展中，华能开发的一些电力项目采用了先进的技术，具有高效、环保、节能的特点，在国内同类机组中具有技术领先的优势。目前华能拥有运行中的30万kW等级机组60台，60万kW等级机组8台，分别占五大发电集团运行中30万kW等级、60万kW等级机组的39%和35%。

面对机遇和挑战，我们要居安思危，要知道当今世界上不进则退、慢进则退的道理，要发扬逢山开路、遇水搭桥的精神，全力以赴，开拓进取，抓住机遇，创新发展。

我们的总体发展战略目标是：努力把华能办成实力雄厚、管理一流、服务国家、走向世界，具有国际竞争力的企业集团。“实力雄厚”是指华能在发电装机容量、资产总量、销售收入、创利能力、现金流量、资产质量、融资能力、偿债能力等方面不但要巩固目前的优势地位，而且要通过持续发展不断壮大，进入国际先进行列；“管理一流”是指在管理上要有先进的理念、完善的制度、有效的运作、现代化的手段，通过不断强化管理，提高企业的内在素质；“服务国家”是指作为国有独资和国有控股企业的华能集团公司及其下属企业，要成为有中国特色社会主义的物质基础，成为增强我国综合国力的物质基础，成为实现中华民族伟大复兴的物质基础，要为有中国特色社会主义事业的发展贡献力量；“走向世界”是指华能要不断向世界上先进的企业学习，加强国际交流与合作，利用好国内、国外两个市场、两种资源，不断壮大华能的事业。

在新世纪前20年，促进华能事业全面发展的奋斗目标是：到2010年发电装机容量达到6000万kW左右，争取进入世界企业500强；到2020年争取发电装机容量达到1亿～1.2亿kW，约占全国的12%，成为国际优秀的发电企业集团。

为了实现上述发展目标，我们要：

——坚定不移地实施“以电为主、综合发展”的产业发展方针。“以电为主”就是将电力产业作为华能的核心产业重点进行发展，当前主要是开发电源。“综合发展”就是围绕电力主导产业，发展金融、能源交通、新能源等相关产业。

华能电力的发展方针是：合理布局、调整结构；技术领先、注重环保；拓宽渠道、广泛合作。“合理布局、调整结构”是指能源结构在重点发展煤电的基础上，大力发展水电、气电，积极发展核电、风电等清洁能源；在区域结构上坚持“巩固东部、提升中部、进入西部、环绕首都，择机走出去”，即巩固在东部地区的有利形势，提升在中部的项目的水平，参与西部水电、火电项目的开发，参与西电东送，围绕首都，结合2008年奥运会开发电力项目，实施“走出去”战略，投资建设电厂，谋求更大的发展空间。“技术领先、注重环保”是指在电力开发上发展超超临界大容量高效发电机组，发展大型水电机组，发展燃气蒸汽联合循环发电机组等相关技术，通过上述举措保持华能的技术领先优势，为社会提供清洁、环保的电能。“拓宽渠道、广泛合作”是指在电力发展中、在资金筹集上，要开阔思路，拓宽渠道。在合作方式上采取广泛合作的态度，既可以全资、控股，也可对于具有战略意义的项目采取参股方式甚至参小股方式进行投资。

——实施人才强企战略。坚持以人才资源能力建设为主题，以调整和优化人才结构为主线，以改革创新为动力，抓住人才的培养、使用和吸引三个环节，建设以高级经营管理人才、高级专业技术人才和高级生产技能人才为核心的三支队伍；进一步深化人事、劳动、分配三项制度改革，建立健全以岗位责任体系、绩效考核体系、薪酬分配体系和员工培训体系为基础的现代人力资源管理体系；形成干部能上能下、人员能进能出、工资能增能减的新机制，为实现华能总体战略目标提供坚强的人才保证。

——实施金融投资战略。要适时组建金融产业的控股公司，将华能财务公司、长城证券公司和华能在各金融机构的投资，以及在即将组建的财产保险公司、中外合资基金中华能的股权实施统一管理。在华能的发展中造就“华能金融”品牌，通过“华能金融”的发展，提高资金的效率、效益，为华能的全面发展服务。

——实施能源投资战略。在投资电力的同时，还要围绕电力主业投资煤矿，投资核电，投资天然气管道，与有关的投资方进行广泛的合作。

——实施“走出去”战略。以香港公司为载体，实施集团公司的走出去战略，在海外投资建设、管理、开发、拥有电厂和其他相关产业；要加快澜沧江流域景洪电站建设。

——实施信息化战略。要坚持以信息化带动华能的现代化，要用现代信息技术和设备，完善和改进电厂的监控系统；建立实时监控系统；进一步完善数据、语音和图像的传输系统；以实用、可靠、安全、效率为目标，实现企业管理的现代化。

确保完成2003年的工作任务

2003年是全国人民深入贯彻十六大精神、全面建设小康社会的第一年，是深化电力体制改革，逐步建立新的电力市场和监管机制的第一年，是华能改组后进入新的发展时期的第一年。因此，做好2003年的工作具有十分重要的意义。2002年底召开的中央经济工作会议提出了2003年经济工作的总体要求和主要任务，并且对全年的经济工作做了全面部署，为我们2003年的工作指明了方向，我们要结合华能的实际情况，认真学习，贯彻落实。

2003年工作的总体要求是：以邓小平理论和“三个代表”重要思想为指导，深入贯彻党的十六大精神和中央经济工作会议精神，抓住机遇，迎接挑战，谋求持续、快速、健康发展；积极探索，开拓进取，实现体制、机制、技术和管理创新；团结奋斗，奉献拼搏，努力做到确保安全生产，确保队伍稳定，确保完成任务，确保推进改革，确保长远发展。

2003年公司工作的主要目标是：

（1）确保人身及设备安全，杜绝人身死亡、重伤和群伤事故、设备重大事故，重大火灾事故，重大交通事故。

（2）完成发电量1629亿kWh，比2002年实际发电量增长7%以上。

（3）投产发电装机容量114万kW；新开工电力项目151万kW。

（4）加强战略规划和前期工作，争取2004年新开工电力项目533万kW。

（5）集团公司全口径营业收入435亿元；实现合并利润比2002年同期增长8%以上。

（6）年内获得批准并发行华能集团公司企业债券。继续向华能国际转让一批条件成熟的电厂，并适时完成相关的融资工作。

实现上述目标，我们必须以十六大精神统领各项工作，努力实践“三个代表”的重要思想，认清形势，开拓进取，树立信心，团结奋斗。2003年要认真抓好以下重点工作：

（1）高度重视安全稳定，确保各项工作运转协调。在当前电力体制改革、企业加快发展的形势下，安全稳定不仅关系到企业效益、信誉和市场竞争力，而且关系电力体制改革各项举措的落实，关系到企业内部改革的成败，甚至关系到社会稳定。各级领导干部尤其是一把手作为安全稳定的第一责任人，要从讲政治、讲大局的高度重视安全稳定工作，加强领导，落实责任，确保人身及设备安全，确保企业、队伍稳定。

要继续加强安全工作。要深入贯彻落实《安全生产法》，坚持“安全第一，预防为主”的方针不动摇，进一步完善安全监察体系，落实安全责任制，确保生产、基建、多经等各项工作的安全。各单位要重视制度建设和职工安全培训教育工作，电力生产企业要严格执行安全规程、规定和制度，落实“二十五项”重点反措要求，严格执行两票三制和现场运行、检修规程；要杜绝习惯性违章，加大安全监察的力度；要全面开展安全性评价工作、危险点分析和预控工作；要加强机组可靠性管理、检修质量管理和缺陷管理，努力减少机组非计划停运时间。电力基建单位要解决好安全、进度和效益的关系，做到文明施工，确保工程安全。水电企业要重点抓好防汛、防洪和大坝安全工作。

要切实抓好稳定工作。各级领导班子要正确处理改革发展与稳定的关系，要按照“谁主管、谁负责”的原则建立稳定工作责任制，做到一级对一级负责，要严格责任追究制；要掌握职工的思想动态和社会动向，切实解决职工的实际困难；要做好深入细致的排查工作，制定预警机制和处置预案，及时消除不稳定因素，防止矛盾激化；要依据法律法规和劳动纪律，制定处置危害稳定的相关制度，运用政治、经济、法律、行政等多种手段及时解决处理危害稳定的行为；要继续抓紧做好“法轮功”练习者的教育转化工作，确保不发生影响企业稳定、社会稳定和华能声誉的重大问题。

（2）抓好战略规划、项目前期和基建工作，积极推进长期发展。要加强战略规划工作。战略规划对于落实“以电为主、综合发展”的方针，实现公司的总体战略目标和2020年的奋斗目标，具有十分重要的意义。我们要适应新的体制和市场情况，组成专门机构，组织专门力量，加强战略规划的研究工作。

要切实抓好立项、初可研、可研等各阶段工作，确保2003年新开工电力项目达到并超过151万kW；

2004年新开电力项目达到并超过533万kW；在此基础上实现“十五”后三年及“十一五”年均新开工750万kW，保证2010年装机达到6000万kW目标的实现。

要抓紧储备1批电力项目。按照合理布局、调整结构的原则，重点抓好澜沧江、金沙江中游的水电开发，以及安徽淮南、山西、陕西、蒙西煤电基地的前期工作。同时也要抓好有扩建条件的华能电厂的前期工作。要重点抓好大型水电基地、大型气电基地、大型煤电基地及核电、风电等项目的前期工作，确保2020年装机容量达到1亿～1.2亿kW、占全国12%的目标的实现。

要全面完成今年的基建任务。要把沁北电厂一期2×60万kW超临界项目建设成为华能系统燃煤电站的窗口工程；要把小湾电站建设成为华能系统水电站的窗口工程；要加快榆社电厂二期工程等项目的建设速度，确保质量、工期、进度。

(3) 加强组织领导，确保完成生产经营任务。2003年是电力体制改革后的第一年，五家发电集团正式成立，发电领域的竞争态势已经形成。要认真研究华能电厂所在区域电力市场的竞争模式，分析、制定市场策略，充分发挥华能电厂的规模效益和整体优势；要继续发挥政府部门、电网、投资者和华能职工四个方面的积极性，加大市场营销工作力度；要做好市场营销的基础工作，为经营决策提供最准确、最翔实的信息。要加强对生产经营工作的组织领导，及时解决生产经营中的重要问题，特别是要重点抓好电量、电价、电费、燃料及成本。要千方百计争取多发电；要严格控制经营成本；要确保及时供应燃料；努力争取电价到位；要按时足额回收电费。要继续实行经营目标责任制，确保完成全年的各项生产经营目标。

(4) 加强财务、审计工作，提高管理水平。要继续加强全面预算管理。预算指标的设计要有利于加强成本控制，有利于挖掘内部潜力；要严格预算的执行，强化利润上缴、资金回收、电费结算的考核力度，特别要加强对现金流量的监控。要继续加强资金集中管理，坚持推进“收支两条线”，要充分发挥财务公司在集团内部“三个中心”的功能，真正做到资金集中管理，实时控制，统一调度，集约经营，严格监控。要根据电力体制改革的变化，结合华能实际，积极探索适应新体制、新形势的财务管理方法。要按照国家对中央企业的绩效考核要求，完善资产经营考核、监控体系。要继续坚持“诚信为本、操守为重”的信念，保证会计信息的真实、准确、及时、有效。

要进一步加强内部审计工作。要通过审计工作发现问题，提高质量，落实整改，促进管理；各单位要设置专门的监察审计机构，配备相应的人员，形成一支素质好、作风硬、能力强的审计队伍。今年重点要做好经济效益审计、基本建设审计、经济责任审计。

(5) 认真落实电力改革要求，继续推进资产运作。国家电力公司电力资产划分和五家发电集团公司的成立，只是国家电力体制改革的阶段性成果，电力体制改革还有很长的路要走，我们要按照电力体制改革工作小组的要求和部署，全面完成划转资产的接收工作；要配合有关部门，做好资产、财务审计工作。要高度重视厂网分开后的电价政策改革，密切关注竞价上网，充分做好竞价上网的准备工作；要积极参与发电企业向大用户直接供电的试点工作。华能系统内部的改革需要继续深化，特别是公司内部管理机制调整后，集团公司、华能国际本部和各发电企业都要尽快适应新的管理机制。为确保华能的发展，积极筹措资金，年内要完成发行企业债券的工作。要继续做好资产运作工作，向华能国际注入一批经济效益好、管理水平高的电力企业，并适时完成相关的融资工作，不断增强华能国际的规模和实力。

(6) 坚持围绕主业，促进产业公司的发展。在新的一年里，各产业公司要围绕主业，稳步发展。要根据集团公司总体发展战略目标、新世纪前20年奋斗目标和今年工作的要求，确定各自的长远目标、中期目标和当前目标。要依据集团公司的战略规划制订、修改各自的战略规划。要按建立现代企业制度的要求，建立健全公司治理结构。要继续加强资金管理，搞好资产清理。要强化企业管理，提高效率，提高效益。

(7) 切实加强党的建设，增强党组织的创造力、凝聚力和战斗力。党的十六大和全国组织工作会议，全面部署了当前和今后一个时期党的建设和组织工作。华能是国有重要骨干企业，搞好党的建设具有深远的战略意义。2003年党的建设的总的要求是：以邓小平理论和“三个代表”重要思想为指导，坚持党要管党、从严治党的方针，推进党建工作的规范化、制度化、科学化。在改革、发展进程中，党的组织建设不能出现空白或“盲区”。要按照中央部署全面加强党的思想、组织、作风和制度建设，充分发挥党组织的政治核心作用。要根据十六大关于提高党的执政能力的要求，加强领导班子能力建设，把各级领导班子建设成为坚持贯彻“三个代表”重要思想的坚强领导集体；要按照党管人才的新思路，深化干部人事制度改革，加强人才队伍建设，努力开创人才辈出的新局面；要根据政治体制改革的总体部署，健全民主集中制，加强党内民主制度建设，增强党的活力和团结统一；要根据增强党的阶级基础、扩大党的群众基础和保持党的先进性、纯洁性的新要求，进一步加强基层党组织建设和党员队伍建设，始终保持党的先进性和纯洁性，增强党组织的创造力、凝聚力和战斗力。

各级党组织要把加强企业党的建设列入重要日程，切实加强领导：

一是要把加强党的思想理论建设摆在首位，坚持用邓小平理论和“三个代表”重要思想武装广大党员干部，增强贯彻“三个代表”重要思想的自觉性和坚定性。

二是要结合华能实际，探索有利于提高企业效益、加强企业管理、促进两个文明协调发展的党建工作新方法和有利于发挥党员先锋模范作用的党建工作新载体，努力创造灵活、高效的工作机制，加强党的组织建设。

三是要以加强民主集中制为重点，改进党的组织制度体系建设，健全和完善规章制度和工作规范，建立健全一整套切实管用的规章制度，不断推进党建工作的规范化、制度化、科学化，为党的思想、组织、作风建设提供可靠的制度保证。

四是要按照“八个坚持，八个反对”的要求，加强党的作风建设，继续开展警示教育，加强民主监督，严格责任追究制度，引导广大党员特别是领导干部，保持和发扬廉洁奉公、艰苦奋斗、真抓实干、联系群众的优良传统和作风，成为实践“三个代表”的表率。

要深入开展党风廉政建设和反腐败斗争。要按照即将召开的中纪委二次全会的工作部署，紧紧围绕并服从服务于华能改革、发展和经营管理的中心工作，以党风廉政建设责任制为龙头，抓好领导干部廉洁自律，加大查办违纪违法案件力度，加强执法效能监察，坚持标本兼治，综合治理，加大从源头上预防和治理腐败的力度。

(8) 加强精神文明建设，推进企业文化建设。要继续加强精神文明建设。进一步做好文明单位创建工作，把创建工作同加强管理、提高效益、促进两个文明协调发展结合起来，推动精神文明建设向纵深发展。要深入做好思想政治工作，从内容、形式、方法、手段、机制等方面大胆探索创新。工会、共青团等群众组织要在党组织的统一领导下，按照各自特点独立负责地开展工作，发挥好桥梁和纽带作用。要继续深入开展厂务公开工作，力求取得实效，促进企业加强管理。要继续做好离退休人员工作，开展好离退休人员的学习、娱乐和保健等活动。

要继续推进企业文化建设工作。企业文化建设必须牢牢把握正确的方向：一定要坚持以邓小平理论和“三个代表”重要思想为指导；一定要与传统文化相承接、与企业道德规范相协调、与华能改革发展稳定工作相适应；一定要以人为本，全心全意依靠职工群众；一定要从实际出发，坚持继承与创新相结合。要在前一段工作的基础上，广泛宣传现有的企业文化。要继续概括、提炼华能的价值观、企业道德、企业作风和企业理念，确立华能企业文化的核心理念体系。要塑造良好的华能视觉形象、员工素质形象、文明生产形象、科技环保形象和整洁优美的环境形象。要开展丰富多彩的文化活动，营造文明科学、积极向上的文化氛围。企业文化建设工作要为把华能建设成为一个为有中国特色社会主义服务、为国民经济持续发展、为人民生活水平不断提高而努力的“红色”公司，一个注重科技、保护环境、促进社会可持续发展的“绿色”公司，一个坚持与时俱进、学习创新、面向世界的“蓝色”公司发挥积极的推动作用。

中国大唐集团公司工作会议

开拓进取　求真务实

——翟若愚总经理在中国大唐集团公司2003年工作会议上的报告（摘要）

（2003年8月5日）

2003年是党的十六大提出全面建设小康社会的第一年，也是中国大唐集团公司组建的第一年。万事开头难，做好2003年的各项工作，奠定坚实基础，开创良好局面，对于集团公司今后的长足发展，具有十分重要的意义。

这次会议的主要任务是：以邓小平理论和“三个代表”重要思想为指导，认真贯彻落实全国防治非典工作会议和中央企业负责人会议精神，按照党中央国务院关于电力体制改革的总体部署，确定集团公司的发展战略和今后八年的战略目标，明确集团化管理模式，同时在认真总结上半年工作的基础上，进一步落实三项责任制和经济责任制，确保2003年的各项目标和各项任务的完成。

一、上半年工作简要回顾

2003年上半年，集团公司刚刚组建，工作千头万绪，百事待举。资产尚未正式接收，管理体制和外部关系有待理顺，各项管理制度也在建立之中，四五月份又遭遇了非典疫情的袭击，集团公司各项工作面临严峻的挑战和考验。

上半年主要指标完成情况：

——完全生产。没有发生重大及以上设备事故，没有发生电力生产人身重伤及以上事故。共发生设备事故 14 次，较 2002 年同期的 16 次减少 2 次。

——发电量。累计完成 638.5 亿 kWh，同比增长 22.01%，比全国发电量平均增长率 15.40%高出 6.61 个百分点。

——供热量。累计完成 3199 万 GJ，同比增长 14.26%。

——上网电量。完成 593.5 亿 kWh，同比增长 22.41%。

——发电设备平均利用小时。累计完成 2620h，同比增加 287h。比同期全国发电设备平均利用小时 2511h 高出 109h。

——供电煤耗。完成 368g/kWh，同比下降了 3g/kWh。

——厂用电率。完成 6.17%，同比下降了 0.17 个百分点。

——综合厂用电率。完成 7.16%，同比降低 0.38 个百分点。

——平均发电单位成本。完成 185.04 元/MWh。

——发电单位燃料成本。完成 97.90 元/MWh。

——平均上网电价。267.46 元/MWh（含税，下同），基本与预算持平。

——资产总额。943.91 亿元，比 2002 年末增加 64.57 亿元。

——所有者权益。149.49 亿元，与 2002 年末基本持平。

——资产负债率。65.60%，比 2002 年末增加了 1.16 个百分点。

——销售收入。完成 145.38 亿元，其中电力收入 134.14 亿元，热力收入 4.63 亿元，其他收入 6.61 亿元。

——利润总额。完成 12.00 亿元（合并报表口径利润）。

——净利润。完成 1.06 亿元（母公司口径利润）。

——开工规模。上半年已开工 3 个项目，138 万 kW。到目前为止已开工 168 万 kW。

——在建规模。目前在建项目共 16 项，1266 万 kW。

——投产规模。上半年已投产 5 台机组，117.5 万 kW。到目前为止已投产 177.5 万 kW。

上半年主要工作：

1. 集团公司组建工作顺利推进

集团公司党组把 2003 年确定为集团公司的组建年。其主要任务是：以建立现代企业制度为方向，以制度建设为重点，形成健全、合理的制度体系框架，建立科学化、规范化的运作机制；以精干高效为原则，构建集团公司本部机构和配备人员；以依法确保出资人权利为目的，加强对全资、控股公司派出董事、监事的选派和管理。

上半年已按进度要求，完成了各项工作。到目前为止，集团公司本部设立 10 个部门，到位员工 107 人。集团公司已对 12 个单位的领导班子进行了调整充实，完成了 12 个控股公司 60 名董事、监事的委派、推荐。集团公司已制定出台 99 项规章制度。分支机构的组建工作正在进行中。

4 月 9 日集团公司经国家工商总局批准完成了工商营业执照注册登记工作。

经批准，集团公司直属临时党委、直属工会筹备组、直属临时团委已经成立。

大唐电力燃料有限责任公司已完成注册前的全部工作。

在外事方面，已获得自营和代理各类商品和技术的进出口权、人员出国任务审批权、邀请国外经贸人员来华权及因公临时出国（境）人员审批权。

进行了第二阶段的发电企业资产财务和劳动工资保险的划转接收工作和厂网分开上网电价的测算申报工作。目前，与有关网省电力公司的第一轮谈判已基本结束，并分别签署了会谈纪要；上网电价的测算文件已送达有关省（市、区）的物价管理部门。

2. 安全生产保持平稳态势

确保安全稳定，责任重于泰山。集团公司的机组在华北地区比较集中，我们的安全生产状况对保证京津唐地区特别是首都供电至关重要。组建初期，集团公司党组就始终不渝地把安全生产作为一项政治任务来抓，认真贯彻党中央、国务院关于安全生产的一系列指示精神，全面落实《中华人民共和国安全生产法》，建立健全安全生产责任制和安全生产保证监督体系，认真开展安全性评价，全力以赴抓好安全管理工作。针对电力体制改革对安全生产的影响，集团公司分别在完成安全生产责任移交后的当天和 5 月 12 日抗击非典的关键时刻，先后召开了两次系统电视电话会议，部署安全生产工作，颁布了集团公司 1 号令和 2 号令。6 月 5 日～7 月 16 日，集团公司分 7 个区域召开了安全生产会议，针对进入夏季高峰负荷以来部分大机组非计划停运呈上升趋势和存在的其他问题，制订了强有力的对策。

上半年，集团公司各单位累计发生设备事故 14 次，同比下降 2 次；发生非计划停运 160 次，同比下降14次。圆满完成了确保北京“两会”和抗击非典等供电任务。安全度汛和迎峰度夏工作正在有序进行，特别是入夏以来，淮河以及澧水流域一些地区发生了较为严重的洪涝灾害，有关电厂全力抗洪，确保了安全生产和电力供应，受到了地方政府和人民群众的好评。

3. 项目前期和基本建设工作取得突破性进展

集团公司要做强做大、实现发展战略目标就必须拥有雄厚的发展项目储备。电力体制改革后，各发电公司都在制订自己的战略和发展规划，都在积极抓前期项目工作。因此，厂网分开后，各发电公司的竞争首先表现为对发电项目资源的竞争上。面对这样的形势，集团公司没有盲目地去“跑马圈地”，而是坚持实事求是的态度，按照国家能源发展规划和市场需求变化，同时充分考虑集团公司自身的能力，扎扎实实地开展工作。集团公司本着服务于国民经济大局和求真务实、诚信守约的原则，先后与浙江、江苏、安徽、山西、河南、陕西、广西、甘肃、湖南等省（区）领导就集团公司在当地的电力发展等问题进行了深入的会谈，取得了地方政府的大力支持，并与各省（区）政府签订了电源建设意向书，重点明确了“十五”后3年开工的项目。坚持双赢的原则，与各投资主体之间建立了战略合作伙伴关系，发电项目前期工作取得了突破性进展。

截至6月底，集团公司系统处于可行性研究报告阶段的项目共9项，合计465万kW；上报国家发改委项目建议书15项，合计2240万kW；集团公司直接委托前期开发项目16项，合计1251万kW。

上半年，基建工作克服了很多困难以及非典疫情的影响，各在建项目的施工顺利推进。2003年计划开工规模438万kW，开工准备项目300万kW，合计738万kW，年底前有望实现全部开工。继三峡之后的全国第二大水电工程——龙滩电站，在全体参建单位的共同努力下，将于2003年11月按期实现大江截流。

4. 经营情况总体良好

公司组建之初，资产和财务划转工作尚未进行，管理关系又没有完全理顺，家底不清、资料不全，给集团公司经营工作带来很大困难。

面对这种情况，集团公司有关部门在基层单位的配合下克服了很多困难，进行了广泛的调研，在很短的时间内就基本摸清楚了划转资产的情况以及存在的问题，为确定2003年的经营考核指标，有针对性地加强经营管理工作奠定了良好的基础。在集团公司系统各单位的共同努力下，2003年上半年集团公司大部分生产经营指标和财务指标达到了计划要求，经营情况总体好于年初预测水平。

上半年，审计工作也逐步走向正轨，重点配合了国家审计署对原国家电力公司系统的审计工作，目前集团公司系统大多数单位已经接受了现场审计。

5. 防控非典成效显著

在突如其来的非典疫情面前，集团公司党组坚决贯彻落实党中央国务院关于防治非典和“两手抓”的工作部署，高度重视，精心组织，迅速行动，成立了一把手挂帅的预防控制非典工作领导小组，连续下发了三个文件对非典预防控制工作进行了具体部署。各单位按照集团公司的部署，采取了一系列坚决有力的措施，制订了紧急处置预案，真正做到组织落实、责任落实、措施落实。

6. 党的建设、精神文明建设和工会、共青团工作得到进一步加强

在充分肯定成绩的同时，我们也要清醒地看到集团公司面临的困难和存在的问题。安全生产虽总体平稳，但安全生产的基础还不牢；经营工作比预期的要好，但还面临着许多深层次的困难和问题，形势依然严峻；资产移交工作情况基本摸清，但需要解决的问题还很多；项目前期和基建工作虽已取得突破性进展，但还需要扎扎实实地做好工作，协调和解决一些需要落实的问题；集团公司组建工作平稳推进，但继续深化改革的任务还很艰巨，还需要我们下大气力解决职工队伍中不稳定的因素。存在的这些困难和问题，有待于我们在今后的工作中逐步加以解决。

二、集团公司发展战略和集团化管理模式

发展战略是：把中国大唐集团公司建设成经营型、控股型，市场化、集团化、现代化、国际化，具有较强发展能力、盈利能力和国际竞争能力的大型电力企业集团。简称“两型、四化、三个能力”。

发展战略目标是：以2002年年末为基准年，分三个阶段制定了未来八年的战略目标。

到2005年末，在役可控装机容量增加1000多万kW，达到3500万kW，总资产从879亿元增加到1150亿元左右，水电、风电等清洁能源所占比重基本保持现在的12%水平，30万kW及以上机组比重由53%增加到58%，销售收入由270亿元增加到360亿元，净利润由3亿元增加到4亿～5亿元。

到2008年末，力争可控装机容量再增加1300万kW，达到4800万kW，总资产达到1550亿元左右，水电、风电等清洁能源所占比重达到14%，30万kW及以上机组比重达到66%，销售收入达到480亿元，净利润达到6亿～8亿元。

到2010年末，力争可控装机容量再增加900万kW，达到5700万kW，总资产达到1800亿元左右，

水电、风电等清洁能源所占比重达到17%，30万kW及以上机组比重达到69%，销售收入达到550亿元，净利润达到8亿～10亿元。

总的概念是，利用“十五”后三年的时间，努力使经营性亏损企业全部扭亏为盈；确保在企业经济效益稳步增长的基础上，保持员工收入水平稳步提高；经过八年的持续发展，大唐集团公司可控装机容量、销售收入、净利润全部实现翻一番，做到规模和效益的同步增长。

集团公司发展战略和发展战略目标，展示了集团公司发展的蓝图，是对集团公司发展方向和八年奋斗目标纲领性的规划和设计。希望大家对确立集团公司发展战略和发展战略目标的意义要有足够的认识，真正把思想、认识、行动都统一到集团公司发展战略和发展战略目标上来。

新的战略必须有新的管理模式与之相适应。中国大唐集团公司是一个以资产纽带关系连接起来的混合经营型企业集团，是以经营电力为核心业务的法人实体和市场竞争主体。集团公司的这一基本性质和“两型、四化、三个能力”的发展战略决定了中国大唐集团公司必然要实施集团化的管理模式。实现集团化管理模式有利于从体制、机制、制度上保证集团公司经营管理的规范化、科学化，有利于实现集团公司整体经济效益的最大化，有利于集团内部资源的最大优化配置。实现集团化管理模式旨在强化基于产权关系上的科学管理，这与基于行政隶属关系上的管理有着根本的区别。

按照《中华人民共和国公司法》，遵循集团公司章程，以集团内部的产权纽带关系为基础，对集团公司及集团内全资子公司、控股子公司、参股公司以及内部核算单位这四类不同形式的企业（单位）的权利和职责进行界定，建立相应的管理制度和经营机制，充分调动多方面的积极性。

集团公司的定位：集团公司是整个集团的战略规划中心、资本运营中心、重大决策中心和利润中心（简称四个中心）。作为战略规划中心，集团公司的首要职责是制定整个集团公司的发展战略和发展规划，用战略总揽全局，用战略统领各项工作。作为资本运营中心，根据集团公司章程规定，集团公司是经国务院批准，进行国家授权投资的机构和国家控股公司的试点，负有国有资产保值增值责任。作为重大决策中心，集团公司作为其全资子公司和控股子公司的出资人，享有对制定企业战略目标、决定重大投资项目和重大融资项目、选聘企业领导班子、决定企业分配方案等重大问题的决策权。作为利润中心，集团公司是具有“四自”功能的法人实体，要追求整个集团公司的利润最大化。

分公司（代表处）：是集团公司根据工作需要设立的分支机构，它不是一个法人实体，是集团公司的派出机构，在集团公司授权范围内，代表集团公司行使部分协调职能、管理职能和完成临时交办的工作。

全资子公司：全资子公司的全部资产为母公司所有。母公司除依法享有出资人三项权利外，还决定全资子公司的经营方针，审批借贷规模、财务预决算和税后利润分配方案等。全资子公司具有独立的法人资格，独立承担民事责任和义务。

控股子公司：是控股资主体多元化组建的股份公司，集团公司对其管理主要是通过股东会、董事会、监事会等法人治理结构进行的。拥有控股权的母公司依法享有与所投入的资本份额相适应的出资人的三项权利。

参股公司：集团公司对参股公司不拥有控股权，主要靠派出的董事、监事在法人治理结构中参与重大事务。

直属单位：直属单位不具有法人实体资格，是由集团公司直接经营管理的单位。直属单位是成本中心，财务上实行预算管理，收支两条线，不具有投资权和对外担保权。集团公司采用内部经济责任制的方式对直属单位进行考核。

合理划分管理界面，是实施集团化管理的关键。在这个问题上，我要强调几个原则：一是要体现依法管理的原则。要严格依据《中华人民共和国公司法》、《上市公司管理条例》、《企业国有资产监督管理暂行条例》等法律法规和集团公司章程，把握好应有的定位，既不缺位也不越位。二是体现集权分权适度的原则。集团化管理不是集团公司本部大事小事全都管，而是集权与分权要适度，该集中的权利一定要集中用好，该放的权利一定要放得彻底，充分调动集团公司系统各单位的积极性。凡是涉及资产所有者三项权利的事，凡是体现“四个中心”定位的事，集团公司都要管好；凡是企业生产经营的事，能放下去的都要放下去。三是要体现权利、义务对等的原则。赋予责任就要有相应的权利和管理手段，责、权、利应该相统一。关于集团公司与系统各单位管理界面的界定，8月底前集团公司将制定一个方案，给系统各单位发下去，征求意见，9月正式确定并以集团公司文件形式下发执行。

三、2003年工作目标和下半年重点工作

2003年是集团公司组建之年、开局之年。2003年工作的总体思路是：以邓小平理论和“三个代表”重要思想为指导，认真贯彻落实党中央国务院关于电力体制改革的部署，在全年各项工作中，要贯穿一条主线——圆满完成集团公司组建年的各项工作；突出

一个重点——制定和实施好集团公司的发展战略；抓住一个主题——以发展为主题，加快集团公司的发展；树立一个形象——逐步树立求真务实、诚信守约、依法经营、规范运作的企业形象。扎扎实实地努力工作，全面实现2003年的各项目标。

——安全生产：落实安全生产责任制，杜绝违章，确保安全生产，不发生特别重大事故、重大人身伤亡事故、负有责任的重大电网事故、有人员责任的重大设备事故、重大火灾事故、负主要责任的重大交通事故、溃坝及水淹厂房事故、重大环境污染事故。

——发电量：1350亿kWh，同比增长15%。

——开工规模：确保开工438万kW，开工准备规模300万kW。

——投产规模：309万kW。

——期末在建规模：1328.5万kW，争取1628.5万kW。

——资产总额（合并）：975亿元。

——销售收入：300亿元。

——净利润：3亿元。

——电热费回收率：当年全部结零，陈欠回收10%。

——党风廉政建设：达到集团公司党风廉政建设责任制的各项要求，各级领导班子及其成员不发生违纪违法问题，集团公司系统不发生影响稳定的重大事件、突发事件和重大案件。

为实现上述目标，下半年要重点抓好以下几项工作：

1. 认真学习胡锦涛总书记“七一”讲话，兴起学习贯彻“三个代表”重要思想新高潮

胡锦涛总书记的“七一”讲话从全局和战略的高度，深刻阐述了兴起学习贯彻“三个代表”重要思想新高潮的重大意义，对全党兴起学习贯彻“三个代表”重要思想的新高潮作了进一步动员，提出了明确要求。“七一”讲话中体现出的一个重要思想就是“群众利益无小事”，把最广大人民群众的根本利益实现好、维护好、发展好，是“三个代表”重要思想的根本出发点和落脚点。我们要关心职工群众疾苦，切实解决职工群众生产生活中的困难和问题，让职工群众得到更多的实惠。

兴起学习贯彻“三个代表”重要思想的新高潮，首先要抓好学习，提高认识。要发挥好基层党组织的作用，积极引导和组织广大党员、干部原原本本地学习“三个代表”重要思想，深刻领会和掌握其科学内涵和精神实质，要真正学懂、真正信服、真心实践，进一步增强用“三个代表”重要思想武装头脑、指导实践的自觉性和坚定性。

兴起学习贯彻“三个代表”重要思想的新高潮，还是通过学习抓好工作作风的转变，推动各项工作的发展。要坚持学习理论和指导实践相结合，不搞形式主义，学以致用，用有所成。

2. 坚持不懈地抓好安全生产，进一步提高安全生产水平

发电企业的安全生产不仅影响国民经济发展，还关系到人民群众的生命和财产安全。安全生产是我们各项工作的基础，各单位的领导班子，尤其是一把手更要充分认识安全生产的极端重要性，认真贯彻落实《中华人民共和国安全生产法》，建立健全以安全生产责任制为主体的安全生产制度体系，全面推进安全性评价工作，提高安全生产意识和安全生产管理水平，切实把安全生产责任书的有关要求落到实处，坚决防止重大事故的发生。

针对上半年安全生产方面存在的突出问题和薄弱环节，下半年安全生产工作的重点是抓违章和非计划停运问题。要不折不扣地执行“两票三制”等各项规章制度，坚决杜绝违章现象。加强机组可靠性管理，开展大机组的可靠性分析预测工作，争取可靠性指标达到或超过国内同类机组平均水平。加强设备的全过程管理，提高设备检修质量，提高设备的健康水平。对不同机组实施分类管理，做到“同类可比、相对先进”，不断提高机组的稳定性、经济性，降低非计划停运。

高度重视基建安全工作，正确处理好安全、质量、工期的关系，下半年要以杜绝人身死亡事故为重点，抓好各项基建安全工作。

3. 继续加大项目前期工作力度，加快集团公司发展

要实现集团公司八年发展战略目标，重点是抓好前三年，前三年中关键是抓好2003年的工作。一是要按照发展战略目标，切实抓好前期项目储备工作，抓住国家正在制定电力工业“十一五”规划和2020年远景目标的大好时机，把前期储备项目做深、做大，重点是争取把这些项目列入国家“十一五”规划，这是关系到发展战略目标能否实现的关键。二是在前期项目中，要突出东部沿海地区项目和水电项目，争取在地区布局上和水、火比例上有新的突破。三是要下大力气抓好今明两年开工项目的催批工作。上半年我们与多个省（市、区）签订了投资合作意向书或合作备忘录，我们要遵守诚信守约的原则，加快前期项目的立项、可研和报批工作，要按项目成立专门催批小组，积极主动地与国家发改委、地方政府有关部门和其他投资主体建立工作联系和沟通渠道，取得他们的理解和支持，要发扬不辞辛苦、锲而不舍的精神，加快项目审批进度，保证按时开工。

4. 要克服困难，创造条件，重点抓好2003年开

工和投产的项目

2003年的计划投产和开工项目大部分集中在下半年，能不能按期完成开工和投产任务，下半年是关键，任务非常艰巨。有关单位要继续抓紧工作，逐个项目落实开工条件，确保按期开工。对在建工程要加强工程协调和监督检查，督促各项目法人单位落实保证安全、质量的各项管理制度和保证措施，及时协调解决工程建设中的重大问题，确保实现工程按期投产。要加强工程的合同管理，加强与设备制造厂的联系，保证设备按时供货。要充分利用物资公司在设备招标、监造、催交、催运、施工现场设备管理等方面的优势，降低工程造价。总之，要调动各方面的积极性和力量，采取切实可行的办法，确保实现2003年投产目标和开工目标，全面完成2003年的建设任务。

5. 下大力气抓好经营工作，努力完成全年经营目标

在经营形势比较严峻的情况下，要扎扎实实地层层落实资产经营责任制，采取切实有效的措施，努力提高经济效益，各单位要把资产经营责任书的内容层层分解落实，确保全面完成各项经营指标。

经营管理工作的重点，一是要加强成本管理，树立“大成本”意识，在规划、基建、生产、销售的全过程都要加强成本管理，尤其要严格控制工程造价，控制燃料成本，强化预算的刚性，要通过加强经营管理，尽量消化各种不利因素，保证实现全年利润指标。二是要高度重视营销工作，要积极主动地与各省（市、区）有关部门和所在网省电力公司的联系，争取更多的上网电量和合理的上网电价，这是营销工作的重中之重。同时还要下气力抓好电热费的回收工作，实现经营成果。三是下半年要重点抓好亏损企业的减亏和扭亏为盈的工作，缩小亏损面，减少亏损额，这是集团公司保证实现2003年利润目标的关键。

要支持和配合好国有企业监事会和国家审计署对企业进行的监督管理和进点审计工作。

6. 要继续推进多元化发展

在制定集团公司发展战略的指导思想中，我们强调了以电力为主导产业，主要是指集团公司这个层面要发挥优势，把集团公司做强做大，特别是在组建初期，更要强调这一点，使集团公司在激烈的市场竞争中能站稳脚跟。但是这个提法并不排斥多元化发展。国际上知名的大公司到了成熟阶段大都拥有多种产业，以规避产品单一的市场风险。我们这样的特大型国有企业，职工多，负担重，市场竞争越来越激烈，而且电力发展既受需求的制约，也受资源的制约，因此，必须推进集团公司多元化发展。目前在搞好主业的前提下，一方面要针对老企业职工多、负担重的特点，继续搞好各单位的多种经营，发挥好多种经营在安置富余人员、利用闲置资源、稳定职工队伍、搞活企业等方面的积极作用；另一方面，还要在更高层面、更大的领域，以拓展电力产业链、提高产品附加值、建立战略合作伙伴关系为重点探索多元化经营的途径。要充分利用国家政策，加大上下游产品的开发，形成核心业务与多种产业的相互支撑和协调发展。

7. 全面完成组建年的各项工作

要加快落实分支机构的建设及人员选配；调整充实集团公司派往各控股、参股公司的董事、监事，制订符合《中华人民共和国公司法》要求的派出董事、监事工作规则，依法加强对控股、参股公司的管理，确保国有资产的保值增值。

制度建设是依法经营、规范管理的重要内容，我们一直把制度建设作为集团公司组建年的重要工作来抓。要按照现代企业制度的要求和集团化管理模式，继续抓紧各项管理制度的制定，年内完成集团公司制度框架体系建设，努力形成“凡事有人负责、凡事有章可循、凡事有人监督、凡事有据可查”的工作氛围。

继续做好第二阶段资产财务和劳动工资保险的接收工作，加强沟通和协商，在维护集团公司基本利益的前提下，有进有退，尽可能把问题解决在网省公司层面上。做好上网电价的核定工作，要加大工作力度，落实专人负责，及时向有关部门反映存在的问题，提出建议。这也是经营工作的一件大事，要切实抓出成效来。

8. 加强企业文化建设

先进的企业文化对提高企业管理水平和综合素质、增强企业凝聚力和核心竞争力、提升企业形象具有重要作用。中国大唐集团公司作为一个新组建的中央企业，有90多个成员单位和7万多名职工，原来隶属于不同的网省公司，管理关系、管理制度、企业文化等各不相同，现在大家走到一起来了，迫切需要增强凝聚力，形成一个统一的、具有中国大唐特色的企业文化。这是创大唐百年基业的精神力量。

下半年首先要完成企业文化建设规划的制定工作。在全系统统一、规范地使用集团公司标识的基础上，逐步推进理念识别系统、行为识别系统的建设。努力提炼形成大唐集团公司特有的企业文化体系，充分发挥企业文化在职工中的凝聚、规范、激励、导向作用，提升企业形象，增强企业的凝聚力和市场竞争力。

9. 将防控非典工作常态化，防止反弹

10. 加强党风廉政建设

这次会议，集团公司党组与系统各单位将要签订《党风廉政建设责任书》，进一步明确提出对各单位党风廉政建设工作的总体要求，各单位党政主要领导同志要做出郑重承诺，确保完成党风廉政建设的各项任务。下半年，集团公司党风廉政建设要重点抓好以下四个方面工作：

一是要全面落实党风廉政建设责任制。各单位党政一把手一定要从讲政治的高度，坚持把企业党风廉政建设当做关系到全局的大事来抓。二是要加强党风廉政教育。要认真开展理想信念教育和革命传统教育，开展廉洁从政、党纪政纪和法律法规教育，提高党员特别是领导干部的思想政治素质，树立正确的世界观、人生观、价值观。三是抓好领导干部廉洁自律工作。各级领导干部都要认真执行《关于中央企业领导人员廉洁自律若干规定》和中央纪委二次全会对国有企业领导干部"五不准"的新要求。四是进一步深化从源头治理腐败工作，加强党风廉政建设还要在深化源头治理腐败上下功夫，做到关口前移。要严格执行合同管理办法，严格执行基建项目、物资、设备采购等方面招投标制度，防止腐败现象的发生。

中国华电集团公司工作会议

团结创新　加快发展　携手共创中国华电美好的明天

——贺恭总经理在中国华电集团公司2003年工作会议上的讲话（摘要）

（2003年1月25日）

一、中国华电面临的形势

2002年12月29日，中国华电集团公司等5家发电公司、2家电网公司以及4个电力辅业集团公司的诞生，是我国电力工业体制改革的重要成果，是我国电力工业发展史上具有里程碑意义的一件大事。中国华电集团公司作为新组建（改组）的5家发电公司之一，是电力体制改革的重要成果之一，义不容辞地肩负着发展中国电源产业的重要历史使命。客观分析公司的内部环境，正确判断公司面临的外部形势，科学制定公司的发展战略，是中国华电在激烈的市场竞争中赢得合作、谋求发展、不断壮大的首要问题。

（一）客观分析公司内部环境，一分为二地看待公司的优势和劣势

知己知彼，百战不殆。对公司情况的客观分析是参与竞争、实现突破的前提和基础。经过调查研究，我们认为公司的人员和资产有着多方面比较优势。例如，公司全资和控股百万千瓦及以上电厂9座，可控容量为1241万kW，拥有30万kW及以上机组32台，有国家电力公司命名的中国一流电厂18家，具有很好的管理基础，拥有一大批优秀的工程技术人才、管理人才和领导人才，拥有一支热爱企业、积极向上的职工队伍，他们是华电可持续发展的宝贵财富；公司的发电资产中火电装机2504万kW，占集团公司可控装机容量的79.9%；水电机组629万kW，占集团公司可控装机容量的20.1%，具有较好的水火互补结构和较强的后续发展能力，2003年还将投产338万kW装机容量；公司控股的贵州乌江水电开发有限责任公司是我国第一个按流域组建的水电开发公司，已经初步形成了流域滚动开发的良好态势；公司发电资产主要分布在山东、黑龙江、贵州、四川、福建和江苏等省，有利于进行经营管理的资本运作；公司控股山东国电、龙电股份、国电南自等3家业绩优良的境内外上市公司，为公司利用国内、国际两个资本市场，扩大融资渠道，推动资产的资本化、证券化创造了有利条件；特别是山东国电在电厂建设、运营和管理等方面追求卓越、追求发展，勇于创新、持续创新，为公司发展提供了丰富的经验；公司全资拥有的华电工程（集团）公司，已经具有一定的发展规模和较好的发展基础，为公司未来多元化经营提供了良好的发展平台。这些明显的优势，是公司加快发展、赢得市场的关键。

同时，我们也清醒地认识到公司现有资产存在一定的劣势。比如老机组、小机组比较多，资产结构不尽合理；市场分布不够合理，在经济发达地区、负荷增长快的地区可控装机容量较低，资产没有存量优势；资产盈利能力不够强，可控机组的发电成本高于原国电公司系统的平均水平；人员多、劳动生产率较低，人均权益容量和人均权益资产相对较少。公司在今后的经营和发展中还面临着不少困难，甚至还有不少难点有待突破。

一分为二地看待公司的资产状况，优中看劣、劣中寻优，全面、准确分析内部环境，居安思危，强化忧患意识，从危机中汲取动力，是创业之初各单位负

责人的重要任务，是确立公司发展战略的前提。

（二）准确分析公司的外部环境，科学把握公司面临的形势和机遇

在政治多极化、经济全球化、信息网络化成为当今世界主导潮流的背景下，党的十六大提出了在本世纪头20年全面建设小康社会，国内生产总值2020年比2000年翻两番的宏伟目标，要求国民经济每年平均增长率相应要达到7%以上。与此相适应，电力工业的增长速度应达到6%以上，即每年需新增装机容量3000万kW以上。当前，我国一些地区重新出现了拉闸限电现象。广东、江苏、浙江、上海、四川等经济高速增长地区，电力供应不足的矛盾开始凸显。国家有关部门对电力供需失衡的趋势高度重视，并着手研究今后几年加快电力发展速度的问题，扩大“十五”后3年开工规模已成必然。

电力体制改革对电力生产力的进一步解放，为电力工业保持较快的发展速度创造了体制条件，同时为中国华电的发展带来了历史性机遇。国家为中国华电划转了相应的资产、权益和人员，赋予了公司发展电源和其他业务的职责和权限，使公司获得了较高的竞争起点。

二、中国华电的发展战略

客观分析内外部环境、准确把握形势和机遇，中国华电有实力追求卓越的目标，有信心创造美好的未来。公司党组提出中国华电集团公司的发展战略是：以市场为导向，以发展为主题，以效益为中心，坚持生产经营和资本经营并重，坚持企业发展与员工发展协调，坚持走集团化、多元化、国际化、现代化的路子，把公司建设成为以电为主，综合发展，实力雄厚，管理一流，具有可持续发展能力和国际竞争力的现代企业集团。

（一）以市场为导向，以发展为主题，以效益为中心

公司要不断提高竞争能力和可持续发展能力，不断提高市场主体地位，必须以市场为导向，对市场变化作出灵敏反应，迅速有效地满足市场需求；必须充分发挥公司的比较优势，不断巩固现有市场份额，寻求突破进入新的区域市场，从而不断提高在全国电力及相关市场的份额，并积极拓展多种产业、拓展国际市场。在发展上，公司将努力把存量做精做活，把增量做大做强。既要高度重视加快老厂和小机组的改建、扩建步伐，实现老厂的“二次创业”，不断提高职工的生活水平；又要以安全可靠、经济适用为原则，加快高参数、大机组的发展速度，大力建设一批一流电厂。继续加快和加强新建项目前期工作，千方百计争取在经济发达地区和能源基地，特别是“西电东送”电源基地的电源项目，为国家西部大开发战略的实施做出应有的贡献。根据对前一阶段调研情况的分析和公司发展战略的需要，公司明确提出，中国华电力求到2010年包括在建工程控股装机容量在2002年的基础上翻一番，达到6000万kW以上。这个目标，是具有先进性和挑战性的。公司坚信，通过我们的科学决策、努力拼搏，是能够实现的。扩大市场、加快发展，最终目标是追求经济效益和社会效益最大化。要提高知识创新和科技进步对劳动生产率和经济效益的贡献率。各项工作的好坏都要以是否有利于提高效益为标准，并正确处理局部利益与全局利益、当前利益与长远利益、企业效益与安全稳定的关系，正确处理经济效益和社会效益的关系。

（二）坚持生产经营和资本经营并重

公司担负着保证国有资产保值和增值、保证国家投资收益、保证电厂安全稳定运行的重任。在现阶段，我们要坚持生产经营和资本经营并重的原则，以存量带增量，以增量促发展，实现速度与效益的统一。当前尤其要做好公司系统现有存量资产的生产经营工作。作为资产经营主体，公司要不断强化对资本、资金、产权、股权统筹运营的能力，通过增量对存量资产进行结构性调整，以形成新的利润增长点；要在国内、国际两个资本市场上拓展筹措资本和资金的渠道。当公司发展进入较为成熟的阶段时，公司将进一步突出资本运营职能，进一步加强同银行等金融机构的合作，不断开辟融资渠道，提高融资能力，积极谋求产业资本与金融资本的融合。公司将加紧财务公司筹建工作，集中理财，统管资金，融通资金，控制资金流，不断提高资本运营能力。

（三）坚持企业发展与员工发展协调

人力资源是公司的第一资源。要坚持以人为本，充分发挥人的积极性、创造性和主观能动性，让员工在推动公司的发展中实现个人的价值，在提升自我价值的创造中推动公司的发展，做到人适其所、事得其人，人尽其才、事竟其功，形成员工能进能出、干部能上能下、适合公司发展需要的人事相宜的管理机制。广纳人才、善待人才。加强员工的教育和培训，全面提高员工队伍的整体素质，构建一支高素质、富有战斗力的华电团队。

（四）坚持走集团化、多元化、国际化、现代化的路子

集团化是中国华电作为国务院授权的投资机构和国家控股公司试点，在系统内部建立多层次资本纽带关系，采用控股型、复合型的企业集团经营管理模式。集团公司作为母公司，处于集团的战略规划中心、投融资中心、生产指挥中心、资本运营中心、利润中心的地位，以产权关系为纽带，准确划分各个管

理层面的职责和权限，提高公司整体效益。

多元化是在重点发展核心业务、提高企业核心竞争力的同时，结合行业特点，在具有相对优势的领域延伸产业链，不失时机地推进多种经营，拓展企业发展空间。

国际化是适应经济全球化和我国产业结构战略性调整，坚持“引进来”与“走出去”相结合，不断扩大开放水平，更好地适应国际合作和竞争的需要。

现代化重点在于建立现代企业制度，积极推进管理理论、管理机制、管理手段的现代化。要加快信息化建设，以信息化带动现代化。“四化”之间是相辅相成、多元辨证的关系，统一于加快公司发展的主题之下。

（五）把公司建设成为以电为主，综合发展，实力雄厚，管理一流，具有可持续发展能力和国际竞争力的现代企业集团

“以电为主，综合发展”是指突出电力核心产业的地位，同时积极稳妥地发展非电产业；“实力雄厚”是指公司在装机容量、资产质量、现金流量、盈利能力等方面取得优势地位；“管理一流”是指管理理念一流、管理制度完善、管理运作有效、管理手段现代化，企业内在素质不断提高；“具有可持续发展能力”是要大力推动科技创新，特别要重视环境保护，尽力为社会提供清洁能源；“国际竞争力”是指不但要适应国内同行的竞争，还要具备和国际同行竞争的实力和能力。

三、2003 年工作的基本思路

2003 年是全面贯彻落实十六大与“两会”精神、全面建设小康社会迈出新步伐的第一年，是中国华电集团公司成立后谋求发展的第一年。胡锦涛同志在中央经济工作会议强调：“做好 2003 年经济工作，保持经济发展的良好势头，对于鼓舞斗志、增强信心、实现十六大确定的奋斗目标和各项任务，具有十分重要的意义”。2003 年，国家将继续保持政策的稳定性和连续性，坚持扩大内需的方针，继续实施积极的财政政策和稳健的货币政策，进一步深化改革，加快经济结构的战略性调整，改革国有资产管理体制，大力推进新型工业化，全面提高对外开放水平。

贯彻落实中央的精神，公司提出 2003 年工作总的要求是：以“三个代表”重要思想和十六大精神为指导，认真贯彻中央经济工作会议精神，继续贯彻落实党中央、国务院关于深化电力体制改革的部署，把稳定巩固、发展提高、突破创新三个重要环节紧密结合起来，实现资产平稳移交，确保安全和稳定；基本建立起现代企业制度和健全的生产经营指挥体系；全面落实电源建设项目，实现公司实力和市场竞争力明显提升；确立公司的发展战略和发展规划；加强领导班子、干部队伍和员工队伍建设，加强企业文化建设，树立中国华电良好形象；力求在公司成立的第一年，开好局、铺好路、迈好步，为公司的长远发展奠定坚实基础。

2003 年重点要做好以下几项工作：

（一）认真细致地做好企业平稳移交工作，确保安全生产和队伍稳定

2003 年的首要任务，是实现 117 家企业的平稳移交。截止到 2 月 24 日，随着贵州电力公司资产移交的完成，第一阶段的安全生产管理和干部人事移交工作全部圆满完成，为第二阶段的资产移交奠定了良好的基础。各单位务必要高度重视安全工作，要坚持“安全第一，预防为主”的方针不间断、不动摇，要按照国家颁布的《中华人民共和国安全生产法》和国务院颁布的《关于特大安全事故的行政责任追究的规定》，认真贯彻落实中国华电生［2003］5 号文件，全面落实安全生产责任制，认真研究影响安全生产的各种因素，并提出对策和解决办法，把各项工作做实、做细。要未雨绸缪，防患于未然，确保公司系统不发生重大设备的责任事故，不发生电力生产人身事故，确保安全稳定万无一失。

要清醒地认识到，公司系统还存在着一些不稳定的因素，对此要引起高度重视。公司资产中属于国家关停范围的小机组 136 台，共计 336 万 kW，其中已关停容量 39 万 kW，人员安置问题突出。公司系统内 11 个空壳电厂也是亟待解决的问题。各单位领导班子和领导干部要进一步增强政治敏感性，超前预防，认真分析影响职工队伍稳定的潜在因素，通过企业重组、开渠分流、制度创新等办法，并开展扎实、细致、务实的思想政治工作，积极稳妥地解决矛盾与问题，把不稳定因素消灭在萌芽状态。

（二）抓紧新建电源项目前期工作，积极推进老厂技改和扩建项目的建设，加快电源发展

前一阶段我们重点抓了电源建设和老厂技改项目的前期工作，落实 2003 年备选开工项目共 1007 万 kW，其中争取开工 617 万 kW。公司将进一步加强同各地政府的沟通，建立电源建设战略合作关系，共同促进电力发展。要认真研究公司电源建设整体结构和布局，确定 2003 年要重点抓好的开工项目，加快在建项目的建设速度。老厂技改和扩建项目易融资，见效快，既能解决老厂的发展问题，又能切实提高职工的生活水平。公司要在计划安排上给予充分重视。对电源建设项目的股权结构、投资规模、资金来源、风险及收益等要认真分析，努力做到规模、结构、速度和效益的有机统一。

（三）切实加强企业内部管理，增收节支，提高

劳动生产率和经济效益

公司将完善法人治理结构，确保出资人权责到位。公司已经设立黑龙江、福建、贵州、新疆、内蒙古、四川、湖北等分公司，其他分支机构正在抓紧筹备中。各单位在开局之年在管理上有新机制，在技术上有新水平，在效益上有新增长，实现管理不放松、效益不滑坡，不断增强集团公司的综合实力和盈利能力。要加强电价、电费的管理，狠抓成本控制，尽最大可能降低成本，加强资金管理，做好电价的申报和审批等工作。要建立健全投资管理、工程建设管理、生产管理、经营管理、财务管理、人力资源管理等方面的规章制度，以制度创新带动管理创新，以管理创新和技术进步促进挖潜增效。要加强内部控制和约束机制，加强审计和效能监察，防范经营和投资风险。

（四）加强领导班子和干部队伍建设，加强党的建设和精神文明建设

在新的管理体制下，各基层单位要切实加强领导班子建设。领导干部要严守思想道德和党纪国法两道防线，全面贯彻十五届六中全会作出的“八个坚持、八个反对”的要求，学习贯彻胡锦涛同志在西柏坡重温“两个务必”的重要讲话，进一步加强作风建设；认真落实党中央、国务院《关于加强党风廉政建设责任制的规定》和中央企业工委、中央组织部《关于中央企业领导人员廉洁自律的若干规定（试行）》，发扬艰苦奋斗的优良作风，坚持勤俭办企业，坚决反对奢侈享乐、铺张浪费。

要进一步强化国有企业党建意识，按照“三个代表”的要求，加强基层组织建设，加强党员队伍建设，发挥党组织的政治核心作用和党员的先锋模范作。坚持全心全意依靠员工办企业，加强民主管理。重视职工学习、工作、生活环境建设和福利改善。切实加强思想政治工作，确保职工队伍稳定，引导好、保护好、发挥好员工的积极性、创造性。坚持两个文明一起抓，加强企业文化建设，促进企业全面发展。要继续与“法轮功”邪教组织做坚决的斗争，健全值班报告制度和快速反应机制，确保一方平安，确保公司系统职工队伍稳定。

四、对中国华电人的希望和要求

新生的中国华电，洋溢着无限生机和活力，肩负着促进中国电力工业发展的光荣历史使命。在“中国华电”的旗帜下踏上了新征程的每一位创业者，都将是托起中国华电这轮太阳的中坚力量，党和人民寄予我们信任与重托，时代赋予我们的使命光荣而艰巨。为了共同的理想，同志们正以高度的责任感、扎实的作风和良好的风貌投入到中国华电事业中来。在此，我对大家提出几点希望。

（一）加强学习，转变观念

身处新经济时代，身处学习型社会，必须坚持学习、加强学习、善于学习，树立终身学习观念，建设学习型企业。当前，首先要认真学习贯彻十六大精神和“三个代表”重要思想，认真学习党中央、国务院关于深化电力体制改革的有关文件精神，积极投身改革事业，把思想和行动统一到中央的精神和要求上来；要认真贯彻落实《中国华电集团公司章程》以及各项规章制度，规范运作，促进公司各项工作的开展。

学习要有针对性，要学以致用。当前尤其要学习新知识，树立新观念。要适应从垄断型电力企业向竞争型发电企业的转变，适应从行政化管理到市场化管理的转变，尽快适应新角色，学习和借鉴国内外成功发电企业的经验，发挥后发优势，加快自身发展。

（二）增强团结，注重合作

在改革的时代，我们从中国电力工业的大家庭中重组了中国华电这个新家庭。我们要尽快熟悉这个新家庭，热爱这个新家庭。要牢固树立“中国华电人”意识——我们要以华电为家，说华电的话，办华电的事，时时处处树立华电的形象，时时处处维护华电的利益，时时处处促进华电的发展。大家要像我们的徽章所象征的那样，同心同德拧成一股绳，顾全大局，注重整体形象，共同克服前进道路上的艰难险阻，并肩前进，共创辉煌。要强化合作意识，服从大局，多讲奉献，努力营造并维护和谐的外部环境。努力树立中国华电诚信的形象、合作的形象、奉献的形象、服务的形象和环保的形象，共同为打造“中国华电”形象品牌而努力。

（三）发扬系统，紧跟时代

在当前形势下，我们要把电力工业几十年来形成的优良传统和现代化的经营管理理念结合起来，把电力工业艰苦奋斗、团结拼搏、无私奉献、争创一流的优良传统和现代企业市场观念、竞争意识、创新思维和效益追求融为一体，求真务实，锐意进取，坚持人民电业为人民的宗旨，反对官僚主义和形式主义，反对弄虚作假，不断调整自己，真正做到与时俱进、开拓创新，紧跟时代潮流，形成朝气蓬勃、健康向上的企业风气，不断开创各项工作的新局面。

（四）与时俱进，开拓创新

创新是一个民族进步的灵魂，是企业发展的不竭动力。我们应当把“创新、发展”作为面向未来、迎接挑战、克服困难，取得新成绩、创造新辉煌的座右铭。大力推动体制创新、管理创新和科技创新，切实做到发展要有新思路，改革要有新突破，开放要有新局面，各项工作要有新举措。“一张白纸，可以画最新最美的图画”，华电的远大理想现在就是一张等待我们一笔一画来共同描绘的白纸，我们要开拓创新、

锐意进取，描绘中国华电宏伟蓝图。

让我们高举邓小平理论伟大旗帜，以十六大精神为指导，实践“三个代表”，坚持“两个务必”，团结创新，加快发展，用我们“中国华电人”的智慧和心血，为把公司建设成为以电为主，综合发展，实力雄厚，管理一流，具有可持续发展能力和国际竞争力的现代企业集团而努力奋斗。

中国国电集团公司工作会议

统一思想 与时俱进 深化改革 加快发展 把中国国电集团公司做实做新做大做强

——周大兵总经理在中国国电集团公司2003年工作会议上的报告（摘要）

（2003年1月23日）

一、中国国电集团公司成立前后工作回顾

1. 电力体制改革进程和集团公司基本情况

为了更好地适应社会主义市场经济和推进社会主义现代化建设的需要，党中央、国务院做出了实施电力体制改革的重大决策。这次改革遵循电力工业发展的基本规律，从国情出发，充分发挥市场配置资源的基础性作用，打破垄断，引入竞争，提高效率，降低成本，加快完善现代企业制度，构建政府监管下的政企分开、公平竞争、开放有序、健康发展的电力市场体系。

2002年是电力体制改革取得重大进展的一年。从2002年3月开始，电力体制改革工作小组各成员单位以高度负责的精神，按照各自的分工和进度要求开展工作。10月15日，国家计委主任曾培炎同志主持召开了电力体制改革工作小组第四次会议，对电力体制改革做了进一步安排。中组部确定了两个电网公司、5个发电公司的筹备班子。中国国电集团公司由我、朱永芃、李庆奎、刘彭龄、陈峰同志一起筹备。10月25日，国家电力公司召开党组会议，研究公司发电资产重组划分的微调意见和公司直属辅业单位的移交意见。11月15日，国家计委对新组建电力企业挂牌工作提出具体意见。

2002年12月29日，2家电网公司、5家发电集团公司和4家辅业集团在人民大会堂正式挂牌成立。党中央、国务院决定，成立中国国电集团公司党组，任命我为党组书记，党组成员由我、朱永芃、李庆奎、刘彭龄四人组成。任命我为中国国电集团公司总经理，朱永芃、李庆奎、刘彭龄为副总经理。中国电力新组建公司的成立，是我国电力工业深化改革、加快发展的一件大事，标志着电力工业在建立社会主义市场经济体制，加快社会主义现代化的伟大事业中，改革创新，与时俱进，以朝气蓬勃的精神面貌，进入了一个崭新的发展时期。

中国国电集团公司是按照国务院国发［2002］5号文件精神，在原国家电力公司部分企事业单位基础上组建的国有独资企业；是经国务院同意国家授权的投资主体和国家控股公司的试点。集团公司的注册资本金为人民币120亿元。成员单位包括46个内部核算企业和全资企业、54个控股企业、19个参股企业。集团公司组建后，对其全资企业、控股企业、参股企业，依照《中华人民共和国公司法》逐步规范管理。

集团公司的组建原则：一是政企分开。集团公司不承担政府职能。二是合理配置资源。根据国家产业政策，以市场为导向，以经济效益为中心，按照专业化生产和规模经济的要求，调整结构，增强市场竞争能力，提高资源利用效率。三是建立现代企业制度。集团公司依照《中华人民共和国公司法》对有关企业逐步进行改制和规范，建立起符合社会主义市场经济要求的管理体制和运行机制。

集团公司的经营宗旨是：遵守法律、法规，执行国家政策，依法自主从事生产经营活动，利用国内外资本，加快结构调整和资源优化配置，发挥集团整体优势，增强市场竞争力，促进我国电力工业发展，保证国有资产保值增值。

集团公司的经营范围，一是依法经营集团公司及其全资、控股、参股企业中由国家投资形成并由集团公司拥有的全部国有资产。二是从事电源的开发、投资、建设、经营和管理，组织电力（热力）生产和销售。三是从事煤炭、发电设施、新能源、高新技术、环保产业、信息咨询等电力相关产业的投资、建设、经营和管理。四是根据国家有关规定，从事国内外投融资业务。五是经国家批准，自主开展外贸流通经营、国际合作、对外工程承包和对外劳务合作等业务。六是经营国家允许或委托的其他业务。

根据《国家计委关于国家电力公司发电资产重组划分方案的批复》，中国国电集团公司拥有可控发电容量3043万kW，权益容量2035万kW。其中，水

电463万kW，占15.22%；火电2567万kW，占84.36%；公司拥有全国大部分风电，共12.64万kW，占集团公司总装机容量的0.42%。集团公司的可控资产共733亿元，权益资产472亿元。目前，中国国电集团在全国6大区域电网内19个省（自治区、直辖市）中拥有电源点，职工人数76441人，人均可控装机容量为398kW。

2. 公司成立后资产和管理接收情况

集团公司成立后，按照“先交管理，后交资产”的统一部署，抓紧进行管理和资产移交接收工作，承担各所属单位的管理责任。根据国家计委计基础[2002]2704号文件和国家电力公司国电总[2003]1号文件精神，划转移交工作分两个阶段进行。第一阶段进行企业安全和生产经营管理以及干部和组织关系的移交，由各发电集团公司对发电企业实施生产经营管理，并承担相应的安全责任；第二阶段进行发电企业劳动工资保险、资产和财务等工作的移交。

按照《国家电力公司发电企业划转移交实施方案》的要求，划转移交工作的基本原则是：要保证电网和发电企业的安全稳定运行，实现发电企业管理平稳过渡；保证发电企业职工队伍稳定，保证改革顺利进行；坚持统一安排、分步实施、分区移交、积极稳妥；坚持尊重历史、公平合理、简化手续、降低改革成本。划转移交工作按照东北、华北、西北、华东、华中和南方六大区域的顺序，分大区统一向各发电集团公司整体移交，陆续进行。其中第一阶段管理移交工作，华北和东北在1月14日24时完成，西北和华东在1月20日24时完成，华中和南方在1月27日24时完成。

2003年1月11日，集团公司召开派出机构和本部各部门负责人会议，部署中国国电集团公司对发电企业的第一阶段移交接收工作。移交接收工作由集团公司统一组织实施，并由集团公司派出的授权代表与集团公司派出机构负责人一起分区、逐省完成。

管理和资产移交接收工作头绪多、难度大，集团公司要求各移交接收小组一要找准位置，把握好度，既要坚持原则，又要有灵活性。二要充分信任和尊重有关网省公司，积极取得他们对移交工作的支持和帮助，要以主动的意识、诚恳的姿态和谦虚的态度与网、省公司进行沟通。三是不要给网、省公司添麻烦，尽可能减少他们的负担。现在第一阶段移交接收工作已经结束，希望大家顾全大局，团结一致，讲政治，守纪律，在圆满完成第一阶段移交接收工作的基础上，确保安全生产，确保职工队伍稳定，确保国有资产保值增值。

3. 近期安全生产、队伍稳定情况

各发电企业安全生产和管理工作接收过来后，安全生产和队伍稳定就成为集团公司工作的头等大事。集团公司十分重视安全生产和队伍稳定，公司成立后下发的第一个文件就是《关于确保安全生产队伍稳定的通知》，足见安全生产责任重于泰山。为有利于工作衔接，实现平稳过渡，集团公司决定所属各单位原则上一年之内，现领导班子不变，现规章制度不变，现考核办法不变，现合法待遇不变。在集团公司未颁发新的安全和生产经营管理制度之前，原国家电力公司颁发的行之有效的安全生产管理制度继续执行。落实确保安全生产、队伍稳定责任制，在集团公司系统实施安全生产和队伍稳定责任追究制度，对因责任制不落实、工作不力而导致的安全责任事故和队伍稳定事件，要按有关规定严肃追究有关人员的责任。

集团公司要求各单位一定要从讲政治的高度，提高对确保安全生产和职工队伍稳定重要性的认识，坚决贯彻“安全第一，预防为主”的方针，严格执行各项规程、制度，责任到人，措施到位，真正做到安全生产可控、在控，保证过渡时期不出现管理真空，确保安全生产。同时，要注意做好职工思想政治工作，切实关心职工生活，特别是下岗职工和经济效益不好的企业职工生活，为他们解决生活中的实际困难，保证职工队伍稳定。春节即将来临，各级干部要把党和政府的温暖送到职工家中，让他们过一个欢乐祥和的春节。

二、当前集团公司面临的形势和任务

党的十六大提出了全面建设小康社会的奋斗目标，围绕这个目标对经济、政治、文化建设和改革作出了全面部署。十六大报告明确指出，21世纪头20年，是一个必须紧紧抓住并且可以大有作为的重要战略机遇期，要在党的十五大所确定的2010年实现国内总产值比2000年翻一番的基础上，在优化结构和提高效益的基础上，国内生产总值到2020年力争比2000年翻两番。

十六大提出的目标为电力工业的发展提供了重要历史机遇。按照上述目标，预计到2020年我国电力装机容量可能超过10亿kW。2002年以来，我国一些地区已开始拉闸限电。作为一家新组建的全国性发电企业，面对新的用电需求形势，我们深感责任重大，任务艰巨。中国国电集团公司要把加快发展作为今后工作的重中之重，通过我们的艰苦努力，满足经济社会发展和人民生活水平提高的用电需求。

2002年底召开的中央经济工作会议认为，我国经济发展的总体形势是好的。国民经济持续较快增长，2002年经济社会发展的主要预期目标可以实现。国内生产总值将超过10万亿元，经济总量迈上一个新台阶。2003年我国经济工作要坚持扩大内需的方针，继续实施积极的财政政策和稳健的货币政策，进一步深化改革，全面提高对外开放水平，加快经济结构的战略性调整，积极发展农业和农村经济，大力推进新型工业化，促进国民经济持续快速健康发展，实现速度和结构、质量、效益相统一。

我国稳定的政治环境和持续的经济增长，为电力工业的持续、健康、稳定发展提供了重要的历史机遇，也为刚刚成立的中国国电集团公司提供了广阔的市场空间。同时我们也应该看到，随着电力体制改革方案的逐步实施，我们的思维模式、工作方式、管理体制都面临着新的考验，我们面临的市场形势也更严峻，竞争更激烈。一是竞价上网的压力，网厂分开后，竞价上网的电量比例将逐步扩大，电价竞争将更为激烈。二是资源和项目的激烈竞争，几大发电公司将在全国范围内展开电源项目的竞争。三是以燃料为主的物资供应的激烈竞争，发电成本成为重要因素。四是人才和技术的激烈竞争。对此我们必须有清醒的认识，有克服困难的思想准备和应对之策。

1. 集团公司的发展目标和战略思考

面对新的形势，新的机遇，新的体制，新的挑战，我们必须树立加快发展的历史使命感和政治责任感。经过反复酝酿、认真研究，我们提出了中国国电集团公司的近期目标是，在确保安全和稳定的前提下，完成资产、机构和人员的接收和重组；制定集团公司发展战略和规划，处置不良资产；以市场为导向，以资本为纽带，深化企业改革，转换经营机制，加快结构调整，建立现代企业制度，实现“三个确保”，即确保安全生产，确保职工队伍稳定，确保国有资产保值增值。

集团公司的远期目标是，通过制度创新、管理创新、科技创新，不断提高劳动生产率和资产收益率。以发电为主导产业，兼顾多元，充分发挥核心企业的竞争优势和上市公司融资功能，充分利用各种资源，努力建设有规范的法人治理结构、适应市场经济要求的现代企业。

作为承担国有资产保值增值责任的大型国有企业，中国国电集团公司的发展战略构想是：以改革和创新为动力，以市场需求为导向，以安全生产为基础，以经济效益为中心，坚持以电源建设和运营为核心竞争力，重视发展电力关联产业，适度开展多元化经营，积极开拓电力市场，大力开展资本运作，多方筹集发展资金，积极走向国际，把集团公司建成要素组合合理、资源配置优化、经营状况良好、综合实力较强、管理机制先进的复合控股型、规模效益型、集团化、市场化、国际领先的现代企业集团。

为实施上述发展战略，集团公司一要努力构建国际化企业的组织框架，尽快形成经营管理大型企业的能力，即保证安全生产能力，组织电源基本建设能力，整合、优化资源能力，防范、控制经营风险能力，制定、调整并运作企业可持续发展战略能力以及凝聚一流人才能力。二要解放思想，转变观念，在管理体制和经营机制上尽快适应网厂分开、竞价上网电力市场的新形势，积极参与市场竞争。三要建立开放的企业文化，建立能够融入不同地域文化、不同企业习惯、不同组织形式，保证集团公司发展战略贯彻实施的企业文化体系。四要建立符合现代企业制度，适应电力改革新形势的激励约束机制，建设高素质的干部队伍。

当前集团公司开展各项工作的方针是：统一思想、与时俱进、深化改革、加快发展，努力把中国国电集团公司做实、做新、做大、做强。

做实，就是以扎实的工作作风，实事求是，实实在在，把制定的各项工作目标和任务落到实处。要从集团公司的实际出发，深入基层、深入群众，根据集团公司的战略构想和各个时期的工作目标，扎扎实实开展工作，提高效率，力求实效。要团结务实、脚踏实地、艰苦奋斗，不搞形式主义。

做新，就是以十六大精神和“三个代表”重要思想为指导，以改革为动力，以市场为导向，以资本运营为纽带，推动企业改组、改制，建设有规范的法人治理结构、适应市场经济要求的现代企业。要通过制度创新、管理创新、科技创新，使集团公司逐步发展成为具有先进管理水平和较强市场竞争力的大型企业集团公司。

做大，就是坚持“发展是硬道理”，以发电经营为核心业务，以电源开发为重点，以结构调整和资产优化为主线，实现中国国电集团公司的稳步发展。要通过发展解决改革中出现的问题。集团公司初步考虑，今后几年每年在建400万kW、开工400万kW，拟建400万kW。当前要抓住机遇，一方面要发挥集团公司的优势，多上一些好项目；另一方面，要发挥上市公司的融资优势，尤其是国电电力的作用，共同促进集团公司的发展。

做强，就是在管理上要有新突破，在技术上要有新水平，在效益上要有新提高，以科学化、规范化、标准化的管理为依托，不断增强集团公司的经济实力和盈利能力。要建立科学的目标管理体系、现代化的财务管理和融资体系、先进的市场营销体系、面向市场的多种产业开发体系和支持可持续发展的科技环保体系，降低成本，改进技术，提高效率，确保国有资产保值增值，不断增强集团公司的整体实力。

2. 集团公司2003年工作的指导思想

集团公司2003年工作的指导思想是：认真学习贯彻党的十六大和中央经济工作会议精神，按照“三个代表”的要求，贯彻国务院国发［2002］5号文件精神和上级对电力体制改革的部署，深化电力体制改革，加快公司发展，为经济社会发展和人民生活水平提高提供优质的电能。全年工作要坚持“树立四种意识，实现三个确保，落实做新、做大、做强六字方针”，即：从垄断型企业向竞争性企业转变，树立市场意识；从粗放型经营管理向集约化经营管理转变，树立经营意识；从纯管理性企业向实体化企业转变，树立资本运营意识；从行政型企业向市场化企业转变，树立服务意识。实现“三个确保”，即确保安全生产，确保职工队伍稳定，确保国有资产保值增值。集团公司全体员工要统一思想、与时俱进、深化改革、加快发展，为把中国国电集团公司做新、做大、做强而努力工作。

3. 集团公司2003年工作目标

2003年集团公司全资、内部核算和控股电厂主要计划指标如下：

（1）生产计划。

——发电量：全年计划完成1290亿kWh，比2002年增加70.7亿kWh，增长5.7%。其中：集团公司全资、内部核算和直接控股电厂发电量1095亿kWh，国电电力系统159亿kWh，长源电力系统20亿kWh，四川电力股份系统16亿kWh。

——供电煤耗：集团公司全资、内部核算和控股电厂供电标准煤耗计划370g/kWh，比2002年下降2g/kWh。

（2）资金需求计划。

——资金计划：全年集团公司投资计划122.4亿元。根据股权比例，集团公司负责的投资资金需求为73.7亿元，其中公司本部需要39.2亿元、国电电力公司需要34.4亿元。在公司本部所需要的资金中，在建项目、前期施工准备、前期费用和小型基建分别为26.6亿、4.8亿、1.3亿元和6.6亿元。

——资本金计划：全年需要资本金18.3亿元，其中公司本部10.4亿元、国电电力公司7.9亿元。

——融资计划：全年需要融资55.4亿元，其中国内融资51亿元、国外融资4.4亿元。

（3）建设指标。全年计划开工容量634万kW，投产容量133万kW。

（4）安全管理指标。不发生人身死亡事故，杜绝人为责任的重大设备事故、重大火灾事故、重大交通事故和溃坝事故。

（5）党风廉政和精神文明建设。不发生影响公司形象和稳定的重大治安事件和重大经济案件。

三、2003年的重点工作

为全面完成以上目标，2003年要重点做好以下几项工作：

1. 做好发电企业划转移交的接收工作

2003年是正式实施电力改革方案的第一个年头。在第一阶段集团公司对发电企业实施生产经营管理，并承担相应的安全责任后，第二阶段进行发电企业劳动工资保险、资产和财务等工作的移交。为明确不同经营管理主体的法律责任，维护国家政策的严肃性和连续性，要认真开展清产核资工作，摸清家底，实实在在、明明白白、清清楚楚地做好资产和财务交接工作。

资产财务交接要本着兼顾历史，面向未来；顾全大局、平稳过渡；有理有节、公平合理的工作原则。集团公司将全面负责资产接收领导工作，各派出机构要协助集团公司做好资产核实及接收工作。各电厂、公司既是接收对象，又是接收工作的直接参与者。要严格按财政部、国家电力公司“资产重组有关财务问题处理的有关规定”和“国家电力公司厂网资产划分移交工作规程”核实本厂与网省公司的债权、债务关系，准备好相应的基础资料，配合资产财务接收工作小组完成任务。

第一阶段没有完成的有关干部管理方面的移交和劳动工资保险的移交工作，政策性强，工作量大，要本着尊重历史、面对现实、公平公正、求同存异、平等协商的原则，实行分级管理，整体移交。

2. 高度重视并确保安全生产

当前安全生产形势发生了变化，安全责任更加重大。一是网厂分开后，各方面的安全责任更加明确，我们不仅要承担安全责任，还可能承担经济责任。二是随着《安全生产法》正式实施，安全管理走上了法制化轨道。三是发电公司之间激烈的市场竞争对安全生产提出了新的挑战。四是电力体制改革过程中职工思想波动可能较大，为安全生产工作带来了新的压力。

2003年集团公司系统要坚决杜绝人身死亡事故，杜绝人为责任的重大设备事故和重大火灾事故，杜绝重大交通事故和溃坝事故，确保全面完成各项技术经济指标。

为实现上述目标，各级单位要提高认识，落实责任；认真遵循“安全第一、预防为主”的方针。各级领导要以对国家、对企业、对员工、对自己高度负责的态度，切实做到思想到位、责任到位、措施到位。各单位主要领导要把安全生产放在突出的位置来抓，正确处理安全与改革、安全与发展、安全与效益的关系。要进一步落实各级安全生产责任制，把安全责任落实到部门，落实到岗位，落实到人。

要坚持以人为本，从严管理，坚定不移地把人身安全放在安全工作的首位，各单位要认真落实防止人身伤亡的各项制度和规定，充分发挥各级安监部门在人身安全监督方面的作用，严厉查处违章指挥、违章作业和违反劳动纪律现象，杜绝人身死亡事故的发生。

3. 加快电源建设和技术改造，调整产业结构，推动集团公司可持续发展

电力体制改革使集团公司从一成立就处于激烈的竞争中。加快电源建设是扩大企业规模，把集团公司做大的需要；是进一步改善资产结构，把集团公司做强的需要；同时也是调整人员结构，改善内部经营管理，把集团公司做新的需要。根据集团公司发展目标和工作设想，“十五”后三年及“十一五”期间内，集团公司要力争实现平均每年续建 400 万 kW、新开工 400 万 kW、项目储备至少 400 万 kW 的目标，争取到 2005 年公司发电机组可控容量超过 4000 万 kW，到 2010 年争取公司发电机组可控容量超过 6000 万 kW，使集团公司的发电规模不断扩张，资产质量得到较大改善。

电源建设和技术改造要远近结合，近期根据各区域电力供需形势和电力电量平衡状况，抓紧开发、建设部分电源项目，以增强公司的综合实力。同时，选择一批电源项目作为公司中长期发展的战略项目，进行前期储备并开发建设。在电源点地区分布上，优先考虑负荷中心区；其次是电网输电能力较强，可通畅地向负荷中心送电的地区；第三是近年负荷增长较快的地区。在电源结构上，初期以发展火电为主，积极开发人渡河流域水电，加大开发风电力度，适度参股核电，在技术可靠、经济可行的前提下，发展燃气电厂和采用清洁燃烧技术的燃煤电厂。在股权结构上，要尽可能争取对项目控股。

4. 加强市场营销，增强市场竞争力

要充分认识开拓电力市场的重要性，认识市场营销在市场经济条件下指导生产、引导消费、满足需求的重要性，自觉面向市场，立足于买方市场确定营销策略。面对全新的电力市场，我们必须树立市场营销观念、竞争观念、创新观念、服务观念、法制观念和效益观念。不仅要尽最大可能向社会提供优质的电能，而且要追求自身的经济效益，实现资产的保值增值，实现追求最大的经济效益和最大的社会效益的统一。

集团公司要加大投入，建立具备市场策划、需求预测、市场开发、业务发展、服务支持、技术支持及咨询、公共关系与形象设计等功能的，能适应市场的变化并不断提高市场应变能力的营销体系。要对立营销在经营和生产管理中的龙头地位，加强市场的分析工作，掌握市场发展动态，进行电力市场的中、长期预测，正确地把握市场变化趋势，积极研究竞价上网策略，正确指导生产经营活动，取得驾驭市场的主动权。

当前，要在集团公司统一领导下，尽快建立健全适应电力市场要求的电价、电量和煤炭供应机制，尽可能降低成本，提高效益。2003 年集团公司要组织打好两个战役，一是治亏。认真分析亏损企业在管理、队伍、资产、设备等方面存在的问题，提出解决办法，抓紧实施，务求实效。二是改造。对老厂、小厂、旧厂，本着立足稳定、着眼发展的原则进行技术改造。

5. 积极稳妥地推进改革，努力实现机制创新和管理创新

机制创新和管理创新是企业发展的保证，我们要按照建设现代企业制度的要求，抓紧公司化改制工作，建立科学的法人治理结构，优化组织机构，精简管理层次，健全各项管理制度，做好新旧体制的衔接工作，加强班子建设，理顺工作关系，保证人员到位、责任到位。

2003 年集团公司深化改革的重点，一是建立科学规范的法人治理结构。要根据集团公司的战略定位，认真分析集团公司电源全国分布的特点，充分考虑所属企业的法人治理结构、资产结构和生产经营现状，构建复合控股型企业的组织管理结构。实行两级法人、分层授权、垂直管理的管理体制，把集团公司建设成为集团发展战略中心、投融资中心、资本运营中心、预算管理中心、利润中心、人才资源配置的决策管理中心。

二是积极利用资本市场，探索集团公司重组改制的新途径。坚持以市场需求为导向、以安全生产为基础、以经济效益为中心、以科技创新为动力、以提高竞争力为重点的公司经营理念，逐步把集团公司改造为符合社会主义市场经济要求的产权清晰、权责明确、政企分开、管理科学的现代企业。

三是全面提高公司的运营水平。要建立科学的目标管理体系。为实现集团公司的战略目标，适应实体化、市场化、规范化运作的需要，必须把公司系统经营工作的各个环节纳入目标管理。要完善公司系统内控制度，坚持局部服从全局，专业服从综合的原则，实现公司系统总体效益最优、价值最大、竞争能力最强的目标，促进公司可持续发展。

建立现代化的财务管理体系。实现财务管理现代化，要有现代化的理财观念，努力实现财务管理手段、方法的现代化，建立以全面预算管理为中心的财务运作机制，建立全面有效的风险防范体系。要借鉴电力系统以往行之有效的管理方法，积极推进集团公司财务制度创新、管理创新、机制创新。

建立支持可持续发展的科技环保体系。发挥集团

公司科技、环保、信息优势、不断改善公司发电资产结构，提高劳动生产率和资产收益率。要紧紧依靠科技进步，运用技术、科学手段，不断提高设备可靠性、降低能耗、防治污染。充分认识信息化的重要性，坚持以信息化带动工业化，以工业化促进信息化，走出一条科技含量高、经济效益好、资源消耗低、环境污染少的新型工业化企业发展路子。

建立面向市场的多种产业开发体系。集团公司多种产业开发要以高科技产业为主导，扩展电力产业链，实现经营领域多元化。要一手抓管理，建立起适应时代要求和企业发展的管理体制和运作机制；一手抓发展，在优势领域发展优势产业和优势企业，实现经营多元化。要向发电上游与下游产业拓展发展空间，培育核心竞争力，不断增强企业可持续发展能力。

建立精干高效的人力资源体系。集团公司的改革发展关键在人，关键在各级领导班子，关键在广大干部员工。要紧紧围绕公司的发展战略、近期目标以及“做新、做大、做强”的要求，用公司长远的发展战略吸引人，用有效的激励机制鼓舞人，用和谐向上的企业文化凝聚人。要把创新观念、创新机制、创新环境作为开发人才资源的重中之重。要打破选人用人中论资排辈的观念和做法，促进人才合理流动，积极营造各方面优秀人才脱颖而出的良好环境，努力形成广纳群贤、人尽其才、能上能下、充满活力的用人机制，把优秀人才聚集到集团公司的各项事业中来。

6. 加强党的建设、精神文明建设和干部队伍建设

加快集团公司发展步伐，增强核心竞争力、把握市场竞争的主动权，必须毫不放松地加强和改善党的领导，充分发挥党组织的政治核心和战斗堡垒作用。各级领导干部要讲政治、顾大局，全面推进党的建设和精神文明建设的伟大工程，努力实现把中国国电集团公司做新、做大、做强的目标。

当前要把深入学习贯彻党的十六大精神，贯彻“三个代表”重要思想当作头等大事来抓。要增强政治意识、全局意识、大局意识，自觉将“三个代表”重要思想、十六大精神落实到各项具体工作中，统一步调，统一行动，保证党中央、国务院关于电力改革各项方针政策和具体部署的贯彻落实。要从集团公司新组建的实际出发，解放思想，转变观念，切实从计划经济思维模式的桎梏中解放出来，创造性地开展各项工作。

集团公司党的建设和精神文明建设要紧紧围绕企业改革、发展和稳定大局，提高党的领导水平。要准确把握社会主义市场经济脉搏，以集团公司发展为第一要务，完善党的领导方式、领导体制和工作制度，使党的工作充满活力。要坚持把思想建设、组织建设和作风建设有机地结合起来，强化制度建设，逐步实现党建工作和精神文明建设民主化、科学化、制度化。要在集团公司系统进一步探索完善现代企业制度，建立规范董事会、经理层、党委会的工作规则，将党管干部原则同董事会依法选择经营管理者以及经营管理者依法行使用人权有效结合，形成决策层、执行层、监督层权责明确，相互制衡的机制。

要坚持标本兼治、综合治理的方针，加强教育，完善制度，强化管理，从源头上预防和解决腐败问题，认真落实中央提出的反腐败领导体制和工作机制。全面落实党风廉政建设责任制，健全责任追究制度，增强领导班子和领导干部的责任意识和廉洁自律意识。按照建立现代企业制度和完善公司治理结构要求以及管资产、管人、管事相结合的原则，强化审计监督，建立有效的约束机制。

要建设有中国国电集团公司特色的企业文化。结合集团公司实际，按照整体设计、分步实施、突出重点、系统推进的思路，以塑造良好的集团公司形象为切入点，培植、提炼和确立集团公司的企业精神、发展战略、经营理念、发展宗旨。要通过征集集团公司企业标识方案、提炼企业精神等活动，发动集团公司系统员工为构建新型的企业文化献计献策，增强集团公司的凝聚力。同时，要在创建独具特色的企业文化过程，让社会了解集团公司的企业精神、理念和宗旨，树立集团公司的良好形象。

政治路线确定后，干部是决定因素。能否带领广大职工做好全年工作，主要靠各级领导班子，关键是一把手。集团公司要求各级领导干部，一要统一思想，共谋发展。要加强团结，同舟共济，把思想统一到十六大精神上来，共创美好的未来。二要求真务实，真抓实干。各级领导干部务必要讲实际、重实干、办实事、求实效，不走形式，不走过场，不搞花架子，各项工作务必抓出成效。三要严肃纪律，维护大局。在公司发展战略和重大决策、重大原则问题上，公司上下必须保持高度一致。要以严格的政治纪律、组织纪律确保集团公司政令畅通，保证集团公司的各项方针、决策、决定不折不扣地贯彻落实。四要加强学习，与时俱进。要带头学习和实践“三个代表”重要思想，成为勤奋学习、善于思考的模范。

中国电力投资集团公司工作会议

以党的十六大精神统揽全局 与时俱进 艰苦奋斗 努力开创集团公司改革与发展的新局面

——王炳华总经理在中国电力投资集团公司2003年工作会议上的报告（摘要）

（2003年2月25日）

一、集团公司的总体发展战略思路

坚持把发展作为第一要务，以满足国民经济发展需要和市场需求为导向，以安全生产为基础，以经济效益为中心，以深化改革和科技进步为动力，以合理布局和优化结构为重点，确立诚信合作和服务客户的理念，以电力为核心产业，稳步向相关产业延伸，积极寻求海外发展，努力把集团公司建设成为具有较强核心竞争能力、获利能力、可持续发展能力的控股型、经营型、集团化、现代化、国际化的大型跨国企业集团。

把发展作为第一要务，坚持以满足国民经济发展需要和市场需求为导向，是集团公司的总体战略取向。我们的发展，首先要建立在充分满足国民经济发展需要基础之上，努力为国民经济发展全局服务，这是我们作为国有发电企业集团的重要职责。同时，我们的发展，必须是有市场需求的发展，要巩固现有的市场份额，不断开发新的市场空间。要依托国内市场，积极开拓国际市场。

要以安全生产为基础，以经济效益为中心，以深化改革和科技进步为动力。深化改革是加快发展的根本动力，对集团公司来说更是当务之急。科技是第一生产力，作为技术密集型的发电企业，技术水平更是企业竞争力构成的重要因素。在改革和发展过程中，必须大力推进体制、机制、管理和技术创新，为企业发展提供不竭动力。

以合理布局和优化结构为重点，既是提高存量资产质量的迫切需要，也是谋求更大发展的战略举措。合理布局的重点是要调整我们的资产区域分布，抓住时机，向经济高增长地区和电力短缺地区积聚，并开拓电源布局的盲点地区。结构优化，就是要适应市场化的要求，调整和优化集团公司资产结构、资本结构，重在提高资产质量，提高资本运营效率；就是要适应集团化的要求，调整和优化集团公司组织结构、人员结构，重在提高集团公司整体运营、管理水平，促进人力资源的合理配置和开发。

以电力为核心产业，稳步向相关产业延伸，积极寻求海外发展，是集团公司的三大战略重点。我们要把集团公司的优势集中到发展电力这一核心产业上，坚持水、火、核并重，新建与扩建、盘活与收购、国内与国外并举，优化发展火电，大力发展水电，稳步发展核电，积极发展新能源，加快老企业的技术改造，实现速度和结构、质量、效益的有机统一。要在重点发展集团公司核心业务、增强集团公司核心竞争力的同时，发挥自身的特点和优势，审慎、适时、稳妥地进入相关领域，建立新的经济增长点。积极寻求海外发展，是集团公司的优势所在。要坚持“引进来、走出去”，不断增强中电国际作为集团公司境外融资窗口和国际化发展载体的功能，面向国际国内两个市场，充分利用两种资源，开展跨国经营。

核心竞争能力、获利能力、可持续发展能力是集团公司发展战略目标的关键内容，是集团公司综合实力的集中体现，是集团公司在市场竞争中立于不败之地的重要基础。控股型、经营型是集团公司作为大型企业集团必须实行的经营管理模式。集团化是发挥集团公司整体功能、实现规模效益的必然选择。现代化体现了集团公司与时俱进的创新追求，重点是企业制度、管理理念、管理机制、管理手段的现代化。国际化是集团公司的战略方向。

二、2003年的目标和任务

安全目标：确保集团公司系统不发生人身死亡事故和群伤事故；不发生全厂停电事故；不发生责任性重大设备损坏事故；不发生恶性误操作事故；不发生垮坝和水淹厂房事故。

生产经营目标：确保完成发电量1181亿kWh；实现销售收入247亿元；实现利润比2002年增长5%；供电煤耗下降2g/kWh；电热费回收，当年结零，陈欠回收10%。

电力建设目标：电源建设新开工容量382万kW，投产容量55万kW。

精神文明和党风廉政建设目标：确保集团公司本部和所属企业领导班子、领导干部不发生违法违纪案件；不发生影响稳定的重大事件。

在全年工作中，要着力做好以下九个方面的工作。

（一）始终把安全放在首位，全面提高安全生产管理水平

确保安全生产是我们的首要任务，是做好一切工作的前提和基础。要始终不渝地坚持“安全第一、预防为主”的方针，把安全工作放在一切工作的首位。严格落实各级安全生产责任制，严格执行责任追究制度，加大安全监督和考核力度。企业行政一把手尤其要切实履行第一安全责任人的职责。

（二）全面贯彻国务院的各项部署和要求，继续推进电力体制改革

要周密、细致地做好第二阶段所属企业资产接收和劳动工资关系、财务关系的划转工作。要彻底清查和掌握集团公司所属企业的资产、财务、资金、人员和多经企业等各方面的情况。要积极配合国家有关部门，开展资产、财务审计工作，全面进行清产核资，防止国有资产的流失。

在组建区域电网公司的基础上，积极稳妥地推进区域电力市场建设，建立电力市场运行规则和政府监管体系，逐步实行新的电价机制，研究并实行发电排放的环保折价标准，改革电力项目行政审批办法，开展发电企业向大用户直接供电的试点工作。

要密切关注和跟踪电价改革。2003 年电价改革的重点，是保证从厂网分开到竞价上网这一过渡时期电价的平稳过渡。其基本原则是，在稳定销售电价水平的前提下，保持发电企业、电网企业收入的基本稳定。

在推进改革中，政策研究是一项十分重要的工作。要组织力量切实加强改革中所涉及的各项政策的研究，保证相关政策的连续性，用好用足现有的政策，积极争取新的政策。

（三）抓住重点，力求突破，致力于全面加快发展

第一，要重视和加强战略研究。组织有关人员并借助有关机构和专家的力量，研究制定集团公司总体战略与子战略相配套的战略体系。

第二，认真研究目前电力市场需求状况，全面落实集团公司“十五”期间的电源发展项目。

第三，切实抓好建设项目管理。

第四，加大资本运营力度。通过积极有效地实施改组、改造、收购、兼并、重组和置换等途径，调整和优化资产布局、资产结构和资本结构，整合内部资源，不断强化集团公司对资本、资金、产权、股权的统筹运营能力，增强集团公司的投融资能力。

第五，加快科技进步和信息化建设。

第六，努力解决老企业的生存和发展问题。

第七，积极稳妥地推进多种经营和辅业的发展。

（四）理顺管理关系，夯实管理基础，建立科学、合理、规范、高效的管理体系

适应市场化的要求，结合集团公司的实际，要尽快建立集团公司科学、合理、规范、高效的管理体系。在管理体制上，构建母、子公司与总、分公司相结合的管理体制。保证集团公司依法享有的资产受益、重大决策和选择管理者等权利的全面落实。在管理层面上，实行分级管理，强化集团公司作为决策中心、战略规划中心、资本运营中心、利润中心的职能，明确界定各管理层面的职责和权利，充分调动各管理层的积极性。在管理内容上，以提高资产质量和获利能力为中心，以落实三项责任制为重点，建立健全集团公司的制度体系、责任体系、监督体系和考核体系。

财务管理模式是构建集团公司管理体系的核心。要根据集团公司的战略定位，立足于增强集团公司的核心竞争力和控制力，依法建立集约化的财务管理模式。建立统一的财务管理制度体系、全面预算管理体系、资金集中管理体系以及会计核算、财务报告体系和经营绩效评价考核体系。尽快建立集团公司资金结算中心。

因地、因网制宜，积极审慎、有步骤地做好集团公司分支机构的组建工作，认真研究并逐步完善对分公司的委托授权管理方式。

（五）努力开拓市场，全面强化管理，确保全年经营目标的实现

要全方位加大开拓市场的力度。针对厂网分开后发电企业营销方式发生的根本性变化，制定包括市场调查、预测、开发、计划、调度、价格、结算等在内的完整、有效的营销策略。

要大力推行全面预算管理。预算一定要从紧编制、从严控制。突出加强预算执行全过程的跟踪和监控。强化资金集中统一管理，充分发挥集团公司资金结算中心的作用，最大限度地提高资金效益。要加强全面成本管理。把着力点放在全面强化企业内部管理上，进一步加大挖潜增效的力度。要建立行政的、经济的监督控制体系。加强行政监察和内部审计，是建立有效的监督约束机制的关键环节。

（六）坚定不移地继续深化企业内部改革，加快经营机制转换

改革的总体原则是，精干主业、减员增效、主辅分离、辅业改制。改革的总体思路是，对主业、检修、辅业（多经）进行体制性分离，建立三者之间的合同和结算关系，创造条件对辅业进行规范的改制。改革的总体目标是，主业精干高效、辅业自主经营、管理体制规范、市场机制运作、要素配置合理。

（七）以干部队伍建设为重点，全面加强职工队

伍建设

要牢固树立以人为本的管理思想，以建设高素质的经营者队伍、高水平的专业技术队伍、高技能的工人队伍为重点，全面实施人力资源开发战略。各级领导班子要认真坚持民主集中制原则。健全和完善领导班子集体决策制度，规范决策程序，提高决策水平。

（八）健全党群组织，全面加强和改进党的建设、思想政治工作、精神文明建设和企业文化建设

（九）规范企业行为，主动接受监管，寻求广泛合作，塑造企业良好形象

要主动加强与监事会和电监会及其分支机构、政府各部门、行业协会的密切联系，主动接受监管，积极争取支持，营造良好的企业外部环境。

大 事 记

2003年十件大事

2月1日，中共中央总书记胡锦涛听取发改委关于电力工作汇报并到北京供电公司看望慰问电力职工，并向全国电力系统职工拜年。胡锦涛总书记和温家宝总理等党和国家领导人多次就深化电力体制改革，加强电力建设和管理，确保电力供应安全作重要指示。

3月20日，国家电力监管委员会正式挂牌，作为新成立的国务院直属事业单位，开始履行电力监管职能。

2003年，三峡工程如期实现蓄水、通航、发电三大目标。6月1日，三峡大库下闸蓄水；6月16日，三峡五级船闸通航；7月10日，三峡电站2号机组正式并网发电。到11月22日，共有6台机组并网发电，在三峡工程开始发电的第一年，就创造了一年内装机420万kW、连续投产6台70万kW机组的水电安装和机组投产世界纪录。

7月，国务院电价改革方案出台。方案明确了电价改革的目标、原则和内容。

7月29日，中电投集团公司全资子公司中国电力国际有限公司与澳门电力公司在澳门签署股份买卖合约。澳门电力的两大股东——中法投资公司和中葡投资公司，分别向中电国际出售3%澳电股权，涉及金额约2亿多澳门元。

9月19日，西北750kV官亭至兰州东输变电示范工程开工。

9月20日，华北电网、华中电网实现联网、华北、东北、华中、川渝电网成功实现交流联网运行，一个跨区（自治县、直辖市）、装机容量超过1.4亿kW的超大规模交流同步电网就此形成。

11月8日，随着华北电网有限公司的挂牌成立，国家电网公司所属的华北、东北、华东、华中、西北5家区域电网公司全部组建完毕。

12月5日，国办发出《关于加强电力安全工作的通知》。8·14美、加大停电事故后，党中央、国务院领导作出一系列重要指示，各电网公司、发电集团公司都认真吸取教训，制定措施，建立电力安全应急机制，确保我国电网安全稳定运行。

12月16日，中国华能集团公司发2.27亿美元（约合3亿多澳元）成功竞标收购拥有澳大利亚昆士兰州两大发电厂权益的奥丝电力公司50%的股权。这一收购行动标志着中国华能集团公司实施“走出去”战略迈出了实质性的第一步。

中国电力企业联合会大事记

1月1日 经教育部批准，中电联以（中电联教［2003］4号）文《关于联合开展电力高等职业教育中澳合作办学综合改革试点工作的函》启动了电力行业高等职业教育中澳合作办学项目的筹备工作，决定在8所电力高等专科学校、职业技术学院进行中澳合作办学试点工作。

1月9日 国家电网公司、南方电网公司、中国华能集团公司、中国大唐集团公司、中国国电集团公司、中国华电集团公司、中国电力投资集团公司以书面联合委托函的方式正式委托中电联对所属企业的建设项目环境影响报告书（包括水土保持方案）进行技术评估。

1月13日 中电联在北京召开深化改革座谈会，邀请新组建（改组）的11家电力公司负责人就中电联在电力体制改革的新形势下，如何深化自身改革，听取大家的意见。

1月20日 国家电力公司和中国电力企业联合会在北京联合召开了全国电力行业统计工作会议，传达了原国家经济贸易委员会、国家统计局《关于授予四个行业协会统计职能的通知》（国经贸产业［2002］642号）。

2月 国务院国办发［2003］7号文件明确“中国电力企业联合会由国家电力监管委员会主管，受其委托承担相关工作”。电监会相应明确对中电联人事、党务进行管理。

2月 经教育部批准，中国电力教育协会挂靠中电联管理。

2月11日 叶荣泗副理事长和王永干秘书长带队参加了由中国工业经济联合会、德国工业联合会、德国驻华大使馆和德国阿登纳基金会联合举办的第二届中德行业论坛。

2月12日 叶荣泗副理事长会见了德国鲁奇—能捷斯—比晓夫公司北京代表处首席代表佑根森先生等3人，此次会晤就电力行业环保合作前景进行了交流。

2月20日 中电联召开2003年全体职工大会。

2月22～24日 中电联在北京举办了2003年经济形势与电力工业改革分析预测会。会议就2003年中国企业改革及其发展趋势、国电价改革思路、充分利用经济全球化，促进我国经济发展、政府机构与企业改革、国家电网公司改革及电网发展趋势、行业管理及华能集团公司资本运作等内容邀请有关领导及专家作专题报告。

2月26日 赵希正理事长带队，刘宏常务副理事长、叶荣泗副理事长等领导一行7人，拜会国家环保总局解振华局长、王沁芳副局长等领导，通报了电力体制改革的有关情况以及中电联新增环保与资源节约行业管理职能情况。

2月28日 刘宏常务副理事长和王永干秘书长，会见了法国政府项目评估专家BARTHELEMY先生一行3人代表团。

2月28日 中国电力企业联合会发出《关于成立统计信息部、环保与资源节约部的通知》（中电联人［2003］5号文），通知指出，根据《国务院关于印发电力体制改革方案的通知》（国发［2002］5号）精神，为适应电力体制改革新形势及工作需要，国家电力公司将电力行业统计和电力环保工作职能移交中电联。决定成立统计信息部、环保与资源节约部。统计信息部主要负责履行经政府授权的电力行业统计职能，开展电力供需形势预测分析工作等。环保与资源节约部主要负责开展电力行业环境保护与资源节约的有关工作。

3月 落实国电公司改革小组在中电联现场办公会议纪要精神，探索试行委派制，由企业推荐具有工作经验、懂技术、通管理的人才，到中电联对口部门工作，2003年起中电联实行委派制。国网公司委派刘洪恩、王志轩、梁维烈三位分别到社保中心、环保部、统计部主持工作。

3月 中电联在“首都文明单位”称号的复查中合格，继续保持“首都文明单位”荣誉称号。

3月18日 国际部主任孙守义等会见日本福冈大会秘书长柿本仁司一行5人。双方就亚太电协大会交接的具体事项进行了进一步磋商，对筹备举办亚太电协会议的情况充分交换了意见，完成了上一届组委会与本届组委会的交接工作。

3月20日 中电联2003年第一次理事长（扩大）会议在北京召开。中电联理事长、国家电网公司总经理赵希正，中电联名誉理事长张绍贤，中电联常务副理事长刘宏，中电联副理事长叶荣泗、钱忠伟、秦中一、吴希荣、乌力古等出席了会议。中国华能集团公司总经理李小鹏、中国大唐集团公司总经理翟若愚、中国国电集团公司总经理周大兵、中国电力投资集团公司总经理王炳华、国家开发投资公司总裁王会生、中国广东核电集团有限公司董事长王禹民、北京国华电力有限责任公司总经理顾峻源以及中国南方电网有限责任公司袁懋振董事长的代表副总经理赵建国、中国华电集团公司总经理贺恭的代表应邀出席了会议。会议审议并一致同意了刘宏常务副理事长所作的关于中电联深化改革有关问题的汇报，充分肯定了中电联两年来取得的各项工作成绩，并表示在今后的工作中要继续大力支持中电联的工作，同时希望中电联进一步提高服务水平，在我国电力市场体系的建设中发挥更大的作用，使所有会员单位都得到中电联的支持和服务。

3月28日 电监会主席柴松岳和副主席宋密到中电联进行工作调研。

4月9日 在西安召开的中电联第三届常务理事会第五次会议审议通过了《关于增聘中电联业务顾问的议案》、《关于建立和完善中电联专业委员会的议案》和《关于增设中电联电力试验研究等有关分会的议案》3项议案。①增聘周小谦、冉莹、张贵行、姜绍俊、霍继安、王信茂、杨祝辉7位同志为中电联业务顾问。②建立电力行业电站锅炉压力容器检测检验专业委员会；建立电力行业法律事务委员会。③增设中电联电力试验研究分会、中电联电力后勤分会、中电联电力物资流通分会和中电联电力职业安全卫生分会4个分会。这些分会分别由华北电力科学研究院、中兴实业公司、中国水利电力物资有限公司和国家电力公司职业病防治院作为牵头单位，承担分会依托之责。

4月10日 中电联第三届理事会第四次会议在西安召开。陕西省省长贾治邦、国家发展和改革委员会副主任张国宝、国家电监会副主席宋密到会并作重要讲话。

4月16日 中电联在北京举行电力高等职业教育中澳合作办学新闻发布会暨电力高等职业教育中澳合作办学签字仪式。

5月20日 中电联以技经［2003］2号文发布了《关于严肃电力行业造价工程师执行纪律的通知》，加强了电力行业注册造价师的注册管理，规范造价师的执业行为，制止了双重执业、出借证书和虚假注册等违规行为。

6月3日 中电联对第三届电力行业继电保护标准化技术委员会的组成方案进行了批复（中电联标［2003］27号），同意该标委会的组成方案。第三届电力行业继电保护标准化技术委员会共有委员（包括顾问委员）41人，主任委员由沈国荣院士担任，副主任委员分别由杨奇逊院士、王玉玲、吴济安高工担任，夏期玉任秘书长。标委会工作任务和挂靠单位（电力自动化研究院）不变。

6月13日 以中电联环资［2003］31号文向国家发展和改革委员会办公厅报送《全国燃煤电厂二氧化硫排放治理“十一五”规划及2020年远景目标研究》工作大纲。

6月27日 中电联对第二届电力行业可靠性标准化技术委员会组成方案进行了批复（中电联标［2003］36号），同意该标委会的组成方案。第二届电力行业可靠性标准化技术委员会共有委员（包括顾问委员）30人，主任委员由魏光耀担任，副主任委员分别由祁达才、蒋锦峰担任，胡小正任秘书长，程建翼任副秘书长。本届标委会工作任务和挂靠单位（中电联可靠性中心）不变。

7月18日 中电联2003年电力可靠性指标发布会在北京长城饭店隆重召开。会议有近400位代表参加了会议，其中有近70位各有关单位的局级负责人。

7月29～30日 2003年全国电力行业职业技能鉴定工作会议在杭州召开，共计50个单位，93名代表参会。

7月29日 国家发展改革委办公厅以发改办环资［2003］554号文委托中电联开展电力行业清洁生产评价指标体系研究工作。

7月30日 标准化中心向国家发展与改革委员会提出报批《火电厂环境监测技术规范》等64项推荐性电力行业标准和《远动设备及系统 第5～6部分：IEC 60870－5规约系列测试规则》等3项电力行业标准化指导性技术文件的请示（中电联标［2003］46号）。此次行业标准的报批是电力体制改革后由国家发改委行使主管电力工业政府职能的首次电力标准的报批。

8月11日 以中电联统计［2003］50号文发布了《电力行业统计管理办法（试行）》。该办法以《中华人民共和国统计法》等相关法律、法规为依据，充分尊重统计科学的客观规律，紧密结合电力体制改革以后电力行业所呈现的新局面，努力探索一条既符合我国电力工业的现实特点、又能逐步与国际接轨的新型统计管理体系。并于9月2日在北京召开第二次统计工作会议，宣传贯彻《电力行业统计管理办法（试行）》。

8月12日 中电联对第三届电力行业燃煤机械标委会调整成员组成方案进行了批复（中电联标［2003］53号）。调整后的标委会共有委员23人，主任委员由中国华电工程（集团）公司的教授级高工黄湘担任，副主任委员分别由中国电力工程顾问集团公司的教授级高工王增勇和中国华电工程（集团）公司教授级高工应光伟担任；中国华电工程（集团）公司田祺高工任秘书长。标委会秘书处挂靠在中国华电工程（集团）公司。

8月13日 中电联就第三届全国量度继电器和保护设备标准化技术委员会静态继电保护装置分技术委员会组成方案上报国家标准化管理委员会（中电联标［2003］54号），该分标委会挂靠在国电自动化研究院。

8月14日 中电联以环保［2003］11号文向国家发展改革委环境和资源综合利用司报送《火电厂烟气脱硫产业化发展规划研究工作大纲》。

8月28日 中电联2003年第二次理事长会议在北京召开。这次会议听取了中电联2003年年中工作汇报，审议并同意《关于增选中电联第三届理事会副理事长的议案》、《关于中电联第三届全国会员代表大会延期换届的议案》等议案。

9月 中国电力企业联合会电力试验研究分会正式成立，常设机构挂靠在华北电力设计院。

9月1日 中电联与加拿大RWDI工程顾问公司在加拿大驻华大使馆举行了《环境保护合作谅解备忘录》签字仪式。

9月8～9日 中电联在上海举办了“2003中国电力论坛”。此次论坛是在电力体制改革逐步推进、电力供需形势趋紧、美加和英国伦敦大面积停电发生后举办的，受到了社会各界特别是国务院领导同志的高度关注。会后，中电联汇总归纳了一些值得重视的观点，向国务院领导报送了《关于“2003中国电力论坛”有关情况的汇报》。

9月8～10日 由中电联组织的国家标准GB/T 18916.1—2002《取水定额第一部分：火力发电厂》和电力行业标准DL/T 783—2001《火力发电厂节水导则》宣贯会在北京举行，来自各发电集团公司有关企业的代表近70人参加了本次标准宣贯会。

9月9～12日 中电联在上海举办了第四届上海国际电力展览会，约20个国家和地区的300多家企业参展，展会同期举办技术讲座5场，组织参观观众25000人。

9月11～13日 中电联在江苏省无锡市召开了全国电力企业管理现代化创新成果评审交流会，有30多个单位的成果在会上进行了发布。共评审出91项创新成果，其中：一等奖13项、二等奖25项、三等奖53项。

9月17～19日 在上海召开了中国电力教育协会职工培训委员会仿真协作网成立大会。来自全国电力行业70家仿真培训单位的85位领导和代表出席了大会。会议确立了申请参加协作网的70家单位为有效会员单位，经过推荐、民主协商和选举产生了常委会、第一届协作网领导班子，最终一致通过了《仿真培训协作网2003～2004年工作计划》和《仿真培训协作网章程》。协作网的成立为电力行业加强仿真培训的协作、技术交流、开展相关培训认证工作提供了平台支持。

9月底 外交部正式授予了中电联护照自办权和签证代办权，使中电联的外事组织建设进一步完善，同时也为中电联开展国际交流与合作奠定了坚实的基础。

10月 科技部、外交部、海关总署、国家工商行政管理总局联合颁布的《国际科学技术会议与展览管理暂行办法》文件规定，同意授予中国电力企业联合会主办境内国际科学技术展览资格，电力行业举办境内国际科技展览，应由中电联归口申报。

10月 中电联和中国机械联合会联合在厦门召开了电站压力式除氧气有关规程研讨会，参加会议的有电力、机械行业的专家代表30余人，会议对原能源部和原机械电子部下发的《电站压力式除氧器安全技术规定》进行了研讨，提出了修改意见和建议。

10月 中电联在陕西省西安市召开了全国省级电力行业协会负责人座谈会，会议邀请了国家发展和改革委员会能源局副局长吴贵辉、中国工业经济联合会姜贤荣主任，就电力行业协会的发展提出了建设性意见，并对十六届三中全会中有关行业协会建设与发展的论述进行了专题辅导。

10月11～14日 中电联在长沙召开了第四届输配电技术国际会议，来自12个国家和地区的中外代表600余人参加会议。本届会议共收到国内外技术论文350余篇。

10月25日 由中电联主持承办的电力建设概预算人员资格认证培训工作结束，全国电力建设概预算人员资格认证培训工作全部结束。本次培训规模是自1996年以来最大的一次，全国约有1.5万参加了培训，约1.2万人经考试合格，取得了电力工程概预算上岗资格证书。

10月29日 中电联第三届常务理事会第六次会议在桂林召开。会议讨论了有关议案，报告了2003年以来中电联开展的主要工作和2004年工作初步框架意见，听取了亚太电协和2003年亚太电协CEO会议的情况汇报。

10月30～31日 由国际部组织召开的2003年亚太电协CEO会议在桂林隆重召开，来自东亚及西太平洋15个国家和地区200多名企业领导人参加了会议。会议主题为：优化能源利用，实现可持续发展。国务院副总理黄菊同志为会议写来了贺信，会议由亚太电协主席赵希正致开幕词，国家电监会主席柴松岳、国际大电网会议主席戴维·克劳福特分别做了大会主旨发言，国家电网公司副总经理刘振亚等7位中外企业领导在大会进行了论文交流。会议同期还套开了亚太电协常务理事会及第28次理事会，顺利完成了11项会议议程。

10月 为适应电力体制改革新形势的需要，经有关方面领导协商决定，原由国家电力公司与中国机械联合会共同开展的电力行业用电工（力）设备产品（含新产品、新技术）鉴定工作交由中国电力企业联合会与中国机械联合会继续联合进行。

11月 中电联电力职业安全卫生分会正式成立，常设机构挂靠在国家电力公司职业病防治院。

11月1日 第15届亚太电协组委会在桂林召开了第一次会议。

11月18日 中电联发出《关于表彰电力行业标准化工作先进集体、先进个人的决定》（中电联标［2003］85号）。决定对为电力行业标准化事业做出突出成绩的68个先进集体和141名先进个人予以表彰。

11月20～21日 中电联在北京召开了第一次全电力行业的环保工作座谈会。

11月22日 中国工业经济联合会第四次全国会员代表大会在北京召开。在这次会上，董绍华常务副会长、顾家麒副会长宣读了有关表彰的决定，中电联被授予“中国先进工业行业协会”荣誉称号；授予中电联常务副理事长刘宏同志“工业行业协会创业奖”；授予中电联副理事长叶荣泗同志“中国工业行业协会先进工作者”荣誉称号。中电联副理事长叶荣泗参加了会议并代表中电联领取了奖牌和奖杯。

11月27日 在上海召开中电联电力职业安全卫生分会成立暨第一届理事会议。

11月27～29日 中电联在北京召开电力标准化工作会议。

12月1～3日 中电联在成都召开了中澳合作办学项目管理委员会第一次会议。

12月1～5日 中电联在深圳召开电力行业2003年度职工教育培训统计工作布置会议。

12月3～5日 在北京全国农业展览馆举办第二届全国电力新技术新产品展览会。展会同期召开了全国发电设备状态检修技术、全国供电设备状态检修技术、全国电力节能技术、电力信息化安全技术解决方案四个研讨会。

12月5日 劳动和社会保障部与中电联联合印发《关于实施电力高技能人才培训项目的通知》（劳社部发［2003］32号），该文明确了由中电联牵头在全行业开展此项目。文件指出了首批进入项目实施的企业和8个试点职业（工种），根据委员会统筹规划、企业主导、省行协发挥地域网络功能，充分调动培训机构的积极性，分工负责的原则，按近期、远期开展项目实施，并提出了建立三级培训基地网络的意见。

12月10～15日 中电联和中国能源化学工会全国委员会联合举办的全国电力行业焊工技能竞赛在贵州举办。通过竞赛共产生10名全国电力行业技术能手、20名全国电力行业优秀技能选手，并向获奖单位和个人颁发奖牌和证书。这次竞赛的成功举办，对提高职工素质、引导和鼓励广大电力职工立足本职、钻研技术、走岗位成材的道路起到了积极的促进作用。

国家电网公司大事记

1月6日　党组副书记赵希正同志主持召开公司党组扩大会议，听取发输电部关于发电企业划转移交工作实施方案、财务部关于公司财务有关问题和审计部关于国家审计署即将对公司进行审计的情况汇报。

1月7日　赵希正总经理、郑宝森副总经理在公司会见印度电网公司董事长辛格一行。

同日　公司以国电总［2003］1号文印发《国家电力公司发电企业划转移交实施方案》。

1月8日　公司召开本部全体员工和直属在京单位领导班子成员大会。会议由党组副书记、副总经理刘振亚主持，党组成员、纪检组长祝新民宣读了公司本部各部门负责同志的聘任决定。

1月9日　陆启洲副总经理主持召开发电企业划转移交工作会议，全面部署公司系统发电企业划转移交工作。

1月10日　国家安全生产监督管理局以安监管管二字［2003］3号文印发《关于加强电力体制改革实施期间安全生产工作的通知》。

1月16日　公司以国家电网任［2003］2号文决定：聘任陆延昌、潘家铮、谢松林、周小谦、张贵行、谢绍雄六位同志为公司顾问。

1月20日　2003年电力行业统计工作会议在北京召开，中电联正式开始履行电力行业统计职能。根据国务院［2002］5号文精神，国家经贸委、国家统计局于2002年9月联合下发了《关于授予四个行业协会行业统计职能的通知》，决定自2003年1月1日起，将电力行业统计职能由国家电力公司移交至中国电力企业联合会。

1月24日　公司在北京展览馆剧场举行2003年春节团拜会。

同日　公司直调系统2003年调度工作会议在京召开。

1月28日　赵希正总经理率公司有关部门负责同志拜访国家计委张国宝副主任并汇报工作，张国宝副主任对公司工作给予充分肯定，并就电力改革、发展等问题发表了重要意见。

同日　公司系统办公自动化联网（一期）试运行启动电视电话会议在京召开，东北、华东、华中分公司和华北电力集团公司等参与一期联网的12家单位参加了会议。

1月29日　朱镕基总理主持召开国务院第149次总理办公会议，讨论关于当前电力工业形势分析及调整“十五”电力规划有关问题，国务院领导就电力发展问题发表了重要意见。赵希正总经理代表公司参加会议并作了汇报。

2月1日　中共中央总书记胡锦涛在中共中央办公厅主任王刚、北京市委书记刘淇、市长孟学农等的陪同下，来到北京供电局调度大楼亲切看望慰问首都供电职工，并给全国电力系统的职工拜年。

2月9日　受恶劣天气影响，河南电网13个地市遭受大风、暴雪侵害，发生大面积导线舞动跳闸事故，河南省电力公司全力组织救险，保证了电网的安全稳定运行。

2月10日　党组副书记赵希正同志主持召开公司党组扩大会议，传达《国家计委关于当前电力工业形势分析及调整“十五”电力规划的请示》和国务院第149次总理办公会议精神，研究有关人事问题。

同日　公司以国电发［2003］18号文印发《关于移交电力系统水电站大坝安全管理职能的函》。

2月12日　全国人大常委会委员长李鹏、国务院总理朱镕基、国务院副总理吴邦国分别就公司2003年工作会议的召开作出重要指示。

李鹏同志指示：电网公司首先是保证安全供电，树立为广大用户服务的思想。对于那些供电紧张的地区，虽然根本之计是加快电源建设，但也应采取若干行之有效的调峰措施，减少拉闸限电，以满足生产和生活用电的需求。

改革是发展的动力，电力改革的目的也是使生产关系适应生产力的发展要求，促进电力工业更快地发展，并不断完善。希望会议按照十六大的精神，努力探索加快各级电网发展的途径，加快西电东送，促进全国联网，继续进行城乡电网改造，保证供电安全，进一步转变行业作风，使广大人民群众用上放心电。

朱镕基同志指示：国家电网公司的成立，是电力体制改革的成果。望以改革精神，完善现代化企业管理机制，为电力工业改革和发展作出贡献。

吴邦国同志指示：组建国家电网公司是深化电力体制改革，实行厂网分开，引入竞争机制，推进电力工业持续健康发展的重大举措，也是一项新的事物。希望你们认真贯彻十六大精神，努力实践“三个代表”重要思想，围绕全面建设小康社会的奋斗目标，在继续做好新公司组建融合工作的同时，抓住机遇，深化改革，加强管理，加快发展。要坚持以市场为导向，积极培育和建设电力市场，高度重视和加快电网建设，推动全国联网，实现更大范围的电力资源优化配置。要加强电网统一调度和管理，落实安全生产责任制，确保电网安全稳定运行。要以经济效益为中心，强化经营管理，转换经营机制，推动技术进步，努力提高经济效益。要以优质服务为宗旨，着力建设一支高素质的职工队伍，坚持树立新公司诚信服务的新形象。努力把国家电网公司建设成为世界一流现代企业集团，为促进国民经济发展和全国建设小康社会做出新的更大的贡献。

2月15～16日 公司2003年工作会议在武汉召开。会议全面总结了国家电力公司2002年的各项工作，分析了公司面临的形势和任务，安排部署2003年工作并签订资产经营、安全生产、党风廉政建设三项责任书，提出要按照公司的战略定位，全面准确地把握电力改革与发展的重大问题，要认清形势，明确目标，统一思想，扎实工作，继续深化改革，加快发展，保持稳定，努力建设控股型经营型集团化现代化的国家电网公司，为全面建设小康社会，促进国民经济发展和人民生活水平提高做出新的贡献。

2月15～20日 全国人大常委会委员长李鹏在四川考察期间就电力发展问题指出，要实现经济健康发展和社会全面进步，必须加强基础设施建设。四川有丰富的水力资源，要进一步加快电力发展，大力开发水电，适度发展火电，除确保自身用电需求外，还要实现西电东送。

2月18日 国家电网公司、中国南方电网有限责任公司、中国华能集团公司、中国大唐集团公司、中国华电集团公司、中国国电集团公司、中国电力投资集团公司在北京签署协议，共同出资设立“中国电力科学技术奖”。该奖项的承办机构由原国家电力公司变更为中国电机工程学会。

2月19日 国务院总理办公会议通过了公伯峡水电站送出工程及750kV输变电示范工程可研报告，我国第一个750kV输变电工程由科研、可研阶段转入建设阶段。

2月20日 公司以国家电网总［2003］16号文印发《国家电网公司工作规则》，自2003年3月1日起试行。

2月24日 新疆喀什地区发生6.8级地震，部分区域电力设施损坏严重，导致供电中断。

2月27日 公司召开确保“两会”期间电力安全生产和稳定电视电话会议，分析当前公司系统安全生产和稳定形势，部署“两会”期间安全生产和稳定工作。

2月28日 国务院以国函［2003］30号文批复《国家电网公司组建方案》和《国家电网公司章程》。

2月28日～3月1日 公司2003年纪检监察工作会议在天津召开。

3月3日 公司以国电人资［2003］25号文印发《关于将国家电力公司对各地电煤质量监督检验中心行使的归口管理职能划转中能电力工业燃料公司履行的通知》。

3月6日 李彦梦副总经理在公司会见瑞银华宝全球副主席Ken crews先生一行。

3月11日 财政部以财企［2003］92号文印发《关于电力企业重组工作中有关资产财务划分问题的通知》。

3月14日 李彦梦、陈进行、郑宝森副总经理在公司会见青海省委副书记、省长赵乐际，省委常委、常务副省长蒋洁敏一行。

3月16日 公司以国家电网人事［2003］45号文印发《关于国家电网公司本部干部任职年龄及办理离（退）休手续问题的规定》。

3月16～31日 郑宝森副总经理赴日本东京电力公司进行第十七次定期交流，并赴巴西、美国分别考察伊泰普水电站送出工程和太平洋联络线工程。

3月17日 国家经贸委以国经贸电力［2003］268号文印发《国家电网公司组建方案》和《国家电网公司章程》。

3月19日 党组副书记赵希正同志主持召开公司党组扩大会议，听取审计部关于配合国家审计署审计工作情况的汇报，研究部署迎审工作。

3月19～20日 公司农电安全生产工作会议在厦门召开，总经济师兼农电部主任李振生出席会议并讲话。

3月20日 公司以国家电网计［2003］49号文印发《国家电网公司跨区电能交易管理办法》（试行）。

3月24日 中共中央政治局委员、国务院副总理曾培炎来公司视察国家电力调度通信中心，并听取赵希正总经理关于全国电力生产及电网运行情况的汇报。

3月25日 赵希正总经理主持召开公司系统部分单位迎审工作会议，听取有关工作汇报，部署迎接国家审计署对原国家电力公司审计有关工作。

3月26日 国务院办公厅以国办发明电［2003］3号文印发《关于进一步加强安全生产工作的紧急通知》。

3月28日 公司党组以国家电网党［2003］14号文印发《领导干部三项谈话制度实施办法。

同日 公司以国家电网生［2003］59号文印发《关于加强对发电厂安全生产管理的紧急通知》。

3月31日 公司以国电总［2003］33号文印发《关于积极做好配合审计署审计工作的通知》。

4月2日 公司分别与中国工商银行、国家开发银行签订银企合作协议。赵希正总经理，李彦梦、陈月明副总经理出席签字仪式。

4月8日 国务院召开全国安全生产电视电话会议，分析全国安全生产形势，部署有关工作。赵希正总经理出席主会场会议。

4月9日 胡锦涛总书记主持召开会议，研究当前电力供应形势。赵希正总经理出席会议并汇报工作。

同日 党组书记赵希正同志主持召开公司党组扩大会议，传达4月8日全国安全生产电视电话会议精神和胡锦涛总书记关于电力发展等问题的重要指示，研究部署公司系统安全生产工作。公司党组成员、顾问、总师及有关部门主要负责同志出席会议。

4月10日 黄菊副总理视察国家电力调度通信中心，听取关于电网运行情况的汇报。黄菊副总理指出，要充分发挥调度的作用，实现电力资源的优化配置，切实抓好安全生产，确保电力供应。

4月14日 温家宝总理主持召开国务院第四次常务会议，分析当前经济运行情况和全年经济发展趋势。赵希正总经理出席会议。

4月16～18日 赵希正总经理到华中电网调研，并赴荆州、龙泉换流站视察三峡送出工程建设情况。

4月21日 赵希正总经理主持召开总经理办公会议暨周生产安全调度协调会议，部署公司安全生产和预防非典型肺炎有关工作。

4月23日 温家宝总理主持召开国务院第六次常务会议，讨论有关电价改革方案。赵希正总经理出席会议并汇报工作。

同日 公司以国家电网生［2003］117号文印发《关于加强跨区电网生产运行管理工作的通知》。

同日 公司以国家电网生［2003］123号文印发《关于在电力体制改革过程中加强电网安全稳定运行管理的若干规定》。

4月24日 赵希正总经理在公司本部会见法国电力公司副总裁马识途先生。

同日 公司召开安全生产工作电视电话会议，总结2003年以来安全生产情况，分析安全生产工作面临的形势，安排部署迎峰度夏工作。赵遵廉总工程师主持会议，陆启洲副总经理出席会议并讲话。

同日 公司以国家电网人资函［2003］21号印发《关于成立国家电网公司防汛工作领导小组的通知》。

4月25日 中法两国在人民大会堂举行“四川白马30万kW循环流化床锅炉设备采购及技术引进”等3个中法合作项目的签字仪式。国务院总理温家宝，法国总理拉法兰，国家发展和改革委员会主任马凯，国家电网公司总经理赵希正、副总经理李彦梦，法国阿尔斯通公司总裁等出席了签字仪式。

同日 公司召开跨区电网生产运营工作电视电话会议，总结2002年跨区电网生产运营工作，部署2003年工作任务。赵遵廉总工程师作工作报告，陆启洲副总经理出席会议并讲话。

同日 国家发展和改革委员会以发改价格［2003］141号文印发《关于运用价格杠杆调节电力供求促进合理用电有关问题的通知》。

4月28日 三峡—常州±500kV直流输变电工程启动验收委员会在京召开会议，决定三常直流自2003年5月7日起试运行。

4月29日 为支持非典型肺炎防治工作，公司决定向卫生部和北京市人民政府分别捐赠人民币500万元。

5月2日 黄菊副总理视察华北电力集团公司调度中心，并听取华北电力集团公司总经理朱国桢、国家电网公司总经理赵希正的汇报。黄菊副总理指出，目前这个时期是对电力系统的一次考验，电力系统职工要注意身体，一手抓抗击“非典”，一手抓经济建设，要把经济增长、生活保障抓好，保证电力供给。

5月8日 国家发展和改革委员会、国家电力监管委员会和国家电网公司在京联合召开电视电话会议，贯彻落实国务院办公厅《关于认真做好电力供应有关工作的通知》。

5月9日 公司以国家电网财［2003］137号文印发《关于认真贯彻国家发展改革委运用价格杠杆调节电力供求促进合理用电有关问题的通知》。

同日 公司以国家电网办［2003］140号文印发《国家电网公司关于贯彻落实〈国务院办公厅关于认真做好电力供应有关工作的通知〉的措施》。

5月13日 温家宝总理主持召开国务院第八次常务会议，审议电力建设总体规划和审批电力建设项目。赵希正总经理出席会议。

5月18日 公司以国家电网工［2003］153号文印发《电力建设工程施工技术管理导则》。

5月19日 公司以国家电网工［2003］152号文印发《国家电网公司水电建设工程质量管理办法（试行）》。

同日 公司以国家电网农［2003］157号文印发《关于下发国家电网公司农村电网建设与改造有关管理办法的通知》。

5月20日 国家发展和改革委员会副主任李盛霖一行就电价改革等相关问题来公司调研。

5月22日 国有资产监督管理委员会副主任邵宁一行来公司调研，就公司当前生产经营状况、“非典”对行业影响及采取的对策措施等与公司领导班子进行座谈。会后，邵宁副主任一行参观了国调中心。

5月23日 国家发展和改革委员会以发改价格［2003］352号文印发《国家发展改革委关于网厂价格实施办法的通知》。

5月26日 赵希正总经理在公司会见九届全国人大常委、财经委副主任、原国家开发银行行长姚振炎，国家开发银行电力资深顾问吴敬儒一行。双方就“十一五”电力重大项目规划等问题交换了意见。

5月27日 国务院长江三峡二期工程验收委员会召开第二次全体会议。

同日 公司以国电总［2003］56号文印发《关于开展发电企业划转移交第二阶段工作的通知》。

5月29日 温家宝总理主持召开国务院三峡工程建设委员会第十二次全体会议，审议三峡二期工程验收结论，研究解决当前三峡工程建设中的重大问题。

6月1日 中共中央政治局常委李长春同志到丰满发电厂视察。

6月2日 公司以国家电网生［2003］178号文印发《加强网厂安全管理保证电网安全稳定运行的指导意见（试行）》。

6月3日 国家发展和改革委员会以发改能源［2003］469号文印发《国家发展改革委关于加强用电侧管理的通知》。

6月4日 赵希正总经理、李彦梦副总经理在公司会见了美国高盛公司董事长亨利·保尔森一行。双方就进一步加强电网建设领域的交流与合作进行了友好交谈。

6月5日 公司以国家电网生［2003］183号文印发《国家电网公司关于加强电力需求侧管理的实施办法》。

6月6日 国家电力公司召开迎接审计进点电视电话会议。

6月10日 国务院办公厅以国办发电［2003］21号文印发《国务院办公厅关于做好经济形势分析有关工作的通知》。

6月12日 公司以国家电网生［2003］195号文印发《关于补充完善〈电业生产事故调查规程〉部分条款的通知》。

同日 我国首座商用重水堆核电站—秦山三期核电站2号机组并网发电。

6月14日 公司以国电总［2003］68号文印发《关于开展辅业集团资产财务划转移交工作的通知》。

6月16日 三峡双线五级船闸试通航仪式在宜昌举行。郑宝森副总经理和有关部门负责同志参加了仪式。

6月18日 郑宝森副总经理主持召开三峡二期输变电工程总体考核验收会议。三峡二期31个输变电工程、9个二次系统工程通过公司验收。

同日 川渝电网通过三峡左岸500kV开关站与华中电网实现成功对接。

6月19日 赵希正总经理、郑宝森副总经理在公司会见科摩罗伊斯兰联邦共和国国务部长、联盟政府发言人胡默德·穆赛迪埃。双方就有关电力合作项目进行了友好交谈。

同日 公司以国家电网人资［2003］217号文印发《关成立国家电网公司安全生产委员会的通知》。

6月23日 公司以国家电网规［2003］215号文印发《国家电网公司战略研究大纲》。

6月24日 公司精神文明建设工作座谈会在洛阳召开。

6月26日 公司以国电总［2003］70号文印发《关于向中国华能集团公司划转移交发电企业有关事项的通知》。

同日 公司以国电总［2003］71号文印发《关于向中国国电集团公司划转移交发电企业有关事项的通知》。

同日 公司以国电总［2003］72号文印发《关于向中国电力投资集团公司划转移交发电企业有关事项的通知》。

6月27日 三峡二期500kV交流输变电工程及其二次系统工程通过国务院验收组总体考核验收。

6月30日 公司与中国建设银行在钓鱼台国宾馆签署战略合作协议。赵希正总经理，李彦梦、陈月明副总经理，中国建设银行行长张恩照等出席了签字仪式。

同日 华北电力大学董事会在京成立并召开第一次全体会议。赵希正总经理当选为第一届校董会主席，南方电网公司董事长袁懋振、华能集团公司总经理李小鹏、大唐集团公司总经理翟若愚、华电集团公司总经理贺恭、国电集团公司总经理周大兵、电力投资集团公司总经理王炳华和国家电网公司副总经理陈进行当选为校董会副主席。

教育部副部长吴启迪、国务院学位办主任周其凤和有关电力企业集团的负责同志出席了成立大会。

同日 公司以国电总［2003］76号文印发《关于向中国华电集团公司划转移交发电企业有关事项的通知》。

7月1日 赵希正总经理、郑宝森副总经理会见西门子公司输配电集团总裁海信格博士。

同日 国务院三峡工程建设委员会以国三峡委发稽字［2003］22号文印发《关于三峡输变电工程稽察组进驻国家电网公司实地稽察的通知》。

7月2日 国务院办公厅以国内发［2003］62号文印发《国务院办公厅关于印发电价改革方案的通知》。

7月7日 公司以国家电网生［2003］237号文印发《发电厂并网运行安全性评价》。

同日 公司以国家电网生［2003］243号文印发《防止电气误操作装置管理规定》。

同日　公司以国家电网计［2003］249号文印发《220kV输变电项目可行性研究内容深度规定（试行）》。

7月8日　国有资产监督管理委员会召开国家中长期科学和技术发展规划座谈会。陆启洲副总经理出席会议。

7月9日　陈进行副总经理会见摩根大通投资银行首席执行官郭礼德一行。双方探讨了可能合作的领域和合作方式等问题。

同日　陈月明副总经理会见中银国际执行总裁李山一行。双方就加强沟通与合作进行了友好交谈。

同日　公司以国家电网农［2003］248号文印发《关于印发国家电网公司农电安全生产有关管理办法的通知》。

7月10日　国有资产监督管理委员会召开在京中央企业负责人会议，李荣融、李毅中同志在会上做重要讲话。公司党组副书记、副总经理刘振亚出席会议。

7月12日　公司在沈阳召开部分网省公司座谈会，国电东北、华东、华中、西北公司，华北电力集团公司，辽宁、宁夏等5个省（区）电力公司主要负责同志在会上座谈了上半年工作情况、下半年工作思路以及对网省公司改革特别是主辅分离改革的意见和建议。

同日　三峡至常州500kV直流输电工程通过国务院工程验收组终验。验收组认为，工程管理科学规范，质量优良，达到世界领先水平。郑宝森副总经理出席终验会。

三峡至常州500kV直流输电工程于2000年7月正式开工，线路全长860km，输送容量300万kW，是目前世界上输送容量最大、输送距离最长的直流工程。

7月14日　公司在苏州召开部分市地县电业（供电）局（公司）座谈会。苏州供电公司等8个市级供电企业和甘肃省民勤县供电局等7个县级供电企业的主要负责同志参加会议，座谈了上半年安全生产、电网建设、优质服务等工作的思路、措施以及对公司工作的意见和建议。

同日　公司召开2003年度三峡输变电工程稽察动员会。郑宝森副总经理、本部有关部门处以上干部出席会议。

同日　国家发展和改革委员会以发改能源［2003］692号文印发《国家发展改革委关于调整2003年三峡水电站电能消纳方案的通知》。

7月15日　陆启洲副总经理会见中国移动通信集团公司总工程师李默芳一行。双方就加强交流与合作的有关问题进行了会谈。

7月16日　公司在哈尔滨召开公司系统首次经济活动分析会。

7月17日　赵希正总经理会见ABB集团公司董事长兼首席执行官约根·杜曼一行。

7月18日　国务院副总理曾培炎在中南海会见ABB集团公司董事长兼首席执行官约根·杜曼一行。赵希正总经理、郑宝森副总经理陪同会见。

同日　电力体制改革工作小组召开第六次会议，研究讨论当前电力资产重组过程中需要解决的问题及2003年电力体制改革主要任务。

7月21日　赵希正总经理在公司会见国际能源署副署长拉姆赛一行。

7月22日　中共中央政治局委员、新疆自治区党委书记王乐泉会见了赴新疆出席公司年中工作会议的公司党组书记、总经理赵希正。

同日　公司以国家电网财［2003］268号文印发《国家电网公司关于加强亏损企业财务管理的暂行规定》。

7月23～24日　公司在乌鲁木齐召开2003年年中工作会议。赵希正总经理作工作报告，总结了公司上半年的生产经营工作，分析了公司当前面临的形势和问题，安排部署了下半年工作任务。

7月25日　赵希正总经理会见瑞士瑞银集团投资银行全球主席、欧盟委员会前副主席利昂·布里坦勋爵。

7月28日　公司以国家电网调［2003］282号文印发《国家电网公司跨区电力电量交易调度实施办法》。

7月29日　赵希正总经理在公司会见黑龙江省委书记宋法棠、省长张左己一行。

同日　公司以国家电网计［2003］274号文印发《关于下达2003年三峡水电站电能消纳计划的通知》。

7月30日　李彦梦副总经理在公司会见美林集团国际业务部董事长伟凯文先生。双方商谈了有关合作事宜。

同日　公司以国家电网科［2003］285号文印发《国家电网公司科技发展规划（2003～2005～2010）》。

8月4日　刘振亚副总经理主持召开公司维护稳定工作领导小组会议，学习党中央、国务院领导同志关于做好信访工作的重要批示，听取关于公司上半年维护稳定工作和公司维护稳定工作会议筹备情况的汇报。会议审议了信访工作的有关规章制度。陈进行副总经理及公司维护稳定工作领导小组成员出席会议。

8月5日　公司召开优质服务工作电视电话会议。

8月6日　公司以国家电网总［2003］171号文印发《国家电网公司系统信访工作暂行规定》、《国家电网公司关于职工群众逐级上访、分级受理暂行办法》。

8月7日 公司以国家电网生［2003］298号文印发《电网调度系统安全性评价（网、省调部分）》。

同日 公司以国家电网规［2003］309号文印发《电力市场分析预测工作暂行规定（试行）》及《电力市场分析预测内容深度要求（试行）》。

同日 公司以国家电网计［2003］300号文印发《国家电网公司统计管理暂行办法》。

8月9日 公司外事工作会议在江苏扬州召开。郑宝森、副总经理出席会议并讲话。

8月11日 国家发展和改革委员会副主任张国宝视察国家电力调度通信中心，调研当前全国电力供需形势。

8月12日 公司以国家电网规［2003］312号文印发《国家电网公司电网规划设计内容深度规定（试行）》。

8月13日 陆启洲副总经理会见四川省委常委甘道明一行。双方就四川电网建设和电力供应等问题交换了意见。

8月15日 美国东部时间8月14日16时11分（北京时间8月15日4时11分）开始，美国东北部和加拿大联合电网发生大面积停电事故。停电范围涉及美国的密歇根、俄亥俄、纽约州、新泽西、马萨诸塞、康涅狄格等8个州和加拿大的安大略、魁北克省，受影响的居民人数约为5000万人。

美、加大面积停电事故引起党中央、国务院领导同志对我国电力安全问题的高度重视。胡锦涛总书记作出重要批示："有备才能无患。我们应吸取美加停电事件的教训，认真研究我电力系统安全问题，完善应急处理机制，确保电力生产和输配的安全。"温家宝总理批示："要认真分析研究美加大面积停电的情况，从中得到有益的启示。抓紧建立我国电力系统安全应急处理机制，做到未雨绸缪，防患于未然。此事关系国家安全、社会稳定和生产、生活秩序，必须高度重视，组织有关部门进行全面、系统、周密的研究，提出相应对策。"

国家电网公司认真贯彻落实党中央、国务院领导批示精神，及时分析总结美、加大面积停电事故的经验教训。赵希正总经理亲自给温家宝总理、黄菊副总理写信，汇报有关情况，积极提出加强我国电网安全稳定运行的建议，结合我国电网实际建立健全应急处理机制，完善事故处理预案和各项安全保护措施，确保电网安全稳定运行。

同日 公司以国家电网财［2003］297号文印发《关于加强国家电网公司国有资产管理工作有关问题的通知》。

8月17日 2003年度三峡水电站购售电及输电合同签字仪式在钓鱼台国宾馆举行。

国家电力监管委员会主席柴松岳，中国长江三峡工程开发总公司总经理陆佑楣，国家电网公司总经理赵希正，副总经理李彦梦、陆启洲出席签字仪式。

8月18日 公司直属党委在京召开首次党的工作暨纪检工作会议。公司党组副书记、副总经理兼直属党委书记刘振亚出席会议并讲话。

8月19日 江苏省首座百万千瓦的大型水电项目——宜兴抽水蓄能电站工程项目正式开工。江苏省副省长李全林、公司副总经理郑宝森出席开工典礼并讲话。

8月20日 电力企业年金规范管理工作会议在昆明召开。会上，成立了由中国电力企业联合会和11家电力新组建（改组）公司代表组成的电力企业年金管理监督委员会，组成了以中国电力企业联合会理事长、国家电网公司总经理赵希正为主任委员的常务委员会。

8月21日 国家发展和改革委员会副主任张国宝主持会议，学习贯彻党中央、国务院领导同志关于"美国、加拿大停电事件"重要批示精神，研究部署加强我国电力安全的措施和应急机制。国家电网公司、国家电力监管委员会、中国电力企业联合会、五大发电集团公司的有关负责同志参加了会议。

同日 中共中央政治局委员、上海市委书记陈良宇，上海市市长韩正分别会见了在上海出差的赵希正总经理。双方就加强合作、加快上海电网建设和电力发展等进行了亲切会谈。

8月22日 国务院研究室召开会议，分析当前和今后一个时期我国电力供需形势，商讨解决电力紧张问题的对策和建议。李彦梦副总经理出席会议。

同日 郑宝森副总经理会见中国联合通信有限公司（简称中国联通）党组书记、董事长兼总裁王建宙一行。双方就中国联通第三届董事会有关董事人选问题交换了意见。

8月23日 中共中央政治局委员、北京市委书记刘淇，北京市代市长王岐山视察了北京220kV八里庄变电站和北京地区电力调度中心，调研首都供电保障工作。

8月25日 公司以国家电网生［2003］333号文向国家发展和改革委员会报送《国家电网公司关于美、加电网事故及加强我国电网安全稳定运行的建议》。

8月25～26日 公司维护稳定工作会议在四川都江堰召开。

8月26～27日 公司在上海召开部分单位审计负责人座谈会。

8月28日 赵希正总经理率队到国有资产监督管理委员会（简称国资委）汇报公司工作。

9月29日　公司系统部分单位工委主任（工会主席）座谈会在青岛召开。

9月2日　赵希正总经理主持召开总经理办公会议，听取关于华北—华中联网安全稳定措施及公司参与长江电力股份有限公司战略配售意见的汇报，审议《国家电网公司1号令》等规章制度。

9月2～4日　公司法治工作座谈会在天津召开。陈月明副总经理出席会议并讲话。电监会、中电联有关负责同志和系统各单位法律事务工作者的代表出席了座谈会。

9月4日　公司和南方电网公司、五大发电集团公司在京召开网厂协调座谈会，认真学习贯彻胡锦涛总书记、温家宝总理等中央领导同志关于电力电网安全的一系列重要批示精神，分析美、加大停电事故的经验教训，共商团结治网、确保电网安全稳定大计。

同日　公司以国家电网财［2003］345号文印发《关于认真贯彻落实国务院电价改革方案的通知》。

9月5日　国务院总理温家宝主持召开国务院三峡工程建设委员会第十三次全体会议，审议三峡二期输变电工程验收结论，研究解决当前三峡工程建设中的重大问题。赵希正总经理，陆启洲、郑宝森副总经理参加会议。

9月5～6日　国家发展改革委在京召开全国电价工作会议，传达国务院《电价改革方案》精神，研究部署下一步电价改革工作。刘振亚、陈月明副总经理参加会议。

9月8～9日　公司2003年基建工作座谈会在长沙召开。郑宝森副总经理出席会议并讲话。

9月10日　公司发展高层论坛在京举行。论坛主题为：面向全面小康的国家电网公司。陈进行副总经理主持论坛，赵希正总经理、刘振亚副总经理出席并讲话。

电力行业的老领导黄毅诚、史大桢、姚振炎，国家发展改革委、国资委、国家开发银行、国务院发展研究中心有关负责同志应邀出席论坛。会议就“国家电网公司在国家与行业中的地位、作用”以及“如何在全面建设小康社会的进程中把握机遇、持续稳步发展”等议题进行了研讨。

9月11日　党组书记赵希正同志主持召开公司党组会议，审议《国家电网公司工会组建方案》；听取关于中电联离退休干部管理问题的汇报；研究有关干部人事问题。

同日　赵希正总经理、李彦梦、陆启洲副总经理到电监会汇报公司工作。

电监会柴松岳主席，邵秉仁、宋密副主席听取了赵希正总经理关于公司上半年工作完成情况、当前及下半年工作思路和重点工作、公司改革发展中存在的困难和问题的汇报，并就电力体制改革和公司工作发表重要意见。

9月12日　公司召开安全生产电视电话会议，认真学习贯彻中央领导同志关于美加大停电事故的批示精神，分析公司系统安全生产工作面临的形势，发布公司1号令——《关于加强调度管理　确保电网安全稳定运行的规定》。

9月12～28日　刘振亚副总经理出访巴西、南非，对巴西电力公司、阿尔斯通公司进行工作访问。

9月12～26日　祝新民纪检组长出访古巴、阿根廷等国，对古巴电力部门、阿根廷电力公司等进行工作访问。

9月16～17日　公司在杭州召开美加大停电事故分析座谈会，结合我国电网当前形势，落实具体措施，确保电网安全稳定运行。

李鹏同志9月17日到会亲切看望了会议代表，并就电力生产安全、电力改革、发展等问题发表了重要讲话。

李鹏同志指出，要吸取美、加大停电事故的教训，正确处理安全和效益的关系。电力生产必须贯彻“安全第一”的方针；电力改革要适合中国的国情，尊重电力的客观规律，必须在保证安全的前提下进行；“全国联网”的方针不可动摇，既要重视电源建设，又要重视电网建设；电网必须统一规划，统一调度，并要有足够的备用容量和自己的调峰容量，以确保电网安全稳定运行。

9月16～30日　陈月明副总经理出访瑞士、芬兰，对瑞士银行集团、芬兰电网公司进行工作访问。

9月18日　公司再就业工作座谈会在北京召开。陈进行副总经理出席会议并讲话。

同日　公司以国家电网生［2003］374号文印发《供电企业安全性评价》。

9月19日　公司在青海官亭举行西北750kV输变电示范工程开工仪式。赵希正总经理，李彦梦、郑宝森副总经理出席开工典礼。

中共中央政治局委员、国务院副总理曾培炎为工程开工作出批示：西北750kV输变电工程开工，对我国电网建设具有重要意义。希望国家电网公司高质量、高标准完成建设任务，为西部大开发，促进经济社会发展做出新的贡献。

同日　公司召开部分省（区、市）打击盗窃破坏电力设施窃电犯罪专项行动会议。公司副总经理陆启洲、公安部副部长罗锋、电监会副主席宋密出席会议。

9月20日　华北、华中电网实现并网运行。

华北、华中电网联网工程线路全长210km，总投资4.6亿元人民币。自此，华北、东北、华中、川渝电网实现联网运行，该交流同步电网地跨14个省（区、市），南北距离超过4600km，总装机容量超过1.4亿kW。

9月22日 赵希正总经理率队到国家发展改革委汇报公司工作。

9月23日 国务院副总理曾培炎主持召开会议，听取国家发展改革委关于电力运行情况的汇报。赵希正总经理、李彦梦副总经理参加会议。

同日 公司和华能集团公司在京举行发电企业划转移交工作备忘录签署仪式，向华能集团公司划转移交发电企业13家，移交的发电机组权益容量合计464.25万kW。

同日 公司召开直属科研机构负责人座谈会。陆启洲副总经理出席会议并讲话。

会议总结了公司直属科研机构实施企业化转制以来的工作经验，研究、探讨了加快科技型企业改革和发展的深层次问题，部署了今后一个时期的工作任务。

9月24日 赵希正总经理、郑宝森副总经理会见吉尔吉斯斯坦总理一行。公司本部有关部门、新疆电力公司有关负责同志参加会见。

同日 赵希正总经理接见公司系统出席中国工会第十四次全国代表大会（简称工会十四大）的代表。与会代表交流了参加工会十四大的收获和体会，探讨了如何更好地全心全意依靠工人阶级办好企业的新思路。

9月25日 东北电网有限公司在沈阳成立。

东北电网有限公司是公司依据《中华人民共和国公司法》投资设立的国有独资有限责任公司，是由公司在东北电网（包括黑龙江省、吉林省、辽宁省及内蒙古自治区的赤峰、通辽地区电网）内所属有关单位基础上组建的，注册资本为人民币272亿元。

同日 公司以国家电网生［2003］389号文印发《国家电网公司重特大生产安全事故预防与应急处理规定》。

9月26～27日 公司2003年市场营销工作会议在合肥召开。

9月28日 华东电网有限公司在上海成立。

华东电网有限公司是公司投资设立的国有独资有限责任公司，是由公司在华东电网（包括上海市、江苏省、浙江省、安徽省、福建省电网）内所属有关单位基础上组建的，注册资本为人民币800亿元。

10月9～10日 公司2003年干部工作会议在宁波召开。

公司党组书记、总经理赵希正出席会议并讲话，党组副书记、副总经理刘振亚主持会议。

10月14～15日 公司2003年生产工作会议在四川召开。会议认真学习了中央领导同志关于美加大停电事故的指示精神，总结了2003年以来公司系统安全生产情况，分析了当前电网安全生产工作面临的问题和困难，部署了保证电网安全稳定运行的各项工作。

10月14～21日 刘振亚副总经理出访泰国、柬埔寨，出席亚太经济合作组织工商领导人峰会。

10月16日 公司在湖南召开2003年度总工程师会议，研讨公司"十五"期间科技进步与技术创新的发展战略和主要任务，交流电网安全稳定运行的经验。陆启洲副总经理出席会议并讲话。

会议还征求了关于《国家电网公司技术创新战略》、《电网运行准则》和《电网安全二次防护方案》的意见，并就发挥总工程师在公司科技进步与电网运行中的作用，促进电网运行技术水平提高进行了研讨。

10月21～23日 第28届中国电网调度运行会在京召开。陆启洲副总经理出席会议并作题为《中国电网发展与安全》的报告。中国科学院和工程院院士、公司顾问潘家铮，中国科学院院士周孝信等参加会议并作报告。会议期间还组织了电力调度、运行方式、继电保护、电力市场、调度自动化、电力通信和水电调度等专业组的专题讨论和学术交流。

10月27日 公司以国家电网生［2003］426号文印发《电业生产事故调查规程》。

10月28日 党组书记赵希正同志主持召开公司党组会议，审议《国家电网公司电价管理暂行办法》，通报有关审计情况，研究有关干部人事问题。公司党组成员出席会议，有关部门主要负责同志分议题列席会议。

10月30～31日 东亚及西太平洋电力工业协会（简称亚太电协）2003年CEO会议在广西桂林召开。本次会议的主题是：优化能源利用，实现可持续发展。

来自东亚及西太平洋15个国家和地区的近200位电力企业首脑、政府官员及有关专家参加了会议。国务院副总理黄菊为会议发贺辞。

本届亚太电协主席、中电联理事长、公司总经理赵希正，公司副总经理刘振亚出席会议并做演讲。与会代表围绕会议主题，就本地区的能源利用及区域合作进行了充分研讨。

电监会主席柴松岳，南方电网公司董事长袁懋振，广西壮族自治区副主席杨道喜，中国科学院院士周孝信，国际大电网会议主席戴维·克罗伏特以及印度电网公司、泰国电力公司的高层领导出席会议。

10月30～31日 公司2003人力资源发展论坛在京举行。

论坛的主要议题是企业改革发展与电网企业人才队伍建设。陈进行副总经理出席并讲话。论坛邀请业界知名专家、学者为公司人力资源管理与开发工作出谋划策，提出建设性意见和建议。公司系统各单位分管人力资源工作的负责同志听取了国家有关部门领导、知名教授和专家的演讲，并就做好人力资源管理与开发工作，更加有效地培养、吸收和用好人才，建设一支高素质的电网企业人才队伍进行了研讨。

10月31日 公司在京召开座谈会，纪念《电网调度管理条例》(简称《条例》)颁布施行十周年。陆启洲副总经理出席会议并讲话。

11月3日 受赵希正总经理委托，刘振亚副总经理主持召开总经理办公会议，研究部署公司近期工作，审议《国家电网公司小型基本建设项目管理办法》和《国家电网公司本部小型基本建设项目管理实施细则》。

11月5日 华中电网有限公司在武汉成立。

华中电网有限公司是公司投资设立的国有独资有限责任公司，是由公司在华中电网（包括湖北省、河南省、湖南省、江西省、四川省、重庆市电网）内所属有关单位基础上组建的，注册资本为人民币360亿元。

11月6日 西北电网有限公司在西安成立。

西北电网有限公司是公司投资设立的国有独资有限责任公司，是由公司在西北电网（包括陕西省、甘肃省、青海省、宁夏自治区、新疆自治区电网）内所属有关单位基础上组建的，注册资本为人民币220亿元。

11月7日 公司以国家电网农［2003］456号文印发《关于进一步深化农电体制改革的意见》。

11月8日 华北电网有限公司在北京成立。至此，公司投资设立的五大区域电网公司全部组建完毕。

华北电网有限公司是公司投资设立的国有独资有限责任公司，是由公司在华北电网（包括京津唐电网、山东电网、山西电网、河北南网和蒙西电网）内所属有关单位基础上组建的，注册资本为人民币600亿元。

11月8～9日 公司系统总会计师工作会议在北京召开。会议全面部署了新形势下公司系统的总会计师工作。

11月9～26日 赵希正总经理率团赴英国、捷克、希腊三国就2003年世界一系列停电事件的影响、电力体制改革背景下的电网发展等情况进行考察。

11月11日 受赵希正总经理委托，刘振亚、李彦梦、陈月明副总经理到国资委向李毅中书记汇报公司工作。

同日 李彦梦副总经理在公司会见多哥、贝宁两国能源部部长，双方进行了友好交流。

11月17～18日 公司在宁夏银川召开农电体制改革工作会议，贯彻公司《关于进一步深化农电体制改革的意见》，进一步总结和部署深化农电体制改革工作。

11月22、28日 公司分别在上海和北京召开华东、华中电网公司座谈会和华北、东北、西北电网公司座谈会。

11月30日 公司以国家电网财［2003］480号文印发《国家电网公司清产核资方案》。

12月5日 公司在京召开公司系统党政主要负责人会议，传达落实中央纪委有关决定，进一步加强公司系统党风廉政建设和反腐败工作。党组成员出席会议，原电力部部长史大桢、中央纪委一室有关同志出席会议，公司顾问、总师，本部各部门、公司系统各单位党政主要负责人参加会议。

同日 国务院办公厅以国办发［2003］98号文印发《国务院办公厅关于加强电力安全工作的通知》。

12月8日 公司召开清产核资动员电视电话会议，安排部署公司系统清产核资工作。赵希正总经理出席会议并作重要讲话，要求各单位适应国有资产管理体制改革的新形势，加强管理，精心组织，全面完成清产核资工作任务。陈月明副总经理主持会议。

12月10～11日 公司电力需求侧管理研讨会在苏州召开。陆启洲副总经理出席会议并讲话。

12月18日 公司以国家电网调［2003］544号文印发《关于适应电力体制改革调整国调调度管理范围的通知》。

12月21日 国家发展和改革委员会以发改电［2003］124号文印发《国家发展改革委关于调整电价的通知》。

12月25～26日 赵希正总经理主持召开总经理办公会议，传达国务院第32次常务会议精神，听取公司本部各部门2003年工作汇报，研究公司2004年工作思路和重点工作。中央政策研究室副主任郑新立同志应邀作学习贯彻十六届三中全会精神专题报告。公司副总经理、纪检组长，顾问、总师，监事会主席及各部门主要负责同志参加会议。

12月29日 党组书记赵希正主持召开公司党组会议，分别传达中央企业负责人会议、全国组织部长会议、全国人才工作会议、三峡工程建设工作会议精神，听取关于公司本部岗位工资标准调整、代管中电联离退休职工工作、成立公司资金管理中心有关意见、优质服务标兵审批等有关问题的汇报，讨论有关干部管理办法，研究有关干部问题。

12月30日 公司2003年企业债券发行仪式在

京举行。赵希正总经理、李彦梦、陈月明副总经理出席发行仪式。本期债券是公司成立后发行的第一只企业债券，总规模50亿元人民币。

12月31日 电监会副主席史玉波在国家电力调度通信中心主持召开电力安全生产座谈会，听取公司关于当前电力安全生产工作汇报和如何进一步加强电力安全生产及对电力安全监管工作的意见和建议。

中国南方电网有限责任公司大事记

2002年

10月11日 中共中央组织部以干任字［2002］211号文决定：成立南方电网公司筹备组，袁懋振同志任筹备组组长，王野平、赵建国、肖鹏、周继太、王久玲、祁达才同志任筹备组成员。

10月16日 南方电网公司筹备组组长袁懋振同志主持召开筹备组第一次会议，中组部五局姜伟亮副处长、马明伟同志，筹备组全体成员参加了会议。会议介绍了筹备组成员的简历，提出了公司筹备工作和班子建设的要求。

10月23日 南方电网公司筹备组组长袁懋振同志主持召开筹备组第二次会议，筹备组全体成员参加了会议。会议讨论了南方电网公司组建方案和公司名称：中国南方电网公司，成立了资产小组，审议通过了《南方电网公司筹备组工作规则和议事制度》和《南方电网公司筹备期间费用预算》。

10月31日 南方电网公司筹备组组长袁懋振同志在广州主持召开筹备组第三次会议，筹备组全体成员参加了会议，曲曙、杨文伟同志列席会议。会议研究讨论了广东省政府提出的《南方电网公司组建方案》（稿）和《南方电网有限责任公司章程》（稿），进一步明确了设立广东、广西、贵州、云南、海南电网公司五个子公司和超高压输变电分公司、调峰调频电厂分公司两个分公司的基本架构。

11月5日 南方电网公司筹备组组长袁懋振同志在广州主持召开筹备组第四次会议，筹备组全体成员参加了会议。会议通报了广东省政府对《南方电网公司组建方案》（稿）和《南方电网有限责任公司章程》（稿）的修改意见，提出的总体原则和具体措施，进一步研究讨论公司组建方案和公司章程，研究机构设置、职责划分，听取了资产小组关于资产重组工作情况的汇报。

12月12日 中共中央以中委［2002］391号文，批准袁懋振同志任中国南方电网有限责任公司董事长。

中共中央以中委［2002］392号文，批准成立中国南方电网有限责任公司党组，袁懋振同志任党组书记。

中共中央组织部以组任字［2002］173号文，任命王野平同志为中国南方电网有限责任公司董事、总经理，赵建国、肖鹏、周继太、王久玲、祁达才同志为中国南方电网有限责任公司董事、副总经理。

中共中央组织部以组任字［2002］173号文，任命王野平、赵建国、肖鹏、周继太、王久玲、祁达才同志为中国南方电网有限责任公司党组成员。

12月14日 南方电网公司筹备组组长袁懋振同志主持召开筹备组第五次会议，筹备组全体成员参加了会议。会议同意上报经广东省人民政府审定的《南方电网有限责任公司组建方案》和《南方电网有限责任公司章程》，建议公司中文全称为：中国南方电网有限责任公司，建议南方电网公司与外部关系加上“在国家计划中实行单列”，决定成立筹备组人事工作小组。

12月23～24日 南方电网公司筹备组组长袁懋振同志主持召开筹备组第六次会议，会议通过了公司的内部机构设置，确定各部门和分公司的筹备负责人人选，决定组成工作班子进行干部考察工作，决定在广州召开南方电网公司成立招待会。

12月26日 国务院以国人字［2002］107号文，任命袁懋振为中国南方电网有限责任公司董事长，王野平为中国南方电网有限责任公司董事、总经理，赵建国、肖鹏、周继太、王久玲、祁达才为中国南方电网有限责任公司董事、副总经理。

12月29日 中国电力新组建（改组）公司挂牌仪式在人民大会堂举行，电监会主席柴松岳、公司党组书记、董事长袁懋振共同为中国南方电网有限责任公司揭牌，中国南方电网有限责任公司正式挂牌成立。

12月31日 公司发出明传电报，特别强调公司系统各单位要抓好“两个稳定”工作，并召开了安全生产第一负责人会议。

2003年

1月6日 中国南方电网有限责任公司成立招待会在广州举行，公司党组成员、总经理王野平主持招待会，党组书记、董事长袁懋振在会上向来宾们介绍公司领导班子成员。广东省副省长游宁丰等应邀出席并发表讲话祝贺公司挂牌成立。

1月10～13日 公司党组书记、董事长袁懋振，党组成员、总经理王野平和领导班子有关成员先后在贵州、云南、广西调研，拜会了贵州省委书记钱运录、省长石秀诗，云南省委书记白恩培，广西区委书记曹伯纯等各省（区）党委、政府的主要领导。

1月14日 公司董事长袁懋振会见印度电力公司总经理Mr. R. P. Singh。

1月16～17日 公司党组书记、董事长袁懋振，党组成员、总经理王野平，党组成员、副总经理周继太一行到海南省电力公司视察工作，拜访海南省委书记王歧山、海南省常务副省长吴昌元。

2月12日 公司成立党风廉政建设责任制领导小组，公司党组书记袁懋振任组长，党组成员王野平任副组长。

2月13日 公司成立安全生产委员会，公司党组成员、总经理王野平任主任。

公司成立预算（资金）管理委员会，公司党组书记、董事长袁懋振任主任委员。

2月16日 南方电力调度通信中心成立。

中国南方电网有限责任公司超高压输变电公司成立。

中国南方电网有限责任公司电力财务公司成立。

经公司研究决定，聘任李强同志为行政部（办公厅）主任；林涛、肖海同志为行政部（办公厅）副主任；陈允鹏同志为计划发展部主任；叶强文、甘霖同志为计划发展部副主任；郭智同志为市场交易部副主任（主持工作）；王静辉同志为市场交易部副主任；王良友同志为人事部主任；王振升同志为人事部副主任；李文中同志为财务部副主任（主持工作）；唐斯庆同志为生产技术部主任；皇甫学真同志为生产技术部副主任；潘福同志为安全监察部副主任（主持工作）；余建国同志为工程建设部副主任（主持工作）；尹炼同志为国际合作部主任；石生光同志为国际合作部副主任；王玉霜同志为监察部主任；黄聿邦同志为审计部主任；王方同志为党群工作部副主任（主持工作）；孙展同志为党群工作部副主任。

中共中国南方电网有限责任公司党组批准成立中共南方电力调度通信中心委员会，并决定：许超英、陈杰雄、汪际锋、张琪同志为中共南方电力调度通信中心委员会委员；许超英同志任中共南方电力调度通信中心委员会副书记（主持工作）。

中共中国南方电网有限责任公司党组批准成立中共中国南方电网有限责任公司超高压输变电公司委员会，并决定：侯卫东、魏善淇、赵杰同志为中共中国南方电网有限责任公司超高压输变电公司委员会委员；侯卫东同志任中共中国南方电网有限责任公司超高压输变电公司委员会副书记（主持工作）。

经公司研究决定，聘任许超英同志为南方电力调度通信中心副主任（主持工作）；陈杰雄、汪际锋、张琪同志为南方电力调度通信中心副主任；刘映尚同志为南方电力调度通信中心总工程师。

经公司研究决定，聘任侯卫东同志为中国南方电网有限责任公司超高压输变电公司副总经理（主持工作）；魏善淇、赵杰同志为中国南方电网有限责任公司超高压输变电公司副总经理。

经公司研究决定，聘任冉燕德同志为中国南方电网有限责任公司电力财务公司总经理。

2月17日 公司成立招投标管理委员会，公司党组书记、董事长袁懋振任主任，党组成员、总经理王野平任副主任。

2月20日 贵州“十五”期送电广东400万kW电力通道的重点工程——纳雍—安顺500kVⅠ回线路启动投运。

2月21日 公司党组成员、总经理王野平在广州主持公司国际交流招待会，党组书记、董事长袁懋振致辞，会见各国来宾。

2月26日 国务院总理朱镕基对公司作出批示，“请袁懋振同志转达我对南方电网公司的成立和召开第一次工作会议表示祝贺，并望走在改革发展的前列”。

2月27日 全国人大常务委员会委员长李鹏对公司作出批示，“改革的目的是为了促进发展。中国是一个发展中国家，用电尚处于较低的水平。随着经济的发展，生产用电和社会生活用电还会不断增长。中国能源分布决定了西电东送的方针，这是符合中国国情的。但是，在一个电网时，水电与火电应有合理的比例，外送电力和地方保安电力也应保持合理的比例。南方电网公司有不同的出资人，投资主体多元，有利于按照现代企业制度建设好南方电网。加强跨省电网和城乡电网建设，在供电紧缺的地区，更要发扬全心全意为用户服务的优良作风，希望你们合理调度电力和实施错峰用电，为安全供电而做出贡献”。

2月28日 国务院副总理吴邦国对公司作出批示，“组建中国南方电网有限责任公司是深化我国电力体制改革，打破垄断，引入竞争的重大举措。对于优化区域资源配置，促进电力发展具有重要意义。南方电网作为新的电网组织形式，发展潜力很大。希望你们认真贯彻党的十六大精神，全面落实‘三个代表’重要思想，与时俱进，开拓创新，深化改革，加强融合，加快发展。要把确保电网安全摆在重要的位置，加强统一调度，改善经营管理，搞好优质服务，努力把南方电网办成统一、开放的现代化大电网，把南方电网公司建设成为世界一流的现代化企业，为全面建设小康社会做出新的贡献”。

3月5日 经公司党组研究，并征得中共云南省委同意，决定：王大鹫同志任中共云南电力集团有限公司党组成员、书记；李海南、廖泽龙、廖建华、张滇生、江兴国、刘智宏同志任中共云南电力集团有限公司党组成员；江兴国同志任中共云南电力集团有限公司纪律检查组组长；刘智宏同志任云南电力集团有限公司工会主席。

经公司党组研究，并征得中共云南省委同意，决定聘任：王大鹫同志为云南电力集团有限公司总经理；李海南、廖泽龙、廖建华、张滇生同志为云南电力集团有限公司副总经理；夏蜀同志为云南电力集团有限公司总经济师；杨之藩同志为云南电力集团有限公司巡视员（享受正职级待遇）。

3月6日 经公司党组研究，并征得中共广西壮族自治区委员会同意，决定：曲曙同志任中共广西电力有限公司党组成员、书记；林荣华、赖崇能、黄进平、卢柳春、庞准、李一平同志任中共广西电力有限公司党组成员；卢柳春同志任中共广西电力有限公司纪律检查组组长、工会主席（兼）。

经公司党组研究，并征得中共广西壮族自治区委员会同意，决定聘任曲曙同志为广西电力有限公司总经理；林荣华同志为广西电力有限公司副总经理（享受正职级待遇）；赖崇能、黄进平、庞准同志为广西电力有限公司副总经理；李一平同志为广西电力有限公司总工程师。

3月7日 国家审计署对电力系统进行全面财务收支审计，公司在广州召开第一次迎审专题会议，公司党组成员、总经理王野平，党组成员、副总经理周继太到会并讲话。

公司举办学习十六大精神辅导报告会，公司党组书记、董事长袁懋振，党组成员、总经理王野平，党组成员、副总经理赵建国、肖鹏、周继太、王久玲参加了报告会。

3月11日 公司党组学习中心组成立，袁懋振同志任组长，王野平同志任副组长。

3月12日 经公司党组研究，并征得中共贵州省委同意，决定：向德洪同志任中共贵州省电力公司党组成员、书记；匡忠雄、王和、孙兆媛、晁剑、廖新和同志任中共贵州省电力公司党组成员；孙兆媛同志任中共贵州省电力公司纪律检查组组长兼工会主席。

经公司党组研究，并征得中共贵州省委同意，决定聘任向德洪同志为贵州省电力公司总经理，匡忠雄、王和、晁剑、廖新和同志为贵州省电力公司副总经理，袁昌隆同志为贵州省电力公司助理巡视员（享受副职待遇）。

公司安全生产委员会第一次全体会议在广州召开，研究部署公司2003年以致更长一段时间保证电网安全稳定运行，确保安全生产一系列工作。

3月17日 广东电网统调负荷达到1995.7万kW，供需矛盾突出，电网开始实施错峰用电。

3月19日 中共中央政治局委员、广东省委书记张德江对公司作出批示，“省委、省政府要积极支持南方电网的工作。我省能源不足的问题已经显露出来。近期抓调度，保生产生活用电。长远上，下大决心加大力度加强能源建设”。

3月23日 公司颁布1号令《关于加强安全生产确保电网稳定运行的规定》。

经公司党组研究，并征得中共广东省委同意，决定：黄建军、吴周春、陈广生、翁镇演、梁周、江毅同志任中共广东省广电集团有限公司委员会委员；黄建军同志任中共广东省广电集团有限公司委员会书记兼纪律检查委员会书记；翁镇演同志任广东省广电集团有限公司工会主席。

经公司党组研究，并征得中共广东省委同意，决定聘任：吴周春同志为广东省广电集团有限公司总经理；陈广生、梁周、江毅同志为广东省广电集团有限公司副总经理；林雄同志为广东省广电集团有限公司总工程师；杨文伟同志为广东省广电集团有限公司助理巡视员（享受副职待遇）。

3月24～25日 公司在广州召开2003年工作会议，会议由公司党组成员、总经理王野平主持，党组书记、董事长袁懋振在会上作工作报告。中组部巡视员荆德建、国家经贸委副司长吴贵辉、财政部副司长李春满、国家审计署副特派员王善用、广东省副省长游宁丰、中国能源化学工会主席赵永金、中电联副理事长叶荣泗等来宾应邀出席会议并讲话。会上，公司党组书记袁懋振、总经理王野平与各分公司、子公司党政一把手签订2003年资产经营责任制、安全生产责任制和党风廉政建设责任制三项责任书。会议提出了公司建设经营型、服务型、一体化、现代化企业的发展战略目标，明确了把南方电网建设成为统一开放、结构合理、技术先进、安全可靠的现代化大电网的总体发展目标以及三个阶段的分步目标。

3月26日 公司举行国务院派出中国南方电网公司监事会进驻大会，党组书记、董事长袁懋振主持会议，国务院国有重点企业监事会主席刘长琨发表讲话。

4月7日 公司成立电力交易中心，与市场交易部合署办公。

4月7～9日 电监会副主席邵秉仁到公司调研，公司党组书记、董事长袁懋振汇报了公司基本情况、发展战略、2003年工作安排以及电力体制改革情况。

4月10日 中电联三届四次理事会召开，公司党组书记、董事长袁懋振参加了会议，当选为中电联三届四次理事会副理事长。

4月11日 2003年公司纪检监察工作会议在广州召开，公司党组成员、总经理王野平主持会议，党组成员、副总经理周继太作了2003年纪检监察工作报告。党组书记、董事长袁懋振，原中央企业纪工委主任程广瑞到会并发表讲话。

公司与广州市检察院举行了共同开展预防职务犯罪工作廉政共建活动的签字仪式，公司党组成员、副总经理周继太宣读了《广州市人民检察院、中国南方电网有限责任公司关于在南方电网公司机关及分公司共同开展预防职务犯罪工作的意见》。

4月12日　按照国家计委的统一部署，公司正式下发通知，启动南方电网电力工业“十一五”发展规划和2020年远景目标前期研究工作。

4月15日　经公司批准，中国南方电网电力调度通信中心（南方总调）于4月15日零时起正式运作，开始代表公司在南方电网运行中行使调度权，承担起电网安全、优质、经济运行的重任。

4月17日　公司系统第一次安全生产电视电话会议召开，会议由公司党组成员、副总经理王久玲主持，公司党组成员、总经理王野平作了讲话。

5月9日　公司分别向广东、广西捐赠抗“非典”资金800万元、100万元，广东省卫生厅举行捐赠仪式，公司党组成员、副总经理肖鹏代表公司出席。

5月16日　国有企业监事会工作办公室以国监办发（职批）［2003］14号文，审核同意公司推行的职工代表黄聿邦、王玉霜同志为国务院向中国南方电网有限责任公司派出的国有企业监事会兼职监事，任期3年。

5月19日　经公司研究决定，成立公司专家委员会，聘任李立涅同志为专家委员会秘书长。

5月31日　云南省主网架重点工程——云电送粤500kV输变电工程中的七甸500kV变电工程投产。

6月3日　公司成立体制改革工作领导小组，公司党组成员、董事长袁懋振任组长，党组成员、总经理王野平，党组成员、副总经理肖鹏任副组长。

公司成立纠正行业不正之风工作领导小组，公司党组成员、总经理王野平任组长，党组成员、副总经理肖鹏、周继太任副组长。

6月11日　中共中央政治局委员、广东省委书记张德江对南方电网公司作出批示，“感谢南方电网对广东经济社会发展的支持”。

6月12日　公司党组书记、董事长袁懋振，党组成员、总经理王野平会见贵州省副省长包克辛一行。

云南省主网架重点工程——云电送粤500kV输变电工程中的曲靖500kV输电变电工程建成投产。

6月16日　经公司党组研究，并征得中共广东省委同意，决定：熊承辉同志任中共广东省广电集团有限公司广州供电分公司委员会书记。

经公司党组研究，并征得中共广东省委同意，决定聘任金基民同志为广东省广电集团有限公司广州供电分公司总经理。

西电东送项目鲤鱼江送广东工程之韶关曲江—北郊第二回500kV输变电工程投产。

公司颁发《中国南方电网调度管理暂行规定》。

6月17～18日　公司2003年安全生产工作会议在广州召开，公司党组成员、副总经理王久玲主持会议，党组成员、总经理王野平作安全生产工作报告，党组书记、董事长袁懋振出席会议并发表讲话。

6月23～24日　公司党组书记、董事长袁懋振到贵州电力公司调研，拜访了贵州省委书记钱运录。

6月25日　国家开发银行、南方电网公司在广州白天鹅宾馆举行信用合作协议签字仪式，授信额度为320亿元。广东省省长黄华华、副省长宋海，国家开发银行行长陈元，公司党组书记、董事长袁懋振，党组成员、副总经理赵建国等出席了签字仪式。

6月29日　国家发展改革委在广州召开的南方五省（区）电力供需形势暨“十一五”规划思路座谈会，发改委副主任张国宝，公司党组书记、董事长袁懋振，党组成员、总经理王野平，党组成员、副总经理赵建国参加了座谈。

6月30日　公司党组成员、总经理王野平在广州主持贵广交流工程投产暨西电东送500万kW庆典仪式，党组书记、董事长袁懋振发表致辞，国家发展和改革委员会副主任张国宝，广东省委常委、常务副省长钟阳胜，广东省副省长游宁丰，国家电网公司副总经理郑宝森等出席庆典仪式。西电东送骨干工程——贵州至广东500kV直流输变电工程、鲁布革至天生桥第二回220kV输电工程、天广（平果）可控串补工程投产。

7月1日　公司召开纪念建党82周年党员大会，公司党组书记、董事长袁懋振在会上作了重要讲话。

7月2日　公司党组书记、董事长袁懋振，党组成员、总经理王野平，党组成员、副总经理赵建国参加广东迎峰度夏工程竣工仪式。副总经理赵建国作了讲话。

湖南鲤鱼江电厂正式投产并向南方电网（广东）送电。

7月6日　中国建设银行、南方电网公司在广州白天鹅宾馆举行战略合作暨综合授信协议签字仪式，综合授信额度为300亿元。公司党组书记、董事长袁懋振，党组成员、总经理王野平，党组成员、副总经理祁达才等参加了签字仪式，广东省省长黄华华、副省长宋海出席了签字仪式。

7月8日　公司党组书记、董事长袁懋振一行到广西调研，拜访了广西自治区委书记曹伯纯、自治区代主席陆兵。

公司在广西举行了公司系统主要负责人座谈会，总结上半年工作，布置下半年工作。

7月8～9日 公司在广西南宁召开2003年人事工作会议。

7月13～14日 公司党组书记、董事长袁懋振，党组成员、总经理王野平，党组成员、副总经理赵建国会见中国华电集团公司总经理贺恭一行，就华电集团公司在南方电网内的电源规划交换了意见。

7月16日 海南电网最高统调负荷达92.6万kW，同比增长5.65%。

7月18日 南方电力调度通信中心正式更名为中国南方电网电力调度通信中心。

7月25日 公司在华南理工大学举行本部人员管理知识系列讲座培训班开班仪式，公司党组书记、董事长袁懋振，党组成员、副总经理周继太、祁达才等参加了开班仪式。

7月29日 “黔电送粤”重点工程之一的黔北—鸭溪500kVⅡ回线路工程投运成功，比计划提前1个月。

7月30日 经公司党组研究，同意魏善淇同志兼任中国南方电网超高压输变电公司工会第一届委员会主席。

7月31日 中国南方电网社会保险事业管理中心成立。

中国南方电网企业年金管理监督委员会成立，公司党组成员、副总经理周继太兼任主任。

8月4日 全网统调负荷创历史新高达到3851万kW，同比增长15.09%。广东最高统调负荷第14次创历史新高，达到2532万kW，同比增长26.1%。

8月4～6日 公司党组书记、董事长袁懋振到云南电力集团有限公司视察，拜访了云南省委书记白恩培。

8月5日 广西电网最高统调负荷达525万kW，同比增长22.25%。

8月5～10日 公司副总经理赵建国率团出访泰国，访问泰国国家发电局，落实泰国向中国购电300万kW备忘录和输电工程建设中有关问题。

8月8日 国务院国有资产管理委员会李荣融对我公司作出批示，“在调整中取得这样的成绩，开了个好头。同意对下半年的工作安排。进一步加强内部的制度建设，人员培训工作，以期有一个扎实的基础，这也是成功企业的关键之一”。

贵州“十五”期送电广东400万kW电力通道的重点工程——纳雍—安顺500kVⅡ回线路投产。

8月12日 中国南方电力建设定额站成立。

8月13日 公司成立债券发行工作小组，公司党组成员、副总经理赵建国任组长，党组成员、副总经理祁达才任副组长。

中国南方区域电力市场研讨会在广州召开，标志南方区域电力市场研究正式启动。

8月18日 公司党组书记、董事长袁懋振主持召开8·14美、加大停电事故情况报告会，分析及研究公司安全生产、电网规划建设与运行管理等方面的工作。

8月21日 公司党组书记、董事长袁懋振陪同国务院副总理曾培炎视察支南宝峰变电站，汇报了西电东送情况。

8月23日 广东省副省长游宁丰同志对公司作出批示，“南方电网公司成立半年多来，在加快广东电网建设，确保安全稳定和电力供应等方面做好大量工作，为广东加快发展作出了突出贡献。美加大面积停电事故发生后，见事快，反应早，采取了得为措施，提出了有针对性建议。请广东省计委、经贸委、粤电集团等单位，继续主动配合、积极支持南电的工作，共同做好今后电力供应和发展工作”。

8月26日 公司董事长袁懋振主持召开董事会会议，董事王野平、赵建国、肖鹏、周继太、王久玲、祁达才参加了会议，公司行政部、计划发展部、人事部主要负责人列席了会议。会议原则同意南方电网电力工业“十一五”发展规划及2020年远景目标研究建议方案、关于解决广东电网“卡脖子”问题的方案和措施建议、南方电网建设企业债券15年期30亿元债券发行方案，并一致通过了《公司本部工资制度实施办法》、《公司本部员工绩效考核办法》和《公司本部一般管理岗位人员组聘办法》。

公司成立本部绩效考核管理委员会，公司党组成员、副总经理周继太任主任委员。

8月27日 经公司研究决定：撤销工程建设部，将基建归口管理职能划入计划发展部，项目管理职能划入超高压输变电公司；在计划发展部增设工程处。

经公司党组研究决定，余建国同志任中共中国南方电网有限责任公司超高压输变电公司委员会委员。

经公司研究决定，聘任余建国同志为超高压输变电公司副总经理（列侯卫东同志之后）；聘任于俊岭同志为超高压输变电公司总工程师。

经公司研究决定，公司监察部更名为监察局，聘任王玉霜同志为监察局局长。

8月29日 公司召开专家委员会成立会议，举行颁发专家聘书仪式，聘任清华大学卢强院士、夏清教授，中国电力科学研究院郑健超院士、周孝信院士，南京电力自动化研究院薛禹胜院士，华南理工大学张尧教授、任震教授，南方电网公司李立涅高工为专家委员会专家。

9月3日　公司举行首期领导干部企业管理高级研修班开班典礼。

9月11日　经报请国务院批准，公司获准发行30亿企业债券。

9月12日　公司党组成员、副总经理王久玲参加由中国电力企业联合会在上海主办的以“可持续发展的中国经济与电力安全”为主题的“2003年中国电力论坛”，发表了《建立和完善电网安全运行及应急机制》的演讲。

9月16日　公司党组成员、总经理王野平，党组成员、副总经理赵建国在北京参加国家发展改革委员召开的南方电网“十一五”电力发展规划及2020年远景目标研究工作汇报会。

9月16～20日　公司副总经理赵建国参加在云南大理召开的大湄公河次区域经济合作第12届部长级会议。

9月23日　公司党组书记、董事长袁懋振参加国务院在北京中南海举办的电力运行情况汇报会，国务院副总理曾培炎听取了电力运行情况汇报。

公司与中国银河证券有限责任公司举行2003年中国南方电网建设债券承销协议签字仪式。

9月27日　中国南方电网有限责任公司新闻中心成立，下设中国南方电网报社，负责出版、发行《中国南方电网》报。

10月16日　云南电网最高统调负荷达466万kW，同比增长3.1%。

10月23～25日　公司首届“同心杯”乒乓球赛在云南昆明举行。

10月29日　在中国桂林举办的2003年亚太电协CEO会议上，公司董事长袁懋振与泰国国家电力公司总裁Mr. Sitthiporn Ratanopas签署合作框架协议。

10月30～31日　东亚及西太平洋电力工业协会(简称亚太电协）2003年CEO会议在中国桂林召开，公司党组书记、董事长袁懋振介绍了南方电网和西电东送情况。

11月1～7日　国家电监会主席柴松岳一行在公司党组书记、董事长袁懋振，党组成员、副总经理肖鹏、王久玲等陪同下，到广西、贵州、云南三省（区）调研。

11月5日　国务院国有资产监督管理委员会主任李荣融到公司调研。

11月6～7日　世界经济发展宣言系列活动在广东珠海举行，公司党组成员、总经理王野平出席活动并代表公司发布了中国南方电网有限责任公司信用宣言：坚持“优质、方便、规范、快捷”的服务方针，为客户服务，为发电企业服务，为五省（区）经济发展和社会进步服务，让政府放心，让人民满意。

11月8日　国务院以国函［2003］114号文下发关于组建中国南方电网有限责任公司有关问题的批复。

外交部外管函［2003］535号文批复，授予中国南方电网有限责任公司派遣因公出国（境）人员和邀请外国相关人员来华事项的审批权。

11月11日　经公司研究决定：聘任陈广生同志为中国南方电网有限责任公司副总经济师（享受分、子公司正职待遇）。

经公司党组研究，并征得中共广东省委同意，决定：陈荣真、赖佳栋、于俊岭同志任中共广东省广电集团有限公司委员会委员；于俊岭同志任广东省广电集团有限公司工会工作委员会主席；免去陈广生同志的广东省广电集团有限公司党委委员职务；免去翁镇演同志的广东省广电集团有限公司工会工作委员会主席、党委委员职务，退休。

经公司党组研究，并征得中共广东省委同意，决定：龚文权、关雷同志任中共广东蓄能发电有限公司委员会委员；龚文权同志任中共广东蓄能发电有限公司委员会书记。

经公司党组研究，并征得中共广东省委同意，决定：江毅同志兼任中共广东省广电集团有限公司深圳供电分公司委员会委员、书记；免去陈广生同志兼任的中共广东省广电集团有限公司深圳供电分公司委员会书记、委员职务。

经公司研究，并征得中共广东省委同意，决定：聘任陈荣真、赖佳栋同志为广东省广电集团有限公司副总经理；免去陈广生同志的广东省广电集团有限公司副总经理职务。

经公司研究，并征得中共广东省委同意，（已履行广东蓄能发电有限公司董事会程序）决定：聘任关雷同志为广东蓄能发电有限公司总经理。

经公司研究，并征得中共广东省委同意，决定：聘任江毅同志兼广东省广电集团有限公司深圳供电分公司总经理；免去陈广生同志兼任的广东省广电集团有限公司深圳供电分公司总经理职务。

经公司研究决定，免去于俊岭同志超高压输变电公司总工程师职务。

11月13日　“三峡—广东”直流输变电工程配套项目之东莞横沥（石排）500kV输变电工程全部投产。

11月15日　中信实业银行、南方电网公司在广州举行银企合作协议签字仪式，授信额度为100亿元。

11月27日　贵州电网最高统调负荷达526万

kW，同比增长12.6%。

12月4日 国家发展与改革委员会印发《中国南方电网有限责任公司的组建方案》和《中国南方电网有限责任公司章程》。

12月8日 公司召开2004年广东电网迎峰度夏重点工程建设动员大会，会议由公司党组成员、总经理王野平主持，党组书记、董事长袁懋振，广东省副省长游宁丰出席会议并作了重要讲话。

12月10日 外交部以领三函［2003］1561号文，授予公司护照自办权、签证代办权、出具出国（境）"证明"权及邀请外国人来华权。

公司成立企业文化建设推进委员会，公司党组书记、董事长袁懋振担任委员会主任，党组成员、副总经理肖鹏担任副主任。

12月12日 经公司党组研究，并征得中共云南省委同意，决定：张惠清同志任中共云南电力集团有限公司党组成员。

经公司研究，并征得中共云南省委同意，决定：聘任张惠清同志为云南电力集团有限公司副总经理。

12月15日 公司召开专家委年会暨科技项目开题会，专家评审通过《南方电网公司科技发展纲要》。

12月19日 经公司党组研究，决定：许超英同志任中共中国南方电网电力调度通信中心委员会书记。

经公司党组研究，决定：聘任郭智同志为市场交易部主任；聘任潘福为安全监察部主任。

经公司党组研究，决定：聘任许超英同志为中国南方电网电力调度通信中心主任。

12月25日 公司成立保密委员会，公司党组成员、副总经理肖鹏任委员会主任。

12月27日 中国南方电网有限责任公司电力可靠性管理中心成立。

12月29日 公司成立一周年文艺汇演在广州黄花岗剧院隆重举行，党组书记、董事长袁懋振，党组成员、总经理王野平，党组成员、副总经理赵建国、肖鹏、周继太、祁达才出席了晚会。

公司成立电力可靠性管理领导小组，公司党组成员、副总经理王久玲任组长。

中国华能集团公司大事记

1月7～9日 李小鹏、张廷克、金浪川、魏云鹏等同志到云南澜沧江水电公司、小湾电站工地和漫湾水电厂进行调研。调研期间，李小鹏与云南省委书记白恩培、省长徐荣凯及省有关部门领导进行了会谈，就全面启动云南省水电资源开发达成了多项共识。

1月13日 李小鹏同志在杭州会见了浙江省省委书记习近平，双方就玉环电厂工程建设事宜交换了意见。

1月22日 中共中央政治局常委、国务院副总理吴邦国对华能集团公司工作作出批示：华能集团公司在党中央、国务院领导下，在改革开放政策指引下，18年来按照内强素质、外塑形象的要求，深化改革，加快发展。特别是通过3年重组，确立了以电为主、综合发展的方针，优化了资源配置，理顺了内部管理关系，实现了电力产业强强联合，非电产业重新组合的目标。通过加强管理，控制成本，经济效益不断提高，为促进电力工业的发展做出了积极的贡献。

1月22～23日 华能集团公司2003年工作会议在北京召开。会议认真分析了华能当前面临的形势，研究确定华能的发展战略，全面总结了2002年的各项工作，部署了2003年的工作目标和任务

1月28日 李小鹏同志与深圳市市长于幼军、深圳市投资管理公司董事局主席李黑虎、深能集团董事长田巨峰一起，出席了华能国际电力股份有限公司与深圳市投资管理公司、深圳市能源集团有限公司《关于深圳市能源集团有限公司股权买卖及股本认购协议》的签约仪式。根据该协议，股份公司以现金23.9亿元认购深能集团新增注册资本10%的权益，同时受让深圳市投资管理公司持有的深能集团增资后15%的权益，从而持有深能集团增资后注册资本的25%的权益。深圳市投资管理公司持有深能集团增资后注册资本的75%的权益。

2月13日 李小鹏同志赴山西省考察，与山西省委书记田成平、省长刘振华就华能在山西开发煤电项目进行磋商并达成共识。李小鹏表示，华能集团希望积极参与山西省的能源开发建设，投资建设左权煤电联营、阳城二电厂煤电联营项目及榆社电厂三期项目。山西省政府对此表示积极支持。

2月15日 证监会批准了华能集团公司控股的长城证券公司与美国景顺集团等四家单位共同发起设立的景顺长城基金管理公司的筹建申请，这是国内第五家获准筹建的中外合资基金管理公司。

2月17日 华能国际电力开发公司、北京国际电力开发投资公司和华能集团香港有限公司签署了《组建华能北京热电有限责任公司意向书》。

根据该意向书，华能北京热电厂重组为中外合资经营企业，新公司资本金为16亿元，三方的投资比例分别为：华能开发公司41%，北京国投34%，华能香港公司25%。同时，根据北京国投的要求，为补偿该公司在热电厂重组中减持的股权，按照等容量

置换的原则，华能集团公司与北京国投签署了《内蒙古蒙电华能热电股份有限公司股权转让意向书》，将华能在蒙电拥有权益容量中的6.16万kW对应的股权转让给北京国投。

2月18日 李小鹏、黄永达、张廷克、金浪川、魏云鹏等同志出席了在北京举行的华能澜沧江水电有限公司小湾水电站项目长期贷款协议签字仪式。云南省副省长程映萱、国家开发银行副行长刘克崮、中国建设银行副行长罗哲夫、中国工商银行副行长王丽丽出席签字仪式。澜沧江水电有限公司、华能集团公司与三家银行的云南省分行签订了贷款协议和担保协议。此次贷款共250亿元，其中国家开发银行提供150亿元、中国建设银行提供60亿元、中国工商银行提供40亿元。

小湾水电站总装机规模420万kW，电站最大坝高292m，是世界已建和拟建的最高拱坝，工程动态投资277亿元，总工期11年。电站的主体工程已于2002年1月开工，计划在2004年12月截流，2010年首台机组发电投产，2012年全部建成。

3月4日 华能集团公司召开电视电话会议，欢迎国务院派驻集团公司监事会进驻。

3月12日 李小鹏、王晓松、叶大戟同志赴香港参加股份公司2002年经营业绩发布会。李小鹏在13日举行的投资分析员会议和新闻发布会上，向投资界和媒体通报了股份公司2002年经营业绩和业务发展情况，介绍了在建及规划项目、电力体制改革和电力市场情况以及对公司未来发展的展望，并详细解答了与会者提出的问题。

3月19日 华能集团公司2003年纪检监察工作会在北京召开。李小鹏同志出席会议并讲话。黄永达同志主持会议，王晓松同志作工作报告。中纪委第一纪检监察室主任石成龙、国务院派驻华能集团监事会人员应邀出席会议。

3月27日 李小鹏、叶大戟同志会见了重庆市副市长童小平一行，双方就华能珞璜电厂一、二期工程的投资比例和三期扩建工程等问题交换了意见，并就有关问题达成一致。28日，华能集团公司、重庆市政府合作建设华能珞璜电厂协议签字仪式在北京举行。双方签署了《关于华能珞璜电厂确定投资比例及公司改造的原则协议》、《关于华能珞璜电厂三期扩建工程的原则协议》、《关于华能珞璜电厂三期扩建工程资金筹措的备忘录》。李小鹏、黄永达、叶大戟同志和童小平副市长参加了签字仪式。

4月8日 华能集团公司召开干部会议，传达刚刚结束的全国安全生产电视电话会议精神，部署贯彻落实的措施。

4月9日 李小鹏、黄永达同志在西安参加了华能集团公司和陕西省人民政府合作建设开发电源项目投资意向书签字仪式。李小鹏和陕西省省长贾治邦分别代表双方在意向书上签字。

4月10～11日 李小鹏同志出席股份公司2003年工作会议暨生产经营会议，并在会上指出，2003年是华能作为中央管理的国有重要骨干企业的第一年，我们必须充分认识到：第一，过去18年，华能取得了巨大成绩，形成了实力、管理、技术 规模、融资和信誉优势；第二，我们仍存在着严重的不足，与国内外先进企业相比还有很大差距；第三，在华能前进的道路上，任何时候都离不开党和政府方针政策的指引，离不开政府部门、电力行业、投资者和华能职工四个积极性，离不开“逢山开路，遇水搭桥”的拼搏精神，这是我们的制胜法宝，今后依然要发扬光大。叶大戟同志在会上作工作报告，并与各单位负责人签订了《2003年生产经营承包责任书》和《2003年党风廉政建设责任书》。

4月14日 王晓松同志出席了在北京举行的华能集团公司、山西省国际电力集团公司合资建设左权电厂等4个电站项目框架协议签字仪式。双方签署了《关于合资建设左权电厂、阳城二电厂的框架协议书》、《关于合资建设华能榆社电厂三期、柳林电厂二期的框架协议书》。

4月24日 李小鹏、鞠章华、叶大戟同志到北京热电厂检查指导预防非典型肺炎工作，并在生产现场慰问了职工。李小鹏充分肯定了电厂的预防“非典”工作，指出，电厂地理位置特殊，要把预防“非典”工作想到前头，做到前头；要发挥党政领导的重要作用，确保职工健康，确保安全生产；要坚决贯彻落实好党中央、国务院以及集团公司关于预防“非典”的指示精神；要实现“五个”确保，特别是要确保安全供电，做好紧急处理预案。

5月中旬 华能集团公司与国家开发银行以传签的方式签订了《银企合作协议》和《合作授信协议》。根据协议，国家开发银行承诺向华能集团公司授信660亿元，支持华能电力等基础产业的开发、建设。

6月2日 江苏省委书记李源潮、省委秘书长赵少麟及淮安市委书记丁解民、市长李继平考察了华能淮阴电厂，了解了淮安电力负荷状况和电厂三期扩建工程工作进展情况，表示将继续关心支持淮阴电厂的三期建设。

6月3日 李小鹏、黄永达、叶大戟、金浪川同志在北京会见了中煤能源集团公司总经理经天亮。双方本着互惠互利、共同发展的原则，就燃料供应、合资建设能源项目等问题进行了探讨，并就签订合作框架协议及共同成立工作小组、尽快开展工作达成一致意见。

6月5日 李小鹏、黄永达、魏云鹏同志在北京会见了国家开发银行行长陈元，双方就加强银企合作、促进共同发展等问题交换了意见。

6月10日 华能集团公司、中国电力投资集团公司、淮南矿业（集团）有限责任公司联合开发建设淮南煤电基地合作意向书签字仪式在京举行。安徽省省长王金山，安徽省政府、国家发改委、国资委、电监会、国家电网公司、中国国际工程咨询公司、中国电力工程顾问集团公司、淮南市政府以及合作三方的领导出席了签字仪式。李小鹏同志和中国电力投资集团公司总经理王炳华、淮南矿业（集团）有限责任公司董事长王源代表三方在合作意向书上签字。三方决定联合开发建设淮南煤电基地，向华东地区供电。

淮南煤电基地将整体规划、分期实施建设。远期规模为2000万kW燃煤机组、配套年产6000万t煤炭生产能力，首期争取在“十五”期间开工建设两个4×60万kW燃煤发电机组及形成同比的煤炭生产能力。

6月14日 李小鹏、黄永达、王晓松、鞠章华、叶大戟同志出席了在北京举行的华能国际电力开发公司、北京国际电力开发投资公司、华能香港有限公司关于华能北京热电有限责任公司合资经营合同暨二期工程意向书签字仪式。国家电监会副主席史玉波、国资委企改局副局长白英姿、国家电网公司副总经理陈进行和北京市经委、北京国际电力开发投资公司负责人出席签字仪式。

华能北京热电厂原投资方华能国际电力开发公司、北京国际电力开发投资公司一致同意对电厂重组改制，成立华能北京热电有限责任公司，并吸收华能集团香港有限公司为新股东，股权比例为41%（华能开发）、34%（北京国投）和25%（华能香港）。

6月18日 华能集团公司与中煤能源集团公司在北京签署了长期战略合作框架协议。根据协议，双方将共同建设发电厂、煤炭生产基地和煤炭集散地。拟合作项目包括在山西平朔矿区建设大型火力发电厂；联合开发平朔矿区东露天矿；签订中长期购售煤协议等。

7月24日 李小鹏同志会见了内蒙古自治区党委书记储波，副书记、代主席杨晶。双方签署了《内蒙古自治区人民政府、华能集团公司关于合作开发煤电项目的协议》。

8月7日 华能集团公司与神华集团在北京签署了长期战略合作框架协议。

根据协议，双方将在现有基础上扩大贸易规模，签订中长期购售煤协议；合作开发神华集团煤炭基地，对口供应华能集团相应电厂；华能集团在新建电厂时，在同等条件下优先考虑由神华集团供应燃煤；同时双方开展信息交流和技术合作。

8月13日 华能集团公司与海南省电力有限公司在海口市签署了“海口火电股份有限公司股份转让协议”。李小鹏同志和海南省副省长刘琦、海南省电力有限公司总经理朱万顺在协议上签字。根据协议，经海南省国资委同意，海南省电力有限公司将其在海口火电股份有限公司持有的57.92%股权转让给华能集团公司，使华能集团公司在该公司持有的股权由15.58%增至73.5%。双方确定2002年12月31日为股份转让基准日，股份转让的交割日为2003年7月1日。

8月16日 太仓电厂（2×60万kW）扩建工程超临界主机设备合同签字仪式在北京举行。叶大戟同志、哈尔滨汽轮机有限责任公司、东方锅炉（集团）股份有限公司、哈尔滨电机厂有限责任公司负责人出席仪式。

8月18日 李小鹏同志作为特邀嘉宾出席了上海证券交易所主办的上市公司CEO论坛，并发表了题为《为股东带来长期稳定增长的回报》的演讲。此次论坛以“资本市场与企业发展”为主题，中国证监会主席尚福林、上海市市长韩正，100多名来自上市公司、基金管理公司、证券公司、保险公司和外资金融机构的高层人士出席了论坛。

8月21日 淮阴电厂二期工程2×30万kW机组开工典礼在淮阴举行。全国人大副委员长许嘉璐、江苏省副省长蒋定之、淮安市委书记丁解民和鞠章华同志出席典礼并讲话。

8月23日 中国企业联合会、中国企业家协会按照国际惯例，以2002年企业营业收入等为标准，发布了中国企业500强名单。中国华能集团公司在营业收入、利润、资产总额三项排名中分列第34、19、23位。

9月1日 中共中央党校中国华能集团公司党校揭牌仪式在北京举行。

9月12日 华能集团公司专家委员会2003年年会在北京举行。出席年会的有张光斗、潘家铮、郑健超、马洪琪、卢强、杨奇逊、岑可法、罗绍基、倪维斗、徐大懋、徐旭常、葛修润、蒋洪德、韩英铎等14位两院院士。委员们围绕《华能集团公司电力产业发展战略》发表了意见和建议。

9月18日 华能集团公司及华能国际电力股份有限公司与中国银行在北京签署了《战略合作协议》和《综合授信协议》。根据《战略合作协议》，中国银行向华能集团公司提供保险代理、债券结算、基金托管和代理销售等项服务，并给予华能集团公司控股的长城证券公司以业务支持。《综合授信协议》议定，为华能集团的发展提供信贷支持，对其全资、控股公司长短期授信额度为680亿元，其中股份公司270亿元，全球授信1亿美元。

9月23日　根据国务院电力体制改革的统一部署和有关文件精神，国家电网公司与华能集团公司经友好协商，就相关发电企业资产财务和劳动工资保险关系等划转移交事项达成一致意见，并签署备忘录。双方同意，自2003年1月1日开始，国家电网公司将其直属有关网省公司2002年底持有共13家发电企业的股权，一并划转移交给中国华能集团公司。划转移交的发电机组权益容量合计464.25万kW。

9月25日　华能集团公司2003年规划研讨会在北京召开。李小鹏、黄永达、王晓松、叶大戟、金浪川、邹泽锦同志出席会议。

10月8日　华能集团公司与江西省政府在南昌签署了关于在江西投资建设电厂的意向协议。协议议定：华能集团公司按照江西省政府对电力发展的统一规划，继续在江西投资建设电厂；江西省政府支持华能在江西建设电源项目，同意华能开发建设井冈山电厂二期、赣州电厂，参与投资建设洪屏抽水蓄能电站；江西省政府根据发展需要把以上项目纳入江西省电力发展规划，并经双方共同努力，争取尽早纳入国家电力发展规划。

10月13日　李小鹏、黄永达、金浪川同志会见了内蒙古自治区通辽市市委书记莫建成、市长那顺孟和，霍煤集团董事长王利民一行。双方经友好协商达成合作协议。根据协议，华能集团公司与霍煤集团在扎鲁特旗霍林河矿区第二露天矿联合开发建设大型煤电联营项目。项目总规模为6×60万kW电站、1500万t露天煤矿，采取整体规划，分步实施方式建设，一期工程建设2×60万kW电站、500万t露天煤矿。

10月23日　李小鹏、黄永达、叶大戟同志在石家庄会见了河北省委书记白克明、省长季允石、副省长郭庚茂，就有关电力、金融合作事宜进行了会谈，双方商定，就上安电厂三期、邯峰电厂二期、承德热电厂和金融领域的合作等事宜起草一份框架性协议。

11月1日　叶大戟同志出席了在北京举行的华能阳逻电厂三期（2×60万kW）、珞璜电厂三期（2×60万kW）、岳阳电厂二期（2×30万kW）、辛店电厂二期（2×30万kW）扩建工程主机设备合同签字仪式。

11月19日　华能浙江玉环电厂百万千瓦级超超临界燃煤发电机组主机设备合同签字仪式在北京举行。中共中央政治局委员、国务院副总理曾培炎出席签字仪式。

玉环电厂地处浙江瓯江口，乐清湾东岸，为港口电站，由华能国际电力股份有限公司投资。一期工程2台100万kW级超超临界燃煤机组，分别计划于2007年下半年和2008年上半年投产，玉环电厂使用的机组，引进国外先进技术，由国内厂家制造，是目前国内单机容量最大、运行参数最高的燃煤发电机组。项目建成后，电厂将成为国内综合节能和环保水平最高的燃煤电厂之一。

11月21日　中国华能集团公司、中国大唐集团公司、中国华电集团公司、中国国电集团公司、中国电力投资集团公司，根据国家有关电力体制改革的精神，在北京就共同设立西安热工研究院有限责任公司达成一致。五大发电集团的领导李小鹏、翟若愚、周大兵、王炳华、曹培玺（代表贺恭）参加了西安热工研究院有限责任公司首次股东会，并签署了股东协议。会议批准通过了公司章程、选举了公司董事和监事。在公司第一次董事会上，黄永达同志被选为董事长。

西安热工研究院有限责任公司注册资本为9332万元，华能、大唐、华电、国电、中电投集团公司占注册资本的比例分别为：52%、12%、12%、12%、12%。

11月25日　内蒙古电力（集团）有限责任公司中国华能集团公司、神华集团有限责任公司、中信泰富有限公司共同组建北方电力集团有限责任公司协议签字仪式在北京举行。李小鹏、王晓松同志，内蒙古自治区常务副主席岳福洪、副主席赵双连，国家电监会副主席史玉波，神华集团有限责任公司董事长陈必亭，中信泰富有限公司董事局主席荣智健以及内蒙古电力公司董事长乌若思、总经理赵凤山等出席了签字仪式。

内蒙古电力（集团）有限责任公司占新组建公司40%的股份，华能等公司各占股20%。北方电力集团有限责任公司将着力开发内蒙古及相关地区的电力资源。

11月26日　华能集团公司与世界500强之一的澳大利亚必和必拓集团签署了战略合作框架协议。李小鹏同志和必和必拓集团总裁Goodyear分别代表双方在协议上签字。协议规定，在互惠互利基础上，华能集团将优先安排采购必和必拓集团的煤炭；双方联合开发煤炭转运设施；联合在中国和澳大利亚开发煤炭项目；联合在中国和澳大利亚进行电力项目建设；在煤层气利用技术及相关经济性领域开展交流与合作等。

11月27日　华能集团公司与河北省电力公司在石家庄市举行了邯峰发电有限责任公司股权划转移交签字仪式。根据国家电力体制改革有关文件精神，河北省电力公司将其持有的邯峰发电有限责任公司40%股权划转华能集团公司。黄永达同志、河北省电力公司、国家电网公司有关部门负责人出席了签字仪式。

邯峰发电有限责任公司规划装机容量 240 万 kW，一期工程建成的两台 66 万 kW 燃煤发电机组于 2001 年投入商业运营，根据国家电力体制改革文件精神，已于 2002 年 12 月 1 日由华能集团公司管理。

11 月 30 日　平凉电厂 4 号机组顺利通过 168h 满负荷试运，提前实现了 2003 年的“双投”目标。至此，平凉电厂一期工程全部建成。李小鹏、叶大戟同志发出贺电，向平凉电厂职工和全体参建人员表示热烈祝贺。

平凉电厂一期工程 1998 年开工兴建，总投资 51.8 亿元，建设规模为 4×30 万 kW，是甘肃省历史上一次性投资最多、装机容量最大的火力发电工程。

12 月 8 日　2003 年中国华能集团公司企业债券发行仪式在北京举行。经国家发改委批准，此次债券发行总额为 40 亿元，所募资金将用于澜沧江小湾水电站、沁北电厂一期工程、榆社电厂二期工程、宝兴河硗碛水电站等电力项目建设。

12 月 8 日　华能集团公司召开 2003 年综合计划研讨会。会议由黄永达同志主持。王晓松、张廷克、鞠章华、金浪川、邹泽锦同志，集团公司各部门、四川分公司、各产业公司、香港公司、澜沧江水电公司、西安热工院的主要负责人出席了会议。集团公司计划发展部在会上作了 2004 年华能集团公司综合计划主要指标（草案）编制说明。与会各单位就如何建立健全和完善综合计划指标体系发了言。

12 月 16 日　华能集团公司以 2.27 亿美元成功收购拥有澳大利亚昆士兰州两座发电厂权益的 OzGen 公司 50%的股权。李小鹏、黄永达、叶大戟、魏云鹏同志出席了在澳大利亚举行的收购仪式。此次海外投资收购涉及的两座发电厂位于澳大利亚昆士兰州，总装机容量 180 万 kW，均为承担电网基荷的坑口电厂，分别于 2001 年 11 月和 2003 年 2 月投入商业运行，是目前澳大利亚电力市场中成本最低的电厂之一。OzGen 公司是总部位于美国波士顿的 InterGen 公司的全资子公司，分别持有上述两座电厂 53.7%和 50%的权益。

12 月 18 日　华能重庆珞璜发电有限责任公司成立挂牌仪式在重庆举行。重庆市副市长黄奇帆和王晓松同志为公司揭牌。

华能重庆珞璜发电有限责任公司由华能国际电力开发公司和重庆市建设投资公司在原华能国际电力开发公司重庆分公司的基础上经改制后共同出资设立，华能国际电力开发公司持股 60%，重庆市建设投资公司持股 40%，拥有珞璜电厂和江北燃机电厂共 154.8 万 kW 的装机容量。

12 月 19 日　华能岳阳发电有限责任公司成立挂牌仪式在岳阳举行。湖南省副省长徐宪平和王晓松同志为公司揭牌。

华能岳阳发电有限责任公司是在原华能国际电力开发公司岳阳分公司的基础上经改制后，由华能国际电力开发公司和湖南省地方电力资产经营有限公司共同出资设立，总装机 72 万 kW，华能持股 55%、湖南持股 45%。

12 月 30 日　华能资本服务有限公司在国家工商行政管理总局正式注册成立，注册资本金为人民币 10 亿元。该公司是由华能集团公司出资设立的金融产业控股管理公司，是集团公司的全资子公司。华能资本服务公司的成立，标志着华能金融产业体系初步形成。

12 月 31 日　华能集团公司累计全年完成发电量 1744 亿 kWh，比 2002 年增长 13.7%，占全国发电量的 9.14%；按计划完成投产机组 114 万 kW，在建机组容量 954.5 万 kW；拥有全资、控股发电装机容量 3166.42 万 kW，占全国发电装机容量的 8.2%。

中国大唐集团公司大事记

1 月 1 日　中国大唐将 2003 年确定为组建年。

1 月 13～19 日　中国大唐总经理翟若愚参加北京市第十二届人民代表大会第一次全体会议，并当选第十届全国人民代表大会代表。

2 月 17～18 日　中国大唐在北京召开中国大唐系统党政主要负责人会议。于 2 月 18 日举行了欢迎国务院派驻中国大唐集团公司监事会进驻大会。

2 月 19 日　国家发展计划委员会批准北京大唐发电股份有限公司发行 2.25 亿美元境外可转换债券（计外资［2003］243 号）。

2 月 24 日　中国大唐总经理翟若愚、副总经理钟俊在杭州市会见了浙江省人民政府副省长王永明，双方就中国大唐在浙江省境内投资建设电源项目的有关问题举行了广泛深入的会谈，会谈之后，中国大唐和浙江省人民政府共同签署了合作开发投资建设电源项目意向书。

2 月 26 日　中国大唐总经理翟若愚在合肥市会见了安徽省人民政府副省长黄海嵩，双方就中国大唐在安徽省境内进行投资建设电源项目的有关问题进行了会谈，并分别代表中国大唐和安徽省人民政府签署了合作开发投资建设电源项目会谈备忘录。

同日　中国大唐同马鞍山市人民政府签订投资建设马鞍山三厂（当涂）4×600MW 电源项目意向书。

2 月 28 日　中国大唐同淮北市人民政府签订投

资建设淮北三厂4×600MW电源项目意向书。

同日　中国大唐同延安市人民政府签订投资建设延安发电厂意向书。

3月2日　中国大唐同陕西省人民政府在北京签订合作开发投资建设电源项目意向书。

3月6日　《中国大唐集团公司组建方案》和《中国大唐集团公司章程》正式获得批准。

3月11日　中国大唐副总经理刘顺达、杨庆在北京会见湖南省委副书记、省人民政府常务副省长周伯华，并就湖南省电力发展以及中国大唐在湖南省电源项目的建设等有关问题举行了会谈。

3月12日　中国大唐副总经理杨庆在北京会见内蒙古自治区人民政府副主席赵双连，并就中国大唐在内蒙古电力项目建设事宜举行了会谈。

3月14日　中国大唐总经理翟若愚、副总经理杨庆在北京会见河南省人民政府常务副省长王明义、副省长张以祥，并就河南省电力发展现状和前景，以及中国大唐在河南省电源项目建设等有关问题进行了会谈，并达成一致意见。

3月20日　中国大唐鸡西发电厂技改工程1号机组（125MW）完成168h试运行，并移交试生产。

3月31日　中国大唐同国家开发银行在北京签订授信协议，授信额度为500亿元人民币，期限5年。

4月2日　中国大唐甘肃连城电厂二期扩建工程举行开工仪式。该工程装机容量2×300MW，总投资23.4亿元人民币，计划2005年投产发电。

同日　广西乐滩水电站举行开工仪式。该工程装机容量4×150MW，总投资40.24亿元人民币，第一台机组计划于2005年投产发电。

4月4日　内蒙古大唐托克托发电有限责任公司一期工程一号机组（600MW）一次并网成功，标志着中国大唐承担的西电东送北通道电源建设取得重大阶段性成果。

4月7日　中国大唐同中国建设银行签订授信协议，授信额度378亿元人民币，期限1年。

同日　中国大唐同中国工商银行签订授信协议，授信额度318亿元人民币，期限1年。

4月9日　中国大唐经国家工商总局审核批准，正式取得工商营业执照。

4月16日　中国大唐保定热电厂技改工程九号机组（125MW）顺利通过168h试运行，并移交试生产。

4月29日　中国大唐向北京市人民政府捐款600万元人民币（其中，北京大唐发电股份有限公司300万元人民币），支援北京市抗击“非典”斗争。

5月20日　中国大唐同咸阳市人民政府签订投资建设彬长电厂4×600MW电源项目协议书。

同日　中国大唐同长春市人民政府签订《长春二热二期工程股权转让协议》。

5月21日　国家商务部批准了中国大唐的进出口企业资格（商贸秩核字［2003］61号），并授予中华人民共和国进出口企业资格证书。

5月22日　国务院国有资产监督管理委员会党委批复同意组建中国大唐集团公司直属工会筹备组。

同日　国家发展和改革委员会批复吉林长春第一热电有限责任公司二期扩建工程项目建议书（发改能源［2003］319号）。批准建设规模为一台125MW抽汽机，一台50MW背压机，总装机容量为175MW，配两台450t循环硫化床锅炉，动态投资9.5亿元，中国大唐在该项目中拥有35%股权。

5月23日　国家发展和改革委员会批复陕西汉江喜河水电站（3×60MW）可行性研究报告（发改能源［2003］356号）。

同日　国家发展和改革委员会批复湖南金竹山电厂二期工程（2×600MW）项目建议书（发改能源［2003］362号）。

5月上旬　河南安阳发电厂被中纪委、中组部、国资委、监察部、全国总工会共同授予“全国厂务公开工作先进单位”称号。

5月中旬　中国大唐和北京大唐发电股份有限公司共同向内蒙古自治区人民政府捐赠抗“非典”资金100万元人民币。

6月3日　中国大唐总经理翟若愚和副总经理钟俊在太原分别会见山西省人民政府省长刘振华、副省长牛仁亮，双方就中国大唐在山西省境内投资建设阳城二期、太二六期、运城电厂等电源项目进行了广泛深入的会谈，达成一致意见，并共同签订了合作开发投资建设电源项目意向书。

6月4日　中国大唐同云南省人民政府在昆明就共同促进云南电力发展签订合作意向书。

6月9日　内蒙古大唐托克托发电有限责任公司一期工程1号机组顺利完成168h试运行，并移交试生产。

6月12日　外交部批准中国大唐外事审批权（外外管函［2003］217号）。

6月18日　湖南华银株洲电厂二期技改工程三号机组（300MW）一次并网成功。

6月18～19日　中国大唐总经理翟若愚和副总经理杨庆在郑州市分别会见河南省委书记李克强、省人民政府省长李成玉、常务副省长王明义、副省长李新民，双方就中国大唐在河南投资建设电源项目以及有关产权等问题进行广泛深入的会谈，并达成一致意见。

6月19日 中国大唐同河南三门峡市建设投资总公司、洛阳市建设投资公司签订共同投资建设三门峡火电厂二期2台600MW机组、洛阳2台300MW机组协议。

6月20日 中国大唐举行生产调度指挥中心大楼奠基仪式。

同日 国家发展和改革委员会批复甘肃连城2×300MW项目、陕西汉江喜河水电站3×60MW项目开工（发改投资［2003］567号）。

6月22～27日 中国大唐总经理翟若愚和副总经理钟俊在西安分别会见陕西省委书记李建国、省人民政府省长贾治邦、副省长洪峰，就中国大唐在陕西投资建设电源项目等有关事宜进行了会谈，并达成一致意见。

6月26日 陕西汉江喜河水电站举行开工典礼，该水电站装机容量3×60MW，第一台机组计划于2005年投产发电，2008年全部建成投产。

同日 广西桂冠电力股份有限公司成功公开发行可转换公司债券80000万元。

同日 北京大唐发电股份有限公司高井发电厂厂长田志国被国务院国有资产监督管理委员会党委评为"中央企业防治非典型肺炎工作优秀共产党员"。

6月中旬 广西桂冠电力股份有限公司首次进入上证180指数样本股。

6月中旬 淮南洛河发电厂荣获国家工商行政管理总局授予的全国"重合同、守信用"企业称号。

7月2日 中共中国大唐集团公司直属临时委员会成立，王琳同志任书记，王万春同志任副书记。中共中国大唐集团公司直属临时纪律检查委员会成立，王静远同志任书记。

7月2～4日 中国大唐总经理翟若愚在广西南宁分别会见自治区党委书记曹伯纯、自治区人民政府代主席陆兵、党委副书记、常务副主席王万宾、副主席杨道喜，双方就中国大唐在广西电源建设及电力发展等有关问题进行了会谈，并达成一致意见。

7月11日 中国大唐确定了集团公司标识。由中国汉字小篆体"大唐"两字叠加构成。寓意公正、公平、团结、和谐，具有浓郁的民族特色和深厚的文化底蕴。

同日 中国大唐与吉林省能源交通总公司签订《关于珲春发电有限责任公司股权结构调整和珲春二期工程出资意向协议》，该协议完成后，中国大唐将增加在役机组控股容量200MW，并拥有控股2台300MW机组扩建项目。

7月14～16日 中国大唐总经理翟若愚和副总经理杨庆在兰州分别会见甘肃省人民政府省长陆浩、常务副省长徐守盛、副省长杨志明，双方就甘肃电力建设及中国大唐在甘肃的电源建设等问题进行了会谈，并签订了合作开发投资建设电源项目会谈备忘录。

7月22～25日 中国大唐总经理翟若愚和副总经理刘顺达在长沙分别会见湖南省委书记杨正午、省人民政府代省长周伯华、常务副省长于幼军，双方就中国大唐在湖南电源项目建设有关问题进行了会谈，并签订了合作开发投资建设电源项目意向书。

7月29日 内蒙古大唐托克托发电有限责任公司一期工程2号机组（600MW）顺利通过168h试运行，并移交试生产。

8月5～6日 中国大唐组建以来的第一次工作会议在黑龙江省哈尔滨市召开。

8月5日 中国大唐总经理翟若愚在哈尔滨分别会见黑龙江省委书记宋法棠、省人民政府省长张左已、副省长刘海生，双方就黑龙江省电力工业的发展以及合作开发电源项目建设有关事宜进行了会谈，并达成一致意见。

同日 《中国大唐》报正式发行。

8月8日 中国大唐总经理翟若愚、副总经理杨庆在长春市会见吉林省人民政府省长洪虎，双方就吉林省电力工业的发展及合作开发电源建设项目等有关问题进行了会谈，达成了一致意见。

同日 国家发展和改革委员会批复唐山发电厂1×300MW技改工程项目开工（发改投资［2003］907号）。

8月11日 中国大唐总经理翟若愚在呼和浩特市会见了内蒙古自治区人民政府副主席赵双连、自治区人大常委会副主任王凤岐，双方就进一步合作开发电源建设项目等问题交换了意见，并达成了共识。副总经理钟俊、王琳一同参加会见。

8月12日 内蒙古大唐托克托发电有限责任公司一期工程项目2台600MW机组举行竣工典礼。

8月15日 国家发展和改革委员会批复云南开远电厂（2×300MW）项目可行性研究报告（发改能源［2003］960号）。该项目为大型循环流化床洁净煤发电技术国产化后续项目，是目前国内单机容量最大的循环流化床锅炉洁净煤发电技术示范项目。

8月25日 中国大唐西安灞桥热电有限责任公司技改工程2号机组（100MW）一次并网成功。

8月27日 中国大唐同漳浦县人民政府签订关于建设福建省漳州市漳浦县风力发电工程项目意向书。

8月29日 湖南华银株洲发电厂3号机组（300MW）完成168h试运行，并移交试生产。

9月1日 中国大唐同中国农业银行签订授信协议，授信额度360亿元人民币，期限3年。

9月2日 国家发展和改革委员会批复河南三门峡电厂二期工程（2×600MW）项目建议书（发改能源［2003］1098号）。

9月3日 北京大唐发电股份有限公司成功发行5年期1.538亿美元可转换债券，这是中国企业在国际资本市场发行美元可转换债券所获得的最低成本融资（最低的票息，最高的转换溢价）。

9月16日 北京大唐发电股份有限公司所属山西大同一热（平旺）电厂一期2×200MW技改工程1号机组一次并网成功。该机组是目前国内第一台已投产的采用直接空冷技术的机组。

9月17日 国家发展和改革委员会批复长春热电二厂二期工程2×200MW项目开工（发改投资［2003］1215号）。

9月19日 中国大唐在西安召开了扭亏增盈专题会，标志着中国大唐三年消灭企业经营性亏损行动计划正式启动。

同日 中国大唐与西藏自治区人民政府在北京签订投资开发西藏境内怒江水电资源合作意向书。

9月21～22日 中国大唐总经理翟若愚在昆明分别会见云南省人民政府省长徐荣凯、副省长李新华，双方就云南电力发展以及金沙江中游水电开发建设等问题进行了广泛深入的会谈，并达成一致意见。

9月24日 中国工会第十四次全国代表大会举行表彰大会，中国大唐所属北京大唐发电股份有限公司张家口发电厂工会委员会、山西太原第二热电厂工会委员会、湖南石门发电厂工会委员会和黑龙江七台河第一发电有限责任公司工会委员会荣获“全国模范职工之家”称号。

9月27日 经浙江省人民政府批准，浙江省发展计划委员会在浙江省重大工程交易网上公布了乌沙山电厂项目招标结果，中国大唐以综合评分第一的成绩被确定为中标单位。浙江省乌沙山电厂项目一期规划容量4×600MW燃煤发电机组，并预留4×600MW或2×900MW机组扩建余地。

9月28日 中国大唐召开中共中国大唐集团公司直属临时委员会、直属临时纪律检查委员会成立大会。

10月10日 长春第二热电有限责任公司二期工程正式开工建设。长春二热二期工程规划容量3×200MW机组，先期建设2×200MW机组，投资17.62亿元人民币，第一台机组将于2005年10月投产发电。

10月22日 中国大唐在北京召开本部四季度工作会议。

10月23日 中国大唐总经理翟若愚、副总经理杨庆在北京会见了河南省信阳市人民政府市长王铁，双方就加快信阳华豫发电有限公司二期工程建设有关事宜进行了深入会谈。

10月26日 湖南耒阳电厂二期扩建工程3号机组（300MW）实现首次并网成功。

11月4日 兰州西固热电有限责任公司职工马晓东在2003年全国职工职业技能大赛中，获得电焊工种第一名的成绩，荣获“全国技术能手”称号。

11月6日 龙滩水电工程成功实现大江截流，该工程是我国在建第二大水电站及“西电东送”标志性工程，同时也是中国大唐在建的最大工程。

11月9日 中国大唐总经理翟若愚在北京会见云南省人民政府副省长李新华，双方就合作开发金沙江中游水电资源进行了深入会谈，并达成一致意见。

11月11日 山西大唐平旺热电有限责任公司技改工程一期1号机组（220MW）顺利完成168h试运行，并移交试生产。

11月 中国大唐同江苏省电力公司、吉林省电力有限公司、黑龙江省电力有限公司、甘肃省电力公司、陕西省电力公司、山西省电力公司、华中电网有限公司、湖南省电力公司、河南省电力公司签订发电企业资产财务及劳动工资保险划转移交协议。

12月2日 中国大唐总经理翟若愚在北京会见河南省人民政府常务副省长王明义，双方就信阳华豫发电有限公司二期扩建工程有关问题进行了深入会谈，并达成一致意见。

12月8日 中国大唐与广西崇左市政府签订了广西东罗煤电联营工程项目开发建设协议书，标志着中国大唐在广西发展火电项目取得新突破。

12月10～12日 中国大唐召开本部2004年工作务虚会。

12月13日 山西大唐平旺热电有限责任公司技改工程一期2号机组（220MW）顺利完成168h试运行，并移交试生产。

12月14日 中共中央政治局委员、国务院副总理曾培炎到陕西灞桥热电有限责任公司视察工作。

12月16日 湖南耒阳发电厂二期工程第一台机组（300MW）顺利完成168h试运行，并移交试生产。

12月26日 河南许昌龙岗发电有限责任公司一期工程荣获中国建筑工程质量最高奖项——中国建筑鲁班奖。

中国华电集团公司大事记

1月17日 中国华电集团公司与山东电力集团公司在济南举行华电在鲁企业第一阶段交接仪式。自此开始了厂网分开第一阶段安全生产与干部管理的移交工作。

1月25～26日 中国华电集团公司在京召开首次公司系统主要负责人会议。划转到华电集团公司117家企业的党政主要负责人参加了会议。贺恭总经理作了《团结创新 加快发展 携手共创中国华电美好的明天》的报告。

1月29日 中国华电集团公司与内蒙古自治区政府签订了有关电力项目的合作协议书。

2月2日 国务院印发《国务院关于组建中国华电集团公司有关问题的批复》(国函［2003］19号)。批复原则同意《中国华电集团公司组建方案》和《中国华电集团公司章程》。

2月11日 国务院派驻中国华电集团公司监事会正式进驻公司，范有年为监事会主席。

2月20日 中国华电集团公司黑龙江公司成立仪式暨黑龙江省电力有限公司向中国华电集团公司移交发电企业仪式在哈尔滨举行。至5月下旬，中国华电先后在资产相对集中的山东、黑龙江、福建、贵州、四川、江苏、新疆、湖北、云南、内蒙古等省(自治区)设立分公司，在浙江省、湖南省设立代表处。

3月4日 中国华电集团公司全部完成对划转的74家全资和控股企业的安全生产和干部管理的移交工作。

3月10日 中国华电集团公司与国家开发银行签订《战略合作协议》。11日，集团公司与中国建设银行签订《战略合作协议》。13日，集团公司与中国工商银行签署《战略合作协议》等三项协议，结成战略合作伙伴。

3月20日 中国华电集团公司机关刊物《中国华电》创刊。

4月15日 中国华电集团公司控股的山东国际电源开发股份有限公司三届八次董事会会议在京召开。中国华电集团公司党组书记、总经理贺恭当选为山东国电董事长。会议审议批准山东国电名称变更为华电国际电力股份有限公司，简称华电国际。

4月23日 中国华电集团公司与中国银行签署战略合作协议。

5月1日 中国华电集团公司向北京市政府捐赠人民币500万元，支援抗击“非典”。

5月16日 中国华电集团公司为加快综合产业发展，成立综合产业部。

6月14日 中国华电集团公司与云南省开发投资有限公司、云南电力集团水电建设有限公司、云南怒江电力集团有限公司在昆明签订协议，共同出资设立公司，全面启动怒江流域水电资源开发。

6月27日 中国华电集团公司与宁夏回族自治区人民政府签署能源开发合作意向书，将和有关方面合作建设两个“千万千瓦级”煤电基地，并合作开发宁东煤田。

7月2日 中国华电集团公司控股公司华电燃料有限公司，全资公司华电开发投资有限公司在北京揭牌成立，标志着中国华电集团公司向多元化战略发展迈出重要一步。

7月8日 中国华电集团公司控股公司华信保险经纪有限公司、北京华信保险公估有限公司成立大会暨首届董事会、监事会在京召开。

7月24～26日 中国华电集团公司2003年年中工作会议在青岛召开，贺恭总经理作了《坚定信心 奋发有为 为全面完成公司2003年各项任务而努力奋斗》的报告。

8月21日 中国华电集团公司控股企业山东国际电源开发股份有限公司在香港召开2003年中期业绩发布会、证券分析员及基金经理推介会。

9月7日 中国华电集团公司与河南汝州市人民政府、平顶山煤业集团公司签署煤电项目战略合作协议。

9月10～13日 中国华电集团公司在京举办公司系统党委书记学习贯彻“三个代表”重要思想集训班。

10月21日 中国华电集团公司、湖南省人民政府加快湖南省电力工业发展的合作意向书签字仪式暨中国华电集团公司湖南代表处、湖南华电长沙发电有限公司成立大会在长沙举行。中国华电集团公司在湘电力建设正式启动。

11月1日 中国华电集团公司控股企业山东国际电源开发股份有限公司更名为华电国际电力股份有限公司(简称华电国际)。

11月8日 中国华电集团公司控股企业乌江水电开发有限责任公司投资建设的“西电东送”标志性工程构皮滩大型水电站正式开工。

11月25日 华电财务公司筹备组各投资方召开股东会，审议通过了公司章程，选举出公司董事、监事。同日分别召开了第一届董事会第一次会议和第一届监事会第一次会议，批准了公司拟聘高管人员人选。

11月25～27日 中国集团公司系统领导干部学习贯彻十六届三中全会精神研修班在京举行。国资委党委书记、副主任李毅中应邀为研修班作辅导报告。

12月2日 外交部批准颁发中国华电集团公司自办的第一本护照，标志着国家赋予中国华电集团公司的外事审批权正式生效。

12月10日 国家电力监管委员会主席柴松岳一

行到中国华电集团公司调研。

12月12日 中共中央政治局常委、国家副主席曾庆红在四川考察工作期间，视察中国华电四川广安发电有限责任公司，贺恭总经理陪同视察。

12月20～24日 中国华电集团公司参加由中国商务部在印度尼西亚首都雅加达主办的“印尼·中国工程和技术展览会”。作为国内参展的惟一专业发电企业，引起了中印各方关注，标志着中国华电集团公司在实施“走出去”战略方面正式拉开序幕。

12月21日 中国华电集团公司控股建设的国家“西气东输”工程下游配套项目——浙江半山天然气发电工程正式开工。

中国国电集团公司大事记

2002年

10月16日 中国龙源集团公司（暂定名）筹备组第一次会议在国家电力公司周大兵副总经理办公室召开，筹备组组长周大兵，筹备组成员朱永芃、李庆奎、刘彭龄、陈峰，中组部干部五局二处马明伟参加了会议。会上，周大兵宣读了中组部干任字（2002）213号文件《关于成立中国龙源集团公司筹备组的通知》。

10月23日 中国龙源集团公司（暂定名）筹备组第二次会议在北京高新大夏召开。会议由筹备组组长周大兵主持，筹备组成员朱永芃、李庆奎、刘彭龄、陈峰参加了会议。会议听取了筹备组成员和筹备组办公室工作人员关于前一阶段工作的汇报，重点研究了当前筹备组办公室、生产经营管理和资产接收三方面的工作。

11月1日 中国龙源集团公司（暂定名）筹备组第三次会议在高新大厦召开。会议由筹备组组长周大兵主持，筹备组成员朱永芃、李庆奎、刘彭龄、陈峰及有关工作人员，中组部干部五局二处姜伟亮副处长参加了会议。会议重点研究了公司组建方案和章程、人员编制与组织机构、安全稳定和资产接收及近期电源建设等内容，确定了下一阶段工作的总体思路和主要框架。

11月11日 中国龙源集团公司（暂定名）筹备组第四次会议在高新大厦召开。会议由筹备组长周大兵主持，筹备组成员朱永芃、李庆奎、陈峰及有关工作人员参加了会议。

11月27日 中国龙源集团公司（暂定名）筹备组第五次会议在高新大厦召开，会议由筹备组组长周大兵主持，筹备组成员朱永芃、李庆奎、刘彭龄、陈峰及有关工作人员参加了会议。会议讨论了投资江苏电源建设项目、近期资产交接及电煤供应等问题。

11月29下午和30日下午 中国龙源集团公司（暂定名）筹备组在北京苏源锦江大厦举行会议，听取了有关省公司移交到中国龙源集团公司（暂定名）筹备组的电厂情况汇报。会议由筹备组组长周大兵主持，筹备组成员朱永芃、李庆奎、刘彭龄、陈峰及有关工作人员参加了会议。

12月6日 中国龙源集团公司（暂定名）筹备组第六次会议在高新大厦召开，会议由筹备组组长周大兵主持，筹备组成员朱永芃、李庆奎、刘彭龄、陈峰及有关工作人员参加了会议。会议重点研究了在集团公司资产初步分析中发现的问题、集团公司组织结构和编制方案等工作。

12月16日 中国国电集团公司筹备组欢迎首批员工大会在北京中商大厦举行，会议由筹备组成员朱永芃主持，筹备组组长周大兵作重要讲话，筹备组成员刘彭龄、陈峰（筹备组成员李庆奎因参加中组部会议请假）及首批67名员工参加了会议。筹备组成员刘彭龄宣读了张玉新等27名同志为中国国电集团公司（筹）各部门负责人的决定。当天，集团公司本部开始正式在中商大厦集中办公。

12月29日 中国电力新组建（改组）公司成立大会在北京人民大会堂举行，中国国电集团公司与其他四家发电集团公司、两家电网公司及四家辅业集团公司同时挂牌成立，会上宣读了中央对中国国电集团公司领导的任命，周大兵任中国国电集团公司党组书记、总经理；朱永芃、李庆奎、刘彭龄任中国国电集团公司党组成员、副总经理。

2003年

1月11日 中国国电集团公司在公司本部召开派出机构负责人会议，李庆奎、刘彭龄副总经理布置了集团公司所属电厂第一阶段的移交接收工作。集团公司本部各部门负责人参加会议。

1月22～23日 中国国电集团公司召开了2003年工作会议。周总在会上对集团公司筹备组建情况和第一阶段的移交接收工作作了总结，提出了集团公司发展战略构想、远近期目标和把中国国电集团公司“做实、做新、做大、做强”的工作方针，并对2003年集团公司的工作做了部署。

2月17日 周大兵总经理、李庆奎副总经理会见新疆自治区阿曼副主席一行。共同讨论了新疆自治区电力发展问题和保护地方电力企业合法权益等问题。

2月18日 集团公司在北京召开派出机构暨安全生产互查互学月活动会议，集团公司做出了在集团公司系统内开展安全互学互查月活动的决定，要求通过开展这项活动，促进企业间学习和交流，查找安全隐患，巩固提高安全生产水平。

2月21～28日 周大兵总经理率南方、西南调研小组赴四川、贵州、云南等地调研。

2月26～27日 朱永芃、副总经理率东北、华北调研小组对该地区集团所属主要电厂进行了调研，重点调研了相关电厂的生产经营情况及存在的主要问题。

3月3日 李庆奎副总经理率西北调研小组对新疆、甘肃、宁夏三省（自治区）的14家发电企业进行了调研。

3月4日 刘彭龄副总经理率华东调研小组在南京国电环境保护所、江苏谏壁发电厂、浙江温州东屿发电厂、浙江北仑第一发电有限责任公司、湖北长源电力股份有限公司、湖北荆门热电厂、湖北沙市热电厂；江西九江发电厂、江西九江三期发电有限公司、江西万安水力发电厂等10个单位进行了调研。

3月25～26日 中国国电集团公司召开“求真务实，加快发展”座谈会暨总经理工作会议。会议交流了前一阶段各调研小组赴基层调研情况，研讨了集团公司电源发展规划和前期项目、在建项目进展情况以及集团公司本年度预算编制方案。

4月1～3日 周大兵总经理、朱永芃副总经理会见江苏省领导。与苏源集团签订有关协议、会见国信集团领导并举行宿迁项目投资协议签字仪式。

4月7日 集团公司总经理周大兵主持召开总经理工作会议，会议通过了《中国国电集团公司2003年度预算方案》；审议通过了《中国国电集团公司电源项目发展规划纲要》、年度投资计划和开工计划；审议通过了《中国国电》创刊号编辑方案。

4月7日 朱永芃副总经理主持投资管理委员会第一次会议，会议审议了2003年集团公司固定资产投资项目资金计划建议。

4月10～16日 周大兵总经理带领总经理工作部、安全生产部负责同志赴江西、湖北考察电源项目。周总先后到江西南昌、九江和湖北武汉考察，会见了江西省委书记孟建柱、副省长凌成兴，湖北省长罗清泉、副省长任世茂，与湖北省人民政府签订了《湖北省人民政府与中国国电集团公司合作开发湖北电源项目意向协议》。

4月18日 刘彭龄副总经理在天津杨村主持召开集团公司2003年安全生产工作会议，贯彻4月8日全国安全生产电视电话会议精神。进一步落实集团公司年初召开的工作会议要求，总结安全互学互查月活动情况，研究部署下一步安全生产工作。

4月30日 中国国电集团在全国人民抗击“非典”的斗争中向北京市政府捐款600万元。另外，集团公司本部、国电电力、龙源集团个人捐款8.47万元。

5月8日 李庆奎副总经理召开会议布置资产接收工作，他要求各部门按照国务院关于电力体制改革的统一部署，深化电力体制改革，搞好资产财务、劳资保险接收的工作。

5月14日 周大兵总经理主持总经理办公会议研究落实国家发改委发改厅［2003］20号文件精神，听取集团公司有关此项工作的三个小组汇报河南、山东、福建前期工作阶段电源项目接收及前期工作进展情况，研究部署下一步工作计划。

5月20日 中国国电集团公司电视电话会议召开。贯彻落实《国务院办公厅关于认真做好电力供应有关工作的通知》和5月8日国家发改委“电力供应工作电视电话会议”精神，总结集团公司成立以来的重点工作。

5月21日 周大兵总经理、李庆奎副总经理到国宾饭店参加中国国电集团公司与国家开发银行、中国建设银行合作协议的签字仪式。

5月21日 朱永芃副总经理听取龙源集团公司关于风电工作的汇报。就龙源电力集团公司参加江苏如东、广东惠来2×10万kW风电特许权项目投标问题进行了研究。

5月28日 国有资产管理委员会李毅中书记到中国国电集团公司调研。李毅中书记听取了周大兵总经理关于集团公司工作汇报和对国资委工作的建议。

5月30日 周大兵总经理、李庆奎副总经理到昌平参加集团公司燃料和物资公司成立大会。

6月9日 周大兵总经理、刘彭龄副总经理在长城饭店召开集团公司电价工作会议。周总在会议做重要讲话，要求既要落实国家发改委《电力厂网价格分离实施办法》文件要求，搞好非独立核算电厂的电价测算和报批工作，又要以此为契机，解决好集团公司系统全面治亏的问题。

7月19～20日 中国国电集团公司在北京召开了中国国电集团公司年中工作座谈会和政治工作会议。

周总实事求是地总结了2003年上半年所取得的成绩，深刻分析了当前面临的形势和存在的主要问题，提出下半年把集团公司的工作重点转向“强化管理、提高效益”上来，并对下半年工作做了部署。

7月22日 中国国电集团公司总经理周大兵、副总经理李庆奎在北京会见了印尼工贸部长瑞尼女士一行9人。双方探讨了合作意向。

7月23日 集团公司副总经理李庆奎、刘彭龄在香山北京金源饭店主持召开了资产接收工作会议。

公司本部各部门负责人参加了会议，会议就资产接收中的问题进行了分析探讨，形成了共识，进一步明确了资产接收中应掌握的政策尺度等。

7月23～25日 集团公司总经理周大兵赴宁夏调研。周总一行考察了石嘴山发电厂、国电宁夏石嘴山发电有限责任公司、大武口发电厂等几个发电企业，参加了石嘴山发电有限责任公司1、2号机组投产发电庆祝表彰大会，会见了自治区党委书记陈建国、政府主席马启智等领导，并就中国国电集团公司参与宁夏电力发展与宁夏回族自治区政府达成合作意向，与宁夏煤业集团达成煤电合作开发意向并签订了相关的合作意向书。

8月5日 中国国电集团公司周大兵总经理与华能集团公司李小鹏总经理在北京签订友好协商备忘录，就四川金堂电厂、河南沁北电厂、华能成都热电厂、辽宁庄河电厂等项目有关事宜达成一致意见。

8月13日 周大兵总经理赴河南与河南省委书记李克强、省长李成玉就中国国电集团公司在河南的电源项目合作意向进行了会谈，并举行了中国国电集团公司与河南省人民政府合作开发电力项目签字仪式。

8月18～22日 周大兵总经理、刘彭龄副总经理赴河北、山西等地调研，与当地政府主要领导同志见面，共商当地电源发展大计。19日晚，周大兵总经理与河北省委书记白克明、省长季允石签订了中国国电集团公司与河北省人民政府“关于投资开发电力项目合作意向书”，就双方合作共同开发河北省电源项目达成共识。21日晚，周大兵总经理与山西省委书记田成平会谈，双方达成初步合作意向。

8月23日 朱永芃副总经理为国电泉州发电有限公司正式成立揭牌，并于当天参加了福建南埔电厂开工庆典仪式，出席开工庆典的还有福建省省长卢展工、泉州市代市长郑道溪等领导同志。

8月27日～9月1日 周大兵总经理赴新疆调研。28日上午，周总一行视察了新疆风力发电公司，下午在红雁池第一发电有限公司召开了中国国电集团公司新疆企业工作汇报会。28日晚，周大兵总经理在乌鲁木齐会见了中共中央政治局委员、新疆自治区党委书记王乐泉，自治区常务副主席王金祥，自治区党委常委、秘书长符强，自治区副主席阿曼·哈吉等领导同志，双方就发展新疆电源项目等有关问题交换了意见。周大兵总经理和自治区副主席阿曼·哈吉签署了电源项目投资意向书。

9月2～3日 周大兵总经理、朱永芃副总经理在大同参加了集团公司基建工作现场座谈会。周总、朱总在会上作了重要讲话，提出了“加快发展，溶化管理，建设一流电源工程”的要求。确定了“按照‘小业主、大咨询’的思路，建立精干、高效的工程建设管理模式；树立全新的工程管理理念，建立完善、适用的工程建设管理程序体系，使工程建设管理实现科学化、规范化、程序化；狠抓落实，确保工程造价、进度、质量、安全的可控、在控；增强法治观念和合同意识，逐步实现工程项目管理与国际惯例接轨”的基建工程建设管理思路。

9月17日 刘彭龄副总经理在江西与江西省政府签订中国国电集团公司与江西省政府合作开发电力项目协议书。

同日 李庆奎副总经理在北京参加国电集团第二批主机设备招标开标仪式。

同日 刘彭龄副总经理赴东北参加国电东北电网有限责任公司挂牌仪式。

9月28日 周大兵总经理、刘彭龄副总经理在北京会见沈阳市市长陈政高，就国电集团与沈阳市政府合作开发电源项目问题进行了沟通，双方初步达成了合作意向。

10月10日 集团公司与山西大同煤矿集团公司、山西阳煤（集团）有限责任公司在京签订建立战略合作框架协议。集团公司周大兵总经理、李庆奎副总经理出席了签字仪式。

10月17日 集团公司康平发电厂筹建处成立仪式在沈阳举行。集团公司党组成员，副总经理朱永芃，沈阳市委书记张行湘、市长陈政高出席成立仪式。

10月20日 周大兵总经理率团赴埃及、英国、墨西哥考察。考察期间，周总分别拜会了有关国家电力和能源部门的高层官员，并就电力工业发展及电力改革的情况进行了友好交流。

11月6日 周大兵总经理在珠海参加世界经济发展宣言大会暨中国企业高峰会。大会的宗旨是普遍倡导“平等、诚信、合作、发展”的信念和方向，为世界经济发展创造更加有利的环境和条件。中共中央政治局委员、国务院副总理吴仪出席开幕式并发表演讲，全国人大常委会副委员长成思危主持开幕式。

11月19日 集团公司2003年环境保护工作会议在江苏镇江召开。会议总结了集团公司前10个月的环保工作，提出了2004年、2005年及“十一五”期间环保工作的方向和重点。

11月20日 集团公司安全生产工作座谈会在江苏镇江召开。会议总结了集团公司今年前十个月的安全生产工作，研究了“管理效益年”活动中安全生产管理方面的新措施，部署了迎峰防冻及元旦、春节期间的安全生产工作。

11月21日 西安热工研究院有限责任公司首届股东会和第一次董事会会议在京举行。股东会批准通过了公司章程，选举产生了公司董事和监事。周大兵总经理代表国电集团公司签署了股东协议。西安热工研究院有限责任公司注册资本人民币9332万元，股东出资比例为：华能52%，大唐、华电、国电、中电投集团各12%。

11月23日 集团公司总经理周大兵、副总经理朱永芃在京会见广西壮族自治区区委副书记、南宁市委书记李纪恒，双方就广西南宁电厂项目建设问题进行了商谈，初步达成由国电集团控股建设南宁电厂的意向。

11月28～29日 集团公司办公室、外事工作暨VI推广会议在京召开。朱永芃副总经理出席会议并讲话。朱总强调了办公室工作要处理好的关系和把握的要点，要求办公室系统认真落实集团公司“八字方针”，围绕开展“管理效益年”活动充分发挥作用。

12月3～5日 朱永芃副总经理到大渡河流域水电开发有限公司调研。在四川期间，朱总与四川省人民政府王怀臣副省长就大渡河干流水电资源开发进行了会谈，双方就加快大渡河流域水电开发达成了共识，表示将在投资机制方面开展进一步的探讨研究。

12月4日 周大兵总经理在公司本部会见阿尔斯通环保电力部全球总裁苏里耶先生一行。

12月8～9日 集团公司多种经营暨物资、燃料工作会议在京召开，会议确定了集团公司多种经营、物资、燃料工作的总体思路和工作目标。

12月11日 电监会主席柴松岳一行7人到集团公司考察。周大兵总经理，朱永芃、李庆奎、刘彭龄副总经理及有关部门负责人参加了汇报会。周总汇报了集团公司成立以来出现的新情况、面临的新问题以及解决这些问题的建议。柴主席充分肯定了集团公司成立以来的工作，向集团公司领导通报了电监会2004年的工作重点。

同日 集团公司与安徽省蚌埠市人民政府就在蚌埠市投资建设总规模300万kW（一期工程2×60万kW、二期工程2×90万kW）电源建设项目在京举行合作投资意向签字仪式。周大兵总经理出席签字仪式，朱永芃副总经理、花建慧市长代表双方签署协议。

12月13～16日 集团公司2003年度财务工作会议在成都召开，李庆奎副总经理出席会议并讲话。会议围绕“认清形势、明确责任，求真务实、开拓进取，做好当前及未来一段时间的财务工作”的要求，对2003年财务决算、《企业基础材料》填报、清产核资及2004年预算等工作做了部署。

12月17日 国务院国有资产监督管理委员会企业领导人员管理一局局长时希平、一局二处处长姜维亮来集团公司宣布中共国资委党委、国资委任命决定（国电资［2003］63号文件），陈飞同志任中国国电集团公司党组成员、副总经理。

12月22日 集团公司所属聊城发电厂等12个项目的主机设备供货合同（协议）签字仪式在京举行，朱永芃副总经理出席签字仪式并讲话。这是国电集团继7月22日签订华蓥山发电厂等8个项目主机设备供货合同后，进行的又一次较大规模的主设备采购行动，标志着集团公司与机电设备制造行业的合作关系得到了进一步加强。

12月23～24日 朱永芃副总经理在贵州考察。考察期间，朱总与贵州省包克辛副省长就集团公司在贵州的电源发展项目进行了会谈，与贵州省电力公司洽谈了电源发展合作和鸭溪电厂股权转让事项，与毕节地区行署洽谈了开发织金电厂项目问题，并签署了《贵州织金电厂项目前期工作领导小组第一次会议纪要》。

12月23日 集团公司安全生产电视电话会议在公司本部召开。会议由刘彭龄副总经理主持，陈飞副总经理出席，各部门负责人在主会场参加了会议，各分支机构及各直属、全资、控股单位在全国62个分会场参加了会议。

12月26日 国电庄河发电厂挂牌暨“四通一平”动工仪式在大连庄河举行。朱永芃副总经理在大连会见了大连市市长夏德仁。朱永芃副总经理、大连市副市长戴玉林出席仪式并为庄河发电厂揭牌，朱总在仪式上发表讲话。

12月26日 国电荆门热电厂三期2×600MW工程奠基仪式在荆门举行，刘彭龄副总经理出席仪式。

中国电力投资集团公司大事记

2002年

10月17日 公司筹备组组长王炳华主持召开第一次筹备组会议，筹备组成员丁中智、孟振平、石成梁、张晓鲁以及中组部有关领导参加会议。

12月12日 公司筹备组召开首批员工欢迎大会，公司筹备组组长王炳华致欢迎辞，公司筹备组成员丁中智、孟振平、石成梁、张晓鲁出席会议。

12月29日 国务院电力体制改革工作小组在北京人民大会堂小礼堂召开中国电力新组建（改组）公司成立大会。公司总经理王炳华，公司副总经理丁中智、孟振平、石成梁、张晓鲁、李小琳出席成立大会。国家计委副主任张国宝主持会议，中组部副部长王东明宣布2家电网公司和5家发电公司领导班子任命，国家计委主任曾培炎发表讲话。至此，中国电力投资集团公司正式宣布成立。

2003年

1月10日 总经理王炳华在公司本部会见来访的法国电力公司亚太总部总裁马识路先生一行，双方探讨了未来合作的有关事宜。

2月2日 国务院以国函［2003］17号文，批复了中国电力投资集团公司组建方案。

2月25～26日 中国电力投资集团公司在辽宁清河发电厂召开了2003工作会议。中央政治局常委、国务院副总理吴邦国，国家电力监管委员会分别为会议发来贺信。

3月14日 王炳华总经理、丁中智、张晓鲁副总经理会见山东省韩寓群省长一行，双方重点讨论了开发山东海阳核电项目事宜，并正式签署了合作协议。

3月19日 公司以中电投总［2003］80号文，印发了《中国电力投资集团公司组建方案》和《中国电力投资集团公司章程》。

3月28日 王炳华总经理会见淮南矿业集团有限责任公司董事长王源一行，双方探讨了合作开发淮南煤电基地的有关问题。

3月29日 王炳华总经理参加由中央国家机关绿化委员会组织的“建绿色家园——共和国部长义务植树活动”。

4月17日 孟振平副总经理到河南郑州宣布公司河南公司筹备组成立，同时任命魏锁同志任河南公司筹备组组长，张锋、王志平同志任河南公司筹备组成员（中电投任［2003］14号）。

4月21日 王炳华总经理到辽宁沈阳宣布公司东北公司筹备组成立，同时任命杨金光同志任东北公司筹备组组长，周大雨、王树东同志任东北公司筹备组成员（中电投任［2003］12号）。

4月22日 丁中智副总经理到江西南昌宣布公司江西公司筹备组成立，同时任命张卫平同志任江西公司筹备组组长，任德清、刘渭清同志任江西公司筹备组成员（中电投任［2003］13号）。

4月23日 王炳华总经理去国务院参加温家宝总理主持召开的国务院第6次常务会议。

5月22日 中国电力投资集团公司王炳华总经理与中国工商银行姜建清行长在京签订了《战略合作协议》和《综合授信协议》，确定了双方的战略合作关系，公司获得综合授信额度280亿元。

5月23日 中国电力投资集团公司王炳华总经理与中国建设银行张恩照行长在京签订了《战略合作协议》和《综合授信协议》，确定了双方的战略合作关系，公司获得综合授信额度378亿元。

同日 王炳华总经理、李小琳副总经理在公司本部会见花旗集团/所罗门美郑亚洲区主席梁伯韬先生一行，双方就中国电力国际有限公司海外融资有关事宜进行了探讨。

6月6日 公司在京召开电话会议，宣布成立东北、江西、河南三个分公司，杨金光同志任东北分公司党组书记、总经理（中电投党任［2003］5号、中电投任［2003］23号）；张卫平同志任江西分公司党组书记、总经理（中电投党任［2003］、6号中电投任［2003］24号）；魏锁同志任河南分公司党组书记、总经理（中电投党任［2003］7号、中电投任［2003］25号）。

6月10日 中国电力投资集团公司总经理王炳华、中国华能集团公司总经理李小鹏、淮南矿业（集团）有限责任公司董事长王源在北京签署了《联合开发建设淮南煤电基地合作意向书》，标志着安徽淮南煤电基地建设正式拉开了序幕。

6月11日 王炳华总经理、孟振平副总经理在公司本部会见中国工商银行王丽丽副行长一行。

6月17日 王炳华总经理在公司本部会见瑞银华宝投资银行副主席何迪先生一行，双方探讨了中国电力国际有限公司引进战略合作伙伴等有关问题。

6月19日 江西分宜发电有限责任公司国产首台具有自主知识产权的410t/h循环流化床锅炉机组于16时零分顺利通过96h考核。

6月19～20日 孟振平副总经理在沈阳出席公司内部核算电厂厂网价格分离暨第二阶段接收工作座谈会。会议标志着公司第二阶段发电企业划转接收工作正式启动。

7月1日 公司以中电投人劳［2003］201号文决定，成立中国电力投资集团公司预算管理委员会，王炳华总经理任主任。

同日 公司以中电投人劳［2003］202号文决定，成立中国电力投资集团公司审计委员会，王炳华总经理任主任。

7月8日 中国电力投资集团公司和国家开发银行在北京举行《银企合作协议》和《综合授信协议》签字仪式。

协议明确，国家开发银行授予中国电力投资集团公司AAA级信用企业称号并提供500亿元人民币的授信额度，用于支持集团公司电力项目的建设。

7月9日 中国电力投资集团公司王炳华总经理与中国银行肖钢行长在京签订了《战略合作协议》和《综合授信协议》，确定了双方的战略合作关系，集团公司获得综合授信额度人民币350亿元。

7月18日 公司在北京召开资金结算管理中心成立电话会议。

7月29日 中国电力国际有限公司与澳门电力公司在澳门签署股份买卖合约。澳门电力的两大股东——中法投资公司和中葡投资公司，分别向中电国际出售3%的澳电股权，涉及金额约2亿澳门元。

7月31日 公司以中电投内规［2003］160号文，印发了《中国电力投资集团公司审计委员会工作制度》。

8月1日 王炳华总经理、李小琳副总经理在公司本部会见美林集团国际业务董事长伟凯文先生一行，双方就国际资本市场运作情况与开展合作进行了探讨。

同日 公司以中电投人劳［2003］259号文决定，成立中国电力投资集团公司湖南分公司。

8月9日 中国电力投资集团公司江西分公司在江西饭店举行了揭牌仪式，集团公司总经理王炳华、江西省人民政府省长黄智权为江西分公司揭牌。

8月12～13日 山西漳泽电力河津发电厂分别被国家电力公司和国家环保总局命名为“一流火力发电企业”，并被授予“国家环境保护百佳工程”称号。

8月14日 公司以中电投内规［2003］256号文，印发了《发电企业业绩目标和评估准则（试行）》。

8月15日 公司以中电投营销［2003］253号文，转发了国家电力监管委员会《区域电力市场建设指导意见》、《电力市场运营基本规则（试行）》、《电力市场监管办法（试行）》、《电力市场技术支持系统功能规范（试行）》。

8月16日 王炳华总经理在公司本部主持召开专题会议，对美国、加拿大大面积停电事故进行了分析研究，对集团公司进一步加强安全生产提出了新的要求。

集团公司8月16日下发了《关于汲取美国、加拿大电网大面积停电事故教训，进一步加强安全生产管理的紧急通知》（中电投安全［2003］260号）。

同日 公司党组以中电投党［2003］32号文，印发了《中国电力投资集团公司党组关于领导干部管理的暂行规定》。

8月19日 张晓鲁副总经理在内蒙古自治区锡林郭勒盟出席开发建设白音华煤电基地项目合作协议签约仪式。

8月21日 张晓鲁副总经理在内蒙古通辽市出席中国电力投资集团公司与通辽市人民政府及霍林河煤业集团关于开发与建设通辽市有关煤电项目框架协议和关于合作开发煤电联营项目协议签字仪式。

8月26日 公司以中电投财务［2003］265号文，转发了国资委、发展改革委、财政部关于继续落实国务院有关精神暂停电力系统职工投资电力企业的紧急通知，对公司系统多经企业和职工停止投资发电企业再次提出了明确要求。

8月28日 中国电力投资集团公司高级培训中心暨中共中国电力投资集团公司党校、中国电力投资集团公司上海技能培训中心在上海举行了隆重的揭牌仪式。

8月28～29日 由中国电力投资集团公司主办的发电公司工程建设管理座谈会在北京召开。华能、大唐、华电、国电、中电投集团公司的领导参加了会议。国华发电公司、华能电力股份公司的代表也应邀出席了会议。

8月29日 公司在京召开发电企业业绩评估工作电话会，动员和部署开展发电企业业绩评估工作。

同日 公司以中电投安生［2003］269号文决定，成立公司发电企业业绩评估委员会。王炳华任主任，田勇任副主任。

9月3日 公司以中电投内规［2003］275号文，印发了《中国电力投资集团公司水电建设工程质量巡视规定（试行）》。

同日 公司以中电投财务［2003］274号文，印发了《中国电力投资集团公司财务总监委派管理暂行规定》。

同日 公司以中电投监审［2003］277号文，印发了《中国电力投资集团公司物资采购管理监督暂行办法》。

9月4日 王炳华总经理出席国家电网公司、南方电网公司和五大发电集团公司在京召开的网厂协调座谈会。会议认真学习贯彻胡锦涛总书记、温家宝总理等中央领导同志关于电力电网安全的一系列重要批示精神，分析美加电网事故的经验教训，共商确保电网安全稳定大计。

9月6日 由副总经理丁中智率领的集团公司代表团与加拿大魁北克水电公司在蒙特利尔签署了合作框架协议。这是集团公司成立以来首次与国际知名的电力公司签署合作协议。

9月8日 公司以中电投内规［2003］280号文，印发了《中国电力投资集团公司招标监督暂行办法》。

9月15日 中共中央政治局常委、中纪委书记吴官正在青海省书记、省长赵乐际副省长白玛、蒋洁敏，省委秘书长刘伟平及黄河水电公司领导的陪同下，视察龙羊峡水电站。

同日 国务院派遣，国有企业监事会主席刘学良率领国有企业监事会第46办事处5名成员正式进驻集团公司。

9月16日 集团公司通过直接参股和间接参股远达环保公司，股份约占远达环保公司51%。

9月17日 国家“十五”重点工程三板溪水电

站截流成功。中国电力投资集团公司副总经理石成梁、贵州省副省长包克辛、湖南省副省长徐宪平，以及两省政府有关部门的领导出席了大江截流仪式。

9月22日 公司在北京召开发电运行分公司成立电话会议。

9月23日 中国电力投资集团公司河南分公司在郑州举行揭牌仪式。

同日 中国电力投资集团公司与平顶山煤业（集团）有限责任公司在郑州签署了“战略合作框架协议书”。

9月25日 公司以中电投人劳［2003］311号文，批复了《中国电力投资集团公司湖南分公司组建方案》。

9月26日 公司以中电投总［2003］313号文，下发了中国电力投资集团公司对湖南分公司法人授权委托书。

9月29日 中电投集团公司总经理王炳华与湖南省委副书记、代省长周伯华在长沙签署了《关于加快湖南电力工业发展的合作意向书》。

同日 中国电力投资集团公司湖南分公司在长沙举行揭牌仪式。

10月8日 中国电力投资集团公司上海电力股份有限公司“上海电力”股票（A股），准于在上海证券交易所上市交易。

10月15日 中国电力投资集团公司副总经理张晓鲁与内蒙古电力（集团）有限责任公司董事长乌若思、总经理赵凤山在呼和浩特举行会谈。会谈结束后，双方共同签署了关于联营开发建设白音华煤电基地项目合作协议书。

10月25日 中国电力投资集团公司东北分公司揭牌仪式在沈阳隆重举行。

10月27日 王炳华总经理、丁中智副总经理在公司本部会见摩根士丹利董事长裴熙亮一行，双方就全球资本市场情况和未来合作有关问题进行了交流。

10月29日 集团公司控股的上海电力股份有限公司在上海证交所挂牌交易。

10月30日 王炳华总经理在广西出席亚太电协CEO会议。

同日 中国电力投资集团公司以企业会员身份正式加入东亚及西太平洋电力工业协会（亚太电协）。这是集团公司组建以来首次加入大型国际电力行业组织。

10月31日 公司以中电投内规［2003］336号文，印发了《监察部门参加重大事故调查实施责任追究的暂行规定》。

同日 公司以中电投内规［2003］336号文，印发了《监察部门参加重大事故调查实施责任追究的暂行规定》。

同日 公司以中电投内规［2003］339号文，转发了国家电力监管委员会、国家工商总局联合发布的《购售电合同示范文本》。

11月5日 王炳华总经理在公司本部会见来访的法国阿尔斯通董事长兼首席执行官柏珂龙先生一行，双方就电力工业发展趋势及未来合作的前景进行了友好交流。

同日 王炳华总经理在公司本部会见来访的美国美林集团董事长兼首席执行官、总裁欧尼尔先生一行，双方就国际资本市场及未来合作前景进行了友好交流。

11月6日 集团公司召开了委派首批财务总监电话会议。

11月7日 孟振平副总经理出席国家开发银行国际顾问委员会第五次会议。

11月10日 公司以中电投内规［2003］360号文，印发了《关于规范主业与多经企业关联交易的内部审计政策意见》。

11月14～29日 张晓鲁副总经理率团出访美国，参加中美清洁能源大会。

11月17日 中共中央政治局常委、全国人大常委会委员长吴邦国同志视察了中电国际淮南平圩发电有限责任公司。

11月18日 集团公司在北京召开了工程建设管理分公司成立电话会议。

11月26日 王炳华总经理、丁中智副总经理出席中国电力投资集团公司与日本电源开发株式会社交流与合作框架协议签字仪式。

12月5日 集团公司在北京人民大会堂举行了新闻发布会。自12月8日起将向社会公开发行30亿元企业债券。

12月10日 集团公司召开了企业理念和企业标志发布电话会议，标志着集团公司打造企业文化工作又向前迈进了一步。

同日 王炳华总经理在公司本部会见澳门电力首席执行官马兆麟先生一行，双方就澳门电力近期经营情况和未来发展规划进行了交流。

12月16日 集团公司在辽宁省发电企业资产财务和劳动工资保险划转移交协议在沈阳正式签字。根据协议，由辽宁省电力有限公司向集团公司东北分公司整体移交的资产，总装机容量147.59万kW，资产总额32.14亿元。

12月17日 公司以中电投总［2003］407号文，印发了《中国电力投资集团公司2004年工作要点》（简称《要点》）。《要点》确定2004年为公司增收节支年，并着力做好九个方面的工作。

12月18日 山东海阳核电厂“五通一平”工程暨进厂道路工程开工仪式在山东省海阳市举行。

12月25日 公司以中电人劳［2003］421号文决定，成立中国电力投资集团公司华东分公司。

12月27日 内蒙古锡林郭勒白音华煤电有限责任公司成立暨揭牌仪式在锡林郭勒盟西乌旗举行。

12月28日 广西长洲水电开发有限责任公司在广西梧州市召开了第一届董事会第三次会议暨第一届股东会第二次会议。

同日 内蒙古锡林郭勒白音华煤电有限责任公司成立暨揭牌仪式在内蒙古锡林郭勒盟西乌旗举行。

12月30日 黄河水电公司体制改革新组建单位成立大会在西宁隆重召开。集团公司总经理王炳华、黄河水电公司总经理夏忠共同为三个新成立的发电运行分公司、监测试验与大坝管理中心、青海创盈投资集团有限公司揭牌，标志着黄河水电公司新体制开始运行。

电力工业论坛

2003 年全国主要论坛

2003 年中国电力论坛

2003 年 9 月 8～9 日，中国电力企业联合会在上海举办了“2003 中国电力论坛”，在政府有关部门的大力支持和指导下，获得了圆满成功。

此次论坛是在电力体制改革逐步推进、电力供需形势趋紧、美加和英国伦敦大面积停电发生后举办的，因而受到了社会各界的高度关注。来自国内和国外的 15 位高层讲演人与电力企业 300 多名代表，围绕“可持续发展的中国经济与电力安全”这一主题，分别从经济体制改革、电网电源建设、电网安全应急机制、发电企业风险防范、电力监管等多个角度，深入全面地进行了研讨、交流。大家普遍认同电力安全不仅是电力工业健康发展和正常运营的前提，而且也是国民经济持续健康发展的基础和保证。电力安全是一个广义的概念，包括生产安全、市场安全和资源安全三方面的内容。

（1）生产安全。安全生产是对所有生产领域的普遍要求，但电力生产的特殊性和电力用户的广泛性，决定了电力安全生产的复杂性和重要性；电力生产供应的网络性和瞬时平衡性决定了每个环节必须密切配合，高度协调。确保电力生产安全，必须建立和巩固三道安全防线：坚强的电网网架，可靠的安全自动装置和完善的安全应急措施。要发扬电力行业的优良传统，必须坚持多年来形成的一套行之有效的制度，坚决贯彻安全生产责任制，提高职工队伍素质，把安全责任落实到每一个环节、每一个岗位。此外，要切实做好电力发展规划工作，坚持“适度超前”的原则，坚持统一规划的做法，保障电源电网的协调发展，坚定推进全国联网。

（2）市场安全。电力市场安全在我国还是一个新问题。所谓市场安全就是通过市场交易，充分满足用户的需求，做到供需基本平衡。厂网分开、竞价上网是大势所趋，在市场决定价格的情况下，市场风险是一种客观存在。不能因竞价而影响电力的安全，也不能因供需变化而引起价格的大幅波动。保证电力市场的安全，电力价格既要体现政府的宏观调控，又要充分体现市场机制的作用。目前我国正在积极推进以市场化为取向的电力改革，在市场模式选择、相关法律法规制定、价格调节机制、市场的监管和信用及其配套政策方面都应充分考虑市场安全问题。各项改革都要在充分考虑国情和市场安全的基础上，积极稳妥地推进。

（3）资源安全。能源资源安全实际上是一个可持续发展问题。电力作为二次能源，其发展需要充足的一次能源作为支撑。按照 2020 年实现小康社会的发展目标，我国经济总量翻两番，那么初步预测能源供应总量至少要翻一番。我国是能源资源相对短缺和贫乏的国家，又是人均拥有发电装机和用电量与世界平均水平相比差距很大的国家，在资源的利用上不能不充分考虑可持续发展的问题。但目前的电源结构不合理，主要表现在不可再生的煤炭资源消耗巨大，造成的环境污染严重。燃煤机组占全国装机总容量的 74%，发电量占全国发电量的 81%，每年消耗的煤炭占全国煤炭消耗量一半以上，排放的二氧化硫已接近全国排放总量的一半。而清洁能源、可再生能源的开发力度远远不够，水电占总装机容量还不到 25%，风能、太阳能发电仅占 1%。因此实施电力工业可持续发展战略，需要着力调整电源结构，充分合理利用国内国外两个市场、两种资源，实现电能结构的多元化；政府要制定有关法律和完善有关政策，鼓励企业积极开发利用新技术；加大新能源和可再生能源的开发力度，逐步合理降低燃煤机组的比重；要坚持开发与节约并重的方针，把节能、节电、环保和扩大能源进口作为一项战略性任务对待，以使我国有限资源得以长久永续利用，以最小的资源和环境代价实现国民经济的持续快速发展。

全面实现电力安全，生产安全是前提，市场安全是目的，能源资源安全是基础。除上述共识外，此次论坛还提出了一些值得十分重视的观点，主要有以下几点：

一、尽快建立起电网安全运行机制和电网事故的应急处理机制

大电网能够实现能源资源在更大的范围内的优化配置，实现输电的规模经济效益，提高电能质量和电

网的安全稳定水平。随着我国西电东送、南北互供和全国联网的推进，网间互联和电网覆盖范围不断扩大，一旦发生事故而不能迅速消除时，很可能导致系统稳定破坏和不可控的联锁反应，造成大范围、长时间的停电，对社会的政治稳定和经济安全造成严重影响。当前正处于新旧体制交替时期，各种关系尚未理顺，有关的规章制度尚待健全，电网调度有一个适应新形势的过程，也会给电网安全带来新的不稳定因素。因此，尽快建立适应新体制的电网安全运行机制是当务之急。电网企业要从企业的制度建设、组织建设、生产技术和安全管理等方面建立起保证电网安全运行的内部机制；发电企业要树立电力系统安全一盘棋的思想，通过发电企业全面提高自身的安全管理水平和高水平的安全生产，支持和保证电网安全；由于电力发、供、用瞬时同时完成，电力的输送必须通过电网完成，因此，要坚持电力统一调度的权威性；要依靠法律法规和经济等综合手段，兼顾安全性和经济性，切实做好三公调度。

此外，应总结国外对大面积停电事故应急处理的教训和经验，尽快建立我国电网事故的应急处理机制。在国家层面，政府应把电力安全纳入国家安全战略进行统筹考虑，把电网大面积停电事故作为社会突发事件范围纳入社会危机管理的范围，明确统一协调电力安全应急救援工作和指挥电力安全事故应急救援的机构；并事先制订预案，金融机构、广播电台、电视台、医院、机场、通讯部门和党政军首脑机关等重要单位都要有保安备用电源。在企业层面，电网企业要制订出电网发生稳定破坏事故后的应急预案和"黑启动"方案。制定统一的事故处理原则，以及事故发生后，按照尽快恢复供电、尽量减少损失的原则，制定有序操作的规程和办法。

二、加快电力法律法规体系建设，为安全生产提供制度保证

电力法律法规体系建设是电力市场安全运行的基础和保障。厂网分开后，市场主体多元化的格局已经形成，市场环境发生了较大变化，原来的电力法律法规体系已经不能完全适应新形势的需要。因此，要加快《中华人民共和国电力法》的修改和相关法律法规的制定和完善工作，注重法律法规之间的协调性和统一性；要针对当前电力安全责任缺位的现状，在新的法律法规中做出明确规定，落实责任主体，调动有关各方的积极性，切实保障电力安全。

三、建立科学合理的输配电价形成机制，保障电网的自我发展能力

确保电力安全必须坚持电网与电源协调发展的原则。近几年国家投入巨资进行城农网改造，取得了显著成绩，但电网建设仍然相对滞后。电网的建设和技术改造需要足够的资金，资金来源缺乏是当前面临的一个现实问题。电力体制改革前，没有单独的输配电价格，在缺电时期，各项政策，包括价格政策在内，主要是以刺激发电装机为主，对供电环节的重视不够，造成电网建设相对滞后电源建设。因此，在制定新的电价政策时，应充分考虑电网企业的自我发展能力，给企业以必要的盈利空间，鼓励企业增加电网投入和吸引投资者建设电网，保证电网建设与发电市场容量的协调发展。在竞价上网的电力市场中，应建立上网电价和销售电价的联动机制，以规避电源的发展风险。电价改革一定要坚持有利发展、统筹考虑，发输配售作为统一整体，全面设计、整体推进。

四、将核电纳入国家电力发展规划，走市场化之路，提高自身竞争力

长期以来，我国没有制定核电发展的中长期规划，缺乏对于核电发展规模、布局、反应堆类型、设计、制造、管理体制和机制、人员培训和资金筹措等问题的具体安排，核电游离于国家的电力发展规划之外。要实现电力的可持续发展，尽快选择一种化石能源的替代能源，就必须将发展核电纳入国家的电力发展规划之中。走市场化之路，依靠市场获取资源，依靠市场提高效率，依靠市场实现自我的良性循环与规模的不断扩张；依靠技术进步和科技创新，加快核电设备批量化、国产化步伐，确保核电安全稳定运行，进一步降低核电站的造价和电价，扩大建设规模，增强核电的竞争力。

五、确保电力市场安全是电力监管的重要内容

电力工业是国民经济的基础产业和公用事业。随着国民经济的快速发展和人民生活水平的不断改善，对电力供应的要求将越来越高。适应我国加入世界贸易组织的形势，改善投资环境，提高国际竞争力，也都要求电力工业为社会提供安全可靠的电力供应。

打破垄断，引入竞争，降低成本，实现资源优化配置，是电力体制改革的重要目标。但这一目标必须以电力市场安全为前提。电力事故是社会的灾难，电力安全是最大的效益，离开了安全，一切都无从谈起。作为电力市场的监管机构，国家电监会应把保障电力市场安全作为一切工作的前提和基础。在市场设计、法规制定、执法监督、培育市场信用、倡导行业自律等各个环节和各个方面充分考虑电力市场的安全，把防范市场风险作为重要的工

作内容和目标。既要坚定不移地推进改革，又要谨慎防范市场风险。

六、在高度重视电力生产安全的同时，大力宣传电力消费安全

供应和需求是构成市场的两大要素，电力生产和消费更是一个不可分割的整体。因此，确保电力安全不仅要抓好安全生产，还应倡导安全消费。历史上，因为消费者的原因而引发的电力系统重大事故不胜枚举。教育消费者安全用电，是保障电力安全的另一项重要内容。要在全社会大力普及电力安全知识，树立全民电力安全意识，打好确保电力安全的社会基础。政府部门和有关机构将利用多种媒介，加大对安全用电的宣传力度，积极引导消费者安全用电。提高全民防范电力风险的能力，在全社会建立起电力突发事故的应对机制。

七、依靠科学技术，积极采用成熟的先进技术和设备

电力工业的大发展使我国电力设备制造业面临空前的机遇；发展大机组、高参数、高自动化的设备，技术上要赶超世界先进水平，也给国产化带来严峻的挑战。电力技术日新月异，先进可靠的设备不断出现，作为技术密集型行业，电力企业和电力设备制造企业应尽量采用国内外先进成熟的技术；设备是安全生产的物质基础，电力行业要尽量采用先进成熟可靠的设备，为安全生产创造稳固的物质条件。

八、倡导以人为本的安全文化，提高安全文化素质

企业安全文化的基本涵义是指企业在长期的安全生产经营过程中逐步形成的、居于主导地位并为全体员工认可和恪守的共同价值观和行为准则。在安全生产工作中，人的因素起主导作用，杜绝或减少人的不安全行为，对于提高安全生产水平有根本性的作用。因此，深入分析人的不安全行为产生的根本原因，倡导以人为本的安全文化，提高人的安全文化素质，是搞好安全生产的重要基础。

要大力开展安全文化建设。首先，要继承优良传统，坚持行之有效的规章制度和管理办法。其次，要大力培育职工良好的安全思维方式、安全道德观和安全价值观，树立高度的社会责任感，自觉地维护自身、他人、设备和社会的安全。第三，要切实做好企业安全生产的环境与秩序建设；做好企业内部组织机构、管理网络、部门分工和制度建设；建立健全发电企业安全管理业绩评估体系和电网企业的可靠性评价体系。

中国发展高层论坛

2003年11月15～17日，由国务院发展研究中心主办的中国发展高层论坛“能源战略和改革”专题国际研讨会隆重开幕。近200位中外著名专家学者、企业家、政府官员从世界各地奔赴北京钓鱼台国宾馆，一起探索新形势下中国的能源问题及应对策略。

这次研讨会的主要目的是探讨中国该选择怎样的能源发展战略、能源如何可持续发展，以及国家需要做何种经济结构调整和政策选择。与会专家就优化能源结构及改善产业结构、节约能源、提高能源生产使用效率等问题进行了广泛研讨，以期为政府决策提供参考和依据。

本次研讨会分两个阶段：11月15日是预备会——“国家能源战略政策情景分析研讨会”，讨论由国务院发展研究中心牵头、多部门专家参与撰写的《国家能源战略的基本构想》研究报告；11月16～17日正式开会，徐匡迪等10位政府官员、专家等就“能源战略、经济改革与可持续发展”等10方面内容作了专题发言，每位发言后都特意安排了外方代表予以评论。与会专家认为，未来20年中国将面临严峻的能源问题，妥善解决的关键，在于采取合理的政策。

国家电监会副主席邵秉仁、宋密参加了研讨会。邵秉仁在16日的会议上作了题为《中国电力发展与监管》的发言。

中国发展高层论坛由国务院发展研究中心主办，目的是在中外专家学者、企业家和政府官员之间，建立起一种新的对话交流机制。该论坛自2000年至今已成功举办了4次年会和两次专题研讨会，均取得丰硕的成果，受到国内外各界的好评。

李鹏在国家电网公司座谈会上的讲话

(2003年9月17日)

“美、加大停电”给我们什么启发和教训呢?

第一，要正确处理安全和效益的关系。电力工业的方针应该是“安全第一，兼顾效益”。如果发生大面积停电事故，其本身所受的损失为小，给用户带来的损失为大。停电意味着工厂停工，灯火不明，家电不灵，交通瘫痪，信息不通，社会一片混乱。所以，电力生产必须贯彻“安全第一”的方针。

第二，电力管理体制要改革，基本思路应该是“厂网适当分开，有条件时竞价上网”。2002年浙江电网进行了“竞价上网”的试验，比例是电量的13%。2003年浙江严重缺电，拉闸限电非常普遍，只好停止了试验。改革的目的是为了促进发展，而不是为改革而改革。追求效益是市场经济的普遍原则，对电力工业也适用，但是电力有其自身的规律，产供销必须同时完成，保持平衡，否则将出现电网频率或电压的波动。“星星之火，可以燎原”。一个小事故，处理不当可以引发大事故。因此电力改革必须在保证安全的前提下进行。

中国是一个人口众多的发展中国家，与外国相比，不能只看电力总量，而要看人均电量。美国人均3kW以上，中等国家人均也有1kW，而中国人均只有0.3kW。从电网结构看，中国也比较薄弱。所以进行电力改革要适合中国的国情，要尊重电力的客观规律，不能照搬发达国家的经验。何况，外国电力改革也处在探索之中。

第三，中国再度出现电力紧张的原因是什么？一是对用电增长估计不足，二是没有贯彻好“电力适度超前”的方针。这几年，电力增长超过GDP的增长，有其客观因素：投资拉动需求，带来工业耗电增加；生活用电增长之快超出想像；2003年又遇到长期干旱酷暑，致使用电大幅度增长。经济发展过程异常复杂，对有些结果预料不到，情有可原。但是，要避免决策失误。毛主席说“电力是先行官”。小平同志说“电力搞上去了，翻三番都有可能”。这些真知灼见都被忘记了。如果只看个别地区、个别时段电力有富裕，就放松电力建设，到头来只会带来严重后果。

第四，发生“美加大停电”后，中国是否还要建大电网？“西电东送，南北互供，全国联网”是正确的，不能因为发生了“美加大停电”，就因噎废食，谈虎色变。首先，这是中国国情所决定的。能源资源，包括煤和水电，主要分布在西部，而用电中心却在东南经济发达地区，客观上决定了要“西电东送”。这也是资源优化的配置。北方水电少，“南北互供”可以利用南方水电调峰。至于大电网，它本身有许多优越性，如电源互补，备用共享，东西错峰等等，因此“全国联网”的方针不可动摇。

第五，从“美加大停电”中应该汲取的主要教训是什么？

首先，既要重视电源建设，又要重视电网建设。

美国近十多年来，电力增长30%，电网建设增长15%，二者不同步。中国电网结构比美国还薄弱“重发、轻供、不管用”的毛病由来已久。要想加强电网包括输电网、供电网和城乡用电网建设，关键是要多花钱。因此，国家要制定合理电价政策，使电网有建设资金。这还不够，还要从电费加价中提取电网建设基金。做不到这一点，加强电网建设，只是一句空话。

其次，电网必须统一规划，统一调度。

在一个地区和省级电网里，水电比重不可过大。丰水多发，枯水少发，自然规律，不可抗拒。一般水电不超过1/3为宜。在一个供电中心，外部送电和地区电源也应有适当比例，以便在外部电源发生问题时，地区电源能保住主要用户。特别重要的用户，应有自备电源。

电网应有备用容量。事故总是难免的，电网负荷瞬息万变，水电应担负“第一调频”的任务，随频率自动增减出力。大区联网，以“直流输电”为好，发生事故时能起到屏蔽作用。电磁环联网影响稳定极限，应逐步改造。在大城市应形成500kV和220kV环网供电。220kV供电线直达用电中心，能够减少电压等级，减少线损，增加供电安全可靠性。

统一调度的思想应该深入人心，做到自觉遵守。无“统一调度”、观念者，不适宜在电力系统工作。调度命令如军令，一级服从一级，局部服从整体，切不能阳奉阴违。“统一调度”，一靠法律和制度，二靠自觉遵守。种种违背调度命令的事例，在厂网分开后，可能有所增加。如一些发电厂在低谷时，拖延减负荷时间，拒绝停机，一些供电部门擅自退出低频或低电压切负荷装置，拒绝或拖延执行手动拉闸命令等等。

各种自动保护装置的整定值要由电网统一整定。保护正确动作至关重要，不但可以保护电力设备，更重要的是把事故消除在萌芽状态，使事故控制在尽可能小的范围内。

再其次，电网应有自己的调峰容量。

这次电力改革中，给地区电网和省级电网留了一些发电厂，实属明智之举。但数量留得还不够，还应增加一些。今后，电网要多建设蓄能机组和燃机，以增加调峰和备用容量。“喂鸡还得有一把米”。电网本身没有一点实力是调度不动的。

电网除直接调度所属电厂外，还要确定一批关系电网安全大局的大电厂、大机组，称之为直调电厂或直调机组。在事故状态下，通过自动装置，电网调度可以直接操作开停机组和增减出力。

第六，电力体制改革实施已有一段时间，应通过这次“美加大停电”，来审视一下原改革方案是否合适。正确的要坚持，不完善的要调整，不切合实际、超前的要取消。既然美、加两国付了学费，我们何不好好学学，真正能汲取教训呢？否则，类似的大停电事故在中国发生，岂不悔之晚矣！

现在，电力行业已得到普遍重视，电力事业方兴末艾。既遇到了缺电的困难，也带来了发展的大好机遇。希望国家电网公司把这次会议开成一个总结教训的会议，鼓舞人心的会议，尊重科学的会议，把电力事业发展得更好。

把握客观规律 推进电力改革与发展

——国家电网公司总经理赵希正

（2003 年 10 月 16 日）

马克思指出："历史进程是受内在的一般规律支配的。"尊重客观规律，按照客观规律办事，是马克思主义的世界观和方法论，是我们做好各项工作应该坚持的基本原则。在推进我国电力工业的改革与发展中，也必须坚持这一原则，从实际出发，努力使各项工作实践符合客观规律的内在要求，使我们的主观能动性在尊重客观规律的前提下充分发挥，才能避免走弯路，较好地实现预期目标，保证电力工业的持续快速健康发展。

一、充分认识和把握电力发展的客观规律

尊重客观规律，按照客观规律办事，首先要对客观规律有充分的认识和把握。电力工业是国民经济的重要组成部分，有其特殊的行业属性。电力工业的改革与发展，既要遵循社会发展和市场经济的基本规律，又必须遵循电力工业自身特有的规律，并将两者有机结合起来。重点要把握好以下四条基本规律。

第一，电力发展必须与国民经济发展相适应的规律。电力是现代文明的标志。电力工业关系千家万户，关系国计民生，是国家重要的基础产业和公用事业，是涉及国家能源安全的重要经济命脉。电力发展的根本目标是不断满足国民经济和社会发展的用电需求。要实现党的十六大提出的全面建设小康社会的奋斗目标，确保电力工业与整个国民经济协调发展至关重要。电力建设需要一定的周期，电网安全运行要有一定的备用，这就决定了电力发展必须适度超前于经济发展。如果发展滞后，就会制约国民经济发展和人民生活水平的提高，成为经济社会发展的"瓶颈"。如果过于超前，则会造成生产能力闲置，生产要素使用效率降低，成本增加，导致资源浪费。

第二，生产关系适应生产力发展的规律。生产力和生产关系的矛盾运动，是社会发展的基本规律。生产力决定生产关系，生产关系又反作用于生产力。生产关系应该适应生产力的发展，否则就会成为生产力发展的羁绊。电力工作的本质，是在电力及相关领域解放和促进生产力的发展。电力体制改革的目的，就是适时调整电力领域不适应电力工业持续快速健康发展的生产关系，为电力工业发展和生产力水平的提高创造良好的体制和运营机制环境。

第三，电力发、供、用瞬间完成和依赖电网传输的物理规律。这是电的物理特性所决定的，是电力工业特有的规律。这决定了电力不能储存、必须即时平衡和系统性、网络性的特征，是电力商品区别于其他商品的最显著标志，要求我们在充分考虑电力商品与一般商品、电力行业和其他行业共性的同时，要注意从电力实际出发，高度重视电力商品和电力行业自身的特殊性。否则，很可能造成所制定的政策措施脱离实际，缺乏针对性和可操作性，使事业受损。

第四，市场经济普遍遵循的基本规律，即价值规律、供求规律和竞争规律。市场经济是通过市场调节经济活动、配置社会资源的经济组织形式，有其自身的运行机制和规律，其中最基本的就是价值规律、供求规律和竞争规律。市场主体的行为都要受到这些基本规律的调节和制约。健全的法律体系，是确保这种机制有效运作的前提和基础。我国电力体制改革的方向，就是打破垂直一体化的垄断经营模式，引入市场机制，发挥市场在电力资源配置中的基础作用。这也是世界电力工业改革和发展的潮流和方向。在这一过程中，电力改革方案的设计和实施，包括电力市场的建设、市场规则的制定、市场主体的培育等，都必须遵循和体现市场经济基本规律的要求，有利于促进各市场主体开展公平有序的竞争，使电力商品的价格较好地反映其价值和市场供求关系，真正发挥市场配置资源的基础作用。

规律具有不以人的意志为转移的客观必然性。国内外电力工业改革发展的实践表明，坚持从实际出发，遵循电力发展的客观规律，电力工业就能健康持续地发展；相反，忽视和违背了客观规律，最终将使事业遭受损失，付出沉重代价。从我国的实践来看，建国以后，特别是十一届三中全会以来，我国电力工业快事发展，取得了世界电力工业史上罕见的成就，就是由于坚持按客观规律办事，出台了一系列鼓励多家办电、集资办电、利用外资办电的措施，解除了限制电力发展的政策束缚，有效调整了生产关系，使其与电力发展要求相适应的结果。而前不久发生的美加"8·14"停电事故，则证明了违背电力发展客观规律造成的严重后果，值得我们认真总结和借鉴。

当前我们正在实施的电力体制改革，是对电力生产关系的重大调整，是我国电力工业发展史上迄今为止最为深刻的一次体制变革，因而是一项难度很大、

非常复杂的系统工程，也是一次具有挑战性的实践。不一样的国情，不同的社会文化背景，不同的经济社会发展水平，不同的资源分布格局，决定了我们不可能生搬硬套国外的改革模式。从中国实际出发，借鉴国外经验，充分尊重社会和经济发展以及市场经济的基本规律，充分尊重电力工业发展的特殊规律，自觉按照客观规律办事，是确保中国电力改革与发展取得预期目标的最科学、最根本的方法，也是最为理性和现实的选择。

二、按客观规律办事，把握好电力改革与发展的基本原则

21世纪是我国社会经济发展的重要战略机遇期，党的十六大提出了全面建设小康社会的宏伟目标，各行各业都在为实现这一目标而努力。当前，我国经济发展呈现良好态势，电力供应趋紧。电力作为国民经济的基础行业，要满足经济发展和人民生活的需要，面临繁重的发展任务。在初步实现厂网分开、电力体制改革取得阶段性成果之后，进一步深化改革，以改革促进电力工业持续健康发展的任务还十分艰巨，也是今后一个时期的主要任务。在深化改革、加快发展的过程中，按经济发展的客观规律办事，按电力发展的客观规律办事，按市场经济的客观规律办事，坚持电力发展规律与市场经济规律的有机结合，处理好改革、发展和稳定的关系，实现国民经济与电力的协调发展，是坚持马克思主义世界观和方法论的重要体现，也是实践“三个代表”重要思想的根本要求。

（一）电力发展必须与国民经济发展相适应的规律，客观上要求电力要适度超前发展

电力行业的基础性地位和公用性质，决定了电力发展的最终目的是满足经济发展和人民生活的需要。经济发展和电力发展都具有周期性，电力从规划设计到投产运行需要一个较长的过程。因此，电力必须超前发展，使电力系统具有必要的备用容量和足够的输配电能力，才能满足电力增长的需要，保证安全可靠供电。

电力要适度超前发展，已为国内外电力工业发展的实践所证实。我国早在1953年《中华人民共和国电力工业远景发展轮廓文案（1953～1967）》中，就提出要“保证电力的先行发展”。以后又陆续提出“电力工业需要先行一步”、“电力是先行官”、“电力工业必须变落后为先行”等。1995年，随着《中华人民共和国电力法》的颁布，“电力事业应当适应国民经济和社会发展的需要，适当超前发展。”被国家以立法的形式予以明确。现阶段，我国处于社会主义的初级阶段，保持电力适度超前发展十分必要。1997年，在全国出现电力相对富余状况后，电力建设规模相对减小，在近年来经济快速增长的情况下，又出现2003年夏季电力供应紧张的状况，明、后年电力供需形势依然严峻。实践证明，保持电力适度超前发展的决心不能动摇。

电力适度超前发展包括三个方面的内容：一是电源超前发展，并要保证电力系统有必要的备用容量；二是电网超前发展，建设坚强的输电网架，要保证电网有足够的输电和配电能力；三是电源和电网协调发展，包括水火电比例的协调、负荷中心电源容量与外受电力比例的协调等，保证整个系统供电的可靠性。

在现阶段要实现电力超前发展，首先要加快电力项目的前期研究，加强电源与电网的协调和统一规划，用科学的规划指导电力发展；其次要加强国家宏观调控，充分发挥市场配置资源的基础性作用，改进电力投融资机制和电力项目行政审批制度，使之与电力发展相适应；第三要加快电价改革，加快建立适应厂网分开新形势的电价形成机制，优化电价结构和水平，使电网企业和发电企业具有自我发展能力和吸引社会投资的能力，同时，也为竞价上网创造基础条件；第四要加快电力立法，加快修订以《电力法》为核心的电力工业法律法规体系，为加快电力发展和保证电网安全提供法律保障。

（二）生产关系适应生产力发展的规律，客观上要求电力管理体制和运营机制改革要与电力生产力发展状况相适应，既要积极，又要稳妥

建国以来，随着我国电力生产力水平的不断提高，电力生产关系在不断调整，电力体制改革也在不断进行。1979年2月，撤销水利电力部，成立电力部和水利部。1982年3月，水利部与电力部合并为水利电力部。1988年4月，能源部成立。1993年3月，撤销能源部，组建电力工业部。1997年1月，国家电力公司成立。1998年3月，撤销电力工业部。2002年12月，国家电网公司、南方电网公司、五家发电公司和四家辅业集团公司成立。这一系列的改革，都是根据我国电力工业发展的实际，根据电力装备水平、科技水平、管理水平的不断提高，对电力生产关系不断调整的过程，也是我国坚持生产关系必须适应生产力发展需要规律的实践过程。这次以厂网分开、竞价上网为主要内容的电力体制改革同样如此。与以往历次改革相比，此次改革对电力行业生产关系的调整力度是最大的。因为在以前的改革中，都没有根本涉及电源、电网管理关系的划分调整，也没有涉及和电力相关的辅助性业务的调整。因此，这次改革涉及的问题最多，难度最大，潜在的改革风险也相当大。风险主要来自五个方面：

一是发展的风险。改革的目的是为了促进发展，但如果改革后发展的机制不能迅速建立，不能对全国

电力工业发展进行统一科学的规划，就会影响电力工业的持续健康发展。

二是安全的风险。电力行业的基础性地位和电力生产的特殊性，决定了必须确保电网的安全稳定运行，任何不安全的隐患会给国民经济带来灾难。电力系统是一个有机的整体，必须时时刻刻保持协调运转。电网安全涉及的环节比较多，包括电源和电网设备、运行、管理等多个方面，加上我国目前电力供应总量不足，电网结构比较薄弱，任何一个环节出问题，都极有可能引起联锁反应，导致大面积停电事故，造成重大的经济损失和社会损失。

三是稳定的风险。稳定压倒一切，维护社会稳定和正常的经济秩序，是一项重要的政治任务。电力行业职工人数比较多，长期以来实行计划管理，客观上形成了主业与辅业关联密切的局面，也较普遍地存在企业办社会的情况。要将辅业从主业分离出来并走向市场，涉及职工观念转变、与地方政府协调、合理补偿等难点问题，容易引发不稳定因素。特别是在近期，全国不少地方都发生了集体上访事件，保持电力行业稳定的压力更大。

四是电网企业的财务风险。由于历史原因，我国科学合理的电价形成机制一直没有健全。厂网分开以后，电网企业专营电网业务，没有独立的输配电价，而现有的电价中没有充分考虑电网发展所需的投入，电网企业面临较大的亏损压力。如果电网企业不能很好地经营和发展，将难以很好地担负加快电网发展、维护电网安全、维护职工队伍稳定的重要职责，也就难以有效地控制发展、安全和稳定方面的风险。

五是信用的风险。对外开放是我国的基本方针，电力工业必须对外开放，吸纳国内、国外资本进行电力建设。过去缺电时签订的合同，大多是经过国家和地方政府有关部门批准的。讲究信用，遵守合同，是市场规则的基本要求，否则将会影响我们的信誉。因此，在实施分开、竞价上网过程中，妥善处理好已签订的合同，维护信誉，对于吸引国内外投资者继续在中国投资办电十分重要。

基于这些风验，改革必须按照客观规律的要求，遵循总体设计、分步实施的原则，在积极稳妥推进的过程中，妥善处理各种矛盾和问题，以有效地防范风险，避免给社会经济发展造成不良的影响。特别要坚持与时俱进，根据实际情况，实事求是地调整改革的进程和步骤。对于有利于发展、有利保证电力安全和稳定的关键环节，要加快推进。对于条件不成熟、难度较大或长远才需要涉及的问题，要进一步深入研究，先试点，取得经验后再推广。

(三) 电力发、供、用瞬间同时完成的规律，客观上要求电网必须实行统一规划、统一调度

电力不能存储，生产和消费必须瞬时平衡，否则电力系统难以维持正常的运行，难以保证安全可靠的电力供应。为此，既要保证电网有足够的发电备用和输配电能力，又要保证电网的结构和布局合理，满足电源点送出和用户使用的需要。只有实现电网与电源点和用电设备的有机联系，构成一个协调运行的整体，才符合电力的基本物理规律，使整个电力系统实现安全可靠运行。因此，必须对电力系统进行统一规划，包括统一规划电源和电网，统一规划全国电网、区域电网、省级电网和城乡配电网，统一规划一次系统和二次系统，统一规划送端电网和受端电网，统一规划有功和无功配置等。也必须对电网实行统一调度。统一调度包括三个方面的基本内涵：一是在编制年度、季度、月度和日运行方式时，由电网调度部门按照统一的调度规程，统一安排运行方式，统一安排设备检修，统一配置继电保护和安全自动装置，以及统一制定黑启动方案等。二是在电网正常运行方式下，按照电力市场的竞价规则和合同进行调度，按照公开、公平、公正的原则进行调度。三是在电网出现事故情况下，按照事先制定的事故处理预案，严格按照电网调度部门的统一指挥，进行事故应急处理。

(四) 电力商品的特殊性与市场经济基本规律相结合，客观上要求应加快建立电力市场规则和建设电力市场技术支持系统

电力市场是按照公平竞争、自愿互利的原则，通过法律、经济等手段，实现电力商品交换的场所。电力市场与普通的商品市场不同，必须随时保持供需平衡，时刻保证供电安全，这是电力市场维持正常运转的基本条件。在厂网分开、竞价上网的情况下，市场规则是电力市场的基本要素，是实现供需平衡、保证电网安全的根本。在电力市场化条件下，追求经济利益是各电力市场主体的主要目标之一。电力市场在运行过程中，往往出现电网安全目标和经济利益目标相冲突、局部利益和全局利益相矛盾的情况。这时，必须用有效的规则约束来维护电网安全，保护全局利益，保护国家和广大人民群众的根本利益，这也是在电力市场建设过程中实践“三个代表”重要思想的具体体现。

建立市场规则也是保证公平竞争的需要。市场机制的本质是竞争，竞争的前提是公平，电力市场有多个市场主体，要实现公平竞争，首先要建立促进公平竞争的规则，创造公平竞争、公开透明的市场环境，规范各市场主体的行为。没有规则或规则不健全、不透明，就无法实现公平竞争。

因此，电力市场建设之初，必须尽快建立电力市场规则，这既是在当前电力供应紧张情况下，确保我国电网安全稳定运行的需要，也是国际电力体制改革

和电力市场建设实践的共同经验。我国部分地区在总结电力市场试点经验的基础上，制定了一些规则，但这些规则主要基于省级电力市场。为适应区域电力市场建设与运行的需要，应充分考虑区域电力市场与省级电力市场的衔接，加快建立区域电力市场规则。

电力系统一般规模较大,运行复杂,电力市场中的电力交易必须建立在完善的技术支持系统基础之上。技术支持系统是电力市场的另一基本要素。没有技术支持系统的电力市场,无法实现竞价上网,也就算不上真正意义的电力市场。我国电力市场技术支持系统的建立工作尚处于起步阶段,缺乏统一规划,也面临许多难点问题。为适应我国竞价上网的要求,应借鉴其他国家的经验和技术,加大工作力度,加快工作进程,尽快建立起较完善的电力市场技术支持系统体系。

三、坚持市场经济的普遍规律与电力工业的特殊规律相结合，积极推进国家电网公司的改革和发展

国家电网公司是在国民经济中具有一定控制力、发挥重要作用的国有企业，是受国资委监管的重点企业之一，承担着实现国有资产保值增值的重要责任。公司的改革和发展，必须坚持以“三个代表”重要思想为指导，与时俱进，深刻认识电力改革与发展的客观规律，尊重客观规律，按客观规律办事，才能不断开拓各项工作的新局面。

（一）进一步强化电网安全

电网既是市场载体，又是国民经济的命脉，电网企业在保证电网安全方面负有重要的责任。长期以来，我们始终把确保电网安全放在一切工作的首位。在电网安全管理上，坚持一系列行之有效的管理模式，坚持团结治网，坚持安全责任一把手负责，有效地避免了电网稳定事故和电网瓦解事故的发生。

网厂分开后，保证电网安全的压力进一步增大。首先是电网缺乏有效的保证电网安全的调控手段，安全立法和网厂协调的新机制亟待健全。其次，我国电网网架还比较薄弱，电网由弱到强需要一个逐步的过程。第三，当前电网运行外部环境欠佳，外力破坏给电网安全带来较大威胁。美、加“8·14”停电事故发生后，提醒我们要更加高度重视电网安全问题，坚持统一规划、统一调度和事故情况下的统一指挥，进一步消除电网安全隐患，确保电网安全。

（二）加快电网发展，适度超前建设电网

加快电力发展，保证电力充足供应，是确保电网安全和深化电力体制改革的基础。2003 年全国电力供需形势总体偏紧，部分地区由于电力供应不足，导致电网安全出现险情，电力发展的风险凸显。现阶段当务之急是集中精力谋发展，为电力改革、安全生产和队伍稳定创造有利的条件。

为尽快缓解当前的缺电局面，要加快推动一批短、平、快的电力项目上马，加快跨省、跨区输电线路和城乡配网建设。同时，进一步深化全国联网研究，加快大区间互联，扩大电力资源优化配置的规模。西北 750kV 输电线路示范工程要加快建设，保证高质量完成。三峡电力外送输变电工程要加紧建设，保证三峡电力送得出、落得下、用得上。东北与华北联网加强工程、三峡至京津唐电网的直流工程以及山东与华北联网工程等都要加快进度。

（三）积极稳妥地推进电力改革

目前，国家电网公司正按照党中央、国务院电力体制改革的整体部署，积极稳妥地推进电力体制改革的各项工作。

我们要严格认真地按照国务院国发［2002］5 号文件确定的改革方向、近期改革任务和远期改革目标，坚持“总体设计、分步实施、积极稳妥、配套推进”的原则，分阶段、有步骤地实施。电力改革是一项复杂的系统工程，要保持工作的连续性和协调统一。要根据目前我国严重缺电等实际情况，密切跟踪和关注国际电力体制改革动态，不断调整改革的进程和步调。

2003 年，要抓好区域电网公司组建这项关键工作。目前，东北和华东区域电网公司已经挂牌成立。其余区域电网公司的组建工作要加紧进行，在年底前完成所有区域电网公司组建的目标，为今后进一步深化改革奠定基础。

由于稳定压力大，主辅分离改革成为下一步深化改革的难点。我们要充分估计所面临的困难，积极争取各级地方政府的大力支持，深入调查研究，总结经验，在完成区域电网公司组建的基础上，积极稳妥地推进。

大用户直购电试点工作应遵循先立法、后试点、再推广的原则，要兼顾保证电网安全和维护广大电力用户的利益，并考虑与电价改革相协调。

目前我国输配电网还比较薄弱,发电市场建设刚刚起步,市场机制还有待进一步完善,特别是在当前和今后一个时期,电力供应不足且没有足够的备用,不具备实施输配分开改革的生产力条件。应根据国务院国发[2002]5 号文件的总体要求,加强对输配分开重点问题的研究,积极为今后输配分开改革创造条件。

（四）做好电力市场建设的基础性工作

按照国家电力体制改革的整体部署，我国电力市场化改革的目标是建立政企分开、公平竞争、开放有序、健康发展的电力市场体系。一个成熟的电力市场应具备四个条件：一是电网结构合理，特别要能满足电力市场条件下保证电网安全的需要；二是电力市场

的监管职能到位；三是具有较完备的市场规则和技术支持系统；四是电力供应要有一定的富余。在当前电力供需形势发生明显变化、部分地区缺电局面日益严重的情况下，我们应适当调整工作的步调，结合区域电网公司组建和公司信息化建设等工作，深入研究电力市场建设的有关重点问题，强化电力市场建设的基础工作，尤其是要加快制定电力市场竞价规则和建立电力市场技术支持系统，为电力市场的正常运营创造基本条件。

（五）强化电力优质服务

国家电网公司是提供公共产品和普遍服务的公用性企业。优质服务是电网企业的核心竞争力所在，也是国家电网公司实现“两型、两化”战略目标的基本要求。

厂网分开后，国家电网公司要转变观念，拓展服务领域，不仅要为广大电力用户服务，也要为发电企业服务。要拓展优质服务工作的内涵，将服务与效益紧密结合起来，以更高水平的服务满足社会和人民群众的用电需求。要完善优质服务常态机制，将优质服务工作纳入制度化的轨道，以优质服务促进公司经济效益的提高。要主动为发电企业服务，在市场机制尚不健全的情况下，积极探索用经济手段解决发电企业调峰调频“辅助服务”的问题。

毛泽东同志说过，人的正确思想是从哪里来的？不是天上掉下来的，也不是人头脑中固有的，只有从社会实践中来。实践是检验真理的惟一标准，任何事物的发展变化都有其规律性。我们对客观规律的把握，有一个认识、实践、再认识、再实践的过程。掌握客观规律，按客观规律办事，与时俱进，是我们做好工作的前提，也是对党、国家和对人民负责的根本体现。我们一定要加强学习，努力实践，认识规律，把握规律，尊重规律，扎扎实实做好各项工作，为全面建设小康社会作出新的、更大的贡献。

采取有力措施 缓解电力紧张状况

——国家发展和改革委员会副主任
张国宝
（2003 年 5 月 13 日）

当前电力供需形势

“十五”以来，我国电力工业加快发展，发电容量和发电量已位居世界第二位。“西电东送”、城乡电网改造等工作成效显著，电力供应基本满足了国民经济和社会发展的需要。目前，电力供需总体是平衡的，但地区之间电力供需差异较大，在同一电网内的供需差异也不同，一些水电比重较高的地区，枯水期缺电。

2003 年以来，全国用电增速进一步加快，一季度用电量同比增长 17.4%。4 月份增速虽有回落，但是 1～4 月份用电量仍比 2002 年同期增长 16.1%。目前全国电力供需总的讲趋于紧张，反映紧张的地区也有所增加，大体有三类情况：

电力供应偏紧的有 15 个省（区、市）电网，即华北的山西、河北南部、内蒙古西部，西北的甘肃、青海、宁夏，华中的河南、重庆、四川，南方电网的广东、贵州、云南，华东的江苏、浙江和上海。这些地区迎峰度夏和枯水季节高峰时段电力供需有缺口。要采取错峰用电、加大区外供电等措施，缓解电力供应的缺口。

供需基本平衡的有 8 个省（区、市）电网，即华北的北京、天津、河北北部、山东，华中的湖北、湖南以及新疆和西藏。

电力供应尚有盈余的有 10 个省（区、市）电网，即东北的黑龙江、吉林、辽宁、内蒙古东部，华东的安徽、福建，华中的江西，南方电网的广西、海南和西北的陕西。

电力供应紧张的主要原因

经济快速发展和人民生活水平不断提高，用电大幅度增长，是供电紧张的主要原因。工业用电仍是拉动用电需求的主要因素。2002 年，全国用电增速达到 11.5%。工业用电占用电总量的 73%，同比增长 12.6%，新增工业用电的 80%以上是高耗能产业用电。2003 年 1～2 月用电增长 17.64%，其中 75.13%为工业用电。电气、电子设备制造用电增速超过 30%，高耗能产业用电增速超过 20%。

近几年，居民生活用电对电力负荷的影响也较大，高峰用电负荷增长较快。华中、川渝地区夏季制冷负荷一度达到电力负荷的 1/3，华东达到 28.7%，京津唐达到 28.9%。

部分地区电源建设滞后，电源结构不合理。2002 年全国投产发电机组 1850 万 kW，属历史较高水平，但地区分布不均衡，华中的河南、四川、重庆，西北的甘肃、青海、2002 年无新投产发电机组。

去冬今春是我国百年未遇的特枯水年。来水特枯不仅使大中型水电出力下降，还使得小水电减发，增加了对主网的供电压力。这是西北、川渝电力供应紧张的重要原因。

电网结构仍显薄弱，局部地区输、配电“卡脖子”，城市配电设施过负荷，影响了电力优化配置和电力输送。如江苏的过江输电通道能力不足，四川的成、德、绵地区变电设施在高峰时过负荷，广东东莞、深圳一带输电线路能力不足造成输电受阻，大区间电力交换仍十分有限等。

体制和管理上的一些因素加剧了部分地区的电力紧张。例如将电厂的发电量和上网电价分为“计划内”和“计划外”，压低电厂增发电量的上网电价。再如，不允许企业自备电厂富余电力上网，或压到极低价格才肯收购电量，或限制电厂发电利用小时数等。这些在当时电力供大于求情况下的做法已和当前形势不相吻合。另外，跨省输送的电力因难以形成送受双方都能接受的价格，使发电能力不能充分发挥。个别地区因人为因素，影响了电煤供应，一度使几个燃煤电厂缺煤停机。而且，这些缺煤停机的电厂恰恰都出现在产煤大省，电厂和煤矿之间价格上的矛盾没有协调好。

其他一些因素的影响。发电机组因事故停机，如四川江油、重庆珞璜和九龙等电厂，在2002年11月的枯水季发生事故，影响了川渝电力的供应。另外，一季度国际油价上升，使得珠江三角洲地区部分燃油发电机组停发，原来的用户转由主网供电，也增加了对主网供电的压力。

贯彻国办通知精神，采取有力措施，缓解局部地区电力供应紧张状况

千方百计增加供电能力，确保电力供应稳定。

各地计委、经贸委，各电力企业，要针对电力供需的新情况和新问题，未雨绸缪，尽快制定对策，在电力生产、建设的各个环节尽早采取措施，确保电力的安全、稳定供应。充分挖掘现有电力设施的潜力，保持电力设施完好，提高供电能力，特别是保证高峰用电时段的供电能力。

目前，有一部分发电机组在生产运行中尚未达到设计能力，还有潜力可挖。也有一部分电力设备因故障影响了电力供应。为此，各发电企业和电网企业要根据各地区电力负荷的变化情况，认真安排好设备的检修计划，避开在高峰期检修设备，保证用电高峰期和高峰时段发电机组正常运行。据我们了解，现在还有一些地区的输变电设备和发电设备还处于检修当中，比如南方电网。希望在夏季用电高峰到来之前，这些设备都能够维修好。

各地要取消或修改限制发电的措施，比如对发电小时的限制，允许企业自备电厂的富余电力以地区平均上网价格上网。推行发电侧峰谷、丰枯电价制度，鼓励发电企业在用电高峰时段多发电；水电比重较大的地区，要适当拉开丰、枯水季节上网电价。煤炭产地的个别火电厂和煤矿企业要从大局出发，按电煤价格的指导意见，保证煤炭供应。

国家发展改革委已下发了《关于运用价格杠杆调节电力供求促进合理用电有关问题的通知》，请各地认真执行，并将情况及时反馈发改委。

加快在建电力项目建设进度，确保按期投产，力争提前投产。2002年预计投产大中型发电机组1850万kW，有些项目具备提前投产的可能性。为此，各有关单位要在保证建设质量的同时，加快建设进度，争取按期或提前投产。

目前，有些项目因设备供货推迟，影响了建设进度。请有关设备制造企业抓好生产调度和生产管理，挖掘潜力，保证质量，按期交货。

目前电煤市场和价格已经放开，地方不得对电煤的供应进行行政干预和搞地方保护。电煤供应企业不得搞价格联盟，以价格为由抵制发煤。特别是产煤省要从大局出发，不要以行政手段阻碍煤炭的销售，对恶意干预煤炭市场化供应，造成恶劣影响和后果的，要给予行政处分。交通部分要切实组织好运力，保证电煤运输的畅通。

我国水电装机相对集中，局部地区比重较大。这些地区水库的用水调度直接影响电力供应。因此，有关单位要认真做好水情预测工作和用水调度，在满足防洪要求的同时，水利调度要与电力调度相互协调，统筹安排好防洪、发电、灌溉等方面的需要。这方面请水利部做好有关的工作。

优化电网调度，调剂地区间电力余缺。

目前尚有相当一部分输变电线路未能充分发挥设计能力。请国家电网公司和南方电网公司尽快研究完善电力资源优化调度的原则，促进“西电东送”和网间的丰枯、峰谷和余缺调剂，发挥电网间的“错峰”效益。区域电网也要充分发挥区域内现有发电和输电设施的能力，避免在用电高峰时期和时段出现一方面拉闸限电、一方面能力闲置的现象。

目前，电网建设的任务仍然十分艰巨，各电网企业及有关部门要抓紧落实“十五”电网发展规划，对已开工的“西电东送”通道、大区联网工程要抓紧建设，保证按期完工，例如三万二回路，华中华北联网工程。贵广三回交流一定要在6月底前投入商业运行，使西电送广东能力超过500万kW。对已审批的项目要抓紧开工建设，例如绥中到姜家营的第二回路，以及长江的过江通道。已规划的项目，抓紧开展前期工作，尽早开工建设。在建设中要严格执行国家的基本建设程序，严格按照《中华人民共和国招投标法》规范电网项目的建设和设备采购，严格控制工程造价。

对于调节省际、区域之间电力余缺的互送电量，要尽可能减少中间环节。互送电量、电价，原则上由

供需各方协商确定，相关的电网企业要积极创造条件，促进调剂余缺电量的及时输送。对供需电价倒挂，但一次能源流向合理、调剂余缺作用明显的特殊情况，要研究提出解决办法。

随着电网覆盖面的扩大，供电量的增大，调度的责任也越来越重，因此，各发电企业要提高认识，顾全大局，遵守纪律，严格服从电网的统一调度，保证电网的安全运行。

加强用电需求管理，合理引导电力消费。

各地要按照国家产业政策，加强对高耗能产业的引导，整顿电价秩序，规范电价管理。

各地要对自行出台的用电政策进行清理，对产品供大于求、经济规模不足、市场竞争力差、污染严重、资源浪费大的企业要取消优惠电价。

对擅自改变上网电价，或以"计划外电量"、"竞价上网"等名目变相调整电价的，也要进行清理。根据国务院的要求，国家发展和改革委员会、国家电力监管委员会将组织检查和监督。请各地计委认真组织自查。

加强电力需求侧的管理，是当前和长远电力事业健康发展的重大课题，国家发展改革委将于近期会同有关部门，制定有关办法和政策。

尽早采取措施，应对可能出现的特殊情况。

2003年河南、苏南、冀南等可能出现局部、季节性用电高峰时段拉闸限电情况。西北、川渝地区，如果枯水情况持续发展，则缺电将进一步加剧，需要尽早采取措施，包括采取一些行政手段，应付紧急情况，尽量避免对经济和居民生活产生大的影响。在出现特殊情况时，首先要保证居民生活用电和重点单位用电，根据产业政策，合理安排企业生产用电和限电的次序，渡过难关。请地方政府有关部门和国家电网公司、南方电网公司提前做好准备，落实应对措施。

当前电力需求旺盛，各地上电厂的积极性很高，但发电厂建设投资大，与燃料供应、交通、水资源关系密切，一定要符合电力发展规划的布局，切不可一哄而上，发展低效小机组。也要注意电力结构，优先发展水电，适度发展核电，发展调峰电厂，对燃煤电厂的建设要按规划进行调控。

张国宝在2003年中国电力论坛的讲话（摘要）

国家发展和改革委员会副主任张国宝，9月份在中电联召开的2003年中国电力论坛上，在谈到如何看待2003年缺电问题时讲到，2003年较大范围内的电力短缺现象是自1996年以来首次出现的。缺电的原因，一是由于2003年来水偏少，8月上旬水电和2002年同期相比减少了5个百分点。二是没有实现年初的预期计划，年初时分析福建的电力可能会供大于求，能送电给上海，结果，由于福建旱情和高温，不仅没有往外送电，还倒受电，使得上海一带电力紧张。三是由于设备完好率问题，在备用容量比较小的情况下，如果设备完好率不能保证，则加剧了电力紧张。四是2003年南方持续高温，空调负荷过重。五是电源建设赶不上用电需求的增长。1998年、1999年两年中，新开工机组偏少。

张国宝副主任在谈到电力建设速度问题时说，1987年，我们的装机容量突破了1亿kW，1995年3月，全国装机容量达到了2亿kW，2000年4月，全国装机容量达到了3亿kW，2002年，达到了3.56亿kW。1975年，美国的装机容量是3.5亿kW，相当于我们目前的水平。美国在电力建设历史上最高的速度就是5年装了1亿kW。我国从1995～2000年也同样增加了1亿kW，每年装机两千万kW。2001～2002年发电装机增长的速度年均是5.6%，发电量增长的速度是9.9%，说明我们装机容量的增长速度低于发电量增长速度。2001年，新开工的发电容量是2140万kW，2002年是2350万kW；2001年新投产的机组是1144.5万kW，2002年新投产的机组是1273万kW，新投产的机组比新开工的机组少。这是因为1998～1999年时电力供大于求，所以减少了新开工的机组，产生的滞后影响。1999年全国火电厂平均利用小时只有4720h，2001年约为4900h，2002年全国火电厂平均利用小时数是5200h，有的提高到6000h甚至于7000h。这就向我们敲起了警钟，我们应加大对电源的建设。

张国宝还说，2002～2003年，在建的大型发电机组有7420.3万kW，其中水电是3882.3万kW，水电的比重占总装机的52.4%，比过去的30%明显提高。但水电的建设周期比较长，例如三峡工程，装机容量为1820万kW，要到2009年才能陆续建完。2003年我们预计投产2000万kW，新开工2500万kW。国家为了保证新开工的2500万kW，工作都是按新开工3300万kW安排的，即安排3300万kW来保证2500万kW在2003年开工。

张国宝副主任讲，电力需求的旺盛增长，给电力工业的发展，带来了难得的发展机遇，电力工业的发展水平又跃上了一个新的台阶，最近就有8个新发展：一是我们从过去的亚临界机组，提高到了目前的60万kW超临界机组；二是我们正在发展的90万kW的超超临界机组；三是9F以上的重型燃气轮机；四是以白马电厂为代表的大型循环硫化厂的轱辘，还有一定的应用前景；五是目前正在考虑的百万千瓦级的核电机组；六是大型的风力发电厂，这个风力发电厂虽然从装机容量来讲，并不是很大，但是意义重大；七是抽水蓄能电站的国产化正在招标；八是要建大型水电，高水头的水电机组，尽管三峡已经是大的，但是今后要建的西楼洞比三峡水头还要高。

张国宝副主任指出，加快电力的建设，不光是电源的建设，还包括电网的建设。我们这几年电网建设很快，还要进一步研究大容量的输电通道，进一步实现全国联网。城市的电网虽然经过了大规模的改造，但从供电安全的角度讲，还需进行拾遗补缺的改造。

在谈到电力体制改革的问题时，张国宝副主任指出，电力体制的改革，不要照搬别国的经验，要根据中国国情，一切要从实际出发，安排电力改革的方案和步骤。

赵希正在2003年中国电力论坛的讲话（摘要）

赵希正理事长指出，2003年以来，经济一直保持高速增长。我国2003年夏季旱情严重，持续高温。电力供应总体上平衡，但区域性、季节性、时段性的缺电有所蔓延，在19个省市出现了拉闸限电的局面。在这种情况下，政府及时出台了峰谷电价和需求侧管理的政策及意见，加强了跨大区的调度，保证了电力的安全稳定运行。因此，虽然电力需求很旺盛，但由于种种措施得当，缓解了电力紧张的局面，保持了良好的供电形势。

赵理事长讲，按照今后20年翻两番的要求，我们预测2020年电力装机容量要达到9亿kW。中国电力工业的发展任务非常艰巨，能否满足国民经济持续健康发展对电力的要求，是电力工业面临的一个严峻课题。当前，正在进行以厂网分开、竞价上网为中心议题的电力体制改革。目前，总的生产秩序是正常的，但是由于竞价上网新的规则没有出台，原来一整套的安全生产制度面临新的问题。因此，中电联这次举办的以国民经济与电力安全为主题的论坛非常重要。

赵理事长还提到，电力体制改革要注意防范和化解五个风险：① 发展风险，发展风险是今后是否面临缺电的问题；② 安全生产风险，改革中始终面临着生产的安全问题；③ 财务风险，包括电价问题；④ 信用风险，我们怎样面对和国内外签订的合同；⑤ 职工队伍稳定的风险。

赵理事长指出，电力安全、生产安全、安全生产至关重要，我们要把市场经济的普遍规律和电力生产的特殊规律紧密结合，才能保证电力体制改革和发展更加安全。赵理事长在接待澳大利亚太平洋电力公司的罗宾逊先生时，罗讲到，任何改革都是有风险的，没有风险的改革不能称其为改革，所以对改革要周密地策划，改革一旦启动，就不可逆转。赵理事长说，最近会见德国德林斯顿银行的行长和总裁时，他们讲了一段很重要的话："没有秩序的竞争比没有竞争的秩序还可怕，即没有法律的竞争，比没有竞争的秩序还可怕，因为没有竞争还有秩序。"高盛总裁也对他说："你作为电网公司的一把手，一定要头脑清醒，要明白哪些事能干，哪些事情是可以试的，哪些事情是绝对不能干的。"赵理事长理解他的意思是，凡是危及安全生产的事情是绝对不能干的。

赵理事长还说，现在有一种倾向，一说统一调度，就是电网公司是否拿安全来压改革，拿统一调度压竞价上网。这个议论可以理解，但说明人们对统一调度理解不全面。统一调度应包括三方面的内涵：一是在做运行方式方案，在制定调度规程的时候，要全网统一，负荷平衡，根据电厂的要求统一安排维修计划，根据电网的情况和调度稳定导则，统一制定继电保护、安全自动装置的整定值，调度规程、运行规程、继电保护规程都由区域电网公司统一制定，这是统一调度的一个根本的内涵。二是在正常的运作方式下，应当按照合同调度和协议调度，按照市场规则调度，遵循竞价上网规则。三是在电网的事故状况下，要服从电网事故处理的统一指挥。这三方面的内容是当今我们理解统一调度的最基本的内涵，也是维护电网安全稳定和维护电力市场公平竞争的最有效的方法。

赵理事长最后还谈到，应尽快修改《电力法》，加强立法，加强电力设施保护。目前我们急需完善电力立法以适应新的改革形势。在新的安全立法没有出台之前，要从大局出发，从维护电力市场的安全出发，从维护国民经济命脉的安全出发，遵循现有的调度条例和电力设施条例，执行稳定导则，实行统一调度和三公调度，接受监管来维护好电力安全。

中国核电的发展与电力资源的安全

——中国广东核电集团有限公司
总经理王禹民

我国正处于经济发展的快车道上，加快我国电力工业发展，确保电力资源安全是我国政治、社会和经济形势发展的必然要求，应对这一巨大的挑战，必须以科学技术进步为龙头，走科技含量高、经济效益好、资源消耗低、环境污染小，并使现有人力资源优势得到充分发挥的新型电力工业发展之路。

要实现上述目标，我个人认为必须解决好以下三个相互关联的问题：

一、如何应对碳氢化合物燃料，即我们常说的化石燃料的储存量和开采量不断下降，开采成本不断提高以及不可再生的问题；

二、充分满足人人都应享有清洁、廉价、有保障的能源（电力）供应的要求，即人类的社会生存与发展的要求；

三、必须进一步重视和解决环境保护的问题，把能源问题放到人类可持续发展战略的整体框架内来考虑。

国际经验证明，核电是当前世界上除水电外惟一技术成熟又可大规模提供电力的清洁能源，是减少二氧化碳、二氧化硫和氮氧化物等严重污染物排放的最有效途径，在电力结构调整、确保可持续发展中将起到不可替代的重要作用，是解决上述三个问题的重要选择。到2003年6月底，全世界投入运行的438座核电机组的发电量占全球总发电量的16.1%，总装机容量达到3.5亿kW；此外，有32座核电机组正在建设之中，还有33座已列入发展计划。

当前，从国际大环境看，为应对不断增大的能源危机风险和环保压力，许多发达国家和大多数发展中国家，纷纷重新把核电作为今后能源结构中的重要组成部分，正积极准备开发新的核电机组。

从能源结构看，我国的能源资源虽然比较丰富，但分布不均，沿海地区经济发达、电力供应负荷集中，但水电资源和煤炭资源匮乏、环保要求高，因此在这些地区发展核电，是解决能源供应的有效途径和必由之路。同时，我国电源结构也不尽合理，电源装机容量中火电比例过大。大量使用煤炭，势必造成环境污染严重，能源利用效率低等问题，以煤电为主的电源结构必须尽快加以调整。水电的发展也受到自然环境、自然条件的诸多限制。因此，发展核电已越来越显示出了其重要性和必要性。

国内现有核电站安全运行已超过30堆·年，“九五”期间开工建设的核电机组进展顺利，将在未来3年内全部陆续建成并投入运行。如果需要尽快选择一种化石能源的替代能源，我最看好核能！

中国核电产业发展到今天，在全新的电力市场环境中不断面临着新的机遇和严峻的挑战。当前，出现了三个值得重视的倾向：

第一个倾向，国家正在把核电纳入国家能源总体规划之中。长期以来，我国没有制定核电发展的中长期规划，缺乏对于核电发展规模、布局、反应堆类型、设计、制造、管理体制和机制、人员培训和资金筹措等问题的具体部署，在某种程度上核电还只是一种探索，只是解决了有无问题，远远谈不上持续发展。也就是说，核电仍然游离于国家的整个电力体制之外。党的十六大之后，国家发改委委托中国电力工程顾问集团公司完成了国家2020年核电专题规划，到2020年，我国核电要达到3600万～4000万kW的装机容量，届时将占全国电力装机容量（9.23亿kW）的4%。这是过去任何一个五年计划中都不曾有过的，因此，这是一个重新认识核电在我国能源结构中的战略地位的重大转折，核电面临着从未有过的良好发展机遇。

第二个倾向，由各种堆型、多种容量的建设转向“采用先进技术、统一技术路线”。引进先进的核电技术，通过消化、吸收，通过技术改进，批量化建设自主设计的百万千瓦级核电站，其中包括一、二级核设备的制造本土化，做到安全、经济、适用、可靠和相对先进，大力促进我国核电工业的规模发展。之所以强调“相对先进”，是因为技术发展是无止境的，目标是可以分步达到的。实质上，批量发展是核电降低造价的最关键环节。我认为只有降低造价，才能从根本上降低电价，核电才能步入良性循环的发展阶段，人们才能真正认识到核电是一种能源，而且是一种安全、清洁、可靠的能源，从而就可以从根本上消除人们对核的恐惧感。

第三个倾向，由各自为阵、分散进行项目建设的组织体系转向由国务院的综合管理部门统一领导下的全国一盘棋的领导机制。从批准核电发展的规划、计划、技术方向和路线、实施体制改革和制定相应的政策措施等方面，对核电的发展进行规范、监督和检查。三峡工程的实践证明，这种领导体制是有效的、可行的。在这种领导体制下，核电将纳入统一合理的产业架构和科学的管理体制，步入一个总体政策（如税收和电价等）扶持下的良性发展阶段，形成独立的、完整的（从设计、建设、制造到运行）体系和力量，从而会更快更好地实现批量化、国产化，进一步降低核电站的造价和电价，增强核电的竞争力。

核电要想得到长足发展，必须回归到作为“电”的基本属性的正常状态上来，将其纳入国家的电力发展规划当中，这是核电的真正归宿。核是一种能源资源，用核能生产什么产品，就要遵循什么样产品的市场规则。

发展核电的主要矛盾已经不是人们所担心的安全问题，而是如何降低造价、降低电价，也就是如何提高核电竞争力的问题。我国的核电要真正具备市场竞争力，前提是形成足够大的产业规模，这是降低核电建设成本、运行成本、技术成本，不断提高国产化水平的关键。在今后较长的战略周期内，我国应保持每年有一定规模的核电新机组开工，而且开工数目呈不断增长的态势。

我国的核电发展必须走市场化之路，依靠市场获取资源，依靠市场提高效率，依靠市场实现良性的自我循环与不断扩张。我认为，再经过几年的努力，我国核电企业完全有能力参与市场竞争，并且能够在竞争中得到进一步发展。

今后，中广核集团将坚定不移地走高起点稳步发展之路。我们的目标是：现有的运行机组主要技术经济指标进入世界同类机组前1/10，其经济性与新建清洁火电相当；在建机组的主要指标名列国际前茅；到2020年，成为中国最优秀的核能发电公司，具备核电项目开发、建设和运营核心能力，并成为世界核能发电领域具有重要影响力的优秀电力集团。

把握机遇 迎接挑战（摘要）

——中国电力企业联合会常务副理事长刘宏

（2003年2月20日）

一、2003年中电联面临的新形势

2003年是深入贯彻十六大精神、全面建设小康社会的第一年。3月，人大、政协会议已经召开，产生了新一届国家领导集体。在新的一年里，国家将继续坚持扩大内需的方针，实施积极的财政政策和稳健的货币政策，深化国有企业和国有资产管理体制改革，走以信息化带动工业化的新型工业化道路，推动国民经济继续保持较快增长。电力工业作为国民经济的基础产业，是建设小康社会的重要基础和坚实保证。新的形势为电力工业提供了发展机遇，也对电力生产和建设提出了更高的要求。按照十六大召开后新的发展态势，电力发展规划也将做重大调整。

2003年，电力行业将继续贯彻国务院5号文件精神，推进电力体制改革。五大区域电网公司将开始组建，实施网省公司层面的主辅分离，多经企业开始调整重组和人员分流，开展发电企业向大用户直接购电试点工作，继续推进农村电力体制改革，逐步完善监管体制，推动立法等等。11家新组建（改组）的公司继续完善资产重组，真正建立现代企业制度，加快制定并开始实施发展战略。当前，电力供需形势出现了一些新情况，部分电网电力供需趋紧，给保证电力供应带来一些难度，给电网安全稳定运行带来较大压力。另外，国家将制定新的发电排放环境折价标准，发电企业将面临较大的经济压力。

2003年也是中电联进一步充实和完善自律、协调、监督、服务功能，继续做好自身改革工作，认真履行新增职能的重要一年。机遇和挑战并存，成功和努力紧密相随。机遇不可多得，稍纵即逝；挑战十分严苛，不可掉以轻心。我们一定要结合中电联的历史和现实，认真做好工作，谋求中电联更加规范的提高和发展，更好地为电力企业服务。

二、2003年的工作思路和重点工作

（一）指导思想和工作要求

以邓小平理论和“三个代表”重要思想为指导，深入贯彻落实十六大精神和中央经济工作会议精神，继续贯彻落实党中央、国务院关于电力体制改革的总体部署，以促进电力工业持续快速健康发展为目标，充分发挥在政府、社会、电力企业间的桥梁纽带作用；始终坚持为企业服务的宗旨，坚持开门办会、民主办会、企业联合办会的工作原则，把中电联办成企业之家；在充实完善自律、协调、监督、服务功能的基础上，提升各项专业服务项目，拓展服务领域，打造服务品牌；坚持艰苦奋斗、求真务实、追求卓越的工作作风，进一步树立市场意识、大局意识、服务意识和忧患意识，高标准建设现代电力行业协会，为国民经济的发展做出新的贡献。

（二）重点工作

（1）深入学习贯彻党的十六大精神。

（2）认真学习两个“务必”，继续保持谦虚谨慎、不骄不躁的精神，继续保持艰苦奋斗的精神。

（3）围绕电力发展和企业要求开展重大课题的调研工作。

（4）继续参与电力体制改革，积极反映企业的意见和要求。

（5）落实中电联深化改革方案，继续做好自身改革工作。

（6）完善内部领导体制，健全服务体系，调整会员结构。

（7）提升各项专业工作的服务水平，塑造中电联品牌项目。

（8）认真履行新增职能，开创良好工作局面。

（9）加强联合协作，充分发挥各分支机构、省级行协、代管协会的作用。

（10）继续深化改革，建立现代企业制度，防范中电联资产的经营风险，提高资产的经营效率和效益。

（11）加强机关本部党群工作，围绕中心工作，致力于职工思想素质的提高和保证作用。

三、统一思想、提高认识，确保2003年各项工作任务的圆满完成

（一）坚持与时俱进，树立六个意识

电力体制改革已经取得了重要阶段性的成果，电力行业各企业都焕发了无限的生机。面对这样的形

势，我们必须牢牢树立六个意识。

第一，要树立市场意识。要围绕电力市场化改革的方向，思考和做好相应的服务，要用市场化的办法和机制做好自身的建设，探索服务、创收、发展的路子。

第二，要有大局意识。中电联是电力行业的重要组成部分，是电力市场化改革中的一个要素，我们的一切工作要从大局着眼、从大局出发。那么，当前的大局是什么呢？电力企业的发展是个大局，电力行业的发展是个大局，国民经济和社会进步是个更大的大局，我们要服从这些大局。所以，我们做任何事情，一定要做到大道理管小道理。要认识到在市场经济的条件下，市场经济的一般规律是普遍规律，电力行业虽然有很多特殊性，但这个特殊性也应该在社会主义市场经济的体制下作为下一个层面的问题。我们要做到局部服从全局，同时要有整体的观念，不要坠入纯事务主义的圈子中去。要追求整体的最大效益。

第三，要有服务意识。服务是行业协会的宗旨。中电联是企业联合办的同业公会，一定要做到与政府同行，与企业一条心。我们的服务工作要有益有效，追求效果最大化、价值最大化，形成中电联的品牌效益。品牌就是承诺，就是标识，就是身份。

第四，要树立创新意识。新的形势要求我们要全面创新，包括观念、体制、机制、工作方式和工作方法的全面创新，只有如此才能立于不败之地。

第五，要树立忧患意识和危机意识。危机来自两大方面：从外部来说，是因为电力行业协会是市场经济的产物，最终要受市场的选择，没有危机意识，就没有了迎接挑战的紧迫感；从内部来讲，我们的职工队伍的整体素质还有待于不断提高，以适应形势发展的需要。

第六，要增强学习意识，要使中电联成为一个学习型的组织。只有服务的精神还远远不够，还需要有服务的本领和手段。提高自身水平的办法一个是学习，一个是实践，向实践学习。

（二）正确处理好几个关系

第一，要处理好和电力企业的关系。电力企业是中电联的服务对象，又是我们的基础，没有电力企业就没有我们行业协会，我们是电力企业联合兴办的。因此，从某种意义上说，企业是我们赖以生存的上帝，或者说是我们的衣食父母。

第二，要处理好和政府的关系。政府是我们的主管，作为特殊的公用事业，政府对电力行业倍加关注，所以我们一定要主动争取政府对我们的指导和支持，做到与政府同行。

第三，要处理好和电监会的关系，我们对它是服务的关系。

第四，要处理好和其他行业协会的关系。与我们行业关系密切的行业协会，如煤炭行业协会，我们首先就是要和它联系与交流，第二个是要和它竞争与合作。要加强与综合性协会如中国工业经济联合会、中国企业联合会等的联系与交流，我们希望得到综合协会在大的政策方面的支持。

第五，就是处理好行业和社会的关系，电力行业是服务性极强的行业，如果说企业是我们的上帝的话，企业又是为社会服务的，社会就是我们上帝的上帝，要善于做好公益事业。同时，我们要在社会上积极为企业说话，营造社会良好的舆论环境，使社会对电力行业有正确的认识。

（三）要形成良好的工作环境和心理环境

良好的工作环境和心理环境是一个单位无形的力量，营造好这样的环境我们就能形成和谐的工作团队，做到心情愉快地干工作。因此，中电联要形成合理的岗位责任体系、绩效考核体系、员工培训体系、人力资源管理体系等，要尝试能上能下、能进能出的内部运行机制。

（四）倡导爱岗敬业、奋发有为，总结探索中电联文化

中电联经过14年的实践探索，基本形成了符合行业协会身份的理念、工作作风、工作方法和工作目标。因此，我提议要很好地总结和探索中电联的文化，使所有职工对研究确定的理念形成共识、认同和遵循，形成一种精神的力量。

（五）要振奋精神，树立信心、恒心和耐心，把行业协会工作当作事业来做

中电联在前进的道路上会遇到很多困难，我们首先要有信心把中电联的事业做好。第二要认识到任何一件事情不可能都是一蹴而就的，要持之以恒，要有恒心和耐心。当我们遇到困难的时候，自己要保持冷静的头脑、温暖的心和热情的态度，只要努力，就能做好工作。老一辈无产阶级革命家董必武同志给党的一大会址题词时引用庄子的话“其作始也简，其将毕也必巨”，以此说明我党在初创时，很弱小，但是只要代表历史的前进方向，就会发展壮大，走向胜利，成为执政党。因此，只要我们抱定一种正确心态，就是：对工作、对别人要宽容、大度，做到“海以能容为度，月以不满为心”；对自己、对事业要有上进心，做到像林则徐的一副对联说的：“山到绝顶我为峰，海至无涯天作岸”。坚持努力不息，奋斗不止，我们就能实现有限创造无限，无形创造有形的境界。

电力建设与电力生产

电 力 生 产

电 力 规 划

电力行业重组后如何贯彻落实电力工业统一规划的原则，是一电力体制改革必须引出的问题，电力工业技术特点是网络性、生产供销同时瞬间完成。必须追求时刻电力平衡，因此统一规划也是其生产特点提出的必须要求。电力重组后大体上形成了电网公司、发电企业、规划设计工程顾问企业三大类，这三类企业对规划工作各有所长又各有所短。在国家发改委的组织协调下，2003 年创新了一种新的规划工作模式。这种模式的产生有着深刻的背景：①国务院领导要求国家管理部门在审批项目之前应当有一个规划做到总量有数；②“十五”前两年执行情况大大出手原有规划的数据急需调整；③面临编制“十一五”规划任务并开展大量的调查研究。2003 年初国家发改委通知组成由发改委能源局牵领的电力规划工作小组，由国家电网公司、南网公司和中国电力工程顾问公司参加，并由国网公司作为汇总单位。

一年来规划工作小组主要完成了两项工作。第一项工作，完成十五规划调整报告。电力工业“十五”规划，目标到 2005 年全国发电装机 3.9 亿 kW，年发电量 17500 亿 kWh，“十五”期间电力年均增长率 6%左右，鉴于“十五”头两年经济发展和电力增长均超过了预期，到 2002 年末全国电力装机已达到 35657 万 kW，年发电量 16541 亿 kWh，两个年份的增长率分别为 8.43%和 11.48%。据此根据国务院要求对十五规划予以调整。调整后的目标是到 2005 年全国装机达到 4.3 亿 kW，年发电量达到 24900 亿 kWh。并抓紧审批开工了一批新的电力项目。第二项工作是进行电力工业“十一五”规划的编制工作。为了做好“十一五”规划的编制工作小组认真学习党的十六大及十六届三中全会精神，按照五个统筹五个坚持，树立以人为本，全面、协调、可持续的科学发展观，指导电力规划的编制。在国家发改委指导下在国家电网公司、南方电网公司和电力顾问公司的支持下，工作小组提出了电力工业“十一五”规划的第一稿和第二稿。对“十一五”期间我国电力工业发展的方针，主要目标、结构调整、产业升级、市场化改革、西电东送、南北互供、全国联网、重点工程布局、投资总量、经济效益预测及重大政策建议提出了全面系统的意见。目前这一初稿还在征求各方面的意见。据悉，为了编制好“十一五”规划国家发改委委托一些知名的机构对某些特别重要的专题、课题也进行了研究，更多的机构参与将使得决策程序化、民主化向前迈进了一步。

核 电 生 产

中国核电近况

1. 核电发展的历史和现状

核电是安全、清洁、经济的能源，中国政府历来重视和支持核能和核技术的和平利用。20 世纪 80 年代，中国大陆开始建造秦山核电厂和广东大亚湾核电厂；20 世纪 90 年代后期，又有 4 座新核电厂相继开工建设。截止到 2002 年底，中国已有运行机组 7 台（未包括台湾省），运行机组装机容量达到 5636MW。核电装机容量约占中国大陆发电总装机容量的 1.59%；核发电量占全国总发电量的 1.52%，比 2001 年增长 42.9%。核电的投产，缓解了我国沿海地区电力紧张局面，促进了当地经济的发展。中国的核电有了长足的发展。

2. 核电发展政策和目标

在“适度发展核电”政策的指导下，中国政府正在积极制定和实施核电发展规划，统一协调核电的发展。中国的核电建设在“以我为主，中外合作，引进技术，推进国产化”方针的指导下，不断朝着“自主化、标准化”的方向发展。在积极吸收国际先进经验的基础上，逐步实现大型核电机组的自主设计、自主制造、自主建设、自主营运。在保证安全前提下，进一步降低核电造价和运营成本，增强核电的竞争力。

中国核能发展执行热中子反应堆→快中子反应堆→受控核聚变堆“三步走”的路线，当前和今后相当长的一个时期以开发应用热堆技术为主，同时开展快堆和受控核聚变技术研究。在热堆技术开发应用阶段从实际出发，采取分步发展的战略：2010 年以前建设的核电机组采用成熟、可靠的核电技术，同时开展先进压水堆、高温气冷堆的研究，开发具有自主知识产权的先进技术；2010 年以后建设的核电机组要适应国际上核电技术发展的趋势，采用先进的核电机组，进一步提高核电机组的安全性和经济性；到 2020 年，我国能够自主设计、建造国际先进水平的核电厂，使核电对我国能源供应发挥更大的作用，年个全面形成先进的核燃料工业体系。

3. 核电运行安全管理

中国核电厂在选址、设计、建造和运行等活动中始终把“安全第一”的方针放在最优先的地位，核电厂均参照国际标准进行设计和实施运行安全管理。要求所有参与核电厂选址、设计、建造和运行的单位和个人都必须认真贯彻“安全第一”的方针，保证公众和环境免遭可能的放射性危害。同时，建立的核安全监督管理体制和核安全法规体系，为确保核电厂的运行安全发挥了重要作用。

中国国家原子能机构负责中国和平利用原子能事业的发展，并负责核电厂的安全管理。国家核安全监督部门对全国核电厂的核安全实施统一监督，独立行使安全监督权。国家环境保护部门对全国核电厂环境保护实施监督管理。国家核事故应急协调委员会组织、协调全国的核事故应急管理工作。

秦山核电厂和广东大亚湾核电厂 10 年的安全、可靠运行，表明我国核安全管理、监督机智和运行管理体系是有效的，核电厂的运行安全是有保障的。

中国核电站情况统计

自秦山二核 2 号机组于 2003 年 5 月 3 日正式投入商业运行，中国已有 6 座在运或在建核电站，共 11 台机组，其中 9 台机组已投入商业运行，还有两台在建。据 IAEA 提供的数据，中国运行机组总容量包括大陆 9 座反应堆（总容量为 6587MW，核发电总量为 416 亿 kWh）和台湾省 6 座反应堆（总容量为 4884MW，核发电总量为 374 亿 kWh），其核发电量分别占各自总发电量的 2.2%和 22%。在建反应堆含大陆的 2 座（1900MW）和台湾省的 2 座（2600MW）。大陆计划再建 4 座总容量达 3800MW 的反应堆。中国的铀需求量含大陆的 1172t 和台湾的 955t。

中核集团公司（CNNC）提供的中国核电站最新状况如下所示。

名　　称	状态	地点	净功率(MW)	并网日期
大亚湾一1（PWR）	在运	广东	944	1993.8.31
大亚湾一2（PWR）	在运	广东	944	1994.2.7
岭澳一1（PWR）	在运	广东	938	2002.2.26
岭澳一2（PWR）	在运	广东	938	2002.12.15
秦山一1（PWR）	在运	浙江	279	1991.12.15
秦山二期一1（PWR）	在运	浙江	610	2002.2.6
秦山二期一2（PWR）	在运	浙江	610	2004.3.1
秦山三期一1（PHWR）	在运	浙江	665	2002.11.19
秦山三期一2（PHWR）	在运	浙江	665	2003.6.12
田湾一1（VVER）	在建	江苏	1000	计划 2004.5
田湾一2（VVER）	在建	江苏	1000	计划 2005.4

秦山核电一期工程是我国依靠自己力量设计、建造、运营、管理的第一座原型压水堆核电站。该核电站装机容量为 30 万 kW，设计年发电量 17 亿 kWh。自 1985 年 3 月 20 日开始浇灌第一罐核岛底板混凝土至 1991 年 12 月 15 日首次并网发电成功，历时 81 个月，并于 1994 年 4 月 1 日投入商业运行。秦山核电站的建成发电结束了我国大陆无核电的历史，是我国和平利用核能的里程碑，并使中国成为继美国、英国、法国、前苏联、加拿大和瑞典之后第 7 个能够自行建造和运营首座核电站的国家。

通过 12 年的运行实践，秦山核电站积累了丰富的经验，逐步建立、健全了质保、辐射防护、环境监测等 10 个管理大纲，并制定了与之相对应的管理制度和程序，形成了由管理大纲和 200 多项规章制度组成的管理网络。

秦山核电二期工程是我国第一座国产化商用核电站，装机容量为 2 台 60 万 kW 压水堆核电机组，该工程的主体工程于 1996 年 6 月 2 日开工建设。秦山二核是我国“九五”期间惟一采用“以我为主、中外合作”方式建造的核电项目。在该工程的 55 项关键设备中，有 47 项实现了国产化，设备国产化率达到 55%。其 1 号机组投资为 1330 美元/kW，是世界各国同期商用核电站中最经济的。该核电站机组自 2002 年 4 月 15 日投入商业运行以来，始终保持着安全稳定的运行状态，目前共发电 90.74 亿 kWh，为国民经济发展做出了重要贡献。通过秦山二核的建设，我国核电科研开发、工程设计及设备制造的能力有了大幅度提高，并相应积累了设计、建造、工程监理、项目管理及机组调试等一整套宝贵的核电建设经验。

为进一步推动和加快我国核电国产化的建设步伐，秦山二核现正抓紧进行具有自主知识产权的两台60万kW核电机组扩建项目的立项申请工作，一旦国家发改委立项开工，秦山二核的3号、4号机组将于2010年、2011年先后投入商业运行，使秦山核电基地的总装机容量达到410万kW。

我国首座商用重水堆核电站——秦山核电三期工程是中国和加拿大两国合作建设的最大贸易项目。该工程采用加拿大成熟的坎杜6型商用重水堆核电技术，由加拿大原子能有限公司总承包，总装机容量为2台70万kW重水堆核电机组。1998年6月8日工程正式开工以来，经过几年的精心施工和调试，该工程1号机组已于2002年11月19日比原计划提前2个月顺利实现首次并网发电，并于同年12月31日提前43天投入商业运行。在1号机组建造和调试经验的基础上，2号机组也于2003年7月24日正式实现了商业运行，较计划建设工期提前了112天。2003年1号机组和2号机组的上网电量分别为51.9亿kWh和21.2亿kWh。作为我国核电工程管理与国际接轨的成功实践，秦山三核还在建造和调试中创造了多项坎杜型商用重水堆核电站的世界记录——整个建设工期最短；反应堆厂房安全壳筒体滑模工周期最短；排管容器燃料通道组装和主管道安装时间最短；从主系统冷态试验到商业运行所用时间最短。总之，秦山三核在建设中实现了具有国际水准的工程建造自主化、设备调试自主化、生产准备自主化和运营管理自主化，并通过程序化和信息化对我国实现与国际接轨的核电站规范管理做出了重大贡献。

由此可见，经过我国几代核电人30多年的不懈奋斗，秦山核电基地不仅使我国具备了30万kW和60万kW压水堆核电站的自主设计、建造及营运能力——为进一步自主建设百万千瓦级压水堆核电站奠定了坚实基础，而且创造了一系列国际重水堆核电站施工和调试的新记录。同时，该基地造就的一大批优秀的核电建设和运行管理人才还有力支援了各地后续核电工程的建设，并确保拥有我国自主知识产权的核电事业的可持续发展。

从1994年2月1日第一台机组投入商业运行至2003年11月底，中广核集团已累计实现上网电量1430亿kWh，其中输往香港851亿kWh，为粤港两地经济发展和繁荣稳定做出积极贡献。如今，集团已成为拥有两座核电站，总装机容量400万kW，截止到2003年底，中广核集团总资产553.01亿元，净资产183.22亿元；2003年实现上网电量276.94亿kWh，实现主营业务收入104.16亿元。成为国内一流大型企业集团。

广东大亚湾核电站

广东大亚湾核电站位于深圳市东部大亚湾畔。这里山青水秀、景色宜人，距深圳市直线距离约45km，距香港约50km。广东核电合营有限公司成立于1985年，由广东核电投资有限公司和香港核电投资有限公司共同投资组成，负责大亚湾核电站的建设和营运。

大亚湾核电站是我国引进国外资金、设备和技术建设的第一座大型商用核电站，是我国改革开放以来建立的最大的中外合资企业之一，总投资40亿美元。核电站安装有两台单机容量为984MW压水堆反应堆机组。

1987年8月7日工程正式开工，1994年2月1日和5月6日2台机组先后投入商业营运。广东大亚湾核电站每年发电量超过100亿kWh，其中七成电力供应香港，三成电力供应广东电网。通过核能发电，使得广东和香港两地每年减少燃煤消耗370万t，从而大大减少了导致“温室效应”和酸雨的气体年度排放量，包括二氧化碳排放900万t、二氧化硫排放17万t、一氧化氮3万t，以及空气中的尘埃数千t。

广东岭澳核电站

岭澳核电站是继大亚湾核电站投产以后，国务院决定在广东地区兴建的第二座大型商用核电站，规划建设4台百万千瓦级核电机组。首期工程为2台，由岭澳核电有限公司负责建设和营运，总投资约40.25亿美元。按照工程总体进度，2台机组原计划于2002年7月和2003年3月投入商业运行。在岭澳核电站工程全体建设者的努力下，岭澳核电站1号机于2002年5月28日比计划提前48天高质量地投入商业运行；2号机已于2003年1月8日比计划提前66天高质量地投入商业运行，并创造了从装料到投入商业运行整个调试期间无意外跳堆的世界记录。两台机组投产第一年的运行业绩均创下了世界核电机组运行的最好业绩一投产后首轮燃料循环连续发电、无意外跳堆运行。

2003年11月28日，岭澳核电站2号机组与电网成功解列进行首次换料大修，实现了调试期间和投入商业运行后首个燃料循环无非计划停堆。此前，完成停堆换料的1号机组亦实现了商运后首个燃料循环无非计划停堆，表明岭澳核电站2台百万kW级机组达到了世界核电新机组的最好运行水平。

岭澳核电站是中广核电集团继大亚湾核电站后在

广东兴建的第二座大型商用核电站，装机容量为两台99万kW核电机组。电站于2003年1月8日全面投产后，安全运行状态良好，大部分安全运行指标优于大亚湾核电站同期水平，并达到了世界核电新机组的最好运行水平。其中2号机组自2003年1月8日投运至11月28日停机解列，创造了投入商运后第一个换料循环无非计划停堆的世界最好运行记录。岭澳核电站两台机组自投入商运以来，累计上网电量175亿kWh，为缓解近两年来广东省的用电紧张和推动广东地区的经济发展做出了积极贡献。

为满足大珠三角经济快速增长的电力要求，中广核电集团正在积极推进核电新项目的开发。据介绍，岭澳核电站二期工程规划建设两台百万千瓦级压水堆核电机组，预计年内可得到国家的批准，可望于近两年内开工。阳江核电站规划建设6台百万千瓦级核电机组，前期工程已经全面展开。

田湾核电站工程

田湾核电站工程是依据中俄两国政府协议，在核能领域进行的高科技合作项目，是列入我国“九五”计划的重点工程之一。厂址位于江苏省连云港市连云区田湾，厂区按4台百万千瓦级核电机组规划，并留有再建2～4台的余地。一期建设2台单机容量106万kW的俄罗斯AES－91型压水堆核电机组，设计寿命40年，年平均负荷因子不低于80％，年发电量为140亿kWh。单台机组的建设工期为62个月，计划分别于2004年和2005年建成投产。

俄罗斯AES－91型核电机组是由俄罗斯圣彼得堡核动力研究设计院设计开发的改进型压水堆型核电机组，符合国际现行核安全和辐射安全标准，其主要技术特点包括：反应堆厂房采用双层安全壳结构、安全系统采用完全独立和实体隔离的4通道（$N+3$）结构、设置堆芯熔融物捕集与冷却系统等缓解严重事故后果的安全设施、使用铀－钆一体化全锆先进燃料组件等。为适应国际上对新一代压水堆在技术、经济和安全性方面的发展要求，田湾核电站采用了俄罗斯和国际上经过验证的、成熟的先进技术和设备，如：安全壳预应力张拉系统采用新型倒U形55束钢缆张拉方式、采用全数字化仪控系统、每台机组设置4台100％容量的应急柴油发电机组等，其安全性优于当前世界上正在运行的大部分核电机组，发生堆芯严重损坏或熔化事故的概率小于10～5/(堆・年)，发生严重放射性泄漏事故的概率不超过10～7/(堆・年)，安全性、可靠性和经济性与西方正在开发和建设的先进压水堆的目标一致，在某些方面已达到或接近国际上正在设计的新一代核电站的要求。

田湾核电站采取“中俄合作，以我为主”的建设方式。根据中俄两国政府协议和总合同，俄方负责核电站总的技术责任和核岛、常规岛设计及成套设备供应与核电站调试，中方负责工程建设管理、土建施工、围墙内部分设备的第三国采购、电站辅助工程和外围配套工程的设计、设备采购及核电站大部分安装工程。与核电站配套的输变电线路工程和调峰设施，由江苏省电力系统负责建设。

按照中国政府的有关法律法规，在国家核电行业和核安全监管部门的监督管理下，江苏核电有限公司作为项目业主，负责田湾核电站的建设和运营，在工程建设中实行项目法人负责制、招投标制、合同管理制和建设监理制，实施严格的工程质量、进度和投资控制。

田湾核电站工程于1999年10月20日正式开工。国家主席江泽民和俄罗斯总统叶利钦互致贺函，国务院和俄罗斯总理普京发来贺信，国务院副总理吴邦国出席开工仪式并剪彩。在中俄两国政府、各有关部门和单位的关心、支持下，田湾核电站工程建设进展顺利，目前，工程前期和设计阶段工作已经完成，1号机组土建和主要设备制造基本完成，进入全面设备安装和单系统调试阶段，2号机组正值土建施工和设备制造高峰期，辅助配套项目全部开工，部分已完成土建施工，交付安装与调试。工程二级进度计划节点目标全部按期或提前实现，工程质量满足设计规范要求，安全生产和文明施工管理不断加强，工程投资处于有效控制中。

在中俄两国政府和各有关部门的关心支持下，江苏核电有限公司将与中外各参建单位团结协作，认真贯彻国家基本建设项目实行项目法人负责制、招投标制、建设监理制和合同管理制等各项要求，坚持“安全第一，质量第一”的方针，有效实施“安全、质量、进度、投资”四大控制，努力把田湾核电站建设成为安全、可靠、先进、高效的一流核电站。

2003年12月4日报道，随着中外运代理的俄供进口第18－3批核电大件“闸门筒体”的安全抵港，国家重点工程项目——江苏田湾核电工程1号核岛所有设备运输全部到位，这也是田湾核电站施工以来到场的最大一件超限设备。据悉，亚洲单机容量最大的两台106万kW核电机组设备也在田湾工地安装完毕并已通过验收。连云港田湾核电站一期工程2台100万kW机组目前已成功安装，并正处于调制阶段。其中1台100万kW的机组，预计2004年11月可以正式运行发电，另外1台2005年11月可发电。

阳江核电站工程项目

为了全面推进广东阳江核电站的各项前期工作，中广核集团于2003年1月成立了广四核筹建办，按立项申报、征地和“四通一平”以及总体规划设计三条主线开展工作。

在阳江兴建大型核电项目，可改善广东电网结构，拉动粤西地区经济发展，因此，阳江核电站的前期工程得到了广东省和阳江市政府的大力支持。为阳江核电站的“四通一平”（通路、通水、通电、通信和厂区平整）工程的开展创造了基本条件。

继征地工作取得重大进展后，中广核集团阳江核电有限公司（筹）于2003年8月6～8日在阳江市组织召开了阳江核电工程厂区平整方案评审会，国防科工委和国家核安全局等国家主管部门的负责同志以及国内外核电设计、建设和营运单位的专家参加了会议。经过评审，与会专家认为广东省电力设计研究院和核工业第二研究设计院推荐的总平面布置方案，可包络各种候选机型的开挖边界，采用此方案的边界线作为土石方工程开挖包络线是基本可行的。评审会期间，专家们对厂坪标高的安全裕量、西取东排的取排水方案以及重要厂用水泵房单列、主厂房阶梯布置、循环冷却水采用涵管排水和码头设置等需要进一步开展技术经验比较的问题提出了重要的建设性意见。可以认为，这次评审会是阳江核电站筹建过程中的一个重要里程碑。

目前，阳江核电站“四通一平”工程的计划目标已经确定，包括：进厂道路将于2004年4月建成通车；水库将于2004年上半年开工，预计2005年6月完工；施工用电项目分阶段实施，第三阶段的220kV供电线路计划于2004年下半年开工，至2006年完成施工；永久性通信交换机计划于2005年底可用；厂区平整的土石方工程计划于2003年底前开工，至2006年中全部完成，同时将完成一期海工工程。实现上述“四通一平”工程的计划目标，阳江核电站工程可望于2006年底具备第一罐混凝土浇灌的施工条件。

三门县600万kW核电项目

在秦山核电基地各期工程相继建设和运营的同时，国家还计划在浙江三门县建设总装机容量为600万kW的该省第二个核电基地。该核电基地位于距供电负荷中心较近的三门县健跳镇猫头山半岛，北距杭州市171km、东邻宁波市83km、西靠台州市51km、南离温州市150km。厂址依山傍海，周边人口稀少，水陆交通便捷，各项环境条件得天独厚，是一个难得的核电好厂址。另外，地处当地海岛的扩塘山还为三门以后的核电项目预备了厂址。

规划、论证、前期施工，三门核电项目的建设发展经历了20多年的过程。早在1983年，三门厂址就被列入国家规划内的核电预选厂址；1992年，三门核电项目可行性报告通过了当时能源部组织的初步审查，能源部批准厂址；2000年12月，中国核工业集团公司与浙江省政府再次向国家计委联合上报了三门核电厂工程项目建议书；2001年11月，该核电项目厂址“四通一平”工程初步设计经中国核工业集团公司和浙江省政府联合组织审查通过；2001年12月，作为浙江省预备性重点工程，浙江省计委批复三门核电“四通一平”工程立项和初步设计；2002年9月，已列为国家“十五”核电自主化依托项目的三门核电项目“四通一平”工程开始按2台100万千瓦级压水堆核电机组规模全面施工，目前工程进展顺利。

山东海阳核电厂项目

2003年12月28日，由山东海阳核电项目筹备处主持，在山东省烟台市海阳核电厂现场召开了山东海阳核电厂“五通一平”工程开工仪式，标志着该核电工程的现场前期工作正式全面启动。

山东海阳核电厂“五通一平”工程包含了通路、通水、通电、通信、通暖及平整场地；本期先实施进厂道路工程，该公路为平原微丘二级公路，北接青威高速公路，南至核电厂平面设计中的厂区入口，全长约8km，路宽15m，计划工期为9个月，计划于2004年9月通车。

我国目前已经运行和在建的三大核电基地的装机总容量为870万kW，即浙江秦山核电基地、广东大亚湾及岭澳核电基地和江苏田湾核电基地的装机容量各为290万、380万kW和200万kW。据中国核工业集团公司介绍，到2020年，按照我国经济发展规划对电力的需求，安全、经济、清洁的核电发电量比重将占全国总发电量的4%，达到3600万kW；也就是说，中国在今后16年将新增2730万kW的核电装机容量。

目前我国能源还是以煤炭生产为主。据统计，煤炭发电占总能源的70%左右，油、气发电占23%左右，水电占7%左右，核电很少。目前全球供电量中核电占到16%，有些国家的核电更达到了60%以上，而中国从1991年开始设计、建造，经过近几年的发展核电只占2.2%，潜力巨大。据中国广东核电集团公司董事长王禹民介绍，中国能源分布不均，水能可开发储量不大，油气资源一来短缺，二来对国际市场依赖大，而煤炭储量和生产都有限，且煤电对环境污染很大，因此积极发展核电，是明智而理想的选择。“从发展趋势上看，随着石油资源和矿物燃料供应的日渐枯竭，运行安全、高效、清洁的核能将成为人类的终极能源。”把核电发展纳入国家能源总体规划，对改善中国能源供应状况，保障经济社会可持续发展，意义重大。

我国核电站全部实现燃料国产化

2003年，我国的核燃料工业在关键环节上实现了生产能力的跨越和技术水平的提升，在一些重要环节上已接近或达到国际先进水平。目前我国正在运行的核电站全部实现核燃料国产化。

在电力感到紧张的今天，核电也引起人们的进一步关注。据专家根据能源供应结构的平衡分析，2020年至少需要3200万kW核电装机容量，约占全国总装机容量的4%。

据中国核工业集团公司总经理康日新介绍，我国目前探明的铀资源完全能够满足核电发展的需求。天然铀生产采用了先进的地浸、堆浸技术；铀浓缩完成了由扩散法向离心法的过渡。这些技术的应用效率大为提高，生产成本大大降低。我国自行研制的30万kW压水堆燃料元件，10年运行无破损、无变形。通过吸收引进法国技术，实现了90万kW压水堆燃料元件国产化，质量达到国际先进水平。国产化的重水堆燃料元件也已用于秦山三期核电站换料。中核集团404厂在坚持自主设计、自主建造、自主管理的基础上，采用当前国际最新技术，建成了动力堆乏燃料后处理中试厂接受与储存系统，并于2003年9月26日成功接收了来自大亚湾核电站的第一批乏燃料元件，标志着我国在实现动力堆核燃料循环、完善核工业体系方面迈出重要一步。

我国新一代核反应堆发电成功

我国第一座高温气冷核反应堆于2003年1月7日在北京并网发电成功。专家指出，这意味着我国利用核安全技术缓解能源短缺问题取得了重要进展。

高温气冷堆是一种先进型核反应堆，是国际核能界公认的安全性最高的反应堆。它能在发生事故时自动关闭，并将剩余热量排除冷却，不会发生燃料元件烧毁现象。我国是继美、英、德、日后第5个掌握此项技术的国家。

高温气冷堆用氦气作冷却剂，采用全陶瓷型球形燃料元件，燃料最高限制温度为1600℃，发电效率高，并可应用于煤的气化和液化、制氢、石油化工等领域。

这座反应堆是“863”国家高技术研究发展计划的15个重点项目之一，于2000年12月建成临界后，正式进入热态实验调试阶段。经过两年时间，完成了包括环境影响在内的100项安全相关系统方面的实验。其关键设备都由我国自主设计、制造和建设。它的并网发电成功，为我国在今后用产业化方式建造同类型、功率更大的核电站打下了良好的基础。

电　力　调　度

2003年，随着国民经济的快速发展和电力体制改革的不断深化，电网调度面临着一系列新的情况：①面临电力需求骤增、供需矛盾加大、21省市拉限电的新形势；②三峡机组投运和华北华中大规模交流联网的实现，使调度面临着实时调度前所未有的大型电网的新任务；③面临着战胜突袭人类的“非典”病魔和防范美、加大停电事故在中国电网重现的新考验；④面临“厂网分开”后建立新型调度关系的新情况和进一步加强网省调度系统建设的新需要。处在关键时期的电力工业和关键位置的电网调度受到了党中央、国务院的关怀和重视，胡锦涛总书记、温家宝总理针对电力供应紧张局面相继做出重要批示，中央政治局常委黄菊副总理、中央政治局委员曾培炎副总理和国家发改委、国资委、电监会的领导也先后莅临国调中心视察工作并做重要指示，极大地鼓舞了国调中心和调度系统广大干部职工的工作热情，同时也进一步认识到肩负的重任。

新的形势要求调度系统以新的思路、新的面貌、足够的准备迎接新的挑战，做好各项工作。国调中心在国家电网公司党组的正确领导下，按照“一个中心，二大工程，三个转变，四项创新”的总体思路，积极应对电力体制改革新格局，以确保国家电网的安全稳定运行为中心，以全面完成工程调试特别是确保三峡电站顺利调试和投产生产任务为重点，以新形势下依法加强调度管理，做好优质服务和“三公”调度，建立调度运行新机制为目标，积极贯彻公司党组关于加强预防“非典”、汲取美、加大停电事故教训、保证电网运行生产不断、调度指挥不乱的指示，完成了公司交付的各项工作任务。

全国主要电网频率合格率99.99%；母线电压合格率99.73%；网损率2.05%；220kV及以上线路继电保护装置正动率99.05%；调度自动化系统可用率99.996%；事故遥信反映正确率99.51%。2003年1～12月全国累计发电量完成18279.99亿kWh（旬报数，下同），比2002年同期增长15.93%，超额完成年预期目标的5.66%，其中火电累计完成15329.18亿kWh，比2002年同期增长17.86%；水电量累计完成2536.88亿kWh，比2002年同期增长2.22%；核电量累计完成413.93亿kWh，比2002年同期增长70.93%。至12月31日，全国跨区送电量388.83亿kWh，同比增长94.4%。其中计划内电量308.15亿kWh时（含三峡新增电量），同比增长68.3%；计划外电量80.68亿kWh，同比增长4倍；

交易电量 69.3 亿 kWh，同比增长 349.3%。

2003 年国调中心重点开展和完成了七方面的工作。

一、强化安全意识、采取有力举措，确保电网安全稳定运行

国调中心针对 2003 年的特殊形势，以应有的政治敏感度充分认识保证电网安全稳定运行的重要意义，把“安全第一、预防为主”讲到细处、落在实处，安全生产始终处于中心工作的主导地位，做到早研究、早部署、抓落实和勤督查。

针对 2003 年跨区送电大幅增加、三峡首批机组发电、华北华中联网等特点，国调中心在 1 月即组织召开了国家电网公司直调系统调度工作会，总结 2002 年直调系统运行工作，并重点讨论了 2003 年生产形势、全国联网工作、直调系统运行方式安排，对直调系统运行中存在的安全问题进行了认真的分析，对检修工作和送电计划进行了预安排，做到了计划、任务、措施三明确，为 2003 年直调系统的安全运行奠定了良好基础。

4 月召开了全国网省调度中心主任座谈会，重点讨论了改革新形势下的保证电网安全稳定运行问题，提出了加强电网管理的若干意见，对电力生产二次系统安全防护体系建设做出了全面部署。

为保证电网安全稳定运行，避免因电网调度运行人员责任造成电网事故，从 2003 年 1 月 1 日始国调中心组织了全国调度系统深入开展了调度员“五无”活动（即无误判断、无误下令、无误操作、无处理事故失误造成扩大、无违反调度纪律）。截至 11 月底，全国省级及以上调度机构未发生一起人员责任事故，创电网调度“五无”的最好记录。

同时针对电网安全生产中继电保护运行管理中暴露出在装置制造、基建施工、生产运行等环节中的问题，发出《关于加强继电保护管理工作的要求及措施》，开展继电保护“五查”工作（即查二次回路、查检验管理、查运行规定、查软件版本、查保护整定），加强对继电保护设计、选型、基建、验收、调试、运行的全过程管理。组织直调系统开展了“五查”工作自查和互查，对检查中发现的主要问题制定了相关措施并落实整改，消除安全隐患。

为提高调度系统在紧急突发情况下的应变能力，确保 2003 年电网迎峰度夏及适应三峡首批机组发电的形势，国调分别在主、备用调度生产区组织了直调系统联合反事故演习和长江流域系统联合反事故演习。两次联合反事故演习共有 36 家调度机构、33 座电厂、88 个变电站及其他运行维护部门共计 157 个单位参加，演习涉及 12 类故障。通过联合演习，检查了各调度机构协调处理电网严重故障的能力，取得了良好效果。

针对 8·14 美、加大停电事故教训和全国各大电网（除东北地区外）出现不同程度的缺电局面造成 21 个省市出现拉闸限电对电网安全运行构成的威胁，贯彻落实胡锦涛总书记、温家宝总理的批示精神，国家电网公司发布公司 1 号令，国调中心制定了具体的实施意见并组织落实。召开了网省调度总工程师会议，深入分析原因、制定应急对策；组织开展了“六复核”活动（即：复核运行方式、复核调度规程、复核继电保护配置、复核安全自动控制装置、复核反事故措施、复核保厂用电措施），同时复核了通信、调度自动化系统的电源系统和应急方案；对运行中的不安全因素进行摸底排查，制定整改措施。

为贯彻落实“30 号令”，组织专家编制了《全国电力二次系统安全防护总体方案》，印发了《电力调度系统安全防护工作实施意见》，开始在全国网省调度中心实施。

高度重视、周密组织了确保“两会”、抗击“非典”、载人卫星等重大事项和春节、五一、国庆节日期间全国、特别是相关电网安全稳定运行的各项工作，圆满完成了保电任务。

二、加强优化调度，促进资源优化配置，加大跨区送电力度

2003 年国民经济始终保持快速发展态势，持续高温、少雨气候更加造成 2003 年夏季电网负荷激增，7、8 两月全国发电量的增长幅度均超过 17%，华东地区供电量增长幅度高达 23%以上。为确保全国电网安全度夏，国调中心 6 月发出 2003 年国家电网公司系统调度迎峰度夏工作的通知，动员全系统提高认识，加强电网统一调度，确保主网安全，合理安排电网运行方式，促进资源优化配置，最大限度地满足社会用电需求。在长江流域持续高温、华东和华中负荷连创新高的关键时刻，及时召开国调直调系统迎峰度夏工作协调电话会，对同心协力做好迎峰度夏各项工作进一步动员。明确要求各网省调负责人亲临一线指挥，及时处理和协调各种突发性事件，以大局为重，以确保主网安全为重，相互支援、共渡难关。通过跨区域、跨流域调节，水火联调、丰枯互剂并充分利用时差、温差发挥联网效益，缓解供电紧张的局面。为了缓解华东缺电的紧张局面。国调中心密切监视水雨情变化，确保水情信息的畅通，为各级领导进行科学的调度决策提供了及时准确地水情信息，圆满完成了有关防汛工作任务。

三、结合改革形势和任务，加强调度系统的管理和建设

国调中心 2003 年 2 月 26 日通过了建设中国一流

电网调度机构的考评，实现了“五年三步走”（即：用五年的时间使中心的管理、技术、素质和各项工作达到国际先进调度机构水平的计划和目标）的第二步目标。国调中心认真贯彻落实有关标准化工作的方针、政策，建立了一整套技术、管理和工作标准，积极组织和参与电力行业标准的制定过程，获得电力标准化工作先进集体称号。

2003年10月，国调中心成功地在京举办了第28届中国电网调度运行会议，来自全国电网调度系统37个会员单位及国内、港澳、日本等科研、院校、制造等方面的专业技术人员、专家学者共350多名代表参加会议，国家电网公司陆启洲副总经理和潘家铮等院士、国内外教授围绕电网的发展和安全作了学术报告。会上提出了调度系统今后2年在电网调度运行和技术等方面的重点任务。大会共收到论文442篇，数量、水平均超过历届。

2003年11月1日是《电网调度管理条例》发布十周年，国调中心组织了系列纪念活动，坚持依法统一调度，保证电网安全稳定运行。

四、精心组织、全力以赴，圆满完成联网工程和三峡首批机组启动调试投产任务

国调中心认真贯彻国家电网公司“西电东送、南北互供、全国联网”的战略部署，把新项目调试投产作为工作重点，精心组织、克服困难、全力以赴、圆满完成了福双第二回、三峡首批机组发电和华北华中联网的启动调试投产任务。为满足具有里程碑意义的三峡首批机组提前发电并网和初期运行的需要，国调中心加强领导，全面部署，扎实细致工作，圆满完成龙政直流输电系统和三峡外送站、线启动调试的同时，积极与三峡公司、电厂和有关网调加强协调工作，组织制定了《三峡左一电站电力调度管理细则》(暂行)，详细计算分析了三峡送出系统在各种运行方式下的运行工况和稳定限额，下达了三峡送出系统运行规定，并积极创造系统条件，保证了三峡首批机组的启动调试和投产。三峡6台发电机组投入运行，2003年发电量达到82亿kWh，为缓解华东、华中、川渝电网用电紧张局面发挥了积极的作用。

华北华中联网是全国联网工程的重要项目，针对联网工程未知数多、难度大等问题，国调中心做到及早周密地组织开展稳定计算分析等相应工作，经过3个月艰苦的计算分析、研究，确定了系统运行要求，并与参加调试的各个单位通力合作。9月21日12时，按照启委会要求完成此次联网调试8个类型全部的试验项目。

国调中心除组织跨区电力电量交易外，还对电力市场运作模式和安全约束条件进行了积极的探索，配合电监会研究东北、华北电力市场试点的市场模式、电价方案、需要解决的前提条件等，为电监会进行电力市场试点工作提供决策支持。此外，组织修改了《电力市场技术支持系统功能要求》，使之更符合形势的需要，更富有指导意义。

五、众志成城、举措有力，取得抗击非典和保证电网安全的全面胜利

在非典突如其来之际，国调中心迅速行动，充分发挥党总支部的战斗堡垒作用，坚决贯彻党中央、国务院的指示，果断地召开防范“非典”电话会议，下发防治非典时期保证电网调度运行人员安全的紧急通知，带领全国电网调度系统广大员工，迅速建立起抗击非典的特殊时期保证电网调度指挥不间断、进而保证电网安全生产运行不间断的有效机制，及时采取必要的防范措施，有力地保证了电网安全运行和重要用户的可靠供电。重点是加大向华北、华东地区的送电电量，特别是增加向北京、上海的计划外电量。非典肆虐时期，正值举世瞩目的三峡工程首批机组进行并网调试的关键阶段。国调干部职工以大局为重，发扬团结协作、连续作战的精神，积极完成三峡至常州直流送电工程调试和三峡首批机组发电等启动调试重要任务。国调中心和全国调度系统职工和家属在非典期间没有发生一例非典病例和疑似病例，同时圆满完成了调度生产和联网工程前期工作任务。国务院国有资产管理委员会党委做出关于表彰中央企业防治非典型肺炎工作先进基层党组织和优秀共产党员的决定，国调中心党总支被列入光荣榜，人民日报和中央组织部主办的党建期刊登载了国调中心党总支的先进事迹。

六、工程管理和科研培训得以加强

2003年进一步规范化工程管理，加强了工程验收工作，组织了国调EMS（一期）工程、国调计量主站系统（一期）、华中和重庆EMS四项目总体竣工验收；配合并接受三峡二期工程输变电二次系统验收；完成了功角监测系统招标、合同签订等工作；组织了DTS一期工程的合同谈判及签约；组织撰写三峡输变电工程国调中心稽查材料，并顺利通过稽查；组织继电保护及故障信息处理系统、水调二期工程验收。

七、加强政治理论学习，开展党风廉政教育

国调中心党总支以安全生产为主线，在公司党组领导下，按照公司机关党委的工作部署，认真抓好“三个代表”重要思想的理论学习和党的

十六届三中全会精神的学习和贯彻执行，在抓党员、干部政治理论学习的同时，开展了党风廉政和警示教育，加强领导班子建设，加强社会主义精神文明建设，在管理方面做了大量工作，取得一定的成绩。①把“三个代表”重要思想的学习，贯穿于每个季度重点学习内容中，并结合电力生产和全国联网工程的实际，使学习与实际工作相结合，把理论学习不断引向深入。②结合国调中心面临的全国联网工作任务，要求中心处级领导干部要树立大局观，在严格管理、巩固建设一流成果的同时，做好员工的思想政治工作，把干部、员工思想和行动统一到公司党组提出的当前改革要坚持的五条原则上，以积极的态度、稳定的思想和良好的工作作风保证全国联网工程和三峡输变电工程平稳进行。③注重发挥党员先锋模范作用和激发干部职工对国家、对社会的责任心：在各种捐资捐物活动中中心干部职工总是积极踊跃，有的职工出差在外，也会主动打电话委托代捐。发生在7月的一件事至今感人至深：华中网调一位调度员的孩子身染白血病到北京治疗，中心党总支得知此事后，不但妥善联系安置了住院、家长住宿等事宜，还立即组织了以“爱让生命延续”为主题的爱心捐助活动，此举得到中心每一位职工的热烈响应，短短时间内捐资 21300 元，有几位职工一次捐出 1000 元。华中网调党总支和全体职工深受感动，表示一定要做好华中电网调度工作，以实际行动感谢调度系统的关心。④开展“警示教育”活动：组织廉洁自律知识测试答题，学习《廉政准则》，要求全体党员、干部要着重领会和把握《廉政准则》中的具体要求，坚决做到令行禁止。⑤广泛征求各方面的意见，开好双重民主生活会。

跨区跨省电力优化调度暂行规则

7月11日，电监会出台《跨区跨省电力优化调度暂行规则》（简称《优化规则》），旨在通过加强电力优化调度，充分发挥现有输电线的送电能力，更大范围内平衡余缺，发挥联网错峰效益，最大限度地满足用电需求。

《优化规则》由总则、优化调度的主体及内容、年度交易的优化调度、短期交易的优化调度、水电优化调度、优化调度的信息披露和附则组成，共计七章四十六条。

《优化规则》中明确，优化调度应遵循以下原则：第一，打破市场壁垒，充分发挥市场调节作用，促进电力资源优化配置。第二，公平开放电网，在电网输电能力、运行方式和安全约束允许的情况下，电网经营企业应当对通过跨区跨省输电线进行的电能交易提供输电服务。第三，规范跨区跨省电能交易调度行为，及时披露优化调度信息，切实保障有关各方的合法权益。第四，坚持电力调度“公开、公平、公正”原则，实行“统一调度、分级管理”。第五，维护电力调度秩序，保证调度的权威性和严肃性，有关各方要服从电力统一调度，共同保障电网安全、稳定、优质、经济运行。

《优化规则》明确，优化调度包括年度交易的优化调度和短期交易的优化调度。年度交易和短期交易均采取合同形式。跨区跨省的短期交易原则上由送、受双方商定，并提交调度机构进行安全校核。调度机构将送受双方和调度机构共同确认的短期交易结果分解，按照先保证年度交易、后保证短期交易的原则纳入月、日调度计划。《优化规则》还明确，在发生电网调频、调峰容量及无功支持不足，或系统重大事故，或跨区跨省输电传输功率引发输电阻塞、破坏输电线稳定限额等危及电网安全运行的情况时，国家、区域调度机构可中止短期交易调度计划。《优化规则》还提出，要充分发挥水电跨流域调节和水火电补偿错峰效益。汛期应充分利用水库弃水发电。在不影响电网安全运行的前提下，已经发生弃水的水电厂日发电负荷率应不低于网内尚未发生弃水的水电厂日发电负荷率。

电监会有关负责人强调，电监会根据国务院的要求，抓紧制定《优化规则》，并在夏季高峰到来前实施，这是缓解当前电力供需紧张的一个重要措施。《优化规则》有四个显著特点：第一，充分吸收了近年来跨区跨省电能交易的一些行之有效的经验和做法；第二，注重发挥市场机制的作用；第三，突出优化，充分利用跨区跨省输输电线和现有发电资源，最大限度地促进和落实跨区跨省电能交易；第四，便于操作，在 2003 年夏季用电高峰期即可迅速实施。

电力科技与环保

中国电力科学技术奖

为继续做好中国电力科学技术奖的组织评审工作，并适应新形势的要求，有所创新，进一步发挥“中国电力科学技术奖”对电力工业科技进步的促进作用，为中国电力工业的持续发展做出应有的贡献。七大集团公司决定共同设立“中国电力科学技术奖”。为此，于2003年2月18日在北京召开中国电力科学技术奖工作座谈会。国家电网公司总经理赵希正、中国南方电网有限责任公司董事长袁懋振、中国华能集团公司总经理李小鹏、中国国电集团公司总经理周大兵（兼中国水力发电工程学会理事长）、中国华电集团公司副总经理程念高（代表贺恭总经理）、中国电力投资集团公司副总经理张晓鲁（代表王炳华总经理）、中国大唐集团公司总经济师朱明昆（代表翟若愚总经理）、中国电机工程学会理事长陆延昌出席了会议。郭灏、魏光耀、邴凤山等同志也出席了会议。

会议由国家电网公司赵希正总经理主持，会议听取了有关中国电力科学技术奖工作情况的介绍；审议通过了关于中国电力科学技术奖评审委员会（简称评委会）的调整原则及建议，确定了评委会主任委员、副主任委员以及奖励工作办公室主任、副主任人选；讨论确定了中国电力科学技术奖奖励费用来源，即中国电力科学技术奖所需奖励费用由设奖单位共同承担，按照“社会力量设立科学技术奖管理办法”的有关要求，设奖单位共同签署了关于保障“中国电力科学技术奖”奖励经费的协议，共同承担五年所需700万元的奖励费用，作为本届评委会工作期间奖励费用。

1. 中国电力科学技术奖的推荐渠道

（1）各设奖单位（七大集团公司）；

（2）中国电力工程顾问集团公司、中国水电工程顾问集团公司、中国水利水电建设集团公司、中国葛洲坝集团公司、设奖单位系统外省级电力公司；

（3）中国电机工程学会和中国水力发电工程学会各专委会、省级学会；

（4）直接承担国家电力科研项目以及设奖单位科研项目的系统外单位；

（5）具有电力专业学科的综合类大学。

2. 关于中国电力科学技术奖的评审和授予程序

（1）中国电力科学技术奖实行评审组、评委会二级评审制。

（2）评委会作出的获奖项目人选和获奖项目奖励等级的决议（包括对项目异议的处理）为最终结论，中国电机工程学会（奖励工作办公室）负责相应奖励通报的发布。

（3）中国电力科学技术奖奖励证书同时盖用“中国电机工程学会”和“中国电力科学技术奖励专用章”印章。

3. 关于中国电力科学技术奖奖励办法及其实施细则的修订和发布

授权评委会负责中国电力科学技术奖奖励办法及其实施细则的修订。

4. 关于各获奖等级的单项奖金额

（1）一等奖奖金：6万元；

（2）二等奖奖金：3万元；

（3）三等奖奖金：1万元。

5. 关于国家级科学技术奖励的推荐

授权评委会负责中国电力科学技术奖获奖项目申报国家级科学技术奖励的推荐评审工作，中国电机工程学会（奖励工作办公室）负责相应的组织及日常管理工作。

附件：

中国电力科学技术奖评审委员会主任委员、副主任委员名单

主任委员：陆延昌

副主任委员：周大兵、陆启洲、张贵行

中国电力科学技术奖励工作办公室主任、副主任名单

主任：魏光耀

副主任：邴凤山、胡湘燕

2003年度中国电力科学技术奖获奖项目及受奖单位

序号	等级	获奖项目	受奖单位
1	一等	OPS－1紧急控制在线预决策系统	国电自动化研究院
2	一等	低压配电网电力线高速通信技术研究	中国电力科学研究院、沈阳供电公司
3	一等	煤粉锅炉等离子点火及稳燃技术	烟台龙源电力技术有限公司、烟台发电厂、华北电力科学研究院有限责任公司、佳木斯发电厂、元宝山发电厂、内蒙古电力（集团）有限责任公司
4	一等	火力发电机组高温部件寿命管理技术研究	国电热工研究院、华北电力大学、国电电力建设研究所
5	一等	三峡水电站特大型埋件全自动焊及现场制造技术研究	中国水利水电第八工程局
6	二等	碾压混凝土材料性能和溶蚀耐久性研究	南京水利科学研究院、国家电力公司中南勘测设计研究院、武汉大学、国家电力公司北京勘测设计研究院、云南大朝山水电有限责任公司
7	二等	宽尾墩—台阶式坝面联合消能工的研究及应用	北京国电水利电力工程有限责任公司、云南大朝山水电有限责任公司、中国水利水电科学研究院、南京水利科学研究
8	二等	《水利水电工程地质勘察规范》(GB 50287—1999)	国家电力公司水电水利规划设计总院、水利部水利水电规划设计总院、水利部天津水利水电勘测设计研究院、国土资源部地质环境司、中国科学院地质与地球物理研究所、中国地震局地质研究所、中国水利水电科学研究院

续表

序号	等级	获奖项目	受奖单位
9	二等	大渗漏量、高流速溶洞地层堵漏和防渗技术	中国水利水电科学研究院、国家电力公司贵阳勘测设计研究院、贵州红枫发电总厂、葛洲坝集团基础工程有限公司
10	二等	龙羊峡拱坝抗震运行评价	中国水利水电科学研究院
11	二等	直吹式制粉系统一次风优化分配及在线监测技术研究开发	国电热工研究院、嘉兴发电有限责任公司、望亭发电有限公司
12	二等	火、核电厂循环供水管道系统局部阻力及其相邻影响研究	中国水利水电科学研究院、安徽省水利部淮委水利科学研究院、国家电力公司中南电力设计院、国电华北电力设计院工程有限公司
13	二等	300MW燃煤机组非线性建模与控制算法的研究	华北电力大学
14	二等	粉煤加压气化评价装置的研制及粉煤气化特性研究	国电热工研究院
15	二等	大型火电机组土建施工关键技术研究与应用	上海电力建筑工程公司
16	二等	电站燃煤锅炉干式排渣系统及关键设备的研究	国电电力建设研究所、唐山发电总厂新区热电厂、北京京能热电股份公司
17	二等	天广交直流输电系统安全稳定运行及其对策研究	中国南方电网有限责任公司超高压输变电公司、中国电力科学研究院
18	二等	电网数字实时动态仿真系统	国家电力公司东北公司、深圳市殷图科技发展有限公司
19	二等	电力系统电能质量最高溯源标准装置的研制	中国电力科学研究院
20	三等	碾压混凝土筑坝施工技术在大朝山水电站的研究与应用	中国水利水电第八工程局、中国水利水电第三工程局

续表

序号	等级	获奖项目	受奖单位
21	三等	钢板下浇注混凝土脱空缺陷中子无损探查技术开发及工程应用	南京水利科学研究院
22	三等	混凝土生产输送浇筑过程计算机综合监控系统研究	中国葛洲坝水利水电工程集团有限公司、西安交通大学
23	三等	《水电水利工程施工监理规范》(DL/T 5111—2000)	中国建设监理协会水电建设监理分会、国家电力公司中南勘测设计研究院、长江水利委员会建设工程监理中心
24	三等	大吨位(10000kN)锚索试验与施工	中国水利水电第四工程局、黄河上游水电开发有限责任公司
25	三等	天生桥一级水电站引水隧洞预应力环锚施工技术	中国水利水电第七工程局
26	三等	《水电工程水利计算规范》(DL/T 5105—1999)	国家电力公司西北勘测设计研究院、国家电力公司华东勘测设计研究院、国家电力公司中南勘测设计研究院
27	三等	水电机组状态监测分析诊断系统开发研究	福建省电力试验研究院、清华大学、北京奥技异电气技术研究所、福建省地潭水力发电厂
28	三等	水电地下洞室有害气体测试评价方法及安全防护技术研究	中国水电顾问有限公司
29	三等	《水电水利工程泥沙设计规范》(DL/T 5089—1999)	国家电力公司成都勘测设计研究院、国家电力公司水电水利规划设计总院、国家电力公司西北勘测设计研究院
30	三等	大亚湾核电站核级旋启式隔离止回阀在线检修试验台	广东核电合营有限公司
31	三等	锅炉导汽管弯头和过热器管寿命评估及管理新方法研究	河北省电力试验研究所、马头发电总厂

续表

序号	等级	获奖项目	受奖单位
32	三等	自动可调叶栅煤粉分配器	国家电站燃烧工程技术研究中心、通辽发电总厂、东北大学
33	三等	东方汽轮机厂300MW分缸机组完善化改造	北京大唐发电股份有限公司张家口发电厂、东方汽轮机厂
34	三等	亚临界汽包炉给水加氧处理技术的研究	国电热工研究院、国家电力公司华东公司、吉林省电力有限公司、吉林省电力科学研究院、双辽发电厂
35	三等	引进型300MW机组降耗措施的研究	国电热工研究院、吉林省电力有限公司、双辽发电厂、湖北汉新发电有限公司、湖北省电力公司
36	三等	热喷涂新技术在电力系统中的应用研究	内蒙古电力科学研究院
37	三等	《火电结构优化和技术升级研究》	中国电力工程顾问(集团)有限公司、中国电力建设工程咨询公司、中国动力工程学会、国电华北电力设计院工程有限公司、国家电力公司西北电力设计院
38	三等	多管式钢内筒烟囱结构优化设计技术研究	国家电力公司华东电力设计院
39	三等	电厂节能管理评价体系的研究开发	山东国际电源开发股份有限公司、山东电力研究院、邹县发电厂
40	三等	300MW火电机组延长大修间隔技术研究及其应用	上海外高桥发电有限责任公司、上海市电力试验研究所
41	三等	燃料调度管理系统	中国电力科学研究院、中能电力工业燃料公司
42	三等	低挥发分煤燃烧技术的改进研究	国电热工研究院
43	三等	扬州第二发电有限责任公司管理信息系统示范工程	中国电力建设工程咨询公司、扬州第二发电有限责任公司

续表

序号	等级	获奖项目	受奖单位
44	三等	三相流化床烟气脱硫技术及其技术经济分析	武汉大学、湖南省湘潭电厂
45	三等	国家电力调度通信中心电网调度自动化系统	国家电力调度通信中心、中国电力科学研究院
46	三等	百万伏级特高压输电线路外绝缘特性研究	武汉高压研究所
47	三等	300 ～ 600MW发电机新型电流互感器研究、设计和试制	国电华北电力设计院工程有限公司、大连第一互感器厂
48	三等	基于灵敏度分析的电磁自动化优化设计的方法研究	华北电力大学
49	三等	500kV同塔双回紧凑型输电线路带电作业研究	武汉高压研究所、国家电网公司电网建设分公司
50	三等	PSL600系列数字式线路保护	国电南京自动化股份有限公司、浙江大学
51	三等	异步电动机早期故障小波智能诊断仪的研制	广东省电力工业局试验研究所、华南理工大学电力学院
52	三等	NS2000基于网络的变电站综合自动化系统	国电自动化研究院、国电南瑞科技股份有限公司
53	三等	采用“牵引吊篮”跨越500kV带电线路施工技术	内蒙古送变电有限责任公司
54	三等	电力系统最高电能计量标准装置(0.0025级)的研制	中国电力科学研究院
55	三等	高压直流试验室技术改造	中国电力科学研究院、华北电力大学、清华大学

中国电力工业环境保护

我国政府高度重视电力工业的可持续发展，采取了一系列的措施和手段。改革开放以来，国家进一步强化了环保法制建设，确立了预防为主、防治结合、综合治理和采用新技术、推行清洁生产、减少有害物质排放、防治环境污染和其他公害的政策；取得了供电煤耗、烟尘和废水排放逐年下降，二氧化硫排放得到控制，核电安全运行，水电容量快速增长等显著成就，在电力得到迅速发展的同时环境保护取得明显成效。

烟尘和废水基本实现达标排放

20世纪70年代以前，绝大部分火电厂采用水膜除尘器和机械除尘装置，除尘效率很低，平均约为70%。经过20多年的发展，电除尘器的比例逐年增长，平均除尘效率已达到98%左右。本地化的20万kW级机组配套的袋式除尘器示范工程已成功建成并投入运行。从1980～2002年的22年间，尽管火电装机容量由0.465亿kW增加到2.656亿kW，增加了4.7倍，但烟尘排放量基本持平，并在1998年开始有明显下降。1980年烟尘排放量为399万t，2000年为300万t，2002年为270万t。2003年烟尘排放量约为280万t。

20世纪70年代以前建设的火电厂，个别设计上将灰渣排入江河，到1995年底，原电力部所属火电厂解决了多年存在的向江河湖海排灰的历史遗留问题。80年代建设的电厂在大力进行综合利用的同时，对新灰场和服役期满的灰场都采取了必要的防污染措施。进入90年代后，采用调湿灰碾压技术和灰场防渗技术的灰场不断增多。这些措施的采用，不仅减少了灰水对地下水的污染，也使冲灰新鲜水用量及废水外排量大幅度下降。目前，新建电厂的除灰方式有了较大地改进。在有条件的地方首先选用干除灰方式；采用水力除灰的尽量做到灰水闭路循环；当灰水闭路循环确有困难时，采用高浓度水力除灰。结合节水技术改造，一批火电厂采用了工业废水“零”排放工艺流程和技术。

二氧化硫排放得到初步控制

我国二氧化硫排放主要是燃煤产生，电力燃煤约占煤炭产量的50%。据中国环境状况公报，2003年全国废气中二氧化硫排放总量22158.7万t，其中工业来源的排放量1791.4万t。

2003年，由于煤、电、运供需紧张，燃煤电厂的煤质总体下降，加之烟气脱硫装置投产数量少，还没有发挥出控制二氧化硫排放量的重要作用，使得火电厂二氧化硫排放量有所上升。

自1991年华能珞璜电厂引进的2台36万kW机组石灰石—石膏湿法烟气脱硫装置投运以来，标志着我国火电厂商业化脱硫装置运行的开始。此后，旋转喷雾干燥法、简易石灰石—石膏湿法、烟气循环流化床法、电子束法、海水脱硫法、炉内喷钙尾部烟气增湿活化法等多种脱硫方法投入运行。到2003年底，全国投产与在建的脱硫装机约2000万kW，投运脱硫装置的装机突破800万kW。近几年，电力企业通过采用低硫煤、脱硫、关停小火电机组等措施，使二氧化硫排放量的增长得到遏制。

污染物排放绩效指标逐年下降

烟尘、二氧化硫、废水等绩效指标逐年好转，一方面说明了污染控制取得了成效，另一方面也说明了由于技术进步和新建机组的不断投入等作用，使发电煤耗、水耗逐年下降。单位发电量资源消耗的减少，也直接减少了污染物的排放。2002年，火力发电单位发电量耗水量3.54kg/kWh，平均装机耗水率0.98s·m^3/(10^6·kW)，比20世纪80年代大机组平均耗水指标1.42～1.56s·m^3/(10^6·kW)下降1/3，火电年节约用水10.3亿m^3，工业用水重复利用率达到69%。

资源综合利用成绩突出

干灰分选、粉煤灰生产建材产品、粉煤灰筑路和筑坝、脱硫石膏用于水泥和石膏板高附加值建材生产等，已成为电力企业变废为宝、多种经营的重要手段。2000年以来，粉煤灰综合利用率持续达到63%以上。

输变电和水电站工程建设环境保护工作得到进一步加强

2003年，防治输变电建设及生产运行过程中的电场磁场对环境的影响、电力建设尤其是水电站建设过程中对生态环境的影响和水土保持工作都进一步得到加强。

尽管我国电力工业的环境保护取得了巨大成就，但由于历史、政策、资金等方面的原因，电力环保问题仍然十分突出：二氧化硫排放量约占燃煤排放量的1/2，控制的任务十分艰巨；氮氧化物排放的影响将日益突现；现有低效除尘器需改为电除尘器或其他高效除尘器；部分电除尘器（特别是初期安装的电除尘器）因设备、管理等问题难以达到设计效率，需要提效改造；部分电厂灰水中悬浮物和pH值难以达到排放标准要求，个别电厂氟化物等污染物超标；部分灰场灰水渗透对地下水产生影响；输变电线路及设备对环境的电场、磁场的影响研究、评价及预防还有待加强；水电建设中的生态保护及水土保持工作需进一步强化。随着环境保护的发展，二氧化碳等温室气体排放及烟气排放形成的超细颗粒、重金属等的排放污染物的跨区域的相互影响等环境问题对电力工业形成较大的潜在压力。

2003年国家电网公司国际招评标主要项目审查

输变电项目

（1）亚行贷款项目沈阳—大连输电及电网改造工程电力变压器、电抗器、断路器、GIS、互感器、隔离开关、绝缘子、电缆、光通信设备、变电站监控系统、钢芯铝绞线等共12份评标报告的审查和转报。

（2）利用世行贷款华东（江苏）500kV输变电续建工程变压器、断路器、隔离开关、电抗器、互感器、变压器保护、计算机监控等16份评标报告及光缆、变压器保护、线路保护、计算机监控和变压器等6份招标文件审查、转报。

（3）利用日本国际协力银行贷款重庆城网建设和改造项目变压器、GIS、SF_6断路器、开关设备、电缆、电抗器、高压架空绝缘线、低压架空绝缘线和钢芯铝绞线等12份评标报告审查转报。

（4）上海徐行500kV变电站变压器、断路器评标报告审查、批复。

（5）天津芥园道220kV电缆评标报告批复。

（6）辽阳变电站500kV变压器招标文件及评标报告审查、批复。

（7）上海自忠地下变电站110kV SF_6变压器评标报告审查和转报。

（8）上海ERP（企业资源规划）咨询服务评标报告审查、转报。

（9）浙江钱江220kV电缆评标报告批复。

（10）三峡—上海500kV直流工程招标文件审查。

发电项目

（1）河北张河湾蓄能电站主机设备评标报告审查、转报。

（2）江苏宜兴蓄能电站主机设备和施工机械设备共6份评标报告及施工设备、监测仪表招标文件审查、转报。

（3）山西西龙池蓄能电站主机资格预审报告、咨询服务标评审报告和主机标书审查、转报。

（4）桐柏抽水蓄能电站GIS、变压器、电缆采购及设备监造咨询服务评标报告的审查和报批。

（5）山东泰安抽水蓄能电站液压启闭机、特种钢板、GIS和电缆评标报告及电梯招标文件及审查、转报。

（6）脱硫项目（北京、重庆、半山）后评价咨询公司评审，评审报告审查、转报。

（7）宝泉、白莲河抽水蓄能电站项目统一招标招标文件审查上报。

（8）黑龙江风电项目评标报告审查上报。

（9）陕西韩城二电厂仪控岛、除灰岛和施工机具设备采购评标报告及330kV升压站电气设备和输煤装置资格预审评标报告审查和报批。

（10）山西王曲电厂锅炉岛和汽机岛评标报告及仪控岛设备招标文件审查上报。

（11）内蒙古正蓝电厂空冷系统招标文件审批。

（12）山西古交电厂空冷系统招标文件和评标报告审批。

（13）外高桥二期脱硫工程评标报告审查和转报。

（14）龙滩项目施工机械（塔机、塔式布料机、混凝土拌和楼设备和砂石加工设备共4份评标报告审查批复）。

（15）世行贷款上海风电项目招标文件审查和转报。

（16）安徽安庆电厂除灰设备评标报告审查和转报。

2003年国家电网公司主要涉外活动

重要团组出访

3月15日～4月1日，郑宝森副总经理率团赴日本、美国、巴西、德国参加中日定期交流并考察直流输电工程。

3月23～28日，李彦梦副总经理率团赴香港参加瑞士信贷第一波士顿亚洲投资会议。

4月9～21日，陈进行副总经理率团赴澳大利亚、新西兰考察人力资源管理和用人制度。

7月4～16日，赵希正总经理率团赴马来西亚、印度视察水总在马项目并参加印度电网研讨会。

8月20日～9月4日，陆启洲副总经理率团赴德国、奥地利参加西门子公司组织的财务和输电新技术培训。

9月11～17日，郑宝森副总经理率团赴俄罗斯参加中俄能源分委会第五次会议。

9月12～28日，刘振亚副总经理率团赴巴西、南非考察联网运作机制、直流输电技术。

9月15日～10月2日，陆延昌顾问率团赴日本、澳大利亚、新西兰考察电网运行与电力体制。

9月12～26日，祝新民纪检组长率团赴古巴、巴西、阿根廷考察供电服务质量。

9月16～30日，陈月明副总经理率团赴瑞士、芬兰、俄罗斯考察资本市场运作与财务管理。

10月7～14日，陈进行副总经理率团赴马来西亚、新加坡参加亚洲电力投资研讨会。

10月16～26日，刘振亚副总经理率团赴泰国、柬埔寨参加APEC工商领导人峰会。

10月8～22日，李彦梦副总经理率团赴意大利、法国、西班牙考察欧洲电力市场及电力体制改革。

11月9～26日，赵希正总经理率团赴英国、捷克、斯洛伐克、希腊考察英国海底联网工程、希腊电网公司上市情况和神头电厂项目执行情况。

重要团组来访

2003年1月6～15日，应国家电网公司邀请，印度电网公司总经理辛格一行5人访华。代表团一行访问了三峡工地、华东电力集团公司、上海市电力调度中心和天广直流工程换流站。外宾在北京期间拜会了赵希正总经理并出席了由郑宝森副总经理主持的晚宴。

古巴基础产业部代表团由副部长桑切斯先生带队于2003年3月5日下午来国家电网公司拜访，李彦梦副总经理主持会见并招待晚宴，代表团还参观了国调中心。来访人员除了古巴基础产业部的代表还有古巴使馆商务参赞多利斯先生以及使馆代表。

2003年4月4日，阿尔及利亚水资源部大坝司西部地区主任约斯菲·拉什德先生等一行6人来访。郑宝森副总经理会见了代表团。代表团还参观了小浪底水利枢纽、长江三峡大坝和公伯峡水电站。

2003年5月16日，ABB中国公司在国家电网公司本部与工程建设部签署了国家电网公司和ABB中国公司在非典期间关于现场服务的联合声明。声明双方将共同防范和控制非典以保证在龙泉、政平、荆州和惠州的工作现场免受非典污染。

2003年6月4日，国家电网公司总经理赵希正在国家电网公司本部会议室会见了来访的国际著名跨国投资银行集团——高盛公司首席执行官鲍尔森一行，鲍尔森对国家电网公司的成立和我国抗击非典取得初步胜利表示祝贺，并希望加强与电网公司在中国电网建设领域的合作。赵总经理表示今后将进一步加强与高盛公司的交流与合作。

2003年6月19日，赵希正总经理和郑宝森副总经理在公司本部会见了来访的科摩罗联盟基础设施发展、邮电、电信和国际运输部国务部长穆塞迪埃一行，科方希望中方公司帮助其进行电厂改造，赵总请中电技公司介绍了相关业绩并表示原意与科方就合作事宜进一步接触。

2003年7月17日，赵希正总经理和郑宝森副总经理在公司本部会见了来访的ABB集团首席执行官杜曼一行 6 人，双方就进一步加强合作进行了探讨。

2003 年 7 月 21 日，赵希正总经理和郑宝森副总经理在公司本部会见了来访的国际能源署副署长一行，双方就能源资源的优化配置等问题进行了交流和探讨。

2003 年 9 月 11 日，陆延昌顾问在公司本部会见了来访的国际电力工程师协会总裁斯特林先生一行，双方就友好合作等问题进行了交流，并表达了在未来建立稳定合作关系的美好意愿。

2003 年 10 月 10 日，陆启洲副总经理会见了以日本前驻华大使佐藤嘉恭为团长的日本亚洲交流协会代表团一行 19 人，做了“中国电力改革与发展”的主题讲话。

2003 年 10 月 12 日，陆延昌顾问、史大帧顾问在国家电网公司本部会议室会见了来访的台湾海峡两岸电机学术产业发展促进会会长张启泰先生一行，就台湾方面组织有关专家学者到三峡考察交流事宜进行了探讨。

2003 年 10 月 16 日，赵希正总经理在国家电网公司本部会议室会见了来访的瑞士信贷第一波士顿公司首席执行官 JOHNJ. MACK 先生一行，就国家电网公司的发展，中国电力工业的改革，美、加大停电事件以及国际资本市场的最新情况进行了探讨。

2003 年 10 月 16 日，陈进行副总经理会见了来北京参加亚洲电力论坛的哈萨克斯坦国家电网公司（KEGOC）副总经理一行，双方就未来的合作进行了探讨。

电 力 监 管

国家电力监管委员会

综　述

2003年是电监会的开局之年，电力体制改革和发展都面临十分繁重的任务。全面加强电力行业监管工作，对于巩固电力改革成果，推进电力市场化进程，规范电力市场秩序，促进电力工业持续快速协调健康发展具有重要意义。按照党组确定的2003年工作重点，以开拓创新、锐意进取的精神，持之以恒、坚韧不拔的毅力，扎实工作、求真务实的作风，克服重重困难，边组建、边开展工作，各项工作取得了预期的成果。

2003年，电监会主抓了电力法律法规、电力监管组织和电力市场三大体系建设，积极稳妥地组织实施电力体制改革，取得了新的成绩，促进了电力工业健康发展和电力系统的安全稳定运行。与此同时，在电力监管职责和机关建设方面也取得了可喜的进展。关于电监会的职能定位，国务院已明确为对全国电力行业的监管；同时，国务院正式授权由电监会具体行使政府电力安全监督管理职能；在机关建设基本完成的情况下，电监会分支机构组建方案已经形成一致意见，进入审批程序。

思想政治工作

按照《中共中央关于在全党兴起学习贯彻“三个代表”重要思想新高潮的通知》精神，党组提出学习贯彻“三个代表”重要思想，要结合电力监管工作的实际，开创性地做好电力监管工作，做到认识上要有新高度、工作上要有新成效。

学习贯彻“三个代表”重要思想，必须牢牢把握立党为公、执政为民。落实到电力监管工作上，要突出五个方面的工作：第一，在起草制定电力监管法律法规和各项规章制度以及政策时，要坚持做到科学化、民主化，要倾听各方面的意见，集中各方面的智慧，使之既符合国家的大政方针，又充分体现最广大人民群众的根本利益。第二，要坚定不移地推进电力体制改革，加快电力市场化进程，走出一条利用市场机制加快电力工业发展的新路子，满足人民群众日益增长的物质文化生活需要。第三，要把人民群众关心的热点难点作为我们工作的重点，把人民拥护不拥护、赞成不赞成、高兴不高兴、答应不答应作为衡量我们监管工作的标准。第四，要坚持一切从实际出发，坚持与时俱进，充分尊重群众在实践中的创造，把各方面的利益实现好、维护好、发展好。第五，要加强作风建设，牢记胡锦涛同志再次强调的“两个务必”，即务必使同志们继续地保持谦虚、谨慎、不骄、不躁的作风，务必使同志们继续地保持艰苦奋斗的作风，力求贴近现实、贴近生活、贴近群众。

党的十六届三中全会召开以后，会党组及时召开扩大会议，学习传达和贯彻会议精神，并在实践中努力做到三个结合：一是和学习贯彻“三个代表”重要思想紧密结合，始终不渝地高举马列主义、毛泽东思想和邓小平理论的伟大旗帜，高举“三个代表”重要思想的伟大旗帜，走中国特色社会主义道路。二是和自己思想实际紧密结合，把握实质，提高认识，把思想统一到三中全会和胡锦涛同志重要讲话精神上来。三是和电力监管工作实际紧密结合，正确处理好改革发展稳定的关系，把促进电力发展作为电监会第一要务。

机构组建工作

机构设置、人员配备方面。根据国务院批复电监会“三定”方案的规定，确定了《电监会各部门人员编制、领导职数及内设处室规定》和《电监会各部门及内设处室主要职责》。目前电监会共设7个部门，21个处，基本上完成了机构组建和人员配备。在现有人员中，拥有本科以上学历的占94.8%，其中博士8人、硕士16人、本科49人，党员人数占90%以上。

建章立制、加强对外交流方面。制定了《国家电力监管委员会工作规则》、《国家电力监管委员会公文处理办法》、《电监会机关人事管理暂行规定》等一系列规章制度，各项工作基本实现了制度化、规范化，内部运转比较科学、协调。成立电监会，是党中央、国务院关于电力体制改革的重大决策，我们十分重视对外宣传工作，通过加强信息交流，利用新闻媒体及电监会网站等，及时反映我国电力改革与发展的情况，国际、国内各方面反响较好。同时，为汲取美、加大停电的教训，结合电力体制改革，我们组织对有关国家进行了考察，不仅加强了对外交流与合作，而且对推进我国电力体制改革起到了重要作用。

加强培训、提高素质方面。坚持以人为本，重视加强队伍建设。电监会成立之初，我们就提出“开拓进取，严谨务实，依法公正，清正廉洁”的总要求，力争把电监会建设成为公正、廉明、开放、高效，有权威、可信赖的行政执法机构。一方面加强政治理论学习，另一方面重视业务培训。全年共组织全员培训6次，分别就电监会与电力监管、电力法律法规和行政执法、缺电情况下如何开放电力市场、电力监管基本程序、依法行政、电力工业的技术特征和市场特征等方面的问题，请有关专家进行了专题讲座。

同时，我们还加强了监管组织体系的研究工作，配合中编办完成了电监会分支机构组建方案的制定。

电力监管法规

按照国务院的要求，发展改革委和我会负责《中华人民共和国电力法》（简称《电力法》）的修改工作。为做好这项工作，有关部门协同配合，付出了艰苦的努力，经过两次集中讨论修改，多次书面修改，形成了征求意见稿。在国务院领导同志的关心下，电力监管机构的职能定位等一些主要的分歧点，经过协调，在《电力法》征求意见稿中得到了明确。

制定和出台《电力监管条例》是电监会的一项重要工作。通过召开座谈会、研讨会和书面征求意见等方式，综合各方面的意见，形成了《条例》送审稿，已正式上报国务院审查。

在立法基础建设方面，制定了《规章制定程序规定》，规范了规章的制定程序，明确了各部门和政策法规部在规章制定中的职责。同时，各部门结合电力监管工作的需要，着手制定了一些规章和办法，为依法监管创造比较坚实的法律法规基础。

区域电力市场建设

进行区域电力市场试点是一项全新的、开创性的工作，是深化电力体制改革的重要内容。东北、华东先行区域电力市场的试点，并成立了领导小组和相应的工作机构。

为指导电力市场研究和实践，制定了《关于区域电力市场建设的若干指导意见》、《电力市场运营基本规则》、《电力市场监管办法》、《电力市场技术支持系统功能规范》等配套文件，对统一和规范电力市场建设和研究工作起到了积极的作用。

按照国务院5号文件和电力体制改革工作小组关于开展大用户向电力企业直接购电试点的有关精神，在认真调查研究的基础上，起草了《大用户向发电企业直接购电试点暂行办法》，经主席办公讨论通过，即将印发施行，并初步确定吉林炭素厂和吉林热电厂、株洲冶炼厂和株洲电厂作为首批试点单位。

电力体制改革

国务院电力体制改革工作小组办公室移交电监会后，我们深入开展调查研究，及时掌握改革的进展情况，处理了大量事务性的工作。

对电力体制改革工作小组成员单位进行了调整，同时也明确了工作小组及办公室的职责。

根据2003年电力体制改革工作的实际情况，组织筹备了电力体制改革工作小组第六次工作会议，提出了《关于2003年电力体制改革主要任务目标及工作分工的建议》和《关于当前电力体制改革工作进展情况和需要专题研究解决几个问题的报告》，经工作小组会议讨论审定，正在积极组织实施。

按照电力体制改革工作小组第六次会议的分工，重点启动了发电企业与大用户直接购电试点工作和920万kW权益发电资产划分处置方案研究工作；对黄河上游水电开发公司问题进行了专题调研；参与协调了电力资产产权界定和涉及中外合资（合作）发电企业的资产划转问题；协调落实了沧州、焦作、平顶山电厂资产划转中的遗留问题以及北京二热电厂资产移交中的有关问题。

此外，通过下基层调研、召开座谈会、接待来信来访等形式，充分听取电网、发电、辅业及其他电力企业意见和建议，完成了大量的日常沟通和协调工作。

监管工作

按照《国务院办公厅关于认真做好电力供应有关工作的通知》（国办发［2003］21号）要求，针对2003年以来部分地区电力供需紧张的状况，为加强宏观调控，缓解供需矛盾，确保电力供应，在认真调查研究的基础上，我们会同电网企业制定了《跨区跨省电力优化调度暂行规则》，总结推广了江苏、河北、上海和广东四省（市）开展电力需求侧管理工作的经验。为了规范电力市场秩序，贯彻“三公”调度原则，促进电力系统安全，做好迎峰度夏工作，及时发出了《关于规范电力市场秩序，保证电力供应的通知》，印发了《关于发电厂并网运行管理考核的指导意见》、《关于促进电网调度公开、公平、公正的暂行规定》，以及《购售电合同》、《并网调度协议》示范文本。我们还组织力量，研究提出了《2003 年迎峰度夏电力供需形势分析报告》和《2003 年夏季电力供需尖峰期报告》，受到国家有关部门的重视，先后两次刊于国务院《昨日要情》和《国内动态清样》。

为维护电力市场秩序，规范电价行为，组织开展了电价大检查，引起了社会和新闻媒体极大关注。与发改委联合下发了《关于对电价违法行为进行整顿，规范电价管理有关问题的通知》，要求各有关单位全面清理和纠正电价违法行为。

截止到 2003 年 10 月末，全国电力用户累计拖欠电费 414.65 亿元。其中，国家电网公司应收电费余额 303.74 亿元，占 73.25%；南方电网公司应收电费余额 110.91 亿元，占 26.75%。为此，我们组织力量及时对拖欠电费的情况进行了调查了解，分析原因，提出建议，并及时向国务院报告。温家宝总理，黄菊、曾培炎副总理和华建敏国务委员都作了重要批示。

近年来，电力设施被盗和窃电行为大量发生，严重扰乱了正常的供用电秩序和电力系统安全，使国家财产和公众利益受到很大损害。针对这一情况，我们会同公安部联合开展了部分省区打击盗窃电力设施及窃电犯罪的专项行动，打击了犯罪分子的嚣张气焰，保障了电力系统安全，维护了社会和电力市场的稳定。

电监会领导讲话

开拓进取　严谨务实　依法公正　清正廉洁

国家电力监管委员会主席　柴松岳

（2003 年 3 月 14 日）

一、以建章立制为重点，继续抓好各项基础性工作

前段时间，我们做了大量基础性工作，无论是三定方案的制定还是工作人员的考察调动，甚至到一些地区的调查研究，大家都付出了辛勤的劳动，保证了我们正常工作的运转。从现在开始，有关的基础工作还要继续抓好。当前主要有三项工作：

一是各部门的定职定岗定员工作。会党组根据国务院下达的三定方案，已经明确了各部门处室和编制的数量。各部门都要根据既定的职责，研究提出处室设置的意见，并具体设定工作岗位，在此基础上与人事部门共同商量确定工作人员，争取让现有人员尽快到岗到位。这里需要指出的是，我们强调人员要尽快到岗到位，只是便于管理，但从开展工作的角度看，由于目前人员还比较少，在相当一段时间内，人员还是要统一调度使用。特别是遇到重要任务时，力量要集中使用，分工不分家。

二是尽快建立各自的工作规范和制度。俗话说，没有规矩不成方圆。电监会作为一个新建单位，没有现成的规章和制度，一切都得从头来。因此，尽快研究和制定必需的工作制度显得更加重要。前一段时间，办公厅已经根据国务院的工作规则和其他有关规定，起草了电监会工作规则；人事培训部也根据党组的要求起草了干部管理工作制度。下一步要在征求各部门意见的基础上，认真进行修改，报主席会议或党组会议讨论。各部门都要结合各自的工作实际，制定具体的工作制度和工作规范。开始时可以粗一点，抓住主要的，以后再逐步完善。制度一旦制定就要认真执行。总之，要通过建章立制，使电监会的工作逐步做到有章可循，照章办事。

三是抓紧开展知识培训。在市场经济条件下如何搞好监管，对我们来说是一项全新的课题，是一项开创性的事业，是一项崭新的工作，没有现成的经验。因此，当前的首要任务是要加强学习，在学中干，在

干中学，不断提高自身的政治和业务素质，适应新形势和新任务的要求。到电监会工作的同志，来自四面八方，大家要有危机感，要有紧迫感，要有责任感。解决“知识恐慌”、“本领恐慌”的问题，最根本的是要不断加强学习，不仅要学习政治，而且要学习市场经济知识，学习法律知识，学习监管知识。从现在开始，无论是我们会领导还是一般工作人员，都要把学习知识、更新知识放到重要位置，要挤出时间认真学习。我和党组的同志商量，打算建立经常性的学习培训制度，每个月进行一到两次的知识讲座，列出一批专题，请在某一方面有研究和专长的理论工作者或者实际工作的同志给我们讲课。这些题目，可以是介绍一些国家成功的经验，也可以是失败的教训，还可以介绍国内的有关情况。这件事已经请人事部负责落实。除此以外，还要将日常的培训工作抓紧开展起来。

二、着力抓好自身建设，树立电监会良好的对外形象

年初，党组在研究确定2003年工作要点时就提出，电监会的工作，要内抓基础建设，外树良好形象。对于电监会来说，树立良好的对外形象尤为重要。因为电监会的成立，不仅仅是体制改革的产物，更是政府机构改革和职能转变的产物，我们的工作理念、工作方式和工作方法，绝对不能沿用传统体制下政府部门的那一套，应当有全新的观念和思路。要高举邓小平理论伟大旗帜，认真贯彻实践“三个代表”的重要思想，按照十六大提出的“发展要有新思路，改革要有新突破，开放要有新局面，各项工作要有新举措”的要求，切实抓好自身建设，从一开始就在公众当中树立一个好的形象。在这里，我想提出四句话、十六个字作为我们新成立的电监会自身建设的总要求，与同志们共勉。

第一句话，开拓进取。就是在思想作风上要坚持解放思想，与时俱进，开拓创新，决不因循守旧，固步自封。江泽民同志最近指出，解放思想、实事求是、与时俱进是党和国家事业不断发展的重要思想保证，搞改革开放，发展社会主义市场经济，建设有中国特色的社会主义，本身就是解放思想、与时俱进的产物。要推进党和国家事业的不断发展，必须坚持与时俱进。电监会是随着改革的大潮应运而生，就应当坚持改革不动摇，不断开拓进取，致力于体制和机制的创新。不管在以后的工作中遇到多么大的困难，我们都要坚定信念，努力按照中央和国务院的部署，一步一步地将电力体制改革推向深入。要不断解放思想，以改革统揽全局，在改革中逐步解决各种困难和矛盾。电监会在人们的心目中就是要树立改革的形象，开明的形象和开放的形象。

第二句话，严谨务实。就是在工作作风上要坚持实事求是，一切从实际出发，求真务实，严字当头，这是我们党的优良传统，也是我们国家20多年来改革开放之所以成功的基本经验，任何时候都不能丢。我们是在中国特色社会主义市场经济这一特殊的条件下进行的电力体制改革，我们面临的环境又同世界上一些国家的情况不同，像英国的改革很重要的一条是在电力供应相对宽裕的条件下进行的。中国有中国的国情，不同地区又有不同的情况。我们在推进体制改革、探索监管模式和途径时切忌照搬照抄，一定要以对事业高度负责的态度和对工作一丝不苟的精神，十分注重调查研究，大兴调查研究之风，多听听各方面的意见，尊重基层群众的首创精神，不唯上、不唯书、也不唯外（外国），只唯实，坚持科学决策、民主决策，坚决反对官僚主义和各种形形色色的不良习气。电监会工作人员应当给公众一个恪尽职守、勤奋敬业、务实高效的形象。

第三句话，依法公正。就是在工作理念上要坚持依法办事，公正、公平、公开。国务院赋予我们机构的性质决定了电监会不同于一般的政府机构，而是与市场经济和法制社会接轨的监管机构。我们实施的监管是在法律和法规框架内的监管。这就要求我们从一开始就必须树立强烈的法制观念和法制意识，一方面，要加强立法工作的研究，加快开展监管必需的法律和法规的修改或制定，逐步形成有中国特色的电力法律法规体系；另一方面，要公正执法、公平执法，并且自觉接受社会的监督。比如在发电领域，我们对所有发电企业，不论国有还是私营，包括外资，都要一视同仁，我们的责任是为他们的竞争创造一个公平的环境。要通过我们的努力，使电监会成为一个公正执法、清正廉洁，有权威、可信赖的机构。

第四句话，清正廉洁。就是在职业品质上要坚持克己奉公，勤政为民，廉洁自律，乐于奉献。在不久前召开的中纪委二次全会上，胡锦涛总书记在报告中把党风廉政建设放到了十分重要的位置。他说，继续坚定不移地做好党风廉政建设和反腐败工作，是全面贯彻“三个代表”重要思想、实现全面建设小康社会宏伟目标的重要保证。各级领导干部一定要牢记“生于忧患、死于安乐”的古训，始终保持清醒头脑。他还特别强调，要教育干部自重、自省、自警、自励，树立正确的世界观、人生观、价值观和权力观、地位观、利益观，坚决抵制拜金主义、享乐主义、极端个人主义等腐朽思想的影响。我们所面对的电力行业是一个拥有庞大资产、职工又是高收入的行业，电监会干部职工在工作条件、收入分配等方面会低于电网和电厂，这是客观现实。作为党组，我们将努力创造条

件，尽最大可能改善大家的工作生活条件，这也是我们应当做的。但是，我们毕竟是政府授权的行政执法单位，绝大多数同志又都是共产党员，这就要求我们大力倡导奉献精神和牺牲精神，要安于清贫，乐于奉献。首先作为党组一班人要带头执行党风廉政建设的各项规定。在这里，我也郑重地向同志们表个态，在党风廉政建设方面自己一定以身作则，诚恳地希望大家对我进行监督。同时要切实抓好本部门本系统的廉政建设，从一开始就把廉政建设放上议事日程。要通过思想教育、组织和群众监督、制度建设等“多管齐下”，保证权力的正确行使，从源头上防止权钱交易。各部门也要落实廉政建设的责任，加强对干部职工的教育和监督，一级抓一级，防患于未然。

三、以十六大和“两会”精神为指针，扎扎实实地抓好当前几项重点工作

党的十六大就加快电力体制的改革指出了方向，强调要推动垄断行业的改革，积极引入竞争机制。十六届二中全会和“两会”又提出要推进机构改革和政府职能的转变，实际上为我们监管机构的建设提出了方向性要求。贯彻落实十六大精神和“两会”精神，从我们电监会来说，就是要从贯彻国务院5号文件着手，按照年初工作要点确定的主要任务，坚定不移地推动电力体制的改革，积极培育电力市场，加快电监会机构组建和监管体系的建设。就当前来说，党组研究，主要抓住三件事：

第一，推进电力市场的建设。监管是同电力市场的发育和发展紧密联系在一起的。可以说，只有市场发展了，监管的作用才能充分发挥出来。因此，要积极创造条件，推动电力市场尤其是区域电力市场的建立。在面上，要研究提出电力市场建设的指导意见，研究制定电力市场运营等基本规则。在点上，要重点将华东和东北两个区域性市场的试点搞起来，如果力量允许，也可以考虑增加个把试点。

第二，做好电力体制改革的组织实施工作。国务院已经明确电监会负责电力体制改革的组织实施工作，电力体制改革工作小组办公室也移交电监会，党组明确由邵秉仁同志兼任办公室主任。电力体制改革的重点，是要指导区域电网公司的组建和省公司的改组，督促落实各网省公司层面主辅分离和发电企业、辅业公司重组的后续工作等等。如果准备工作充分，还可以考虑开一次全国性的会议，邀请有关省市分管领导同志参加，请国务院领导同志出席并作指示，主要内容是贯彻国务院5号文件精神，落实改革的各项措施。

第三，抓紧进行《中华人民共和国电力法》（简称《电力法》）的修改等法制建设工作。2003年要在明确电力及监管法律法规框架的基础上，重点组织研究《电力法》和《电网调度管理条例》，提出修改建议；还要研究起草《电力监管条例》，制定《电力市场监管办法》和《电力许可证管理办法》等急需的法规，为依法监管提供法律依据。

应该说，2003年的工作任务是很重的，在人员紧张的情况下，完成这些任务，需要统一组织力量。电力市场的建设，由我抓总，宋密和史玉波同志配合，其中，东北市场的试点工作由宋密同志为主抓；华东市场的试点工作由史玉波同志为主抓。关于体制改革工作和法律法规的修订工作，由邵秉仁同志为主抓，前一段史玉波同志做了大量基础性工作，以后要继续予以配合。有关内部的制度建设和干部培训等工作，由江岩同志具体负责。

在“中国电力监管国际研讨会”上的致辞

国家电力监管委员会副主席　邵秉仁

（2003年9月17日）

各位嘉宾，女士们、先生们：

早上好！首先，我代表国家电监会，热忱欢迎诸位出席“中国电力监管国际研讨会”，并感谢各位对中国电力监管事业的关注与支持。

众所周知，为增进电力工业在更高水平上持续发展的能力，提高电力工业的效率，更好地满足国民经济发展和人民生活水平提高对电力的需求，2002年3月，中国政府对电力工业实行了大刀阔斧的改革，颁布了《电力体制改革方案》。改革的基本目标是打破垄断，构建政府监管下的政企分开、公平竞争、开放有序、健康发展的电力市场体系，实现电力发展方式和管理方式由计划向市场、由以行政管理为主向依法监管为主的转变。

国际经验和中国25年改革开放的实践表明，用市场而不是计划的方法来发展，相信并尊重市场机制在资源配置中的作用，相信并鼓励市场竞争，相信并运用市场本身具有的约束力，能够带来效率和创新，能够促进产品和服务质量的提高，能够使社会和消费者的福利最大化。

但是，市场也不是万能的。既要充分发挥市场在配置资源方面的基础作用，又要进行必要的适当的宏观调控，这也是目前市场经济国家正在努力探索的一个课题。我认为，发展像电力这样带有自然垄断特性的基础产业，必须建立有效的监管制度，才能确保产

业的健康发展。这也是中国政府成立国家电力监管委员会的基本背景。

作为监管者，国家电监会将按照国务院的要求，努力消除各种企图阻止市场力量充分发挥作用的障碍，消除各种企图压制竞争的障碍，矫正市场失灵和竞争失调。我们将按照依法、独立、公正、透明的原则，履行电力监管职责，维护市场的公平竞争。我们将积极推动以行政审批为主的监管方式向依法、依规则为主的监管方式转变，维护投资者、经营者、消费者的合法权益，为各类市场主体创造良好的环境。我们将通过积极培育竞争性的区域电力市场，优化资源配置，降低成本，提高效率，促进电力工业的持续健康发展。

健全的法律法规和设计良好的电力市场，是监管能够发挥作用的基础和前提。与其他国家相比，中国的电力监管面临着许多特殊的挑战。首先，中国是一个发展中国家，人均发电装机容量和人均用电量还处在一个较低的水平，保证电力的有效供应将始终是中国电力工业最主要的任务，这一点决定了我们监管的环境根本有别于发达国家的成熟市场。其次，中国是一个转轨经济国家，市场发育尚不成熟，与社会主义市场经济相适应的法律制度尚不健全，有些还是空白，增加了电力监管的难度。第三，电力工业长期在政府的计划和行政管理体制下运行，我们缺乏市场条件下如何有效监管的经验和手段。应对这些挑战，需要我们不断学习和借鉴各国的有益经验，不断完善电力监管的法律法规和电力市场体系，不断提高我们的监管能力。

国家电监会举办这次研讨会，就是要围绕完善中国电力监管的法律法规和设计一个好的区域电力市场两大主题，展开研讨，以学习和汲取国外的经验和教训，听取国内外专家的意见，使中国电力法律法规建设和电力市场建设有一个好的起点和基础。我们相信，各位专家在研讨会上提供的建议，将为我们正在进行的《中华人民共和国电力法》的修改、《电力监管条例》的制定，以及区域电力市场建设提供重要的帮助。

各位来宾，这里我要特别感谢世界银行、亚洲开发银行和能源基金会，不仅要感谢他们共同协助举办了这样一次重要的国际研讨会，邀请了世界许多有经验的专家，而且要感谢他们长期以来对中国电力监管事业的推动和支持，也感谢中电联及其他所有为这次会议的召开做出贡献的单位和朋友。

统一认识 加强领导
狠抓落实 确保进度

——宋密副主席在东北区域电力市场试点工作领导小组第一次会议上的讲话

（2003年6月17日）

这次东北区域电力市场试点工作领导小组第一次会议，是在全面贯彻党的十六大精神，全国人民抗击“非典”取得初步成果的形势下召开的，对做好下一步东北区域电力市场试点工作具有重要意义。一是这是领导小组成立后的第一次全体会议，具有开局、引路的作用，必须统一认识；二是东北区域电力市场下一步试点工作有许多具体问题需要大家共同研究，必须加强领导；三是推进东北区域电力市场改革，对全国电力改革尤其是区域电力市场的建立，具有示范意义。为此，我们各级领导，要提高认识，紧密配合，抓好东北区域电力市场试点工作，进而推进全国电力体制改革。

2003年6月6日，国家电力监管委员会印发了《关于建立东北区域电力市场的意见》（电监供电［2003］15号）（简称《意见》），这是我国推进区域电力市场建设的第一个指导性意见，也是一个比较符合东北地区实际、具有可操作性的区域电力改革文件，是国务院5号文件在东北区域电力市场的具体体现。今天我们召开东北区域电力市场试点工作领导小组第一次会议，目的是总结前一段时间东北区域电力市场试点工作，具体安排下一步贯彻落实《意见》计划和要求。下面，我就下一步开展东北区域电力市场试点工作讲三点意见。

一、必须充分认识建立东北区域电力市场的重要性

当前，我国已进入全面建设小康社会、加快推进社会主义现代化的新的发展阶段，电力工业改革与发展也进入一个新的历史时期。为适应社会主义市场经济发展的需要，贯彻党中央、国务院关于电力体制改革的总体部署和落实《国务院关于印发电力体制改革方案的通知》（国发［2002］5号）精神，必须深化电力体制改革，培育区域电力市场，打破垄断，引入竞争，实现区域乃至全国范围的电力资源优化配置，促进电力工业持续健康发展，在东北地区建立起政府监管下的政企分开、公平竞争、开放有序、安全可靠、健康发展的电力市场体系。

在东北进行区域电力市场的改革，是我国电力行业的一次体制创新，既然是创新，就要有所突破，这种突破就是用市场的手段，打破省间壁垒，建立区域电力市场，实现区域资源的优化配置。

在《意见》的形成过程中，国家电力监管委员会先后两次征求了政府综合部门、东北三省人民政府、电力企业等19个单位的意见。有的单位如中电联等提出了很好的意见和建议。应该说，《意见》的形成过程是开放的，吸纳的意见是广泛的，是有关各方共同努力的结果。这对于进一步深化电力体制改革，推进和指导全国区域电力市场建设具有非常重要的意义。我们既要充分认识建立东北区域电力市场的重要性，又要认识到建立东北区域电力市场的艰巨性。要转变观念，从全局出发，共同完成党中央、国务院赋予我们的历史任务。

二、统一认识、积极稳妥地推进区域电力市场建设

国家电力监管委员会印发的《意见》，明确了东北区域电力市场的指导思想、原则、目标、框架、配套措施和组织领导及实施步骤，我们必须认真贯彻执行。推进区域电力市场建设是一项艰巨而复杂的系统工程，要把各方的认识统一到《意见》上来，全面把握和正确理解。一是要改革东北电力行业现行管理体制，按照市场化、公司化的要求，重组发电企业和电网企业，培育市场主体，建立市场体系，这是建立东北区域电力市场的基础。二是要尽快组织有关方面按照《意见》要求，制定《东北区域电力市场实施方案》，这是当务之急。三是要尽快制定《东北区域电力市场监管办法》、《东北区域电力市场准入管理办法》、《东北区域电力市场运营规则》、《东北区域电力市场技术支持系统功能规范》以及《东北区域电力改革研究预案》等，这是区域电力市场建设的保障。四是按照《意见》要求，抓紧进行东北区域电力监管机构、区域电力调度交易中心和三省结算中心的筹建工作，为年内进行模拟运行做好充分准备。五是正确处理好电力企业、政府、用户三者之间的关系，尤其要注意与地方政府的关系，发挥大家的积极性，齐心协力，力争2004年初进入试运行，实现区域电力市场建设的突破。

三、加强领导、密切配合，把东北区域电力市场建设落到实处

刚才柴主席对做好东北区域电力市场试点工作作了重要讲话，提出了明确要求。我们也对前一阶段工作进行了回顾。我们必须认真贯彻电监会党组和柴主席的要求，按照《意见》中提出的总体安排和进度，各方紧密配合，扎扎实实抓落实，确保东北区域电力市场试点工作进度。下面，我再按照《意见》要求，对有关工作提出如下具体分工和要求：

（1）请国家电网公司组织国电东北公司（三省电力公司参加）尽快提出《东北区域电力市场实施方案》，要求6月底形成讨论稿，7月正式征求各单位意见。

（2）请国家电网公司组织国电东北公司（三省电力公司参加）提出《东北区域电力市场运营规则》和《东北区域电力市场技术支持系统功能规范》，力争7月初形成讨论稿，8月正式征求有关方面的意见。

（3）电监会供电监管部负责东北区域电力市场试点的日常工作，并负责提出《东北区域电力市场实施方案》以及四个配套文件的审查意见。时间进度按《意见》规定执行。在区域电力监管机构成立前，负责并委托有关方面起草《东北区域电力市场监管办法》和《东北区域电力市场准入管理办法》，力争7月初形成讨论稿，8月正式征求有关方面意见。

（4）请五大发电集团公司按照《意见》时间进度要求，做好本公司所辖东北发电企业进入区域电力市场的各项准备工作。

（5）在国家电监会供电监管部建立日常工作班子。由领导小组各成员单位各推荐一名负责同志作为联络员（其中国家电网公司2人，国电东北公司2人），具体负责协调和联络东北区域电力市场试点有关工作。

为了做好东北区域电力市场的建设，我再提出三点要求：

（1）领导重视，措施到位。东北区域电力市场是我国第一个统一的区域电力市场，对推进全国区域电力市场建设具有重要的示范作用，要充分认识其重要性。同时区域市场建设是国务院关于电力体制改革的重要部署。领导小组要充分发挥领导和协调作用，请领导小组成员单位的领导务必重视这项工作，特别是领导小组成员要亲自过问这件工作，围绕国家电力监管委员会印发的《意见》，认真组织学习，要把各方的认识统一到《意见》上来，全面准确地贯彻《意见》精神。建立东北区域电力市场关键是转变观念、统一认识。为了顺利推进东北区域电力市场改革，我们拟从东北实际情况出发，适时开展一次从计划经济体制下的区域电力管理模式转变到市场经济体制下的区域电力市场模式大讨论，只有认识统一了，才能把工作落到实处。在推进东北区域电力市场建设过程中，我希望领导小组成员都能做到：掌握情况、反映问题、协调矛盾、监督工作。

（2）互相配合，协同作战。在推进区域电力市场建立过程中，有的单位如国家电网公司和国电东北公

司，承担任务很重，时间又紧，希望发挥电力系统团结拼搏、勇于奋斗的精神，密切配合，共同做好工作。今后一段时间，为出台《东北区域电力市场实施方案》以及4个配套文件，可能七八月各种研讨会会很多，要求各单位提出具体修改意见的文件也会很多，务必请领导小组成员单位按时、高质量的完成任务。

(3) 一手抓改革，一手抓安全。坚持安全第一的原则，在推进区域电力市场建设的同时，不能放松安全生产，特别是电网的安全稳定运行。请有关单位，特别是国电东北公司和三省电力公司务必抓好电力安全生产工作，保障改革的顺利进行。区域电力市场的运行也要建立在安全的基础上，落实各种保障措施，力争10月系统模拟运行顺利成功。

理清思路 统一认识 确保华东电力市场试点工作顺利进行

——史玉波副主席在华东电力市场试点工作研讨班上的讲话

(2003年12月12日)

一、充分认识当前电力工业发展面临的形势

2003年以来，经济和社会发展的总体形势很好，初步预计，全年国内生产总值达11.58万亿元，比2002年增长8.5%左右。在国民经济持续快速增长的宏观环境下，电力工业呈现快速发展势头，电力消费增长迅猛。前3季度，全国全社会用电量1.37万亿kWh，同比增长15.58%。其中华东地区的用电量同比增长18.09%，超过全国平均水平，上海、江苏、浙江、福建4省（市）同比增长分别达到了17.09%、20.76%、23.45%、18.25%，均超过了全国平均水平，安徽同比增长也达到了13.28%。但由于装机投产容量的增长远低于电力需求的增长，全国除东北地区外，电力供需形势总体偏紧，出现拉闸限电现象，在一定程度上制约了这些地区的经济发展，华东地区尤其突出。同时，由于供需矛盾不能及时缓解，发电设备难以按计划安排检修，系统备用容量不足，系统频率长时间偏低，个别地区不按计划送受电力等问题，也给系统安全带来了较大的隐患。

刚刚结束的中央经济工作会议就缓解经济发展中的瓶颈制约问题时，特别强调要坚持电力先行，进一步安排好电源和电网建设，强化电网调度对调剂电力余缺的作用，增加电力有效供应，保障供电安全。

据电力需求增长预测，2010年我国发电装机至少要达6亿kW才能满足经济社会发展的需要，相应的发电投资额约需在1万亿元，电网投资额约需5000亿元，电力总投资需要1.5万亿元以上。电力发展空间很大，加上当前电力紧缺，新一轮的电力投资高潮已经来临，电力工业面临前所未有的发展机遇。我们必须认真贯彻落实十六届三中全会和中央经济工作会议的精神，处理好电力当前供应与长远发展的关系，加快发展与提高效率的关系，开放市场与加强监管的关系，树立科学、协调、可持续的电力发展观，按照适当超前、优化结构、转变方式、强化监管的思路，切实做好电力发展与改革的各项工作。

二、坚定不移地走电力市场化改革之路

电力市场化改革是世界电力改革的共同趋势，也是我国电力改革与发展的必然选择。十六届三中全会通过的《决定》指出："建设统一开放竞争有序的现代市场体系"、"加快推进和完善垄断行业改革"、"对自然垄断业务要进行有效监管"，这些要求为我们推进电力市场化改革指明了方向。

建国以来，特别是改革开放以来，我国电力工业取得了举世瞩目的成就。到2002年底，全国发电装机接近4亿kW，居世界第二位。回顾我国电力发展的历史，我们可以十分清楚地看到，我国电力工业的发展得益于改革，改革是电力发展的根本动力。改革开放以来，我国对电力工业进行了三次重大改革。第一次，是在改革开放初期，实行集资办电、多渠道筹资办电等政策，极大地调动了社会办电的积极性，迅速扭转了全国性严重缺电的局面。第二次，是根据建立社会主义市场经济体制的总体要求，实行政企分开，这为电力企业按照市场经济规律运作创造了体制条件。第三次，是在总结了国内外电力发展的经验后，于2002年，国务院出台了电力体制改革方案，明确提出改革的总体目标是，打破垄断、引入竞争，提高效率，降低成本，健全电价机制，优化资源配置，促进电力发展，推进全国联网，构建政府监管下的政企分开、公平竞争、开放有序、健康发展的电力市场体系。从改革的历程可以清晰地发现，我国电力体制改革的主线是以市场化改革为取向，来解决不同时期存在的突出矛盾，并在探索和深化的过程中积累经验、创造条件，为促进电力工业的持续发展不断注入活力。

在20世纪，电力工业被评为对社会、对人类最有贡献的行业之一。回顾世界电力工业的发展历史，大体经历了三个阶段：第一个阶段，20世纪40年代以前，是以小型电源发展带动电网发展，以私人资本

为标志的发展阶段。第二个阶段，40 年代到 80 年代，是电力工业迅速发展的阶段，很多国家对电力工业进行整合、重组，实现电力工业国有化，加快发展国家电网，这个时期的电网规模和电力工业的技术装备水平发生了巨大的变化。第三个阶段，始于 20 世纪 80 年代，许多国家开始对电力工业进行以市场化和私有化为主要特点的改革。这个时期电力改革的主要特点：一是打破垄断，引入竞争，对电力工业的发、输、配、售等各个环节进行分析，以避免或减少各环节内部的交叉补贴，保证每个环节都处于最佳运行状态；二是注重可持续发展，以节能、环保和新能源利用为主要内容；三是注重电力科技进步与创新，主要通过科技创新来提高效率和电网的安全性；四是电力工业的国际化，很多电力公司完成了所有制的改造，走出国门，参与经济全球化的发展。

从国外电力改革的经验看，电力市场化改革必然要对电力工业所有制结构、组织结构和运作机制进行调整，而这也恰恰构成了当前我国电力市场化改革的主要内容：在所有制结构上，电力企业正在按照现代企业制度的要求，建立起归属清晰、权责明确、保护严格、流转顺畅的现代产权制度和规范的公司法人治理结构；在组织结构上，厂网分开基本完成，政府对电力工业的管理体制改革进一步深化，电力监管体系逐步建立；在运作机制上，电价改革方案已经国务院批准发布，电力监管工作已经起步，电力市场试点总体上按计划推进。

电力体制改革的不断深入，有力地促进了电力发展。2003 年，全国新增装机约 3000 万 kW，2004 年预计投产约 4000 万 kW。跨省跨区电能交易空前活跃，据统计，2003 年全国跨区送电 388 亿 kWh，较 2002 年增长 93%，跨省 892 亿 kWh，增长 28%。

实践证明，党中央、国务院关于电力体制改革的决策是非常正确的。电力市场化改革，是建立完善的社会主义市场经济体制的客观要求。要实现电力工业的全面、协调和可持续发展，根本出路在于深化改革。只有深化改革，才能建立与市场经济体制相适应的电力发展新体制及其运行机制，才能实现电力与经济社会的协调发展。因此，我们要按照党中央和国务院的总体部署和要求，坚持电力市场化改革的方向不动摇，坚定不移地推进电力改革，加快电力发展，为经济社会发展提供安全可靠的电力保障。

三、坚持科学的发展观，积极稳妥地推进华东电力市场建设

电力工业是国民经济的基础产业，在实现全面建设小康社会的宏伟目标中肩负着光荣而艰巨的历史使命。华东地区是我国经济发展最快的地区之一，经济总量接近全国的 1/3，用电量约占全国的 1/5。目前，华东地区发电装机约 8000 万 kW。据有关方面初步规划，根据华东地区经济社会发展需要，至 2010 年华东地区需新增发电装机 7600 万 kW，按照目前厂网综合造价一万元一个千瓦计算，今后几年华东需电力建设资金约 7600 亿。这样巨大的资金需求，靠传统的发展模式和管理方式是难以实现的，必须坚持科学的电力发展观，建立科学的电力发展机制。这里，一个很重要的内容，就是要充分发挥市场机制的作用，使电网与电源建设协调发展，外来电力与当地电力协调发展，实现电力与国民经济协调发展。

建设电力市场是电力改革的主要内容，区域电力市场建设是当前市场建设的重点。华东地区电网联系比较紧密，市场经济意识比较强，特别是在竞价上网和开展电力交易方面具有一定的实践经验，建立华东电力市场有许多有利条件，这也是我们选择华东开展试点的重要原因。当然，华东地区各省市经济条件、电力结构等也存在不少差异，电力市场建设面临的一些现实问题，也需要认真研究解决。因此，应该统筹考虑，正确把握，认真处理好以下几个方面的关系。

第一，改革与发展的关系。改革是动力，改革是为了促进发展。要通过改革，充分发挥市场在资源配置中的基础性作用，通过及时准确的市场信息，引导电力投资，优化电力资源配置，促进电力发展，满足经济社会发展对电力的需求。

第二，积极推进与稳步实施的关系。建立政府监管下的统一、开放、竞争、有序的电力市场体系，这个目标是非常明确的。应该看到，电力市场建设是一个复杂的系统工程，需要综合配套，协调推进。在实践中，要注意将当前目标和长远目标有机结合，政策措施要得当，方法步骤要稳妥，求真务实，讲究实效。

第三，缓解供电矛盾与适度引入竞争的关系。华东是全国目前缺电最严重的地区，在这样的条件下建设电力市场，一些同志可能有一定的顾虑，有一定的担心，这都是可以理解的。市场规律的本质以及国外电力改革的经验证明，并不是在电力富裕时才可以建立市场，市场本身就具有双向调节的功能，关键是一定要从实际出发，注意把握好改革的力度和所能接受的程度。根据目前的政策环境和电力供需形势，我们在华东电力市场试点方案的设计中，一方面，将华东电力市场建设的一期目标定位在统一管理、协调运作，以保障平稳过渡；另一方面，为规避市场风险，设计了有限电量竞争、最高限价、市场中止及平衡账户共四条措施。这些都是从促进华东电力发展出发，针对华东电网实际而设计的。

第四，尊重市场规律和维护好各方利益的关系。

建立市场的目的，是促进电力资源的优化配置，提高资源的利用效率。电力是一种特殊的商品，与经济社会发展和人民生活密切相关，须臾不可或缺，改革又是利益的调整，因此，华东电力市场建设要充分考虑各地、各企业的现实利益，通过科学的市场设计和市场调节，把各方面的利益维护好，使之共同受益。

我们必须清醒地认识到，建设区域电力市场是一项复杂的系统工程。方案的出台，只是试点工作迈出的第一步，许多现实问题、操作层面上的问题，还需在制定具体的市场规则时，加以深入研究。要从保证系统安全，促进省（市）间的电量交换，吸引区外电力资源，调节电力供需，促进华东地区电力工业的可持续发展出发，针对具体问题，提出解决办法。

同时，要按照转变政府职能的要求和建立高效电力监管制度的需要，制定华东电力市场监管实施办法与市场准入管理办法等文件，以规范电力交易行为，维护良好的电力市场秩序，正确引导电力投资。切实加强对市场准入、电价监管、市场运行监管、垄断性电网企业的投资和成本监控、电力安全和电能质量的监督等，为华东电力市场建设提供制度保障。

四、认真做好对试点方案、规则及相关文件的培训工作

区域电力市场建设是一项开创性的工作，涉及到国家、地方、消费者、投资者、电力企业等各方利益的调整，必然会遇到许多新矛盾、新情况、新问题。区域电力市场建设又是一个不断发展、完善和渐进的过程，随着电力体制、运行机制、电价改革等方面配套推进，新知识、新事物会不断涌现。在这种新的历史时期，我们要想始终掌握工作的主动权，避免陷入被动应付之中，单凭已有的知识、现成的经验是不够的，必须掌握和运用新知识，分析新矛盾，研究新情况，解决新问题，积累新经验。这就要求我们转变观念，理清思路，坚定信心，学习、学习、再学习，把学习作为一种政治责任，作为提高自身素质的基础、增长才干的途径。

可以说，华东电力市场试点工作的成败关键就在于华东是否拥有一批熟悉电力市场业务知识、了解市场的运作方式、掌握市场运营规则的人员。因此，人员培训工作是试点工作不可缺少的重要环节。电监会已正式印发了《华东电力市场试点工作研讨培训大纲》（办市场［2003］89号）。

这次由电监会会同国家电网公司、华东电网有限公司，在华东电力市场模拟运行之前，召集华东电力市场有关单位领导及有关部门负责人进行专题研讨，一方面为了统一思想，提高认识，坚定电力市场建设的信心；另一方面也拉开华东电力市场试点培训工作的序幕。这是第一层面的研讨培训。下一步还将分别组织华东地区各电力调度交易机构与各发电厂的负责人和技术骨干，针对市场运营规则和技术支持系统操作进行培训。这项工作一定要抓出实效，探索出一些好的经验和做法，为华东电力市场建设提供人才保障。

同志们，区域电力市场试点工作已进入了新的阶段，时间紧迫、任务艰巨、责任重大。大家在华东电力市场试点工作的第一线，直接面对各种复杂的矛盾，工作非常辛苦。但我们坚信，只要按照国务院的部署和要求，齐心协力、扎实工作，就一定能将华东电力市场建设成机制合理、运营安全、与华东地区经济协调发展相适应的区域电力市场。

行 业 协 会

中国电力企业联合会

综 述

2003年，中国电力企业联合会（简称中电联）在国务院有关部门指导下，在电监会的直接领导下，贯彻落实国务院5号、7号文件精神，本着“改革要有新突破，发展要有新思路，工作要有新进展，各项任务要有新举措”的工作要求，通过全体职工的共同努力和艰辛劳动，圆满地完成了各项改革和工作任务，受到了政府部门的肯定和企业的欢迎，许多工作引起了社会的关注。

（1）配合电力发展与改革，组织开展重大课题研究。

1）电力体制改革以来，政府有关部门和电监会委托中电联开展重大课题调研、草拟有关制度办法或听取意见明显增多。内容涉及电力工业产业政策、产业技术发展专项规划、电力发展“十　五”规划和2020年远景规划、用电调查、发电调度、主辅分离、电价改革、环境保护、科技进步等方面。中电联积极开展调查研究，倾听各方意见，客观反映电力企业的意见和呼声，提出了很多符合行业协会身份、符合客观规律的正确意见和建议，许多已被政府采纳或引起了政府的重视。

2）继续为电力体制改革的稳步推进和具体实施献计献策。参与了《电力法》修订起草小组工作，接受委托开展《网省公司主辅分离问题研究》，受电监会有关部门的委托和要求，对电监会的许多办法、规范、规则和意见等征求意见稿提出了修改建议。

3）组织研究电力体制改革后的热点、难点问题。就发电公司电力市场风险的防范、管理模式、电力市场辅助服务以及现代企业制度和电力上市公司的资本运营等课题进行了研究。

（2）新增行业服务职能平稳交接，成绩显著。目前，国家电力公司移交给中电联的行业统计、环保和企业年金管理工作已顺利实现平稳交接，机构组建完成，人员陆续到位，工作正扎实而有效地开展。

1）针对从2002年夏季起持续到2003年的电力供需紧张形势，在为企业和政府部门提供日常统计及市场分析的同时，注重全国电力供需监测预警形势分析。及时提出了2003年第一、二、三季度全国电力供需监测预警形势分析报告，完成了《1～8月份全国电力生产供需情况分析》和《1～8月份电煤供应形势分析及预测》，总结了电力生产和消费及电煤供应出现的新情况，为企业和领导决策提供了数据支持，为政府部门决策发挥了参谋助手作用，引起了行业和社会的关注。

2）2003年，国家开始实施有关新的环保政策，制定了新的标准。为了促进企业依法治理污染，依法维护企业的合法权益，中电联边组建环保部门，边积极参与国家有关法规、政策和标准的制定，通过各种途径向政府部门反映电力企业的情况和建议。在遵循国家环境保护法规的前提下，维护了行业企业的总体利益，促进了电力与环境的和谐发展，得到了政府的信任。如参与了原国家计委主持的《发电排放折价标准（讨论稿）》的制定，对《主要污染物总量控制条例》、《火电厂大气污染物排放标准（征求意见稿）》提出了有见地的意见，且大多数意见被采纳。受国家发改委委托，研究和编制了电力行业的《节约和替代石油中长期专项规划基本思路》、《能源节约规划思路》、《工业节水规划思路》、《工业污染防治规划思路》等，开展了全国燃煤电厂二氧化硫排放治理“十一五”规划和2020年远景治理目标研究、全国火电厂烟气脱硫产业化发展规划研究及电力行业清洁生产指标体系研究等。

3）在政府有关部门和各电力企业的大力支持下，电力企业年金规范化管理试点工作已经启动。成立了电力企业年金管理监督委员会、电力企业年金管理中心及分支机构，制定了有关基本制度，积极探索企业年金基金增量的规范管理。

（3）针对电力体制改革的新形势，理顺工作关系，继续提升专业服务水平。

1）及时发布了电力可靠性指标信息，为电力安全生产预警、促进设备制造厂家提高产品质量起到了积极作用。完成了新组建（改组）的发电集团及所辖电厂、机组产权与管理关系的调查及分类分析工作，协助新组建企业建立健全了可靠性工作网络。开展了商业可用率指标体系研究，开始了电网可靠性统计评价可行性研究的准备工作，基本完成燃机、风机专业可靠性统计评价办法的编写工作。

2）电力标准制修订工作继续加快，共计完成109项标准的制、修订任务。其中，由原国家经贸委发布行业标准26项，报批行业标准67项；由国家技术监督局发布国家标准15项，指导性技术文件1项。完成2003年100项电力行业标准制修订计划立项的审定和上报工作，并得到国家发展和改革委员会（简称发改委）的批准下达。着手进行火电、水电和供电企业管理标准、工作标准的编制工作。

3）职业技能鉴定工作力度加大，完善了现行的工作体系。全年参加鉴定的人数达11万多人次，合格率72%。鉴定工种覆盖了行业全部特有工种，其中有850人取得了电力行业特有工种高级技师资格，为历年来最多。完成了农网配电营业工等12个新增职业国家职业标准的审定工作，即将由劳动社会保障部颁发实施。举行了电力行业焊工技术大赛，在行业内引起了广泛关注，并积极参与。

4）继续做好电力建设技术经济管理和咨询工作。完成《电力工程项目工程量清单报价实施方案》的调研和编制大纲起草工作，完成2002年电力设备价格的收集、发布工作和《燃气—蒸汽联合循环电站安装预算定额》的编制工作。正在开展2003年版电力建设装置性材料预算价格和综合预算价格的程序设计、综合价权数据库的建库工作。

5）科技交流及推进企业管理创新工作又有新进展。开展了电力行业电气设备状态监测与故障诊断技术研究工作，组织交流了防窃电技术。评选出第十一届电力行业企业管理创新成果奖、2003年全国电力行业质量管理奖以及电力建设火电优质工程奖，交流、推广了优秀管理成果，促进了电力企业管理现代化水平的提高。

6）进一步探索电力行业高技能人才培养模式和有效途径。与澳大利亚启思蒙学院开展合作办学，启动了电力行业仿真培训认证工作和国际项目管理（IPMP）专业资质认证培训。同有关方面协调和合作，理顺了电力行业项目经理、建造师和监理工程师的培训认证工作。完成了行业自学考试工作。

7）进一步加强了中电联的信息交流与新闻宣传工作。配合电力体制改革和当前电力工业形势，及时准确地传递行业和专业信息，配合重要媒体报道行业热点、难点问题。认真完成国家发改委委托的电力行业信息报送工作，被原国家经贸委评为“政务信息优秀行业协会”。在有关电力企业的大力支持下，与中央电视台合作，共同拍摄以反映电力工业成就为主题的大型系列纪录片《电的故事》。

（4）举办行业的重大活动，增强了行业的凝聚力和影响力。

1）“2003中国电力论坛”的成功举办，对中国电力的改革发展产生了积极影响。此次论坛是在电力体制改革逐步推进、电力供需形势趋紧、美加和英国伦敦大面积停电事故发生后及时举办的，受到了社会各界特别是国务院领导同志的高度关注。来自国内和国外的15位高层讲演人，围绕“可持续发展的中国经济与电力安全”这一主题，分别从经济体制改革、电力监管、电网电源建设、环境保护、科技进步、市场规则、电价机制和电网安全应急机制等多个角度，全面地进行了研讨和交流。会后，中电联汇总归纳了一些值得重视的观点，向国务院领导报送了汇报材料，得到黄菊副总理和曾培炎副总理高度重视，阅看并做了批示。

2）成功举办了2003年亚太电协CEO会议。来自亚太地区15个国家和地区共35家会员单位200多名企业领导参加了会议，国务院副总理黄菊专门为会议发来贺信，电监会主席柴松岳莅临会议，并发表主旨讲话。会议得到了各国代表的高度赞扬，很好地展示了中电联的整体形象和举办国际会议的能力。

3）继续坚持举办每年的经济形势与改革分析预测会。预测会由国家有关部门领导、专家和学者就中国当年的经济和社会总体改革、发展的有关问题做专题报告，对于电力行业企业认清形势、找准位置、做好工作大有启迪，受到了电力企业的广泛欢迎。

4）成功举办了第四届上海电力技术与设备国际展览会，约20个国家和地区的300多家企业参展，为中外参展企业搭起了技术交流的平台，为国内设备制造企业开拓国际市场提供了条件。

（5）在电监会的关心、指导下，召开了电力体制改革后的第一次中电联理事会议。围绕电力行业改革、发展和稳定的主题，两家电网公司和各发电集团公司，以及监事会主席路耀华都发表了重要意见，在很多问题上达成了共识，成果显著，影响很大。曾培炎副总理对会议的召开专门做了指示，柴松岳主席因公务活动不能到会，专门为会议发来致辞，宋密副主席亲自到会指导。

（6）中电联各分会和专业委员会，配合中电联的中心任务，在各自的专业范围内，紧密围绕电力改革发展中的问题积极开展工作，得到了相关企业的普遍好评。

(7) 根据电力体制改革的新格局和中电联管理体制、内部领导体制发生的变化，坚持改革思想，从会领导到各部门积极主动向政府有关部门汇报请示，与各方面联络沟通，基本建立了较好的外部工作关系。

(8) 主动适应市场经济要求，全面提高中电联的综合素质，加强内部管理，实施目标责任管理。与各部门签订了《党风廉政责任书》、《机关精神文明建设考核书》和《工作责任考核责任书》，取得了初步成效，为进一步深化改革做了有益的探索。

(9) 党群工作进一步按照“三贴近”的要求，努力探索工作路子，机关党的建设得到加强。坚持中心组学习制度，开展丰富多彩的文体活动。保持了首都文明单位称号，被中国工业经济联合会评为先进全国行业协会。

中电联组织机构

(一) 机构设置及人员情况

(1) 中电联机关本部设置6个职能部门（部）、7个业务部门（中心）：理事会工作部、调研部、会员部、国际合作部（外事部）、环保与资源节约部、统计信息部、标准化中心、职业技能鉴定中心（电力行业职业技能鉴定指导中心）、电力可靠性管理中心（国家电力公司电力可靠性管理中心）、电力建设技术经济咨询中心（国家电力公司电力建设定额站）、教育培训中心、科技服务中心（国家电力公司科技开发服务中心）、电力企业年金管理中心（国家电网公司社会保险事业管理中心、国家电网公司在京直属企业社会保险管理中心），并设机关党委和资产管理中心。

(2) 国家电网公司社会保险事业管理中心（国家电网公司在京直属企业社会保险管理中心）纳入中电联管理序列。

(3) 中电联管理单位2个：电力文协、电力体协。

(4) 中电联直属公司4个：华凯投资集团有限责任公司、北京中联动力技术有限责任公司、北京中电联认证中心有限责任公司、中电兴业投资发展有限责任公司。

(5) 经国家事业单位登记管理局批准，中电联电力技术经济咨询中心、中电联电力建设定额站、北京电力培训中心、国家电力公司科技服务开发中心、国家电力公司电力可靠性管理中心、国家电网公司社会保险事业管理中心（国家电网公司在京直属企业社会保险管理中心）等6个单位取得事业单位登记。

(6) 受原国家经贸委委托，中电联代管中国电力规划设计协会、中国电力企业多种经营协会、中国电力建设企业协会、中国电力发展促进会、全国电力技术市场协会。受教育部委托，中国电力教育协会挂靠中电联管理。

中电联本部机关为130人（含工勤人员10人）。中电联及管理单位2003年底职工总数为186人。其中，调入13人（含2名应届毕业生），调离8人，退休5人。

(二) 干部配备

(1) 第三届理事会领导成员：

名誉理事长：柴松岳　张绍贤
理　事　长：赵希正
常务副理事长：刘　宏
专职副理事长：叶荣泗　孙玉才
兼职副理事长：钱忠伟　秦中一　吴希荣
乌力吉　林孔兴　刘振亚
袁懋振　李小鹏　翟若愚
贺　恭　周大兵　王炳华
王会生　王禹民　顾峻源
秘　书　长：王永干
副秘书长：范继祥

(2) 中电联第三届理事会顾问：袁宝华　顾家麒　吴敬琏

(3) 中电联第三届理事会业务顾问：姜贤荣　吉　辅　刘纪鹏　周小谦　冉　莹　张贵行　姜绍俊　霍继安　王信茂　杨祝辉

(4) 中电联业务咨询：吉　辅　李忠志　潘锁华　赵宗鹤　黄幼茹　朱仁元　王桂云　李　岱　刘　华　刘　俭　刘惠民　辛德培

(5) 本年度部、中心主任级干部：

理事会工作部主任：范继祥（兼）
理事会工作部副主任：陈勇慧
调研部主任：王永干（兼）
会员部主任：孙永安
国际合作部（外事部）主任：孙守义
环保与资源节约部主任：王志轩
统计信息部副主任：梁维列
标准化中心主任：陆宠惠
职业技能鉴定中心主任：王文喜
（电力行业职业技能鉴定指导中心）
电力可靠性管理中心主任：蒋锦峰
（国家电力公司电力可靠性管理中心）
电力建设技术经济咨询中心主任：张千驷
（国家电力公司电力建设定额站）

教育培训中心副主任：薛静 徐玉华

科技服务中心(正处级单位)主任：李玉生

(国家电力公司科技开发服务中心)

电力企业年金管理中心负责人：刘洪恩

(国家电力公司社会保险事业管理中心、国家电网公司在京直属企业社会保险管理中心)

机关党委副书记：赵天荣

资产管理中心主任：蒋晓华

(6) 现任中电联直属公司总经理的名单：

华凯投资集团有限责任公司总经理：蒋晓华(兼)

北京中联动力技术有限责任公司总经理：刘学良

北京中电联认证中心有限责任公司总经理：罗 勇

中电兴业投资发展有限责任公司总经理：蒋晓华(兼)

(三) 组织机构图(见下页)

调查研究与咨询服务

(1) 组织策划2003年9月在上海召开的中国电力论坛大会，此次论坛是在电力体制改革逐步推进、电力供需形势趋紧、美加和英国伦敦大面积停电发生后举办的，因而受到了社会各界的高度关注。来自国内和国外的15位高层讲演人与电力企业300多名代表，围绕“可持续发展的中国经济与电力安全”这一主题，分别从经济体制改革、电网电源建设、电网安全应急机制、发电企业风险防范、电力监管等多个角度，深入全面地进行了研讨、交流。大家普遍认同电力安全不仅是电力工业健康发展和正常运营的前提，而且也是国民经济持续健康发展的基础和保证。

这是中电联首次举办的高层论坛，国务院副总理黄菊、曾培炎同志对论坛给予肯定，今后这项工作将成为中电联的品牌和标志性工作。

(2)《中华人民共和国电力法》(简称《电力法》)修改工作。现行《电力法》于1996年4月1日起正式实施。由于《电力法》是在计划经济的背景下制定和颁布的，带有很强的计划经济色彩，随着我国电力市场不断完善和电力体制改革的进一步深化，现行《电力法》已不适应社会、经济形势的变化，在实践中遇到了一系列问题，需要进行修改。

为此，中电联组织有关人员参与发改委、电监会牵头的《电力法》修改工作。为了更好地反映电力行业企业的意见，在8月组织了中电联《电力法》修改小组，从企业和行业的角度为政府组织的《电力法》修改提出意见和建议。

(3) 与美国能源基金会合作，开展《中国电力综合政策国际经验的借鉴》项目研究。项目专家组广泛收集国外有关电力的法律法规，采取比较的方法进行认真的研究，在充分吸收国外先进经验的基础上撰写出具有较高水平的课题报告。为了增加专家组的感性认识和加强与国外同行的交流与合作，中电联成功地主办了3次国际研讨会，共有20多名国外电力、法律专家到会并演讲，并编辑出版了《中国电力综合政策国际经验的借鉴》报告汇编，赠送给国家立法机关、政府有关部门和中电联理事单位。这是中电联第一次与美国能源基金会合作，也是一次与国际组织进行合作的有意尝试，为今后广泛的合作与交流积累了经验，打下了基础。

(4) 组织完成国家发改委委托的《关于发电调度的调查》、《用电电价调查》以及《11.5电力科技发展规划》等重要课题调研。组织参与完成电监会交办的东北、华东区域电力市场试点方案的修改，对电监会的《电力监管条例》、《电力市场运营规则》等文件认真负责提出修改建议。

(5) 组织完成四川成都电业局委托的创国际一流规划咨询和深能源委托的垃圾电厂电价咨询等工作。

电力企业咨询服务

1. 企业管理与咨询工作

(1) 在北京举办了2003年经济形势与电力工业改革分析预测会，全国电力行业的电网公司、发电集团公司、发、供电企业、多经企业、施工企业、各省电力行协负责人以及其他会员单位等共430多位代表参加了这次会议。会议邀请国务院发展中心主任王梦奎作了题为《关于全面建设小康社会的问题》的重要讲话。会议还就2003年中国企业改革及其发展趋势、中国电价改革思路、充分利用经济全球化，促进我国经济发展、政府机构与企业改革、国家电网公司改革及电网发展趋势、行业管理及华能集团公司资本运作等内容邀请有关领导及专家作专题报告。为广大电力企业经营者及时提供了党中央、国务院的最新政策和国内外经济发展和电力行业改革与发展的情况与信息，受到与会代表的赞扬。

(2) 应温州发电有限责任公司邀请，中电联组成专家组，根据企业提出的要求，就该公司企业现状认定及战略规划、管理流程设计和人力资源开发与管理等三个方面的内容进行咨询。按照咨询程序，经过现场调查，阅读有关资料及征求公司意见，现已形成《温州发电有限责任公司员工绩效考核咨询报告》、《温州发电有限责任公司企业管理调研咨询报告》、《温州发电有限责任公司管理流程咨询意见》和《关于温州发电有限责任公司经营绩效指标评价情况介绍》等报告，得到业主的赞同和肯定。

中国电力企业联合会组织机构图

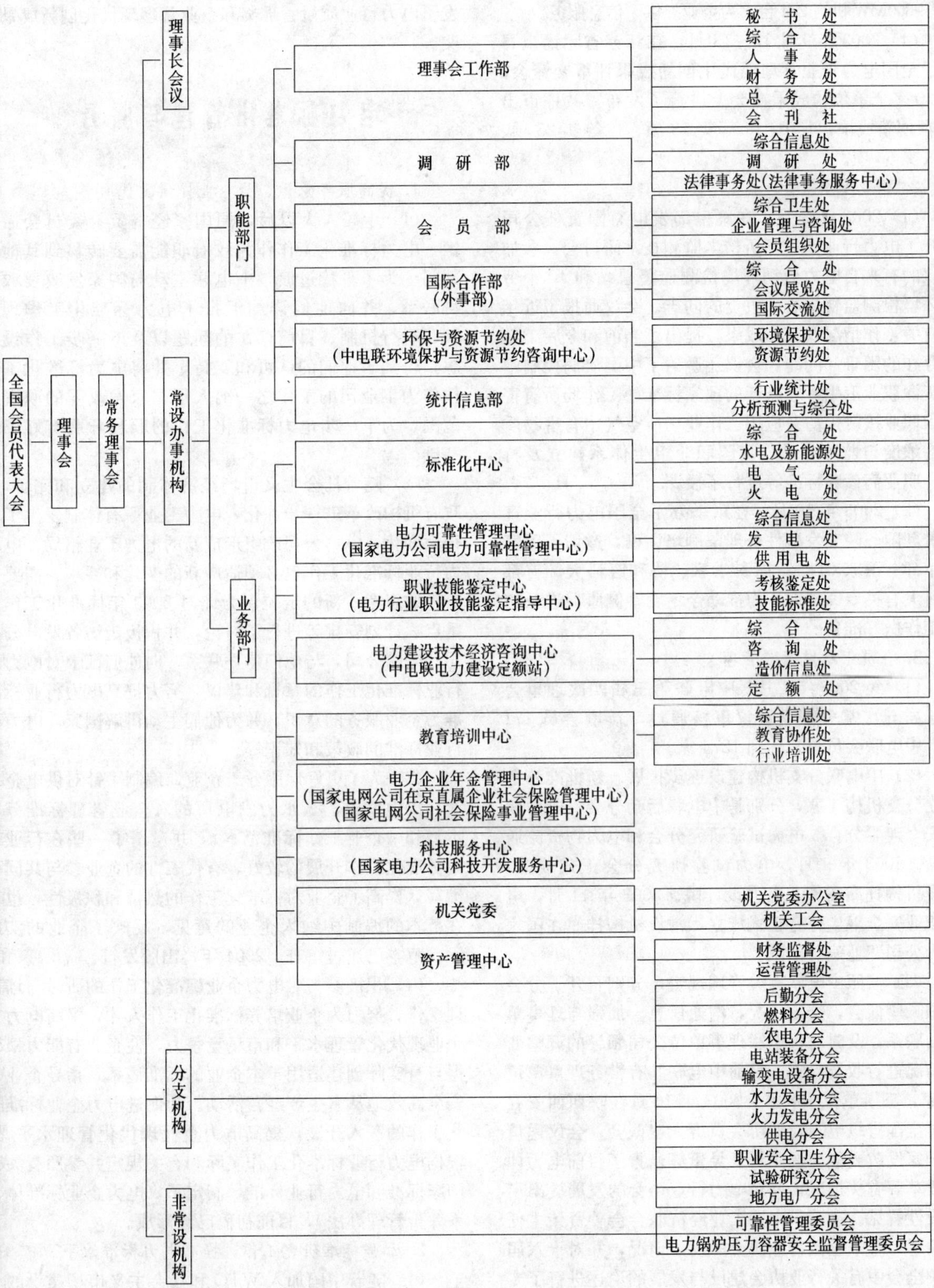

(3) 完成了全国火电厂2002年度100MW及以上机组技术经济指标统计的工作，其中100MW机组144台，125～150MW机组170台，200～250MW机组192台，300～800MW机组284台，为企业提供了信息服务。

(4) 2003年9月11～13日，在江苏省无锡市召开了全国电力企业管理现代化创新成果评审交流会，有30多个单位的成果在会上进行了发布。共评审出91项创新成果，其中，一等奖13项、二等奖25项、三等奖53项。

2. 职业安全卫生

(1) 2003年3月，在秦皇岛发电有限责任公司召开了电力行业作业场所粉尘监测技术研讨会，参加会议的有来自电力劳动环境检测监督总站和10个劳动环境检测监督中心站负责的同志。会议通报了近年来有关工作情况及工作成果，提出了当前和今后工作中存在的困难和问题。会议还邀请了中国疾病控制中心资深职业卫生专家就新的国家标准中工作场所有害因素职业接触限值及应用、作业场所空气中有害物质容许浓度与监测方法、我国职业卫生体系建立及特点、职业病诊断标准等进行了授课。

(2) 2003年10月，在京举办了全国电力行业宣传贯彻国务院突发事件处理条例培训班，邀请了国家卫生部、国家CDC首席科学家、协和医科大、首都医科大有关专家授课，为推动今冬明春健康促进及防疫工作做好准备。

3. 会员组织发展与管理

(1) 经2003年4月，中电联第三届四次理事会和三届五次常务理事会议审核通过，新增会员171家。中电联会员总数达到1274家。

(2) 中电联分支机构建设逐步扩展。新批准筹备成立分支机构4家，分别是中电联后勤分会、电力职业安全卫生分会、电力试验研究分会和电力物资流通分会。2003年9月，电力试验研究分会正式成立，常设机构挂靠在华北电力设计院。2003年11月，电力职业安全卫生分会正式成立，常设机构挂靠在国家电力公司职业病防治院。

(3) 按照中电联有关管理规定，分别召开了分会秘书长座谈会，交流情况，沟通信息。加强与理事单位的联系，及时对中电联理事单位公司领导的调整变更情况进行收集整理。目前中电联共有常务理事单位32家，理事单位188家。2003年10月在陕西西安召开了全国省级电力行业协会负责人座谈会，会议邀请了国家发改委能源局副局长吴贵辉通报了目前电力体制改革等有关情况，并对电力行业协会的发展提出了建设性意见。邀请了中国工业经济联合会姜贤荣主任介绍了一年来全国行业协会的发展情况，并对十六届三中全会中有关行业协会建设与发展的论述进行了专题辅导。会议还交流了各省级电力行业协会工作的经验，研讨了行业协会建设等方面的问题和解决问题的办法和建议，展望了行业协会的前景。会议期间还颁发了电力行业质量管理奖和企业管理现代化创新成果奖。

电力标准化管理与服务

1. 提高服务意识、为企业提供更优服务

(1) 十届人大以后，原国家经济贸易委员会撤销，电力标准化工作作为政府职能需要转移到其他部门。为了平稳过渡，中电联主动与国家发改委取得联系，并向他们详细汇报了电力标准化工作现状、运行机制、目前存在的问题以及下一步工作设想，得到了他们的认可和支持，并将电力标准化工作作为工业司的工作之一纳入了国家发改委的职责范围，为下一步电力标准化工作的顺利开展打好了基础。

(2) 随着社会主义市场经济体制的建立和完善，政府机构改革进一步深化，电力工业原有体制发生了很大变化，电力公司改组形成新的电力工业格局，电力行业标准化工作也必须适应新的变化和要求，需要有新的思考、新的定位。为此对2003年标准化工作重点、计划安排等进行了讨论，并积极走访各发电公司、电网公司，与他们建立联系，向他们征求对电力行业标准化工作的意见和建议，努力提高电力行业标准为企业服务的意识，并为他们主动讲解国家、电力行业标准的政策和知识等。

(3) 为了更好地服务于企业，编制了针对供电企业、火力发电厂、水力发电厂的《企业管理标准范本》和《企业工作标准范本》，并邀请了一些在行业内标准化工作开展的较好、有代表性的企业参与共同编写，提高了企业对标准化工作的热情和积极性，也在范本的编制中纳入企业的意见，反映了企业的实际，范本已通过审查，2004年将出版发行。

(4) 积极参与对电力企业标准化工作的研讨与培训工作。努力为企业培养标准化工作人才，提高电力企业现代化管理水平和市场竞争力，使企业有能力根据自身实际创建适用于本企业的标准体系，指导企业安全高效地从事生产经营活动。为促进电力企业标准化工作的深入开展，提高电力企业现代化管理水平，根据电力行业标准化工作实际和有关规定并参照有关国家标准和电力行业标准，制定了《电力企业标准体系评价管理办法》，目前初稿已经形成。

2. 加强标准研究工作，提高电力标准水平

(1) 随着中国加入WTO和社会主义市场建设的

进一步发展与健全，标准化工作得到越来越多的企业的重视，而对于标准的研究却还很不深入。为了了解标准给国民经济建设以及工业生产所带来的促进作用，国家发改委组织有关行业开展了标准项目的专题研究，为此中电联积极响应并及时组织有关专家开展了这一工作，向国家发改委报送了《洁净煤发电技术研究》、《电力市场运营与管理产品技术检测标准研究》和《拱坝强度及稳定设计准则研究》等三项电力标准研究课题的立项申请。同时根据科技部中国科技促进发展研究中心关于征集若干重点产品技术性贸易措施研究项目的通知精神，向该中心报送了《电力市场运营与管理产品技术检测标准研究》、《电力系统继电保护关键技术标准的研究》、《水轮发电机组设备技术条件的研究》、《输变电设备技术贸易措施的研究》和《市场经济下中国火力发电厂、输变电工程勘测设计标准化体系构建研究》等5项重要技术标准专项研究课题。希望通过对这些课题的深入研究能够为电力行业标准化工作和新技术、新工艺转化为生产力做出一些有益的探索。

（2）编制电力行业科技发展规划。根据国家发改委高新技术司的有关要求，编制了电力行业科技发展规划。

3. 加强标准计划管理

标准制定、修订工作是中电联的重要工作之一，近几年，根据电力工业的发展要求，电力行业标准平均每年制定、修订约百余项。2003年初，经中电联组织制修订的，由国家经贸委批准发布了《光纤复合架空地线（OPGW）用预绞式金具技术条件和试验方法》等26项电力行业标准（国家经贸委2003年第4号公告）。此后，国家政府机构改革，电力工业的政府职能移交至国家发改委，8月，经中电联审查后向国家发改委报送《火电厂环境监测技术规范》等67项电力行业标准和技术指导性文件。发布电力国家标准14项，指导性技术文件1项，完成了《750kV电力系统继电保护》国家工业技术协议的制定并报国家标准委。共计完成了109项标准制、修订任务。

根据电力工业的发展现状，2003年在广泛征求意见的基础上列入国家标准计划项目共22项（其中列入国家标准化管理委员会计划项目14项、建设部计划项目8项）。向国家发改委报送2003年电力行业标准项目计划共100项（已由该委下达）。

4. 健全组织机构，充分发挥标准化技术委员会在标准化工作中的作用

（1）为更好地开展核电专业技术领域的标准化工作，经与多方协商，2003年组建了电力行业核电标准化技术委员会，该标准化技术委员会的主要任务是：负责制（修）订电力行业核电技术领域的有关行业标准及宣贯工作；开展国内外标准化的技术交流活动，研究核电领域的国际标准和国外先进标准并积极做好采标工作；接受有关部门和企业的委托，承担本专业地方标准、企业标准的制定、审查和宣传、咨询的技术服务工作；受有关主管部门的委托，可在产品质量监督检验、认证等工作中，承担本专业范围内标准化水平评价以及引进项目的标准化审查工作等。本届电力行业核电标准化技术委员会共有委员40人（包括顾问），标准化技术委员会挂靠在苏州热工所。

（2）2003年对电力行业可靠性、继电保护、燃煤机械等标准化技术委员会进行了换届或调整，调整后的标准化技术委员会成员涵盖面更加广泛。此外，电力行业电测量、电网控制与运行、电容器标委会的换届筹备工作也已开始。风电标准化技术委员会和电气工程施工调试标准化技术委员会的组建筹备工作也已展开。对全国静态继电保护装置分标准化技术委员会、全国继电保护标准化技术委员会换届组成方案等向国家标准化管理委员会提出了建议。

（3）为适应IEC（国际电工委员会）的调整和变化，筹建全国电能供应系统标准化技术委员会，对外代表国家、对内代表行业并联合制造业与其他行业为电力系统规划、安全稳定运行等充分发挥电力行业“电能供应系统”主体的作用。

5. 做好标准宣讲和咨询工作，为政府与企业服务

（1）随着我国法制建设的不断深入，人们依法行事的观念越来越强，而一旦出现纠纷，求助于法律的解决也越来越多，而标准则作为一种法律依据被越来越多的引用，关于标准条文的解释咨询也越来越多。中电联十分重视这项工作，对于各界人员的标准咨询做到耐心、细致、及时地解答，对于不懂的知识与技术向有关专家征询，做好标准咨询解释工作。标准的宣贯工作是标准化工作的一项重要环节，2003年举办了各种标准宣贯讲座多次，同时受电力企业邀请深入企业进行有关标准化知识宣讲，得到企业的欢迎。

（2）《电力标准化与计量》和中国电力标准化网是宣传电力标准化工作的载体，也是同企业进行交流窗口，为更好地办好这两个媒体，领导十分重视，专门开会进行研究，安排人员具体负责，使办刊质量和信息更新情况都有所提高。

6. 开拓进取、大胆创新，为企业提供更优服务

在电力行业深化改革的过程中，中电联成立了电力行业电力锅炉压力容器安全监督管理委员会，承担相关行业管理职能。

（1）积极与政府主管部门、发电公司沟通。由于

电站锅炉安全管理一直由电力部门负责，电力经过几十年对电站锅炉的管理，已形成了非常完整的三级管理体系及相应的规章制度。为了使电力体制改革后，电站锅炉监督管理这支队伍不散，使国家的人力资源不受损失，中电联积极与国家质量技术监督检验检疫总局锅炉压力容器安全监察局（简称锅炉局）沟通关于电站锅炉压力容器的管理工作，起草了《电力锅炉压力容器安全监督管理办法》，已上报锅炉局。锅炉监督工作转到中电联后，积极与五大发电公司及国家电网公司的相关领导沟通，同他们一起根据改革后的实际情况，探讨电站锅炉压力容器的管理工作，电力企业对中电联代表行业对电站锅炉压力容器方面进行管理表示认可。

（2）对焊接考核中心的审验。电力行业一直非常重视对焊工的培训和考核，焊接工作的质量直接影响电力生产的安全，特别是在锅炉运行参数不断提高、新钢种不断涌现的今天，通过提高焊接质量来缩短机组建设周期、保证安全生产已成为全行业的共识。中电联根据原国家电力公司锅监委的工作计划，完成了符合报名条件要求的全国 62 家电力焊工考核中心的审验。审验工作从 2002 年 8 月开始到 2003 年 7 月（其中“非典”原因影响 2 个月）历时 1 年时间，审验的全过程都是由电力行业锅监委组织并参与，62 家考核中心全部通过了审验，锅监委于 2003 年 9 月 9 日在《中国电力报》对通过审验的考核中心进行了公告，并为他们颁发了证书。

（3）对考委会进行适当的调整并加强新技术培训工作。原国电公司锅监委根据工作需要及行业特点组成了四个考委会，即锅监（锅检）工程师考委会、无损检测考委会、理化考委会和焊工培训教师考委会，中电联接受锅监工作后，根据电力体制改革后的实际和这些考委会的工作情况及人员组成情况，于 2003 年 9 月对无损检测考委会进行了换届调整，使他们能更好地为电力行业服务。

2003 年对焊工考核中心主任进行了培训工作，这次培训考核是根据对焊工考核中心审验后，感到各中心在技术管理、规章制度制定等方面存在着较为普遍的问题，认为如果要进一步提高各考核中心的管理水平，非常有必要对专工进行现代管理知识及新技术的培训，本次的培训班是电力行业的第一期，学员们的学习热情及考试态度都是非常好的，培训达到了预想的效果。

为了加强锅炉水质在运行中的监督，减少人为因素的影响，编制了《电厂化学仪表实验室计量确认管理办法》及实施细则，并组织编写了有关培训教材，开展了对电厂化学在线分析仪表检验员的培训和考核。参加培训的人员来自近 76 个火电厂和 20 个电力科学院（所）约 150 名学员，培训采用理论考试和实际操作相结合的方式。

（4）锅检中心的工作。为了使电力锅检中心的管理水平得到进一步的提高，依据国际上 ISO、IEC 对检验机构的要求，起草了一个作为检验电站锅炉的检验单位应该具备的基本能力要求的标准，该标准的定位是高于国家对锅检中心要求的标准，具有电站锅炉检验的特点，作为行业自律，安排对各锅检中心进行基本能力要求的审查，为日后国家锅炉局的审查打下基础，11 月初已通过了标准第一稿的讨论。

电力外事管理与服务

1. 国际合作与交流

• 重要来访

1 月 20 日，国际部、教培中心主任会见了澳大利亚国际文化资源交流中心及 CHISHOLW 学院院长一行 4 人。探讨在部分电力高等专科院校开展合作办学的试点工程。

2 月 11 日，中电联国际部及标准化部与德国西门子公司就中电联与西门子公司在标准化方面的合作签署了谅解备忘录。

2 月 12 日，德国鲁奇－能捷斯－比晓夫公司北京代表处首席代表佑根森先生等 3 人访问了中电联，叶荣泗副理事长参加了会见，并就电力行业环保合作前景进行了交流。

2 月 28 日，刘宏常务副理事长和王永干秘书长，会见了法国政府项目评估专家 BARTHELEMY 先生一行 3 人代表团，中方向外方介绍了中国电力（特别是水电）建设方面总体情况及相关政策，探讨了中法两国水电建设方面合作前景。

3 月 18 日，外事部主任等 3 人会见日本福冈大会秘书长柿本仁司一行 5 人。双方就亚太电协大会交接的具体事项进行了进一步磋商，对筹备举办亚太电协会议的情况充分交换了意见，完成了上一届组委会与本届组委会的交接工作。

• 重要出访

11 月 16～25 日，中电联副秘书长范继祥等 3 人访问了台湾电力公司，并考察了台湾电力企业。

2. 亚太电协工作

中电联作为 2003～2004 年亚太电协主席单位，承担了亚太电协组织秘书处的日常工作，主要做了以下几方面的工作：

（1）成功举办 2003 年亚太电协 CEO 会议。2003 年 10 月 30～31 日，2003 年亚太电协 CEO 会议在桂林隆重召开，来自东亚及西太平洋 15 个国家和地区

200多名企业领导人参加了会议。会议主题为：优化能源利用，实现可持续发展。会议得到了国家领导人的高度重视和地方政府的大力支持，国务院副总理黄菊为会议写来了贺信，广西壮族自治区副主席杨道喜以及桂林市市长王跃飞分别到会并致辞。会议由亚太电协主席赵希正致开幕词，国家电监会主席柴松岳、国际大电网会议主席戴维·克劳福特分别做了大会主旨发言，国家电网公司副总经理刘振亚等7位中外企业领导在大会进行了论文交流。会议同期还套开了亚太电协常务理事会及第28次理事会，顺利完成了11项会议议程。2003年亚太电协CEO会议在SEPSI2004之夜欢乐的乐曲中结束。

本次会议的成功举办得到了各国代表的高度赞扬，纷纷向会议的主办单位表示祝贺和感谢，并共同期盼2004年第15届亚太电协大会的再次重逢。会议期间，南方电网公司与泰国电力公司还签署了南网每年向泰国输电300万kW的合作协议。

（2）全面开展第15届亚太电协大会的筹备工作。为做好第15届亚太电协大会的宣传工作，编印了电协大会简介、参会、参展、征集赞助、征集论文等宣传资料，向国内外电力企业和设备制造企业发行了3000多册，并将上述信息挂在了亚太电协网站上运行，实现了网上在线注册，既为参会代表提供了方便，同时也使秘书处能随时掌握第一手信息资料。秘书处工作人员密切关注网页信息动态，及时回复大量咨询信函，使亚太电协参会代表感受到亚太电协中国组委会的热情和一流服务。与此同时，还利用报刊、杂志、网站、展览、会议等契机，广泛宣传2004年上海亚太电协大会。

3. 国际展览会

2003年9月9～12日，在上海成功地举办了第四届上海国际电力展览会，约20个国家和地区的300多家企业参展，展览面积1万多平方米，展会同期举办技术讲座5场，组织参观观众25000人。由于我们在招展、布展、组织观众、礼宾活动、对外宣传等方面做了大量细致的组织工作，尽可能减少SARS对展览会的影响，使展览会达到了预期的效果，展览会获得圆满成功。

4. 国际会议

（1）2003年2月11日，由中国工业经济联合会、德国工业联合会、德国驻华大使馆和德国阿登纳基金会联合举办的第二届中德行业论坛在京举行。中电联由叶荣泗副理事长和王永干秘书长带队作为主要来宾参加了会议。叶荣泗副理事长作为中方代表主持了能源论坛的讨论，王永干秘书长在会上作了以经济全球化背景下的中国电力体制改革为主题的主旨发言，中德双方来宾会后进行了热烈讨论。

（2）2003年10月11～14日，在长沙成功地召开了第四届输配电技术国际会议，本次会议是继1997、1999、2001三届北京会议之后，首次在外地召开的输配电国际会议，来自12个国家和地区的中外代表600余人参加会议。本届会议共收到国内外技术论文350余篇，大会进行了重点学术论文的交流，会议还同期举办了为期3天的新技术、新产品展览会，交流了当今世界输配电技术的新成果，展望了新世纪输配电技术发展的趋势，为促进国际输配电技术的发展起到了积极的作用。

5. 外事服务

2003年9月，外交部正式授予了中电联护照自办权和签证代办权，使中电联的外事组织建设进一步完善，同时也为中电联开展国际交流与合作奠定了坚实的基础。

电力环保与资源节约

2003年，中电联设立了环保与资源节约部，标志着中国电力行业环保与资源节约的行业管理工作体制、机制发生了重要变化，开创了环保与资源节约工作新局面。环境保护与资源节约是电力发展的永恒主题。国务院关于电力体制改革的5号文件中明确指出，电力体制改革的原则之一是为了促进环境的改善，促进清洁电能的发展，同时强调了中电联要强化“自律、协调、监督、服务”的职能。为贯彻国务院文件精神，在国家电力体制改革领导小组的统一部署下，中电联从电力可持续发展的根本要求出发，从适应电力体制改革新形式的需求出发，从企业的需求和中电联职能出发，从环保与资源节约工作的内在联系和要求出发，在承接了国家电力公司行业环境保护职能的基础上，将节能、节水、综合利用等资源节约的行业管理工作进行整合，成立了环保与资源节约部。

中电联环保与资源节约部一经设立，就受到了国家有关部门的高度重视和支持。一年来，受政府部门委托开展了火电厂二氧化硫控制政策研究、输电监管中的环境保护监管研究、电力行业清洁生产指标体系研究、全国燃煤电厂二氧化硫排放治理“十一五”规划及2020年远景治理目标研究、全国火电厂烟气脱硫产业化发展规划研究、电力行业工业污染防治规划研究、火电行业节水规划研究等工作。开展了《火电厂环保统计及火电厂主要污染物排放状况分析报告》编制工作。进行了火电厂环境监测管理规定等电力环保与资源节约行业自律性规定的研究与制订。举办了环保法规、政策及治理技术培训班。建立了相关专家库。受企业委托开展了电力建设项目环境影响报告书（包括水土保持方案）技术评估工作，与加拿大、美国、德国等国家和国际组织开展了合作。

电力统计信息

2003年1月20日，召开了全国电力行业统计工作会议，标志着电力行业统计职能正式移交中电联履行。为此，中电联成立统计信息部，负责全国电力行业统计与市场分析工作。

（1）2003年1月20日，国家电力公司和中电联在北京联合召开了全国电力行业统计工作会议，传达了原国家经贸委、国家统计局《关于授予四个行业协会统计职能的通知》（国经贸产业［2002］642号）。会议在全面阐述电力统计工作的重要地位、作用以及由中电联履行电力行业统计职能的必要性和重要意义的基础上，对搞好电力行业统计工作的过渡与衔接，尤其是就如何做好2003年的电力行业统计工作，提出了明确而又具体的要求。

根据会议精神，统计信息部与原国家电力公司顺利进行了统计资料的交接，各网、省电力公司的统计人员基本保持了稳定。按照原国家电力公司时期的统计体系，圆满完成了2002年统计年报和2003年月报工作，确保了电力行业统计工作的顺利过渡。

（2）在广泛征求发电企业、电网企业、省级电力行业协会意见的基础上，同时听取了国家统计局和国家电力监管委员会以及部分电力行业统计专家的意见后，研究制定了《电力行业统计管理办法（试行）》，以中电联统计［2003］50号文予以发布。该办法以《中华人民共和国统计法》等相关法律、法规为依据，充分尊重统计科学的客观规律，紧密结合电力体制改革以后电力行业所呈现的新局面，努力探索一条既符合我国电力工业的现实特点，又能逐步与国际接轨的新型统计管理体系。

（3）为了及时宣传贯彻《电力行业统计管理办法》，于2003年9月2日在北京召开了第二次统计工作会议，会议宣传了《电力行业统计管理办法》的重要意义，并对《电力行业统计管理办法》中重要条款，如统计对象及其权利与义务、统计数据的收集与报送、统计信息的发布、统计执法与表彰奖励等进行阐述和宣讲。会议要求，不仅中电联的会员单位、理事单位在统计工作上要接受中电联的领导，其他从事电力生产和经营的单位也都要接受中电联对行业统计工作的领导。

（4）大力开展统计调查制度改革，研究修订了行业统计指标体系和统计报表制度。

1）修订电力行业统计指标体系。为满足电力体制改革以后，政府部门和各级电力企业对电力行业统计指标提出的新要求，认真听取社会各方面的意见，广泛征求有关专家的建议后，全面考虑电力企业的实际需要，重新修订了电力行业指标体系。新的指标体系力求克服求全求细的惯性思维，既能反映国内电力工业发展的总体水平，又尽量避免涉及企业内部的生产经营指标，同时还考虑了逐步与国际接轨的实际需要。

2）根据《中华人民共和国统计法》和《电力行业统计管理办法（试行）》的规定，结合新修订的电力行业统计指标体系，制定了《全国电力工业统计报表制度》。报表制度共分生产经营、固定资产投资、职工教育培训、可靠性管理、农村电气化和环境保护等6个部分，于10月获得国家统计局的批复。各部分报表制度的具体组织和实施按照《电力行业统计管理办法》的规定，实行由中电联归口管理、各专业部门分工负责的管理制度。

3）修订《电力企业（单位）统计代码编写规则》。随着电力体制改革后，电力企业隶属关系发生较大变化，原有电力企业统计代码编写规则已经不能适应新统计管理体系的需要，为此对原编写规则进行了重新修订。

4）以《全国电力工业统计报表制度》为依据，开发了全国电力工业统计信息系统（生产经营与固定资产投资部分）。软件系统一期工程实现了电厂（供电局）←→发电集团（省电力公司）←→中电联之间的统计数据采集、汇总、查询和信息交流等功能，将大大提高统计数据的时效性和准确性。

（5）圆满完成日常统计任务。

1）完成各月《全国电力工业综合统计月报》。为了提高月报的质量，增加了统计分析的内容，重新设计了月报的封面，并把发送范围扩大到了中电联全部理事单位和常务理事单位。此外，每月还定期将全国电力行业主要统计数据通过《中国电力报》、《中国电力企业管理》等媒体向社会公布，有力增强了中电联在统计信息发布方面的权威性。

2）完成2002年年报资料汇编。2002年生产和基建统计年报资料汇审会于3月下旬分别在吉林和上海召开，会上各网、省电力公司上报了2002年统计年报数据，回来以后，统计信息部经过几个月艰苦细致的审核、汇总工作，先后编印了《2002年全国电力工业统计资料提要》、《电力大中型工程项目概况及利用外资、全部建成投产资料汇编》及《2002年电力工业统计资料汇编》。

（6）积极开展市场分析和预测工作。

1）针对全国电力供需形势日趋紧张的状况，中电联统计信息部充分利用掌握第一手统计资料的有利条件，密切跟踪全国及各省的电力供求状况，及时进行总结分析，与国电动经中心合作分别于4月、7月和10月组织撰写编辑了一、二、三季度的《全国电力供需监测预警分析报告》。报告在对现实状况进行监测的基础上，对下一季度及全年的供需形势进行了预警分析，并据此提出了一些合理化建议，受到发改委、电监会及社会各界的好评。

2）在各有关单位的共同努力下，全国2003年迎峰度夏工作胜利结束。为及时总结各地的成功经验，找出不足，中电联统计信息部与电监会供电监管部共同组织编辑出版了《2003年尖峰期电力供需报告》，报告汇编了全国及各省（市、区）2003年迎峰度夏的供需形势报告。

电力行业职业技能鉴定

（1）适时召开2003年全国电力行业职业技能鉴定工作会议，表彰先进，明确思路，确定工作总体目标。2003年全国电力行业职业技能鉴定工作会议于7月在杭州顺利召开，参加会议的代表有国家电网公司、南方电网公司，各发电集团公司，中国水电建设集团公司、中国葛洲坝集团公司，武警水电指挥部，国电公司分公司、各省电力公司人力资源部和职业技能鉴定中心的领导。共计50个单位，93名代表参会。中电联常务副理事长刘宏参会并做了《抓住机遇，适应改革，保证质量，全面推进电力行业职业技能鉴定工作深入开展》的重要讲话；会议表彰了2002年度全国电力行业职业技能鉴定先进单位和优秀工作者，向11个先进单位、21名优秀工作者颁发了奖牌和证书。会议回顾总结了5年来的工作，部署了今后的职鉴工作。会议对进一步深入开展电力职业技能鉴定工作取得了广泛的共识，统一了思想，明确了电力行业职业技能鉴定工作体系，为下一步全面做好职业技能鉴定工作提供了有力的支持和保证。

（2）完成了电力行业新增12个职业标准编制审定工作。2003年3月，根据电力行业发展的需要，在浙江召开了电力行业新增特有职业研讨会，将农网配电营业工等12个电力新增职业上报劳动和社会保障部培训就业司审批。6月14日，培训就业司复函同意农网配电营业工等12个职业列入国家职业编审计划，并完成了农网配电营业工等12个新增职业国家职业标准的编制和审定工作，并报劳动和社会保障部颁布施行。

（3）完成2002年度电力行业高级技师评审工作。2003年3月25日，在苏州召开了高级技师评审会。2003年共有1320人申报电力行业特有工种高级技师，经电力行业特有工程高级技师5个专业评审委员会评审，并报电力行业高级技师资格评审委员会审核批准，共有850人具备电力行业特有工程高级技师资格，并核发了高级技师资格证书。

（4）成功举办全国电力行业焊工技能竞赛。2003年，国家电力公司将焊工技术比赛移交中电联后，为保持工作的连续性，12月中电联和中国能源化学工会全国委员会联合举办了全国电力行业焊工技能竞赛。共有42个代表队，126位选手参赛，涵盖全国电力行业各类投资主体单位42个，充分展示了全国电力行业电焊职工的技能水平。通过竞赛共产生10名全国电力行业技术能手、20名全国电力行业优秀技能选手，并向获奖单位和个人颁发奖牌和证书。这次竞赛的成功举办，对提高职工素质，引导和鼓励广大电力职工立足本职，钻研技术，走岗位成材的道路起到了积极的促进作用。

（5）2003年，全国电力行业职业技能鉴定人员克服“非典”疫情带来的困难，仍较好地完成了全年鉴定工作任务。参加鉴定的人数达127800人·次，合格率76.9%。鉴定工种范围覆盖了全部行业特有工种，有力推动了职工技能水平的提高，为企业安全生产提供了可靠的人力资源保障。

电力教育培训

（1）启动并实施电力高职教育中澳合作办学试点项目。中电联同澳方进行合作办学项目得到了国家教育部的批复。中电联印发了《关于联合开展电力高等职业教育中澳合作办学综合改革试点工作的函》，向第一批试点院校所在省教育厅行文，通告启动本项目的各项内容，成立由中电联教培中心、澳方启思蒙学院、项目中方院校代表参加的中澳合作办学项目管理委员会，中电联为主席单位。召开了新闻发布会，签订了合作办学协议，有近20家报纸媒体进行了报道，中央教育电视台还专题采访了刘宏常务副理事长，并连续两天播放了6次。中电联同澳方协商制定了本项目2003年度招生计划以及专业教学实施方案、教学管理和双学籍学分累计办法等。作为惟一一个行业代表，参加由中国政府和澳大利亚政府在重庆联合组织举办的中国—澳大利亚职业教育论坛，并在论坛上做题为《中国电力行业企业参与并支持职业教育经验和体会》的发言。召开中澳合作办学项目管理委员会2003年度会议，回顾项目2003年度实施情况，研究2004年项目发展和协调问题。

(2) 国家级培训工程——电力专业高级技能人才培训项目。电力专业高级技能人才培训项目经劳动部批准由中电联负责组织与实施。2003 年召开了由两大电网公司、五大发电公司和葛洲坝集团、水电总公司等单位的协商会议，就项目方案内容和实施体系征求意见，由劳动部与中电联联合行文印发了《关于实施电力高技能人才培训项目的通知》(劳社部发[2003] 32 号文)。

(3) 启动电力行业仿真培训认证工作。由劳动部中国就业培训技术指导中心（简称就业中心）和中电联教培中心联合行文向全电力行业印发了《关于开展电力行业仿真培训指导教师培训认证工作的通知》，同时成立了由劳动部就业培训司、就业指导中心、中电联教培中心以及行业部分专家参加的电力行业仿真培训指导教师培训认证工作委员会。同劳动部就业指导中心联合印发了《电力行业仿真指导教师认证培训考试办法》。建立了仿真指导教师火电、变电专业的理论与实践两部分认证考试题库，组织进行了 2003 年度仿真培训指导教师火电、变电专业 6 个模块的认证培训，分武汉、上海、北京 3 个考点，举行了 2003 年度仿真指导教师火电、变电专业的认证考试，通过考试合格 230 人，其名单已挂在中电联网站，并颁发由该就业指导中心、中电联教培中心盖章的培训合格证书（4 年有效）。

(4) 做好 2003 年度国际项目管理电力行业考点管理工作。作为国际项目管理代考点的中电联教培中心，经过申报并被批准为电力行业国际项目管理 IPMP 惟一考点。组织举办了 2003 年度两期国际项目管理考前培训班并实施了认证，第一期共通过认证学员 30 余人，占培训学员人数 50%，远高于全国平均水平。

(5) 做好电力行业自学考试 2003 年度工作。

1) 电力市场营销专业在 2002 年新开考的 7 个省份基础上，经过组织又扩大了四个省份的开考，目前开考省份为 11 个，分别是安徽、江西、河北、青海、福建、贵州、山西、浙江、新疆、广东、黑龙江，就读职工近 10000 人。

2) 配合国家自考委组织编写出版了电力市场营销专业《电力企业管理概论》、《电力市场法律法规选读》、《农村电力市场基础》、《电力销售与管理》、《应用文写作》、《电力市场基础》、《多种经营管理》7 门课程考纲及教材。组织编写、出版发行了电力市场营销专业教材《电力企业管理概论》、《电力市场法律法规选读》、《农村电力市场基础》、《应用文写作》、《电力市场基础》和《电力销售与管理》的同步练习册。

3) 举办了电力市场营销专业师资培训班，进行网上助学服务，将电力、热动、电力市场营销三个专业 2002 年考试的试卷上网，进一步完善了电力自考网站的建设。协调进行电力系统及其自动化、电厂热动专业的日常助学指导工作。

(6) 组织开办在职研究生班，做好在校研究生班管理工作。进行了 2003 年度新开办研究生班的组织报名、资格审查、教学方案确定工作，新开班：清华大学电气工程专业（含电力市场、电力市场电子商务和电力工程方向），上海交通大学电气工程专业，华北电力大学环境工程专业。做好 2002 年度入学的上海交通大学、2001 年度入学的清华大学研究生班协调管理工作。

(7) 组织实施电力行业 2003 年度继续教育培训项目，汇总并公布 2003～2005 年度继续教育项目指南。召开 2003 年度电力行业继续教育培训项目供需见面会，就 2003 年度的项目广泛征求意见，汇总形成了《2003 年度电力行业继续教育培训项目》，并印发所有中电联会员单位，并挂在中电联网站，便于会员单位查询和使用。组织各高等院校和科研院所，根据本单位科研优势，提供了继续教育项目指南，经汇总审定，形成并公布了《2003～2005 年度电力行业继续教育项目指南》，已挂在中电联网站。

(8) 组织开展了重点项目的培训。组织开展了电力市场理论与技术专题讲座与培训班、配电网规划高级培训班、电力企业财务工作高级研修班、电力企业安全生产综合预控法培训班。

(9) 根据体制改革后电力行业新的格局，做好行业职工教育培训统计的改革、协调服务工作。组织进行了 2002 年度行业职工教育培训的统计，并汇编成册。起草了行业职工教育培训统计方案，作为国家统计局和教育部统一部署职工教育培训统计的建议方案，目前国家统计局已经下发要求执行。根据电力行业目前企业的组织结构，建立了相应的统计网络，初步修改了相应统计程序，对各有关会员单位的统计员进行了培训，部署并组织开展了 2003 年度行业职工教育培训的统计及其汇总工作。

电力可靠性管理

(1) 重建和理顺新形势下电力可靠性管理工作体系和可靠性信息采集网络。

1) 进行了电力行业可靠性管理委员会、电力行业可靠性标准化技术委员会的换届工作。这两项工作的完成，为在新形势下加强和深化我国的电力可靠性管理工作打下了坚实的基础。

2) 根据电力体制改革的实际情况，确定了“确保供电，重点理顺发电”的原则，并开展了积极有效的调研与调查工作。

3）深入部分发电厂和供电局等单位，开展调查研究。协助部分企业根据政府颁发的《电力行业可靠性管理暂行办法》的要求，建立健全可靠性管理网络与可靠性信息网络，制订其可靠性管理的规章制度。目前大部分公司均已制订了本企业的可靠性工作管理办法，同时建立了本企业可靠性信息的采集网络。各省电力公司的可靠性数据采集网络运转基本正常。

4）开展了全面的发电机组产权关系、运行管理关系的调查工作，为进一步规范发电可靠性管理工作奠定了较扎实的基础。

由于目前电力体制改革仍在不断深化，机组的产权关系仍在重组和变更，这给发电可靠性管理工作带来了很多困难。通过调研，收集到了全国绝大部分大机组的产权隶属关系等资料，现已整理完毕，准备在内部发行，这是一份有参考价值的重要基础资料。

（2）体现科技创新，完成推动电力可靠性管理工作深化发展的两项重大的基础性建设工作。

1）为了满足当前形势下深化可靠性管理工作的要求，在许多电力企业的大力支持下，完成了《电力可靠性管理代码》（简称《代码》）编研工作，新的《代码》是新的可靠性应用程序的先进性的重要标志。新的《代码》，结构更为合理，内容更为详细，对设备的描述更具体，对过程和原因的记录更加准确。新的《代码》，还反映出了企业的隶属和产权关系、地理位置及所在电网等信息，从而大大增加其实用性，为可靠性管理工作的深化提供保障。

2）为了适应网络信息技术日益发展以及越来越广泛地被应用于生产管理这一形势，为了适应企业发展的要求，提高电力可靠性信息管理系统软件的水平，满足可靠性管理工作发展的需要，两年前，中心决定研发新一代的基于 INTERNET 和 INTRANET 并能够适应主流数据库的网络版电力可靠性管理信息系统软件，目前基本功能已基本研发完成，并进入全国范围的测试。新版网络版软件能适应多种大型数据库平台；在企业内、企业间，不同的层面，不同的范围做到可靠性数据共享；利用 INTERNET 网随时填写、传输、浏览可靠性数据；能为可靠性数据的自动采集提供规范、合理的接口。逐步实现数据的自动采集；利用多年的可靠性数据进行前瞻性的分析，提出预警性报告等。

（3）推进可靠性管理工作的制度化、标准化进程。

1）为了认真贯彻国家经贸委颁发的《电力可靠性管理暂行办法》，提高实施该法规的可操作性，进一步明确和细划在新形势下企业开展可靠性管理工作的责任与工作内容，理顺可靠性管理的关系与渠道，建立规范的各项可靠性管理制度，中电联组织编写制订了该办法的实施细则。在一年多的制订过程中，多次组织部分发、供电企业的不同层面的领导、部门负责人和可靠性工程技术人员进行讨论修改，于 2003 年 11 月正式下发《〈电力可靠性管理暂行办法〉实施细则》。

2）《输变电设施可靠性评价规程》（DL/T 837—2003）、《供电系统用户供电可靠性评价规程》（DL/T 836—2003）、《电力系统可靠性名词术语》（DL/T 861—2003）三个行业标准的颁布，又一次推进了中国电力可靠性管理工作的标准化进程，为设备、机组和电网的可靠性分析、改进和提高奠定了基础。同时也将有助于中国电力可靠性技术与管理工作在名词术语的使用上达成共识，促进其规范发展。

（4）2003 年 7 月 21 日，在北京长城饭店隆重召开了第十次电力可靠性指标发布会。这次会议是在中国战胜“非典”疫情、电力迎峰度夏的形势下召开的，它又是电力体制改革后的第一次发布会，有其特殊的重要历史意义。来自全国电力企事业单位和国内外设备制造厂商的 350 多名代表参加了会议。此次发布会是十次发布会以来规模最大、规格最高的一次会议。国家电力监管委员会副主席宋密、中电联常务副理事长刘宏、中国机械工业联合会常务副会长陆燕荪、第二届电力行业可靠性管理委员会主任委员陆启洲在发布会上充分肯定了多年来电力可靠性管理工作所取得的成绩和进展，同时提出了在电力市场环境中、在电力体制改革的形势下继续做好可靠性管理工作的要求。国家国有资产监督管理委员会吴晓华副主任、中电联理事长赵希正、国务院三峡建设委员会办公室许可达司长、第一届电力行业可靠性管理委员会主任委员王炳华出席了发布会，中电联副理事长叶荣泗主持了会议，会上发布了 2002～2003 年上半年的各项电力可靠性指标。多年的实践证明，进行全国性的电力可靠性指标发布，对于在电力、机械制造两个行业深入开展可靠性技术的应用，促进其全面开展可靠性管理工作起着重要的推动作用，同时，也使多年积累的大量的宝贵的可靠性数据资源得到全社会共享，起到了为企业生产和发展服务的作用。通过全国的可靠性指标发布，逐步建立全员可靠性管理的理念、树立可靠性管理工作的权威性，扩大了影响，促进了电力行业的可靠性管理及安全生产工作。

（5）全力以赴地做好可靠性数据的采集、核实、分析工作，高质量完成各类刊物的出版工作。

1）编辑出版了 2002 年全年各类可靠性分析简报、年报及发电机组手册等刊物：《第三次全国电力可靠性管理工作互查报告（供电组）》、《第三次全国电力可靠性管理工作互查报告（发电组）》、《2002 年全国220kV及以上电压等级变电站非计划全站停电分析报告》、《2002年我国高压直流输电系统可靠性分析》、《2002年全国城市用户供电可靠性分析报告》、《2002年全国220kV及以上电压等级输变电设施运行可靠性分析报告》、《2002年发电设备可靠性报告》、《2002年全国200MW及以上容量火电机组主要辅助设备运行可靠性报告》、《2002年部分县级供电企业用户供电可靠性分析报告》、《2002年电力可靠性管理年报（中英文版）》和《全国发电机组手册》。

2）可靠性数据的采集、核实、分析工作，是深入开展可靠性管理工作的最基础的，也是最重要的工作。目前，由于电力体制改革和市场环境的影响，使得可靠性数据的采集工作较以前增加了难度。面对困难，负责可靠性工作的全体同志认真思考，努力探索，利用各种方法与手段采集2003年的各类可靠性数据，力争将影响减到最低。另外，还加大联系和沟通力度，使万家寨、小浪底和三峡水电厂，湄洲湾、来宾B火电厂正式开展了可靠性管理工作并已开始报送数据。

（6）全面提高可靠性工程技术人员的技术素质和管理水平，并坚持持证上岗是《电力可靠性管理暂行办法》的精神要求，也是可靠性工作适应新形势发展的迫切需要。2003年，在时间紧、工作头绪繁多的情况下，加强了可靠性岗位培训工作，在京举办了两次（三期）全国性的可靠性管理与技术培训，同时协助部分网、省公司对可靠性管理专业技术人员的培训工作。

（7）继续拓延可靠性管理工作的领域。

1）完成《低压用户供电可靠性统计评价方法的研究》的项目。该项目已获国家电网公司科技进步项目二等奖。

2）与华中电网有限公司共同完成了《水电厂可靠性综合评估》科研项目的主要研究工作。这一项目是深化可靠性管理技术和方法在生产领域的应用的重要工作。从实践看，用项目研究的方法，推动可靠性技术应用的深化是一种有益的尝试。

3）与华电国际电源开发公司共同进行的《发电商业可靠性指标体系的研究》项目，近日已正式在中国华电集团公司立项。课题组已提出具体初期研究报告。开展此项工作研究的目标是，为发电企业提供一套全国统一的、适合电力市场环境的且可操作性较强的、企业自身应用的商业可用性指标体系，以适应我国电力市场化发展的需要。

4）继续扩展农电的可靠性管理的范围，加强对县级可靠性专责人员的技术培训，并深入安徽繁昌、庐江、肥西和浙江长兴、武义、义乌六个县级供电企业做了农电可靠性管理工作调研。

电力建设技术经济

（1）完善电力行业工程造价计价依据体系的建设。为适应社会主义市场经济条件下工程造价计价依据体系改革的要求，将原来分散的各专项定额和由各编制组管理的各册定额，按照统一定额水平、统一价格水平和集中管理的原则，对现行的电力行业概预算定额和费用标准进行了统一修订，形成了统一完整的电力行业定额与费用标准体系，经过近两年的实践检验，本套体系对合理确定工程造价、正确指导工程价款结算起到了十分重要的作用。为配套整个体系的建设，2003年组织编制了《燃气—蒸汽联合循环电站安装工程预算定额》，为西气东输工程配套的燃气—蒸汽联合循环电站的建设投资计定和工程结算提供计价依据。

（2）完成了年度价格信息发布。为适应定额与费用标准体系的建立，制定了统一规范的《电力建设装置性材料预算价格》和《电力建设装置性材料综合预算价格》体系，每年公布材料的预算价格。根据电力建设市场的实际情况，材料价格的管理根据全国电力建设市场上各工程的材料定货及合同价格确定统一的材料原价，由各省（自治区、直辖市）电力建设定额站在材料统一原价的基础上按照各地的工程布点和运输情况增加运杂费来确定本地区的材料预算价格。《电力建设装置性材料综合预算价格》是适应工程招投标的具体情况，按照单位工程综合各种材料的组成权数所确定的综合性的材料价格报价方式，目前以被工程建设各方所普遍接受。

为使广大技经人员及时了解国家及电力行业有关工程管理及工程造价管理方面的有关政策和文件，编辑出版了《电力建设技经信息》月刊，及时公布有关的政策和文件。目前，《电力建设技经信息》已经成为设计、咨询、施工等各单位概预算编制及管理人员必不可少的信息来源之一。

（3）完成了2003年的电力工程概预算人员持证上岗培训，初步建立了电力行业工程造价管理人员从业资质管理与培训体系。随着我国电力建设规模的扩大和电力体制改革后各企业对造价管理工作的重视程度越来越高，全行业从事工程造价管理与概预算编制工作的人员数量不断扩大，因此，为规范工程造价管理人员的从业行为，按照建设部和人事部的规定，在全国电力行业推行持证上岗的准入制管理制度，印发了《火电、送变电工程建设概预算人员资格认证管理办法》等系列认证管理文件，同时为适应造价工程师继续教育和电力行业技经人员上岗培训的要求，组织编写了《电力工程技经人员上岗培训教材》，该套教材共包括工程造价综合知识、建筑、机务、电气和高压送电线路五册。对技经人员的培训方式，遵循集中与分散相结合，高校定点培训和网、省公司培训相结合，采取因地制宜的方式，以网、省电力公司为单位，定期分批进行全员培训和继续教育。至2003年底，已全部完成了全行业工程概预算从业人员的培训、考核和证书发放工作。

在全国注册造价工程师考试中，全国电力行业先后共有1千多名技经人员通过了建设部、人事部组织的全国造价工程师考试，并注册成为了造价工程师，为科学、合理确定工程造价，为促进电力基本建设全过程管理奠定了良好的基础。

为适应电力工程招投标工作的需要，组织建立了全国电力工程造价管理专家数据库，已收入各专业的专家1万多人，目前本数据库已被多个工程项目在招标评标时使用。

电 力 科 技

(1) 立足行业，服务企业，扎扎实实做好协作会的各项工作。

1) 全国火电大机组竞赛第32届年会于2003年8月5～9日在山西阳光发电有限责任公司召开，出席会议的代表共计189人。阳泉市副市长及市总工会主席、山西省总工会副主席及电力工作部长也应邀参加了会议。大会表彰了60台优胜机组，宣布并奖励了18篇优秀论文。会议期间，对电厂管理现代化与热工技术进行了广泛的经验交流和探讨。

2) 全国火电100MW级机组技术协作会第二届年会，于2003年9月17～20日在兰州金轮宾馆顺利举行。出席本届年会的成员单位总计120位代表出席了会议。本届年会共收到论文103篇，经优秀论文评审组认真评选，其中68篇论文已汇编成《电厂管理与电气技术经验交流文集》，并评选出18篇优秀论文，大会向优秀论文作者颁发了证书和奖金。会议按照《10万千瓦级火电机组协作会章程》中规定的竞赛评分办法，共评选出20台优胜机组，占参赛机组总台数的15.2%。经评比，台州发电厂6号机组等机组分获一、二、三等奖，获奖结果在电力报刊登。

3) 全国电力行业CFB机组技术交流服务协作网第二届年会，于2003年9月2～6日在山东青岛黄海饭店召开。本次会议参会代表256人。会议对“CFB协作网”成立一年来的工作向大会进行了报告。代表对工作报告、专题报告、协作网近期工作设想进行了深入的讨论。对协作网的下一步的工作提出了一些建设性的意见和建议。

4) 于2003年11月11日在江苏省徐州发电厂召开了全国火电200MW级机组协作网第21届年会，会议主要内容为：专题技术讲座、电厂企业管理现代化与电气技术研讨及经验交流，宣布2002年度200MW级参赛优胜机组评选结果并颁奖，宣布评选优秀论文结果并颁奖。

(2) 根据各电力企业的需求，举办了几个专题技术研讨会，目的是推进行业技术进步与升级。

1) 2003年1月15～18日，在广西北海召开火力发电厂环保技术讲座及经验交流会，本次会议参会代表137人。会上，代表们认真听取了专题报告和经验介绍。对环保工作的下一步的工作提出了一些建设性的意见和建议。会议在各方面领导的关心和支持下，在参会代表的积极努力下，取得了很大成绩。

2) 2003年3月12～14日，在浙江杭州举办了全国电力行业电气设备状态监测与故障诊断技术研讨会。此次会议一方面为我国电力企业在电气设备监测、诊断、维护技术知识等方面提供了方便快捷的信息途径，为全国范围内关于电气设备的监测、诊断与维护技术的共享、收集、传播起到了重要作用；另一方面也为广大电力企业从事这方面的专业人士拓宽了思路，了解新技术和发展趋势的动态情况。为我国电力行业的电气设备状态监测与故障诊断技术水平再上一个新的台阶打下了基础。

3) 2003年4月举办了电力系统计算机网络安全新技术研讨会。出席会议的代表近200名。会议邀请了国家计算机网络入侵防范中心的首席科学家许榕生教授、清华大学胡道元教授、国家计算机网络与信息安全实验室主任杜跃进博士、华北电力大学计算机系主任吴克河教授等作了专题技术报告，研讨会上就开展网络安全工作进行了经验交流。一些国内知名的制造厂商介绍了网络信息安全方面的新技术、新产品。会议期间组织代表进行了攻防上机模拟演练。会后，组织部分代表参加了国家信息化安全教育认证考试，共有53名代表成绩合格，取得国家信息化安全教育认证管理中心颁发的信息安全规划师证书。

4) 2003年8月19～22日，在广西桂林召开全国电力励磁系统运行可靠性与稳定性技术研讨会，出席会议的代表近90人。会议主要内容：同步发电机励磁控制系统原理及发展趋势介绍；励磁控制系统稳定性和可靠性技术研讨；微机励磁调节装置在电力系统的应用情况介绍等。

5) 2003年9月3～5日在安徽太平召开了电能质量技术交流研讨会。会上向广大科技人员介绍电能质量技术知识，研讨如何更好地解决电网目前存在的电能质量问题、提高供电可靠性、提供优质电能质量、满足各种不同类型用户的要求及促进我国电网安全运行。出席会议的有特邀做学术报告的专家，全国各网、省、市、区电力公司的领导和专工及铁路、冶金及其他电力用户的专业人员共191名代表到会。华北电力大学、教育部电能质量工程研究中心、中国电机工程学会高次谐波分专业委员会委员、华北电力科学研究院、山西电力科学研究院、清华大学等专家、教授作了专题技术报告。会议期间开展了学术交流，会议组织了43篇论文，内容涉及电能质量的标准、监测、分析，评估和治理等方面，供与会代表交流参考。会议还邀请有关生产厂家介绍了电能质量的产品，给与会代表提供了有关电能质量装置的大量有益信息。

6）于2003年12月3～5日，在北京全国农业展览馆举办第二届全国电力新技术新产品展览会。本届展览会是以科技、创新、市场为主导，以立足行业、服务企业为宗旨的电力科技展，展会共有112家电力制造企业参加展示，展品涉及电力仪器仪表、输配电设备、电力设备检修及检测器材、节能设备、电工产品、电力调度通信设备、电力环保产品、电力信息设备等领域，产品基本代表当前电力科技发展的水平。来自全国各地的省电网公司、发电公司、供电公司、设计院、规划院、勘测院、大专院校相关专业及石化、石油、冶金、化工的近万名业内人士参观了展会。为突出本届展会的科技主题，展会同期召开了全国发电设备状态检修技术、全国供电设备状态检修技术、全国电力节能技术、电力信息化安全技术解决方案四个研讨会，丰富了展会内容。参观观众和与会代表对“以展带会，以会促展”形式给予了高度评价。

(3) 做好安全性评价工作。受有关单位委托组织电力行业有关安全及专业方面专家相继对大化水电总厂、岩滩水电厂、碧口水电厂等的安全工作进行了查评，并按照要求写出了安全查评报告，促进了各单位的安全管理工作。在做安全性评价工作的过程中，不失时机地将国家电网公司出台的《发电厂并网运行安全性评价》结合到原来安全性评价规程中，得到企业的好评。

(4) 做好科技成果评审工作。于2003年10月12日组织有关专家在浙江宁波召开DS—二氧化硫烟气治理技术技术评审会，对宁波东方环保设备有限公司的DS—二氧化硫烟气治理技术进行评审。

电力企业年金管理与服务

2003年1月6日，国家电力公司党组决定，将社保中心纳入中电联管理序列，2003年4月8日中电联发文设立了电力企业年金管理中心。2003年，中心在中电联的直接领导和关心支持下，以尽快启动电力企业年金规范管理试点工作为目标，以服务于11家电力企业和全行业职工为宗旨，做了大量卓有成效的工作。电力企业联合经办企业年金启动运行。

(1) 筹备召开了电力企业年金管理监督委员会筹委会议，中电联与11家电力企业联合印发《电力企业年金实施办法（试行）》等三项基本制度，是电力企业联合进行企业年金规范管理的第一个阶段的标志性工作。

2003年4月3日召开了电力企业年金管理监督委员会筹备会议，此次会议的召开，标志着电力企业联合经办企业年金的工作迈出了重要的一步。会议的主要成果：11家电力企业就电力企业联合经办企业年金达成了共识；审议了《电力企业年金管理监督委员会组织方案》，一致同意了电力企业年金管理监督委员会常委会的组成以及秘书处的组成；审议通过了《电力企业年金实施办法（试行）》等三项基本制度，会议对召开电力企业年金管理监督委员会成立暨电力企业年金规范管理工作会议的相关问题作出了决定。2003年7月1日，中电联会同11家电力企业，联合印发了《电力企业年金实施办法（试行）》第三项基本制度。

(2) 召开了电力企业年金管理监督委员会成立暨电力企业年金规范管理工作会议，是电力企业联合进行企业年金规范管理的第二个阶段的标志性工作。

2003年8月20日，在云南昆明召开了电力企业年金管理监督委员会成立暨电力企业年金规范管理工作会议。此次会议经劳动和社会保障部同意，电力企业联合经办企业年金规范管理试点工作正式启动。会议宣布成立了由11家电力企业推选的99名委员组成的电力企业年金管理监督委员会，作为电力企业年金管理的惟一受托人，是电力企业年金的最高权利机构和决策机构。管理监督委员第一次全体会议审议通过了《电力企业年金规范管理初期基金投资运营管理意见》，对电力企业年金规范管理工作实施中的几个问题做出了决定，并与11家电力企业分别签订了《电力企业年金委托管理服务协议》，对电力企业年金规范管理工作做了具体的工作部署。

(3) 积极做好电力企业年金规范管理启动的各项专业准备工作，依靠规范的制度和严格的业务流程形成的管理体系在11月上旬正式启动运行，是第三个阶段的标志性工作。

1）电力企业年金管理中心分别在电网公司（包括区域和省公司）、发电集团公司和辅业集团公司的本部设立了44个分支机构。

2）电力企业年金管理中心及其分支机构在所在地的中国工商银行或中国建设银行营业网点分别开立电力企业年金归集专户、支出专户，有自选投资项目的分支机构还开立了电力企业年金管理专户。

3）2003年10月13日，召开了44个分支机构负责人和个人账户管理、基金管理两个专业有关人员参加的研讨会，同时进行了专业培训。

4）2003年11月中旬，修订并下发了《电力企业年金会计核算办法》；对个人账户计算机管理系统做了进一步的修订和完善，已经具备了启动运行的条件；拟订了企业年金管理正式启动的有关业务工作流程。

机关工作

（一）党群工作

（1）坚持用“三个代表”重要思想武装党员和干部群众，不断加强机关职工队伍的思想政治建设。全年机关党的工作以学习贯彻“三个代表”重要思想和党的十六大精神为主线，突出抓好政治理论学习。

通过集中收看电视实况和录像，举办学习班和召开座谈会、交流会等多种形式，认真组织学习了党的十六大精神、“两会”精神、胡锦涛总书记西柏坡考察的重要讲话和“七一”重要讲话以及十六届三中全会精神。在学习贯彻中，以各级党组织负责人和处级以上领导干部作为培训的重点，特别是8～9月组织的三次处级以上领导干部的集中学习，收获较大。扩大中心组的集体学习已经举行9次，学习组成员坚持理论与实际相结合，引导机关职工把握正确的学习方向，我们将与会领导的中心发言录音和整理的刘宏常务副理事长关于“三个代表”重要思想的学习体会发给支部，供干部职工学习参考，收到了良好效果。

（2）按照“三个代表”的要求，大力加强和改进机关党的建设。

1）认真抓好党的组织建设。根据支部成员工作调整和新增工作部门的实际，把组建新支部和支部改选工作作为加强党的组织建设的重要任务。2003年，新组建党支部1个，调整了1个党支部的委员组成。各级党组织的建立健全，为深入开展好党的工作奠定了组织基础。

2）严格组织发展工作，保证发展工作质量。坚持做好对入党积极分子的培养教育工作，按照标准接收新党员。认真落实了培养发展计划，不断规范和做好新党员的发展工作。对制订和实施发展党员的工作计划、发展党员的工作程序、加强对入党积极分子和预备党员的培养教育考察等工作进行了规范。全年发展新党员2名，预备党员转正6名，接转党员组织关系20人次。机关现有党员133人，其中预备党员2人。

3）组织开好民主生活会。贯彻中央关于提高党内民主生活会质量的要求，抓住提早准备、听取意见、确定主题、开展批评与自我批评、明确整改、通报情况等环节，做到了内容落实、时间落实、人员落实，在机关党的思想作风建设中发挥了应有作用。7～8月，结合庆祝“七一”党的生日，各支部组织了“贯彻‘三个代表’，永葆党的先进性”主题生活会，使广大党员受到了一次深刻的党性锻炼。

（3）深入开展党风廉政建设宣传教育工作，筑牢反腐倡廉的思想防线。2003年，中电联把党风廉政教育贯穿于日常学习活动和思想教育活动以及党支部民主生活会中，组织学习立党为公、执政为民模范郑培民同志的先进事迹，号召全体职工像郑培民同志学习，做人民的忠实公仆。组织了扩大中心组成员“勤政廉洁”专题学习，组织职工分期分批收看了反面教材“慕、马案”和“李真案”的录像光盘。全体干部职工更加理解坚持“立党为公，执政为民”的意义所在，更加理解基层党的建设，坚持警钟长鸣、关口前移的重要性和必要性，增强了艰苦奋斗意识，增强了自警、自省、自律意识。通过党风廉政建设宣传教育活动，进一步增强了广大党员干部的党性和法纪意识，修订了中电联机关党风廉政建设责任书，各部、中心党支部认真抓党风廉政建设责任目标的落实。目前，责任目标完成情况良好，没有违法违纪案件发生，保持了职工队伍的良好形象。

（4）努力加强机关作风建设和精神文明建设，充分发挥机关党组织和群众组织在机关建设中的保证、促进作用。

1）努力加强机关作风建设。贯彻刘宏常务副理事长全年工作动员大会上的讲话精神，以提高职工素质为目标，围绕中心开展积极的思想工作。3月，团总支组织召开了“学习雷锋，艰苦奋斗，爱岗敬业”主题座谈会，大家围绕主题，结合学习胡锦涛总书记考察西柏坡的重要讲话和刘宏常务副理事长2月20日工作动员会上的讲话精神畅谈认识、交流体会。在全体职工中开展了爱岗敬业、忠诚守信读书活动。为把爱岗敬业教育活动引向深入，11月，工青妇组织联合组织了有老中青干部代表，优秀职工、优秀党员代表，司处级领导干部和一般员工代表参加的读书座谈会，大家围绕“忠诚守信、爱岗敬业，如何让罗文的精神发扬光大”展开了讨论。

2）开展了《公民道德建设实施纲要》宣传活动，教育干部职工在工作中做一名好建设者，在社会上做一名好公民，在家庭做一名好成员，进一步提升机关职工文明程度。继续组织职工学习《首都文明公约》，引导职工积极参加社会公益活动。在广大职工的积极参与支持下，中电联顺利完成了年度绿化任务、义务献血任务、向抗击"非典"一线的捐助任务以及对河北省阜平县的捐助任务等。对工作在"非典"一线的机关职工家属进行了慰问家访，号召职工学习他们在国家有难的关键时刻舍小家为国家的奉献精神。

3）紧紧围绕中心工作，充分发挥工会、妇委会和共青团的作用，开展丰富多彩的精神文明建设活动。群众性精神文明创建活动是创造机关良好工作环境的有效途径，是保证文明建设任务落实到基层的重要载体。工青妇群众组织积极落实机关文明创建工作总体要求，在满足干部职工不断增长的精神文化需求、增强职工凝聚力方面开展了大量工作，体现围绕中心、服务职工的精神，组织了经常性的、丰富多彩的、健康向上的文体活动。大力表彰先进，弘扬机关正气。机关精神文明建设协调领导小组表彰了2002年度机关文明单位12个，机关文明标兵单位3个，并为获奖单位颁发了奖牌和奖状。在评比过程中，认真考核，查摆问题，反馈意见，督促整改，起到了激励先进、带动整体、共同提高的积极作用。

（二）中电联会刊——《中国电力企业管理》

(1) 受国家发改委价格司委托，承担"发电企业向大用户直供电"课题"案例分析调研"子课题。

(2) 全年按时编辑出版12期刊物，同时开展了多次调研活动，取得初步成果。编辑出版发行《质量管理》、《农电》及《反窃电》三册增刊。

(3) 在全国性的五个发电集团公司及四个辅业集团公司、部分省电力行业协会及省级地方电力企业建立健全了会刊通联站，使会刊的通联站达到了61个，初步实现了覆盖全行业。

(4) 举办了两期反窃电专题研讨会，有400多人参加，普遍反映收获颇多，不仅对总结推广当前供电企业营销工作中的反窃电斗争经验起到了很好的作用，而且组撰了一批有分量的稿件。

(5) 由会刊社控股的北京中兴世纪广告有限公司更名为北京电联世纪广告有限公司，重新核发企业法人营业执照和广告经营许可证。

（三）中国电力工业史编纂工作

中国的电力工业，从1882年在上海南京路第一次装机发电以来，至今已有100余年的历史了。在这百余年中，电力工业几经兴衰起落，不断发展壮大，对中国社会生产力的发展、促进社会的进步起了很大作用。中国电力工业100余年的历史。凝聚着几代电业工作者的智慧和奉献，渗透着他们的血汗，业绩昭昭，不可泯没。为了更深入、全面地了解电力行业艰苦奋斗的历程，以求在当前与未来的发展与改革事业中得到更多的启迪，把中国电力工业的创建与发展，特别是新中国成立以来的经验与教训，如实地反映出来，永载史册，使后人"前有所稽，后有所鉴"，启动"资治、教化、存史"的作用，编撰《中华人民共和国电力工业史》有着十分重要的意义。《中华人民共和国电力工业史》是中国第一部电力工业史。

根据中共中央办公厅、国务院办公厅的文件要求，1996年由中电联组织《中华人民共和国电力工业史》的编纂工作。各网、省（自治区、直辖市）电力局也相继开始编研电力工业史。截至2003年，已出版发行了《电力工业史——安徽分卷》等28部史书。（朱二苗）

中电联分会

中电联火力发电分会

1. 认清形势把握大局，适应改革和发展的新形势

2003年2月23日，火电分会及时召开秘书长工作会议，会议分析了火电分会所面对电力改革的新形势，明确了2003年的工作任务。会议要求大家要紧跟形势，紧贴市场，紧密结合发电企业的需求，要干有用的、有效的、有价值的事。会议代表表示，要进一步加深对秘书长工作的认识，要处于良好的工作状态，要继续发挥会员单位的作用，要继续以为会员单位服务为宗旨，在工作中加强与各个方面的联合，力求2003年的工作大有作为。

2. 深化电力体制改革，积极开拓电力市场

为了贯彻国务院电力体制改革工作小组制定的《关于开展发电企业向大用户直接供电试点的办法》的规定，火电分会在中电联的统一领导和安排下，2003年先后对吉林热电厂、上海宝钢电厂和姚孟发电有限责任公司等单位进行调查了解，并分别组织大用户和地方政府等单位进行座谈讨论，同时与主管网省电力公司及时沟通，取得同意和支持，并写出了调研报告。我们认为吉林热电厂开展直接供电试点的条件已成熟。该厂不仅完全具备直接供电的条件，而且还有附近的耗能大户铁合金和碳素两用户的迫切需要；有省、市两级政府的重视和关心，政府领导亲自组织研究，作出相关决定；同时还取得东北分公司和吉林省电力公司的同意和支持，该厂开展直接供电完全符合国务院电力体制改革工作小组制定的《关于开展发电企业向大用户直接供电试点的办法》的规定。发电企业向大用户直接供电的考察调研，是深化电力体制改革的具体实践，是积极开拓电力市场的有益尝试。

3. 针对企业热点难点，深入开展课题调研

(1) 2003年，针对企业的热点、难点，抓课题，重调研，认真策划，积极组织，周密安排，课题调研工作深入开展。"人力资本"课题组及时组织研讨会，就火电企业人力资本研究的背景，当前火电企业对人力资本投入的有益探索，火电企业人力资本投入的有效途径等问题进行了深入的研讨。对要完善员工收入的差异机制、要推行员工的晋升的多元机制、要健全员工结构的优化机制、要建立人力资本管理的动态机制提出了有新意的见解。"成本中心体制"调研组对四个会员单位作为成本中心的经营体制作了专题调研。课题组对发电企业作为成本中心经营运作的情况进行了分析，对成本中心体制在电力走向市场中出现的问题进行了探讨，对创建利润中心，推进发电企业经营体制的创新提出了建设性的意见。"风险管理"课题组，认真分析了投资风险形成的原因、投资风险的应对策略。对火电厂的投资活动有一定的理论和实践意义。

(2) 发电企业经营绩效指标评价工作继续深入开展。分会下发了关于填报火力发电企业2002年经营绩效指标的通知，30多家独立发电企业就2002年度企业的收益力、运营力、安定力、发展力、生产力等情况进行了年报。分会对这些年报进行了总结分析，为发电企业提供经营状态分析，以促进企业经营管理水平的提高。

(3) 针对发电企业改革的热点和难点，2003年7月召开三项制度改革研讨会。5家具有改革经验的单位11人就企业机构设置、人力资源开发、工资制度改革等问题进行交流。大家对电力企业市场化运营、工资改革应运而生，改革的主要内容是以效益定收入、以业绩定薪酬，改革的效果和启示，工资改革要不断完善等问题进行了深入的研讨。

4. 开拓行业管理，编写点检定修行业标准

点检定修是一种与设备的状态检修相适应的管理模式，将使我们从过去长期以来实行的"计划检修"逐步向"状态检修"过渡，这种管理模式在世界上广泛应用在工业领域，尤其是应用在连续生产系统的设备管理上。根据国家经贸委《关于下达2002年度电力行业标准制定和修改计划的通知》（国经贸电力[2002] 923号）的安排，根据火电分会年会上确定的管理跨越和管理创新的思路，火电分会组织有关单位着手调研和编写《发电设备管理，火力发电企业设备点检定修管理导则》。2003年8月，在广西桂林召开会议，对报批稿征求意见，进行专家论证。本导则（报批稿）是经过多次会议讨论的基础上修改后形成的。现已报送中电联标准化部，准备正式上报国家发改委批准下达。《发电设备管理，火力发电企业设备点检定修管理导则》和现行其他标准是平行的，是一种与国际接轨的新的设备管理方法。

5. 针对企业需求开展培训，为企业服务落在实处

(1) 在电力体制改革的新形势下，为了提高发电企业的核心竞争力，使发电企业稳步进入电力市场，提高发电企业的经济效益。应会员单位要求，2003年3月22日，火电分会举办电力市场培训班，45家单位的68人参加了培训。国内外知名的教授专家就电力市场概论，电力市场机制，电力市场的营销与管理，"厂网分开、竞价上网"模式分析与运作，欧、美、英、澳等国的电力市场走向与先进经验等内容进行了培训。参加培训的有企业领导、部门负责人，以及竞价上网的营销人员。通过培训，提高了大家对电力市场的了解和认识。

(2) 积极组织点检定修制培训，实现现代化设备管理跨越。点检定修制是目前国际上广泛采用的现代化设备管理模式，火电分会引进管理软件、编写培训教材，与上海电力学院联合设立培训基地，每学期举办两期点检员培训班，还举办各种类型培训班，开展多形式、多渠道的点检定修培训。2003年到吉林新力电厂、江苏彭城电厂、甘肃靖远电厂和小三峡水电站进行现场培训，共培训学员400余人，到目前为止，共举办培训班和专题讲座85期，参加听课的达6000余人。据不完全统计，有50多家发电企业已经开始实行和正在积极准备实行设备的点检定修管理。推广和实践点检定修制，使企业在提高设备可靠性和降低维修费用上取得明显成效。

6. 扩大技术交流，节能工作持续开展

为企业节能服务，召开节能会议。2003年3月26日，华北地区200MW机组节能协作网第四次会议在天津军粮城发电厂召开。15个火力发电厂的节能负责人和节能专工共40余人参加会议。会议就“锅炉尾部受热面积、堵灰问题浅析”、“200MW空冷机组滑压运行安全经济分析”、“加大节水技改力度、降低生产用水”、“苏制670t/h锅炉排烟温度高的原因分析与对策”、“200MW机组节能改造综述”等内容进行了交流。

2003年11月25日，华北地区300MW及以上机组节能协作网第四次会议在天津华能杨柳青热电有限责任公司召开。25个发电公司及发电厂的领导和专工参加了会议。会议就“300MW机组引风机节能改造”、“循环水补充水调整运行的应用”、“MPS－225型磨煤机减载运行的研究与运行”、“锅炉燃烧调整改进”、“磨煤机改造降低石子煤排放”、“循环水系统改造”、“锅炉燃烧智能优化控制系统”等先进的节能技术在会上进行了交流。

7. 三届四次年会和三届三次联络员会议圆满成功

（1）中电联火力发电分会三届四次会议于2003年10月21～22日在山东青岛召开。89个会员单位的121名代表参加了会议。中电联秘书长王永干对火电分会三届四次会议十分重视，会议期间专门向大会发了贺辞，贺辞中对火电分会的超前思维和扎实工作给予了充分肯定，希望火电分会坚持改革方向不动摇，对外注意研究市场；对内抓管理、抓队伍、抓发展，不断提高现代化管理水平，提高电力生产的安全可靠性，维护电网的统一调度，增强应对风险的能力。王永干秘书长要求加强和改进分会工作，牢记“两个务必”，实践“三个代表”，为全面建设小康社会多作贡献，为中电联增添光彩！中电联会员部主任孙永安、《中国电力企业管理》杂志社社长潘锁华应邀出席大会，火电分会会长郑鸿翔作了题为《拓宽服务领域，提高服务水平，努力实现新形势下的新使命》的工作报告。报告回顾了火电分会一年来的主要工作及2004年工作思路和重点展望。

在三届四次会议发布了《关于火电厂经营绩效评价情况的报告》、《探索火电企业人力资本投入的有效途径》、《发电企业向大用户直接供电试点的调研报告》、《寻机求变，蓄势待发，积极应对向大用户直接供电带来的挑战》、《半干半湿法烟气脱硫技术》、《深化工资制度改革，增强企业效益——实行“工资分配结构调整”改革的探索》、《让最活跃的经济实体真正活起来——发电企业成本中心经营体制调研报告》、《火电厂投资风险形成原因与对策》、《火电发电企业设备点检定修制管理导则编制情况汇报》、《构建电力企业全面一体化管理体系》等10份调研报告。

（2）中电联火力发电分会三届三次联络员会议于2003年8月18日在贵阳召开。68个会员单位的联络员和有关代表共78人参加了会议。火电分会秘书长郝永林向大会做了题为《深化改革，服务为本，抓住重点，扎实工作，在电力改革的大潮中发挥行业管理作用》的工作报告。会上宣读了2002年度“火电新声”栏目的获奖文章，向作者颁发了证书。火电分会要求与会联络员，充分发挥主渠道作用，在中电联的领导下，调整思路，明确任务，突出重点，兼顾全面，踏实勤奋，开拓创新，努力做好今年的工作，为电力改革的深化和电力企业的发展多作贡献，满怀豪情的迎接新的挑战，开创新的业绩。

8. 加强交流沟通，信息工作呈现新水平

2002年，“火电新声”栏目12期发表了厂长、经理和有关专业人员38人撰写的34篇文章。火电分会课题组的《发电企业经营绩效评价》、《火电企业检修体制改革趋势》获《中国电力企业管理》杂志优秀论文奖。中电联火电分会和《中国电力企业管理》杂志社在专家评审组意见的基础上，评选出优秀文章一等奖3篇，二等奖3篇，三等奖4篇。2003年在《中国电力企业管理》杂志“火电新声”栏目中发表了28篇火电企业厂长、经理和有关专业人员的文章。这些文章的内容涉及了火电厂的厂网分开、竞价上网、主辅分离、建立现代企业制度、规范法人治理结构、制定和实施企业战略、面对市场企业核心竞争能力等多个专题，拓宽了领域，创新了内容，突出了重点，提高了水平，展示了火电厂现代化管理的成果，为火电企业的改革交流了经验，推动了火电企业的发展。

中电联供电分会

1. 举办第四届国际输配电技术交流会议

2003年10月，在长沙召开了供电分会第十六次深化改革研讨会暨第四届国际输配电技术交流会议。会议确定了供配电贴费问题、地市级电力行协的培育与发展、多经企业改制重组的基本经验三项年度重点调研课题；交流了广州、济南、长沙等局关于三项制度改革、城网建设改造、建设一流电网等方面的经验；听取了具有国际水平的专业技术报告，为促进全国供电企业间南北沟通、信息交流、经验传播和推动电力科学技术进步，发挥了积极推进作用。

2. 初步完成了重点调研课题

按照中电联批准的分会年度计划，初步完成了发展地市级电力行协、多经企业改制重组、供配电贴费问题等三项重点调研课题研究，开展销售电价调研供电营业许可证管理办法调研，正在抓紧完成。

3. 专委会工作取得成效

2003年分会工作采取目标管理方法，把任务下达到各专委会，使其指标分解、责任到人。各专委会抓紧工作、确保完成。技术管理专委会注意规范和深化研讨成果，完成了包括《配电网建设优化指导意见》、《不停电作业指导意见》、《配电自动化系统建设与运行调研（二稿）》、《电能质量问题治理指导意见》等规范文件，特别是完成了长达两万字的《供电设备状态检修指导意见（讨论稿）》，是对传统周期例检方式的一次改革尝试。企业文化与民主管理专委会深化专题研讨，细化论文评价标准，编辑出版了论文汇编。多种经营专委会在完成首篇主辅分离调研报告，获得高度评价基础上，又根据体改进程（主辅分离先在网省公司层面进行），确立了以多经企业产权改革、产业调整、资本运营为重点的课题调研，取得了较好效果。

4. 有的放矢地开展了培训工作

2003年举办了学习党的十六大文件、供电企业信息化建设、供电多经企业改制重组政策法规等专题培训，对于提高供电企业整体素质，作出了贡献。

中电联输变电设备分会

1. 组织建设

根据中电联章程和分会工作规则有关规定，从工作需要出发，不断积极发展会员单位，完善组织建设，年初经分会汇总经申请中电联理事会批准了新入会会员37家，其中主要为输变电专业的生产厂家。

2. 召开专业会议

（1）2003年3月，在浙江组织召开了“复合绝缘子可靠性研讨会”，出席该会的合成绝缘子生产厂家和广大用户的代表五十余人，就共同关心的如何提高合成绝缘子运行可靠性、产品质量与寿命问题进行了积极的探讨。

（2）应用户要求，分会组织对有关厂家生产的复合绝缘子和复合外套氧化锌避雷器进行了技术评审，及时满足了企业和用户生产之急需。

（3）7月下旬，分会在京组织召开了环氧树脂浇注干式变压器技术研讨会，来自瑞士环保专家（变压器方面）、国家电网公司、五大发电集团公司、部分行业协会及科研单位的专家对“环氧树脂浇注干式变压器技术与环保”、“环氧浇注式变压器与其他类型干式变压器的性能比较”等有关技术问题进行了研讨。同时，供电企业代表还介绍了干式变压器的运行经验及对产品的质量要求。

（4）2003年10月，分会和电力线路器材质量检验测试中心联合主办的2002年版电力金具制造质量标准研讨班在南京举行。研讨班宣贯了新版电力金具国家标准和行业标准，研讨了金具标准和产品生产过程中的质量问题，并邀请有经验的金具制造检测方面的专家进行了答疑和经验介绍。

（5）11月初，分会派有关技术人员参加了“全国架空线路（电力金具）标准化技术委员会2003年年会”，与会人员就《额定电压110kV架空裸导线金具》和《额定电压10kV架空绝缘导线金具》等标准进行了讨论和修订。

中电联水力发电分会

1. 以活动为载体切实履行服务职能

（1）2003年3月在北京召开了会长、秘书长联席会议，学习了中电联2003年工作要点，通报了电力行业经济形势与企业改革分析预测会的精神，会议就国家电力公司改组后，水电企业如何面对新形势下出现的新情况及应对措施，如何继续发挥水电行业的优势和确保水电企业的合法权益等问题进行了研讨。

（2）2003年8月在万家寨水电站召开了一年一度的联络员工作会议，在总结分会上半年主要工作的基础上，就分会下一步的工作安排，充分征求了联络员的意见和建议，对工作认真负责，积极履行义务的优秀联络员和踊跃投稿、上稿率高的优秀联络员进行了表彰，对一批新任联络员进行了相关培训，使他们尽快熟悉本职工作，切实履行职责。

（3）10月下旬在湖北宜昌召开了第五次会员大会。会议全面总结了分会四年来的主要工作，修改了《中电联水电分会工作规则》中的部分条款，选举产生了分会新一届领导班子，聘任了分会名誉会长和顾问，提出了分会下一阶段的工作思路。为了开好此次会议，秘书处做了大量细致的筹备工作，也得到了中电联本部的大力支持。

2. 加强会员管理　提高服务意识

随着电力体制改革的进一步深化，流域性发电公司将以企业法人的形象不断出现。因此，分会对个别会员单位的资格进行了调整。水电分会现有86个会员单位，几乎覆盖全国各地，既有常规的大中型水电厂和流域发电公司，也有抽水蓄能电厂和潮汐电站。由于会员较多，分布广泛，加上发电企业的归属发生了很大变化，给分会工作带来了难度。作为行业协会组织，我们一是加大与会员单位的沟通力度，经常与会员单位取得联系，掌握情况，了解困难，特别是对大家共同关心的问题，组织专题调研，形成报告，逐级反映。二是加强新会员单位的资料收集，做好档案管理工作。三是及时征求会员单位对分会工作的建议，使水电分会更加贴近企业，切合实际，真正成为水电企业之家。

3. 办好分会会刊 构筑水电职工论坛

《水电厂》杂志作为水电分会的会刊，自创办以来，在各会员单位大力支持的同时，也得到了大家的充分肯定。今年初，我们对《水电厂》杂志的版面又进行了重新设计，同过去相比，无论是编辑水平，还是视觉效果都有很大的提升。一年来，出版发行了四期《水电厂》，近五十万字，编辑出版了24期《水电厂信息》，刊登会员单位信息一千余条。《水电厂》杂志和《水电厂信息》构筑了水电企业家和水电职工的论坛，已成为各水电企业学习贯彻国家的政策法规、宣传电力体制改革动态、沟通水电厂信息、介绍企业管理成果、展示企业形象不可或缺的舆论阵地，深受会员单位的肯定和广大读者的喜爱。

中电联燃料分会

（1）积极配合做好电煤订货工作，为了在维护电力行业利益、树立电力行业良好形象，在2003年全国煤炭订货会期间，发挥行业协会沟通、协调、自律作用，与煤炭协会相互沟通情况，同时完善了电力行业订货工作自律规约，促进电煤订货工作规范、有序的进行。

（2）结合煤炭供应形势变化和电力生产形势，编发电煤供应形势分析预测报告，对煤炭市场和电煤价格等进行综合分析预测，指导电力企业正确认识市场形势，对电煤市场价格稳定起到积极作用。

（3）适应中国加入WTO后市场发展需要，促进符合国际惯例和规则的煤炭质量公平公正检验机制的建立，开展对电煤质检中心工作情况的调查，研究电煤质检验中心管理工作，完成电煤质检中心有关管理办法的起草工作。

（4）按照中电联要求，积极了解会员单位在电力改革期间的想法和意见，协助完成电力燃料系统的改革和重组工作。

中电联农电分会

1. 按照会员章程，积极筹备换届改选工作

按照中电联会员章程的有关规定和农电分会2003年工作计划的安排，秘书处积极筹备有关换届改选的各项准备工作。根据章程的规定，积极与有关主管部门加强协商，对农电分会的组成、机构设置等相关内容，反复与有关部门探讨，积极做好换届改选工作，并及时与中电联有关部门进行沟通，在年底前做好了各项准备工作。

2. 积极发展会员，扩大农电分会的影响力

农电分会是农电企业的自律性组织，通过分会全体成员的共同努力，越来越得到农电企业的认可。2003年，按照中电联发展会员的规定，秘书处积极采取措施，吸引更多的农电企业加入分会组织，报批了第三批会员单位，共计115家。

3. 积极发挥学会作用，努力办好会刊和《会员通讯》

《农电管理》作为宣传中电联农电分会团体会员的会刊，多年来，始终围绕政府的中心工作，弘扬主旋律。2003年，我们围绕农电工作的重点，重点报道了全国“两改一同价”的成果，大力宣传“两改一同价”涌现出的好人好事，推广先进的技术和成果，推广先进的设备和产品，促进科技转化为生产力。大力宣传会员单位在“两改一同价”工作中的典型经验，加强会员间的相互交流，促进农电企业现代化管理水平的提高。同时，组织部分文章参加了《2003年中国农村电气化学术文集》的征集评选活动。

2003年，为了加强会员间信息的沟通，及时有效地宣传会员单位的经验，分会克服人手紧的困难，组织编辑出版了《会员通讯》。在出版的7期通讯里，分别刊登了电监会、国家发改委、国家电网公司和中电联的有关精神；刊登了山西、内蒙古、甘肃、新疆、浙江、重庆、福建、江苏等省的农电“两改一同价”情况；刊登了19个省、56个会员单位的通讯。

4. 充分发挥学会作用，积极为会员单位服务

学会工作离不开会员单位的支持和参与，同时，学会秘书处积极为会员单位服好务。秘书处人员不断加强自身素质，提高工作质量，加强管理。坚持深入基层，走访会员单位，征求对学会工作的意见和建议。充分发挥学会办刊的优势，积极刊登会员单位的经验，加强各会员单位之间的横向联络。充分调动会员单位“办刊、学刊、用刊”的积极性，使学会办刊在社会效益和经济效益方面获得双丰收。

中电联电站装备分会

1. 调查研究，反映问题

对会员单位的主导产品生产经营情况，以书面和电信形式，进行沟通，了解情况和问题，向有关部门

进行反映。2003年，一些省市受“电荒”的影响，出现了不同程度的拉闸限电，国家适时对电力建设进行了调整，增加了投入，先后批了电站新开工项目8000万kW，新立项1.3亿kW，各发电集团和地方投资公司，都纷纷增加了新的投入。发电设备制造企业、公司和集团，任务十分饱满，有的已接够了2～3年的任务。尽管如此，不少企业都纷纷表示，要全力支持电力发展，努力做到保质保量按时供货。大力发展装备制造企业，提升装备制造业水平，是我们国家经济结构战略调整的重要任务之一，近期电力短缺，使发电装备制造业赢得了又一次的发展机遇，大多数公司、集团、企业抓住这个机遇发展很快；但有部分企业由于机制不活，缺乏核心竞争力，盈利有限，更要抓住这次机遇，通过技术引进合作，缩短差距，提升制造水平，增加竞争力，同时要预防电力建设市场速度放慢时，对制造业的影响。

2. 信息服务取得了较好的成绩

通过各种渠道收集整理了230多台机组，1.48亿kW电站建设项目和一大批输变电项目。其中，今后2～3年开工的有9600万kW。这批项目涉及新型发电技术，超临界机组、联合循环、空冷机组、大型水电站及脱硫除灰等新技术，为企业开发市场，发展新技术，开展国际技术合作交流，提升装备制造业技术水平，赢得了时间，深受企业欢迎。分会以内部信息资料的形式，分16期及时寄发到会员企业。

中电联后勤分会

(1) 将中共中央、国务院及国家经贸委等部委有关电力体制改革和后勤体制改革的重要文件汇编成册，作为内部学习资料印发后勤分会各理事单位，并就组织学习、研讨及准备发言材料等问题做了安排。原拟在组织学习、调研的基础上，于5～6月份分区域、分专业举办几次研讨会。后因“非典”不得不将《后勤改革调研提纲》通过传真方式传给各理事单位，委托其在各自范围内进行调研，并于6月下旬将调研结果传给后勤分会办公室。在此期间，还与多数理事单位通过电话，及时了解、掌握有关情况。

(2) 根据理事单位、基层单位的要求和宣传、贯彻《物业管理条例》的需要，于2003年3月在东莞举办了一期“全国电力物业管理企业经理岗位培训班”；于2003年7月下旬至8月底，在大连、厦门、昆明、乌鲁木齐连续举办了四期“物业管理条例学习班”。

(3) 在做好充分准备的基础上，于11月在海口分别举办了电网企业、发电企业的“电力后勤改革研讨会”。中电联业务顾问吉辅同志、后勤分会会长梁裕厚同志出席会议并讲了话。

(4) 坚持出版了六期《电力后勤》(双月刊)。在宣传邓小平理论和“三个代表”重要思想，宣传党的十六大和十六届三中全会精神，宣传党中央、国务院有关后勤体制改革的方针政策，交流经验，研讨问题，促进后勤改革、后勤服务等工作向前发展的同时，对各单位后勤管理部门、特别是后勤服务机构在本单位“抗击‘非典’”中的重要贡献和好人好事进行了及时报道。

中电联电力职业安全卫生分会

中电联电力职业安全卫生分会于2003年11月27～28日在上海召开成立大会暨首届理事会。参加会议的包括两大电网公司、五大发电集团公司有关部门在内的66家单位和机构为分会首届会员，选举68人为分会理事。分会的任务是在中电联领导下，坚持以人为本和安全第一、预防为主的方针，植根于电力企业，在全国电力行业职业安全卫生专业领域发挥自律、监督、协调、服务职能，为保障电力职工的安全和健康服务。首届理事会审议并通过了《分会工作规则》和《分会2004年工作要点》。

中电联电力试验研究分会

(1) 试验研究分会成立。2003年9月19日在沈阳召开了试验研究分会成立大会，来自全国32家电力试验院（所）百余名代表参加了大会。中电联会员部主任孙永安宣读了中电联函［2003］6号文件；中电联秘书长王永干和辽宁省电力有限公司副总经理邵维廉为电力试验研究分会揭牌；王永干和国家电网公司东北分公司总工程师黄其励院士发表讲话。会议期间召开了分会第一届理事会，会上讨论并通过了《分会工作规则》、分会机构设置，选举产生了第一届理事会和分会理事33人。分会日常办事机构为秘书处设在华北电科院信息所。分会会长赵鹏做了题为《团结协作，迎接挑战，办出自身特色的行业分会》的工作报告。

(2) 2003年10月17日在贵阳市召开了会长办公会议。会议就电力锅炉压力容器检验中心资质问题和技术监督工作问题进行了讨论，认为这是分会当前迫切需要解决的问题，会议对这些问题提出了初步联络解决方案。对设置专家库、组织全国性学术交流活动、启动调试定额修订工作等问题进行了研讨。

电力行业协会、研究会

中国电力发展促进会

中国电力发展促进会(简称电促会)在2003年开展了咨询工作、《中国电力年鉴》编辑和中国电力网站运行的方面工作。

主要咨询工作情况

1. 我国已建抽水蓄能电站总体评价及发展前景

为了总结蓄能电站投产以来的运行经验，比较电站实际运行方式与设计运行方式之间的区别，分析存在的影响抽水蓄能电站经济效益发挥与财务生存能力的主要问题，对目前已建的主要蓄能电站进行一次总体评估，为今后我国发展抽水蓄能电站提供一些决策的依据和参考意见，并为下一步抽水蓄能电站的评价方法、电价制定、厂网分开后的经营模式等工作的开展打好基础。该项目已完成，等待验收。

2. 我国西电东送规划方案深化研究

随着我国西电东送战略的实施，根据我国能源资源的分布格局，研究西电东送的总体规模，提出具有可操作性的西电东送战略布局和实施规划。

3. 我国开展电力社会普遍服务的设想

为了做好电力社会普遍服务工作，提出国家电网公司对电力社会普遍服务工作的建议，以及配合相关部门制定相应的政策等工作的开展此项研究，为今后国家电网公司的普遍服务工作打好基础。

4. 广东负荷特性调查研究

调查广东电网及主要供电公司全社会用电量的历史和现状，分析其构成，收集广东电网两级调度的历史和现状的负荷资料，分析整理广东电网的历史和现状的负荷特点、特性和主要指标，根据广东电网的负荷特点、特性，提出广东电网今后电源结构建议。

5. 全面建设小康社会电力发展规划研究

(1) 充分利用现有发电能力的调查；

(2) 小水电供电为主地区调查；

(3) 大电网、小水电电网供电情况；

(4) 热电联产(CHP，CCHP)的现状。

6. 华中电网调峰研究

调查华中电网及主要供电公司全社会用电量的历史和现状，分析其构成，分析整理华中电网历史和现状的负荷特点、特性和主要指标，根据电网的负荷特点特性，提出华中电网调峰解决方案。

《中国电力年鉴》编辑工作

从2003年开始，《中国电力年鉴》以电监会和中电联为指导，国家电网公司为主，联合南方电网公司、五大发电集团公司共同组织编写。电促会主要承担每年年鉴的组稿、编审、工作会议等。

2003年10月31日，《中国电力年鉴》(简称《年鉴》)在广西桂林召开了电力体制改革后的第一次编委会会议。参加会议的有42个单位的编委。会议听取了编委会主任赵希正的重要讲话。周小谦主编对《年鉴》十年的工作情况作了汇报。

2003年12月编辑出版了2003年《年鉴》，并于当月的24～26日在四川省成都市召开了《年鉴》工作会。

中国电力网站工作

由电促会主办的中国电力网站(www. chinapower. com. cn)，继2002年中进行改版后，在电力行业的影响日益扩大，访问量已经处于国内网站的领先地位。到2003年底，已经有注册个人会员25000余人，注册企业约10000家。网站在新闻、商业信息、在线商务、社区、企业资料等方面均为国内领先，同时，由于其自身的巨大影响，已经成为多个国际性展会和讨论会的首席合作伙伴，其发布的信息也为国外众多知名新闻机构如路透社等多次转载。此外，网站对市场部门进行调整，取得了较好的经济效益。

在继续保持电力行业领先门户网站地位的同时，中国电力网站积极拓展电力行业细分领域的服务市场，与中国核工业总公司等行业内外单位开展合作，在2002年底开通新版“中国核电网”(np. chinapower. com. cn)、“中国电力规划设计行业网”(www. ceppea. org)、“中国电力建设网”(www. dianjian. org)后，组织调配力量，对网站内容进行丰富充实，力争成为各自领域的领先网站。

中国电力网站将继续关注电力行业用户及相关人士的需求，开发适合要求的功能和应用，在更好地为电力行业服务的同时，获得自身的成长。

中国电力规划设计协会

1. 积极协助政府有关部门开展电力设计体制改革研究工作

为贯彻落实国家电力体制改革的精神，协会主动参与电力设计行业体制改革与主辅分离方案的调研，组织有关设计单位研讨并及时向政府部门反映省（区）电力勘测设计企业对改革工作的希望和建议。于2003年4月18日向电监会报送了《关于全国省级电力设计院体制改革意见的报告》（电规协［2003］6号），受到柴松岳主席的重视。4月24日电监会政策法规部副主任王强（兼国务院电力体制改革工作小组办公室副主任）就省级院体制改革问题到协会进行调研。协会原理事长沈融同志就当时所掌握的省（区）设计院对体制改革的意愿、要求和行业的基本情况做了汇报。王强副主任在听取汇报后，就省级电力设计院改革委托协会进行专题研究，提出改革意见和操作方案。根据电监会的要求，协会在调查研究的基础上提出了《关于对省级电力设计院深化体制改革的建议》（以下简称《建议》）。《建议》中对省（区）电力设计院的基本情况做了说明；反映了省（区）电力设计院存在的问题；提出了深化设计院体制改革的指导思想和原则、体制改革模式的建议，以及需要给予的支持和解决的问题。

2003年12月协会以电规协［2003］14号文将《关于全国省级电力设计院体制改革座谈会情况汇报》上报国务院电力体制改革工作小组办公室和电监会。

2. 深入开展政策调研工作

（1）2003年3月，在南昌组织召开了政策调研会议，会议结合电力设计单位面临的改革形势，提出了2003年政策调研工作的指导思想，确定了调研课题并进行分工，这次会议对全年政策调研工作起到了重要的指导作用。截至11月底，完成的调研报告有《对省（区）电力设计院体制改革有关问题的探讨》、《关于电力勘测设计企业实行“主辅分离”相关问题的研究》、《关于电力勘测设计行业开展工程总承包的调查报告》、《电力勘测设计企业在改革过程中保持职工队伍稳定的研究》和《关于电力勘测设计行业开展工程监理的调查报告》等5篇。

（2）配合国家发改委和建设部完成了《收费标准使用说明》编制和修改工作；受国家发改委和中国工程咨询协会的委托，组织编写了《部分行业可行性研究阶段工程勘察收费标准》，根据政府部门要求组织现场考察，召开了火电、水电方业主听证会；完成了《电力工程专业设计工日定额》的修编、征订、出版工作；根据国家发改委和建设部关于征求对规范建设工程监理服务收费意见的精神，在北京组织召开了电力行业对《监理服务收费标准征求意见》讨论会，并将意见整理上报；完成了《勘察、设计、总承包示范合同文本》的编制工作；组织开展了行业内执行国家计委、建设部颁发的10号文情况的调查、分析、研究工作。

3. 进一步加强行业市场监督管理

（1）资质管理。注册电气工程师执业资格管理，是人事部、建设部授权协会承担的重要工作之一。2003年4月，全国注册电气、化工、公用设备、土木（港口与航道）工程师考核认定启动工作座谈会在无锡召开，注册电气工程师的考核认定工作正式启动，申报期内共收到全国各地近8000人的申报材料，协会组织全国12个行业的30名专家，前后历时3个多月进行初审，到2003年12月底，考核认定初审工作基本完成。

（2）电力工程设计招投标工作。为了规范电力勘测设计市场的管理，推进电力工程勘测设计招投标工作，2003年由协会组织、指导及全过程监督的国家审批建设的大型电力工程设计招投标项目15项，工程投资约512亿元，其中发电14项/13500MW，送电2项/600km。

（3）工程总承包和项目管理工作。2003年配合建设部明确了工程总承包市场准入的标准和条件。同时根据中国勘察设计协会、中国工程咨询协会建设项目管理和工程总承包工作委员会的部署，组织行业参加了全国2002年度工程建设项目管理和工程总承包企业评选活动。《2002年工程项目管理五十名排序》，电力勘测设计行业共10个单位入围；《2002年工程总承包百名排序》，电力勘测设计行业共18个单位榜上有名。

（4）勘测行业管理。受国家发改委委托，组织全国部分行业可行性研究阶段工程勘察收费标准调整工作，组织编写了《电力行业可行性研究阶段工程勘察收费标准》。召开勘测专委会研究确定了需要修编的规范、规程及规定，并组织专家进行审查。

4. 不断加强行业质量管理与标准化工作

（1）行业质量管理工作。行业质量管理始终是协会工作的重点之一，2003年协会与有关单位合作，完成了43个单位的ISO 9001—2000标准认证、复评、监督，进一步提高了行业质量管理水平。按照行业的特点，通过ISO 9000系列的质量体系认证这一环节加强对质量的过程管理。乙级院换版是2003年认证咨询工作的重点，协会组织行业专家编制了有关文件，派出专家进行咨询服务，收到了很好的效果，部分乙级院已经通过认证。

根据建设部加强勘察设计质量管理工作的有关文件精神，2003 年四季度协会组织有关专家对东北电力设计院、吉林省电力设计院、徐州电力勘察设计院、安徽省电力设计院、广东省电力设计研究院、广州电力设计院进行了质量抽查。抽查的内容主要是检查强制性标准和新修订的标准的执行情况，勘测大纲的完整性，勘测深度、各种试样的准确性和原始记录的真实性，勘测报告的准确性，有针对性地检查设计资质履行情况，以及招投标项目的比例和价格等。

(2) 工程评优工作。根据 2002 年工程设计评优过程中存在的问题，2003 年完成了《电力行业工程评优管理办法》修改意见，待评审委员会审查通过。

受中国工程咨询协会的委托，组织了全国优秀工程咨询成果奖的评选，电力勘测设计行业共有 64 个项目申报此奖。经专家评审，评出电力勘测设计行业优秀工程咨询成果一等奖 7 项、二等奖 12 项、三等奖 17 项。并将一、二等奖共 19 项报送中国工程咨询协会参加全国 22 个行业的优秀工程咨询成果奖评选。勘测行业有 11 个项目获奖，其中一等奖 2 项，二等奖 3 项，三等奖 6 项。

(3) 标准化工作。2003 年启动了《电力勘测设计行业标准化工作体系构建研究》课题的研究工作。由协会组织组建了《电力勘测设计行业标准化工作体系构建研究》研究组，针对电力体制改革的逐步深化、市场不断开放后给电力勘测设计行业标准化工作带来的新问题，对国内外标准化工作现状和发展趋势进行研究。研究课题有：中国电力勘测设计行业标准化工作历史、现状和发展趋势分析；了解、分析国外电力勘测设计行业标准化体系现状，提出采集国际标准的目录；建立面对 WTO 的电力勘测设计行业标准化体系，研究行业技术贸易措施设置方案；提出电力勘测设计行业标准化体系表（包括等同采用的国外标准）；研究与 WTO 接轨的电力勘测设计行业标准化体系实施规则；建立标准化全文数据库，提高电力勘测设计行业标准化体系应用管理水平。

2003 年完成了《火力发电厂烟风煤粉管道零部件典型设计手册》评审，《火力发电厂汽水管道零件及部件典型设计》、《火力发电厂、变电所直流系统典型设计》的评审和推广工作。

5. 进一步加强协会的自身建设和管理

(1) 2003 年 6 月在北京召开了协会四届五次常务理事会议。会议审议了 2002 年工作情况和财务收支报告；决定了召开协会四届三次暨五届一次理事会议议程。2003 年 7 月在南京召开了协会四届三次暨五届一次理事会议。会议审议了协会四年来工作情况汇报和财务收支报告；会议通过了第五届理事会理事组成人员名单；选举了第五届理事会常务理事、理事长、副理事长；推举了第五届理事会名誉理事长。

(2) 进一步加强对会员单位的管理。协会重新注册工作完成后，按照协会章程规定，进一步规范了对会员单位的管理，根据不同层次的需求，加强了对会员单位的服务工作，进行了有针对性的分层次管理。2003 年 10 月下旬，协会在深圳主持召开了乙级院院长座谈会，80 多位乙级院领导参加了会议。会议通报了当前国家电力体制改革和电力工程建设发展形势，以及电力勘测设计行业的现状和今后发展趋势；介绍了协会各部门职责、功能及行业服务情况；与会代表就协会行业服务工作和行业发展提出了近 20 条建议。

(3) 协会分支机构工作是协会行业服务工作的有力支撑。2003 年 4 月在太原市召开了分支机构工作会议，各分支机构的主要负责人和协会各部门领导参加了会议，会上协会各部门、各分支机构交流了工作经验，协调了工作计划，并进一步强调分支机构与协会之间的关系。分支机构注册工作已完成了经营管理研究会、质量管理研究会、勘测专委会、供用电设计分会的注册，其他分支机构的注册工作正在进行中。

(4) 2003 年《电力勘测设计》以全新版面正式向国内外公开发行，成为了协会及行业强有力的宣传工具。编辑部认真贯彻办刊宗旨，开展信息交流，充分利用科技期刊作为信息载体的优势，促进电力勘测设计技术交流，推动行业技术进步和加速人才的培养，全年共发行 8800 册；《电力设计信息》全年共发行 14400 册，刊登信息近 600 余条，在刊登政策法规、改革动态、电力建设、科技信息及行业动态方面充分体现了及时性、时效性。

中国电力建设企业协会

(1) 完成了监理工程师登记注册工作。受国家电网公司委托负责监理工程师的登记注册审查和上报中国建设监理协会进行监理工程师注册的工作。2003 年 3 月份对 103 名申请注册的监理工程师的材料进行逐个审查，按建设部要求进行网上登记注册，同时对 37 名变更的监理工程师进行登记注册。

(2) 2003 年 4 月在浙江杭州召开了全国电建企协秘书长联席会既理事会议。会议交流了工作，沟通了情况，介绍了经验，研讨了企业和协会的有关问题，特别就如何贯彻落实电建企协［2003］1 号文件展开了热烈的讨论。会议决定增补7名副会长，讨论了协会有关事务，并形成了会议纪要。

（3）加强了中国电力建设企业协会网站的建设，制作了统一的网页，并挂在中电联的网站上，各专委会的网站也已统一在协会的网站上。目前，协会的有关信息和活动可在网上查阅。

（4）为进一步满足施工企业的要求，更加规范评优选先工作，制定了有关的评优的评审办法，建立了评审专家库，并于2003年1月份开始进行评选电力行业优秀施工企业和优秀施工企业家、用户满意施工企业和用户满意工程及优秀项目经理的活动。

中国电力多种经营协会

（1）围绕国务院有关电力体制改革，调整重组多种经营企业部署所面临的一系列重大政策问题，组织多经企业学习政策、掌握政策、运用政策。

1）坚持实事求是，草拟《多经企业在调整重组中存在的问题和改革框架方案建议》。针对电力体制改革中调整重组多种经营企业面临的实际问题，于2003年3月在海南召开了“电力多经企业改革发展研讨会”。会上各网、省（会员）单位就多经企业的现状和电力体制改革中调整重组多经企业，以及实施“主辅分离、辅业改制”可能出现的问题及应对政策进行了充分的探讨和交流。会议在一系列重大问题上，取得共识并要求多经协会按照会议提出的意见和建议，结合电力多种经营企业的现状和电力体制改革的方向提出和反映全国电力多经企业广大干部和职工的意见要求。据此，协会经多方征求意见，反复论证起草了《多经企业在调整重组中存在的问题和方案框架建议》，并多次召开座谈会，进行研究，将意见反映有关部门。

2）编辑出版《电力多种经营20年》。2003年3月出版发行了《电力多种经营20年》。该书认真总结电力系统20年来多种经营的实践，充分展示了电力工业广大干部和职工以经济建设为中心，解放思想、坚持改革、勇于探索，在党中央、国务院一系列方针政策的指引向下，根据电力行业的特点，坚持以电为主，开展多种经营，广开就业门路，为主业减员增效，建立起来的辉煌业绩。讴歌了工作在多种经营第一线的近80万多种经营企业干部、职工艰苦创业，开拓进取走过的艰辛历程。从理论和实践两个方面总结出：电力多种经营20年，从历史上看功不可没；从电力改革实践看是历史的必然；从电力先行的发展看方兴未艾。

3）协会急会员单位之所急，行会员单位之所需。为会员单位和多经企业和职工学习政策、掌握政策、运用政策，为改革、发展、稳定尽心尽力。电力体制改革以来，特别是“非典”过后，一些会员单位反映：电力体制改革中普遍存在着如何正确认识和看待电力多种经营工作？如何正确处理主业与多经的关系？如何正确处理电力多种经营企业的资产？如何保证电力多种经营企业职工的正当权益？如何使多种经营企业在改革中得到妥善处置？总之，电力多种经营企业在该不该存在？要不要发展？还有没有前途？根据电力体制改革全面审计中出现普遍不了解电力企业为什么要发展多种经营的历史的新情况、新特点，为便于电力多经企业迎接审计的客观要求，协会急企业（会员）之所急，行企业（会员）之所需，将中央、国务院、各部委及各级政府有关解放思想、改革开放，以经济建设为中心，大力开展多种经营、劳动就业等一系列实用的方针政策、法律、法规汇编成册，及时发送到网、省公司（会员）单位。为各会员单位和多经企业职工学习政策、掌握政策、运用政策提供了依据，有力配合了全国的电力审计工作，对多经企业实现改革、发展和稳定目的，发挥了显著的作用。

4）深入实际，扎实工作，围绕电力体制改革，调整重组多经企业及有关“主辅分离”政策研究，为基层企业服务，探索改革创新之路。协会围绕电力体制改革，深入实际，扎实工作，得到了各会员单位的充分肯定。参加了中电联组织的“主辅分离，辅业改制”座谈会，将多经企业的现状及其存在的问题作了充分的阐述。投入主要人力参加中电联“主辅分离，辅业改制”多种经营企业重组课题工作，在电力体制改革中，产生了重要的影响。各会员单位有问题愿与协会交流、探讨。“非典”过后，应会员单位的邀请，协会秘书处积极参与了华中电网公司、华电集团公司、云南、河北电力公司有关电力改革中，调整重组多经企业以及有关“主辅分离、辅业改制”问题研讨。

5）针对电力体制改革的实际，充分发挥媒体的作用，为多种经营企业尽快进入市场，积极创造条件。根据电力体制改革的实际情况，为电力多种经营企业开拓市场，编织政府与企业、多经企业和市场的纽带。克服了“非典”造成的时间拖延，经过一年多的不懈努力，2003年出版发行了《中国电力建设配套产品及服务推荐目录》。该《目录》全面介绍了电力体制改革的方案，以及本次改革的基本思路和新组建的两大电网公司、五大发电公司、四个辅业公司；最高人民法院《关于审理与企业改制相关的民事纠纷案件若干问题的规定》及国家及相关部门关于招投标中有关法律、法规。将电力多种经营企业和电力行业相关企业及其产品介绍和推向市场，在一定程度上扩大了多经企业及其产品的知名度，受到了各方普遍欢迎。

（2）把服务会员落到实处，将协会工作的长远目标与多经企业近期的实际密切联系，坚持不懈地开展电力多种经营企业经营管理人员的培训和职工素质的提高工作。保持与政府综合部门和网、省公司密切联系，了解和掌握有关建立现代企业制度、国企改革、劳动就业、工资福利、国企职工身份置换等方面的政策和有关信息并及时提供给各会员单位。

1）完成了《多种经营管理自学考试大纲》的编写任务。经高教部批准第一次在高等教育自考中设立电力多种经营营销专业。协会承担了全国高等教育自学考试指导委员会委托的《多种经营管理自学考试大纲》，经过各方专家、教授近一年的共同努力，几易其稿于2003年10月完成，并出版发行了《多种经营管理》高等教育自学教材。

2）克服“非典”带来的不利影响，坚持不懈地开展多经企业管理人员培训。协会克服“非典”带来的不利影响，2003年内举办了多期“多种经营企业战略研究”、“企业财会”、“劳动人事管理与实务”培训班，会员单位踊跃报名，近二百人接受了培训。该项工作受到了电力行业的多经企业管理人员的普遍欢迎，取得了较好的社会效果并取得了一定的经济补偿。

3）办好《电力多种经营》刊物，把党和政府的有关国企改革、电力体制改革、多种经营企业改革政策，传播到家喻户晓。协会通过各种渠道，掌握和了解党和国家有关建立现代企业制度、国企改革、劳动就业、职工福利、国企职工身份置换等方面的政策和有关信息，在经费紧张、“非典”肆虐、人员相对紧张的情况下，坚持办好《电力多种经营信息》。此项工作，不但未受到“非典”影响，而且越办越好，受到了会员单位的欢迎。把党和政府的有关国企改革、电力体制改革、多种经营企业在改革中的作用、劳动就业等政策传播到家家户户。

4）充分运用中国电力企业联合会网站，着力开展电力多种经营企业推介，企业产品介绍等更相关工作。经协会秘书处研究决定：将2003年以来的电力多种经营信息公开在中电联网站发表，开展多种经营企业推介、多经企业产品、与电力相关的产品向社会广泛宣传，为多经企业走向市场鸣锣开道。

全国电力技术市场协会

1. 召开“全国电力技术市场协会第二届理事会第三次会议”

全国电力技术市场协会第二届理事会第三次会议于2003年11月在陕西省延安市召开。参加会议的有全国各地理事单位的代表共44名。全国电力技术市场协会理事长、国家电网公司顾问周小谦做了工作报告，西北电网公司党组书记刘本粹致欢迎词，原中电联副理事长吉辅代表中国电力企业联合会叶荣泗副理事长发表讲话。会议通过了有关议案、通过了2002年度财务报告，周小谦理事长还做了题为《当前电力发展规划》的专题报告。

2. 积极开展技术交流，促进科技成果的转化

（1）组织召开“天然气联合循环余热锅炉技术交流会”。协助政府部门审查国内外制造余热锅炉的资格，并在中外商家结合方面进行牵线协调工作。引进国际先进燃气轮机联合循环技术，发展我国燃气联合循环成套设备，这个方针已定。在成套设备中，余热锅炉是联合循环机组配套的重要设备，并明确立足于国内生产，但目前国内还没有使用配F级燃气轮机的余热锅炉方面的经验。为了更全面地了解余热锅炉的技术性能，以便向业主单位推荐适合中国使用的产品，全国电力技术市场协会和中国动力工程学会于2003年1月15日，在北京组织召开配E级和F级燃机的余热锅炉技术交流及评议会，会议邀请有关燃机电厂的业主、设计院、有关主管部门及全国资深余热锅炉专家参加。由国外和国内有关余热锅炉制造厂家分别介绍各自产品的结构特点和技术性能，会上进行了讨论和评议。

（2）组织召开“电力系统计算机网络安全新技术研讨会”。电力信息化工程是电力跨世纪的科技导向工程，必须要及时建立和完善信息安全保障体系，保证电力生产安全运行。为此，全国电力技术市场协会与中电联科技服务中心于2003年4月在海南省联合举办了“电力系统计算机网络安全新技术研讨会”。出席会议的代表共95名。会议邀请了国家计算机网络入侵防范中心的首席科学家许榕生教授、清华大学胡道元教授等专家做《网络安全发展动态》、《浅谈网络安全》、《网络病毒及其防范技术的发展趋势》的专题技术报告；一些国内知名的制造厂商介绍了网络信息安全方面的新技术、新产品。会议还组织代表进行了攻防上机模拟演练。

（3）组织召开“电力信息化安全技术研讨会”。为面向广大的西北地区的电力企业，全国电力技术市场协会与中电联科技服务中心于2003年9月在新疆乌鲁木齐市联合举办了“电力信息化安全技术研讨会”。出席会议的代表共99名。会议邀请了计算机网络与信息安全方面的专家做了《网络安全应急响应与体系建设》、《电力信息网络安全技术研讨》专题技术报告，全国电力技术市场协会江哲生秘书长做了《中国今后20年电力工业发展状况》专题报告；诺基亚

国际互联网通信部等公司与制造厂商介绍了信息化安全方面的新技术、新产品。会议对当前网络安全事件的特点和存在的问题，以及网络安全应急响应在安全保障中的作用进行了广泛的研讨和交流。

(4) 组织召开“燃气轮机联合循环电站技术交流研讨会”。2003年底第二批燃气轮机联合循环电站的项目开始进入设备采购阶段，为了使第二批项目的业主及其他有关单位能进一步了解燃气轮机和余热锅炉设备性能及技术发展最新进展，以及第一批设备采购中有关技术方面的问题，全国电力技术市场协会于2004年1月15～17日在北京召开了“燃气轮机联合循环电站技术交流研讨会”。出席会议的代表共99名。国家发改委高技术司、中国技术进出口总公司等有关领导应邀出席会议。

会议邀请了清华大学等国内专家做了《国外燃气轮机和余热锅炉主要流派的技术特点比较分析》、《性能考核试验方法和有关标准介绍》、《机岛设备和余热锅炉订货中比较关注的一些技术问题》、《设备参数匹配和电厂设计中的接口问题及技术引进》、《国产化进程的安排》等专题技术报告。西门子公司等国内外燃气轮机和余热锅炉制造厂商介绍了各自产品的技术特点。会议针对第一批设备采购中遇到的问题进行了广泛的讨论和交流。代表一致认为研讨会内容翔实、新颖，指导性强，收获很大，为电厂在燃气设备选型提供了重要参考。会议取得圆满成功。

3. 技术咨询服务工作

(1) 配合大型燃气轮机电站建设和技术引进工作，开展了燃机结构特点和技术性能分析的研究，编辑出版《大型燃气轮机联合循环发电机组结构和技术性能分析》综合性资料；参与了燃气轮机的评标工作和配套的余热锅炉的标书审查和评标工作。通过这些工作，一方面了解到中国大型燃气轮机联合循环发电机组打捆招标的情况，另一方面将更深入地了解到燃机联合循环发电机组建设中存在着很多急需解决的技术问题。协会已向有关部门反映了这些情况，希望能对这批机组的投运有所帮助。

(2) 受原国家经贸委和国家发改委的委托，开展了国家技术创新项目和重大技术装置研制项目有关电力行业的2003年项目指南的编制、近几年的电力科技攻关项目的预测及2003年项目立项的前期工作。经过多次专家认证，国家发改委目前已初步确定将“西电东送、大区互联电网安全稳定关键技术研究”作为国家技术创新2003年的预选项目，最近协会正组织国家电网公司和中国南方电网公司编写项目申报书。

(3) 开展了有关超临界机组的咨询工作：①参与了国家600MW超临界机组重大技术装备研制项目的管理，以协助解决在机组研制过程中遇到的问题；②对一些锅炉厂开展了有关研制超临界机组的技术咨询工作和技术方案的讨论；③参与了部分工程的超临界机组招评书的审查、设备评标工作。通过这些咨询工作发现，由于中国超临界机组发展速度过快，不论制造厂家，还是用户对超临界机组的技术准备做得都不充分，目前所采用的招标文件都是从亚临界机组沿用过来的，特别这几年的一些新技术、新标准都没有采纳进来，因此，对超临界机组最新新技术的发展确有普及的必要。协会与有关单位协商，开展这方面的工作。

4. 向中国技术市场协会金桥奖评审委员会推荐“金桥奖”申报项目

全国电力市场协会作为电力行业金桥奖的推荐单位，负责向金桥奖评审委员会推荐符合评奖条件的集体、个人和项目。此次共收到申报集体奖4个、个人奖4个、项目奖7个。经协会组织专家预审后，向中国技术市场协会金桥奖评审委员会推荐了8个项目参加评审，其中7个项目获第一届中国技术市场协会“金桥奖”。

中国水利电力质量管理协会

(1) 积极开展全国电力行业全面质量管理基本知识普及教育工作，充分调动各网、省电力公司及行业协会的积极性，广泛宣传质量管理重要性，增强广大职工质量管理意识，提高企业素质，做了大量的工作，并组织广大职工参加全面质量管理基本知识统一考试。2003年中国水电质协、江苏省电力公司、安徽省电力行业协会受到中国质量协会的表彰，并被授予“2002年度全面质量管理普及教育先进单位”的荣誉称号，获“2002年度全面质量管理普及教育先进个人”荣誉称号3人；获“2002年度全面质量管理普及教育优秀推进者”荣誉称号3人。

(2) 为纪念中国水电质协成立20周年，2003年6月编印了《纪念中国水电质协成立20周年光荣册及论文集》。论文集搜集、整理、发表电力行业各单位优秀论文33篇；表彰电力分会和水利分会1983～2003年20年来电力行业从事质量管理工作的优秀质量管理单位56个，卓越质量管理领导者70名，优秀质量管理推进者81名。同《中国电力企业管理》杂志社合办一期质量管理专刊，概述了电力行业质量管理成效，并发表了有关质量管理的论文。

(3) 2003年5月在北京组织专家对优秀QC小组成果进行认真评审，共评审出全国电力行业优秀质量管理小组317个，质量信得过班组41个，质量管理小组活动优秀企业34个，质量管理小组活动卓越领导者36名，质量管理小组活动优秀推进者35名。8月上旬在昆明召开发、供电企业QC成果发布会，共有66个QC小组在大会上发布成果。截至2003年底，已登记注册质量管理小组累计数为43.6158万个，其中2003年已登记注册QC小组数为3.9165万个。

(4) 2003年3月评审出获全国电力行业质量效益型先进企业特别奖4个：江苏省电力公司无锡供电公司、江苏省电力公司苏州供电公司、广东省广电集团珠海供电分公司、广州珠江电厂；获全国电力行业质量效益型先进企业35个；获全国电力行业用户满意企业8个；获全国电力行业用户满意服务7个；获全国电力行业用户满意产品（建筑工程）1个；获全国电力行业实施用户满意工程先进单位11个。

(5) 为企业走卓越绩效模式，2003年8月在北京举办质量管理奖评审标准培训班，共有66人参加培训考试，并全部合格。2003年9月在河南省举办一期QC小组活动诊断师考评班，共有207人参加培训考试，并全部合格。为提高QC小组活动水平，2003年12月在江西省举办水电质协QC小组活动诊断师考评班，共有62人参加考试，并全部合格。

(6) 2003年共评出嘉兴发电有限公司、安阳供电局、安徽电力建设第一工程公司、广东省电力设计研究院、中国电力建设工程咨询公司、无锡供电局6家企业获全国电力行业质量管理奖，并于10月份在西安对获奖单位给予表彰，颁发质量管理奖荣誉证书和奖杯。

(7) 积极开展创建“用户满意服务明星”活动，制定了办法和标准，评审全国电力行业用户满意杰出管理者19名；全国电力行业用户满意服务明星18名；获全国电力行业用户满意服务明星班组23个。

(8) 2003年12月在无锡召开全国电力行业质量管理奖评审标准修改研讨会，参照美国波多里奇国家质量管理奖标准，对2001年颁布质量管理奖评审标准逐条进行认真的讨论修改，整理出一套全国电力行业质量管理奖评审标准。

(9) 由中国电力建设协会组织推荐，电力行业获全国优秀QC小组25个；全国质量信得过班组2个；全国QC小组活动优秀企业1个；全国QC小组活动卓越领导者1名；全国QC小组活动优秀推进者1名。电力行业获全国质量效益型先进企业特别奖1个（山东电力建设第三工程公司）；全国质量效益型先进企业1个（杭州市电力局）；全国满意服务先进企业1个（哈尔滨电业局）；全国实施用户满意工程先进单位1个（山东送变电工程公司）；全国实施用户满意工程先进个人1名（山东送变电工程公司张光辉）。

中国电力教育协会

1. 组织建设

由于政府机构改革，协会原挂靠单位电力工业部已经撤销。为保证协会工作的连续性，更好地开展工作。协会于2月经主管单位教育部同意，明确中国电力企业联合会为教育协会挂靠单位，对协会实施教育部赋予挂靠单位相应的管理职能。

2. 调查研究

(1) 为配合《电力行业教育培训地位与职能》课题研究工作，协会在中国电力报上刊登信息，征集电力行业教育培训研究论文。2003年2月对征集到的110余篇论文进行了选优，通过评审有6篇获二等奖，10篇获三等奖，三个单位获组织奖。通过评审，评委们认为大部分征文的内容均对课题的研究和电力行业的教育培训工作有一定的借鉴意义。为此，决定在征文中选编出版一册《电力教育、培训文集》，分发给电力行业教育培训部门和相关作者。

(2) 根据党的十六届三中全会提出的“构建现代化国民教育体系和终身教育体系，建设学习型社会，全面推进素质教育……”的精神，结合教育部职成司《关于进一步推动学习型企业创建工作暨推荐创建学习型企业成绩突出单位的通知》要求，于2003年9月与中电联教培中心共同在成都召开“如何创建学习型电力企业”的研讨会。会上邀请了国内有关方面知名专家到会做专题讲座，同时也邀请了电力行业内创建学习型企业方面工作做得较好的单位代表在会上交流各自的做法。研讨会对如何创建学习型企业奠定了一定的理论基础，也为如何“创建”取得一定的经验。

3. 电力教育基金管委会的工作

根据电力教育基金管委会的“电力教育培训新星奖”、“电力高科奖学金”及“许继奖教金”的奖励、资助办法规定，基金管委会先后于2003年3月和4月对上述各项奖励、资助项目的推荐（申报）工作进行了布置。推荐（申报）材料经初审后，分别于2003年8月和11月组织召开了评审会议。通过评审产生了各项目的获奖人员和获得资助的项目。评审出“电力教育培训新星奖”32人、“电力高科奖学金”30人、“许继奖教金”20人。

中国电力文学艺术协会

(1) 2003年3月，召开了中国电力文学艺术协会（简称中国电力文协）专业协会主席秘书长工作会。会上传达了中电联2003年的工作重点和思路；就中国电力文协2003年工作计划，提出了具体贯彻落实的意见。

（2）“非典”期间，为了保持工作不停顿、不断线，协会向各团体会员单位进行了广泛的书面调研工作，并积极与电力体制改组后成立的各公司进行联系。调研主要内容为：各团体会员的工作思路、当前的困难和问题、机构改革情况、对中国电力文协工作的意见和建议及各所属文学艺术人才的组成情况。调研活动得到了各团体会员的大力支持。

（3）与中国电力作协、华东电力文协、河南电力文协于2003年10月联合召开了全国电力摄影创作理论研讨会。邀请了中国摄影家协会的专家和电力系统摄影创作有成就的同志和年会代表进行交流，并组织代表到红旗渠接受了艰苦奋斗的传统教育。活动受到年会代表的好评。

（4）与中国电力音协、东北电力文协、安徽电力文协联合召开了中国电力音协工作研讨会，就“电力人唱电力歌”进行专题研讨，对优秀论文进行了评选表彰。

（5）2003年12月，与中国电力书协、华中电力文协联合举办全国电力职工书法理论研讨会。为提高电力职工的书法创作水平，培养更多的电力系统书法艺术优秀人才，邀请知名书法专家到会指导讲评。

（6）2003年12月，与中国电力美协、华北电力文协联合举办全国电力职工美术讲习班，为提高电力职工的美术创作水平，更好为电力生产的宣传服务，邀请有关艺术院校专家教授现场指导交流。

（7）按照中国交联、中国摄协关于征集全国劳模艺术摄影创作作品展览的要求，组织全国电力职工摄影爱好者积极投稿，对电力系统中的劳模进行艺术摄影创作。

（8）应新疆、山东、辽宁、浙江四省区电力文协要求，组织了四省区的电力职工摄影作品联展。展览展出了250幅优秀作品，扩大了四省区电力摄影作品的社会影响，受到电力职工的欢迎。

（9）积极组织参加了国家安全监督管理局和中华全国总工会关于举办纪念国家《安全生产法》实施一周年文艺汇演的活动，发动系统文协积极选送文艺节目30余个，其中，共有14个节目获奖。宁夏电力公司的舞蹈节目被选为汇报晚会演出节目，晚会在中央电视台播出。中国电力文协获优秀组织奖。

（10）为“第十五届国际科学与和平周”活动（中电联为组委会成员单位）进行了具体的组织联络工作。该活动于11月9日在北京人民大会堂举行了开幕式，有关国家领导出席了开幕式，中电联领导也出席了大会。

中国电力体育协会

1．总结工作、交流经验、表彰电力体育有功单位，做好电力体协2003年工作安排

全国电力系统职工体育工作会议于2003年3月在贵州省贵阳市举行。来自国家电网公司，南方电网公司，各大发电公司，各省、市、自治区电力公司及电力系统其他单位的代表共80多人参加了会议。中电联名誉理事长、中国电力体育协会（简称中国电力体协）理事长张绍贤同志，中国能源化学工会副主席刘建民同志，贵州省电力公司副总经理王和同志，贵州省电力工会主席孙兆媛同志及贵州省体育局、贵州省总工会的主要领导出席了会议并讲话。会议总结、交流了中国电力体协和电力系统的职工体育工作；表彰为电力代表团参加第二届全国体育大会做出贡献的单位；研究、部署中国电力体协2003年的工作。

刘建民副主席在讲话中要求各级电力工会要重视和支持各级体协的工作，把开展职工体育活动作为工会工作的重要工作抓紧、抓好，使职工体育工作更好地为电力企业生产和建设事业服务。

张绍贤理事长在中国电力体协2002年工作报告中要求各级体协组织在电力系统资产重组、机构改革的新形势下，要继续以贯彻、落实“三个代表”为指导方针，发挥各级体协组织在开展电力职工体育活动中的组织、协调作用，认真落实《全民健身计划纲要》的各项要求，开展广大电力职工喜闻乐见、丰富多彩的体育活动，促进电力行业全民健身活动的普及和发展。

会上，中国电力体育协会还对电力代表团参加第二届全国体育大会做出贡献的广东电力体协等9个单位给予了表彰。

2．组织和参加内容丰富、文明健康的职工体育竞赛活动，发挥体育竞赛杠杆作用，推动电力行业全民健身和两个文明建设的发展

（1）2003年8月在内蒙古包头市举办2003年全国电力系统职工桥牌乙级队比赛。这次比赛得到了各级领导的重视，中国电力体协理事长张绍贤同志、中国能源化学工会副主席刘建民等领导出席了本次比赛的开幕式。根据电力体协的规程规定：获本次比赛前四名的队升入甲级队，获比赛第五名的获得了下一届全国电力系统职工桥牌乙级队比赛的承办权。

（2）2003年全国电力系统职工羽毛球比赛于10月9～16日在江西省九江市举行，来自全国电力系统的14支代表队参加了这次比赛。中国电力体协理事

长张绍贤同志，江西省电力公司副总经理、工会主席江似火同志等主要领导出席了开幕式。张绍贤理事长在开幕式的讲话中要求所有参赛选手在比赛中尊重对手，尊重裁判，顽强拼搏，赛出风格，赛出友谊，赛出水平，促进电力系统职工羽毛球的普及和发展。比赛结果：湖北电力队和江西电力队分获男、女团体冠军；在单项比赛中，江西电力队技压群芳，一举夺得男、女单打两项桂冠，并包揽女子单打前三名。

(3) 由中华全国体育总会、国家体育总局主办，中国石化体协承办的2003年全国行业职工乒乓球比赛于10月26～30日在山东省东营市举行。来自各行业体协的13支男队、10支女队参加了这次比赛。由电力系统等单位职工运动员组成的中国电力体协男子乒乓队在这次比赛中经顽强拼搏，一举夺得男子单打冠、亚军和男子团体亚军的优异成绩，为全国电力职工争得了荣誉。

(4) 为了深入贯彻、实施《全民健身计划纲要》，宣传科学健身理念，丰富职工业余文化生活，引导健康生活方式，由国家体育总局群体司主办，北京市社体中心承办的2003年全国亿万职工健美操大赛于11月7～9日在北京举行。来自全国各行业的24支代表队参加了这次比赛，由四川省电力公司组成的电力健美操队在比赛中表现出了较高的水平，获得了企事业组团体二等奖和表演奖，展现了电力职工奋发向上、敢于拼搏的精神风貌。

(5) 中国电力网球协会成立大会暨全国电力系统第一届“苏源·林源杯”网球赛在江苏省南京市举行。来自电力系统的7支代表队参加了这次比赛。在网球赛的开幕式上，中国电力网球协会的成立大会同时举行。中国电力体协理事长张绍贤同志，国家体育总局网球运动管理中心副主任李友林同志，中电联副理事长、中国电力网球协会主席乌力吉同志，江苏省电力公司总经理冠士清同志及江苏省体育局的主要领导参加了开幕式和成立大会。电力网球协会的成立将有利于加强电力系统网球运动的组织、协调和管理，促进电力系统网球运动的普及和运动水平的提高，推动广大电力职工的全民健身活动。经过三天紧张、激烈又充满友谊气氛的比赛，比赛结果：内蒙古电力（集团）有限公司、上海市电力公司、华东电网有限公司分获团体总分前三名。

(6) 2003年全国电力系统职工保龄球比赛于12月15～19日在广州大世界保龄球馆举行。这是一年一度的电力职工保龄球爱好者的盛会，吸引了全国电力系统的21支代表队来参加这次保龄球比赛。中国电力体协理事长张绍贤同志，中国南方电网有限公司副总经理肖鹏等领导出席了比赛的开幕式并讲了话。在比赛中，电力职工保龄球选手表现出了较高竞技水平和良好的精神风貌，他们在一起交流技艺，互相学习，增进了友谊，促进了电力系统职工保龄球运动的普及和技术水平的提高。经过3天6场比赛，最后的比赛结果是：江西省电力公司队和福建省电力有限公司队分获男、女团体冠军。

3. 全国电力系统开展全民健身工作

2003年，对于电力系统的职工体育工作来说也经历了不平凡的一年。突如其来的“非典”疫情，使电力系统体协干部在引导、组织职工参与科学健身方面既发挥了积极作用，又经受了考验，得到了锻炼。

东北电力文体协会从6月份到年底在东北公司直属单位开展了以“强身健体，抗击‘非典’”为主题的系列健身体育活动。云南电力体协6月20日在昆明举办了首届云南电力职工健美操锻炼标准比赛，这次比赛是电力体制改革厂网分开后，云南电力职工一大体育盛会，比赛以“强身健体、同舟共济、再创辉煌”为主题，比赛取得了圆满成功。云南电力体协同时还被国家体育总局体操运动管理中心授予了“全国健美操大众锻炼标准推广奖”。安徽省电力体协于6月22日～7月6日举办了两期职工网球培训班，全省16个电力系统单位派学员参加了培训。通过培训在全省培养了一批网球活动的教练和骨干，为今后在安徽省电力系统更好地开展网球活动打下了良好基础。宁夏电力工会、电力体协根据国家体育总局和自治区全民健身领导小组的要求，于2003年5月10日～8月10日期间，在全自治区电力系统开展了全民健身周活动，全民健身周突出了“科学锻炼、有益健康、团结一心、抵御‘非典’”的主题。辽宁电力文体办2003年举行了全省电力职工游泳和乒乓球等竞赛活动，吸引了许多各项目的好手参加比赛。吉林省电力有限公司举办了2003年吉林省电力职工田径运动会，来自省公司所属单位、国电东北公司超高压局和省内发电企业共26支代表队，600多名运动员参加了比赛。华中电力体协每年举行的迎春长跑比赛已成为国电华中公司机关及在武汉单位的一项传统赛事，已经举行了20届，吸引了众多职工长跑爱好者参与。河南省电力体协在“非典”期间向所属各单位发出通知，在全省电力系统掀起了全民健身活动的热潮，不断增强职工的体质，预防和抵御“非典”的传播，为河南电力系统的改革、发展、稳定大局服务。南方电网公司为了弘扬上下同心的团队精神，增强企业凝聚力和同心力，培育具有公司特色的企业文化，在全系统开展了“同心结南网”系列活动。

2003年虽然受到“非典”疫情的影响，但是，我们电力系统的体协干部通过自己的辛勤工作，精心组织，再加上“非典”过后，广大职工体育健身意识的增强，全民健身的热情不断高涨，各级领导对职工体育的重视和支持。所以2003年电力系统的全民健身工作取得了可喜的成绩。

电力系统人才研究会

（1）加强调查研究工作，召开实施“人才强企”战略研讨会。在调查研究基础上，2003年2月研究会和水电建设集团公司共同在天津杨村召开了实施“人才强企”战略专题研讨会，会议就水电施工企业在全面走向市场，参与国际市场竞争中如何培养、使用和吸引人才，从用人政策、制度到机制等方面问题进行交流和探讨，在此基础上撰写了关于水电集团公司实施“人才强企”战略的调查报告。

（2）组织各理事认真学习贯彻中央关于加强人才工作和人才队伍建设问题。研究会结合电力系统的实际情况转发了人事部“关于认真贯彻中央政治局会议精神，抓住机遇、开创人才研究工作新局面的通知”并提出三点意见。组织各理事进行认真学习和讨论。大家一致认为中央政治局专门召开会议研究和部署了进一步加强人才队伍建设问题，说明党中央对人才工作的高度重视，为今后人才研究工作指明了方向，是我们做好人才研究工作的强大动力。电力体制改革、电力市场的建立与发展为电力系统人才研究工作带来新的机遇。因此我们一定要抓住时机，增强信心，努力搞好人才研究工作，更好为电力企业服务。

（3）认真做好人才研究会换届选举准备工作。按照2003年工作计划安排，换届选举准备工作是下半年的主要工作，为此，研究会组织学习了民政部对学协会章程的基本要求，回忆并总结了八年来研究会的工作，在此基础上修改电力系统人才研究会的章程，听取了各单位对换届工作的意见，并协商理事、常务理事产生办法和人选等。

学 术 团 体

中国电机工程学会

2003年学会各级组织在中国科协和挂靠单位国家电网公司的领导和支持下，在七届理事会的领导下，认真实践“三个代表”重要思想，紧紧围绕全面建设小康社会的目标，紧紧围绕电力工业改革和发展大局，进一步调动和发挥电机工程界科技工作者的积极性、主动性和创造性，积极为推进电机工程科技发展服务；在履行党和政府联系科技工作者的桥梁和纽带职责，建设“科技工作者之家”，开展学术交流、科学普及和国际民间科技交流与合作等方面，不断提高水平和质量，努力开拓创新；以改革为动力，推动工作的开展，各项工作取得了新的进展。

以改革为动力，积极探索扩大活动和服务的空间，改进活动和服务的方式，更好地发挥学会优势

学会认真贯彻中国科协《关于推进所属全国性学会改革的意见》的精神，结合国务院颁发的《电力体制改革方案》实施以后电力工业管理体制的新格局，坚持实行因会制宜，有利发展和与电力体制改革密切结合的原则，积极稳妥、逐步深入地推进改革进程。

加强了对改革工作的领导，深入调查研究，借鉴兄弟学会的经验，广泛吸收省级学会、专委会的意见，按照依法办会、民主办会的程序，几上几下征求意见，最后形成了《学会改革方案》，通过七届四次常务理事会审议，已经上报中国科协和国家电网公司党组。

在探讨改革方案的过程中，我们积极探索新形势下学会如何扩大活动和服务的空间，改进活动和服务的方式，更好地发挥学会跨行业、跨部门、跨地区、跨所有制的优势，围绕中心，服务大局。目前，学会在这些方面已经取得实质性的进展。

1. 承办中国电力科学技术奖

电力科技成果的奖励工作起始于1978年，经多年努力，电力科技奖励工作已经成为推动电力科技进步的一个重要环节，在电力科技界享有较高的声誉，同时在国家科技奖励体系中也占有一席之地。特别是自中国电力科学技术奖设立以来，始终坚持“鼓励技术创新、积极推进高新技术产业化”的方针，高度重视先进适用技术的推广应用，面向全社会，不仅得到了国电公司系统内广大科技人员的重视，也得到了国电公司系统外一些综合类大学、电力设备生产制造企业的广泛关注。对激励创新、加速人才培养、激发广大科技人员的创新积极性、提高电力科研水平、促进电力工业技术进步发挥了积极的作用。中国电力科学技术奖已经树立了很好的社会形象。为进一步适应电力体制改革的要求，在各电网公司和发电公司的支持下，在国家奖励办的关心和指导下，中国电力科学技术奖的设奖者由国家电力公司变更为国家电网公司、中国南方电网有限责任公司、中国华能集团公司、中国大唐集团公司、中国华电集团公司、中国国电集团公司、中国电力投资集团公司七家单位共同设立。中国电机工程学会为承办单位，已经完成了今年的申报和评奖工作。

2. 建立中国电机工程学会重大电力事故技术调查与分析专家委员会及专家库

为了适应电力改革新形势，使学会更好地服务于政府和电力企业，发挥学会跨行业、跨部门、跨地区、跨所有制和专业科技人才荟萃的优势，学会成立了中国电机工程学会重大电力事故技术调查与分析专家委员会，建立了中国电机工程学会重大电力事故技术调查与分析专家库，组织专家（会员）接受政府、电力企业及有关单位的委托，参与电力系统发生的特、重大电力事故的调查，对重大电力隐患进行技术评估研究，做出科学、公正和客观的评价，供有关部门、单位参考。这项工作已经得到了电监会的赞同与支持。

2003年8月14日美加大面积停电事件，引起了国内外普遍关注。8月27日学会适时组织召开了“美加‘8·14’大面积停电事件”的专家研讨会。中国科协副主席、学会理事长陆延昌亲自主持。参加会议的有来自国家电网公司、中国南方电网公司、国电华东公司、中电联等单位的部分专家和工程院院士。会议就“美加‘8·14’大面积停电事件”基本情况的分析、暴露出来的问题和给我们的启示等进行了研讨。专家和工程院院士向有关部门提出，必须联系我国电网实际吸取教训，必须从电网规划、运行管理、技术手段的配置和新技术新装备的研发、应用及防止输电设施的外力破坏等方面下功夫，千方百计防止类似事件在中国电网发生。专家们建议电网建设必须实行统一规划，科学规划，适度超前；坚持统一调度；坚持技术创新，促进技术进步，进一步完善电网安全的技术手段；建议在电力管理体制改革过程中，有关政府部门在加强对电网企业严格监管的条件下，应为其创造一个适应宽松的经营环境，使其有条件、有能力加强电网的建设和改造，加强对电网的维护，更多地采用新技术，以改善电网的安全性，提高电网的可靠性；建议一些要害部门要配置自备电源，并时时处于正常备用状态；建议加强城市公用系统，包括水、煤气、地铁及社会治安和交通管制方面建立重大电网事故的应急处理系统。学会提出的建议得到了政府和

有关部门的极大重视。

积极做好第八次会员代表大会和学会70周年庆典的准备工作

做好组织工作是搞好学会工作的关键。2003年在组织工作方面，学会主要抓紧抓好第八次会员代表大会和学会七十周年庆典的准备工作。第八次会员代表大会是中国电机工程学会在新世纪举行的第一次会员代表大会，也是一次具有重要历史意义和时代特征的代表大会。为此，2003年8月17～18日学会在内蒙古锡林浩特市召开了七届三次理事会。

理事会审议并通过了组织工作委员会提出的关于中国电机工程学会建会70周年庆典活动和第八次全国会员代表大会的议程草案，以及关于学会章程修改草案和关于第八届理事会、常务理事会、理事长和副理事长组成原则及方案等有关事宜。会议传达了民政部、财政部《关于调整社会团体会费政策等有关问题的通知》，并审议了本次会议关于贯彻执行该通知精神的有关原则意见等。代表们对搞好建会70周年庆典和学会换届工作及学会在电力体制改革后面临的新形势、新任务进行了热烈的讨论，对提交理事会审议的事项提出了意见和建议。

第八次会员代表大会已经得到中国科协的批准。

一手抓防治“非典”，一手抓学会工作，积极开展学术交流活动，努力创办品牌会议，活跃学术思想，提高学会的凝聚力和影响力

2003年上半年，我们经受了“非典”的考验，各级学会组织十分重视老专家、老科技工作者的身体健康，采取了各种预防措施。学会系统内没有人受到感染，同时2003年的学会工作也基本没有受到影响。更可贵的是在“非典”期间，学会在准备2003年中国科协年会分会场的工作中，得到了省级学会、专委会、专家、院士和广大会员的大力支持和积极响应，共有180名科技工作者报名，收到论文摘要217篇，选送中国科协142篇。2003年7月6日，“非典”疫情刚过，学会克服困难，积极组织科技人员参加了在香港举行的ICEE2003会议，取得了良好的效果，赢得了各方面的赞誉。学会在配合中国科协建立学科带头人和科技专家库的工作中，也得到了专委会、专家、院士和广大会员的大力支持和积极响应，学会共向中国科协推荐了67名学科带头人和240名科技专家。学会在“非典”期间积极组织专家组，拟定工作方案，参加中国科协组织的2020年的中国科学和技术发展研究工作。总之，学会总部和各省级学会、各专委会在“非典”期间的工作，体现了“一手抓防治‘非典’，一手抓经济建设”的精神。

一年来，学会各级组织围绕努力提高学术会议质量，创办品牌会议，开展了多层次、多种形式、主题突出、紧密联系实际、内容丰富的学术活动，论文质量明显提高，学术交流取得显著效果。

学术交流紧密围绕中国电机工程走新型工业化道路和为实现建设小康社会的目标，紧密围绕中国电机工程科技发展并主动选择政府部门和电力企业在电力发展中遇到的重大关键技术问题，积极组织开展各种学术活动。结合中国科协2003年学术年会，学会在中国科协2003年学术年会第6分会场成功地举办了“努力发展电力工业走新型工业道路为建设小康社会而奋斗”的学术报告会。会议收到论文摘要142篇、论文55篇，其中所有论文摘要收入中国科协2003年学术年会论文摘要集。全部论文收入光盘，选择10篇会上交流。出席分会的代表近200人，其中两院院士6名。他们中有为我国电机工程事业开拓做出了重要贡献的老一辈电机工程科技专家，也有正在科研、生产、教学第一线拼搏奋斗的电机工程科技工作者，还有默默奉献、热心为电机工程科技工作的各级学会秘书长、秘书等。学术报告会由中国电机工程学会副理事长、工程院院士郑建超，国家电网公司科技信息部主任、教授级高工刘建明，东北电网公司总工、工程院院士黄其励轮流主持。共有5名院士、5名教授和专家学者作了报告，内容丰富，有前沿科学高新技术用于发展电力工业；有对美国电网“8·14”大停电事故的分析及走电力改革新型工业化道路；迎奥运保证电力行动等，深受欢迎。会议取得了良好的效果。

结合西电东送，学会还与贵州电机工程学会联合举办了大电网安全稳定控制学术报告会和贵州电网安全稳定座谈会。中国科学院院士卢强、周孝信，中国工程院院士薛禹胜，清华大学教授王维俭在会上分别做了题为《贵州电网HAVC系统设计、实现与运行》、《交直流电力系统的分析和控制》、《现代电力系统的物理稳定性与经济稳定性》和《大中型发电机主保护设计整定的现状和改进》的学术报告。咨询委员会的专家和来自中国南方电网有限责任公司、贵州省电力公司的领导和技术人员近200人参加了会议。院士和专家们还参加了贵州电网安全稳定座谈会，与贵州电机工程界的专家座谈有关贵州电网安全稳定问题。贵州电网是西电东送的前沿，它的安全稳定运行，关系到南方电网的安全稳定。院士和专家们对涉及贵州电网设置安全稳定控制系统，贵州电网通过两个交流输电断面向外送电，安全稳定控制系统装置的配置原则，切机、切负荷的主要原则，安全稳定控制系统通道的组织等方面提出了六条建议。这次中国电机工程学会和贵州电机工程学会联合举办的大电网安

全稳定控制学术报告会和贵州电网安全稳定座谈会非常必要和及时，对贵州电网和南方电网的安全稳定将起到重要的作用。

学会还积极参加国际学术交流活动，办好在国内召开的国际学术交流会，努力提高学会在国际学术交流活动中的声誉。学会在参加的一些著名的国际性组织如国际大电网会议（CIGRE）、美国电机电子工程师学会（IEEE）、国际供电会议（CIRED）、国际自动化联盟（IFAC）等组织中发挥着越来越重要的作用。同时与日本、韩国和香港等国家和地区的学术组织建立的合作关系不断得到发展。为宣传我国电力工业的成就和电力科学技术的发展，提高我国电力行业在国际学术交流活动中的声誉，促进国际交流与合作发挥了积极作用。

学会主办的学术刊物《中国电机工程学报》被评为“百种中国杰出学术期刊”；《农村电气化》被评为第三届“科技期刊二等奖”及新闻出版署的“双效期刊”。

坚持以经济建设为中心，充分发挥学会专家群体的人才优势，积极开展各项技术服务

学会各级组织团结和动员广大科技工作者，以经济建设为中心，广泛开展科技服务，主动承接政府部门和企业的委托，组织专家学者开展了大量科技含量高、具有学术权威性的科技咨询服务工作。

为了配合国家制定中长期科学和技术发展规划，中国科协提出在科协系统开展2020年的中国科学和技术发展研究工作的要求。为了做好我国2020年电机工程领域科学和技术的发展研究，学会了成立2020年的中国电力科学和技术发展研究专家组，郑建超副理事长为专家组负责人；并召开了2020年中国电力科学和技术发展研究专家会议，会议介绍了国家制定科学技术发展规划工作和国家电网公司制定科学技术发展规划工作的情况，就学会开展2020年中国电力科学和技术发展研究工作的意义、主要内容、进度安排及分工等进行了讨论，正式启动了2020年中国电力科学和技术发展研究专家组的工作。

学会咨询工作委员会承担了政府和电力企业委托的咨询任务，完成并提出了《科技项目后评估》、《汽轮发电机组改造指南》、《华北一东北联网小扰动稳定分析及华北电网PSS应用研究》、《500kV输变电工程关键技术》等咨询报告，为有关部门的宏观决策提供建议。2003年承担了对北京热电厂、浙江半山电厂、重庆市重庆电厂三个脱硫技改项目的后评估。目前已得到了德国复兴银行的支持，正在组织进行有关的招标工作。学会咨询工作委员会还承担了“863项目”超超临界发电机组技术的研究。

各省级学会和各专业委员会也积极承接科技咨询任务，配合政府部门和电力企业，围绕规划、设计、生产、运行中出现的技术热点和难点问题，组织专家进行科技咨询服务，发挥学会自身优势，取得了可喜成果。

积极推动学会工作信息化

为了充分发挥学会的组织网络优势和信息资源优势，推动学会信息网络资源的开发、整合，发挥省级学会、专委会的作用，在原有学会网页的基础上，在2002年我们建立了以中国电机工程学会注册独立域名网址的网站，并于2003年1月1日正式投入运行。建立了学术论文库、单位会员库、个人会员库、学术会议库、学会大事记数据库、网站动态信息数据库以及英文版国际会议数据库等7个数据库，实现了在Internet浏览、检索功能及在网上的在线科技论坛等功能，实现了与中国科协、国家电力信息网和北京、山西、江苏、甘肃、天津（电力）等省级学会和农电、理论电工、电工数学、能源与信息、热电、电力土建、电力系统自动化等专委会网站的链接。一年来网站运行良好，加强了信息的交流，促进了学会工作的开展。

努力争创品牌期刊

一年来，学会主办的《中国电机工程学报》、《E-LECTRICITY》和《农村电气化》、《农电管理》、《电力设备》刊物及各专委会创办的《热力发电》、《高电压技术》、《供用电》、《电力环境保护》、《热电技术》、《燃气轮机技术》、《风力发电》、《电力系统自动化》、《电力系统通信》等刊物，坚持为学科服务的原则，积极反映新技术、新观点、新方法，严把质量关，不断提高水平。期刊的质量和发稿数量不断提高，部分刊物已经做到可以在学会网站上进行查询。

此外，学会还积极完成了中国科协布置的各项任务。例如：中国科学院院士和中国工程院院士的推荐工作、中国青年科技奖的推荐工作、配合中国科协建立学科带头人和科技专家库的工作及参加中国科协组织的2020年的中国科学和技术发展研究工作等。

（崔文富）

中国水力发电工程学会

按照中国科协《关于推进所属全国性学会改革的意见》的指示精神，学会通过深化改革，与时俱进，逐步把学会建成符合社会主义市场经济体制要求，既

有中国特色，又有国际功能的一流学会。

工作概况

1. 拓展学会工作领域，开展工程咨询工作

中国工程咨询协会于2001年2月依托中国水力发电工程学会，成立了中国工程咨询协会水力发电专业委员会。专委会在业务上受中国工程咨询协会的领导，协助中国咨询协会做好水电行业中央级工程咨询单位的管理、协调和自律工作。我们主要工作如下：

(1) 根据中国工程咨询协会的有关条例、法规、规章、标准、规范等，制定和组织贯彻执行水电行业实施细则。

(2) 协助中国工程咨询协会做好年检和资格复评工作。2003年除做好换发资质证书的初审工作外，还协助中国工程咨询协会做了专家审查工作。

(3) 协助中国工程咨询协会完成了第一批通过认定取得《中华人民共和国注册咨询工程师（投资）职业资格证书》的注册咨询工程师（投资）的认定工作，并组织了三批注册前的培训工作。

(4) 组织每年一次（今年是第三次）全国优秀工程咨询成果奖的申报、初审和初评工作。

(5) 经过中国工程咨询协会的认可，作为注册咨询工程师（投资）继续教育的举办单位。现正努力争取合同专业委员会也依托学会。

2. 推行国际管理体系标准认证工作

中国水力发电工程学会与北京新标认证有限公司合作组建了水电认证咨询部。北京新标认证有限公司是2002年首批获得国家认监委重新登记的认证咨询机构，具有质量管理体系、环境管理体系、职业健康安全管理体系三项综合备案资质。水电认证咨询部可积极配合各单位完成认证工作。

3. 加强对会员的管理工作

今年对全国会员进行了登记换发会员证的工作。现已登记换发会员证的有29639人，其中女会员5626人，高级会员8人。

4. 举办2003年水电界新春联谊会

2003年1月16日由国家开发银行与中国水力发电工程学会联合主办了2003年水电界新春联谊会。有国家计委、经贸委、国电公司系统、水利部系统、国家开发银行等40多单位，约170多位专家、领导在会上就水电开发前景，开创新局面讲了话，并提出了一些问题，其中有许多是令人振奋的。从这些讲话中，可以看出水电的现状与未来。

中国华电集团公司总经理贺恭谈到该公司所属乌江水电开发公司目前经营管理的乌江渡、东风两座水电站总装机容量为114万kW。该公司同时开发建设4个大型水电站总装机容量达482万kW，为用15年左右时间完成贵州境内乌江广流水电开发任务奠定了基础。

全国人大财经委员会副主任姚振炎讲到水电开发要有一个长远规划。全国上下都要关注水电开发的前期工作，否则会严重制约水电的开发。开发银行大门口摆放了一截三峡工程地质岩芯，这标志着支持水电发展的决心。

水利部副部长张基尧谈到开发水电存在征地和淹没问题。目前水电造价中移民，征地费用约占一半，水电开发业主很难承受。我国近几年出台的政策，对水电不利。装机5万kW的定为小水电，增值税为6%，而大火电增值税也为6%，三峡工程的增值税仍然为6%，而其他大中型水电为什么没有这个待遇，很难理解。再一个问题是水电的峰谷电价、应急电价始终不合理，亟待解决。

原国家经贸委电力司副司长吴贵辉讲，发展水电要抓好以下几点：一是搞好规划，加强前期工作，把现有的工程建设好；二是抓好老厂的技术更新改造，使它们发挥更大的效益；三是抓好大机组的问题；四是发展小水电，以电代柴，解决农村的生态环境问题。

国家开发银行副行长姚中民谈到国家开发银行为支持水电开发，最近几年共投入水电贷款800多亿元，欣慰的是水电不良贷款率是0%，而其他行业不良贷款率为20%左右，所以我们愿意给水电贷款。

中国水电顾问集团总经理李菊根谈到水电项目规划（常规水电未包括抽水蓄能电站）2005年为1.0亿kW，2010年为1.5亿kW，2015年为2.0亿kW，2020年为2.5亿kW，2030年为3.0亿kW，届时水电比重大约为30%（含抽水蓄能电站）。水电西电东送规划，2005年为1698万kW，2010年为2000万kW，2015年为6128万kW，2020年为8038万kW，2030年为1.08亿kW。

学术交流

2003年中国水力发电工程学会举办学术交流会议13次，参加人数1424人，其中境外人员9人，交流论文685篇，其中境外人员2篇。举办培训班6期，培训人员430人。继续教育培训人员380人。通过学术交流、技术咨询，培训人才，达到了交流信息，为水电发展献计献策，培养人才的目的。

1. 2003年雅砻江流域水电开发高级论坛

中国水力发电工程学会与二滩水电开发有限公司于2003年11月14～16日在成都举办2003年雅砻江流域水电开发高级论坛，出席会议的有国家发改委、中央政策研究室、国务院发展研究中心、电监会、国家电网公司、水利部、国家环保局等国家11个部委

(局)，国家开发银行、工商银行等全国各大金融机构，四川省委、省政府及有关部门，人民日报、中央电视台、凤凰卫视等全国新闻媒体20多家，60余名记者，水电行业科研、发电、电网、设计和施工等单位，与会代表近300人。会议由成都勘测设计院和新华社四川分社协办。邹家华同志发来了贺信。

二滩水电开发公司总经理陈云华说二滩水能资源有十大优势，有加快开发的五个理由，要做好开发的四个方面的准备。十大优势是：①水量丰沛，落差集中，水能资源蕴藏丰富；②地形地质条件有利，开发目标单一；③调节性能优越，梯级补偿效益巨大；④征地移民少，土地淹没损失小；⑤经济指标优越，电价有竞争力；⑥环境影响利大于弊；⑦对四川电网安全经济运行的作用无可替代；⑧开发主体和受益主体明确，易于统筹规划，协调决策；⑨与潜在工业原材料基地临近，有利于电能就地转化；⑩对西电东送有独特作用。加快雅砻江开发的五个理由：①四川经济实现新跨越的迫切要求；②西电东送要求雅砻江水电作为重要电源尽早投入；③建设长江上游绿色生态屏障的需要；④少数民族地区发展和社会进步的需要；⑤加快开发是党和人民对二滩公司的殷切期望。为开发雅砻江水电所作的四方面准备：①建设母体电站，为滚动开发做好人才、经验和资金的准备；②流域规划和可行性论证；③锦屏一、二级前期准备工程全面展行；④深化改革，加强管理，锐意创新。

成都勘测设计院院长郑声安说根据雅砻江河流特点、地形地质资料，按照水力资料最有效利用的原则，形成了较成熟的21级开发方案。在这21个梯级中有堤坝式、混合式、引水式多种开发方式；有径流式、日调节、周调节、月调节、季调节、年调节、多年调节等多种调节性能；有高、中、低各种坝高；有拱坝、重力坝、当地材料坝、角坝等各种坝型。开发中的高拱坝、高土石坝、大型地下洞室群、高边坡处理、深埋长引水隧洞等技术处于世界先进行列，所以说雅砻江成为水电开发利用工程技术的博物馆。

国家电力监管委员会副主席史玉波说首先要解决雅砻江流域水电开发的前期工作，同步解决外送通道，建立市场化运作机制，控制水电工程造价。

国家开发银行副行长姚中民说开行大力支持水电开发，保证工程建设所需的投资。

中国工商银行陈林龙说我们将为雅砻江水电开发提供金融网络服务。

国家投资公司董事长王文泽说水电开发体制、机制要创新，做到开发多元化，融资多元化。

四川省原副省长、省重点建设项目组长、省投资公司董事长邹广严说四川水电开发要对省内外供需进行全面平衡，要以人为本，做好脱贫奔小康工作，加强生态环境保护工作。

2.2003年大型水轮发电机组技术研讨会

中国水力发电工程学会与中国三峡工程开发总公司，在宜昌三峡坝区共同主办了“2003年大型水轮发电机组技术研讨会”会议于2003年11月4～7日召开，来自各水电业主单位、设计、制造、安装、运行管理、科研等多方面的44个单位，70名专家、学者、技术人员出席了会议，收到论文55篇，32人在大会上做了报告。中国水力发电工程学会秘书长邴凤山出席了会议，中国长江三峡开发总公司副总工程师秦锡翔做了讲话。会议组织参观了三峡工程及三峡机组安装运行情况。

通过会议交流和讨论，与会代表一致认为：①大型水轮发电机组便于大型水电站的布置；调峰调频事故备用反应迅速；效率高，运行成本低，可提高劳动生产率。发展大型机组是我国水力资源开发的需要，也是我国科学技术和综合国力的体现。通过近年来对进口机组的消化吸收，极大地提升了我国大型机组的设计、制造、安装和运行水平，具有自主创新的能力。②大型机组有许多新特点，许多非常规结构，要采取特殊制造、安装工艺，是一项高新技术，必须加强设计、制造、安装、运行等各方面的沟通和交流，以便尽快掌握规律，开创自主开发大型机组的新局面。

为发挥大型机组的优势，针对目前存在的问题，与会代表提出五项建议。①电网调度方面，除特殊情况外，不直接调度机组，由电厂分配负荷，为机组避开强振域，优化工程创造条件。②电站设计方面，应充分考虑我国实际情况，把电站的动能经济指标与主机的技术参数有机结合起来，保证电站高效、稳定运行。③机组制造方面，应做好叶片等关键部件的刚度与疲劳设计，采用先进的加工、焊接、应力处理工艺；研究水轮机模型试验中稳定性参数的测量和转换到原型的关系，以保证原型实际运行状态与试验结论相符；加强新机组的真机试验，尤其是动应力的测试工作，预测机组振动稳定性问题，提出解决方案，改进机组设计，不断提高制造水平。④大型机组的安装现场工程量增大，多是工厂制造的延续，有很多特殊工艺，要严格按规程及厂家技术要求进行。⑤对大变幅水头的电站，采用不同比转速的机组。大型水电站设置不同容量机组的研究。要对高压直流水电站采用变转速运行的研究。

3. 抽水蓄能技术交流年会

中国水力发电工程学会抽水蓄能专委会于2003年11月14～16日在浙江宁波举办了抽水蓄能技术交流年会。工程院院士曹楚生、何璟同志临会指导。除技术交流外，还就有关问题进行了研讨。

已建的抽水蓄能电站在调峰、调相、调频、事故备用和替代燃煤机组等方面发挥了重要作用，并取得了良好的经济效益。研讨了在不同电源结构的系统中建设抽水蓄能电站的必要性；研讨了抽水蓄能电站在电力系统中的合理比例。在实地调研的基础上，研讨了抽水蓄能电站的建设管理体制和模式、运行管理体制和模式。根据一部制电价、两部制电价、租赁制电价、峰谷电价和网上加价等五种还本付息方式的分析结果，探讨了合理的电价政策，并对电价政策提出了很好的建议。近两年，十三陵抽水蓄能电站为“黑启动”应急电源的成功试验，以及龙羊峡水电站为应急电源点模拟电网安全应急所取得的成功经验，建议加强这方面的总结，以应对紧急事故。对抽水蓄能机组国产化问题，认为我国各制造厂对抽水蓄能机组的技术进行了多年的研究，取得了长足的进步，已具备制造机组的能力，希望逐步实现机组国产化，以提高我国的制造技术，同时也取得较大的经济效益。

4. 全国高混凝土面板堆石坝技术研讨会

由中国水力发电工程学会主持全国高混凝土面板堆石坝技术研讨会于7月29日在公伯峡工地召开。来自全国已建、在建和拟建的高混凝土面板坝的设计、施工、业主、监理和运行管理的55家单位的120名专家从领导参加会议，并到公伯峡工地参观考察。

5. 建设管理专委会年会

中国水力发电工程学会建设管理专委会年会于11月20～22日在洪家渡工地举行。来自全国各流域水电开发公司、水电厂和建设，设计单位等百余人参加了会议。

会议期间有15名代表做了学术交流报告，与会代表共同探讨21世纪发展的机遇、问题、对策，世界面临的水问题及水电开发和影响发展的电价等问题进行了深入探讨。

6. 计算机应用学术交流会

中国水力发电工程学会计算机应用（信息化）专委会与《水电站机电技术》编辑部联合，在广州抽水蓄能电站举办了学术交流会。到会有各单位的代表120余人，有16位代表在会上发言，会议收到论文60余篇。专委会主任就我国水电建设前景作了发言。

7. 电力系统稳定及励磁系统学术研讨会

中国水力发电工程学会水电控制设备专委会在三峡电厂举办了电力系统稳定及同步发电机励磁系统学术研讨会。全国各设计、制造、科研、运行等单位的代表约150人参加了会议，西门子励磁设计主任等三人也应邀出席了会议，会议收到论文80篇。会议就三峡电厂70万kW水轮发电机组投产后，总结了励磁系统的设计、制造和运行经验，为今后西部大开发，到2020年约100台70万kW水轮发电机的励磁系统提供了宝贵的经验。会议还评选出12篇优秀论文，予以表彰。

8. 湖南省小水电未来发展趋势研讨会

湖南省水力发电工程学会与水利学会于6月25日在长沙联合召开了湖南省小水电未来发展趋势研讨会，共有18位水电、水利专家参加了会议。与会专家就小水电的开发体制、电力市场、季节性电能利用、优惠政策和融资方式等问题进行了热烈的讨论，并就上述问题达成共识，提出下列建议：

（1）湖南省水力资源丰富，湘西地区为全国十二大水电基地之一。全省水能理论蕴藏量15700MW，技术可开发量12090MW，年发电量489亿kWh。到2001年底我省已建，在建水电装机容量为6857MW，占技术可开发量的56.7%，年发电量282.7亿kWh，占可开发量的57.5%，其中五座大型水电站（≥300MW）已完建；44座中型水电站（50～300MW）总装机容量4601MW，已开发19座，装机容量1928MW，占可开发量的41.9%；920座小型水电站（0.5～50MW）装机容量4237MW，已开发425座，装机容量1681MW，占可开发量的39.7%。根据以上资料，今后我省水电发展的主要目标集中在中、小型水电站，分别占可开发量的58.1%及60.3%。小水电将成为未来水电发展的主角。

（2）小水电可以成为地方经济发展的支柱产业，促进经济欠发达地区尽快脱贫致富。有利于地方产业结构调整，拉动地方经济发展。在省委、省政府的正确领导下，怀化、郴州等地区的小水电已有长足的发展，但是，全省尚不平衡，需要进一步推动和促进。

（3）一定要按原批准的规划有序开发小水电。在建设程序上，各级水力行政主管部门应健全审查制度，设计应按照国家规范，施工应有工程监理，防止无序开发。

（4）在水电开发中，应注意生态环境保护，在广大农村，特别是山区农村，应大力推广“小水电代燃料”工程，促进退耕还林。在电站施工过程中，要采取有力措施，加强水库移民安置工作，防止破坏生态。

（5）小水电与大电网的一些关系尚未理顺，其中一些矛盾系过去的经济体制遗留问题所产生的。解决这些问题的关键是加快我省电力体制改革，实现厂网分开、竞价上网、同网同价，目前东北已开始实施，华东正在筹备。只有走市场化道路，小水电和大电网的矛盾才能较好地解决。

（6）小水电自动、远动装置不完善，给电网，特别是地区电网的安全运行带来一定的隐患。因此重视提高小水电的自动化水平和严格调度纪律是提高小水电运行质量的重要措施。

(7) 小水电的发展离不开优惠的政策。目前，不少市县出台了优惠政策。最近省计委会同省水利厅拟定了《关于加快发展农村水电的实施意见》已上报省政府办公厅，建议省政府尽快出台。

(8) 小水电发电的季节性很强，丰水期发电多，枯水期发电少。在依赖电网联网的同时，还可开展季节性电能利用的研究。在这方面，我省小水电站发展自供耗电企业已有一些成功的经验，可很好的总结推广。

9. 贵州水工技术交流会

贵州省水力发电工程学会水工专委会与省水利学会水工专委会于2003年6月26～29日联合召开了水工技术交流会，交流的主题是“病险水库加固”。参加会议的有设计、施工、运行等31个单位80名专家、领导。会议收到论文27篇，并评出优秀论文6篇，二等奖2篇，三等奖4篇。贵州华天工程公司周喜德工程师做了《防渗堵漏新技术》专题报告，对病险库的加固处理有重要参考价值。

10. 贵州地质学术交流会

贵州省水力发电工程学会地质专委会与省水利学会地质与岩土专委会于8月25～27日联合召开了地质学术交流会，有16个单位，58名专家、学者、教授与会。会议收到论文37篇，评出优秀论文9篇，其中一等奖1篇，二等奖3篇，三等奖5篇。贵州省工业大学毛健全教授做了《环保、地质预防及处理》的专题报告，受到代表们的好评。

11. 大坝为全自动化监测技术应用和发展研讨会

中国水力发电工程学会大坝安全管理、大坝安全监测专委会与全国大坝安全监测技术信息网共同主办了此次会议，于11月7～11日在南京召开。会议的主题是监测自动化问题。会议就国内监测技术现状及发展趋势、可靠性、防雷抗干扰技术、差动电阻仪可靠性等做了专题报告和研讨。

12. 云南中型水电站开发座谈会

电力体制改革后，各大发电公司都看好云南的水能资源，纷纷进军云南，与云南省及有关地区领导洽商开发云南的水能资源，求得地方经济和企业共同发展。

13. 福建省工程勘察学术交流会

福建省水力发电工程学会工程勘察专委会，于2003年9月23～25日在福建周宁县召开工程勘察学术交流会。有17个单位33名代表与会，收到论文9篇。会议介绍了周宁水电站的设计和建设情况；东张水库坝基帷幕灌浆和加固效果；棉花滩水电站坝址主要问题及其措施；长甸水电站改造工程岩塞进水口分析报告；湄州湾北岸供水工程；木兰溪新开河道改建工程地质评价与地基处理；在宽谷、弱质岩基上修建双曲拱坝实践。会议期间还参观了芹山和周宁水电站。会议内容丰富、面广，讨论热烈，代表们都感到收效很大。

14. 沙溪流域梯级调度座谈会

中国华电集团公司福建公司于6月13日在福建永安县召开了沙溪流域梯级调度座谈会。省有关单位及沙溪流域各梯级电站的主要领导参加了会议。

会议就成立沙溪流域梯级调度组织机构、管理职能、运作方式、运行费用等方面进行了研讨。成立了流域调度管理委员会，由中国华电集团公司福建公司生产运营部洪云副主任担任主任委员，委托安砂水电厂组建流域调度中心，6月20日开始履行流域水能调度职能。具体事项和考核要求，委托安砂水电厂组织制订，提交中国华电集团公司福建公司审查后，由流域调度管理委员会批准执行。

15. 贵州乌江流域及贵州负荷中心水电与抽水蓄能综合开发研究评审会

“贵州乌江流域及负荷中心水电与抽水蓄能综合开发研究”课题评审会，由贵州省水力发电工程学会于2003年12月23～24日在贵阳召开。贵州省有关厅、局、委及相关单位的代表共50余人参加了会议。

该研究报告是由贵州乌江水电开发有限责任公司委托贵州省水力发电工程学会与国电贵阳勘测设计研究院共同合作编制。提出贵州水能资源理论蕴藏量1589亿kWh，技术可开发量19490MW，居全国第6位，经济可开发量19022MW。

贵州水力资源预计2015年左右大型水电站将基本开发完毕，火电比重将迅速增加，为了电网的稳定运行，减少峰谷差，必须投入抽水蓄能电站，解决电网调峰、调频、调相、快速备用等问题。

在乌江流域及负荷中心区域内约有16250MW的抽水蓄能资源蕴藏量，通过技术经济分析，筛选出条件较好的15个站址，并推荐5个宜作首批研究进行前期工作的项目。

该研究报告完成后，提交评审小组评审。评审小组由中国工程院院士曹楚生、中国水电学会秘书长邴凤山、何根寿、王达邦、王朝阳等5人组成。评审组对研究报告进行评审后认为：①该研究报告思路清晰、方法正确、资料翔实、结论可信，对贵州抽水蓄能电站的建设具有指导意义；②根据贵州水力资源情况及贵州电网水电比重发展趋势，以及满足电网调峰及稳定运行要求，减少水电弃水和确保贵州外送电的质量，贵州建设抽水蓄能电站是必要的；③应在这次研究成果的基础上进行抽水蓄能选点规划并尽快开展选定项目的前期工作，并进一步论证第一期工程规模。

编辑出版

1.《中国水力发电年鉴》第七卷（2001～2002年）出版发行

第七卷是新世纪的首卷，时段年限由以往的3年缩短为2年。在篇目设置及内容上体现了与时俱进，颇具新意。在栏目安排上体现了年鉴内容可变与不变的协调统一，保留了常设的篇目和栏目，又增加了三个新篇目。本卷的主要特点如下：

（1）增设3个新篇目。新增篇目主要是有关西部大开发中的水电建设，篇目是水电建设与西电东送、电网建设、三峡工程及大中型水电站。这些篇目介绍了西部地区水力资源及其开发规划总布局、西南和西北水电电源建设、中国未来30年水电西电东送规划、西电东送建设情况、全国联网格局、三峡工程管理及施工技术、三峡工程进展情况等。在相应篇目中还收集了台湾省水电建设的资料和数据。

（2）反映了电力体制改革。2002年是电力体制改革中变革最大的一年。从国务院《关于印发电力体制改革方案的通知》到国家计委办公厅体制工作组历次工作会议记录，本卷均摘要收录准确地记载了体制改革的历史进程。同时还收入了曾培炎主任、中组部王东明副部长关于体制改革的讲话，电力系统领导和专家对体制改革的论述。

（3）介绍了国外水电发展情况。本卷辑录了较多的国外水电发展情况，如“世界各国水能资源开发近况”、“世界各国抽水蓄能电站发展概况”、“新世纪的水电设备发展动向”等条目。统计了截至1998年80多个国家的49248个大坝资料，还统计了39个国家在建的60m以上的大坝资料。该统计数据翔实，具有一定的权威性。

（4）新增了英文目录。本卷首次增加了英文目录。还有利于对外交流，适应读者的需要。

（5）集中了统计资料。将分散于各篇目中的统计资料集中起来，独立设置一个篇目，主要是为了读者查阅方便，更充分地发挥工具书的作用。本篇目辑录了大中型水电站水电建设、土建施工、机电、水库移民、生产运行等共9个栏目的统计资料。

2.《中国水力发电史》

《中国水力发电史》是一部近百年的水电工业行业史。2003年该书的编辑工作由中国水力发电工程学会主办，现已基本完成统稿工作，预计2004年一季度出版发行。该书共有四册，分为四篇，第一册为第一篇记录了中国水力发电事业的发展历程，共七章，附有大事记。第二册为第二、三篇，讲述中国水力发电科学技术的进步，共七章，其中国际学术交流与合作共六章。第三、四册均为第四篇，分水能资源开发利用与重点工程上下两篇。该史真实记载了水电建设的伟大成就和宝贵经验，也包括“文革”对水电事业的破坏和沉痛教训。国家三代领导人及各有关领导人都十分关心水电建设，附有他们的题词和照片。

3.《水力发电学报》

学报一直坚持反映我国水电领域科学研究和开发应用的最新成果，展示水电界的学术水平、科技水平，促进学术交流。学报很重视质量，严格把关，每篇论文先请1～2位专家审查，再在编辑会上返篇审查讨论评审意见，然后决定是否采用。所以论文质量较高，学报的引用率在同类期刊物中名列较前。学报为季刊，每年出版4期。

（陈叔康）

电力企业

电 网 公 司

国家电网公司

企 业 管 理

2003年国家电网公司工作简况

2003年公司售电量完成11202亿kWh，为计划的107%，同比增长15.6%；跨区互供电量完成387亿kWh，为计划的129%，同比增长92.3%；销售收入4277亿元，为计划的103%；实现利润41.6亿元，为计划的130%。资产总额8576亿元；资产负债率61.8%。劳动生产率36万元/（人·年）。

公司固定资产投资完成684.7亿元，为计划的92%。330kV及以上线路投产5007km，开工6989km，变电容量投产1557万kVA，开工2811万kVA。直流换流容量投产600万kW。抽水蓄能等电源项目开工554万kW。线损率完成6.97%；供电煤耗率完成358g/kWh。

安全生产情况

国家电网公司认真落实国务院安全生产电视电话会议精神，遵循“安全第一、预防为主”的方针，坚持行之有效的管理制度，推行安全性评价动态管理，建立风险管理机制，新的安全生产管理体系初步形成。坚持统一调度，规范调度行为，加强并网机组的安全管理，初步建立了厂网安全协调机制。超前分析影响电网安全的潜在因素，周密防范。吸取美、加停电事故教训，以公司第1号令颁发了《关于加强调度管理确保电网安全稳定运行的规定》。积极开展电网调度“六复核”工作，强化“三道防线”，建立了事故预防与应急处理机制。配合公安部门，积极开展打击盗窃破坏电力设备和窃电犯罪专项行动。公司确保了电网安全，确保了重要城市和重要用户的安全可靠供电，电网事故和设备事故明显减少，没有发生对社会造成严重影响的停电事故。2003年，公司发生电网事故127起，比2002年下降7.3%；发生设备事故342起，同比下降10%。

电网发展情况

受国家发改委的委托，国家电网公司积极开展电力工业“十五”计划调整、“十一五”规划和2020年远景目标规划研究。深化公司战略和全国联网规划研究，开展全面建设小康社会电力发展规划研究。

公司坚持适度超前建设电网，西电东送、南北互供、全国联网取得新进展，电网结构进一步加强。三峡至常州直流工程按期高质量投运，三峡二期输变电工程顺利通过国家验收，保证了三峡电力送得出、落得下、用得上。三峡至广州直流工程提前完成单极调试。华中—华北联网、福建—华东第二回联网、托克托一期送出工程实现投运。华中—西北直流背靠背联网、神头—保北输电工程进展顺利。具有里程碑意义的西北750kV示范工程以及东北—华北加强联网、华北—山东（邯聊）联网工程顺利开工。华中—华北加强联网、西北—华北直流联网、川渝—西北联网等工程正在加紧前期论证工作。各区域、省级电网骨干网架建设进一步加快。城网和一、二期农网改造总投资3298亿元全部完成。县城电网改造工程全面开工，完成投资110亿元。宜兴、张河湾、西龙池、宝泉抽水蓄能电站和白马洁净煤电厂、直孔水电站等项目相继开工；泰安、桐柏、琅琊山等抽水蓄能电站建设进展顺利，配合国家有关部门出台了抽水蓄能电站建设发展的有关政策。

公司制定并实施公司技术创新战略和科技发展规划，围绕生产、建设、运营中的重大技术问题开展攻关，取得了一批重要成果。积极开展输变电项目环境影响评价和电网运行环境影响监测等工作。

跨区跨省送电情况

国家电网公司正确把握自身定位，强化核心业务，认真贯彻温家宝总理“加强调度，确保重点，搞好服务，避免事故”的指示精神，采用各种技术和管理手段，优化电力调度，充分发挥现有发、输电设备潜力，签订并落实跨区、跨省输电合同，加大电网间的余缺调剂力度，跨区跨省送电工作取得新的进展。强化输电通道建设，全力以赴抓好三峡输变电工程及其他跨区输电工程。制定了跨区跨省电网生产、运行、管理、事故预防与应急处理等一系列规章制度，加强跨区跨省电网运行分析，重点解决影响跨区跨省电网安全的突出问题。加强负荷预测和优化调度，做好电力电量平衡和资源优化配置。根据“三公”原则，制定了有关电能交易管理办法和交易调度实施办法，并采用多种方式促进跨省、跨区电力交易。2003年，公司省间交换电量达到993亿kWh。福建、安徽、湖南等省公司顾全大局，诚信经营，克服困难，严格履行合同，保证了电力外送。通过较大范围的跨区跨省送电，缓解了缺电地区的用电紧张状况，取得了较好的社会效益和经济效益。

国家电网公司依靠地方政府，积极实施需求侧管理，充分利用价格杠杆和行政手段，严格执行“先错峰、后避峰、再限电、最后拉路”的原则，优先保证居民生活和重要用户用电，合理安排和引导企业错峰、避峰，周密制定供电应急预案，最大限度地缓解了供电紧张矛盾。华东、华中、华北电网在保证电力供应工作中取得突出成绩。

经营管理情况

国家电网公司适应新定位的要求，认真贯彻落实《企业国有资产监督管理暂行条例》，坚持和完善三项责任制考核。加强预算控制，严格投资、担保和合同管理。加大了对预算亏损企业的管理力度，实现了减亏扭亏。坚持勤俭办企业，挖掘内部潜力，严格控制成本费用支出，压缩非生产性开支。积极拓展资金筹措渠道，努力降低融资成本。强化依法治企，大力加强企业法规建设，建立了较完整的规章制度体系，有效避免了经营管理中的法律风险。加大内部审计力度，推进内审体系建设。通过积极汇报和沟通，争取到集中提取技术开发费等一系列政策支持，疏导电价矛盾也取得突破。加强国际技术交流与合作，借鉴国外企业改革、发展和管理经验，推动和改进公司工作。各单位积极探索管理创新的新举措，取得了实效，如成立风险管理委员会，对重大投资项目进行风险控制；采用优化贷款结构、集中招标采购等方式，降低成本；推动清欠电费工作纳入地方信用体系建设，促进电费回收等。经过上下共同努力，公司顺利完成了年度经营目标。华北集团公司，江苏、山东、浙江省公司，华东公司等单位实现利润位居前列。

体制改革情况

国家电网公司认真贯彻国发［2002］5号文件精神和国务院电力体制改革工作小组的部署，积极稳妥推进各项改革。坚持从实际出发，提出了“六个加快、三个积极稳妥”的改革建议。按照公司党组《关于区域电网公司组建有关工作的意见》，完成了5家区域电网公司的组建。认真做好国家电力公司资产重组的后续工作，完成了中国水利水电建设集团公司等4家辅业集团公司、国电热工研究院等9家直属企事业单位资产财务和劳动工资保险关系的划转移交，初步完成了与5家发电集团公司的发电企业划转移交。提出了网省公司层面主辅分离改革的框架性意见，完成了华北电力大学校董会的组建。认真配合电监会开展东北和华东区域电力市场试点，配合国家有关部门出台了《电价改革方案》和《电力厂网价格分离实施办法》，积极参与《电力法》等法律法规的修订工作。按照《进一步深化农电体制改革的意见》，理顺农电管理关系，规范农村供用电秩序，农电企业管理水平继续提高。

优质服务情况

国家电网公司坚持“人民电业为人民”的宗旨和“优质、方便、规范、真诚”的服务方针，深入开展“优质服务是国家电网的生命线”宣传教育。定期上报和发布电力市场分析预测信息，为政府、发电企业和电力用户提供服务。严格执行“三公”调度，加强调度信息发布，维护电力市场秩序。在供电紧张的情况下，严格执行经政府部门批准的供电序位，耐心做好限电解释说明工作。继续推进供电营业规范化服务和示范窗口建设，推广完善95598电力客户服务系统，加强监督检查和动态管理，完善优质服务常态运行机制。公司所属多数供电企业在地方民主评议行风活动中名列前茅。

公司同网同价工作取得新的进展，21个省级电力公司所辖的1380个县实现了城乡居民照明同价，其中486个县实现了城乡各类用电同价，为农村经济发展和农民生活水平的提高做出了积极贡献。

党的建设和精神文明建设情况

国家电网公司认真学习贯彻十六大和胡锦涛总书记“七一”重要讲话精神，兴起了学习贯彻“三个代表”重要思想的新高潮，提高了各级领导班子和领导干部自觉运用“三个代表”解决问题的能力。贯彻落实“两个务必”的要求，公司党组带头加强作风建设。开展了向郑培民同志学习等一系列活动，电力行业的优良传统得到恢复和发扬。加强领导班子和干部

机 构 设 置

国家电网公司组织机构图

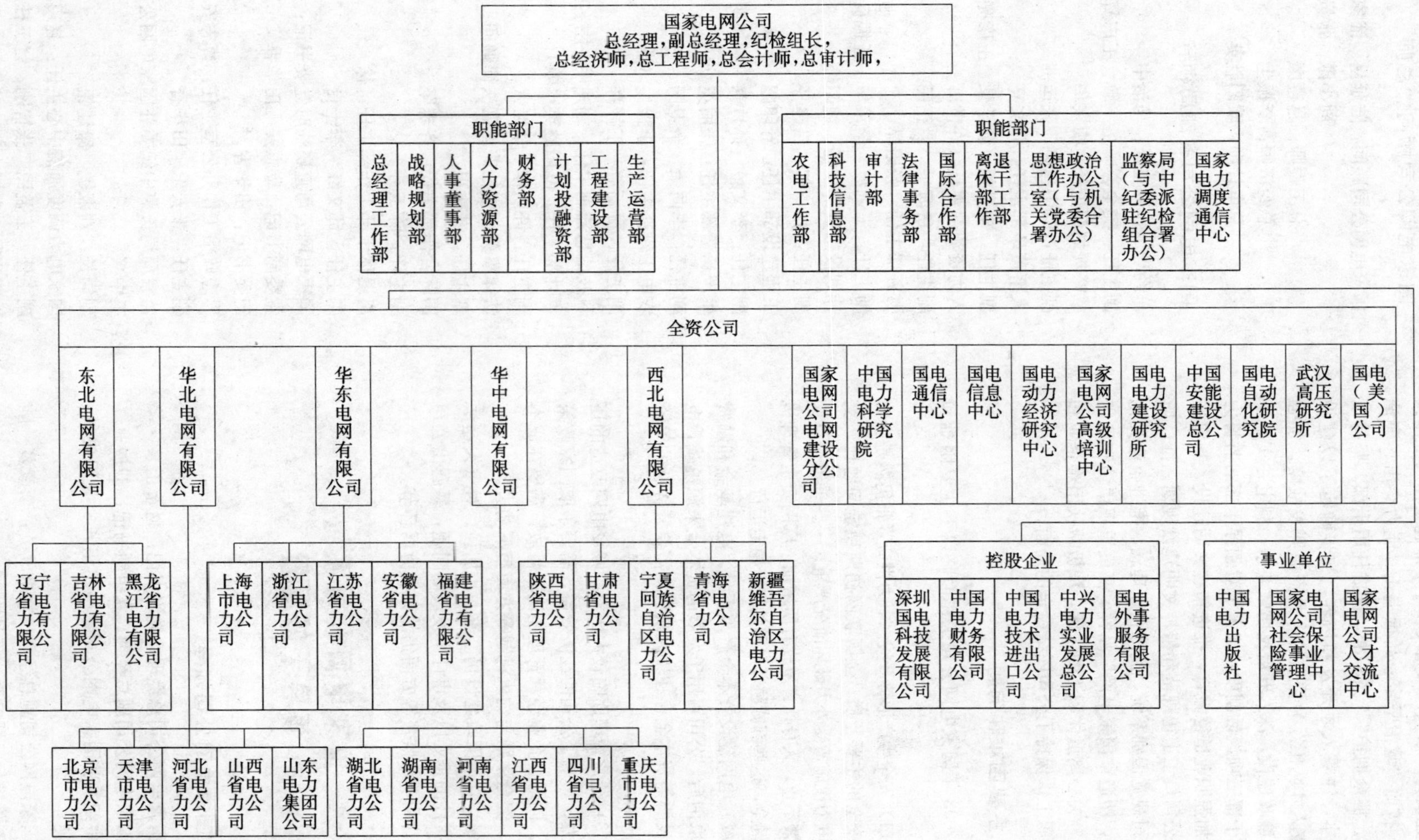

代管企业：西藏自治区电力公司。

队伍建设，严格执行《党政领导干部选拔任用工作条例》，按照“政治坚定、品行端正、能力突出、廉洁自律、群众拥护”5条标准，选拔任用干部。坚持以人为本，注重人才开发和培养，初步确定了以建设“四支人才队伍”为重点的人力资源开发战略。加强党风廉政建设，深入开展反腐败斗争，制定并实施了领导干部三项谈话制度，加大了对领导干部的监督力度。加强职业道德教育，推进精神文明建设，制定并实施公司员工道德规范和精神文明建设规划。推广应用公司视觉识别系统，提炼企业理念，推进企业文化建设，塑造“国家电网”品牌。高度重视信访和稳定工作，关心离退休职工的生活，积极帮扶困难企业和困难职工，保持了公司团结稳定的局面。

主要困难和问题

2003年国家电网公司工作面临以下主要困难和问题：

(1) 安全生产形势严峻。电力供应紧张仍然是影响电网安全的主要矛盾；全国联网初期稳定问题比较突出；电力设施遭受外力破坏情况严重；一些单位违章操作屡禁不止，人身死亡事故有所增加；厂网安全管理机制不健全，这些都威胁着电网的安全稳定运行。

(2) 电网建设资本金严重不足。电建基金和贴费政策取消后，公司可用于发展的资本金来源锐减，电网建设所需资本金存在较大缺口，需要开辟新的筹资渠道。

(3) 经营管理面临较大压力。城乡电网改造的还贷压力，影响了公司的经济效益，需要争取国家政策支持。同时，企业经营管理还比较粗放，需要在成本控制、健全激励与约束机制等方面狠下功夫。

(4) 党风廉政建设仍需进一步加强。对重大违法违纪案件的查处以及审计中发现的问题，暴露出公司在经营和干部监督等方面仍然存在薄弱环节。

国家电网公司系统领导干部配置

国家电网公司领导

国家电网公司总经理、党组书记：赵希正

国家电网公司副总经理、党组副书记：刘振亚

中纪委驻国家电网公司纪检组组长、党组成员：祝新民

国家电网公司副总经理、党组成员：李彦梦　陆启洲　陈进行　郑宝森　陈月明

国家电网公司顾问、总师

国家电网公司顾问：陆延昌　潘家铮　谢松林　周小谦　张贵行　谢绍雄

总工程师：赵遵廉

总经济师：李振生

总审计师：欧阳胜英

国家电网公司各部局领导

总经理工作部主任：马治中

副主任：樊全喜　王　敏　王广辉

战略规划部主任：梅宗华

副主任：欧阳昌裕　张运洲

人事董事部主任：张文亮

副主任：胡贵福　俞学豪　王彦亮

人力资源部主任：许世辉

副主任：吕海平　尹正民

财务部主任：张国厚

副主任：王剑波　李荣华　任振良

计划投融资部主任：魏昭峰

副主任：张　贺　吕建平

工程建设部主任：舒印彪

副主任：李文毅　孙竹森　梁旭明　魏恭华

生产运营部主任：张丽英

副主任：李向荣　余卫国

农电工作部主任：李振生（兼）

副主任：贾福清　王抒祥

科技信息部副主任：刘建明（主持工作）　焦保利

审计部主任：欧阳胜英（兼）

副主任：许以作　辛绪武

法律事务部主任兼首席法律顾问：吕振勇

副主任：龚建祖

国际合作部主任：齐志坚

副主任：陈玉芬

离退休干部工作部主任：徐　磊

副主任：邱文红　李士良

国家电网公司直属临时党委书记：刘振亚（兼）

党委副书记：曹志安　田华香

纪委书记：田华香

思想政治工作办公室主任：曹志安

副主任：张安乐　田华香

监察局局长兼中纪委驻国家电网公司纪检组副组长：王中兴

副局长：刘淑敏　康建瓴

国家电力调度通信中心主任：赵遵廉（兼）

副主任：王益民　张智刚　赵玉柱

总工程师：辛耀中

公司系统各单位主要负责人

华北电网有限公司董事长、总经理、党组书记：朱国桢

东北电网有限公司董事长、总经理、党组书记：刘 忱

华东电网有限公司董事长、总经理、党组书记：邵世伟

华中电网有限公司董事长、总经理、党组书记：张学知

西北电网有限公司董事长、总经理、党组副书记：刘肇绍

党组书记、董事：刘本粹

北京市电力公司总经理、党委副书记：李一凡

党委书记、副总经理：栾 军

天津市电力公司总经理、党委书记：李庆林

河北省电力公司总经理、党组成员：臧其臣

党组书记：王颖杰

山西省电力公司总经理、党组书记：李援朝

山东电力集团公司董事长、党委书记：朱长富

总经理、党委委员、董事：谢明亮

辽宁省电力有限公司总经理、党组书记：赵首先

吉林省电力有限公司董事长、总经理、党组副书记：李书东

党组书记：梁国庆

黑龙江省电力有限公司董事长、总经理、党组书记：路书军

上海市电力公司总经理、党委书记：帅军庆

江苏省电力公司总经理、党委书记：寇士清

安徽省电力公司总经理、党组书记：杨宁生

浙江省电力公司党组书记：陈积民

总经理、党组副书记：庄虎卿

福建省电力有限公司董事长、总经理、党组书记：马宗林

湖北省电力公司总经理、党委书记：王远璋

湖南省电力公司党组书记：周绍文

总经理、党组副书记：李维建

河南省电力公司总经理、党组书记：卢 健

江西省电力公司总经理、党组书记：毛日峰

四川省电力公司党委书记：石万俭

总经理、党委副书记：朱长林

重庆市电力公司董事长、总经理、党组书记：陈 峰

陕西省电力公司总经理、党组书记：赵杰臣

甘肃省电力公司总经理、党组书记：曹友治

宁夏电力公司总经理、党委书记：刘应宽

新疆电力公司总经理、党组书记：张铭洲

青海省电力公司总经理、党委书记：王季平

西藏自治区电力公司总经理、党组副书记：王庆华

党组书记、副总经理：白玛朗杰

中国安能建设开发总公司党委书记：吴云峰

总经理、党委委员：陈方枢

国电通信中心主任、党委书记：张志厚

中国电力科学研究院院长、党委书记：吴玉生

国电自动化研究院院长、党组书记：卜凡强

国电电力建设研究所副所长、党委委员：梁 兵（主持行政工作）

党委书记：薄树明

武汉高压研究所（国家高电压计量站）所长、党委书记（站长）：吴维宁

国电信息中心主任、党委书记：孙佩京

国电动力经济研究中心（咨询有限公司）主任、党委书记（董事长、总经理）：邓建利

中共国家电网公司党校校长：刘振亚（兼）

国电高级培训中心（北京电力管理干部学院）主任、党组书记（院长）：冯雪原

中国电力出版社社长、党委书记：宗 健

深圳国电科技发展有限公司（联络处）董事长、总经理、党组书记（主任）：崔继纯

上海电力建设有限责任公司董事长、党委书记：施申新

中国超高压输变电建设公司经理、党委委员：万长江

中国电力财务有限公司董事长、党组书记：陈月明（兼）

董事、副总经理、副书记：罗新泉（主持行政工作）

中国电力技术进出口公司总经理、党委委员：叶迎春

党委书记：张羡崇

中兴电力实业发展总公司党委书记：丁长顺

总经理、党委委员：张春城

四川白马循环流化床示范电站有限责任公司董事长：张 贺（兼）

总经理、职工董事：胡昌华

河南国网宝泉抽水蓄能有限公司董事长：魏昭峰（兼）

总经理、职工董事：吴 毅

宜昌超高压管理处经理、党委委员：娄殿强

常州超高压管理处经理：彭广才

惠州超高压管理处经理：殷俊新

三门峡超高压管理处经理：仝培理

中国电机工程学会秘书长：魏光耀

国电（美国）公司董事长：郑宝森（兼）

总经理：王 庆

国电外事服务有限公司董事长：齐志坚（兼）

董事、总经理：陈玉芬

北京网联直流输电工程咨询公司董事长：舒印彪（兼）

总经理：鲍 瑞

国网电力物资有限公司董事长：舒印彪（兼）

董事、总经理：魏恭华

战略研究与规划

战略研究工作

为保证公司战略编制工作的顺利完成，成立了国家电网公司战略与规划领导小组并下设办公室，对战略编制工作进行统一领导。研究制定了《公司战略研究大纲》，进一步明确了公司战略编制工作的思路。在此基础上，紧密结合中国国情，按照市场经济规律，准确把握公司在国家、行业和电力市场中的战略地位和发展方向，实事求是地提出公司战略任务、战略目标、战略重点、战略步骤和实施控制策略。同时，为了加强公司战略编制工作，成立了公司战略研究编制工作小组，负责公司战略的编制工作，并对战略各专题的研究工作进行跟踪协调。为使公司总体战略具有更高的理论基础和实用价值，组织开展了八个战略专题的研究工作。

电力规划工作

（1）完成国家发改委交办的电力工业“十五”规划调整和“十一五”规划草案编制工作。按照国家发改委的要求，根据我国近几年社会经济快速发展状况及电力工业供需变化的新情况，提出电力工业的“十五”调整计划。在“十一五”规划草案编写与汇总工作中，按照国家发改委的要求，对“十一五”和2020年的电力需求进行预测，明确“十一五”电力工业的发展方针，根据国家社会经济的发展变化及我国资源环境条件，提出满足社会经济发展有效需求的电力发展规划草案。

（2）开展电力工业“十五”规划调整研究工作。根据电力工业供需变化的新情况及各省区电力工业“十五”规划调整报告，对规划的电源项目进行优化排序，对全国及分区域的电力电量进行平衡，对电源项目进行分地区的优化平衡。提出国家电网公司对电力行业“十五”规划调整方案及政策措施建议。

（3）开展全面建设小康社会电力发展规划课题研究工作。组织研究到2020年（展望到2050年），我国电力需求水平、供应方式及为保障电力供应所需的环保、技术、装备、资金等外部条件的发展目标、产业政策及措施。小康规划研究分为七个专题：

《社会经济发展研究》——研究全面建设小康社会的基本含义、特征、指标体系，对比国外的相似经济发展阶段，定位全面建设小康社会的基本内涵，分析我国在世界的经济地位，进而分析国民经济的发展对电力的需求，电力需求的主要增长点，各省、大区及全国的经济规模、电力电量需求水平。

《电力需求分析预测》——通过电力需求模型，在经济发展预测的基础上，分析重点行业的发展条件、目标、相应电力需求水平，各产业的电力需求及结构，从而预测出各省、大区及全国的电力需求总量及其结构、特性等。

《全国电力发展研究》——在全国及大区的能源资源的条件下，考虑未来环境、交通运输、出线走廊、资金、设备、技术等制约因素的情况下，提出电力供应的经济合理结构，相应的电网布局要求和电网调峰，西电东送、全国联网、联网的系统性问题与格局。

《经济区域电力发展研究》——重点研究城市群经济区域发展趋势及其对电力发展的影响。

《能源发展研究》——研究我国煤炭、石油、天然气等相关能源行业规划，规划水平年全国及大区一次能源平衡、能源运输等问题。

《电力供应技术创新研究》——研究技术进步、新型工业化对电力工业的影响，提出新技术的应用前景、可能达到商业化的时间，在规划水平年可能达到的技术水平、发展规模、相关技术手段的技术经济比较及当前需研究的重大问题。

《电力发展与环境保护》——提出环境保护技术的发展方向、前景与应用，从节水、节地、节能和合理控制污染物排放量角度，分析规划方案贯彻落实可持续发展战略等。

（4）完成电网公司系统电力项目的立项审查工作。根据电力市场变化和电力项目的前期工作进度，按照规划完成电网公司系统电源项目的立项审查工作。一年来共审查上报电力项目2个，总装机规模140万kW。

电网规划工作

（1）开展全国联网规划深化研究工作。在全面总结以往研究成果基础上，从分析2020、2030年全国跨区电力流入手，研究西电东送发展规划，特别是西南水电开发后的跨区外送规模和市场消纳范围，对2030年西南水电外送采用纯直流、交直流混合以及特高压交流三类输电方式进行了全面技术经济比较，提出了初步推荐意见。研究了全国联网格局和近中期全国联网方案，重点是研究全国同步电网构建方案和跨区互联电网目标结构。论证了在不同水平年的南北互供能力和交换容量、全国联网格局和实施方案、高一级电压等级在我国应用的可能性等，对2010年、2015年全国跨区联网单项工程在联网方式、联网方案、实施时机等方面提出了具体意见。完成了西北与华北联网初可研、华北与华东联网（通过阳城输电系统）专题研究工作。

（2）开展全国联网规范补充研究工作。重点研究如何大力推进大型煤电基地建设，加快西电东送、北电南送，加强南北互供，实现水火调剂。开展跨区电力流补充研究，研究大型煤电基地外送范围和输电方案；对2010年、2015年以及2020年全国联网格局、同步电网合理范围、交直流配置方案进行补充研究。

（3）开展电网中长期规划工作。明确了国家电网公司开展电网规划设计、五年电网规划及远景目标编制、公司发展规划工作的基本要求，组织开展2010～2020年电网中长期规划工作。完成了《国家电网公司电网“十五”计划调整报告》，完成了川渝电网2010～2020年目标网架规划设计工作。

（4）开展西电东送输电系统规划设计工作。全面完成金沙江一期、锦屏、拉西瓦三大西电东送电源输电系统规划设计工作，通过研究基本明确了这几个电站电能合理消纳范围、输电方案，开展了到网电价测算分析工作。

电力市场分析预测工作

（1）调整电力市场分析预测工作思路。面对电力体制深化改革后形成的电力市场主体多元化和利益主体多元化的新局面，全面开展电力市场分析预测工作。在过去市场分析预测工作良好的基础上，结合电力供需新形势，适时调整和创新，努力做到电力供应和需求并重、年度与中长期并重、全国与区域并重、研究与调查并重，建立春季报告、秋季报告以及半年简要报告制度，建立市场分析报告定期向政府部门上报和向社会发布制度。

（2）完善电力市场分析预测工作体系。加强对电力市场分析预测工作的领导和协调，成立领导协调小组、专家小组和工作小组；完善电力市场分析预测工作体系，修改编制完成了《国家电网公司电力市场分析预测工作暂行规定》（试行）、《国家电网公司电力市场分析预测内容深度要求》（试行），同时针对春、秋季报告和半年简要报告提出具体的内容深度要求，并设计相应的附表，使电力市场分析预测工作制度化和规范化。

（3）开展电力市场分析预测工作。组织成立课题研究小组，研究提出2003年春、秋季全国电力市场分析预测报告，上报国家发改委、国资委、电监会，并抄送各发电集团公司等相关机构和部门，在中国电力报等新闻媒体上发表。

综合计划与投融资

2003年综合计划执行情况

（一）电力产量

售电量：公司售电量完成11202亿kWh，同比增长15.6%，完成年计划的106.7%。

发电量：公司管理机组发电量完成1194亿kWh，完成年计划的106.0%，同比增长5.2%。公司火电机组平均利用小时数为5765h，同比增加563h。

跨区输电：公司跨区输电完成387亿kWh，完成年计划的129%，同比增长92%。其中，东北送华北42.44亿kWh；三峡电站首台机组于2003年8月1日正式投入商业运行，当年投产6台机组，发电86.06亿kWh（送华东34.5亿kWh，送华中43.8亿kWh，送重庆7.76亿kWh）；川电东送通道互供25.68亿kWh；华中与华东互供87.37亿kWh（其中华中送华东83.1亿kWh）；华中送重庆2.52亿kWh；福建与华东互供电量41.34亿kWh（其中福建送华东电量32.8亿kWh）；阳城送江苏107.06亿kWh。

（二）固定资产投资

公司固定资产投资完成661亿元（公司计划口径），完成年计划的86.9%。其中，电力大中型项目完成投资484亿元（电源项目完成37亿元，电网项目完成404亿元）；二期农网改造工程全部完成，全年完成投资66亿元；县城电网改造完成投资110亿元；小型基建完成投资34亿元。

（三）电力建设规模

1. 开工规模

电网开工：新开工330kV及以上交流线路6989km、变电容量2811万kVA，新开工规模创历史新高。

电源开工：新开工抽水蓄能等电源项目554万kW，圆满完成全年开工计划。

2. 投产规模

公司投产330kV及以上交流线路5004km、变电容量1533万kVA，直流换流容量300万kW。其中，三峡输变电工程投产“四线一直流”，三常直流及31个500kV交流输变电工程顺利通过了国家的最终验收。公司2003年没有电源项目投产。

（四）资产经营

公司各项资产经营指标均完成年计划目标。主营业务收入完成4277亿元，完成年计划的103.6%；实现利润41.56亿元，完成年计划的129.5%；资产负债率61.8%，控制在62%的计划目标之内；应收电热费余额完成222亿元，比年计划控制目标243亿元减少21亿元。

（五）劳动工资

年末职工人数为723411人，比年初计划少2139人；全年工资总额为208.1亿元，同比增长13%，与国家下达计划基本持平；劳动生产率完成36.03万元/人，比计划增加1.65万元/人，完成计划的104.8%。

（六）供电质量

城市供电可靠率因供电紧张等原因比计划目标低0.016个百分点，其他供电质量指标均达到或超过计划目标。

（七）安全管理

除代管的西藏拉萨电网发生一起全网停电的重大电网事故外，公司系统没有发生重大及以上电网事故。但当年公司系统人身死亡15人，比2002年增加8人，反映出部分单位在安全管理上还存在一定薄弱环节。

（八）能源节约

公司线损率完成6.97%，同比降低0.18个百分点；公司火电机组供电煤耗完成358g/kWh，同比降低2g/kWh。

（九）科技投入

公司系统科技投入总额完成33.52亿元，完成计划的129.8%，占主营业务收入的0.78%。

加大前期工作力度，推进重点工程建设

1. 三峡输变电、西电东送、南北互供和全国联网取得新进展

上报330kV及以上输变电项目可研18项5184公里1974万kVA；国家发改委批复15项4293km1886万kVA。审批下达220kV及以下输变电工程可研24项14300km3440万kVA。

三峡输变电工程进展顺利。三峡输变电工程投产“四线一直流”、新开工“二线四变”的目标全部实现，保证了三峡首批机组送得出、落得下、用得上。

西电东送按计划进行。托克托一期送出、华北丰万顺串补工程投产。神头—保北输电工程进展顺利。左一至龙泉至荆门线路工程开工建设。

全国联网取得新的进展。福建—华东第二回联网线路2003年初投运，华中—华北联网线路2003年9月投产。华中—西北直流背靠背联网（直流国产化依托项目）、东北—华北加强联网、华北—山东联网（邯聊）工程开工建设；华中—华北加强联网工程可研已完成，西北—华北直流联网、川渝—西北联网工程补充可研工作启动。

西北750kV示范工程开工建设。各区域、省级电网骨干网架工程进展顺利，保南、山西中南部、张家港变电站等500kV输变电工程按计划推进。南充至万县等500kV输电工程开工建设。

青藏铁路供电工程、藏中电网改造按计划加紧建设。城网和一、二期农网改造总投资3298亿元全部完成；县城电网改造工程批复总投资407亿元，当年安排投资计划176.5亿元，全年完成投资110亿元。

2. 积极推进抽水蓄能等电源项目建设

组织召开了抽水蓄能电站建设与发展研讨会，举办了抽水蓄能电站建设与发展论坛，对抽水蓄能电站建设发展中的一些重大问题进行研究。

山东泰安、浙江桐柏、安徽琅琊山等蓄能电站建设进展顺利。江苏宜兴、河北张河湾、山西西龙池、河南宝泉抽水蓄能电站和四川白马洁净煤示范项目、西藏直孔水电站等项目相继开工建设。河南宝泉抽水蓄能电站进行了股东变更。山东烟台IGCC项目公司合资合同和章程已经签署。

加强跨区输电合同管理

为推动地区间电能交易，加强跨区输电管理，公司制定了《国家电网公司跨区电能交易管理办法（试行）》。为按照市场机制规范购售电和输电行为，界定合同各方的权利和义务，充分发挥三峡水电站效益，公司组织有关各方签订了2003年三峡购售电及输电合同——中国电力工业第一份一体化的购售电及输电合同，保证了三峡电能的合理消纳。同时，根据年度跨区送电计划，逐项签订了2003年跨区购售电与输电合同，明确了各方在跨区输电方面的权利和义务。

加强投资管理，促进公司发展

制定了《国家电网公司投资管理暂行规定》，规范公司系统投资行为。根据公司系统财务状况，优化调整并批复了公司系统县城电网改造投资规模，优化调整了部分城网建设规模。明确了电网二次系统的管理思路和重点，提出了三峡二次系统项目建设的调整意见。加强对小型基建项目的管理，制订印发了《国家电网公司小型基建项目管理暂行办法》、《公司本部小型基建项目管理实施细则》，对在京单位小型基建项目进行了调研，批复了小型基建项目立项报告10项。开展了公司本部直接投资的两个跨区联网项目（东北—华北联网、福建—华东联网）后评估工作。

加强融资管理，努力降低融资成本

积极做好债券融资工作。圆满完成了2002电网债的首次年度付息工作和50亿元2003电网债的申请、发行工作。

上市工作取得新进展。国电南瑞成功发行4000万股并在上交所上市，募集资金4.15亿元，成为公司系统第一家上市公司。

积极开展银企合作。公司与工行、开行、建行和中行分别签订了银企合作或综合授信协议。

努力降低融资成本。利用外汇掉期交易工具，对3.8亿美元三峡工行外贷进行了外汇掉期，将该笔贷款未来八年的贷款利率锁定在3.93%，化解了利率风险。办理了沈大输变电、西龙池抽水蓄能电站等项目进口设备免税文件。

建立统计工作体系，强化统计管理

承续完成了2002年电力行业和国家电力公司统计年报任务，顺利实现了行业统计职能向中电联的移交，做到了在电力体制改革期间统计工作不断、统计数据不乱、统计体系不散。

积极开展公司统计工作。制定了《国家电网公司统计管理办法》，颁发了《国家电网公司统计月报制度》，提出了国家电网公司统计指标体系，加强统计分析工作，初步建立起适应新形势的公司系统统计工作秩序。

深入调研，加强管理，不断提高管理水平

1. 加强调研，为公司的改革发展服务

参与了国家发改委对国家电力公司前期电源项目的划分工作。积极参与区域电网公司组建的有关工作。参加了西藏电力发展状况的调研，提出了关于援藏工作的有关建议。

牵头组织准备了《一季度电力工业形势分析报告》、《“非典”疫情对电力影响的分析报告》和《关于当前国家电网公司运行情况的报告》等，按时完成向国务院和有关综合部门报送经济活动分析材料。

开展了输变电工程造价分析、公司本部三年发展计划、综合计划管理体系、抽水蓄能电站运行管理和相关政策等研究工作。

2. 积极推进信息化建设

按照公司信息化工作的总体部署，开展了综合计划与统计信息管理系统的开发、推广工作。目前该系统总体进展顺利，正在部分单位试用。

3. 不断加强制度建设

制定出台了《国家电网公司计划投融资部工作规则》、《国家电网公司综合计划管理暂行办法》等11项管理办法，对于本部门加强管理、提高工作质量和工作效率，起到了较好的作用。

电力生产与运营

安全生产

2003年国家电网公司安全生产情况基本稳定，除代管的西藏拉萨电网发生一起全网停电的重大电网事故外，公司直属电网没有发生重大及以上的电网、设备事故；没有发生对社会造成严重影响的停电事故，没有发生大型设备损坏事故。公司系统电力生产、基本建设共发生人身死亡事故14起，死亡15人，比2002年增加7起，增加8人；发生电网事故127起，比2002年同期减少10起，下降7.3%；发生设备事故353起，比2002年同期减少27起，下降7.1%。

1. 构建完善、科学、有效、规范的安全管理体系

（1）全面强化安全生产工作的制度化建设。在网厂安全协调机制尚未建立的情况下，结合电网生产实际，组织制定了《安全生产责任制考核办法》、《安全生产工作规定》、《安全生产监督规定》、《安全生产奖惩规定》、《电业生产事故调查规程》等规程规定，明确了公司系统各层面之间的安全生产管理关系和管理责任，进一步完善和强化了安全生产管理和监督保障体系。

（2）实施安全性评价动态管理。以建立覆盖电力生产各个环节、各个领域的安全性评价动态管理体系为目标，实施自下而上与自上而下相结合的，基于风险辨识、分析、评估、控制的动态闭环过程管理，逐步形成基于风险管理的安全生产长效机制，初步完成了安全性评价动态管理体系文件建设，包括安全性评价动态管理和实施办法、涉及电网各个环节的7个安全性评价标准和查评依据的编制工作，对规范和推动公司安全性评价动态管理工作起到十分重要的指导作用。

（3）建立年、季、月、周安全生产分析和事故通报制度。定期对事故和异常情况进行全方位的分析和比较，找出不同地区、不同季节的事故特点和规律，并有针对性地采取措施，防止和减少事故的发生。对性质严重的事故及时分析事故原因，查找管理漏洞，提出防范措施，并通报公司各单位，防止类似事故再次发生。

（4）建立和完善防汛组织体系，做好公司水电站大坝和电力防汛工作。及早部署防汛工作，全面落实

防汛工作责任制，加强对枢纽变电站和重要输电线路的防汛检查，认真落实整改措施。加强防汛的组织和协调，积极组织力量抗洪抢险，及早恢复电力供应，将灾害造成的损失限制在最小范围。在淮河、渭河遭受严重洪涝灾害情况下，公司没有发生水电站大坝垮坝和重要电力设施损坏事故，确保了电网的安全稳定和抗洪抢险电力供应。

（5）认真吸取美加大停电事故教训。组织公司各单位对“8.14”美加大停电事故情况进行研究和跟踪，对当前公司存在网架结构薄弱、发输电设备质量和可靠性水平低、电网备用容量不足、电网运行环境恶劣等问题进行了细致分析，提出进一步加强电网安全管理、防止发生大停电事故的措施。

（6）建立事故预防与应急处理机制。组织制定了《国家电网公司重特大生产安全事故预防与应急处理暂行规定》，从组织和技术保障、事故处理、恢复以及调查等方面对建立多重故障的预防机制、紧急情况下的应急控制、停电后的恢复控制机制提出了明确的要求。

2. 加大电网设备的管理力度

积极开展安全性评价和安全生产环境质量管理体系的贯标工作。建立设备缺陷管理闭环控制和动态管理体系，不断提高设备健康水平。积极开展安全生产环境质量管理体系（ISO9000、ISO14000 和 OHSMS 整合简称“三标一体”）贯标试点工作，推进管理的标准化、规范化建设，完善企业的各项管理标准、作业标准，初步整合并形成符合电力企业特点的《安全生产健康环境质量管理体系》，完成了宜昌、常州管理处全体员培训工作和作业指导书的编写工作。

3. 加强网厂安全管理

（1）加强发电厂并网运行管理。在充分听取和征求各发电公司意见的基础上，制定了《加强网厂安全管理保证电网安全稳定运行的指导意见》，从电网统一调度、安全管理、技术管理、设备运行、设备检修、技术监督、事故调查、信息沟通、运行考核等方面，明确了网厂管理的具体内容和要求。协助电监会制定了《关于发电厂并网运行管理的意见》，初步理顺了网厂的安全生产管理关系，规范了对发电厂并网运行管理的内容和范围。

（2）开展发电厂并网安全性评价。制定了《发电厂并网安全性评价》评价标准和查评依据，积极组织各网省公司开展发电厂并网安全性评价，规范发电厂并网运行的安全管理工作。

（3）开展发电厂升压站和影响电网安全的二次系统检查工作。结合秋季安全大检查，对电厂升压站、涉及电网安全的继电保护、安全自动装置、通信、自动化等进行了安全检查，尤其是对易引发全厂停电的厂用电系统、升压站的绝缘状况以及公用系统进行了重点检查，并明确电厂应具有可靠的保厂用电措施，进一步提高了电厂的安全生产水平。

（4）建立网厂安全管理协调机制。在公司层面与五大发电集团公司和国华、北国投、三峡等发电公司建立了定期的沟通交流机制。通过召开联席会议的形式，沟通和交流网厂安全生产的信息，发布 2003 年以来发电机组的非停情况，征求发电企业对电网出台的、涉及发电管理重大问题的意见，在国家电网公司与发电公司间建立起了良好的沟通渠道。

跨区电网运营

1. 生产运营工作

（1）强化跨区电网安全生产管理工作。根据跨区电网运行实际，先后印发《关于加强跨区电网生产运行管理工作的通知》、《关于进一步加强迎峰度夏期间跨区电网安全稳定运行的通知》等文件，明确提出各个阶段重点工作与具体内容。各运行维护单位坚持“安全第一、预防为主”的工作方针，精心准备，超前安排，组织制定了行之有效的组织技术措施，认真开展安全生产标准化、规范化管理工作，切实加强运行维护管理，强化重载设备的巡视与监测，科学安排检修，严格设备缺陷管理，集中进行设备整治，完善事故处理预案，提高了事故应急抢修处理的速度。

（2）加强电网日常运行管理和组织、协调工作。专门设置了运行管理专责工程师，坚持每日参加调度早会，密切跟踪电网运行情况，及时协调和解决电网运行中的问题。为加强生产运行信息的上传和下达工作，组织制定了《跨区电网输变电设备事故报告制度》，开发了跨区电网生产运行月报管理信息系统。针对运行中出现的停运事故，组织有关单位对事故原因进行深入分析，安排系统试验和专家分析会，及时提出反事故措施，有效地遏制了同类事故的再度发生。通过从严、从细的电网日常管理，保证了跨区电网生产运行工作始终处于可知、可控状态。

（3）进一步建立和完善跨区电网的组织管理体系，规范跨区电网生产管理工作。根据改革形势的需要以及管理内容和要求的变化，组织制定了跨区电网输变电设备运行情况报告制度、跨区电网输变电设备检修管理规定、跨区电网事故预防与应急抢修处理规定，修订了跨区电网生产准备、生产管理、大修技改工程管理、跨区联络线关口电能量计量系统运行管理、跨区电网通信电路运行管理、运行维护费用测算办法等管理规章制度，进一步建立和完善了跨区电网的组织管理体系，规范跨区电网生产管理工作。

（4）适时研究和提出跨区电网资产经营范围划分意见。根据电力体制改革实施工作的要求，适时地研究和提出了国家电网公司与区域电网公司经营管理范围界面划分意见。

(5) 进一步加强和规范了对公司直属超高压管理处的管理。为加强对公司直属超高压设备的日常管理，提高跨区直流输电系统的运行管理水平，组建了惠州和三门峡超高压管理处，并编写和印发了季度工作考核实施细则，提出了年度工作目标考核实施细则。

(6) 组织制订和完成2003年度生产费用预算计划。根据跨区电网生产运行的需要，组织编制2003年跨区电网生产费用预算；分两批审核和下达了跨区电网大修、技改计划；组织完成了跨区电网运行维护费用测算和委托管理协议的签订工作。加强了重点技改工程项目的方案审查、资金审查和工程管理的组织工作，确保了工程的安全、质量和效益。

(7) 完成了葛南直流控制保护系统改造项目前期研究、详细实施方案、初步设计工作。该项目是国内首次独立对远距离、大容量直流输电系统的改造，是直流输电技术国产化的一次重要实践。

(8) 配合公司有关部门完成三峡水电站购售电协议谈判、输电费用测算、线损测算及跨区电网主营业务审计相关工作。

2. 三峡送出和全国联网工程生产准备工作

(1) 组织有关运行维护单位高质量完成龙政直流极Ⅱ系统、福双Ⅱ回联网工程、华北华中联网工程、龙荆三回、荆荆双回等输变电工程的生产准备、工程验收、启动调试和生产接收工作，协调有关单位解决生产准备和工程遗留的问题。

(2) 组织有关运行维护单位开展三峡送出工程和全国联网工程在建工程，包括东北华北加强联网工程、南昌—乐万、咸宁—昌西—昌东、昌西—新余荆州—潜江、荆州—益阳、双林—王店、车坊—吴江、政平—宜兴等输变电工程的生产准备工作。完成了相关协议的签订工作，并落实了生产准备费用。

市场营销

1. 年度经营指标的完成情况（营销部门统计）

(1) 电力销售情况。国家电网公司完成售电量11412.70亿kWh，同比增长15.60%。江西、浙江、宁夏、江苏、福建、东北公司6个省区增长率超过20%，其中江西省达26.16%。从售电分类看，大工业、非普工业、居民、商业、趸售用电均达到了两位数的增幅，趸售用电增幅达23.76%。

(2) 电费回收情况。截至2003年底，国家电网公司累计应收电费余额88.23亿元，比2002年末欠电费总额97.16亿元下降8.93亿元，超额完成年初下达的电费回收任务。

(3) 客户发展情况。2003年，国家电网公司系统新增营业用户1834.66万户，累计营业户数达到7641.25万户，增长率为30.88%。

(4) 市场增容情况。2003年，国家电网公司系统累计完成业扩报装容量9339.92万kVA，同比增加20.94%。

(5) 未发生影响公司系统形象和稳定的重大事件。

2. 转变观念，开创营销工作新局面

(1) 召开两个重要会议。即国家电网公司市场营销工作会议和国家电网公司需求侧管理研讨会。

(2) 出台了三个重要文件。即，《关于加强电力营销工作的若干规定》、《供电服务规范》、《关于加强电力需求侧管理的实施办法》。

(3) 建立了两项制度，开展了五项调研。即：电力供需形势分析报告制度、营销分析制度；营销现代化建设即管理情况调研、城市供电服务情况调研、电费回收情况调研、需求侧管理实施情况调研、大用户直购电问题调研。

3. 营销基础管理工作得到全面加强

(1) 强化了对加强营销基础工作的指导和服务，引导各网省公司建立和规范营销工作流程、工作程序、工作标准，并印发《电力营销工作评价办法》等文件，为建立营销标准化体系做好充分的管理和技术准备。

(2) 推行目标管理，堵塞管理漏洞，部署用电营业普查、电能表质量及运行情况抽检等基础性工作，在分析电力销售、电费回收、电能计量、负荷管理等工作进行分析的基础上提出明确的堵漏增收改进措施，加强了对营销工作过程的动态管理。

(3) 加强营销分析工作。每季度对电力销售情况、市场发展情况、电费回收情况等营销基础工作进行定性、定量分析，并不断深化分析内容，提高分析质量，为公司经营战略的实施、经济效益的提高，提供了有价值的研究基础和依据。

4. 电费回收工作取得成效

(1) 各网省公司加强电费回收管理和考核，不断强化各级电费回收网络，突出重点，采取措施，克服了各种不利因素的影响，有效遏制了欠费额的增长，圆满完成2003年电费回收任务。

(2) 加强对电费回收工作的指导和监督。定期对欠费构成及原因进行分析、量化，关注国民经济各行业发展及产品的国内外市场动态，积极支持和帮助基层单位依法收缴电费，针对电费回收的薄弱环节，提出解决问题的措施和办法。

(3) 努力创造良好的电费回收环境。积极向国家有关部门反映市场经济环境下依法收缴电费存在的问题，用法律手段维护电网企业的合法权益。

5. 需求侧管理成绩突出

(1) 针对电力供应紧张的局面，积极研究加强需求侧管理的措施和办法，并多次向国家发展改革委汇报，提出利用行政、经济、技术手段进行移峰的意见和建议，协助国家发展改革委先后下发了《国家发展改革委关于价格杠杆调节电力供求促进合理用电有关问题的通知要求》和《国家发展改革委关于加强用电侧管理的通知》。

(2) 为落实发改委文件精神，制订并下发《国家电网公司关于加强电力需求侧管理的实施办法》，要求各网省公司合理错峰、避峰，最大限度地减少电力缺口的影响，并积极推进实施季节性电价、避峰电价、负荷率电价的试点工作。

(3) 在国家有关部门的大力支持和各网省公司的共同努力下，需求侧管理措施得到了有效落实，分时峰谷电价起到了积极的促进需求调节作用，可中断负荷的避峰补偿在一定范围和程度上得到了有效的积极尝试，负荷管理系统为确保错峰、避峰计划的落实发挥了重要的技术作用，受到了社会各界的充分肯定。

(4) 加强了对当前电力供需形势进行分析及发展趋势的预测工作。从 2003 年 3 月开始，每周进行电力供需情况的分析和汇总工作，及时掌握各网电力平衡情况和发展趋势、拉闸限电实际情况、对用电负荷的影响，以及实施错峰、避峰手段的效果。特别是针对浙江、福建、山西、湖南等电力供应紧张地区，密切跟踪负荷变化及电网运行情况，及时调整有序用电的方案和措施。

(5) 实施效果显著。夏季负荷高峰期间，华东电网采取需求侧管理措施日错峰负荷超过 550 万 kW，其中江苏、浙江最大日错峰负荷分别为 339 万 kW 和 110.49 万 kW，福建日平均错峰 63 万 kW。湖南电网最大日错峰负荷 60 万 kW，利用负荷管理装置限电 40 万 kW。河北南网日最大错峰负荷 76.12 万 kW，平均峰谷差下降 7.41%。

6. 营销信息化建设步伐加快

(1) 浙江省和天津市电力公司坚持以实用化为前提，以统一建设为原则，建成全省（市）统一的营销信息系统，取得了较好效果；上海、江苏、福建、湖北、甘肃、辽宁、河南、重庆 8 个省（市）电力公司完成营销信息系统建设试点工作；陕西、四川、青海、河北、湖南、安徽、宁夏、黑龙江、东北网省公司现正在进行营销信息系统试点工作；山东、吉林、山西省公司完成规划和调研工作。

(2) 219 个地（市）供电企业开通了“95598”电话，覆盖面占 89.9%。浙江省和天津市电力公司“95598”客户服务系统与营销信息系统联网运行，实现了计算机控制业务流程的闭环处理。天津市电力公司还开通了“95598”客户服务网站，客户可以在网上查询停电信息、用电常识及政策、用电信息等。

(3) 各网省公司在营销信息化技术的应用中，越来越注重以技术促管理创新，将服务与效益并重，扎扎实实稳步推进，务求实效，效果明显。11 月，国家电网公司组织专家对浙江省电力营销技术支持系统进行了全面测试，达到了实用化评价办法的要求。

7. 优质服务水平整体提高

(1) 各网省电力公司结合电力体制改革后供电服务工作的新情况、新特点，将供电优质服务作为电网经营企业工作的中心任务之一，努力开拓供电服务工作新思路，不断推出优质服务新举措，在贯彻落实“优质、方便、规范、真诚”的供电服务方针中，以保证电力安全可靠供应为供电优质服务的基本内容，在服务标准、服务规范、服务质量方面很抓管理，严格作风，创建机制，取得了较好效果。

(2) 以抓基础行为规范、供电质量的提高、服务体系和制度的建设为工作重点，制订并下发了《供电服务规范》，引导供电服务工作不断向规范化、制度化、系统化、科学化方向发展，供电服务逐步进入常态化运行管理。

(3) 福建试行的供电服务“五常管理”工作，使供电服务水平上了新台阶；抗击“非典”疫情、供需形势紧张，使供电服务工作经受了严峻的考验；江苏、湖北、上海、浙江、天津、山西、吉林、青海等省（市、区）公司在对营销员工进行服务意识和技能培训、主动接受客户与社会监督、对服务过程实行闭环监督管理等方面创造了许多好的经验和做法，供电服务水平得到明显提高。

(4) 及时公正处理城市供电服务中的客户投诉，并协调处理了青海塞那碳化硅有限公司申诉案，北京市宣武区槐柏树小区的断电问题、四川成都锦阳商厦诉讼案、北京卡表霸王条款等纠纷问题。

8. 开展大用户直购电问题研究

根据电力体制改革总体方案和“十五”期间电力体制改革的任务和要求，积极开展《大用户向发电企业直接购电》问题的研究工作，并向电监会提出《大用户向发电企业直接购电试点办法》的修改建议。分析大用户的现状、“直购电”的发展动态，研究并提出开放大用户向发电企业直购电的原则、范围以及相应的规范管理办法的意见。

输电与配电

1. 适应体制改革形势，规范生产管理

(1) 认清形势，统一思想，确保电网安全运行。分析电力体制改革后电网企业安全生产所面临的内、外部环境和近几年面临严重缺电的严峻形势，提出加强电力系统安全生产管理的明确要求，通过树立风险意识，完善制度措施，不断夯实电网安全生产基础。

(2) 规范电网运行管理。适应网厂分开和技术进步的新形势，制订了《国家电网公司关于加强电力生产技术监督工作的意见》，打破原有技术监督的局限性，根据生产中遇到的问题改进技术监督工作。同时，组织制订了国家电网公司《变电站管理规范（试行）》、《架空输电线路管理规范（试行）》、《电力生产设备评估管理办法》，并提出《国家电网公司电力技术监督工作规定》、《国家电网公司电力网电能损耗管理办法》、《国家电网公司电力系统电压质量和无功电力管理规定》等规范性文件，对于规范电网的生产管理起到了积极的作用。

2. 完善技术监督管理体系手段和内容

针对电力体制改革后存在的技术监督工作主体不明确，以及技术监督工作的形式、内容和范围不能适应电网发展需要等问题，制定了电网技术监督管理办法，明确电网企业生产管理部门是技术监督工作的职能部门，完善了公司技术监督管理体系；明确涉及电网安全的并网电厂一、二次系统的技术监督工作应纳入电网的统一管理；明确技术监督重点从电厂转移到电网；明确监督的形式和内容应根据电网生产和季节特点，有重点地动态进行。

3. 分析生产变化趋势，提前进行生产指导

(1) 转变工作重心，密切跟踪电网运行突出情况。密切注意生产中暴露的典型问题、突出问题和苗头性问题，对升压站的污闪、无功电压问题、防治“非典”定点医院可靠供电、500kV断路器故障、覆冰倒塌、直流电源中断、燃煤电厂冬储煤等生产中暴露的带有倾向性的突出问题提出通报、通知，对公司防范类似问题提出警示。

(2) 提高为生产服务的意识，开展设备事故分析。印发国家电网公司《电力设备评估管理办法》，努力推动公司设备评估工作系统化、制度化、规范化。每季度对公司电网设备事故及异常情况进行全面的综合分析，找出影响电网安全运行的突出问题，提出有针对性地的改进措施。

(3) 积极开展调研，研究解决生产中存在的普遍性问题。针对生产中存在的普遍性问题、突出的问题组织公司系统有关单位、机构、专家开展调研，研究、提出解决问题的措施，指导公司系统改进生产管理工作。2003年，开展研究的主要项目有：500kV断路器故障、防污闪措施研究、技术监督工作改进、线损管理模式改进、配网自动化系统实用化等。

计量管理工作

(1) 健全计量管理规章制度。明确了电力系统53个质检中心及其主管部门的隶属关系并进行了更名。制订国家电网公司各类计量管理和技术规范。为规范现场校验电能计量装置、质检中心和计量考评员管理，制订并发布了《电能计量装置现场校验作业指导书》，完成了《国家电网公司计量考评员管理办法》（初稿）、《质检中心的管理办法》（讨论稿）、《数字多用表检定规程》、《直流高阻箱检定规程》和《高压数字表检定规程》。

(2) 继续做好计量标准复查考核工作。将原国家电力公司计量办公室的公章正式更名为国家电网公司计量办公室。组织完成了辽宁、河南、新疆、吉林、江苏5个电力试验研究所53套计量标准进行复查，确保电力行业量值传递体系正常有效的开展。

(3) 继续做好质检中心的复查工作。完成了对9家到期的质检中心进行复查，颁发了221名内审员合格证书。配合国家认证认可监督委员会完成华北电科院、电科院电测量所、国电电力建设研究所、电力工业电力设备及线路器材质量检验测试中心、华东电力试验研究院、电科院系统所6个单位的实验室认可和计量认证工作。

(4) 加强计量管理工作。组织召开国家电网公司电测计量工作会议，拓展了工作思路，理清了新体制下电测计量工作为电网服务的工作思路。为做好电力系统质检中心计量认证（复查）工作，举办电力系统质检中心内审员培训班，共37单位，81人参加培训，并经考核合格。

电 网 建 设

2003年，在党中央、国务院的正确领导下，国家电网公司克服“非典”疫情、电力短缺等不利因素的影响，正确处理改革、发展、稳定的关系，加快电网发展，确保电网安全，实现了良好开局。公司售电量完成11202亿kWh，为计划的107%，同比增长15.6%；跨区互供电量完成387亿kWh，为计划的129%，同比增长92.3%。公司固定资产投资完成684.7亿元，为计划的92%。

2003年国家电网公司坚持适度超前建设电网，西电东送、南北互供、全国联网取得新进展，电网结构进一步加强。三峡至常州直流工程按期高质量投运，三峡二期输变电工程顺利通过国家验收，保证了三峡电力送得出、落得下、用得上。三峡至广州直流工程提前完成单极调试。华中一华北联网、福建一华东第二回联网、托克托一期送出工程实现投运。华中一西北直流背靠背联网、神头一保北输电工程进展顺利。具有里程碑意义的西北750kV示范工程以及东

北一华北加强联网、华北一山东（邯聊）联网工程顺利开工。华中一华北加强联网、西北一华北直流联网、川渝一西北联网等工程正在加紧前期论证工作。各区域、省级电网骨干网架建设进一步加快。城网和一、二期农网改造总投资3298亿元全部完成。县城电网改造工程全面开工，完成投资101亿元。宜兴、张河湾、西龙池、宝泉抽水蓄能电站和白马洁净煤电厂、直孔水电站等项目相继开工；泰安、桐柏、琅琊山等抽水蓄能电站建设进展顺利，配合国家有关部门出台了抽水蓄能电站建设发展的有关政策。

工程建设任务全面完成

（一）工程建设的各项计划指标超额完成

到2003年底，国家电网公司全年累计建成投产500kV输电线路6158km，变电容量1835万kVA，换流容量600万kW。建成投产330kV输电线路683.5km，变电容量96万kVA。建成投产220kV输电线路7159.8km，变电容量3438.3万kVA。完成投资532.2亿元，其中抽水蓄能等电源工程39.8亿元，实现了全年的建设目标。

三峡和联网输变电工程，全年资金计划64.7亿元，其中三峡工程资金计划为57.2亿元，联网工程资金计划为7.5亿元。实际完成资金65.0亿元，占计划的100.5%，其中三峡和联网各完成资金57.4亿元和7.6亿元，分别占计划的100.4%和101.3%。全年固定资产投资计划为67.1亿元，其中三峡和联网输变电工程分别是63.3亿元和3.8亿元。固定资产投资实际完成71.3亿元，为年计划的106.2%，其中三峡和联网分别完成投资66.3亿元和5.0亿元，分别为计划的104.7%和130.2%。

（二）工程建设按计划完成形象进度，质量优良，安全基本受控

2003年，国家电网公司直管的三峡和联网工程建设项目26个，即三峡工程的“13线7变2直流”和华北—华中、东北—华北、西北—华中、川电东送等4个联网项目，输电线路3071km，变电容量600万kVA，换流容量900万kW。

福建与华东联网的第二回输电线路工程于2003年1月6日率先投产，三峡—常州500kV直流输电工程于2003年6月24日正式投运并移交生产，华中—华北联网工程于2003年9月21日投产，荆荆Ⅱ回于2003年10月7日投产，昌乐线于2003年12月6日投产，荆益线于2003年12月21日投产。至此，除左二至荆州的线路工程因三峡枢纽不能提供导线挂点而影响投产以外，全年的投产任务全部完成。共投产输电线路1403km、变电容量75万kVA、换流容量300万kW。特别是上半年，福建与华东联网第二回输电线路在年初投产，使福建与华东电网的电力交换能力提高到120万kW，三常直流双极投运，使华中与华东电网的电力交换能力提高到420万kW，并可靠送电，为华东地区迎峰度夏，缓解用电紧张局面起到了巨大的支撑作用。

东北—华北加强联网工程，潜江、苏州南、湖州变电站工程，长沙、益阳、南昌、荆门、凤凰山扩建工程及荆孝线路工程等计划内开工的项目，全部按计划如期开工。新开工变电容量3002万kVA，输电线路663km。

公司系统电网建设工程中，西北750kV示范工程于2003年9月19日正式开工，青藏铁路供电工程的青海段和西藏段于2003年10月相继开工。电源建设项目，西藏直孔水电站于2003年5月18日率先开工，此后，西龙池、宜兴、宝泉、张河湾4座抽水蓄能电站和四川白马循环流化床电厂相继开工，全年的开工计划完成。

工程建设质量达到了两个百分之百的质量目标，没有发生重大质量事故。主体工程安全处于受控状态，没有发生安全事故。

三常、三广工程建设工作成绩显著

（一）三峡至常州直流输电工程按计划投运，创世界最好运行纪录

三常直流输电工程。2003年5月20日完成双极调试，于2003年6月24日正式移交生产。自正式投入商业运行以来，双极运行率为100%，系统运行率为99.74%，单极停运次数为3次，没有发生双极闭锁事件。最大负荷达300万kW，截止到2003年12月31日，累计向华东送电93亿kWh。特别是在夏季高温季节，长期处于高负荷运行，系统经受住了最恶劣运行工况的考验，保证了三峡电力外送，极大地缓解了华东电网的供电紧张局面。工程运行情况表明三常直流工程的建设质量、技术水平，运行指标都处于世界先进水平。该工程的如期顺利投运，创造了世界上500kV同等规模直流输电工程输送容量最大、建设周期最短、初期运行指标最好等世界纪录。

（二）三峡至广东直流工程调试顺利，单极提前具备送电条件

三广直流线路工程于2003年10月12日全线架通，2003年11月15日完成验收，具备送电条件；两端换流站极1系统于2003年10月25日完成分系统调试，2003年11月6日、15日，荆州和惠州换流站先后带电，2003年12月2日开始端对端单极系统调试并一次启动成功，同时实现了华中电网与南方电网的互联，实现了全国联网的重要一步。调试期间创造了换流变充电、换流阀及阀厅、滤波器、直流线路加压、系统解锁等重大试验项目一次启动成功的记录。三广直流工程从设备合同签字到单极具备送电条件只用26个月，从土建开工到现在只用20个月，比

三常直流工程的工期缩短了9个月，比同期建设的贵广直流工程提前半年。根据现在的工程进展，完全有把握提前建成投产。

工程建设规范管理水平不断提高

（一）三峡输变电工程二期顺利通过国务院验收组的验收

三峡输变电工程二期建设目标是：建成投产三峡至常州±500kV直流输电工程，500kV交流输变电工程31项，其中：500kV变电站11座、变电容量700万kVA，500kV交流输电线路20条，共2562km，OPGW光缆3350km，通信系统工程9项，调度自动化工程3项。自1996年3月长万输变电工程开工，到2003年6月三常直流投运，经过8年的艰苦努力，二期建设任务全部完成。

国务院长江三峡二期工程输变电工程验收组自2002年11月至2003年7月12日，历时8个月，完成了对工程质量、安全、投资控制、工程招投标和物资采购，工程管理制度，工程档案、竣工决算的验收工作。验收组对三峡二期工程建设给予高度评价，认为三峡二期输变电工程建设规模、容量和系统功能满足设计要求；投资控制合理、有效；档案资料齐全完整，符合国家规定；交流工程建设在全国具有示范作用，直流工程建设达到了国际先进水平，同时促进了直流输电技术国产化水平和民族工业的发展。

（二）工程管理不断规范

进一步规范了合同管理程序，实现计算机网络化管理，合同覆盖率达到100%；进一步扩大了公开招标力度，物资、设备采购全部公开招标，变电站施工由邀请招标变为公开招标，监理实行公开招标等，坚持招、评、定三段分离，进一步增加了招标的透明度，并在中标条件上进一步简化、消除人为因素；加强了工程结算和决算工作。2003年全年完成了30个工程竣工决算工作，2002年以前竣工的工程竣工决算工作全部编制完成，从2004年起，所有直管工程的决算工作将按规定的时限完成；充实了安全管理委员会，理顺了安全管理体系，安全措施到位，安全管理水平有所提升。

（三）明确公司工程建设指导思想和基建工作管理思路进一步明确

提出了公司基本建设的新思路，即：坚持以经济效益为主线，以质量为中心，以安全为基础，以科技进步为动力，以科学管理为手段，适度超前建设电网，重点加强西电东送、南北互供网络建设，加强区域电网主网架建设，加强省网、特别是受端电网的建设和加快抽水蓄能及新技术示范电站的建设。明确了“统一规划，适度超前；安全可靠，优质工程；技术先进，合理造价；管理科学，强化‘五制’的基本建设原则。提出了要坚定不移地坚持“西电东送、南北互供，全国联网”，努力建设安全可靠、结构合理、技术先进的具有国际一流水平的现代化国家电网的目标。这些原则符合国家电网公司新的发展战略，符合电网发展的客观规律，符合我国电网发展的实际和国情。

（四）基建管理基础性工作进步加强

制定并颁发了《国家电网公司电力建设安全健康与环境管理工作规定》等10个公司规定，使公司系统工程建设做到了有章可循；加强了对抽水蓄能电站的建设管理，狠抓了水电建设工地的安全文明施工，鉴于大多数工程刚刚开始，及时抓了工程档案的标准化工作；成立了三峡输变电工程建设协调办公室，成立了西北750kV示范工程建设领导小组，建立了国家电网公司重点工程建设季度协调会制度，月度情况报告制度。及时了解和掌握重点工程建设全面情况，对重点工程建设中的重大问题及时进行了协调解决。

科 技 管 理

科技工作领导与规划

1. 成立国家电网公司科技领导小组

国家电网公司于2003年4月2日决定成立国家电网公司科技领导小组。科技领导小组组长由赵希正总经理担任，陆启洲副总经理、赵遵廉总工程师任副组长，成员由各部门主要负责同志组成。科技领导小组的主要职责是贯彻落实国家有关科技工作的政策法规；研究审议公司科技发展战略和有关重大决策；组织推动公司科技战略的实施和技术标准化工作；推动重大技术的研究开发和推广应用；协调解决科技工作和技术标准管理工作中的重大问题。科技领导小组下设办公室，具体承担领导小组的日常工作，办公室设在公司科技信息部。办公室的主要职责是：组织实施公司科技领导小组决定的事项；提出公司科技发展战略；组织编制公司科技工作规划并推进实施；组织实施公司技术标准化工作；调查研究公司科技和技术标准工作方面的重大问题。

2. 发布《国家电网公司技术创新战略》

技术创新战略着眼于科技信息工作中的全局性、长远性、方向性问题，围绕国家电网公司的战略目标，确立科技创新在新时期电网发展中的核心地位，确定科技发展的方针和目标，强调立足于自主科技创新能力的提高，大幅度增强公司科技实力和国际竞争力。

3. 发布《国家电网公司科技发展规划（2003～2005～2010）》

《国家电网公司科技发展规划（2003～2005～2010）》，从宏观上明确了公司科技发展的指导思想、基本原则、主要目标和重点任务，体现了跨越式发展的思路，提出到“十五”末，公司在电网综合分析、稳定控制、继电保护、直流输电等方面处于国际领先水平；在电网的实时稳定控制、电力电子、超高压大容量输电技术方向取得突破。到2010年，公司高新技术的研究开发与国际一流电力企业同步，公司内先进企业的电网技术指标达到国际一流电力企业水平，公司的综合技术实力达到国际一流水平。

4. 设立“国家电网公司科学技术进步奖”

为了奖励在国家电网公司科技活动中做出重要贡献的单位（集体）和个人，充分调动公司系统广大科学技术人员的积极性和创造性，促进公司科技进步，提高公司综合实力，根据国家和电力科技奖励的有关规定，结合国家电网公司的实际情况，国家电网公司于2003年设置公司国家电网科学技术进步奖，并制定发布了《国家电网公司科学技术进步奖励办法》和《国家电网公司科学技术进步奖励办法实施细则》。

科技攻关与成果

1. 科技项目管理

制定了《国家电网公司科技项目管理办法》，对国家电网公司科技项目合同格式作了较大调整，使之更适应电力体制改革后的新形势，可操作性更强。

2. 科技立项

积极争取国家各有关部门对公司重点开发项目和工程的支持，为推动750kV关键技术、特高压关键技术、电网关键技术等研究工作的开展，分别向国家发改委、国家科技部、国家自然科学基金委员会申报了5个项目，已落实2个项目，其他3个项目正在论证之中。

为配合西北750kV输变电示范工程，经过积极努力，公司与中机联联合申报了“750kV交流输变电成套设备及电网互联成套设备研制”重大装备国产化研制和关键技术研究项目。国家发改委已明确由国家电网公司负责整个项目的组织实施。该项目针对750kV输变电工程建设的需求，内容涉及750kV输变电成套设备和电网互联成套设备研制，以及800kV断路器大容量试验系统技术改造和750kV输电线路大型杆塔真型试验能力的建设等方面。电力和机械部门将有近30个研究及制造单位参加研发。

国家863项目、国家科技攻关项目的申报也取得了成果，其中山西和北京的863项目，由于完成的较好，国家科技部基本同意滚动立项，继续拨款开展研究与实施。

2003年，国家电网公司科技项目立项32项，签订合同57份，主要用于全国联网、直流输电、特高压关键技术、750kV输变电工程施工技术、城市供用电技术、农村电网设计建设技术、网络与信息安全技术、电网环保技术、公司企业技术标准编制以及公司重大工程建设项目和直管输电线路中出现的技术难题等。

3. 科技鉴定

2003年共组织项目验收18项，办理科技成果及新产品新技术鉴定36项。通过的鉴定项目中重点包括电力系统架空光缆实验室建设（OPGW试验室）、提高导线允许温度增加线路输送容量研究课题、500kV紧凑型架空送电线路设计技术规定、实用化45Mbps高速PLC的研究和开发、电力系统信息安全示范工程。

在2003年通过验收鉴定的项目中，电建所“电力系统架空光缆实验室建设（OPGW试验室）”项目的完成填补了我国电力系统OPGW、ADSS及其配套金具力学性能、光学性能检测和试验研究的空白，其综合试验能力达到了国际先进水平。

华东电力设计研究院和电建所完成的“提高导线允许温度增加线路输送容量研究课题”项目，对影响导线载流量的各中因素进行分析，对钢芯铝绞线提高10℃允许温度增容20%的经济性、可靠性进行了论证；对线路设计规程有关部分提出了修订建议。在国电华东公司主持下，该研究成果已在500kV华东电网迎峰度夏和新建线路上得到了初步应用，以较少的投入使两线路输送电力从2100MW提高到2600MW，并使自龙政线的受电得以从1300MW提高到2600MW。

电规院完成的“500kV紧凑型架空送电线路设计技术规定”，对指导今后我国500kV紧凑型架空送电线路工程的设计，以有效压缩送电线路走廊宽度、较大幅度提高送电线路自然输送功率，具有明显的经济效益和社会效益。

2003年公司系统获专利授权57个，其中发明7个、实用新型50个。

4. 获得奖项

国家电网公司系统获得2003年度国家级科技进步奖二等奖3项。获中国电力科学技术奖一等奖4项，二等奖4项，三等奖16项。

经专家评审组评审和公司科技领导小组批准，颁发2003年度国家电网公司科技技术进步奖47项，其中一等奖3项，二等奖18项，三等奖26项。

技术合作与交流

1. 实施走出去战略

为进一步开拓国际市场，推动继电保护等有竞争力的技术和产品出口，组织6个公司直属科研机构对越南国家电力公司、马来西亚国家电力公司、印度国家电网公司进行了科技交流和访问。

通过访问，了解了东南亚国家的电力发展状况和电力技术需求，初步建立了与访问国的电力和电网公司的科技合作的正式渠道。印度等国已表示愿在变电站自动化等领域与我们加强合作。

2. 组织相关技术研讨会和交流活动

召开了“定制电力技术研讨会”，组织首钢、航天城、奥组委、大型医院等特殊用户，以及科研和供电部门，全面了解电能质量存在的问题和政府重要部门、奥运会对电能质量的需求，推动定制电力技术的研究与应用；召开了“电网技术发展研讨会”，组织交流电网设计、建设、运行的最新技术；及时跟踪国外电网技术的最新发展，组织翻译了“美国国家电力传输技术展望（Grid 2030）”报告。

电力环境保护

1. 加强制度建设，推动环保工作的规范化管理

为促进公司环境保护工作有序开展，做到制度化、规范化管理，颁布了《国家电网公司环境保护工作管理办法（试行）》。

2. 加强建设项目的环境管理，促进电力与环境协调发展

依照《中华人民共和国环境影响评价法》，组织完成了国家电网公司系统39项500kV重点输变电建设项目、3项水电建设项目环境影响报告书和水土保持方案的审查和报批。

3. 开展环保基础工作，积极参与制定环保标准

为了掌握110、220、500kV交流输电线路和变电站以及±500kV直流系统的实际电场和磁场水平，从2000年开始对典型输变电工程进行实际系统的测量工作，为制、修订国家、行业和公司标准提供依据，为今后解决电网环保争端，维护公司合法权益奠定基础。关注环保政策研究，积极参与对电网企业影响重大的《电场、磁场、电磁场暴露限制》国家标准的制定等方面；受国家环保总局的委托，开展《环境影响评价技术导则——输变电工程》编制工作。

4. 召开国家电网公司第一次环保工作座谈会

2003年11月17日，国家电网公司环保工作座谈会在武汉召开，会议全面、系统地总结了国家电网公司成立以来的环保工作的总体情况，深刻分析了环保工作面临的形势和任务以及存在的问题，并就做好当前和今后一段时期的环保工作提出了明确的要求。

企业技术标准

1. 建章立制，推动公司技术标准工作的规范化管理

为了促进公司技术标准工作的有序开展，使技术标准工作有章可依，颁布了《国家电网公司技术标准管理办法（试行）》。

征集技术标准制定计划建议项目，制定本年度技术标准制定计划。经过广泛征求意见，并经公司科技领导小组批准，将《县城电网建设与改造技术导则》等23个技术标准列入2003年度技术标准制定计划。

2. 严格执行技术标准的制定程序，确保技术标准的制定质量

为满足750工程的需求，在充分征求各方面意见的基础上，发布了《750kV变电所设计暂行技术规定（电气部分）》等9项有关750kV工程设计以及重大设备选型的技术标准和《500kV紧凑型架空送电线路设计技术规定》，填补了国标、行标在某些技术领域的空白。

3. 召开国家电网公司第一次技术标准工作座谈会

2003年12月26日，国家电网公司技术标准工作座谈会在哈尔滨召开，会议总结了国家电网公司成立以来公司系统技术标准工作取得的成绩，分析了公司技术标准工作面临的形势及存在的问题，明确了公司技术标准工作的指导思想，提出了当前和今后一段时期公司技术标准工作的主要任务和要求。

电力信息化管理

为了加强对公司信息化工作的领导，国家电网公司成立了信息化领导小组。公司信息化领导小组组长由赵希正总经理担任，刘振亚、陆启洲、陈月明副总经理任副组长，小组成员由公司总工程师和有关部门负责人组成；信息化领导小组和科技领导小组办公室设在科技信息部，具体承担领导小组的日常工作。

2003年11月26日，陆启洲副总经理主持召开了公司信息化领导小组第一次会议，审定、批准了《国家电网公司信息化发展计划（2003～2005）》，原则通过了《网络与信息安全管理暂行规定》等三个网络与信息安全方面的规定，讨论了《国家电网公司关于“加强网络与信息安全保障工作”贯彻落实工作的汇报》。

在国家信息产业部和国务院信息化办公室联合召开的2003年度全国信息技术应用工作会议上，辽宁省电力有限公司《辽宁电力广域信息网络系统》被授予“国家倍增计划优秀项目成果奖”。这是全国电力系统惟一获此殊荣的单位。

在国家信息化评测中心和《互联网周刊》主办的展示信息化带动工业化的成果评测活动中，山东电力集团公司、辽宁省电力有限公司、福建省电力有限公司、浙江省电力公司分别荣膺2003年度“中国企业信息化500强”，分别排名第4、11、40和45位，辽宁省电力有限公司同时被授予“最具灵敏度奖”。

在全国企业信息化工作领导小组指导、由《每周电脑报》主办的"2003中国企业IT应用论坛"评选活动中，辽宁省电力有限公司、中国华北电力集团公司、上海市电力公司分别入选为"2003年度中国信息化百强企业"的第一名、第五名、第九名。潘明惠同志荣获"中国信息化百强企业杰出CIO卓越贡献奖"。

1. 规章制度

颁布实施了《国家电网公司信息网运行管理规定（试行）》、《国家电网公司信息网络运行管理规程（试行）》和《国家电网公司信息系统数据备份与管理暂行规定》。

2. 信息技术攻关与应用

2003年6月27日"电力信息系统代码编制单位电视电话座谈会"在国家电网公司召开，会议总结了前一阶段电力系统代码编制进度情况，一致认为要加强协调，加快工作进度，尽快形成成果，用于推动各单位的信息化工作。

2003年11月7日，由中国电力科学研究院和沈阳供电公司共同承担的国家电力公司科技项目"实用化45Mbps高速PLC的研究和开发"通过了由国家电网公司组织的专家验收鉴定，项目取得的成果，为电力线通信技术和智能家居系统的应用提供了一种新的整体解决方案，可有效降低电力线宽带接入系统的整体造价。

2003年12月6日，国家电网公司在南京对国电自动化研究院承担的国家电力公司重点科技项目"中压配电网复合通信方式的研究"组织了验收。该项目的成果具有自主知识产权，标志着我国已经基本掌握了中压配电线数字通信的关键技术。

2003年11月29日国家电网公司对国电通信中心承担的"电力线通信（PLC）技术发展前景及推广应用中关键技术问题的研究"组织了验收。该项目针对我国城市低压配电网的实际情况，提出了多种适合我国国情的PLC组网方案。

3. 网络与信息安全

电力系统网络与信息安全信息通报机制初步形式。2003年12月24日国家电网公司、中国南方电网有限责任公司和五大发电集团公司在北京召开了电力系统信息安全信息通报工作座谈会，国家网络与信息安全协调小组办公室的领导出席会议并作重要讲话。按照国家有关主管部门的要求，暂由国家电网公司负责收集、汇总和通报全国电力系统的网络与信息安全情况。会议决定成立电力系统网络与信息安全信息通报工作组，建立工作组定期协商会议制度。

2003年2月，在北京召开了国家"十五"重大科技专项"国家信息安全应用示范工程"项目中"电力系统信息安全应用示范工程（江苏省电力公司、辽宁省电力公司）"课题实施方案评审会。会议一致认为方案切实可行、前期工作扎实，同意通过评审。

人力资源

研究制定国家电网公司人力资源开发战略和规划，实施人才工程，加大人力资源开发力度，全面提高员工队伍整体素质

（1）按照重组后形成的格局，围绕国家电网公司的经营目标和发展战略，对公司人力资源的现状和发展需求进行深入的调查分析；以全面提高员工队伍整体素质为目标，以建设高层次电力企业家队伍、高素质经营管理队伍、高水平专业技术人才队伍和技能人才队伍为核心，研究制定国家电网公司人力资源开发战略和规划，明确人力资源开发的指导思想、目标和主要任务，提出推动公司人力资源开发的对策和具体措施。

（2）研究制定国家电网公司人才工程实施方案，并相应建立和完善各类优秀人才的培养、选拔和管理机制，加大对拔尖创新人才、高层次人才和急需人才的培养和使用力度，建立吸引和稳定优秀骨干人才的管理制度，推动和激励优秀人才脱颖而出。

（3）加大国际合作培训力度，积极推动与国外一流大学和一流培训机构合作，加速培养适应市场竞争、具有国际化意识的高级管理人才。采取"送出去"与"请进来"相结合的方式，选派部分有培养前途的公司本部以及网省公司的高级经营管理人员参加国际合作培训，使其及时了解和掌握国际先进的管理理念和方法，达到国际上承认的MBA知识水平和相应能力，提高他们的经营管理水平和决策能力。

（4）组织开展以职业道德和岗位业务技能为主要内容的职业教育培训，继续推进职业资格制度和持证上岗制度的实施，重点抓好电力营销人员岗位培训工作，全面推进技能人才队伍建设。

研究探讨符合电网企业特点的企业组织管理体系，推进主辅分离工作，建立规范、稳定、和谐的劳动关系，维护职工队伍稳定

（1）按照国务院批复的《国家电网公司组建方案》，完善公司本部组织机构建设，研究确定区域电网公司和省级电网公司的组织管理模式，逐步建立起符合电网企业特点的企业组织管理体系。同时，结合贯彻落实国经贸企改859号文件要求和全国再就业工作会议精神，研究提出关于网省公司层面主辅分离改革配套政策的指导意见，研究提出推进多经企业产权

制度改革、防范经营风险和加强规范管理的思路和对策，继续做好减人增效和分流安置富余职工的相关工作。

(2) 根据重组后电网企业的经营范围和生产特点，积极做好修订电网企业劳动定员标准的准备工作，为供电企业提供科学合理的用人标准和符合市场经济要求的劳动组织形式，指导供电企业按定员定额组织生产，不断提高电网企业人员效率水平。

(3) 深化劳动用工制度改革，探索灵活多样的劳动用工形式，具备条件的单位可积极推行人事代理制度。加强绩效考核工作，建立正常化、规范化的技术职务晋升及表彰奖励制度，逐步建立起适应市场经济要求和电网企业特点的劳动用工制度和人才评价考核体系。

(4) 加强劳动管理，理顺和规范劳动合同，建立规范、稳定、和谐的劳动关系。同时，认真分析可能存在的不稳定因素，研究相应的工作预案，努力维护职工队伍的稳定。

以深化企业内部分配制度改革为重点，完善经营者激励机制，改进工资总量决定机制，建立与电网企业相适应的工资分配制度和企业补充保险制度

(1) 加快建立适应电网企业特点的内部分配制度。研究确立企业内部分配制度改革的基本思路和框架，建立以岗位工资为主要内容的基本工资制度，探索岗位工资制的多种实现形式，增强工资的激励功能，搞活企业内部分配；研究制定科研单位转制后的工资分配制度。

(2) 完善经营者激励机制，加强对经营者的绩效考评，进一步修改和完善三项责任制的考核与管理，科学合理地考核经营者的经营能力和经营业绩，调动经营者积极性。

(3) 完善工资总量决定机制，理顺工资关系、规范分配秩序。针对电网企业的经营特点，研究探索新体制下的工效挂钩管理办法，形成合理的工资确定机制，使企业的工资总额真正能与生产经营目标挂钩，促进企业经济效益的提高。

(4) 推进企业年金规范管理工作。按照国家政策要求，尽快健全管理机制，规范账户管理和基金来源，探索市场化运营模式，增加企业年金收益，增强保障功能，切实解决职工后顾之忧，维护队伍稳定，增强企业凝聚力。

(5) 建立企业补充医疗保险制度。按照国家有关政策规定，结合电网企业的实际情况，在充分调查研究的基础上，研究制定公司系统建立补充医疗保险制度的指导意见，重点研究公司本部和在京直属单位建立补充医疗保险的办法及实施意见，推动公司系统补充医疗保险工作的开展，切实保障职工的切身利益。

(6) 加强企业人工成本的研究。一是研究提出企业人工成本指标体系，探索运用人工成本调控企业工资总量的办法，研究和推动建立企业人工成本预算体系，建立健全工资分配的自我约束机制；二是引入市场机制，逐步推动对社会通用性工种实行按劳动力市场价格确定的工资制度；三是开展电网企业典型岗位工资收入调查，适时发布信息，以指导企业内部分配。

优化教育培训资源，建立科学的人才培训体系

(1) 认真贯彻《国务院关于大力推进职业教育改革与发展的决定》，做好公司系统所属各类职业学校管理体制调整的指导工作。结合企业需求和各类职业学校、培训机构的发展方向，建立适应不同层次和专业岗位需要、具备综合功能和特色鲜明的网络化企业教育培训体系，提高教育培训资源的使用效益。

(2) 进一步推动网省公司和科技型企业博士后工作站的建设。以企业博士后人才的培养和使用为切入点，探索企业高层次技术人才的引进、培养和激励机制，从而带动高层次专业技术人才队伍的建设。

(3) 根据电力体制改革实施方案的有关要求，研究拟定《华北电力大学董事会组建方案》和《华北电力大学董事会章程》，做好国家电网公司牵头组建校董会并与教育部共建的有关工作。进一步研究校董会的管理和运作模式，使华北电力大学在国家电网公司高层次人才培养和技术创新中继续发挥重要作用。

(4) 发挥电网企业通信和网络资源优势，应用现代信息网络技术，推动职业教育培训手段现代化，开发远程教育培训系统，实现知识共享，减缓工学矛盾，扩大培训范围，降低培训成本，提高培训质量。

加强自身建设，稳步提高人力资源管理的整体水平

(1) 加强人力资源职能管理的基础建设。尽快修订、建立并完善人力资源各项管理规章制度和工作制度。结合推进企业信息化管理的要求，组织开展电网企业人力资源管理信息共享系统的研究，逐步建立起与管理职能相适应的信息交流和组织学习网络，提高人力资源职能管理的科学化和规范化水平。

(2) 加强人力资源管理队伍的自身建设。充分发挥人力资源管理部门在建设学习型企业中的重要作用，注重学习和吸收现代人力资源新的管理理念和方法，推动人力资源管理制度创新和机制创新。采取多种途径提高人力资源管理队伍的政策水平和业务能

力，努力营造一种倡导学习、努力进取、积极向上的良好氛围。

完成电力企业重组后的相关工作

按照电力体制改革的要求，妥善处理国家电力公司重组后的有关后续工作，认真落实重组后发电集团公司和辅业集团公司等单位人员、机构、工资保险关系移交划转的有关任务。协调落实原国家电力公司受委托的政府职能和行业管理职能的移交工作，尽快完成有关单位和机构的更名工作。

国际交流与合作

适应改革新形势，为公司发展创造条件

（1）申办各项授权和资质。经商务部和北京市经贸委批准，正式获得进出口经营权；经商务部批准，正式获得对外经济技术合作经营权，并完成了海关备案手续；经外交部同意，正式获得因公出国任务和邀请外国人员来华审批权，以及护照、签证自办权；经中组部同意，正式获得出国人员审批权并办理了公司所属43个单位党组（委）因公出国人员审批工作的授权和备案。

（2）完善组织机构。通过与国家有关部门积极联系和争取，适时办理了公司7个机构的设置和改组工作：经商务部同意，设立了国家电网公司机电产品进出口办公室，在国家机电办指导下，负责公司系统机电产品进出口管理工作。设立了公司国际招评标和进口设备领导小组及其办公室、公司引进国外智力领导小组及其办公室、公司台湾事务办公室、公司港澳事务办公室。完成了国电（美国）公司、国电外事服务有限公司的改组。

（3）建立健全规章制度。制订了适用于国家电网公司系统、公司本部及国际部内部的规章制度14项。初步建立起比较完整的规章制度体系。在国家电网公司的各项授权基本到位，区域电网公司的改革进入实施阶段的关键时期，及时起草并下发了《国家电网公司涉外工作若干规定》等项规章，保证了各项工作的有序开展。

（4）处理好公司重组的遗留工作。国电公司重组后，新组建各单位的出国手续、国际招投标管理工作、机电产品进口等业务，仍需由国家电网公司国际部以国电公司名义继续办理。国家电网公司服从于电力体制改革的大局，在完成公司内部各项职责的同时，继续为兄弟单位服好务。

以经贸工作为重点，为增强公司实力做贡献

（1）做好国际招投标和进出口业务管理工作。审查项目资格预审文件、招标文件和评标报告共计100份，其中输变电项目55份，发电项目45份，招标金额超过7亿美元。经国家电网公司机电办审批或转报的机电产品共501份，总值为8.9亿美元；受理国家下达的进口燃料油计划34万t；办理钢材进口26392t，计5300万美元；受理国家机电办分配的进口汽车配额共计115辆；根据国家审计署对国家电力公司和电力行业利用外资审计意见，提出了完善外资项目管理的整改建议的修改建议。

（2）努力开展境外业务，做好服务工作。如：为中电技公司申请并获得境外项目开拓扶持资金；根据商务部和国家外汇管理局的要求，组织国家电网公司所属境外企业开展了年检和绩效评价；办理了国电（美国）公司章程修改、增资及国家电网公司美国办事处经费等有关手续，组织国家电网公司系统拥有自主知识产权的产品打入国际市场；为进一步宣传国家电网公司，促进“走出去”工作的开展，组织公司所属单位参加了商务部和贸促会在印尼举办的工程和技术展览等。据不完全统计，2003年公司国家电网系统签订境外项目合同额约3亿美元。

（3）结合公司改革发展需要，积极开拓国外赠款渠道，开展技术合作。通过利用美国贸发署资金为上海市电力公司就《上海城网现代化改造可行性研究》提供支持。利用德国政府赠款，继续推进节能与能效项目，在电科院建立电机检测平台和在邯郸进行城市配网改造，项目二期已正式启动，赠款金额为200万欧元。利用德国政府赠款建立中国风电研究与培训中心，项目组织框架已基本确定。办理了KFW赠款“脱硫项目后评估”项目合同评审、谈判及签署等事项。积极与财政部和世界银行协调烟台IGCC项目申请GEF赠款事宜，申请亚行赠款进行《国家电网公司电网规划方法研究》。

加强归口管理，广泛开展国际交流与合作

（1）加强归口管理，提高服务质量。组织召开了国家电网公司系统外事工作会议。通过这次会议，统一了思想，明确了今后的工作思路和中心任务。随着各项外事管理规定出台，进一步规范了出国人员审批程序，加强了出国团组的管理。积极配合公司纪检监察部门，建立了有关人员因公护照及出国任务调控机制，加大了因公护照管理的力度。

（2）在防治“非典”工作的不同阶段及时向公司系

统下发了《关于做好当前出国管理工作的通知》、《关于做好当前出国管理工作的几点意见》、《关于逐步放开出国执行中长期任务团组的通知》等文件，明确原则要求，体现了国家电网公司诚信负责的国际形象。

(3) 通过广泛深入的国际交流与多、双边合作，为国家电网公司的改革发展、为加快企业的技术进步和提高管理水平服务。就电力体制改革、电网投融资管理模式、财务管理、法律法规建设、电网发展及新技术开发与应用、欧美大停电事故原因及国外电力公司上市融资等专题组织赴国外进行考察，安排接待了8位部长以上代表团，7个重要企业代表团，完成了第5次中俄能源合作分委会的有关工作。组织召开了第55届中朝水力发电公司理事会议。与印度电力公司、古巴电力公司以及UBS瑞银华宝签订了合作谅解备忘录。分别与ABB、西门子两家公司在北京举办了输电新技术研讨会。与法国电力公司举办了法电—国网电力体制改革交流会。协助中电联组织召开了亚太电协2003年CEO会议。

纪检监察工作

在中央纪委、监察部和国资委纪委的正确领导下，在推进改革中坚持落实党风廉政建设责任制，在保持正常生产经营的情况下查处大案要案，在电力紧缺的形势下不断提升服务水平，反腐倡廉工作取得明显成效，完成了中央纪委二次全会提出的各项任务和中央纪委、监察部、国资委纪委交办的各项工作。

(一) 加强检查考核和责任追究，党风廉政建设责任制执行情况良好

电力体制改革后，国家电网公司党组坚持推行党风廉政建设责任制。在公司2003年工作会议上，党组与所属44个单位签订了《2003年度党风廉政建设责任书》，公司系统各单位也与下属1083个单位签订了《责任书》，把党风廉政建设责任目标逐级分解，层层落实，做到了与资产经营责任制、安全生产责任制同部署、同检查、同考核、同奖惩。2003年底，对各单位执行责任制的情况进行了认真检查和考核。各单位在执行党风廉政建设责任制的过程中，加大责任追究力度，除对违纪违法当事人进行严肃处理外，还对负有领导责任的领导干部进行了责任追究。

(二) 严格教育和监督，领导干部廉洁自律意识明显增强

公司党组下发了《领导干部三项谈话制度实施办法》(国家电网党〔2003〕14号)，全面推行了纪委负责人同下级党政主要负责人谈话制度、领导干部任前廉政谈话制度和领导干部诫勉谈话制度。公司系统全年开展三项谈话10349人次，纠正和查处违反廉洁自律规定的问题445件。公司纪检组、监察局先后对拟提拔和调动的224名领导干部进行了廉政审核。

加强党风廉政宣传教育。对领导干部廉洁自律“五项新要求”的落实情况进行了监督检查，各级领导干部较好地执行了收入申报、礼品登记等制度。开展了观看反腐倡廉电教片、典型案例警示教育等形式多样的廉政教育活动，开展了坚决制住公款大吃大喝歪风的专项检查和治理。及时制止和严肃查处了在防治“非典”工作中临危退缩、扰乱工作秩序的人和事。

(三) 严肃查办案件，惩处了一批违纪违法分子

2003年的案件查处工作主要有三个方面：①公司系统纪检监察部门全年受理群众信访举报3016件，初查核实线索549件，初核了结467件。②公司纪检组、监察局集中主要力量，协助中央纪委“7.15”专案查处工作。③配合有关部门对电力审计过程中反映出的案件进行核查处理。2003年，公司纪检组、监察局配合中央纪委、国资委纪委、公安部和地方司法机关查办重要案件18件。

(四) 抓好巩固和提高，优质服务和效能监察工作取得新成效

成立了纠风和行风建设领导小组，进一步完善机构，明确分工，落实责任。各单位认真落实纠风和行风建设责任制，按照“健全、完善、巩固、提高”的工作思路，完善了供电优质服务常态运行机制，对供电营业规范化服务和示范窗口进行了巡视检查和动态管理。加强了95598投诉举报电话系统建设，实行了外举内查、外奖内罚的投诉举报受理机制，处理违反服务承诺的问题76件，清理乱收费项目25项。公司系统全年受理供电咨询、投诉40.6万件。严格做好投诉举报的登记、处理和反馈，做到了事事有处理，件件有回音。各单位积极参加地方政府组织的民主评议行风活动，有9个省公司、141个地市公司被评为优秀。

围绕公司中心工作，组织开展了城乡电网建设与改造、大修更改工程等项目管理和资金使用情况的效能监察，共开展效能监察项目2500个，根据监察建议建章立制872项。监督物资采购招标金额313亿元，工程建设招标金额209亿元，节约资金10.25亿元。

(五) 加强队伍建设，保持了工作的稳定性和连续性

在电力体制改革过程中，公司党组及时对区域电网公司等单位的纪检监察机构设置和人员配备提出了指导性意见。各单位按照要求，建立健全机构，合理配置人员，保证了履行职责的需要。

法律事务工作

（一）积极配合与参与《电力法》及有关电力法规的修改制定工作

（二）做好建章立制、合同审查工作，建立和完善事前风险防范机制

1. 建章立制

为规范公司规章制度的制定，提高规章制度的质量，积极进行规章制度建设工作，制定了《公司本部规章制度编制办法》等。编辑印刷了《国家电网公司系统规章制度汇编》和《国家电网公司本部规章制度汇编》。

2. 做好以合同管理与授权为重心的商务法律和商业风险预防工作

制定并颁发了《国家电网公司本部合同管理规定》和《国家电网公司系统合同管理规定》。目前，全公司系统的合同与授权管理已经纳入正常轨道。

2003年共审查合同197件，涉及合同标的额为2272.73亿元人民币。其中重大合同包括：三峡购售电与输电合同；三峡并网调度协议；跨区输电合同；开发银行、工商银行、中国银行、建设银行授信协议或战略合作协议；国家电网公司债券承销协议及担保协议；长江电力配售协议；与相关银行的债务承继协议以及公司软课题委托研究合同、项目前期工作委托工作及输变电设备及线路运行维护委托合同等。

办理授权书55份。

出具合同、章程及其他文件的法律审核意见书164份（其中涉及合同共197个，含开行、工行、中行和建行授信贷款2200亿元）。

（三）做好案件诉讼与协调工作以形成有效地事后救济机制

法律咨询与案件案件协调方面，坚持维护电网经营企业合法权益为根本出发点的指导思想，在“非典”特殊时期，紧紧抓住影响大、涉及面广、争议标的大的案件进行指导与处理。指导或参与处理公司的重大经济、民事纠纷案件有：合肥二电厂索赔案件；北京供电局巨额借款担保案件及IC卡案件；成都锦阳商厦电费纠纷案等单位有关案件。

另外，处理了河南平顶山法院咨询的触电案件。答复了最高人民检察院对《关于咨询青海塞纳碳化硅有限公司申诉案中有关专业术语含义的函》的法律解答。对福建湄州湾电厂购售电合同中的不可抗力事件条款的处理提出法律意见。尤其是在三峡输电线路建设中遇到的电网企业与林业部门在架线和林地保护上收取征地费和森林植被补偿费，而引发的输电线路走廊收费问题，经努力，最终得到了国务院法制办的支持，使困扰电网企业的问题从法律上得到基本解决。

（四）服务大局，参与电力体制改革情况

（1）参与了东北、华东、华北、华中、西北五个区域电网有限公司的组建方案及章程的审查工作，并出具法律意见书5份。

做好体制改革后的善后工作，配合有关部门对原国家电力公司权利、债务的承继提出法律意见，以及参与相关文件的移交等。

（2）参与公司以下重大项目的谈判，并提出法律意见：三峡购售电合同及并网调度协议；河南国网宝泉抽水蓄能电站股东变更及公司章程与合资经营合同；山东烟台洁净煤技术项目及相关章程与合同，以及微软公司OFFICE系统版权应用的谈判。

（五）做好“四五”普法工作，提高全员法律素质

向公司系统下发了《关于深入开展“四五”普法工作的通知》。为加强法律顾问在国有资产管理方面的作用，转发了国资委《关于进一步加强企业法制建设有关问题的通知》，并具体提出了七项要求。

财务与资产经营

认真贯彻落实国务院关于电力体制改革的文件精神，积极做好厂网分开中有关资产财务的划转移交工作

（一）参与研究整体体制改革，制订并实施有关资产划转、移交和管理方案

（1）积极向财政部汇报与沟通，配合财政部及时制定、下发了《电力企业资产财务划分办法》；

（2）组织对发电企业、辅业集团公司的资产进行财务移交工作，完成了公司本部与四家辅业集团之间的资产移交工作，完成了与华能集团的资产移交工作，积极开展与其他发电集团的资产移交工作；

（3）完成了暂时保留拟出售变现的和拟划转辅业集团的发电资产现状的调查、分析工作，制定了相关资产管理的规定，着手开展暂时保留拟出售变现的发电资产重组改制工作；

（4）完成了五家事业单位、四家直属公司的移交；

（5）参与区域电网公司组建方案的研究，核定了区域公司的注册资本金；

（6）制定下发了《关于加强国家电网公司国有资产管理有关问题的通知》；

（7）研究布置了公司系统的清产核资工作。

（二）全面清理和核对原国家电力公司债务和担保情况，研究制定承继办法并认真予以实施

（1）协调解决了涉外贷款、担保的承继问题，西

合财政部下发了《关于电力企业利用外国政府贷款债务变更问题的通知》及《关于国际金融组织贷款及其担保承继事项的复函》；

(2) 协调解决了国内贷款、担保的承继问题，经与各银行、发电集团多次沟通、协调，联合印发了《关于做好电力体制改革中各银行贷款、担保承继工作的联合通知》；

(3) 对公司本部的贷款、担保进行了清理确认，严格按照法律程序办理了变更手续。

(三) 做好体制改革中账务划分的准备及与成立国家电网公司相关的财务工作

(1) 对公司系统各单位的往来账目进行核对和清理；

(2) 进行公司本部账务的划分工作并在资产移交中提出具体处理意见；

(3) 完成了国家电网公司税务登记和纳税变更手续；

(4) 完成了国家电网公司基本结算账户的重新开户工作，做好在金融机构的变更及相关业务的承继工作；

(5) 明确了财务关系在财政部单列，办理了财政专用账户的开户申请工作；

(6) 认真研究执行企业会计制度中的问题，制定了执行企业会计制度方案。

配合国家审计署做好对原国家电力公司的审计工作

(一) 按照国家审计署的工作要求，积极配合对原国家电力公司的审前调查任务

(1) 及时提供审计组所需的有关财务会计资料，做好有关资料的收集、登记、审核和提交工作；

(2) 按要求及时组织协调有关人员对审计组提出的问题进行解答；

(二) 认真做好自查自纠工作

(1) 继续执行公司系统统一委托审计制度，与公司系统内各单位签订 2002 年度审计业务委托书并提出严格要求，同时对公司各内部核算单位及事业单位进行重点审计；

(2) 针对 2002 年度决算中发现的问题，加强沟通和协调，对不合规的要求立即予以纠正或限期整改，确保会计信息的真实；

(3) 向审计工作小组及时提交了《国家电力公司财务情况汇报》和《国家电力公司本部自查报告》；

(4) 及时清理原国家电力公司事业经费账，根据有关规定并入企业账统一核算；

(5) 组织公司系统认真开展银行未达账清理检查，通过分析未达账形成原因，提出了加强公司系统货币资金管理工作的具体措施。

(三) 建立完善的上下迎审信息沟通渠道，指导公司系统各单位做好与审计组的配合工作

(1) 通过公司各部门之间的工作协调与沟通，尽最大努力及时提供审计所需的有关资料，做好审计事项的解释工作；

(2) 组织编辑了《电力政策选编》，为审计组及公司系统提供了有益帮助；

(3) 与审计署联系沟通并取得一致意见后，专门下发文件，规范了提供财务电子数据的行为；

(4) 组织有关专家对电力企业多种经营政策等五个重大电力政策问题进行深入研究并形成专题报告。

另外，2003 年还积极配合国务院派驻国家电网公司监事会开展财务监督检查工作：配合监事会对山西、四川、浙江等省公司开展调查研究；及时将电网公司运行中面临的问题和困难向监事会反映和呼吁；完成《国家电网公司有关情况的报告》并上报监事会等。

加强各项财务管理工作，确保公司 2003 年度经营目标的实现和财务状况的稳定

坚持以经济效益为中心，继续深化预算管理，全面完成 2003 年全年的资产经营目标。①完成了 2003 年公司系统预算的编制工作，核定了各网省公司的资产经营考核指标，完成了 2003 年度《资产经营责任书》的签订工作；②对公司系统预算管理、资产经营考核办法和公司本部预算管理办法、预算管理委员会工作规则等制度进行了修定和印发；③对预算执行实行了季度分析制度，提高了预算的预警和控制能力；④强化对亏损企业和高负债率单位的预算控制，制定了《关于加强亏损企业财务管理的暂行规定》，专门对六家亏损企业 2003 年 1～4 月经营情况进行分析，对青海等四家亏损企业进行了调研并形成了专题报告，制定了加强管理、实现减亏增盈的具体措施，部分调研报告已上报国家综合部门；⑤完成了 2003 年公司本部预算的编制和下达工作，在预算执行中认真审核用款申请，严格资金拨付程序；⑥研究制定 2004 年公司系统预算编制纲要，组织编制预算草案，同时为确定公司 2004 年的经营目标和与国资委签订业绩考核合同提供了数据支持。通过采取各种有效措施，2003 年公司实现销售收入净额 4830 亿元（合并报表口径，下同），实现利润总额 59.7 亿元，资产负债率 62.2%。

圆满完成 2002 年度会计决算工作，为电力体制改革提供了基础信息。①完成了对所属 58 家网省公司和直属单位 2002 年度决算报表的审核、分析和汇编，按时上报财政部，同时还编制了国家电网公司（试算）合并和汇总会计报表；②按照监事会的要求，完成了国家电力公司 2002 年度《企业基础材料》的填报工作；③做好国家电网公司 2003 年度会计决算

的准备工作，重新设计了会计报表体系，协调解决2003年决算中的重大问题，继续统一委托国家电网公司决算审计工作。

积极推进电价改革，初步建立公司系统电价管理体系，努力争取疏导电价矛盾政策并做好政策的落实工作。①以完善电价形成机制、促进电力发展为指导，配合国家有关部门出台了《电价改革方案》，积极开展相关配套实施办法的研究并组织培训工作；②认真落实了疏导电价矛盾政策，对改善公司的经营状况提供有力支撑；③结合电力体制改革进程，配合国家发改委研究印发了《电力厂网价格分离实施办法》并予以具体落实；④制定下发了《国家电网公司电价管理办法》，明确了电价管理工作界面，初步建立了公司系统电价管理体系，规范和加强公司电价管理工作；⑤加强跨区输电电价协调，合理确定输电价格和送网价格，参与三峡购售电与输电合同谈判；⑥积极利用电价杠杆，调节电力供求，指导有关网省公司在加大分时电价、两部制电价推行力度等方面研究制订具体实施意见，上海等七省市的方案已获国家有关部门批复；⑦积极开展区域电力市场电价改革指导意见的研究，广泛征求各方意见，向国家有关部门提出相关政策建议。

研究国家电网公司成立后有关税收问题，积极争取税收优惠政策，加强融资管理。①经多次沟通，争取国家税务总局下发了利息个人所得税代扣代缴的规定，确保了“02电网债”的顺利兑付；②争取国家税务总局下发了《关于国家电网公司组建中有关契税问题的通知》，明确了国家电网公司承继的土地、房屋权属不征契税；③通过争取技术开发费集中提取税收优惠政策，用于电网科技攻关项目，为公司技术进步、产业升级提供了有力的财务支撑，同时为规范管理，还制定了公司技术开发费财务管理办法；④对2002年公司纳税情况进行了分析，提出了加强税收管理工作的具体措施；⑤通过争取银行贷款利率下浮、提前归还贷款或延期提款等措施，节约了利息支出；⑥为控制财务风险，积极开展了外币贷款置换工作；⑦对2002年各单位在金融机构的贷款情况进行了调研，针对存在的问题，提出了加强融资管理的具体措施。

以信息化带动现代化，加强财务信息化建设。①研究公司财务管理信息系统建设方案，加强财务信息化试点；②加强对公司本部各内部核算单位会计控制，研究公司本部各内部核算单位集中核算方案；③组织开发财务部业务信息系统，建立内部信息共享和交流平台；四是加强财务信息化经验交流，制定财务信息化论坛管理办法，建立财务信息化论坛网站。

农电建设

农村用电量

2003年国家电网公司系统县及县以下总用电量为6260亿kWh。比2002年增长17.36%。其中：

农村用电量2883亿kWh，比2002年增长12.79%，占公司系统县及县以下总用电量的46.05%；县城用电量3376亿kWh，比2002年增长21.56%，占公司系统县及县以下总用电量的53.95%；

公司系统县及县以下用电量按其用电分类分：工业用电量（含：县办工业和乡镇工业用电量）4122kWh，比2002年增长21.63%，占公司系统县及县以下总用电量的65.85%；

农、林、牧、渔、水利业用电量498亿kWh，比2002年降低2.73%，占公司系统县及县以下总用电量的7.95%；

居民生活用电量1074亿kWh，比2002年增长9.47%，占公司系统县及县以下总用电量的17.17%；

其他用电量565亿kWh，比2002年增长25.28%，占公司系统县及县以下总用电量的9.03%。

农村供电电源

2003年国家电网公司系统县及县以下发电设备装机容量2784万kW，比2002年降低1.87%；发电量1044亿kWh，比2002年增长2.71%，扣除厂用电量及供电损耗（按20%计算），公司系统县及县以下发电设备的供电量为835亿kWh，比2002年增长2.73%，占公司系统县及县以下总用电量的13.34%；公司系统大电网供电5425亿kWh，比2002年增长20.00%，占公司系统县及县以下总用电量的86.66%。

公司系统县及县以下发电设备装机及发电量

小水电装机容量为923万kW，比2002年减少370万kW，占公司系统县及县以下发电设备装机容量的33.15%；发电量243亿kWh，比2002年减少155亿kWh，占公司系统县及县以下发电设备发电量的23.28%；

小火电装机容量1492万kW，比2002年增加210万kW，占公司系统县及县以下发电设备装机的

53.59%；发电量779亿kWh，比2002年增长172亿kWh，占公司系统县及县以下发电设备发电量的74.62%；

柴油发电装机346万kW，比2002年增加120万kW，占公司系统县及县以下发电设备装机的12.43%；发电量15亿kWh，比2002年增加9.2亿kWh，占公司系统县及县以下发电设备发电量的1.44%；

风力发电装机17万kW，比2002年增加3万kWh，占公司系统县及县以下发电设备装机的0.61%；发电量3.2亿kWh，比2002年增加0.8亿kWh，占公司系统县及县以下发电设备发电量的0.31%；

其他电源发电装机5万kW，占公司系统县及县以下发电设备装机的0.18%；发电量2.4亿kWh，占公司系统县及县以下发电设备发电量的0.24%。

供电及用电设备

1. 供电设备

2003年国家电网公司系统县及县以下共有高压线路261万km，比2002年增加4万km。其中：

110kV线路13万km，比2002年增加1万km；

35～65kV线路27万km，与2002年基本持平；

3～10kV线路220万km，比2002年增加3万km；

低压线路575万km，比2002年增加10万km；

3～10kV线路与低压线路之比为，1∶2.61。

2003年公司系统县及县以下变电设备容量33946万kVA，比2002年增加4790万kVA。其中：110kV变电站3891座，变压器6391台，容量21127万kVA，比2002年增加3752万kVA，平均单台变压器容量3.3万kVA/台；

35（63）kV变电站14184座，变压器23621台，容量12819万kVA，比2002年增加1040万kVA，平均单台变压器容量5427kVA/台；

配电变压器302万台，容量33173万kVA；

3～10/0.4kV配电变压器301万台，容量32087万kVA，平均单台容量为107kVA/台。

2. 用电设备

2003年公司系统县及县以下用电设备44946万kW，比2002年增加7434万kW。其中：农村用电设备24841万kW，比2002年增加3055万kW；县城用电设备20106万kW，比2002年增加4380万kW；

排灌、副业及生产、乡镇工业的用电设备分别占公司系统农村用电设备总容量的17.32%、15.58%和38.12%。

通电情况

（1）2003年国家电网公司系统乡、村、农户通电率分别为99.96%、99.78%和99.66%。

（2）公司系统有无电乡10个，比2002年减少48个；无电村1161个，比2002年减少1280个；无电农户约76万户，比2002年减少152万户。

农村电网情况

1. 农网改造情况

2003年，克服上半年“非典”带来的影响，国家电网公司系统一、二期农网改造工程计划投资共2141亿元，到2003年底基本完成，累计建设和改造110kV变电所1980座，容量5477万kVA，110kV线路2.8万km；建设和改造35kV变电所7801座，容量3341万kVA，35kV线路7.2万km；建设和改造10kV线路112万km，低压线路316万km，更换高耗能变压器80万台，完成配电台区改造122万个。

公司系统县城电网的建设与改造工程2003年下达投资计划176.5亿元，全年累计完成投资110亿元，占计划的64%。累计建设和改造110kV变电所205座，容量444万kVA，110kV线路1408km；建设和改造35kV变电所374座，容量171万kVA，35kV线路2310km；建设和改造10kV线路19620km，低压线路21546km，新建或更换配电变压器14789台。

编写了《国家电网公司县城电网建设与改造技术导则》，国家发展和改革委员会进行了转发。

2. 加强工程规范化管理工作

制定了《国家电网公司农网改造工程管理办法》、《国家电网公司农村电网建设与改造工程验收管理办法》、《国家电网公司农村电网建设与改造工程施工安全管理办法》、《国家电网公司农村电网建设与改造工程施工现场安全措施》和《农网建设与改造工程档案管理办法》等一系列规定，对二期农网改造工程的顺利完成和规范今后公司的农网建设与改造工程管理起到了规范指导作用。

3. 农网安全生产管理和供电质量明显提高

2003年，制订了《国家电网公司农电安全工作管理办法》、《国家电网公司农村电网运行管理办法》、《农电事故调查与统计规定》，进一步规范了农电安全管理和农网运行管理。

制订了《农网供电可靠性管理办法》、《农网无功电压管理办法》。目前，国家电网公司系统开展电压无功规范化统计管理的县公司达1557个，占公司应开展统计县（1564个）的99.552%，各类电压监测设备综合装设率达到了91.08%。开展农村电网中压用户供电可靠率统计的县数1429个，占应统计县数的91.37%，农户电压合格率达到91.50%；中压供电可靠性达到99.22%，均比改造前提高了12%以上。

农电管理及体制改革

（1）积极研究深化农电体制改革工作，不断理顺农电管理关系。国家电网公司发布了《关于进一步深化农电体制改革的意见》、《关于做好农村集体电力资产接收管理的意见》，对农村集体电力资产接收与管理工作进行规范。确定了农电工用工管理应遵循“依法用工、因地制宜、规范管理、稳定队伍”的基本原则。

（2）城乡用电同网同价工作。2003年，国家电网公司系统25个省（区、市）电力公司中，有21个省（区、市）电力公司所辖的1380个县实现了居民生活照明同价，其中有486个县实现各类用电的分类用电同价。

（3）加强农电企业管理。为了全面推动县供电企业管理，先后下发《关于加强企业管理做好建设一流县供电企业工作的通知》、《县供电企业建设一流工作标准》、《县供电企业建设一流工作动态考核办法》，进一步规范了建设一流工作。

（4）规范农村电力市场。制定印发了《农村电能损耗管理办法》、《县供电企业经济活动分析管理办法》、《县供电企业计算机营销管理系统功能技术规范》；组织编制了《农村居民供用电合同》（范本），对实行农村供电“四到户”后，供用电双方的责任与权利予以明确，规范了农村用电秩序。

（5）加强和规范供电所管理。2003年，国家电网公司系统有80%以上的供电所逐步达到了“职责到位、管理规范、工作高效、服务真诚”的目标要求。通过开展供电所管理年工作，人员素质和供电所基础工作得到加强；对工作引入量化考核机制和经济责任制管理办法，使供电所生产、营销、服务等工作质量有了明显提高；建立了“首问负责制”、“客户代理制”、“限时服务制”、“被诉待岗制”“责任追究制”等工作制度。有效地改善农村供电管理工作，规范了农村用电秩序。

（6）建立常态机制，优质服务工作取得新进展。在农电系统开展了“优质服务是电网企业生存和发展的生命线”的主题宣传教育活动；在县供电公司开展了以“爱岗敬业、诚实守信、办事公道、服务群众、奉献社会”为主要内涵的创建“青年文明号”活动，促进农电优质服务水平不断提升。制定并下发了《关于建立和完善农电优质服务常态运行机制的意见》，对建立农电常态运行机制的管理体制、工作标准和考核标准、激励监督机制等提出了要求。开展了评选农村供电所长优质服务先进个人活动，在公司所属的25个省公司，评选出了90名农村供电所长优质服务先进个人并进行了表彰。

（7）加强农电队伍建设，不断提高农电人员素质。到2003年县供电企业领导干部，累计完成培训人数达到应培训人数的90.8%；供电所长累计完成培训人数达到应培训人数的98.2%；基本完成了2000年提出的利用3年左右的时间，县供电企业领导干部、农村供电所长全部培训一遍的目标。

举办了国家电网公司系统农村电工岗位知识技能竞赛的决赛。通过此次活动，在农村电工中掀起了学知识、练技能的热潮，农村电工的业务素质和服务意识得到了显著改善。

电力扶贫工作

2003年，根据国务院扶贫工作总体要求，对前一阶段（前八年）的扶贫工作进行了总结；对下一阶段扶工作重点进行了安排，确定了扶贫项目、资金安排和具体实施方式；国家电网公司的扶贫工作是全面贯彻落实《中国农村扶贫开发纲要》制定的目标，完善四县区电网网架结构，进一步帮助解决农村通电问题；帮助和完善已建成的希望学校；开展了向扶贫地区送温暖活动，组织科技下乡活动；扶持地方合理利用地方资源进行深加工；针对四县区的贫困大学生进行了救助。国家电网公司的扶贫工作和效果受到了国务院扶贫办的肯定和称赞。

审 计 工 作

统一部署、精心组织，做好迎审配合工作

受中组部委托，审计署自年初始组织对原国家电力公司2002年度财务收支及其领导人员经济责任进行审计。审计工作部与公司有关部门密切配合，共同组织公司系统单位主动配合审计署工作。这次审计与以往审计比较有以下几个方面的特点：①规模大、参加人员多。34个审计组共2000多人参加了审计。②覆盖范围广、延伸单位多。审计了国家电力公司57个所属单位，延伸审计了200多个基层单位，并且对多经三产企业进行了关联审计或审计调查。审计的资产约占国家电力公司总资产的70%。③时间长、追溯年度远。不仅审计了2002年财务收支，还涉及到了国电公司成立以来的全部情况，有些审计事项已经追溯到了能源部、水电部时期。④力度大、方法严密。审计过程中，对于国电公司这样多级法人的集团

公司，审计署充分利用上下结合，内查外调的方法，认真、细致地对公司本部与所属单位相关事项进行了核对，对相关单位之间事项进行了核对；以财务报表为总揽，以资金运动为主线，以本部为龙头，对国电公司期间的经营事项进行深入排查。⑤审计与违法案件查处密切结合。审计机关与纪检监察、公安检察机构建立密切联系制度，互通情况，协同查案。

国家电力公司已经分解为电网、发电和辅业集团公司，机构和人员变动给迎审配合工作造成极大困难。在迎审工作组的组织下，审计工作部承担了日常配合的协调工作，多次召开各审计派出机构负责人会议，对公司系统如何做好迎审配合工作进行了认真研究，与有关部门积极配合，针对审计署审计不同时段的具体情况制定了相应迎审措施，明确了新组建各公司迎审工作协调和信息沟通的原则。

适应改革、服务大局，加强审计组织体系建设

（1）设立了审计派出机构。根据公司体制改革进程和工作需要，结合公司实际情况，在总结国家电力公司期间审计派出机构经验的基础上，在五个区域电网公司设立了公司审计派出机构，明确了派出机构的职责。设立审计派出机构，发挥审计派出机构的作用，是公司强化审计监督的有力措施。

（2）推行总审计师制度。国家电网公司成立后，根据工作需要，设立了总审计师。在公司改制过程中，新设立的区域电网公司章程中明确规定实行总审计师制度。目前，东北、华东、华中电网有限公司总审计师已配备到位。黑龙江、福建、河南三个省公司配备了总审计师，有许多基层单位配备了副总审计师。推行总审计师制度，加强了对审计工作的领导，进一步提高了对审计工作的重要性、前瞻性和专业化的把握，加强了企业审计事务的内外协调，加大了审计意见的落实力度。

（3）探索审计管理体制创新。公司审计部在加强自身建设和审计派出机构建设的同时，加强了对所属各单位审计组织体系建设的指导。各区域电网公司、省（市、区）电力公司在改革进程中，结合本单位实际情况和经营管理需要，在管理体制创新方面作了很多有益的探索。如福建省电力公司认真总结片区审计两年多以来所取得的成绩和成果，根据改革实际，适时提出了“机构独立设置、行政双重领导、资源统一调配、业务垂直管理、审计成果共享”的审计管理模式等。

建章立制、夯实基础，促进审计工作规范化

公司审计部积极组织开展了各项审计制度的建设工作，将原国家电力公司的审计工作办法及管理制度进行了认真清理，按照轻重缓急的原则，结合电力体制改革进程和公司今后开展审计工作的需要，制订了《国家电网公司审计制度体系》（初稿），对未来几年公司审计制度建设提出了初步的规划，并对各项制度的完成时间和职责分工进行了初步安排。按计划完成了《国家电网公司审计工作办法（试行）》等5项制度的起草和修订工作。另外，为适应公司制订经营发展战略规划的需要，研究并初步提出了《国家电网公司审计战略规划》。目前，在公司和有关部门出台的管理制度和实施办法中增加了相应审计条款，把审计贯穿于公司生产经营全过程，促进审计工作制度化。公司系统各单位审计部门为适应改革和发展需要，推动审计工作规范化进程，结合本单位实际，加快了审计制度建设步伐，制订或修订了本单位的审计工作办法和制度体系框架。

克服困难、创造条件，全面完成重点审计项目

各级审计部门也紧紧围绕本单位中心任务和经营目标，开展了任期经济责任、资产经营责任、预算执行、资产重组、内控制度、经济合同及基建工程和城乡电网建设改造项日等各类审计项目，在拓宽审计领域方面进行了积极有效的探索。沈阳审计部认真搞好农网改造项目的审计，努力使农网改造工程成为电力企业增效益、树形象的样板，同时，在基建工程管理、合同管理、设备物资管理招标等工作中加大了审计参与力度；武汉审计部完成华中公司系统内8家单位2002年度资产经营责任审计，进一步规范了工程项目管理审计；西安审计部组织了关联交易情况、经营风险情况和主辅分离情况的审计调查，参与了有关公司经营状况的调研，追踪审计成果的运用和落实，等等。公司系统内，有的单位经济责任、基建工程及经济合同的审计覆盖率已达100%；有的单位做到了签订合同必审、竣工决算必审、干部离任必审。通过审计，促进了资产经营责任制的落实和预算目标的控制，促进了企业内部控制制度进一步完善，在促进企业加强经营管理、保证政令畅通、防范经营风险、维护合法权益以及加强党风廉政建设等方面起到了积极作用。

锐意进取、勇于创新，推动计算机辅助审计的应用

2003年，公司系统有关单位对审计计算机信息

系统进行了有益的开发探索，取得了初步成果。西北公司开发了《金信通用审计管理系统》；河南省电力公司开发了《中岳审计软件》；江苏省电力公司开发了《审计管理信息系统》；湖北省电力公司开发了《审计直通车（审计作业管理系统）》；浙江省电力公司开发了《计算机辅助审计软件》等。这些软件在审计工作中的试用和应用，推动了审计手段和方法的创新，提高了审计工作效率。

以人为本、与时俱进，加强对审计人员的教育和培训

对公司直属单位审计人员基本情况进行了调查，初步建立了审计人才库，为今后加强审计人员管理，增强培训工作的针对性奠定了良好的基础。组织开展了多种形式的培训和考察学习活动。使大家学习了国际国内的内部审计理论，进一步提高了分析问题、解决问题能力。

党建与精神文明建设

党建工作

（1）建立健全党的基层组织。针对电力体制改革后企业隶属关系变动大和国家电网公司刚刚组建的实际情况，直属党委把建立健全党的基层组织、理顺有关组织关系作为一项重要任务来抓。通过各方面的共同努力，完成了物资公司等10个单位党员组织关系移交工作，组建了公司本部17个部门党支部（总支），指导在京直属单位党组织进行换届选举和委员增补、调整，指导公司直属超高压管理处组建党组织、协调做好委托管理工作，为做好各项工作提供了组织保证。

（2）切实切强党的制度建设。制定印发了《国家电网公司本部党支部工作细则（试行）》等八项基层党组织建设规定和制度。各在京直属单位也相应建立了一系列党的工作制度，使基层党组织工作得到了制度保证。

（3）加强党员教育和管理。各级党组织认真组织党员学习新党章，学习有关加强党的建设、加强党员教育和管理、发挥党员先锋模范作用的文件，组织引导广大党员努力增强宗旨意识、大局意识、服务意识，不断提高自身素质，严格要求自己，充分发挥先锋模范作用，在公司改革发展中建功立业。

精神文明建设和企业文化建设

1. 学习贯彻《公民道德建设实施纲要》，加强精神文明建设

印发了《国家电网公司2003～2005年精神文明建设规划》，各单位结合实际，制订措施，认真贯彻落实，深入开展精神文明创建活动。组织开展了《供电营业职工文明服务行为规范》演示竞赛活动，组织制定了国家电网公司员工道德规范，编写了《国家电网公司员工道德规范辅导读本》。

2. 努力推进企业文化建设

在《中国电力报》，公司系统网和本部办公网上开展了企业理念征集活动，并组织干部职工积极参与，努力为塑造和确立国家电网公司企业理念献计献策、贡献力量。

党风廉政建设及反腐败工作

1. 强化廉洁自律工作，领导干部廉洁自律意识明显增强

各级党组织认真学习贯彻胡锦涛同志在中纪委二次全会的讲话，落实公司党组下发的《领导干部三项谈话制度实施办法》，以《廉政准则》和企业领导人员廉洁自律各项规定，规范党员干部的思想行为，开好处以上党员领导干部民主生活会，严格教育、监督，领导干部廉洁自律意识明显增强。

直属党委印发了《关于进一步提高领导干部民主生活会质量的规定》和《关于召开2003年处以上党员领导干部民主生活会有关事项的通知》。公司本部和在京直属单位各级纪检组织认真落实，在党员领导干部民主生活会上，把党员干部执行《廉政准则》、制止奢侈浪费行为的有关规定、执行中纪委二次全会关于国有企业领导人员廉洁自律的五条新要求的情况，作为自查自律的重要内容。按照规定将自查自律的情况及时向职工群众进行通报，接受广大群众的监督。

在京直属各单位普遍加强了对党员干部监督的力度，信息中心等单位建立了处以上党员干部廉政档案，加强了对领导干部廉洁自律的经常性检查和监督，领导干部廉政勤政意识和自觉性进一步提高，保证了《廉政准则》及廉洁自律各项规定的较好落实。

2. 加大检查、考核和责任追究力度，促进党风廉政建设责任制全面落实

（1）进一步健全党风廉政建设和反腐败工作领导体制及工作机制，责任人所负责任明确、到位，层层签订了责任书；完善了党委统一领导、党政班子分工负责、纪委协调监督、广大职工积极参与和监督的责任体系。

（2）加强了对党风廉政建设责任目标的分解和对执行情况、责任追究的检查和监督。

（3）突出党风廉政建设和反腐败工作与经济工作一起抓的原则，坚持同部署、同落实、同检查，把企业发展作为第一要务，使党风廉政责任制更具有针对性和实效性。

（4）加大了群众参与考核的力度，使考核更加真实可靠、监督更加有力。信息中心、中兴公司等纪委对中层以上党员领导干部廉政、勤政情况采取座谈征求意见、问卷测评、个别谈话等形式进行调查和评议，对本单位的党风廉政情况、廉政责任制执行情况，请员工评议打分，并将考评结果与个人、单位见面，向员工通报。使广大员工对领导干部和本单位的党风廉政情况有知情权、监督权和发表意见的权利。

3. 结合实际突出重点，党风廉政警示教育取得良好效果

为贯彻落实中纪委二次全会和公司纪检监察工作会议精神，坚持每年一次集中的党风廉政教育，于2003年9月在公司本部和在京直属单位开展了警示教育活动。警示教育以江泽民同志的“三个代表”重要论述、胡锦涛同志在“三个代表”重要思想理论研讨会上的讲话、十六大《党章》和中央企业工委、中央组织部中企（2002）9号《关于中央企业领导人员廉洁自律若干规定的实施办法（试行）》为主要学习内容；组织党员干部参加廉洁自律、法规知识测试；组织集体收看《一心为民的好书记郑培民》和反面教材李真、慕绥新等腐败案例的电视教育片。各级党组织非常重视，为保证学教活动的时间、内容和效果，结合本单位的实际制定了具体措施，精心组织，狠抓落实，把“三个代表”重要思想的学习，贯穿廉政警示教育全过程。

中国南方电网有限责任公司

公司概况

中国南方电网有限责任公司（简称南方电网公司，英文名称：China Southern Power Grid Co. Ltd，英文缩写CSC），是根据国务院《电力体制改革方案》（国发［2002］5号）以广东省、海南省电网资产，以及国家电网公司在广西、贵州、云南所属电网资产为基础组建的国有企业。公司由中央管理，财务关系在财政部单列。经国务院批准，2002年12月29日挂牌成立，公司本部设在广州市。

至2003年底，公司系统职工人数为129900人，其中，长期职工100543人，临时职工29357人，离退休人员为39080人。公司系统职工主要分布在供电、发电和建筑业三大领域中，其中供电是主体，建筑业和发电次之。

经营范围

根据《国务院关于组建中国南方电网有限责任公司有关问题的批复》和国家发改委《关于印发〈中国南方电网有限责任公司组建方案〉和〈中国南方电网有限责任公司章程〉的通知》的规定，公司的经营范围：①依法经营公司及有关企业中由公司投资形成并拥有的全部资产；②投资、建设和经营管理南方区域电网，参与投资、建设和经营相关的跨区域输变电和联网工程；③从事电力购销业务，负责电力交易和调度，管理南方区域电网电力调度交易中心；④根据国家有关规定，经有关部门批准，从事国内外投融资业务；⑤经国家批准，自主开展外贸流通经营、国际合作、对外工程承包和对外劳务合作等业务；⑥从事与电网经营和电力供应有关的科学研究、技术开发、电力生产调度信息通信、咨询服务和培训等业务；⑦经营国家批准或允许的其他业务。

战略目标

公司成立以后，确立了“把公司建设成为一个经营型、服务型、一体化、现代化的企业”的公司发展战略目标，适应公司发展战略目标，确立了南方电网的发展目标是“要把南方电网建设成为统一开放、结构合理、技术先进、安全可靠的现代化大电网”。

经营状况

2003年是南方电网公司起步开局之年，也是南方电网改革和发展进程中十分关键又极不平凡的一年。在电力供需矛盾突出、安全生产形势严峻、经营环境发生较大变化、“非典”带来不利影响、各种关系有待理顺的情况下，公司坚持对中央负责、为五省（区）服务的宗旨，从战略的高度，把握形势，把握大局，把握重点；广大干部职工识大体、顾大局，责任到位，压力到位，工作到位，全面完成了年初部署的工作任务，实现了站稳脚跟、稳健开局的目标，得到了国务院及有关部门，五省（区）党委、政府的充分肯定。

公司系统2003年实现售电量2575亿kWh，增长19.1%；西电东送电量267亿kWh，增长31.8%；应急调峰电厂发电量119亿kWh；实现主营业务收入1259.83亿元，增长18.62%；利润总额20.34亿元；资产保值增值率101.28%；工业企业劳动生产率184万元/（人·年），完成固定资产投资303亿元，投产220kV及以上输变电线路5616km，变电容量1934万kVA。至2003年底，公司资产总额2312.14亿元，资产负债率56.26%。

电网运行

公司把保证电网安全作为生命线来抓。成立安全生产委员会，发布安全生产1号令。落实各级安全生产责任制，严格奖惩和责任追究。开展与“违章、麻痹、不负责任”作斗争的活动，增强全员安全意识。完善并严格执行规章制度，抓好“两票三制”专项整治。加强设备管理，提高设备健康水平。认真扎实地做好防汛工作，抗击三次强台风袭击。加强安全生产监督，对发生的事故和发现的隐患，按照“三不放过”的原则，小题大做，提级分析。认真吸取美加“8·14”大停电事故教训，坚持为我所用，制定预案，落实措施。在厂网分开的新形势下，坚持团结治网，加强电网调度，严肃调度纪律；坚持统一调度、分级管理，逐步理顺调度管理关系。加强二次系统管理。认真编制好运行方式，协调各并网发电企业严格执行发电、检修计划。加强培训，提高调度人员精心调度指挥的水平以及正确判断、处理事故的能力。全年公司系统未发生特大、重大生产安全事故，保证了电网安全稳定运行。电网频率合格率99.997%，电网综合电压合格率98.18%，城市供电可靠率99.9%，农村供电可靠率98.0%，全部达到年初的目标要求，电网保持了安全稳定运行。

电力供应与客户服务

2003年南方电网供电形势十分严峻。五省（区）经济快速增长带动用电负荷飙升，加上局部电网“卡脖子”、来水少、电煤紧张等因素影响，电力供需矛盾十分突出。公司把抓好迎峰度夏、保证电力供应作为重点工作，认真落实国办发21号文件，早研究，早部署。站在落实国家西部大开发战略、东西部协调发展的高度，从大局出发，统筹协调力保五省（区）的电力供应，特别强调保证居民生活用电。

积极采取各项有效的保供电措施。①强化网架结构，增加通道输电能力。克服了“非典”的影响，保证了贵广交流、鲁天二回、平果串补以及各省（区）内西电东送配套项目按计划于6月底前投产，西电新增向广东送电150万kW。广电集团克服困难，在用电高峰到来之前，完成了12项重点工程，有力地缓解了广东局部电网“卡脖子”问题。②坚持全网一盘棋，科学调配全网资援源。千方百计协调组织电力电量，一方叫急多方支撑。贵州、云南顾全大局，采取措施，克服省内用电紧张的困难，认真兑现送电协议，维护了西电的信誉。全年西电送广东212亿kWh，同比增长33%。进入10月以后，针对西部省（区）电力缺口增大的情况，公司加强协调，适当调整联网四省（区）送受电负荷曲线，增加向广西送电6.5亿kWh。全年省间计划外相互支援电量23.3亿kWh。③紧紧依靠各级政府，加强需求侧管理。落实计划用电、错峰用电、分时电价等措施，提前制定错峰用电方案和电网三级避峰限电计划，鼓励用户轮休、避峰用电，实现移峰填谷。全网日最大错峰负荷达到380万kW。在全网统调最高负荷达到3851万kW，比2002年增长22%，其中广东、广西、贵州、云南、海南统调最高负荷分别增长26%、22%、13%、4.0%、9.4%的情况下，由于准备充分，措施得力，出色地完成了迎峰度夏任务，基本上保证了全年各省（区）的电力供应。

在新的形势下，公司提出既要为用户服务，为政府排忧解难，又要为发电企业服务。各单位认真贯彻公司行风建设优质服务电视电话会议的要求，把优质服务作为实践“三个代表”重要思想的具体行动，把安全可靠供电作为服务的关键。坚持“优质、方便、规范、快捷”的服务方针，以提高客户满意程度为目标，不断创新服务手段，提升服务水平。各省（区）电力公司开展了各具特色的优质服务系列活动，得到客户、政府和社会的好评。广西电力公司开展的“服务广西，诚信广西，政府放心，人民满意”的供电优质服务活动，影响很好。

电网规划和建设

公司高度重视电力发展规划和项目前期工作。根据改革后电力工业的新格局，提出“坚持电力发展适度超前，电网和电源统一规划、协调发展，以电网规划引导电源建设”的规划工作思路。及早开展调研，听取各省（区）的意见。按照国家发改委的统一部署，完成了南方电网“十五”计划调整，“十一五”发展规划和2020年远景目标研究。实施了南方电网二次系统规划。提出了解决广东电网“卡脖子”的方案和措施。柳贺罗二回、天广四回已获得国家批准开工建设，广东外环网、海南联网的前期工作取得阶段性成果。启动了“十一五”西电东送主网架项目的可行性研究。加强了国际间的交流和合作，公司成为大湄公河次区域经济合作电力项目负责单位。

重点工程全部按计划建设或提前投产。贵广直流工程提前进入预调试阶段。广电集团在重点抓好深圳、东莞、粤东地区电网建设的同时，完成了西电东送配套工程建设，为贵州、鲤鱼江和三峡电力送广东创造了条件。云电集团按时完成“三变五线”输变电工程，贵州青岩变、纳雍至安顺输电线路等重点工程顺利投产，云南、贵州电网500kV“日”字形主网架结构正式形成，电网结构得到加强。全年公司系统共完成电网投资217.6亿元，城农网改造36.0亿元。

人事管理

认真贯彻《党政领导干部选拔任用工作条例》，制定《公司领导干部管理暂行办法》，以“忠诚、能干”为用人导向，以优化结构为主线，坚持原则，严格程序，选准配好各级领导班子，实现新班子知识、专业、能力、年龄结构的合理配置。各分公司、子公司班子成员和本部部门负责人平均年龄47.3岁，本科及以上学历的占90%。加强领导班子的思想作风建设，强调坚持“两个务必”，顾全大局，团结一致干事业。加强领导干部的能力建设，提高干部的工作能力和管理水平。各级领导干部认真贯彻公司党组的决策和部署，以高度的事业心和责任感，管好自己的人，办好自己的事，为公司起好步、开好局发挥了重要作用。

2003年8月召开了公司人事工作会议，确立了以人为本、人高于一切的价值观。明确了核心人才队伍建设的总体目标，以管理能力和业务技能为重点，实施大教育、大培训。举办了2期领导干部企业管理高级研修班，组织本部全体人员参加企业战略管理等13项专题培训，公司系统全员培训率达到87%。创新人事管理制度，实行人才租赁制等灵活多样的劳动用工方式。改革分配办法，实施了以岗位薪点工资为主的结构工资制，加强了绩效考核，建立了企业年金制度。海南公司三项制度改革效果很好。

规章制度

加强了公司系统建设和基础管理，强调提高管理能力、管理水平、实现管理到位。确定了抓大放小、理清管理界面的原则。按照精简高效的要求，制定本部“三定”方案，对人员调入严格把关，宁缺毋滥。强调把本部建设成国有重点骨干企业的首脑机关，加强机关作风建设，建立了86项基本规章制度。各单位、各部门按制度、按程序办事，相互支持，相互理解，初步形成了紧张有序的工作局面。

电力体制改革

按照国务院5号文件和国家电力体制改革工作小组会议的要求，加强了对体制改革工作的领导，积极贯彻落实各项改革措施。国务院、发改委批复了公司组建的原则性意见以及《组建方案》和《章程》。广西、云南、贵州三省（区）电力公司按时完成了厂网分开第一阶段的任务，向有关发电公司进行了移交。公司完成了主辅分离辅业改制的调研报告。开展了农电体制改革的调研，提出了指导意见，出台了一系列规范农电管理的制度。组织开展了“南方区域电力市场研究”和“南方电网电价形成机制及其影响”两个课题的研究工作，并取得阶段性成果。

公司领导

党组书记、董事长：袁懋振

党组成员、董事、总经理：王野平

党组成员、董事、副总经理：李建国　肖鹏　周继太　王久玲　祁达才

机构设置

公司本部职能管理部门设有10个部（行政部、计划发展部、市场交易部、人事部、财务部、安全监察与生产技术部、国际合作部、监察局、审计部、党群工作部），以及中国南方电网电力调度通信中心、电力交易中心和电网技术研究中心。

公司主要成员单位包括广东电网公司、广西电网公司、海南电网公司、贵州电网公司、云南电网公司、南方电网公司超高压输变电公司等6个电网运营企业，以及鲁布革电厂、天生桥二级电站、广州抽水蓄能电厂等3个发电企业。

电网规划与建设

电网规划

2003年，南方电网公司根据电力体制改革后电力工业的新格局，提出南方电网规划工作思路：坚持电力发展适度超前，电网和电源统一规划、协调发展、以电网规划引导电源建设。在这一规划工作思路指导下，进一步提出南方电网电力发展的基本方针：加强电网建设，适应区域资源优化配置的需要；调整电源结构，优化电源布局，适应负荷特性和环境保护的要求；提高能源效率，积极开发水电，优化发展煤电，加快发展核电，合理发展天然气发电和抽水蓄能，因地制宜发展新能源发电，在负荷密集地区合理建设尖峰负荷电源。

2003年，在深入南方五省（区）调查研究的基础上，先后完成南方电网电力工业“十五”计划调整、“十一五”规划和2020年远景目标研究工作，组织开展南方电网二次系统规划工作，参加国家发改委组织的全国电力规划编制工作，出台《新建电厂并网管理办法》及并网意向书、并网协议书的范本。

1. 规划编制

2003年2月，计划发展部组织牵头调研组，对南方电网五省（区）电力供需状况、存在问题等情况进行调研，并与相关省（区）政府及有关部门交换意见。3月，完成《南方五省（区）规划调研情况汇报》。根据国家发改委的要求，组织中电联、电力规划总院、国电动经中心等单位再次进行调研，提出《南方五省（区）电力供需状况和存在问题调研报告》并上报国家发改委。

在调研的基础上，提出《“十五”计划调整和“十一五”规划初步研究报告》，其中初步论证了“十一五”西电送广东新增730万kW或1030万kW，推荐1030万kW的方案。完成《南方电网电力工业发展“十五”计划调整报告》并上报国家发改委，提出“十五”后3年除了确保在建的贵广交、直流输电工程，三广直流输电工程以及西电东送配套输电工程建设外，必须加快天广四回、柳州经贺州至罗洞第二回、广东肇庆—花都—博罗、海南联网工程、云南厂口和大理、贵州福泉—铜仁第二回线路等500kV输变电工程的建设。

根据国家发改委《关于开展电力工业“十一五”发展规划和2020年远景目标前期研究工作的通知》，完成了《南方电网电力工业“十一五”发展规划及2020年远景目标研究》，并于9月正式上报国家发改委及有关部门。

组织开展南方电网二次系统规划工作，包括通信、自动化、继电保护、安全自动装置、信息应用系统和新调度大楼通信自动化等，并全部通过评审付诸实施。

南方电网公司两个层次的电力规划将成为指导南方电网发展的指导性文件，促进南方电网的发展。

参加国家发改委组织的全国电力发展规划编制工作。为协调厂网分开后电网和电源的关系，以契约的形式来规范、保障电力规划的实施、保证电力供应，出台了《新建电厂并网管理办法》及并网意向协议书、并网协议书的范本。

2. 规划目标

根据规划，南方五省区2005年全社会用电量将达3698亿kWh，最高全社会用电负荷6305万kW；2010年全社会用电量达5336亿kWh，最高全社会用电负荷9142万kW，“十一五“分别年均增长7.6%和7.7%；2020年全社会用电量达8985亿kWh，最高全社会用电负荷15695万kW，后10年分别年均增长5.3%和5.6%。南方五省（区）全社会用电量占全国的比例：1980年为8.6%，2000年为17.1%，2002年为17.6%，2005年为18.0%，2010年为19.0%，2020年为20.2%。为此，南方电网公司将加快各省（区）电网和西电东送输电通道的建设，特别是加快西电东送主网架、中部广西电网和受广东端电网主网架的建设，加快广东重负荷中心电网建设，消除电网卡脖子现象。

（1）西电东送规模。推荐“十一五”滇、黔、桂三省（区）新增向广东送电1030万kW，2010年西电送广东规模达2118万kW（含三峡送电300万kW和湖南鲤鱼江电厂送电60万kW），占广东省需要容量（最高负荷加上负荷备用和事故备用）的32%。初步规划“十二五”新增960万kW，“十三五”新增1000万kW。

（2）电源装机。2010年南方电网装机容量达12055万kW，为全国规划装机容量5.8亿kW的20.7%；到2020年南方电网装机容量达20034万kW，为全国规划装机容量9亿kW的22.2%。

（3）区外送受电。2005年区外送入总规模达360万kW，送周边320万kW；2010年增加南方电网与川渝电网联网，容量暂定120万kW；2020年增加送周边500万kW，其中向泰国送电300万kW，贵州向周边送电200万kW。

（4）电网规模。“十一五”投产500kV交流线路9764km，500kV变电容量3925万kVA，500kV直流线路2480km，直流换流容量2×300万kW。

3. 提出解决广东电网“卡脖子”问题的措施

为加快解决广东电网“卡脖子”问题，2003年1月，公司组织有关单位研究提出《关于解决深圳、东莞近期供电紧张问题的专题研究报告》，建议提前建设广东肇庆—花都—博罗输变电工程的意见。8月，提出《关于解决广东电网“卡脖子”问题的方案和措施的汇报》，进一步分析了广东电网“卡脖子”的主要原因，建议除已列入计划的建设项目外，增加建设500kV变电容量375万kVA、输电线路297km，220kV变电容量1200万kVA、输电线路699km，并在2003～2005年重点建设项目中逐一加以落实。

针对广东电网尖峰负荷高、峰谷差大的特点，为缓解近期电力供需矛盾，提高社会整体效益，对广东电网负荷特性进行研究分析，提出建设尖峰负荷电源的新思路，并组织开展珠江三角洲负荷中心建设尖峰负荷调峰电源研究工作。结合尖峰负荷调峰电源研究工作，组织完成东莞虎门电厂改扩建工程可行性研究报告和项目环境影响评价报告大纲，并通过有关单位评审，项目建议书已上报国家发改委待批。

电网建设

公司系统2003年安排基建投资计划281亿元（调整后），其中大中型电网投资235.2亿元，城网改造投资4.1亿元，农网改造投资21.1亿元，县城电网改造投资12.2亿元，小型基建投资8.1亿元。安排投产

500kV 输电线路 3372km、变电容量 1025 万 kVA，220kV 输电线路 3122km、变电容量 1206 万 kVA。安排重点工程建设项目 23 项，其中超高压输变电公司 5 项、广电集团公司 12 项、其他各省区 6 项。

经过努力，全年工程建设任务完成情况较好。截至年底，公司系统完成基建投资 273.85 亿元，为年度计划的 98%。其中大中型电网 219.26 亿元，为年度计划的 93%；城网 5.5 亿元，农网 29.94 亿元，超额完成年度计划的；县城电网 11.39 亿元，为年度计划的 94%；小型基建 7.75 亿元，为年度计划的 98%。投产 500kV 输电线路 3044.75km，变电容量 950 万 kVA；220kV 输电线路 2530.61km，变电容量 994 万 kVA；110kV 输电线路 2423.43km，变电容量 912.45 万 kVA；35kV 输电线路 707.2km，变电容量 17.34 万 kVA；10kV 及以下输电线路 70902.37km，变电容量 172.28 万 kVA。

新开工项目的协调力度加大。500kV 柳贺罗二回、佛山顺德、云南厂口至大理、贵阳北等一批 500kV 输变电工程在年内开工。

工程建设质量、工艺水平有较大提高，但安全生产情况不容乐观。全年公司基建系统发生多起安全事故，其中人身伤亡事故 7 起，死亡 6 人（广东、广西各 3 人）、重伤 2 人。

1. 输变电工程前期工作

2003 年，公司组织编制完成公司本部投资的电网项目可行性研究报告 4 项，其中：500kV 柳州—贺州—罗洞第二回输变电工程、天广四回输变电工程已获得国家批准建设；肇庆—花都—博罗输变电工程可行性研究组织了评审；海南联网工程基本完成电力系统及海底电缆路由的论证工作，海底电缆路由勘测工作于 12 月 5 日正式启动。

审核转报各子公司的 500kV 输变电工程可行性研究报告书 3 项，变电总容量 225 万 kVA，线路 185km，总投资 9 亿元。审批各子公司 220kV 输变电工程可行性研究报告书 45 项，变电总容量 414 万 kVA，线路 1619km，总投资 23 亿元。

启动"十一五"南方电网西电东送主网架工程的可行性研究工作。"十一五"黔电送粤新增 400 万 kW 的交直流输变电工程可行性研究基本完成；启动了云电送粤新增 320 万 kW 交直流输变电工程可行性研究工作；完成了龙滩水电站接入系统设计。

2. 西电东送工程建设

2003 年，公司系统重点工程建设项目按计划全面推进。全年重点工程累计完成投资 79.85 亿元，占年计划的 104%，投产项目 11 项。

（1）年度计划投产项目顺利完成。天生桥至贵阳 500kVπ 接工程，2002 年 10 月开工，新建线路 42.8km，OPGW 光纤改造 176km，2003 年 3 月 29 日投产。

鲁布革至马窝第二回 220kV 输变电工程，2003 年 2 月 15 日开工，新建线路 74.6km，改造鲁布革电站出线间隔及完善天生桥换流站进线间隔，同年 6 月 23 日投运。

贵州至广东 500kV 双回输变电工程，2001 年 11 月 25 日开工，工程全线于 2003 年 6 月 27 日投入试运行，6 月 29 日投运。该工程是"十五"末西电新增向广东送电 1000 万 kW 的重点项目之一，它西起贵州青岩变电站，东至广州罗洞变电站，线路建设长度（按单回计）1423km，新建河池变电站、贺州开关站，扩建柳州变电站、罗洞变电站，变电容量 150 万 kVA，工程动态总投资 30.3 亿元，投产后可增加向广东送电能力 150 万 kW。贵州至广东 500kV 双回输变电工程河池 500kV 串补工程，2003 年 3 月开工，新建 152Mvar 串补站，2003 年 12 月 29 日投运。

贵广双回 500kV 交流输变电工程的投产，使南方电网形成了五条 500kV 交流、一条 500kV 直流共六条西电东送大通道，西电送广东的能力突破了 500 万 kW。

6 月 30 日，国内第一个可控串补站——平果串补站运行投产。串补装置串接于天广双回 500kV 输变电线路平果变电站侧。该工程于 2003 年 1 月开始土建施工，4 月进行串补工程电气安装，6 月进行工程验收、调试和启动。平果 500kV 可控串补工程，2002 年 11 月开工，建设 800Mvar 可控串补站，2003 年 6 月 30 日投产。

平果可控串补投运后，不仅缩短了送电电气距离，使西电东送送电极限提高了 200MW，同时，对南方电网区域间低频振荡具有明显的阻尼调节（POD）作用。该工程从签定合同到工程建成历时仅 8 个月，而世界上类似工程的设备供货期就需要 10～12 个月。

贵州至广东 500kV 双回输变电工程河池 500kV 串补工程，2003 年 3 月开工，新建 152Mvar 串补站，2003 年 12 月 29 日投运。河池串补装置设备全部采用西门子公司提供的产品，是目前亚洲地区投产的串补装置补偿容量最大的工程。它的投产不仅提高了贵广交流线路的输电能力，而且增加了南方电网的抗干扰能力。

500kV 梧州变电站三期 220kV 苍梧间隔完善及 500kV 平果变五期断路器灭弧室更换，于 2003 年 10 月完成。

上述工程的及时建成投产，为解决广东、广西 2003 年夏季高峰用电，加强南方电网结构，提高系统安全稳定以及促进东西部资源优化配置发挥了重要作用。

(2) 在建工程进展顺利。贵州至广东直流500kV输变电工程。换流站2001年11月25日开工，至年底换流站建设完成总进度的84%，线路完成96%，接地极完成99%。

柳贺罗第二回500kV输变电工程，2003年9月30日正式动工，至年底线路的基础工程完成59.5%，柳州变电站扩建土建完成60%，贺州开关站场地、道路等约完成50%，罗洞变电站扩建地基处理全部完成。

天广交流第四回500kV输变电工程，百色变电站扩建工程12月底开工建设。

3. 重点工程

(1) 广电集团公司重点工程。500kV曲江—北郊第二回输电线路工程、500kV东莞—惠州—汕头第二回输电线路工程、220kV鹏城—公明输电线路工程等按期投产，为解决"卡脖子"问题，东莞供电分公司将5项工程由6月底提前到4月底用电高峰到来之前投产。这些项目的完成大大缓解了深圳、东莞、粤东地区电网"卡脖子"问题，保证了鲤鱼江电厂30万kW电力送到广东，为广东迎峰度夏发挥了重要作用。横沥500kV输变电工程于11月9日投产，为三广直流工程的调试和2004年接受三峡电力创造了有利条件。

(2) 其他各省区重点工程。云南电力集团公司按时完成500kV"三变五线"输变电工程（曲靖变，七甸变、厂口开关站及5条500kV线路），使云南电网500kV"日"字形主网架结构正式形成。贵州电力公司青岩变电站、那雍—安顺500kV输电线路等重点工程顺利投产，使贵州电网得到较大加强。广西电力公司、海南电力公司加快500、220kV电网建设的步伐，分别投产了一批输变电项目。

农电工作

开展农电"两改一同价"工作5年来，农村电力市场已发展成为南方电网电力市场的重要组成部分。2003年县及县以下农村用电量的比重已经超过公司总售电量的50%。通过农网改造，农村电网供电质量明显改善；农村到户电价显著下降，农村电力市场显现出较大的市场潜力，2003年上半年广西、贵州和云南等省（区）趸售用电量对拉动省内用电量增长的贡献率均超过40%。至2003年底，南方五省（区）农电职工11.52万人，比2002年减少1.1万人，其中专业技术人员2.3万人，占职工总数的20%，农村电工5.74万人。2003年公司系统县及县以下农村用电量1600.88亿kWh，比2002年增长18.88%。其中广东1213.37亿kWh，增长21.58%；广西88亿kWh，增长11.78%；云南116.46亿kWh，与2002年基本持平；贵州153.55亿kWh，增长20.74%；海南29.5亿kWh，增长15.77%。

1. 农电体制改革

南方电网各省（区）电力公司都开展了县级供电企业体制改革试点工作，对县级供电企业的管理模式进行探索，积累了经验。在代管的基础上，与部分县级供电企业建立了资产纽带关系。至2003年12月，公司系统管理的342个县级供电企业中，已改制为省公司的分公司或子公司的有98个，改制为由省公司控股的有限责任公司55个，维持代管的188个。

五省（区）原3784个镇级管电机构中已有3715个改制为由县（市）供电企业直接管理的派出机构，实现县镇电力一体化管理，做到销售、抄表、收费、服务"四到户"。

2. 农网改造工程

公司系统两期农网改造累计投资规模351.41亿元，至2003年12月，累计完成投资349亿元，完成总投资的99.33%。根据国家发改委的要求，部署了农网改造工程的验收工作。

城乡用电同网同价工作在各省（区）稳步推进，价外加价、搭车收费等行为基本得到制止，已完成农网改造工程的地方都能按政府物价部门批复的电价实现城乡居民用电同网同价，部分地方已实现以县为单位的各类用电同网同价，农村到户电价大幅下降。广东电价于2002年12月1日开始，全省直供范围全部实现以县为单位的各类用电同网同价，全省102个农电单位全部实现农村住宅到户电价降到0.79元/kWh以下的目标。2003年广东全省县及县以下居民到户电价平均水平从1.32元/kWh降为0.74元/kWh。广西从2002年起，对已完成农网改造的县实行城乡用电同网同价，逐县核定，一县一价，其中农村居民住宅到户电价水平从0.8～0.9元/kWh降为0.522～0.572元/kWh。云南省从2002年12月15日起，省电网负责实施的45个"一户一表"覆盖率达到80%以上的县实施城乡各类用电同网同价，农村居民用电电价水平从1.07元/kWh降为0.402元/kWh。贵州省从2003年3月起，全省范围内实行城乡居民生活用电同网同价，凡农网改造完成并且抄表到户的农村居民家庭，其生活用电与城市居民生活用电同网同价，农村居民生活用电电价水平从0.8元/kWh降为0.403元/kWh。海南省从2002年10月起，在已完成农网改造的地区实现城乡居民生活用电同网同价，电价水平从1.28元/kWh降为0.6元/kWh，2003年经营服务业、大宗工业用电也实现同网同价。

3. 农电管理

2003年初，计划发展部牵头组成农电工作专题调研组，对公司系统的农电工作进行专题调研，深入到五省（区）21个县级供电企业进行实地调查，确定了农电工作以“加强农电企业管理和积极稳妥推进农电体制改造”为两项重点工作。10月21日召开公司农电工作会议，全面总结农电工作的现状和存在问题，分析农电工作的形势和任务，部署了要重点抓好的几项工作。根据农电工作会议的精神，下发了《关于进一步加强县级供电企业管理的指导意见》和关于农电统计、农村电网和县城电网建设与改造等几个管理办法，草拟了关于农电生产的供电可靠性、电压无功管理办法和关于县级供电企业管理达标竞赛、农村电工岗位知识竞赛和技能竞赛办法。

各省（区）电力公司在农电系统普遍开展劳动、人事、工资三项制度改革，按照公平、公正、公开的原则对农村电工实行考核，择优聘用。基本上实现县（市）乡（镇）电力一体化管理，实行收支两条线，农村用电实行电价、电量、电费“三公开”，销售、抄表、收费、服务“四到户”电价、发票、抄表、核算、考核“五统一”管理。

市场交易与营销服务

概况

1. 基本情况

2003年，在电力供需矛盾突出，经营环境发生较大变化的情况下，狠抓制度建设，狠抓规范管理，狠抓政策落实，狠抓电力市场和电价改革课题研究。电力市场购销两旺，西电东送再上新台阶，全面完成购电、销售电量、电费等各项经营指标；稳步推进电价改革，降低公司经营风险；狠抓错峰用电和计划用电，缓解供需矛盾，确保电网安全，维护供用电秩序；狠抓营销管理，继续推行承诺服务，全面开通“95598”供电服务热线，提升服务水平，树立服务形象；南方区域电力市场研究、电价形成机制研究取得阶段性成果，为南方区域电力市场建设奠定理论基础。

2. 管理制度

组织《南方电网跨省（区）购售电管理办法》和《跨省区紧急支援管理办法》的编写工作，规范跨省（区）电力交易，实现优势互补，提高资源配置效率，提高公司整体效益；起草《南方电网省内购电管理办法》，规范各省（区）公司购电行为，优化购电结构，降低购电成本；制定《营销计划管理办法》和《市场营销分析管理办法》，提高市场预测和分析质量，加强营销过程控制，为公司经营管理提供决策支持；制定《供电营业规范化服务标准》、《客户服务管理办法》、《供电承诺服务意见》，推进规范化服务；制定《电费回收统计口分析管理办法》，加强电费回收动态分析，避免经营风险；制定《电能计量管理办法》和《南方电网关口电能计量装置运行管理办法》，统一五省（区）电能计量装置的技术标准和管理要求，提高计量装置的技术功能和运行质量水平，为实施分时电价、预收电费、远程抄表等提供技术手段保障。同时，规范计量检定监督管理流程，做好计量关口的检定和协调管理工作，为五省（区）计量管理提供学习交流和服务的平台。

电力交易

1. 西电东送

2003年，西电东送在合同管理的基础上加强了计划调控力度，年初，公司组织各子公司进行电力电量平衡后，制定全年西电东送交易计划，每月根据计划完成情况和各省（区）供需形势变化进行调整，月内再根据市场动态变化进行实时调整，力求最大程度、最大范围实现各省（区）电力资源的优化配置。全年总电量完成267亿kWh，比2002年增长32.3%，完成年度计划的103.39%。西电送广东最大电力565万kW，电量213亿kWh，同比增长33.6%，完成年度计划的101.1%；西电送广西电量54.5亿kWh，同比增长27.7%，完成年度计划的113.5%；云南送广东电量完成61.5亿kWh，同比增长92.0%；贵州送广东电量完成57.6亿kWh，同比增长61.5%，送广西电量完成17.7亿kWh。7月2日，湖南鲤鱼江电厂正式投产发电并向南方电网送电，全年送电17.7亿kWh。

根据云南汛期低谷电力富裕情况，临时组织低谷电力交易，减少低谷弃水，全年送出低谷电量1亿kWh；实时组织广东低谷电力支援广西，缓解了广西的供需矛盾；根据来水、电煤的影响和负荷变化情况，安排贵州、云南在6月中、下旬多送广东100万kW，9月贵州调减送广东电量3亿kWh，10月西电多送广西电量3亿kWh，广东与广西达成广东夜间低谷电量送广西协议。全年计划外相互支援电量23.3亿kWh。

历年西电东送电量

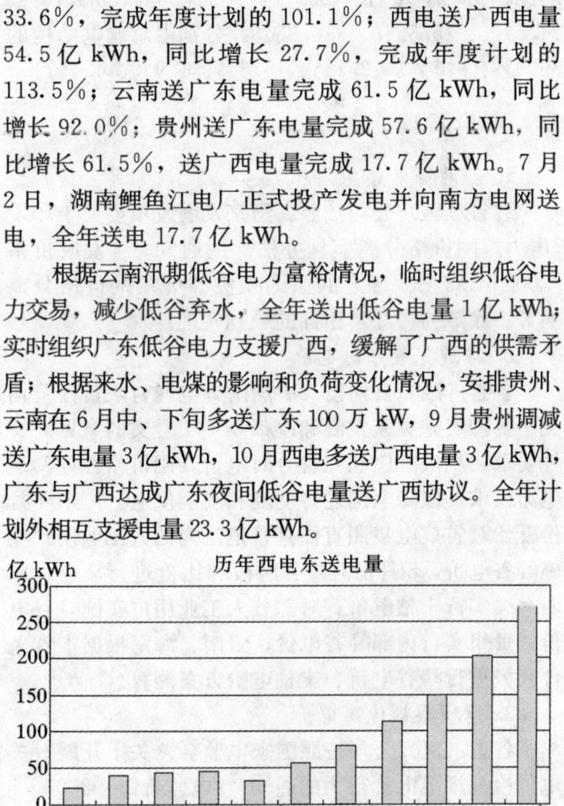

2. 购电管理

公司系统完成终端发购电量2829亿kWh，完成年度计划的110.34%；应急调峰电厂发电量119亿kWh，完成全年计划的101.6%。积极协调各方，增加有效供给，降低购电成本。督促发电公司严格执行发电计划，加强设备运行和检修，保证机组出力，广东、广西、云南、贵州、海南统调火电机组利用小时分别达到6149、6598、6756、7653、3456h；调整超计划购电策略，提高发电公司积极性；调动地方燃油电厂和小水电顶峰发电，广东地方机组最大出力超过800多万kW；增购港电电力40万kW参与顶峰，购香港高峰电力达到159万kW；

公司终端购电结构中，购统调水电、统调火电、核电、地方水电、地方火电、外购电、风电等其他能源电量分别为517.2亿、1622.7亿、175.5亿、80.9亿、388.9亿、39.3亿、4.7亿kWh，分别增长1.89%、23.40%、75.29%、－2.39%、16.37%、175.26%、71.59%，分别占总购电结构的18.3%、57.4%、6.2%、2.9%、13.7%、14%、0.2%。

公司终端购电结构中，广东、广西、云南、贵州、海南和超高压公司购电量分别为1610.6亿、257.3亿、341.1亿、442.1亿、53.3亿、124.6亿kWh，分别增长22.11%、17.58%、20.16%、24.51%、15.55%、－6.86%，分别占总购电结构的56.9%、9.1%、12.1%、15.6%、1.9%、4.4%。

电价管理

1. 厂网价格分离

各省（区）公司按照《国家发展改革委关于印发〈电力厂网价格分离实施办法〉的通知》（发改价格［2003］352号）确定的原则积极开展厂网价格分离测算。保障公司经营指标的顺利实现。

2. 推进完善分时电价

各省（区）公司按《中国南方电网有限责任公司关于贯彻实施国家发展和改革委141号文的意见》文件要求，积极推广和完善分时电价，用价格杠杆调节电力供求，保障电网迎峰度夏和安全供电。广东4月份开始对省广电集团直供直管范围内的大工业用户实施峰谷电价，8月份对峰谷时段和比价进行调整；广西继续实行丰枯电价，对部分大工业用户实施峰谷电价；贵州实行内部峰谷电价；云南、海南根据本省条件积极进行峰谷电价、丰枯电价方案测算。

3. 清理整顿优惠电价

各省（区）公司按照国家电监会《关于开展有关电价检查规范电价行为的通知》（电监价财［2003］5号）和《国家发展改革委国家电监会关于对电价违法行为进行整改，规范电价管理有关问题的通知》（发改价检［2003］1152号）的要求，对本省（区）范围内的各项电价行为进行自查，配合国家电监会、国家发改委进行电价重点检查，坚决纠正各项违法违规的电价行为，提出了整改建议。

4. 电价改革方案

认真学习贯彻《电价改革方案》，积极参加电价改革培训，研究电价改革相关问题。积极配合价格主管和电力监管部门制定《电价改革方案》的相关配套管理办法。

电力营销

1. 电力销售和电费回收

全年公司终端销售电量257万亿kWh，同比增长16.99%，完成年计划的108.72%，实现销售收入1359亿元。

公司终端售电结构中，大工业、非普工业、商业、趸售、居民生活、农业生产、其他用电、网外售电分别为1324.4亿、351.5亿、138.9亿、414.8亿、267.3亿、18.2亿、47.1亿、10.2亿kWh，分别比2002年增长21.6%、－2.0%、15.1%、21.0%、13.8%、69.0%、36.9%、40.9%，分别占总售电量的51.5%、13.7%、5.4%、16.1%、10.4%、0.7%、1.8%、0.4%。

公司终端售电结构中，广东、广西、云南、贵州、海南分别售电1622.5亿、294.9亿、258.3亿、349.7亿、47.0亿kWh，分别比2002年增长18.37%、18.86%、4.92%、19.04%、17.21%，分别占总售电量的63.07%、11.46%、10.04%、13.59%、1.83%。

至2003年底，公司累计欠收电费余额34.72亿元，其中，广东、广西、云南、贵州、海南分别欠费12.2亿、7.1亿、0.7亿、12.3亿、2.4亿元。比年初压欠21.4亿元。其中当年欠费结零，1～2年欠费8.4亿元，占总欠费的24.1%，3年以上欠费占总欠费26.4亿元的75.9%。各省（区）公司欠费均有不同程度的降低。

总欠费中，大工业、非普工业、商业、趸售、居民、其他用电分别欠费20.9亿、2.3亿、1.3亿、8.7亿、0.7亿、0.8亿元。

2. 需求侧管理

各省（区）相继加大了需求侧管理工作力度。广西成立了自治区电力供应协调小组，由自治区分管副主席亲自担任组长，自治区经贸委、广西电力公司和广西投资（集团）公司领导及有关人员组成，负责对全区电力生产、调度、运行进行指导和决策；云南省恢复成立了省政府“三电”领导小组，分管工业副省长任领导小组组长，省经贸委、煤炭、电力共同组建了电力生产、煤炭供应和计划用电三个专项督查工作组；贵州省政府在加大电力供应协调的基础上，计划用电和错峰用电方案做到公平、公开；广东、海南省（区）政府多次召开电力供应协调会议，加大了对电力供应的指导。

精心制定错峰用电和计划用电各种预案。各省（区）公司按照“以发定供、以供定用”原则制定各种预案。广电集团针对夏季高峰电力紧张形势，精心制定自觉错峰和强制错峰方案；云南、贵州根据电力电量双缺形势，全年实行计划用电，按保居民生活和重要用电原则按季下达计划用电指标，层层分解、层层落实；广西三季度后制定严格的计划用电方案；海南先后共制定了5个方案，以应对局部时段高峰电力紧张形势。

加大宣传力度，引导全社会节约用电、合理用电、科学用电，争取全社会理解和支持。各省（区）公司和所属供电分公司采取新闻媒体公告、客户座谈、客户联谊、客户走访等多种形式，宣传电力供需形势，宣传错峰用电和计划用电。

各省（区）公司按照“先错峰、后避峰、再限电、最后拉路”的原则，加强供用电管理。广东各分公司与地方政府及有关部门共同组成错峰用电检查小组，按“先自觉错峰，再用户侧强制错峰，最后线路侧强制错峰”，大力提高用户自觉错峰，减小对用户的影响，广东省全年强制错峰用电由2001年的9643次降至4437次，降幅达到了54%；广西按“今超后扣”进行计划用电管理，云南制定《计划用电管理暂行规定》，用经济的、行政的措施加强管理，贵州加强内部管理，以高耗能用电为重点，全年平均负荷率达到91.25%，创全国领先水平，海南加强服务和协调。全网日最大错峰负荷达到380万kW；各省（区）公司供电服务热线电话“95598”没有接听到有关错峰用电和计划用电的投诉举报。基本保证了居民生活和重要单位用电需求，确保了电网安全稳定，促进了五省（区）经济快速发展，最大限电地减小缺电对经济发展、社会稳定和客户的影响。

3. 营业普查

在购电成本不断上涨，经营压力较大的形势下，开展营业普查是电网企业增收的重要手段，也是维护正常的供用电秩序，打击窃电和违章用电行为的重要工作。公司印发了《关于加强营业普查和电费回收工作的通知》，各省（区）公司组织了营业普查和电费回收专项活动。

截至2003年底，公司总营业户数为1683.5万户，其中，大工业、非普工业、商业、趸售、居民、其他用户分别为0.79万、8.39万、115.13万、2.5万、1442.752万、31.22万户，分别占总营业户数的0.5%、5.0%、6.8%、0.1%、85.7%、1.9%。

截至2003年底，公司总装见容量17584.16万kVA，其中，大工业、非普工业、商业、趸售、居民、其他用户分别为5874万、3007万、1648万、2524万、3995万、536万kVA，分别占公司总装见容量的33.4%、17.1%、9.4%、14.4%、22.7%、3.0%。

4. 电力营销信息系统建设

各省（区）电力公司电力营销信息和客户服务技术支持系统规划、开发模式差别较大，应用水平参差不齐。

广电集团电力营销系统开发建设起步较早，1998年广电集团制定建设规范，准备全省统一规划、统一规范。截至2003年底，全省21个分公司只有5个分公司应用网络版，其余均为单机版；全省1266个营业网点中，27%营业点使用网络版，59%使用单机版，14%的营业网点仍在手工作业。

广西公司在总结多年来各供电局自主开发建设的经验基础上，从2001年开始全省统一规划建设，按分局、供电局、省公司三层架构实施，年底开发结束并投入运行。

云电集团从2001年开始，按“大集中”模式开发全省统一的电力营销信息和客户服务技术支持系统，省公司集中全省电力营销信息和客户服务信息，各供电局不再设数据中心和客户服务中心，仅作为应用终端。年底昆明供电局已经上线运行，将逐步推广应用到全省其他供电局。

贵州公司在成功开发全省统一的“95598”客户服务技术支持系统的基础上，贵州公司形成了建设全省统一规划、统一标准、统一开发的电力营销信息系统的共识，年底在六盘水供电局试点开发，成功后将逐步推广。

海南公司电力营销和客户服务技术支持系统建设相对滞后，但公司上下对电力营销和客户服务技术支持系统开发应用积极性较高，已经初步完成建设方案的可行性研究工作。

5. 电能量计量系统

南方电网公司目前直接管理的跨省交易的计量关口共有19个厂站、141个关口计量点、249只关口电能表，分布在广东、广西、云南、贵州四个省。南方电网跨省区电力交易计量关口由市场交易部统一组织协调管理，目前由所在地省级电能计量检定机构具体负责技术监督工作，由产权单位具体负责日常运行维护工作。

南方电网电能量计量系统采用兰吉尔表计（珠海）有限公司的DGC2000系统，工程总投资概算1790万元。系统建设的近期规模为采集22个厂站、

308只关口电能表，远期规模为采集不少于200个厂站、不少于3000只关口电能表、不少于12000个电能值数据处理能力。系统主站是双网双机的冗余系统，包括数据采集、应用存储、计算机通信、用户接口等子系统。

优质服务

1. 供电服务承诺

公司下发《关于开展供电服务承诺的通知》，各省（区）电力公司按照“高标准、严要求、实事求是、与时俱进”的原则，继续推行服务承诺。

广电集团重新修订了《广东省广电集团有限公司供电服务承诺》，各分公司认真制订措施，理顺内部机构职能，改进工作程序，建立和制订一系列相关规章制度，保障兑现服务承诺；广西公司全年基本能够兑现全部服务承诺，各项指标均达到或超过承诺指标；云电集团修订公布了直属供电服务承诺和控股、代管供电服务承诺，增加了“县级以上城市营业场所统一实行无午休制度”和“农村居民客户端电压合格率不低于90%”的条款。在技术支持、设备投入、人员管理、工作监督等方面上精心准备，狠抓落实，努力完成对社会的各项承诺任务；贵州公司供电服务承诺的兑现情况普遍较好，兑现率超过99%，未达到指标要求的主要是客户原因；海南公司全面执行12条承诺服务，基本实现承诺目标。

2. 规范化服务窗口达标

公司下发《城市供电营业规范化服务标准》、《农村供电营业规范化服务标准》，公司行风建设“十五”规划要求到2005年末，各省（区）公司城市供电营业规范化服务窗口达标95%，农村50%以上。各省（区）公司按照2004年全部城市窗口达标，农村达标90%以上进行工作安排。截至2003年底，城市窗口达标率93.8%，农村窗口达标率65.3%。

到2003年底，广电集团城市供电营业规范化服务窗口建设达标139个，达标率为99.3%，乡镇供电营业规范化服务窗口599个，达标率为89.1%；广西公司城市供电营业窗口16个，达标14个，农村供电营业窗口533个，农电示范窗口64个，农村供电营业规范化服务达标单位448个；云电集团城市供电营业窗口23个，已达标命名21个，达标率91.30%；农村供电营业窗口732个，已命名271个，达标率37.02%，贵州先后建成城市营业窗口10个，达标验收4个，绝大部分实际达标，但未组织验收授牌，建成乡镇营业窗口404个，达标验收规范化“示范窗口”193个；海南县城供电营业窗口预计达标（以80%的得分为标准）率为82.35%，大多数乡镇供电营业所暂不具备规范化窗口硬件条件，预计达标率小于30%。

3. “95598”供电服务

各省（区）均已开通全国统一供电服务热线电话“95598”，广电集团分两期先后建成21个电力客户服务呼叫中心和省电力服务监管中心，并全部进行了实用化验收，开通全省统一供电服务热线“95598”，全省联网运行，21各地市设客户服务中心，集团公司本部设全省监管中心。广西在全区地市开通“95598”服务电话，并在南宁和桂林试点客户服务技术支持系统建设，2003年底，南宁、桂林两局的呼叫中心已经正式投运。云南按“大集中”模式开发和建设电力营销和客户服务技术支持系统，全省在昆明建立客户服务中心，全省电力营销和客户服务联网运行，2003年底，昆明供电局实现“双轨”运行，在全国电力系统属首创。贵州按统一规划原则在全省建设“95598”客户服务技术支持系统，全省联网并在省公司建立监管中心，2003年底10个供电局中已经有9个地区通过实用化验收，运行情况良好，“95598”在城市地区的客户知晓率已达到80%，贵阳市北供电局所有县级供电企业已完成“95598”系统的建设并联网运行，部分县公司进行推广应用。海南暂时没有开通“95598”统一服务热线，但各地县均对社会公布各自服务电话，全省正规划电力营销信息和客户服务技术支持系统建设。

广东全省“95598”全年共接听来电342.72万个，各分公司对客户的回访数量共65.12万个，其中已作评议的有26.56万个，满意的有26.49万个，满意率为99.75%；广西公司2002年6月份开通“95598”热线电话以来，共受理电话11.21万次，其中咨询5.92万件，抢修3.57万件，投诉0.84万件，其他0.87万件，受理办结率100%。云南自2002年9月开通全省大集中“95598”热线电话以来，“95598”云南电力呼叫中心的话务量为219397个，客户回访率30%，满意率为92.5%。至2003年5月，贵州全部供电局开通“电力95598客户服务系统”，全省十家地区级供电局全部开始在“95598”平台上为客户提供服务，客户服务业务总量已超过150万次。

4. 优质服务主题活动

9月3日，公司召开行风建设和优质服务电视电话会议，要求在更高层次推进优质服务工作。10月14日，公司转发了广西公司开展优质服务活动汇报材料，要求各子公司紧紧围绕当前电力供应形势，积极策划和组织优质服务宣传活动，树立公司良好形象。广电集团公司2003年12月8日～12月21日在全省范围内开展“95598电力客户服务宣传周”活动。通过电视台、宣传海报等有利的宣传媒体，打响优质服务品牌，在南粤大地塑造广电集团公司企业的新形象，全省各分公司召开客户座谈约 443 次共 6200 人参加；发放征求意见表约 14.268 万份回收 9.2515 万份；组织供电服务走访活动，约走访用户 3.5865 万户。用户对供电服务的满意率在 96%以上。

广西公司策划“服务广西、诚信广西、人民满意、政府放心”优质服务活动，全面组织实施优质服务“百千万”大行动，组建青年服务队 283 支，参与活动的党员人数达 1200 人，全年共开展大规模统一行动 4 次，派出党员、青年服务队 1350 次，员工 16130 人·次，接待客户咨询 8950 次，发放各类宣传材料 3 万多份，为 1270 户城乡居民解决用电困难。

云电集团开展“诚信云电 服务云南”优质服务大型户外宣传活动，开展“云电彩虹青年志愿者——扶老助残”活动和“云电彩虹青年志愿者——社区挂牌服务活动”，面向全省社会福利院、儿童福利院、残疾人福利厂、敬老院、残疾人家以及广大社区等提供用电咨询和便民义务服务，共有 6220 人·次员工参加活动，接受客户咨询 17947 人·次，向客户发放宣传资料 224329 份，发放并收回客户问卷调查表 12948 份，定点帮扶扶老助残对象 120 个，义务为客户提供服务 2280 人·次。

贵州公司配合省文明办，开展“诚信经营、文明服务”示范样板工程活动，活动的载体是“电力 95598 客户服务系统”。向客户展示“诚信经营、文明服务”的理念，切实为电力客户提供“优质、方便、规范、快捷”的电力服务。

5. 评优选优

为推动南方电网服务型公司战略实施，大力弘扬“人民电业为人民”的行业宗旨，认真贯彻落实“优质、方便、规范、快捷”的供电服务方针，进一步提升服务水平，进一步营造“崇尚先进，学习先进”的良好氛围，树立南方电网崭新的社会形象，评定 2003 年“供电服务标兵”、“电力营销先进集体”、“电费回收先进个人”。

“供电服务标兵”名单为：江门分公司计量部经理叶永乐、广州分公司市场及客户服务部呼叫中心主管余飞鸥、中山分公司火炬开发区供电公司经理叶华艺、玉林局客户服务中心接户线班班长杨朝志、柳州局客户服务中心服务班班长沈涛、昆明供电局市场营销部电费组副组长王航、滇中局市场营销部电费专责刘建明、贵阳市南局城区分局抢修班班长张宁筑、凯里局城区分局主任师胡晓刚、文昌供电公司锦山供电所所长黄清。

“电力营销先进集体”名单为：广州分公司南区配电营业部、深圳分公司营业部宝安营业所、佛山分公司本部营业部、肇庆分公司高要分公司、惠州分公司配电抢修班、珠海分公司客户服务中心、南宁局客户服务中心、北海局客户服务中心营业部、玉林局客户服务中心、柳州局客户服务中心、云南电力呼叫中心、滇东局市场营销部营业班、玉溪局营销部营业组、思茅局客户服务中心、贵阳市北局城区分局电力客户服务中心、铜仁局营销策划部、遵义局城区分局抢修队、安顺局 95598 客户服务中心、东方供电公司新龙供电所、儋州供电公司那大供电营业所。

“电费回收先进个人”名单为：东莞分公司石龙配电营业部复核统计班班长刘国标、肇庆分公司市场及客户服务部经理关飞、汕头分公司营业部经理陈为东、南宁局客户服务中心抄表班班长黄鸣、柳州局客户服务中心主任李勇、昆明局市场营销部用电检查组组长李世荣、个旧局营销处副主任杨勇、六盘水局水城分局电费营业班班子黄瑾、兴义局市场营销部主任黄俊田、琼海公司万泉供电营业所所长胡泽才。

电力市场研究

1. 南方区域电力市场研究

在国家电监会和南方电网公司的统一安排下，积极推进南方区域电力市场的研究和建设工作。7 月 28 日，国家电监会发函要求公司负责组织开展南方区域电力市场研究和建设工作；8 月 14 日，公司召开了南方区域电力市场高级研讨会，邀请国内外知名专家研讨南方区域电力市场交易模式等；9 月 29 日，公司召开了南方区域电力市场课题研究开题报告会，国家电监会史玉波副主席、公司肖鹏副总经理在会上发表了重要讲话，开题报告会标志着项目正式启动。课题组抓紧进行研究工作，2003 年底按计划完成第一期的工作。

2. 电价形成机制研究

在《电价改革方案》的框架下，结合南方电网实际，开展“南方电网电价形成机制及其影响”的课题研究，成立了领导小组和项目（分）小组，召开了项目小组第一次会议和开题报告会，完成了调研和资料收集，得到了国家发展改革委价格司及有关省（区）价格主管部门的大力支持，取得阶段性成果。

3. 普遍服务课题研究

国家电监会、国家电网公司、南方电网公司共同委托中国电力发展促进会对中国电力普遍服务进行课题研究。课题主要针对电力体制改革后电力普遍服务面临的新形势，借鉴国外和国内邮政电信普遍服务的经验，研究普遍服务的法规、政策、标准，以及开展普遍服务工作规划。课题组对广东、广西、陕西、甘肃等省（区）进行了工作调研。按计划，课题将于 2004 年完成。

安全生产与调度管理

安全生产

2003年，公司安全生产面临电力负荷不断攀升、电力供需矛盾突出、安全生产形势严峻等困难，在这种严峻的形势下，公司生产系统以认真负责的态度，识大体、顾大局，贯彻公司党组的部署，落实公司2003年工作会议精神，认真落实公司"安全生产1号令"各项措施，积极落实电网迎峰度夏各项措施，扎实开展反"违章、麻痹、不负责任"三大安全敌人活动，开展了"两票三制"专项整治活动，强化安全生产基础管理水平，加大电网安全科技研究，积极推广和应用电网新技术，加大技术改造力度，提高电网科技含量，保证了南方电网安全稳定运行，基本保证了南方五省（区）电力供应，完成了年初制定的各项安全生产任务，为南方电网公司起好步、开好局，为保证五省（区）特别是广东的电力供应，做出了突出贡献。

全年公司系统未发生对社会和公司造成重大影响、对资产造成重大损失的安全生产事故，杜绝了重大人身死亡事故、特大电网事故和有人员责任的重大电网事故、特大设备事故和电厂垮坝事故，实现了安全生产总体目标。

2003年公司系统共发生各类一般事故266起，其中一般人身事故16起，死亡10人、重伤6人；发生一般电网事故49起，发生一般设备事故201起；2003年共发生误操作事故29起。

2003年全网频率合格率99.997%，综合电压合格率98.18%，城市供电可靠率99.90%，农村供电可靠率98.0%，线损率7.44%，均完成年初确定的目标。

1. 电网安全稳定运行

公司党组高度重视安全生产，把安全作为公司生产经营管理的第一要务，强调要"把安全生产工作放在先于一切、重于一切的位置上，花大力气抓实、抓好"，指出"把保证电网安全稳定运行作为公司的生命线"，超前研究南方电网安全生产存在问题，审时度势颁发了安全生产一号令，强化安全生产管理。

建立和完善了南方电网调度体系。公司颁布了《南方电网调度管理暂行规定》，各级调度在公司的统一部署下，积极主动配合总调完成了调度管辖范围调整工作。各级调度服从总调统一指挥，树立"团结治网，全网一盘棋"观念，认真履行职责，为确保电网安全稳定提供了组织保证。

在电网运行中，坚持电网统一调度，发挥区域电网统一协调、统一指挥和优化资源配置的作用，稳步推进公司系统调度管辖范围的调整。各分公司、子公司的领导及有关部门都能顾全大局，树立了全公司一盘棋的思想，按照公司要求严格执行调度纪律，对保证电网的安全稳定运行起到了重要作用。

积极采取措施确保电网安全稳定。统一协调全网安全稳定控制系统的建设，保证了"黔电送粤"、"云电外送"和贵广交流安全稳定控制系统按期高质量投产；理顺稳定控制系统的管理界面，明确职责，保证了系统正确、可靠运行。组织有关专家和科研机构对南方电网低频振荡问题开展研究，及时采取措施抑制了低频振荡。加强备用容量管理，在供电形势紧张的情况下，基本保证电网留有足够的备用容量，确保了电网安全稳定运行。

认真吸取美加大面积停电事故教训。美加"8.14"大面积停电事故后，公司成立了电网安全问题研究小组，认真分析南方电网特点和存在问题，提出了具体措施。各级调度部门迅速行动，加大电网安全研究力度，制定电网应急预案，落实反事故措施，提高了抵御电网事故能力。

2. 电网迎峰度夏

各单位面对2003年电力供应紧张的困难，超前研究，认真分析电力供应存在的问题，制订电网迎峰度夏方案，及早部署，落实措施。

积极做好电源组织工作。面对来水少、电煤供应紧张、油价上涨等困难，加强与发电公司沟通和协调，督促发电公司严格执行发电计划和机组检修计划，保证机组出力。科学调度网内水电资源，最大限度发挥水电机组的调频顶峰作用。加强与政府的沟通和汇报，调动地方燃油电厂顶峰发电。增购港电电力缓解供电紧张局面。

充分发挥联网优势，统一调剂网内资源。坚持全网一盘棋，充分发挥大电网作用，实现网内资源优势互补，根据西部地区电力缺口增大的情况，动态调整送受电计划，增强网内互相支援，共度电力紧张难关。

做好输变电设备运行维护工作，并编制了《2003年南方电网主设备手册》。在负荷高峰期到来之前按计划完成了设备的预试、检修和定检工作。加强了设备缺陷管理，及时消除设备缺陷。在负荷高峰期间加强了设备巡视和维护，确保输变电设备安全可靠。

强化需求侧管理。紧紧依靠政府，制订并实施计划用电、错峰用电方案，保证了重点地区、重点用户和居民生活用电。

3. 安全生产管理

加强领导和组织建设，推行安全生产目标管理把安全生产责任制落到实处。

建章立制，打牢基础。适应新形势，正确处理安全生产与电力管理体制改革的关系，确保安全生产工作的有序开展，坚持“先立后破”的原则，在未颁布新的安全生产各项规章制度之前，继续执行原来行之有效的安全生产规章制度，建立了年度、季度、月度、每周的安全生产会议制度，及时协调解决安全生产问题。认真贯彻国家有关安全生产方针政策，把建章立制作为重要工作来抓，制定并颁发了安全生产三大工作规定和一系列安全生产管理制度。在充分调研的基础上，组织制定了技术监督、技改、节能、环保等管理缺席和《电气操作导则》、《工作票技术规范》等12项生产管理和技术标准，为安全生产管理规范化打下坚实的基础。

层层落实安全生产责任制，强化安全生产监督。严格执行电力生产重大事故责任追究制度和安全生产奖惩规定，公司系统各单位按要求逐级实施安全生产目标管理和考核，建立了分层次的安全生产目标，促使各基层单位在安全生产上努力做到自主管理和自我控制。通过举办不同层次的培训班或研讨会，加强公司系统安全监督人员的培训，提高公司系统安全监察队伍的工作能力和水平。健全和完善了安全监督体系，加强了安全监督队伍建设，建立和完善了公司系统安全监督信息管理网络，按照及时、完整、准确的要求，做好公司安全监督信息的统计、分析和管理工作。加强了安全生产监督力度，对发生的事故和发现的隐患，按照“三不放过”的原则，小题大做，提级分析，使各级单位和员工吸取教训，及时采取防范措施。积极探索，努力开拓安全生产管理新思路。从建立国际一流电网公司的战略目标出发，开展了研究和探索建立一套既符合南方电网实际情况，又与国际接轨的、先进的、现代化安全生产管理体系的有关工作。在公司安全监督系统内通过研讨会和培训班的形式，学习目前国内外流行的ISO、OSHMS、NOSA等管理和评价体系，了解和掌握国内外先进的现代安全管理方法，认真分析和借鉴现代管理体系的思想，树立现代安全管理理念。积极开展安全性评价和安全设施标准化工作，有力地促进了各级生产单位安全生产管理水平和设备管理水平的提高。探索和逐步开展公司安全文化建设，在安全生产中树立“以人为本”的观念。

开展多种形式的专项整治工作。针对上半年人为责任事故和误操作事故较多的问题，公司组织开展了“两票三制”专项整治，在公司的统一部署下，各单位扎实开展了自查自检工作，公司成立了“两票三制”专项整治检查组并深入到生产一线进行检查，在充分调研和检查的基础上，发现问题及时纠正并提出整改意见。各单位根据存在的问题开展了多项行之有效的专项整治，通过整治，有效遏止了人身伤亡事故和误操作事故多发的势头，提高了安全生产基础管理水平。

4. 科技信息

加大电网安全科技研究，提高电网科技含量。针对南方电网特点，公司围绕电网安全稳定问题制定了33项科技项目，并确定了电网安全稳定控制在线分析及预决策系统研究、直流多落点问题研究、仿真系统研究三大重点课题。成立了专家委员会，组织开展了电网安全稳定运行、电网技术等方面的技术交流活动，掌握电网技术发展方向，促进公司技术进步。组织制定了《南方电网科技发展规划纲要》，明确了公司近期和中长期科技发展和技术改造的方向和重点。

加大技术改造力度。保证技术改造资金，全年共完成技改投资29亿元，提高了设备装备水平和设备安全可靠性。加大了城市配电网和农村电网改造力度，在供电形势紧张、电力供应困难的情况下，南方电网综合电压合格率、城市供电可靠率和农村供电可靠率仍保持较好的水平。

高标准完成南方电网“十五”信息化规划编制工作。根据公司“经营型、服务型、一体化、现代化”的发展战略，在对公司现状、需求和公司主营业务进行充分调研和深入分析的基础上，提出了适应公司“十五”期间业务发展需要的，涵盖行政办公、人力资源、财务营销、生产安全管理的八大重点信息工程，并明确了实施计划和实施策略，对近期公司系统信息化建设具有重要的指导意义。制定了《南方电网信息化建设导则》，明确了信息化规划、建设及运行维护职责分工，规范了信息化建设管理流程，确立了信息系统平台建设技术政策和原则。

建立了南方电网全新的流程化、规范化办公自动化平台，实现发文、收文、签报三大公文流程和档案管理电子化管理；建立了公司对外信息发布网站、平安大厦计算机网络、会议电视系统等，为公司行政办公电子政务化奠定基础。

南方电网调度管理

为“把南方电网建设成为统一开放、结构合理、技术先进、安全可靠的现代化大电网”，2003年2月17日，公司宣布成立中国南方电网电力调度通信中心，简称调通中心。2003年4月15日零时起正式运作，开始代表南方电网公司在南方电网运行中行使调度权，承担南方电网安全、优质、经济运行的调度指挥任务。在各分、子公司的大力支持和积极配合下，网内各级调度指挥机构服从大局，严格遵守“统一调度，分级管理”的原则，认真贯彻执行网公司“安全生产一号令”和《中国南方电网调度管理暂行规定》，按照公司工作会议部署及年初制定的工作目标和计划，精心调度、精心操作、精心安排、精心整定，较好地完成了中国南方电网电力调度通信中心的组建、网内重大发输变电设备的启动调试和调度管辖范围内设备的运行管理、主要节假日和重要活动的安全保供电、2003年迎峰度夏以及抗击非典等各项任务，确保了南方电网的安全稳定，基本保证了南方五省（区）的电力供应。

1. 电网规模及运行指标

2003年底，南方电网统调装机容量47854MW，其中火电装机29310MW、占统调装机容量61.25%，水电装机12964MW、占统调装机容量27.09%，蓄能装机1800MW、占统调装机容量3.76%，核电装机3780MW、占统调装机容量7.9%。统调系统500kV交流线路88条，线路总长度11105km，500kV变电站33座，变压器57台，总容量42750MVA；220kV交流线路660条，线路总长度24727km，220kV变电站277座，变压器538台，总容量76677MVA；500kV直流线路1条，总长度960km，换流变电站2座。

南方电网西电东送通道云南、贵州和天生桥送电能力为6200MW，广东受西部电力能力是5200MW，贵州500kV系统送出能力为1700MW，云南罗马线送电极限是1400MW。

2003年，联网省区最高统调负荷38514MW，同比增长15.09%，广东、广西、贵州、云南和海南最高统调负荷分别达到25318、5248、5278、4664MW和926MW，同比增长26.10%、22.38%、13.06%、4.02%和9.46%。全网统调发电量2392亿kWh，其中广东、广西、贵州、云南、海南电网和直调系统发电量分别占48%、11%、20%、14%、2%和5%。广东受西电212.88亿kWh，同比增长33.3%；广西受西电53.77亿kWh，同比增长26.67%；云南送广东62.48亿kWh（不含1亿kWh的弃水电量），同比增长95.25%；贵州送两广74.77亿kWh，同比增长67.4%。在2003年6月30日，西电（不含湖南鲤鱼江电厂）送广东最大功率达到5204MW。

2003年，四省联网系统频率合格率为99.996%，直调、广东、广西、贵州和云南电网频率合格率（按照±0.2Hz考核）分别为99.999%、99.998%、100%、99.999%、100%，海南电网（按照±0.5Hz考核）为99.167%。直调、广东、广西、贵州、云南和海南电网电压合格率分别为99.994%、99.64%、99.65%、99.42%、99.20%和98.26%。全网保护正确动作率99.83%，其中220kV及以上设备继电保护正确动作率99.29%。一级通信网络光纤电路、载波电路、调度交换机和行政交换机运行率均保持在99.99%以上，微波电路运行率99.96%。EMS主站系统可用率99.99%，远动装置可用率99.74%。

2003年，网内各级调度指挥机构未发生重大、特大电网事故，未发生系统稳定破坏、大面积停电以及电网瓦解事故，未发生由于调度通信部门人员责任引起的人身伤亡和重大设备事故；未发生由于方式计算错误、安排不当以及安全自动装置误整定引起的事故；未发生由于继电保护定值计算错误引起的事故；未发生由于通信、自动化信息中断引发的事故；未发生通信、自动化主设备损坏事故。截至2003年12月31日，总调和广东、广西、贵州、云南、海南中调分别实现连续安全运行261天（自2003年4月15日南方总调正式运作）、2939天、690天、2784天、2573天和3043天。

2. 调度范围调整

根据公司的统一部署，根据“统一调度、分级管理”的调度管理原则，调通中心在正式运作后，遵循“积极稳妥、分步实施、确保万无一失”的原则，在确保电网安全稳定运行的前提下，稳步推进南方电网调度管辖范围的调整。

2003年4月15日零点，调通中心正式调度运行管理原国电南方公司调度管辖的设备，完成了南方电网调度管辖范围第一阶段的调整工作。

2003年8月16日零点，开始南方电网第二阶段调度管辖范围的调整工作，完成与云南电网鲁布革电厂和罗平变电站调度管辖范围调整交接工作。

2003年9月16日零点，完成与广西电网岩滩电厂及沙塘、平果、来宾、玉林、梧州、南宁变电站调度管辖范围调整交接工作。

2003年11月6日零点，完成与贵州电网贵阳、安顺和青岩变电站调度管辖范围调整交接工作。

2003年12月18日零点，完成与广东电网横沥、罗洞、江门、茂名变电站调度管辖范围调整交接工作。

至此，调通中心圆满完成了第一和第二阶段调度管辖范围的调整工作。云南境内鲁布革电厂、罗平变电站，广西境内平果、来宾、沙塘、玉林、梧州、南宁变电站、岩滩电厂500kV设备，贵州境内安顺、青岩变电站，以及广东境内横沥、罗洞、江门、茂名变电站由总调直接调度；贵州境内贵阳变电站交由贵州中调调度。

3. 保障电力供应

调通中心始终坚持全网一盘棋，充分发挥大电网优势，科学调配全网资源，优化安排联网省（区）的备用容量，千方百计地协调组织电力电量相互支援。面对负荷激增，缺水少煤，发电困难的严峻局面，加强负荷预测工作，合理安排运行方式，挖掘电网潜力。在确保西电东送电力电量交易计划，保证完成公司下达的年度计划的前提下，动态调整网间交易计划，合理调剂全网电力余缺。在全年临时安排网间相互支援达1100多次，相互支援电量达23.3亿kWh。枯水期安排低谷时段广东富余电力送广西，以缓解广西电网用电紧张的局面，帮助广西主要水电厂低谷蓄水。在全网范围内优化水电运行方式，合理控制库水位，降低水耗。增加汛期云贵低谷送广东电力电量，其中云南低谷多送广东1亿kWh弃水电量，满足了广东负荷增长及蓄能机组抽水的需要，减少了云贵低谷水电调峰弃水电量。充分发挥天生桥一级水库良好的调节性能，努力提高水能利用率，大幅度减少天生桥二级电站的汛期弃水和实现天生桥一级电站的全年无弃水。

4. 制度建设

按照"对电网实行统一规划、统一建设、统一调度、统一管理"的原则，结合南方电网运行特点和调度系统实际情况，配合公司制定颁发了《中国南方电网调度管理暂行规定》，明确了南方电网"统一调度，分级管理"的电网调度管理模式和四级调度体系。组织制定了《南方电力调度通信中心调度运行工作制度》、《南方电网调度运行信息汇报制度》以及《南方电网调度生产运行协调会制度》。在此基础上，还制定颁发了一系列与暂行规定相配套的规章制定。包括继电保护、通信、自动化专业管理暂行规定、《中国南方电网年度运行方式编制规定》、《南方电网运行备用管理规定（试行）》、《中国南方电网500kV继电保护配置及选型技术原则》、《中国南方电网500kV系统继电保护整定原则》和《继电保护及安全自动装置检验条例》；修订、完善了《南方电网频率及联络线电力电量考核管理办法》、《水库调度管理制度》、《天平串补调度运行管理规程》以及内部各项管理制度。

5. 科技进步

调通中心不断加大大修技改和科技项目的投入，完善调度管理技术手段，提高电网科技含量，加快电网调度现代化建设步伐，为调度管理现代化大电网，实现电网安全、稳定、经济、优质运行创造条件。针对年初发生的低频振荡现象，调通中心及时完成了《南方交直流输电系统动态稳定性研究》项目，制订了网内发电机组PSS的配置方案，并认真组织落实，避免了南方电网低频振荡的再次发生。配合贵广交流工程的启动调试，开展了电磁暂态的专题研究，并将研究成果应用到启动方案中，保证了贵广交流工程启动工作的顺利进行。年内抓紧完成了自动化系统的更换，进一步提高了自动化水平，改善了调度信息的监控手段，扩大了实时调度信息的覆盖范围。构建了南方电力通信分级管理模式，进一步调整了一级通信网络，初步形成了以光纤通信为主，微波、载波、卫星为辅的综合数据通信网，为安自、继保、自动化等二次系统打造了高速、可靠的通信服务平台；通过一级通信网络、电信2M电路实现了联网省（区）各方以及海南电网的通信网互联。

财务管理与审计

财务管理

2003年公司财务管理以提高企业经济效益为中心，加强融合，努力工作，各项财务工作进展顺利，公司财务状况保持稳定，为全年经营目标的实现和公司的健康发展奠定了良好基础。

2003年末，南方电网公司资产总额2312.14亿元，负债总额1300.76亿元，所有者权益979.19亿元，资产负债率56.26%。

1. 预算、成本管理及考核体系

开展全面预算管理。公司成立之初成立了预算（资金）管理委员会，制订下发了预算管理办法，将所有分公司、全资子公司纳入全面预算管理。审查批复了本部2003年预算和各分、子公司2003年预算，研究提出了2004年初步预算方案。

强化成本管理工作。加强成本管理，开展成本管理调研，专门制订了加强成本管理的措施和办法，树立"大成本"的管理观念，通过上网电价清理、加强经济调度，强化办公费、会议费、差旅费等管理，加强资金管理和基建成本管理等措施，鼓励各单位控制成本，提高效益。

积极参与电价管理，做好成本和盈利的分析工作。积极参与公司系统电价体系的研究，加强对购电结构和购电成本的分析，开展对电网盈利空间的判断与预测，配合电监会等部门开展了电价检查与调研工作。

在系统内开展资产经营责任考核。配合国资委企业负责人经营业绩考核的调研，结合国资委企业经营业绩考核体系和公司实际，制订了公司资产经营考核暂行办法，与超高压输变电公司和各子公司签订《资产经营责任书》、《经营目标责任书》，开展资产经营责任考核。

2. 资金管理

加强资金管理，探索资金管理的有效模式，提高资金运作的效率和效益。制订下发了公司资金管理办法，提高资金使用的综合经济效益，强化资金运作过程的约束和监督。积极探索公司资金管理的有效实现方式，推进和完善系统收支两条线工作。

充分利用集团的资金规模优势，与国家开发银行、中国建设银行等金融机构签定了银企合作和授信协议，建立了良好的合作关系，取得了授信额度内的最优惠利率，为降低公司总体融资成本创造条件。下发了关于加强筹资管理、降低资金成本的通知，要求各下属公司认真落实信贷优惠，规范系统融资管理。

积极做好发行债券的准备工作，扩大电网建设资金来源。完成了债券评级、三年模拟财务报表的审计和债券担保工作。顺利完成了原国家电力公司 2002 年电网债券的 2003 年利息兑付工作。

3. 会计工作

在系统内统一会计核算办法，规范了会计核算，建立了定期的会计报表制度与经济活动分析制度。通过认真的调研分析，根据财政部《企业会计制度》、《会计准则》以及相关的法律法规，编写了《中国南方电网有限责任公司会计核算办法》，从 2004 年 1 月 1 日起执行，为公司在 2004 年执行《企业会计制度》做好准备，也为公司实现“经营型、服务型、一体化、现代化”的战略目标提供了坚实的财务基础。

每月定期编制公司会计报表，及时反映公司的资产状况和生产经营情况，并与国资委、财政部等政府部门建立了对口联系，定期报送月度财务快报，统一提供有关财务信息。每季度对公司的生产经营活动进行详细分析，及时准确地反映公司的生产经营情况，有针对性地提出加强管理的建议，提高经营管理水平。

大力推行财会信息化，初步建立了统一、先进、适用的财务管理信息系统。在公司本部与各分、子公司之间安装了财务信息实时系统，初步实现了公司财会信息的实时化和一体化。同时，完善了本部财会信息系统的信息发布功能，各种财务信息可在财务专用网络中实时查询。

布置公司 2003 年度财务决算工作，认真配合国资委举行的清产核资工作。为了准确、详尽地反映公司的资产状况和生产经营情况，召开了 2003 年度财务决算布置会议，布置了相关工作。同时根据国务院国有资产监督管理委员会的工作部署，积极配合进行资产损失的摸底工作，研究出台清产核资相关的会计政策。

4. 资产与税收管理

积极探索资产管理模式，规范资产管理工作。根据财政部、国资委在中央企业开展清产核资的部署，积极筹备清产核资工作，为 2004 年全面开展清产核资工作做了较为充分的准备；拟订《中国南方电网有限责任公司固定资产管理办法》和《中国南方电网有限责任公司资产保险管理办法》，加强资产管理规范的建设。

掌握税收管理的现状，理清税务管理的思路，积极探索税务管理的新模式。在开展税收体制调研工作的基础上，提交了较为全面的公司系统税务管理工作的专题调研报告，通过与国家有关部门积极沟通，及时解决了调研过程中发现的部分问题；拟订了《中国南方电网公司办税人员培训方案》，为下阶段组织税务培训工作奠定基础；加强与国家财政税务机关以及税务咨询机构的沟通，及时掌握税收政策动态，为公司税收筹划工作打好基础。

5. 参与公司体制改革

（1）积极参予产权制度改革，夯实产权管理工作的根基。积极参与“厂网分开”与“主辅分离”工作，大力配合农电体制调研，开展输配分开资产财务划分工作。在推进各项改革、理顺产权关系的过程中，建立起下属单位的产权档案，针对不同省区的具体情况，研究制订厂网分开、主辅分离、农电管理体制改革中的资产移交、产权变动的规范程序，结合国资委的统一部署，开展产权调研工作。

（2）理顺改革中系统内的财务关系。在公司系统全面开展债权债务、对外投资、对外担保等清理活动，对电力体制改革中原国家电力公司有关借款和担保的事项进行了专项调查，对新公司的成立以及厂网分开、主辅分离等有关分割承继原则进行了研究，提出了初步意见。

6. 制度建设

通过认真、细致的定岗、定员、定职责，建立起了财务部层次清晰、责任分明、运转高效的工作架构和机制。组织政治业务学习，全面完成公司布置的学习任务，融合和发展财务管理文化，建立和创新财务管理模式，推进科技进步和管理升级，远近结合，突出重点，完成全年财务经营目标。

制定和实施《财务部工作规范》，确保财务工作制度化、程序化、规范化。依法办事、建章立制，制定并下发了公司《资金管理办法（试行）》、《预算管理办法（试行）》、《机关差旅费报销规定》、《经济活动分析会议制度》、《本部会计工作规则》、《会计报表考核办法》及《工程项目财务管理办法》，完善了公司本部管理费用开支和核销一系列办法和规定。根据公司的实际情况，针对调通中心机构的特殊性，制定了《调通中心财务工作规范》，既保证了调通中心各项费用的正常开支，又保证了费用开支有章可循、有法可依，确保资金安全和合理化开支。

公司系统财务部门克服时间紧、人手少、任务重等困难，加大培训力度，提升财务人员素质。先后举办了多期会计知识培训班，提高公司财务人员的专业知识水平。2003 年，财务部组织开展了会计信息化管理、公司会计核算办法、企业会计制度等多次培训，一方面提高了公司会计人员的专业知识水平，另一方面为公司执行企业会计制度做好准备。

7. 工程项目财务管理

制定和组织实施公司统一的《工程项目财务管理办法》。参与项目可行性财务预测，提出投资决策建议，并根据不同筹资渠道特点提出筹资策略与合理组合，为决策提供相关依据。编制项目资金计划，严格控制项目建设成本支出，节约项目费用。

规范工程项目全过程的财务管理，对工程项目保持动态跟踪，按季度组织各下属公司填报系统内《工程项目财务支出情况表》和《工程项目竣工决算情况表》，督促工程项目的有序开展和完工项目的竣工决算，为正确计算输配电成本提供依据，为领导及时掌握公司系统工程情况提供了可靠数据。

审计工作

1. 迎审工作

2003年，国家审计署安排广州、昆明两个特派办和广西、贵州、海南三个省的审计厅对公司系统的6个电网公司和3个发电厂的重大经营决策、财务收支、重点基本建设工程项目、职工福利收入等，以及多种经营的公司（包括没有国家资本的公司）进行了全面财务收支审计。国家审计署指出“这次审计的目的是‘摸清家底，揭示问题，促进发展’”。审计部按照公司党组的要求，把配合国家审计的任务列为公司全年审计工作的头等大事来抓，在公司党组和分管领导的直接领导和支持下，从组织、制度、协调、信息沟通等方面积极认真地做好迎审配合工作。

在公司的统一部署下，从公司本部到各省公司和基层单位，迅速成立了迎审工作领导小组和工作小组，加强领导和协调。及时下达了《关于积极配合国家审计署做好财务收支及其领导人员经济责任审计的通知》等两个文件，先后召开了三次迎审工作会议，对迎审工作作了统一部署，及时对审计进展情况进行分析研究，总结存在的问题和不足，提出下一阶段迎审工作要求，充分发挥了公司本部作为首脑机关的指挥协调作用。加强信息工作，编报了6期向公司领导报告的《审计简报》，编发了17期供各单位参考的《审计信息》，督促指导各单位把握迎审重点工作，有效地开展自查自纠。审计部充分发挥部门自身力量，直接参与了广州驻地直属单位的迎审配合工作。公司各单位的迎审工作，得到审计机关的充分肯定。

2. 制度建设

认真落实《国家审计署关于内部审计工作的规定》，按照公司“两型两化”的战略目标建章立制，推进审计工作规范化、标准化、程序化。审计部贯彻公司党组的意图和部署，紧紧围绕公司“经营型、服务型、一体化、现代化”的企业战略目标和提升核心竞争力的高度，构划和建设审计管理制度的体系建设。按照国家审计署4号令《关于内部审计工作的规定》，起草并颁发了南方电网公司《内部审计工作办法（暂行）》，明确了公司系统内部审计“下派一级”的管理形式，强化依法经营。根据公司党组确定的管理制度“科学、严谨、规范”六字要求，设计了公司审计管理制度建设的总体框架，第一批分步实施的30项审计管理制度、工作标准和管理标准已全部拟定，部分制度公司已颁发。

参与公司管理制度、合同的制定与办理，从审计监督角度提出意见或建议。认真做好公司有关工程设计、监理和物资采购合同等的审计监督工作。制订了营业审计调查大纲，组织系统各单位开展了营业审计调查工作。

着手建立计算机审计管理信息系统，强化对公司各单位财务管理的审计监督，选择了5个单位试点使用审计软件实地审计，既帮助了所属单位自查，又提高了审计工作水平和质量。

3. 干部任期经济责任审计

公司处于体制改革时期，人事变动较大，任期经济责任审计工作任务繁重。审计部严格按照国家颁发的领导干部经济责任审计的有关规定和“谁管理、谁审计”的原则，精心组织、统筹安排，认真稳妥、客观公正地评价领导干部经济责任，按计划完成了公司管理干部的任期经济责任审计工作。

行政管理与体制改革

行政管理

2003年为公司起步开局之年，行政管理工作为公司的正常运作发挥了不可替代的作用。公司行政部按照公司领导的要求，高标准、严要求、快节奏地开展工作，同时，敢抓敢管，树立权威，争做公司“政令畅通、雷厉风行”的表率，努为为公司领导当好参谋助手，通过“抓督查，抓协调，抓大事”，充分发挥了督促检查和综合协调的作用。

加强基础管理，提高工作层次，打开局面，理顺了公司内外部关系，正确理解公司党组的整体工作思路，通过超前主动地工作，加强向国务院及有关部门的汇报，使公司组建方案和公司章程得以顺利批复，为公司规范化运作奠定了基础。并在公司成立伊始，开展新闻宣传工作和企业视觉识别系统的设计和推广，为公司树立了良好的社会形象。同时，做好后勤服务工作，为公司本部创造成了良好的工作环境。

1. 规章制度

规章制度是公司依法治企、规范管理的基础，也是一个新企业建立良好工作秩序的必要条件。行政部制定了《公司工作规则》、《领导班子碰头会议制度》、《总经理会议制度》、《办公会议制度》等一系列公司层面的管理制度，并将公司 2002 年的各项规章制度汇编印发，组织学习贯彻，保证了公司工作的正常运转。同时与有关部门密切配合，启动了公司三大标准的制定工作。

行政部制定了《行政部工作规则》和信访、车辆管理、办公用品采购等各项制度并严格贯彻执行，权责明确、流转顺畅的内部管理机制已基本形成。

2. 撰写工作

2003 年工作会议是公司成立后召开的第一次工作会议，是一次统一思想、统一认识，明确公司战略目标和工作思路的重要会议。会议的工作报告是一个统领公司全局工作的纲领性文件。行政部在公司党组的领导下，牵头组织工作报告的起草，认真研究，集思广益，广泛征求各方面意见，较好地完成了报告起草撰写工作。

认真组织撰写各类专业会议及汇报材料，参与起草了安全生产、人事工作、纪检监察等一系列专业配套会议文件，完成了向党和国家领导人、国家有关部门、五省（区）党委、政府的多个汇报材料及多个综合性文件，共计 140 余个。整理了各类会议纪要近 100 期。整理印发内部情况通报 23 期，及时下发公司党组指示，传达公司的各项工作部署和要求。

3. 督促检查

督促检查工作是保证公司战略目标和党组意图得到贯彻落实的重要手段。为抓紧抓好督促检查工作，行政部制定了《公司督促检查工作制度》，建立了督促检查工作网络，根据公司 2003 年工作会议和公司党组会议、总经理会议和办公会议等重要会议的安排，下达督查督办单，提出催办要求，加强督促检查，促使公司部署的各项工作落到实处。

4. 办公自动化

公司十分重视办公自动化的开发工作，行政部作为办公自动化的实施部门，结合公司公文运转和档案工作实际，提出了切实可行的功能需求，确定了公文运转流程，配合研发部门完成了公司办公自动化系统的开发。公司本部办公自动化系统基于 DOMINO 平台，采用浏览器模式，具有发文、收文、签报的电子化流转和收发文管理、档案管理等功能。2003 年 12 月，办公自动化系统开始双轨运行，公文流转效率明显提高。

5. 文件档案工作

2003 年上半年，主动与中央办公厅、国务院办公厅及中央有关部委、五省（区）省委、政府沟通汇报，完善手续，开通了与上述各单位的公文流转渠道，与国资委实现了非涉密公文网上传输，使文件流通开始正常运作。制定了公文处理与档案管理制度，加强了机要文件管理，严格把握公文质量。召开了公司系统档案工作会议，规范了公司系统档案管理工作。成立了公司本部档案室，及时收集整理档案资料。

6. 公关关系工作

公司成立伊始，行政部下大力气理顺上下内外关系，建立完善公司信息网络：积极建立与党中央、国务院、国家有关部委、各省（区）党委、政府的正常工作沟通机制，加大沟通、汇报、联系的力度；与国内主流媒体建立了良好的沟通机制；建立了总值班室和重大事项请示报告制度，政务信息工作已正常开展，促进了公司系统信息渠道畅通；建立了公司接待管理制度和会议管理制度。同时，积极协助公司各部门的会务工作，按照精简、节约的原则，严格控制成本，精简文件，精减会议。

7. 企业视觉识别系统推广

企业视觉识别系统是公司树立良好社会形象的主要载体之一，也是实施公司一体化战略目标的重要手段。行政部及时完成了公司标识、视觉识别系统管理手册（VI 手册）和客户服务手册的设计工作，于 8 月召开了公司视觉识别系统应用推广会，对公司视觉识别系统的全面推广做出详细部署，全面启动了推广计划，在北京和五省区省会城市发布了公司形象广告，树立了中国南方电网形象，收到良好的社会效果。

8. 新闻宣传

行政部及时、准确地掌握公司每个阶段的重大事件，捕捉新闻舆论的热点和焦点，挖掘具体的新闻事实和新闻事件，多次成功地召开了新闻通报会、记者见面会、现场采访报道，在新华社、中央电视台、《人民日报》、《中国电力报》、《南方日报》等权威新闻媒体上发表新闻报道 340 多篇。与国内各大媒体建立了良好的工作沟通机制，公司形象得到了良好展示。

组建了公司新闻中心和中国南方电网报社，《中国南方电网报》于 10 月 25 日试刊，11 月 8 日创刊，发行范围包括中央各部委、五省区党委、政府和公司所属各单位，社会各界反应良好，为公司系统搭建了一个信息交流的新平台。

9. 后勤工作

坚持高标准、严要求，保证公司各项工作正常运转。非典型肺炎是 2003 年上半年的突发事件，影响面大，后果严重。按照公司领导的部署和要求，高度重视，明确责任，把“非典”防治工作作为一项重大任务来抓，及时下发了防治“非典”的内部明电，制订了公司防治“非典”措施和预案，建立了公司系统的每日疫情报告统计制度和公司本部防治“非典”每日快报制度，确保了工作正常运转，确保了电力生产、运行、调度和指挥系统的安全，经受住了考验。

认真做好本部后勤服务，明确后勤服务无小事，解决干部职工后顾之忧。落实了本部员工午餐就餐问题，安排了本部职工体检和流感预防，完成了周转房购置、车辆购置、平安大厦办公室装修和顺利搬迁，组建了本部服务中心和车队，制订了相关管理制度，使本部后勤服务工作走上正轨。

10. 计划生育

积极开展公司本部计划生育管理工作，成立了本部计划生育工作领导小组，领导小组成员由公司董事长、主管副总经理和行政、人事、财务、党群部门的负责人组成。领导小组下设计划生育办公室，办公室设在行政部，配专职人员负责计划生育工作。制订了公司本部的计划生育管理办法，贯彻和执行计划生育政策，保障职工权益，实行依法管理，使工作有章可循。建立了与广州各级计划生育部门的联系渠道，加入了天河区林和街计生协会。对职工的计划生育情况进行调查和统计，建立和健全职工计生档案。有效利用计生档案，进行科学管理，同时为职工出具计划生育证明；对符合计划生育政策的职工按规定进行奖励；提供保健、计生咨询；做好计生用品、药品的统计发放，全心全意为职工提供各项计划生育服务。

体制改革

1. 工作机构

公司领导高度重视体制改革工作，成立了由董事长任组长的体改工作领导小组，设立了体改办，并且进行了多次调整补充；先后成立了主辅分离方案、农电体制改革、电价改革方案等专门工作小组。各分、子公司成立了体制改革组织机构。公司体改办建立了有效的工作机制。

2. 重点工作

(1) 公司组建。根据国务院关于电力体制改革的统一部署和国发［2002］5号文件精神，中国南方电网有限责任公司于2002年12月正挂牌成立。公司成立后，积极开展正式组建工作，组建方案和章程由国家发改委上报国务院，国务院以国函［2003］114号文进行了批复。2003年12月4日，国家发改委根据国务院批复意见，以发改能源［2003］2101号文正式下发了关于公司组建方案和章程，确立了公司的法律地位。根据公司组建方案和章程，公司积极与各出资人协商，按照国家工商行政管理部门的要求，积极办理公司登记注册手续。

(2) 厂网分开。广西、云南、贵州三省电力公司按照《国家电力公司发电企业划转移交实施方案》的要求，分别在2003年1月26日、3月7日、2月24日完成了第一阶段厂网分开任务，向有关发电公司移交了安全生产管理和领导干部组织关系。

根据财政部《关于电力企业重组工作中有关资产财务划分问题的通知》（财企［2003］92号）和国家电力公司《关于开展发电企业划转移交第二阶段工作的通知》（国电总［2003］56号）的要求，开展第二阶段厂网分开工作。南方电风公司所属的云南、广西、贵州三省（区）电力公司就划转移交工作分别与有关发电集团进行了多次协商，取得了一定进展。对存在的问题，公司向国家电力体制改革工作小组上报《关于发电企业划转移交第二阶段工作有关问题的报告》（南方电网行［2003］40号）。

(3) 主辅分离。公司党组多次召开会议专题研究主辅分离工作，对开展主辅分离工作进行了安排和部署。2003年11月，公司主辅分离调研组分赴分公司和各省子公司进行调研，认真听取了分公司、各子公司主辅分离工作情况汇报，并有选择地深入部分辅业单位听取意见和建议。12月，调研组前往国资委、电监会、中电联、国家电网公司等单位和部门，以座谈和走访的形式，了解有关工作进展情况，认真听取对主辅分离改革的意见和建议，进一步了解国家有关部门对辅业、三产、多经分离改制的安排以及相关政策。形成了主辅分离调研报告。

截至2002年底，公司系统各省（区）电力公司层面国有及国有控股、参股的辅业、三产、多经企业共41家，教育、医疗单位共8家。总资产104.3亿元，净资产48.4亿元。在职职工51996人，其中全民所有制职工39573人。离退休人员19308人。

(4) 农电体制改革。公司对农电工作进行充分调研，明确了积极稳妥地推进农电体制改革和加强农电企业管理两大重点工作。积极研究加快农电体制改革指导意见，并先后召开了南方电网系统农电工作座谈会和农电工作会议，公司农电工作的工作思路、工作方法和各项决策部署得到广大农电干部职工的认可，逐步深入人心，并得到积极落实。各项农电工作进展顺利，农村电网安全运行，农电职工队伍稳定。截止到2003年12月，南方五省（区）原3784个乡镇管电机构中已有3533个实现了县镇电力一体化管理，改制为由县（市）供电企业直接管理的派出机构。公司系统管理的343个县级供电企业中，已改制为省公司的分公司或全资子公司的有97个，改制为由省公司控股的有限责任公司的47个，维持代管的199个。

电价方面，已完成农电网改造的地方都能按政府物价部门批复的电价实现城乡居民用电同网同价，部分地方已实现以县为单位的各类用电同网同价，农村到户电价大幅下降。为加强农电企业管理，公司已出台《公司农电统计管理规定》、《公司农村电网和县城电网建设与改造工程施工安全管理办法》等一系列规范文件，有效地提高了农电企业管理水平。

（5）南方电力市场建设。南方电力市场实际运行多年，促进了西电东送战略实施。公司按照国家总体要求，积极推进南方电力市场建设。开展了南方电力市场课题研究，内容包括总体方案设计、交易规则、监管规则、技术规范等。

（6）电价改革。公司积极开展南方电网电价机制研究工作：①启动了“南方电网电价形成机制及其对南方电网的影响分析”课题研究，并得到了国家发改委价格司和南方五省（区）物价主管部门的大力支持，课题研究进展顺利；②协助开展电价检查，清理电价违法违规行为，初步理顺广东电价管理体制；③按国家要求，积极开展厂网价格分离测算。

人力资源管理

基本情况

以优化结构为主线，配齐配强各级领导班子。公司成立伊始，公司党组就把选好人，配好班子作为首要工作任务来抓，要求各级人事部门认真执行《公司领导干部管理暂行办法》，以“忠诚、能干”为用人导向，坚持执行干部选拔任用标准不走样，履行干部选拔任用程序不变通，遵守干部选拔任用纪律不放松，从优化领导班子的年龄结构、知识结构和专业结构入手，坚持原则，严格程序，选准配好各级领导班子，实现新班子知识、专业、能力、年龄结构的合理配置。公司系统各级人事部门作为党组（委）管干部的具体办事部门，始终把干部管理作为人事工作的重中之重，坚持原则，严格程序，认真落实群众“四权”，积极开展民主评议，广泛组织考察谈话，认真征求协管方（当地党委组织部门）意见，得到了各个方面的理解和支持，较好地完成了各级领导班子的考察、选拔、任用和调整工作。截至2003年底，各分公司、子公司班子成员和本部部门负责人共计71人，平均年龄47岁，50岁及以下的有49人，占69%；具有本科及以上学历的有62人，占87%；具备高级职称的有67人，占94%。公司系统现有处级干部1200多人，平均年龄不到45岁，40岁及以下干部约占36%，具有本科及以上学历的干部约占64%，具备中级及以上职称的干部约占96%。

加强思想融合。各级人事部门通过优化班子结构、推进人才交流，以及采取集中培训，交流沟通等方式，加强公司上下间的思想融合，使公司的发展战略、一体化理念深入人心，促进了公司的整合和一体化进程。同时在干部管理理念上，把管理与服务相结合，把公司党组以人为本、严爱结合及对每个干部和职工的关怀落到实处。根据中组部的要求，结合各自实际，扎实开展了“树人事部门形象，建干部之家、人才之家”活动，切实转变作风，用心去管理、去服务，得到了广大干部的信任和肯定，促进了团队的思想融合、感情融合和工作融合。

加强能力建设。按照公司人事工作会上提出的六个方面能力（领会意图、贯彻决策的能力；掌握实情、正确判断的能力；抓住重点、推动工作的能力；超前思维、开拓创新的能力；统一思想、带好队伍的能力；强化管理、提高效益的能力）建设的要求，各级人事部门采取普遍培训与重点培训、集中学习与分散自学相结合等方式，加强干部自身能力建设。如公司人事部举办了2期共79人参加的公司系统领导干部企业管理高级研修班。通过现场考察、拓展训练、互动式开放式教学等新颖形式，帮助学员形成端正的思维、正确的思路和得当的方法。同时注意加强领导班子的思想作风建设，强调顾全大局，团结一致干事业，坚持“两个务必”。

人事管理

1. 劳动工资管理

理顺组织关系，严格定员管理。根据公司发展战略以及电力体制改革后各子（分）公司的定位，各级人事部门初步理顺了机构间的对接和组织体系关系，初步明晰了本部和基层的责权关系。本着“精干、高效和平稳过渡”的原则，按照《公司定员管理暂行办法》规定，重新调整各自本部定员，督促基层单位严格按定员组织生产，对劳动用工进行计划调控，实现了全公司劳动用工总量负增长2.1%。

在充分调研、测算和有关专家论证的基础上，对工资制度进行改革，制定了以岗位工资为主的结构工资制，结构工资制包括基本工资、岗位工资、绩效工资和辅助工资四个单元，岗位工资标准实行岗位薪点工资制，由岗级、薪点和点值三部分组成。并提出了绩郊考核和岗位归级等配套措施，从而提高了关键岗位的工资水平，合理拉开各类人员工资收入差距，体现了员工劳动成果的不同价值，对逐步建立和完善公司的激励与约束机制起到了推动作用。

2. 企业年金管理

规范企业年金管理工作，发挥企业年金的激励和保障作用。建立了企业年金制度，按规范化试点工作要求，进行规范管理。抓住机遇，组织存量基金购买电力企业债券，启动市场化运营。统一企业年金分配办法，完善企业年金的保障功能，强化企业年金吸引人才和留住人才的激励作用。

3. 改革用工制度

各单位积极引入竞争机制，推行岗位能上能下，人员能进能出，变身份管理为岗位管理，盘活人的优势，促进各项工作的开展。坚持改革创新，树立“不求所有，但求所用”的人力资源管理新理念，积极推行用工制度改革，变“单位人”为“社会人”，对急需的非特有岗位的人员实行人才租赁制等新的探索，理顺了劳动关系，维护了租赁人员的切身利益，调动了工作积极性，开辟了劳动用工的新途径。

教育培训

公司制定了2003～2010年教育培训纲要和2003年教育培训计划，明确了培训的方向、重点和策略。公司本部组织本部全体人员参加企业战略管理等13项专题培训，重点举办了20个较高层次的专业技术管理讲座及针对性、时效性比较强的研修班。公司系统也举办各种形式多样的培训班，据统计共参加培训人数71008人·次，全员培训率86.9%。坚持“个人申报、社会评价、单位聘任”的人才评价与使用的改革方向，逐步建立了“按需设岗、按岗聘任、竞争择优、优胜劣汰”的专业技术职务聘任制度，实现了评聘分开。制定相关政策措施，鼓励在职学习，进一步优化了人才发展的环境。

国际合作与交流

国际合作

2003年围绕公司中心任务开展对外合作与交流，提高公司国际地位和形象，为公司国际合作与外事管理工作稳步健康发展开好局、起好步、打基础。2003年11月，经报国务院批准，外交部以外外管函［2003］535号文和领三函［2003］1516号文授予南方电网公司一定外事审批权、护照自办权、签证代办权、邀请外国人来华访问权及出具出国“证明”权，建立了与外交部，国务院港澳办，国务院台办等主管部门的外事领导关系。同时，得到中组部授予的出国政审权，建立了与国资委、商务部、国家发改委、财政部等部委的联系，为公司实施“走出去”战略打下良好基础。

1. 构建公司国际合作平台

积极建立国际合作关系。2003年，先后与泰国、老挝、越南、韩国、法国、英国、加拿大、美国以及东京电力、香港中华电力等20多个国家级电力公司和世界银行、亚洲开发银行、花旗银行集团、BP公司、麦肯锡国际咨询公司、西门子、ABB、阿尔斯通、三菱公司等世界知名金融机构、财团、企业建立了工作联系机制。公司还已与泰国、越南电力公司签定了合作框架协议，与加拿大魁北克水电局中电控股的合作协议正在修订中。

积极参与和组织国际交流活动。2003年2月21日，公司在广州白天鹅宾馆举办了南方电网公司国际交流会；6月举办南方电网公司高层战略研讨会；参加了大湄公河次区域第十二届部长级会议，2003年10月，协助中电联在广西桂林举办了2003亚太电协CEO大会。公司领导出面接见了老挝总理府部长助理、老挝国家电力公司总经理、泰国国家电力公司总经理、泰国GMS公司顾问素宾博士，印度国家电力部部长和印度国家电力公司总经理、BP石油、天然气副总裁安妮昆女士、西门子、ABB、阿尔斯通集团高级副总裁，东京电力、香港中电控股及中电亚洲和中华电力高层团，世界银行、亚洲银行、埃森哲管理咨询、英国电力咨询团与其他机构的高层领导、专家、学者。

2. 大湄公河次区域电力合作

电力体制改革后，国家有关部门正式同意中国南方电网公司取代原国家电力公司成为大湄公河次区域经济合作中电力合作项目的负责单位，作为中方主体，在国务院有关部门的指导下代表国家参加与次区域国家的电力合作。11月，与亚洲开发银行共同合作主办了大湄公河次区域电力贸易论坛第十次会议和第九次专家会，积极开展次区域电力贸易的研究。

充分利用大湄公河次区域电力合作机制，加强与泰国、越南、老挝、缅甸等周边国家的沟通和联系，积极开展边境电力贸易。根据中泰两国政府谅解备忘录，公司重新启动了向泰国送电3000MW的前期工作，力争2013年以前实现向泰国送电的目标。与越南组织高层工作互访。

外经外贸与对外交流

1. 外经外贸工作

至2003年底，公司系统各单位共签订对外合同38个，合同价值共计5.87亿美元，其中机电产品进口合同35个，合同价值共计4.2亿美元，占全部涉外合同总额的71.5%；与境外国家或地区的电力电量交易合同2个，合同价值共计1.3亿美元，占全部涉外合同总额的22%；其他涉外合同1个，合同价值共计0.37亿美元。

2. 出国（境）管理与服务工作

2003年，按照外交部“加强管理、严格把关，做好派遣因公出国（境）人员和邀请外国人来华事项的审批工作”的指示及中央有关规定和要求，公司先后出台了《中国南方电网有限责任公司因公出国（境）管理办法》、《中国南方电网有限责任公司国际合作管理工作规定》、《中国南方电网有限责任公司外事活动管理规定》等制度。

2003年，公司先后组团赴德国、美国、加拿大、巴西、阿根廷、泰国、越南、日本、韩国等各国考察。公司举办了三期赴香港中华电力培训。截止到12月上旬，公司系统组织出国团组155个，561人·次。

3. 境外培训与学术交流活动

2003年6月，公司组织与麦肯锡等国际知名咨询公司交流企业发展战略研究；与英国电力改革国家级专家开展电力体制改革与电价改革研讨会；与花旗银行开展加强财务管理和资本运作的研讨会；与西门子、ABB、美国电科院、日本J-Power、VISCAS、法国NXONS、意大利比瑞利公司等就直流技术、交直流互联大电网技术、调度技术及管理、电网安全技术与管理、海底电缆等课题开展研讨，并与西门子协商研究组建电网研究中心。

纪检监察与法制建设

党风廉政建设与行风建设

1. 建立健全监督约束机制

公司党组把党风廉政建设作为公司的生命线来抓，支持纪检监察部门依法依纪履行职责，赋予纪检监察部门在重要人事任免和招投标等工作中有“一票否决”权，树立了公司纪检监察部门的威信，促进反腐败各项工作的开展。

建立健全有效的监督约束机制，加强对决策、财务管理、干部选拔任用、招标管理等环节的监控，从源头上预防和治理腐败。建立健全了公司党组议事规则和各项会议制度，公司重大决策、重要人事任免、重大项目安排和大额资金的使用等都坚持走程序，集体研究决定。建立了公司系统逐级预算管理指标体系和考核体系，形成了预算刚性约束机制。

认真贯彻落实中共中央《党政领导干部选拔任用工作条例》和公司《领导干部管理暂行规定》，干部选拔任用坚持民主推荐、组织考察、慎重研究和任前公示，抓好离任审计和廉政鉴定，纪检监察部门参与干部考核和选拔工作，执行廉政一票否决制和廉政诫勉谈话制度，党员和群众对干部选拔任用的知情权、参与权、选择权和监督权得到了认真落实。

制定《工程建设管理办法》、《招标管理办法》和《招标监督办法（暂行）》，各级纪检监察部门加强了对招投标活动的监督，对重大项目招标实行全过程监督，发现违规、违纪问题，监察部门有一票否决权，有效防止规避招标、弄虚作假搞假招标等现象的发生。在勘测设计、施工 监理 物资采购等环节全面推行兼政责任书制度。公司与当地检察机关共同开展预防职务犯罪工作，针对规划、工程建设、物资采购、干部选拔任用、资金管理等重点部位有针对性地开展预防教育活动。

2. 党风廉政建设责任制

2003年，公司主要领导与各分公司、子公司党政“一把手”签订了《党风廉政建设责任书》，明确了九项责任目标。各单位也层层签订了党风廉政建设责任书。

公司制定了《党风廉政建设责任制实施办法》、《领导班子成员党风廉政建设岗位职责》和《2003年度党风廉政建设和反腐败各项工作目标、措施和责任分工》。各单位制定印发了《党风廉政建设和反腐败工作目标、措施及责任分解表》，明确年度党风廉政建设和反腐败23项主要工作的具体目标、领导分工、牵头和协办部门，形成纪检监察部门组织协调，各部门齐抓共管的局面，将工作落到实处。

公司制定了《党风廉政建设责任制考核细则》、《2003年党风廉政建设责任制考核办法》、《考核标准》和《党风廉政责任追究办法》等，并在细化考核内容和优化考核办法上下工夫，确保责任追究到位。7月，对公司各单位上半年党风廉政建设责任制工作落实情况进行抽查。年底，对各单位落实党风廉政建设情况进行全面考核，并将检查考核结果纳入年度三项责任制度考核之中，兑现奖惩。

3. 廉洁自律各项规定

根据中纪委二次全会关于国有企业领导人员廉洁自律的五项要求以及中央组织部、原中央企业工委《关于中央企业领导人员廉洁自律若干规定的实施办法（试行）》，制定下发了《南方电网公司监察办法（暂行）》、《关于严禁工作人员接受和赠送“红包”的规定》、《廉政诫勉谈话和函询的规定》等16项党风廉政制度和规定。

2003年4～5月，在公司系统普遍开展了内容丰富、形式多样的“廉洁自律教育月”活动，共订购发放《党员领导干部廉洁从政手册》5800多册；举办党风廉政建设、法制教育及警示教育报告会、专题会60多场；制订整改措施80多项；领导干部通过学习写出心得体会及研讨文章320多篇，对党员干部的教育面达到了90%以上。通过中心组学习、上党课、专题辅导报告、观看警示教育片、撰写学习心得、竞赛答题、廉政知识测试、演讲会等形式，增强党员干部的法纪观念、廉洁自律意识和拒腐防变能力。

公司系统推行企业领导人员任前廉政谈话制度、诫勉谈话制度、企业领导人员述廉制度、民主生活会制度和厂务公开制度等五项制度。

4. 信访举报工作

公司制定了《信访工作管理办法》，印发了《信访举报指南》，公布了信访举报专线电话和网址，并指定专人负责来信来访工作，认真做好重要信访件初核和督办。

5. 纠风和行风建设

公司党组和行政班子高度重视纠风和行风建设，作为关系企业的生存、发展、效益的一项重要工作来抓。公司建立了纠风工作领导小组及办公室，召开公司纠风工作领导小组工作会议、行风建设和优质服务电视电话会议，传达贯彻党中央、国务院关于纠风工作的精神，全面部署公司系统纠风和行风建设及优质服务工作。制定了《南方电网公司2003～2005年纠风和行风建设工作意见》，提出了城市和农村供电营业规范化服务达标率、供电可靠率和电压合格率、农村电价电费制度执行率、服务承诺兑现率、客户满意率等七项具体工作目标和落实的具体措施。建立了纠风和行风建设责任制，初步形成了党政一把手负总责，分管领导主抓，业务主管部门具体负责，有关部门密切配合，纠风办（监察部门）监督检查，党政工团齐抓共管、全员参与的纠风和行风建设领导体制和工作机制。

大力整顿电力市场秩序，加强对“两改一同价”工作的监督检查。公司印发了《供电营业员工文明行为规范》，在公司系统全面实行供电服务承诺制度，向社会公布了承诺条款，加大透明服务、开放服务的力度。纪检监察部门加大监督检查工作力度，加强与工商、物价、技术监督、消协、新闻等单位的联系和沟通，积极参加民主评议行风活动，坚持设立举报箱、意见本，走访客户、召开行风监督员座谈会、问卷调查等措施，对服务单位和窗口履行承诺、执行规范情况进行明查暗访，严格规范经营行为。监察局会同广电公司走访了广东省纠风办、广东省消费者委员会、广州市消费者委员会等部门，查访了6个窗口。

公司制定了《关于违反行业作风建设规定处罚办法》，认真做好投诉举报的处理工作，对个别基层单位在农网改造中乱收费等行风违纪的直接责任人和负有责任的领导干部进行了严肃查处。各子公司初步建立了一套比较规范和完整的投诉举报查处程序，做到有登记、有反馈、有落实、有结果。有的单位还实行投诉举报奖励、行风违纪处罚制度。2003年，在公司纠风工作领导小组的统一领导和纠风办的组织协调下，公司系统各单位把行风建设作为树立企业形象的工程来抓，确保了纠风和行风建设工作的整体推进，系统的行风建设得到社会的普遍好评。

6. 纪检监察队伍建设

公司党组十分重视纪检监察队伍建设和管理，在电力体制改革的关键时期，注意发挥纪检监察部门的监督职能作用，确保了公司系统纪检监察机构不散、工作不断、监督力度不减。对纪检监察干部严格要求、严格管理、严格纪律、严格监督，保证了纪检监察队伍不出问题。

组织纪检监察干部深入学习十六大精神和“三个代表”重要思想，开展学习《江泽民论党风廉政建设和反腐败斗争》一书的活动，学习抗击“非典”先进单位和先进人物事迹，增强工作的责任感和紧迫感，提高政治敏锐力和思想理论水平。开展多种形式的在职自学活动，学习金融、财务、审计、法律等知识，更好地适应工作的需要。针对机构改革后纪检监察工作人员变动比较大的情况，公司于2003年9月在北京电力管理学院举办了第一期纪检监察干部岗位培训班。8月，举办了信访、案件管理及廉政档案管理软件培训班。各单位还选派人员参加了上级和地方纪委组织的业务培训。

监察局对公司系统纪检监察工作情况进行了全面的摸底调查，根据中纪委和国资委纪委下发的研讨课题，确定了15个研讨题，组织各单位开展研讨，撰写论文20余篇，10月召开了公司系统纪检监察工作研讨会，集中围绕领导干部廉洁自律、电力企业行风建设、查办案件、加强电力工程招投标效能监察、防止职务犯罪等方面工作进行研讨和交流，提高了纪检监察干部的理论水平和工作水平。

7. 效能监察

公司制定印发了《效能监察办法（暂行）》、《2003年执法监察和效能监察工作要点》，紧紧围绕公司生产经营的中心任务，抓好重大建设项目、大修技改项目、大额资金的调拨等方面的监督检查，及时发现薄弱环节和漏洞，提出监察建议，督促整改措施的落实，为公司的改革、发展、稳定，从源头上预防和治理腐败。据统计，2003年公司系统共立项189项，其中广电公司99项、广西60项、云南14项、贵州10项、海南6项，内容涉及城乡电网建设与改造工程、物资采购、资金管理、招投标管理、电费回收、供电优质服务和安全生产等多个方面。截至12月中旬，公司系统共完成160项，提出监察建议120项，共追缴、节约资金累计2000多万元。

法律事务

2003年8月，行政部完成了公司常年法律顾问选聘，正常开展了法律事务工作，9月底行政部按公司决定将法律事务职能移交监察局。

监察局印发了《公司聘请常年法律顾问提供法律服务的通知》，明确了法律事务工作内容及工作程序，法律事务工作逐步介入公司经营管理的有关环节。参与公司的经营管理和规章制度建设，为重大经营决策提供法律服务，对经营管理过程中有关环节进行法律监督。积极配合公司电网建设债券发行工作，提供全方位法律服务，律师事务所已出具了《律师工作报告》及《法律意见书》送审稿。参与财务公司并购的前期工作。审查各部门送审的30多份合同，出具了有关法律意见，确保合同条款完备、合法，尽量减少和避免不必要的合同纠纷。帮助有关部门在法律条文方面把好了关，共协助审查规章制度16项，确保制度不与国家法律法规冲突。

结合“四五”普法年活动，开展多种形式的普法宣传教育。在《中国南方电网》上发表依法治企宣传文章、连续登载相关的法律知识及案例、解答日常法律咨询。12月3日在公司本部举办了《公司经营管理过程中应注意的法律问题》专题法律知识讲座。组织公司系统各单位参加所在地组织的“四五”普法教育活动。

党群工作与企业文化

精神文明

1. 政治理论学习

重点学习邓小平理论和“三个代表”重要思想，党的十六大、十六届三中全会、中央经济工作会议精神，以及国家关于电力体制改革的有关文件精神。改进学风，注重实效，坚持集中学习与自学研读相结合、专题报告与理论研讨相结合、分散调研与集中交流相结合。制定了公司本部全年理论学习计划和中心组学习制度。成立了党组学习中心组，坚持每月1次党组学习中心组集中学习，举办了3次理论学习辅导讲座，其中邀请我国著名经济学家、中央党校原副校长刘海藩教授作学习十六届三中全会辅导报告。组织党组学习中心组成员和本部中层干部参观了广州本田汽车集团，了解了股份制企业党的建设和思想政治工作的特点，走出电力看社会，创新了理论学习的形式。

在中央发出关于兴起学习贯彻“三个代表”重要思想新高潮的通知后，公司党组下发了《关于学习胡锦涛总书记在“三个代表”重要思想理论研讨会上讲话的通知》，部署和组织学习“三个代表”重要思想和胡锦涛总书记“七一”讲话，在公司系统兴起了学习贯彻“三个代表”重要思想的新高潮。组织公司本部和广电集团、超高压公司、调通中心19名厅、处级干部参加广东省委举办的学习“三个代表”重要思想培训班。组织公司本部和公司有关单位厅级以上干部参加了中央“三个代表”重要思想宣讲团报告会。公司本部各支部按照理论学习计划，组织党员干部学习，并认真进行了总结。

2. 党的建设

公司党组高度重视党建工作，坚持党要管党、从严治党的原则，把加强党的领导、保持正确的政治方向作为一切工作的基础。加强对党组织和党员的管理，及时健全党的基层组织，坚持公司工作开展到哪里，党的建设就跟进到哪里，加强党的组织建设，建立和完善组织机构。公司下属单位中，广西、云南、贵州电力公司设党组，受南方电网公司党组的领导；广东省广电集团公司、海南电力公司仍延续原来的党委设置，受南方电网公司党组、地方党委的领导和指导；超高压公司、调度通信中心设立党委，财务公司和公司本部11个部门设立党支部，归公司直属党委管理；公司直属党委隶属在广东省委。

在纪念建党82周年之际，召开了驻穗单位部分党员干部参加的党员大会；建立了党务工作日常工作制度，加强了对公司本部党员的管理；组织了3次大型党课，加强了党员的理论学习；组织召开了公司党组民主生活会，并对公司下属单位的民主生活会进行了指导检查；开展了机关作风建设活动；举办了党群干部培训班等。

3. 宣传和思想政治工作

宣传和落实公司工作会议精神，用会议精神统一思想，统领各项工作。为了让全系统职工深入了解公司的发展战略和工作目标，帮助广大员工学习好、领会好、贯彻好公司工作会议精神，把工作会议提出的要求和任务落到实处，党群部及时编写了《公司2003年工作会议报告学习参考资料》和《公司工作会议新闻材料汇编》，下发各分、子公司，起到了很好的效果。

召开了公司系统思想政治工作座谈会。会议通报了公司上半年思想政治工作情况，下发了《2003年党群工作要点》，对下半年的重点工作进行了部署。各子公司、超高压公司、调通中心分别汇报了上半年贯彻公司工作会议有关思想政治工作方面的情况，云电集团介绍了企业文化建设和创建学习型组织的经验。会议对加强公司党建工作和企业思想政治工作创新问题进行了探讨，重点研究了企业文化建设和学习型组织创建问题。

深入开展精神文明创建活动。制定了《供电营业窗口职工行为规范》，提高服务水平，加强行风建设。起草了《南方电网公司创建文明单位管理办法（征求意见稿）》和《南方电网公司创建文明单位考核标准（征求意见稿）》，广泛征求各分、子公司的意见，并根据意见进行了修改。积极推荐下属单位参加广东省精神文明创建活动评选工作，超高压分公司侯卫东和广电集团东莞供电分公司分别被评为广东省精神文明创建活动积极分子和广东省文明单位。贵州省电力公司、昆明供电局城区分局营业厅等11个单位被命名为全国精神文明建设先进单位，深圳供电分公司、三亚供电公司、南宁供电局客户服务中心等11个单位被命名为全国创建文明行业先进单位，超高压公司等139个单位被授予省级双文明单位称号。

企业文化

1. 企业文化建设

在公司系统开展了"同心结南网"系列活动，推动企业文化建设。提出了"同心结南网"的团结理念。在公司系统开展了"同心结南网"主题征文比赛、"同心杯"乒乓球比赛、公司成立一周年文艺演出等系列活动。"同心结南网"这一文化理念已被广大员工所认可，也得到公司领导的充分肯定。以"同心"为核心价值观的文化理念为公司"一体化"文化建设起到了积极的推动作用，公司系统初步形成了团结协作、奋发向上的良好氛围。

提出了企业文化建设的总体思路，引入专业咨询机构协助制作了公司企业文化建设总体方案。公司成立了企业文化建设推进委员会，作为公司企业文化建设的领导机构。经过与专业咨询机构合作，研究制定了《中国南方电网公司企业文化建设实施方案》，顺利地完成了企业文化建设的前期准备工作。

公司本部开展了一系列群众性文体活动。开展了"五一"登白云山活动、"六一"儿童节慰问、职工生日送温暖以及篮球、羽毛球等一系列群众性文体活动。选送公司本部和各分、子公司职工书画作品共40余幅参加了国家电力公司监管委员会组织的"电力杯"首届全国电力书画展，取得了良好的成绩。

组织各分、子公司政工部负责同志到云南电力集团进行了创建学习型组织调研。通过调研，对公司系统单位开展创建学习型组织的情况有了基本的了解，并结合公司的实际，向公司领导提出了在公司系统开展创建学习型组织的建议，有条件的单位根据自身的实际情况选择试点，有计划地推进该项工作 。

2. 工会和团青工作

结合实际加强工会自身建设。按照全国总工会《在电力体制改革中加强工会组织建设的建议方案》精神，根据广东省总工会批复同意成立南方电网公司直属工会的意见，积极探讨系统工会组织的建设方案，做好成立南方电网公司直属工会的筹备工作。完成了公司本部员工（含调通中心）工会会员组织关系接转工作。组织各子、分公司基层工会主席11人参加了全国电力系统工会干部培训班，还举办了公司系统党群干部培训班（包括工会干部）。

选树典型，推广经验，对各分、子公司工会工作实践中形成的好经验和好做法积极进行选树和推广。10月，在国资委群工局组织召开的贯彻工会十四大精神、深化厂务公开推进会上，推荐广东省广电集团在会上进行了书面经验交流；11月，在国资委群工局在上海召开的中央企业实施职工素质工程现场推进会上，云南电力集团公司认真总结了创建学习型组织的经验和做法，提交会议交流材料。同时，积极推荐广电集团深圳供电分公司、汕头供电分公司、广州蓄能水电厂、广东省电力调度中心、广州超高压局等五个单位参加"广东省和谐劳动关系先进企业"的评选；推荐广西电力有限公司南宁供电局参加"全国双拥模范单位"的评选。

围绕企业中心工作，履行安全生产监督保证责任。协同公司安监部门开展安全大检查，举办安全生产讲座等，增强广大员工的安全生产意识和职业道德素质。组织各级工会以2003年全国安全生产月活动宣传为契机，宣传贯彻公司1号令，开展6月8日"安全生产宣传咨询日"活动，传播安全知识和公司的安全文化理念，大力营造"关爱生命、关注安全"的氛围。还转发了国家安全生产监督管理局、全国总工会《关于落实和维护生产经营单位从业人员安全生产合法权益的通知》，要求各级工会组织和安全生产监督部门切实注重保护从业人员的安全生产合法权益。

在青年职工中深入开展"号手"活动，参加了"中央企业十大杰出青年"评选活动，并推荐候选人。

（安华云）

发电公司

中国华能集团公司

公司概况

中国华能集团公司是经国务院批准成立的“以电为主，以金融、能源产业为支撑，综合发展”的国有重要骨干企业，由中央管理，是经国务院批准同意进行国家授权投资的机构和国家控股公司的试点。

公司注册资本批准为200亿元人民币。主要从事电源的投资、建设、经营和管理，组织电力（热力）的生产和销售，以及金融、能源交通、信息、新能源、环保、贸易等相关产业、产品的投资、建设和生产经营，国内外投资、融资和自主开展外贸流通经营、国际合作等业务。

中国华能集团公司从1985年创立至今，历经十几年的发展历程，为国民经济建设和电力工业的改革与发展做出了积极贡献。截至2003年底，中国华能集团公司拥有全资、控股电厂容量为3166万kW，约占全国发电装机容量的8.2%。

中国华能集团公司根据国民经济发展规划、国家产业政策以及市场需求，确定了在新世纪前20年的发展奋斗目标：2010年，实现可控装机容量6000万kW，销售收入100亿美元，进入世界500强；2020年，实现可控装机容量1.2亿kW，销售收入200亿美元，把公司建设成为实力雄厚、管理一流、服务国家、走向世界，具有国际竞争力的大企业集团。

2003年是电力工业实行网厂分开、深化改革的第一年，是中国华能集团公司作为由中央直接管理的国有重要骨干企业的第一年。中国华能集团公司在党中央、国务院的正确领导下，以邓小平理论和“三个代表”重要思想为指导，认真贯彻党的十六大和十六届三中全会精神，在国家有关部门、地方政府、兄弟电力企业和投资者的大力支持下，全体员工克服困难、奋力拼搏，全面超额完成了生产经营任务，为电力工业和国民经济发展做出了积极的贡献。为实现把华能建设成为“实力雄厚、管理一流、服务国家、走向世界，具有国际竞争力的大企业集团”的奋斗目标迈出了坚实的一步。

建立安全监督体系，安全形势保持稳定

2003年，中国华能集团公司坚持“安全第一、预防为主”的方针，认真贯彻落实国家《安全生产法》，进一步健全了安全保证体系和安全监督体系，制定并下发了《安全生产工作规定》、《安全生产监督工作管理办法（试行）》，落实安全生产责任制，开展安全大检查，安全工作保持了相对稳定的局面，未发生重大设备责任事故、重大火灾事故及重大交通事故，为全面完成各项任务奠定了基础。

全面超额完成各项任务，经济效益大幅增长

2003年，中国华能集团公司电力生产超额完成计划，完成发电量1742.50亿kWh，比2002年增长13.7%，占全国发电量的9.15%；电力投产装机容量114万kW，新开工电力项目310万kW，我国第一个单机容量百万千瓦等级的国产超超临界发电机组项目——华能玉环电厂主机设备合同已经签订。截至2003年底，中国华能集团公司拥有全资、控股发电装机容量3166.42万kW，占全国发电装机容量的8.2%。

2003年，中国华能集团公司实现销售收入451.4亿元，比2002年增长16.9%；实现利润64.3亿元，比2002年增长31.44%。截至2003年，中国华能集团公司合并资产总额1460.5亿元，合并净资产555.9亿元。

落实电力体制改革措施，建立新的运营机制

2003年，中国华能集团公司认真贯彻党中央、国务院关于电力体制改革的一系列指示精神，落实有关网厂分开、资产划转的方案，与国家电网公司签署了资产整体划转的备忘录，资产划转工作基本完成；按照电力体制改革的精神，完成了西安热工研究院的改制工作，并积极参与区域电力市场试点的相关工作。

为适应电力体制改革的新形势，中国华能集团公司结合实际，对内部管理机制进行了调整。由中国华能集团公司控股的华能国际电力股份有限公司统一对华能系统的火电进行管理，水电由中国华能集团公司进行管理，使华能的电力主业实行专业化的开发、建设、经营和管理，提高了电力企业的管理水平和市场竞争力。

加强规划和战略合作，长远发展取得新的成绩

根据国民经济发展规划、国家产业政策以及市场需求，中国华能集团公司制定了2003～2020年的电力发展规划并抓紧组织实施，积极稳妥地开展项目的前期工作。同时，加强与各方面的战略合作。中国华能集团公司分别与山西省、陕西省、江西省和内蒙古自治区等地方政府，与神华集团、中煤集团、淮南煤矿等大型国有煤炭企业，与电网企业和其他发电企业等开展了互惠互利的业务合作，为拓宽发展空间、加强资源合作创造了条件。

资本运营有新破，企业改制取得新进展

中国华能集团公司坚持开发和收购并重的方针，继续推进资本运营工作。2003年1月28日，中国华能集团公司控股的华能国际电力股份有限公司成功收购了深圳能源集团有限公司25%的国有股权。8月13日，中国华能集团公司收购了海南省电力公司等股东持有的海口火电股份有限公司的股权，使华能在该公司的股权比例达到了99.72%。9月，国务院国有资产监督管理委员会批准中国华能集团公司向华能国际电力股份有限公司转让华能辛店电厂、华能榆社电厂和华能沁北电厂的资产和权益的交易。11月25日，中国华能集团公司以20%的股份与内蒙古电力（集团）有限责任公司、神华集团有限责任公司、中信泰富有限公司发起设立了北方电力联合有限公司。

2003年，中国华能集团公司所属企业的改制工作也取得了新的进展。6月14日，华能北京热电厂改制成为华能北京热电有限责任公司。12月18日，华能珞璜电厂、华能重庆燃机电厂改制为华能重庆珞璜发电有限责任公司。12月19日，华能岳阳电厂改制为华能岳阳发电有限责任公司。

拓展资金筹措渠道，积极实施金融战略

2003年，中国华能集团公司继续加强与金融机构的长期战略合作关系。2月18日，国家开发银行、中国建设银行、中国工商银行向华能小湾水电站提供总额为250亿元贷款合同在京签字。5月中旬，国家开发银行与中国华能集团公司签订了《银企合作协议》和《合作授信协议》，承诺授信额度660亿元，支持华能电力等基础产业的开发、建设。9月18日，中国银行与中国华能集团公司及华能国际电力股份有限公司签订了《战略合作协议》和《综合授信协议》，为华能全资、控股企业提供长短期授信额度680亿元，其中全球授信1亿美元。12月28日，经国家发改委批准，中国华能集团公司发行40亿元企业债券，所募资金主要用于电力项目的建设。12月30日，中国华能集团公司出资设立的全资子公司——华能资本服务有限公司在国家工商行政管理总局正式注册，注册资本金人民币10亿元，标志着华能金融产业体系初步形成。

实施“走出去”战略迈出了实质性步伐

2003年，中国华能集团公司积极贯彻落实党的十六大精神，以华能集团香港有限公司为载体，积极实施“走出去”战略。经国家批准，12月6日，中国华能集团公司以2.7亿美元成功竞标收购了持有澳大利亚昆士兰州两大发电厂权益的OzGen公司50%的股权，标志着华能实施“走出去”战略迈出了实质性的第一步，对于拓展华能的发展空间、积累国际化经营经验、培养国际化经营队伍具有深远的战略意义。

为了推进“走出去”战略的实施，中国华能集团公司向华能集团香港有限公司增资2800万美元。华能集团香港有限公司完成了收购华润电力转让的广东沙角C电厂12.5%的股权，以及投资1000万美元拥有华润电力在香港上市流通股3%的股权。

组 织 结 构

华能国际电力开发公司
华能国际电力股份有限公司
云南华能澜沧江水电有限公司
华能资本服务有限公司
华能能源交通产业控股有限公司
华能信息产业控股有限公司
华能新能源环保产业控股有限公司
华能国际经济贸易公司
华能综合产业公司
华能集团香港有限公司
西安热工研究院有限公司

公 司 领 导

党组书记、总经理（法定代表人）：李小鹏
党组成员、副总经理：黄永达　王晓松　张廷克　鞠章华
党组成员：叶大戟
总工程师：金浪川

总会计师：魏云鹏
总审计师：邹泽锦

部门及机构设置

总经理工作部
　信息中心
　扶贫办公室
计划发展部
财务部
资产运营管理部
水电开发部
　安全监察室
国际合作部
人力资源部
　离退休人员办公室
监察审计部
思想政治工作部
工会工作委员会
基建办公室
华能集团公司党校

全资、控股电厂分布

华能伊敏电厂：100万kW/（2×50）（内蒙古自治区鄂温克族自治旗）

华能鹤岗电厂：60万kW/（2×30）（黑龙江省鹤岗市）

华能新华电厂：83万kW/（1×20、2×10、2×5、1×33在建）（黑龙江省大庆市）

华能长山热电厂：20万kW/（2×10）（吉林省前郭尔罗斯蒙古族自治县）

华能营口电厂：64万kW/（2×32）（辽宁省营口市）

华能丹东电厂：70万kW/（2×35）（辽宁省丹东市）

华能大连电厂：140万kW/（4×35）（辽宁省大连市）

华能北京热电厂：84.5万kW/（2×22、2×16.5、1×7.5）（北京市）

华能杨柳青热电厂：60万kW/（2×30）（天津市）

华能上安电厂：130万kW/（2×35、2×30）（河北省石家庄市）

华能邯峰电厂：132万kW/（2×66）（河北邯郸市）

华能沁北电厂：120万kW/（2×60在建）（河南省济源市）

华能平凉电厂：120万kW/（2×30、2×30）（甘肃省平凉市）

华能榆社电厂：80万kW/（2×10、2×30在建）（山东榆社县）

华能德州电厂：252万kW/（4×30、2×66）（山东省德州市）

华能白杨河电厂：42万kW/（3×5、2×13.5）（山东省淄博市）

华能辛店电厂：65万kW/（2×22.5、2×10）（山东省淄博市）

华能济宁电厂：59.5万kW/（2×5、1×11.5、1×11、2×13.5）（山东省济宁市）

华能威海电厂：85万kW/（2×30、2×12.5）山东省威海市）

华能日照电厂：70万kW/（2×35）（山东省日照市）

华能南京电厂：64万kW/（2×32）（江苏省南京市）

华能太仓电厂：60万kW/（2×30、2×60在建）江苏省太仓市）

华能苏州热电厂：0.9万kW/（1×0.6、1×0.3）（江苏省南通市）

华能南通电厂：140.4万kW/（2×35.2、2×35）（江苏省南通市）

华能淮阴电厂：110万kW/（2×22、2×33在建）（江苏省淮阴市）

华能上海石洞口第二电厂：120万kW/（2×60）（上海市）

华能石洞口电厂：120万kW（4×30）（上海市）

华能长兴电厂：25万kW/（2×12.5）（浙江省长兴县）

华能石塘水电厂：7.8万kW/（2×3.6）（浙江省云和县）

华能玉环电厂：200万kW/（2×100在建）（浙江玉环县）

华能阳逻电厂：120万kW/（4×30、2×60在建）（湖北省武汉市）

华能苏家湾电厂：30万kW/（3×10）（湖北省武汉市）

华能岳阳电厂：132.5万kW/（2×36.25、2×30在建）（湖南省岳阳市）

华能井冈山电厂：60万kW/（2×30）（江西省吉安市）

华能成都热电厂：20万kW/（1×20）（四川省

成都市）

华能太平驿水电厂：26万kW/（4×6.5）（四川省汶川市）

华能东西关水电厂：18万kW/（4×4.5）（四川省武胜县）

华能铜头水电厂：8万kW/（4×2）（四川省芦山县）

华能雨城水电厂：6万kW/（3×2）（四川雅安市）

华能小关子水电厂：16万kW/（4×4）（四川省宝兴县）

华能青居水电厂：13.6万kW/（4×3.4在建）（四川省南充市）

华能冷竹关水电厂：18万kW/（3×6）（四川省康定县）

华能明台水电厂：4.5万kW/（3×1.5）（四川省三台县）

华能自一里水电厂：13万kW/（2×6.5在建）（四川省宝兴县）

华能水牛家水电厂：7万kW/（2×3.5在建）（四川省平武县）

华能硗碛水电厂：24万kW/（3×8在建）（四川县平武县）

华能珞璜电厂：144万kW/（4×36）（重庆市）

华能重庆燃机电厂：10.86万kW/（3×3.62）（重庆市）

华能漫湾水电厂：125万kW/（5×25）（云南省云县、景东县）

华能小湾水电厂：420万kW/（6×70在建）（云南省凤庆县、南涧县）

华能汕头电厂：120万kW/（2×30、1×60在建）（广东省汕头市）

华能汕头燃机电厂：10.31万kW/（2×3.41、1×3.495=10.315）（广东省汕头市）

华能福州电厂：140万kW/（4×35）（福建省福州市）

华能大理徐村水电厂：7.8万kW/（3×2.6）（云南省大理市）

华能南澳风电厂：1.08万kW/（18×0.6）（广东省南澳县）

华能海口电厂：（2×5、2×12.5、2×12.5中海能源）（海南省海口市）

华能南山电厂：（2×5、1×1.6燃气机组）（海南省三亚市）

（周成文）

中国大唐集团公司

公 司 概 况

中国大唐集团公司（简称中国大唐）是经国务院批准，在原国家电力公司部分企事业单位基础上组建的特大型企业，于2002年12月29日正式成立。中国大唐是中央直接管理的国有独资公司，是国务院批准的国家授权投资的机构和国家控股公司的试点。

中国大唐注册资本金120亿元，主要从事电源及与电力相关产业的开发、投资、建设、经营和管理；从事国内外投融资业务，自主开展外贸流通经营和国际合作、对外工程承包和对外劳务合作等业务。

截至2003年底，中国大唐运行及在建发电装机容量（直属和控股）4006.05万kW。其中，火电机组3193.55kW；约占80%，水电机组812.5万kW，约占20%。中国大唐的发电装机容量在华北地区比较集中，约占中国大唐总装机容量的1/4。

截至2003年底，中国大唐完成发电量1427.53亿kWh，占全国发电量的8.24%。供热量5878.94万GJ，资产总额1073亿元，较2002年底中国大唐刚组建时增加了181亿元。

机 构 设 置

经过1年的运作，2003年基本完成了组织体系的建设。中国大唐集团公司本部部门为10个：总经理工作部、发展计划部、人力资源部、财务与产权管理部、安全生产部、工程管理部、市场营销部、审计部、思想政治工作部、监察局。

公 司 领 导

党组书记、总经理：翟若愚

党组成员、副总经理：刘顺达 钟 俊 杨 庆 王 琳

组成单位

2003年底，中国大唐所属成员单位共74家，包括分支机构4家、内部核算单位29家、全资企业4家、控股公司37家。另有参股公司10家，分布在全国16个省（自治区、直辖市）。

分支机构（4个）

1. 云南代表处
2. 陕西代表处
3. 湖南分公司
4. 安徽分公司

内部核算单位（29个）

1. 大唐王快水力发电厂
2. 保定热电厂
3. 微水发电厂
4. 峰峰电厂
5. 山西省电力公司恒山发电厂
6. 山西省电力公司太原第二热电厂
7. 大唐长山热电厂
8. 鸡西发电厂
9. 辽源发电厂
10. 佳木斯第二发电厂
11. 大唐陈村水力发电厂
12. 淮南洛河发电厂
13. 大唐淮北发电厂
14. 大唐洛阳首阳山发电厂
15. 大唐洛阳热电厂
16. 安阳电厂
17. 大唐耒阳发电厂
18. 大唐甘谷发电厂
19. 大唐碧口水力发电厂
20. 大唐八零三发电厂
21. 甘肃省电力工业局永昌电厂
22. 甘肃省电力工业局连城电厂
23. 广西岩滩水力发电厂
24. 石泉水力发电厂
25. 渭河发电厂
26. 灞桥热电厂
27. 大唐略阳发电厂
28. 韩城热电厂
29. 户县热电厂

全资企业（4个）

1. 南京下关发电厂
2. 延安发电厂
3. 沧州发电厂
4. 户县第二发电厂筹建处

控股公司（37个）

1. 大唐国际发电股份有限公司

包括：

（1）北京大唐陡河发电厂；
（2）北京大唐张家口发电厂；
（3）北京大唐张家口发电厂（二期）；
（4）北京大唐下花园发电厂；
（5）北京大唐高井发电厂；
（6）唐山发电总厂；
（7）天津大唐盘山发电有限责任公司；
（8）内蒙古大唐托克托发电有限责任公司；
（9）山西大唐神头发电有限责任公司；
（10）山西大唐平旺热电有限责任公司；
（11）云南大唐红河发电有限责任公司；
（12）甘肃大唐连城发电有限责任公司；
（13）河北大唐唐山热电有限责任公司；
（14）河北华泽水电开发有限公司。

2. 大唐广西桂冠发电股份有限公司

包括：

（1）大化水力发电总厂；
（2）百龙滩电厂；
（3）广西合山发电有限公司；
（4）广西火炬高科技有限责任公司；
（5）广西桂冠开投电力有限责任公司；
（6）广西平班水电开发有限公司。

3. 大唐湖南华银发电股份有限公司

包括：

（1）湖南华银株洲火力发电公司；
（2）株洲火力发电公司（二期）；
（3）湖南华银电力股份有限公司金竹山火力发电分公司；
（4）湖南张家界水电开发有限责任公司。

4. 河北马头电力股份有限公司
5. 长春第二热电有限责任公司
6. 辽源热电有限责任公司
7. 七台河第一发电有限责任公司
8. 江苏徐塘发电有限责任公司
9. 安徽淮南洛能发电有限责任公司
10. 安徽电力股份有限公司(含:淮南田家庵发电厂)
11. 保定华源电力有限责任公司

12. 洛阳双源热电有限责任公司
13. 许昌龙岗发电有限责任公司
14. 安阳华祥电力有限责任公司
15. 信阳华豫发电有限责任公司
16. 三门峡华阳发电有限责任公司
17. 湖南湘潭发电有限责任公司
18. 湖南省石门电厂
19. 鸡西热电有限责任公司
20. 衡阳电力发展股份有限公司
21. 陕西石泉发电有限责任公司
22. 甘肃兰西热电有限责任公司
23. 兰州西固热电有限责任公司
24. 龙滩水电开发有限公司
25. 西安灞桥热电有限责任公司
26. 中国水利电力物资有限公司
27. 陕西电力发电有限公司
28. 韩城第二发电有限公司
29. 陕西汉江投资开发有限公司
30. 大唐电力燃料有限公司
31. 大唐环境工程科技有限公司
32. 长春热电发展有限公司
33. 大唐洛阳热电有限公司
34. 大唐三门峡发电有限公司
35. 大唐淮北发电有限公司
36. 珲春发电有限责任公司
37. 双鸭山热电有限公司

参股公司（10个）

1. 安徽马鞍山万能达发电有限责任公司
2. 陕西秦华发电有限责任公司
3. 保定余热电厂（7号机）
4. 河北国华定州发电有限责任公司
5. 安徽合肥联合发电有限责任公司
6. 阳城国际发电有限责任公司
7. 长春第一热电有限责任公司
8. 永昌发电厂
9. 天生桥一级水电站
10. 新力发电有限责任公司

公司规章

中国大唐在2003年初就制定了组建年的制度建设计划，排出进度表，明确了责任单位。本部各部门高度重视，认真负责，每一项制度都反复地、多层次地征求意见；一些重要的制度都经党组会议或总经理办公会议讨论通过。2003年共出台了133项管理制度，基本形成了中国大唐的管理制度框架，为中国大唐的规范管理和高效运转奠定了基础。

发展战略及规划

为保证中国大唐快速、协调、可持续发展，推动国有经济布局和结构的战略性调整，发展和壮大国有经济，实现国有资产保值增值，增强中国大唐的竞争能力，在对国民经济发展趋势和中国大唐实际状况进行深入分析的基础上，确定了中国大唐的发展战略。即“把中国大唐集团公司建设成经营型、控股型，市场化、集团化、现代化、国际化，具有较强发展能力、盈利能力和国际竞争能力的大型电力企业集团”，简称“两型、四化、三个能力”。以2002年末为基准年，分三个阶段制定了中国大唐未来八年的战略目标和中长期发展规划。制定了中国大唐战略目标和中长期发展规划。

到2005年末，在役装机容量（直属＋控股）达到3500万kW，水电、风电等清洁能源所占比重基本保持在12%的水平，30万kW及以上机组比重由53%增加到58%。总资产达到1150亿元左右，销售收入约360亿元。

到2008年末，装机容量（直属＋控股）达到4800万kW，水电、风电等清洁能源所占比重达到14%，30万kW及以上机组比重达到66%。总资产达到1550亿元左右，销售收入约480亿元。

到2010年末，装机容量（直属＋控股）达到5700万kW，装机比重约占全国的9%。水电、风电等清洁能源所占比重基本达到17%，30万kW及以上机组比重达到69%。总资产达到1800亿元左右，销售收入约550亿元。

按国家发改委2020年远景目标全国发电装机容量将达到9亿kW左右，到2020年中国大唐预计装机容量达到1.2亿kW，年均增长约7%，预计总容量占全国的13%左右。

中国大唐以可持续发展为主题，根据国家的能源战略和贯彻五个“统筹”的原则，在发展中调整结构。大力开发水电，正在建设中的龙滩水电站装机630万kW；优化发展煤电，节约资源，建设以单机600MW及以上的超临界、超超临界大容量机组为主；充分利用西部地区的资源优势，开发大型煤电一体化项目，将产业链向上游延伸；积极发展核电及新能源发电，建设具有一定规模的风电场，尽早进入核电发展领域。

经营状况

2003年，中国大唐以发展战略统揽全局，以安全生产为基础，以市场为导向，以经济效益为中心，面对电力供应持续紧张，煤炭供应矛盾突出的压力，精心组织，周密部署，通过全体干部职工的共同努力，主动应对和开拓电力市场，强化经营管理，取得了良好的成果。

2003年主要经营指标完成情况如下：

发电量：完成1427.53亿kWh（直属、全资和控股口径），同比增长21.55%，比全国平均增长率15.3%高出6.25个百分点；

发电设备平均利用小时：5641h（直属、全资和控股口径），同比增加527h，比全国平均利用小时高出391h，其中火电平均利用小时5830h，同比增加563h；

供电煤耗：完成367.74g/kWh（直属、全资和控股口径），同比下降3.44g/kWh；

综合厂用电率：完成7.02%（直属、全资和控股口径），同比下降0.3个百分点；

销售收入：完成328亿元，同比增长19.65%；

实现利润总额：24.9亿元；

净利润：3.1亿元；

固定资产投资：完成135.7亿元；

新机投产容量：323.5万kW；

新开工规模：304万kW；

期末在建规模：1260.5万kW；

期末发电设备可控容量：2901.7万kW，同比增加351.08万kW；

资产总额：1073亿元，同比增加181亿元；

资产负债率：65.42%，同比提高5.44个百分点。

基本建设

2003年电力供应紧张形势既是严峻的挑战，同时也提供了难得的发展机遇。中国大唐坚持一手抓组建，一手抓发展。在对电力市场和资源分布进行深入调研的基础上，根据中国大唐自身的发展能力，积极主动地与国家综合部门和有关地方政府进行沟通，争取新的发展项目，努力在为国民经济发展服务的同时，使自身也得到发展和壮大。在竞争激烈的浙江乌沙山项目投标中，中国大唐在7家实力雄厚的企业中脱颖而出，一举中标，取得了该项目的开发权；各基层企业与集团公司本部密切配合，积极开展项目前期工作。截至2003年底，中国大唐已获国家正式批准开工项目8项，304万kW(连城电厂扩建60万kW，唐山电厂技改30万kW、长春第二热电厂扩建40万kW、云南开远电厂60万kW、陕西喜河水电站18万kW、云南那兰水电站15万kW、广西乐滩水电站60万kW、安徽淮北技改21万kW)。批准项目建议书和可研报告8项，444万kW。

在建项目在保证安全和质量的前提下，经过各参建单位的共同努力，加快了工程建设进度，缩短了工期，为缓解缺电局面作出了积极的贡献。一年来在广大干部职工的共同努力下，全年新投产机组12台323.5万kW，期末在建规模达到1260.5万kW。

双文明建设

中国大唐党组坚持党要管党、从严治党的方针，紧密围绕中国大唐组建和发展的大局，把加强各单位领导班子、干部队伍和基层党组织、党员队伍建设作为一项重要的基础工程来抓。中国大唐坚持把加强党的建设放在重要地位，先后组织全系统党员干部和职工深入学习贯彻胡锦涛总书记“七一”重要讲话和党的十六大、十六届三中全会精神。按照中组部的要求，在系统各级党组织中开展了向郑培民同志学习的活动。党组从“立党为公，执政为民”的高度，认真对待党的作风建设问题，认真落实党风廉政建设责任制，狠抓领导干部廉洁自律工作，注重从源头上预防和治理腐败，全年系统内没有发生违法违纪的大案、要案。坚持抓好群众性精神文明创建活动，注意发挥工会、共青团组织的作用，充分调动了广大员工的积极性和创造性。

企业文化建设

企业文化建设初步取得成效。中国大唐的成员单位原分属十几个网省电力公司，工作标准、行为习惯和价值理念等都有较大差异，要把大家凝聚起来，迫切需要加强企业文化的培育和建设。中国大唐在组建之初就把培育具有大唐特色的企业文化提到了重要日程，坚持内强素质、外树形象。中国大唐确定了统一的企业标识，创办了《中国大唐》报，规范了系统内企业的名称。积极倡导建立学习型组织和发扬团队精神，努力把以人为本的理念融入到各项工作中去，积极开展职业压力问题研究，注重员工的职业生涯设计，鼓励员工在为企业和社会作出贡献的同时实现自己的人生目标。

树立良好形象对于组建初期的中国大唐至关重要。中国大唐坚持并要求系统各单位做到以下几点：①自觉接受国家电监会的监管，自觉遵守电力市场交易规则，自觉服从电网统一调度，加强与网省电力公司的协调。②在与国家有关部门和地方政府的交往中，坚持信守承诺，言行必果。③在与其他企业和投资方的合作中，坚持诚信为本和互惠互利的原则，力求取得双赢、多赢的结果。经过一年的努力，中国大唐已初步树立了“求真务实、诚信守约、依法经营、规范运作”的良好社会形象。

（柳贞姬）

中国华电集团公司

公司概况

中国华电集团公司（简称中国华电）成立于2002年12月29日，是经国务院批准，在原国家电力公司部分企事业单位基础上组建的国有企业，经国务院同意进行国家授权投资的机构和国家控股公司的试点。截至2003年底，运行及在建可控发电装机容量3821.4万kW，总资产930亿元，分布在全国22个省（市、区），其中火电占74.5%，水电占25.5%。

中国华电经营范围包括：电源的开发、投资、建设、经营和管理；组织电力（热力）的生产、销售；电力工程、电力环保工程的建设与监理；电力及相关技术的科技开发；技术咨询；电力设备制造与检修；经济信息咨询；陆路货物运输；物业管理；承包境外工程和境内国际招标工程；上述境外工程所需的设备、材料出口；对外派遣实施上述境外工程所需的劳务人员。

发展战略（策略）

中国华电作为全国性的发电企业和中央企业，肩负着发展能源产业和壮大国有经济的重要使命。发展战略是：以市场为导向，以价值最大化为目标，坚持生产经营和资本经营并重，坚持企业发展与员工发展协调，坚持走集团化、股份化、国际化、现代化的路子，努力把公司建设成为以电为主，综合发展，国内先进、国际一流，具有可持续发展能力和国际竞争力的现代企业集团。

公司领导

党组书记、总经理：贺恭

党组成员、副总经理：曹培玺　陈飞虎　程念高　任书辉

党组成员、党组纪检组组长：迟文江

机构设置

中国华电成立后，迅速建立起运转顺畅的组织管理体系。集团公司在本部设11个职能部门，在资产相对集中的地区设立分公司（代表处）等11个分支机构。还成立了8家专业公司，对集团公司有关业务实施规模运作和专业化管理。组织结构图见下图。

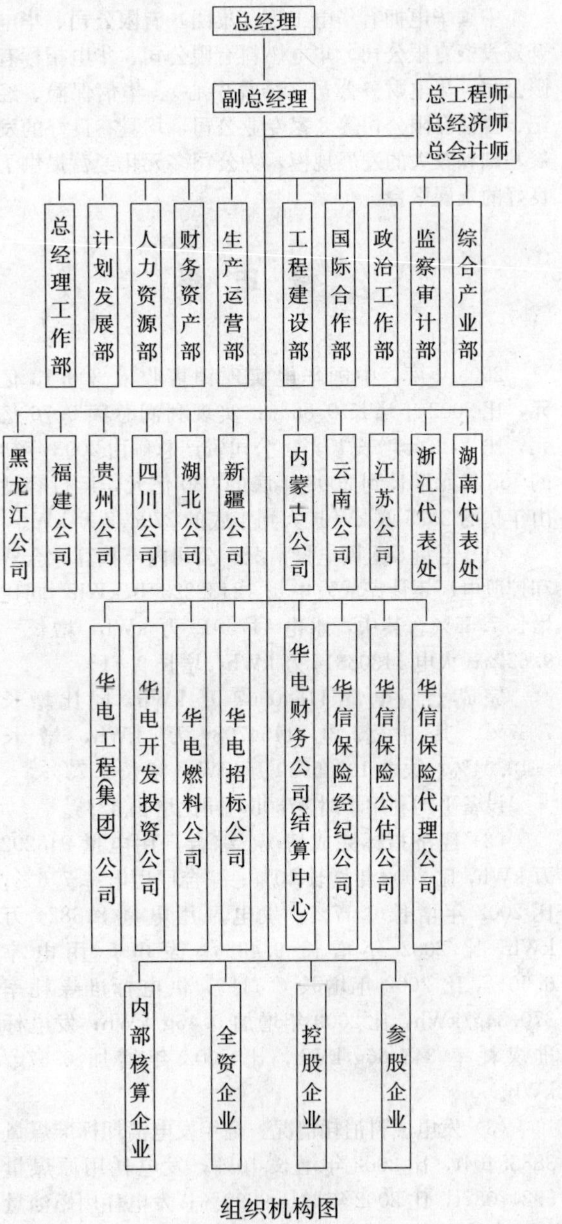

组织机构图

组 成 单 位

中国华电主要成员单位包括4个全资企业、33个内部核算单位、63个控股企业（其中在建25个）和23个参股企业。

控股业绩优良的华电国际电力股份有限公司（原山东国际电源开发股份有限公司）、黑龙江电力股份有限公司、国电南京自动化股份有限公司等上市公司。控股乌江水电开发有限责任公司。中国华电所属电厂中，装机容量百万千瓦以上的电厂9家。

中国华电拥有华电工程（集团）有限公司、华电开发投资有限公司、华电燃料有限公司、华电招标有限公司、华电财务公司（结算中心）、华信保险、经纪、公估有限公司等8家专业公司，均具有良好的发展基础和较大的发展规模，为公司多元化经营提供了良好的发展平台。

公 司 年 报

2003年度，中国华电实现销售收入300.13亿元，比2002年增长9.86%；实现利润总额9.76亿元，比2002年增长13%。公司资产总额由2003年初的758亿元增长到2003年底的930亿元，运行容量由年初的2525万kW扩大到年底的2794.2万kW。

（1）电量及上网电量情况。公司内部核算、全资和控股电厂累计完成发电量12482223万kWh，同比增长7.55%。其中，水电1175919万kWh，增长－9.62%；火电11306314万kWh，增长9.71%。

完成上网电量11540667万kWh，同比增长7.37%。其中水电1154708万kWh，增长－10.04%；火电10385959万kWh，增长9.73%。

设备平均利用小时4760h，同比增长62%。

（2）经济指标完成情况。综合厂用电量948292万kWh，比2002年增长10%；综合厂用电率7.6%，比2002年增长0.17%；发电厂用电量818824万kWh，比2002年增长9.48%；发电厂用电率6.56%，比2002年增长0.11%；供电标准煤耗率370.34g/kWh，比2002年增加0.45g/kWh；发电标准煤耗率343.66g/kWh，比2002年增加0.67g/kWh。

（3）发电燃料消耗情况。全年发电消耗标准煤量38855404t，比2002年增长10%；发电耗用原煤量58217087t，比2002年增长9.99%；发电耗用燃油量490345t，比2002年增长112.76%。

（4）电源发展。投产容量329.5万kW。开工国家批准项目759万kW。

经 营 管 理

中国华电以安全生产为基础，在改革发展稳定的工作进程中，统筹推进资产移交、电源建设、扭亏增盈、综合产业、企业文化建设等方面的工作。把扭亏增盈作为重中之重来抓，提出了“三年内实现当年不亏，五年内消化历史亏损”的扭亏目标，有针对性地制定了扭亏增盈方案和一系列具体措施。公司上下一方面着力于争取好的外部环境，另一方面着眼于强化内部管理、向内挖潜，从内外两个方面加强电量、电价、电费和成本控制工作。在装机容量比重较大地区电量增长明显偏低、发电量增长较快地区容量很小、主要水电厂因来水偏少大幅度降低发电量等客观因素不利的情况下，通过大力开展市场营销实现了发电量7.6%的增长；通过大力开展扭亏增盈工作，全资、控股企业完成扭亏增盈额4亿元，4家企业实现了当年扭亏为盈。

（1）安全生产。公司系统坚决贯彻电力改革的整体部署，保证改革的顺利推进，保证电力生产安全运行，实现了平稳过渡。在实施厂网分开这一重大体制改革的特殊年份里，公司系统坚持“安全第一、预防为主”的方针，牢记“安全责任重于泰山”，建立安全生产责任制，全面加强安全生产工作。同时，加强技术改造、电煤管理，合理安排大修和电力生产，服从电网调度，克服了管理体制转换、供需矛盾突出、“非典”疫情突袭、检修任务繁重等诸多困难，最大限度地提供了社会急需的电力、热力产品，没有发生重大电力生产事故，确保了安全生产，确保了队伍稳定。

（2）市场营销。大力加强市场营销工作，公司上下内强管理、外优环境，加强电量、电价、电费工作。以提升管理水平、促进安全生产和实现降本增效为重点，广泛开展创建优秀发电企业工作。建立健全集团财务控制体系，加强以资金管理为中心的财务管理和监督，制定并落实预算管理、资金管理、成本管理、资产管理、融资管理、纳税管理、会计核算等一系列财务规章制度和办法。严格控制成本，制定勤俭办企业十条规定。加强燃料管理，压缩中间环节，煤炭价格在外部涨价因素影响下得到了控制。三项费用开支除政策性增支因素影响外，基本控制在预算水平之内。优化债务结构，执行优惠利率，降低融资成本，取得良好效果。

（3）改制重组。高度重视公司系统企业重组改制工作，充分利用国家有关政策对公司系统基层企业改制重组工作予以指导，推动重组改制工作的有效开展。特别是对一些亏损较严重的内部核算电厂，积极促使其重组改制，增强发展活力和竞争能力，一些内部核算电厂已经制定了公司化改组方案并着手开始实施。

(4) 资本运营。积极实施集团公司资本运营战略，坚持生产经营与资本经营并重的方针，在资本经营和金融运作方面迈出坚实步伐。①明确华电国际、龙电股份、国电南自三家上市公司在集团发展的战略定位，采取一系列战略性举措积极支持和促其发展，充分发挥上市公司的作用。②先后成立了结算中心、保险中介公司和财务公司，构建了金融运作的平台。③与国内6家重要银行结成战略合作关系，获得综合授信额度2010亿元，极大降低了集团公司的筹资成本，节省利息支出两亿多元。集团公司开展资本运营、实施金融运作的总体战略和组织框架基本确立。

(5) 综合产业。公司在努力做强做大发电主业、增强核心竞争力的同时，坚持“以电为主，综合发展”的经营战略，积极推动综合产业发展。研究提出了综合产业发展的基本战略、总体思路和工作部署。成立了综合产业管理部门，组建了燃料公司、开发投资公司、招标公司等五家专业公司，启动华电工程及所属多经企业改组、改制工作，初步构建起综合产业发展的平台。燃料“五统一”管理已经开始实施。开发煤炭产业以及煤电联营工作已经起步。积极开展国际交流合作。公司系统一些企业在运行、检修、工程总承包等领域开始走出国门，参与国际竞争。2003年集团公司系统综合产业实现销售收入76亿元，利润1.67亿元，呈现出良好发展态势。

电 源 建 设

制定了集团公司2010年电源发展规划和2020年远景目标。公司电源项目（资源）分布从原来的14个省（区、市）扩大到22个省（区、市），为实现2010年装机容量翻一番和2020年突破1亿kW的目标打下了基础。同时，严格落实“五制”要求，加大对建设项目的监督指导力度，加强电源建设的设备订货和“质量、工期、造价”三控制，积极筹措资本金，落实项目融资，保证了电源项目发展。

(1) 前期工作全面推进。与各级政府和有关企业签订了57个合作意向书，对一些重大项目安排了初可研工作。向国家发改委上报项目建议书25项，国家发改委安排评估11项1100万kW，批复建议书4项532万kW；向国家发改委上报可研报告10项787万kW，获得批复6项693万kW。

(2) 建设规模适度加大。国家批复开工7项759万kW，比计划开工617.2万kW增加141.8万kW。

(3) 生产能力较大提高。公司系统投产容量329.5万kW，期末发电容量达到2794.2万kW，期末平均单机容量10万kW，比2002年增加1万kW/台。

企 业 文 化

坚持以“三个代表”重要思想和十六大、十六届三中全会精神武装队伍、指导实践。在公司系统内积极推广中国华电VI识别系统，大力宣传集团公司的发展战略和“团结凝聚、奋发图强、创新发展”的企业精神，初步打造了“中国华电”形象品牌，形成了富有“中国华电”特色的企业文化。在公司系统内开展了文明单位创建或动，制定了《文明单位考核标准》，组织了全国检查考评，有24家企业进入了集团公司首批文明单位行列。出版两月一期的《中国华电》杂志，加强对外宣传和对内沟通。开展积极有效的公关工作，使公司系统职工“做华电人、说华电话、办华电事”的理念深入人心。在公司内部，形成了人气旺、人心齐、人思进的强大凝聚力；在公司外部，树立了“诚信、高效、合作、服务、环保”的良好形象。

规 章 制 度

认真贯彻党中央、国务院的一系列重大决策和部署，高度重视制度建设，研究制定了公司规章制度建设规划，有计划、有步骤地开展了建章立制工作。公司本部制定规章制度136项，各项工作基本实现规范化和制度化运转，建立了规范有效的规章制度体系，促进了依法治企和各项工作的规范化、制度化、科学化。

主 要 事 件

2002年12月29日，中国电力新组建（改组）公司成立大会在人民大会堂举行。中国华电集团公司宣告成立。公司党组书记、总经理贺恭为公司揭牌。

2002年12月30日，集团公司举行首次本部员工大会。党组书记、总经理贺恭作了题为《与时俱进　奋发有为　携手共创中国华电美好的明天》的重要讲话。

2003年1月23日，李鹏委员长对集团公司工作作出批示："请贺恭同志转告华电集团全体成员，希望你们加快电力建设，保证安全生产，为2010年翻一番而做出努力。"

1月24日，中央政治局常委、国务院副总理吴邦国同志对中国华电集团公司作出批示："组建发电集团公司，是我国深化电力体制改革，引入竞争机制的重大举措。你们公司刚刚成立，在确保安全的前提下，电力生产继续发展，交接工作进展顺利，队伍保持稳定，成绩应予肯定。党的十六大提出的全面建设小康社会的宏伟目标，对电力工业提出了新的要求。希望你们在继续做好新公司组建融合工作的同时，抓住机遇，加快发展。要坚持以市场为导向，以发展为主题，以效益为中心，坚持树立诚信的形象、合作的形象、奉献的形象、服务的形象和环保的形象，坚持走集团化、多元化、国际化、现代化的路子，努力把中国华电集团公司建设成为以电为主，综合发展，国内先进、国际一流，具有可持续发展能力和国际竞争力的现代企业集团，为促进电力工业的健康发展做出新的更大的贡献。向中国华电集团公司全体职工致以新春的问候。"

1月25日，集团公司召开公司系统主要负责人会议。划转到公司的117家企业的党政主要负责人共166人参加了会议。

1月26日，集团公司在北京人民大会堂广东厅举行迎春招待会。

2月11日，国务院派驻公司监事会正式进驻公司。

3月10日，集团公司与国家开发银行签订《战略合作协议》。11日，集团公司与中国建设银行签订《战略合作协议》。13日，集团公司与中国工商银行签署《战略合作协议》等三项协议，结成战略合作伙伴。

4月8日，集团公司在杭州召开企业形象识别推广会。

4月15日，山东国际电源开发股份有限公司三届八次董事会会议在京召开。集团公司党组书记、总经理贺恭当选为山东国电董事长。会议审议批准山东国电名称变更为华电国际电力股份有限公司，简称华电国际。

4月23日，集团公司与中国银行签署战略合作协议。

5月1日，集团公司向北京市政府捐赠人民币500万元，支援抗击"非典"。

6月14日，集团公司与云南省开发投资有限公司、云南电力集团水电建设有限公司、云南怒江电力集团有限公司在昆明签订协议，共同出资设立公司，全面启动怒江流域水电资源开发。

6月20日，集团公司召开生产经营电话会议。公司党组书记、总经理贺恭强调坚持把安全稳定、扭亏增盈和力求发展三项重点工作结合起来推进。

6月27日，集团公司与宁夏回族自治区人民政府签署能源开发合作意向书，将和有关方面合作建设两个千万千瓦级煤电基地，并合作开发宁东煤田。

6月28日，集团公司与宁夏煤业集团有限公司签署协议，在宁东煤田以及两个千万千瓦级电力项目上进行煤电联营、煤电相互参股的合作。

7月2日，华电燃料有限公司、华电开发投资有限公司在北京揭牌成立，标志着中国华电集团公司向多元化战略发展迈出了重要一步。

7月8日，集团公司出资控股的华信保险经纪有限公司与北京华信保险公估有限公司创立大会暨首届董事会、监事会在京召开。

7月24日，集团公司2003年年中工作会议在青岛召开，总结公司上半年的工作成绩，分析当前的困难和问题，部署下半年工作任务。

8月21日，集团公司在香港召开山东国际电源开发股份有限公司2003年中期业绩发布会、证券分析员及基金经理推介会。

9月10日，集团公司系统党委书记集训班在北京开学。贺恭总经理作动员讲话。公司系统计100余名党委书记参加培训。

9月26日，集团公司召开2003年基建工作会议。

9月28日，集团公司在北京举行发起设立的华信保险经纪有限公司、北京华信保险公估有限公司开业典礼。

10月15日，集团公司在北京召开中国华电集团公司综合产业工作会议。

10月20日，集团公司党组书记、总经理贺恭主持召开党组扩大会暨中心组专题学习会，传达学习党的十六届三中全会精神，研究贯彻落实意见。

10月21日，中国华电集团公司、湖南省人民政府加快湖南省电力工业发展的合作意向书签字仪式暨中国华电集团公司湖南代表处、湖南华电长沙发电有限公司成立大会在长沙举行。集团公司在湘电力建设正式启动。

10月26日，集团公司在包头举行控股建设的包头东华热电2×300MW供热机组开工仪式。

10月28日，集团公司控股建设的紫兰坝水电站工程在四川省广元市举行开工典礼。

11月4日，集团公司资金结算工作座谈会在杭州召开。

11月8日，集团公司控股企业乌江水电开发有限责任公司投资建设的“西电东送”标志性工程构皮滩大型水电站正式开工。

11月15日，集团公司与重庆市计委签订奉节火电厂建设协议。

11月17日，集团公司与安徽池州市政府签订合作开发核电协议书。

11月18日，集团公司举行安徽池州九华发电有限公司一期工程2×300MW机组开工典礼。

11月25日，集团公司系统领导干部学习贯彻十六届三中全会精神研修班在北京开班。国资委党委书记、副主任李毅中应邀为研修班作辅导报告。

12月10日，国家电力监管委员会主席柴松岳一行到华电集团公司调研。

12月12日，中共中央政治局常委、国家副主席曾庆红在四川考察工作期间，视察中国华电四川广安发电有限责任公司。贺恭总经理陪同视察。

12月21日，国家“西气东输”工程下游配套项目——浙江半山天然气发电工程开工。

（白学桂）

中国国电集团公司

公司概况

中国国电集团公司于2002年12月成立，是在原国家电力公司部分企事业单位基础上组建的国有企业，是电力体制改革后国务院批准成立的五大全国性发电企业集团之一，是经国务院同意进行国家授权投资的机构和国家控股公司试点企业，注册资本金120亿元人民币。截至2003年底，公司拥有5个全资企业、36个内部核算单位、41个控股企业和12个参股企业；公司拥有运行和在建可控装机容量3666万千瓦。其中，运行和在建火电装机容量2916万kW，占79.5%；水电装机容量727万kW，占19.8%；风电装机容量23.1万kW，占0.63%。目前在全国21个省（自治区、直辖市）中拥有电源点，加上规划电源点，则在全国25个省（自治区、直辖市）拥有电源点。公司资产总额753亿元，负债总额537亿元，所有者权益128亿元，其中少数股东权益87亿元。

中国国电集团公司目前设立了华北、东北、华东、华中、西北、川渝、山东、云南、贵州、广西10个分公司。

中国国电集团公司拥有国电电力发展股份有限公司、湖北长源电力发展股份有限公司两家国内A股上市公司。全资子公司龙源电力集团公司以风力发电为主要特色，风电总装机231.5MW，占全国风电总装机的52%。

中国国电集团公司还拥有我国惟一一家专门从事电力环保科学技术研究的科研机构——国电环境保护研究所。该所拥有环境风洞和烟气脱硫两个国家电力重点实验室，是国电集团公司环保技术的研发中心。国电集团公司将利用这一优势，在做好本系统环保工作的同时，为全电力行业的环保工作提供优质服务，在实施可持续发展战略的过程中，使电力环保产业成为集团公司的特色和新的经济增长点。

中国国电集团公司从事电源的开发、投资、建设、经营和管理，组织电力（热力）生产和销售，从事煤炭、发电设施、新能源、交通、高新技术、环保产业、技术服务、信息咨询等电力业务相关的投资、建设、经营和管理。根据国家有关规定，经有关部门批准，从事国内外投融资业务。经国家批准，自主开展外贸流通经营、国际合作、对外工程承包和对外劳务合作等业务。经营国家批准或允许的其他业务。

根据电力工业“十一五”发展规划和2020年远景目标，全国电力装机容量到2020年将达到9亿kW。从2003年到“十一五”期间，全国平均每年需要新增发电装机3000万kW以上，才能满足经济社会发展的要求。根据这一市场需求和发展机遇，国电集团公司提出了到2005年可控装机容量达到4000万kW、2010年达到6000万kW、2020年达到1亿kW的发展目标。同时国电集团公司根据上述发展战略目标，提出近几年每年平均实现“三个四百万”的目标，结合现有存量资产情况和已掌握电源前期项目情况，抓住机遇开工建设一批电源项目，争取储备一大批电源前期项目，重组并购一批优良电源资产，以实现集团公司的可持续发展。

组织机构

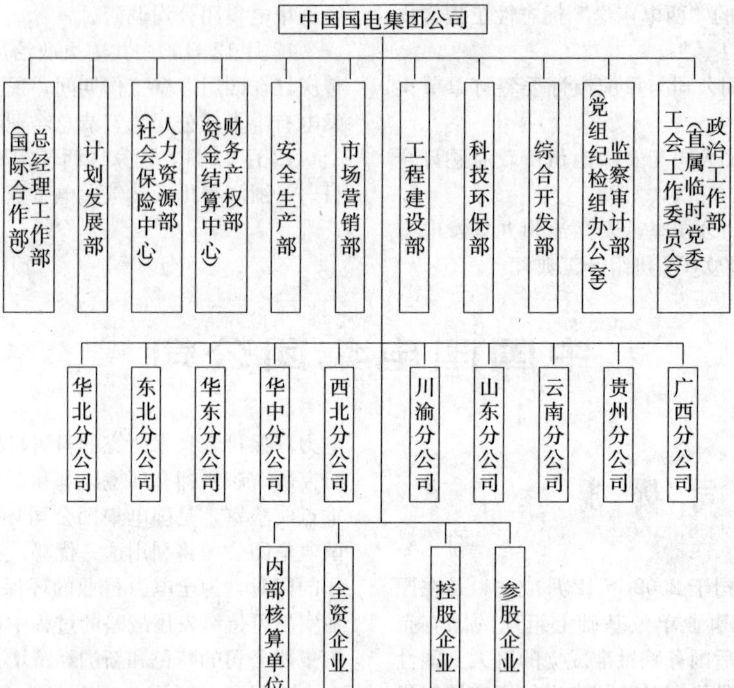

公司领导

中国国电集团公司党组书记、总经理：周大兵

中国国电集团公司党组成员、副总经理：朱永芃 李庆奎 刘彭龄 陈飞

发展战略

以改革和创新为动力，以市场需求为导向，以安全生产为基础，以经济效益为中心，坚持以电源建设和运营为核心竞争力，重视发展电力关联产业，适度开展多元化经营，积极开拓电力市场，大力开展资本运作，多方筹集发展资金，积极走向国际，把集团公司建成要素组合合理、资源配置优化、经营状况良好、综合实力较强、管理机制先进的复合控股型、规模效益型、集团化、市场化、国际化的现代企业集团。

经营业绩

2003年，是中国国电集团公司的开局之年。一年来，集团公司全体员工在邓小平理论和“三个代表”重要思想的指引下，认真贯彻党的十六大、十六届三中全会和中央经济工作会议精神，全面落实国务院国发［2002］5号文件精神和电力体制改革的部署，坚持“做实、做新、做大、做强”的工作方针，克服重重困难，边组建、边运营，卓有成效地开展工作，圆满完成了年初确定的各项任务，迈出了集团公司发展史上坚实的第一步。

1. 安全生产形势基本平稳

实现无重大人身伤亡和重大设备损坏事故，无影响电网安全稳定重大责任事故，无垮坝、漫坝、水淹厂房事故；全年全口径发电量完成1371亿kWh，同比增长16.37%；实现产品销售收入262亿元，同比增加33亿元；快报合并口径利润总额实现14.35亿元（内部核算电厂发电环节以零利润计算）。集团公司以良好的业绩，为发展奠定了扎实基础，为国民经济发展和人民生活水平提高做出了积极贡献。

2. 科学规范的管理体系初步得到建立

确定了“两级法人、分层授权、垂直管理”的“扁平化”组织架构的总体构想，建立了公司系统组织管理体系，初步构建了信息通畅、指挥有力、落实到位的运行机制。

3. 资产财务劳资保险接收工作稳步进行

按照电力体制改革的统一部署，“先接管理、后接资产”，在集团公司成立一个月内，顺利完成划入单位安全生产和管理的平稳交接。在第二阶段资产财务和劳资保险接收中按照“清清楚楚、明明白白、实实在在”的原则，大部分单位已按计划完成了资产财务和劳资保险确认工作，接收工作正按计划进行。

4. 发展工作取得实质性进展

为实现“做大、做强”的宏伟目标，集团公司提出平均每年3个400万kW和各个阶段的电源发展目标，以此为基础制定集团公司电源发展规划，并积极落实项目前期工作。按照“控制工期，保证质量，降低造价，争创一流”的工程建设指导思想，集团公司初步建立了“小业主、大咨询”，精干、高效的工程建设管理模式，确保了各在建工程造价、进度、质量、安全的可控、在控。

5. “治亏”工作成效显著

以预算管理为龙头，资金管理为核心，资产经营考核为手段，建立集团公司财务运行体系，推行全面预算管理，克服困难，超额完成了以利润为核心的全年经营目标。三个“治污”重点单位共减亏4.5亿元，改变了新机投产亏损的局面，为集团公司新项目投产树立了榜样。

6. 市场营销工作水平全面提高

面对新的电力市场格局和严峻挑战，集团公司适应形势，转变观念，建立了市场营销网络，积极落实任务、责任和措施，千方百计开拓市场，使集团公司全年发电量增长水平在各发电集团公司中名列前茅。

7. 多种经营管理体制初步理顺

坚持“以电为主导，多元化发展”的发展方针，把多种经营作为总体发展战略的重要组成部分和主辅分离的重要途径，全年多种经营实现总收入47亿元，实现利润0.9亿元，产业结构有所调整，经营保持稳定。

8. 物资和燃料管理得到加强

物资管理发挥统一采购的规模和专业优势，降低成本，提高效益，圆满完成三批新电源项目主机设备招标工作。燃料管理以保证供应、提高质量、控制价格、降低成本为中心，发挥集团公司整体优势，加强与煤炭企业和铁路部门的协调，建立了燃料供应保障体系和燃料经营运作机制。与部分煤业集团签订了战略伙伴框架协议，在煤电联营方面迈出了实质性步伐。

9. 科技环保工作加大了力度

坚持科技领先、发展与环保并重，做好科技工作。目前，集团公司系统已拥有一批具有自主知识产权的专有技术，其中“等离子点火技术”荣获2003年中国电力科学技术一等奖，达到世界先进水平；正在开展的多项“863”研究课题也处于国内领先地位。

10. 领导班子和队伍建设得到加强

先后对64家全资、内部核算、控股企业的领导班子进行了全面考察。完成了对全资、控股、参股公司董事、监事人员的选派。制定了《中国国电集团公司人才强企战略规划纲要》和后备人才推荐、管理办法，提出了“168人才工程”的实施意见。

11. 精神文明建设取得突破

坚持“两手抓、两手都要硬”的方针，加强党风廉政建设和企业文化建设，形成了“忠诚事业，忠诚集团，爱岗敬业，岗位成才”的职业道德观，提炼了“以电兴业，强企报国”的企业理念。

企业文化建设

2003年，集团公司企业文化建设工作，按照整体设计、分步实施、突出重点、系统推进的思路，迈出了坚实的第一步。在全系统开展了集团公司形象标识、文化理念主题词及《国电之歌》歌词征集活动；制定并下发了《中国国电集团公司企业文化建设实施纲要》；继续了集团公司企业理念的提炼和《国电之歌》的创作；出版了集团公司企业文化建设书系之一《文化铸魂》；召开了企业文化建设座谈会；确定了集团公司标识，设计并推广了集团公司视觉识别系统（VIS）等。

双文明建设

2003年，集团公司党组带领各级党组织和广大党员干部及员工群众坚持贯彻“做实、做新、做大、做强”的工作方针，围绕集团公司发展战略构想，紧紧抓住发展第一要务，把学习贯彻党的十六大精神和“三个代表”重要思想作为统领集团公司党建和思想政治工作的主线，着力于党的思想、组织、作风、制度建设，在集团公司系统安排部署了“为发展作贡献，为党旗增光辉”主题活动，在组建不长的时间就使集团公司党建工作形成了新的格局。

1月27日，下发了《中国国电集团公司党组关于深入学习党的十六大精神，加强党的建设和精神文明建设的意见》（国电集党〔2003〕1号），确定了集团公司党建和精神文明建设的指导思想和工作目标，确立了集团公司加强和改进党的建设、精神文明建设、思想政治工作和企业文化建设的总体思路。各级党组织认真学习贯彻《意见》精神，努力加强和改进党的思想、组织、作风和制度建设，求真务实，开拓创新，促进了集团公司三个文明建设的协调发展，为全面完成各项工作任务提供了强有力的政治保证、智力支持和精神动力。

7月20日，召开了集团公司政治工作会议。党组书记、总经理周大兵作重要讲话，党组成员、副总经理李庆奎作了题为《围绕中心，服务大局，以人为本，开拓创新，推进集团公司三个文明建设协调发展》的工作报告，对集团公司组建以来党建思想政治工作进行了总结，对下一步工作进行了全面部署。10个基层单位党组织在会上作了经验介绍。集团公司本部副主任以上领导人员和基层单位的党政主要负责人参加了会议。

1. 党的思想作风建设

加强理论学习，形成了“三真五学”的学风。2003年，集团公司党组集中学习7次。7月7日，党组书记、总经理周大兵在集团公司党组第一次中心组学习扩大会议上的讲话中提出，“真信、真懂、真用”是学习贯彻“三个代表”重要思想关键。10月13日，周大兵在党组中心组学习扩大会上的讲话中要求，学习贯彻“三个代表”重要思想，要“学出境界、学出思路、学出胸怀、学出目标、学出动力”。至此，在集团公司上下形成了“三真五学”的良好学风，为把集团公司“做实、做新、做大、做强”奠定了坚实的思想基础。

加大调查研究力度，改进工作作风。集团公司党组把调查研究作为推进各项工作的重要环节，坚持从实际出发，深入基层、联系群众，掌握第一手资料。党组书记、总经理周大兵和党组其他领导成员先后多次分赴各区域电力公司、所属基层单位，特别是到边远老企业进行调研，深入现场，了解生产经营、电源发展、资产移交情况，协调解决存在的诸多问题，与基层领导共商企业发展大计，共谋企业发展出路，推进了集团公司整体工作的落实。为加强本部及在京单位党员干部的作风建设，集团公司党组先后举办了2次专题党课。6月24日，周大兵在集团公司本部全体党员大会上的讲话中提出了提倡与时俱进、开拓创新，反对因循守旧、不思进取；提倡实事求是，扎实工作，反对形式主义、教条主义；提倡顾全大局、团结协作，反对本位主义、个人主义；提倡艰苦奋斗、清正廉洁，反对以权谋私、奢侈浪费；提倡优质服务、注重绩效，反对办事拖拉、推诿扯皮；提倡爱岗敬业、岗位成才，反对庸庸碌碌、萎靡消沉的“六提倡六反对”的工作准则。

2. 党的组织建设

为理顺集团公司党组织管理体系，有关部门深入基层单位了解各级党组织的管理体系，并对基层单位党建工作情况进行了调查摸底，在部分省区组建了区域性直属党委，提出了理顺党组织关系和强化党组织管理的要求。为进一步理顺基层企业党组织管理体系，集团公司党组提出了关于理顺基层党组织设置和隶属关系的意见。到2003年底，集团公司党组在各分公司均成立了分公司党组，所属大多数基层企业党组织关系顺利接转，初步构建了集团公司系统党建工作管理框架。

为表彰在防治“非典”斗争、维护企业安全生产和队伍稳定、保障集团公司资产保值增值、治亏增盈等工作中做出突出贡献的先进集体和个人，集团公司党组于6月初部署评选和表彰防治非典型肺炎斗争中涌现出来的先进基层党组织和优秀共产党员，6月27日，组织召开了中国国电集团公司表彰先进党组织、优秀共产党员座谈会，集团公司党组成员、本部部门主任和8名先进基层党组织代表、12名优秀共产党员代表参加了座谈。会上印发了《关于表彰先进基层党组织、优秀共产党员的决定》（国电集党〔2003〕6号），集团公司党组授予太原第一热电厂党委等20个党组织“先进基层党组织”称号，授予张玉新等46名同志“优秀共产党员”称号。经集团公司党组推荐，太原第一热电厂党委被国资委党委表彰为“中央企业抗击‘非典’先进基层党组织”。

集团公司党组高度重视民主生活会在加强领导班子建设中的重要作用。6月，下发了《关于2003年党员领导干部民主生活会有关安排的通知》，对基层单位党员领导干部民主生活会进行了专题部署。9月底前，各基层单位党委组织开展的2003年党员领导干部民主生活会基本结束，党组成员和本部有关部门领导有重点地分别参加了23个单位的民主生活会。11月，集团公司党组部署开展了党组民主生活会会前准备工作，在各分支机构和基层企业中充分征求意见的基础上，11月15日，组织召开了党组民主生活会征求意见座谈会，部分分支机构和直属、全资、控股单位的党、政、工17名负责人参加了座谈会。12月17日，党组召开了第一次民主生活会，中组部、国资委有关领导参加了会议并给予充分肯定和高度评价。

3. 党的制度建设

为保证集团公司系统党建工作的有序进行，集团公司党组着眼于适应市场经济和现代企业制度的需要，把制度建设贯穿于党建工作的基础环节，在深入调研摸底的基础上，结合实际，制定了《中共中国国电集团公司党组议事规则（试行）》、《中国国电集团公司党组中心组学习制度》、《中国国电集团公司党组民主生活会制度》、《中国国电集团公司基层企业党委工作条例（试行）》、《中国国电集团公司基层党支部工作条例》、《中国国电集团公司思想政治工作条例（试行）》等一系列规章制度。各项工作制度的建立和落实，使集团公司系统党建和思想政治工作逐步走向制度化、规范化。

4. *党建主题活动*

深入开展“双为”主题活动，展示党建工作活力。为了充分发挥党委的政治核心作用、党支部的战斗堡垒作用和党员的先锋模范作用，4 月 22 日，集团公司党组印发了《关于开展“为发展作贡献，为党旗增光辉”主题活动的意见》（简称《意见》），各单位党委根据《意见》精神和企业实际制订了活动的领导机构、实施方案和考评体系。“双为”主题活动注重与生产经营工作相结合，与改革发展任务相结合，与保持共产党员先进性教育准备工作相结合，坚持在继承中创新、在主题活动中突出特色、在整体推进中把握重点的新做法，充分发挥了基层党组织政治核心、战斗堡垒和党员队伍的先锋模范作用，取得了阶段性成果。并向国资委推荐了 10 项特色活动，受到了充分肯定。其中，靖远发电有限公司党委开展“党建创新工程”活动作为案例，被收入到国资委编写的《国有企业党的组织建设》一书中。其他各单位自主创新，推出了创先争优、党员责任区、党员示范岗、党员示范班组、党员身边无事故等一大批形式多样、各具特色的活动，进一步丰富了“双为”主题活动内容，拓展了党建工作领域，充分展示了党建工作活力。

精神文明建设。集团公司成立之初，就确立了“做实、做新、做大、做强”的工作方针，精神文明建设紧紧围绕集团公司改革、发展和稳定的大局，广泛开展创建活动，形成了齐抓共管、协调发展的良好态势。在 2003 年工作会议上，集团公司与所属 57 个基层企业党政主要负责人签订党风廉政建设和精神文明建设、安全生产、资产经营责任书，并要求做到“六同时”，即同时规划、同时部署、同时检查、同时考核、同时总结、同时奖惩，为确保精神文明建设深入开展，形成了良好的机制。同时，通过制定《中国国电集团公司党风廉政和精神文明建设责任制考核办法》，为精神文明建设提供了制度保障。

2003 年，集团公司系统精神文明建设工作总体上呈现出以下特点：把握五条原则：即创新性原则、广泛性原则、全面性原则、人本性原则、共管性原则。突出三项重点任务：即着力于思想建设，重点解决观念转变问题；着力于制度建设，重点解决各项工作规范化问题；着力于构建工作体系，重点解决管理秩序问题。全面启动三项活动：即“为发展作贡献，为党旗增光辉”主题活动；“国电杯”劳动竞赛活动；“学习求知，创新成才”活动。实施三个方面创新：在调研上创新，体现精神文明重在建设；在荣誉授予上创新，体现精神文明以鼓励为主；在文化建设上创新，体现精神文明阵地支撑。深化三个重要环节：本部管理、基层创建、形象塑造。落实四条保证措施：加强领导，为创建工作提供组织保证；抓住重点，为创建工作营造良好氛围；注重基层，为创建工作奠定坚实基础；着眼发展，为创建工作提供广泛依托。

公 司 成 员 单 位

分支结构

1. 华北分公司
2. 东北分公司
3. 华东分公司
4. 华中分公司
5. 西北分公司
6. 川渝分公司
7. 山东分公司
8. 云南分公司
9. 贵州分公司
10. 广西分公司

全资企业

1. 龙源电力集团公司
   浙江风力发电发展有限责任公司
   （含浙江苍南风力发电有限公司）
   新疆风力发电厂
   江厦潮汐试验电站
   丹东海洋红风力发电有限责任公司
   福建省平潭长江澳风电开发有限责任公司
   福建省东山澳仔山风电开发有限责任公司
   甘肃洁源风电有限责任公司（含在建）
   新疆天风发电股份有限公司（在建）
   达坂城风力发电有限责任公司
2. 湖州浙北发电工程公司留守处
3. 国电环境保护研究所

内部核算单位

1. 滦河发电厂
2. 天津第一热电厂
3. 一五〇发电厂

4. 邯郸热电厂
5. 霍州发电厂
6. 太原第一热电厂
7. 吉林热电厂
8. 谏壁发电厂
9. 温州梅屿发电厂
10. 温州东屿发电厂
11. 万安水力发电厂
12. 九江发电厂
13. 松木坪电厂（非经营）
14. 沙市热电厂
15. 荆门热电厂
16. 岷江发电厂
17. 万源发电厂扩建工程筹建处
18. 成都热电厂
19. 江油发电厂
20. 华蓥山发电厂
21. 大武口发电厂
22. 石嘴山发电厂
23. 凯里发电厂
24. 红枫发电总厂
25. 都匀发电厂
26. 贵阳发电厂
27. 大寨电厂
28. 六郎洞电厂
29. 小龙潭发电厂
30. 合山电厂
31. 南宁电厂管理处
32. 桂林电厂管理处
33. 南河水力发电厂

控股企业

1. 国电电力发展股份有限公司
   国电电力大同第二发电厂
   国电电力太平哨发电厂
   国电电力桓仁发电厂
   国电电力朝阳发电厂
   国电电力大连开发区热电厂
   上海外高桥第二发电有限责任公司
   国电电力大同发电有限责任公司
   国电宁夏石嘴山发电有限责任公司
   国电宣威发电有限责任公司
   浙江北仑发电有限公司
2. 大渡河流域水电开发有限公司
   龚嘴水力发电总厂
3. 国电物资有限公司
4. 国电新源能源有限公司
5. 天津滨海电力有限公司
6. 衡丰发电有限责任公司
7. 邯郸热电股份有限公司
8. 太一发电有限责任公司
9. 辽宁国电节能环保开发有限公司
   沈阳热电厂
10. 双辽发电有限责任公司
11. 双辽发电厂
12. 双鸭山第一发电有限责任公司
13. 北安热电有限责任公司
14. 浙江北仑第一发电有限责任公司
15. 江西九江三期发电有限责任公司
16. 湖北华能江山发电有限责任公司
17. 湖北长源电力发展股份有限公司
   湖北长源富水水力发电厂
   湖北长源江津热电厂
   湖北长源第一发电有限责任公司
   十堰陡岭子水电有限责任公司
   湖北汉新发电有限公司
   武汉高新热电股份有限公司
18. 湖北松源发电有限责任公司
19. 四川电力股份有限公司
   白马电厂
   南桠河发电厂
   四川蜀润电力开发公司（含蜀润磨房沟电站）
   四川紫马电力有限责任公司
   四川黑水河水电开发有限公司
   四川安宁河能源开发有限公司
20. 四川南桠河流域水电开发有限公司
21. 甘肃靖远第一发电有限责任公司
22. 新疆红雁池第一发电有限责任公司
23. 新疆吉林台水电梯级开发有限责任公司
24. 新疆精河发电有限责任公司
25. 新疆塔城铁厂沟发电有限责任公司
26. 国电永福发电有限公司
27. 安顺发电有限责任公司
28. 云南阳宗海发电有限责任公司
29. 国电迪庆香格里拉发电有限责任公司
30. 兰州第二热电厂
31. 菏泽发电厂
32. 聊城发电厂
33. 国电常州发电有限责任公司
34. 国电宿迁热电有限公司
35. 国电豫源发电有限责任公司
36. 国电泉州发电有限责任公司
37. 国电苏源谏壁发电有限责任公司

38. 国电库车发电有限公司
39. 国电濮阳热电有限公司
40. 国电泰州发电有限公司
41. 国电费县发电有限公司
42. 国电蓬莱发电有限公司
43. 国电福州发电有限公司

参股企业

1. 天津津安热电有限公司
2. 天津陈塘热电有限公司
3. 吉林风力发电股份有限公司
4. 湖北清江水电开发有限责任公司
5. 成都南星热电股份有限公司
6. 四川嘉陵电力有限责任公司
7. 江西丰城发电有限责任公司
8. 靖远第二发电有限公司
9. 曲靖发电有限责任公司二期
10. 浙江北仑发电有限公司
11. 国投北部湾发电有限责任公司
12. 甘肃大唐连城发电有限责任公司
13. 西安热工研究院
14. 中能电力燃料工业公司

新投产项目

新投产项目名称（机组）	所在省份	建设规模（万 kW）	当年投产规模（万 kW）
九江电厂三期(2号)	江西	2×35	35
石嘴山发电公司(2、3号)	宁夏	4×33	2×33
聊城电厂(2号)	山东	2×60	60
陡岭子水电厂(3号)	湖北	3×2.35	2.35
宣威电厂六期(9号)	云南	4×30	30
冲江河水电厂一期(收购)	云南	2.3	2.3
	总投产容量		195.65

（杨万涛　王改现　李俊生）

中国电力投资集团公司

公司概况

中国电力投资集团公司是在原国家电力公司部分企事业单位基础上组建的国有企业，经国务院同意进行国家授权投资的机构的试点和国家控股公司的试点。根据国务院批复的方案：集团公司成员包括全资企业2个、内部核算电厂31个、控股企业48个、参股企业20个，尚未建立资本纽带企业1个，共102个单位；控股容量3015万kW，权益发电容量2222万kW；职工总数73847人；注册资金人民币120亿元，拥有可控资产801亿元，权益资产589亿元。

截至2003年12月31日，资产总额877亿元，可控装机容量为28035MW，权益装机容量为22336MW。可控装机容量中，火电机组18801MW，占集团公司可控装机容量的67.06%；水电机组7884MW，占集团公司可控装机容量的28.12%；核电机组1350MW，占集团公司可控装机容量的4.82%。

集团公司采取母子公司与总分公司相结合的管理模式，目前已成立了东北、江西、湖南、河南、华东五个分公司，还将在资产相对集中的华北、西北、川渝等地区设立分公司。包括97家成员企业，其中36家全资企业，46家控股企业，15家参股企业。职工总数为75795人。

此外，集团公司参股企业15个，其中火电10个、水电1个、核电4个。

集团资产分布在全国17个省市自治区，有山西漳泽、重庆九龙和上海电力三家上市公司；有在香港注册的中国电力国际有限公司；有电力设备成套服务的中国电能成套设备有限公司；有开发黄河上游流域的黄河上游开发有限责任公司和开发湖南沅水流域的湖南五凌水电开发有限责任公司；1000MW以上的大型电厂有12个；同时还拥有原国家电力公司全部的核电资产。

1. 经营宗旨

遵守国家法律、法规，执行国家政策，根据市场需求、国民经济中长期发展规划、国家产业政策以及电力工业发展规划，依法自主从事生产经营活动，坚持改革、改组、改造和加强管理，积极利用国内外资本，加快结构调整和资源优化配置，发挥集团整体优势，增强在国内国际市场的竞争力，促进我国电力工业发展，保证国有资产保值增值。

2. 经营范围

（1）依法经营集团公司及其有关企业中由国家投

资形成并由集团公司拥有的全部国有资产。

(2) 从事电源的开发、投资、建设、经营和管理，组织电力（热力）生产和销售。

(3) 从事电能设备的成套、配套、监造及进出口，工程建设、监理、招投标、物资经销、设备检修、科研和技术开发、房地产开发、物业管理、中介服务等电力相关业务的投资、建设、经营和管理。

(4) 根据国家有关规定，经有关部门批准，从事国内外投融资业务。

(5) 经国家批准，自主开展外贸流通经营、国际合作、对外工程承包和对外劳务合作等业务。

(6) 经营国家允许或委托的其他业务。

3. 主要职责

(1) 执行国家法律、法规和产业政策，在国家宏观调控和行业监管下，以市场需求为导向，依法自主经营。

(2) 对有关企业的有关国有资产行使出资人权利，对有关企业中由国家投资形成的国有资产依法进行经营、管理和监督，并相应承担保值增值责任。

(3) 根据市场需求、国民经济中长期发展规划、国家产业政策以及电力工业发展规划，制定集团公司的发展战略、中长期发展规划和年度计划，经国家批准后组织实施。

(4) 根据国家法律、法规和有关政策，优化配置生产要素，组织实施重大投资活动，对投入产出效果负责。加快技术创新和科技进步，增强市场竞争力，促进我国电力工业发展。

(5) 深化企业改革，加快结构调整，转换企业经营机制，建立现代企业制度，强化内部管理，妥善做好减员增效和富余人员分流与再就业工作，维护社会稳定。

(6) 指导和加强所属企业思想政治工作和精神文明建设，统一管理集团公司的名称、商标、商誉等无形资产，搞好集团公司内部企业文化建设。

(7) 承担国务院及有关部门委托的其他工作。

4. 主要权限

(1) 在保证有关企业合法权益和自身发展需要的前提下，可依照《公司法》等有关规定，集中部分国有资产收益，用于国有资本的再投入和结构调整。

(2) 按照国家有关法规，对有关企业的国有资产，属集团公司职权范围内的，可自主决定（对公司制企业需通过股东会、董事会决定或参与决定，下同）重组、转让、租赁与并购，并依法决定有关企业的存续、合并、分立或解散。

(3) 按照国家项目审批权限，管理集团公司及有关企业的投资项目，依法决定有关企业的经营方式、分配方式和重大生产经营决策。

(4) 根据国家有关政策，经国务院主管部门批准，集团公司享有一定的外事审批权、外贸流通经营权、对外投融资权、对外担保权、对外工程承包权和对外劳务合作权。

(5) 自主决定集团公司总部内部管理体制和机构设置。按照干部管理权限和程序，任免和管理全资企业的领导成员以及集团公司总部各部门负责人；按法定程序和出资比例，向控股企业和参股企业委派或更换股东代表，推荐董事会、监事会成员。

(6) 统筹管理集团公司及有关企业的涉外工作。集团公司领导人员出国审批权限按国家有关规定执行。

(7) 国务院及有关部门授予的其他权限。

公 司 领 导

党组书记、总经理：王炳华

党组成员、副总经理：丁中智　孟振平　石成梁　张晓鲁　李小琳

机 构 设 置

集团公司实行总经理负责制，总经理是集团公司的法定代表人。集团公司设副总经理5名，总工程师1名。

集团公司根据管理和发展的需要，按照精简、统一、效能的原则，设置总部管理机构，现有12个部门，分别为总经理工作部、计划与发展部、人事劳动部、财务与产权管理部、资本市场及股权管理部、市场营销部、安全监督与生产部、工程部、国际合作部、核电部、监察与审计部、党群工作部。

组 成 单 位

1. 集团公司直管的分公司及所辖发电企业

(1) 东北分公司：东北分公司本部、辽宁发电厂、北票发电厂、大连发电总厂、大连第一热电有限公司、阜新发电厂、阜新发电有限公司、抚顺发电厂、抚顺发电有限公司、元通火力发电有限公司、赤峰热电厂。

(2) 江西分公司：江西分公司本部、南昌发电厂、分宜发电厂、分宜发电有限公司、下正街发电厂、贵溪火电厂、罗湾水电厂、江口水电厂、江西景德镇发电有限责任公司、江西三合电力股份有限公司

(其中：洪门水电站、上犹江水电厂)、南昌发电有限责任公司筹备组、贵溪发电有限责任公司。

(3) 河南分公司：河南分公司本部、郑州热电厂、蒲山运营中心、南阳电厂、南阳新光热电有限责任公司、新乡火电厂、新乡豫新发电有限公司、平顶山鸿翔热电公司、开封火电厂。

(4) 湖南分公司：湖南分公司本部、马迹塘水力发电厂。

(5) 华东分公司：华东分公司本部、长兴岛第二发电厂、芜湖发电厂、福建沙溪口发电有限公司。

2. 集团公司直管的全资、控股子公司及所辖发电企业

(1) 中国电力国际有限公司：中国电力国际有限公司本部、辽宁清河发电有限责任公司、辽宁清河检修公司、辽宁清河实业公司、平顶山姚孟发电有限责任公司、江苏常熟发电有限责任公司、安徽淮南平圩发电有限责任公司、芜湖兆达电力开发有限责任公司、洪泽热电有限公司。

(2) 上海电力股份有限公司：上海电力股份有限公司本部、南市发电厂、闽行发电厂、杨树浦发电厂、吴泾热电厂、上海外高桥发电有限责任公司、上海吴泾第二发电有限责任公司、吴泾发电有限责任公司。

(3) 黄河上游水电开发有限公司：黄河上游水电开发有限公司本部、公伯峡发电分公司、李家峡发电分公司、龙羊峡发电分公司、检修安装公司、大坝管理中心、辅业集团公司。

(4) 山西漳泽电力股份有限公司：山西漳泽电力股份有限公司本部、山西漳泽电力河津电厂、山西漳泽电力漳泽电厂。

(5) 湖南五凌水电开发公司：湖南五凌水电开发公司本部、洪江水电站、碗米坡水电站、近尾洲水电站、凌津滩水电站、五强溪水力发电厂。

(6) 重庆九龙电力股份有限公司：重庆九龙电力股份有限公司本部、重庆九龙电厂、重庆白鹤电力有限责任公司、重庆渝永电力股份有限公司、重庆远达环保有限公司。

(7) 电能成套设备有限公司。

3. 专业分公司、直属机构

(1) 发电运行分公司；

(2) 工程建设管理分公司；

(3) 资金结算管理中心；

(4) 高级培训中心。

4. 集团公司直管发电企业

(1) 神头第一发电厂；

(2) 通辽发电总厂。

5. 暂由集团公司管理的直属电厂

(1) 山西：永济热电厂、娘子关发电厂、侯马发电厂、巴公发电厂。

(2) 西北：青铜峡水电厂（唐渠水电有限公司）、八盘峡水电厂、盐锅峡水电厂。

(3) 川渝：白鹤发电厂、狮子滩水力发电总厂。

6. 新建、扩建单位

(1) 山东核电项目筹备处；

(2) 辽宁核电项目筹备处；

(3) 重庆合川发电有限责任公司；

(4) 广西长州水电开发有限责任公司。

企 业 理 念

1. 企业战略（思路）

“三三二三”发展战略。

三大发展重点：以电力为核心产业、稳步向相关产业延伸、积极寻求海外发展；

三力：竞争能力、盈利能力、可持续发展能力；

二型：控股型、经营型；

三化：集团化、现代化、国际化。

2. 企业精神

奉献绿色能源服务社会公众。

3. 企业经营理念

“三最”理念：最佳管理、最佳服务、最佳效益。

最佳管理，严格管理、科学管理、人本管理；

最佳服务，规范服务、优质服务、热情服务；

最佳效益，社会效益、企业效益、员工效益。

4. 企业价值观

诚信奉献、竞争创新、务实严谨。

诚信，诚信交易、诚信合作；

奉献，奉献人民、奉献国家、奉献家庭；

竞争，生存靠竞争、发展靠竞争；

创新，体制创新、技术创新、管理创新；

务实，讲实话、干实事、求实效；

严谨，严格、严肃、严明。

5. 企业形象

优秀的现代国有企业；

优秀的市场竞争主体；

优秀的绿色能源行业；

优秀的跨国经营公司。

6. 员工形象

全体员工做到：四有职工的模范本职岗位的专家；

管理人员做到：讲政治、有本事、肯实干、能自律。

发展战略思路

集团公司在2003年成立之初，提出总体发展战略思路：坚持把发展作为第一要务，以满足国民经济发展需要和市场需求为导向，以安全生产为基础，以经济效益为中心，以深化改革和科技进步为动力，以合理布局和优化结构为重点，确立诚信合作和服务客户的理念，以电力为核心产业，稳步向相关产业延伸，积极寻求海外发展，努力把集团公司建设成为具有较强核心竞争能力、获利能力、可持续发展能力的控股型、经营型、集团化、现代化、国际化的大型跨国企业集团。

安全生产

1. 安全生产指标完成情况

2003年，集团公司系统生产、基建未发生人身死亡和群伤事故，未发生发电厂责任的全厂停电事故，未发生责任性重大设备损坏事故，未发生垮坝及水淹厂房事故。集团公司发生生产人身重伤事故2起，发生一般设备事故21起。

2. 完成的主要工作

高度重视安全生产工作，集团公司系统认真贯彻党中央、国务院关于加强安全生产工作的一系列指示精神，坚持"安全第一，预防为主"的方针不动摇，把安全生产工作放在一切工作的首位。广大干部职工对安全生产工作给予了高度重视，脚踏实地、开拓进取，扎实有效地开展工作，为开创安全生产的良好局面做出了积极的贡献。在集团公司系统广大干部职工的共同努力下，克服了集团公司成立之初的诸多困难，经受了"非典"疫情的严峻考验，较好地完成了安全生产任务。

（1）认真贯彻落实《安全生产法》和党中央、国务院关于安全生产的一系列指示精神，强化安全生产管理。集团公司按照党中央国务院的部署和要求，从转变观念、强化管理入手，针对集团公司成立后面临的新形势，以全面学习和贯彻《安全生产法》为主线，逐步建立健全安全生产规章制度，严格执行安全生产责任制；落实各项工作措施，实现了全年安全生产形势总体平稳的良好局面。

（2）以责任制为核心，完善制度体系建设。集团公司以实施"基础管理年"为主线，以建章建制为重点，落实安全生产责任制，完善制度体系建设，全面开展安全性评价和标准化工作，制订反事故措施，推进了集团公司安全生产管理向规范化、制度化和科学化方向发展。

（3）加强安全生产保证体系的建设。集团公司非常重视安全生产保证体系的建设，自成立之初就把安全管理放在重要的位置，重点在组织管理、规章制度、设备管理、技术管理、安全投入和人员素质等方面不断加大工作力度，逐步完善和改进安全保证体系的内容，突出其作用。

（4）坚持以人为本，推进安全文化建设。倡导以人为本的安全文化，提高员工的安全文化素质，是搞好安全生产的重要举措。集团公司主张应用行为科学理论，强调人是安全生产中的首要因素，建立人性化的安全生产管理模式，坚持以人为本，体现对人的关心和尊重，引导广大干部、职工牢固树立"任何事故都是可以避免的，对生命和健康的无谓毁坏，是一种道义上的罪恶；对可预防的事故，不采取必要的预防措施，负有道义上的责任。用现有技术手段防止事故，其效果仍然是有限的，但加强安全管理已经显示出对减少事故和提高效率是有效的"安全理念，形成自觉防范事故的安全文化氛围。在具体实践中，一是在《安全生产工作规定》的具体条款中体现安全文化的内容；二是要求广大员工树立集团公司的安全文化理念；三是重视危险源辨识和分析，在事故处理过程中，对事故责任人，着重分析事故过程中人的不安全行为的原因，重在汲取事故教训，制订反事故措施；四是开展形式多样的安全教育和培训工作，提高广大员工的安全素质；五是以业绩评估工作为载体，加强安全物质基础、制度、组织机构等方面的建设。

（5）安全生产管理创新和机制创新取得新进展。根据集团公司的特点，在总结发电企业达标和创一流工作的基础上，吸收国外核电站安全管理的思想和方法，创新管理机制，提出了开展发电企业业绩评估的管理方法，在集团公司系统开展发电企业业绩评估工作，制定了《发电企业业绩目标和评估标准》和《发电企业业绩评估指南》，组建了评估专家队伍和安全生产专家库，并举办了三期专家培训班，每期都有100多人参加。集团公司所属各单位积极组织、提高认识、广泛动员，部分单位已经完成了自查工作。目前，11家试点单位的评估工作已经启动，2004年评估工作将全面展开。

（6）加强安全生产管理，突出安全生产的重点工作。

1）春检工作收效明显。

2）秋检工作效果良好。

3）安全月活动成效显著。

4）重视防汛工作，实现安全度汛。

5）春秋检和防汛工作，在各企业自查的基础上，集团公司组成安全生产检查组，对部分企业进行了重点检查，对查出的各种安全隐患提出整改意见，并要求被查单位彻底整改，同时，明确了分公司和二级公司的责任，促进了各级安全生产责任制和各项任务的有效落实。

6）认真汲取美、加大停电事故教训。

7）迎峰度夏工作圆满完成。

8）针对上半年非计划停运较多的情况，集团公司多次召开专业研讨会，制定措施。

9）建立安全情况通报制度，及时对安全情况进行通报，提出措施要求，有效地促进了集团公司系统发电企业安全生产工作。集团公司共印发了《安全生产简报》10期、《安全情况快报》12期、《安全情况通报》15期。针对集团公司个别电厂安全生产中暴露的典型问题，下发整改要求，并在集团公司系统通报。

10）根据重要时段对安全生产提出重点要求。

基础管理

集团公司2003年全面开展“基础管理年”活动，取得明显成效，并积累了一定的经验，为2004年开展“增收节支年”活动奠定了坚实基础。

1. 基本情况及主要做法

2003年是集团公司开局之年。针对集团公司组建之初基础管理工作薄弱的特点，提出集团公司系统2003年全面加强基础管理工作，并于2003年工作会议上明确提出开展“基础管理年”活动。王炳华总经理明确指出：集团公司本部各部门、所属各企业的各项管理工作都要适应新体制的要求，依据有关法律和法规，依据集团公司组建方案和章程，依据集团公司下属企业管理办法和有关规定，建立健全集团公司的各项管理制度和基础工作，使集团公司的各项管理工作步入法制化、制度化、规范化的轨道。

4月1日，集团公司印发《关于加强企业基础管理工作的实施意见》，从“依法治企，建立现代企业制度；加强战略和规划管理，加快电力建设；加强财务、产权与股权管理；加强安全生产和营销管理；转换经营机制，深化企业内部改革；加强业绩目标评估管理”六个方面25条对加强企业基础管理工作提出了明确意见。

为使“基础管理年”活动积极稳妥开展，取得实效，集团公司于4月4日专门召开动员电话会议，王炳华总经理从抓好基础管理是集团公司性质定位的基本要求、功能定位的内在要求、市场定位的必然要求三方面深刻阐述了抓好基础管理工作的重要意义，并对各级领导提出了“学习、规范、创新、求实”四点要求。孟振平副总经理对活动开展进行了总体安排，并要求各单位“高度重视，加强领导；充分发动，广泛动员；加强交流，共同提高；稳步开展，狠抓落实”。

根据公司党组总体部署，活动共分三个阶段进行：第一是准备发动阶段，时间为2003年1～4月上旬。公司系统各单位根据实际情况，做好组织、宣传等各方面的准备工作。第二是组织实施阶段，时间为2003年4～12月上旬。各单位按照电话会议精神，对基础管理工作中存在的问题进行认真梳理、研究和分析，制订切实可行的改进措施，并确定具体实施步骤，扎实有效地加强基础管理工作。7月，集团公司全系统对活动开展情况进行了年中总结。第三是总结阶段，时间为2003年12月～2004年1月上旬。全面总结活动开展的基本情况、做法、成效、经验和体会，巩固活动成果。

公司党组对活动开展高度重视。公司领导多次在不同场合强调加强企业基础管理工作的重要性，并对活动开展提出明确要求。公司系统各单位认真贯彻公司党组关于加强基础管理工作的精神，按照集团公司的总体部署，把活动开展作为首要工作来抓，切实加强领导，精心组织实施，成立活动领导小组和工作小组，许多单位主要负责人直接担任领导小组组长。同时，通过网站、闭路电视、广播、报纸、宣传栏等诸多媒体，通过知识竞赛等活动，广泛宣传、动员，认真组织学习有关文件，使大家充分认识并深刻理解了“基础管理工作是企业发展的基础，是集团公司性质定位的基本要求，是功能定位的内在要求，是市场定位的必然要求”，认识到“基础管理年”活动的重要性和必要性，促进了活动的顺利开展。

各成员单位在认真学习文件内容，充分领会文件精神实质的基础上，以提高集团公司整体经济效益为目标，结合各自的实际情况，研究布置各项工作，制订了切实可行的实施细则和方案，并把计划、目标层层分解至各部门，落实到每一个职工，很多单位都把此项工作纳入到企业的考核之中。

各成员单位，或者把建章立制放在工作首位，从制度上规范企业的管理体制、管理机制和经营管理行为；或者依据法律法规和集团公司组建方案及章程，对原有的规章制度进行重新修订，并把创新放在基础管理工作中的重要位置；或者把厂、部门、班组纳入三级目标管理，从各个层面完善安全生产管理机制。

2. 主要成效

集团公司围绕总体战略目标，全面开展“基础管理年”活动，基础管理工作明显强化。集团公司在较短的时间内完成了注册登记、机构设置、人员配备等组建工作，确定了下属企业管理原则和分支机构组建方案，规范组建了东北、河南、江西、华东、湖南5个区域分公司，资金结算管理中心、高培中心2个中心和运行分公司、工程分公司2个专业分公司，明确界定管理职责和权限，初步形成了母子公司和总分公司相结合的管理体制。

集团公司本部与基层单位深入调查，全面分析，基本掌握了公司系统人员、资产、财务等状况，摸清了家底。按照国务院批准的组建方案和章程，制定相关规章制度，基本形成了集团公司的生产、建设、经营管理及企业党建和精神文明建设制度体系，并建立了相应的决策、指挥和信息系统，使集团公司各项管理工作步入正常运行轨道。成立预算管理委员会和审计委员会，建立并逐步完善决策支持和监督体系。吸收国内外先进经验，积极探索研究发电企业业绩评估方法，初步形成了业绩目标评估框架体系，在11个单位开展了试点工作。完善行政监察、审计、财务监督机制，在整顿财经纪律、防范经营风险、规范关联交易等方面初见成效。加强对各控（参）股公司的管理，加快现代企业制度建设步伐。整合并提炼集团公司特有的企业文化和理念，凝聚人心，塑造形象。

（1）“基础管理年”活动的开展，加速了集团公司各项规章制度的建立和完善，有力促进了集团公司本部建设，为保证集团公司高效、科学、规范运行，为依法治企、建立现代企业制度奠定了坚实的基础。

（2）伴随着业绩评估和改革试点、财务总监试点工作，集团公司的运作构架日渐清晰，运营模式渐具雏形，新的管理体制和管理机制初步形成。充分说明，按照集团公司倡导的“体制、机制、管理和技术创新”，以创新为重要内容之一的“基础管理年”活动在集团公司层面已经开花结果，收到实效。

（3）“基础管理年”活动得到各成员单位的热烈响应，加强基础管理已经深入人心，并成为全体干部员工的共识，各成员单位基础管理工作水平均有明显提高。

（4）各成员单位以全面开展“基础管理年”活动为契机，纷纷把提高经济效益作为工作中心，全力抓好各项生产经营指标，确保完成集团公司下达的全年经营目标和任务。

（5）“基础管理年”活动的开展，在各成员单位之间形成了比管理、比效益的良好局面，并涌现出像黄河水电公司拉西瓦分公司等先进典型。

业 绩 评 估

由于电力体制改革的深入，实施“厂网分开、竞价上网”，形成政企分开、公平竞争、开放有序、健康发展的电力市场体系后，发电企业变成了独立的发电公司，新形势、新体制、新任务给中电投集团公司带来了新的机遇，也提出了新的挑战。为了改变原来的工作方式，选择一种更有利于企业不断改进、持续提高的工作载体，避免短期行为、做表面文章等可能出现的弊病，中电投集团公司在总结发电企业“达标、创一流”管理工作经验的基础上，参考和学习国内外核电站运行业绩评估的做法，吸取了国际上通行的绩效评价和对标评估等管理思想，经过多方认真的调查研究，决定把发电企业业绩评估工作作为强化管理、提高素质、增强竞争力的主要工作载体。

1. 制定了标准体系文件

2003年2月中旬，起草了《发电企业业绩评估工作框架》，对开展业绩评估工作的目的、指导思想、作用以及主要内容等进行了描述。

2003年4月上旬，拟订了《发电企业业绩目标和评估准则》文件框架，明确业绩评估的主要内容包括综合管理、安全管理、经营管理、人力资源管理、运行与维护、检修与更新改造、科技进步、环境保护与技术监督、企业文化、自我评估与经验反馈等9个重点领域和57个子领域。明确业绩评估的对象为发电企业，评估的重点是企业的管理工作，评估内容以企业的生产经营管理活动为主。

2003年8月中旬，颁发了《发电企业业绩目标和评估准则（试行）》，这份文件是发电企业业绩评估工作的纲领性文件，对每一子领域都提出了优秀发电企业应该达到的业绩目标和为实现这些目标所采取的行为准则。其中业绩目标在编写时力求做到“目标明确，简明扼要，重点突出”，评估准则在编写时力求做到“层次清晰，全面完整，适应面广”。

2003年8月下旬，颁发了《发电企业业绩评估管理办法（试行）》和《关于全面开展发电企业业绩评估工作的通知》，明确了开展业绩评估工作的目的和意义，对业债评估的组织和管理做了具体规定。

2003年12月中旬，颁发了《发电企业业绩评估指南（试行）》，明确了业绩评估专家的工作方式，主要是为了指导、帮助评估专家对发电企业实施评估工作，也可以供发电企业在开展自我评估时参考。在编写时力求做到“评细实用，切合实际，具有可操作性”。

2003年12月下旬，制定了《发电企业业绩评估实施程序（试行）》，目的是为了科学、规范、有序地开展业绩评估工作。

2003年底完成了《发电企业业绩评估指标体系》框架初稿。该文件在认真调查研究的基础上，确定了能真正反映企业生产经营状况，能体现企业竞争能力、盈利能力和发展能力的可量化指标。

2. 建立了相应组织体系

下发了《关于成立中国电力投资集团公司业绩评估委员会的通知》，明确业绩评估办公室挂靠在安全监督与生产部，负责业绩评估的日常工作。其主要职责是编制评估管理办法和相关文件、编制评估工作计划、组织和管理评估专家网、组建评估队、收集和管理评估相关资料、组织协调评估实施工作。

建立了“业绩评估专家库”。经各单位推荐，集团公司业绩评估委员会同意，确定160名同志为集团公司业绩评估专家，这些同志都是来自集团公司所属单位的生产经营管理骨干。他们被选入评估队后，主要完成评估前准备、实施现场评估、编写评估报告、参与跟踪检查等工作。

3. 对有关标准体系文件进行了广泛宣传贯彻

2003年8月29日，集团公司召开发电企业业绩评估工作动员电话会议，对业绩评估工作的内涵、开展业绩评估工作的重要意义进行了详细阐述，对做好业绩评估工作提出了具体要求，明确了11家业绩评估试点单位。

2003年9月18～20日，针对《发电企业业绩目标和评估准则（试行）》举办了评估专家培训班。

2003年10月27～28日，举办了安全生产管理专题培训班，主要请美国的邱强博士介绍国外先进管理经验，就安全文化、风险预测、人性化管理等问题进行讲解。

2003年12月12～13日，针对《发电企业业绩评估指南（试行）》举办了培训班。

特 事 要 辑

2003年集团公司全年完成发电量1226亿kWh，比2002年增长9.09%；实现销售收入251.81亿元，比2002年增长8.81%；实现利润13.86亿元，比2002年增长8.19%；投产容量59.5万kW；开工容量145万kW。

2003年，集团公司主要抓了以下八个方面的工作：

1. 集团化管理体制基本形成

集团公司按照国务院批准的组建方案和章程，完成了公司组建工作，构筑了新的管理体制：①集团公司本部机构、人员、职责到位，建立完善了总经理会议制度，成立预算委员会和审计委员会，形成集团公司的决策中心和相应的指挥、信息、监控体系；②在接收和理顺企业产权和管理关系的同时，确立了所属企业管理办法；③有步骤地组建了四个区域性分公司和四个专业性分支机构，明确进行了管理授权；④进一步完善法人治理结构，特别是上市公司的法人治理结构，加强董事、监事、财务总监的管理。一年来，集团公司加快现代企业制度建设，初步形成管理科学、权责明确、运转协调的母子公司、总分公司、经营型与控股型相结合的集团化管理体制。

2. 安全生产持续稳定

集团公司始终把安全生产放在首位。建立了适合集团公司特点的安全生产管理模式，明确目标，层层落实责任；规范了运行和检修管理，设备的安全性、可靠性、经济性、可调性显著提高；加大了机组的技术改造力度，对10台机组进行了通流改造，完成了11台机组的DCS改造；加强环保治理工作，在对部分流化床锅炉改造的同时，调查并掌握了火电厂污染物排放的现状，完成了《工业污染物防治规划》和《燃煤电厂二氧化硫排放治理“十一五”规划及2020年远景治理目标》的编制和上报工作。

通过上述工作，安全生产状况明显改善，主要指标均好于2002年。山西漳泽电力股份有限公司河津电厂、重庆九龙电力股份有限公司九龙电厂等14个单位实现了全年无非计划停机。面对用电负荷大幅度增长、燃煤供应紧张、水电来水偏少等不利因素的影响，集团公司系统各单位采取各种行之有效的措施，确保机组多发、稳发，保持了电力体制改革中安全生产稳定的大局，充分发挥了存量资产的效益，为满足国民经济发展的需求作出了应有的贡献，为提高集团公司的竞争能力奠定了坚实的基础。

3. 经济效益稳步增长

集团公司确定下达了各项生产经营指标，采取有力措施，确保经营目标的实现：积极推行全面预算管理，落实资产经营责任，严格考核兑现；坚持定期进行经济活动分析，及时发现并解决经济运行中的有关问题；努力开拓电力市场，增发电量；主动疏导电价矛盾，争取合理的电价政策；加强资金集中统一管理，积极开展资金运作；严格控制生产、基本建设和经营成本，特别是燃料成本管理收效良好；加强了产权和股权管理，取得了较好的投资收益；积极进行债务重组，改善财务状况；加大电热费回收管理力度，陈欠电热费呈逐月回落趋势。

通过落实责任，严格管理，开源节流，挖潜增效，集团公司经济效益稳步增长，盈利能力总体提高，主要财务指标、经济技术和资产经营指标明显优于2002年。到2003年底，集团公司总资产877亿元，同比增长80亿元，增长10.04%；资产负债率61.57%，下降1.19个百分点，控制在预算范围之内；全员劳动生产率比2002年提高7.23%；供电煤耗比2002年实际降低2.77g/kWh。

4. 基础管理工作不断强化

2003年集团公司按照“学习、规范、创新、求实”的要求，多层次、全方位地开展了“基础管理年”活动。①按照国务院批准的组建方案和章程建章立制，基本形成了安全生产、基本建设、经营管理及党建和精神文明建设管理制度体系，使各项工作步入科学化、制度化、规范化轨道。②摸清家底，理顺关系，对人员、资产、财务等状况详细清查，并开展了大量的市场调研和分析预测工作，为经营管理和决策提供了质量较高的基础材料。③吸收国内外先进经验，基本形成了符合企业自身实际的业绩评估体系，作为提高企业管理水平的重要工作载体，在11个单位开展了试点工作。④完善行政监察、审计、财务监督机制，在整顿财经纪律、防范经营风险、规范关联交易方面初见成效。⑤重视信息化工作，办公自动化建设、网站建设、专业管理信息系统建设取得阶段性成果。⑥加强法律、政策研究、文秘、行政、档案、信访、新闻、公共关系等工作，管理进一步科学、规范。基础管理工作的全面加强为集团公司的起步和发展提供了良好的前提。

5. 发展迈出新步伐

按照集团公司确立的总体发展思路，经过集团公司上下的努力，初步形成了全方位的发展格局，重点工作取得突破，前提项目储备充足，在建工程进展顺利，发展步伐明显加快。

(1) 主业取得显著成果。集团公司按照水、火、核并举的发展原则，在对老厂进行改造和扩建的同时，积极开发新的火电项目。加快了黄河上游和沅水流域滚动开发的步伐，获得广西红水河长洲项目的控股开发权。核电开发取得重大进展，积极参与组建中国核电技术公司，并加紧进行山东海阳和辽宁大连两个核电项目的前期工作。坚持基建“五制”，加强工程建设组织和协调。2003年，集团公司共投产8台机组，容量为59.5万kW；已经规划的电源项目总容量约1亿kW，上报国家发改委的项目容量达到3000多万kW，其中包括了火电、水电、核电、燃气发电等电源项目，并且在各地区的分布也较合理。主业的发展既满足了当地中长期国民经济发展对电力的需求，也缓解了集团公司前期项目储备严重不足的局面。

(2) 相关产业稳步发展。集团公司积极探索煤电联营的发展模式，在煤炭资源丰富的内蒙古东部、河南平顶山及淮南地区与煤、电伙伴进行合作开发。对重庆远达环保有限责任公司进行改组和改造，力求在电力环保产业有所作为，稳步向主业上下游延伸，增强电力发展后劲。

(3) 海外发展取得了新的进展。完成了中国电力国际有限公司对澳门电力6%的股权收购。与多个外国公司进行了多方面的经济技术交流，签署了相关的合作协议，对海外业务拓展进行了有益的探索。取得了外经贸权，为涉外业务的拓展打下基础。

(4) 资本运作有了实质性突破。实现了电力体制改革后的第一只电力股票——上海电力股份有限公司A股成功上市。圆满完成了电力体制改革后第一家电力企业债券（30亿元）的发行。通过收购部分股权，巩固了对重庆九龙上市公司的控股地位。与国内四大银行建立了良好的银企合作关系，获得人民币1508亿元的授信额度。

6. 改革创新取得阶段性成果

按照党中央和国务院关于改革的一系列部署，集团公司坚持体制、机制、科技的改革创新，并取得了新的成果。

(1) 电力体制改革稳步推进。集团公司成立了资产接收工作组，奔赴17个省、市、自治区，与各方密切配合，实现了第一阶段领导干部和生产管理关系的平稳交接。第二阶段的资产、劳资、社保接收工作取得阶段性成果，完成了厂网分离后内部核算电厂的电价测算和方案上报工作。按照国务院和有关部委的要求，做好清产核资的准备，并开展了内部审计工作。积极参加了电监会组织的东北、华东两个区域电力市场的试点工作，对发电企业向大用户直接供电或直接交易的方式进行了有益探索。

(2) 企业内部改革取得阶段性成果。成立了改革工作领导小组，进行多次调研论证，形成了精干主业、主辅分离、辅业改制的总体改革方案，并在辽宁清河发电有限责任公司和黄河上游水电开发有限责任公司进行改革试点，目前两个公司已经按照新体制进行运作，实现了主辅分离。

(3) 专业化、集约化管理迈出新步伐。资金结算管理中心按照集团公司确定的资金管理方式和原则，将100个单位和项目纳入管理系统，覆盖面达93.5%。运行分公司已形成组织和管理的基本思路，并在试点单位开始了专业化的运行服务工作。工程建设管理分公司成立后，立即开展了大量基础性准备工作，集团公司工程建设管理新体制正在形成。

(4) 科技创新工作起步良好。建立了科技工作管理体系，积极开展科技创新，有两个项目获得中国电力科技进步奖，两个项目列入国家科技部“863”项目，湖南五凌公司建立了湖南电力的首家博士后科研站。

7. 领导干部和员工队伍建设得到加强

集团公司着眼于长远发展，以加强领导干部队伍建设为重点，并开始着力于建设高素质的经营管理者队伍、高水平的专业技术队伍、高技能的员工队伍。

(1) 加强干部队伍建设。建立了集团公司干部管理体系，规范干部选拔任用的标准和程序，形成了领导干部任前公示、任前谈话、任前培训等一系列制度。对领导干部提出“讲政治、有本事、肯实干、能自律”的要求。完成了新建机构干部的选配和首批16名财务总监的委派工作。完成了大部分全资、控股公司和电厂领导班子的考核、调整和配备，加大了干部监督考核、干部交流和年轻干部的使用力度。对机关干部提出“学习、自律、管理、服务”的要求，通过抓机关促基层，加强了干部队伍思想作风建设。全面开展了“树组工干部形象”集中学习教育活动，进一步加强干部人事部门的自身建设。

(2) 加强干部的教育培训。集团公司成立了党校、高培中心、上海电校、技能培训中心四位一体的人才培养基地，举办了党校培训、财务领导干部培训、企业管理培训、领导干部任前培训和9期“三个代表”重要思想轮训等各类培训班，共培训干部和各类专业人员604人次。各单位从实际情况出发，开展了多种形式的职业教育和岗位技能培训，收到了良好的效果。

(3) 积极推进人力资源的开发。根据发展的需要，结合专业化管理公司的成立，对运行、检修、工程管理和核电人才进行了摸底调查，并在系统内外选拔、招聘人才，制定人才开发培养计划。通过上述措施，集团公司干部队伍能力增强，员工队伍素质进一步提高。

8. 党的建设和精神文明建设全面推进

(1) 各级党组织积极发挥政治核心作用。集团公司成立后及时与上级单位和地方党委沟通，在很短的时间内理顺了各级党群组织的关系，完善了党群工作管理体制。大力加强党的建设，认真组织学习贯彻党的十六大和十六届三中全会精神，在集团公司系统掀起了学习贯彻“三个代表”重要思想的新高潮。集团公司党组中心组进行了多次集中学习，并召开了民主生活会，征求对集团公司党组的意见和建议。集团公司各单位通过多种方式开展革命传统教育，提高党员理论修养。在改革发展中，充分发挥了党组织的政治核心作用和党员的先锋模范作用。

(2) 思想政治工作、精神文明建设成效明显。集团公司充分发挥群工组织的作用，加强党的路线、方针、政策、理想信念和思路道德教育。不断创新工作制度和工作方法，深化创建文明单位活动，开展了丰富多彩的文体活动。积极参加公益活动，在防治“非典”工作中，共向社会捐款484万元，捐物折合人民币2万余元。精神文明建设和思想政治工作的加强，使员工队伍保持稳定，思想素质也有了新的提高。

(3) 整合建设集团公司特有的企业文化。一年来集团公司着力加强了企业文化建设，通过集团公司广大员工参与和广泛征集，形成了包括企业精神、企业经营理念、企业价值观、企业形象、员工形象在内的完整的集团公司企业理念，统一了企业标识。企业文化在促进企业发展、增强凝聚力方面发挥了重要作用。

(朱仕祥)

2004 中国电力年鉴

其 他 公 司

中国长江三峡工程开发总公司

概况

为兴建长江三峡工程，开发长江上游水电资源，经国务院批准，中国长江三峡工程开发总公司（简称中国三峡总公司，英文名称 China Three Gorges Project Corporation，英文缩写 CTGPC），于1993年9月27日正式成立。

中国三峡总公司是三峡工程的项目法人，全面负责工程建设的组织实施和所需资金的筹集、使用、偿还以及工程建成后的经营管理。1996年，装机容量271万kW的葛洲坝电厂划归中国三峡总公司。2002年，中国三峡总公司成为国家授权投资的机构。

中国三峡总公司按照社会主义市场经济原则管理三峡工程建设，实行项目法人负责制、招标投标制、建设监理制、合同管理制。在工程施工及项目所需物资、设备采购中充分引入竞争机制，采用公开招标方式；在建设过程中严格合同管理，严格工程监理，严格控制工程质量、建设进度和成本，同参与工程建设的设计、施工、监理单位一道，确保三峡工程“一流的工程质量，一流的现代化管理，一流的文明施工”。

三峡工程建成后，中国三峡总公司将拥有2100万kW的发电能力，年发电量约1000亿kWh。中国三峡总公司还将利用其经济实力和技术能力继续开发长江上游干支流的水力资源，并开展水电科学研究、技术咨询及其他多种经营活动。中国三峡总公司将在长江上游金沙江相继建设溪洛渡、向家坝、乌东德、白鹤滩等四个梯级电站，装机容量3850万kW，相当于两个三峡工程。2002年9月，中国三峡总公司作为主发起人，设立了中国长江电力股份有限公司，经营管理葛洲坝电厂和三峡电厂发电资产。2003年10月，长江电力A股发行成功。11月18日，长江电力A股在上海证券交易所上市。

三峡工程建设

2003年是三峡工程建设具有里程碑意义的一年。5月下旬，三峡二期工程顺利通过验收。6月1日，水库开始蓄水。6月16日，双线五级船闸试通航成功，6月18日，正式向社会船舶开放。左岸电站首批水轮发电机组从7月开始投产，到年底有6台机组正式并网发电。蓄水后各建筑物工作性态正常，各项指标均在设计允许范围之内。2003年，三峡电厂发电86亿kWh，为缓解华东、华中地区供电紧张局面作出了贡献。截至2003年底，双线五级船闸安全运行半年多，船闸有载过闸4386闸·次，通过船舶34880艘·次，完成客运量108万人·次，货运量1376万t，保证了三峡坝区通航安全、畅通、有序。

2003年，三峡工程三大目标的实现，壮大了我国国民经济的基础，受到了海内外的广泛关注，被评为2003年中国十大经济新闻、十大科技新闻之一。中国三峡总公司总经理陆佑楣、总工程师张超然当选为中国工程院院士，获得中国工程科技界的最高荣誉称号。

(1) 固定资产投资完成情况。2003年三峡工程投资计划123.26亿元，实现完成投资114.8亿元，完成年度计划的93.13%。其中：建安工程计划投资16.71亿元，实际完成投资16.56亿元，完成年度计划的99.07%；机电设备计划投资12.93亿元，实际完成投资15.37亿元，完成年度计划的118.92%；金属结构设备计划投资1.74亿元，实际完成投资1.76亿元，完成年度计划的101%；其他费用计划投资3.21亿元，实际完成投资2.22亿元，占年度计划的69.16%；基本预备费计划投资5亿元，实际完成投资3.32亿元，完成年度计划的66.31%；枢纽工程价差预备费计划投资14.4亿元，实际完成投资16.47亿元，完成年度计划的114.38%；库区移民计划投资（包括静态投资、价差以及包干外，不包括贷款利息分摊）36.55亿元，本年完成36.59亿元，完成年度计划的100.11%；贷款利息计划完成32.72亿元，实际完成22.51亿元，完成年度计划的68.80%。

截至2003年底，三峡工程累计完成固定资产投资1005亿元，其中枢纽工程静态投资完成363亿元，占工程概算（静态）的73%；水库移民静态投资完成304亿元，占移民概算（静态）的76%；价差预备费192亿元，利息135亿元，库区移民包干外投资11亿元。与1994年投资测算方案相比，总投资减少64亿元，静态投资因移民投资列报提前增加89亿元，价差和利息分别减少130亿元和34亿元。从完成的枢纽工程量和列报投资匹配情况看，枢纽工程投资列报规范，控制情况较好。

截至2003年底，三峡工程累计到位资金1165.7亿元，其中作为国家资本金注入的三峡基金和葛洲坝电厂发电收益456.9亿元，占到位资金的39.2%；债务融资合计521.9亿元，占到位资金的44.8%；向长江电力出售2、3、5、6号机组获得现金187亿元。资金运作良好，及时足额到位，保障了工程建设和移民资金拨付的需要。

(2) 主体工程工程量完成情况。2003年三峡主体工程工程量完成情况：土石方开挖444.64万m^3，土石方填筑760.44万m^3，混凝土浇筑230.19万m^3，固结灌浆11.72万m，帷幕灌浆1.57万m，接缝灌浆2.89万m^2，钢筋制作安装3.28万t，锚杆制作安装1.76万根，锚索制作安装564束，主体防渗工程施工0.23万m^2，机电安装2.35万t，金属结构安装2.18万t。

截至2003年底，三峡主体工程累计完成工程量：土石方开挖13906.27万m^3，占执行概算的103%；土石方填筑5267.53万m^3，占执行概算的97%；混凝土浇筑2285.18万m^3，占执行概算的78%；固结灌浆44.39万m，占执行概算的104%；帷幕灌浆24.92万m，占执行概算的74%；接缝灌浆40.07万m^2，占执行概算的55%；钢筋制作安装45.41万t，占执行概算的86%；锚杆制作安装52.69万根，占执行概算的260%；锚索制作安装5617束，占执行概算的169%；主体防渗工程施工27.74万m^2，占执行概算的88%；机电安装6.03万t，占执行概算的36%；金属结构安装15.86万t，占执行概算的56%。

(3) 主要项目工程形象完成情况。

1) 左岸厂坝工程：左厂坝段、左非坝段除占压或预留部位外，已全部完成土建工程；金属结构除表孔闸门拼装、门槽金结安装和上坝电梯正在安装外，其余全部完成；泄洪坝段除导流底孔回填、▽120m栈桥占压坝体墩墙部位、缆机占压的右纵2号坝段外，坝体混凝土浇筑已全部浇至坝顶▽185m；大坝止、排水系统检查与处理，泄洪深孔和表孔、排漂孔等的过流面修补工作，于4月全部完成；6月10日，水库蓄水至▽135m，11月15日，蓄水至▽139m水位运行；左岸坝顶结构基本完成，11～14号机背管混凝土到达▽118m，20、14、1、17、2号导流底孔检查工作年底全部完成。

2）左岸电站厂房：7～12号机三期混凝土全部完成，14号机浇至发电机层▽75.3m，除少量蜗壳凑合节三期混凝土外，土建工程基本完成，屋面网架已全部吊装就位，金结埋件安装全部完成。

3）机组机电设备安装与调试：7月中旬2号、5号机组提前投产发电，1～6号机组全部完成安装和调试工作并投入运行；7、8、10、11、12号水轮发电机组部分部件、机械、电气辅助设备的组装和安装完成；10号、11号机定子下线完成，7号、10号机转子叠片完成；左岸10号机以左电站油、水、气、消防、暖通空调、厂用电、计算机监控等辅助系统设备安装、调试与试运行全部完成；GIS左二段一次设备安装基本完成。

4）航建工程：双线五级船闸，有水调试和缺陷处理等工作于试通航前全部完成，船闸于6月18日投入试运行，已委托三峡通航管理局管理；尾工项目基本完成，修复了南线四闸室19块冲淤钢盖板和北线二、三闸室冲淤预留口盖板，南线船闸排干检查工作完成并投入运行。

5）临时航闸改建工程：按照蓄水至▽135m要求，全包隔流堤于3月底完成直立墙混凝土施工，6月5日完成上游航道隔流堤跨临时船闸深槽段填筑，及时将甲块混凝土浇筑至▽91m；按照蓄水至▽139m要求，及时将甲块混凝土浇筑至▽100m，2003年底甲块到达▽110m，乙块到达▽102m。

6）右岸厂坝工程：完成右厂排～23号坝段土石方开挖及清基交面施工；大坝深槽部位甲块混凝土达到高程▽50～60.5m，岸坡部位达到最大高程▽105m，右厂最高坝段25号－2到达▽105.5m，右排1号甲块到达▽116m高程；完成右厂24～26号坝段（除24号－1甲外）、右安Ⅲ～右厂23号坝段甲块、右厂排～20号坝段固结灌浆，7号、8号排砂钢管安装完成，栈桥钢结构前二跨安装完成，完成4台塔（顶）带机及上游▽58m平台大型门机安装。

7）右岸电站厂房：厂房及排水洞等开挖全部完成，混凝土浇筑全面展开；安Ⅰ、安Ⅱ分别达到▽82.30m和▽59.70m，具备排砂钢管安装条件；混凝土浇筑全部达到尾水底板高程以上，24～26号机组段到达▽42m并完成封闭块回填；23～19号机组段排水管、排水盒、鼻端里衬安装完成；15～18号机组段到达▽30.8～34.8m；完成厂房下游侧上海港机和高架门机安装；完成15～18号机组段固结灌浆（剩余部分引入廊道内施工）；安Ⅰ透平油罐安装完成；24～26号机组段机组埋件安装至▽42m；完成15～18号机组段尾水扩散段中墩里衬与排水盒、平压管水平段及测压头安装；完成现场各项施工辅助设施布置。

8）地下电站和电源电站：右岸地下电站引水隧洞工程全部完成；发电塔达到▽180～185m，连接塔达到▽183.6～185m，排砂塔达到▽181.6～185m，安装平台达到▽175.4m，拦污栅塔达到▽176.5～183.5m，水位计井达到▽171m。电源电站进水口混凝土达到▽180m以上。

9）茅坪溪防护大坝二期工程和三期RCC围堰：茅坪溪防护大坝填筑工程8月完成，防浪墙施工10月完成；三期RCC围堰工程于4月16日浇至堰顶▽140m，提前55天完成任务，并创造了日浇筑2.1万m^3和连续上升57.5m高的RCC施工世界纪录，防浪墙5月浇筑至▽141.5m。

10）砂石骨料项目：全年供应砂石料498万t，经检测所供砂石料的质量满足规范要求，其主要技术指标年平均值如下：含水率5.63%，保证率94%，平均石粉含量13.45%，合格率97%，平均细度模数2.65，合格率99%。

施工质量与安全

中国三峡总公司组织参建各方认真学习贯彻国务院三峡建委第十三次全体会议精神和国务院三峡枢纽工程质量检查专家组讲话及指示，牢固树立质量第一的思想，坚持“零质量事故，零安全事故”的“双零”目标管理不动摇。2003年5月，二期工程顺利通过国务院三峡工程验收委员会验收，质量满足设计要求。对于三期工程，在全面总结和吸取二期工程建设经验和教训的基础上，改进了混凝土施工质量措施，完善和强化专业质量总监职能；以二期工程已建的体系为基础，除坚持行之有效的制度和规范外，结合三期工程特点，制定三期工程金结启闭机质量标准、金结设备等8个新标准和《塔（顶）带机浇筑混凝土的有关技术规定（试行）》等多个技术文件，改进原材料和混凝土配合比及现场浇筑工艺，建立仓面间歇期预警制度。通过科学管理和狠抓各项措施的落实，三期工程施工质量得到显著提高，2003年三峡工程共评定5277个单元工程，质量全部合格，其中主体工程混凝土单元工程质量评定3937个，优良工程3595个，优良率91.31%。

坚持“以人为本”的安全生产管理制度，加强对民工及协作队伍的管理，对民工实行统一用工、统一食宿、统一劳保、统一培训上岗的“四统一”管理，制定《三峡坝区民工队伍准入管理办法》，进一步规范了民工用工制度和方式。同时，根据三期工程建设进展和各参建单位的人员变化，及时调整完善安全生产委员会成员，建立三期工程现场安全文明施工管理体系，落实安全生产责任。通过周、月安全例会和大检查等形式对工地安全工作进行布置并督促施工单位整改现场安全隐患和问题，参建各方安全生产意识不断提高。2003年死亡、重伤事故得到有效遏制，全年发生施工死亡事故3起，死亡3人；施工重伤事故3起，重伤3人。发生坝区道路交通事故4起，死亡4人；道路交通群伤事故4起，受伤31人。

设备物资供应

2003年进一步加强了主要原材料质量控制，建立并完善物资采购及供应流程，制定材料到货随检制度，适应了2003年三峡工程物资供应周期短、质量要求高、品种规格复杂的特点和要求；继续加强质量及交货进度监控管理力度，狠抓标准、程序和制造的贯彻落实，认真组织设备制造厂做好安装调试全过程现场技术服务，对工地出现的质量缺陷认真检查、分析，及时处理。全年物资调度工作误调率为零，六大材质量合格率、供应及时率均达到100%。

成套设备供货及采购：主机设备到货36006t，开箱验收507批·次；配套设备到货3749t，开箱验收98批·次。全年共采购45个项目设备，合同金额3189万元人民币。金结设备到货及验收：全年共到货12批次，总计4600t；合同支付总计25次，支付总金额4184.5元；签订配套件采购、现场技术服务等各类合同49份，合同金额1533.62万元。

六大物资供应：全年供应水泥29.6万t；供应一级粉煤灰15.9万t；钢材合计采购总量4.2万t，供应总量4.2万t；木材采购验收639m^3，批料供应621m^3；油料采购验收13890t，批料供应12700t；特种油采购204t，供应368t；炸药供应总量2290.4t。

工程招投标情况

2003年，中国三峡总公司就建筑安装工程、机电设备采购、勘察设计、科研、征地移民、其他设备等项目共签订合同（不含物资采购）588项，合同金额16.21亿元。其中，通过公开招标、邀请招标、询价签约的合同（含物资采购）为81项，合同金额8.81亿元。招标签约项目主要是建筑安装工程、机电设备采购、物资采购等项目。

长江电力成功上市，电力生产任务超额完成

2002年9月29日，长江电力股份有限公司成立，当年11月进入上市辅导期。2003年5月29日，国务院领导批示同意长江电力上市和三峡发电资产出让总体方案。7月18日，长江电力全票通过证监会发审会的审核，10月28日，获准首次公开发行A股。此次发行23.26亿股，发行价格4.3元/股，募集资金100.018亿元，是2003年国内资本市场筹资规模最大的项目，获得了投资者的高度认同。长江电力上市被评为2003年中国证券市场十大新闻之一。

2003年，三峡—葛洲坝梯级枢纽共发电235.47亿kWh，其中，三峡水力发电厂发电86.07亿kWh，葛洲坝水力发电厂发电149.40亿kWh。全年实现销售收入29.88亿元，利润总额21.57亿元，净利润14.33亿元。

金沙江水电开发迈出了实质性步伐

金沙江前期工作取得了阶段性成果。2002年10月，国务院批准溪洛渡和向家坝两电站同时立项。2002年11月，国家计委将金沙江下游乌东德和白鹤滩水电站的开发权授予中国三峡总公司。2003年2月，金沙江开发公司筹建处进驻溪落渡工程现场，施工准备工作全面展开。2003年8月，溪洛渡水电站可行性研究报告通过国家审查。年底完成向家坝可行性研究报告的编写，启动乌东德和白鹤滩水电站预可行性研究工作。

主要事件

经过10年的施工建设，三峡水库于2003年6月1日正式开始蓄水，6月10日22时，三峡工程水库上游蓄水位达到135m，大坝下游水位为66.32m。整个蓄水过程蓄水总量121.822亿m^3。11月5日，三峡水库第二次蓄水将非汛期蓄水位由▽135m提升到139m。

2003年6月16日，世界上最大的内陆河船闸——三峡工程双线五级船闸试通航成功。上午9时，近万名中外来宾、三峡建设者和当地群众参加了在三峡工地举行的三峡工程双线五级船闸试通航仪式，新华社、中央人民广播电台和中央电视台三家新闻单位对仪式进行了直播。中共中央政治局委员、国务院副总理、国务院三峡建委副主任曾培炎，国务院副秘书长汪洋，交通部部长张春贤，国务院三峡建委副主任郭树言、陆佑楣等出席双线五级船闸试通航仪式并讲话。中共中央政治局常委、国务院总理温家宝为三峡船闸试通航作重要批示。

2003年7月10日及16日，首批2号、5号机组正式并网发电；8月18日及29日，3号、6号机组正式并网发电；10月28日，4号机组正式并网发电

11月22日，1号机组正式并网发电。

4月27日，二期移民工程通过国务院组织的验收。10月底以前，蓄水至139m水位线下的库区移民搬迁和清库任务已经全部完成。截至2003年11月，移民人数82.24万人。

5月29日，国务院三峡工程建设委员会第十二次全体会议在北京召开。会议批准国务院长江三峡二期工程验收委员会的验收意见，同意枢纽工程于6月1日下闸蓄水，6月16日双线五级船闸试通航，8月首批机组并网发电。会议还研究了三峡工程建设中的若干重要问题。中共中央政治局常委、国务院总理、国务院三峡工程建设委员会主任温家宝、国务院副总理曾培炎、国务委员兼国务院秘书长华建敏等出席会议。

9月5日，国务院三峡工程建设委员会第十三次全体会议在北京召开。中共中央政治局常委、国务院总理、国务院三峡工程建设委员会主任温家宝主持会议并作重要讲话。中共中央政治局委员、国务院副总理、国务院三峡工程建设委员会副主任曾培炎，国务委员、国务院秘书长华建敏出席会议。会议总结了十年来三峡工程建设工作，审议批准了国务院长江三峡二期工程验收委员会关于首批机组启动和二期输变电工程的验收报告，部署三峡三期工程建设任务和重点工作。

10月1日，原全国人大常务委员会委员长、中共中央政治局常委李鹏视察三峡工程。这是李鹏自1982年开始，第十六次视察三峡工地。下午，李鹏出席中国三峡总公司和各参建单位负责同志参加的汇报会并作重要讲话。次日上午，李鹏在中国三峡总公司副总经理李永安、郭涛、杨清、曹广晶等陪同下，冒雨考察了三峡工程。

10月24～26日，中共中央政治局常委、国务院总理、国务院三峡工程建设委员会主任温家宝赴三峡库区和坝区视察。温家宝先后听取了重庆市、湖北省、国务院三峡工程建设委员会办公室和中国三峡总公司的工作汇报并作重要讲话。

（时香丽　张明燕）

中国电力工程顾问集团公司

中国电力工程顾问集团公司是在原国家电力公司所属中国电力工程顾问（集团）有限公司及有关企事业单位的基础上组建的国有企业，下设七个全资企业和一个事业单位，分别为东北、华东、中南、西北、西南电力设计院，国电华北电力设计院工程有限公司，中国电力建设工程咨询公司、电力规划设计总院。

集团公司现有员工8000余人，其中勘察设计大师12人，享受政府特殊津贴专家136人，高中级工程技术人员4122人。

集团公司是面向国内外市场，为政府部门、金融机构、投资方、发展商和项目法人提供电力工程建设综合服务的中介机构，已取得国家外经贸部批准的对外经济技术合作权，具有进行项目评审咨询的资格，咨询评审结果作为项目审批、决策的依据或参考，其主要服务范围包括电力发展规划，发电、输变工程的勘测、设计、咨询、监理、总承包，项目融资和建设管理。

2003年，集团公司再度入选美国《工程新闻记录（ENR）》评选的2002年度“世界最大的200家国际工程设计公司”和“世界最大的225强承包商”，分别名列第151位和第214位。集团各单位均进入了2002年全国工程勘察设计100强。在中国工程勘察设计协会和中国工程咨询协会组织的工程项目管理和工程总承包企业2002年百强排序中，集团公司名列项目管理第11位，工程总承包第8位。

集团公司现任党组书记、总经理汪建平，副总经理赵洁、姚强、吴春利、于刚，纪检组长王保国，总工程师孙锐。内部主要设有专家委员会，总经理工作部、人力资源部、财务部、审计部、技术管理部、工程管理部、规划研究部、党政工合署工作部。

2003年集团公司全面完成了全年工作任务，各项经营指标均创历史最高水平。

主要经营指标

签订合同总额45.74亿元，同比增长47.25%；合同净额36.03亿元，同比增长79.61%。

完成产值28.92亿元，同比增长75.59%。

实现收费22.84亿元，同比增长39.1%；净收费20.07亿元，同比增长43.46%。

实现营业收入16.1亿元，同比增长33%；实现利润总额1亿元，同比增长9%；资产总额23亿元，同比增长35%；资产保值增值率116%。

全员劳动生产率39.65万元/（人·年），同比增长53.98%。

生产任务

1. 规划研究工作

集团公司紧跟电力工业改革发展的步伐，开展了大量的规划研究工作，完成规划研究项目44项。

其中开展了《电力工业“十一五”规划及2020年远景目标研究》。报告结合对我国经济发展和历史用电情况的分析，预测了全国总的电力需求以及大区、分省电网负荷水平和负荷特性，计算了各电网电力电量平衡，提出了到2010年各年电源投产规划和到2020年装机规模。

《南方电网“十一五”电力工业发展规划和2020年远景展望研究》采用多种负荷预测方法和电力系统运行模拟软件，提出了南方电网今后20年的负荷水平和电源建设规模，重点研究了南方电网“十一五”西电东送规模和输电方案，并就电源优化和电网新技术应用进行了专题研究。

《全国电网联网规划深化研究》从全面资源优化配置出发，按照电力市场交易和运行的要求，研究了在西部水电全面开发的情况下，2020年全国联网的目标格局和2030年西电东送电力流。

《我国第一级电压等级分析研究》对高一级电压等级出现的必要性、时机和条件进行了论证，并研究了与西北750kV电压等级的适应性，提出了合适的全国高一级电压等级及需要解决的重大技术问题。

开展了华能、中华电力、长江电力等发电公司的企业发展规划研究工作，内容包括对电力产业政策研究和分析、电力发展规划的制定与实施分析、电力市场供需分析和预测、电力企业发展战略等。

2. 发输变电勘测设计工作

全年完成发电勘测设计项目310项，28108.2万kW。其中，初可研112项，13772.5万kW，同比增长328.25%；可研91项，8072万kW，同比增长272.50%；初步设计65项，4507.7万kW，同比增长154.53%；施工图设计42项，1756万kW，同比增长63.5%。

完成220kV及以上送电工程勘测设计项目154项，13547km。其中，可研23项，2593km，同比增长60.86%；初步设计64项，5230km，同比增长61.32%；施工图设计67项，5724km，同比增长33.05%。

完成220kV及以上变电工程勘测设计项目100项，6997万kVA。其中，可研13项，692.2万kVA，同比减少51.39%；初步设计51项，3579万kVA，同比增长130.75%；施工图设计35项，2650.8万kVA，同比增长136.68%。

完成发电项目评审201项，18938万kW。其中，初可及可研126项，13202.5万kW，同比增长391.35%；初步设计66项，4855.5万kW，同比增长241.22%；经评审核减发电项目投资36亿元。

完成220kV及以上送电工程审查76项，16118km，同比增长101.48%。完成220kV及以上变电工程审查91项，6049.4万kVA，同比增长34.85%；经评审核减输变电项目投资22亿元。

集团各单位承担设计的三峡送出输变电工程已建成投产500kV线路21条，2599km，投产变电站10座，变电容量775万kVA。国务院长江三峡二期工程输变电验收组进行了最终验收，对工程设计水平和质量给予了较高评价。

此外，集团公司还完成了沿海六省区核电厂厂址规划。按照到2020年我国核电装机达到3600万kW，约占总容量4%的目标，结合“八五”以来前期工作的成果，提出了沿海六省区核电厂址的规划报告。按照核电自主化依托项目招标团要求，组建常规岛工程设计自主化工作组，向国家发改委和核电自主化依托项目招标团提出了《核电自主化依托项目常规岛工程设计技术转让的建议》，参加了核电自主化依托项目常规岛标书的编制工作。对中国核电技术公司的组建提出了建议方案。

完成了国家“十五”重大装备研制项目《30万千瓦级CFB电站系统设计引进消化吸收工作大纲》的编制和设计策划工作。

3. 工程总承包、工程监理工作

2003年，开展工程总承包项目15项，新签项目11项，完成产值1.28亿元，开展工程监理项目72项，新签项目52项，完成产值1.02亿元。

华东院较好地完成了华能玉环电厂一期等9个试桩工程和外高桥电厂二期干煤棚工程总承包项目。华北院承揽的东莞燃机工程顺利投产。咨询公司承担的侯马—运城500kV输变电总承包工程投入运行；承担监理的聊城、平凉等电厂的4台机组顺利通过168h运行，移交试生产。

经营工作

把握市场机遇，健全经营网络，稳固和扩大市场服务主体群。集团各单位认真做好市场和客户的研究分析工作，坚持全方位市场开发，积极主动开拓市场，经营网络在新的市场环境条件下正在逐步形成，企业信誉得到了政府和业主的广泛认可。

以规划为龙头，进一步加强电源建设项目前期开发工作，建立了电源前期项目滚动数据库，共开发前期项目233项，培育了新的经济增长点。

建立规范化、程序化、科学化的投标工作体系。各单位加强对投标工作程序、内容和方法的研究与探索，科学分析和正确决策，“有所为，有所不为”，逐步形成了一套完整的投标工作体系，提高了效率、降低了成本，保证了质量，适应了市场变化的需要。

依法经营，维护市场秩序。集团各单位在经营活动中认真贯彻执行国家有关法律、法规，自觉执行新的《工程勘察设计收费标准》，自觉维护行规、行约和工程建设市场秩序，没有违规经营行为，为进一步规范市场行为作出了贡献。

加强和完善经营管理。集团公司组织各单位编制了《电力工程设计工日定额实施办法》，启动了《总承包项目管理实施暂行办法》、《企业生产经营管理统计软件》编制工作。

资本经营工作有了实质性进展。集团公司与中国水电顾问集团、中国水电建设集团联合投资开发的四川美姑河水电项目正式启动。

体制改革

2003年，集团公司正式划归中央管理。为了落实国资委中央企业负责人会议精神，加快集团的改革与发展，集团公司成立了改革工作小组，明确了集团公司的改革发展思路、工作重点、工作要求。按照积极稳妥的原则，组织开展调研工作，选聘咨询机构，完成了改革调研报告，提出了改革初步方案。

科技创新

2003年，集团公司颁布了《科技发展规划》，发布了5项企业技术管理标准，开展了《电力系统电网规划内容深度规定》等10项企业标准的编制工作。

组建了集团公司科学技术委员会专业组，发布了《科学技术委员会专业组工作条例》，建立了集团公司专家库。

集团全年科技投入6188万元，开展了617项科研标准化信息项目。承担原国家电力公司科技项目12项，共18个子课题，目前已完成科技项目5项，完成15个子课题，其中《提高导线发热允许温度的试验研究》已通过国家电网公司组织的验收，验收意见认为研究成果达到国内领先水平。华北院主持编制的《220～500kV紧凑型架空送电线路设计技术规定》填补了国内空白。西北院编制的《750kV输变电工程设计暂行技术规定》充分吸取了国际上现有750kV等级输变电工程和国内超高压输变电工程的设计运行经验，成果处于国内领先水平。开展了国产60万kW超临界机组、100万kW级超超临界机组及大型及燃气—蒸汽联合循环设计技术研究和工程实践。

制定了信息化工作发展规划，基本实现了千兆主干、百兆到桌面的网络结构，三维设计与专业应用软件的集成取得了阶段性成果。集团公司网站已经开通。

设立了集团公司科学技术奖，对重大科技成果进行了奖励。共评出一等奖3项、二等奖9项、三等奖[illegible]项。其中8项成果推荐参加中国电力科学技术奖的评选，“火电结构优化和技术升级研究”等4项科技成果获得中国电力科学技术三等奖。集团公司各单位共有12项咨询成果获得中国电力规划设计协会组织评选的一、二等奖。

管理工作

2003年，集团公司颁布了《工作规则》、《子企业管理暂行规定》、《部门工作职责》、《固定资产管理办法》、《预算管理办法》、《利润分配与投资收益管理暂行办法》、《财务开支管理办法》等规定，为规范管理打下了良好的基础。

配合国资委完成了集团公司新一届领导班子的考核任免工作。对集团部分单位进行了换届和届中考核，有6名同志被提拔到院级领导岗位，3名干部到集团公司本部挂职锻炼。部分单位实施了竞聘上岗和转岗分流，启动了薪酬和绩效考核的测评与研究工作。组织了有关资质考试和执业资格考核认定申报工作。集团公司共有9718人·次接受了各类培训，投入437万元。开展了集团公司主辅分离摸底测算工作。

配合监事会进行了集团公司资产运行监督调查工作。完成了集团公司经济责任审计和财务审计工作。完成了集团公司财务关系划转工作，正式在财政部建立了财务单列管理关系。启动了集团公司清产核资工作。

集团各单位均顺利通过了2003年ISO9000标准的年审，全年未发生重大质量事故。

审计监督进一步完善，全年完成审计项目147项，其中经济责任审计2项，提出并采纳审计建议187条，促进增收节支286.19万元。

党建、精神文明和企业文化

以深入学习“三个代表”重要思想和贯彻党的十六大、十六届三中全会精神为主线，加强党的思想建设。认真落实领导干部学习责任制和中心组学习考核制度，领导干部参学率达85%以上。

加强党的组织建设。集团各单位进一步修订和完善了党委议事规则，形成了“职责明确、程序严谨、落实有力、运转灵活”的工作机制，构建了完善的责任体系、管理体系和考核体系。通过开展“一个支部就是一个堡垒，一个党员就是一面旗帜”和“学、做、创”民主评议党员“为党旗增辉”等活动，不断探索党建工作的新途径、新方法。加强基层组织建设，各单位在监理和总承包项目部建立党支部，发挥支部的战斗堡垒作用。

加强党风廉政建设。按照“八个坚持、八个反对”的要求，加强领导干部的思想作风、学风、工作作风、领导作风和干部生活作风建设。没有发生处级以上领导干部严重违纪和违法案件，企业没有发生重大案件，保证了集团公司改革、发展和稳定。

在集团公司企业文化建设三年规划和年度工作计划的指导下，各院制定了新的企业文化建设三年规划，启动了道德服务工程，开展了企业理念的认同教育，使企业理念深入人心。组织了教育型文化活动和生产技术型文化活动，推进企业全面发展。

集团各单位继续保持文明单位荣誉称号。

主要事件

1月18～21日，集团公司在长春召开了中国电力工程顾问集团公司2003年工作会议。

6月23日，国资委王勇副主任，企业经营人员管理二局殷小静局长、曹永晖处长一行莅临中国电力工程顾问集团公司检查指导工作并宣布新一届领导班子。

中共国务院国有资产监督管理委员会委员会（国资党任字［2003］3号）《关于汪建平等6名同志任职的通知》，决定汪建平同志任中国电力工程顾问集团公司党组书记，赵洁（女）、姚强、吴春利、于刚、王保国同志任中国电力工程顾问集团公司党组成员，王保国同志任中国电力工程顾问集团公司党组纪检组组长。中国电力工程顾问（集团）有限公司原党组领导职务自然免除。

国务院国有资产监督管理委员会《关于汪建平等5人任职的通知》（国资任字［2003］7号），任命汪建平为中国电力工程顾问集团公司总经理，赵洁（女）、姚强、吴春利、于刚为中国电力工程顾问集团公司副总经理。中国电力工程顾问（集团）有限公司原领导职务自然免除。

8月29日，集团公司党组书记、总经理汪建平在上海主持召开了集团公司主要负责人会议。

10月24日，集团公司党组书记、总经理汪建平在北京主持召开了集团公司主要负责人会议。

（刘叔友）

中国水电工程顾问集团公司

2002年12月29日，中国水电工程顾问集团公司（简称集团公司）在北京正式挂牌成立。2003年是新生的集团公司改革发展的开局之年，也是集团公司把握电力体制改革的有利时机，大力促进中国水电事业发展的一年。

基本情况

集团公司是在电力体制改革中经国务院批准、在原国家电力公司所属中国水电顾问有限公司及有关企事业单位基础上组建、国资委管理的国有企业，也是国内惟一一家从事水电及风电发展规划、项目勘测设计、技术咨询的国有大型企业集团。主要成员单位包括中国水利水电建设工程咨询公司，北京、华东、西北、中南、成都、贵阳、昆明勘测设计研究院等8个全资企业和水电水利规划设计总院1个事业单位。主要从事水电和新能源等发电项目的勘测设计、咨询、监理、施工、项目管理、总承包及相关技术和中介业务等，河流（河段）水电规划，水电站、新能源及相关产业的开发、投资、经营和管理等业务。

截至2003年12月31日，集团公司现有员工10657人，其中国家级设计大师4人，勘测大师1人，享受政府特殊津贴的专家130人，国家有突出贡献的中青年科学技术管理专家5人，教授级高级工程师553人，高级工程师2040人，工程师1786人。

截至2003年12月31日，集团公司资产总额33.93亿元，净资产5.54亿元。2003年实现经营收入22.94亿元，净利润3391万元。

认真落实电力体制改革各项工作

2003年，集团公司完成了工商注册登记，有序衔接了同国资委、财政部、人事部、外交部等有关部委的管理关系，密切了同国家发改委的工作关系，积极争取集团公司的合理权益；随着国有资产监督管理体制的到位，监事会对集团公司资产管理、重大经营决策实施有效监督，认真接受国家审计署审计组对集团公司的审计，极大地规范了公司各项管理工作，财务管理和资产经营水平跃上了新台阶；对子公司依法履行了出资人职责，维护了所有者权益，维护了企业作为市场主体依法享有的各项权利，确保了国有资产保值增值和安全。

根据原经贸委等八部委859号文精神，按照“做优做强主业，改制分离辅业，剥离后勤服务业”的工作原则，以产权制度改革为突破口，制订了主辅分离改制分流方案，根据自身实际情况，将水电勘测、设计、咨询、监理、科研、投资开发及项目管理等划为主营业务，将主营业务拓展的具有一定技术含量且有一定经济效益的劳务型、劳务智力型业务（如：岩土施工、基础处理、建筑、加工、修造、测试等），以及后勤服务、多种经济业务划为辅助业务。将64家辅助企业拟重组改制为4[illegible]家三种类型的企业：①3个辅助企业拟改制为国有法人控股的有限责任公司；②25个辅助企业拟改制为非国有法人控股（主体企业股权比例小于49%）的有限责任公司；③12个辅助企业改制为民营公司，国有资本完全退出，由改制企业的全体职工投资控股经营。

坚持“为政府服务、为社会服务、为业主服务”，积极推进水电建设事业发展

2003年，集团公司承担着国家重点水电工程的勘测设计工作。在建工程龙滩、小湾、公伯峡、洪家渡等（含抽水蓄能项目）135项，总装机规模约670

万 kW；前期项目溪洛渡，向家坝，白鹤滩，糯扎渡，瀑布沟，锦屏一、二级等 110 项，总装机规模 9300 万 kW；顺利完成三峡工程的蓄水安鉴，有力地保证了三峡水电站按计划下闸蓄水；完成怒江水电规划、大渡河规划调整和江苏、重庆等抽水蓄能规划选点审查；完成锦屏二级、观音岩、马山、蟠龙等 20 项预可研项目审查，总装机容量 1800 万 kW；完成溪洛渡、糯扎渡、锦屏一级等 18 项可行性研究项目审查，总装机容量约 3000 万 kW。保证了国家重点建设项目的建设进程，推动了前期工作。

全国水力资源复查工作进入最后阶段，复查成果数据库的建立和登录工作正在开展，基本摸清了全国水力资源的家底，为国家决策水电资源开发规划奠定了科学基础。最终成果的验收发布将于 2004 年上半年完成。

集团公司作为国家发改委委托的风电建设技术管理单位，与国家发改委一起成功组织召开全国大型风电场前期工作会议，拉开了大力开发风电的序幕。

为满足 2020 年全面实现小康社会目标对电力能源的需求，积极协助国家发改委研究制定了全国“十一五”及 2020 年常规水电、抽水蓄能和风电建设规划，为国家协调有序发展水电及新能源提供了科学依据。

积极参与市场竞争，不断壮大公司实力

2003 年按照集团公司确定的四方面根本转变，创新合作模式，加大经营力度，积极拓展新业务，取得了丰硕的经营成果。与中国华能集团公司及华东、华中等区域电网公司和西藏自治区电力局签订长期的战略合作协议和水电、抽水蓄能电站开发协议，稳定了集团公司的市场份额；与国家发改委密切配合，合理安排好发改委解决的 5000 万元水电前期费和财政部解决的 3400 万元水电前期费；通过银企合作，积极向国家开发银行申请到 2 亿元水电前期技术援助贷款，用于暂无项目业主的水电项目的前期工作，确保了必要的水电勘测设计储备，有力地巩固了集团公司在水电前期项目上的主导地位。

勘测设计、审查、咨询、安鉴、监理等传统业务进一步巩固，水库综合监理市场有效控制，劳动安全与工业卫生评价市场及水土保持与环评市场充分打开，达标投产验收、勘测设计招标代理、重大设计变更审查、大坝定检和安全性评价等业务有一定拓展，争取到风电招标代理技术管理权，为集团公司未来在风电设计市场争得主导地位。

在做好产品经营的同时，在中央政策的指导下，在有关地方政府的大力支持下，按照集团公司“做优、做强，成为国际水电勘测设计综合实力较强的中介机构，国内水电勘测设计综合实力最强的中介机构”的战略设想，为了确保稳定的效益基础，增强抗风险能力，充分发挥投资功能，积极投资水电，进一步壮大优良资产。2003 年集团公司总部和所属设计院投资水电权益容量达到 66.14 万 kW。集团公司实体化经营迈出了坚实的第一步。

坚持科技创新，勇攀水电设计技术巅峰

2003 年，在集成和整合集团公司科技力量，优化科研资源配置、降低成本，规范集团公司科研开发管理，加快科技成果的转化应用，推动集团公司技术进步，提高勘测设计技术水平，科技管理制度建设方面取得明显成效。

重点科技课题研究方面取得丰硕成果。包括“深覆盖层地基上的混凝土面板堆石坝关键技术研究”等 13 项重点科技课题研究工作进展顺利，部分课题的专题研究基本结题，研究成果经初步验收，并应用到水电工程上。服务水电及新能源发展的行业标准制修订工作步伐加快。2003 年，集团公司承担的在编技术标准 49 项，完成《水电工程招标设计报告编制规程》等 9 项标准，并通过审查验收；完成《水力发电厂机电设计规范》等 4 项标准的报批工作。受国家发改委委托，编制完成了《风力发电场项目可行性研究报告编制规程》、《风电场风能资源评估方法》和《风电场前期工作技术管理办法》等有关风电工程技术标准，并由国家发改委发布实施，用于指导和规范风电场工程建设管理和勘察设计，为促进风电事业发展发挥了重要作用。此外，各院结合工程建设组织开展了一大批专项研究工作，完成了 批科研成果，提高了设计技术水平和质量，有力地保证了工程建设进程，取得了良好的社会和经济效益。

2003 年，集团公司获得中国电力科技进步奖项有 6 项；开展水电科技进步评奖活动，评出了一等奖 5 项、二等奖 6 项。

主要事件

2～3 月期间，全国水力资源复查办公室（设在集团公司本部）会同相关省（区、市）计委，分别在成都、哈尔滨、广州、武汉、杭州、西安、郑州、乌鲁木齐市主持召开各省（区）水力资源复查分省成果审查验收会议。

8 月 7～9 日，会同国家发改委、科学技术部等单位，在北京召开《风电场前期工作有关技术管理规定》咨询会议。

8 月 16～17 日，全国水利资源复查办公室会同国家发改委等单位，在哈尔滨主持召开全国水利资源复查第三次会议。

8 月 24～28 日，《金沙江溪洛渡水电站可行性研

究报告》在北京通过审查。

12月1日，集团公司经国家工商行政管理总局核准登记注册正式成立，“中国水电工程顾问集团公司”印章正式启用。

12月9日，国务院国有资产监督管理委员会以国资任字［2003］46号文，任命李菊根同志为中国水电工程顾问集团公司总经理；晏志勇、董成银、王民浩、王斌同志为中国水电工程顾问集团公司副总经理；王首丽同志为中国水电工程顾问集团公司总会计师。

12月17日，根据国务院国函[2003]32号精神及国经贸电力[2003]271号的通知，原国家电力公司水电水利规划设计总院更名为水电水利规划设计总院。

（张　建）

中国水利水电建设集团公司

企业概况

中国水利水电建设集团公司（以下简称集团公司）始于20世纪50年代。1988年10月，成立中国水利水电工程总公司。1998年与原国家电力公司建立资本纽带关系，是原国家电力公司的全资子公司。2002年12月，在国家电力体制改革中，经国务院批准组建为中国水利水电建设集团公司，由中央直接管理。

集团公司主要从事国内外水利水电及相关工程总承包、机电设备制造、投资开发及进出口贸易业务等。注册资本金20亿元，截至2003年底，所有者权益33亿元，资产总额207亿元。共有20个全资子公司和3个控股公司，全资子公司主要是16个水电工程局和两个水工机械厂，共有员工12万余人。

50多年来，集团公司先后建成了国内70%的大中型水电站和水利枢纽工程，总装机容量5100多万kW，在建工程包括三峡、龙滩、小湾等特大型水电工程在内，总装机容量4000多万kW，为中国进入世界水电大国行列，为电力工业的快速发展做出了特殊贡献。

1999年以来，集团公司综合实力持续快速增长。企业总产值年均增长14.3%，新签工程合同额年均增长42.9%；全员劳动生产率年均增长16.3%。2003年与1988年相比，企业总产值增长11.7倍，全员劳动生产率增长16.5倍。

集团公司按照中央“走出去”战略的要求，大力开拓国际市场，经营规模持续扩大，经营层次逐年上升，地域市场不断拓展，取得了丰硕成果。1999～2003年共完成国际工程营业额约5.7亿美元，签订国际工程合同17.5亿美元（按公司股份）。自1999年以来连续进入全球最大225家国际工程承包商行列，2002年跃入“百强”，居第89位，2003年在商务部评选的全国外经公司前30名的排名中，以当年新签合同额和产值分别列第3位和第11位，成为中国水利水电产业“走出去”的排头兵和中国企业“走出去”的重要力量，在国际市场上牢固树立了“中国水电建设第一品牌”的良好形象，并有力带动了国内企业、资金、技术、设备、劳务走向国际市场。按照国内权威比例计算，集团公司近几年完成的国外营业额带动我国GDP增长233亿元。

组织机构见下表。

组 织 机 构

类别及名称		注册地址
中国水利水电建设集团公司（母公司/总部）		北京市宣武区
总部机构设置	总经理工作部	
	人力资源部	
	财务产权部	
	工程科技部	
	投资部	
	市场部	
	企业发展部	
	审计部	
	监察部	
	党群工作部	
	资金结算中心	
	信息中心	
	史志办公室	
	海外事业部(分公司)	
	机电物资公司(分公司)	
全资子公司	中国水利水电第一工程局	吉林省长春市
	中国水利水电第二工程局	北京市西城区
	中国水利水电第三工程局	陕西省西安市
	中国水利水电第四工程局	青海省西宁市
	中国水利水电第五工程局	四川省成都市
	中国水利水电第六工程局	辽宁省丹东市
	中国水利水电第七工程局	四川省成都市郫县
	中国水利水电第八工程局	湖南省长沙市
	中国水利水电第九工程局	贵州省贵阳市
	中国水利水电第十工程局	四川省都江堰市
	中国水利水电第十一工程局	河南省三门峡市
	中国水利水电第十二工程局	浙江省杭州市
	中国水利水电第十三工程局	山东省德州市
	中国水利水电第十四工程局	云南省昆明市
	中国水利水电闽江工程局	福建省福州市
	中国水利水电基础工程局	天津市武清区
	夹江水工机械厂	四川省夹江县
	富春江水电设备总厂	浙江省桐庐县
	北京华夏水电新技术开发公司	北京市宣武区
	北京流芳宾馆	北京市西城区

续表

类别及名称		注册地址
控股子公司	华亭发电有限责任公司	甘肃省兰州市
	阿坝水电开发有限责任公司	四川省成都市
	北京华科软科技有限公司	北京市宣武区

注 未含参股公司。

经营状况

1. 主要经济技术指标

全年实现营业收入190.8亿元，同比增长24%；新签工程合同额同比增长50.5%；全员劳动生产率15.53万元/（人·年），同比增长22%；完成大中型水电机组装机投产29台442.4万kW，均创历史最好水平。

2. 国际化经营

新签国际工程合同额7.7亿美元，同比增长67.4%，完成营业额2.8亿美元，同比增长21.7%，两项指标再创历史新高。中标了我国国际工程承包史上中国企业承包的最大单项国际工程——苏丹麦洛维水电站，合同总额达5.5亿欧元（合6.5亿美元）；积极探索国际融资、投资的路子，以BOT等方式运作了有关水务项目；首次进入美洲地区，中标了伯利兹查里罗水电站项目。截至2003年底，集团公司在世界上19个国家在建28个工程项目，设置在不同国家和地区的驻外机构达20个。

3. 电源投资开发

行使国务院赋予的投融资权利，积极参与电源项目的投资运作，以股份制形式投资开发了4个电源项目。到2003年底，集团公司电源项目的总装机容量约100万kW，权益装机容量约32万kW。

科技进步

完成“高水头水电站引水系统深竖井长斜井施工技术研究”等7个科研项目的立项工作；对已完成的“三峡水电站特大型埋件全自动焊接及现场制造技术研究”和“碾压混凝土筑坝施工技术在大朝山水电站的研究与应用”等23个科研项目进行了奖励评审；组织专家对“新型水工建筑树脂”进行了成果鉴定；进行了“福堂坝水电站不良地质条件下大型卄挖关键施工技术研究”等2个项目的中间成果验收；完成了对7个规程规范的修订和送审，签订了4个规范的修订合同。

精神文明建设

1. “三创建”活动

普遍开展创建“文明机关、文明小区、文明工地”活动，出现了公伯峡、桐柏等一大批文明工程、精品工程，集团公司10个项目被水利部评为文明工地。

2. 文明单位考评

印发《文明单位建设管理办法（试行）》，对文明单位考评细则和考评标准进行了重新修订，形成文明单位升、降、撤动态管理工作制度及文明单位从创建到自查、复查等一系列管理制度。严格按照《管理办法》及考评细则的要求，严把质量关，2003年共撤销了18个文明单位，新申报26个单位（其中局厂级1个），复查单位84个单位（其中局厂级7个）。

3. “中央国家机关文明单位”和“首都文明单位”创建活动

集团公司连续7年（1997～2003年）保持中央国家机关文明单位称号，连续三届（1998～1999年度、2000～2001年度、2002～2003年度）保持首都文明单位称号（在原国家电力公司系统，仅中国水利水电建设集团公司一家保持首都文明单位的称号）。

企业规章

2003年，集团公司拟定了《集团章程》、《集团公司母子公司体制规范暂行办法》、《集团公司改制重组总体方案》和《集团公司总部改制重组方案》等多个规范集团体制与管理关系的制度；按照集团化建设的需要，修订或制定了战略管理、投资管理、资产管理、财务管理、资金管理等方面的一系列文件。

主要事件

1月7日，集团公司党组书记、总经理郭建堂考察了由水电十四局建成的广州地铁二号线（火车站）及地铁三号线林和西站工程，由水电闽江局承建的广州新白云国际机场飞行区东站工程。

1月23～24日，集团公司召开2003年工作会议。

1月25日，集团公司召开2003年纪检监察工作会议。集团公司党组书记、总经理郭建堂在会上作了题为《理清新思路，明确新任务，开创新局面，全面建设具有国际竞争力的大型企业集团》的工作报告。

2月13日，国有企业监事会54办正式进驻集团公司，2月18日～4月30日，监事会对集团公司总部及8个成员企业进行了实地监督检查。

2月20日，国务院以国函［2003］25号文对集团公司组建方案和章程予以批复。3月17日，原国家经贸委根据国务院批复，以国经贸电力［2003］270号文下发通知，确认集团公司组建方案和章程。方案明确集团公司是中央管理的企业，对成员企业按照资产关系行使出资人权利。

2月24日，伯利兹查里罗水电工程项目合同签订，中标金额2215万美元，该工程是集团公司签约的第一个位于美洲的项目。

3月23～26日，伊朗能源部长比塔拉夫一行应邀到集团公司访问，双方进行了友好会谈。

4月13～18日，集团公司党组书记、总经理郭建堂先后到水布垭电站、江口电站、藤子沟电站、鱼剑口电站工地检查指导工作，慰问一线职工。

5月30日，集团公司党组作出决定，授予沈士度等10名同志为“中国水利水电建设集团公司系统劳动模范”荣誉称号；杜楠等58名同志为“中国水利水电建设集团公司系统先进生产（工作）者”荣誉称号。

6月1日，三峡大坝下闸蓄水。作为三峡工程建设的主力军之一，集团公司为三峡工程实现阶段性目标作出了应有的贡献。

6月5日，集团公司党组书记、总经理郭建堂到水电二局慰问在一线抗击“非典”的干部职工。

6月7日，我国国际工程承包史上最大的单项国际工程——苏丹麦洛维大坝项目土建工程合同签字，合同金额6.5亿美元。

6月16日，北京鑫鹏达投资公司总裁及有关专家就《集团公司改制重组总体方案》和《集团公司总部改制重组方案》，向集团公司领导和总部管理人员作咨询情况的说明。

6月30日，国资委企干二局考察组到集团公司，对集团公司领导班子进行考察。

7月10日，三峡首台发电机组——2号机组比计划提前20天实现并网发电。集团公司向承担机组安装任务的水电八局致电祝贺。

7月21～23日，集团公司召开科技进步奖科研课题项目评审会，23个项目分获集团公司科技进步一、二、三等奖，11项课题被推选为集团公司建议立项项目。

8月21日，集团公司总部通过ISO9001质量管理体系第三方认证，授牌仪式于当日举行。

8月22日，集团公司以中水电企［2003］30号文印发《集团公司总部机构设置方案》，决定增设投资部、资金结算中心、市场部，重组机电物资公司，对相关部门的职能进行补充和完善。

8月22日，集团公司以中水电人［2003］85号文印发《集团公司总部管理人员竞争上岗实施办法》，启动集团公司总部人事制度改革工作。

在8月揭晓的全球最大225家国际工程承包商排名中，集团公司以1.71亿美元的国外营业额，首次进入百强行列，位居第89位。

9月5日，集团公司以中水电工［2003］53号文印发《集团公司科技发展规划（2003～2010年）》和《中国水利水电建设集团公司科技工作管理办法》。

9月16～20日，集团公司党组书记、总经理郭建堂先后到小湾、龙滩电站建设工地考察指导工作和看望参建单位的职工。

9月29日，集团公司控股组建的华亭发电有限责任公司成立暨揭牌仪式隆重举行。甘肃省常务副书记韩忠信、副省长杨志明，集团公司党组书记、总经理郭建堂出席仪式。

10月9日，集团公司以融资和总承包方式承建的国际工程——伊朗塔里甘水电站按期截流。

在10月18日举行的中国跨国经营与信用管理高层研讨会上，集团公司获商务部颁发的“中国外贸企业信用体系指定示范单位”证书，成为我国首批该类企业。

10月22日，集团公司以中水电资［2003］3号文下发通知，决定对首批三个单位实行资金集中统一管理。

11月7日，集团公司在北京与赞比亚政府正式签订赞比亚项目合作意向书，涉及项目总额达6亿美元。

11月18日，国资委主任李融荣听取集团公司情况汇报。

11月25～27日，集团公司召开外经工作会议。集团公司党组书记、总经理郭建堂出席会议并作重要讲话。

12月1～28日，集团公司党组书记、总经理郭建堂考察非洲赞比亚、埃塞俄比亚、南非、苏丹、莱索托五国，参加第二届中非合作论坛部长级会议和企业家大会。期间，郭建堂总经理考察了集团公司承建的埃塞俄比亚泰可泽电站、安保公路项目、苏丹麦洛维大坝项目和南非房地产项目，并与赞比亚、莱索托两国有关部门就开发水电事宜进行了洽谈、协商。

12月31日，集团公司与四川省阿坝州人民政府签订阿坝州水电开发总公司股权转让开发协议，主要内容包括重组该公司、开发黑水河水电资源。

（赵新华）

中国葛洲坝集团有限公司

概况

中国葛洲坝集团有限公司是经国务院批准，在中国葛洲坝水利水电工程集团有限公司和原国家电力公司部分企业基础上组建的国有企业。2002年12月29日于北京人民大会堂挂牌成立，2003年6月在湖北省工商行政管理局注册，注册资金暂定9.6亿元，由国务院国有资产监督管理委员会管理。根据《国务院关于组建中国葛洲坝集团公司有关问题的批复》（国函［2003］33号），以葛洲坝集团公司为母公司组成中国葛洲坝集团。

中国葛洲坝集团公司主要从事水利水电建设工程的施工、勘测设计、监理、咨询、技术培训等，涉及电力、交通、市政、工民建、机场等领域，从事机电设备、工程机械、金属结构、压力容器等制造、安装销售及租赁以及电力等项目的开发、投资、经营和管理等，并自主开展外贸流通经营、国际合作、对外工程承包和对外劳务合作，国内外股融资等业务。集团公司获国家建设部颁发的多项资质证书，主项资质为水利水电工程施工总承包特级，分项资质有公路工程施工总承包壹级、市政公用工程施工总承包壹级、房屋建筑工程施工总承包贰级、起重设备安装工程专业承包壹级、桥梁工程专业承包壹级、隧道工程专业承包壹级、公路路基工程专业承包壹级、机场场道工程专业承包壹级等资质。2003年末，集团公司在岗职工29977人，其中技术人员7809人，占26%；离开本单位仍保留劳动关系的职工7869人。集团公司拥有各类机械设备2.7万台（套），设备总原值35.8亿元，总净值18亿元。企业总资产突破100亿元，达116.3亿元。

2003年集团公司以效益为中心，深化改革，从严治企，拓展市场，取得了一系列历史最好成绩。

1. 生产经营计划圆满完成

2003年完成企业总产值占计划的105%，同比增长13.8%，是10年前（1994年）的近3倍。其中，建筑业产值完成计划的104.57%，同比增长15.67%；工业产值完成计划的119.17%，同比增长23.1%；第三产业受"非典"等因素影响，未完成计划。剔除消化以前年度潜亏及"非典"影响，当年实现盈利。

实物工程量完成土石方挖填6359万m^3，混凝土浇筑318万m^3，钢筋制作安装63858t，金结制作安装23681t，安装投产水轮发电机组4台、210.35万kW，创历史最高纪录；水泥生产265万t，发电18724万kWh。

2. 投标签约再创新高

2003年，集团公司继续高举"中标是硬道理"大旗，在强手如林的激烈竞争中争夺市场份额，全年投标签约金额是计划的185%，同比增长63.39%，实现了历史性突破。其中，国内市场投标签约金额是计划的185%，同比增长46.5%，是10年前（1994年）的6倍多。集团公司抓住水电市场持续繁荣的机遇，调整战略，在继续巩固传统优势市场的基础上，把主攻方向转向西部市场，以前期中标的四川冶勒、云南大朝山、黄河上游公伯峡等水电站为桥头堡，通过竞标，成功进入四川瀑布沟水电站、溪洛渡水电站、云南景洪水电站等重点工程市场，同时拓展了路桥市场和抽水蓄能电站领域。国际市场方面，全年签约金额是计划的186.5%，同比增长43.64%；科威特苏比亚配水项目中标金额折合人民币8.96亿元，创集团公司单项国外工程签约金额的最高纪录。市场拓展赢得较好的任务储备，为集团公司加快发展奠定了良好的基础。

3. 在建工程施工进展顺利

集团公司2003年在建工程项目160多个，国内项目分布在22个省、市、自治区，国外项目分布于尼泊尔、老挝、伊朗、科威特、埃塞俄比亚等国。各项目部诚信履约，保进度，保形象，保质量，施工进展顺利。作为三峡工程主力军的集团公司，为确保2003年三峡蓄水、通航、发电目标顺利实现，顽强拼搏，各项承包任务均按计划或提前完成，三期碾压混凝土围堰提前55天达到140m设计高程，并创造了混凝土浇筑和围堰日上升高度等多项世界纪录；左岸厂坝高程140m以下蓄水项目按期通过国家验收；永久船闸南北两线按计划完成有水联合调试；集团公司安装的4、5、6号单机容量70万kW巨型水轮发电机组分别提前90、108、160天投产发电。集团公司"三峡3台70万kW机组安装、三峡碾压混凝土围堰施工"入选2003年度"湖北企业界20件大事"。清江水布垭大坝一期填筑于5月20日达到210m高程，超过原计划过水度汛高程2m；二期填筑按计划进行。广西龙滩电站左岸导流洞顺利通过竣工验收并被评为优良工程。其他如四川南垭河冶勒水电站，黄河上游公伯峡、拉西瓦水电站，四川硗碛水电站、溪洛渡水电站，云南景洪水电站等一大批由集团公司承建的国家重点工程的形象进度均满足合同要求。

国外工程方面，老挝乌都木塞管道扩建工程提前竣工，被业主评为优质工程；科威特苏比亚项目主体工程施工有所提前；伊朗的莫拉萨德拉项目和埃塞俄比亚的特克泽项目施工均按计划进行。

在建工程质量进一步提高。2003年集团公司共完成单元工程38572个，合格率100%，优良率94%，较2002年提高0.5个百分点。一批优质工程项目先后获省部级以上奖励，大朝山水电站1号、3号水轮发电机组安装、500kV升变电、引水压力钢管制作安装工程获云南省2003年度优质工程一等奖；三峡二期工程大坝和电站厂房金属结构设备制造（第一标段）焊接工程获全国优秀焊接工程一等奖，三峡二期工程泄洪深孔金属结构与启闭机设备安装焊接工程、三峡永久船闸金属结构设备制造焊接工程获全国优秀焊接工程称号；广东东深供水工程樟洋渡槽项获广东省人民政府和东改工程总指挥部颁发的施工质量特别优秀奖。

4. 企业运作更加规范有序

集团公司按照现代企业要求，以项目管理为重点，从严治企，创新管理，企业运作更加规范有序。2001年，出台了《工程项目管理办法》及与之相配套的一系列规章制度，形成了一个完整的项目管理制度体系；确立了“干一项工程，树一座丰碑，交一批朋友，拓一片市场，育一批人才”（简称“五个一”）的企业经营理念。通过坚定不移地实践“五个一”经营理念，精细管理，一步一步地把项目管理推向更高水平。2003年，集团公司两次召开研讨会，系统地分析研究了直属项目管理各种模式的利弊得失，理清了思路，并在瀑布沟水电站工程项目部、拉西瓦水电站工程项目部实行了“一级管理、一级核算”的新的内部联营模式，取得了初步成效。10月，在江苏宜兴召开的在建工程项目管理工作会上达成了在建工程项目管理以经济效益为核心的共识，确立了经济效益衡量项目管理的根本标准。集团公司的管理创新成果《“五个一”理念的打造与实践》荣获湖北省第十五届（2003年）企业管理现代化创新成果一等奖。

5. 文明建设向纵深发展

集团公司各级干部和广大职工深入学习贯彻十六大精神，坚持用“三个代表”重要思想统领各项工作，确保企业各项目标的实现，取得显著成效。集团公司被省国资委授予“党委中心组学习先进单位”称号。文明建设活动坚持以生产经营为中心，突出“建文明葛洲坝城，做文明葛洲坝人”主题，向基层深入，向在建工程深入，向管理深入，向人的素质深入，向社区深入，巩固了省级最佳文明单位的创建成果，并新涌现出一批文明工区、文明小区和文明班组。思想政治工作不断创新。2003年，集团公司再次荣获“湖北省思想政治工作最佳企业”称号。

机组安装创新纪录

2003年，在三峡工程“保四（台）争六（台）”发电目标中，中国葛洲坝集团公司出色地完成了其中4、5、6号3台单机容量70万kW巨型水轮发电机组的安装任务。具体负责安装的葛洲坝机电建设有限公司是全国水电安装系统的一支劲旅，曾多次荣获国家级“电力建设投产功臣单位”和中国安装协会授予的“中国安装之星”称号，拥有雄厚的技术实力，不断创造新纪录。

5号机组和由另一施工单位安装的2号机组为三峡首批发电机组，但按计划，5号机组的充水启动试运行排在2号机组之后。葛洲坝机电建设公司克服设备到货晚、图纸提供滞后、专用工具到货不及时、土建部位交面迟缓等不利因素，攻坚克难，在晚开工2个多月的情况下，硬是把进度抢了上去。在业主提出的谁先具备条件谁先启动，同时具备条件同时启动的原则下，5号机组与2号机组同于2003年6月10日充水启动。经过一系列的调试检验，5号机组于7月13日16时32分圆满完成72h试运行，并网发电，比合同工期提前90天。6号机组于8月29日16时39分圆满完成72h试运行，比合同工期提前108天投产发电；4号机组于10月28日17时50分圆满完成72h试运行，比合同工期提前160天投产发电，创三峡当年快速装机工期最短纪录。至此，中国葛洲坝集团公司在三峡左岸电站成功实现3台机组提前发电计划，为三峡工程“保四争六”发电目标全面实现作出了积极贡献，并首创同一单位在同一电站水电装机年投产210万kW世界新纪录。

葛洲坝股份有限公司总部迁址武汉

2003年12月26日，原位于宜昌市的葛洲坝股份有限公司总部迁往武汉，省人大、省政府、武汉市委、市政府和有关部门、新闻单位的领导、嘉宾出席了迁址揭牌仪式。

葛洲坝股份有限公司由中国葛洲坝集团公司独家发起，以其优良资产和骨干企业改组，通过社会募集方式，于1997年5月正式成立，是一家以建筑工程承包、建材生产为主业，集交通能源等基础设施经营及高科技研发为一体的综合性大型企业。截至2003年底，公司总资产达78亿元，净资产34亿元，是湖北省内三家规模最大的上市公司之一。葛洲坝股票入选沪市“180成分指数”。2003年9月，葛洲坝股份有限公司在中国社会科学院工业经济研究所、《中国经营报》主办的当今国内最具竞争力企业评选中被评为“最具竞争优势百家企业”。公司总部迁到武汉后，将充分利用武汉交通便利、信息通达、区域发展前景广阔的优势，进一步调整产业结构，不断向朝阳产业和新兴行业进军，将会形成科学的产业布局，雄厚的实业基础，为实现公司五年发展规划的战略目标打下基础。

（黎　江）

中国长江电力股份有限公司

概况

2003年是中国长江电力股份有限公司正式运营

的第一年。

公司以“为社会提供清洁能源，为股东创造稳定效益”为宗旨，建设“三峡工程、世纪梦想，长江电力、源远流长”的企业形象，全面完成了年初制定的三峡电厂首批机组投产发电、公司股票成功发行上市、开拓三峡电力销售市场三大目标。

公司所属两个梯级电厂（三峡、葛洲坝）全年共发电235.48亿kWh，占全国年发电量的1%。其中当年投产发电的三峡电厂6台机组共发电86.0747亿kWh，按上网电价0.25元/kWh计算，创造直接经济效益21.52亿元；葛洲坝电厂发电149.4049亿kWh，按2003年上网电价0.151元/kWh计算，创造直接经济效益22.56亿元，其二江电厂发电53.2229亿kWh，大江电厂发电96.182亿kWh。

公司由葛洲坝电厂改制重组诞生后，当年便出手不凡。2003年9月、10月，长江电力分别收购了三峡左岸电站首批投产的共4台机组，交易总价值183.5亿元人民币。10月28日，长江电力公司获中国证券监督管理委员会核准，首次公开发行A股23.26亿股，发行价格4.3元/股，募集资金总额100.018亿元，募集资金净额98.29亿元，目前总股本78.56亿股。11月18日，长江电力在上海证券交易所成功上市。

2003年是三峡电能销纳的第一年，没有规律可循，没有经验可借鉴。经过市场调研和谈判，以经济合同的形式实现了三峡电能消纳。全年不仅实现了按合约电价消纳三峡电能61.3亿kWh，而且比合同约定的合约电量为消纳24.7亿kWh。同时，对进入电力市场和参与竞争进行了初步研究、探索，建立了自身特色的营销模式，电力营销有了良好开局。截至2003年12月31日，长江电力总资产296.17亿元人民币，净资产198.27亿元人民币，总装机容量651.5万kW。全年完成主营业务收入29.86亿元人民币，实现利润总额21.45亿元人民币，净利润14.38亿元人民币，加权平均每股收益0.251元人民币。

2003年，长江来水偏枯，年内分配不均匀，加之三峡水库蓄水影响，对葛洲坝电厂发电不利。三峡坝址来水总量4068.83亿m^3，年平均入库流量12900m^3/s，较多年平均值14300m^3/s偏枯9.8%。全年只出现一次大于45000m^3/s洪水，洪峰流量46000m^3/s，出现在9月4日8时。三峡水库6月1日正式下闸蓄水，6月10日水库水位比计划提前5天蓄至135m。10月26日，三峡水库水位再次抬升，11月5日按计划蓄至139m。

公司把确保三峡首批机组顺利发电作为2003年电力生产的首要任务。三峡电厂积极主动参与三峡机组、相关设备设施的接收，实现了无缝交接，从2003年7月10日～11月22日，在135天时间内顺利接管6台单机70万kW、总装机420万kW新投产机组，创造了新电厂接机强度和一年内接机总容量最大的世界纪录，创造了水电厂蓄水当年机组投产台数最多的世界纪录，创造了一年内接管大型泄洪闸门启闭机数量最多的世界纪录，并保证了所有机组及辅助设备设施安全稳定运行。当年三峡电厂机组等效可用系数完成率为113.9%。

2003年，安全生产形势良好。年内投产发电的三峡电厂以“全厂安全百天，机组首稳百日”为目标，实现连续安全生产天数380天，单机无一类障碍以上事件连续运行最长时间从1～6号机组分别为39、84、129、48、83、41天，没有发生本厂人员责任事故和人员伤亡事故。已经投产发电23年的葛洲坝电厂2003年实现了安全生产三个100天的目标，年底连续安全生产天数279天。以机组检修为主要职责的长江电力公司检修厂，连续安全生产天数达2285天，实现了又一个安全无事故年的目标。

2003年，机组设备检修、技术改造成效明显。完成了葛洲坝1台机组扩修、4台机组大修和37台次机组小修以及大量的设备改造，其中大型设备改造达20余项，葛洲坝电厂21台机组技术供水系统滤水器全部改造完毕投入运行，主设备、二类设备完好率100%。葛洲坝电厂采取拦蓄洪水尾水、加大清污力度、提高机组开机速度等措施，充分利用机组增容改造的研究成果，加大对17～21号机组出力限制；实施高质量检修，加大技改力度，着重在切实保障和提高现有设备健康水平上下功夫，保障机组满发、超发，把长江自然来水偏枯、三峡水库两次蓄水造成的发电损失减到最小。2003年葛洲坝电厂机组等效可用系数完成率为113.9%，机组利用小时数5502.76h，各项可靠性指标均达到国内一流电厂水平。

2003年，公司召开了四次董事会、一次监事会、一次股东大会，通过了关于公司经营和发展的重要议案31项；增选了独立董事，成立了薪酬与考核等专门委员会和董事会办公室，制定并发布了《董事会议事规则》等9个规章制度，健全了公司治理的组织机构，明确了股东大会、董事会、监事会及经理层的权责范围和工作程序及重大生产经营决策程序与规则，公司的治理结构不断完善。在公司管理中，正在实现“三个转变”：在管理理念上，实现从传统国有企业向公众公司的转变；在管理方式上，实现从过去只管生产向生产和经营并重的转变；在管理宗旨上，实现从只对控股股东负责向对所有股东负责的转变。

2003年，公司所属的葛洲坝水力发电厂荣获

“中央企业厂务公开先进单位”、“全国大型水电厂（站）劳动竞赛先进集体”荣誉称号，葛洲坝电厂的刘明闪同志被评为宜昌市劳动模范。三峡水力发电厂被评为“全国电力行业标准化工作先进集体”，三峡电厂的张润时同志被授予“湖北省企业工委优秀共产党员”和“长江三峡工程优秀建设者”荣誉称号，闫坤同志获得“中央企业优秀共青团员”和“全国优秀共青团员”荣誉称号。

公司领导

董事长：李永安

监事会主席：林初学

总经理：毕亚雄

副总经理：寇日明　张定明

纪委书记：毕为民

总工程师：程永权

董事会秘书：傅振邦

组成单位

公司成立于2002年11月4日，员工总数约1700人。下设三峡水力发电厂、葛洲坝水力发电厂、检修厂、三峡梯调通风中心等四个生产单位，本部设总经理工作部（党群工作部）、人力资源部、资产财务部、生产技术部、市场营销部、资本运营部、稽核部等7个部门，公司所有机构于2003年1月1日正式运转。

三峡水力发电厂首台机组并网发电

2003年7月10日凌晨1时31分，三峡工程2号机组正式并网发电，成为三峡首批发电机组的第一台机组，较原计划提前20天。三峡工程开始发挥效益，造福于中华民族。

三峡左岸电厂2号机组作为三峡首批发电机组，经过安装、设计、监理、运行管理、制造各方面力量的共同努力，从6月10日开始进行各种试验，6月底完成试运行前的所有调试项目。6月29日，经三峡工程左岸电站机组启动验收委员会批准，2号机于7月1日上午10点02分首次并入电网，负荷出力在当时水头下的最大功率达54.4万kW，同时正式进入机组72h试运行期。但在7月4日上午6点，在接近68h的运行阶段，2号机因VGS纯水系统导电率传感器存在显示误动现象，并且纯水导电率输出信号与监控系统接口存在问题，纯水输出为报警信号，而监控系统却为跳闸信号，导致导电率瞬时波动到2.5μs/cm时机组事故停机。事发后，VGS对2号纯水系统导电率传感器进行了更换处理，并对监控系统和现场所有仪表的整定值重新进行了校验。当日11时12分开机，2号机重新进入72h试运行。在顺利结束72h试运行后，三峡电厂将正式接管了机组、主变压器、母线及相关辅助设备，在中央控制室里，安装单位水电八局向三峡电厂正式移交了2号机组的相关资料，水电八局副局长龚长清向三峡电厂厂长张诚移交了钥匙，由三峡电厂全面负责发电设备30天的考核运行。2号机组所发电力通过三龙（三峡—龙泉）线送入华中、华东电网，在全国21个省、市的缺电的情况下，三峡电力正式外送为缓解华中、华东两电网的高负荷压力将起到积极作用。

2号机组是当今世界上最大的混流式水轮发电机组，额定出力70万kW，转速75r/min，水轮机本体重量1745t，发电机重量3143t，单台机组总重量约6600t。水轮机转轮名义直径9.709m，13个叶片，转轮重407t，发电机最大容量84万kVA，额定电压20kV，采用定子绕组水冷、转子空冷的冷却方式，定子机座外径21.42m，定子铁心内径18.5m，铁心高度3.13m。由国外VGS（Voith-Ge-Siemens）中标制造，国内水电建设八局安装。

三峡水力发电厂成立于2002年11月，提前一年从人力资源、技术、物资、生产后勤和管理等各方面，做好了对三峡机组的运行管理的各项准备工作，并且已经在72h试运行期内安排了运行和维修技术骨干参加试运行指挥部的工作，承担机组的操作和控制任务。顺利实现了机组在成功完成72h试运行后“无缝”平滑移交。

按照国家发展和改革委员会《关于调整2003年三峡水电站电能消纳方案的通知》精神，从8月1日起，三峡左岸电站2号机、5号机正式投入商业运行。

温家宝视察三峡电厂

10月26日，中共中央政治局常委、国务院总理、国务院三峡建委主任温家宝在赴三峡库区考察后，到三峡工程建设工地视察。

温家宝先后听取了重庆市、湖北省、国务院三峡建委办公室和中国三峡总公司的工作汇报。他说，十余年来，三峡工程不断取得阶段性成果，工程质量和投资效益不断提高。三峡工程是前无古人的巨大工程，无论对三峡经济发展、全国电力资源开发，还是对长江（中下游）流域的防洪减灾都将发挥巨大作用。三峡工程的三期建设任务还很繁重，我们要清醒地认识工程建设的艰巨性、复杂性。行百里者半九十，要再接再厉，同心协力，全面完成三期工程建设各项任务，让三峡工程经得起历史检验，为子孙后代造福。

温家宝还肯定了陆佑楣同志关于三峡工程本质上是一项生态环境工程的认识。他指出，要高度重视三持续发展。他说，人们在利用自然的同时，必须保护好自然。人与自然、经济与社会要和谐、持续发展。三峡枢纽工程和输变电工程进入了边施工、边运营管理阶段。要加强现代化管理，努力提高运营效率和效益。

在三峡工程工地，温家宝先后走进双线五级船闸集中控制室，登上坛子岭和三峡大坝坝顶和泄洪坝段，认真了解和察看了三峡三期工程设计、监理、施工布置、工程进展状况。

三峡工程发电获得合法用水权

2003年5月，长江水利委员会正式向中国长江三峡工程开发总公司发放了三峡工程发电取水许可证，使三峡电厂左岸14台机组获得了年取水2323亿m^3的合法用水权。

早在1996年，长江委就审批同意了中国三峡总公司提出的三峡工程施工、生活、发电取水许可申请，年总取水量为4313亿m^3。其中，左岸14台机组发电用水量2323亿m^3，右岸12台机组发电用水量1989亿m^3，施工、生活用水量8577万m^3。施工、生活用水已于1996年4月办理取水许可证，右岸机组发电用水取水许可证将在右岸主体工程完工后办理。

葛洲坝入库流量创蓄水以来历史同期新低

2003年2月以来，长江上游降水偏少，导致葛洲坝水库入库流量持续偏枯。2月8日8时葛洲坝入库流量仅为2900m^3/s，这个数值是葛洲坝水库从1981年5月蓄水发电以来的罕见的最枯流量。

《葛洲坝水库调度规程》规定，当葛洲坝水库入库流量小于3200m^3/s时，葛洲坝入库、出库流量保持平衡，上游适当降低水位运行。长时间的持续低流量造成葛洲坝下游长江水位低于▽38.5m，而葛洲坝船闸人字门设计承受的水头为27m，这就要求葛洲坝上游水位必须低于▽65.5m。

来水偏枯给长江航运、三峡工程施工、葛洲坝电厂发电都造成一定困难，为防止意外情况发生，水库调度部门、三峡工程建设单位、三峡通航管理等单位及时召开调度协调会，根据各自职责，采取必要安全措施，进一步加强水情、工程施工及航运情报通报，出现问题及时反馈，协商处理。当葛洲坝入库流量超过3200m^3/s时，逐步恢复原调度方式。

为保证三峡导流明渠截流后的三峡工程施工需要，同时为满足三峡上游航深，三峡上游水位又必须维持一定的高度，2月的低流量使得上下不能两全。为此，水库调度部门利用三峡导流底孔开闭控制水位，当三峡—葛洲坝两坝间水位超出控制范围时，适当降低三峡坝上水位运行，将三峡上游下线水位暂定为▽68.5m。

葛洲坝电厂总出力创历史新高

8月2日7：50，葛洲坝水力发电厂全厂总出力达到创纪录的290.43万kW，比全厂铭牌出力271.5万kW高出整整18.93万kW，这是该厂投产发电23年来的最新历史纪录。葛洲坝电厂现有21台机组，其中19台12.5万kW、2台17万kW，全厂铭牌总出力271.5万kW，本次多的出力比全厂多增加了1台17万kW的机组还多1.93万kW。本次葛洲坝电厂出力创历史纪录的主要原因有三点：①近期葛洲坝来水一直维持在20000m^3/s左右，既保证机组出力有充足流量，又维持上下游水头在19m左右；②7、8月间华中地区持续高温造成电力负荷急剧增加，电力供不应求；③三峡梯调通信中心调度人员准确预报，科学调度。另外，由于8月长江来水比较平稳，江水泥沙含量不高，本次葛洲坝超负荷运行也不会对机组造成不利影响。

长江电力购三峡4台机组

8月28日，中国三峡总公司与中国长江电力股份公司签署资产收购协议，由长江电力股份公司收购三峡工程2、3、5、6号发电机组，交易总价值183.5亿元人民币，单位千瓦造价约6700元。本次交易的4台机组中，2、3、5号机组已经开始投入商业运行，6号机组正在进行72h试运行。根据三峡工程建设进度，双方商定2号、5号机组于9月1日交割，3号、6号机组于10月1日交割。

为了顺利实现本次资产收购，中国三峡总公司、长江电力股份公司以及中介机构年初就出让和收购等问题进行了深入的研究，确定了出让发电资产的总体方案，并上报国务院批准，争取了国家财政税收的政策支持。同时按期完成了资产评估工作，获得国资委批准，完成了资产收购的各项准备工作。

长江电力股份公司是中国三峡总公司联合其他发起人发起设立的股份有限公司。根据有关规定，长江电力股份公司将依托三峡工程建设和长江上游水利资源的滚动开发，以水力发电为核心业务，通过资本运作扩大资产规模，持续收购三峡工程陆续建成投产的发电机组和其他优质电力资产，实现规模与效益同步增长，用20年左右的时间将长江电力建设成为国内及国际一流的清洁能源公司。

全面开展“贯标”工作

从11月底开始，长江电力公司全面开展贯标工作，下属的葛洲坝电厂和检修厂同时推行“三标一体化”贯标工作，三峡电厂于12月25日正式取得ISO9001质量管理体系认证证书。这是长江电力公司根据生产经营管理和公司发展战略的要求，提升长江电力市场竞争能力的有力举措。

“三标一体化”即ISO9000质量管理体系、ISO14000环境管理体系和OHSAS18000职业健康安全管理体系，是国际公认的三项企业管理体系，对促进企业生产工作标准化、规范化，提高企业管理水平具有十分重要的意义。

12月，葛洲坝电厂、检修厂联合举办“三标一体化”培训班，对管理人员、生产技术骨干进行培训，通过企业局域网、宣传册、标语等对全员进行普及宣传，各部门结合实际编写作业指导书和作业流程目录，为梳理流程做好准备。为配合流程梳理工作，葛电厂、检修厂还安排专人进行了VISIO流程图绘制软件的培训，而且，还将采用“送出去”和“请进来”的培训方式，吸取贯标先进经验。

三峡电厂之前已经开展了ISO9001贯标工作。北京方圆标志认证中心与中国三峡总公司12月25日在北京联合举行仪式，向三峡水力发电厂颁发ISO9001质量管理体系认证证书。

三峡电厂是国内通过ISO9001标准认证的最大电厂，也是国内惟一的一家投产当年即通过ISO9000标准认证的电厂。

圆满完成葛洲坝电厂15号机组扩大性大修任务

3月29日，葛洲坝电厂本年度惟一的扩大性大修机组（15号机），在完成了4个多月的扩大性大修任务后正式开机并网，开始72h试运行。

15号机扩修除进行出口开关换型、自动控制装置、保护装置、励磁调节器、水系统、动力盘柜、控制柜等主要技术改造44项外，还增加了机组转轮叶片配重处理、主接力器轴封改造、发电机定子振动处理等任务。尤其是15号机出口开关换型改造完工，宣告葛洲坝大江电厂发电机出口开关换型改造工程全部结束，配套使用的高压气系统完成了历史使命。

扩修工作从2002年11月11日拉开帷幕，经历了葛洲坝电厂改制重组的全过程。为保证扩修工作安全有序进行，葛洲坝电厂加大思想工作力度，一手抓安全生产，一手抓改制期间职工队伍的稳定，制订了详实的扩修计划和组织方案。厂部每周五专门召开冬修协调会议，着力解决各单位间存在的分歧，协调冬修进度，扫清配合中的一些障碍，研究下一步工作计划，使得整个扩修过程中，检修、维护、运行之间配合默契，扩修工作顺利有效地进行。扩修后的启动试验于2003年3月24日开始，试验领导小组始终在现场指挥每一项试验，试验项目、内容比以往更详尽、细致，通过试验，检测出了三项重大缺陷，经检修人员连夜奋战处理，消除了事故隐患，保证了工期，保证了机组各项技术参数指标全部合格。

经过扩修改造的15号机组，优化了系统控制，提高了自动化水平和继电保护装置的可靠性，机组各项经济技术指标上了一个新台阶，为电厂争创一流打下了坚实基础。

葛洲坝电厂月发电量再创新高

2003年8月，葛洲坝水力发电厂创造了单月发电量达到21.143亿kWh的新历史最高纪录，全厂月最高出力达到289.13万kW，水量利用率也达85%，又一次刷新了由该厂2001年8月创造的20.1319亿kWh、2002年7月创造的20.491亿kWh的纪录，连续三年创造并刷新我国发电企业单月发电量的“吉尼斯”——中国企业新纪录。

2003年上半年，长江来水较往年偏枯，2月曾出现1981年蓄水发电以来的最枯流量，加之三峡工程近半月的蓄水期，损失电量6亿kWh，对葛洲坝电厂发电形势造成了不利影响。进入8月以来长江来水较好，且全国21个省、市正面临缺电的形势，持续高温社会用电量剧增，葛洲坝电厂抓住有利时机，实施多项节水增发举措，最大限度地保障机组安全满发。

根据三峡、葛洲坝两坝联合运行、统一调度以及三峡水库形成后的水情特点，以机组增容改造的科研成果为依据，在17～21号机组积极稳妥地推行挖潜增效措施，取得明显效果。运行值班人员加强与调度部门的联系协调，及时获取有关枢纽的最新水情，提高水能利用率；根据上游水位因三峡水库蓄、放水而变化较快、较大等新特点，增加机组运行工况的调整密度，科学地抬高机组运行水头；在确保机组安全的前提下，根据机组运行实际情况，利用多年运行经验适当超铭牌发电；同时精心调整、精心维护，确保设备始终在良好状态，严密监视水系统冷却情况，及时进行主变压器风冷器冲洗，降低主变压器温度，提高带负荷能力；严把巡检质量关，不放过设备缺陷和隐患的蛛丝马迹，并合理安排低谷消缺，保证了设备运行的可靠稳定性；检修水工维护人员加大机组拦污栅前人工和机械清污力度，尽可能减小水头损失。这些措施都发挥了重要作用，使得葛洲坝电厂月发电创造历史新高，对于提高长江电力股份公司经济效益，缓解夏季用电高峰期的紧张局面具有十分重要的意义。

葛洲坝电厂8月创造的一个厂单月发电量达到21.143亿kWh的最高纪录，比2002年7月20.4911亿kWh多发电6500万kWh，比2001年8月20.1319亿kWh的记录多近1亿万kWh。这一纪录既是该厂投产发电22年和全部机组投产15年以来的单月发电量最高纪录，也是国内发电厂单月发电量的“吉尼斯”纪录；相当于一个中型发电厂一年的发电量，相当于我国建国初期全国年发电量的一半，可供一个中等城市（50万人口左右）的年用电量；若按社会用电效益每千瓦时电量8元人民币估算，可产生社会经济效益160多亿元；按每千瓦时电量440g标煤估算，相当于为国家节约标准原煤90万t。

这些比较足以说明，葛洲坝水力发电厂正在并将继续为我国国民经济的发展发挥出巨大的经济效益和社会效益，三峡工程蓄水以后，葛洲坝与三峡两坝实行联合调度，效益已经更加显现。

葛洲坝电厂设备管理显成效

2003年，葛洲坝电厂顺利完成了1台机组的扩修，4台机组的大修，31台机组的小修以及500kV线路6条次、220kV线路5条次的检修任务。在设备检修中坚持“有修必修，修必修好”的原则，重点抓检修工艺质量，努力提高设备健康水平。并结合机组检修，完成了一系列设备技术改造项目：更换了葛岗线并联电抗器保护和500kVⅡ母线差动保护；对500kV开关站252B变压器220kV联络线保护进行了换型改造；对葛白Ⅰ、Ⅱ回线路保护进行了换型改造，完成了5061～5063开关一体化保护改造；全厂21台机组技术供水滤水器全部改造完毕投入运行；完成大江电厂最后3台PKG开关改造工作，取消了大江PKG室的高压气系统；完成了二江电厂3号、4号发电机出口断路器的安装；完成了大江电厂厂房及二江电厂6kV系统、大江开关站6kV系统及二泄水闸6kV系统全部开关改造工作；进行了6台机组LCU改造，5台机组保护换型改造，20B保护及第4单元大差动保护的换型改造；完成了27号变压器厂用变压器的改造和25号变压器厂用变压器改造的基础安装部分；完成了全厂工业电视系统的安装投运；大江、二江电厂计算机监控系统接入三峡梯调通信中心等。通过设备的技术改造工作，极大地提高了设备安全运行可靠性和自动化水平。

在设备维护管理上，加大了设备缺陷处理力度，做到重大缺陷及时消除，一般缺陷当天消除，夜间缺陷随叫随到及时处理。一年来，仅电气维修就受理设备缺陷946条，统计消缺率95.37%。特别是对1号发电机同期装置故障问题、1号发电机并网时机组无功冲击大故障实施整改、1号发电机灭磁开关（FMK）分合不到位故障问题的消除（灭磁开关FMK更换）、1号发电机7JP子1系统主机A/D转换板损坏等重大缺陷进行了处理，确保了主汛期期间管辖设备的安全运行。同时大力加强设备的巡检维护，做到重大设备缺陷不漏检，采取有效措施防范季节性事故和人员责任事故。

由于设备管理精心，缺陷处理到位，全年机组平均运行小时达6083.85h，单台机组最大运行小时7998.88h（5号机）；保护及自动装置投入率100%，主设备保护动作45次；自动开停机424台次，成功率87.26%；主设备评级均达到100%。

长江电力股份公司更换法人代表

12月25日，中国长江电力股份有限公司在北京召开第一届董事会第六次会议，会议审议通过了有关决议和报告。由于工作需要，公司董事长陆佑楣向董事会提出书面辞呈，申请辞去董事长、董事职务，并提名李永安董事为董事长候选人。会议同意陆佑楣辞去董事长、董事职务的申请，同意选举李永安为董事长。

葛电两项科研项目获省科技进步三等奖

由葛洲坝电厂和南京南瑞自动化研究院共同研制开发的SJ－600型智能分布式水轮发电机组现地控制装置和SJ－12型双微机自动准同期装置，4月荣获2002年度湖北省科技进步三等奖。

SJ－600型智能分布式水轮发电机组现地控制装置是利用工业控制领域最新技术，选取崭新的高性能软硬件平台设计而成的新一代智能分布式现地控制系统。装置采用的现场总线技术、直接入网技术、32位智能I/O模件、槽位自动编码识别技术、可视化组态等技术，居于国内领先水平，部分达到了国际先进水平，提高了机组自动化水平，较好地满足了电厂无人值班（少人值守）对计算机监控系统的要求。该装置从2001年3月以来，已在葛洲坝电厂10台机组改造中取代了原从加拿大的进口监控设备，运行稳定可靠，各项功能发挥正常。

SJ－12型双微机自动准同期装置，是利用现代控制理论和计算机领域最新技术，吸收国外同类产品的先进思想，并结合国内电力系统的实际情况，研制而成的新一代具有高可靠性的自动准同期装置。该装置所采用的一系列关键技术，如运用灰色控制理论自动识别50Hz、60Hz系统，采用递推残压辨识预测方法实现同期点的预报，通过变参数、变结构PID技术加快同期点的出现，以及频差、压差非对称整定法，TV变比误差自动校正，数字转角功能等在国内均属首创。该装置从1998年底以来，在国内100多个发电厂和变电站投运使用近300台。

主要事件

2002年12月30日，中国长江电力股份有限公司第一届董事会第二次会议在北京召开，董事长陆佑楣主持会议，总经理李永安作股份公司工作情况报告。

2003年：

1月1日，经国家计委批准，葛洲坝电厂上网电价从即日起由每千瓦时0.102元提高至每千瓦时0.151元；增值税实际税赋超过8%的部分实行即征即退的政策。

1月10日，葛洲坝水力发电厂获“中央企业厂务公开先进单位”荣誉称号。

1月13日，中国长江电力股份有限公司召开上市工作第一次中介机构协调会，筹备长江电力公司上市。

3月10日，中央选派到中国三峡总公司挂职锻炼的第二批干部、中国建设银行行长助理范一飞、中国证监会发行监管部副主任卢春泉两位同志，由中国三峡总公司党组任命为中国长江电力股份公司总经理助理。

4月18日，中国长江电力股份有限公司第一届董事会第三次会议和第一届监事会第二次会议在宜昌召开，会议提出：坚守宗旨，规范运作，全面实现年度目标。

4月19日，根据电力生产通信系统管理与安全运行的需要，长江电力公司决定，三峡水利枢纽梯级调度中心更名为三峡水利枢纽梯级调度通信中心，简称三峡梯调通信中心。三峡梯调通信中心除已明确的职能外，增加电力生产通信统一管理、统一协调和安全运行织能。三峡梯调通信中心职能机构增设通信部。葛洲坝电厂通信中心业务及在册正式员工整体划转三峡梯调通信中心。

5月8日，中国长江电力股份公司与中国中信集团、中信证券股份有限公司在上海举行A股承销协议签字仪式。

5月19日，长江电力公司股东大会通过《关于首次公开发行A股的议案》。

5月29日，国务院领导批示同意长江电力上市募集资金收购三峡工程发电资产总体方案及相关政策问题。

5月30日，长江电力公司上市辅导通过北京证管办验收。

6月1日9时，三峡工程水库正式下闸蓄水，当时入库流量每秒12000m^3，下泄流量每秒5040m^3。

6月3日，中国证监会正式受理长江电力股票发行申请。

6月10日，三峡左岸电厂2号机组于9点08分打开充水阀，开始尾水充水；5号机组于9点15分开启充水阀，开始向尾水管充水，首批发电机组进入启动试运行阶段。

6月20日，三峡左岸电站500kV系统及其外送线路调试工作圆满完成，三峡首批机组发电电力外送的大通道顺利贯通。

6月24日晚10时54分，三峡左岸电厂首台发电机组（2号机组）与华中电网并网调试并取得成功。

6月27日，三峡二期工程500kV交流输变电工程及其二次系统工程通过国务院总体考核验收。

7月2日，三峡工程5号机组与华中电网进行并网调试取得成功。

7月7日，三峡左岸电厂2号机组完成72h试运行。

7月10日1时23分，三峡左岸电厂首台机组（2号机）正式并网发电，比原计划提前20天，进入30天考核期，并向三峡电厂正式移交投产运行。

7月13日，三峡左岸电厂5号机组完成72h试运行。

7月16日，三峡左岸电厂5号机组正式并网发电，正式进入30天考核期。

7月18日，中国证监会发审委一次全票通过长江电力公司股票发行审核。

8月3日，三峡左岸电厂3号机组充水调试。

8月5日，三峡左岸电厂6号机组充水调试。

8月29日，三峡左岸电厂6号机组提前完成72h试运行，顺利进入30天的考核运行期。

10月14日，葛洲坝电厂顺利实现了2003年安全生产三个一百天的目标，较好地完成了年初确定的安全生产任务。

10月18日，三峡左岸电厂6号机组于10月18日零点正式投入商业运行。

10月25日，全国政协副主席李蒙考察了三峡工地。

三峡左岸电站四号机组在进行系列无水及有水调试后顺利进入72h试运行试验。

10月24～26日，中共中央政治局常委、国务院总理、国务院三峡建委主任温家宝赴三峡库区和三峡枢纽工程建设工地考察。

10月27日，中国长江电力股份有限公司首次公开发行股票申请获得中国证券监督管理委员会批准，募集资金总额约100亿元。

10月28日，三峡左岸电厂4号机组正式并网运行。

10月29～30日，中国长江电力股份有限公司先后在北京金融街富凯大厦和上海国际会议中心东方滨江大酒店召开了A股股票发行的现场路演推介会。

11月5日，三峡水库非汛期蓄水位由▽135m提升至▽139m。

11月6日，中国长江电力股份有限公司在上海证券大厦举行了首次公开发行A股向二级市场投资者定价配售发行摇号抽签仪式。中签号码共有127.93万个，每个中签号码只能认购1000股中国长江电力股份有限公司A股股票。最终网上中签率为1.4337%，有效申购数量为892.296亿股。

11月11日，长江电力首次公开发行股票成功，募集资金净额共98.328365亿元划入公司账户。

11月18日，长江电力（600900）在上海证券交易所开市流通，本次上市交易为网上市值配售发行的12.793亿A股，二级市场开盘价为6.23元。

11月22日9时，三峡左岸电站1号机组完成72h试运行，从安装单位移交三峡水力发电厂运行管理。

12月5日，三峡电厂已经发电61.3亿kWh，提前25天完成全年发电计划。

12月9～12日，三峡水力发电厂组织完成ISO9001质量管理体系外部审核，并于12月25日取得认证证书。

12月19～20日，三峡水力发电厂组织完成并顺利通过ePMS全部8个功能模块的验收专家组和验收委员会正式验收。

12月25日，中国长江电力股份有限公司第一届董事会第六次会议在北京召开，会议同意陆佑楣辞去董事长、董事职务，选举李永安为董事长。

12月26日，国务院国有资产监督管理委员会宣布，中国长江电力股份有限公司副总经理毕亚雄被任命为中国长江三峡工程开发总公司党组成员、副总经理。

12月27日，三峡左岸电厂10号机组发电机转轮成功吊装就位，标志着2004年三峡电厂首台发电机组安装全面开始。

12月29日，三峡电源电站在三峡工地破土动工。它是三峡工程的备用电源，电站装机2台，单机容量5万千瓦，为混流式水轮发电机组。

12月31日，截至24时，三峡工程已投产的6台机组累计发电86.1亿kWh，比国家下达的2003年发电计划超额24.8亿kWh。

（谢兴发）

中国广东核电集团有限公司

综述

中国广东核电集团（以下简称中广核集团）由核心企业——中国广东核电集团有限公司（以下简称中广核集团公司）及17家成员公司组成。中广核集团公司是由国务院国有资产监督管理委员会管理的中央企业，1994年9月29日年经国务院批准注册成立，注册资本102亿元人民币，在国家计划中实行单列。

到2003年底，中广核集团拥有400万kW的核电装机容量、约100万kW的常规电力权益容量；广东大亚湾核电站和岭澳核电站四台机组上网电量达到276.9亿kWh，完成计划的102.9%，实现营业收入102.1亿元人民币；集团总资产553.01亿元，净资产183.22亿元。

核电生产

2003年，广东大亚湾核电站全年上网电量143.84亿kWh，机组平均可用率87.46%，平均负荷因子87.03%。岭澳核电站全年上网电量133.10亿kWh，机组平均可用率85.56%，平均负荷因子80.92%。广东大亚湾核电站完成基建贷款还本付息2.25亿美元，累计还本付息已达到47.5亿美元，占全部基建贷款还本付息总额的89.14%，公司财务状况继续保持健康水平。

2003年，广东大亚湾核电站、岭澳核电站4台机组的安全状态保持良好；三道屏障保持完整，未发生意外放射性排放和泄漏事件；各项安全指标均在可控范围内；全年未发生重大工业安全事故和火灾事故。

与世界核电站营运者协会（WANO）8项关键指标比较，2003年，广东大亚湾核电站6项指标达到世界中间水平，其中1项指标达到世界先进水平；岭澳核电站有5项指标达到世界中间水平，其中2项达到世界先进水平。广东大亚湾核电站、岭澳核电站的安全运行水平保持在国际先进水平。

2003年，广东大亚湾核电站、岭澳核电站4台机组放射性废气、废液排放量和中低放固体产生量均远低于国家规定的限值。其中，广东大亚湾核电站废放射性液排放为国家限值的0.20%，放射性废气排放为国家限值的0.99%，低放固体废物产生量为145.06m^3，为设计标准的14.5%；岭澳核电站放射性废液排放为国家限值的0.15%，放射性废气排放为国家限值的0.48%，低放固体废物产生量为

69.59m^3，为设计标准的6.96%。广东大亚湾核电站、岭澳核电站环境监测系统运转正常，周边环境状况良好。

核电建设

2003年1月8日，岭澳核电站一期工程2号机组建成并投入商业运行，至此岭澳核电站一期工程两台机组全部建成投产。岭澳核电站一期工程在以大亚湾核电站为参考的基础上，进行了多项重要技术改进，机组技术安全性能得到了进一步提高，实现了调试期间1号、2号机组非计划停机分别降至7次和0次，机组投产至2003年底无非计划停机的优异业绩，达到了国际同类机组先进水平。国际原子能机构（IAEA）对岭澳核电站的建设和运行给予了很高的评价。

岭澳核电站一期工程大部分设备均实现了一定程度的国产化。在实施国产化的过程中，中广核集团严格按照国际标准和核电质保要求控制质量，通过与国内相关制造企业的通力合作，产品质量和进度得到了保证，制造企业的质量意识和质保体系得到了加强，制造技术和装备得到了提高，为我国后续核电站建设实现更大程度的设备制造国产化奠定了坚实的基础。

岭澳核电站一期工程通过引进技术，高起点起步，积极消化吸收，实现了工程建设和运营自主化以及部分设计自主化和设备制造国产化。通过“业主主导，全面控制”的项目管理机制，使岭澳工程建设始终处于受控状态。实施的技术改进提高了设备的可靠性、安全性以及可操作性，为岭澳核电站的安全稳定运行提供了保障。

岭澳核电站一期工程在投资管理方面建立了严格的内部控制制度，通过分级授权、过程审计和程序管理，使工程投资得到有效控制。岭澳核电站一期工程基本建设投资预算汇率实际总支出为36.44亿美元，与国家批准的工程总预算40.25亿美元相比，节省投资3.81亿美元。

岭澳核电站的主要技术经济指标均超过大亚湾核电站历史同期水平。它的建成投产，标志着我国核电事业的发展又上了一个新台阶。

核电新项目

国务院于2003年9月30日和10月24日先后两次召开核电工作会议，研究并确定了我国核电新项目发展的方针。中广核集团按照国务院和有关部委的要求和部署，积极推进核电新项目开发；推动了岭澳核电站二期工程项目的招标准备、立项审批和各项前期工作；阳江核电站厂址四通一平和其他前期准备工作取得了实质性的进展。

国家发改委已完成对岭澳核电站二期工程项目建议书的审查，新项目招标书已通过国家核电自主化专家组审查。阳江核电站筹备机构与阳江市有关单位签订了厂址土地使用权出让协议，完成了项目建议书修订并通过广东省计委上报国家发改委，组织开展了厂平设计等一系列工作。阳江核电站厂区四通一平，土石方（一期）工程等项目已全面展开。

综合管理

2003年，中广核集团公司以加快发展和结构调整为主线，综合管理取得重大进展。

1. 发展战略基本确定

2003年，修订了《中广核集团2003～2007年发展规划和中长期发展战略》，明确中广核集团的战略定位是：以核电为主，环保型常规电力和其他相关业务协同发展，具有国际竞争能力、持续盈利能力和抵御风险能力的国际一流大型企业集团。

2. 产业结构稳步调整

2003年，中广核集团结合集团现状和中长期发展战略，积极推进产业结构调整，抓住有利时机，慎重策划，稳妥推进，确保稳定，顺利从商业和房地产业中退出；根据电力产业发展的需要，积极进入环保型常规电力和新能源领域。2003年5月19日，中广核能源开发有限公司挂牌。产业结构的调整为集团突出主业，围绕主业配置资源，加快主业发展，形成核心竞争力，进一步做强、做大奠定了良好的基础。

3. 不断推进管理创新

2003年，中广核集团不断推进管理创新，以管理促发展。按专业化管理思路推进集团各项业务管理组织的建立和完善，成立了运营管理公司、能源开发公司、开始筹备成立集团工程管理公司、集团财经研究机构；在对集团现有管理程序进行总结的基础上，成立集团治理及政策编制推进小组，进一步理顺集团母子公司治理关系；在强化集团公司综合协调能力方面，建立了经济活动分析制度，开展集团经济活动分析工作，成立了集团后勤管理协调小组；改进了集团办公自动化系统，建立工作督办系统；整合了集团公共关系和宣传工作的力量；建立起了三项责任制考核体系，并尝试开展对成员公司的绩效考核工作。

4. 干部管理制度改革

2003年，中广核集团坚持把党管干部、党管人才与引进市场竞争、完善现代企业制度有机结合起来，建立起新的选人、育人、用人机制，推进干部队伍年轻化，实现领导干部的新老交替。根据《党政领导干部选拔任用条例》，先后组织两次共800多人参加的民主推荐后备干部活动。经党组讨论、组织考察、任前公示，对集团中层以上干部进行了较大规模的调整和补充，先后选拔一批年富力强的优秀干部充实到集团各企业中层以上领导岗位。集团在干部管理制度改革方面也迈出了新的步伐。

5. 关心员工切身利益

2003年，中广核集团坚持以人为本，倡导“快乐工作，快乐生活”的理念，在做好思想政治工作的同时，关心员工切身利益，为广大职工创造好的工作环境和生活条件；进一步完善了补充医疗保险制度；进一步完善了技术岗位聘任工作，实行薪酬待遇与岗位挂钩，为技术人才和技能型人才的成长创造了条件；按国家有关规定，完善企业内部退休福利制度，有效地激发了员工的工作积极性。

党群工作

2003年是中广核集团党群机构的调整年。集团系统党群组织紧密围绕深入学习“三个代表”重要思想和十六届三中全会的精神，按党组的统一部署，调整集团系统党群机构，理顺管理关系，撤销了广东核电（大亚湾）党委、纪委和工会，广东核电（深圳）党委、纪委和工会，以各成员公司以单位相继成立了11个基层党委、纪委和工会，团组织也作了相应调整；抓好各成员公司领导班子、党组管理的干部的理论学习；逐级签订并跟踪落实党风廉政建设责任制，经年度考核所有成员企业成绩均为优秀；积极做好定点扶贫工作；认真办理党组和有关领导交办的工作等，使集团系统党群工作有了新的局面。

（李志远）

中国安能建设总公司

（武警水电指挥部）

企业概况

中国安能建设总公司（武警水电指挥部）是经原能源部、对外经济贸易部核准，在国家工商行政管理局登记注册的国有大型施工企业。具有独立法人资格，享有对外派遣劳务、承包工程权。具有水利水电工程施工总承包特级、工民建总承包一级、民航场道总承包一级资质。通过质量、环境、职业健康安全综合管理三体系认证并运行良好。电力体制改革后，成为国家电网公司全资子公司。中国安能建设总公司位于北京市广安门外水口子村51号。

武警水电部队主要承担国家重大能源有关项目建设，大江大河治理等水利基础设施和急工险段、重点部位防洪抢险任务。在完成国家指定工程任务之外，可暂时利用其装备、技术优势参与国家其他工程项目建设投标，承担依法执行国家赋予的维护社会稳定和处置突发事件任务。

总公司现有3000余名各类技术干部，其中高级职称400余人，中级职称1000余人；264人获项目经理证书，146人获监理工程师证书。有中级以上熟练技工2000余名，各类大中型施工设备5395台（套）；具有年开挖5000万m^3土石方、浇筑200万m^3混凝土、制作安装20000t大中型金属结构、安装100万kW以上水轮发电机组、工业与民用建筑30万m^2、进行特殊基础处理和承担大型发电厂运行管理能力；具有的地下工程施工、碾压混凝土筑坝、混凝土面板堆石坝筑坝、基岩保护层爆破、高边坡治理、滑模施工、不良地质基础的化学灌浆、大型船闸人字门安装、大型水力发电机组及抽水蓄能机组的安装等技术和工艺，居国内领先地位或国际先进水平，有10多项技术获得国家有关部委颁发的科技进步奖，5项施工技术持有国家专利权。

公司领导

总经理（主任）：　陈方枢
党委书记（政治委员）：　徐国武
　吴云峰
总工程师：　梅锦煜

机构设置

武警水电指挥部机关设司令部、政治部、后勤部。司令部是武警水电指挥部首长的指挥机关，是水电部队指挥中枢和军事工作领导机关，基本职能是保障首长下定决心和实现首长意图。对部队的战备、军事训练、行政管理、装备工作、工程组织与施工、质量安全与监理、工程项目投招标等军事建设和工程建设实施统一领导，对执勤、处置突发事件、作战训练、施工生产以及抢险救灾等行动实施集中指挥。政治部是武警水电部队政治工作领导机关，在武警部队政治部、武警水电指挥部党委和政治委员领导下，负责开展水电部队党的工作，组织进行政治工作。后勤部是武警水电部队后勤工作领导机关，在指挥部党委、首长领导和武警部队后勤部指导下，主管水电部队后勤保障工作。

组成单位

总公司下辖四个子公司和一个学校，分别为江南水利水电工程公司（武警水电一总队）、江夏水电工程公司（武警水电二总队）、安蓉建设总公司（武警水电三总队）、宜昌安联水利水电有限责任公司（武警水电三峡工程指挥部）和武警水电技术学校。

公司动态

2003年，水电部队以“三个代表”重要思想和十六大精神为指导，认真贯彻武警总部各项决策指示，带领广大官兵，开拓进取，团结奋斗，扎实工作，部队建设取得新的发展进步。

1. 党委班子和干部队伍建设有较大进步

认真扎实抓党委班子建设。年初，自上而下开展践行“三个代表”、争做“五个模范”教育，促进各级党委班子建设。结合举办师团干部集训班，培训指挥部、总队、支队三级党委班子成员，规范党委议事规则，增强贯彻民主集中制、讲团结守规矩的自觉性。剖析、处理水电二支队党委因对施工生产管控不力造成严重后果问题，各级党委对中心工作管控意识明显增强。认真抓好党风廉政建设责任制落实，层层签订责任书；继续狠抓物资设备采购、选人用人、工程分包检查治理，党风廉政建设效果明显。

加大对班子和干部队伍调整力度。调整配备师团职干部151名，确定225名干部转业复员。一批经过实践锻炼、群众公论较好、年龄较轻、文化程度较高的优秀干部走上领导岗位。认真抓好专业技术队伍建设。出台《专业技术干部奖励办法》和《科技成果奖励办法》。努力争取扩大专业技术职务晋升比例，99名技术干部续任、26名晋升高级专业技术职务，18名续任、124名晋升中级专业技术职务。

2. 正规化建设和安全稳定工作成效明显

认真贯彻军委从严治军指示和总部管理教育工作会议精神，规范三级机关办文办公秩序，完善交接班制度。紧紧围绕深化治理解决“五个重点问题”，把车辆、火工产品、小散远直及驻京单位作为重点和难点，突出抓好重点时间、重点部位、重点环节安全管理和防范，有效防止各类问题发生。全年部队无严重违纪，无刑事案件，无行政责任亡人事故。四、八、九、十、十一支队连续三年以上实现“三无”。

3. 基层建设稳步发展

以贯彻落实新《纲要》为牵引，加大抓基层建设力度。召开水电部队基层建设工作会议，认真贯彻武警部队警种部队基层建设经验交流会议精神，集中研究加强“三个一线”建设方法和途径。按照“重视、规范、落实”要求，进一步改进和加强基层思想政治工作。深入开展民主评议党员和干部称职等级评定活动，增强党员和干部队伍内在动力。基层中队广泛开展“队务公开”活动，内部关系进一步密切。重视警政警民关系，为圆满完成任务创造良好内外环境。评出2个先进支队、14个标兵中队，八支队被评为武警部队先进支队。

4. 综合保障能力不断提高

紧紧围绕“保生活、促稳定，保施工、增效益，抓队伍、强素质”工作思路，加强后勤建设。规范财务管理，认真抓好三总队资金统一结算、集中支付试点工作。加强装备物资管理，压缩库存物资配件回收资金1269万元，处理闲置设备回收资金1402万元。投入资金1.18亿元，更新设备236台（套），调剂利用旧设备118台套，调剂利用率比上年提高10个百分点。加大审计力度，实施审计项目56个。举办后勤干部培训班30期，各类专业兵集训24期。开展工人技术等级考核鉴定工作。卫生保健、计划生育工作各项指标均达到要求。按时足额发放官兵工资津贴、转业（复员）干部、士官住房补贴。投入815万元用于改善基层基础生活设施，解决基层官兵洗澡、吃水、就医等实际困难。

上半年，在突如其来的非典型肺炎面前，各级党委认真抓好防治工作。投入经费298万元，筹措防护物资47519件，实现总部首长提出“三无”目标，指挥部卫生处被总部评为防治“非典”先进单位。

经营状况

中标工程项目36个，总合同金额35.89亿元，比2002年增加119%。完成施工总产值23.98亿元，比2002年增加13.39%，其中自营产值15.21亿元，自营率为63.43%，比2002年提高22.5%。完成利润1200万元，比2002年增加16.27%，未发生等级质量事故。三峡永久船闸胜利试通航，西藏金河、青藏铁路、新疆吉林台、广西龙滩、“东油西送”等一批重点工程均满足形象进度和安全质量要求。共有15个项目获得省部及业主颁发的21项奖，其中，西藏满拉水利枢纽获得建设部颁发的“鲁班奖”。国防保密工程克服重重困难，进展顺利。重点工程施工区域和固定目标警卫任务，没有发生任何执勤事故。

科技进步

加强科技队伍建设。出台《专业技术干部奖励办法》和《科技成果奖励办法》、《武警水电部队2003～2005年科研发展规划》。

举办第五次科技大会。12月10～12日，指挥部在北京召开第五次科技工作会议。会议对第四次科技会议以来的科技工作进行总结，讨论修改水电部队2003～2005年科技发展规划和技术人员科技活动奖励办法。评出水电部队科技进步奖一等奖2名、二等奖4名、三等奖7名，优秀论文一等奖3篇、二等奖10篇、三等奖15篇。来自水电部队各单位100多人参加会议，指挥部主任陈方枢作《抓住机遇，再接再厉，促水电部队科技工作再上新台阶》工作报告，指挥部政治委员吴云峰作讲话。

组织技术比武。11月1～6日，武警水电部队2003年专业技术竞赛在水电五支队南昌水电专科学校施工项目部和水电二总队八支队教导队两地同时举行。来自水电一、二、三总队和三峡工程指挥部70余名参赛选手，在电工、焊工、立模、推土机操作、钢筋绑扎和混凝土浇筑专业项目上展开技能竞赛。对19名技术标兵实行重奖。水电指挥部主任陈方枢出席开幕式并致开幕词。在全部队开展六个主要技术工种竞赛基础上，指挥部应邀组队参加中电联及全国能源化工委联合主办的焊工技能大赛，获团体“优秀组织奖”。

精神文明建设

各级党委始终把学习贯彻“三个代表”重要思想和十六大精神作为首要政治任务，常抓不懈。坚持中心组学习制度；举办理论学习集训班。指挥部、总队举办学习“三个代表”重要思想轮训班13期，团以上领导干部参训率达到95%。狠抓“三个代表”重要思想向基层延伸拓展。以十六大报告和新党章为基本教材，轮训党员3000余名。广泛开展争当忠诚卫士教育活动，涌现出以第六届“中国武警十大忠诚卫士”欧阳运华、全军优秀共产党员张长命、全军学习雷锋标兵王世武等一批先进典型。国务院、中央军委给三峡工程指挥部荣记集体二等功。

企业规章

加强制度建设。①加强党员干部管理，如《关于进一步加强对各级士官监督检查的办法（试行）》；②明确职责，如《武警水电指挥部机关部门、处室工作职责（试行）》；③规范秩序，如《武警水电指挥部机关办公、办文若干规定》、《正规化管理检查考核（试行）》；④鼓励科技发展，如《专业技术干部奖励办法》、《科技成果奖励办法》、《武警水电部队2003～2005年科研发展规划》等。这些制度出台为水电部队进一步发展提供依据，起到良好作用。

狠抓制度落实。①指挥部首长和机关率先垂范，自觉把自身纳入制度规范当中。物资采购严格按照《武警水电指挥部机关政府采购管理暂行办法》实行招投标；办公、办文自觉遵守《武警水电部队机关办公、办文若干规定》要求，做到规范、严谨；机关每周进行一次办公秩序大检查，实行评比。②深入基层抓落实。全年派出48个工作组，深入9个支队机关、39个项目部和77个中队解决问题、督促检查各种制度的落实。

发展策略

1. 指导思想

以邓小平理论和江泽民主席关于武警部队建设一系列重要论述为指导，以国发［1999］6号文件为依据，按照武警部队党委“举旗帜、抓龙头、打基础、保中心”总体工作思路和抓好经常性工作的要求，积极做好补课赶队工作。坚持“两手抓”：一手抓好中心工作（施工生产），一手抓好部队全面建设。2003年，部队全面建设赶上武警部队整体水平，达到警种部队先进水平，施工生产能力和综合经济实力达到同行业先进水平。

2. 奋斗目标

2003年要达到以下目标：

(1) 思想政治建设坚强。各级党组织健全，民主集中制贯彻好，集体领导坚强；理论学习制度落实，效果明显；各级领导干部勤政、廉洁、形象好。政治教育和经常性思想工作坚强有力，建设电站、造福人民，做党和人民忠诚卫士观念树得牢，部队思想稳定，风气正，士气高。杜绝重大案件，努力减少一般性案件。

(2) 中心任务完成圆满。完善招投标机制，确保落实后续任务20亿元。部队综合施工能力和施工质量管理达到同行业先进水平，实现单元工程合格率100%，土建工程优良率80%以上，金结制安和机电安装优良率90%以上，所有竣工交验项目达到合同要求，争创一批优质工程和品牌项目。施工总产值稳定在20亿～25亿元。确保国有资产保值增值，施工生产利润有所增长。实现无亏损支队，无亏损项目。

(3) 部队建设管理正规。基本落实《水电部队机关正规化管理规定》和《水电部队基层正规化管理规定》，建立正规的施工、训练、工作和生活秩序，初步形成“机关按条令指导部队，部队按条令正规运转，官兵按条令规范言行”局面。杜绝重大事故，减少一般性事故，责任事故亡人率控制在0.2‰以下；2/3以上的支队实现“三无”。全面落实施工项目负责制，工程管理规范。

(4) 人才结构分布合理。干部、士官队伍技术结构、知识结构、职级结构和年龄结构相对合理，素质明显提高。干部队伍中大专文化程度达到80%，士官具有高级工水平人员达到3%。力争培养出3～5名在全国同行业中有影响的技术人才。国家确认的一级项目经理达到100人以上。按编制配备干部，中队以上主官配备率达到100%，基层干部“五率”达到规定要求。

(5) 后勤管理保障有力。完成水电指挥培训中心建设，所有支队以上单位基地建设基本达标，干部住房难基本得到解决。基层后勤保障规范，部队营房、营具、看病、饮水、吃菜、洗澡等难题得到有效解决。加大闲置设备处理和在用设备调剂力度，坚持规范性操作和保养，每年设备完好率达到90%、利用率达60%以上。军事性补助费用管理和使用合理。全军统一的工资、津贴、伙食费、被装等按时按标准发放。计划生育各项指标达到规定要求。

(6) 基层建设整体提高。做到学习《纲要》，熟悉《纲要》，按《纲要》建设基层，机关按《纲要》指导基层，基层按《纲要》抓好落实。全部队50%中队达到基层建设先进中队标准，20%中队达到标兵中队标准，无明显落后中队，争创1个标兵支队。

3. 主要措施

(1) 始终把思想政治建设摆在首位。着力抓好以下几个重点：①抓龙头，把班子建设搞坚强。认真贯彻民主集中制原则，讲学习、讲政治、讲正气，搞好班子团结，不断增强班子的凝聚力和战斗力，确保党对水电部队的绝对领导，确保部队建设的正确方向。②抓教育，筑牢官兵思想防线。根据上级布置的教育任务，从人员、时间、内容、效果上抓好政治教育的落实，打好拒腐防变的主动仗。认真做好经常性思想工作，把思想工作渗透、结合到施工生产中，并通过"三互"、"双四一"、"三评"等载体，把思想政治工作做得生动活泼，富有实效，确保部队政治坚定和思想道德纯洁。③抓队伍，大力提高干部队伍的整体素质。坚持述职评议、定期讲评、职称等级评定等制度，规范干部管理。坚持从地方专业技术高等院校接收本科生。加强学校建设，提高教学质量。对在职干部通过举办学习班、参加军地院校函授、个人自学、岗位练兵等方法，加快人才培训步伐。指挥部每年举办2～3期师团职干部学习班，各总队负责营职干部和中队主官，各支队负责连排干部的培训，着力解决不懂不会的问题。通过技术研讨、短期轮训、进修等手段，加强技术干部培训。

(2) 下大力抓好中心工作。抓好招投标工作和严密组织好施工生产。在招投标工作中，切实加强领导，加大投标工作力度，不断提高中标率。坚持"三为主"原则，即：以水利水电建设、边疆艰苦地区和西部地区建设、国家大、中型工程建设为主，充分发挥部队军事化、集团化、机械化优势。在施工生产上，全面贯彻落实施工项目负责制管理办法，精心组织施工生产，严格把好"四关"，即："质量、效益、进度、安全"关，建优质工程，树文明工地，创最佳效益。在部队布局上，坚持抓大放小、收缩战线原则，适应国家西部大开发战略和大江大河治理需要，将部队重心西移，将兵力相对集中，参与西部大开发，参与大型水利水电工程建设。在经营机制上，加大科技投入，大力推广应用新技术、新工艺、新材料，在水电工程、工业与民用建筑、道路桥梁、金结制安与机电安装等方面培养锻炼一批高素质队伍。项目部加强成本管理，在确保质量前提下，降低消耗，提高经济效益。在执行应急任务上，制定预案，做好准备，确保部队随时能完成党和国家赋予的各项应急任务。

(3) 切实抓好部队管理教育工作。强化三个意识：①军人意识。尽快适应转隶需要，依法从严治警，严格要求，严格管理，严格执纪，使官兵言行举止条令化，使机关与基层的工作、学习、生活和施工秩序正规化。②条令意识。学习条令条例，贯彻落实条令条例，用部队条令条例和有关制度规范言行，重视抓养成，不断提高部队正规化水平，要遵纪守法、恪尽职守、服从命令、听从指挥，确保政令军令畅通。③安全意识。高度重视安全工作，认识到位，工作主动，措施落实。切实把人管住，把车、枪、弹（火工产品）管死，把钱、酒管好，把警政警民关系搞融洽，杜绝重大事故案件，减少一般事故和违纪现象。逐级都要签订责任书，严格奖惩，对发生事故案件的单位，不但要严肃处理当事人，还要严肃处理责任人。

(4) 积极做好后勤保障工作。①向改革要效益。稳步推进后勤保障社会化改革，在依托社会医疗、修理、基地物业管理社会化和政府采购、集中支付等方面求突破。②向管理要效益。严格经费管理、物资管理、项目后勤管理和审计监督，逐步实现经常性后勤管理规范化。③向艰苦奋斗要效益。正确处理需要与可能关系，分清轻重缓急，集中财力办大事，有计划逐步解决部队建设难题，不断改善官兵工作生活条件。

主要事件

1月22～24日，水电指挥部在北京召开党委扩大会议。会议主要任务是，传达贯彻总部党委第26次扩大会议精神，总结2002年部队建设和完成中心任务情况，分析面临形势，研究部署2003年度工作。武警部队副政治委员刘源、国家电网公司副总经理郑宝森，水利部建设与管理司司长俞衍生出席会议并讲话。

2月27～28日，指挥部在北京召开水电部队培训工作会议。会议主要内容是学习传达《军事训练条例》，交流各单位抓培训经验体会，讨论修订《教导队建设规定》、《技术培训改革和发展三年规划》、《专业技术培训实施细则》和《军事训练奖惩实施办法》。

3月3～14日，指挥部机关进行"践行三个代表，争做五个模范"教育活动。

4月10～11日，水电指挥部在北京召开政治工作会议。会议就支队级机关和基层部队如何搞好践行

"三个代表"、争做"五个模范"教育进行研讨部署。

5月13日，中共中央政治局常委李长春在中共中央政治局委员、湖北省委书记俞正声和三峡总公司总经理陆佑楣等陪同下视察水电部队承建的三峡永久船闸及船闸运行中央控制室，亲切接见水电三峡工程指挥部主任周光奉、政治委员张去北。

5月13日，长江三峡二期工程蓄水及永久船闸试通航前验收会议在三峡工地召开，国务院长江三峡二期工程验收委员会枢纽工程验收组及专家组对指挥部承建的永久船闸进行试通航前国家级验收。水利部部长汪恕诚、两院院士潘家铮分别担任验收组和专家组组长。指挥部主任周光奉、总工程师马青春和高级工程师王青屏作为验收代表参加会议。验收组形成并通过《船闸试通航前验收鉴定书》，宣布工程形象面貌满足枢纽工程验收工作大纲规定要求，船闸试通航条件具备，可在2003年6月实施船闸试通航。

6月16日，由水电部队承建的三峡永久船闸试通航仪式在三峡永久船闸三闸室中隔墩平台举行。国务院副总理、三峡建设委员会副主任曾培炎作重要讲话并下达试通航命令。武警部队政治委员徐永清、副政治委员刘源等领导参加首航。水电官兵历经10载承担的三峡船闸建设任务画上圆满句号。

6月28日，指挥部承建的广东东深供水工程举行竣工典礼。中共中央政治局常委李长春专门为庆典发来贺信。中共中央政治局委员、广东省委书记张德江，省长黄华华，省人大常委会主任卢钟鹤、香港特别行政区政务司司长曾荫权等领导出席庆典仪式。

8月20～22日，指挥部在北京召开指挥部党委扩大会议暨基层工作会议，会议全面分析部队建设形势和基层建设形势，深入剖析典型单位亏损问题，分析原因、研究对策。

9月5～11日和12月6～14日，水电指挥部先后举办两期师团职干部学习"三个代表"重要思想理论集训班，112名师团职干部参加学习。

10月26日，中共中央政治局常委、国务院总理温家宝在中共中央政治局委员、湖北省委书记俞正声，水利部部长汪恕诚和三峡总公司总经理陆佑楣等领导陪同下视察三峡水利枢纽工程。对水电部队官兵表示亲切慰问和赞扬。亲切接见三峡工程指挥部主任周光奉、政治委员张去北，"三峡工程优秀建设者"、水电六支队支队长刘园田，"全国青年岗位能手"、水电六支队士官王世武等领导和先进典型代表。

10月29日，中共中央政治局委员、湖北省委书记俞正声视察水电一总队一支队承建的湖北水布垭水电站工地，亲切看望官兵，并与官兵合影留念。

11月6日，总队三支队参建的广西龙滩水电站工程胜利实现大江截流。广西壮族自治区党委书记曹伯纯出席截流仪式，亲切看望水电部队官兵。水电指挥部主任陈方枢、总队总队长何真祥、副总队长谢映怀、副政委庄龙豪应邀参加大江截流仪式。

12月30日，国务院、中央军委为三峡工程指挥部记二等功，三峡工程指挥部承担着三峡工程永久船闸建设和坝区警卫消防任务。

2003年底，水电三总队承建的满拉水利枢纽工程荣获由国家建设部颁发的中国建筑行业最高奖项"鲁班奖"。

（张永军　熊自安）

北京国华电力有限责任公司

公司简介

北京国华电力有限责任公司是神华集团公司的全资子公司，成立于1999年3月11日，注册资本42亿元人民币，控制资产总值327亿元人民币。公司现任董事长是陈必亭同志，总经理是秦定国同志。公司经营范围：电力及新能源项目投资、建设及经营管理；电力及能源项目咨询；地产开发；环保及IT产业。总部设在北京。

北京国华电力有限责任公司的诞生是贯彻国务院关于建立与市场经济相适应的电力工业体制，引进竞争机制，打破垄断，积极推进"厂网分开，竞价上网"电力体制改革的产物。截至2003年底，公司全资或控股营运的发电机组装机容量516万kW，在建项目480万kW，拟开工项目360万kW，参股项目438.4万kW。公司拥有遍及华北、东北、西北、珠江三角洲、长江三角洲等地区的全资、控股、参股的发电企业20多家，已发展成为具有一定规模的跨地区、跨电网的全国性发电企业集团。

北京国华电力有限责任公司作为独立发电企业，以构造神华集团内部稳定的煤炭市场，做到服务神华集团和向电网提供优质、高效、清洁的电能作为公司的努力方向。

公司先后建成或正在建设中的电厂有，内蒙古国华准格尔发电公司、广东国华粤电台山发电公司、河北国华定州发电公司、河北国华沧东发电公司、浙江国华浙能发电公司等。在基本建设中形成了"六更一创"的管理标准，即：更安全、更可靠、更先进、更经济、更规范、更环保，创国际一流发电公司。在运营的发电公司中，坚定不移地贯彻"安全为天"的生产方针，积极推行NOSA五星安全、健康、环保的管理系统，把实现“烟囱不冒烟，厂房不漏汽，废水不外排，噪声不扰民，灰渣再利用”高于国家环保标准的绿色环保电站作为奋斗目标。公司计划到2020年实现控股发电装机总容量4000万kW以上。届时，80%的发电公司各项生产经营指标将达到国际一流标准。

基本建设

竣工投产项目：公司第一台自主建设的600MW机组——台电1号机组于2003年12月9日进入商业运营，这是国华电力公司发展史上的一个重要里程碑。1号机组从主厂房浇筑第一罐混凝土至投入商业运行，仅用25个月零9天，刷新了我国火电600MW机组建设史上的记录。

热电分公司1号机组脱硫工程提前2个月顺利投产，成为国产化脱硫工程最早投产的项目之一。

在建和拟新开工项目：截至2003年底，在建规模4800MW，包括台山4×600MW，定州2×600MW万和沧东2×600MW；拟新开工规模3600MW，包括宁海4×600MW和锦界2×600MW。与此同时，余姚燃机、珠海风电、准电三期、定州二期、三河二期、绥中二期、巴基斯坦等15个项目的前期工作已全面铺开，为公司下一步发展奠定了基础。

2003年基本建设实际完成投资49.3亿元。

生产经营

装机容量：2000年3800MW；2001年4000MW；2002年4560MW；2003年5160MW。

设备平均利用小时：2000年4434h；2001年4716h；2002年5180h；2003年5915h，创公司成立以来最好水平，比预算增长5%。

发电量：2000年122.85亿kWh；2001年188.65亿kWh；2002年220.20亿kWh；2003年272亿kWh。

供电煤耗：2000年341g/kWh；2001年336g/kWh；2002年334g/kWh；2003年332g/kWh。

等效可用系数：2000年86.63；2001年89.91；2002年89.80；2003年89.31。

供热量：2000年989.26GJ；2001年860.44GJ；2002年873.00GJ；2003年900.00万GJ。

2003年基建、生产未发生重大事故。

NOSA评审：热电、三河、盘电达到“四星”，绥电、准电、神木、力源工程公司达到“三星”。

管理工作

1. 完善安健环管理平台，安全生产得到进一步规范

全面推行发电管理系统，并按照持续改进的要求进行了首次修编。出版了公司NOSA安健环管理标准。开展安健环品质管理活动，员工的安全、健康进一步得到保证，作业环境得到了改善。热电1号机组、三河1号机组、盘电2号机组实现全年无非停，下半年准电两台机组连续运行均超过150天。

2. 营造良好的外部经营环境，积极开展企业绩效评价工作

5年来，公司紧紧抓住电价这个经营工作的生命线，精心策划、统一部属、分区协调、跟踪推动、重点突破。到2003年底，公司所有运营机组电价全部审批到位。

全公司电量比/容量比达到100.38%，其中神木公司电量比/容量比达到了141%。

聘请国际知名的UMS和德勤咨询公司对7个运营单位进行企业绩效评价，指导公司的管理实践。

3. 完善人力资源管理体系，加大三支队伍的建设力度

完善国华管理学院的运转机制，启动e-learning在线培训，努力建设一支与国际接轨，高标准、高效率、高绩效的职业经理人队伍及其后备队伍；完善专业技术带头人的选拔和考核机制，成功地举办了第一次科技大会，对3年来选拔出的57名专业技术带头人进行业绩考核，奖优罚劣；启动岗位技能培训中心，举办了公司首届“爱岗位、学技术、做能手”技术练兵和技术大比武活动，一支作风过硬、技术精湛的技术能手队伍正在茁壮成长。

4. 统一规划、分步实施，信息化工作迈出实质性步伐

初步提出了公司信息规划的框架设计方案。推广设备管理信息系统BSF++，运营单位及两个基建单位已上线运行，建立起数字化设备管理体系。构建完成公司系统电力基建MIS系统和招投标数据库，并完成公司基建管理信息上位系统，实现公司本部与项目公司、项目公司之间的共享和交流。

公司ERP项目在不到4个月的时间内实现首批试点单位成功上线，该项目作为国内电力行业的ERP标杆案例已获得业内人士的赞同。该项目的实施，初步建立起公司财务和人力资源管理的信息化平台，为全面预算管理和绩效管理提供了有力的支撑。

5. 抢前期、促开工、树形象，房地产项目开局良好

通过卓有成效的拆迁、申报等前期工作，克服了“非典”的不利影响，华贸中心于5月28号正式启

动。目前，住宅1～3区已相继开工，写字楼正在进行施工准备，商贸广场、酒店设计进展顺利，销售进度节节攀升，项目开局良好。

6. 双文明工作和企业文化建设

2003年，公司系统各级党组织全面学习和贯彻十六大精神，形成了学习、实践“三个代表”重要思想的高潮。牢牢坚持发展是第一要务，紧紧围绕企业目标和中心工作，发挥党组织的政治核心作用、战斗堡垒作用和党员的先锋模范作用。各级党委严格党的组织生活，开展了卓有成效的党性教育，积极做好新党员发展工作，使基层党组织的战斗力大大增强。认真落实十六大和中纪委党风廉政建设工作的各项要求，采用多种形式进行有效的廉政警示教育，完善企业监督机制，有力地促进了廉政建设。

各单位高度重视企业文化建设，把企业文化建设纳入生产经营目标考核，制定规划，明确责任，实施CI导入战略，举办各种形式的读书活动、诚信教育活动，国华文化理念企业精神逐步深入人心，企业文化整合初见成效。公司临时团委组建，青年生力军作用得到展示。各级工会组织认真贯彻《工会法》，推进依法治企、依法维权，努力丰富职工文化生活，开展送温暖活动，贯彻中央六部委通知，搞好厂务公开，企业民主管理水平大大提高，使企业的凝聚力、实力和活力都显著增强。

2003年，国华电力面对突如其来的“非典”疫情，采取果断措施，保持正常的生产秩序，公司系统没有出现一例非典病例或疑似病例，确保了机组大小修工作和热电老厂拆迁的顺利完成，取得了抗击“非典”的全面胜利。

下属分公司

北京国华电力有限责任公司广东分公司
中电国华电力股份有限公司北京热电分公司
三河发电有限责任公司
天津国华盘山发电有限责任公司
绥中发电有限责任公司
中电国华神木发电有限公司
内蒙古国华准格尔发电有限责任公司
河北国华定州发电有限责任公司
广东国华粤电台山发电有限责任公司
浙江国华浙能发电有限公司
河北国华沧东发电有限责任公司
珠海国华汇达丰风能开发有限公司
浙江国华余姚燃气发电有限责任公司
陕西国华锦界能源有限责任公司
北京国华力源电力工程有限公司

组织机构

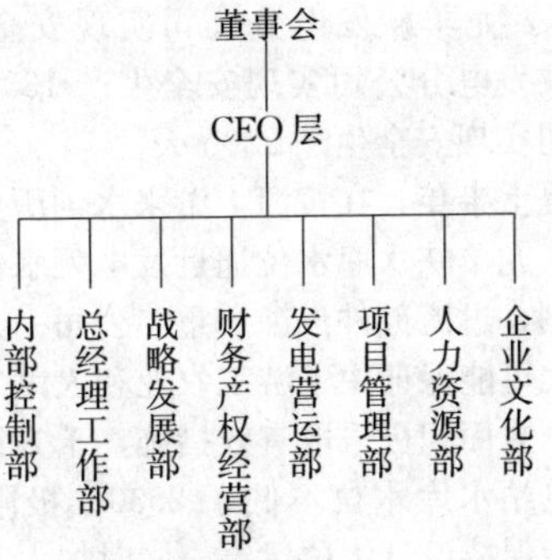

（陈永平）

黄河上游水电开发有限责任公司

概述

2003年，公司经营班子和全体员工紧紧围绕“生产、经营、开发建设”核心任务。发扬“五个特别”的高原精神，克服黄河上游来水偏枯、经营形势严峻，基建任务繁重等重重困难和“非典”带来的不利因素，各项工作按公司年初确定的工作目标有序推进，安全生产局面稳定，基本建设进展顺利，经营环境逐步改善，基础管理成效显著，企业内部改革稳定推进，两个文明建设取得新的成绩。

主要经济指标

2003年全年，完成发电量54.75亿kWh，为年度调整计划的101%；完成售电量54.33亿kWh；实现销售收入8.28亿元，实际回收电费9.48亿元；完成基建投资20.57亿元，为年度计划的96%，其中，公伯峡水电站12.80亿元，拉西瓦水电站5.41亿元，苏只水电站1.16亿元，李家峡水电站0.40亿元，小型基建和技改工程完成投资0.80亿元；实现经营利润—1.86亿元，缴纳各项税费1.56亿元；2003年末总资产207.53亿元，资产负债率为92.16%。

安全生产

公司认真贯彻落实《安全生产法》以及国家和集团公司有关安全生产的一系列规定，严格落实各级人员安全生产责任制，狠抓生产、基建、检修、防汛、交通、治安消防、多种经营七个安全工作重点，积极开展“春查”、“冬查”和“安全生产月”活动，推广危险点分析和安全性评价等例行工作，完善职业安全健康体系试点工作，积极开展发电企业业绩评估准备，实现了“七个不发生”的安全生产目标。截至12月31日，龙羊峡发电分公司实现安全生产2339天，李家峡发电分公司实现安全生产1303天，检修安装分公司实现安全生产2205天。

尤其是上半年，在黄河上游来水创历史最枯纪录的情况下，龙羊峡水库水位逼近发电死水位，发电机组振动加剧，过流部件汽蚀严重。公司一方面顾全大局，尽最大可能保证中下游工农业和人民生活用水的需要；另一方面积极采取有效措施，千方百计保证了龙羊峡水电站水库水位不低于2530m极限死水位和李家峡水库保持设计水位运行。同时加大了设备检修和维护力度，全年共安排生产工程项目141项，资金6729万元，处理了李家峡水电站2号水轮机止漏环开裂、发电机定子铁心松动等一批重大缺陷，提高了设备运行可靠性。积极开展人工增雨，增加黄河上游来水，竭尽全力增加发电量，有力地支持了地方经济发展，在一定程度上缓解了青海省电力供需矛盾。

基建工程

认真贯彻工程建设“五制”管理和集团公司“四二二”目标，基建工程各项工作进展顺利。

李家峡水电站尾工工程全部完工，工程档案通过验收；针对公伯峡水电站已进入施工高峰期的实际，公司充分发挥业主职能，进一步加大管理力度，工程投资、进度、质量均达到可控、在控，文明施工管理和工程质量、进度继续在全国水电建设行业保持领先地位；拉西瓦水电站在两年的时间里完成了施工准备期3年半的工作任务，导流洞全线贯通，并在2004年1月9日胜利实现了工程截流。苏只水电站前期工作正抓紧进行，可研报告已经上报，实现了年内开工建设的目标；小型基建工作取得新的进展，公司梯级调度大楼正式竣工并投入使用，改善了公司本部和部分二级单位办公条件。海西路7号院职工住宅楼工程也已正式开工。

规划项目前期工作积极开展。进行了积石峡水电站补充可研设计以及龙羊峡水电站上游羊曲、班多、茨哈等电站的预可研工作，并开始介入黑山峡河段开发工作。

技改与科技

2003年，主设备完好率达到100%，共安排各类生产资金6939.4万元，完成各类生产设备检修57项。其中，李家峡水电站2号机扩修1次、3号机大修1次；龙羊峡、李家峡水电站机组小修共9次。检修后机组一次启动成功率达100%，全年实施技改项目共20项。实施技改和设计优化项目主要是拉西瓦水电站工程。

(1) 拉西瓦水电站伊黑龙沟渣场防护工程，原设计挡渣墙以伊黑龙河与黄河交汇处为起点沿伊黑龙沟逆流向上延伸，挡墙基础最低开挖高程为2227.625m，挡墙标准断面为底宽10m，顶宽2m，高10m。经过分析和论证，在保证挡墙稳定性的前提下，将原方案标准挡墙断面尺寸修改为底宽3m，顶宽1m，高10m。优化后减少土石方开挖33659m³。减少浆砌石砌筑63244m³。两项共减少工程投资1096.1万元。

(2) 拉西瓦水电站巧干沟排洪系统由47.5m明渠和68.7m涵洞组成，整体成“Z”型。沿导流洞出口洞脸边坡坡脚和导流洞出口涵洞段右边墙贴边布置，汇聚的雨水经巧干沟排洪明渠进入排洪涵洞再排入黄河，涵洞底板水平断面尺寸仅为2m×2m，如遇暴雨水土流失严重，易产生泥石流堵塞涵洞，根据现场地形情况，改为过水路面，解决了巧干沟排洪工程与导流洞出口段的施工干扰，确保了左低线交通畅通和导流洞施工工期。同时，减少了施工工程量，其中土石方开挖减少6489m³，混凝土浇筑减少1058m³，钢筋减少54.13t，节约工程投资63万余元。

(3) 拉西瓦水电站右岸高线公路工程石方明挖的施工难度大于隧洞开挖的施工难度。根据地质情况，将1号洞出口明挖改为洞挖，将2号洞进洞桩号由原桩号K2＋692.23m调整为K2＋661m。为防止泥石流堵塞涵洞，取消石羊沟8号盖板涵洞，改为过水路面。采取以上优化措施，降低了高边坡开挖的难度并保证了施工人员的安全；边坡未进行爆破，有利于保护原始边坡的稳定。共节约工程投资约882.7万元。

(4) 拉西瓦水电站右岸低线过坝交通洞工程原设计全长为1299.3m，根据施工现场的实际情况，对右岸低线过坝交通洞的体型进行优化，交通洞出口上游堆积的坡积体开挖完毕后，出露围岩整体性较好，适当锚固后容易成洞。因而取消出口明挖，采用洞脸喷锚支护，洞口再增加两排锁口锚杆，洞身段围岩基本为Ⅱ、Ⅲ类花岗岩，因此取消洞身段混凝土衬砌，改为喷射混凝土进行支护。右岸低线过坝交通洞出口明挖改为洞挖，降低了施工难度，保证了边坡稳定，节约工程投资约1600万元。

(5) 拉西瓦水电站导流洞进口段位于岩面直立的山体上，整体性好，局部稳定性较差，因此取消进口明渠段的土石方明挖，直接进洞。进口洞脸边坡打设长锚杆并进行砌坡混凝土进行支护，以保证边坡的稳定。有压段断面尺寸由直径15m减至14m，无压段由原衬砌成型断面尺寸13m×15m缩小至11.5m×14m，减少石方洞挖95530m³；导流洞洞身段混凝土衬砌取消，改为10～20cm厚的钢纤维混凝土喷护和锚杆支护，将导流洞出口明渠底坎基础高程由 2215m 提高到 2221m，同时出口明渠鼻坎增设间距 1.5m×1.5m 的直径 $25L=2.5$m 锚筋；取消出口明渠左侧的 C 型混凝土挡墙及 V－V 横断面，将图中Ⅲ－Ⅲ横断面左侧混凝土护坡及挡墙顺延至桩号 K_1+523.225m，左侧护坡墙厚度由 1.5m 调整为 1.8m，导流洞进口石方明挖改为洞挖、出口明渠底板开挖高程提高，减少了土石方开挖，降低了施工难度，为导流洞工程按期完工提供了有利条件，节约工程投资约 2274.3 万元。

(6) 拉西瓦水电站进水口主厂房根据国内两个水轮发电机制造厂家的初步研究成果，将机组安装高程由 2222.30m，降为 2220m，将机组安装高程到发电机层间的高差从 19.7m 降为 18.5m，发电机层至桥机轨顶高差从 15m 降为 14m，轨顶以上桥机设备高度从 9m 降为 8.5m，取消了主厂房顶部网架结构，代之以轻型彩钢板，降低了厂房高度，将各机组段内左侧吊物孔移至右侧，缩小中间层通道宽度。将母线断路器改从主变压器开关室上游运到母线洞，机组安装高程下游侧廊道减小。将蜗壳下游侧的供水设备层宽度从 2.5m 缩减为 1.3m，将渗漏检修集水井移至副安装间下部。厂房跨度缩减 1.2m，上部为 30.8m，发电机层为 27.8m。去掉蜗壳下游 2219.7m 和 2214.7m 高程两层廊道，母线洞从 11m 减到 10m。副厂房与主厂房跨度均为 27.8m，在满足机组运行的前提下，副厂房的长度从 42m 减为 32m，通过对电站进水口主厂房布置及主厂房支护设计进行优化，降低了工程造价，节省了工期，节约投资 9000 万元。

(7) 拉西瓦水电站左岸缆机平台原设计长度 375.2m，桩号从左缆 0＋000.0～左缆 0＋375.16m，高程 2520.0～2540.0m，进料线平台长度 338.8m，桩号从 J0＋000.0～jo338.8m，高程 2455.0～2459.5m。优化后的缆机平台长度 323m，开挖平台高程为 2530m。进料线平台开挖长度为 294.76m，宽度为 15m，开挖高程为 2459.5m。卸料平台开挖宽度为 5m，长度为 294.76m，开挖高程为 2455m。左缆 0＋65m之前开挖宽度为 19m，左缆 0＋65.0～左缆 0＋323.0m。开挖宽度为 12m。缆机及进料线平台开挖坡度为 4∶1，上游段覆盖层开挖坡度为 1.5∶1。每 20m 设 2m 宽的马道，坡面采用系统锚杆及锚筋桩进行锚固。根据开挖地质情况在 2530m 高程上部和下部布置 5 排 100T 级预应力锚索。左岸进料线平台设计高程 2460m，宽度 15m，长度 300m，在左坝头部位与左岸高线交通洞相接。在 2455m 高程处设宽度为 5m 的卸料平台。通过本次优化共减少覆盖层开挖 2 万 m^3，石方明挖 38 万 m^3，混凝土喷护 3369m^3，锚杆、锚筋桩各 1009 根，100t 级锚索 167 根，节约工程投资约 980 万元。

经营管理

在公司的经营形势依然十分严峻的情况下，为尽快改变经营被动局面，公司上下开展了大量艰苦细致的工作。①经过反复汇报沟通协商，公司存在的问题已引起国家有关部委、国家电力体制改革领导小组、电监会、青海省委、省政府以及集团公司的高度重视，有关问题正在协商解决过程之中；②争取合理电价工作，已经取得了一定进展；③在国务院有关领导的关心下，在青海省政府、集团公司的支持与协调下，增值税优惠政策争取工作取得重大突破；④市场营销工作不断加强，电费回收工作成绩显著。同时还与部分省区电网企业签订了购售电合同，规范和明确了购售双方的责任和义务，结束了公司成立以来无购售电合同的历史。

在内部管理上，以减少亏损为重点，增收节支，挖潜降耗。①继续推行了全面预算管理，严格落实经营目标和三项责任制；②牢固树立过“紧日子”思想不动摇，各项成本得到了有效控制；③全面强化经营预测，定期召开经济活动分析会，使整个经营过程均处在可控和在控状态；④强化资金运作和管理，不断加强资金结算中心工作，优化贷款结构，合理利用集团公司发行的电力企业债券，存量和新增贷款利率普遍下浮，资金运作效益明显，降低了财务费用；⑤加强工程招（投）标管理和合同管理，有效降低了工程造价和采购成本；⑥加快多经发展，主要多经企业取得了良好的经营业绩，培育了新的经济增长点；⑦监察审计工作得到加强，通过了国家审计署委托青海省审计厅对公司 2002 年财务收支的审计工作。经过艰苦努力，在公司发电量较原计划发电量减少 14 亿 kWh、销售收入严重下降的情况下，把亏损降到了最低程度，同时，公司连续四年荣膺青海省财政支柱企业。

经营情况

2003 年全年完成发电量 54.75 亿 kWh，完成调整后年计划的 101.38%。发电量比 2002 年同期减发 25.14 亿 kWh，同比减少 31.47%。其中，龙羊峡发电分公司完成发电量 22.40 亿 kWh，完成调整后年计划的 100.29%，比 2002 年同期减发 10.79 亿 kWh，同比减少 32.52%；李家峡发电分公司完成发电量 32.35 亿 kWh，完成调整后年计划的 101.09%，比 2002 年同期减发 14.35 亿 kWh，同比减少 30.73%。发电减少的原因，主要是年初龙羊峡水库起调水位偏低（龙羊峡年初起调水位为 2538.29m），加之上半年黄河上游来水持续偏枯，使得 2003 年龙羊峡水库水位最低降至2530.38m，接近极限水位。随着下半年来水形势的好转，水位开始逐渐恢复，截至12月7日达到年最高水位2567.45m，年末水位2565.83m，相应库容为133.45亿m^3。年初的来水偏少，加之下半年的水库蓄水是造成全年发电量减少的主要原因。

2003年全年公司售电量为54.33亿kWh。其中，对青海电力公司售电47.11亿kWh，占全部售电量的86.71%，占青海省同期售电量129.06亿kWh的36.5%；对宁夏电力公司售电3.4亿kWh，占全部售电量的6.26%；对甘肃电力公司售电3.82亿kWh，占全部售电量的7.03%。公司全年售电量比2002年同期减少31.47%。减少售电量24.95亿kWh，其中，龙羊峡售电量22.14亿kWh，同比减少32.44%，减少售电量10.63亿kWh；李家峡售电量32.19亿kWh，同比减少30.79%，减少售电量14.32亿kWh。

2003年公司应收电费96915万元。其中，甘肃电力公司9069万元，占应收电费的9.36%；宁夏电力公司8840万元，占应收电费的9.12%；青海电力公司79006万元。占应收电费的81.52%。2003年公司实收电费107696万元。其中，实收本年电费96915万元。当年电费回收率100%。青海、甘肃、宁夏电力公司电费回收率均为100%。收回以前年度陈欠电费10781万元（其中，陕西电力公司3500万元、甘肃电力公司1832万元、宁夏电力公司1560万元、青海电力公司3889万元）。按照各省认可的陈欠电费数计算，2003年陈欠电费回收比例为42.45%。

2003年公司执行平均上网电价为178.38元/MWh，同预算平均电价176.31元/MWh相比，上升了2.07元/MWh，与2002年同期平均电价165.85元/MWh相比，上升了12.53元/MWh。其中，龙羊峡水电站上网电价为104元/MWh，李家峡水电站上网电价为229.54元/MWh，比预算平均电价225元/MWh，上升了4.54元/MWh，与2002年同期平均电价209.43元/MWh相比，上升了20.11元/MWh。售电单价的上升主要原因为：李家峡水电站国家计委批复的260元/MWh电价得到逐步落实，青海省落实15.33亿kWh的相应电量；宁夏落实3.4亿kWh的相应电量；甘肃落实2.15亿kWh的相应电量。

改革工作

7月，集团公司把公司确定为深化企业内部改革的试点单位，并要求按专业化、市场化、集约化、现代化的模式进行改革，在主辅分离、运管分离、运检分离的基础上，对公司系统内的资产、技术、人力资源进行优化整合，形成具有流域滚动开发特点的、符合现代企业制度要求的管理运营机制。在时间紧、任务重的情况下，根据集团公司的总体安排，公司成立了改革领导小组和6个专业工作组，在较短的时间内，确定了改革的指导思想、原则、目标和步骤。随后，根据集团公司和公司董事会批准的改革方案在公司系统全面推行企业内部改革。在改革过程中，集团公司领导和有关部门给予了极大的关心支持和指导帮助，王炳华总经理亲自为公司各新组建单位揭牌，丁中智副总经理率队专程来公司帮助解决改革中出现的问题和困难。

企业管理

在认真开展成本管理年活动的基础上，深入扎实地开展了基础管理年活动。第一，加强和完善了制度建设，制定、增补、修改和完善了规章制度，公司确定的《制度建设三年规划》工作目标基本实现；第二，狠抓管理薄弱环节，进一步规范了各项工作的办事程序，逐步完善了公司的管理机制和运作机制，减少了管理层次，提高了管理效率；第三，加强对业绩评估的组织领导，制定发电企业业绩评估工作实施计划，业绩评估工作正在有条不紊地向前推进；第四，认真研究和运用现代化管理手段，推进管理创新，把现代化管理延伸到生产、经营和开发建设各个领域，提高了企业管理的水平；第五，进一步加大了科技工作的力度，大力推进科技成果的转化和运用，有效地提高了生产和工程管理的科技含量。公司“大吨位(10000kN)锚索试验与施工”项目获中国电力科学技术奖。与此同时，达标创一流工作取得新的成绩，龙羊峡发电分公司“一流水力发电厂”通过了国家电力公司组织的复查考评，李家峡发电分公司在2003年7月被国家电力公司授予“一流水力发电厂”称号。

党建、干部队伍和精神文明建设

公司党组以实践“三个代表”重要思想、贯彻落实党的十六大和十六届三中全会精神为主线，突出抓好干部职工的政治理论学习。举办了学习贯彻十六大精神、全面建设小康社会和十六届三中全会精神学习报告会，并组织开展其他深入的学习活动，在全公司掀起了学习“三个代表”思想的新高潮。

从规范管理入手，加强党的组织和制度建设，制定了领导干部管理暂行规定。新建单位成立了党委，调整、充实了部分单位党委班子成员。以落实“三项责任制”为切入点，加强领导班子建设，强化党风廉政建设。针对公司改革实际，加强形势任务教育，深入细致地开展了各种形式的思想政治教育，确保了职工队伍稳定。健全干部管理制度，认真贯彻集团公司

《领导干部管理的暂行规定》，在对公司机关和基层单位领导干部全面考核的基础上，坚持按照“讲政治、有本事、肯实干、能自律”的标准和“公平、公开、竞争、择优”的原则选拔任用干部，完成了新建单位干部的选配，初步形成了能上能下的干部动态管理机制。

工会和职代会的作用得到充分发挥，企业民主管和厂务公开工作不断深入，群众性的劳动竞赛活动蓬勃开展。深入开展扶贫济困工作，树立了良好的企业形象。

精神文明建设健康进行，创建活动深入开展，企业文化建设力度加大，企业内外宣传工作不断加强。在龙羊峡、李家峡发电分公司继续保持全国精神文明建设先进单位、青海双文明标兵单位等称号的同时，部分单位分别被州、县政府命名为双文明单位，公司被评为青海省第四届优秀企业和青海省十大新闻年度单位，龙羊峡发电分公司被中共中央精神文明建设指导委员会授予“全国精神文明建设先进单位”荣誉称号。

人力资源开发与培训

一是基层党政班子平均年龄与2002年相比下降0.5%，大专学历占25%，比2002年度提高4%，大学本科毕业生占62.5%，比2002年下降4.5%，研究生毕业占10.5%，比2002年提高0.5%；二是继续对后备干部加强教育与培训，脱产培训22人；三是向上级推荐各类评委和专家达122人；四是职工参加各类不脱产业务或学历教育培训140人；五是继续执行领导干部任前公示及机关人员上岗竞聘制度，坚持按照德才兼备和公平、公开、择优的原则选拔任用干部，干部队伍结构得到进一步优化，根据公司体制改革的实际和工作需要，对23名基层领导干部的岗位进行了调整。

问题和不足

一是经营形势依然严峻，欠收电费居高不下，企业持续巨额亏损，扭亏增盈的任务十分艰巨。二是安全管理仍然存在薄弱环节。习惯性违章屡禁不止，“三违”现象时有发生，主辅设备、生产、施工现场均存在不安全隐患，非生产性交通事故没有得到完全遏制。三是企业基础管理需进一步加强，管理粗放的现象仍然存在，讲效率、讲效益的机制尚未完全建立。四是部分领导干部的思想作风、工作作风与新形势的要求不相适应，部分职工的忧患意识、市场意识，特别是综合素质与公司发展速度和发展规模的要求尚有差距。

主要事件

1月7日，黄河水电公司召开2003年安全生产工作会议。

1月14日，龙羊峡发电分公司被中共中央精神文明建设指导委员会授予“全国精神文明建设先进单位”荣誉称号。

2月19日，公伯峡水电站送出工程及750kV输变电示范工程可研报告获国务院总理办公会通过。

2月28日，在青海省召开的第四次全省“自强模范暨扶残助残”先进集体和个人表彰大会上，黄河水电公司被青海省人民政府、省残疾人协调委员会授予“扶残助残先进集体”荣誉称号。

3月4日，青海省人民政府副省长刘伟平等到黄河水电公司调研。

3月18日，李家峡发电分公司被中华全国总工会、国家安全生产监督管理局授予2002年度“全国安康杯竞赛优胜企业”称号。

3月18～25日，受国家计委委托，中国国际工程咨询公司组织有关单位及专家，在西宁主持召开了黄河拉西瓦水电站项目建议书评估会，会议通过了拉西瓦水电站工程项目建议书。

3月25日，省政府召开省长办公会，研究关于如何加快青海省电力工业发展，会议确定由黄河水电公司负责黄河龙羊峡以上河段羊曲、班多、茨哈三座水电站前期工作。

4月1～2日，黄河水电公司召开了2003年工作会议暨首届二次职代会。

4月14日，公司召开了2003年纪检监察工作会议。

4月26日，青海省人民政府办公厅批复省发展计划委员会《关于同意2003年重点建设项目的复函》中，黄河苏只水电站被列入青海省2003年重点建设项目。

5月1日，黄河水电公司工会主席郭秉周被中华全国总工会授予“全国五一劳动奖章”获得者称号。

5月6日，国务院“非典”防治工作青海督查组组长岳宣义一行在青海省副省长赵永忠、公司总经理夏忠等领导陪同下，到龙羊峡发电分公司检查“非典”防治工作。对龙羊峡发电分公司的“非典”预防工作给予了充分肯定，认为工作认真细致，措施得力。

6月5日，黄河拉西瓦水电站工程保险协议签字仪式在青海宾馆隆重举行。

6月9日，青海省副省长刘伟平、省财政厅副厅长彭玉林，人民银行西宁支行副行长承列、海南州委书记多杰热旦、州长公保尚等在公司副总经理李铁证陪同下到龙羊峡水电站考察。

6月11日，省委常委、常务副省长蒋洁敏主持召开专题会议，针对黄河水电公司在公伯峡、苏只水电站建设中存在的森林植被恢复费、移民征地补偿等问题进行了研究解决。

6月12日，青海省副省长刘伟平一行到拉西瓦工地视察。

6月13日，中共青海省委书记苏荣，省委常委、秘书长李津成率省委办公厅、省经贸委、省发展计划委员会等职能部门负责人到黄河水电公司进行调研。

6月16日，省委副书记骆惠宁、省委常委、统战部长仁青加一行到龙羊峡水电站视察。

6月21日，国家开发银行、建行青海省电力支行、中国银行青海省分行、工行青海省分行同意对龙羊峡、李家峡、公伯峡水电站存量及新增贷款全部在国家基准利率的基础上下浮10%。

7月2～6日，为理顺滚动开发机制，解决黄河水电公司经营和建设工作中存在的问题，加快黄河上游水电开发步伐，中国电力投资集团公司总经理王炳华一行来到青海。对公司和公司所属公伯峡、拉西瓦水电工地，龙羊峡、李家峡发电分公司进行了工作调研。

7月3日，交通部部长张春贤在省委常委、常务副省长蒋洁敏，公司副总经理张民政的陪同下，到龙羊峡发电分公司考察。

7月8日，公司党组理论学习中心组召开学习扩大会，认真学习贯彻胡锦涛总书记在中央“三个代表”重要思想理论研讨会上作的重要讲话。

7月10～12日，积石峡水电站初步设计方案汇报会在公伯峡召开。黄河水电公司、西勘院、设计、监理部门专家20多人出席了会议。

7月16日，公司与宁夏回族自治区电力公司签订了2003年购售电协议书，这是公司成立以来签订的第一份购售电协议书。

7月18日，检修安装分公司与小浪底水利枢纽建设管理局签订了小浪底4号机组发电机组A级大修合同。计划工期63天，于10月26日开工，12月24日圆满完成全部检修项目，比计划提前3天完成任务。

7月28～8月1日，全国高混凝土面板堆石坝技术交流研讨会在公伯峡水电站工地召开。

7月30日，李家峡发电分公司被国家电力公司命名为“一流水力发电厂”。

7月31日，公司成立了改革领导小组。

8月1日，拉西瓦水电站黄河大桥胜利竣工通车。

8月4日，公司总经理夏忠被青海省第六届“青海十大杰出青年”组委会评为第六届“青海十大杰出青年”。

9月8～10日，国务院电力体制改革工作领导小组一行4人在中电投集团公司市场营销部领导的陪同下，到公司进行调研。

9月13日，检修安装分公司承担的李家峡水电站3号机组扩修工程开工，于12月11日完工，计划工期100天，实际工期90天，除完成了标准项目外，还完成了15项非标项目，8项补充项目。

9月15日，中共中央政治局常委、中纪委书记吴官正，在中共青海省委书记、省长赵乐际，省委副书记白玛，省委常委、常务副省长蒋洁敏，省委常委、秘书长刘伟平等陪同下，到龙羊峡水电站视察。

9月16日，青海省档案局会同公司有关部门共同组成考评组。对李家峡发电分公司档案工作目标进行了考核评定。以93分一致同意通过档案考评验收，同时向分公司颁发了国家二级先进管理单位的奖牌和证书。

9月20日，公司领导会同省财政厅、省国税局多次去国家财政部、国家税务总局汇报黄河上游水电开发工程情况，使水电增值税优惠政策的争取工作取得重大突破。

10月15日，黄河苏只水电站左岸对外公路正式通车。

10月20日，公伯峡水电站拦河大坝提前11天完成一期填筑任务，达到2005.8m的高程，上升至135m，距设计高程仅剩4m。

10月23日，中共青海省委副书记、常务副省长蒋洁敏在公司总经理夏忠的陪同下，到公伯峡水电站建设工地就公伯峡2004年发电增值税优惠政策等事宜进行调研。

10月30日，公司荣获“青海省第四届优秀企业”称号，总经理夏忠荣获“青海省第四届优秀企业家”称号。

10月30日，由中电投集团公司、青海省档案局、湖南五凌公司和黄河水电公司等11人组成的工程档案验收组，对李家峡水电站工程竣工档案进行了正式验收。经综合评议后，一致同意李家峡水电站工程竣工档案通过正式验收。

11月13日，青海省代省长杨传堂一行在黄南洲及尖扎县有关领导、公司副总经理李铁证等的陪同下到李家峡水电站视察调研。

11月18日，拉西瓦水电站截流规划及上下游围堰设计报告审查会在拉西瓦工地召开。大会通过了西北勘测设计研究院编写的《拉西瓦水电站工程主河床截流及围堰设计专题报告》。

11月24日，拉西瓦水电站导流洞进口及洞身段混凝土浇筑全部完成。

12月4日，经公司党组研究决定，成立了发电运行分公司、培训服务中心、监测试验与大坝管理中心、青海河源（暂定名）电力集团公司四个二级单位，同时将拉西瓦工程建设部更名为拉西瓦建设分公司，并明确了各单位的工作范围及职能。

12月18日，公司梯级电站调度大楼正式投入使用。

12月21～22日，拉西瓦水电站工程截流验收委员会对拉西瓦工程截流前的工程形象、导流建筑物的施工质量以及各项准备工作进行了现场检查。认为施工质量满足设计要求，导流洞目前已具备过水条件。

12月31日，2003年全年应收电费96915.04万元，实收电费107695.92万元，其中回收陈欠电费10780.88万元，2003年当年电费回收率100%，陈欠电费回收率6.40%。

12月31日，公司全年完成发电量54.75亿kWh，为年度调整计划的101%。其中，李家峡发电分公司全年完成发电量32.35亿kWh，完成调整后年计划的101%，龙羊峡发电分公司全年完成发电量22.40亿kWh，完成调整后年计划的100%。

12月31日，李家峡发电分公司实现连续安全生产1303天，年内实现百日无事故纪录4个；龙羊峡发电分公司实现连续安全生产2339天，年内实现百日无事故纪录4个；检修安装分公司实现连续安全生产2205天，年内实现百日无事故纪录4个。

（胡耀斌）

湖北清江水电开发有限责任公司

中共中央政治局常委李长春视察清江

2003年5月12日，中共中央政治局常委李长春在中央政治局委员、湖北省委书记俞正声，省委副书记、省长罗清泉等陪同下视察清江。李长春同志详细察看了隔河岩水电站，对清江流域开发服务经济建设、加强环境保护、争创社会效益所取得的成就给予充分肯定。陪同李长春同志视察清江的还有文化部部长孙家正、中宣部副部长胡振民、国家发改委副主任姜伟新、新闻出版总署副署长柳斌杰，湖北省委副书记邓道坤，省委常委、省委秘书长孙志刚，省委常委、省委宣传部长张昌尔，省委常委、宜昌市委书记郭少三及宜昌市党政领导共70余人。清江公司董事长、党委书记汪定国、总经理柳太康等公司领导陪同视察并向中央和省委省政府领导介绍清江有关情况。

清江流域电站发电量创历史新高

2003年，清江流域电站（隔河岩、高坝洲）在全年来水量比平水年偏少16%的情况下，发电量达35.9亿kWh，创历史最高水平；实现全年安全生产无事故，累计安全记录天数达943天；全年组织机组大小修共计12台次，其中大修1台次，小修11台次，涉及检修项目2224项。更新改造和专项工程36项，完成31项，其他5项均已按计划启动。安排月度生产任务243项，完成率100%。“两措”项目共15项，完成率100%。隔河岩电厂机组平均可调小时为8305h，平均利用小时为2163h，全厂等效可用系数为94.8%，等效可用系数定额完成率为105.23%，高出国家一流水电厂标准0.23个百分点。高坝洲电厂机组平均可调小时为8215h，平均利用小时为3854h，比2002年增加292h。全厂等效可用系数为93.78%，等效可用系数定额完成率为103.62%，均在2002年基础上有所提高。

流域电站“无人值班”工作进展顺利

为保证隔河岩电厂、高坝洲电厂的“无人值班”工作顺利实施，清江发电公司积极开展设备改造，运行规程修编、运行方式转换等工作。2003年完成了隔河岩1号、2号机保护改造、直流监测管理系统改造，进一步提高设备智能化水平和可靠性，为“无人值班”工作的顺利实施和保证安全发供电打下了坚实的基础。目前，隔河岩电厂已具备“无人值班”条件；高坝洲电厂通过狠抓安全管理、设备管理、人员培训，2003年1月顺利通过国电华中公司组织的“安全文明生产达标”验收。在此基础上，高坝洲电厂加大设备技术改造力度，提高全厂自动化水平；加强设备消缺和维护管理，完成220kV开关站重大技术改造等10余项，全面提升设备运行可靠性。

（李　扬）

深圳市能源集团有限公司

深圳市能源集团有限公司是由深圳市投资管理公司（占股权75%）和华能国际电力股份有限公司（占股权25%）共同出资设立的有限责任公司，是深圳市属大型集团化企业。

自1991年6月成立以来，集团坚持“以电为主、配套经营”的方针，开拓创新，奋力拼搏，闯出了一条从无到有、从小到大、不断壮大的成功之路，为深圳的经济发展作出了贡献。

目前，集团总装机容量400万kW，占深圳市装机总容量的73%。主要电厂有妈湾发电总厂（180万kW）、沙角B电厂（70万kW）、月亮湾电厂（29万kW）、南山热电厂（91万kW）、安徽铜陵电厂（30万kW）以及深圳南山垃圾发电厂和深圳盐田垃圾发电厂。集团下辖两个电力上市公司，即深能源（000027）和深南电（000037）。初步形成以电为主，燃料运输、环保工程、金融证券、仓储贸易等相关产业综合发展的战略格局。

截至2003年底，集团总资产166.5亿元，净资产115.5亿元。13年来，累计上缴国家税收近50亿元。

集团坚持"突出主业，抢抓机遇，加快发展"的方针，在搞好电力主业的同时，高度重视电力环保等相关产业的同步协调发展，不断加大对新电源增长点的开辟和培育。积极推进东部燃机电厂、深圳抽水蓄能电站、河源燃煤电厂、东莞樟洋燃机电厂、安徽铜陵电厂五期等一批对集团发展具有战略意义的电源项目，进一步扩大规模，增强市场竞争优势，加快集团的可持续发展。

集团成立以来，多次被深圳市委、市政府授予"优秀企业"、"模范企业"、"先进党委"等光荣称号；连续多年被深圳市税务部门授予"守法纳税大户"称号；并被广东省委、省政府评为"全省先进基层党组织"、"全省思想政治工作先进单位"、"省先进集体"、"省文明单位"等称号。是广东省50家工业龙头企业，在2003年中国500强企业排名中位列第255名。

（王晓葵）

深圳国电科技发展有限公司

深圳国电科技发展有限公司系国家电网公司控股、中国电力财务有限公司、中国华能集团公司参股组建的国有大型企业，注册资本3.4亿元人民币。公司现有7家全资、控股及参股企业。

公司以电力及与电力相关的高科技产品开发与技术服务为主营业务，承担国家电力系统科研成果转化、新产品、新技术引进和推广任务，致力于依靠高科技手段促进电力行业的技术进步与发展。通过与国内外有关方面的合作，提供以电力行业为主要对象的电力系统自动化控制、电力线宽带通信、节能环保、燃烧工程、计算机集成管理信息系统等高科技产品的开发与技术服务。同时，公司主要业务还包括商贸物流业（国际物流、进出口贸易）、房地产和物业管理、运输业（出租车和电力大件运输）等业务。

深圳国电科技发展有限公司自成立以来，紧紧围绕"建设经营型、控股型、现代化的一流电力高科技企业"这个中心，积极拓展业务，整体经济实力不断提高，盈利能力和发展能力不断增强，主要经营指标每年都有大幅度提升。公司控股的深圳市国电科技通信有限公司已开发出国际先进的200M速率的电力线通信（PLC）产品，是目前国内惟一拥有此项技术的公司；深圳市国电南思系统控制有限公司是深圳市首批通过"双软"认证的软件生产企业，并于2001年被认定为深圳市高新技术企业，公司与国电南自联合开发的PS6000综合自动化系统荣获2002年度中国电力科学技术奖；深圳市国电科技商贸物流有限公司在国家海关总署《中国海关》统计的"2002年中国进出口企业200强"中列第89位，并多次被评为深圳市外贸出口先进企业、深圳行业十强企业；深圳市华能大厦物业管理有限公司获得了深圳市卫生先进单位称号；深圳市先达泰运输有限公司拥有电力大件运输甲级承包资格证书，并通过了ISO9001质量体系认证。公司参股的深圳南山热电股份有限公司是全国最大的燃气蒸汽联合循环电厂，2003年净资产收益率居全国35家电力上市公司首位。

公司系统现有员工200余人，其中博士、硕士20余人，大学以上学历员工占员工总数的70%。

部分电力企事业单位

中国电能成套设备有限公司

中国电能成套设备有限公司为原国家电力公司控股公司，电力体制改革后，该公司划归中国电力投资集团公司控股。在2003年工作中，公司以党的十六大和十六届三中全会精神为指导，积极响应集团公司关于开展“基础管理年”活动的号召，深化改革，转变观念，坚持对外开拓市场，对内强化管理，加大服务力度，全面完成了2003年工作计划确定的各项经济指标。

公司负责招标成套的机组共92台，3662.5万kW，其中火电机组59台，2857万kW，水电机组33台，805.5万kW，继续为国家电网公司及三峡等有关的输变电项目进行了招标代理工作。

2003年公司的主要业务工作进行情况

（一）火电项目

电力体制改革后，五大发电集团公司都在积极拓展新项目，给该公司开拓火电市场带来机会。2003年负责招标成套的火电在建项目31个，装机容量2677万kW，是历史上项目较多的年份。其中13个项目已签订成套服务合同。

目前该公司已完成曲靖、合山、衡水、常熟、通江、广安、靖远、焦作等多个项目的主机和部分辅机设备招标及咨询工作，兰溪、清河、姚孟、平圩、开封、黄冈等项目也已完成主机招标及部分合同洽谈和签订工作。

（二）水电项目

该公司负责组织并参与的招标及成套项目15个，总装机容量2077.5万kW。其中，招标成套项目8个，共计969.5万kW；水电监造项目6个，共计1008万kW；咨询项目1个，装机容量100万kW。

在水电设备成套方面，2003年参加了广西龙滩、广西恶滩、广西平班、甘肃小峡、公伯峡、洪家渡、新疆吉林台一级等水电项目的设备成套以及泰安抽水蓄能电站、西藏直孔水电站的技术经济咨询等服务工作。

（三）输变电项目

2003年电力体制改革后，公司的输变电业务虽然受到了影响，但继续为国家电网公司电网建设分公司作服务宗旨不变，协助电网建设分公司完成15个交流变电站新建和扩建项目及6个直流项目的设备招标采购工作，完成三峡送出和全国联网工程的13个线路项目的设备材料招标采购工作。配合华北电力集团公司完成了500kV托克托－安定、滨海－吴庄、保北－霸州－吴庄等3个线路项目的服务工作，协助河北省电力公司完成500kV保南变电所送出等5条线路、沧西变电所等3个500kV变电所、石中变电所等9个200kV变电所及33个110kV变电所的设备招标采购工作。协助国家电网公司国家电力调度通信中心完成电力系统安全稳定控制系统的招标采购工作。

（四）进出口业务工作

在市场竞争日益激烈的情况下，该公司始终坚持以市场为导向，不断拓宽业务范围。2003年代理国内有关制造厂商为亚行贷款项目沈大输变电及电网改造项目的GIS、干式电抗器、电缆等设备进行了投标；截止到目前为止，已中标并正在执行的投标代理合同有华东悬式绝缘子、630导线，浙江桐柏抽水蓄能电站项目干式电抗器、阻波器和避雷器，沈大输变电及电网改造项目的GIS、干式电抗器以及悬式绝缘子。

（五）设备监理/监造工作

该公司的监造业务在2003年有稳步的发展。全年签订了设备监造合同27项，比2002年同期有大幅度增加；目前有在施项目30个，已完成株洲、鲤鱼江、叶县、宜兴变等10个监造项目；向用户提供《监造工作简报》1150期，《监造工作总结》出版了135期；处理了一大批较大的质量问题，完成了大量的设备监造进度的协调工作。为了适应新形势下的设备监理工作，继续保持公司在电力设备监理市场的优势地位，2003年公司组建了专业化的设备监理公司——电能（北京）工程监理有限公司。

（六）备品备件供应工作

备品备件供应业务一直是该公司近几年拓展业务范围的一项重要工作。经过两年多的努力，目前已经基本形成了一支可以从事备品备件供应业务的专业队伍，逐步建立起规范的工作流程和工作制度。为了使此项服务更加规范，以赢得更多的市场份额，备品备件供应已作为一项服务产品纳入到公司的ISO9001质量管理体系当中。2003年完成备品备件订货额900多万元，超过了前两年的订货量之总和。

（七）信息工作

该公司在搞好《中国电力设备信息网》和公司内部的综合管理系统建设的同时，协助中国电力投资集团公司对下属企业的物资管理现状、物资管理系统应用软件及其主要供应商的情况进行调研，编制了集团公司物资管理规章制度初稿及集团公司物资管理信息系统科研课题初可报告草稿等。

基础管理工作

（一）公司质量管理和企业管理体系运行情况

2003年该公司对质量管理体系的持续性、适宜性、充分性和有效性进行了评审。进行了质量体系文件2000版的转换工作，于2003年5月6日正式取得国家认可注册机构颁发的质量管理体系认证证书。

以加快信息化建设为重点，信息平台为公司的企业管理体系运行，加强基础管理工作提供了重要的保障，2003年公司OA系统中增加了物资采购流程和内部签报等流程，逐步使各项管理工作实现程序化。

（二）认真开展“基础管理年”活动

2003年，开展的“基础管理年”活动是中电投集团公司在创建之初夯实基础、规范管理，确保集团公司起步第一年的工作实现平稳过渡的非常重要的一项工作。按照中电投集团公司关于“基础管理年”的总体思路，调整了公司2003年的工作思路，明确提出我公司2003年的总体工作思路是：以党的十六大精神和“三个代表”重要思想为指导，按照集团公司的总体战略部署，结合公司的实际情况，充分发挥自身优势，坚持面向整个电力设备市场，做到对外开拓市场，对内强化管理，谋划好企业的发展，不断提升公司的管理水平与核心竞争能力，朝着将公司建设成为一流的专业化公司而努力。

公司对基础管理工作中存在的问题进行认真梳理、分析和研究，制订改进措施，对集团公司发布的各项管理制度、规章、办法严格遵照执行。2003年公司组织进行了企业管理体系的内部审核，根据审核过程中发现的问题，对公司的企管体系文件作出了相应补充、修订和完善，使公司的管理水平得到进一步提高。

（三）财务管理和审计工作

公司目前在成本、费用、核算、资金、预算、稽核和财务控制等方面建立了较为完整的工作制度，有比较规范工作流程和健全的文件记录。按照集团公司的要求，2003年公司成立了预算管理委员会，加强了预算管理。作为资金集中管理的首批试点单位，积极配合完成了与集团公司资金结算中心联网进行资金统一管理的有关工作，使资金运作更加规范。

2003年该公司按照国家审计署对原国家电力公司的审计要求，成立了以总经理为组长的迎审工作组，全面负责公司的迎审工作。从2003年4月7日审计组进驻到6月30日现场审计结束，前后历时3个月。

公司文明建设及党风廉政教育情况

该公司党委按照集团公司党组要求，十分注重加强党风廉政建设，学习和贯彻“三个代表”的重要思想，增强公司党组织的战斗力和凝聚力。公司党委认真贯彻落实集团公司关于党风廉政建设的有关部署，在业务极其繁忙的情况下，千方百计组织全体员工集中学习党风廉政建设理论和党风廉政建设法规，并按照要求对廉政建设进行了自查，取得了较好的效果。

对公司中层以上干部进行“三个代表”重要思想的轮训工作，教育职工将廉政的各项要求渗透到工作岗位中去，让全体职工在本职工作中努力实践“三个代表”重要思想，始终如一地保持和发扬艰苦奋斗的优良传统和作风；教育党员牢固树立共产主义信念，同各种歪理邪说作坚决的斗争。2003年该公司连续第六年保持了中央国家机关文明单位的光荣称号。

主要事件

4月5日，召开公司第三届第一次董事会，第三届董事会董事为房家栋、王琪、王一虹、施宙，第三届监事会监事杜兆南、李洁、王红军。房家栋为法人代表。

5月26日，该公司为了打造电能品牌，由中国电能成套设备有限公司和北京华电成套设备公司共同出资，成立电能（北京）招标代理有限公司。

10月26日，国家体制改革，原国家计委颁发该公司的工程咨询甲级资格，改由国家发展和改革委员会颁发，并在原来咨询范围中增加了工程监理咨询。

11月14日，取得建设部的建设工程招标代理资质。过去公司的建设工程设备招标甲级资格为国家计委、国内贸易部、机械工业部、国家技术监督局等单位颁发，随着国家体制改革的进一步深入和理顺，建设部根据该公司长期以来进行招标代理的实际情况，特给予建设工程招标代理甲级资质，进一步保证了公司参与市场竞争的优势。

12月1日，该公司为了适应新形势下的设备监理工作需要，由中国电能成套设备有限公司和电能（北京）招标代理有限公司共同出资建立电能（北京）工程监理有限公司，原北京电能成套设备工程咨询公司撤销，其业务工作平移到电能（北京）工程监理有限公司。

附件：

2003年公司完成的主要大中型机组及输变电项目明细表

（单位：台×万kW）

一、火电成套、招标项目

开封扩建（超临界）	2×60
平圩扩建（超临界）	2×60
清河技改（超临界）	1×60
利港三期（超临界）	2×60
通辽三期（超临界）	3×60
广安三期	2×60
靖远二期	2×30
贵溪二期	2×30
新乡（供热）	2×30
江油技改	2×30

福　　溪	2×60
姚孟扩建（超临界）	2×60
常熟二期（超临界）	2×60
阜　　阳（超临界）	2×60
沙　　洲（超临界）	2×60
黄　　冈（超临界）	2×60
河津二期	2×30
白鹤二期	1×30
邢台（供热）	2×30
兰溪（超临界）	4×60
合　　川	2×30
泸州（"W"火焰）	2×60
扬州二电厂二期（超临界）	2×60
大连泰山（循环流化床）	2×13.5
分宜技改（循环流化床）	1×20
西柏坡三期（超临界）	2×60
娘子关二厂（空冷）	2×60
唐山技改（供热）	1×20
湛江奥里油发电厂	2×60
永济技改（空冷）	2×30

二、水电成套、招标项目

拉西瓦	6×70	龙滩	7×70
公伯峡	5×30	恶滩	4×15
吉林台	4×11.5	平班	3×13.5
洪家渡	3×20	小峡	4×5.75
泰山抽水蓄能	4×25	金河	4×1.5

三、火电、水电设备监造项目

大连泰山	2×13.5	唐山技改	1×20
嘉兴二期	4×60	通辽三期	1×60
曲靖二期	2×30	贵溪二期	2×30
定州一期	2×60	白鹤二期	1×30
常熟二期	2×60	阜阳	2×60
北海	2×30	焦作	2×13.5
叶县	1×13.5	合山	2×33
黄石	2×33	耒阳	2×30
宣威	2×30	登封	2×30
株洲	2×30	龙岩	4×13.5
沙洲	2×60	邢台	2×30
龙滩	9×70	直孔	4×2.58
金河	4×1.5	拉西瓦	6×70
三板溪	4×25	洪家渡	3×20
吉林台	4×11.5	羊卓雍湖扩机	1×2.31

（李川云）

中国电力财务有限公司

2003年是中国电力财务有限公司发展进程中不平凡的一年。这一年，公司经历了电力体制的深入改革，接受了国家审计署对公司的全面审计，经历了"非典"的严峻考验，迎来了公司十周年的生日，同时创造了公司有史以来最好的经营业绩。在国家电网公司党组、公司董事会的正确领导下，公司党组和经营领导班子带领全体员工，认真学习和贯彻党的十六届三中全会精神、实践"三个代表"的重要思想，坚持以市场为导向、以服务为宗旨、以效益为中心、以管理为重点、以防范风险为基础、以创新为手段的基本思路开展经营运作，求真务实，真抓实干，圆满地完成了董事会确定的各项经营目标，以优异的业绩跻身国内效益最好、资产质量最优良、资产规模最大的财务公司之列。

工作综述

（一）圆满实现经营责任目标，效益稳步提高

截至2003年12月31日，公司主要经营指标完成情况如下：

（1）资产规模874亿元，完成计划指标630亿元的138.7%，比2002年年底资产规模775亿元增加了12.8%；

（2）实现利润8.03亿元，完成计划指标6.5亿元的123.5%，比2002年实现的7.81亿元利润总额增加了2.8%；

（3）资产保值增值率为117.75%，超额完成了113%的计划指标；

（4）不良贷款率为1.23%，比2002年下降了0.71个百分点，低于不良贷款率≤12%的要求；

（5）净资产为30.46亿元，比2002年增加了0.95亿元。

（二）精心组织和配合，全面做好迎审工作

配合审计署做好审计工作是公司2003年的一项重点工作。公司认真落实国家电网公司迎审工作会议精神，确立了"加强领导、精心组织、积极配合、保证重点"的工作原则，保证了审计工作有条不紊地进行。

在审计组进点前，公司成立了迎审领导小组及办公室，多次召开会议布置迎审工作，要求各部门、各分支机构实行一把手负责制，切实做好配合审计的相关工作。与此同时对公司成立以来的经营管理情况进行了认真的自查自纠，将货币资金的管理、信贷资产的管理、短期投资的情况、下属公司理财资金管理作为重点自查内容。

在审计过程中，公司认真执行国家电网公司对迎审工作的布置和要求，定期向国家电网公司报告审计进展情况。在工作中，公司积极配合，按照法规和程序办事，全面、细致地向审计组汇报公司的情况，及时、完整地提交所需的各项资料，实事求是地应答审计组提出的问题。公司还与审计组建立了联络员制度，审计资料的组织和传递、人员的询问和答疑以及其他有关审计事项都统一由双方联络员进行安排和协调，并认真做好资料交接、询问座谈的记录工作，使审计工作能够规范有序地进行。公司在迎审工作中积极配合审计署所作出的努力得到了审计组的充分肯定。

（三）沉着冷静，有效防控突发“非典”疫情

2003年春夏之交，面对“非典”在我国部分地区肆虐的特殊情况，公司按照党中央、国务院关于切实加强领导，做好“非典”防治工作的有关文件精神，按照国家电网公司的要求和部署，沉着冷静，认真应对，从公司本部到各分公司，因时因地制宜，及时采取了各种积极有效的预防措施，收到了很好的成效。公司总部、四家分公司及所有省级业务部职工和家属中，没有发现一例“非典”病例和疑似病例。公司广大员工坚守岗位，有效维护了稳定的良好局面，为全国和国家电网公司系统万众一心抗击“非典”做出了应有的贡献。

（四）切实转变经营观念，积极拓展市场

随着国家电力体制改革的深入，中国电力财务有限公司将成为由国家电网公司、南方电网公司、各发电集团共同持股的电力金融机构，因此以为国家电网公司系统及其他电力企业提供优质、高效的金融服务作为公司的宗旨。面对改革后的新形势、新任务，公司在重点研究如何更好地为国家电网公司系统提供金融服务的同时，还认真研究了如何加强与南方电网公司、各发电集团的合作，为其提供金融服务的问题。公司制定了为发电集团公司和南方电网公司提供金融服务的总体构想和金融合作方案，并与各集团公司进行了积极的协商，努力做好服务，初步起到了稳定市场、稳步拓展业务的作用，为公司未来经营的持续稳定发展打下了基础。

在2003年的工作中，总部和各分公司密切配合，扎扎实实地工作。在资金市场方面，公司随着厂网分开的进展情况，不断研究分析资金的变化趋势，明确工作重点，坚持以存款为核心，大力推动存款组织管理，积极拓展存款市场，保证了电力体制改革后，公司存款规模稳中有升的良好局面。截至2003年12月底，全公司自营存款余额达到603.66亿元，完成年计划的146.8%。四家分公司自营存款规模均创造了历史新高。与此同时，公司充分发挥内部融资中心的作用，及时出台《内部融资利率市场化指导意见》，不但及时引导了内部融资工作，而且在关键时刻保证了公司的支付。2003年全公司资金内部融通总规模1901.5亿元（拆入1497.7亿元，拆出403.8亿元），比上年增加了72%，其中总公司内部融通资金1301.5亿元，分公司内部融通资金600亿元。内部融资业务的规模效应和集约运作已经成为保障公司整体经营效益不可缺少的金融手段。另外，公司还建立和完善了月度资金调度例会制度，每月初通过可视会议系统，总分公司之间通报情况、商讨问题、安排资金计划，大大加强了公司资金的调度和运用，提高了短期资金效益。

在信贷工作方面，公司根据电力体制改革的新形势，把工作重点放在了巩固现有市场、努力开拓新市场、调整信贷业务结构上面。一方面加大对电力优质项目特别是电网建设项目提供贷款的力度，另一方面加大了对其他类贷款和高风险贷款的清收力度，在保证信贷规模稳定增长的同时，尽可能地压缩不良贷款比例，严格控制市场风险。截至2003年12月底，公司信贷规模由年初的225.59亿元上升到300.84亿元，其中自营贷款规模由年初的223.18亿元上升到302亿元，贴现规模由年初的2.41亿元上升到11.52亿元。经过全体员工的共同努力，2003年公司共实现利息收入12.37亿元，完成年度计划的136%，实现委托贷款手续费收入4005.88万元，完成年度计划的123%。自营贷款中不良贷款率由年初的1.72%下降到1.23%。

在资本市场方面，公司积极开展新股配售、债券承销等资本市场业务。上半年，公司圆满完成了首只采用兑付网点代扣代缴债券个人利息收入所得税并就地入库方式的债券——02电网债的首次付息工作。这是电力债券为企业债券市场创新做出的一大贡献。2003年末，在债券市场的激烈竞争中，公司以优质的服务、最佳的方案、最大的诚意，并在国家电网公司的大力支持下，获得了国家电网公司03电网债券的主承销商资格，协助国网公司圆满地完成了50亿元电网债券的发行工作。另外，公司与部分发债融资的电力企业进行磋商，积极参与有关债券的承销工作，公司以华能电力债券副主承销商和中电投分销商的资格完成了这两只债券的发行。2003年，公司总部和各分公司根据市场变化，适时调整证券投资品种，灵活稳妥地进行操作，既控制了风险又取得了较好收益，2003年资本项目共实现账面收益0.98亿元。

（五）深化基础管理工作，加强公司制度化建设

2003年，公司继续加强基础管理工作，强化公司制度建设。相继出台了《领导干部三项谈话制度实施办法》、《党风廉政责任制考核办法》、《中国电力金

融网站运行管理办法》、《档案管理办法》、《中国电力财务有限公司干部管理办法》、《中国电力财务有限公司关于委派推荐董事、监事管理办法》、《中国电力财务有限公司退休人员管理办法》、《专项电子设备管理办法》等制度，修订了《办公保密制度》、《三项责任制考核管理暂行办法实施细则》、《分公司三项责任制考核暂行办法》等制度，完善了公司的综合管理制度体系。另外，公司还完成了《中国电力财务有限公司视觉识别系统》（VIS）的设计制作，大力推进了公司企业文化建设。

为了控制信贷风险，推进业务稳步发展，根据信贷业务的发展情况，补充修订了《风险测评标准》，制定了《信贷五级分类实施细则》。

为了进一步完善法人治理结构，强化公司内控制度，公司制定了《中国电力财务有限公司法定代表人授权管理规定》，全面修订了《内部控制审计评价办法》，建立了公司内控制度建设和执行评审的统一标准。

（六）加强信息化建设，提高综合管理水平

公司信息化建设的重点是建立起以业务应用系统为核心，以为客户提供优质服务、降低企业经营风险为目标的财务公司业务运营管理信息系统。

2003年，公司对现有应用系统开展了调查分析，完成了公司业务运营管理信息系统的可行性研究；根据国家电网公司对资金结算的需求，组织研究了“国家电网公司资金结算中心技术服务平台”的建设问题；根据为发电集团公司提供金融服务总体方案的要求，修改和完善了公司业务信息管理系统中客户服务平台的相关内容。同时，公司积极开展业务系统试点，开发了业务部“客户资金服务系统”项目，大大提高了公司业务部在同业中的竞争力；为加强信贷管理、控制和降低信贷风险，提高信贷资产质量，公司开发了“信贷管理五级分类系统”项目，已完成系统设计和系统调试并进入试运行；根据公司相关业务部门的应用要求，公司进行了业务系统（MIS）的完善，完成了“在MIS系统中开发集团账户和协定存款计息功能”项目的功能设计；为了切实提高公司行政办公效率，提高总分公司之间公文传递效率，加强信息沟通，公司积极推进办公自动化系统（OA系统）的使用和升级，已完成调研和招投标工作，即将进入实施阶段。

（七）加大人事改革力度，促进干部队伍建设

2003年，为加强公司干部人事管理，公司认真贯彻国家电网公司宁波人事工作会议精神，在制订了多项干部人事管理制度的基础上，加强了对干部的考核。2003年，公司派工作组分别对四个分公司的领导班子进行了年度考核，通过现场检查、个别谈话和群众民主测评等形式，对各分公司的领导班子整体工作情况和每个班子成员的情况进行了考评。公司本部也对中层以上干部进行了考核，通过干部述职、群众评议和测评，给每个干部一个客观的评价，并将考评结果对被考核人进行反馈，以使干部更全面地了解自己、发扬成绩、改正不足，不断提高自身的综合素质，为建立一支高素质的干部队伍打下基础。

（八）认真实践“三个代表”，促进两个文明协调发展

2003年，公司深入开展了党的“十六大”精神和“三个代表”重要思想的学习贯彻活动，强调改进思想作风、工作作风和学风。公司党组首先抓了公司理论中心组的学习，按照国家电网公司规定的中心组学习制度，制定学习计划，结合形势需要和实际情况确定学习主题。各分公司党组织也加强了宣传教育力度，组织党员干部特别是领导干部进行理想信念和廉洁自律教育，树立正确的世界观、人生观、价值观。公司还通过组织学习、研讨会、报告会等多种形式，有目的、有计划地组织干部和员工进行理论学习，大大提高了公司全体人员的学习自觉性，促进了思想理论水平和政治素养的提高。

另外，公司按照国家电网公司党组要求，成立了纪检组和监察室，配备了专职人员，建立健全了组织机构。同时，公司认真贯彻落实中纪委二次全会和国家电网公司纪检监察工作会议精神，深入开展了有针对性的警示教育，严格落实党风廉政建设责任制，层层签订了党风廉政建设责任书。2003年，公司没有发生违法违纪事件，完成了与国家电网公司党组签订的《党风廉政建设责任书》的各项任务，考评结果为优秀单位。年末，公司党组对四个分公司领导班子党风廉政建设责任制执行情况进行了检查和考评工作，考核结果均为优秀单位。

2003年，公司党组还重点抓了领导班子民主生活会制度的落实工作。会前，按照要求广泛征求公司全体员工对领导班子的意见和建议。会上，领导班子成员坦诚地开展了批评和自我批评，对公司过去出现的问题和群众的意见认真进行反省，统一认识，制定整改措施。会后，公司领导班子召开会议，针对群众提出的关于领导班子思想作风建设、加强民主管理、干部人事制度改革、公司经营发展战略、加强对领导干部的监督及有关员工福利待遇方面的问题进行专门的分析研究。民主生活会达到了班子与员工之间沟通思想，统一认识的效果，振奋了精神，营造了公司良好和谐的民主气氛。同时，公司党组也加强了对分公司领导班子民主生活会的指导、督促和检查工作，四家分公司都按规范的程序召开民主生活会，均收到了很好的效果，进一步促进了分公司领导班子的团结，统一了认识，增强了凝聚力和战斗力。

主要事件

2月25日，中国电力财务有限公司第一届监事会第四次会议在浙江省温州市召开。会议由公司监事长欧阳胜英主持，公司监事会成员及授权代表参加了此次会议。

2月26日，中国电力财务有限公司第一届董事会第八次会议在浙江省温州市召开。会议由中国电力财务有限公司董事长谢松林同志主持，实到董事及董事授权代表12名，公司监事会成员及公司副总经理、总会计师、总经理助理、分公司总经理列席了会议。会议听取了罗新泉副总经理代表公司经营班子所作的公司2002年度工作报告，审议并通过了《公司2002年度财务情况及2003年度财务收支预算的议案》、《公司完成2002年度经营责任制目标完成考核情况的报告及2003年信贷收支计划的议案》、《公司2002年度红利分配方案的议案》、《关于国家电力公司水电水利规划设计总院等四公司股权转让的议案》、《关于授权总经理对外股权投资权限的议案》，公司董事长与公司经营班子签订了《2003年经营目标责任书》。谢松林董事长作了重要讲话，对公司2003年的工作提出了要求。

同日，公司通过了中央国家机关精神文明建设协调领导小组的复查，继续保留"首都文明单位"和"中央国家机关文明单位"称号。

3月18日，中国电力财务有限公司2003年工作会议在北京召开。

3月25日，公司荣获北京市西城区2002年度"突出贡献企业"称号。

4月2日，公司以通信方式召开了第六次股东会议，审议通过了《公司2002年度财务工作报告及2003年度财务收支预算的议案》、《公司2002年度经营责任制目标考核情况的报告及公司2003年信贷收支计划的议案》、《公司2002年度红利分配的议案》、《关于国家电力公司水利水电规划设计总院等四公司股权转让的议案》、《关于修改中国电力财务有限公司章程的议案》以及《中国电力财务有限公司监事会工作规则》等。

5月14日，公司召开总部中层以上干部会议。国家电网公司党组书记、总经理赵希正，国家电网公司党组成员、副总经理陈月明，国家电网公司顾问、中国电力财务有限公司董事长谢松林同志出席会议并分别作重要讲话。国家电网公司人事与董事管理部主任张文亮同志宣布公司领导班子调整事宜。根据国家电网党任［2003］43号文件，陈月明同志任中共中国电力财务有限公司党组成员、书记；罗新泉同志任公司党组副书记；张和之任党组成员；谢松林同志不再担任公司党组成员、书记职务；章钢柱同志不再担任党组成员、副书记职务。根据国家电网任［2003］53号文件，罗新泉主持中国电力财务有限公司经理层日常工作。根据国家电网任［2003］52号文件，建议张和之任公司副总经理；章钢柱不再担任公司总经理职务。

6月9日，中国银行业监督管理委员会印发《关于中国电力财务有限公司在电力体制改革后服务对象问题的批复》（银监复［2003］13号）文件，同意公司在电力体制改革后维持原有服务对象范围，按原有成员单位范围继续开展金融服务业务。

6月12日，国家审计署经贸司刘国权司长、张曼曼处长等一行八人正式进驻公司开展审计工作，并召开会议听取迎审工作汇报。

8月4日，中国电力财务有限公司第一届董事会第十次会议在北京召开。

会议由公司董事长陈月明同志主持。会议传达了国家电网公司党组书记、总经理赵希正在国网公司总部中层以上干部会议上的讲话精神；宣读了国家电网公司有关人事任免文件和中国电力财务有限公司第一届董事会第九次会议决议；听取了公司党组副书记、副总经理罗新泉所作的2003年上半年工作报告；审议并通过了《关于罗新泉、张和之、章钢柱同志职务任免的议案》，《关于华东分公司购买办公用房的议案》，《关于参股华能保险公司的议案》，《关于进一步加强公司实业投资管理的情况报告》。会议聘请谢松林同志为中国电力财务有限公司顾问。公司副总经理、总会计师、总经理助理和分公司总经理列席了会议。

8月14日，中华人民共和国国家工商行政总局为公司换发《企业法人营业执照》，变更法定代表人为陈月明。

9月18日，根据国家电网公司关于加强系统纪检监察工作的有关规定和精神，经公司党组研究并征得国家电网公司监察局同意，决定成立中共中国电力财务有限公司纪检组和中国电力财务有限公司监察室。

11月15日，公司以通信方式召开第一届董事会第十一次会议。针对中国银行业监督管理委员会办公厅《关于中国电力财务有限公司的监管意见》（银监办发［2003］113号）文件精神，审议并通过了《公司关于对有关经营问题进行整改的决议》。

12月18日，公司在钓鱼台国宾馆举行公司成立十周年招待会。

12月30日，2003年国家电网公司企业债券发行签字仪式在钓鱼台国宾馆举行。

12月31日，2003年国家电网公司企业债券开始在指定网点公开发行。中国电力财务有限公司为本期债券主承销商。

资产负债情况

公司 2003 年资产负债情况见下表。

中国电力财务有限公司资产负债表

2003 年 12 月 31 日　　　千元

资产	金额	负债及所有者权益	金额
流动资产		**流动负债**	
货币资金	29619368	短期存款	59928581
短期贷款	12793835	委托存款	22812945
委托贷款	22755357	应付款项	793150
拆出资金	72639	其他流动负债	422786
应收款项	544005	流动负债合计	83957462
其他流动资产	4427217	**长期负债**	
流动资产合计	70212421	长期存款	437178

续表

资产	金额	负债及所有者权益	金额
长期资产		长期负债合计	437178
中长期贷款	15434371	负债合计	84394640
长期投资	870335	**所有者权益**	
固定资产	428019	实收资本	1822000
其他长期资产	405816	公积金	734044
长期资产合计	17138541	未分配利润	490412
无形、递延及其他资产合计	90134	所有者权益合计	3046456
资产总计	87441096	**负债及所有者权益总计**	87441096

组织机构

公司组织机构见下图。

中国电力财务有限公司组织机构图

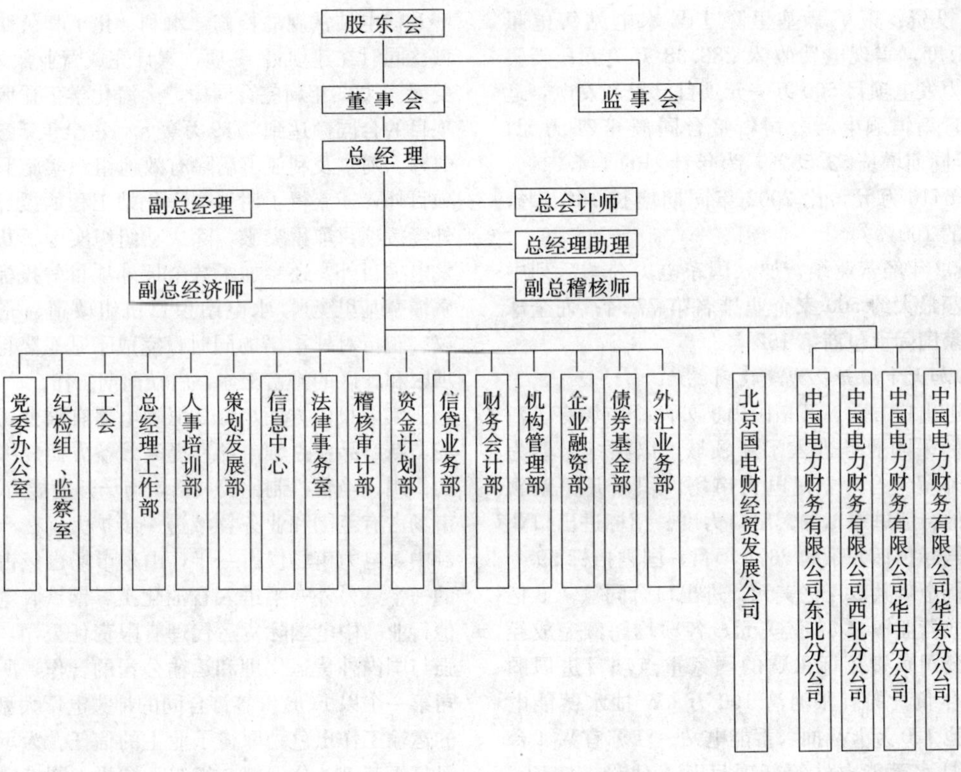

（张　莉）

中国电力技术进出口公司

中国电力技术进出口公司（简称中电技公司）是由国家电网公司控股的有限责任公司。公司主要从事国际工程承包、国际招标采购和进出口贸易、实业投资三大业务，是全国 500 家最大进出口企业之一，也是全球 225 家国际最大承包商之一。现有独资或控股企业 11 家，参股企业 6 家。

中电技公司 2003 年的各项工作以邓小平理论和“三个代表”重要思想为指导，贯彻落实党的十六大、十六届三中全会、中央经济工作会议和国家电网公司工作会议精神。深化改革，加强管理，夯实基础，积极推进公司持续、健康、稳定发展，坚定不移地将公司建设成“实体型、知识型、集团化、国际化”跨国公司。

2003 年工作经营状况

2003 年公司各项工作未受“非典”疫情重大影响，经营业务持续发展。2003 年全年完成营业额 2.74 亿美元，合同额 5.38 亿美元，招标 5.6 亿美元，投标 9.1 亿美元，资产总额 11.4 亿元，实现利润 640 多万元。主要经营业务完成情况如下：

国际贸易新签合同额 4.62 亿美元，比 2002 年同期增长 45.83%，为年计划的 152.32%，完成营业额为 2.33 亿美元，比 2002 年同期减少 23.86%。

国际工程承包新签合同额 5826 万美元，比 2002 年同期增长 124.42%，为年计划的 134.69%，完成营业额 2577 万美元，比 2002 年同期减少 26.97%。

实业投资：柬埔寨基里隆Ⅰ号水电站售电量 4048.24 万度，实现电费收入 283.38 万美元；新疆达坂城风力发电项目 500 万美元项目已投产发电，运行良好；青岛恒顺电器公司新签合同额 6521 万元，比 2002 年同期增长 53.58%，为年计划的 144.91%，实现产值 6416 万元，比 2002 年同期增长 152.7%，为年计划的 160%。

按 2002 年经营业绩，加入国家电力公司后列中国进出口额最大约 500 家企业排名第 77 名；列全球最大 225 家国际承包商第 152 名。

（一）加大市场开拓力度收到成效

招标进出口方面，开拓国内、外两个市场有了新发展，招标采购业务进入了新领域，以招标采购为主，内贸外贸结合，立足电力市场，积极开拓新领域，向其他行业进军，加大出口力度。招标进出口业务方面，国际招标并采购 26 个项目，国内招标 29 个项目，招标金额共 5.4 亿美元，进出口合同额 4.5 亿美元；完成营业额 2.32 亿美元，各项均超额完成经营指标。公司负责招标采购的国家重点项目进展顺利，2003 年负责的有张河湾 100 万 kW 抽水蓄能电站，西龙池 120 万 kW 抽水蓄能电站、江苏宜兴 4 台 25 万 kW 抽水蓄能电站等新项目开工建设；桐柏 4 台 30 万 kW 抽水蓄能电站项目，上海外高桥 90 万 kW 超临界燃煤发电机组、四川省白马电厂、三峡至广州直流输变电等项目进展顺利；吉林热电厂、哈达湾热电厂、吉林省灞桥电厂、石家庄热电厂等项目投产。在做好国际招标代理业务的同时，加大了国内招标代理业务项目的开拓力度。与发电集团合作进行发电机组的国内招标工作，公司还承担了由国家发改委组织的河南省宝泉 120 万 kW、广东省惠州 240 万 kW，湖北省白莲河 120 万 kW 抽水蓄能电站项目的打捆招标；与中国国电集团公司所属物资公司合作进行 10 台 30 万 kW、20 台 60 万 kW 火力发电机组的国内招标工作；四川省瀑布沟水电站、山西省西龙池抽水蓄能电站等项目的招标；开展了利用国债投资建设的木兰、富锦和贺兰山风力发电项目的招标。

国际工程承包方面，贯彻巩固亚洲市场，稳定非洲市场的战略，寻求实现国内、国外两个市场平衡发展途径，坚持以点带面，稳定一方，四周扩散，发展区域市场的开发策略，市场开发效果较前年有所进步。2003 年公司克服非典型性肺炎和国际工程市场持续不景气因素的影响，全年共签合同 11 项，累计合同额 5061 万美元，全年完成投标 63 项，累计投标额约 9.05 亿美元。主要新签项目有：上海孚宝化工园 EPC 项目、菲律宾坎阿苏金大坝及附属设施工程、恰西玛核电站第二次换料常规岛检修等，这些项目主要集中在巴基斯坦、坦桑尼亚、菲律宾等国家和我国境内，涉及核电站常规岛检修、水利、化工和公路建设等领域。同时在建项目 19 项，累计完成营业额 2104.18 万美元。2003 年新签合同中，上海化学工业园孚宝储罐项目的合同额达到 3739 万美元，占全年新签合同额的 64%。阿尔及利亚市场除有效地组织实施罗斯法水坝项目外，还获得了谢里夫净化站工程的授标意向。对外经援项目取得突破，除成功组织实施了几内亚比绍发电项目外，还参加了数个援外项目的投标。在组织柬埔寨基里隆Ⅰ号水电站项目机组改造、完善对外协议、履行对外承诺的同时，完成了基里隆Ⅲ号水电站坝区和厂区的排雷工作，启动前期工作。

实业投资方面，青岛恒顺电器有限公司产品有市场，新产品在占领市场和提高效益方面发挥越来越大的作用，经营机制比较灵活，市场开发能力不断增强，市场占有范围和业务领域进一步扩大，在产品销售总额中，电力市场仅占一半，山东市场也只占电力市场的一半，另外一半进入石油化工、钢铁、电解铝等其他行业。中电国际货运代理有限责任公司，进一步加强与国内外货运代理和运输公司的合作，所承担的公司第一个以 FOB 价签订合同的神头电厂大型电站设备的运输工作出色，取得了业主的信任。为承揽后续项目打下基础。公司精心组织，按要求圆满完成了三峡至广州直流工程设备，特别是国产十台特大型变压器的运输任务，保证三峡向广东送电目标的实现。

（二）加强基础管理工作，提高经营管理水平

（1）进一步建立健全经营管理的决策机制。建立集体决策制度，坚持重大经营项目和重要经营管理制度由总经理办公会集体决定，坚持党委会管人和把经营发展方向的制度。建立科学决策机制，设立专门机构提供决策支持，成立改革领导小组，论证公司改

组、改制方案；设立资金委员会，对筹资和对外担保提出建议。适度分权，实行分级授权决策。

(2) 全面推行预算管理，加强财务基础管理工作。建立健全预算管理制度，及时组织所属单位完成本年度预算执行情况和下年度预算的编制工作。进一步建立完善各项财务管理制度，做到依制度来做事，按制度来管理。查清了国际工程项目与公司的资金往来。按照有关规定，完成了基里隆Ⅰ号水电站的竣工决算，为经营目标考核打下基础。加强资金的日常管理工作，保证公司内资金的合理调配。各公司预算执行情况良好，有力地保证了经营活动的开展。

(3) 利用审计成果，强化财务资金经营管理水平。在积极配合国家审计署审计的同时，还完成了对中电技货代公司、中电技赛迪克分公司和公司大连办事处的年度财务决算审计工作。公司财务为控股子公司提供内部银行服务，通过建立双向有偿的资金调动制度。加速资金流动，降低财务费用，发挥资金中心的作用，建立统一的财务报表内部管理制度和全面预算制度，加强对资金的财务审计，强化日常财务监督。认真做好清产核资工作，摸清家底，全面了解资产、财务状况和经营效果。正确界定资产管理和财务管理界面，合理划分财权。加大对控股公司资金的统一运作力度，减少资金沉淀和银行贷款规模，降低融资成本。加强境外项目的财务监督，做到境外项目财务会计信息真实、可靠、及时、完整。

(4) 继续抓好质量和安全管理工作。国际贸易利用ISO9001质量保证体系改版换证的机会，修改、完善了质量保证体系的有关文件，顺利通过了认证公司的审核。国际工程承包，加强督促检查，推动了质量管理体系的运行，通过了年度审核，加强安全预防措施，开展安全教育，树立安全意识，落实各级安全生产责任制，没有发生安全生产事故。

(5) 对部分经营单位实行经营目标责任制，加强对各单位的年度考核。与国际招标公司、货代公司签订了经营目标责任书，年终按经营指标完成情况兑现奖励。对各单位普遍实行年度考核，对各单位履行职责和经营状况作出评价，作为年终奖励依据。

(三) 加强员工培训工作，提高员工的业务能力和综合素质

对中层干部进行国有资产管理知识培训，使之正确履行工作职责。对有关岗位人员进行岗位职业、执行技能培训，提高岗位技能。开展质量管理知识和内审员的培训，以满足质量管理体系运行的需要。从事国际贸易和国际工程承包的跨国公司，最需要的是复合型、外向型、开拓型的国际经济、技术和管理人才。公司实施人才培养战略，加强对中层干部综合素质和管理能力的培训。对聘用的新毕业大学生实行岗前培训，熟悉公司经营业务和管理制度，掌握基本业务技能。在人才的使用上，坚持"充分信任、严格要求、大胆使用、热情帮助"的用人之道，使人才尽快成长，成为公司的竞争优势。

(四) 党建工作、精神文明和企业文化建设取得丰硕成果

全面贯彻落实"三个代表"的重要思想，增强了政治意识、大局意识和责任意识，较好地落实了"三严一表率"的要求。按照党的基层组织建设的要求，制定了党支部工作考核标准。通过召开中层干部学习班、研讨会等多种形式，深刻领会十六大和十六届三中全会决议文件精神，提高了对公有制实现形式的认识，统一了中电技公司股份制改造的改革方向的思想。召开民主生活会，全面落实党风廉政建设责任制。发挥职代会作用，实行企务公开制度，推进民主管理。制定《职工职业道德准则》，规范员工的从业行为。在建党82周年之际，对优秀党员、优秀党务工作员、先进基层党组织和先进集体、先进个人进行了表彰，树立了学习榜样。开展丰富多彩的文艺体育活动，活跃员工的精神文化生活。党建工作逐步引入质量管理体系，做到有章可循。领导班子建设、干部队伍作风建设是党建的关键，也是公司改革发展的关键。增强班子团结，提高班子的凝聚力和战斗力，培养带领出一支思想作风过硬，具有全新理念，勇于开拓，适应市场经济要求，能打硬仗，德才兼备的干部队伍。同时大力推进党风廉政建设责任制，按照"三严一表率"的要求，深入开展党风廉政建设和反腐败斗争。按照公司创建双文明单位实施办法的要求，推进双文明建设。开展党内"两优一先"和先进工作者评选活动，树立典型，强化激励作用。公司坚持"两手抓、两手都要硬"的方针，落实公司《创建"双文明"单位实施办法》，做好考核评比工作，形成党政共同负责，党政工团齐抓共管，部门各负其责的局面，争建"双文明"单位。

主要事件

1月3日，公司驻以色列代表处被中国驻以色列使馆经参处评为"2002年度中以劳务合作管理优秀奖"。

1月12日，公司与尼泊尔电力局签署电表供货项目。

1月13日，叶迎春总经理主持2003年工作会议。

3月14日，公司迎接尼泊尔电力局代表团访华。

3月26日，金祖兆副总经理主持ISO9001贸易和中电技货贷公司审核动员会。

4月3～13日，公司迎接阿尔及利亚电力局代表团访华。

7月7日，公司与菲律宾国家灌溉局签订亚洲开发银行贷款项目——坎阿苏金大坝合同，合同额500

万美元。

8月13日，公司顺利通过中国船级社质量认证公司对我公司进行的ISO9001质量体系审核。

9月5日，公司被美国《工程新闻记录》（ENR）评为“2002年度全球225家最大国际工程承包商”。

9月10日，中电技新加坡公司与新加坡罗德利工程有限公司联营体签署上海化工园孚宝储罐区工程总承包项目。

9月17日，坦桑尼亚公路修复项目5、6号合同于9月10日正式签订，合同额470万美元。

10月8日，巴基斯坦恰希玛电站常规岛二次检修合同于2003年10月8日在上海签订，合同工期45天。该项目签约成功，为我方进一步与巴方的合作奠定了更加坚实的基础。

10月20日，叶迎春总经理主持召开工程承包ISO9001认证管理评审会。

（万　悦）

国电通信中心

2003年，在国家电网公司党组的正确领导下，中心领导班子带领全体职工认真实践“三个代表”重要思想，贯彻落实国家电网公司党组的工作部署，克服了“非典”疫情带来的不利影响，按照年初工作会议的部署，团结奋进，努力工作，全面完成了2003年的工作任务。

主要工作成果

1. 安全生产

2003年，通信运行总体上保持了安全稳定的局面，为电力生产和确保三峡送出、西电东送、全国联网等重点工程提供了可靠的通信保障。2003年是新建电路投产最多的一年，也是历年来安全生产指标最好的一年，国家电网公司一级骨干电路运行率为99.97%，高于99.85%的指标要求，与2002年同期相比提高了0.04%。由国调中心考核承载国调自动化业务的25个方向通信电路总故障时间为36.74h，与2002年同期相比下降了52%，通信电路的可用率为99.98%，比2002年同期提高了0.02%。本端设备运行率为99.99%，比2002年同期提高了0.06%，设备完好率99.97%，比2002年同期提高了0.15%。

2. 重点工程建设

到2003年底，已建成约2500km共30个站的SDH光通信工程，其中新建光缆线路约1700km；建成了21个站点的同步网工程；启动了京沪光通信工程建设工作。列入工程建设计划的33项工程项目中，已按计划完成了24项竣工验收，18项工程完成竣工决算。顺利通过了三建委组织的三峡送出二次系统的工程验收和稽查。

3. PLC推进工作

2003年，PLC推进工作有了很大进展。在低压PLC方面，中心承担的科研项目通过了国家电网公司的验收；飞华公司在北京开通PLC用户达到4060户，接入44000余户，签约250个小区，接入98个小区；组建了PLC运营公司，建立了演示厅，网管和计费系统投入运行；对PLC产品和网络进行了测试，积极准备信息产业部的技术鉴定，为今后扩大试验和商业化运营创造有利条件。在中压PLC方面，组团到国外进行了考察、洽谈，确定了试验方案，积极引进国外产品进行试验。

4. 党建和精神文明建设

2003年，全体党员都能按照党风廉政建设的规定严格要求自己，未发现违法违纪行为。中心的精神文明建设取得了阶段性成果，通过了中央国家机关精神文明考核领导小组的验收。

主要工作和措施

1. 在接入电路数量剧增的形势下，采取有效措施，加大运行管理力度，确保安全稳定运行

2003年，有24项工程相继竣工投产，接入电路数量剧增，一方面使网络结构得到了加强，同时也给运行维护造成很大压力。运行部在每项工程竣工时，都及时下发了通信电路运行维护管理责任区段划分文件和相关管理办法，使每条电路一投运，运行维护管理工作就落到了实处。中心下发了《关于进一步加强通信管理保障电力安全生产的通知》等一系列文件，开展了春季、秋季安全大检查。这些措施，得到了全网各级通信部门的高度重视和落实，有力地保障了电网生产的安全稳定。

4月份突发的“非典”疫情，使运行工作面临了严峻的考验，中心高度重视“非典”防治工作，及时制订了防治“非典”运行预案，采取了多项有效措施保证运行工作。运行岗位的干部职工以高度的责任感克服困难、坚守岗位，保证了很高的运行率，为电网安全生产做出了应有的贡献。

对影响较大的骨干电路故障抓住不放，严格按照“三不放过”的原则抓紧处理。中心分别组织了对葛南直流控制信号备用光纤通道告警现场分析，对阳城保护通道实时监测，对阳城146站ADSS光缆中断现场调查分析及整改，督促四川解决二滩至成都微波电路存在的问题，组织查找福双Ⅱ线保护误动原因，协调并组织了福双线继电保护通道的故障测试、分析和

整改的具体实施，提出了京沈光通信PCM设备改造方案，解决了生产中出现的问题和隐患。聚能通公司承担了京沪、宜宁微波工程的售后服务任务，认真分析故障，及时进行处理，为两条微波的正常运行提供了优质服务和技术保障。

坚持季度安全生产分析会制度，认真总结经验教训，防患于未然。通过对网络运行中发现的薄弱环节、通信运行方式和通信网运行状况的分析，提出解决措施。中心高度重视本部运行设备的完好率，在分析故障隐患的同时加大了技改工作的力度，召开两次主任专题办公扩大会议，审定了36项技术改造项目，明确了目标，落实了费用和责任。把生产技术改造纳入全面预算管理体系，使这项工作走上正轨，形成制度，以确保运行设备的完好率。运行部按照中心制定的技改计划，设置了专责人员，积极组织实施，年底前，技改工作全部完成。

卫星会议电视系统作为国家电网公司会议电视网络的补充部分，在2003年全部建成投入运行。使国家电网公司会议电视系统覆盖到所有网省公司。为了加强会议电视系统的运行管理，举办了全国电力系统会议电视会场图像及声音效果综合互评活动，组织了会议电视系统技术培训班，促进和指导网省公司电视会议室的整治工作，使会议电视质量得到了改善。“非典”期间会议电视系统业务量剧增，发挥了很好的作用，得到了公司领导的肯定与好评。

加强培训工作，把对运行人员的实际操作培训列入日常工作的重点。尤其是重点工程竣工验收后，及时举办培训班，请厂家技术人员到现场进行技术指导和实际操作培训。全年共举办培训班十余次，培训维护人员189人，为安全稳定运行打下了基础。

技术部密切配合工程和运行完成了故障分析、方案编制和设备选型等项工作。向中电联标准化部上报《电力调度交换机DTMF信令规范》（报批稿），与中电联标准化部签订3个电力通信行业标准的合同。认真履行进网管理的职责，核发合格企业电力特殊设备进网许可证23个。

2. 高度重视、措施果断，重点工程建设全面完成

2003年工程建设工作量大，解决遗留问题多，又恰逢分管领导更换，使重点工程建设面临着前所未有的考验。年初，中心及时召开了重点通信工程工作会议，强调进一步加强工程建设的规范化管理，高度重视竣工验收和移交生产的有关工作，同有关网省公司通信部门签订了工程任务承接责任书。自4月份开始的“非典”疫情，给工程管理带来了很不利的影响，耽误了本来就非常紧张的宝贵时间。“非典”过后，将竣工验收工作倒排工期，逐项落实。到2003年底，年初列入工程建设计划的24项工程验收工作全部完成，工程质量优良，取得了突出的成绩。为完成重点工程建设任务，工程部全体同志会同运行、计划、技术等部门，在飞华、聚能通、意科、网络通等公司的全力配合下，进一步加强以项目法人为核心的“五制”管理，发挥监理在安装调试和验收测试工作中的作用，高度重视竣工验收和移交生产工作，充分发挥有关网省公司通信部门和其他工程任务承接单位的积极作用，为保证三峡电路、三广电路的按时开通，工程部、运行部和聚能通公司克服时间紧，任务重的困难，发扬连续作战的作风，牺牲了“五一”、“十一”等节假日休息时间，加班加点，出色地完成了工作任务。

为清理历年来的工程遗留问题，中心多次研究并召开了专题会议，对遗留问题进行了逐项分析，落实了责任人，提出了时间要求。各责任单位积极开展工作，到2003年底，46项遗留问题，已解决36项，其余问题也在积极解决中。工程遗留问题的解决使中心卸掉了多年的包袱，为今后工程管理创造了有利条件。

在工程资金保证方面，计划部做了大量的工作，保证了工程资金及时、足额到位，满足了工程进度的需要，资金到位率达到100%。

按照重点工程建设计划安排，有计划、有步骤地组织开展竣工决算的编制工作。3月底，专门召开了财务、计划、工程人员及部分单位领导参加的工程竣工决算工作会议，对竣工决算编制工作进行了具体布置，研讨了竣工决算报告编制办法，明确了决算上报内容、时间和审核要求，对分建设单位竣工决算的编制工作进行了落实。在工程决算工作中，财务部发挥了很好的牵头作用，做了大量、细致的工作，加班加点、认真负责，积极协调各相关部门，清理工程合同，催报工程资金结算，落实工程合同签订及款项拨付。到2003年底，18项工程已全部按计划完成竣工决算，上报了决算报告，圆满地完成了工作任务。

计划部会同工程、财务部门认真组织，周密布置，做了大量细致的准备工作，根据稽查要求编制并上报了稽查汇报基础材料，同时对工程合同进行了清理，建立了合同管理电子台账。

计划部还会同有关部门，在“非典”肆虐期间，克服时间紧、资料不全等困难，加班加点、协同作业，严格按照工程档案规范进行整理，完成了三峡工程竣工验收五个通信项目的档案资料搜集、整理和成册工作，为顺利通过国家电网公司、国务院三建委验收组验收提供了重要保证。为迎接国家档案局对中心已竣工的10项三峡基金项目档案进行验收，计划部牵头组织有关部门人员，12月中旬圆满完成了档案整理工作。

为进一步规范对重点工程的管理，建立科学的管理关系和运作机制，以京沪光通信工程为契机，中心组织

讨论并下发了《京沪光通信工程管理办法》，进一步明确了网省公司作为分建设单位的任务和责任，明确了电通中心与分建设单位的管理界面。将下面能干好、应该由下面干的工作放下去，明确承包的内容和责任，使中心能集中精力抓大事，抓好管理和协调工作。为抓好今后的工程管理打下了体制和机制建设的基础。

3. 强化经营管理工作，管理水平进一步提高

年初，中心进行了2002年度三项责任制考核兑现及2003年度三项责任书签订。计划部积极改进三项责任制考核办法；总经理工作部按月编制并下发各单位工作完成情况检查表，进行督促检查；财务部进一步完善全面预算管理，加强对中心经济运行状况的反映、监控和经济活动分析，找出存在的问题，提出了改进意见和措施，保持了中心经营状况的平稳运行。2003年，各部门认真落实资产经营考核的各项指标，成本意识、效益意识和市场意识体现在增收节支的实际行动中，创收任务超额完成，成本控制成效显著。为保证全年工程任务按计划开展，年初，计划部会同工程部制定了中心2003年度工程项目进度计划和任务分工，明确了时间要求，落实了责任。

财务部进一步完善会计核算电算化网络管理系统，基本达到各岗位人员独立运用电算化网络处理日常业务工作，提高了财务工作效率。对参控股公司提出了月报分析的具体要求，促进了参控股公司财务分析工作的加强。根据国家电网公司改革形势的需要，制定、修改和完善了《预算管理办法》、《固定资产管理办法》等规定，使制度建设得到进一步加强。

计划部组织国家电网公司系统内外的通信专家，成立了工作小组，研究在电力市场化改革和体制改革的新形势下，电力通信“十五”规划调整方案。方案内容涉及骨干传输网络、数据网络、行政交换网络、同步网络、会议电视系统、综合网管系统等，提出项目调整建议。

计划部完成了2002年度统计年报汇总工作。召开了国家电网公司系统通信统计工作会议。为了更好地发挥统计工作在电力通信生产经营中的基础管理功能，计划部下发了《关于开展国家电网公司系统干线通信网资源状况统计调查工作》的通知，并根据搜集资料制作出版了全国电力通信电路图。

电力通信资费标准报批工作取得了成果，11月，国家电网公司财务部以国电财［2003］478号文批准了资费标准，使中心维护管理费收入申请有了文件依据，从而保证了中心主营业务收入水平的稳定性和连续性。

为适应电力体制改革的新环境，明确国家电网公司系统内部以及国家电网公司与南方电网公司、各发电集团公司有关电力通信业务经营管理关系。计划部与市场部共同草拟了《国家电网公司系统通信业务经营管理办法》并已正式报送公司财务部和国调中心，受到了相关部门的关注。

4. 积极配合审计部门，圆满、顺利地完成了对中心的审计工作

按照国家电网公司《关于积极配合审计署做好对原国家电力公司审计的通知》要求，中心成立了迎审工作领导小组和办公室，下发了《关于认真做好迎审准备和审计配合工作的通知》，组织召开了迎审工作布置会，提出了具体要求。中心各单位迅速开展迎审自查自纠工作，积极配合审计机关开展审计。由于分工明确，责任落实，保障了迎审工作的顺利进行。在重点对2002年度经济业务进行自查的同时，对近三年的经济业务进行了全面自查，对中心成立以来历年累积形成的陈年旧账进行了彻底清理，依据现行的会计制度及法规、政策进行了规范处理。经检查，审计组认为中心迎审自查工作准备充分，认真细致，内容详实，对迎审工作给予了充分肯定。

审计组自6月10日进点以来，财务部全力以赴积极配合，在为审计组提供会计凭证、账、表、合同等详尽资料的同时，指定专人负责审计配合工作。本次审计时间跨度长、涉及范围广，审计组确定了6个方面的36个审计专题。针对这些审计专题，财务部予以认真对待，一是认真查证，取得充分证据；二是对重点专题形成专题材料予以说明。对审计组的延伸审计工作，协调相关参控股公司，予以积极配合。由于准备充分、配合得力，使审计工作进展顺利，在不到一个月的时间里，基本完成了全部的审计内容。目前审计组已出具审计报告（征求意见稿），对中心的经营工作给予了肯定，并与中心就审计结论初步交换了意见。

5. 积极配合理顺电力通信管理关系工作

为理顺电力通信管理关系，年初，中心向国家电网公司党组和主要领导上报了《关于理顺电力通信管理关系的请示》，引起了公司领导和党组的高度重视。将理顺电力通信体制工作正式列入电网公司整体工作中，并交给体改办负责落实。中心配合体改办上半年召开了有各网、省公司有关单位和部门负责人参加的多次座谈会，并就理顺通信管理关系的意见向国家电网公司党组进行了汇报。国家电网公司党组在国家电网党［2003］41号文《关于印发〈关于区域电网公司组建有关工作的意见〉的通知》中，专题提出了关于电力通信资产和管理关系理顺工作的要求。这是有史以来党组第一次在文件中专题提出对通信资产和体制理顺的意见，可见对通信工作的重视和支持。理顺管理关系的问题已在公司上下受到了一定的重视。在中心的积极建议下，11月，国家电网公司体改办向

五个区域电网公司发文，要求各公司于12月15日前报送电力通信体制改革方案，理顺电力通信管理关系的工作正在进行之中。

6.PLC推进工作取得显著成绩

2003年PLC推进工作取得了明显成效，在2002年开通几十户的基础上和目前宽带市场竞争激烈的不利环境下，大力开拓市场，到年底，中电飞华公司共开通小区98个，覆盖楼宇552栋，开通用户4169户，覆盖用户4.5万余户，签约小区250个，签约楼宇近1200栋，签约覆盖用户数超过12万户，稳步扩大了低压PLC试验规模。目前，中电飞华公司已初步形成了市场开发、宣传策划、工程管理、收费、商务、骨干网络、技术支持、开通维护、网管计费、客户服务等PLC内部工作体系，优化了PLC网络，全方位提高了服务质量。

开展PLC运行系统电磁兼容方面的测试工作，中心委托国际认可的测试机构一上海电器设备检测所来北京对PLC运行系统进行了传导骚扰和辐射骚扰的现场测量。该所参照国家相关标准对测试数据、波形进行了详细分析比较，并出具了检测报告，得出了PLC接入系统的传导骚扰和辐射骚扰完全符合国标，满足商业化运营需要的检测结论。信息产业部委托电信研究院通信标准研究所也对PLC系统进行了现场测试，取得了令人满意的测试数据，传输所出具了基本符合信息产业部制定的用户驻地网标准的检测报告，为信息产业部对我中心PLC项目进行技术鉴定提供了有利依据。

中心承担的《电力线通信（PLC）技术发展前景及推广应用中关键技术问题的研究》项目通过了国家电网公司科技信息部的验收，对试验网络、研究报告及项目成果给予了很高的评价。

在PLC接入试验网络成功运行的基础上，为早日实现商业化运营，PLC办公室积极与信息产业部联系召开PLC技术鉴定会，以获得电信监管部门对这项技术的认可。根据信息产业部的要求，在鉴定会召开之前，需要组织专家对我国自主研发的PLC系统进行测试，测试数据作为技术鉴定会的主要依据。PLC办公室组织相关单位搭建了低压PLC测试网络，专家组测试正在进行中。

为了了解和跟踪国外中压PLC技术发展动向，中心两次组团出国考察，积极搜集相关资料，寻找成熟产品，力争尽快开展中压PLC试验。这是中心在PLC推进工作中一项前瞻性的重要举措，中压PLC技术在我国的试验成功将会更大地造福于社会，给电力系统提供更具竞争力的通信技术手段。现在，中电飞华公司和意科公司正在积极落实试验地点，进行试验前的各项准备工作。

7.参控股公司取得了很大成绩

（1）北京中电飞华通信有限公司。2003年，公司在业务方面取得了较大进展，上市已经通过了证监会初审，并且取得了国资委关于国有股减持方案的批复。历时一年半的两网工程建设任务胜利完成，于6月份完成了终验，工程质量达到优良。2003年11月底完成国电广域网一期工程建设，并一次性通过了验收。公司加强网络运行维护，全年网络运行率达到了99.94%，确保了所承担电力生产用电路的可靠运行，公司负责维护的北京光环网自投运以来运行良好，运行率达100%；数据网自投运以来，运行率为99.95%。除此之外，还积极为各大发电集团和辅业集团提供了信息通信服务。在宽带接入和语音业务方面，加大拓展力度，截至12月中旬，公司客户总数达到了560个，其中宽带接入业务用户464个，语音业务用户56个，其他用户39个，接入写字楼近50栋。前11个月语音话务量达到1559万min，装机16370线。2003年公司获得了电子设备进出口经营权；申请并获得信息产业部颁发的全国范围ISP许可和系统集成业务资质。

（2）北京意科通信技术有限责任公司。2003年，公司面对严峻的外部环境与诸多现实问题，在开关电源业务难以大规模开展以及其他业务难以进行的情况下，在太阳能系统方面努力开拓，积极从多方面寻找新的利润增长点，圆满地完成了国电通信中心及公司董事会下达的2003年度经营任务。公司顺利地进行了增资扩股，增加了公司股东的权益，提升了企业的形象。

8.党建和精神文明创建工作取得阶段性成果

根据国家电网公司党组关于改进领导干部理论学习的要求，中心党委制定了《落实公司系统党委理论学习中心组学习若干规定的实施意见》和2003年度中心组学习安排计划，把中心组学习作为加强党员领导干部思想政治建设，提高马克思主义理论水平的重要措施。进一步明确了中心组的组成、职责和学习内容，完善了学习制度，强调了学习方式、检查评估、组织领导等方面的要求。2003年共组织集中学习16次，传达、学习了重要文件和中央、公司领导的讲话精神，组织了学习心得交流，共有26位处级干部进行了交流发言或提交了书面学习心得。中心党委组织党员和干部职工到西柏坡参观，使大家受到了一次深刻的革命传统教育。

根据中纪委二次全会关于深入开展党风廉政建设和反腐败工作的总体要求和国家电网公司党组和直属纪委的具体工作部署，中心党委制订了领导干部三项谈话制度的实施意见和群众举报来信、来访、来电办理规定的实施意见。2003年，中心未发现违反党风廉政建设规定的现象。

为了中心发展的需要，通过民主推荐，中心选拔了一批政治思想好，业务能力强的处级干部。这些同志在工作中认真负责，兢兢业业，作出了突出的成绩，得到了广大职工的好评。这次选拔在职工中引起了很大的反响，起到了很好的激励作用。

在组织发展工作中，意科公司党支部发展了1名新党员，市场部、服务中心党支部和中电飞华公司党支部按期进行了2名预备党员的转正工作。

在2003年的精神文明创建工作中，党办和总经理工作部做了大量的基础工作和组织工作，服务中心、运行部、工程部、技术部等部门给予了大力配合。按照精神文明创建标准，加强了制度建设，印发了《国电通信中心计划生育管理工作规定》、《国电通信中心卫生管理工作办法》、《国电通信中心退休人员管理暂行办法》、《国电通信中心季度奖金考核办法》、《国电通信中心车辆丢失赔偿办法》。签订了交通安全责任书和育龄女职工计划生育责任书。组织中心职工到密云绿化基地开展了义务植树活动。完成了办公环境、爱国卫生、绿化、计划生育、交通安全、社会治安综合治理等各项指标。中心被评为宣武区献血先进单位和国家电网公司在京系统交通安全先进单位。通过各部门、各公司的共同努力，中心精神文明单位创建活动取得了可喜的成果，基本上通过了中央国家机关精神文明考核小组的验收。

9. 其他工作

加强了考勤管理工作，使考勤管理日趋规范。完成了中心西单、模式口办公区与白广路办公区网络的互联，中心局域网运行正常，保证了中心工作的顺利开展。市场部积极进行电路协调工作，完成了2003年的经营指标；退出号簿公司的工作基本结束。服务中心完成了德源房产的转让；为中心工作提供了良好的后勤保障。《电力系统通信》杂志按期出刊、发行，迁京出刊的第一年杂志质量有了明显的提高，并创造了较好的经济效益。设计院开展了10项工程的设计工作，进行了设计资质认定工作，改制工作已经完成，注册了北京国电通信工程设计院有限公司，召开了第一次股东会和董事会。

经过中心向国家电网公司领导汇报和与国家电网公司人事董事部、离退休干部工作部多次沟通和协调，上半年与离退休干部工作部签订了退休人员托管协议，托管工作有了良好的开端，满足了退休职工参加学习和活动的需要，比照离退休干部工作部的标准，中心退休职工的补贴有所增加，退休职工对托管工作表示满意。

当前存在的问题，一是系统通信管理关系不顺仍是影响安全稳定运行及通信事业发展的主要因素之一。二是干部的素质还有待进一步提高，在工作自觉性、责任心和工作能力上，与当前中心的工作和发展需要相比，还有较大差距。三是基础工作亟待加强，在运行管理、工程管理等方面的基础工作中，还存在着很多缺陷和不足，对中心工作的顺利进行有较大影响。

（杨凌云）

国电信息中心

单位性质

国电信息中心（简称信息中心）为国家电网公司全资企业。其定位是：成为电力信息化方面的服务性、经营型的高科技企业，为国家电网公司本部服务，为国家电网公司系统内各单位服务，为电力系统服务，进而为社会服务。其核心业务是经营电力信息网，直接为电力生产、管理、科技、经济和决策服务；开发网上应用和信息资源，进行信息增值服务，成为电力行业内最大的资讯服务商。同时在信息网络工程、软件开发、咨询与服务等领域进行经营。

服务范围

（1）信息网络服务：信息中心负责运行维护的国家电力信息网已成为电力生产、管理不可缺少的工具，信息网络安全管理已正式纳入到国家电网安全管理中。为保障信息网络运行的安全，信息中心按照电网安全管理理念和经验，加强网络安全运行基础工作，建立了一系列保证电力信息网络安全生产的管理规定和预防措施，在技术上大力实施网络安全工程、建立网络安全管理系统，有效地防止了全球几次大的计算机病毒的攻击，保证了国家电力信息网的安全运行。

（2）终端应用服务：信息中心承担着国网公司和电力系统的信息化服务工作，为国网公司及在京的部分电力企事业单位提供桌面计算机维护、计算机终端应用、防病毒、软件工具、电子邮件和主页制作、维护、服务器托管等服务，服务领域随着电力体制改革和电力工业的发展需要不断扩大，服务范围逐步从计算机终端服务扩大到系统应用服务。

（3）信息资源服务：信息中心建设维护的国家电力信息网网站，已成为电力行业最大的门户网站之一，公司系统的各类办公网站在电力生产中正在发挥着越来越大的作用，国家电力商务网运行业务也不断扩大。电力标准化等数据库和数十种电子刊物为电力系统提供了丰富的信息资源服务。《中国电力》、《国际电力》、《英文电力》等期刊，多年来一直在电力行业发挥着较大的影响和作用。为推动电力信息化的发展，2003年信息中心创办了《电力信息化》，杂志一发行就得到了电力行业的普遍关注。信息中心每年的英文版《中国电力工业年报》，为我国电力行业对外交流发挥着重要的作用。

(4) 信息技术服务：信息中心为了推动电力信息化的应用，多年来一直致力于“国电公司办公自动化系统”的建设开发，近年来又进行了大量的升级改造，形成了自主版权的办公自动化产品，目前已在包括电监会、国家电网公司、华电集团、国电集团、中电投集团和国网公司系统等近20家单位推广使用，目前正在进行国网系统全国联网的实施。信息中心2001年开始为青海省电力公司本部机关开发建设MIS系统，2003年7月通过验收，标志着信息中心在推动网省级电力信息化建设的进程及市场拓展方面迈出了坚实的一步。

公司领导

党委书记、主任：孙佩京
党委委员、副主任兼工会主席：李东
党委委员、副主任：唐义良
党委委员、副主任：王继业

机构设置

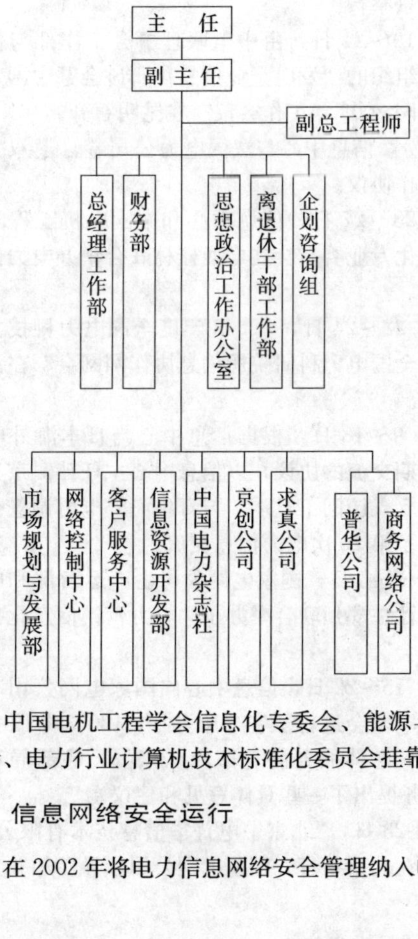

中国电机工程学会信息化专委会、能源与信息专委会、电力行业计算机技术标准化委员会挂靠在中心。

信息网络安全运行

在2002年将电力信息网络安全管理纳入电网安全管理工作的基础上，2003年国家电网公司对我们提出了更高的要求，将信息网络安全运行列为正式考核指标。信息中心进一步落实安全生产制度和工作流程，加强运行系统安全防范的技术措施，缩短了一般网络故障的处理时间，保证了各运行系统的安全稳定运行，圆满完成了“两会”、“十六届三中全会”和劳动节、国庆节等重点时期的网络与信息安全保障任务，受到上级有关单位的表扬。网络信息系统抵御了多次全球性计算机病毒风暴的侵袭，没有发生电力信息网络停运、数据损失、主页被篡改、有害信息网内传播和重要设备损坏等网络、信息和设备安全事故，没有发生影响较大的系统故障，信息网络经受了进一步的考验，公司本部本地信息网络系统运行率达到99.95%，高于国家电网公司下达的99.91%的考核指标。

科技进步

2003年，信息中心承担并在执行的国家电网公司科技项目5个，完成成果：

（一）国家电网公司电子商务应用研究项目

(1) 电子商务系统运行平台；

(2) 电力企业分类体系，电力产品分类体系；

(3) 数据库的建立与完善；

(4) 电力设备产品购销交易服务系统；

(5) 网上招投标服务系统；

(6) 网上招标项目近50个，核心会员200多家，发布电力市场信息近千条。

（二）国家电网公司办公网络信息安全规划及实施项目

(1) 形成了国电公司本部信息网络安全防护体系。建设了Intranet防火墙、企业防病毒系统、入侵检测系统、主机防护系统、远程访问认证系统等网络安全应用系统等内容。同时形成了一系列研究报告，如《国内外信息安全技术调研报告》、《电力系统信息网络安全防护现状分析报告》、《本部办公网信息安全策略与安全防护总体框架研究报告》、《本部办公网络安全防护技术方案》等。

(2) 研究并提出信息网络安全技术规范和安全运行管理措施，并形成了一系列的规章制度。如《国家电网公司信息网运行管理暂行办法》、《网控中心运行值班制度》、《网控中心业务受理流程管理办法》、《网控中心操作工作单管理办法》、《网控中心故障报修处理流程管理办法》、《主机运行维护权限的开放原则及方法》等。

（三）电力科技文献馆藏资料数字化应用技术开发项目

(1) 建立了数字化处理系统平台；

(2) 文献数据库设计和全文检索系统开发；

(3) 标准类文献的数字化处理和入库；

(4) 完成了文献扫描 400 万页和文献修版、拆分、编目等工作。

(四) 电力信息系统代码技术研究项目

(1) 编制了《信息分类与代码体系表》，包括 15 个分类体系、152 种代码。

(2) 编制完成 15 大类、150 个代码，包括 15 大类、150 个代码的汇编、编制及细化工作。

(3) 编制完成信息分类与代码数据库和相应管理软件。

(五) 远程办公技术支持系统研究项目

(1) 完成了远程办公技术的试验工作并进行有关技术产品的选型。

(2) 完成了远程培训系统建设规范和网上教育培训原型的设计及平台建设，目前正在试运行。

2003 年，信息中心承担的“国电公司本部综合业务管理系统项目”获得北京市科技进步三等奖，“CO2003－P 办公自动化系统”获得国家电网公司科技进步三等奖。

体制改革

为促进市场开拓的进程，加快信息中心的发展，进一步充分调动积极因素和捋顺发展过程中出现的生产关系问题，2003 年进行了内部深化改革。

7～12 月，经过反复酝酿和协商后，信息中心和中国电力科学研究院双方同意在市场一体化，研发一条龙，实行现代企业制度、法人治理结构、股权多元化等原则基础上，组建“北京中电普华信息技术有限公司”。按照市场需求初步建成了面向电力系统的电力生产、管理软件的研发基地、信息化技术创新基地和信息化人才培养基地。12 月 23 日，国家电网公司领导出席揭牌仪式并为公司揭牌。

精神文明建设

坚持每月党委中心组学习，并且将理论学习和信息中心工作实际相结合，带动了广大职工的学习。

4～6 月，信息中心党委组织全体党员开展了“与时俱进，做一名改革创新的共产党员”专题学习教育活动。广大党员在学习教育活动中提高了发展是第一要务的认识，加强了党性修养、锻炼的自觉性，思想观念得到了进一步的转变。在防治“非典”和完成全年任务的工作中，发挥了党员的先锋作用。

2003 年，信息中心被评为中央国家机关精神文明单位。

主要事件

1 月 28 日，根据国家电网公司总经理工作部总文档［2003］4 号文件《关于启动国家电网公司系统办公自动化联网（一期）试运行工作的通知》要求，信息中心开发实施的国家电网公司办公自动化系统联网开始试运行。至 2003 年 12 月 31 日，国家电网公司本部和联网的所属区域公司、省公司、科研院所等 30 个单位的网络系统收、发文运行基本正常。

4 月 25 日，由信息中心开发的国家电网公司工程建设部（电网建设分公司）综合业务管理系统项目验收会通过了国家电网公司的验收。

5 月，由信息中心主办的《电力信息化》刊物创刊。

6 月 25 日，由信息中心设计制作开发的中国电力投资集团公司网站正式开通。

7 月 21 日，由信息中心设计制作开发的国家电力监管委员会网站正式开通，电监会组织制定的《购售电合同范本》（征求意见稿）同时在网站公布，公开征求意见。

7 月 30 日，信息中心承担的青海省电力公司本部 MIS 系统工程验收会在西宁召开，经与会专家的认真审查、测试，青海省电力公司本部 MIS 系统顺利通过工程验收。

8 月 15～16 日，由信息中心主办、中国电力杂志社及老科协承办的“2003 年电力信息化高级论坛暨《电力信息化》编辑委员会、专家委员会第一次会议”在北京举行。

8 月 19～21 日，由中电联理事会工作部与信息中心联合组织的“发电企业信息化研讨会暨中国发电企业信息网 2003 年工作会议”在昆明召开。

8 月份，信息中心与法国电力公司签订了双方信息交流合作协议。

9 月 23～27 日，信息中心和中国电机工程学会电力信息化专业委员会在广西桂林联合举办电力信息安全论坛。

10 月 22～24 日，“2003 年度全国电力科技文献信息网暨全国电力科研院所信息协作网网会”在江苏无锡召开。

11 月 9～18 日，根据信息中心与日本海外电力调查会定期交流的协议，以信息中心主任孙佩京为团长的一行 5 人访问了日本，与日本海外电力调查会在东京举行了第 20 次电力信息交流。

12 月 2～5 日，国家电网公司生产运营部和中国电力杂志社在郑州联合举办了“电力营销信息化技术应用研讨会”。

12 月 15～22 日，信息中心向国家电网公司本部各部局和电监会进行了客户服务中心 2003 年服务满意率调查，总体服务满意率为 93.3%，各部局还对 OA 等服务提出了一些具体意见和建议。

12 月 23 日，“北京中电普华信息技术有限公司”揭牌仪式在北京举行。国家电网公司领导参加并为公司揭牌。

截至 12 月 31 日，网控中心负责维护运行的信息网络本部本地运行率达到 99.95%，超额完成国网公司下达的 99.91%的指标。

（王晓萍）

中能电力工业燃料公司

2003 年，中能公司坚持以邓小平理论和“三个代表”重要思想为指导，认真学习贯彻党的十六大和十六届三中全会精神，解放思想，转变观念，积极推进公司改组工作；恪尽职守，克服困难，经受住了电力体制改革、“非典”疫情、迎峰度夏、电煤供应紧张等严峻考验，为满足发电用煤供应和电力生产安全稳定做出了积极贡献。

积极、稳妥推进公司改革工作

成立了公司改组工作小组，明确了指导思想、工作原则等。根据《国家计委关于国家电力公司发电资产重组划分方案的批复》计基础[2002]2704 号文件、国家电力公司《关于委托中能电力工业燃料公司办理公司改组有关事宜的通知》国电办[2003]31 号文件有关要求，4 月中旬完成了《改组框架方案（讨论稿）》。5 月 29 日在京组织召开了改组筹备会，会议讨论并原则通过了公司提交的《改组框架方案（讨论稿）》。

加强领导班子建设

2003 年 2 月 12 日，国家电力公司党组对中能电力工业燃料公司领导班子进行调整。国家电网公司人事董事部主任张文亮同志宣读了国电任字［2003］3 号任免文件，解居臣同志任中能电力工业燃料公司总经理，魏建国、朱宁同志任中能电力工业燃料公司副总经理。免去王琳同志的中能电力工业燃料公司总经理职务。为进一步加强中能公司改制后领导力量，适应体制改革后新形势的要求，公司内部聘任了总工程师、总经济师、总会计师。新一届领导班子不负组织重托，坚持立党为公，坚持民主集中制原则，与时俱进，开拓进取，团结带领干部职工，奋发有为，促进了公司改革与发展，开创了工作新局面。

圆满完成了 2003 年电煤订货任务

2003 年全国煤炭订货交易会上，数量问题基本解决，部分合同签订。对 2003 年电煤订货遗留问题，通过不同途径向国家发展和改革委员会多次进行汇报。4 月 23 日，国家发展和改革委员会下发了《关于进一步做好 2003 年电煤订货合同工作有关问题的通知》发改综合［2003］128 号文件。公司于 7 月 6 日和山西省销办在青岛共同组织召开了 2003 年电煤订货合同补签会议，解决了订货会遗留的问题，落实了 2003 年电煤订货计划。

确保了电力体制改革和特殊时期的电煤供应

4 月份“非典”疫情期间，公司妥善安排好电力燃料的调度运行工作，充分利用信息化网络，保持了正常的调度运行秩序。

针对电力体制改革过渡期间电煤供应工作出现的新情况、新问题，制定下发了《电力燃料调度运行暂行办法》，建立了五大发电集团公司与网省燃料公司电煤管理双轨运行机制，牵头组织在京五大发电集团公司燃料管理部门定期召开“电力燃料调度运行协调会”。8 月 28 日在武汉召开了电力燃料工作座谈会，进一步统一了做好电力体制改革期间燃料供应工作的思想认识，完善了措施，促进了五大发电集团公司与网省燃料公司之间电煤管理工作的顺利移交。

2003 年 4 季度，电煤供应工作出现少有的严峻局面，电煤需求量大，供应频频告急。为确保电煤供应，公司建立了电煤告急电厂监控制度，积极向国家综合部门汇报反映情况，得到了国家综合管理部门的高度重视。11 月 25 日，国家发展和改革委员会召开了“做好当前煤炭供应工作电视电话会议”；12 月 16 日，铁道部召开电视电话会议，要求春节前 20 天每天保煤炭运输 1000 万 t，为电煤供应工作的稳定创造了有利条件。

2003 年，直供燃料火电厂发电量完成 8501 亿 kWh，同比增长 15%。供煤总量为 4.1 亿 t，同比增长 13.1%；耗煤总量为 4.2 亿 t，同比增长 15.5%。开通电煤直达列车 43 列，比 2002 年增加 15 列，全年计划 2110 万 t，比去年增加 34.9%，确保了山东、华能、华中等地重点电厂的运力。

积极推动煤电价格联动政策的出台

2003 年 10 月，配合国家综合管理部门，对煤炭市场价格进行了调查，拟写了调查报告，客观、详细地反映了近几年来电煤价格上调对电力生产经营的影响。国家综合部门在调研的基础上，于 2003 年 12 月 21 日，以《国家发展改革委关于调整电价的通知》内部明电发改电［2003］124 号文明确规定：燃煤机组上网电价一律提高每千瓦时 0.7 分钱（含税）。这次电价调增意义深远：一是实现了自取消电煤指导价以来电价调整的历史性重大突破；二是中能公司在全国电煤协调工作中的作用进一步确立，发电企业的合力优势进一步显现，为促进公司改革创造了有利条件。

电力燃料管理工作实现新突破

原国家电力公司批准建设电力燃料调度管理系统于4月10日通过验收并正式投入使用。6月，燃料调度管理系统荣获国家电网公司科技进步二等奖；9月8日，经中国电力科学技术奖励评审委员会审议，又荣获2003年度中国电力科学技术三等奖。

8月，公司信息网站投入使用，网站着眼于电力燃料形象宣传及专业需要，服务于电力燃料供应与管理，力求及时快捷方便地发布有关动态信息及相关行业信息。

2003年3月3日，国家电力公司以《关于国家电力公司对各地电煤质量监督检验中心行使的归口管理职能划转中能公司履行的通知》国电人资［2003］25号文件明确规定：中能公司负责27个发电用煤质量监督检验中心规划和组建，负责业务和技术的归口管理，这为电力燃料系统加强煤质监督、开展第三方公正检验、提高煤质管理技术水平提供了有利的条件。

举办了公司成立十周年系列庆典活动

2003年6月8日，中能电力工业燃料公司成立十周年。中能公司是1993年经原国务院经济贸易办公室批准正式成立的。在公司成立十周年之际，国家电网公司、中国华能集团公司、中国大唐集团公司、中国华电集团公司、中国国电集团公司、中国电力投资集团公司领导发来贺信和贺词表示祝贺，对公司的改革和发展寄予深切的关怀和殷切的期望。国家电网公司老领导陆延昌、谢松林等也以不同方式表达了对公司的良好祝愿。6月5日的《中国电力报》、2003年第3期《燃料纵横》分别刊登了总经理解居臣的致辞，同时刊登了《与时俱进、服务创新》一文，文中分别回顾了公司十年奋斗历程和取得的成绩，展望了公司发展前景，明确了今后奋斗目标。

（刘　健）

中国电力科学研究院

基本情况

1. 经济效益

新签技工贸合同总额达到7.57亿元，同比增长20%；实现收入6.2亿元，同比增长21%；合同到款总额5.75亿元，同比增长25%；研究开发投入2640万元；实现净利润1716万元，资本金收益率为10.88%，年末资产负债率为52%。

2. 机构设置

研究所及产业公司：系统研究所（电力系统分析与控制公司）、高压研究所（高压电气公司）、电网自动化研究所（北京科东电力控制系统有限责任公司）、输配电及节电技术国家工程研究中心（电力电子公司）、通信技术研究所（通信与信息技术公司）、变电站自动化公司、信息技术应用研究所（中电普华信息技术有限公司）、内外贸易公司、农村电气化研究所（北京电研华源电力技术有限公司）、电厂自动化研究所（北京国电智深控制技术有限公司）、高压开关研究所、电测量研究所、北京科锐配电自动化股份有限公司（供用电研究所）以及电科院东芝避雷器有限公司等其他参股公司。

职能管理部门：总经理工作部、人力资源部、财务资产部、科技部、营销部、生产部、审计部、党群工作部。

电力工业电力设备及仪表质量检验测试中心（下设8个检测站）。

其他单位：研究生部、《电网技术》杂志社、门诊部、实业公司、物业公司。

3. 人力资源

2003年，该院共新进员工155人，其中研究生以上学历人员69人，专业技术方面人员147人，经营管理方面人员6人，调入骨干16人；任免中层干部72人·次；推荐股份公司人选36人·次。开展经营管理培训，6专题87学时530余人·次，市场营销、生产管理及岗位适应性培训200余人·次，出国培训96人·次，新员工入院培训230余人·次；在职培训9人。

截至2003年底，该院员工总数达到1482人。其中：专业技术人员708人，具有本科以上学历者825人；中高级以上职称者521人；中高层管理人员共66人，平均年龄45.72岁，具有本科以上学历的占86.36%，中级以上职称的占92.42%。

4. 基础设施

2003年该院总占地面积18.6万m^2，建筑面积19.4万m^2。其中：院本部占地面积14.5万m^2，建筑面积17.8万m^2；廊坊产业基地占地面积1.70万m^2，建筑面积1.30万m^2；怀柔产业基地占地面积2.40万m^2，建筑面积0.3万m^2。

主要试验室：电力系统仿真试验室、高压试验大厅、大功率试验站、电力系统动态模拟试验室、能量管理系统开发试验室、电力系统电能计量标准试验室、电力负荷控制试验室、低压电器试验室、电力系统继电保护及安全自动装置检测试验室、电力电子试验室、电磁兼容试验室、电力系统特种光缆及光通信系统实验室。

5. 科研成果

2003年该院共获奖25项，其中获省部级以上科技进步奖11项；获国家电网公司科技进步奖9项；其他5项。详见下表。

电科院2003年科技成果奖励明细

序号	获奖项目名称	奖励名称	获奖等级
1	大型电力系统中电力电子和FACTS装置仿真软件包EMTPE的研究与开发	国家科技进步奖	二等
2	基于CC－2000支撑平台的EMS高级应用软件	国家科技进步奖	二等
3	低压配电网电力线高速通信技术研究	中国电力科学技术奖	一等
4	天广交直流输电系统安全稳定运行及其对策研究	中国电力科学技术奖	二等
5	电力系统电能质量最高溯源标准装置的研制	中国电力科学技术奖	二等
6	燃料调度管理系统	中国电力科学技术奖	三等
7	国家电力调度通信中心电网调度自动化系统	中国电力科学技术奖	三等
8	电力系统最高电能计量标准装置（0.0025级）的研制	中国电力科学技术奖	三等
9	高压直流试验室技术改造	中国电力科学技术奖	三等
10	大亚湾、岭奥核电站概率风险分析项目应用	国防科工委科技技术奖	二等
11	甘肃电网330kV海－金－张－嘉系统电压稳定性研究及应用	甘肃省科技进步奖	二等
12	向广东送电1000万kW及川电外送的系统规划与输变电研究	全国优秀工程咨询成果奖	一等
13	低压配电网电力线高速通信技术研究	国家电网公司科技进步奖	一等
14	电力系统电能质量计量标准装置的建立	国家电网公司科技进步奖	二等
15	高压直流试验室技术改造	国家电网公司科技进步奖	二等
16	国家电力调度通信中心电网调度自动化系统	国家电网公司科技进步奖	二等
17	电力系统最高电能计量标准装置	国家电网公司科技进步奖	二等
18	燃料调度管理系统	国家电网公司科技进步奖	二等
19	兰州电网谐波对电能计量影响的试验研究	国家电网公司科技进步奖	三等
20	《电力系统安全稳定导则》修订	国家电网公司科技进步奖	三等
21	全国风电场建设及运行情况的调查评估与发展政策研究	国家电网公司科技进步奖	三等
22	全国大区电网互联关键技术研究	中国技术市场协会金桥奖	优秀项目
23	马来西亚古晋电网事故解列后的稳定问题研究	中国技术市场协会金桥奖	优秀项目
24	静止无功补偿装置的研制和应用	中国技术市场协会金桥奖	优秀项目
25	用于开关电器机构上的脱扣器	第八届中国专利奖	金奖

6. 双文明建设

主要工作：在院党委的带领下，全院深入学习"三个代表"重要思想，紧紧围绕院的中心工作，组织思想理论学习，开展廉洁自律和警示教育，健全监督制约机制。该院党的组织建设和党风廉政建设长抓不懈，深入持久；同时，在院党委、工会的积极带动影响下，全院通过组织内容丰富向上的团体活动，加强宣传工作，不断推进企业文化建设，员工的团队精神和凝聚力进一步增强：面对"非典"疫情，院领导高度重视、统筹安排，物业公司、门诊部认真落实院的各项"防非"措施，尽职敬业，各部门、各单位紧紧依靠广大员工，采取科学方法预防"非典"，确保了该院无一例"非典"患者和疑似病例。

行业技术支撑工作

1. 完成的主要科研项目

（1）三峡左岸—常州超高压直流输电工程的系统调试。三峡—常州±500kV直流输电工程是目前世界上电流最大的直流输电工程，该工程的调试成功标志着三峡电力外送通道正式打通，对于促进西部地区开发和实现全国资源优化配置具有重要的战略意义。该院2002～2003年，历经两年时间，与各参加单位以及ABB公司密切配合，发现和解决了在二次和一次系统中存在的各种问题，保证了三峡—常州直流输电工程在2003年6月底正式投入商业运行，满足了三峡电力送至华东地区的急需，具有很好的社会效益和经济效益。

（2）配电管理系统。该项目建立的eRTAP分布式配电自动化系统平台，实时性能高，稳定和安全性能好。基于该平台建立的配电自动化系统，经依托工程实际运行，情况良好。其主要特点：①实现了配电系统应用配置的插件式集成，通过配电应用软总线集成了在线监控、DA应用、通信监测等多种应用；②实现了应用系统功能配置的组件式集成，在线监控、DA应用等应用系统，通过配电数据集成总线进行配置集成；③系统实现基于分布式（节点透明）管理、引擎驱动时数据库和（计算）处理、WEB方式、故障事件驱动、扫描管理、通信通道管理等机制；④该系统具有配电网运行分析、优化控制等功能，提高了配电网运行的经济性，降低网损，提高了配电网供电可靠性和供电质量，实现了配电网故障管理，缩短停电时间，减小停电损失。

（3）实用化45Mbps高速PLC的研究和开发。该系统独创45Mbps与14Mbps混合组网的方式，降低了电力线宽带接入系统的整体造价。针对我国低压配电网的实际特性和低压配电线路高速数据通信机理和电磁兼容性，首次研制出电力线高速数据通信信道优化装置，能均衡信道的网络阻抗，有效隔离电器设备产生的电磁干扰。通过本项目研制的PLC，可以实现基于低压配电网、全电力线介质的，集Internet访问、表计抄收、家庭环境监控、家电控制、数字化社区服务于一体的智能家居自动化系统，为电力线通信技术和智能家居系统的应用提供一种新的整体解决方案。本项目还研制出具有网络管理功能的高速PLC网管计费软件，并在国内首次得到应用。

2. 标准制修订工作

2003年挂靠在该院的7个标准化委员会受中电联委托，组织制、修订电力行业标准25项，获批准13项。由于成绩突出，该院被中电联授予电力行业标准化先进集体称号，三人被授予电力行业标准化先进个人称号。

3. 电力工业电力设备及仪表质量检验测试中心工作

挂靠在该院的电力工业电力设备及仪表质量检验测试中心下属8个质检站，即电能计量仪表及电量变送器、电力变压器、远动（方）终端、低压电器、继电保护及安全自动装置、高压开关及直流电源、电力绝缘子避雷器、配用电自动化系统设备质检站。2003年主要工作包括：①出具各类检验报告856份，实现检测收入1981万元；②申领中国国家认证认可监督管理委员会颁发的《计量认证合格证书》；③统一开展实验室认可申请工作；④完成箱式变电站检测实验室的改建工作，提高了箱式变电站的检验测试能力；⑤完成2003年度国家电网公司系统500kV交、直流输电线路工程绝缘子验收工作；⑥受国家质量监督检验检疫总局的委托，完成了用电管理终端的监督抽检任务和电能表产品监督抽检任务。

主要研究所和产业公司工作

1. 系统研究所

承担的主要项目：全国互联电网关键技术问题研究；大区电网互联分析中的负荷模型试验研究；互联电网无功及电压稳定问题研究；直流多落点对南方电网安全稳定性影响的实时仿真模拟试验和EMTDC仿真计算研究；西电东送网架关键技术研究；互联电网动态稳定问题分析和抑制低频振荡措施研究；三峡—常州、三峡—广东和贵州—广东直流输电工程系统调试；川渝—华中和华北—华中电网联网工程关键技术研究和系统调试；南方电网天广输电线天平段可控串补工程的关键技术研究和系统调试；贵广交流串补工程—河池500kV串补项目系统调试；东北—华北加强联网工程的系统研究和系统调试；马来西亚古晋电厂二期接入系统安全稳定性分析等。

主要产品：电力系统计算分析软件、PAC—1000快速解列装置、电网功角监测系统、EMWK2000电网安全稳定装置、发电机组励磁调节器和PSS装置、厂用电系统综合保护及监控系统、MPW系列保护测控装置、DF1024便携式波形记录仪、WFLC电量记录分析仪。

新产品：新型微机励磁调节器、PAC—2000电力系统同步相量测量装置、Waltz—007电话录音装置。

2. 高压研究所

承担的主要项目：±500kV贵广直流输电工程安顺换流站外绝缘设计；复合绝缘子在憎水性恢复过程中电气特性的研究；直流输电外绝缘特性的研究；三常±500kV直流输电工程环境测试、荆州—惠州±500kV直流输电工程接地极和环境测试等10个电磁兼容研究和调试；三常线、三广线极Ⅰ过电压调试、三堡串补平台干扰测试；天广、河池串补项目调试及平台干扰的测量；串补项目完成MOV研制、平台设备布置方案、绝缘冷却水管、电流互感器及分压器的设计；110、220kV架空线路并联防雷装置的研究；青藏铁路110kV交流线路绝缘配合的研究等4项过电压与防雷领域的研究等。

主要产品：氧化锌阀片、合成外套避雷器、复合外套穿墙套管、SF_6避雷器、SF_6电压互感器、SF_6电流互感器。

新产品：基于DSP和CAN现场总线技术的电气设备状态监测系统；145kVGIS出线套管。

3. 电网自动化研究所

承担的主要项目：①CC—2000EMS调度自动化系统，南方电网调度通信中心、华能国际电力股份有限公司、黑龙江省调升级、包头地调升级、大庆地调、通辽地调、巴盟地调等；②EPM—2000电力市场技术支持系统、东北区域电力市场技术支持系统、山西经济调度软件系统升级；③应用仿真系统：国家电力调度通信中心CC—2000DTS系统、东北电网500kV主网架电力系统实时动态监测（控制）系统等。

主要产品：CC—2000开放式面向对象EMS/DMS系统、EPM—2000电力市场技术支持系统、PSEMPS发电报价决策系统、DAS—2000配电自动化系统、TS2000培训仿真系统。

新产品：基于JAVA的人机系统与原有的CC—2000系统的集成和完善——CC—2000 2.0版、电力系统实时动态监测系统、网络安全隔离装置(正向、反向)。

4. 输配电及节电技术国家工程研究中心

承担的主要项目："大功率电力电子实验室建设"项目、定制电力项目、"500kV同杆双回线路精确故障测距的研究及产品开发研制"项目、辽宁鞍山红一变SVC国产化示范工程项目、甘肃碧成线可控串补国产化示范工程项目等。

主要产品：采用小波原理及GPS定位技术的输电线路故障定位系统、低压晶闸管投切滤波器、低压晶闸管投切电容器（TSC）、高压滤波器自动投切控制器等。

新产品：高低压TSC产品改造更新、测距系统升级改进、SVC阀体结构的改进设计。

5. 变电站自动化公司

承担的主要项目：东北电网的东丰、董家500kV变电站自动化系统；配电测控仪北京供电局二期农网改造项目；电量计费新型终端开发成功并在内蒙古等电厂应用等。

主要产品：EPIA—2000变电站综合自动化系统、PDJC—02型配电运行测控仪、电量计费新型终端。

新产品：IEC61850前期研究，新一代变电站自动化系统集成，城市轨道交通自动化，基于GSM、GPRS营销系统。

6. 通信研究所

承担的主要项目：实用化45Mbps高速PLC的研究和开发、国家电力公司燃料调度管理系统、国家电网公司特种光缆实验室建设项目、国家电网公司信息安全深度防护体系研究等。

公司主要产品：SDH光传输设备、PCM复用器、光缆监测与管理（EFOMS）系统、用电监控系统（防窃电型）和配网自动化系统、集中式电能表数据采集系统、电力线载波机、电力通信网监控系统、变电站（发电厂）多媒体图像监控系统、燃料MIS管理计算机应用系统。

实验室服务：承担各种负荷控制系统、抄表系统、FTU/TTU和电能量终端的型式试验和检测；承担各种特种光缆的型式试验和检测。

研究生部工作

1. 研究生培养

2003年研究生部招收博士生11名，硕士生13名；年内有10名计划内硕士生，4名博士生毕业；至2003年底，在读博士生33名，硕士生34名。

2003年招收在职硕士研究生17名，有2名同等学力研究生通过了硕士论文答辩。

2. 博士后流动站工作

2003年有1名博士进站，现有在站博士后2人。

主要事件

1月11日，院"72.5kV户外高压负荷隔离开关"产品通过北京市科委组织的鉴定。

1月22日，廊坊电科院东芝避雷器有限公司举行开业典礼。国家电网公司领导、河北省廊坊市政府领导、该院及日本投资方株式会社（东芝）等有关单位的代表参加了开业典礼。

1月23日，院召开2003年工作会议。吴玉生院长代表院领导班子做题为"着眼新发展、探索新思路，全面开创电科院可持续发展新局面"的工作报告。

1月24日，中央企业工委监事会工作部沙先华副部长来院看望蔡国雄同志，转达中央企业工委对党外人士的节日问候。

2月22日，院自主开发的东丰500kV变电站计计机监控系统顺利通过FAT验收，表明该院已具备500kV变电站计算机监控系统的生产能力。

3月11日，院参与的三峡—常州直流输电工程极Ⅱ系统调试工作正式开始。该院作为系统调试的技术负责和执行单位，与各单位密切配合，确保了极Ⅱ和双极系统调试工作按计划安全可靠进行。

4月17日，吴玉生院长主持召开院务会议，研究部署预防非典型肺炎工作。

4月23日，院离休干部、原电科院总工程师、教授级高级工程师王平洋同志因病医治无效，于2003年23时30分在北京不幸逝世，享年94岁。

4月29日，院国电宾馆接到北京防治非典型肺炎联合工作小组下发的《联合小组文［2003］1号》文件，通知该宾馆于4月29日起被临时征用，用于防治"非典"医务人员的轮休。

4月30日，国家电网公司赵希正总经理对该院关于国电宾馆被征用的报告作重要批示："请告吴玉生同志：要积极配合北京市做好征用工作，认真搞好各项服务，要让广大从第一线归来的医务人员得到充分休息并体现党和政府的关怀，并采取措施，搞好防范工作。”按照赵总的指示，该院组成了接待工作小组，吴玉生院长要求各相关部门认真落实赵总批示，积极配合做好征用工作，做好接待和服务工作，为第一线医务人员送热情、送体贴、送温暖，为防治“非典”工作做出积极的贡献。吴玉生院长亲自检查国电宾馆的准备工作并看望宾馆全体服务人员，要求大家做好各项服务。

5月1日，北京大学第一附属医院首批63名医务人员进住院国电宾馆。

5月3日，受吴玉生院长委托，院长助理卢和平，院办、工会、党群工作部负责人代表该院全体员工给北医大医务人员送去慰问信并赠送慰问品，北京大学第一附属医院对院热情、周到的接待工作表示由衷的感谢。

7月1日，院开始室外热力管线改造工程，工程全部完成后，将从根本上改善家属区冬季供暖质量。

8月29日，院“全国大区电网互联关键技术研究”、“马来西亚古普电网事故解列后的稳定问题研究”、“静止无功补偿装置的研制和应用”等三个项目获第一届中国技术市场协会“金桥奖”优秀项目奖三项，同时获先进单位奖一项，先进个人奖一项。

8月30～31日，中国实验室国家认可委员会(CNAL)对该院进行了定期监督、质量体系转版及扩大认可范围的评审。评审专家组充分肯定了该院实验室工作，认为基本满足认可准则的要求。

9月，院驻沈阳联络处正式成立。

9月8日，院《低压配电网电力线高速通信技术研究》获2003年度中国电力科学技术一等奖，国家电网公司科技进步一等奖。

10月8日～12月16日，按照海淀区选举委员会西三旗分会的工作计划和要求，该院承担第六选区选举工作，圆满完成海淀区第十三届人大代表选举工作。该院李永庄光荣当选海淀区第十三届人大代表。

11月1日，院研制开发的“PAC－1000电力系统失步快速解列装置”通过由国家电网公司组织的鉴定；院《用于开关电器机构上的脱扣器》实用新型发明专利获第八届中国专利金奖。

11月7日，吴玉生院长出席在辽宁省鞍山红旗堡220kV变电所就“鞍山红一变100MvarSVC国产化示范工程”举行的总承包协议签订暨开工仪式；院承担的国家电网公司科技项目《实用化45Mbps高速PLC的研究和开发》通过由国家电网公司组织的验收和鉴定。院《燃料调度管理系统》获2003年度国家电网公司科技进步二等奖。

11月14～15日，召开院学术技术委员会会议，评审提高待遇的高级工程师。经委员会评审，36人获提高待遇的高级工程师任职资格。

12月10日，院长、党委书记吴玉生、党委副书记郭小俐参加国家电网公司在京直属单位党组织负责人座谈会。吴院长在会上做了题目为“深化体制改革、推进技术创新、为国家电网公司可持续发展提供科技动力”的发言。

12月23日，院与国电信息中心共同出资组建的北京中电普华信息技术有限公司举行成立揭牌仪式大会。

（王晶晶）

西安热工研究院有限责任公司

基本情况

西安热工研究院（简称热工院，英文名称为Thermal Power Research Institute，缩写为TPRI）是原国家电力公司直属从事发电厂热能动力工程应用技术研究与开发的机构，主要专业始创于1951年。1965年成立“西安热工研究所”，1994年更名为“电力工业部热工研究院”，1998年随着国家电力公司的成立，即称为“国家电力公司热工研究院。”2001年底，由国家电力公司所属的原科研事业单位转制为国家电力公司出资设立的国有科技型企业，原事业单位名称“国家电力公司热工研究院”正式变更为企业单位名称“国电热工研究院”。2003年，随着国家电力体制改革转制为由中国华能集团公司控股，中国大唐集团公司、中国华电集团公司、中国国电集团公司、中国电力投资集团公司参股的有限责任公司。

热工院以提高火电机组安全运行的经济性和可靠性、提高能源转化利用率、减少污染物排放为目标，致力于火电机组运行技术、电厂自动控制技术、清洁煤发电技术、新能源发电技术（包括核电站常规岛和地热发电技术）及火电机组辅机等技术领域的研究开发，并把重点放在相关技术领域进行工程化应用研究及相关高科技产品与装置的研制与生产销售。

热工院专业部门主要设有电站清洁燃烧国家工程研究中心、电站运行技术中心、自动控制技术中心、化学工程技术中心、材料工程技术中心、发电新技术研究中心、技术监督及检修管理研究中心和电站启动调试技术研究中心等。

热工院下属有西安国电水处理有限公司及西安国电电站控制工程有限公司，在苏州设有热工院苏州分院。

热工院现有员工660余人，其中专业技术人员占78%以上。热工院建有国家硕士学位授予点，并设有博士后工作站。

研究与开发技术中心概况

1. 电站清洁燃烧国家工程研究中心

电站清洁燃烧国家工程研究中心（简称燃烧中心）是国家计委批准、依托热工院而建立的工程化研究机构，同时也是热工院下属专业技术中心之一，主要从事电站清洁燃烧领域的新技术研究开发与工程应用，拥有现代化的试验设施和工程验证条件，其中煤粉燃烧实验室是国家电力公司重点实验室。

燃烧中心是电力行业电站锅炉标准化技术委员会、电机工程学会火电分会锅炉专业及清洁煤发电专业、电力工业热力发电设备及材料质检中心锅炉质检站及国家电力公司发电用煤质量监督检验中心的挂靠单位。

2. 电站运行技术研究中心

电站运行技术研究中心设有汽轮机性能研究所、锅炉性能研究所、汽轮机主机技术研究所、汽轮机辅机技术研究所、振动故障诊断技术研究所。中心是中国电机工程学会火力发电分会汽轮机专业、地热专业、空冷技术专业、工业冷却塔专业及电力工业热力发电设备及材料质检中心汽轮机质检站的挂靠单位。

中心配备有门类齐全的高精度测试仪器及设备，其中引进德国的电站锅炉燃烧环保综合测试车、引进美国的整套世界最先进的汽轮机性能测试装置及各种类型的高精度变送器等均为国内独有。

3. 自动控制技术研究中心

自动控制技术研究中心是国内电厂热工自动化专业归口单位，是电力工业热力发电设备及材料质检中心热控质检站的挂靠单位。中心下设控制技术研究所、仿真技术研究所、自动化工程第一研究所和自动化工程第二研究所。

4. 化学工程技术研究中心

化学工程技术研究中心是电力工业热力发电设备及材料质检中心电厂化学质检站和动力设备化学清洗中心的挂靠单位。中心目前设置有水处理技术工程研究所、水处理装备技术研究所、防腐防垢及化学仪表研究所、电力用油（气）研究所、检测技术研究所、新技术开发研究所及西安能泰高新技术总公司。

5. 材料工程技术研究中心

材料工程技术研究中心是电力行业专业从事电力设备构件及材料技术研究的单位，是电力工业热力发电设备及材料质检中心材料质检站、电力工业管道产品质量检验测试中心及电力工业西安锅炉压力容器检验中心挂靠单位。中心现设置有寿命管理技术研究所、材料新技术研究所、设备诊断技术研究所、材料性能试验研究所、金属监督技术研究所、结构强度与管道技术研究所和焊接与修复技术研究所。

中心现拥有无损检测试验室、力学性能试验室及理化检验试验室等 3 个电力工业重点试验室，装备了一批高精尖试验和测量仪器设备。

6. 发电新技术研究中心

发电新技术研究中心是在原有汽轮机、燃气轮机、锅炉、煤气化及电厂自动化等专业的基础上组建的一个综合性的研究开发中心，主要从事跨专业、综合性的发电新技术的研究开发，目标是为热工院和发电行业提供可持续发展的发电新技术。

2003 年发电新技术研究中心承担了 5 项国家“863 计划科技攻关项目”、1 项国家发改委国产化研制和 1 项国家“973 计划科技攻关项目”。

7. 技术监督及检修管理研究中心（筹建）

技术监督及检修管理研究中心主要从事火力发电厂综合技术的开发、集成及咨询工作，承担大型发电设备的监造、技术监督的管理与服务、发电设备的远程状态评估及检修优化、计量仪器和仪表的校准及鉴定等任务。

中心下设发电设备质量监造技术研究所、技术监督研究所、远程诊断与状态检修技术研究所、计量技术研究所等 4 个研究所，拥有先进的试验和检测仪器，是电力工业热工计量测试中心的挂靠单位。

8. 电站启动调试技术研究中心（筹建）

电站启动调试技术研究中心主要从事大型火力发电机组、非常规发电机组的启动调试及相关技术研究，具有火电工程调试甲级资质和电力系统动力设备化学清洗 A 级资质。

中心下设锅炉、汽机、电气、热控、化学五个专业调试技术研究所。中心拥有现代化调试仪器和试验设备，具备同时调试两台大型机组的能力。

体制改革及领导集体

按照国家电力体制改革方案，热工院改组为由华能集团公司控股、其他四家发电公司参股的有限责任公司。2003 年度，重点进行了以下工作：①完成了与其他四个发电公司的走访工作，与各发电集团公司建立了必要联系，进行了一定程度的沟通，并向华能集团公司领导进行了书面汇报。②配合华能集团公司起草了热工院的组建方案和相关文件。③学习借鉴国外发达国家电力科研体制的模式，积极研究热工院改组后的运作机制。

2003 年 11 月 21 日，五大发电集团的领导李小鹏、翟若愚、周大兵、王炳华、曹培玺（代表贺恭）参加了西安热工研究院有限公司首次股东会，并签署了股东协议。会议批准通过了公司章程，选举了公司董事和监事。随后召开了公司首次董事会和监事会。黄永达副总经理等 9 名董事（刘彭龄董事委托王龙陵代表）和7名监事分别参加了会议。在公司首次董事会上，华能集团公司副总经理黄永达被选为董事长，蒋敏华被聘为总经理。改组后，华能、大唐、华电、国电、中电投集团公司占注册资本的比例分别为：52%、12%、12%、12%、12%，由华能集团公司绝对控股。

2003年12月29日，华能集团公司总经理李小鹏，副总经理黄永达（热工院董事长），副总工程师、华能股份副总经理那希志等领导来到热工院，慰问和看望热工院院广大干部职工，并宣布了热工研究院董事会和监事会成员名单、热工院党组成员和热工院经营班子成员任命名单。其中，任命蒋敏华为热工院党组书记、总经理（院长），雍国柱为院党组纪检组长、副总经理（副院长），赵毅、巨俊鹏、刘伟为热工院党组成员、副总经理（副院长）。

科研工作与科研成果

2003年，热工院全年主营业务合同额为2.06亿元（包括纵向项目和横向技术服务），完成年初预定的2.0亿目标。

1. 纵向项目实施情况

2003年，热工院在研纵向课题共计94项，其中国家部委攻关课题9项，国家电力公司重大科技攻关课题22项，电力国家标准及电力行业标准的制修订项目51项，国家电力公司青年基金项目3项，热工院自立项目9项。

这些项目中，包括了分别依托华能沁北和玉环的超临界火电机组的研制和超超临界火电机组的研制、国家“863项目”干煤粉加压气化技术、IGCC电站集成设计与动态特性、国家电力公司项目火电厂生产过程信息系统研究和开发、火电厂设备状态检修技术的研究等重大项目。

2. 科研成果

2003年，热工院喜获6项中国电力科学技术奖。其中“火力发电机组高温部件寿命管理技术研究”获一等奖。获二等奖的有“直吹式制粉系统一次风优化分配及在线监测技术研究开发”、“粉煤加压气化评价装置的研制及粉煤气化特性研究”。同时，“亚临界汽包炉给水加氧处理技术的研究”、“国产引进300MW机组降耗措施的研究”、“低挥发分煤燃烧技术的改进研究”获中国电力科学技术奖三等奖。

2003年，热工院还获得2002年度陕西省科学技术奖三等奖四项（该奖项通常延至下年度发布），包括“哈汽型300MW汽轮机调节级叶片改进和安全性研究”、“进口罗马尼亚330MW发电机组（直流炉）监控系统研究及应用”、“水处理用001×7强酸性阳离子交换树脂的寿命诊断研究”及“九项绝缘油、汽轮机油、密封油、抗燃油和SF_6国标、行标的修制订”等。

2003年，院科技成果奖共评出一等奖2项，二等奖16项，三等奖27项，专项奖1项。

2003年，热工院共申请专利8项（其中发明专利4项、实用新型专利4项），批准授权专利6项（其中发明2项、实用新型专利4项）；在国际刊物上发表论文9篇，在国内刊物上发表论文179篇。

2003年，热工院获得了中国技术市场协会设立的“金桥奖”，对热工院在促进电力科技成果的转化、推动我国电力技术市场的繁荣和发展做出的贡献予以表彰。

2003年，热工研究院和挂靠热工研究院的电力行业电厂化学标准化技术委员会荣获“中电联电力标准化工作先进集体”称号。

3. 横向技术服务

2003年，热工院横向技术服务工作继续蓬勃开展，全年新签订横向技术服务合同达到1.88亿元，较2002年显著增长。比较突出的项目有：

国家电力公司重大技术攻关项目“国产引进型300MW汽轮机组节能降耗措施研究”、“亚临界汽包炉给水加氧处理技术”和“凝汽器管腐蚀在线监测装置的研制及其应用的研究”的科研成果转化顺利。2003年，热工院承揽了华能集团公司所有直流炉锅炉给水优化转换和汽包炉采用加氧新技术的推广任务，已完成7台锅炉的给水优化调整，“凝汽器管腐蚀在线监测装置”，也实现了在3台机组上的推广应用。

循环流化床（CFB）锅炉排渣控制是世界性技术难题，热工院研制的100MW CFB锅炉FAC型排渣控制冷渣器在江西分宜电厂成功应用，2003年下半年又签订了12台冷渣器的供货合同，使该产品的产业化发展迈出了可喜的一步。

火电厂厂级监控信息系统（SIS）在宁夏石嘴山电厂4×330MW示范工程上的应用进展顺利，截至2003年已有两台机组系统顺利投入运行。2003年，热工院又和多个电厂签订了SIS项目合同，热工院开发的SIS系统正在形成产业化规模。

热工院承担的钱清电厂脱硫废水的综合治理工程也已交付电厂使用，受到了电厂的极大赞誉。2003年，又有多个脱硫废水项目订立合同。

此外，一批横向技术服务项目，如黄岛电厂4号炉制粉及燃烧系统优化调整试验、徐塘电厂50MW锅炉掺烧煤泥改造工程、西安灞桥热电厂一次风机技术改造、山东菏泽发电厂废水回用工程、德州电厂6号机组凝汽器铜管的振动测试分析等项目均取得了良好的效果，受到了电厂用户的好评。

作为华能新的一员，2003年热工院着重加强了为华能下属电厂的技术服务工作，成效显著。集团公司和股份公司也给予了热工院大力支持。2003年8月，热工院与股份公司签署了全面合作框架协议，确定双方将在技术领域展开全面合作，并首先在发电设备监造、技术监督、远程生产监管系统技术支持、机组改造与大修前后性能试验、技术专家库支持等方面开展具体技术合作。按照框架协议规定，一批发电设备监造合同和机组改造与大修前后性能试验备忘录已经签订，技术监督、远程生产监管系统技术支持等项目的合同也即将签订。

调整专业设置

热工院目前的专业设置还是按照原国家电力公司对热工院的专业定位而设置的。随着电力体制改革的深入，原有的服务对象已经发生了变化，与原国家电力公司的其他下属科研院所之间的分工协作关系也发生了变化。因此，2003年，热工院开始着手按照热工院当前的所处的地位和面临的任务，调整专业设置和方向。

1. 筹建调试技术研究中心

热工院曾是全国电力建设调试协作网副网长单位。多年来，担负了大量国产新型大机组及进口机组的调试。据不完全统计，热工院完成和参与完成的125MW及以上容量等级机组的启动调试就达37台。

2003年，热工院开始着手组建专门的调试技术中心，充分利用和发挥热工院在大型超临界、循环流化床锅炉、IGCC等先进发电技术领域中的研究成果和优势，着重于承担大型、特型机组的启动调试工作。

2. 增设电气专业

对于整个火电厂专业来说，热工院惟一缺少的是电气专业（包括电机、励磁、配电、绝缘、变压器、继电保护等），作为发电集团公司的技术支撑单位，建立完备的专业结构体系，既有利于解决电厂生产实际问题，也有利于在与电网侧公司的交往中占据有利的位置。因此，目前热工院正在积极进行电气专业的筹建。

抗击“非典”斗争

2003年上半年，热工院和全国人民一起共同经历了“非典”的考验。在这场突如其来的战斗中，热工院始终坚持华能集团公司的统一领导，并根据属地化管理的原则，积极配合地方政府的工作。为了切实做好“防非”工作，热工院及时组织学习集团公司相关文件和通知精神，并针对热工院实际制定了系列切实有效的防止措施，顺利度过了“非典”困难时期。全院职工、家属无一例“非典”病例或疑似病例发生。

国际合作项目

1. 中加技术合作项目

2003年5月19日，中国和加拿大政府关于“中国燃煤电站锅炉减排二氧化碳项目”签署了执行谅解备忘录。项目由中国商务部和加拿大国际发展署（CIDA）主持，总经费330万加元，持续3年。热工院被国家商务部指定为中方执行单位和项目具体承担单位之一。

2. 与法国电力公司（EDF）签订技术合作框架协议

2003年11月26日，热工院与法国电力公司（EDF）在北京正式签订了技术合作框架协议。这是热工院与国外大型发电集团公司签署的第一个技术合作框架协议。按照该合作框架协议规定，双方合作研究与开发内容包括洁净煤发电技术、火电厂污染物排放控制技术、火电机组运行调试及性能考核、机组寿命评估、自动控制和热工计量等。热工院也将作为EDF的合作伙伴，承担EDF在亚太地区包括在中国投资火电项目的技术服务和咨询工作。

3. 中德技术合作项目“火电厂节水技术中心”

从1987年起，热工院先后执行了中德“常规火电厂燃烧技术”及“电站技术能源经济（培训）中心”技术合作项目。在此基础上，2003年热工院又与德国GTZ公司合作，正在积极申报“中德节水技术中心”合作项目，目前有关技术和文件准备工作正在进行中。

同时，由国家科技部牵头、热工院承担的中—丹/中—英（能源）洁净煤技术政府间合作项目也在顺利执行中。此外，热工院2003年还接待了包括GE、Alstom、英国能源与环境工程公司等约10多批，40人·次的外国专家来院实行技术访问、交流和考察活动。

主要事件

1月15日，蒋敏华院长向李小鹏总经理等华能集团领导汇报了2002年工作和对今后热工院改革的设想。李总对热工院的工作和改革做了重要指示。

1月20～23日，由中国质量认证中心西北认证中心完成对热工院ISO 9001：2000质量管理体系注册认证审核，只有2项一般不符合项。

2月21日，蒋敏华院长和刘伟院长助理向黄永达副总经理汇报了有关热工院改制改革事宜，并听取了黄总对下一步工作的指示。

3月4日，陕西省科技厅发布2002年度陕西省科学技术奖获奖公报，其中热工研究院荣获2002年陕西省科学技术三等奖四项。

3月5日，由华能集团公司组团对热工院进行了实地考察调研。

4月9日，国家科技部石定环秘书长一行2人，来热工院进行考察并指导工作。

4月23日，“非典”疫情开始爆发，热工院连续下发了七个有关“非典”防控方面的通告，设立了由一把手担任组长的非典型肺炎预防控制的领导小组和工作小组，统一指挥和安排院“非典”预防控制的相关工作，并积极采取了相应的预防控制措施。

6月，钢铁研究总院与热工院合作申请的国家高技术研究发展计划（“863计划”）课题“金属多孔复合催化材料的研究”（新材料技术领域）通过科技部评审。

6月25日，热工院网络域名进行了更改（由tpri－sp. ac. cn改为tpri. com. cn)，并开始使用个人标准地址邮箱。

7月18日，科技部高新司交通能源处郑方能处长、国家“十五”“863”能源领域委员会专家郑楚光教授、“863”洁净煤主题专家组组长李文华教授等科技部领导及专家一行14人来热工院参加“863”课题论证及年度检查会。

8月4日，热工院2003年第一次ISO 9001质量管理体系内部审核工作圆满结束，包括4天的现场审核及后续跟踪验证工作历时一个多月。

8月29日，首届“中国技术市场金桥奖”（简称金桥奖）颁奖活动在北京人民大会堂举行，热工研究院荣获本次“金桥奖”先进集体称号。

9月8日，中国电力科学技术奖励评审委员会发布奖励公告，热工院2003年有6项科研成果项目获得电力科学技术奖，其中一等奖1项、二等奖2项、三等奖3项。

9月15～16日，热工院蒋敏华院长与华能国际电力股份有限公司太仓、汕头、新华、淮阴电厂的时代表在三大主机设备监造合同上签字。

9月19日，华能国际电力股份有限公司（华能股份）与热工研究院在西安正式签署了双方全面技术合作框架协议，华能股份那希志副总经理与热工院蒋敏华院长等出席了签字仪式。

10月30～31日，中国质量认证中心西北评审分中心对热工院质量管理体系进行了为期2天的现场监督审核，以验证热工院注册审核以来质量管理体系持续地符合认证标准的要求及运行的有效性与充分性。审核组对热工院的质量管理体系及其运行状况的综合评价为“国电热工研究院质量管理体系运行正常有效，符合ISO 9001：2000标准要求”，监督审核仅开具了一项不符合报告，高质量地通过了监督审核。

11月5～8日，中国与加拿大政府间合作项目——“降低中国燃煤锅炉 CO_2 排放项目（REM-CO)”第一次项目联合指导委员会（JPSC）会议在热工院召开。会议对项目的实施计划书和年度报告进行了审查和通过，并着重讨论了与项目有关的具体问题。

11月21日，中国华能集团公司、中国大唐集团公司、中国华电集团公司、中国国电集团公司、中国电力投资集团公司，根据国家有关电力体制改革的精神，在北京就改组原国电热工研究院为西安热工研究院有限公司达成一致。五大发电集团的领导李小鹏、翟若愚、周大兵、王炳华、曹培玺（代表贺恭）参加了西安热工研究院有限公司首次股东会，并签署了股东协议。会议批准通过了公司章程、选举了公司董事和监事。

11月22日，热工院与法国电力公司（EDF）在北京正式签订了技术合作框架协议。

12月29日，华能集团公司总经理李小鹏、副总经理黄永达、副总工程师、华能股份副总经理那希志、集团公司总经理工作部经理刘文成、人事部经理李逢亮等领导来到热工院，慰问和看望热工院广大干部职工，并宣布了热工研究院董事会、监事会成员名单、热工院党组成员名单和热工院经营班子成员名单。

12月29日，华能国际电力股份有限公司（简称华能股份）与热工研究院在西安正式签署了关于热工院承担华能股份所有火电机组大修和改造前后性能试验备忘录。

（肖　平）

国电自动化研究院

基本情况

1. 人员

至2003年底，全院在职职工总数863人，其中专业技术人员739人；具有高级职称者345人（含教授级高级工程师24人)、中级职称者261人，获博士学位41人、硕士学位375人。有中国工程院院士2人，国家级有突出贡献的中青年专家3人，享受政府特殊津贴者24人。

2. 机构设置

2003年底全院设有以下机构：①1个研究开发中心；②15个研究所/事业部，即继电保护、电网控制、系统、稳定技术、自动控制、工业控制、电气控制、大坝及工程监测、信息技术、水情水调及环境监测、农村电气化、配电终端技术、通信技术、深圳南京自动化研究所和城乡电网综合自动化事业部；③13个分公司，即稳定技术、自动控制、电气控制、大坝工程监测、信息系统、水情水调及环境监测、农村电气化、配电终端技术、通信系统、城乡电网综合自动化、技术贸易、成套设备、动力控制分公司。④11个子公司，即国电南瑞科技股份有限公司、南京南瑞继保电气有限公司、深圳南瑞科技有限公司、北京南瑞系统控制有限公司、上海南瑞实业有限公司、南京中德保护控制系统有限公司、南京南瑞广告传播有限公司、南京南瑞电气检测技术有限责任公司、南京南瑞工贸实业有限责任公司、深圳市中瑞达实业有限责任公司、上海南瑞配网控制系统有限公司。⑤1个科研辅助部门，即科技教育中心；⑥10个职能及后勤部门，即办公室、人事处、综合业务处、营销处、质量管理处、财务资产管理处、政治部、后勤处、审计处、工会；⑦1个电力系统自动化杂志社；⑧1个成套设备制造厂。

3. 经济情况

2003年新签订合同额超过25亿元，较2002年增长超过20%；完成销售收入超过20亿元，较2002年增长超过10%。

科研工作

1. 全年有12项科研项目获奖

(1) OPS—1紧急控制在线预决策系统（中国电力科学技术一等奖、国家电网公司科技进步一等奖）；

(2) 大型旋转机械非线性动力学问题（教育部一等奖）；

(3) NS2000基于网络的变电站综合自动化系统（国家电网公司科技进步二等奖、江苏省科技进步二等奖、南京市科技进步二等奖）；

(4) SSJ—3060计算机监控系统（四川省科技进步二等奖）；

(5) 大型水电厂智能控制装置（湖北省科技进步二等奖）；

(6) RODSS—2000.A水库调度决策支持系统（国家电网公司科技进步二等奖）；

(7) WDS9001电网水调自动化系统（江苏省科技进步一等奖）；

(8) RCS9000变电站自动化系统（江苏省科技进步二等奖）；

(9) EIS2000变电运行管理信息系统（江苏省科技进步三等奖、南京市科技进步三等奖）；

(10) DAT配电网自动化终端设备（南京市科技进步三等奖）；

(11) 省、地区级电网新一代开放型分布式能量管理系统（南京市优秀软件产品一等奖）；

(12) 企业信息系统对象管理平台PI—2000 V2.3（南京市优秀软件产品二等奖）。

2. 全年有9项科研成果通过省部级鉴定验收

(1) DSA208组态型变电站监控装置；

(2) CAS2000整合型变电站自动化系统；

(3) 地铁动力自动化系统；

(4) 基于轨迹的非线性动力学理论在非线性转子振动研究中的应用；

(5) 电力系统自动化—系统控制和经济运行国家工程研究中心；

(6) 科研院所内部信息网建设（二期）；

(7) 中压配电网复合通信方式的研究；

(8) 联合电网的预防控制与紧急控制的协调技术；

(9) 低压和低频减载参数优化整定技术研究与软件开发。

3. 获得专利4项

(1) 电力系统稳定的在线监视和预防控制系统（发明专利）；

(2) 由EEAC在线预决策的自适应稳定保护系统（发明专利）；

(3) 全液控自复式主配压阀（发明专利）；

(4) 调速器液压控制双向随动阀（实用新型专利）。

4. 获得计算机软件产品登记6项

(1) NARI RSDSS100水库调度决策支持系统软件（水情所）；

(2) NARI SJ—DRV监控系统通信软件（自控所）；

(3) NARI NC—2000计算机监控系统软件（自控所）；

(4) NARI CAS2000整合型变电站自动化系统软件（农电所）；

(5) NARI DPR型故障录波器软件（农电所）；

(6) NARI SMU型同步相量测量控制软件（农电所）；

(7) NARI WDS—2000数字式故障录波测距软件（农电所）。

管理工作

1. 科研计划管理

(1) 申报国家电网公司科学技术项目5项，其中包括“区域电力市场及其运营支持系统的关键技术研究”（已批准）、“综合PMU和SCADA信息的广域安全稳定分析控制技术”、“基于IP网络的电力多媒体通信系统的研制”、“电力市场经济和电力系统物理的全局稳定性”、“电力自动化设备及系统检测技术的研究与实施”（已批准）等。

(2) 申报国家电力信息技术应用计划1项，即“面向电力信息网的IP网络管理系统”(已批准)。

(3) 申报国家自然科学基金3项，其中包括“应急控制稳定评估的概念与方法探析”、“电力市场稳定性与电力系统稳定性的相互影响”(已批准)、“基于互联网的多媒体综合业务平台的技术研究”等。

(4) 申报国家重大技术装备创新研制项目1项，即“大型抽水蓄能电站控制系统及成套设备研制”。

(5) 申报国家“863计划”成果产业化基地1项，即“电力自动化系统和设备”。

(6) 申报科技部科研院所专项资金2项，其中包括“大型抽水蓄能电站自动控制系统成套设备”、“电力自动化单芯片可重构实时嵌入式系统平台的研究”等。

(7) 申报江苏省国际科技合作1项，即“电力市场经济和电力系统物理的全局稳定性”。

(8) 申报江苏省科技计划项目4项，其中包括“面向输电开放的电力市场技术支持系统”、“轨道交通综合监控系统开发”、“基于无缝通信体系的超高压变电站自动化系统”(已批准)、“电力系统关键设备(基于微处理器)电磁干扰系列抵制器研究开发”等。

(9) 申报江苏省基础研究计划(自然科学基金)1项，即“计算机1GHz以上电磁辐射骚扰强度分析”。

(10) 申报南京市软件发展专项资金1项，即“新一代配电网管理自动化系统”。

(11) 通过院/集团公司立项项目9项，其中包括“高压交流电动机测控保护新原理的研究及装置的实现”(动控所，已批准)、“PI2000 U4信息系统平台研制”(信息所，已批准)、“面向小水电站的综合自动化装置研究”(自控所，已批准)、“MB系列智能可编程控制器研究”(自控所，已批准)、“新型工程安全监测仪器的研制开发”(大坝所，已批准)、“微机防止误操作闭锁系统新技术的研究”(农电所，已批准)、“短期及长期交易策略对电力市场稳定性影响的动态仿真”(博士后科研工作站，已批准)、“新型调速器研制”(电控所)、“SMU同步相量测量控制装置”(农电所)等。

(12) 通过院/集团公司结题、验收项目6项，其中包括“计算机网络安全隔离设备的研制”、“模块化大容量有源滤波装置”、“面向中、小水电厂的综合自动化装置的研究”、“基于轨迹的非线性动力学理论在非线性转子振动研究中的应用”、“循环控制系统多变量模糊自适应控制研究”、“新型电力控制机柜研究”等。

2. 财务资产管理

按照国家相关政策，办理免退税3253万元。配合审计，理清产权关系，解决长期遗留问题，完成江苏东升实业有限公司的债务重组，清理其全部借款；完成益来房地产开发有限公司所欠购房款及利息补偿清退；完成京瑞科电力设备有限公司投资方长期投资数额；完成集团公司受让继电保护有限公司投资继保电气有限公司15%股权。

3. 质量管理

完成实验室IEC17025标准换版，通过中国实验室国家认可/中国计量认证的扩项评审、监督审核，新扩检测能力74项。与美国易科认证集团成立联合实验室。完成两次质量管理体系内审、一次管理评审。全年检测各类元器件1348万只，合格率99%；完成各类试验装置281台/套，发放产品合格证17900台/套，合格率98.7%。

4. 教育培训

对在站4名博士后研究人员按月度跟踪考核，2名博士后人员在取得创新成果后按期出站；与有关高校联合招收博士研究生5名，按国家计划指标招收定向培养硕士研究生15名；组织2个全国性信息网召开了3次全国性学术技术信息交流会议，出版网刊9期，进行学会会员重新登记，组建成立“中国电机工程学会电磁干扰专委会变电站电磁兼容学组”和“江苏省电工技术学会电磁兼容专业委员会”；完成电力系统自动化专委会挂靠在该院的3个学科组换届工作；各挂靠学(协)会机构主(承)办了14次大型学术交流研讨活动；开展了4项软课题研究及30期技术培训。

5. 期刊

《电力系统自动化》连续第二届荣获了“百种中国杰出学术期刊”称号。《电力系统自动化》和《水电自动化与大坝监测》全年共刊登文章663篇。

国内外学术交流与技术合作

1. 学术交流

(1) 全年发表学术论文297篇，其中入选国际学术会议及发表在国外和我国对外学术刊物的论文27篇。经院学术委员会以无记名差额投票方式评选出2003年度优秀学术论文(著)62篇(部)。其中《〈地区电网调度自动化系统〉国家标准》获论著二等奖；《变电站自动化工程图集》获论著三等奖；《Optimization of Transient Stability Control, Part — I: For Cases with the Same Unstable Mode》等5篇论文获一等奖；《电力市场交易类型与营运模式研究》等20篇论文获二等奖；《具有检同期合闸功能的变电所测控装置》等35篇论文获三等奖。

(2) 起草全国电工电子产品结构标委会的3个国家标准，参与IECSC48D国际标准转化工作。完成电力系统控制及其通信标委会的8个电力行业标准送审稿送审、报批。发布《产品企业标准编写基本规定》、《产品企业标准编写细则》新标准2项；制定企业标准《电子设备机械结构482.6（19in）系列机械结构尺寸》。

2. 对外合作

（1）全年派往国外、境外参加国际学术会议，进行技术考察与合作，经贸联系等各种活动的团组21批47人·次，出访了美国、德国、瑞典、瑞士、加拿大、英国、日本等10多个国家和地区。

（2）参加国际投标和国内重大投标项目17项，其中“瑞士DISA系统备件”、“深圳沈大低压保护工程”、“保护沈大工程500kV线路保护（光纤纵差）”、“保护沈大工程500kV线路保护（高频闭锁）”、“老挝南梦山水电站监控”、“重庆地铁较新线一期工程供电设备包电力监控系统SCADA及变电所综合自动化设备采购合同”、“越南NAMMAU水电站监控系统”、“韩城项目保护系统”等8项工程项目已中标，合同额310万美元。

精神文明建设

（1）思想政治工作。组建了“国电南瑞”、“继保电气”党总支和“动控公司”党支部。继续做好对“法轮功”练习者的思想教育和管理工作。积极开展“四五”普法宣传教育，运用闭路电视系统播放廉政建设和禁毒宣传教育片。组织实施职工住房清理工作，有130名职工住房面积超标，完成补缴款427万元，通过江苏省清房办验收。

（2）工会工作。开展“夏季百日安全无事故”活动，组织职工献血，开展“慈善一日捐，温暖千万家”等活动；慰问离退休职工和生病住院的职工；调解职工邻里之间矛盾，做好女职工工作，积极抓好计划生育工作；组织职工参加南京市高新开发区的越野长跑，举行了乒乓球、羽毛球比赛等。

主要事件

1月17日，《电力系统自动化》杂志以技术类期刊综合评分第1名的成绩荣获第二届国家期刊奖，成为全国电力系统和江苏省惟一获此奖励的期刊。

1月26日，院副总工程师刘国定在中国人民政治协商会议江苏省第八届委员会第23次常务会议上当选为中国人民政治协商会议第九届委员会委员。

1月，中国工程院院士、院总工程师薛禹胜在广东省第十届人民代表大会第一次会议上，由中央提名，当选为第十届全国人民代表大会代表。

1月，中国工程院院士、副院长沈国荣在中国人民政治协商会议第九届全国委员会常务委员会第20次会议上，当选为中国人民政治协商会议第十届全国委员会委员。

2月17日，中国工程院院士、副院长沈国荣将南京高新区颁发给他的纳税先进单位领导者奖金一万元捐献给院幼儿园，用于发展学前教育事业。

5月12日，自动控制研究所工程三部被国家电网公司、共青团中央命名为“2002年度全国青年文明号”。

6月30日，集团公司“南瑞”商标获“南京市著名商标”认定。

7月9日，集团公司获国家保密局颁发的《涉及国家秘密的计算机信息系统集成资质证书》。

8月29日，在北京举行的“2003年中国软件产业最大规模前100家企业”颁奖典礼上，集团公司、继保电气有限公司、国电南瑞科技股份有限公司分别以独立法人进入百强，排序分别为第29位、第34位和第48位。

8月29日，在北京举行的首届“中国技术市场协会金桥奖”颁奖典礼上，院/集团公司荣获首届“中国技术市场协会金桥奖”集体奖，院长/集团公司总经理卜凡强荣获个人奖。

10月16日，由集团公司作为主发起人，以电网控制分公司、系统控制分公司和工业控制分公司的资产经过重组，联合其他七家战略投资者共同发起设立的国电南瑞科技股份有限公司4000万A股在上海证券交易所上市。

11月11日，南瑞电磁兼容实验室与美国易科国际认证公司成立联合实验室。

11月18日，在上海举行的“第四届中国电气工业100强”新闻发布会上，集团公司、南瑞继保电气有限公司分别以独立法人入榜。

12月3日，集团公司接到联合国采购司正式通知，成为中国大陆地区惟一被列入联合国采购司采购名单的电力自动化供应商。

12月19日，院第六次获江苏省文明单位称号。

12月21日，院电力系统自动化设备检测实验室、电力工业电力系统自动化设备质量检验测试中心、电力工业通信设备质量检验测试中心和国家电网公司自动化设备电磁兼容实验室通过中国实验室国家认可委员会和计量认证电力评审组二合一17025转版、扩项和监督检查现场评审。

（曹成林）

国电电力建设研究所

基本情况

总体指导思想：努力实践“三个代表”，坚持以经济效益为中心、以改革发展为主线、以科技创新为动力，加大科研开发力度，抓紧经济建设，开拓市场，改善生产试验条件，推进规范化工作进程，建立有效的管理机制，推动双文明建设，使经济总量得到发展、经济效益进一步提高、综合实力和参与市场竞争能力得到加强，为谋求更大的发展奠定坚实的基础。

资产：财政部和原国家电力公司为该所核准的注册资本金为 6065 万元。2003 年（国电公司国电财［2003］80 号文）对该所注资 200 万元，实际注册资本金为 6265 万元。

人员：在职职工 402 人，离退休职工 242 人。在职职工专业技术人员 288 人，其中教授级高工 9 人，高级工程师 97 人，工程师 95 人。在职职工中博士后 3 人，博士 6 人，硕士 63 人，本科学历 116 人，专科学历 67 人。办理退休人员 3 人。

所领导班子变化：国家电网公司于 2003 年 9 月 11 日国家电网任［2003］91 号文决定阎茂任国电电力建设研究所副所长；免去李一凡的国电电力建设研究所所长职务。2003 年 9 月 11 日国家电网党任［2003］61 号文决定阎茂任中共电力建设研究所委员会委员。2003 年 4 月 21 日国家电网党任［2003］40 号文决定周雄同志任中共电力建设研究所委员会委员；免去刘金柱同志的中共电力建设研究所副书记职务。2003 年 4 月 21 日国家电网任［2003］49 号文决定刘金柱、周雄任电力建设研究所副所长；杨建平任电力建设研究所总工程师；免去尤传永的电力建设研究所总工程师职务。2003 年 9 月 26 日国家电网公司人事董事部主任张文亮来所宣布由梁兵副所长主持工作。2003 年上半年王日文副所长调离电力建设研究所。

机构：职能部门 5 个：总经理工作部、政工部、人力资源部、财务部和经营管理部；专业研究室（中心）7 个：科研开发中心、电网技术中心、焊接室、标准室、施工机械室、质量监测中心、信息出版中心。《电力建设》编辑部挂靠在该所信息出版中心。

所办企业 3 个：北京富通科技发展有限责任公司、工程部、劳动服务公司。

机构调整：根据国网公司人资组［2003］22 号《关于同意注销北京科建电力工程技术开发总公司的批复》，该所撤销了“北京科建电力工程技术开发总公司”。撤销了由国电电力建设研究所投资主办的“北京富通科技发展公司”、“北京柯力动力化学防腐技术开发公司”，以上撤销公司未完成的业务由国电电力建设研究所控股公司“北京国电富通科技发展有限责任公司”完成。

经济目标：2003 年完成新签合同额 2.25 亿元，完成产值 1.71 亿元销售收入 1.27 亿元，利润 512 万元，所本部资产负债率 46%，合并资产负债率 53.7%。投资收益率 25%，资本收益率 8.17%。职工个人平均收入增长。

科研、技术开发

2003 年该所科研工作主要进行了科研项目的申报、项目计划执行、实验室重点建设和学组建设等。科研、试验能力得到了很大的提高。全年新签合同 1202 万元、到款 2862.5 万元。

科研项目：2003 年，在研国家电网公司和所内科研项目共 22 项，其中新立项 6 项，通过所内验收 5 项。制、修订行业标准共 9 项。申报制、修订行业标准 4 项。申报了国家发改委的技改项目和技术攻关项目——《750kV 输电线路大型杆塔试验站技术改造》。申报的科技部国家“十五”科技攻关项目——《750kV 输电线路杆塔、扩径导线及金具的研制》项目，已通过可行性论证工作。申报的《输变电工程地基基础试验能力和测试方法研究》、《输电线路杆塔结构强度分析与试验的研究》、《电网检测技术的研究与开发》等项目已经国家电网公司批准立项。

2003 年，评出所级科技成果进步奖 4 项。其中应用性成果一等奖 2 项，二等奖 1 项，三等奖 1 项（详见表 1）。

表 1　2003 年度国电电力建设研究所科技进步奖明细表

序号	项目课题名称	获奖类别及等级	完成单位	主要获奖人员
1	复合光纤架空线路（OPGW）全介质自承式（ADSS）力学性能试验条件和试验方法的研究	应用性成果一等奖	电建所电网中心	董玉明、王旭锋、辛鹏等
2	高强钢在 750kV 输电线路上的应用	应用性成果一等奖	电建所电网中心	张东英、龙磊、耿景都
3	750kV 新型钢管塔的研究	应用性成果二等奖	电建所电网中心	李振福、陈海波、邢海军
4	多分裂间隔棒及挂线金具开发研究	应用性成果三等奖	电建所电网中心	侯继勇、樊宝珍、董玉明

2003年，获国家电网公司科技进步奖2项（详见表2），一等奖1项，三等奖1项。

表2　2003年度获国家电网公司科技进步奖明细表

序号	项目课题名称	获奖类别及等级	完成单位	主要获奖人员
1	电站燃煤锅炉干式排渣系统及关键设备的研究	国家电网公司科技进步一等奖	电建所富通公司	刘振强、马宗庆、冯晓红、张彤、王玉玮、张晶、钱力庚、闫振宇、娜日莎、钱春来、裴志伟、于长海、李伟
2	提高导线发热允许温度的试验研究	国家电网公司科技进步三等奖	电建所电网中心	刘长青、刘胜春、陈永、郭文坚、王景朝、张宝华、孙丽焕

2003年，获中国电力科技进步奖2项（详见表3），二等奖1项，一等奖1项（第三完成单位）。

表3　2003年度中国电力科技进步奖明细表

序号	项目课题名称	获奖类别及等级	完成单位	主要获奖人员
1	电站燃煤锅炉干式排渣系统及关键设备的研究	中国电力科技进步二等奖	富通公司	刘振强、马宗庆、冯晓红、张彤、王玉玮、张晶、钱力庚、闫振宇、娜日莎、钱春来、裴志伟、于长海、李伟
2	火力发电机组高温部件寿命管理技术研究	中国电力科技进步一等奖（第三完成单位）	焊接室	周佐萍、郭军

2003年12月召开第三届科技论文发布会，共发19篇，就该所的各科研领域的纵深发展进行深入探讨，引领了该所的科研发展方向。

实验室建设：2003年该所实验室重点建设项目有3项：高电压等级杆塔试验站建设、复合光缆实验室、岩土实验室后期建设。该所投入了足够的人力、物力和财力，确保了实验室重点建设项目的顺利进行。同时还完成了杆塔试验站的技术完善和导线力学性能实验室完善项目。

复合光缆实验室重点建设项目任务已经完成，于2003年正式投入运行。2003年7月19通过国家电网公司验收。该项目针对电力行业的特点提出OPGW和ADSS的试验（检测）的相关技术条件，建成了具有对OPGW和ADSS进行机械性能和环境试验及检测能力的六个实验室：振动性能实验室、拉力性能实验室、机械性能实验室、蠕变性能实验室、过滑轮性能实验室和环境性能实验室。完成了大载荷、多功能机械设备与激振设备的研制；机械性能实验室设备及控制测试系统研制；1000kN液压伺服控制拉力性能试验系统的研制；多通道、大容量振动测试及分析系统的研制；高稳定性能光学测试系统的研制；光缆过滑轮性能实验系统的研制。进行了OPGW、ADSS及配套金具的振动、蠕变、拉伸、机械、过滑轮、环境性能和光学测试试验条件和试验方法的研究。复合光缆实验室重点建设项目的完成，为我国电力系统通信的基础应用研究创造了技术条件，并提供了强有力的技术支持和保障，为OPGW及ADSS的发展应用逐步趋于标准化和规范化奠定了坚实的基础。本项目填补了我国电力系统OPGW、ADSS及其配套金具力学性能、光学性能检测和试验研究的空白，其综合试验能力达到了国际先进水平。该所复合光缆实验室已经成为电力系统光缆入网检测指定检测单位。

岩土实验室项目基本完成，初步具备了室内土工试验、室内基础试验和部分现场原位试验的能力，并已完成了新疆冻土项目和青藏铁路供电工程的冻土试验等研究项目。

高电压等级杆塔试验站建设工程是该所根据原国电公司提出的西电东送、南北互供、全国联网的电网总体建设目标而确定建设的科研条件建设的重点项目，也是该所有史以来承担的投资最多、工程量最大、工程设计最复杂、设备采购量最大的基建项目。项目占地28000m^2，工程直接造价约5535万元。项目主要包括：①土方工程16000m^3，混凝土浇筑量14500m^3，基础预埋件约700t。建筑物总建筑面积约2000m^2。②设备安装工程，本项目设备安装工程包括液压加荷设备安装和两个加荷塔安装。两个加荷塔钢材总量约1000t，其中横向加荷塔塔高104m，塔宽15m，设有11层横梁；纵向加荷塔塔高104m，塔宽50m，设有7层横梁。两个加荷塔，按照单点可承受20t荷载设计。可满足750kV线路铁塔乃至更高电压等级线路铁塔的真型试验的需要。安装加荷用液压缸96台及相应的液压泵站，同时预留22个缸位。液压泵站具备就地操控条件和通过PLC方式的远程操控条件。③测量、控制及数据传输系统工程：测量、控制系统中采用目前国际上比较先进的VXI现场总线系统，共安排256个测量控制通道，可将在试验过程中产生的各种信号（包括载荷控制、应力应变数据等）实时传输入集中控制室，实现数据集中采集和控制。可通过集中控制室的计算机服务器与就地显示屏、互联网相连接进而实现试验数据、图像的在线观测、远程传输功能和在线国际交流条件。④辅助工程。辅助工程中安排630kVA箱式变电站一座及配套动力电缆2000余m、被试验铁塔组装用600t米塔吊一台、卷扬机六台、试验用组合钢梁以及相关配套的螺栓、钢丝绳、滑轮等机具200余t。

实验室认可、计量认证：该所于2003年5月申请将杆塔试验站、导线试验室、复合光缆实验室、金属材料实验室和非金属材料实验室进行实验室认可监督评审、扩项评审和计量认证。5个实验室申报的实验、检测项目于2003年10月28日通过了中国实验室国家认可委员的监督评审、扩项认可（CNAL）和计量认证（CMA）评审，于2003年11月获得了改版后的认可证书，2003年12月获得了计量认证证书。中国实验室国家认可委员会实认委（秘业）[2003] 061号批准该所的四个电力工业检测中心（电力工业电力工程材料部件质量检验测试中心、电力工业电力及通信混凝土电杆质量检验测试中心、电力工业保温耐火工程质量检测中心、电力工业北京锅炉压力容器检验中心）出具的检测报告可使用CNAL标志章。2003年7月国家电网公司国家电网科[2003] 236号文，命名该所输电线路导线力学性能实验室、输电线路杆塔试验站为国家电网公司第一批重点实验室。

国家质量监督检验检疫总局质检函［2003］58号公布该所国电公司施工机械检测中心为特种设备型式试验机构之一。授权范围为输变电施工用抱杆、电站塔式起重机、轮胎起重机、履带起重机、曲线施工升降机、电站提滑模装置、锅炉炉膛检修平台、钢索式液压提升装置八项。

2003年该所国电富通公司的质量体系符合GB/T 19001—2000IDT ISO9001：2000质量标准，通过了质量认证北京中电联认证中心有限责任公司的认证，取得了认证证书。

实验室重点工程建设使该所的试验条件有了较大改善，提高了该所实验、检测能力，扩大了业务范围。五个实验室通过相应认可等，为该所今后的发展奠定了扎实的基础。

生产、经营与服务

全所开展了2003～2005年发展规划和2010年发展规划的制订工作，继续开展建章、建制，努力将该所纳入法制化、规范化的管理轨道。制订了《国电电力建设研究所内部审计工作的规定》、《国电电力建设研究所临时性用工管理办法》、《国电电力建设研究所全面预算管理制度》等7项规章制度，加强了预算的控制和合同管理，对项目合同的执行情况进行监督检查。开展并完成了全所固定资产的清理核查工作，对加强该所固定资产的规范化管理、提高固定资产的利用率、防止国有资产的流失起到了积极的作用；加大内部审计力度，推进内审体系建设。关键设备实行市场询价、集中采购和招标采购的方法，进行9次招标会，保证了项目资金在可控状态下运行。对重点建设项目积极组织协调，共召开了36次建设协调会，确保建设项目按照计划顺利实施。在生产中，坚持勤俭办企业，挖掘内部潜力，压缩非生产性开支，有效降低各项运行成本。积极调整营销策略，拓展资金筹措渠道，缓解了该所上规模、上项目的资金压力。按季度进行全所性经营情况总结分析，坚持并完善三项责任制考核，各项指标层层分解、落实和检查。在加强科研、生产等经营管理的同时，以质量管理体系为平台，规范各项工作，不断提高管理水平，完善了质量体系文件，完成了实验室认可工作。根据该所在电力行业火电工程和输变电工程中开展过监理、监造、检测等多种形式的工程质量工作，积极组织设备监理单位资格证书申报，为该所在开展工程质量技术监督领域的工作具备资格做好准备。

杆塔试验方面：全年完成铁塔试验27基，钢管杆试验6基，离心钢管混凝土电杆3基，330kV和500kV变电架构各1基。国外项目：菲律宾138kV DA双回路0°～2°、DB双回路0°～5°直线塔、DD双回路0°～30°转角塔、230kVDCSPQ2钢管杆；埃塞俄比亚132kV双回路T、S塔和单回路D塔；尼日利亚132kV双回路DD2塔、DD40（0°～40°）、DD90（0°～90°）、转角塔及单回路SS2塔、SS40（0°～40°）、单回路SS90（0°～90°）转角塔；孟加拉吉大港132kV 2S双回路直线塔和2SPA45双回路转角钢管杆；越南220kV双回路2DD6＋6、2NS＋25塔。国内主要项目20项，主要有：三峡—广东±500kV单回路JB2型转角塔；贵广±500kVZ（G）12直线塔、直流送电线路工程试验塔GV2真型塔；嘉—王500kV ZMV2A单回路三相V串直线塔、ZMJV1A单回路三相L串20°直线转角塔；杭州东—兰亭500kV SZT5双回路直线塔、SJT8双回路转角塔；惠州换流站至横沥500kV单回路酒杯型ZB471直线塔、JT372转角塔；扬东—斗山500kV双回路SZT1直线钢管塔、SJT2（30°～65°）转角钢管塔、杨行—杨高500kV双回路SZG型钢管杆；宁波—温州500kV ZMS2B直线塔；田湾—盐城500kV单回路ZMV24猫头直线塔等。

导线金具方面：新签合同642.6万元，完成产值655万元。共完成7项大跨越防振的试验研究工作。具体是：220kV三西甲线松花江大跨越导线防振试验研究；500kV吴淞口及荆孝线汉江大跨越四分裂导线、地线的防振试验研究；500kV荆益线李埠长江大跨越双分裂导线、地线的防振试验研究；±500kV葛上线吉阳长江大跨越地线防振试验研究；500kV三万

Ⅱ回巴东长江大跨越四分裂导线防振试验研究；500kV江阴长江大跨越防振、防舞和次档距优化布置研究（项目为较高难度的防振工程）。

完成了“三峡送出500kV龙斗、斗双、斗白线防舞设计研究”、“500kV汉江大跨越防舞设计研究”、“河南电网220kV输电线路防舞设计”舞动研究与治理项目；完成了6项大跨越现场测振工作、16项导线疲劳试验、14项导线蠕变试验、14项间隔棒疲劳试验和11项防振锤功率特性及疲劳试验；完成12项工程、14个电缆生产厂家共29180.6万t导线监造工作。

光缆试验方面：完成了2项熔接工程、4项大跨越防振试验研究、4项农网改造工程等的质检工作和国内外10多个生产厂家的光缆及金具试验。主要包括：500kV龙溪东江大跨越工程的导线和OPGW防振试验研究；500kV富湾西江大跨越工程双分裂导线和OPGW防振试验研究；达包500kV送电线路黄河大跨越工程的四分裂导线、OPGW防振试验研究；220kV潭江大跨越工程双分裂导、地线和OPGW防振试验研究；江苏农网三期ADSS微风振动防振试验研究；京沪线光缆工程；北京供电局工程质检委托的试验等。

岩土试验方面：岩土实验室在建设按计划进行的同时，积极参加科研和学术交流工作。完成产值100万元。对小桩课题成果的推广应用进行调研；签订了“新疆精吉220kV输电线路多年冻土地区地基基础试验和优化设计”的技术服务协议（合同额168万元）；与河北电力设计院配合，完成斜桩基础的工程科研可行性报告；完成了盘南电厂的边坡支护设计；与江苏电力设计院合作，进行了扬巴线路顶管设计。全年共完成8个各类动力基础的隔振产品的供货与技术服务工作。

金属焊接方面：明弧耐磨焊丝开发取得较大进展，已进入小批量生产；P91钢焊条的改进型也进入了中试阶段，其性能指标基本达到设计要求。完成了《焊接工艺评定技术规程》和《火力发电厂焊接技术规程》的报批工作，组织完成了《磨煤机耐磨件堆焊技术导则》和《汽轮机叶片补焊技术导则》的送审稿。以电站焊接专业委员会的名义协助中电联完成了第十届全国电力行业焊工技能竞赛工作。

施工机械方面：承接液压提升项目10项，其中9项已完成，主要有：山东电建一公司GYT－100D型液压提升装置吊装架的设计；黑龙江电建三公司GYT－100D型液压提升装置全套设备加工、调试及验收、技术培训；完成深圳宝昌电厂燃气锅炉模块的吊装；河北电建一公司GYT－200型液压提升装置全套设备的调试、验收、现场技术培训及工程服务（河北定州电厂定子、河南永城定子及汽包吊装）；广东火电公司GYT－200型提升装置的技术改造、加工、调试、验收及工程应用；江苏电建三公司GYT－200型检修、调试、验收，谏壁电厂定子及汽包的吊装；三峡液压提升装置设备的检修和提升装置在三峡缆索式起重机拆除中的工程应用。另外1项液压提升项目，已完成GYT－100E型同步控制系统硬件加工和手动调试。完成输变电机具项目5项：一台SZZ20型液压张力机的生产及试验；钢索润滑装置的设计、生产及调试、验收；750kV的关于施工方面的搜资及调研；钢索、钢丝绳的润滑及清洗调研及搜资并形成项目的可研报告；牵张机型式试验的检测设备的技术方案。完成了GYT系列液压提升装置同步及加载系统的立项。进行GYT－200穿心式、GYT125、GYT50、GYT15型千斤顶的系列化研制和开发，部分型号已经投入试生产。

管道管件方面：该所高温高压管件产品依据在行业的品牌效应继续保持优势，占据了600MW机组高压管件市场。开展了600MW超临界机组高压管件的研制，已完成工艺研究和强度分析工作；完成了P91斜Y坡口试验及P91管对接中探试验；完成了热压三通压制拉拔新工艺的技术改进，提高了支管高度，减少了补焊工作量，降低了生产成本；开展了对薄壁热压弯头压制新工艺的探讨。全年共完成定州、台山、嘉兴一期、石嘴山、托克托二期、唐山工程一、二期、合山工程一、二期、黄石、广安以及西气东输等15个工程的弯管、管道生产；承接了河曲、大同、上锅、登封、太仓、韩城、纳雍、连城、嘉兴二期等工程项目的加工生产。全年共完成产值5483.34万元、实现增加值1877.66万元。

除灰、除渣方面：干除灰和干排渣系统以其所具有的节能、节水、远距离输送等方面的高端技术优势，在大机组基建项目和老电厂技改项目中被越来越多的采用，把干除灰技术重点放在长距离输送领域，行业知名度不断提高。完成北京石景山电厂干排渣系统的3、4号炉单元制改造及石景山电厂2号干排渣系统设备的供货。承担天津大港电厂干排渣项目。承担了山东潍坊电厂、天津陡河电厂、江苏徐州电厂、山西大同平旺电厂、河南永城电厂、山东聊城电厂、云南宣威电厂、河北微水电厂、重庆白鹤电厂、河北正定电厂、湖南益阳电厂、甘肃连城电厂、江苏谏壁电厂、徐州等电厂的双套管气力除灰项目。

水处理专业方面：完成了富拉尔基生活污水回用、唐山发电厂1×300MW废水处理、侯马污水回用、双辽电厂生产及生活污水回用工程；完成福建、河北酸车调试及设备改进；完成了山西平旺污水处理、东莞天明工业废水处理、蒲城、日照（莒南）城市污水、广东新惠双水发电厂循环水管道防腐、托电加药等16个工程项目的设计、安装施工；完成了保定循环水处理工程的设计。

质量检测方面：2003年，该所作为行业的质量监督机构，各质量监督、检测中心承担了各类质监、质检任务。质量监督管理中心完成华能德州、辛店、白杨河、济宁、沁北、榆社、淮阴、平凉、北京、上海石洞口二厂等工程质量监督检查31次，完成监督检查报告31份；参加工程项目评标工作10余次；完成华能各在建工程的技术咨询工作。混凝土电杆质量检测中心为北京送变电公司线路器材厂、河北华电保定电力电杆厂等14家电杆生产企业的30个电杆样品进行了检测；对北京供电局两网改造电杆产品质量进行了入围检测，并对该工程提供了技术支持；完成了两起质量仲裁检验；参加了国家电网公司和国家技术监督局组织的检测机构研讨会和培训班。电力工程材料部件质量检测中心承接导地线、电力金具常规检测254组；完成了3个项目的金具热循环试验、31个项目的载流温升和线膨胀系数试验、11个项目的间隔棒机械性能试验、9项应力应变及扭力矩试验以及其他导地线、电力金具机电性能试验。施工机械质量检测中心完成输变电施工用抱杆、电站塔式起重机、轮胎起重机、履带起重机、曲线施工升降机、电站提滑模装置、锅炉炉膛检修平台、钢索式液压提升装置、牵张机9项型式试验规程及细则的编写；起草了检测中心更名后的策划方案；完成扬州、保定等厂家的机具的检测工作。保温耐火工程质量检测中心完成了北京、河北、山西、山东、浙江、甘肃等火电公司、电建公司和材料生产厂（共340个客户）的保温、耐火、耐磨、耐酸等材料质量检测工作。

电气标准方面：开展了《电气质量验评标准》的宣贯培训，共计三百余人；完成了《750kV架空电力线路铁塔组立施工工艺导则（试行）》、《750kV架空电力线路张力架线施工工艺导则（试行）》编制；完成《750kV架空电力线路施工及验收暂行规定》送审稿；完成了电力行业电气施工及调试标准化委员会筹备工作。

管理工作

合同管理：全年新签合同2.1亿元（计划1.8亿元）；产值1.65亿元（计划1.6亿元）；销售收入1.13亿元（计划1.25亿元）；利润510万元（计划490万元）；所本部资产负债率46%（计划46%），合并资产负债率58%（计划58%）；投资收益率25%（计划25%）；资本收益率8.14%（计划7.8%）。加强了对合同签订的审核，对新签合同、到款、应收款情况及时在网上公布。督促各单位做好应收账款的催收工作。对工程和设备安装，严格控制项目资金的使用，对项目的计划执行情况进行认真监督检查。

质量管理：2003年，该所按国家认可委的要求，组织综合管理部和五个检测部主任及相关技术人员，对该所质量体系文件进行了改版，完成了扩充项目作业指导书（共计102份）的编写；组织各实验室全体人员进行了新体系文件的学习和专业技术培训、考核，共计178人·次；编制了5个企业标准和质量体系文件的整理。该所五个检测部（7大类40项39个参数项）顺利通过了中国实验室国家认可委员会的现场监督评审、扩项认可CNAL（No. L0699）和计量认证CMA（No. K2265）评审。该所输电线路导线力学性能实验室、输电线路杆塔试验站申报重点实验室，被国家电网公司批准为第一批重点实验室。富通公司通过了ISO9000质量体系认证。该所国电公司施工机械检测中心为特种设备型式试验机构之一，为具有国家建设部颁发证书人员办理了资质年检。

招标管理：该所关键设备、生产材料坚持采用市场询价、集中采购和招标采购的方法，进行9次招标会，使成本得到有效控制，在市场竞争中具有了一定的优势。

资产管理：2003年，成立了清产核资小组，对全所设备资产进行了认真清查，并修改了《设备管理办法》；完成了该所进口设备海关减免税手续；加强了购置设备进行资产登记的管理；进行了产权结构分析，为即将注销的公司进行了资产清理。

财务管理：2003年，该所加强了财务管理，制定了《全面预算管理办法》和《电建所全面预算管理办法实施细则》；根据各一线单位产值、销售收入、利润、固定成本等指标编写季度财务运行分析报告，并提交经营会研究；加强成本考核和控制，制定了项目成本核算工作程序，对所投资的下属公司按电网公司要求编制投资回报的预算，发挥财务杠杆作用，加大对所亏损单位的资产经营考核力度，使经营状况处于良好的情况。该所2003年被国家电网公司纳入企业预算编制之列。

人才管理：严格执行干部考核制度，强化一线管理干部队伍，加强人员培训。43人参加了MBA课程班学习；参加了国电公司主办的青年干部培训、MBA培训和国电公司党校培训的各1人；参加高级秘书人员培训班1人；参加了国家认可的工程检测资质培训15人；完成了全所的会计人员、统计人员业务培训。

劳动工资管理：按照产值、折旧、利润三项指标对一线单位进行考核，工资与考核结果挂钩。严格控制该所人工费开支规模。按照国办发93号文件规定为转制前的230多离退休人员及时补充发放了离退休费。

社会保障管理：2003年，该所人员保障管理全面纳入社会保险系统，为全体员工办理了“四险一金”，解决了职工的后顾之忧；与劳动部门和地方保险公司进行积极沟通，为员工医药费报销提供方便。

劳动合同管理：2003年，该所针对签订的全员劳动合同出现的新情况，应用《劳动法》对违反劳动合同人员解除了劳动关系，对合同到期者办理了续签合同，维护了企业、劳动者双边利益。

信息管理：该所OA系统（新版本）从2003年4月开始建设，经过安装、调试、试运行、系统修改及完善与国家电网公司OA系统联网等阶段，运行状态良好，OA系统的运行，提高了该所的管理水平和办公效率。

外事：2003年，该所加强了国际交流工作。前往加拿大进行冰川冻土考察3人；参加了越南、印度、马来西亚科技访问和印度国际会议（2003年度国际粉体技术学术研讨暨展览会）及第二期大型电力企业领导干部工商管理培训班赴澳大利亚考察各1人，对及时了解国际学术动态、扩大学术交流起到了积极的推动作用。

精神文明建设

思想政治工作方面：该所思想政治保障工作进一步落实，队伍基本稳定。2003年紧密结合全所改革与发展的主题，积极发挥各级党组织的政治核心作用和党员的先锋模范作用，为该所的改革、发展与稳定工作提供精神动力、智力支持和思想保证；认真组织、布置中心理论组和全所各行政单位的政治学习。把思想教育与法制教育、解决实际问题紧密结合，缓解了个别突出的矛盾和问题。

一年来，该所继续深入地开展反“法轮功”等邪教组织的斗争，完成了查找“法轮功”失控人员的任务，制定了《国电电力建设研究所2003～2005年精神文明建设规划》，使精神文明建设进一步规范化、制度化。在开展双文明建设活动中，经过年终考核评选，政工部、质检中心和信息出版中心等三个单位被评为2003年度双文明先进单位。

普法教育：为增强全体职工的法制观念，在所报上开辟了《法制园地》、《学法知法懂法》等专栏，组织员工学习《工会法》、《劳动法》、《社会保障制度》等法律法规，加强了职工自我保护意识，维护了职工的合法权益。

工会工作：所工会认真履行“四项基本职能”，加强和完善了职工代表大会制度，坚持通过职代会审议所工作报告、财务工作报告及经营工作报告。

在防治“非典”工作中，所工会积极为员工购买了防治药品，对义务维护家属院的防“非典”的志愿人员进行了慰问，全所防控“非典”的取得胜利。

党风廉政建设：该所结合对各单位的双文明考核，每半年组织各单位职工对该单位领导班子落实党风廉政建设责任制的情况进行一次测评，对测评结果及时进行公布。按照国家电网公司国网党［2003］63号文件要求进行了所内自查，并将自查报告上报了国家电网公司纪检组、监察局。2003年12月22日，国家电网公司党组考核组对该所执行党风廉政建设责任制的情况进行了抽查。

公司领导

副所长：梁兵（主持工作）
党委书记：薄树明
副所长：尤传永　刘金柱　周雄　阎茂
总工程师：杨建平

组织机构

管理职能处室：所办公室（总经理工作部）
人事教育处（人力资源部）
经营管理处（经营管理部）
政治工作部（政治工作部）
财务处（财务部）

专业研究室：电网技术开发中心
焊接技术研究室
施工机械研究室
标准研究室
科研开发中心
科建总公司工程部
信息出版中心（《电力建设》编辑部）
质量监管中心

公司：北京国电富通科技发展有限责任公司
劳动服务公司

（赵连雨）

西北电力建设集团公司

综述

2003年，西北电力建设集团公司全面围绕“贯穿一个主题，理顺三个关系，落实四项责任，实现五大突破，抓好九项重点，实现十大目标”的工作思路，狠抓在建工程，加大市场开发，实施管理创新，强化作风建设，确保企业稳定，两个文明健康协调发展，各项工作进展顺利，目标任务全面完成。

全年完成施工产值2.06亿元。完成经营额8696万元。完成劳动生产率9.7万元/（人·年）。实现利润180.91万元。全年新签订合同33份，合同金额约2.4亿元。公司施工总承包的灞桥工程，蒲城工程移交生产。安全生产实现“三无”、“两控制”、“一减少”、“一达标”。质量体系2000版、职业健康安全管理体系通过认证。公司荣获“陕西省文明单位标兵”称号。

电力建设

2003年，集团公司坚持“安全可靠、质量优良、管理高效、达标投产、争创精品、追求一流”的方针，认真贯彻执行质量、职业健康安全管理体系认证标准，各项工程安全、质量、进度处于受控状态。全年实施的各监理、调试工程进展顺利，质量优良。

灞桥热电厂改扩建工程12号机组于9月30日完成试运行，移交生产，各项技术指标创国内同类机组最好水平，实现了“创建全国供热机组示范电厂”的目标。

陕西蒲城电厂二期工程投产发电，4号机组于12月31日完成168h试运，各项技术指标达到优良标准。

陕西韩城第二发电厂工程本年累计完成1.55亿元，开工累计完成2.71亿元。1号炉炉顶大板梁全部吊装完，2号机组6个总重为444t钢煤斗全部吊装就位，筒身138～162m施工段混凝土工程完。质量、安全状况良好。

徐州华美电厂（2×55MW）、山西阳光工程作为公司首次承揽的省外施工项目，全年进度正点、质量优良、安全状况良好，受到业主较高评价。

在建监理项目15项，其中内蒙古岱海、广西北海、云南曲靖、西北750kV送变电线路等工程，均进展顺利，受到业主较高赞誉。

在建调试项目11项，其中海南南山、宁夏石嘴山、陕西蒲城、西安西郊、灞桥、山西大同等8个项目完成了投产发电任务，调试质量均有所提高，受到业主认可。

企业管理

1. 安全

2003年，集团公司按照“以人为本、预防为主、技术创新、管理创优”的方针，以整合职业健康安全与环境体系标准为契机，积极开展安全管理上台阶活动，分层落实安全责任，加大管理力度，提高技术创新能力，拓展管理服务范围，实现了五个方面的有效突破。①公司施工总承包的灞桥、蒲城工程实现了陕西电力基建工程零死亡目标，获得“省级文明工地”称号；②公司继续保持无安全考核事故记录；③职业健康安全与环境体系顺利实现整合，通过第一阶段的认证审核；④开发完成的电力建设安全文明施工三维软件、编制的火电工程安全文明施工管理实施细则以及电力建设安全文明施工考核标准等，在省内外电力建设工程中得到广泛应用，受到各方的认同，提升了公司安全管理水平；⑤积极拓展安全咨询业务，实现安全管理的延伸，全年签订安全咨询合同2份，合同额70万元。

2. 市场开发

2003年是国内电建市场复苏的起步年，公司紧紧抓住这一大好时机，以“统一指挥、分层开发、重点跟踪、广泛合作”为原则，进一步规范市场开发管理程序，调动全员开发的积极性。全年共跟踪项目55项，新签合同33份，总额约2.4亿元，超额完成了年初制定的市场开发任务。以监理和施工总承包为突破口，承揽了内蒙古岱海（2×600MW）电厂工程监理、徐州华美（2×55MW）电厂施工总承包、西北750kV输变电工程监理以及石嘴山（2×300MW）电厂工程调试等项目，形成监理大发展、承包有突破、调试稳市场的局面，为公司后续生存与发展奠定了基础。

同时，为了提高施工承包投标的工作效率和成功率，初步建立了火电2.5～30万kW发电机组工程以及送变电10～330kV输变电线路工程项目数据库。

3. 人力资源管理

集团公司人力资源管理工作按照科学化、规范化、程序化要求，重点加强干部管理和用人制度的改革。全年共调整任免干部51人·次，对公司原10个职能部门进行了优化整合，对18名提任干部和14名技术专家候选人进行了任前公示以及聘任。完成本年度24名中、高级专业技术人员职称和2名技师材料的初审和上报工作。先后从职能部门、后勤单位抽调11名骨干充实到工程一线，逐步营造了引进人才、造就人才的培养环境。

完善职工培训管理办法，坚持内外培训相结合，全年举办各类培训班11期，进行各类岗位资格培训433人·次。对新进人员进行入司教育，并及时推荐优秀青年干部和技术骨干参加上级培训。经过培训，73人·次取得了监理、质量、造价工程师等资格证书，干部职工素质进一步提高。

4. 经营管理

在内部经营管理上逐步推行以上缴利润为考核指标的经济责任制，全面完成预算的各项经济指标，通过强化内部管理，堵塞管理漏洞，挖掘节支潜力，机关管理费用及物业费用有所降低，总体实现人均节支3000元、总体节支150万元的目标。

强化基础管理，对管理制度、固定资产、房源情况进行了清理、盘点，共清理出现行有效管理制度93份，在用固定资产541项，在控单元房1184套和简易房102套。

5. 技术创新

以“谁开发，谁受益”的原则激励经营单位科技开发。公司局域网建立“防火墙”，有效抵御外界的恶意攻击，保证了局域网的长期稳定运行。公司网站NWPCG.CN以新的面貌对内、外展示公司形象。公司何怀兴总经理作为主要负责人完成的《300MW以上机组SA335P9与112Cr1MW异种钢焊接性能试验研究》获得陕西省电力公司科技进步一等奖；公司职工编写的《循环流化床锅炉的启动调试与安全运行》一书获得陕西省电力公司科技进步二等奖；《安全文明施工三维展示系统》获得电力公司科技进步三等奖。公司职工在各类技术刊物发表技术文章20篇。

企业稳定

通过各种形式来关心、关注职工的生命和健康，有效地维护了企业的稳定和职工队伍的稳定。针对突如其来的“非典”，及时制定了应对措施并进行预防知识和自我保护方法的宣传。在此期间集团公司范围内未发生一起病案，预防工作取得了阶段性的胜利。在夏季、冬季对一线职工进行了慰问，送去了清凉，送去了温暖。建立了相对困难职工的档案，对33位困难户进行了困难补助，发放困难补助金2380元，对5位劳模进行了慰问，对7位长期病号进行了慰问和看望。关心离退休职工生活，优化了老干部活动室环境。积极开展向灾区献爱心活动，组织干部职工向渭南灾区捐款共17075元，捐衣680余件。

多种经营

多经经营为尽快脱离对业主的依附，实现由“福利型”、“安置型”向“经营型”的转变，加快向集团化、规模化发展的步伐，在认真总结前五年工作的基础上，制定集团公司多种产业第二个五年发展规划。星源公司重视制度建设，重点修订了系列管理制度。多种经营全年完成经营额4358万元。

精神文明建设

公司始终坚持“两手抓、两手都要硬”的方针，扎实推进精神文明建设工作。在公司生产经营工作目标全面完成的同时，晋升为“陕西文明单位标兵”，使公司两个文有建设再上台阶。

党建工作进一步规范化、程序化，对外宣传力度进一步加大，全年先后在省、部级报刊上发表稿件108篇幅，实现了公司宣传报道的突破。以“三个代表”重要思想、十六大和十六届三中全会精神为主要内容，狠抓了领导班子、中层干部、职工群众三个层面的学习。重视组织发展工作，新发展党员9名。认真组织开展民主评议党员和“一先两优”活动。共评出3个先进党支部，8名优秀党员标兵，31名优秀党员，4名优秀党务工作者，在“七一”前夕进行了表彰奖励。

党风廉政建设和反腐败工作不断加强。年初，公司党委与17个单位、部门签订党风廉政建设责任书，并制订《工作目标管理责任一览表》及《党风廉政建设责任区实施细则》，明确了各级党风廉政建设责任。强化干部廉政勤政教育、监督和管理，对新提拔和调整的中层干部22人进行任前考察，并在年终干部考评的基础上评选了5名“勤廉兼优”先进个人。积极开展执法和效能监察工作，效能监察立项3个，安排审计7个，对3个招、投标项目进行了纪检监察、审计全过程参与和监督，涉及资金1000余万元，节约费用50余万元。

强化公司青年文明号管理，调试所“青年文明号”通过共青团中央、国家电网公司审核，已被重新命名挂牌。灞桥建设公司被共青团省委和陕西电业团委联合命名为“省级青年文明号”。灞桥、蒲城工程青年突击队先后被评为陕西电力系统“青工百日安全生产竞赛”优秀青年突击队。

小区环境不断优化。新增绿地3000m^2，并被新城区评为绿化工作先进单位。对11栋家属楼453户进行IC卡智能电表改造工作。对职工阅览室进行了改造，更换新图书1700余册。改造幼儿园为职工公寓，为一线单身职工提供了良好的居住条件。组织开展了“祖国在我心中”歌咏比赛、运动会等多种文体活动。文明创建工作富有成效，荣获“陕西省文明单位标兵”称号。

主要事件

1月23日，陕西省建设厅授予由集团公司施工总承包的灞桥热电厂（2×100MW）改扩建工程、蒲城发电厂2期（2×300MW）工程工地为“省级文明工地”称号。

3月4日，集团公司所属多经总公司（星源公司）在省公司多种产业工作会上，获得2002年度省电力公司多种产业“先进集体”荣誉称号。这是该公司连续第五次获此殊荣。

4月29日，陕西省电力公司党组对公司领导班子进行了调整，原总经理何德兆调往国电西北公司，原党委书记兼副总经理朱明清、党委副书记兼纪委书记周良福、总经理助理张乐安任公司咨询；原副总经理何怀兴任公司总经理，原总经部主任方东风任公司党委副书记兼纪委书记。

5月，集团公司所属的监理公司签订了内蒙古岱海电厂（2×600MW）工程建设监理合同，这是该公司继签订韩城第二发电厂（2×600MW）工程建设监理合同之后，承揽的第一个省外60万kW机组的监理合同。

6月27日，集团公司召开了庆祝建党82周年暨“一先两优”表彰大会。

7月13日，由集团公司西北调试所负责调试的石嘴山电厂（2×330MW）2号机组168h满负荷试运结束。

9月，各党支部（总支）积极向灾区捐款，共计捐款17075元。

9月30日，由集团公司施工总承包的灞桥热电厂改扩建工程12号机组72+24h试运结束。

11月6日，徐州华美坑口电厂2×55MW施工总承包合同签订，合同金额1.18亿元。

11月16日，集团公司组建工程咨询公司，标志着集团公司在寻求新的经济增长点方面迈出了重要的一步。

12月28日，集团公司获得“陕西省文明单位标兵”荣誉称号，所属电建招待所获得“陕西省文明单位”荣誉称号。

12月31日，由集团公司施工总承包的蒲城发电厂二期（2×330MW）4号机组168h满负荷试运结束。

（虞　甜）

武汉高压研究所

2003年，全所广大干部职工在所领导班子和所党委的领导下，在抗击“非典”斗争的特殊困难条件下，团结一致，努力拼搏，卓有成效地完成了各项工作任务。全所科研、质检、产品产业、后勤保障及精神文明建设等各项工作均取得了积极发展和明显的成绩。

1. 全面实现了全年经济目标

在所领导班子团结一致、高度重视下，按照“稳步发展、同步增长”的总体要求，切实以发展、稳定、提高经济效益为中心，突出加强服务意识、提高管理水平，实现了全年经济任务计划目标，全所收入达到8300万元，实现利润1100万元。全面完成国家电网公司下达的科研任务，共获国家电网公司科技进步奖5项、中国电力科技进步奖3项、国家科技进步二等奖1项。

2. 加强完善制度建设，促进规范化管理

2003年，该所为促进规范化管理，制定和完善了一些新的制度：如，为坚持武汉高压研究所党委和班子集体领导制度，实现决策民主化、程序化、规范化，按照国家电网公司有关规定要求，结合该所实际，制定了《中共武高所委员会议事规则》，明确了所领导职责分工，强调了所领导班子议事规则；根据国家电网公司有关要求，为确保我所科研信息网的正常运转和所内信息发布的正规渠道畅通，制定了《科研信息网管理办法》、《所内信息发布规定》；根据《劳动法》和政府部门有关制度，结合所劳动人事方面出现的新情况，制定了《员工招聘办法》、《劳动争议调解委员会工作条例》、《职工退岗修养实施办法》、《职工子女及配偶退役安置办法》；为规范销售业务行为制定了《销售费用暂行规定》；为有效控制小型基建、车辆保险的经费使用和规范操作程序，制定了《小型基建、维修管理办法（试行）》、《机动车辆保险管理办法》；为保证安全生产和科研试验用电，制定了《用电管理办法》；为加强职工宿舍管理，合理利用单身公寓资源，制定了《生活区单身公寓楼的管理办法》；为提高技术报告的质量水平，保证代表武高所出席所外有关技术会议的水准，维护武高所对外形象和声誉，制定了《科学技术报告管理的若干规定》、《职工参加专业技术类会议的若干规定》，上述规章制度的建立和执行，有效推进了我所规范化管理和制度化建设工作。

3. 加强党风廉政建设，推进决策和管理的民主化、科学化

抓好党风廉政教育，从强化规章制度入手，制定了多项制度和办事程序，把好“三重一大”决策关，注重源头预防；所领导带头自觉地接受各级组织和群众监督，公开办事程序和决策程序，执行制度和程序决不流于形式，决不走过场；围绕企业中心工作，在诸如干部任免、人员聘用和安置、银行存款、大宗设备采购、维修改造、大额资金使用等方面加大了监察、审计部门全程监督的力度并使之形成制度；在所内党员干部，特别是领导班子成员中开展了警示教育，建立了干部廉政档案，实行了干部诫免谈话、责任追究和收入申报制度。着重解决党员干部在思想上、组织上、作风上存在的问题，筑起思想道德和党纪国法两道防线。

4. 加强质量管理体系建设，通过3C检测实验室授权

随着国家强制性认证制度的实施和强制认证工作的开展，全所认真落实各项要求，积极准备。通过全所努力，成为首批授权的68家检测机构之一，同时也是电力系统惟一得到授权的检测机构。

高压电器产品的自愿认证是中国质量认证中心组织开展的、与国际接轨的第三方产品认证工作。2003年，我所在中国质量认证中心（CQC）的自愿认证工

作中也迈出了关键的一步，成为中国质量认证中心自愿认证的签约实验室，相继取得了箱式变电站、隔离开关、互感器、变压器、电缆、避雷器等相关专业的自愿性产品认证资格。不仅为我所开辟了新的检测服务领域，同时也提高了我所检测试验室的地位。

该所ISO 9000质量体系经过几年来的运行，有效地提高了该所的质量管理水平。从2002年10月份开始进行ISO9001由94版向2000版的转版策划，经过一年的努力，于2003年9月顺利地通过了中国方圆标志认证委员会对该所的转版、监督评审和换证复查。

2003年11月，武汉高压研究所（国家高电压计量站、电力工业电气设备质量检验测试中心）通过了中国实验室国家认可委员会（CNAL）评审组的扩项评审和复评审。至此，该所、站、中心的全部实验室均取得了中国实验室国家认可委员会的认可，获得了检测市场的准入证。

以上这些资质的取得，不仅进一步提高了该所声誉，在经济效益方面也带来了丰厚的回报，是该所开展下一步工作的基石。

5. 加强了知识产权工作的管理

知识产权制度是市场经济条件下促进技术创新和智力创作，加速科技成果产业化，提高企业经济竞争力的重要法律制度。近年来结合所转制后知识产权工作出现新的发展趋势，重新完善和修订了武高所《知识产权管理办法》及其中的三项主要制度《专利管理制度》、《商标管理制度》、《技术及商业秘密管理制度》，明确了归口管理职能部门，有力的促进了知识产权各项管理工作的开展。其中《专利管理办法》明确了将专利授权纳入奖励范畴，有效地激发了全所科技人员的工作热情，强化了专利知识保护意识。截至2003年底，全所累计被授予43项专利，创造直接经济效益近5000万元。《商标管理制度》的制订，保护了“武汉高压研究所”和“国家高电压计量站”的品牌形象与声誉。截至2003年底，全所累计申请商标注册数为67件，其中已获批准的有效注册商标24件，受到了国家技监总局和国家电网公司的肯定和好评。

6. 圆满完成三峡工程左岸500kV GIS电气试验项目

2002年12月，全所以800kV、6A工频电源进行GIS耐压试验的方案在三峡总公司技术评审会上一次通过，并在三峡工程左岸500kV GIS电气试验项目中标，与ABB公司签订了合同。为完成好这项重要任务，成立了由所领导牵头的三峡项目工作领导小组，组织有关研究室的技术骨干成立了精干的试验队伍，全力以赴地投入三峡工程GIS电气试验工作。历时2年，共分6次对9个间隔高质量地进行了单间隔、多间隔的工频耐压试验和冲击耐受试验等项目的验收试验。在试验中精心组织、严格要求、规范操作、克服困难，高效圆满地完成了全部试验项目，确保了设备完好和人员安全，出色地完成了这项光荣而艰巨的任务，取得了良好的社会和经济效益，为全所赢得了大型水电工程的电气设备高压试验的宝贵资质，也为三峡工程建设做出了武高所应有的贡献。

7. 职工三项保险制度得到落实

2003年，全所完成了职工基本养老保险、聘用人员基本养老保险和失业保险的统计、结算和缴纳工作；实行了离退休人员养老金的社会和单位共同发放；建立了在职职工个人养老、医疗、失业账户，切实保证了包括离退休人员在内的全所职工的切身利益。

2003年通过努力，全所职工医疗保险正式纳入华中公司统一管理，并同时参加了武汉市大额医疗保险。

8. 深入开展党的建设和文明创建工作

2003年，所党委认真及时地贯彻中央精神，在全所党员中开展了政治理论学习。所党委在华中公司党组开展的“党委五好班子评选”活动中获得“良好”的考核评价。

深入开展文明创建活动，坚持了签订双文明责任书的传统。全所在2003年保持了省级文明单位和洪山区文明单位荣誉称号。一批党员干部职工、党支部、单位集体获得上级表彰：原任所长张文亮同志被武汉市企协授予“2001～2002年度武汉市优秀企业家”荣誉称号；武高所保卫处荣获武汉市经保系统先进集体表彰。

2003年按照洪山区政府创建2.4km^{2}文明示范区的有关要求，全所作为社区所在单位，一年来配合区委和关山街办事处开展各类大型创建活动。全所还投入了一定资金，将高压小区内的职工文化室改建成为鲁磨路社区的“市民文明学校”，改善了生活区的文化环境。

9. 武汉高压研究所领导班子

所长、党委书记：吴维宁

副所长：王勤　宋飞宇　胡毅

总工程师　杨迎建

（董志新）

中国水利水电科学研究院

概况

中国水利水电科学研究院（简称中国水科院）建立于1958年，由中国科学院水工研究室、水利部水利科学研究院和电力工业部水电科学研究院三单位合并而成，原名水利水电科学研究院。1969年解散，1978年恢复重建，隶属中国科学院和水利电力部双重领导，后改属中国科学院、水利部和电力工业部三重领导。1994年更名为中国水利水电科学研究院。

中国水科院现有职工1334人（在京1053人，京外281人），中国科学院院士2人，中国工程院院士4人，有突出贡献的中青年专家10人，享受政府特殊津贴专家103人，专业技术人员880人，高级职称407人（含教授92人），中级职称318人，博士后25人，博士学位71人，硕士学位172人，大学本科学历365人，大学专科学历164人。

主要研究领域及方向：水资源、水环境、防洪减灾、高效节水灌溉、牧区水利、河流水库泥沙、高坝水力学、高坝结构、新型建筑材料、岩土工程及地基加固、工程抗震、遥感、高效水轮机及水泵、电站计算机监控和水情测报自动化系统、电站通信及自动化设备、火电核电站冷却水及环境、试验仪器及水利史研究等方面。同时还进行水利水电工程经济、水资源、水环境保护等问题的咨询及评估，工程安全监测及缺陷处理，工程安全鉴定，工程监理等。

管理部门由院办公室、党委办公室、国际合作与科研计划处（总工程师办公室）、人事处、财务资产管理处、纪检监察审计处和离退休职工管理处组成。

专业技术研究所（中心）由水资源研究所、水环境研究所、防洪减灾研究所、遥感技术应用中心、水利研究所、泥沙研究所、水力学研究所、岩土工程研究所、工程抗震研究中心、结构材料研究所、牧区水利科学研究所、水力机电研究所、自动化研究所、天津水利电力研究所、信息网络中心和工程安全监测中心、工程设计研究中心等组成。

中国水科院具有国内外先进水平的大型试验设备有：三维六自由度振动试验台、450Gt土工离心试验机、大型减压厢、高精度水力机械试验台等大型设备120台套，水力学、冷却水、泥沙、岩土、结构与材料、抗震、水利、水力机械、计算机监控、水情测报、调速器等综合试验室32座。全院已实现计算机联网（www. iwhr. com）。

中国水科院与国外著名科研机构、高等院校以及国际上重要的学术团体有广泛的交流与合作。国际泥沙研究培训中心、中国大坝委员会秘书处、中国灌排委员会秘书处、国际水利工程和研究协会中国会员联络组、国际防洪大会秘书处等均设（挂靠）在中国水科院。

主要工作

2003年，在党中央、国务院的正确领导下，夺取了防汛抗旱的全面胜利；各项水利水电建设进展顺利；农村水利、水土保持和农村水电工作稳步推进；水资源管理与保护得到加强；水利水电行业改革和管理取得新的突破；干部队伍建设和精神文明建设得到进一步加强。

（一）继续积极稳妥地推进科技体制改革

中国水科院作为科技部公益类科研机构改革首批试点单位，按照批复的中国水科院改革方案进行结构调整，机制转换，人员分流，制度创新，初步建立了“开放，流动，竞争，协作”的运行机制。

1. 院管理体制结构框架基本确立

改革初期，按照“分”而“不离”，共同发展的原则。“分”是指按上级批准的改革方案，非营利科研所、综合事业部、科技企业、后勤企业在人员、任务、财务管理、运行机制等方面分开；“不离”是指在社会保障体制建立之前，离退休、经济适用房和科研办公用房建设全院统筹。

明确了科技企业的转企方式，将全院的科技企业并入中水科总公司，转企部分的资产也划入中水科总公司。

中水科总公司初步完成了公司整合的任务，使总公司注册资金由原来的600万元提升到2326.5万元。资质、资证的建设与维护得到加强，启动了总公司ISO9001质量保证体系的认证工作。

2. 继续推进以“全员聘任和岗位管理”为核心内容的人事制度改革

无论是新选拔干部还是新增工作岗位，均实行聘任制。加强了对岗位的管理和考核工作，根据能力和业绩进行动态调整。

3. 继续制定和完善各项规章制度

2003年，制定和完善的规章制度共有23项。

（二）全院科研工作取得好成绩

1. 科研开发经济指标初步情况

2003年新增合同首次突破3亿元，其中院本部2.54亿元，比2002年增加16.6%（含2003年度科技企业新签合同额1.5亿元）。

2. 重点科研成果

2003年已验收的国家、部项目有23项，其中国电项目有：抽水蓄能电站进出水口水力学问题研究SPKJ006—07；火/核电厂取水防沙防杂物防污问题的研究SPKJ002—014；深厚覆盖层工程特性及其处理技术SPKJ006—15。

3. 2003年获奖项目情况

2003年，中国水科院共获得国家、省、部级奖11项，其中：火/核电厂循环水供水管道系统局部阻力及其相邻影响研究；龙羊峡拱坝抗振运行评价，获中国电力科学技术二等奖。

4. 科研前期工作

(1)“十五”后续项目和“十一·五”项目论证;

(2)三峡验收工作组的工作;

(3)国家中长期科技规划和水利科技规划的工作;

(4)组织为中国工程院的电力规划、为“863”计划中的水电项目提供论证资料。

5. 2003年科技工作的突出进展

参与了节水型社会的建设,并做了大量工作;关于渭河治理和三门峡运用方式的研究成果受到有关领导的肯定;淤地坝研究与示范取得好成绩;由该院承担的全国水资源多项专题研究,其中水质和水环境承载力研究的中间成果受到主管部门的肯定;该院牧区水利科学所承担的《牧区水利与草原生态建设规划》已获水利部批准;三峡右岸机组同台对比试验完成,受到三峡公司专家组的高度评价。

国务院学位委员会批准该院为水利学科(一级学科)博士、硕士授予单位,在全国申请的公益类科研院中只批准了两家,研究生招生规模达50人以上。

获得全国水利技术监督工作先进集体。

主办的《水利学报》获“百种中国杰出学术期刊”称号。

档案目标管理工作晋升为国家二级档案管理单位。

(三)党的工作和精神文明建设

深入学习贯彻“十六大”精神,用“三个代表”重要思想武装广大党员干部;围绕中心工作,服务大局,在改革发展中发挥基层党组织的作用;团结一致,取得抗击“非典”斗争的重大胜利;坚持深入持久地开展党风廉政建设;齐抓共管,积极推进精神文明和物质文明建设的协调发展;把同“法轮功”邪教组织的斗争融入紧张的工作、正常的生活和文体活动当中。

主要事件

1月29日,中国长江三峡开发总公司总经理陆佑楣来该院指导工作。

2月13日,科技部体改司副司长胡志坚,水利部国科司副司长陈明忠来该院调研科研院所科技体制改革进展情况。

2月17~21日,应中国水科院的邀请,日本土木研究所坂木忠彦理事长一行四人来该院访问。

2月19~20日,高季章院长,贾金生、杨晓东、刘之平副院长先后拜访了中国国电集团公司和中国电力投资集团公司有关部门,并就有关业务进行了洽谈。

2月25日,中国长江三峡开发总公司杨青副总经理、张超然总工程师在刘之平副院长的陪同下,来该院水力学所参观“向家坝泄洪消能水工模型试验”。

3月23日,刘之平副院长主持召开“二滩水电站高双曲拱坝水力学及流激振动原形观测成果鉴定会”。来自中国工程院、水利部科技推广中心、中国水利学会、长江水利委员会、清华大学、北京工业大学的十余位专家参加了评审。

4月3~4日,科技部在京召开科研院所科技体制改革座谈会。

6月9~27日,高季章院长、贾金生副院长参加了在加拿大蒙特利尔召开的“国际大坝委员会第71届年会”。贾金生副院长在本届年会上当选为国际大坝委员会副主席。

(殷人琦 安晓滨)

国电动力经济研究中心

单位性质及概况

国电动力经济研究中心(State Power Economic Research Center,简称动经中心SPEC)成立于1999年12月,是电力行业惟一的全国性经济研究机构,是为政府部门的政策研究、监管部门的市场监管、行业协会的行业管理,以及电力企业的经营决策提供服务的咨询机构。

为了适应国家科技体制改革的要求,加快现代企业制度建设步伐,满足国家电网公司对发展战略、体制改革和技术经济政策研究的需要,建立国家电网公司重大经营决策的咨询支持系统和面向社会的动力经济研究咨询机构,成为面向社会开展研究、咨询业务、自主经营、自负盈亏、自我发展、自我约束的经济实体,动经中心于2002年转制为科技型企业。

动经中心主要研究咨询领域覆盖了电力规划、企业战略、体制改革与电力市场、经济政策研究、电力需求与营销、电价、项目投资分析、电力节能与环境保护、相关软件的开发等方面。

动经中心拥有中国工程咨询协会颁发的甲级工程咨询资格证书,为世界银行和亚洲开发银行的注册咨询机构。动经中心配备了比较完善和适用的硬件设备,自主开发和引进了国内外大量先进的技术经济研究软件,为科研工作提供了技术保障。

长期以来,动经中心及其各前身研究机构在电力经济研究方面进行了大量的研究与咨询,为中国电力工业的发展与改革做出了重要贡献,研究成果多次获得国家及相关部门的奖励。同时,动经中心致力服务于国外客户,从1985年起,动经中心为世界银行和亚洲开发银行几乎所有在中国的,总额超过50亿美元的电力贷款项目提供咨询,建立了专业与优质服务的良好声誉。

动经中心自1999年底成立以来完成了近200项研究与咨询业务，课题的研究成果被政府和其他客户采用，产生了很好的社会影响与经济效益，在很多情况下动经中心成为客户在电力经济领域的首选咨询机构。

动经中心的服务对象涵盖整个电力行业，包括政府部门，原国家电力公司，各省、市、区电力公司，独立发电公司，国外电力（投资）公司，国内外金融机构，其他外国机构和组织等。到目前为止，动经中心的中外客户达80多个，从地域分布来看，涉及全国绝大多数省、自治区和直辖市及部分国外客户。

动经中心有着广泛的业务网络。除了国内的大学和研究机构外，动经中心与遍及全球的国外咨询公司、研究机构、非政府机构，以及联合国、世界银行、亚洲开发银行、国际原子能机构等国际组织建立了良好的业务合作关系。

动经中心由国家电网公司出资设立，电力体制改革之后，动经中心定位在国家电网公司，是国家电网公司在京直属科研单位，独资子公司。经济性质为全民所有制。

经营范围及目标

动经中心主要从事电力工业和电力企业发展战略（包括经营战略、投融资战略等）和规划，体制改革及技术经济政策的研究咨询服务，承担国家电网公司委托的重大经营决策的咨询，为国家电网公司的改革和发展提供咨询服务。同时，也面向社会，对能源和电力行业、电力企业的发展战略、规划和经济问题进行研究，为政府主管部门提出建议，为电力企业、金融机构和中外投资者提供咨询服务，主要包括：

（1）国家宏观经济研究，能源及电力工业发展战略、发展规划研究与咨询；

（2）能源行业技术开发、技术转让与技术咨询；

（3）电力体制改革及经济政策研究与咨询；

（4）国内外电力市场预测分析、开发研究与咨询；

（5）电力项目经济、财务评价及方法研究，对电力重大项目（包括外商直接投资项目、国际金融组织贷款项目、政府贷款项目等）进行经济和财务评价；

（6）节能、环保经济研究与咨询；

（7）企业经营战略研究与咨询；

（8）电力项目投资顾问业务；

（9）开展电力技术经济软件、节能和环保产品的开发、销售、代理业务；

（10）开展工程设计、监理以及资产评估等业务；

（11）信息系统开发及服务；

（12）承担国家有关部门、金融机构、投资方和各类法人委托的其他业务；

（13）开展与国外投资、金融、咨询机构和国际组织的合作，开拓国际咨询市场；

（14）培训服务，包括发展战略、规划、电力市场、营销等方面的培训；

（15）开展电子商务业务；

（16）对外投资业务；

（17）房屋租售与物业管理服务。

动经中心的经营发展目标是：培养和建设一支高素质的人才队伍，争取2005年达到国内先进水平，逐步走向国际市场，2010年成为国际知名咨询机构，2010年以后向国际一流咨询机构迈进。其内涵是：

（1）在作用上要成为国家电网、政府综合部门、大型企业重大决策的咨询支持系统；

（2）在科研影响力方面要成为具有较多知名专家，在较多研究领域具有领先水平、技术和品牌，在国内国际诸多重要科研论坛有权威的咨询企业；

（3）在市场份额占有方面要成为我国电力行业龙头咨询企业；

（4）综合经济实力强，抗风险能力强。

动经中心的体制发展目标是：动经中心将以邓小平理论和“三个代表”重要思想为指导，贯彻党的十六大、十六届三中全会会议精神，坚持国有企业改革发展的指导方针，建立和逐步完善现代企业制度，推进企业科技进步，努力开拓市场，积极参与市场竞争，主要依靠自身的力量，争取早日把动经中心建设成为自主经营、自负盈亏、自我发展、自我约束的经济实体和市场竞争主体。

公司领导

党委书记、主任：邓建利

党委委员、副主任：李扬

副主任：葛正翔

党委委员、总经济师：胡兆光

机构设置

2003年动经中心机构设置：

（1）管理机构：办公室（党委办公室、人事处、科研管理处合署办公）、财务与资产管理处。

（2）研究机构：战略与规划研究所、电网经济研究所、电力市场研究所、电源与环境经济研究所。

（3）子公司：北京华建电力热能设计研究所、北京兴业动经科技有限公司。

（4）其他：国电动力经济研究中心学术委员会、国电动力经济研究中心专家委员会、《电力技术经济》杂志社。

（5）挂靠单位：中国电力发展促进会、中国电机工程学会热电专业委员会、国家电网公司会计学会。

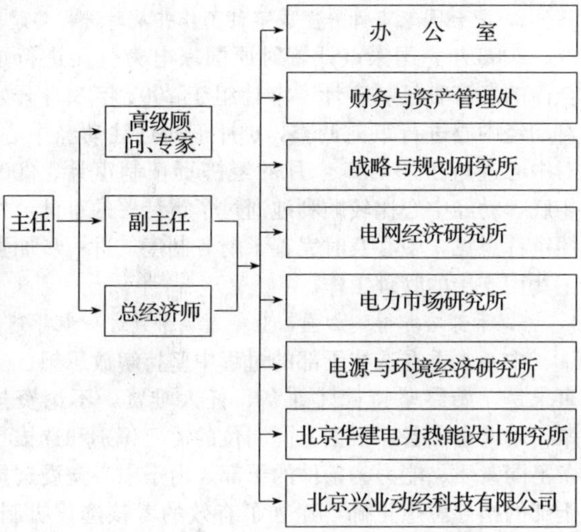

经营指标

2003年，动经中心的科研业务、生产经营、行政管理和后勤服务等各项工作经过全体干部职工团结一致，克服困难，努力奋斗，全面完成或超额完成了年初制定的各项工作目标和生产经营任务，合同签订额和到款额均超过了动经中心成立以来的历史最高水平，创造了良好的经济和社会效益，取得了很大的成绩，为中心今后的发展奠定了基础，获得了物质与精神文明的双丰收。

2003年中心共签订合同65项，其中纵向合同39项、横向合同26项，比年初确定的经营目标超额完成328.8万元。

2003年动经中心主要开展的研究项目有：

1. 电力监管研究

主要包括中国电力监管能力建设研究、电力法规体系及组织体系建设研究。完成了电力市场建设指导性意见、电力市场运行基本规则、电力监管办法和电力市场技术支持系统和功能规范文件的起草；完成了电力监管组织体系与法规体系建设、区域电力市场建设研究报告。这些研究报告的成果在电监会的实际工作中得到具体应用，并得到电监会领导的好评。

2. 发展战略及相关专题研究

2003年初国家电网公司战略研究工作启动，动经中心承担或参与的项目主要包括：战略专题之环境分析、盈利模式、集团化管理、战略目标与公司治理结构研究、国家电网公司的地位与作用及战略总报告的编写。此外，还开展了国华电力产业发展战略研究、国电集团煤电联营战略研究、清江公司发展战略研究等。

3. 电力体制改革研究

主要完成了国家级电力市场研究、公用事业民营化对电力体制改革影响、国家电网公司电力体制改革下一步工作重点、750kV线路（更高一级电压）管理体制探讨等。研究成果为国家电网公司体改办实际工作提供了决策支持。

4. 发展计划及计划管理研究

2003年中心承担了国家电网公司计划管理模式、计划指标体系、国家电网公司本部三年发展计划等计划类项目的研究，完成了国家电网公司第三季度经济活动分析报告。

5. 电力规划研究

完成了中加南方四省能源战略规划，该项目得到了中国原外经贸部、加拿大国际开发署官员的赞同。开展了全国电力发展规划（全面建设小康社会电力发展规划）研究、“十五”电力规划调整研究、国家电网公司“十五”计划及2010年远景规划编制及相关问题研究。

在电网规划研究方面，开展了电网“十五”计划调整及“十一·五”规划研究、联网项目后评估、蒙西电网目标网架规划设计和全国农网规划等研究。

6. 电价研究

完成了由国家发改委委托的输配电价管理暂行办法、输配电价计算方法、电网输配电价格成本审核暂行办法等项目研究。完成了国家电监会委托的东北区域电网电价改革指导意见、电价及监管研究等课题。

7. 电力市场分析预测

完成了国家电网公司委托的2003年全国电力市场分析春、秋季报告，此系列报告由国家电网公司统一向政府有关部门上报、通报发电集团等单位并且向社会公布，该报告已成为国内电力市场分析预测的权威报告。开展或完成了国家电网公司委托的全面小康电力规划专题之负荷预测、2004年国家电网公司电力供需及售电量分析预测报告，为国家电网公司编制2004年生产经营计划提供了重要参考。完成了中电联委托的2003年一、二、三季度全国电力供需监测预警分析报告，由中电联发布并且向相关会员单位通报，以季度分析和监测预警为特色，形成了新的系列报告。完成了电监会委托的2003年夏季尖峰期电力供需形势分析，着重以迎峰度夏电力供需形势分析为主。完成了华能集团委托的全国电力市场报告，结合华能自身的发展特点，与全国华能电厂所在地区的整体市场情况对比、与五大发电集团的相应数据对比，从而说明华能集团电力市场的竞争态势和提出建议。完成或开展了广东核电集团委托的南方电力研究、壳牌公司委托的山东电力市场研究、怒江水电开发的市场前景及竞争力研究等项目。上述市场分析报告取得了各方的好评。

8. 需求侧管理和电力营销研究

2003年动经中心受电监会委托，参加了发改委、电监会电力需求侧管理办法的起草和修改工作，以及与之有关的调研活动和专家座谈会，为发改委提出了总结报告并上报国务院，取得了良好效果。受福建省公司委托开展了福建需求侧管理措施研究，促进了动经中心需求侧管理的研究进展。同时，以黑龙江电力营销战略为契机，进一步提高了在营销战略方面的研究水平，以济宁营销评价等为契机，推动了在营销评价方面的深化研究。

科技进步

2003年动经中心组织完成了2002年度科研项目评奖工作，经过科研项目评审专家委员会的最后评审，获得动经中心科技进步一等奖的项目为《华东区域电力市场研究》；获得动经中心科技进步二等奖的项目为《西电东送价格研究》、《上海电力市场试点工作及未来模式研究》、《农村电力体制改革及管理模式研究》；获得动经中心科技进步三等奖的项目为《国电公司需求侧管理的战略研究》、《农网建设与改造项目综合评价研究》、《2002年上半年、全年全国电力市场分析报告》、《远程控制式电表在中国市场应用的前景调查研究》、《我国电力供需监测预警系统的研究与建立》、《西部地区电气化进程及措施研究》、《国家电力公司电力工程技术改造项目经济评价暂行办法》、《广东LNG项目燃气电厂竞争力研究报告》、《发电企业竞争力评价指标体系研究》。其中动经中心科技进步一等奖《华东区域电力市场研究》项目申报国家电网公司2003年度科技进步奖被评为国家电网公司科技进步二等奖。

2003年动经中心组织召开了中心专家委员会第三次会议暨动经论坛。30多位专家和10多家电网公司、发电公司的代表参加会议。

精神文明建设

1. 齐心协力，战胜“非典”

2003年上半年，面对突如其来的“非典”疫情，动经中心全体职工在党中央、国务院的统一领导下，沉着应对。中心党委在抗击“非典”的斗争中发挥了重要的领导核心作用，反应迅速、决策正确、措施有力，最先向国家电网公司报告了疫情，引起了国家电网公司主要领导的高度重视。在中心退休职工中出现“非典”病例后，广大党员、干部和职工表现出了大无畏的斗争精神，绝大部分职工最大限度地坚守岗位，遵守纪律，积极主动投入到抗击“非典”的战斗中去。经过全体职工的共同努力，使“非典”疫情对中心的科研与经营形势没有产生重大的影响，取得了抗击“非典”斗争的重大胜利，充分体现了动经中心的团队精神、集体主义精神和奉献精神。

2. 配合国家审计署完成审计工作并及时进行整改

2003年，国家审计署对原国家电力公司进行了全面的经济责任制审计，审计组于2003年3月开始对动经中心进行审前调查，6月正式进驻动经中心，对中心进行了历时9个月的经济责任制审计。2003年底，动经中心比较顺利地通过了审计署的审计。按照审计意见，中心及时完善了财务制度，进一步加强了费用支出的管理工作。

3. 干部培养得到加强，业务人员得到进一步补充

中心党委在选拔干部的过程中坚持解放思想、实事求是，始终坚持德才兼备、任人唯贤，不论资排辈，不求全责备，根据不同岗位的需要识别和选拔具备不同素质、能力、条件的干部。由于中心党委选拔干部的指导思想正确，建立了有效的考核选拔机制。目前，中心有多名35岁以下业务能力突出，群众基础好，有培养前途的年轻干部走上处、科级领导岗位。在2003年干部流动变化较大的情况下，重新建立了年轻化、专业结构合理、管理层次分明的干部梯队。

到目前，动经中心共有在册职工75人，离退休职工35人，在岗职工67人。

4. 中心全体员工签订了劳动合同，办理了社会保险

2003年动经中心实行了劳动合同制，与中心建立了劳动关系的职工全部签订了劳动合同，待岗、内退人员和外借职工签订了补充协议书，使中心和全体职工的利益得到了保证。

2003年调出和新调入职工的基本养老保险全部进行了转移，结转和新建了补充养老保险、失业保险和工伤保险。从2003年4月份起实行了社会保险“三险合一”缴费。

5. 党的建设进一步加强

2003年由于党员进出变动较大，为了加强党委和支部的组织建设，中心对党委委员进行了增补，加强了党委的领导。对支部班子也进行了改选或增补，保证了各支部的组织健全。动经中心目前共有7个党支部，党员45人，占全体职工的41%。

2003年中心党委还组织开展了党风廉政警示教育活动，组织全体党员干部和支部书记观看了《一心为民的好书记郑培民》和《扭曲的人生》两部录像，在干部中引起了很大的反响和震撼，通过正、反两方面的强烈对比，起到了很好的教育和警示作用。2003年，中心党委还在党员领导干部中开展了学习关于中央企业领导人员廉洁自律若干规定和实施办法，党员

领导干部进行廉洁自律知识测试活动，使党员领导干部受到了一次很好的廉洁自律的教育。

6. 确定了中心的企业理念，新的企业文化正在形成

在2003年的中心工作会上，中心提出了“进一步加强企业文化建设”的设想。2003年年中的干部工作会上，又明确提出了提炼并确定动经中心企业理念的任务，随后在全体职工中组织开展了征集中心企业理念和对中心企业理念内容的讨论。经过上下反复酝酿讨论，最后确定了“服务客户，提升价值”的企业宗旨，“国内领先、国际知名”的企业目标和“诚信、求实、创新、卓越”的企业精神。

主要事件

1月6日，邓建利主任带领有关同志去中国电力投资集团公司，与王炳华总经理、孟振平副总经理以及有关部门负责人座谈，商讨保持长期合作、建立战略伙伴关系等事宜。

1月29日，国家电网公司党组副书记、副总经理陈进行同志率有关部、局领导来中心检查指导工作，进行春节慰问。

2月9日，职能部门机构调整，干部进行相应调整。

5月19日，动经中心参加“防治非典，奉献爱心”捐助活动，中心领导及各部门员工共52人，捐款11900元。

9月12～27日，邓建利主任参加国家电网公司联网运作机制和直流输电技术考察团出访南非、巴西。

10月31日，召开国电动力经济研究中心专家委员会第三次会议暨动经论坛。

12月19日，电监会史玉波副主席来中心慰问，与国家电网公司战略部举办联谊活动。

（魏权华）

国家电网公司高级培训中心

国家电网公司高级培训中心与中共国家电网公司党校、北京电力管理干部学院采取“一套班子、三块牌子、一个法人实体、承担不同任务”的动作模式，坚持“精简、高效”的原则，秉承“质量是培训之魂、教师是质量之本”的培训理念，按照企业化的运作方式，实施新的管理体制和运行机制。现设培训教务处、国际合作处、项目开发处等7个处。

高级培训中心教学设施先进、完善，师资力量雄厚，目前有70多位知名的客座教授，同时拥有一支年轻、精干、高素质的教学管理队伍。

高级培训中心主任、党组书记由冯雪原同志担任，曹永新同志、敖桂兰同志任中心副主任、党组成员。

（一）圆满完成了国家电网公司的各项培训任务

2003年，我们积极开展工作，圆满完成了国家电网公司的培训任务。除了完成党校、工商主体培训班外，新开发策划了财务人员金融与法律知识培训班、电网建设工程项目管理培训班、电网建设分公司财务研讨班、重点电源建设项目档案管理培训班、团委书记培训班等10个培训项目，此外，还策划了7个预备培训项目。培训班的专业性更强，更加多样化，内容也更加丰富，层面也更加广阔，培训质量也在不断提高。

国际培训是2003年受“非典”疫情及国际形势变化影响最严重的，国际合作处积极采取措施，加强对外协调，圆满完成年初计划的国际培训任务。

（二）积极开拓市场，合作办学、办会成果喜人

2003年初，中心加大了同各发电公司、电力企业的联系，努力抢占这块市场。从去年的培训、联合办学、办会的情况来看，我们这种主动出击、抓抢机遇的做法是十分必要而且卓有成效的。大唐集团、国电集团、华电集团等发电公司已经先后同中心建立了合作关系，并已经在中心举办了多次培训和会议。

在联合办学上，中心除了与新东方英语学校、用友软件、神州数码、电力大学等多家已经建立了合作关系的单位继续合作外，项目开发处也在不断地挖掘新的合作伙伴，有目的、有重点地“跑市场”，调研、走访、联系了近百家企业单位，包括政府部门、著名高校、行业协会、国有大企业、跨国公司、高新企业、民办培训机构等，掌握了大量的培训信息，为今后中心联合办学的顺利开展打下了一定的基础。

在承办会议上，2003年中心不仅承办了许多专业性的小型会议，并且承办了国家电网公司总经理工作会议、国家电网公司直属党委暨纪检监察会议、国家电网公司总会计师工作会议、国家电网公司人力资源发展论坛以及发电集团的一些高层次的大型会议，取得了令人满意的效果，得到了良好的评价。特别是国家电网公司人力资源发展论坛，从整体策划、内容安排、聘请教师到会务服务中心都发挥了重要作用，人力资源发展论坛的成功举办，为中心在国网公司系统内树立了良好的形象，也为中心今后举办更高层次的论坛积累了经验。

（三）全部收回了中心对院内的所有权和管理权

2003年8月，与华北电力大学（北京）彻底理清了关系，重新签订了协议。协议中规定："华北电力大学（北京）在2004年8月15日前从高培中心院内全部撤出。"在本次协议签订的同时，华北电力大学（北京）把占用中心办公楼的房间、招待所、车队等房屋全部交给了中心。对配电室、锅炉房和中心院内的物业的管理权全部交给了中心。

（四）防控"非典"工作取得胜利

中心党组对"非典"的防控工作非常重视，成立了防控"非典"领导小组，责任到人，迅速采取一系列果断措施，将当时在高培中心学习的春季领导干部轮训班和工商班的学员改为分散自学，其他的培训班停办或缓办；培训大厦一律不接待客人，不搞聚餐，全部实行自助；建立报告制度，测体温制度，校园封闭管理制度，亲属测体温汇报制度等。由于中心院内还有华北电力大学的千名大学生，更是增加了防控"非典"的难度，中心采取了严把进门关、严格消毒关、严守值班制度，使大家在中心院内平安度过了"非典"特殊时期。中心防控"非典"工作取得的成绩，受到了北京市海淀区西三旗街道办事处的表彰，基建物业处李迎超同志被授予"防治非典先进个人"称号。

（五）全年经营（工作）目标考核成绩显著　经营管理水平稳步提升

2003年作为中心的"管理年"，中心加大了经营管理工作的力度，不断在机制上创新，在管理上创新，努力克服"非典"影响，提高中心整体工作效率和经济效益，通过建立内部激励机制来充分挖掘员工的潜能，保持企业的持续创新能力，使全年的经济效益指标得到了较大幅度的提升。

中心在2003年以国家审计署对我们的审计为契机，强化内部管理与监控，重点加强财务管理，强化资金集中统一管理，严格控制成本费用支出，杜绝随意性支出，努力挖掘内部潜力，降低消耗，提高效益。审计部门对我们的财务管理是给予肯定的。

（六）党风廉政建设和精神文明建设取得新成果

中心对党风廉政建设常抓不懈，制定了党风廉政建设责任制，坚持从严管理、从严要求，尤其是在基建项目和设备购买的过程中，制定规章制度，组成招标评标小组，集体决定有关项目的招标和大额资金的支出，把住了关口。在2003年国家电网公司三项目标考核中，党风廉政目标考核为优秀。

2003年中心再次被评为西三旗地区精神文明建设先进单位。根据《中央国家机关文明单位标准》等文件精神，制定了《关于国家电网公司高级培训中心创建"文明单位"的工作计划和实施办法》，经中央国家机关文明单位验收合格，已被授予"中央国家机关文明单位"称号。

回顾一年来的工作，我们有很多经验和体会值得总结：

第一，把中心工作纳入国家电网公司工作的大局是我们做好工作的基本前提；

第二，运行机制的不断创新是我们工作实现跨越发展的动力支持；

第三，优质服务是我们工作取得成绩的核心竞争力；

第四，全体员工的无私奉献是我们工作取得成绩的重要保证。

在充分肯定2003年工作成绩的同时，我们也要清醒看到，中心还存在一些困难和问题，需要认真对待和研究解决。

第一，对国网公司的主动服务意识还有待进一步提高；

第二，在建设具有培训企业特色的企业文化方面还需加大力度；

第三，在考虑工作要具有前瞻性思维上还应下功夫；

第四，要进一步树立全局意识和大局意识。

主要事件

国电高培中心荣获"西三旗地区2002年度精神文明建设文明单位"称号。

1月18日上午，中心召开2002年度工作会议。会议总结了中心2002年度的工作，并部署了2003年的工作要点。会上，中心与各处（部）签订了2003年"经营（工作）目标考核责任书"，对获得2002年度高培中心先进集体、优秀员工、优秀共产党员、优秀党务工作者的集体和个人进行了表彰。

中央党校中央企业工委分校教学工作会议于2月25日上午9时在高培中心举行。本次会议参会人员共计105人，是中央党校分校教学工作会议历年规模最大的一次会议。

4月下旬，北京地区非典型性肺炎疫情日益严重。

4月21日上午，高培中心召开了主任办公会议，对中心近期关于预防"非典"的具体工作做了部署。

5月5日上午，高培中心召开全体员工大会。国家电网公司党组书记、总经理赵希正，党组副书记、副总经理刘振亚，人董部主任张文亮，副主任胡贵福，政工办主任曹志安等同志来到高培中心，宣布党校、高培中心、北京电力管理干部学院领导班子的任命。张文亮主任宣读了"国家电网党任［2003］41号"、"国家电网党任［2003］42号"、"国家电网任

［2003］50号”关于国家电网公司干部任免通知的文件。根据工作需要，刘振亚同志任中共国家电网公司党校校长；张文亮、曹志安、冯雪原、曹永新、敫桂兰五位同志任中共国家电网公司党校副校长；冯雪原同志任中共国家电网公司高级培训中心党组书记，国家电网公司高级培训中心主任，北京电力管理干部学院院长；曹永新、敫桂兰同志任国家电网公司高级培训中心副主任、北京电力管理干部学院副院长；免去刘忱的国家电网公司高级培训中心主任职务。

6月5日下午，华北电力大学刘吉臻校长与高培中心冯雪原主任商谈关于履行2001年7月5日签署的合作办学协议问题。

国家电网公司学习贯彻“三个代表”重要思想研讨班于8月14～16日在高培中心举行。参加研讨班的有国家电网公司党组书记、总经理赵希正，党组副书记、副总经理刘振亚，党组成员、中纪委驻国家电网公司纪检组组长祝新民，党组成员、副总经理李彦梦、陆启洲、陈进行、郑宝森、陈月明以及系统各单位负责同志和公司本部各部门主要负责人。

8月18日，国家电网公司直属党委第一次党的工作暨纪检工作会议在高培中心召开，会议由公司直属党委常务副书记、政工办主任曹志安同志主持，电网公司党组副书记、副总经理刘振亚同志出席会议并做重要讲话。

（赵付明）

华北电力大学

概况

华北电力大学下设研究生院（筹）、电气工程学院等15个学院和建筑工程系，拥有1个国家级重点学科、9个省部级重点学科、4个部级重点实验室、2个博士后科研流动站、1个博士后项目工作站、7个博士点专业、29个硕士点专业、有MBA和工程硕士专业学位授予权、44个本科专业、4个二学士学位专业；学校占地1166亩（保定670亩、北京496亩），建筑总面积60万m^2，固定资产8亿多元，其中教学科研仪器设备达到1.5亿元。全校共有教职工2451人，在编专任教师1163人，其中教授181人（含中国工程院院士3人，博士生导师54人），副教授384人，教师中具有硕士以上学位的人数占教师总数的60%以上，具有博士学位的教师已超过120名，另有200多名青年教师在读博士学位。全校共有各类在校生30361人，其中研究生2161人（博士生255人、硕士生1906人），本专科生16812人，成人在校生11328人（含脱产），外国留学生60人。

党建和思想政治工作

通过抓好学校两级中心组的理论学习，带动了全校教职工的理论学习，主要围绕学校划转教育部后的发展，认真学习十六大精神、“三个代表”重要思想，研讨学校的发展大计，在全校掀起了学习“三个代表”重要思想的新高潮，推进了“三个代表”重要思想的“三进”工作。

在全校党员、党的基层组织中开展了“争、做、创”先进党支部、优秀党员和保持党员先进性教育活动，进行了2002～2003年度先进基层党组织、优秀共产党员的评选工作；全年共发展党员1049人；举办了第15、16期入党积极分子培训班，共培养入党积极分子2180人；在组织、人事、纪检监察审计部门中开展了以公道正派为主题的“树组织工作干部形象”的教育活动。

切实加强了干部队伍建设，除完成了处级领导干部选拔、聘任工作外，还完成有关处级领导班子现状、后备干部情况摸底调查工作，举办了第二期中层干部理论学习班、机关干部培训班、中层干部“三个代表”理论学习班、党支部书记培训班，进一步提高了领导干部的理论水平和工作能力。

防控“非典”

2003年春夏之际，我国部分地区发生传染性非典型性肺炎疫情，并波及至大中专院校。学校认真贯彻党中央、国务院的指示精神，坚决执行上级统一部署，不惜人力、物力、财力，积极应对，夺取了这场校园保卫战的胜利，保证了广大师生员工的身体健康和生命安全以及学校的稳定。通过抗击“非典”，在全体师生员工中产生了前所未有的强大凝聚力，形成了“齐心协力，无私奉献，艰苦奋斗，夺取胜利”的精神风貌，为学校的进一步发展提供了强大的精神动力。

科学研究与高新技术产业

2003年，全校科研经费总额达到了8950余万元，比2002年的科研经费翻了一番。获得国家和省部级立项资助28项，立项级别层次、种类数量和资助经费均达历史最高水平。完成国家科技成果登记5项，组织申报中国电力科学技术奖5项、教育部提名国家科学技术奖4项；获得省部级科技一等奖1项、二等奖2项、三等奖2项。登记出版著作5部。登记专利申请12项、授权实用新型专利6项。鉴定验收科研项目18项。共发表各类科技学术论文1400多篇。特别值得一提的是我校先进的仿真技术在“神舟”五号航天员培训的“固定基航天飞行训练模拟器”的研制中得到了应用，为国家航天事业做出了重要贡献，中国人民解放军总装备部给我校发来贺函表示感谢并给予高度评价。

学校高科技产业2003年实现销售收入20060万元，比2002年增长41.6%；利税总额达1640万元，比2002年增长82.2%；资产总额达17289万元，比2002年增长7.8%。学校科技园2003年初被认定为北京市大学科技园以后，组织了大学科技园孵化器的建设，已有三个孵化项目成功入驻孵化器。

教育教学与师资队伍、学科建设

2003年进一步加大了人才引进与培养工作力度，共引进师资107人，其中博士研究生30人、硕士研究生53人。引进的博士学位人员的数量是前五年总和的2倍，同时为新专业的建设引进博士生导师教授2人。学校继续实施“151人才工程”，举办了教师外语培训班和青年教师岗前培训班，选派国内外访问学者、定向博士研究生30多人，促进了教师队伍建设。

学校以修订本科教学计划和开展校内本科教学工作水平评价摸底促建工作为重点，积极推进学校各项教学建设与改革，不断提高教学质量和办学水平。完成了2003年新版本科教学计划修订工作，制定实施了名牌课程建设计划，确立了校级19项名牌课程和13项优秀课程，有4门课程被河北省教育厅确定为省级精品课程。启动了名师工程建设，全面落实“青蓝计划”。教学成果取得重要突破，获得省级教学成果奖一等奖2项、二等奖2项、三等奖3项。2003年本科应届毕业生中共有477名人考取硕士研究生，其中校部296人，占应届毕业生的22.1%，北京校区181人，占应届毕业生的18.7%，我校在各类全国大学生竞赛中获国家级特等奖2个、一等奖3个、二等奖2个，获省级二等奖7个。

经过积极准备，精心组织，在国家第九批增列学位点工作中，新增了工商管理博士后科研流动站和热能动力工程项目博士后工作站，增列了12个硕士学位授权点和工商管理MBA、工业工程两个专业学位授权点，使我校研究生招生、培养的学科门类达到5个，博士后科研流动站达到2个，硕士点达到29个，专业学位点达到9个。对博士生指导教师进行了严格遴选，新批准了17名教师具备指导博士研究生资格，学校博士生导师达到54名。

校内管理体系改革

根据学校党委确定的工作思路，通过深化改革，积极构建面向新世纪、具有我校特色的学科专业体系，构建适应社会主义市场经济条件下办学的灵活高效的管理体系。

学校根据大力推进实质性一体化办学的方针，经过充分调研，多方征求意见，本着有利于学校快速、高水平发展建设的原则以及尊重历史、面向未来的认真负责态度，研究制定了《学科结构布局及院系调整方案》，新组建了电气工程等10个学院，组建了研究生院（筹），为学校今后的学科发展及进一步优化学科专业结构奠定了良好基础。

按照党政领导干部选拔任用工作条例要求，完成了新一轮处级领导干部选拔、任用工作，配齐了各中层单位领导班子。全校共有192名同志受聘为处级领导干部。在院系教学科研单位，一批具有博士学位的年轻教师走上了处级领导岗位，给我校的干部队伍注入了勃勃的生机与活力。经过此次选拔任用，中层干部队伍学历层次明显提高，年龄结构、知识结构、专业结构在一定程度上得到了明显改善。

国际交流与合作

2003年，学校与韩国3所高校签署了互派留学生、互派高级访问学者的合作意向书；与澳大利亚皇家墨尔本理工大学EMBA合作项目已经正式启动；与美国Brunel大学和奥地利Leoben大学就相关课程的相互认证达成了不同程度的合作意向；与欧洲多所大学就教育、科研和人才交流达成了合作意向；学校聘请长期语言专家8人，聘请短期外国专家90余人次来我校进行合作研究或专题讲学；结合教学和科研工作需要，选派优秀教师参加国际学术交流等112人·次；招收留学生75人；学校被国家外国专家局批准为国家师资外语培训试点单位，成为国家第二批17所高校师资外语培训试点单位之一。

学生工作

为了进一步加强学生们的理想信念教育，增强他们的诚实信用意识、责任意识、道德意识、法律意识，学校组织开展了以“诚信远离作弊，文明远离低俗，尽责远离唯我，守法远离恶行”为主题的两次系列教育活动。加强对学生的爱国主义、集体主义和社会主义教育，帮助大学生树立正确的世界观、人生观、价值观。加强了基础文明教育，开展了学生宿舍文明建设评比活动，开展了“爱我华电，秀我华电”等基础文明建设活动。注重对广大学生的心理健康知识的普及和教育工作，尤其加强了对家庭经济困难的学生的心理健康教育。充分利用校园网络的优势和网络传输快捷、信息量大等特点，强化了对学生进行网络思想政治教育。

校庆 45 周年

2003 年 11 月 1 日是华北电力大学建校 45 周年纪念日。学校本着“隆重热烈、节俭朴实、严谨有序”的原则，举行了盛大的庆典活动。校庆期间，成立了华北电力大学校友总会，并召开了校友总会第一届理事会第一次会议。许多兄弟单位和校友通过捐资、捐物等多种方式，恭贺我校 45 周年校庆，为学校的进一步发展筹集了资金。学校还组织编写了《校史》初稿，布置了校史馆，全面总结了建校 45 年来发展建设所取得的成绩。通过校庆活动，广泛宣传了学校优良的办学传统和办学特色，学校的社会声誉得到进一步提高，广大师生的凝聚力得到显著增强，与社会各界的联系更加广泛。

主要事件

1 月 23 日，北京市教委、科委联合发文，认定华北电力大学科技园为北京市级大学科技园，华北电力大学科技园正式成为十家北京市大学科技园中的一员。

3 月 28 日下午，教育部、国家电网公司在学校隆重举行了华北电力大学体制划转交接仪式，根据国家电力体制改革方案，华北电力大学由国家电网公司划转教育部管理。

3 月 31 日，在 2002 年 9 月举行的第三届河北省发明创造奖评选活动中，学校荣获“河北省优秀发明创造单位”称号。

4 月，北京市总工会分别授予宁文玉同志、王玲同志“北京市优秀职工之友”、“北京市优秀工会工作者”称号。

4 月中下旬至 7 月，根据教育部等上级机关的要求学校分别召开了相关会议，研究部署了有关工作，制定了“防非典”工作具体措施。

5 月 13 日，教育部副部长章新胜、教育部直属办副主任陈维嘉、国际司副司长张秀琴等一行六人来学校督察防治“非典”工作。

5 月 30 日，北京市副市长范伯元、北京市教委副主任张国华应邀到学校考察学校的建设规划及大学科技园区的筹建等工作。

5 月，学校确定王增平等 14 名同志具有博士生指导教师资格，加上新聘任为我校博导的黄其励、陈蕴博院士、倪以信教授，我校共增 17 名博导。

6 月 30 日，华北电力大学董事会在北京成立。华北电力大学董事会由国家电网公司、中国南方电网有限责任公司、中国华能集团公司、中国大唐集团公司、中国华电集团公司、中国国电集团公司、中国电力投资集团公司组成，与教育部共建。

7 月 4 日，根据华北电力大学《学科结构布局及院系调整方案》的精神，经校党委研究决定筹建以下 10 个学院：①电气工程学院；②能源与动力工程学院；③控制科学与工程学院；④计算机学院；⑤电子信息工程学院；⑥理学院；⑦人文社会科学学院；⑧外国语学院；⑨环境与化学工程学院；⑩机械工程学院。至 9 月 1 日，各学院筹建完毕，新的管理体制开始正式运行。

7 月 9 日，北京市副市长范伯元、北京市政府副秘书长张建东、北京市卫生局长郭积勇、昌平区区长佟根柱、副区长任学良一行来学校检查后勤卫生工作。

8 月 3 日，学校被河北省教育厅授予“全省教育统计工作先进集体”称号；徐冬花同志被授予“全省教育统计工作先进个人”称号。

8 月 6 日，学校与韩国加宾大学举行两校合作办学的签字仪式。

8 月 7 日，河北省副省长龙庄伟在河北省教育厅副厅长靳宝栓、保定市副市长贾体新等领导的陪同下来学校指导工作。

8 月 10 日，美国伊利诺伊理工大学派特使访问华北电力大学，就双方合作办学事宜进行会谈并签署备忘录和协议。

8 月 10 日，李琳、王翠茹同志被评为河北省教学名师。

8 月 23 日，学校印发《第二学士学位学生（全日制）教学及学籍管理暂行规定》，决定从 2003 年开始在校部招收全日制培养方式的第二学士学位学生。

8 月 29 日，学校四个科研项目获得 2003 年度国家高技术研究发展计划（863 计划）资助，资助金额共计 422 万元。

8 月 29 日，成立华北电力大学研究生院（筹），并对相关机构进行了调整。

8 月，冯立中、张建军、祝志杰等三位同志被河北省委教育工委、河北省教育厅评为河北省教育系统防治“非典”工作先进个人。

9 月 8 日，刘吉臻教授等人的“300MW 燃煤机组非线性建模与控制算法的研究”，崔翔教授等人的“基于灵敏度分析的电磁自动设计和最优设计的方法研究”、“火力发电机组高温部件寿命管理技术研究”、“高压直流试验室技术改造”等 4 个项目（后两项为与外单位合作项目）获中国电力科学技术奖励评审委员会奖励。

9 月，学校被批准增设工商管理硕士（MBA，Master of Business and Administration）学位点。

10 月 10 日，学校颁发华电校教字［2003］24 号文件，决定与河北省农业工程学校联合举办 2 年制大专班（学生在3年中专毕业后直接升入2年制大专），并在华北电力大学有关规定的基础上，根据联合办学的具体情况，制订了《华北电力大学与河北省农业工程学校联办“3+2”专科阶段学生学籍管理规定》。

10月17日，华北电力大学与北郊农场土地转让签字仪式在昆泰饭店隆重举行，此次541.28亩土地转让后，北京校区的面积超过1000亩。

10月18日，中国人民解放军总装备部航天医学研究所给学校和学校控股企业保定华仿科技有限公司同时发来致贺函，同贺“神舟”五号飞船发射成功并顺利返回，对学校在用于航天员培训的固定基航天飞行训练模拟器研制中所做的工作表示感谢，对学校先进的仿真技术和为国家航天事业所做的重要贡献表示赞扬。

10月29～31日，以Eddy Chui博士为团长的加拿大能源技术研究中心（CANMET Energy Technology Center）CIDA项目代表团一行四人对学校进行了学术交流和访问，并确定启动和实施学校参加的由我国政府与加拿大国际发展署签署立项的“中国电站锅炉提高效率减排CO”国际科技合作项目。

11月2～3日，学校分别在保定校部和北京校区举行建校45周年纪念庆典，同时还举行了校友总会成立大会、教育部与校董会成员单位共建华北电力大学签字仪式及高科技大楼奠基仪式。

11月25日，在第八届“挑战杯”全国大学生课外学术科技作品竞赛中，学校参赛选手取得良好成绩。自然科学类论文一篇获得二等奖，科技发明制作类三件及社会科学论文类一篇获得三等奖，同时学校被评为“高校优秀组织奖”。

11月29日，学校世行贷款资助下的国家两项教育部“新世纪高等教育教学改革项目”：“理工科大学生创新教育体系及其实践基地建设”和“综合性全程考试模式的改革与实践”等通过验收。

11月，教育部2003年度“高等学校博士学科点专项科研基金”揭晓，学校杨以涵教授申请的“基于误差反馈自适应控制的全光学电流互感器研究”，米增强教授申请的“混杂电力系统建模研究”等两个项目获得该基金资助。

11月，国家科技部、财政部联合下发国科发计字［2003］200号文件，学校控股企业华仿科技有限公司的“基于Windows2000通用图形化仿真支撑系统”项目获国家科委科技型中小企业技术创新基金资金资助。

11月，学校曾鸣教授的“厂网分开后区域电网最低成本扩容规划与管理的理论方法及实施方案研究”入选国家软科学研究计划指导性项目“经济社会发展的前瞻性研究”类拟定项目。这是学校首次申请此类国家级项目并获得资助。

11月，学校五个项目获得国家自然科学基金项目资助，资助总额62万元。

11月，学校被共青团中央、全国青联授予“青年科技创新教育基地”称号。

11月，学校的技术经济专业获准设立博士后科研流动站。

12月1日，河北省总工会授予学校后勤集团分工会“省模范职工小家”称号（河北省高校系统惟一一家）。

12月1日，2003年度教育部“优秀青年教师资助计划”揭晓，学校丁立键副教授申请的“材料空间电荷对真空中绝缘子沿面闪络作用机制的研究”获得该计划资助。

12月26日，学校图书馆工程经国家建设部中国建筑业协会专家评审，获得国家建筑工程最高奖“鲁班奖”。

12月，中国科学院工程热物理研究所博士生导师刘登瀛研究员正式受聘为学校教授。

12月，2003“高教社”杯全国大学生数学建模竞赛，学校11支队伍参赛队中有两队获得北京赛区二等奖。

（陈志　石峰）

中国电力报社

2003年是我国电力体制改革力度最大的一年，也是我国新闻体制改革史上大力整顿的一年。中国电力报社在电力监管委员会的领导下，在各电力公司的支持下，按照十六大精神和努力适应电力体制改革新形势，办好媒体，经营好媒体，服务行业，服务企业，服务电力职工，同时抓好精神文明建设的思路，努力开展工作，取得了明显成效。具体表现在：报纸质量在原基础上有所提高，多篇作品获得全国性新闻奖；经营工作在电力体制改革和“非典”因素的影响下，实现了预期目标，做到了收支平衡，略有结余；精神文明建设连续四年保持了中央国家机关文明单位称号，并首次跨入了首都文明单位的先进行列。

调整思路，重新确定报社定位

为适应电力体制改革的新形势，中国电力报社从2002年就提出了“深化改革，促进发展”的工作思路，成立了“深化改革，促进发展”领导小组和新闻、经营、管理三个研讨组，进行了广泛调研，于2003年初对内部机构和人员进行了调整。

2003年下半年，报社再次完善了改革发展思路，调整了报社和报纸的定位，提出把报社办成电力监管委员会主管下的新闻单位和电力行业的文化事业单位，使《中国电力报》成为电监会主管下的全国电力行业报，成为全国电力行业的新闻信息总汇，成为电监会、中电联等发布电力新闻和经济信息的指定权威媒体，成为电力企业共同拥有的新闻资源和宣传阵地。

按照文化事业单位的定位，报社在新闻报道以外继续发挥自身优势和行业优势，结合新闻工作积极开展相关社会活动，延伸办报办刊功能。由电监会主办、中国电力报社承办的“电力杯”书画展，扩大了中国电力报在社会上的影响；“中国电力新闻培训基地”在上海挂牌；中国电力报社继续与中国人民大学合作办学，中国人民大学北京市南学区，由中国电力报社教学站全权负责，招生范围和招生规模逐步扩大。

为适应办好大行业报的要求，报社把驻地和驻有关单位记者站的加强和建设当作一项重要工作来抓，一方面研究对已有记者站进行改组加强，另一方面及时与重组后的各大电力公司联系协商，除原有的华能记者站、南方公司记者站继续加强建设外，新组建了驻中国国电集团公司、中国电力投资集团公司两个记者站，其他电网公司、发电公司的建站工作正在进一步落实当中。

集中精力，狠抓报纸刊物质量

为落实电监会领导“进一步提高报刊质量，使之成为有较大影响力的行业大报”的指示精神，中国电力报社在广泛调研基础上，采取了多种措施，狠抓了报刊质量的提高。

一是牢固树立大行业报的意识，按照政府、市场监管、行业、企业的电力体制格局，调整了报道内容和版面结构。配合中央关于保证电力供应精神等重要部署，加强了对电监会和全国电力行业中心工作的报道，对指导全行业工作起到了重要作用。围绕电力监管委员会党组的中心工作，在电力市场建设、监管政策出台、电力市场信息披露等方面做了大量报道。并配合电力监管委员会各职能部门，开展了一系列调研工作。

二是把改扩版与提高新闻质量紧密结合。充分发挥策划在提高新闻工作质量中的作用，实施和改进了月度评报制度，强化了月度新计划的分析、组织和协调。坚持了新闻业务联席制度，专题研究提高新闻质量的措施和意见。在报道形式、新闻语言、版面设计等众多方面都有所改进。

三是按照中央关于改进新闻报道的精神，努力改进会议报道，坚持自主确定新闻主题，破除传统的“消息、评论、讲话摘要”的会议报道模式，突出会议新闻亮点。

四是充分发挥报社优势，为各大集团搞好新闻服务。在各大电力集团重组后，中国电力报社按照一要服务二要改进的原则，与各电力公司加强联系，确定报道的原则和方式。

五是突出抓难点、热点问题，突出抓新闻事件的报道。2003年的电力供需矛盾突出，国务院发出了确保电力供应的通知。中国电力报社及时与地方政府部门、国家电网公司等各大电力公司联系，及时报道了各地政府、电力企业在确保电力供应方面所采取的措施，从正面树立了电力行业和电力企业为国民经济和社会发展提供优质服务的良好形象。同时，从“美加大停电”的分析入手，结合我国电力行业的实际情况，组织发表了有关领导和专家的关于事故原因分析、体制根源探析、电网改造、应急对策等各类深层次文章70余篇，为电力决策部门提供了多种信息和决策依据。

报纸的变化，得到了电力监管委员会领导的认可和支持。电力监管委员会副主席邵秉仁批示：“中国电力报从内容和版面设计较之以前有很大改进，可谓图文并茂。可看出近期报社在提高办报质量方面所做努力正见成效，望再接再厉。”

多篇作品，获全国性新闻大奖

2003年是中国电力报社获奖作品数量较多的年份之一，多篇作品获得全国性新闻奖。其中较大奖项有：中国新闻最高奖——中国新闻奖和中国产业经济好新闻一等奖。

在2003年7月13日揭晓的第十三届中国新闻奖报纸副刊作品复评暨2002年全国报纸副刊作品年赛评选中，《中国电力报》的散文《最后一声懒豆花》获第十三届中国新闻奖报纸副刊作品复评铜奖。散文《水晶人》获2002年度全国报纸副刊作品年赛二等奖，2002年11月17日7版获2002年度全国报纸副刊版面年赛二等奖，专栏《说说无妨》获2002年度全国报纸副刊专栏年赛二等奖。

在2003年10月17日揭晓的“民生银行杯”第十七届中国产业经济好新闻评选中，《中国电力报》的消息《小湾工程建设与环保并举》获产业经济好新闻一等奖，另有9篇作品分别获得产业经济好新闻、副刊作品、漫画和版面作品的二、三等奖。

在2003年11月6日举行的首都女新闻工作者协会第七届好新闻颁奖大会上，本报社女记者张磊的新闻分析——《排污交易：樱桃好吃树难栽》获得好新闻奖。

强化观念，经营实现采编发行广告一体化

2003年，在报社职工和报社所属公司的努力下，克服电力体制改革和“非典”因素的影响，经营工作实现了预期目标，做到了收支平衡，略有结余。

一是在实践中贯彻了“一体化”思想和“大行业”思想。随着电力体制和新闻改革的深化，中国电力报社不断转变传统的办报观念，变办报刊为经营报刊，逐渐形成了大经营思想。即内部实现采编、发行、广告一体化，加强三个系列的策划和协调，外部办成权威的大行业报，成为确保报刊经营上规模上档次的重要发展战略之一。

二是调整了发行机制，发行收入有所增长。为改变“办报”与“卖报”二者脱节的现状，中国电力报社提出了“办报必须要了解读者需求，办报人员要成为发行人员”的工作思路，从而对发行机构和发行机制进行了调整。在报社全体人员的共同努力下，《中国电力报》2004年度发行量达到了163000份，中国电业2004年发行量达到了25600多份，报刊发行收入较2003年同期略有增长。

三是理顺了报社与所属公司的资产关系，加快了公司的市场化步伐。为使所属公司完全摆脱依赖思想，成为真正意义上的市场主体，报社在年初进一步理顺了与所属公司的资产关系，为实现采编、发行、广告一体化奠定了基础。2003年报社全年经济收入实现3270.91万元，同比增长12%。

抗击“非典”，精神文明建设硕果累累

在抗击“非典”斗争中，中国电力报社两级班子带动全社职工克服了各种不利因素，保持了较好的精神状态，高扬了全国电力行业职工边防“非典”边抓生产的大旗。新闻业务部门全体同志紧紧围绕中心工作，克服困难，坚守采编一线，确保了报刊和新闻网站正常出版，一批重点新闻报道产生了积极影响。在电力行业各种媒体中，《中国电力报》第一家报道了全行业职工抗击“非典”的情况，第一家发布了抗击“非典”公益广告。中国电力报社边防“非典”，边坚持正常出报，受到了中国行业报协委员会的通报表扬。

经过报社积极参与和民主选举，中国电力报社社长沈凤仪被选为宣武区第十三届人大代表委员。同时，宣武区第四届政协委员中也有了报社的代表，这些都使中国电力报社的参政议政渠道大大拓宽。

以交通安全管理为重点的综合治理也取得了较好的成效，其中交通安全管理继续获得了首都先进单位的称号。

中国电力报社已经连续四年获得中央国家机关文明单位称号。2003年以来虽有“非典”疫情的影响，报社不但没有放松精神文明建设的创建工作，还结合报社实际开展了有特点的创建活动。特别是“健康在身边”活动和“生命　健康”主题征文、摄影、书画作品展评活动，在白广路大院和西单大楼影响较大，广受好评。经过报社全体同志的共同努力，报社继续获得了中央国家机关文明单位的称号，并首次获得了首都文明单位的荣誉。

主要事件

1月15日，中国报协电子技术进步工作委员会、中国报协行业报委员会授予中国电力报社等12家全国性行业报社为“技术先进达标单位”。这标志着中国电力报社技术进步工作继续走在全国性行业报社的前列。

1月20日，《中国电力报》2002年11月24日的第八版，获2002年度全国新闻报刊优秀漫画专版银奖。

1月30日，中国电力报社社长兼总编辑沈凤仪代表中国电力报社和全国电力新闻工作者，通过电话向李鹏委员长及其夫人朱琳拜年。李鹏委员长在电话中详细询问了电力体制改革后中国电力报社的定位、报刊发行、经营收入情况，听取了沈凤仪社长有关报社自身深化改革、办大行业报刊、努力经营好三个媒体的情况汇报。

李鹏委员长对中国电力报社的改革与发展谈了重要意见。李鹏委员长讲，中国电力报社这些年有了很大发展，在电力系统有了很大影响，在电力改革与发展中起了很大很好的作用。报社现在办有《中国电力报》、《中国电业》杂志和中国电力新闻网站三个媒体，并已实现了自负盈亏。报社要企业化，要组建电力报业集团，以便更好地发挥三个媒体的作用，办好三个媒体，经营好三个媒体，更好地发展电力新闻事业。

关于报社体制，李鹏委员长讲，要由新组建的两个电网公司和五个发电公司等成立董事会。大家从经济上、发行上、稿件上等多方面支持报社，报社也要更好地为全电力行业和电力企业、电力职工服务。董事会挂靠在电力监管委员会。

3月21日，中国电力报社社长兼总编辑沈凤仪等向国家电力监管委员会党组成员、副主席邵秉仁汇报报社的工作。邵副主席对报社成立20多年来在电力行业的宣传报道方面所做的努力表示充分肯定，并就报纸质量、搞好经营、办好三产、维持生存、谋求发展、机制改革、资产划拨、领导体制等问题发表了意见。

3月21日，中国新闻奖初评暨“今日捷成杯”2002年全国专业报、产业报新闻摄影年赛在北京揭晓。中国电力报社共获包括两个一等奖在内的八项奖。

3月28日，国家电力监管委员会党组书记、主席柴松岳和党组成员、副主席宋密以及办公厅主任谭荣尧等人来到中国电力报社进行考察和调研。柴松岳在参观了《中国电力报》报纸编辑部和《中国电业》杂志编辑部后说，《中国电力报》在电力安全生产和电力工业改革和发展中发挥了重要作用。今后，在深化电力体制改革和加快电力工业发展中，中国电力报要继续正确把握舆论导向，及时传递信息，更好地服务改革，服务发展。同时，要加强自身建设，进一步提高报纸的质量，使之成为有较大影响力的行业大报。

4月1日，中国电力报社美术编辑孙佩杰的美术作品《高山仰止》在首届中国职工艺术节“北京城建杯”全国职工美术作品展中荣获优秀奖。

4月1日，由中国产业报协会组织开展的“双星杯”“喜迎十六大，回首庆辉煌”专题征文评比结果揭晓。中国电力报社选送的三篇征文均获奖项，《村村通电　照亮南疆边陲》获一等奖。

4月1日，中国电力报社从北京市交通安全委员会捧回“北京市2002年度交通安全先进单位”匾牌。

4月11日，《中国电力报》漫画作品《县长遇知县》，获由中国记协主办的第十三届中国新闻奖漫画作品复评暨2002年全国新闻漫画作品年赛银奖，同时也是中国产业报协会向第十三届中国新闻奖漫画作品复评选送的惟一获奖作品。

6月26日，报社召开中层干部会议，表彰了2003年度报社最佳工作奖和外部荣誉奖。

7月10日，中国电力报社工会发动职工为地处湖北山区的“黄火青图书室”捐助社科、科普、农业科技等适合中小学生和农民朋友阅读的各类书籍1350余册，为山区小学和农村文化建设尽绵薄之力。

7月13日，《中国电力报》散文《最后一声懒豆花》获由中华全国新闻工作者协会和中国报纸副刊研究会共同举办的第十三届中国新闻奖报纸副刊作品复评暨2002年全国报纸副刊作品年赛铜奖。散文《水晶人》获2002年度全国报纸副刊作品年赛二等奖，2002年11月17日7版获2002年度全国报纸副刊版面年赛二等奖，专栏《说说无妨》获2002年度全国报纸副刊专栏年赛二等奖。

7月29日，中国电力报社举办有国家电网公司及华能、大唐、华电、国电、中电投等五大发电集团公司代表出席的新闻改革座谈会，征求各方对本报新闻改革的意见，进一步沟通交流新闻报道情况。

7月29日～8月1日，中国电力报社在北戴河召开新闻宣传座谈会。

8月23日，中国电力报社中电兴艺术公司职工杨娜获由中国残疾人联合会、劳动和社会保障部等部门举办的第二届全国残疾人职业技能竞赛海报设计第七名。

9月2～3日　中国电力报社新闻宣传工作会议在内蒙古呼和浩特市召开。

10月15日，中国电力报社驻中国国电集团公司和中国电力投资集团公司记者站正式成立。国家电网公司、中国华能集团公司、中国大唐集团公司、中国华电集团公司派代表出席成立仪式。他们表示，电力企业的发展需要强有力的舆论支持，要进一步加强与报社的联系与合作，尽快成立报社驻本公司记者站。

11月4日，中国电力报社派新闻信息中心主任李民专程向新疆阿拉山口供电公司赠送两台电脑。

11月6日，中国电力报社女记者张磊的新闻分析——《排污交易：樱桃好吃树难栽》获首都女新闻工作者协会第七届好新闻奖。

11月8～11日，全国农电宣传工作会议在贵阳召开。

11月25日，在中国电力报刊协会召开的好新闻和“十佳双优”总评会上，中国电力报社编辑张长浩被评为2000～2001年度优秀新闻工作者。本报14篇作品被评为好新闻。其中一等奖8篇、二等奖6篇。

11月26日，在由中国产业报协会组织的2003年上半年头版消息大奖赛评选中，《中国电力报》获银奖一篇、铜奖二篇。其中银奖是《讹　电力线路走廊下一夜成林　铲　政府心明眼亮除无根之木》。

12月1日，为了适应电力改革后出现的新的格局，为了更好地服务于电力行业、电力企业和电力职工，《中国电力报》将于2004年再次进行版面调整，并实行彩色印刷。

12月4日，中国扶贫基金会新长城——特困大学生自强项目负责人李利来到中国电力报社，将写有“关爱特困大学生，共筑时代新长城”的奖牌和锦旗赠送给社长兼总编辑沈凤仪。李利说，感谢中国电力报社为我国特困大学生做出的突出贡献。中国电力报社在这次“新长城2003特困大学生关爱行动”中，共为特困大学生募集到13万余元的助学金。《中国电力报》星期刊还利用两个整版的版面刊登了“让我们一起关注10001个特困学子的命运”的报道。

12月15日，“首都广告行业精神文明先进单位”表彰及“全国广告行业文明单位”评选结果公布大会在北京举行。中国电力报社北京国电广告有限公司荣膺2002～2003年度“全国广告行业文明单位”称号，并同时荣获“首都广告行业精神文明建设先进单位”

奖牌和证书。

12月16日，报社社长兼总编辑沈凤仪同志，经过广大选民的层层选举，被评选为北京市宣武区第十三届人民代表大会代表。

12月26日，《电力快讯》编辑部在北京召开信息员座谈会。就《电力快讯》如何适应电力体制改革需要，如何为企业决策者、经营者和管理者提供信息，成为电力系统内部信息交流的重要平台进行了研讨。

（蒲秀兰）

中国电力出版社

2003年，中国电力出版社以邓小平理论和“三个代表”重要思想为指导，贯彻落实党的十六大、十六届三中全会精神，为改革、稳定、发展大局服务，为电力工业的发展服务，与时俱进，深化改革，开拓创新，加快发展，努力开拓出版领域，扩大生产规模，强化市场意识和经营理念，认真贯彻要把中国电力出版社办成“特色鲜明、多元经营、管理科学、优质高效的国内一流、国际影响显著的大型综合性现代科技出版企业”的战略思想，紧密围绕电力工业的改革和发展要求以及出版社自身扩大规模的需要，同时还努力为全国各行业用电和广大人民生活用电提供科学知识和技术传播服务，在生产经营、改革与开拓、精神文明建设等各方面都取得了一定的成绩。

作为全国惟一的电力科技专业出版社，该社出版了大量的电力科技图书、音像制品、电子出版物和期刊，对电力行业的科学研究、技术推广应用、安全生产、教育培训等发挥了重要作用。

领导班子

社长：宗健

副社长：牛忠宝　朱良镭（兼总编辑）　刘广峰

组织机构

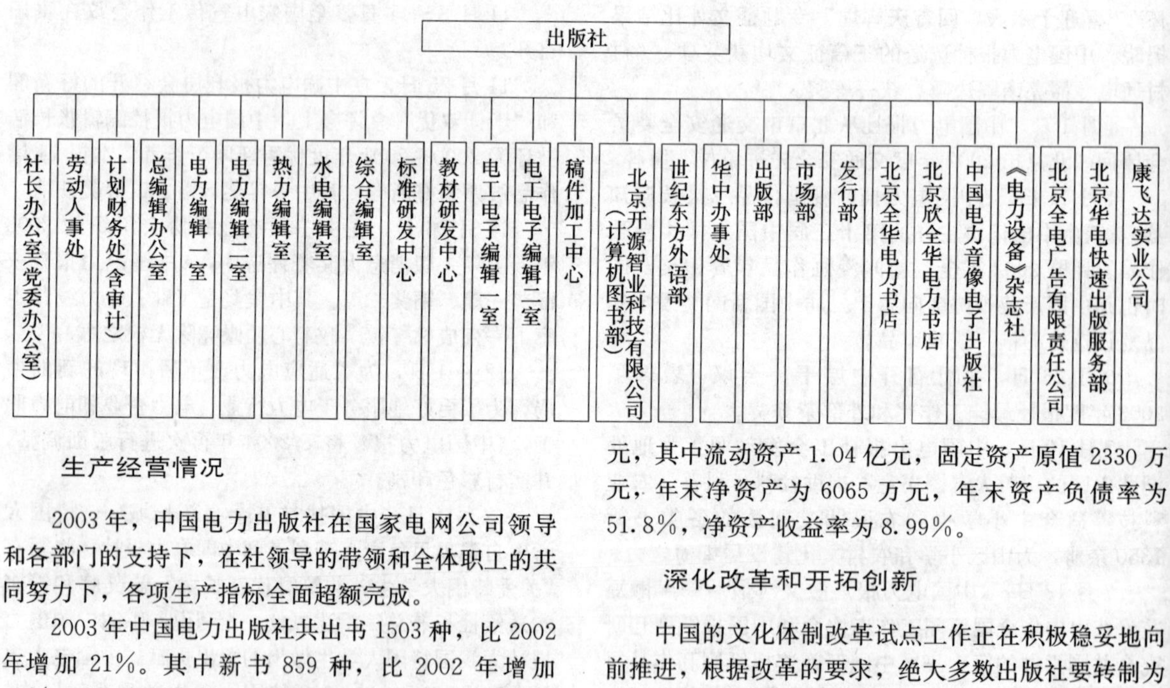

生产经营情况

2003年，中国电力出版社在国家电网公司领导和各部门的支持下，在社领导的带领和全体职工的共同努力下，各项生产指标全面超额完成。

2003年中国电力出版社共出书1503种，比2002年增加21%。其中新书859种，比2002年增加33%；重印书644种，比2002年增加7%。2003年出版新书字数44189万字，比2002年增加53%。图书生产总值18686万元。

截至2003年末，中国电力出版社（本部）主营业务实现销售收入7990万元，比2002年增加1973万元，增长32%。全年实现利润750万元，比2002年增加4万元。实现净利润500万元，比2002年增加123万元，增长32%。

2003年末中国电力出版社社总资产为1.25亿元，其中流动资产1.04亿元，固定资产原值2330万元，年末净资产为6065万元，年末资产负债率为51.8%，净资产收益率为8.99%。

深化改革和开拓创新

中国的文化体制改革试点工作正在积极稳妥地向前推进，根据改革的要求，绝大多数出版社要转制为企业。中国电力出版社作为国家电网公司所属的中央科技出版单位和惟一一家事业单位，无疑将面临冲击，同时也面临机遇。中国电力出版社一直在努力争取进入转制的试点单位之列，并做了大量的准备工作。

对人事制度进行了深化改革，实行了全员聘用制、人事代理制、职工招聘制和返聘制等多种灵活有效的用人机制，企业自主择人、人才自主择业，有力地提高了我社的生产能力，为扩大生产经营规模、提高劳动生产率起到了积极的作用。

深化养老保险和医疗保险的落实。中国电力出版社继1995年全体职工参加养老保险统筹，1999年参加北京市失业保险之后，自2003年1月起又参加了北京市基本医疗保险，并投保了补充医疗保险商业险。

2003年中国电力出版社完成了工商注册登记。

经过一系列改革，除工资制度外，中国电力出版社整体的运作模式基本已与企业无异，职工身份转换的过程中一些大的障碍已基本排除。

为了适应电力体制改革的需要和文化体制改革的要求，2003年，在国家电网公司的支持下，由国家电网公司、南方电网公司、5大发电集团公司、2家顾问集团公司、2家建设集团公司、5家区域电网公司、各省电力公司、国华电力及部分地方电力公司和本社共同成立了“全国电力出版指导委员会”，从而使中国电力出版社可以充分利用现有资源为电力行业服务，也保持了与电力行业各部门的密切关系，为今后实行股份制改造打下了良好的基础。

对编辑系统的组织机构、分配制度进行了改革、调整，极大地调动了编辑人员的工作积极性和创造性。

对产品结构进行了战略性调整，为进一步实现全方面立体化发展奠定了基础。

为适应出版业激烈竞争的要求，中国电力出版社不断拓展出书范围，扩大生产规模。传统电力图书出版领域进一步巩固和发展，计算机和外语类图书出版已成规模，教材和标准出版势头良好，又下人力气进行电工电子类和建筑类图书的开拓，继2002年成立电工电子编辑一室后，又成立了电工电子编辑二室，并引进了相关人才，使之成为出版社新的增长点。

2001年创办的《电力设备》杂志，现已发展为光盘、网站、纸介读物三位一体，月出刊一期，电力系统和设备制造业有广泛影响的专业期刊。

精神文明建设

中国电力出版社的精神文明建设以邓小平理论和“三个代表”的重要思想为指导，按照党的十六大精神和中共中央颁发的《公民道德建设实施纲要》的要求，围绕深化改革、保持稳定、加快发展的目标，与时俱进，不断创新，继续保持了多年来的中央国家机关“文明单位”、“首都文明单位”称号以及中宣部和新闻出版总署授予的“全国优秀出版社”的称号。出版社在生产规模不断扩大、生产经营压力很重的条件下，不放松精神文明建设和思想政治工作，加强了党风廉政建设，进一步完善了中心组学习制度，认真开好党内民主生活会，健全了八个精神文明建设群众性组织，将部门精神文明考核与文明处室建设挂钩，个人精神文明考核与创文明职工相结合。

坚持依法治国与以德治国相结合，着力提高干部职工的思想道德水平。以学习、宣传《公民道德建设实施纲要》和《国家电网公司员工道德规范》为主要内容，采取了学习讨论、图片宣传、知识答卷等方式的教育活动，使“爱国守法、诚实守信、敬业爱岗、遵章守纪、团结协作、优质服务、文明礼貌、关爱社会”的员工道德规范深入人心。

在抗击“非典”斗争中，该社一手抓防治“非典”，一手抓生产经营，以高度的政治责任感，责任落实，措施有力，实行了“非典”疫情一日一报制度，从各部门抽出专人专职值班，及时为全社职工购买、发放了消毒防护用品、药品及补品，把损失降到了最低程度。全社干部职工积极开展了以“防治‘非典’，奉献爱心”为主题的捐款活动，体现了该社干部职工忧国忧民的责任心。

2003年中国电力出版社对二里沟旧办公楼进行了重新装饰装修，对二里沟办公区进行了庭院绿化、美化，旧办公楼面貌焕然一新，提高了办公区建设的净化、绿化、美化的档次，为广大职工创造出了一个整洁、优美、清新、舒适的工作环境。

在社会治安综合治理、绿化美化、计划生育、交通安全、爱国卫生、义务献血等项工作中，中国电力出版社职工的计划生育率、晚婚率一直保持在100%水平，献血任务按期完成，无任何交通事故和治安案例，多次获上级单位和所在地“先进单位”和“先进个人”称号，取得了较好的成绩。

2003年中国电力出版社在精神文明建设方面获得的各项荣誉：

(1) 首都文明单位；

(2) 中央国家机关文明单位；

(3) 全国优秀出版社；

(4) 西城区爱国卫生先进单位；

(5) 西城区献血先进单位；

(6) 西城区交通安全先进单位；

(7) 西城区消防先进单位；

(8) 展览路地区社会治安综合治理“创安”工作达标单位；

(9) 展览路街道计划生育工作先进集体。

获奖情况

(1)《机械制图的动态思维过程》录像带获第二届国家音像制品奖；《水轮机转轮的类型与结构》VCD获第二届国家音像制品提名奖。

(2)《电力系统稳定与控制》获第十一届全国优秀科技图书二等奖。

(3)《莫让江河空自流——浅说水力发电》获第五届全国优秀科普作品提名奖。

(4)《面向21世纪电力科普知识读本》、《投资项目可行性研究指南》、《朗文快捷英语教程（第二版）学生用书（1～4）》、《供电企业安全性评价（第二版）》、《安全生产综合预控法》、《学看建筑工程施工图丛书》等6种图书被评为2003年度全国优秀畅销书，其中《面向21世纪电力科普知识读本》名列科技类排行榜第8名。

(5) 在第二届“服务三农全国农村图书大联展”活动中，《农村安全用电常识》、《生死线上——农村用电话安全》、《家庭实用电工》、《农村电工简明实用手册》、《农村电工必读》等5种图书被评为“2002年农村读者欢迎的图书”。

主要事件

2003年，随着国家电力体制改革进程，中国电力出版社的主管和主办单位变更为国家电网公司。

1月，参加了北京市基本医疗保险，并投保了补充医疗保险商业险。

1月28日，国家电网公司副总经理李彦梦、陈月明一行来到中国电力出版社，代表公司党组向出版社职工拜年。

8月，中国电力出版社完成工商注册登记。

12月，全国电力出版指导委员会成立，使中国电力出版社可以充分利用现有资源为电力全行业服务，也保持了与电力行业各部门的密切关系。

（华　峰）

各地区电力工业

华 北 地 区

华北电网有限公司

电网概况

截至2003年底，华北地区全口径发电装机容量8418.87万kW，其中水电295.75万kW、占3.51%，煤电7955.79万kW、占94.50%，油电158.84万kW、占1.89%，风电8.49万kW、占0.1%。装机容量按地区划分，京津唐地区2089.44万kW，河北省南部1015.03万kW，山西省1442.35万kW，山东省3035万kW，内蒙古自治区837.05万kW。电网统调发电装机容量6744.17万kW，其中水电275.65万kW、占4.09%，火电6462.9万kW、占95.83%。华北电网220kV及以上输电线路，总长度38897km，其中，500kV线路总长度8036km，220kV线路总长度30860km。220kV及以上变电站420座，变电容量12573万kVA，其中：500kV变电站27座，变电容量2976万kVA；220kV变电站393座，变电容量9597万kVA。

在华北电网内，按发电厂隶属关系划分：电网公司保留及待出售电厂装机容量952万kW，中国华能集团公司装机容量1112.5万kW，中国大唐集团公司装机容量956.85万kW，中国华电集团公司装机容量886.5万kW，中国国电集团公司装机容量633.7万kW，中国电力投资集团公司装机容量351.4万kW，除五大发电公司之外的其他独立发电公司装机容量1118.26万kW，地方电厂装机容量560.12万kW，企业自备电厂装机容量722.95万kW。

公司领导

董事长、总经理、党组书记：朱国桢
钱遵培　孙正运　刘铭刚　郭要斌　张一士
纪检组组长、党组成员：赵平
华北电力工委主任、党组成员：黄鹏良
总会计师：许山城

机构设置

机构设置见华北电网有限公司组织机构图。

电网运行和安全管理

2003年，华北电网有限公司坚持“安全第一，预防为主”的方针，深入落实安全生产责任制和各项安全措施，圆满完成了“两会”、十六届三中全会以及“神舟五号”载人飞船发射等重大政治保电任务，取得了抗非保电工作的决定性胜利，顺利度过了夏季和冬季大负荷期，保证了电网安全稳定运行和向社会的安全可靠供电，全面完成了国家电网公司下达的安全生产考核指标。

2003年夏季，华北电网最大负荷达到3995万kW，同比增长9.33%；京津唐电网最大负荷达到1961万kW，同比增长7.04%；北京地区最大负荷达到833万kW，同比增长0.73%。为了应对巨大的电力需求压力，公司一方面在大负荷到来前加快主配网设备的增容改造，解决“卡脖子”问题，一方面加强调度管理，精心安排电网运行方式，做好需求侧管理，提前制定并落实错峰等措施。大负荷期间，充分发挥区域电网余缺互补的优势，适时调整各联络线潮流，各省（市、自治区）电力公司通力协作，有效地缓解了网内各省（市、自治区）的用电紧张局面，保证了华北主网稳定运行，受到国家电网公司的充分肯定。

2003年发生的非典疫情给华北电网内各省（市、自治区）电力公司安全生产等各方面的工作带来很大影响，公司党组提出“四个保证”，即保证重要政治用户用电、保证非典防治机构用电、保证非典隔离区用电和保证居民用电，坚持一手抓抗击非典，一手抓安全生产，在防治非典的同时，保证向社会的安全供电。华北是非典重灾区，华北电网内北京、天津、河北、山西、山东、内蒙古电力公司积极行动起来，落实责任，群防群控，广大职工踊跃捐款，奉献爱心，齐心协力抗击非典，并积极为地方非典防治机构进行供电设施改造，有力地支持了社会的防治非典工作，受到地方政府和国家电网公司的高度评价。5月2日，国务院副总理黄菊到华北电力调度中心慰问一线职工，对华北电网抗非保电工作给予充分肯定。

华北电网有限公司组织机构图

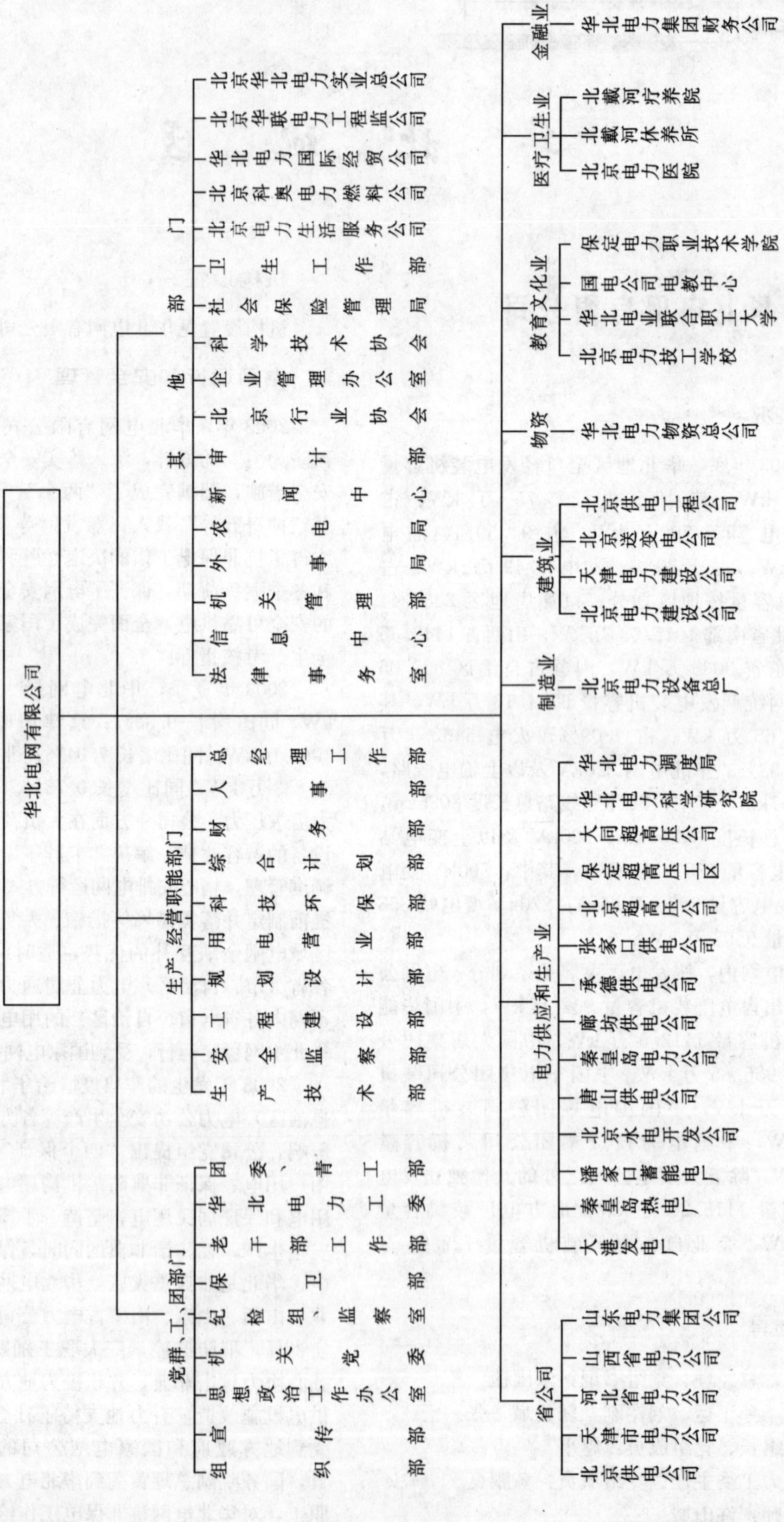

防范电网风险，安全基础管理进一步加强。2003年初，中共中央总书记胡锦涛到北京供电公司慰问职工，指出“电力系统非常重要，关系到国民经济的发展，关系到人民生活，关系到社会的稳定。”公司认真贯彻胡锦涛总书记指示精神，认真研究防范电网风险的措施，美、加发生大停电事故后，召开了专题会议，结合电网实际认真分析影响电网安全的潜在因素，制定防范措施，确保电网安全；2003年，华北电网公司系统贯彻国家电网公司1号令，认真开展了“六复核”工作；开展了“安全生产教育月”等各种形式的安全教育活动，认真查找安全生产上的薄弱环节，努力消除安全隐患；采取各种形式对职工进行安全教育和技术培训，使安全生产意识深入人心，夯实了安全基础。

公司系统加快了科技创新步伐，继续加大对科技开发的投入。信息化建设取得进展，公司本部与国家电网公司以及基层发供电单位实现了办公自动化系统联网运行；启动了生产管理系统的建设，部分系统已经投入使用，取得了良好效果。

电网建设

做好电网规划工作。适应公司的发展，认真调整“十五”规划、编制“十一五”及2020年长远规划；进一步完善了送变电工程项目前期可行性研究和报批立项的管理工作。

华北电网500kV主网架建设成绩显著。网内各基建施工、修造企业抢工期，抓质量，严管理，在电网建设上取得可喜成绩。相继投产了500kV托克托—浑源—安定双回输变电工程、丰镇—万全—顺义双回线路加装串补装置工程、滨海—吴庄输电线路工程、保北—霸州—吴庄输变电工程、大同—小营输变电工程、侯马—运城输变电工程、蔺河—辛安线路工程、辛安—廉州线路工程以及500kV房山变电站、崂山变电站扩建工程等一大批重要的电网建设项目，使华北500kV主网架进一步加强。配合国家电网公司完成了华北—华中联网工程。

农网改造工程进展顺利。华北农网二期改造工程基本完成187.26亿元的投资计划。其中：天津5.1亿元，冀北地区6亿元，河北23.26亿元，山西41.5亿元，山东55亿元；北京累计完成投资计划的85%。华北农网三期改造工程已完成投资计划的79.4%，高于国家电网公司系统完成63.7%的平均水平。其中：天津、河北、山东已分别全部完成3亿元、10亿元和7亿元的投资计划，冀北地区、山西和内蒙古西部地区分别完成投资计划的68.1%、69.4%和53.4%；北京地区农网三期改造计划已由北京市政府批准并上报国家发改委待批。

经营管理

公司系统坚持以经济效益为中心，全面落实经济责任制和资产经营责任制。各省（市、自治区）电力公司加强资金管理和预算管理，有效控制成本和费用的增长，努力开源节流；加强线损管理，有针对性地制定降损措施，努力降低线损。积极疏导电价矛盾，切实加强电价和用电管理；完善以市场为导向的营销管理体系，大力开拓电力市场，千方百计增供扩销，实现售电量和销售收入快速增长；加强电费回收工作力度。全面完成了国家电网公司下达的资产经营考核指标，经营管理水平和经济效益普遍提高。

（一）资产经营考核指标完成情况

华北公司各成员单位，总体经营状况完成较好。利润、净资产收益率、资产负债率、上缴投资收益、应收电费余额等五项资产经营指标均完成了国网公司下达的考核数。

1. 原华北电力集团公司（考核口径）

利润总额：国网公司下达原集团公司（考核口径）2003年利润总额指标为10亿元，全年实际完成利润总额13.73亿元，超过考核指标3.73亿元。其中，京津唐实现利润10.8亿元（天津－0.3亿元），河北公司实现利润2.34亿元（净利润），山西公司0.54亿元。

资产负债率：国网公司下达原集团公司（考核口径）资产负债率指标为45%，全年实际完成41.19%，低于考核指标3.81个百分点。其中，天津公司完成61.83%，低于考核指标3.17个百分点；河北公司完成63.97%，低于考核指标6.03个百分点；山西公司完成75.17%，低于考核指标5.83个百分点。

净资产收益率：国网公司下达原集团公司（考核口径）净资产收益率指标为1.3%，全年实际完成1.7%，比考核指标高出0.4个百分点。其中，河北公司2.5%、山西公司3.39%，均超过考核指标，天津公司完成－0.46%。

应收电费余额：国网公司下达原集团公司（考核口径）应收电费余额指标为31.8亿元，全年实际完成29.09亿元，低于考核指标2.71亿元。各成员单位均完成考核指标，并比考核指标不同程度有所降低。

上缴投资收益：国网公司下达原集团公司（考核口径）上缴投资收益指标为1.158亿元，各成员单位均及时足额完成了上缴任务。

2. 山东电力集团公司（母公司考核口径）

利润总额：国网公司下达山东电力集团公司（考核口径）2003年利润总额指标为4亿元，山东电力集团公司（考核口径）全年实现利润4.28亿元，超过利润指标0.28亿元。

资产负债率：国网公司下达山东电力集团公司（考核口径）资产负债率指标为62.5%，山东电力集团公司（考核口径）实际完成53.75%，比考核指标降低8.75个百分点。

净资产收益率：国网公司下达山东电力集团公司净资产收益率为0.5%，山东电力集团公司净资产收益率实际完成1.38%，比考核指标高出0.88个百分点。

应收电费余额：（财务口径）国网公司下达山东电力集团公司（考核口径）应收电费余额为1.5亿元，山东电力集团公司（考核口径）实际完成0.58亿元，低于考核指标0.92亿元。

上缴投资收益：国网公司下达山东电力集团公司上缴投资收益为0.94亿元，山东电力集团公司及时足额完成了上缴任务。

（二）华北电网（含京津唐、河北、山西、山东和蒙西，下同）主要指标完成情况及特征

华北电网售电量完成3372.43亿kWh，同比增长14.04%。其中：京津唐完成1012.99亿kWh，同比增长14.16%；河北公司完成571.25亿kWh，同比增长10.71%；山西公司完成485.16亿kWh，同比增长14.27%；山东电力集团公司完成1039.69亿kWh，同比增长11.27%；内蒙公司完成353.28亿kWh，同比增长27.91%。售电量增长整体呈现"高开—回落—恢复—回升"的"V"字形运行走势。

华北电网网（省）调机组发电量完成3619.50亿kWh，同比升高12.85%。其中，华北公司保留及待出售机组发电量占总发电量的0.06%。京津唐电网网调机组发电量累计完成990.97亿kWh，同比增长16.79%；河北南网省调机组发电量累计完成530.69亿kWh，同比增长5.60%；山西电网省调机组发电量累计完成661.90亿kWh，同比增长13.89%；山东电网省调机组发电量完成1054.66亿kWh，同比增长8.61%；蒙西电网省调机组发电量累计完成381.28亿kWh，同比增长25.38%。

华北电网线损率完成6.50%，同比降低0.27个百分点。其中：京津唐完成7.92%，同比降低0.01个百分点；河北南网完成5.10%，同比降低1.68个百分点；山西电网完成7.95%，同比降低0.05个百分点；山东电网完成5.0%，与同期持平；蒙西电网完成5.31%，同比升高0.24个百分点。

华北电网（不含山东）最大负荷为3995万kW，同比增长9.33%。最大峰谷差为1491万kW，同比增长21.91%。其中：京津唐电网最大负荷为1961万kW，同比增长7.04%；河北南网最大负荷为940万kW，同比增长9.81%；山西电网最大负荷为853万kW，同比增长10.06%；山东电网最大负荷1760万kW，同比增长8.57%。

网间交换电量增大，合计交易电量182.76亿kWh（不含山西送河北电量），同比增长17.89%。其中，京津唐电网受东北公司电量42.44亿kWh，同比增长46.09%；京津唐输出河北南网电量29.38亿kWh，同比增长94.06%。

（三）华北电网有限公司主要财务指标完成情况

2003年华北电网有限公司（合并口径）实现利润20.25亿元，比2002年增加4.4亿元，增长27.9%。主营业务收入1302亿元，比2002年增长14.9%，其中电力产品销售净收入1093亿元，比2002年增长13.1%。主营业务成本1195亿元，比2002年增长15.7%，其中电力产品销售成本1049亿元，比2002年增长14.0%。财务费用28.8亿元，比2002年降低10.3%。

2003年华北电网有限公司资本性资金来源255亿元，完成预算的77.3%。其中：折旧、净利润等自有资金来源116亿元，完成预算的116%；对外融资138.4亿元，完成预算的60.3%，比预算减少91亿元。对外融资占资本性资金来源的54.4%。

2003年资本性资金支出245亿元，完成预算的73%。其中：电网项目支出143亿元，占资本性支出的58.4%，完成预算的57%；技改及科教支出11.5亿元；发电项目支出1.4亿元；归还贷款本金82.5亿元，完成预算的129.5%，比预算增加18.8亿元。

体制改革

11月8日，华北电网有限公司正式挂牌成立，标志着国家电网公司深化改革取得重大阶段性成果。华北电网有限公司的成立，是华北电力管理体制具有里程碑意义的重大变革，北京供电公司、天津市电力公司作为华北电网有限公司分公司，河北省电力公司、山西省电力公司、山东电力集团公司作为华北电网有限公司子公司，内蒙古西部电网下一步将按照国家电网公司的总体部署，与华北电网有限公司进行资产重组，共同组成华北电网有限公司大家庭，为华北电网发展掀开了崭新的一页，对于进一步促进华北电网资源的优化配置、推动华北地区国民经济的发展、不断提高人民生活水平具有重要的意义。

在国家电网公司的领导下，2003年，公司着手理顺内部管理关系，配合国家电网公司将北京供电公司建制调整为华北电网有限公司分公司，为加快北京地区电网建设、提高管理水平创造了条件；对所属部分单位调整了管理关系。各省（市）电力公司发电企业的划转移交工作已大部完成。在国家电网公司的支

持下，今年将由多家发电集团公司和华北电网有限公司共同组建北京电力医院医董会，推动北京电力医院的股份制改造。

精神文明

公司按照分级负责的原则，逐级签订党风廉政建设责任书，全面实行党风廉政建设责任制；认真落实领导干部“三项谈话”制度，加强了对干部选拔任用的监督管理，组织开展了“党风廉政建设宣传教育月”活动，加强党风廉政警示教育，不断增强广大党员和领导干部的廉洁自律意识。

公司系统认真贯彻十六大精神和胡锦涛总书记“七一”重要讲话精神，兴起学习贯彻“三个代表”重要思想的新高潮。公司党组坚持中心组学习制度，紧密联系实际，研究解决企业在改革发展中的重大问题、职工群众在生产生活中的紧迫问题以及党的建设和干部作风中的突出问题，不断强化思想作风建设；制定并实施了加强党的组织建设四项管理制度，在党内深入开展了学习十六大、学习新党章、向郑培民同志学习第一系列宣传教育活动；全面完成了华北电力系统党建三年规划确定的各项目标。通过举办“抗非保电先进事迹报告会”，大力弘扬了抗击非典精神，经过非典考验，公司系统更加团结，凝聚力和向心力大大增强。建立精神文明建设的长效机制，创建文明单位和文明行业工作取得新的成绩。认真帮助基层单位解决实际困难，广泛开展送温暖活动，积极帮扶困难职工，着力解决职工群众关心的问题，努力化解矛盾；信访工作进一步加强，集体上访批次及人数分别比2002年下降了40%和80%，保持了企业和职工队伍稳定。

优质服务水平得到提升。公司系统加大了优质服务工作力度，大力抓好“95598”系统硬件建设，同时加强了制度建设，推进优质服务工作的规范化、标准化和制度化，优化了营业和服务流程，提高了优质服务工作的现代化水平；开展了“优质服务是国家电网生命线”、“供电营业职工文明服务行为规范竞赛”等多种形式的活动，涌现出了一大批供电营业示范窗口。

队伍建设

公司党组坚持“政治坚定，品行端正，能力突出，廉洁自律，群众公认”五条原则，严格执行干部选拔考核任用程序，加大了领导班子调整工作的力度，配合国家电网公司调整领导干部201人，涉及北京、天津、河北、山西4个省（市）电力公司和21个直属直管、关联单位以及公司机关所有部门，一大批德才兼备的年径干部走上领导岗位，同时加大了干部交流的力度；对不称职的干部予以免职。领导班子的调整，解决了领导干部队伍年龄结构老化、部分基层领导班子较弱以及个别领导干部能力差、群众反映大等多年积累的问题，干部队伍结构得到了优化，干部队伍素质进一步提高，各项工作焕发了活力。

加强职工教育和培训。公司选派优秀人才参加了国家电网公司组织的电力MBA培训班；选拔一批业务骨干参加电力市场培训，为公司的市场化运作储备技术人才。

引进多种用工方式，创新用人机制。针对多年来在人员招聘及使用上存在的问题，公司研究出台了新的人员招聘管理规定，将过去以专业需求为核心招收大专院校毕业生改为以岗位需求为核心招聘各类人员，将过去只能招收应届大专院校统招的毕业生扩展到符合用人单位岗位需要的其他人员；制定了引入多种用工形式的实施办法，对解决生产一线缺员、职工队伍稳定和农村电工的管理问题起到了积极作用。

主要事件

2月1日上午9时20分，中共中央总书记胡锦涛，中共中央政治局委员、北京市委书记刘琪，中共中央政治局候补委员、书记处书记、办公厅主任王刚，北京市市长孟学农来到北京供电局调度大楼慰问北京供电职工。胡锦涛总书记先后来到市调和区调同值班人员一一握手，详细询问节日期间的负荷情况和2003年夏季保证首都安全供电的工作，以及首都电力供应能力和今后的发展。在听取了集团公司副总经理朱国桢、栾军的汇报后，胡锦涛总书记做了重要指示。他说：“今天是春节，我和刘琪同志、王刚同志和学农同志来看望大家，给大家拜年，给全国电力系统的职工拜年。电力系统非常重要，关系到国民经济的发展，关系到人民生活，关系到社会的稳定。广大电力职工为了让人民过好春节，放弃了休息和与家人团聚，坚守在工作岗位上，我们向你们表示慰问和感谢。在新的一年里，希望你们认真学习十六大精神，全面实践‘三个代表’重要思想，不断学习专业知识，提高业务能力和服务水平，为全面建设小康社会做出贡献”。

2月12日，国家电网公司党组书记、总经理赵希正、北京市委组织部副部长张志伟一行到华北电力集团公司宣布国家电网公司党组干部任免决定，任命朱国桢为华北电力集团公司党组书记、总经理；钱遵培、孙正运、刘铭刚、栾军、郭要斌、张一士任集团公司副总经理、党组成员；赵平任集团公司党组成员、纪律检查组组长；黄鹏良任集团公司党组成员、工委主任；许山成任集团公司总会计师。

2月24～25日，集团公司召开二届六次职工代表大会暨2003年工作会议。会议代表听取并审议通过了集团公司总经理朱国桢的工作报告；审议通过了集团公司2002年业务招待费使用情况的报告；审议了集团公司2002年财务预算完成情况和2003年财务预算的报告、二届五次职代会提案处理工作报告、社会保险工作情况报告及二届五次职代会工作情况的报告；听取了集团公司计划部关于2002年经济责任制执行情况及2003年经济责任制考核办法的说明、人事部关于2002年三项责任制考核兑现及2003年考核办法修订原则意见的说明。会上对2002年度先进单位、先进工作者和优秀合理化建议进行了表彰。集团公司总经理朱国桢与公司系统单位的党政一把手签订了2003年安全生产、资产经营、党风廉政建设责任书。

5月2日上午，国务院副总理黄菊到华北电力调度中心慰问一线职工。国务院副秘书长尤权、国家电力监管委员会主席柴松岳、国家发展与改革委员会副主任张国宝、北京市副市长陆昊，国家电网公司总经理赵希正、副总经理刘振亚，集团公司总经理朱国桢、副总经理钱遵培陪同。

9月26日，北京供电分公司挂牌。国家电网公司总经理赵希正、集团公司总经理朱国桢出席了挂牌仪式。按照国家电网公司（国家电网人资［2003］120号）文件精神，北京供电公司调整建制，调整为正局（司）级单位，北京供电公司本部的职能管理机构原则上不超过15个处室，280人以内。北京供电公司总经理、党委书记由国家电网公司直接考察、任命并管理；领导班子其他成员的任命由集团公司负责，但须事先征得国家电网公司同意。国家电网公司党组下发通知（国家电网任［2003］89号和国家电网党任［2003］58号），决定李一凡任北京供电公司党委副书记、总经理，决定栾军任北京供电公司党委书记、副总经理。集团公司党组下发通知（华北电集党任［2003］19号），决定陈当、蒋晓华、侯清国、任静夫、周同山同志任北京供电公司党委常委、副总经理；周同山同志任纪委书记。

11月8日，华北电网有限公司在京成立。随着华北电网有限公司的挂牌成立，国家电网公司所属的五家区域电网公司重组改制的第一步工作全面完成，标志着国家电网公司深化改革取得重大阶段性成果。国家电网公司总经理赵希正、国家电力监管委员会副主席邵秉仁、国务院派驻国家电网公司监事会主席路耀华、北京市副市长陆昊、天津市副市长崔津渡、河北省副省长付双建、山西省副省长宋北彬、山东省副省长孙守璞等出席成立大会，并与新任华北电网有限公司董事长朱国桢共同为公司揭牌。

（牛健伟）

天津市电力工业

概况

2003年，天津市电力公司在国家电网公司、华北电网有限公司的正确领导下，坚持“求强、发展、超越自我”的企业发展理念，主动适应“厂网分开”带来的深刻变革，积极应对经营发展中存在的巨大困难，战胜了因“非典”造成的不利影响，经受了夏季负荷高峰对电网的考验，全面实现了年度主要生产目标，为天津市“三步走”战略的实施和第一步战略目标的实现提供了可靠的电力保障。全年发电量完成57.9亿kWh，同比增长3.58%；售电量完成247.53亿kWh，同比增长12.15%；供电量完成259.99亿kWh，同比增长12.14%；供电电压合格率完成99.23%；同比提高0.19个百分点；城市和农村供电可靠率分别达到99.930%和99.744%，同比提高0.004和0.035个百分点。110kV及以下变电站线损率完成4.79%，同比持平。

公司领导

总经理：李庆林

副总经理：陈振宇　刘昌印　胡玉海　薛　锦　么　虹

总工程师　王守东

工会主席　司国仓

纪委书记　赵起康

总会计师　李　路

机构设置

总经理工作部、计划发展部、规划设计部、人事部、财务部、生产技术部、电力营销部、基建工程部、科技信息部、安全监察部、审计部、纪检监察部、政治工作部、体改办、法律事务部、工会、多经办、机关工作部、招投标中心。

所属基层单位

军粮城发电厂、高压供电公司、城东供电分公司、城南供电分公司、城西供电分公司、电能计量中心、东丽供电分公司、西青供电分公司、津南供电分公司、北辰供电分公司、滨海供电公司、蓟县供电局、供电设备修造厂、技术中心、调度通信中心、培训中心、电力设计院、基建工程承包公司、送变电工程公司、安正电力物资有限公司、客户服务中心、路灯管理处、宁河供电有限公司、武清供电有限公司、宝坻供电有限公司、静海供电有限公司、三源电力集团公司。

安全生产

在深化电力改革的新形势下，天津市电力公司始终坚持“安全第一，预防为主”的方针，认真贯彻落实党中央、国务院、国家电网公司关于安全生产的工作部署，严格落实《安全生产法》和国家电网公司一号令，深入开展了“安全生产月”和“安全生产教育月”活动，提高了全员安全意识和公司整体安全生产管理水平。公司系统没有发生特大、重大设备事故和电网事故，没有发生生产人身死亡事故；没有发生重大生产火灾事故、重大生产交通事故和重大施工机械设备损坏事故。全面完成了国家电网公司《安全生产责任书》确定的目标任务。

2003 年夏季，天津地区最大负荷和最大日供电量均创历史新高，达到 468 万 kW 和 9512 万 kWh，同比增长 4.5%和 5.14%。冬季电网最大负荷也达到了 441 万 kW，为同期历史最高。天津市电力公司上下协同努力，超前研究部署，加快实施电网建设应急工程和线路切改、增容改造工程，合理安排电网运行方式，落实了平峰、错峰等电力平衡措施，天津电网经受住了考验，基本上没有拉闸限电，完成了夏季和冬季两个用电高峰的供电任务，为全社会的安全可靠供电提供了有力保障。

城乡电网建设

2003 年，面对天津经济持续快速发展和城市建设全面开展的新要求，天津市电力公司努力克服电网建设资金缺乏的矛盾，竭力支持天津经济发展。电网建设改造工程稳步推进，投产了滨吴（滨海—吴庄）、吴霸（吴庄—霸州）2 条 500kV 输电线路，实现了天津 500kV 电网单回环网运行，使电网结构得到进一步完善；建成投产了白庙、宁河 2 项 220kV 变电站工程，临港、东桑园 2 项 110kV 输变电工程，以及梅江、嘉海、铁东路、南大桥、宝坻城西、静海府君庙、静海史庄子、无暇街等 8 项 35kV 送变电工程，新增主变容量 90.26 万 kVA。为适应区县经济发展的需要，启动了县城电网改造工程。按照市政府的统一安排，三年路灯改造计划和相应的夜景灯光工程已经圆满完成。配合天津市工业战略东移、海河综合开发等重点工作，完成了 35 项市政府重点工程的电力配套任务。公司直属单位全年受理业扩报装 348.2 万 kVA，完成送电 153.7 万 kVA，分别比同期增长 69.9%和 109.4%。电网建设的协调发展，为天津地区经济发展和城市建设提供了有力的支持和保障。

优质服务

天津市电力公司坚持“优质、方便、规范、真诚”的服务方针，不断完善服务手段，拓展服务内容。2003 年，按照国家电网公司的统一部署，深入开展了“优质服务是国家电网的生命线”活动，全公司的电力优质服务和管理水平进一步提高。努力跟踪客户需求，修订、公布了新的供电服务承诺标准；对客户服务系统的流程进行了优化调整，加强了客户服务的过程和监督；在完善市区客户服务的基础上，基本完成了两区三县客户服务系统建设，实现了天津全地区的用电服务业务“一个中心”一口对外；开展了对服务人员规范化服务培训和管理，强化了对行业作风的监督检查和社会测评，进一步提升了全员服务意识和优质服务水平。公司客户服务中心被评为国家电网公司系统“优质服务标兵单位”。面对突如其来的“非典”疫情，公司坚持一手抓防治“非典”、一手抓生产经营，周密部署，全力防范。保证了这一特殊时期职工的安全和社会电力供应，圆满完成了对市 5 所医疗机构和 31 个相关单位的保电任务。受到了天津市委、市政府的表彰。

企业管理

天津市电力公司坚持走“以信息化推动工业化，以工业化带动信息化”的道路，结合企业发展和管理实际，提出了在“新型工业化道路上实现一流目标”的工作要求和建设“数字化企业”的管理目标，加快了企业管理的创新和完善。2003 年，天津市电力公司在原有信息化建设的基础上，对客户服务、用电 MIS、民用电管理、电网调度等信息系统的功能进行了进一步整合和完善；完成了生产 MIS 和电网图形辅助决策系统的开发；进一步拓展了财务管理信息系统的功能；完成了办公自动化系统的升级和在全公司范围内的推广、应用；规范了企业综合信息管理，在挖掘和利用各业务系统的资源方面进行了积极探索，大大提升了企业的现代化管理水平。

2003 年，天津市电力公司系统各单位在管理上求强创新，基础管理和现代化管理水平有了进一步提高。城西、城东供电分公司获得国家电网公司一流供电企业称号，北辰供电分公司获得华北电网有限公司一流供电企业称号。至此，全公司已有 9 个单位进入一流电力企业行列。此外，西青供电分公司的“供电经营管理决策支持系统”获得中国电力企业联合会管理现代化创新成果一等奖，同时通过了天津市科委成果鉴定；技术中心的“高盐碱含量地质地区接地系统抗腐蚀技术研究”项目获得华北电网有限公司科技成果一等奖和国家电网公司科技成果三等奖。

精神文明建设

天津市电力公司坚持以“三个代表”重要思想和

党的十六大、十六届三中全会精神为指导，党的建设和精神文明建设紧紧贴近企业中心工作，在发挥各级党组织的政治核心作用和党员的先进性方面进行了积极探索。党风廉政建设拓展了领域、增强了针对性。企业民主管理制度更加健全，厂务公开工作日臻完善。成功举办了第四届职工文化艺术节，形式多样的企业文化活动和长效的温暖活动进一步增强了企业凝聚力。天津市电力公司被评为全市十大“文明行业标兵”之一。

多种经营

2003年，天津市电力公司多经系统在产业开发、拓展市场方面取得了新的成绩。三源电力集团公司在培育支柱型产业，提高市场竞争力方面进行了积极探索。军粮城发电厂退役机组改造进展顺利，秦阳制药项目进入了试生产阶段，六纬路商住楼基本竣工并开始预售工作。制造、施工、工贸等专业公司在引进新技术、开发新产品、开拓市场等方面做了大量工作，市场竞争能力进一步增强。基层多经企业在巩固内部市场的基础上，进一步拓展了外部市场。军粮城电厂的粉煤灰制品、东丽线缆、供修兆安变压器等产品项目市场销路良好，产值、利润有较大幅度增长；高压、城东、北辰送变电、安正公司等基层单位通过投资、合资、合营、引进技术等形式开发了一些新项目。经过多经企业广大职工的共同努力，2003年公司多经总收入完成25.82亿元，同比增长17%。

主要事件

1月14日，按照国电总［2003］1号及国电总［2003］5号文件，自2003年1月14日24时起，由中国国电集团公司负责天津第一热电厂安全生产管理工作。

1月，在2002年中共天津市委、市政府、天津警备区“双拥”工作评比中，公司荣获拥军优属模范集体称号。

2月13日，国家电网公司召开干部任职宣布大会。华北电力集团公司党组书记、总经理朱国桢、天津市工业工委副书记邵彪、国家电网公司人事董事部主任张文亮等出席了大会。根据国家电网公司党组任职决定，李庆林同志任中共天津市电力公司委员会书记、总经理。根据华北电力集团公司党组任职决定，李路同志任天津市电力公司总会计师。

原天津市电力公司党委书记、总经理杨庆同志调中国大唐集团公司工作。

2月19日，经2月12日公司第三次常委会研究决定，撤销公司发电部、供电部，成立生产技术部。生产技术部履行原发电部（供热办公室）和供电部全部职能和职责。

2月19日，经2月12日公司第三次常委会研究决定，调整三源电力集团公司董事会。李庆林任董事长、刘昌印任副董事长；另设董事9人。

3月3日，公司二届七次职工代表大会暨2003年工作会议隆重召开。

3月18日，根据华北电力集团公司党组下发华北电集任党任［2003］5号下文及华北电力集团公司下发华北电集任［2003］21号文，薛锦同志任公司党委常委、公司副总经理兼总工程师。

3月27日，天津市电力协会召开第一届四次理事会议，补选天津市电力公司总经理李庆林为天津市电力行业协会理事长；天津三源电力集团公司总经理李明为副理事长。

4月，天津市第三期农村电网建设与改造工程正式启动。该项目计划投资9.1亿元。工程预计2005年完成。

4月，公司荣获2002年度市工业系统社会治安综合治理先进单位称号。

4月，高压供电公司李金明荣获全国总工会颁发的“五一”劳动奖章；宋敬尚、李秀芬、李卫卿、李秉实、郭学军、邢佩福、梁宝全、姜义、王琢、张春刚等10位同志被评为2002年度天津市劳动模范。

5月20日，上午8时，公司信息系统受蠕虫（Worm. SQLexp. 376）病毒暴发式传播的影响，不能正常运行。21：00，阻断了病毒的传播，公司广域网的应用系统恢复了正常运行。

5月，在全国较大范围出现的非典型性肺炎疫情得到有效控制。天津市电力公司坚持一手抓防治“非典”、一手抓生产经营，周密部署，全力防范，公司广大职工没有一人感染“非典”，保证了这一特殊时期职工的安全和社会电力供应。同时圆满完成了对天津市5所医疗机构和31个相关单位的保电任务，受到了天津市委、市政府的表彰。

6月24日，公司GIS系统一期工程通过验收。

7月14日，公司召开年中工作电视电话会议。

8月25日，经国家发改委批准，天津地区销售电价平均每千瓦时提高1.5分，其中0.35分解决电厂遗留问题。此次电价调整没有涉及居民和商业用电。据天津市物价部门测算，天津市2002年以前积累的电价矛盾为9.752分/kWh，此次调整是解决电价矛盾的第一步。

8月，盘滨500kV输变电工程顺利通过华北电力集团公司复检验收组的复检验收。盘滨500kV输变电工程于2001年5月1日动工，2002年3月29日正式启动投入运行。该工程输电线路全长102.262km，线路基础242基。

8月，城东、城西供电分公司获得国家电网公司一流供电企业称号，北辰供电分公司被授予2002年度华北电力集团公司一流供电企业称号。

9月7日，据华北电集任[2003]85号文，经中国华北电力集团公司党组会议研究，并征得国家电网公司人事董事部和天津市委组织部同意，决定：么虹任天津市电力公司副总经理；王守东任公司总工程师。

9月24日，根据天津市政府的要求，在天津市计划委员会的主持下，原由天津市电力公司代管的天津市热电公司管理权正式移交给天津市津能投资公司。

9月25日，高压供电公司220kV变电站无人值班改造工程通过公司验收。

9月，在国家电网公司召开的2003年市场营销工作会议上，公司客户服务中心被授予"营销信息化技术应用先进集体"称号。

10月10日，从10日中午到11日晚，天津市出现昼夜持续降雨，平均降水量达到123.1mm。与此同时，渤海湾形成风暴潮，塘沽等沿海地区海潮潮水超过了警戒水位，大暴雨和风暴潮一同出现是天津地区50年罕见的。暴雨使天津地区大面积积水，70多条配电线路遭到破坏，报修电话日涌入5000多人·次。为了保证市民正常用电，1000多台电力抢修职工、30多辆抢修车投入恢复送电工作。截至12日中午，共处理完成800多起电力故障。

10月24日，在全国总工会、国家发展和改革委员会、科技部、劳动和社会保障部联合举办的全国职工职业技能大赛车、钳工种决赛中，军粮城发电厂汽机调速班毛富刚作为天津市代表队中惟一的电力公司选手，荣获钳工决赛优秀选手奖。

11月1日，从11月1日零时起，高压供电公司正式接管原由华能杨柳青发电厂管理的220kV变电站，并承担全部运行责任。

11月27日，《天津市电力工业史》(终审稿)，经中电联中国电力史志编委会评审小组评审后，通过终审。此前，该终审稿已通过公司编委会评审。

12月19日，天津市电力学会第七次代表大会召开。

12月22日，由滨海变电站至吴庄变电站的500kV输电线路工程全线贯通并成功送电，线路全长3km，有铁塔162基。至此，天津地区实现了500kV环网。

12月25日，国家"西电东送"重点工程项目——河北省霸州至天津吴庄变电站的500kV输电线路工程全线贯通并经过验收送电。该工程于3月9日正式开工，线路全长45.5km，由河北省霸州途经天津静海县、西青区至吴庄500kV变电站。

（李　敏）

河北省电力工业

概况

2003年，河北省电力系统认真坚持以经济效益为中心的原则，努力加强企业管理，不断提高服务质量，较好地完成了各项考核目标和工作任务。大大改善了全省的电网结构，进一步缓解了用电紧张局面。

公司领导

总经理：臧其臣

党组书记：王颖杰

副总经理：张建坤　张明　罗德彬　张印明

纪委书记：王志刚

工会主席：何永章

总工程师：张建功

总会计师：苏庆社

一、南网部分

（一）安全生产

2003年，在上级的正确领导下，河北省电力公司正确处理改革、发展、稳定的关系，团结带领全公司干部职工，确保了电网的安全稳定运行。在2003年里，全公司广大干部职工牢牢把握"发展是第一要务，安全是第一要求"，严格落实各级安全生产责任制，在严、细、实上下功夫，规范和明确了电网生产系统应急处理机制。认真研究厂网分开、全国联网的新形势，实行了并网电厂运行状况定期点评制度，积极推进发供电企业安全性评价试点工作。吸取美、加大停电的事故教训，认真贯彻执行国家电网公司1号令，深入开展了"六复核"工作。大力开展设备状况分析，加大设备治理力度，设备健康水平进一步提高。强化调度管理，科学安排机组检修及电网运行方式，确保了电网安全稳定运行，全面实现了国家电网公司安全生产责任书规定的各项目标。省公司8个生产单位共实现安全百日长周期31个，其中衡水、邢台供电公司实现了全年安全生产无事故。全公司杜绝了人身重伤及以上事故，没有发生重大设备损坏、重大电网、重大火灾和交通事故。配合公安部门，积极开展打击盗窃破坏电力设施犯罪专项斗争，并取得了显著效果。

（二）努力做好电力供应工作

面对河北省南部地区电力短缺的严峻形势，河北省电力公司超前制订方案，及时向国家电网公司、华北电网有限公司和省政府汇报，并得到了大力支持。在用电高峰期间，充分发挥现有发供电设备能力，并从网外购电最高达106万kW。同时，还高度重视需求侧管理，积极配合有关部门出台了可中断负荷补偿办法、峰谷分时电价；科学制定错峰、避峰措施和拉限电力序位，合理安排和引导客户用电，实现日最大错峰100万kW、避峰30万kW、负控电力30万kW。由于准备充分，措施得力，在十分困难的情况下，较好地缓解了电力供需矛盾，圆满完成了重大政治活动、抗击非典、迎峰度夏等保电任务，最大限度地保证了河北省经济和社会发展的用电需要。

（三）经营管理

2003年，河北省电力公司全面客观地分析了所面临的内外环境和不利因素，积极解决经营工作中存在的重点难点问题。在一年中，严格落实资产经营责任制，全面加强预算管理，努力提高预算准确性。强化资产资金管理，优化资产结构，加大资金运作力度，严格控制成本和非生产性支出，有效降低了资产负债率。积极解决电价矛盾，切实加强电价和用电管理，努力增供扩销，采取有力措施收缴“非典”时期的高额欠费。经过上下共同努力，取得了良好的经营成果。全年累计完成发购电量606.67亿kWh，同比增长8.66%；完成售电量571.25亿kWh，同比增长10.71%，售电量规模居全国各省公司第八位。累计实现产品销售收入183.69亿元，同比增长10.91%；实现净利润2.34亿元，为年计划的116.5%；完成净资产收益率2.49%，比计划提高0.35个百分点；完成资产负债率63.97%，比计划降低6.03个百分点；应收电费余额5.3亿元，比计划降低1000万元；上缴投资收益4008万元。全面完成和超额完成了华北电网有限公司下达的资产经营考核指标。

河北省电力公司高度重视国家审计署对电力系统的全面审计，在迎审工作中，加强领导，注重协调，落实责任，积极配合，对自查自纠和审计中发现的问题，及时进行整改，确保了审计工作的顺利完成。

（四）基本建设

2003年，河北省电力公司受发改委委托，认真开展电网规划研究，明确提出了编制河北省南网电力规划的原则意见，完成了河北省南部电网电力工业“十五”规划的滚动调整、“十一五”发展规划编制和2020年远景目标研究。在电网建设上，省公司认真分析电网存在的问题和薄弱环节，明确投资方向和投资重点，科学制定投资计划。加大电网建设协调力度，克服“非典”疫情、施工受阻和气候影响等困难，确保了华北——华中500kV全国联网工程以及望都等一批220kV输变电工程的如期投运，实现了保南500kV工程、张河湾抽水蓄能电站等项目开工建设。全年完成电力基建投资29.69亿元，投产500kV线路2条209km；新建扩建220千伏变电站12座、新增变电容量195万kVA、新增线路6条247km。各基建施工企业加大项目跟踪力度，积极参与竞争，在开拓省内外市场方面取得可喜成绩。河北电建一公司承建的邯峰发电厂一期工程荣获2003年度中国建设工程“鲁班奖”。

（五）两改一统价

河北南网二期农网改选工程全面竣工并通过验收。累计完成投资23.26亿元，新建改造10kV线路36230km，改造低压线路15686km，更换高能耗配变10815台、容量78.2万kVA，改造低压配电台区29187个。适时启动县城电网改造工程，累计完成投资10亿元。河北南网城乡居民生活用电同价方案顺利实施，运行情况总体平稳，农民群众得到了实惠。在深化农电代管的基础上，认真开展了农电体制改革调研工作。积极推进县级供电一流企业创建工作，19个县级供电企业通过了省级验收。

（六）开拓农电市场

2003年，河北省南部地区的农电系统，采取一切有效措施，积极拓宽农电市场，增加了售电量。在这一年中，农电系统出现了“农电售电量增长十强县局”。

像平山县，虽为革命老区，经济基础薄弱，但在广大电力职工的努力下，2003年的售电量突破了6亿kWh大关，达到了6.18亿kWh，同比年增加1.8亿kWh，增幅达40.38%，位居河北省南部地区农电系统售电量增长十强。

加大投入，为促进县域经济发展搭建平台。根据平山当地经济快速发展的形势，平山县局从实际需要出发，加大电网建设改造力度，尽最大努力满足用户需要。敬业集团是全省百强企业之一，2003年初准备投资1.5亿元新上年产500万t钢锭项目和建设一座110kV变电站。平山县局闻讯后马上指定人员与该厂取得联系，从设计到施工再到送电，仅用了89天时间，而以往类似的工程要用100天。2003年，该局还完成新建35kV变电站一座，新建改造35kV线路46km、10kV线路68.6公里，从而结束了变电站过负荷和迂回线、卡脖线等状况，为促进县域经济发展和开拓电力市场打下了坚实的基础。

强管理，堵塞各种“跑冒滴漏”。平山县局对13个供电所实行指标考核，即把供电量、线损、平均电价、电费回收、低压维管费等指标实行百分制考核，按得分多少实行奖惩。指标的制定是以年完成各项工作情况加一定增长率测算出来的。完成规定指标不奖不罚，超额完成的按超额1kWh电量奖0.1元钱等进行奖励。这样一来，各供电所的压力很大，都积极想办法去完成各项指标，致使全局售电量大增，线损率大幅下降。简化业扩报装手续，对全县新上项目实行急事急办，特事特办，在保证施工人员安全的情况下，尽最大努力，以最快速度帮助新上项目办电，使之早竣工、早投产、早用电。同时，坚持开展营业普查活动，他们首先组织力量进行用电分类排查，共清查出应按商业或动力电价交费的，而实际上交的是居民生活照明电价的用户210户；其次是严厉打击偷窃电行为，查处窃电户10家，追补电量59.9万kWh，追补电费28.9万元，并依法逮捕了窃电分子一名，极大地打击了窃电分子的嚣张气焰。

深化服务，让农民用上“放心电”和“满意电”。这个局在2003年还加强了优质服务工作，越是电力短缺，越要做好服务工作，缺电、限电绝不能降低服务水平。一年中，通过及时召开电力供需形势通报会和大工业客户供用电情况座谈会，定期公布平山电网调度和供用电信息，利用平山电视台、平山通讯等新闻媒体开展供用电形势宣传、发布供用电预报，通过登门访问，动员用户合理用电、合理安排生产时间，尽量减少损失等系列活动，使农民春灌、抗旱在用电上得到了保证。一般情况下，白天不安排停电，晚上停电也都在零点以后的用电低谷时段内，没有特殊情况，到清晨5时就恢复供电，这样极大地方便了农民用电。他们积极完善电费电价的管理措施，严格按照国家政策一分一厘也不超收，极大地提高了农民养殖业和种植业用电的积极性，2003年全县农业用电量达5340.06万kWh，同比增加了790.2万kWh，增长率为17.37%，成为平山县电力增长的“新亮点”。

（七）电力体制改革

根据国家电网公司的总体部署，省公司完成了与华能公司和大唐集团公司的发电企业划转移交。马头发电总厂改制方案已经上报。提出了省公司主辅分离的初步方案，并积极向上级有关部门提出了建议。多经企业民营化改制重组步伐进一步加快，组建了河北华峰投资有限公司，完成了河北华瑞能源集团有限公司的改制；省公司机关实业公司及公司系统各单位的多经企业改革取得了阶段性进展。

（八）行风建设和优质服务

进一步健全行风建设常态工作制，省公司党组将民主评议行风工作纳入了各单位党风廉政建设责任书考核内容。深入开展了“树立行业新风，优化发展环境”和“优质服务是电网企业的生命线”等活动。通过技术创新全面提升服务水平，河北南网六个供电公司“95598”客户服务呼叫系统全部投入运行，石家庄、保定供电公司的电力营销管理信息系统通过实用化验收。扎扎实实做好缺电形势下的优质服务工作，农电系统优质服务水平有了新的提高，90%以上供电所达到了国家电网公司规范化服务标准。在省委、省政府组织的民主评议行风活动中，省公司连续两年被评为优秀单位，名列公用事业单位第一。石家庄供电公司东营业大厅荣获国家电网公司优质服务十大标兵集体称号。

（九）党的建设和精神文明建设

省公司党组认真实践“三个代表”重要思想，全面贯彻落实党的十六大精神，在全系统开展了“实践三个代表，为公司改革发展立功奉献”活动，对系统内厂（部）级以上干部进行了集中脱产培训，兴起了学习“三个代表”重要思想的新高潮。按照省委要求，认真开展了民主集中制学习教育活动。通过各种形势的学习教育活动，各级党组织的政治核心作用和党员的先锋模范作用得到充分发挥，凝聚力和战斗力进一步加强。

加强党风廉政建设和反腐败工作，认真实施领导干部三项谈话制度，加大了对领导干部监督力度，省公司在国家电网公司系统党风廉政建设责任制年度考评中取得优秀成绩。

严格执行《党政领导干部选拔任用工作条例》，对机关部室和17个基层单位领导班子进行了调整充实，共任免领导干部142人·次。调整后的干部队伍年龄、文化、专业结构更趋于合理，整体功能和活力得到进一步加强。

进一步深化文明单位系列创建活动，省公司继续保持了“河北省文明优胜行业”称号；邯郸、衡水供电公司，马头发电总厂，省送变电公司分别荣获全国创建文明行业工作先进单位和全国精神文明建设工作先进单位称号；石家庄、保定、沧州供电公司通过复查，继续保持了全国先进文明单位荣誉称号。

积极做好电力体制改革时期的稳定工作，有针对性地开展职工思想动态调查，密切关注改革过程中的企情民意，深入基层，掌握信息，及时采取有效措施，切实解决热点难点问题；关心离退休职工生活，积极开展扶贫帮困活动，确保了省公司系统思想稳定、队伍稳定，巩固了改革发展的良好局面。

二、北网部分和南网发电部分

1. 唐山发电厂技术改造二期工程开工

唐山发电厂技术改造二期工程于2003年5月6日破土动工。标志着国家重点电力建设项目正式开工建设。

唐山发电厂技术改造二期工程将建设一台30万kW供热机组，对于确保唐山市区的供热需要，提高京津唐电网供电可靠性，改善大气环境质量，满足城市集中供热的需要，提高人民生活质量，都将会产生巨大的社会效益和经济效益。此项工程由北京大唐发电股份有限公司和唐山市建设投资公司共同投资建设，投资比例分别为80%和20%，由北京电力建设公司施工建设，将于2005年8月投产发电供热。

唐山发电厂技术改造二期工程建成后，每年可淘汰市区内污染环境的各种供热用小锅炉50座，减少排放烟尘2919t，二氧化硫3204t，是一项符合国家鼓励发展热电联产的产业政策，符合电力发展规划，高效率、大容量、低能耗的技术改造工程。

2. 保定热电厂技改工程全部建成投产

4月16日，河北省重点能源环保项目——保定热电厂技改工程9号机组正式移交试生产。至此，由河北省电建二公司承建的保定热电厂技改工程全部建成投产。

保定热电厂技改工程自开工建设以来，一直得到河北省、保定市领导的重视和社会各界的支持。4月14日9号机组启动验收委员会检查验收后一致认为：9号机组总体设计布局合理；施工、安装质量控制良好，符合部颁标准要求，建设、安装静态评分68.57分；施工现场安全施工情况良好，在技改工程建设期间未曾发生人身伤亡、设备损坏、火灾、交通和环境污染事故，现场文明整洁，安全文明评分为9.7分；在机组调试阶段严格按照《新规程》进行，完成了分步和整套阶段的调试工作，总评分为29.65分，质量等组优良；9号机组的建筑、安装、调试质量均优于8号机组，为电厂的长期安全稳定运行奠定了良好的基础。

保定热电厂技改工程设计装机容量为2台12.5万kW，工程总投资110447万元。配套安装两台450t/h循环流化床锅炉，是目前国内投产的最大循环流化床锅炉。

保定热电厂技改工程9号机组投产后，可增强保定市供热、供电能力，大大改善保定及周边地区的环境问题。

3. 秦皇岛三期网改工程启动

总投资约1.6亿人民币的秦皇岛三期农网改造工程的启动，预示着全市电网的供电质量将得到全面改善。该工程主要建设内容包括：新建卢龙县110kV变电站一座、扩建卢龙县110kV变电站一座、改造卢龙县35kV线路64km、新建10kV线路260.3km；县城一户一表改造共计79345户，供电能力得到加强。

此项工程由秦皇岛电力公司负责组织施工，将于2004年2月底前完工。该工程结束后，不仅加快该地区电网的优化进程，提高供电可靠性及供电质量，降低损耗，同时对发展农村经济，加快乡镇企业发展，促进南戴河及黄金海岸旅游基础资源水平的提高和实现电力系统同网同价、减轻农民负担将起到关键性作用。

4. 唐电大修现场流动“警示点”

在唐山发电厂9号机组大修现场，流动着一支臂戴“执行检查”红袖章的队伍，这支队伍不时出现在各个检修摊点，成为9号机组大修的一个“警示点”。

9号机组大修适逢冬季供热前夕，为优质高效完成检修任务，确保供热工作的顺利进行，总厂及时成立了“大修执纪检查组”，检查组由总厂工会和总厂安监处、生技处、人劳处等部门组成，负责大修现场的安全文明生产检查。

大修开始后，“执纪检查组”每天深入现场，对现场的安全生产、环境卫生及职工遵章守纪情况进行严格的检查监督，并将每天的检查情况通过厂内MIS网向全体用户发布，做到奖惩分明。针对各检修单位不认真执行安全文明生产有关规定的情况，2003年9月26日～10月12日，执纪检查组共提出批评13次，考核扣款34项，提出合理化建议7项，制止不安全现象3起。

5. 张供首座35kV箱式站安家万全

由张家口供电公司负责承建的当地第一座35kV箱式变电站在万全县安家堡变电站建成并正式投运。

该变电站投资250万元，容量11300kVA，占地仅为2.3亩，具有占地面积小，投资少，维护方便，建设周期短等特点。该工程从3月开始动工，历时3个月便顺利建成投运，从而结束了张家口供电公司没有箱式变电站的历史。

6. 邯峰发电厂职工人人为节能支招

邯峰发电厂在节能工作中，采取多种形式，教育广大职工牢固树立“我要节能”的意识，以实际行动为企业的节能增效做贡献。

该厂要求：各部门必须依照日常掌握的情况，精心分析本部门所管理的技术经济指标完成情况以及影响指标完成的原因，并制定出切实可行的改进措施，用书面形式上报专业管理部门。

为鼓励大家发扬企业主人翁精神，为企业的节能增效工作献计献策，该厂面向全厂职工征集保障设备经济运行、提高节能降耗的合理化建议、技术调研报告和科研论文。

7. 承德县整顿农村电费电价

承德县电力分公司以规范农村电价情况为重点，积极开展了农村电费电价整顿工作。该单位按照不同的用电类别，列出了详细的用电价格表，责令8个供电站和24个供电所按统一标准严格落实自查和整改的情况，并特别强调了蓄禽养殖业及大棚种植业电价的规范执行。整顿工作实施以后，该单位按照“农村电价三级督查制度”，对各单位落实情况进行了大检查，发现有违反规定乱加价、乱收费和搭车收费加重农民负担现象，将根据有关规定进行处罚。

8. 陡河发电厂做到了稳发满发

截止11月27日，陡河发电厂共发电89.89亿kWh，提前完成了全年发电任务。

近年来，陡河发电厂先后对3台机组进行了DCS改造，随时满足电网对发电厂负荷调整的要求。同时，陡电还加大了设备治理力度，对影响机组稳定的锅炉受热面等进行重点改造，使设备可靠性逐年提高，机组非计划停运逐年下降。

陡河发电厂从10月15日开始，分4个阶段进行了为期三个月的秋季及防寒防冻大检查。由于煤炭供应趋向紧张，使该厂燃煤库存量曾低于警戒线以下，对此物资部门及时深入到山西、开滦等各发煤矿点，了解各发煤点的煤质、煤源、库存及装车情况，并多方协作，从而保证了机组的燃煤需要。

到11月26日，该厂在1台机组大修的情况下，7台机组月累计发电7.74亿kWh，提前完成全月7.4亿kWh的指标任务。

9. 秦皇岛电力公司居民用电优先

进入11月份，秦皇岛供电形势再次出现紧张局面，地区最大负荷瞬时达到77.2万kW，日供电量1500万kWh，同比增长了7.41万kW，创历史用电负荷新高。为此，该公司采取了措施，进行错峰用电，以确保居民和重点用户用电。

秦皇岛电力公司要求工业用户，将在两节期间的检修工作安排在年底进行；所有临时施工用电单位禁止在高峰期间开启大型电器设备；高峰期间，严禁任何企业用电炉生产。

同时，秦皇岛电力公司向市委、市政府汇报了电网运行情况和形势，各运行单位除加强日常巡视工作外，还特别对处在满载运行的变电站和输电线路进行了特巡，重点是负荷高峰时段对设备进行红外线测温，发现问题及时处理，使设备始终保持健康状态。

（刘福长）

山西省电力工业

企业概况

山西省电力公司是华北电网有限公司的全资子公司，承担着全省的电网、建设、电力调度、经营及电力规划等任务。公司辖有直属单位37个，其中供电企业11个，发电企业1个，直属生产企业2个，施工修造企业12个，科研院校7个，关联单位5个，控股单位3个，参股单位4个。2003年，山西省电力公司始终坚持以安全生产为基础、以经济效益为中心、以优质服务为宗旨，以服从和服务于全省经济发展大局为使命，充分发挥本省资源优势，加快电力发展。到年底，公司拥有资产346.54亿元，员工4.77万人。全省从北到南形成以500kV线路为主的电力输送网络，并与京、津、冀、陕、蒙等省市区联网。网内拥有500kV变电站达到4座，电网供电能力明显提高。省公司售电量完成533.95亿kWh，其中外送电量48.79亿kWh，实现经营收入141.2亿元，利税17.93亿元，工业企业劳动生产率完成22.92万元/（人·年）。根据国家电网公司提出的战略定位，山西省电力公司以“三个代表”重要思想为指导，以电网发展建设为第一要务，以全力打造中国一流电网企业为目标，坚持可持续发展观念和“外求发展，内求创新；外创环境，内严管理；外树形象，内强素质”的“三外三内”总体要求，充分发挥人才、技术优势，进一步强化企业核心竞争力，全面提升企业整体实力，努力建设一个安全可靠、技术先进、有强大输配电能力的电网，为山西经济发展和社会全面进步作出新的贡献。

领导班子

党组书记、总经理：李援朝

党组成员、副总经理：宋宏亮　刘宇平　崔吉峰　庞利民

党组成员、电力工会主席：韩振江

党组成员、纪检组组长：王彦江

总工程师：燕福龙

总会计师：朱晋平

机构设置

见山西省电力公司2003年末组织机构及人员配备表见表1。

生产指标

（1）生产经营指标。2003年底山西省电力公司外购电量513.84亿kWh，比年度计划增加29.97亿kWh，增长6.19%；售电量完成533.95亿kWh，同比增长10.95%，其中省内485.16亿kWh，省外48.79亿kWh，同比分别增长14.27%、11.96%；线损率完成7.95%，同比降低0.05%；省公司全口径售电均价完成308.30元/MWh，比2002年同期提高16.78元/MWh。其中省公司省内售电均价完成314.49元/MWh，比2002年同期提高16.82元/MWh，同口径比计划提高1.99元/MWh；省外售电均价246.59元/MWh，比2002年同期提高1.11元/MWh，比计划提高0.40元/MWh。全省购上网电量

表1 山西省电力公司2003年末组织机构及人员配备表

单位:人

山西省电力公司
总经理(党组书记)1人、副总经理4人、工会主席1人
纪检组长1人、总工程师1人、总会计师1人、副总工程师5人

全公司职工人数	正式职工
职工人数 57795 人	47710 人
其中:省公司本部 379 人	379 人

省公司本部(含公司领导)共379人

政工部门(24)

思想政治工作部直属机关党委合署办公	监察部与纪检合署办公	山西省电力工会委员会
10	5	9

生产、经营部门(135)

总经理工作部	人力资源部	社保局	企业策划与法律事务部	综合计划与投融资部	技术经济室(准部)	财务与资产管理部	市场营销部	安全监察部
26	22	7	10	17	6	24	15	8

生产、经营部门(158)

发输电部	农电工作部	科技信息部	工程建设部	质量监督中心站(准部)	审计部	机关工作部	离退休工作部	调度通信中心
13	14	13	17	4	12	13	10	62

挂靠单位及人员(48)

行业协会	学会办	史志办	其他人员
19	3	3	23

电力供应业(27172)

太原供电分公司	阳泉供电分公司	晋中供电分公司	吕梁供电分公司	忻州供电分公司	运城供电分公司	临汾供电分公司	大同供电分公司	长治供电分公司	晋城供电分公司	朔州供电分公司
2814	1360	3046	1599	3097	3313	3146	3651	2625	1231	1290

发电业(2056)

神头二电厂	阳城电厂工程指挥部	西龙池抽水蓄能电站有限公司
2023	14	19

教育文化业(1016)

太原电力学校	大同电力技校	临汾电力技校	电力党校	电力新闻中心	全国电力工人技术教育研究所
313	275	286	80	32	30

建筑业(12300)

电建一公司	电建二公司	电建三公司	电建四公司	送变电公司	供电承装公司	管道工程公司	电建保温材料厂	电建总公司	建通电建监理有限公司	环保设备总厂
2506	2116	3157	1574	1380	339	375	106	230	50	467

科研通信(1407)

电力科学研究院	电力通信中心	电力勘测设计院
451	129	827

修造(1037)

电力设备厂	电力开关厂
609	428

其他(258)

驻京联络处	电力大厦	国际经贸公司	晋能新能源发电有限责任公司	晋能物资公司	晋能燃料公司
2	62	23	28	100	43

晋能

晋能集团有限公司
2085

577.3亿kWh，购电价187.44元/MWh，购电费108.21亿元。其中省调外购电量566.2亿kWh，购电价186.88元/MWh，购地方电厂电量11.2亿kWh，购电价215.81元/MWh。售电总成本133.136亿元，其中电力销售成本132.88亿元，比计划增加8.66亿元，增长6.97%，售电单位成本完成248.67元/MWh。比年度计划249.45元/MWh，降低0.78元/MWh，降低0.31%。生产指标实现利润2.3368亿元，比计划增加3368万元，增长16.84%。

(2) 资产指标。2003年山西省电力公司资产总额为346.54亿元，比预算增加5.64%。其中固定资产212.16亿元，比预算降低3.73%，负债总额264.65亿元，比预算降低0.4%。当年实现的利润总额消化递延资产后，账面实现净利润0.55亿元；资产负债率完成76.37%，比考核指标降低4.63%；净资产收益率完成3.41%，比考核指标增加0.51%；上缴投资收益完成0.24亿元，与考核指标持平；应收电费余额完成6.97亿元，与考核指标基本持平；省公司全面完成了华北电力集团公司下达的5项经营考核指标。全年实现经营收入141.2亿元，同比增长9.54%，实现利税17.93亿元；工业企业劳动生产率完成22.92万元/（人·年），同比增长11.31%。

电力安全

2003年山西省电力需求强劲增长，供需矛盾日益突出，用电缺口超过180万kW，电网设备长期处在满负荷运行，电网调度经常处于“零旋备”状态，尤其厂网分开电网安全运行形势严峻，任务繁重。但省电力公司紧紧围绕“安全、满发、多供”这个目标不动摇，坚持“安全第一、预防为主”的方针，认真落实各级各项安全生产责任制，全面落实反措要求，深入推进基础管理，加强系统运行分析，加大设备整治力度，分地区开展大负荷试验和反事故演习，制定电网紧急事故预案，深入开展安全互查。为确保山西电网的安全稳定运行，坚持电网运行的定期分析，合理安排电网检修，设备维护。如利用春、夏季负荷不同的间隙调整运行方式和检修计划，把影响降到最小程度；开展“山西电网设备运行状况调查与分析”、“山西电网无功电压调查与分析”，有针对性地合理调度，集中力量解决制约电网传输和供电能力的“卡脖子”问题，最大限度地缓解山西省南部缺电状况，确保电网安全运行，保障电力供应。配合省公安厅开展全省打击盗窃破坏电力设备和窃电犯罪专项活动，确保了电网安全。截至年底，省电力公司未发生重特大电网事故，未发生重特大设备事故，未发生重大施工机械设备损坏事故，未发生重大以上火灾事故，未发生电气误操作事故，电力生产人身死亡事故实现结零。

电网建设

2003年随着山西国民经济结构的调整和高速增长，山西电网建设的速度同步加快。①投产工程。到年底，新建投产输变电工程19项，其中500kV输变电工程2项，主变压器容量150万kVA，（新建变电站2座，扩建1座），新建线路2条共121.8km；建成投运220kV输变电工程7项，新增主变压器容量63万kVA（新建变电站4座，扩建4座），新建线路5条共223km（含Ⅱ接线50.2km）；建成投运110kV输变电工程10项，新增主变压器容量25.65万kVA（新建变电站6座），新建线路9条共150.4km；建成投运架空地线复合光缆5条计187km。②再建工程。运城500kV变电站（75万kVA）、侯马变电站扩建工程；500kV榆社开闭站至侯马变线路工程（192.3km，430基）；500kV河曲至神头二电厂线路工程（261km，582基）；220kV漳山至长南线路工程（47.7km、127基）；晋中500kV架构基础变电站（75万kVA）；500kV架构基础榆社开闭站。③工程管理。2003年山西的缺电形势促进了山西电网的加速发展。省电力公司抓住各发电集团在山西建设电源点的积极性，积极与省政府有关部门沟通，促成了省政府批转了省计委的《关于加速电源建设的若干建议》报告，提出要在山西再建总规模达到1000万kW的发电基地，彻底解决山西缺电局面。因此完善施工管理程序，加强自身管理能力，提高管理水平，提高机械使用效率，提高员工工作效率成为必然。省公司一面抓安全文明施工，摆正进度与安全的关系，进度必须服从安全，监管控制落到实处；一面抓工程质量，将达标投产创优质工程落实到每一项工作环节，克服设备不能及时到货，资金不能及时到位，施工机械不能如愿，加上“非典”疫情、连绵多雨等多种不利因素的影响，坚定信心，盯住目标，锁定工期，千方百计、多方配合，讲求实际，攻克难关。经过合理组织，科学管理，严格考核，团结协作，密切沟通，全力以赴，实现了全年的奋斗目标。

电网调度

2003年山西省电力系统厂网分开不久，面临着日趋严重的缺电局面。为保证电网合理运行，省电力公司坚持从提高依法调度水平角度入手，加大负荷预测考核和需求侧管理工作的力度。一方面出台了《山西电网机组运行规则》，配合政府电力行政主管部门编制了《山西电网负荷预测工作管理及其考核办法》，加强需求侧管理，实行计划用电、落实企业避峰、错峰用电措施，提高南送断面输电能力10万kW，最大限度挖掘了电网潜力，确保了重要用户、市政、城乡居民生活用电，做到了限电不拉路；另一方面克服电网建设、运行设备维护和改造任务繁重、网架相对薄弱、机网协调困难、供需矛盾突出等不利因素，避免电网瓦解、破坏和大面积停电事故。电力调度以贯彻《电网调度管理条例》为依据，强化调度权威性，严格执行规程，严肃电网调度纪律，以“统一调度，分级管理”的保障体系，实“政令畅通、令行禁止”的各负其责。经过周密安排，厂网协调，有序调控，省调火电机组平均利用率创6798h的新高，在全国位居前列，实现了电力紧缺而造成的影响，减小到了最低程度的目标。

科技进步

2003年，山西省电力公司计划投资技术开发资金2555万元，下达科技项目66项。到年底实际用于科技费用2855万元，完成43项，占到计划的73%，其余项目正在跨年度完成。完成的主要科技项目包括发电、电网建设。其中承担的国家重点行业空间信息应用与产业促进应用示范课题，是国家科技部“863”科技项目“基于空间信息的省级大区域电网管理系统”一期工程建设，通过了国家科技部的验收，并且涉及了全省11个供电区域计算机管理信息2M宽带网系统，覆盖面达到80%，实现了广域网络系统运行率96.6%，实现了集数字化地理信息、电力设备设施信息、运行管理于一体具有一定可视化的电网管理系统，填补了国内空白，对国内电力行业起到应用示范作用。另外在山西电网北部窝电南部缺电的形势下，为迅速解决增加向南部输电断面，缓解南部缺电的局面，省公司成立专门电网专家组，对此课题进行专题研究，在全面认真分析计算的基础上，采取了增加电网无功补偿，使主网变电站功率因数达到0.98以上的措施，提高了输电能力200～300MW，具体方案：①安装无功补偿装置，提高了电网运行电压；②实施故障负荷措施，提高电网安全稳定性。③加强用电侧管理。此方案投入资金900万元，增加南送200MW，可增加南送电量12亿kWh，若按每kWh平均效益0.08元计算，年增加效益0.96亿元。

农电工作与优质服务

山西省电力公司经过几年的“两改一同价”的战略实施，到2003年，农电工作整体发生了根本性变化。农网资产总额累计达到了88亿，运行的35kV变电站455座，主变压器689台，容量3325MVA，比改造前增加了31.9%；35kV线路7736km，比改造前增加了16.8%。10kV配电变压器73726台，容量6520MVA，比改造前增加了52.2%；10kV线路79818km，比改造前增加了21.9%，低压线路15万km。省公司共有供电所958个，平均售电量635万kWh，管理用电户608万户，平均每个供电所管理用户6309户，人均管理397户，省公司农电直供直管占全省总数的89%，在全国排前列。山西省行政村通电率为98.73%，户通电率为98.87%。全国农网没有发生人身伤亡事故和农村触电死亡事故，没有发生重大设备损坏事故和误操作事故，没有发生送变电考核事故，没有发生施工过程人员死亡和重大设备损坏事故，农网连续7年实现人身死亡和恶性事故“零”的目标。农网电压合格率完成93%，供电可靠性完成99.40%，比2002年分别提高1.6%和0.112%。2003年山西省农网建设投资45亿元，其中省公司40亿元，水电自供区1.5亿元，地方电力公司3.5亿，完成了新建和改造110kV变电站100座/2952MkVA，线路945km，35kV变电站361座/1798MkVA，线路1976km；10kV线路42795km，低压线路97156km；更换了高能耗变压器34457台/2696.8MVA，配电台区34466个，改进农户625.8万户，改进覆盖面91%。山西农电规范化管理有785个供电所达到了国家电力公司《农村供电营业规范化服务标准》，105个被命名为农电示范窗口，2个被命名为“优质服务标兵单位”。

多种经营

2003年山西省电力公司多经企业与主业同步发展，充分利用现有资源，积极优化产品结构，加大新项目开发力度，经营领域进一步拓宽，经济效益显著增长，经营总收入和实现利润均超过年度计划。到年度全省电力多种产业企业共有独立法人企业363个，按行政法人企业划分国有45个、集体211个、股份制101个，股份合作制2个、中外合资4个。多种产业完成经营总收入69.56亿元，完成年度计划的194.2%，实现利润总额2.36亿元，完成年度计划的104.7%；其中经营总收入超亿元的12个单位，包括晋能集团有限公司完成经营总收入为16.76亿元，占完成总额的23.4%，实现利润总额1.46亿元，占完成总额的55.9%。资产总额为83.02亿元，负债总额52.79亿元，所有者权益28.45亿元，资产负债率63.6%。年末从业人员达36049人，其中全民职工11503人，集体职工24546人。尤其是晋能集团公司积极进行资源整合，业务流程重组和重大项目推进，煤、电、冶金一体化产业链已基本成型，并逐步形成锰业、铝业、发电、硅业四大项目群。朔能公司、大能公司实力明显增强，新能源项目稳步推进，重组成立的新东方铝业，实现了经营范围向非电领域的延伸，成立了和众投资担保有限公司，增强可融资能力，加大了资本运营力度。晋能集团公司已迈入全国大型企业集团行列，位居省内大型企业集团第20位。全省22个电力多经企业进行了改组、改制，产权清晰，投资主体多元化的现代化企业制度正在逐步建立，为综合势力的提升奠定了基础。

体制改革

2003年，山西省电力公司按照国家电力体制改革的总体部署，稳妥推进了“厂网分开”体制改革工作，完成了原16个发电企业的安全生产，经营管理，干部和组织关系的划转移交。完成了与华能集团的资产财务、劳动工资、保险等划转移交，确保了企业稳定局面。①在政策研究方面，省公司参与了国网公司、华北电力集团公司的电力体制改革调研与研讨，拟定了山西省电力公司的改革工作计划和工作方法、内容、时间进度，并起草了《山西省电力公司关于区域和省级电网企业资产界定原则的意见》和《省公司层面资产处置初步意见》、《省公司非主营业务企业改革及资产处置框架性意见》，在政策上为确立公司平稳过渡提供了理论依据。②在人事方面，对原隶属省公司的2.19万正式职工和5000多名离退休人员，进行了劳动、工资、保险等方面内容的精心测算，草拟了劳动工资保险移交方案以及电价测算中有关成本分摊的具体意见，已与有关发电集团和发电厂进行了协商谈判，并逐渐达成协议。到年底已与华能、大唐、国电三大发电集团签署了有关电厂的划转协议，顺利地完成了劳动工资、社会保险等移交工作。而且与其他发电集团的谈判工作还在继续进行。③资产方面，省公司原属的9个电厂和7个控、参股电厂分别划归各发电集团公司，（见表2）划出可控容量423.02万kW，可控资产61.79亿元，划转资产约43.9亿元。到年底，省公司与中国华能集团公司就榆社电力有限责任公司股权签订了股权划转协议和委托贷款还贷协议，并就股权转让问题达成了一致意见。与中国大唐集团公司就太原第二热电厂、恒山电厂、阳城国际电力公司资产财务移交和股权划转签订了协议。与中国国电电力集团公司太原第一热电厂、霍州电厂、太一发电有限责任公司资产财务移交和股权划转签订了协议。其他电厂的移交工作正在进行当中。④在内部重整方面，完成了由中电投资委托代管的山西晋能燃料公司的协议签署工作，并进行了主辅分离工作的前期研究，完成了省公司驻外办事机构的清理和撤并，草拟了《山西省电力公司部分直属、控、参股企业资产处置初步意见》，为下一步深化改革打下了基础。为适应厂网分开的新格局，重新拟订了所属企业三项责任制的考核办法，单项奖管理办法，确保了省公司生产经营平稳过渡和顺利推进。

精神文明建设

山西省电力公司2003以“三个代表”重要思想和党的十六大精神为指导，加强了党的思想、组织、作风建设，加强和改进了思想政治工作，促进了企业两个文明建设同步协调发展。一是抓领导干部“三个代表”的理论培训，全年举办了4期，235名中层领导干部参加了培训，端正了干部公道正派的工作作风，落实了党的廉洁建设责任制，坚持开展“艰苦奋斗，廉洁从政”的不断教育活动，制定了《领导干部三项谈话制度实施办法》，提高了干部秉公办事、廉洁自率的自觉性；二是具体落实“三个代表”，坚持全心全意依靠职工办企业的方针，关心职工的工作和生活，通过职代会的基本形式，落实民主管理制度。突出表现在2003年防控“非典”时期，既要抓正常电力供应，又要保证职工免感染，防止疫情蔓延到生产环境中。省公司上下一盘棋，加强领导，严密防控，做到坚持一手抓保供电，一手抓防“非典”。干部下生产一线落实保电，安排部署严格疫情报告制度，检查生产值班制度和出入管理制度，做到电网正常运行和职工的正常生活秩序，尤其在紧要关头广大党员干部和医务工作者不顾疫情威胁，站在“抗非”前线，避免了系统内疫情的扩散，确保了重要用户和广大城乡居民的安全可靠供电；三是在省内严重缺电局面情况下，为确保省内工农业正常生产和广大城乡居民正常生活用电，供电部门开展“优质服务活动”发挥党组织的政治优势，在电视台、广播电台向社会公开承诺，并与群众进行直接对话交流，创建“共产党员”号流动服务队，在设备检修、事故抢险中打攻坚仗，打硬仗，赢得了当地政府和人民群众的好评和赞扬。

存在问题

2003年，山西省全社会用电需求增长进度在15.6%，全省的电力销售和收入均在两位数以上增长，而省电力公司的售电量也从2002年的82.66%上升到83%，同比增长为10.9%，可见省公司增长速度已低于全社会用电量增长速度。山西省的电力需求矛盾，显现出省电力公司供电能力不足，已满足不了社会需求，加上省电力公司厂、网分开后，购电结构发生了变化，购电量已占到供电量的89%。购电成本已成为省公司成本控制的决定因素，是影响省电力公司供电能力不足的重要原因之一。严重的电力短缺和体制的变化使省公司经济调控增加了难度，同时对经济效益也产生了巨大影响。一是省公司失去了传统的盈利支撑点，利润空间缩小，原山西整体销售电价水平偏低，直属电厂在核定上网电价后，省公司销售侧电价空间受到限制，利润主要来源的购售电价差缩小，电网整体盈利能力减弱。二是省公司对发电企业不再进行统一融资，统一结算，省公司货币资金支付能力和融资功能都受到影响。三是电厂资产划转，直接减少了电网的所有者权益，使电网经营面临重大压力，电网建设资金严重短缺，获利能力不强，资产负债率高。四是安全生产形势依然严峻，网厂间安全管理机制不健全，电网设备健康水平不高，电力设备遭受外力破坏情况严重，生产管理还存在薄弱环节，违章操作导致的人身及设备事故、障碍仍时有发生。五是缺电状况更加严峻，供需矛盾进一步加剧。六是辅业和多经产业的经营理念、管理机智亟待创新，开拓市场、提高企业竞争力的能力不强，内部管理不严，存在不规范。

特事要辑

(1) 厂网分开改革取得阶段性成果。1月，完成了原属16个发电企业向有关发电集团的安全生产、经营管理、干部和组织关系转移交工作。年底前，完成了中国华能集团公司、中国国电集团公司、中国大唐集团公司有关电厂的资产财务、劳动工资、保险等划转移交工作。省公司以新的管理体制运营，明确了电网企业新定位，确立了以效益为中心的电网经营理念。

(2) 省公司新一届领导班子组成。1月25日，国家电网公司、华北电力集团公司宣布了省公司领导班子调整决定，李援朝任省公司党组书记、总经理。

(3) 省公司社会影响进一步扩大。省公司党组书记、总经理李援朝当选为全国人大代表，3月，参加了全国十届人大会议。电力工会、省公司团委负责人当选为正式代表光荣出席了中国工会十四大会议、中国共青团十五大会议。

(4) 全面完成国家审计署对省公司的审计工作，4月19日～10月30日，国家审计署驻太原特派办对省公司系统34个单位进行了审计。

(5) 防“非典”保供电工作取得胜利。4～6月，省公司坚持一手抓企业正常的生产经营工作，一手抓“非典”防治，采取严格的预防措施和有力的控制手段，确保了全系统职工的生命安全和队伍稳定，确保了电力安全生产和可靠的电力供应。

(6) 千方百计应对缺电局面。针对2002年下半年出现的全省范围严重的缺电局面，从年初起，省公司积极采取计划用电措施，加强负荷侧管理和调度管理，最大限度挖掘增供潜力。省政府多次召开专门会议研究电力供应和电力发展问题。省经贸委及时出台计划用电和拉限电的有关办法。在各方面共同努力下，确保了电网安全稳定运行，最大限度地保证了全省电力供应。

(7) 主网架结构不断优化，电力建设工程质量整体提升。9月17日、12月29日，大同小营、侯马至运城两项500kV输变电工程分别建成投运，山西省形成了从南到北的500kV主网架结构。8月30日，全省第一座抽水蓄能电站——西龙池电站主体工程暨下水库工程正式开工建设。2003年，又有省电建二公司承建的河津电厂一期第三项电源点和输变电工程获“鲁班奖”和“国家优质工程银质奖”。至此，省公司所属六个施工企业都分别获得了国家建筑行业的最高奖。

(8) 精神文明建设结出丰硕成果。省委宣传部在全省推广电建三公司的“推行政工质量体系标准，创新企业思想政治工作”经验。省公司荣获“省直文明单位标兵”和“省级文明单位”称号。公司系统开展向太供“共产党员”号服务队和长治程国庆同志学习的活动，引深优质服务和行风建设工作。建设特色企业文化，创建学习型组织迈出新步伐。

(9) 电网自动化建设迈上新台阶。11月，全省电力主干光纤通信工程投入试运行。12月，营销自动化管理系统投入试运行，省公司承担的国家863计划——重大行业空间信息应用与产业促进应用示范课题“基于空间信息的省级大区域电网管理系统”一期工程通过国家科技部验收。

(10) 上级领导对省公司工作给予大力支持。电监会主席柴松岳，国务院派驻国家电网公司监事会主席路耀华，国家电网公司副总经理刘振亚、陆启洲，省委书记田成平、副书记张宝顺，省政府副省长靳善忠、牛仁亮等上级领导分别到省公司考察调研，检查指导工作。

表2 2003年山西主要电厂划归各公司情况表

归属公司	电厂名称	性质	装机容量(MW)	备注
中国国电集团公司	太原第一热电厂	火电	127.5	
	霍州电厂	火电	40	
中国国际电力投资公司	神头一电厂	火电	130	
	漳泽电力股份有限公司	火电	104	
	河津电厂	火电	70	
	娘子关电厂	火电	40	
	永济热电厂	火电	20	
	巴公电厂	火电	2.4	
中国大唐集团公司	太原第二热电厂	火电	82.5	
	大同平旺发电厂	火电	40	
华能集团公司	榆社电厂	火电	20	

续表

归属公司	电厂名称	性质	装机容量（MW）	备注
阳城国际发电有限公司	阳城国际发电有限公司	火电	210	
山西国际电力集团公司	阳光发电有限公司	火电	120	
	柳林电厂	火电	20	
	河坡电厂	火电	30	
	天桥水电站	火电	12.8	
山西省电力公司	神头二电厂	火电	100	
	侯马发电厂	火电	5	
黄河万家寨水利枢纽有限公司（发电）	黄河万家寨水利枢纽有限公司（发电）	水电	54	内蒙1、2、3号山西4、5、6号
晋能集团公司	大同一电厂	火电	12.5	
	侯马发电厂	火电	5	
	巴公电厂	火电	2.4	
合计：9个	19个			

（祝敬泉　卢晓山　高一萍）

内蒙古自治区电力工业

主要指标

火电、水电、风电装机总容量582.418万kW。发电量完成340.68亿kWh，同比增长21.23%，完成年度计划的107.13%；售电量完成353.218亿kWh，同比增长27.78%，完成年度计划的108.69%。蒙西电网售电量完成335.32亿kWh，同比增长28.96%，完成年度计划的108.88%；其中，区内售电量完成263.22亿kWh，同比增长35.03%，东送电量89.69亿kWh，同比增长10.38%；供电煤耗完成391g/kWh时，比2002年下降2克，比2003年度计划低1g/kWh；线损率完成6.46%，同比上升0.02个百分点，比2003年度计划低0.03个百分点，工业增加值完成36.2亿元；利税完成15.06亿元，同比增长22.5%，完成年计划的115.8%，其中税金12亿元，同比增长18.5%，利润3.03亿元，同比增长41.7%；工业企业全员劳动生产率完成318300元/（人·年），同比增长15%。

公司领导

董事会

董 事 长：乌若思（蒙古族）

副董事长：乔岐山（2003.4免去职务）

　　　　　赵凤山

董　　事：张福生

党　　委

书　　记：乔岐山（2003.4免去职务）

　　　　　乌若思（蒙古族，2003.4任职）

副 书 记：乌若思（蒙古族2003.4免去职务）

　　　　　赵凤山

委　　员：乔岐山（2003.4免去职务）

　　　　　乌若思（蒙古族）

　　　　　张　瀛

　　　　　张福生

　　　　　王维维（蒙古族）

　　　　　吕　慧

经　　理：

总 经 理：赵凤山

副总经理：王维维（蒙古族）

　　　　　胡日查（蒙古族，2003.3调离）

　　　　　吕　慧

　　　　　铁木尔（蒙古族）

中共内蒙古电力（集团）纪律检查委员会

书　　记：张瀛

内蒙古电业工会

主　　席　张福生

机构设置

内蒙古电力（集团）有限责任公司所属单位50个。截至12月末共有长期职工45518人。

属于发电单位19个：包头第一热电厂、内蒙古蒙华热电股份有限公司、内蒙古蒙华热电股份有限公司包头第二热电厂、内蒙古蒙华热电股份有限公司乌拉山发电厂、包头东恒热电有限责任公司、呼和浩特科林热电有限责任公司、丰泰发电有限公司、内蒙古蒙华热电股份有限公司丰镇发电厂、海勃湾电力有限责任公司海勃湾发电厂、内蒙京达发电有限责任公司、蒙达发电有限责任公司、岱海电厂筹备处、内蒙古上都发电有限责任公司（原正蓝旗发电厂筹备处）、内蒙古蒙华乌海热电有限责任公司、内蒙古风电能源有限责任公司（包括内蒙古福霖风能开发有限公司和内蒙古风力发电研究所）、万家寨水电项目办公室、内蒙古满都拉能源有限责任公司（内蒙古电力燃料公司）。

属于电网单位13个：有包头供电局、呼和浩特供电局、乌海电业局、薛家湾供电局、乌兰察布电业局、巴彦淖尔电业局、鄂尔多斯电业局、呼伦贝尔电力有限责任公司、兴安电力有限责任公司、锡林郭勒电力有限责任公司、阿拉善电力有限责任公司、内蒙古超高压供电局（包括内蒙古带电作业培训中心）、内蒙古电力中心调度所（包括内蒙古电网调度系统培训中心和内蒙古电力计算机信息中心）。

属于电力科教文卫单位6个：内蒙古电力科学研究院（包括蒙西电网关口计量管理中心、电机工程学会、锅炉压力容器检验中心、电力公司焊接培训中心、内蒙古电力科技信息中心、内蒙古电力谐波监督检测中心、内蒙古电管局继续教育培训中心、内蒙古发电用煤监督检验测试中心、内蒙古电力总公司六氟化硫气体监督验测中心等和蒙西电网关口计量管理中心）、内蒙古工业大学电力学院（包括内蒙古电力职工大学）、内蒙古电力学校（包括内蒙古电管局电大工作站、职工中专、内蒙古电力技能培训中心、电力职业中专、电力职业技能鉴定站等）、内蒙古电力中学、内蒙古电力中心医院、内蒙古电力公司文工团。

属于电力勘测设计、施工、供应单位7个：内蒙古电力勘测设计院、内蒙古第一电力建设工程有限责任公司、内蒙古第二电力建设工程有限责任公司、内蒙古第三电力建设有限责任公司、内蒙古送变电工程有限责任公司、内蒙古康远工程建设监理有限责任公司、内蒙古电力（集团）有限责任公司物资供应公司。

属于电力多种经营和服务单位5个：内蒙古满都拉资产管理有限责任公司、内蒙古电力（集团）公司驻京联络处（北京京蒙大厦有限责任公司）、内蒙古金蒙电力创建总公司、内蒙古乌兰水泥有限责任公司、内蒙古电力（集团）有限责任公司机关劳动服务公司（内蒙古电力物业管理中心）、其中，内蒙古满都拉资产管理有限责任公司行使内蒙古电力（集团）有限责任公司多种经营管理局职能，其直管有内蒙古电力集团进出口总公司、内蒙古满都拉电力房地产开发公司、内蒙古满都拉商贸有限公司、深圳蒙迪实业发展有限公司、海南海蒙经济发展贸易公司、上海满都拉工贸有限公司、内蒙古蒙西硅电（集团）公司等7个单位。

2003年内蒙古电力（集团）有限责任公司机关机构有：思想政治工作部（宣传部、团委、党委办公室含机关党委）、干部处（组织部）、电力工会、纪检委（监察处）、老干部处、办公室、计划发展部、财务部、人力资源部（人才交流中心）、生产部、基建部、农电部、市场营销部、审计处、科教部、安监部、战略策划部（董事会秘书处）等17个部室；此外，挂靠单位有：集团公司行业管理协会［内蒙古电力（集团）有限责任公司史志办公室］、房改办公室、质监站、审价中心、政研会、再就业服务中心、电力新闻中心等7个单位。公司机关控制数350人，实有293人。其中，公司领导及副总工程师（经济师）17人，占编15人。挂靠单位人员控制数69人，实有63人，另有4人不占编制。

基本建设

全年安排固定资产投资102亿元，控股、参股开工新建、扩建电、热源项目16项，总装机规模541.8万kW，全部完成和超额完成预期建设目标，超额完成了自治区下达的开工建设500万kW电源项目的目标。海勃湾电厂二期2×20万kW机组于2003年元月份完成168h试运行后，运行安全稳定，截止年底，实现连续安全稳定运行356天。新建达包、达乌、达永500kV输变电工程三项、500kV变电站两座，扩建两座，新增变电容量150万kVA，输电线路488km。下达220kV输变电工程计划44项，开工建设37项，当年投产16项，新增变电容量258.3万kVA，线路783.6km。新增110kV变电容量178万kVA，输电线路195km。

完成二期农网改造投资11亿元，新建和改造10kV配电线路2.3万km，低压线路12.6万km。更新和改造高耗能配电变压器93.42万kVA/21328台，增补无功补偿装置23.35万kVA。共为140多万户农牧户改造了低压配网，截止目前，自治区农网改造覆盖面已达到88%。

“十五”重点项目前期工作取得一系列突破。新建上都、岱海和扩建包一、蒙华乌海热电项目已批复可研。包头二电厂2×20万kW扩建工程第一台机组批复开工报告，第二台机组批复项目建议书。海勃湾电厂三期、包头三电厂新建、丰镇电厂三期、乌拉山电厂扩建项目建议书上报国家发改委。达拉特电厂四期4×60万kW、呼和浩特电厂等五项2×30万kW机组项目通过初可研审查。超前开发电源项目，为内蒙古电力可持续发展提供战略储备。魏家峁电厂一期2×60万kW、十二连城电厂一期2×60万kW、海勃湾电厂四期2×60万kW、锡林浩特电厂2×30万kW、宝日希勒电厂2×60万kW机组等“十五”、“十一五”发展后续项目已进入初可研设计和审查阶段。

安全生产

根据电力负荷要求趋势，及时调整发电机组检修计划，上半年集中完成大修机组容量151万kW，机组大修网络化管理水平不断提高。狠抓设备运行管理，大力推广状态检修，加大力度落实25项反措，安排下达了两批生产重措和技术改造计划，完善了220kV枢纽变的母差保护配置，更新了110kV输变电设备新型微机保护，极大地提高了继电保护装置技术性能。结合春查，重点完成了500kV输变电设备的检修、消缺工作。配合华北电力公司完成了500kV丰万双回线路加装串补工程，为东送190万kW电力创造了条件。针对蒙西全网电力供应不足的形势及电网结构特点，合理安排电网运行方式，实施海临断面零潮流，乌海供电区与蒙西主网各自独立平衡电力供应，有效缓解蒙西主网电力缺口压力，保障蒙西电网和东送潮流安全稳定运行。为缓解乌海地区供电缺口压力，乌海地区向宁夏增购电力达到15～22万kW。2003年公司未发生人为责任的特大事故，未发生人为责任的重大电力生产事故，未发生电网瓦解和大面积停电事故，未发生重大火灾事故，施工企业未发生重大人员伤亡及设备事故。

经营管理

全年销售收入93.4亿元，同比增长28.2%，完成年度计划的111%。严格预算管理和资金运作管理，分别编制了电网、发电和子公司财务预算。按照国电公司标准严格核定各项成本费用，有效地抑制了企业成本的过快增长，始终保持销售收入增长高于成本增长的良好势头，保证了公司经营的稳健发展。积极开发电费实时划转系统和资金集中支付系统，对发电企业资金实行集中统一结算，进一步规范了发电企业独立运作模式。公司内部委托贷款与自营贷款取得良好成效，实现利差收入2500万元，委托贷款利息收入7600万元。根据国家电价政策和公司经营实际，积极协调政府推进电价改革。出台了规范高载能优惠电价的《关于高载能工业发展的指导意见》，确保高载能工业的健康发展。解决新建机组上网电价矛盾的《蒙西电网电价调整方案》已征得自治区政府同意，报国家发改委审批。修订后的《蒙西电网峰谷电价实施方案》已上报自治区发改委待批。资产运营质量不断提高，资产结构不断优化。在国家资产投资规模持续扩大的情况下始终保持了合理的资产负债结构，在基建投资规模迅速扩大的情况下，完成资产负债率66%，控制在年度计划以内。开拓了营销审计市场，有针对性地开展了专项审计与调查。审价力度不断加大，全年完成220kV、110kV输变电项目18个，审查概算值32228万元，审减值3909.75万元，审减率为12.13%；完成技改、大修、重措项目8个，审查概算值3115万元，审减值280.75万元，审减率为9%，节约了建设投资。

营销革命

面向市场、面向社会、面向客户的营销管理体制与机制初步建立，西部电网建成营销管理信息基本应用系统，建设完成了呼和浩特、包头、乌海、乌兰察布、鄂尔多斯五个现代化客户服务中心，蒙西地区统一开通的“95598”电力客户呼叫服务系统全部投入使用，实现了市场营销管理、技术、服务三要素与市场要求的优质对接，现代化电力营销服务体系建设取得阶段性成果。设置了供电企业电能计量管理机构，完成了营销管理机构建设。继续深化三、四级模拟电力市场运作，拓宽其运作范围，开展了在大用户局、计量中心、客户服务中心模拟市场运作，实行“末位待岗培训制”，调动了员工积极性。加大力度，提升营销技术装备水平，安排了一大批营销技术装备建设与改造项目。完成呼和浩特、包头、乌海三市9万余户“一户一表”改造工程。鄂尔多斯电业局、包头供电局营销管理信息系统通过实用化验收。深入开展“真诚服务工程”，不断提升优质服务水平。在蒙西电网推广乌兰察布电业局客户自建工程“三不指定”管理办法，深化了电力营销业务改革，进一步推进了营销业务的市场化运作。加强用电需求侧管理，实行有序用电。协调自治区政府制定和实施了削峰填谷限电顺序和办法。公司售电量高速增长，大工业电量同比增长41.19%，居民照明电量增长10.32%，商业电量在“非典”疫情的不利影响下，仍保持了10.80%的增长速度。高载能电量占公司发行电量的25.28%，同比增长73.94%，同比增售34.09亿kWh，高载能增售电量占公司增售电量的51.24%。加强电热费回收，根据市场供需变化及时调整高载能用户电费结算周期，有效规避了电费风险。

技术进步

安排科技进步项目77项，资金1920万元，生产重措与技术改造，资金1.1亿元。面向电力生产一线，重点推进信息化建设、发电机组DCS改造、节能环保等项目的实施建设。以信息化推动企业现代化。公司采用世界最先进的IP组网技术，建成了全国电力系统第一个省级IP宽带广域网，蒙西各发供电企业与公司本部建成了计算机信息化数据交换平台。整个广域网主干带宽622M，二级节点至主干带宽155M，城域网采用千兆网络，同时建成了国内一流的现代化公司本部信息中心，企业管理现代化迈上了一个重要的台阶。以达拉特电厂2号机组、海勃湾电厂2号机组成功实施DCS改造为标志，蒙西电网单机容量10万kW以上机组全部实现机组热工控制系统自动化。超前组织实施丰镇电厂空冷机组尖峰冷却器技术改造，实现了空冷机组稳发满发，为迎接电网高峰大负荷、缓解电网缺电压力创造了条件。状态检修工作迈出扎实步伐，首批不同用途的在线监测设备已在系统内投运；线损的实时在线管理工作取得有效尝试，电网GIS地理信息系统建设列入实施计划。加大污染治理力度，安排3087万元，集中治理发电厂老灰场二次扬尘、输煤除尘器改造和废水综合利用项目。乌拉山电厂、包头二电厂灰场覆盖和植被工程基本完成。完成了包头一电厂简易湿法脱硫改造、呼和浩特发电厂除尘器改造。达拉特电厂废水综合利用完成工程设计。公司QC活动取得丰硕成果；获国家级优秀QC成果奖6项；获全国电力行业优秀QC成果10项；获内蒙古自治区优秀QC成果奖18项；获华北网局优秀QC成果奖31项。公司建设中国一流电力公司取得新的突破。中调所以488.9分的优异成绩通过国调中心考评组“中国一流电网调度机构”考评。呼和浩特供电局和超高压供电局通过国电公司一流企业考评验收。至此，公司系统两座百万千瓦级发电厂、三家最大的供电局、中调所、电科院和三家农电企业建设成为中国一流电力企业，并有4家农电企业通过了初步验收，公司总体素质迈上了新台阶。

防控非典

坚持“早发现、早隔离、早预防、早防治”，并依据《传染病防治法》开展工作的原则，建立了组织指挥系统。制定了组织领导保障、技术保障、资金和物质保障和安全保障等具体措施，保证在发生疫情时能够及时、迅速、有效地处理，保障电力职工身体健康和电力生产经营有序进行。公司系统在疫情严重时隔离500多人。公司领导班子先后多次召开专题会议，两次召开全系统电话会议，研究部署公司系统的非典防控工作，对重点单位、重点场所、重点问题提出特殊防控要求。由于公司的防控工作行动早、动手快，迅速落实消毒、预防、排查、隔离、封闭管理等各项措施，经过近两个月的艰苦工作，全公司从首例输入性非典患者后，没有因人为的防护和隔离工作不到位而发生一例扩散继发感染，抗击非典工作取得了阶段性成果。在做好公司非典防控工作的同时，开展献爱心活动，公司向自治区捐款500万元，职工个人捐款250多万元支持全区抗击“非典”工作。

维护企业稳定

认真贯彻执行国务院、自治区、国家电力公司关于在推进电力体制改革中做好各项工作的一系列指示精神，加强组织领导，认真落实稳定工作责任制，深入开展不稳定因素排查工作，有针对性地从源头上及时发现和化解不稳定因素，有效维护了安全稳定的良好局面。加大两个保障力度，积极为施工和困难企业下岗职工筹集扶困资金，慰问生活困难职工。救助危重病人16人，资助30名困难职工子女上学。取消了职工个人企业补充养老保险，调整了基本养老保险补贴。为301名集体职工办理了自愿离职、自谋职业手续。基本完成了住房补贴工作，补贴职工4.3万人，金额2亿元；继续完善了住房公积金制度，至年底建立职工个人账户4.98万户，归集公积金余额达5亿元；累计给职工发放贷款2.5亿元等，大大改善了职工住房条件。继续深入开展以优质规范服务为重点的创建文明行业活动。全公司11个营业厅（站）被命名为全区第三批创建文明行业活动示范点。电力公司创建文明行业的经验在全区两个文明建设经验交流会上进行经验介绍，受到好评。

（赵振方）

山东省电力工业

2003年，山东省全社会用电量完成1412.7亿kWh，同比增长13.77%。电网售电量完成1039.7亿kWh，同比增长11.27%。其中直供售电量完成559.5亿kWh，同比增长10.3%，占电网售电量的53.83%；趸售售电量完成480.2亿kWh，同比增长12.4%，占电网售电量的46.17%。

公司领导

集团公司董事长兼党委书记：朱长富
集团公司总经理：谢明亮　马炳炜　陈　当
叶延生　李汝革　杜至刚
于世昌
纪委书记：刘广迎
集团公司工会主席：时家林
集团公司总工程师：林铭山

机构设置

见2003年山东电力集团公司组织机构图

电力安全生产

认真学习贯彻《安全生产法》，严格落实各级安全生产责任制，深入开展创建“无违章企业”和“安全生产月”等活动，提高了安全生产的“可控、在控”水平。适应网厂分开的新形势，积极配合省经贸委于4月23日出台了《山东电网统调机组运行考核暂行办法》，规范了对发电企业的运行管理，10～12月，在全省深入开展了“打击盗窃破坏电力设备、窃电犯罪专项行动”。2003年夏季，在全国多个省市出

2003 年山东电力集团公司组织机构图

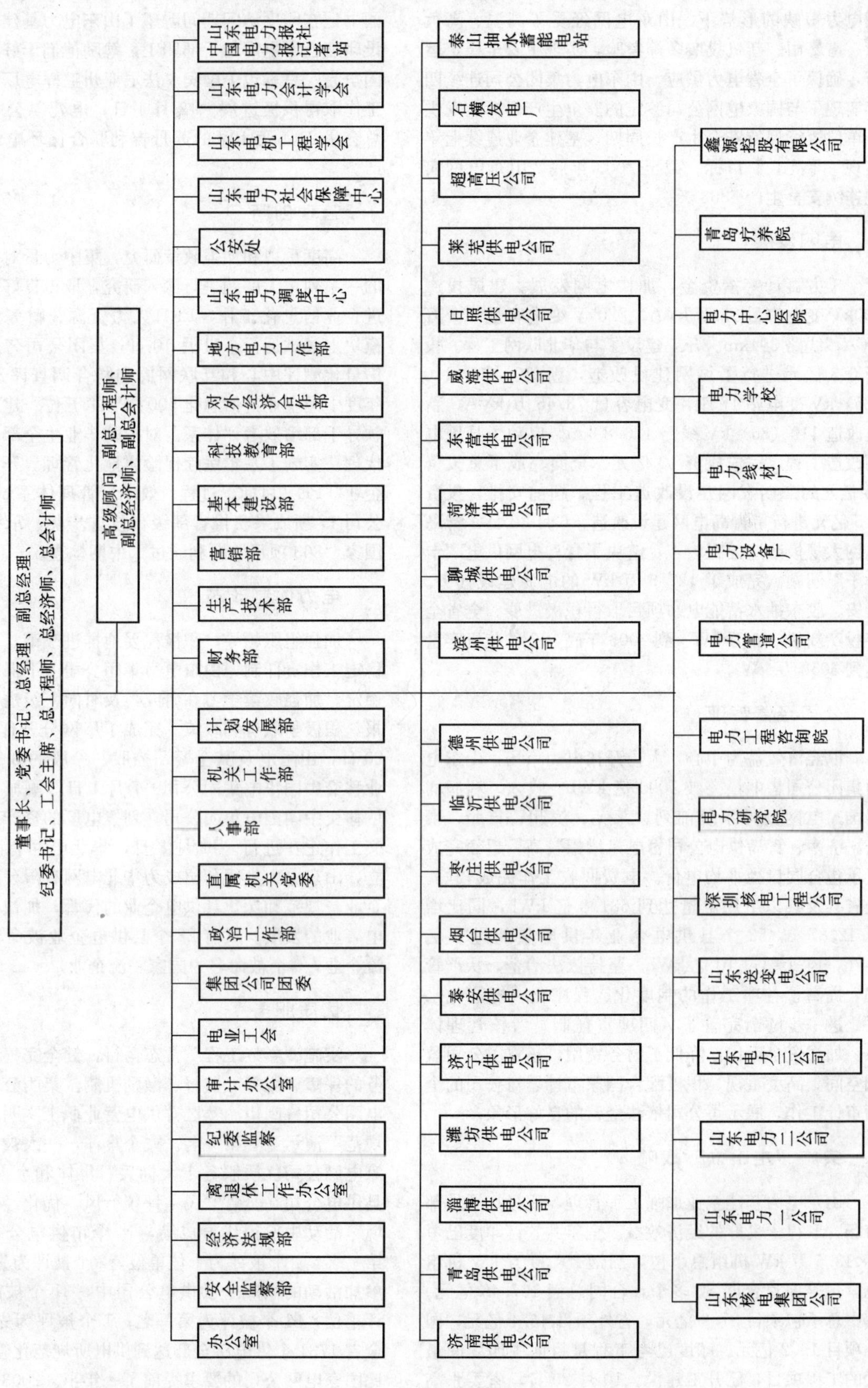

现电力短缺的形势下，山东电网经受了高温、高负荷、雷暴雨、新机投产多等考验，实现了安全稳定运行，确保了全省电力供应。山东电力集团公司连续四年实现了与国家电网公司签定的安全生产目标。发供电单位继续保持安全生产长周期，基建企业连续七年实现“零死亡”目标。截至2003年底，山东电网实现连续安全生产5363天。

电网发展

千方百计筹措资金，加快电网发展。建成投产500kV变电容量75万kVA，220kV变电容量303万kVA，线路394km。开工建设了与华北联网工程。投资6.3亿元进行了城网建设改造，新建、扩建110（35）kV变电站17座，变电容量78.45万kVA，新建改造110（35）kV线路120.89km。启动了县城电网改造工程，完成投资10亿元。全面完成了总投资55亿元的二期农网建设改造工程。超前安排，投资5.5亿元进行了青岛电网建设改造，6月30日，青岛电网大规模改造工程竣工，解决了青岛电网供电“卡脖子”问题。完成了127.5万kW的电源建设任务。泰安、胶东抽水蓄能电站项目取得积极进展。全省全年投产新机540万kW。到2003年底，全省装机容量达到3055万kW。

公司经营管理

以经济效益为中心，大力开拓电力市场，山东电力集团公司售电量突破1000亿kWh。收入、利润均居国家电网公司系统前列。莱芜、滨州、日照、泰安、济南、青岛供电公司售电量增幅较高。超额完成了承包合同口径平均电价。电费回收工作完成较好。全省县及县以下用电量达到681.8亿kWh，同比增长12.87%。52个县供电企业年供电量超过5亿kWh，14个超过10亿kWh。坚持依法治企，从严管理，提高了各项工作的制度化、程序化、规范化水平。进一步健全完善了《四项责任制》考核管理体系。加强资金运作，降低了财务费用，拓宽了公司盈利空间。高度重视、积极配合国家审计署对公司的全面审计工作，展示了公司依法经营的良好形象。

实施“走出去”战略

山东电力基建企业加强工程管理，积极拓展外部市场，取得了良好的经济效益。全年共签订印度巴考4×13.5万kW机组总承包，酒钢2×30万kW机组总承包等项目合同80多个，合同总额107.46亿元。其中总承包项目37.9亿元，省外项目46.4亿元，国外项目19.2亿元。印度巴考工程是目前中印之间最大的工程项目，已开工建设。10月20日，省委张高丽书记在印度访问期间看望了山东电力基建总公司建设印度巴考电厂的干部职工，勉励他们干好项目，为国争光。总承包美国宾夕法尼亚州毛榉电厂项目前期工作取得积极进展。12月1日，电建二公司承建的总容量21.6万kW的苏丹吉利联合循环电站竣工投产。

管理创新

高度重视和加强政策研究，集中力量对企业面临的一系列重大课题进行深入研究，取得良好效果。推进企业信息化工作，ERP人力资源、财务、供应链模块上线试运行。11月10日，集团公司名列由国家信息化测评中心和互联网周刊联合调查评选的2003年度中国企业“信息化500强”第五位。建立完善了领导干部绩效考评体系。对招聘毕业生全部实行人事代理。实施了基本医疗保险属地化管理。开展了供电企业TPE（目标、过程、效率）管理体系试点工作。公司17项成果获得省部级科技进步奖，承担的两个国家“863项目”顺利通过了中期检查。

电力体制改革

加强组织领导，积极稳妥地推进改革。认真落实稳定工作责任制，山东电力集团公司上下保持了和谐稳定。加强政策学习和研究，及时向上级进行工作汇报，积极争取有利政策。完成了厂网分开任务。1月20日，山国电及其全资、控股、参股的8家发电企业移交中国华电集团公司。7月1日，聊城、菏泽电厂移交中国国电集团公司。划拨电厂的资产和财务移交工作正在进行。11月8日，华北电网有限公司成立，山东电力集团公司成为华北电网有限公司的成员企业。规范和深化县供电企业的代管，加快了全省农电事业的发展。又有22个县供电企业被命名为省一流企业，9个被命名为国家一流企业。

优质服务

实施“彩虹工程”常态运行，健全完善了优质服务的保障、服务、监督、激励机制。集团公司获国家电网公司鲁闽川渝赛区“供电营业职工文明服务行为规范”演示竞赛第一名。一个集体，一人被评为“国家电网公司优质服务十大标兵”集体和个人。各市县供电公司在全省“民主评议行风，优化经济发展环境”活动中取得优异成绩，14个市供电公司被评为第一名，1个被评为十佳单位，2个被评为先进单位。参加活动的113个县供电公司中，31个被确定为免评单位；81个被评为第一名；1个被评为先进单位。全省1731个供电所全部达到供电所规范化管理标准，比国家电网公司的要求提前了一年半。2003年9～1

月，菏泽、济宁市等一些地区遭遇洪涝灾害，集团公司投入大量人力、物力开展抗洪救灾和灾后重建工作，迅速恢复了受灾地区的电力供应，受到了省委、省政府和人民群众的表扬、好评。

鲁能集团

继续深化“两改、两重组、两加强”改革，按照现代企业制度要求，健全完善了鲁能集团公司的法人治理结构，明确了集团公司与鲁能集团的管理界面。加强资产重组，形成了鲁能发展、鲁能置业、恒源经贸、基建四个大型企业集团。突出加快一、二次能源和房地产业发展，企业核心竞争力不断增强。资源占有和开发取得了重要进展，为鲁能未来的发展奠定了坚实基础。鲁能集团实现总收入 182 亿元，利税 18.32 亿元。4 月 14 日，“鲁能”商标荣获“2002 年中国十大公众认知商标”，这是“鲁能”商标继 2000 年荣获“中国最高认知率商标”、2001 年荣获“中国十大公众认知商标”之后再次荣获该荣誉。

精神文明建设

深入学习贯彻党的十六大精神，扎实开展了“两个务必”教育。在公司系统兴起了学习“三个代表”重要思想的新高潮。立足于关口前移、超前防范，深入开展反腐败和反“嫌疑腐败”工作，促进了党风廉政建设责任制的落实。倡导“崇尚简单，力求实效”的工作要求，开展了“三查三看”、“机关作风专项整顿”等活动，在改进作风、提高效率、服务基层等方面取得较好成效。进一步加强了企业文化建设和学习型组织建设。加强向各级党委、政府的工作汇报以及与社会各界的联系沟通，公司发展环境进一步优化。山东电力集团公司和 15 个基层企业被命名为“省企业文化建设示范单位”，5 个基层企业被命名为“省公民道德建设示范点”。又有 6 个基层企业荣获全国“五一”劳动奖状。

非典防治工作

加强领导，落实责任，严防死守，群防群控，公司系统未发生疫情。广大干部职工讲政治，讲大局，克服困难，拼搏奉献，确保了全省“非典”期间的电力供应。公司上下积极支持政府和卫生部门抗击非典，捐款捐物，奉献爱心，共计捐款 753 万元，捐物折合 279 万元。经过非典的考验，公司凝聚力和向心力进一步增强。

（高同全　赵焱）

东 北 地 区

东北电网有限公司

企业概况

2003 年，东北电网有限公司深化改革取得重大进展，各项工作已经步入新的发展轨道，呈现出一个全新的体制格局。全国第一个区域电网公司—东北电网有限公司挂牌运营；全国第一个区域电力市场—东北区域电力市场试点工作全面启动；电网安全稳定运行，全网经济运行总体平衡。全网职工经历了前所未有的思想观念转变，忠诚地履行了自己的职责。为振兴东北老工业基地，为振兴东北电网，为东北地区经济发展和人民生活水平的提高做出了新的贡献。

公司领导

刘忱　党组书记、董事长、总经理
黄传兴　党组副书记、副总经理
黄佳武　党组成员、总会计师
李效勇　党组成员、副总经理
杨俊文　党组成员、副总经理、兼机关党委书记
王钢　党组成员、副总经理
陈武　党组成员、纪检组长
赵文斌　党组成员、工委主任
黄其励　工程院院士、名誉总工程师
田宇　总经济师
薛建伟　总工程师

周玉秀　总审计师

机构设置

一、全资企业

1. 辽宁省电力有限公司
2. 吉林省电力有限公司
3. 黑龙江省电力有限公司
4. 东北电力水电公司

二、内部核算单位（直管单位）

1. 赤峰供电公司
2. 通辽供电公司
3. 沈阳超高压局
4. 锦州超高压局
5. 长春超高压局
6. 哈尔滨超高压局
7. 齐齐哈尔超高压局
8. 东北电力培训中心
9. 大连电力培训中心
10. 辽宁电力科学研究院
11. 元宝山发电厂
12. 白山发电厂
13. 丰满发电厂
14. 云峰发电厂
15. 太平湾发电厂

三、公司本部机构

总经理工作部（国际合作部）、发展策划部（预测与合同交易部）、人事董事部、人力资源部（社保中心）、财务部（电价与电费结算部）、电网生产部、电源生产部（中方业务处）、营销与农电管理部、科技信息部、安全监察部、工程建设部、思想政治工作部（机关党委）、监察部（纪检组）、审计部（沈阳审计部）、中国能源化学工会东北电力工作委员会、综合产业管理办公室、东北电力调度交易中心。

生产指标

全网实现利润4.15亿元，比国家电网公司下达的考核指标增长了119%。公司完成利润9115万元，超过考核指标3115万元，增长了51.29%；资产负债率完成56.42%，比考核指标下降5.08个百分点；净资产收益率完成1.18%，比考核指标提高0.45个百分点；上缴投资收益600万元，全额完成上缴任务；应收电费余额完成5.01亿元，比考核指标下降5.42%。

全网售电量完成1335.3亿kWh，同比增长11.54%。直属地区售电量完成46.3亿kWh，同比增长21.03%。送华北电量42.72kWh，同比增长46.4%。

全网发电量完成1842.9亿kWh，同比增长10.68%。公司代管火电厂发电量完成82.34亿kWh，同比增长13.46%。公司直属水电厂发电量完成37.79亿kWh，同比下降9.66%。

全网综合线损率完成7.47%，同比下降0.49个百分点，其中：一次网损完成2.67%，同比下降0.21个百分点；地区线损完成4.80%，同比下降0.28个百分点。公司直属地区线损完成2.91%。同比下降0.02个百分点。

公司直属水电厂非生产用电完成8133万kWh。在2002年压降10%的基础上，2003年实现压降8%。

劳动生产率公司完成70.56万元/人，同比增长5%。

频率合格率99.998%，同比提高0.01个百分点；供电可靠率完成99.924%，同比持平；综合电压合格率完成99.56%，同比提高0.08个百分点。

公司直属各类建设项目全部完成计划目标。大中型基本建设项目完成投资10.93亿元，其中，电源项目2.36亿元，电网项目8.57亿元。新建送电线路130km，新增变电容量93万kVA。二期农网改造工程累计完成投资11.6亿元。

电力安全

公司狠抓安全生产责任制落实，加大安全生产考核和奖罚力度，层层签定了安全生产责任状，强化安全生产监督管理职能；积极开展安全评价工作，完成了直属发电企业安全性评价复评工作；认真吸取美、加大停电事故教训，建立健全了电网事故应急体系。网公司成立后，第一次董事会议即出台了《关于确保东北电网安全稳定运行的决定》；组织召开了东北电网“网厂”协调会，加强了并网机组的安全管理，初步建立了网厂安全协调机制。积极配合公安机关开展打击盗窃电力设施和窃电违法犯罪行为专项治理工作；加强了基建施工安全管理，电网事故呈下降趋势。

开展了二次系统专项整治和“六复核”活动，结合春、秋季安全大检查工作对继电保护、安全自动装置、通信及调度自动化设备进行全面检查，查找事故隐患，制定整改措施，使电网二次系统运行管理水平、设备健康状况都有一定程度的提高。实施电网稳定控制措施，确保了电网稳定运行。全面推行标准化作业，收到良好效果。完成辽阳变电站1号主变压器的更换；大力开展瓷柱探伤工作，发现并消除大批瓷柱缺陷；继续开展设备调爬，输变电设备抗污秽能力有了明显提高。水电厂和元宝山发电厂的技改工程顺利完成，设备健康水平进一步提高。加大对信息化工作投入，科技成果累累，取得了明显的安全和经济效益。

全网未发生电网瓦解事故和大面积停电事故，未发生重大及以上电网事故、设备事故，未发生对社会构成严重不良影响的事故。公司直属单位未发生恶性误操作事故，未发生重大火灾事故和负主要责任的重大及以上交通事故。

电网建设

完成了冯大哈第二回和吉、黑省间第三回、四回500kV线路可行性研究，开展了东北电网二次系统规划工作。

完成500kV包东徐、北宁输变电工程勘测设计及早开工建设。500kV沙河营新建工程（除主变压器外）、沙岭变电站扩建工程和220kV通甘输变电工程已竣工投运；乌热输变电工程热水变投运，确保了风电送出。白山抽水蓄能电站和丰满永庆反调节水库工程均已进入主体，元宝山电厂三期四号机复建工程，太平湾长甸电站、蒲石河抽水蓄能电站前期施工准备工作已经全面启动。二期农网改造工程基本完成。

体制改革

东北电网有限公司组建工作顺利完成。公司党组认真贯彻落实国家电网公司体制改革的总体部署，把组建区域电网公司作为2003年的重要任务。为保证组建工作的顺利完成，公司加强了对体制改革工作的领导，积极探索和研究了公司组建的有关重大问题，认真起草了公司组建方案和章程。公司作为区域电网公司的试点率先挂牌成立。

东北区域电力市场模拟运行顺利启动。按照电监会和国家电网公司有关文件精神和部署，公司做了大量深入细微的工作，完成了《东北区域电力市场实施方案》、《东北区域电力市场年度购电合同电量管理办法》等文件的起草工作。组建了电力调度交易中心，积极开展电力市场技术支持系统工程建设。邀请有关专家进行多次技术论证，有步骤地组织开展两期市场培训。确保全国首家区域电力市场——东北区域电力市场模拟运行的顺利启动，迈出了向市场化改革的实质性步伐。

发电企业划转移交第二阶段工作基本完成。在认真总结发电企业划转移交第一阶段工作的基础上，与中电投集团基本完成通辽发电厂和赤峰热电厂劳动工资、保险、资产和财务等方面的移交工作。

经营管理

适应管理体制和经营形势变化的要求，经济活动分析的质量不断提高，为公司决策提供了科学的依据。全面预算管理日趋规范，核定成本费用定额，增强了成本控制能力和约束刚性；利用财务管理信息系统，进一步核实电网资产，促进了经营管理水平的提高；加强资本经营，优化债务结构，争取优惠利率和相关纳税政策，积极开展电力市场电价研究，营造了良好的内外经营环境。在对不同用户群体的用电需求及用电特性分析基础上，采取正确的营销策略，强化需求侧管理，培育新的用电增长点，实现了销售电量的大幅增长。建立电费风险防范机制，确保了电费回收。狠抓节能降耗，水电机组经济运行效果明显，水电厂和超高压局非生产用电均控制在计划指标之内。供电地区线损率降幅较大。元宝山发电厂供电煤耗达到历史最低点。协调解决了黑龙江、伊敏电力外送和送华北电价问题，资源优化配置力度进一步加大。推行了基本医疗保险属地化，不断完善社会保险制度。人力资源培训和人才评价工作成效显著。直属单位基地建设已见成效，员工生活得到进一步改善。直属单位多经企业管理体制改革取得新进展，40%企业完成改制，全年共实现产值10.5亿元，利润7450万元。

优质服务

按照国家电网公司开展“优质服务是国家电网生命线”宣传教育活动的部署，组织三省公司和直属单位开展了《供电营业职工文明服务规范》演示竞赛活动。严格履行八项承诺，加快了“客户服务支持系统”建设；认真及时回复和处理投诉举报，得到了客户的理解和赞誉。全年没有发生影响企业形象的重大事件和被新闻媒体曝光事件，农电窗口100%实现了供电营业规范化服务达标，供电公司和各县级农电企业都跨入了当地行风民主评议先进行列。

审计工作

高度重视、积极配合国家审计署对公司的审计工作。公司本部及所属单位积极开展了自查自纠工作，对发现的问题及时进行了整改。在半年多的时间里，审计组对公司本部及8个直属单位进行了审计，审计资产总额达122.16亿元，占公司总资产的65.75%。审计组认为公司资产质量总体情况良好，没有出现重大决策失误，国有资产基本实现了保值增值，财务管理、会计核算能够认真执行国家财经政策，财务收支基本合规。

机关建设

东北电网有限公司挂牌成立后，按照国家电网公司建立统一规范，职责明确、管理科学、运转协调的区域电网公司本部机构的要求，科学合理地设置本部机构，根据工作需要，公司下设19个部门。编制本部定员，切实达到了“精简、统一、效能”的目的，实现了“机构平稳过渡、人员平稳到位、工作尽快开展”的目标。坚持德才兼备的原则和“四化”方针，对公司本部干部、直属单位干部和拟抽调的三省公司干部进行了全面系统的考核、测评和民主推荐，并严格按程序进行任前公示和任前集体谈话。在较短的时间内组建了一支年富力强、结构合理、有丰富基层工作经验的优秀干部队伍，为实现公司可持续发展提供了强有力的组织保证。

精神文明建设

学习贯彻“三个代表”重要思想工作向纵深推进。公司通过集中研讨，专家讲座等形式，举办了五期政治理论培训班，副处级以上干部全部接受了培训。深入系统地学习了十六大精神和广泛开展了“与时俱进求发展，开拓创新建小康”学习教育活动，促进了员工思想观念的转变。

坚持标本兼治、综合治理，不断加大了从源头上预防和治理腐败的力度。全面落实党风廉政建设责任制，狠抓了警示教育；抓住苗头性问题，进一步规范了信访举报和案件查处工作；坚持用制度管人、管事，效能监察工作取得了明显成效。通过深入开展党风廉政建设和反腐败工作，公司系统领导干部廉洁自律教育进一步深入；本级及下一级领导班子成员没有发生违法和严重违纪问题，公司本部职工中没有发生违法和严重违纪问题，为公司改革发展稳定起到保驾护航的作用。

高度重视稳定工作，紧密围绕热点难点问题，强化员工思想政治工作，始终坚持员工思想动态月分析制度，有针对性地制定处置群众集体上访和群众性突发事件预案，全年未出现集体越级上访问题，保持了职工队伍稳定。

加强企业党建工作，开展了党员身边无事故等创建活动，举办了直属单位第二届党委书记论坛。针对农电新体制要求和实际，制定并实施了“三步走”规划，实现了第二阶段目标。企业文化建设蓬勃开展，直属单位初步形成了各具特色的企业文化氛围。

公司民主管理不断得到加强。进一步健全和完善了公司职工代表大会制度和平等协商签订集体合同制度，初步建立起功能齐全，制度完善、辐射面广的厂务公开工作体系。“五段闭环”企业民主管理模式得到了推广、应用和发展。

主要事件

1月13～14日，国电东北公司、辽宁省电力公司、吉林省电力公司向中国电力投资集团公司、中国华电集团公司、中国国电集团公司、中国大唐集团公司移交发电企业签字仪式分别在沈阳和长春举行。此次共移交18家发电企业。

1月21～22日，国电东北公司首届三次职代会暨2003年工作会议在沈阳召开。会议确定了“认真贯彻党的十六大精神，深化电力体制改革，以优化资源配置为导向，以安全生产为基础，以经济效益为中心，以建立区域电力市场为重点，实现新旧体制平稳过渡，努力建设坚固、完善、现代化的东北电网”的工作指导思想。

3月1日起，辽宁省实现城乡居民生活用电同价，每kWh 0.45元，居全国平均电价水平每千瓦时0.50元之下，成为全国23个省、市、自治区实现同价后的最低省份。

6月1日，中共中央政治局常委李长春视察丰满发电厂，给予该厂“管理得好，老厂焕发了青春”的高度评价。

6月6日，国家电力监管委员会出台《关于建立东北区域电力市场的意见》。这是我国推进区域电力市场建设的第一个指导性意见，标志着我国统一的区域电力市场——东北区域电力市场建设开始启动。

6月26日，我国首条500kV与220kV同塔四回路超高压输电线路在大连竣工。

8月13日，500千伏包东徐、北宁输变电工程开工。总投资约17亿元。

8月16日，内蒙古自治区巴林左旗和阿鲁科尔沁旗间发生5.9级地震，赤峰电业局全力配合地方政府和群众开展抗震救灾工作，使地震灾区在震后24h内恢复送电。

8月20日，东北电网与华北、华中电网实现联网后，黑龙江电网以每天300余万kWh的电量，向华北、华中地区供电，年供电可达12.35亿kWh。

9月25日，全国首家区域电网公司，即东北电网有限公司在沈阳挂牌成立。

10月25日，辽宁省人民政府和中国电力投资集团公司开发建设辽宁核能合作协议签字仪式在沈阳举行。这标志着辽宁在利用核能技术方面迈出了重要一步。

10月25日，中国电力投资集团公司东北分公司揭牌仪式在沈阳举行。这是中国电力投资集团公司在全国设立的第一家区域性分支机构，它在东北及内蒙古东部地区拥有参控股企业12家，可控装机容量达

364.24万kW，近2万名职工。

10月27～28日，东北电网首次网厂协调会在哈尔滨召开。

东北电网发电企业情况

随着电力体制改革的不断深入发展，原有的管理体制已经打破，新的管理体制格局已经形成，到2003年底，东北地区有电网公司1家，比较大的发电公司5家，港商及其他投资9家，还有地方及自备电厂。具体发电公司名称及所属企业如下：

（1）东北电网有限公司，所属电厂5家：云峰、太平湾、丰满、白山、元宝山发电厂；装机容量501.25万kW（其中含水丰、渭源水电厂中方装机容量51万kW）。

（2）中国华能集团公司，所属电厂7家，鹤岗、长山、新华、伊敏、大连、丹东、营口发电厂；装机容量506.5万kW。

（3）中国大唐集团公司，所属电厂9家，长山、长春铁北、珲春、长春二热、辽源热电、鸡西、鸡西热电、佳木斯二厂、七台河发电厂：装机容量252.5万kW。

（4）中国华电集团公司，所属电厂8家，铁岭、富二、佳木斯、哈三、哈热、哈发、富热、牡二发电厂：装机容量585.7万kW。

（5）中国国电集团公司，所属电厂10家，大连东北热电、朝阳、沈阳、吉热、双辽、吉林风电、北安、双鸭山、桓仁、太平哨发电厂；装机容量329.15万kW。

（6）中国电力投资集团公司，所属电厂12家，大连总厂、大连一热、辽电、抚顺、抚发公司、阜新、阜发公司、北票、北票热电公司、清河、通辽、赤峰热电厂；装机容量364.9万kW。

（7）港商投资电厂，所属电厂3家，沈海、锦州、抚顺热电厂；装机容量175万kW。

（8）其他投资电厂及地方自备电厂。其他投资电厂6家，绥中、辽宁能港、四平热电、浑江、二道江、沈阳热电公司；装机容量310.6万kW。辽吉黑三省及内蒙古东部地方自备电厂装机容量980.573万kW。

东北全区发电装机容量4086.176万kW，其中：水电557.86万kW，火电3511.14万kW，风电17.176万kW。水电占总量13.65%；火电占总量85.93%；风电占总量0.42%。

（王 历）

吉林省电力工业

基本情况

2003年，吉林省内6kkW以上机组总发电装机容量为923.43万kW，其中，水电装机容量为345.62万kW，占全省总装机容量的37.43%，火电装机容量为573.61万kW，占全省总装机容量的62.12%，风电装机容量3万kW，占全省总装机容量的0.45%。

省内水电装机容量中，东北电网有限公司控股管理松花江水力发电有限责任公司（257.25万kW），全资拥有并管理云峰发电厂（20万kW）和渭源发电厂（19.5万kW）。其中松花江水力发电有限责任公司拥有丰满发电厂（87.25万kW）和白山发电厂（170万kW），吉林省电力有限公司持有其40%股权。吉林省电力有限公司控股并管理松江河发电厂（16万kW），吉林省电力有限公司所属的吉林省电力投资有限责任公司控股并管理吉林两江水力发电股份有限公司（6万kW）。

省内火电装机容量中，发电企业中的中央资产分别划归全国五大发电公司中的三家。长春第一热电有限公司（12.5万kW）、长春第二热电有限公司（40万kW）、珲春发电厂（20万kW）、辽源热电有限责任公司（20万kW）、长山热电厂（8、9号机组，40万kW）中的中央股权属中国大唐集团公司，总计装机容量132.5万kW；双辽发电有限责任公司（3、4号机组，60万kW）、双辽发电厂（1、2号机组，60万kW）、吉林热电厂（6、7号机组，10万kW）中的中央股权属中国国电集团公司，总计装机容量130万kW。长山热电厂（3、6、7号机组）中的中央资产属中国华能集团公司，总计装机容量22.5万kW。吉林省电力有限公司代管理吉林龙华热电股份有限公司（78.4万kW）。其他吉林电力股份公司容量85.6万kW，为吉林省地方企业控股的上市公司。其余发电机组为企业自备电厂和地方电厂。

全省总装机容量中，东北电网有限公司调度的机组容量为297万kW，均为水电机组，占全省总装机容量的32.2%；由吉林省电力有限公司调度的容量为626万kW，占全省总装机容量的67.8%。

到2003年末，吉林省内有500kV线路8条，830.56km，吉林省电力有限公司所属1条（双四线），72.8km，其余为东北公司所属；有500kV变电所3座（长春合心变、辽源东丰变、吉林包家变），共有500kV变电容量356.8万kVA。有220kV线路

123条，杆路长6191.98km，回路长6561.24km。有220kV变电所47座、变压器76台、变电容量339.6万kVA，其中用户变电所1座（吉化102变）、变压器3台、变电容量18.9万kVA。有66kV伏线路773条，杆路长13033.62km，回路长13927.06km。有66kV变电所626座、变压器1058台、变电容量879万kVA。

吉林省电力有限公司是1999年开始独立运营的国家电力公司的全资子公司，注册资本金62亿元。公司在省内9个地级市设有8个供电公司，（松原市设白城供电公司松原分公司）。2003年底，公司有供电企业8个，施工企业2个，修造企业2个，关联公司7个科研、设计等其他单位13个。公司共有全民员工（不含发电企业）25200人，多经企业从业人员（不含发电企业）17852人，农电企业员工21455人。全公司资产总额237亿元，其中固定资产159亿元，所有者权益66亿元。

2003年，公司售电量完成260.78亿kWh，同比增长10.97%，达到历史最好水平。综合线损率完成8.20%，中压用户供电可靠性指标（RS1）完成99.89%。220kV用户端电压合格率完成97.1%。

2003年，公司实现产品销售收入104.5亿元，同比增长4.92%。资产负债率完成66.29%，比预算降低3.21个百分点。净资产收益率完成0.09%，比预算提高0.82个百分点。完成工业企业全员劳动生产率156400元/（人·年）。

公司领导

李书东　总经理
梁国庆　党组书记
张立志　副总经理（2003年9月11日免兼任总工）
李大军　副总经理
樊　军　副总经理
董蕴华　副总经理兼总会计师
汪忆新　副总经理兼总工程师（2003年9月11日任职）
武洪举　纪检组长
曾凡华　工会主席（2003年12月29日任职）

机构设置

截止到2003年末，吉林省电力有限公司机关本部部室有：纪检组（监察专员办）、总经理工作部、规划部、计划部、人事与董事管理部、人力资源部（社会保险事业管理中心）、财务部（含吉林省电力资金结算中心）、生产部（含吉林省电机工程学会秘书处、省公司创一流工作办公室（企业管理部）、安全环保监察部、营销部（省三电办、省公司电费回收领导小组办公室）、科技部、离退休管理部（老干部工作部）、思想政治工作部（直属机关党委）、农电部（省农电局）、审计部（审计专员办公室）、综合市场管理部、基本建设管理部（省公司电网建设公司、质监中心站）、公安保卫部（省公安厅直属公安局第一分局、省公司反窃电稽查总队）、信息中心、吉林省电力市场交易中心、吉林电力调度局；所属专业化公司为吉林省电力物资总公司；所属多经公司为吉林名门电力实业集团公司。

吉林省电力有限公司所属单位24个，包括：松江河发电厂、长春供电公司、吉林供电公司、通化供电公司、白城供电公司、四平供电公司、延边供电公司、辽源供电公司、白山供电公司、吉林省电力建设总公司、吉林省送变电工程公司、长春发电设备总厂、四平线路器材厂、吉林省电力科技有限公司、吉林省电力勘测设计院、吉林省电力有限公司培训中心、吉林省电力医院、吉林电力物业总公司、吉林龙源电力技术开发公司、吉林华能发电公司、吉林省电力投资有限责任公司、吉林风力发电股份有限公司、吉林龙华热电股份有限公司、吉林省电力通信有限公司。中介组织包括：吉林省吉能电力建设监理有限责任公司、吉林省吉能招标有限责任公司。挂靠机构包括：东电财务公司吉林代理处、吉林省电力监督检测中心、火电核电前期工作处、中共吉林省电力工业局党校、省局卫生事业管理处。

抗击“非典”确保电力供应

吉林省电力有限公司在抗“非典”的特殊时期，站在全局的高度，积极维护设备，全力以赴，加强了“非典”指挥部门、医疗等重点单位保电工作，保证了“非典”期间全省工农业生产和居民生活的用电需求。公司制订了应急方案，进一步完善了应急机制。为长春生物制品所新铺设2000余m电缆。为定点医院加装“双保险”架设一条10kV高压线路，增设一台63kVA箱式变电站。长春供电公司腾出净月培训中心作为医护人员的轮休场所。出120救护车9次，支援医护人员27人·次，购置专用医护车辆。全省电力职工共捐款60多万元，树立了电力企业良好形象。

经营管理

吉林省电力有限公司坚持以经济效益为中心，大力倡导管理创新，继续深化预算管理，提高了预算编制质量，扩大了覆盖面。对直属单位下达了创收指标；对关联公司实行了全面预算管理；与机关有关职能部门签订了责任书。加强了对预算执行情况的分析、考核和控制，各单位层层分解指标，落实责任，保证了经营目标的实现。

加强了对电力市场的运营管理，按月召开电力市场运营领导小组会议，加强对售电量、购电平均单价、线损等指标的监控，保证了电力市场平稳运行。继续实行以利润为中心的按线按台区承包，充分调动了基层企业的积极性。以财务口径考核电费回收指标，加大了考核力度。加大资金运作力度，经过努力，已签订的借款合同利率比基准利率下浮了10%，节约融资成本5800万元，降低了财务费用；严格控制成本，减少非生产性支出。机关、直属单位费用较2002年下降5%～10%。

公司全年实现利润585万元，圆满完成了国家电网公司下达的资产经营指标。用户累计拖欠电费7.1亿元，比2002年末下降0.48亿元。

安全生产

公司认真总结几年来安全生产工作的经验，多次强调安全生产水平是生产管理水平的综合反映，也是公司整体管理水平的一个重要体现，采取了以下措施：一是从公司主要领导做起，层层落实安全生产责任制；二是把安全生产作为系统工程，进一步明确了生产管理部门的安全责任，积极发挥相关部门在安全生产工作中的作用，形成了党政工团齐抓共管的局面；三是坚持从严要求、从严管理、从严考核，小题大做，举一反三，三不放过，有效地控制了习惯性违章。全年没有发生重大电网事故、设备事故，没有发生重大火灾事故；发生一般事故8次，同比下降38.46%；一类障碍发生32次，同比下降8.57%。尽管6月份仍出现一起人身死亡事故和一起一次变全停事故，事故发生后，公司高度重视，立即部署了全系统的安全性诊断，各单位认真吸取事故教训，及时消除各种隐患，确保了电网安全稳定运行。

电网规划

公司充分认识到加快电网建设的必要性，加强了电网规划工作，组建了规划部，并取得了开展吉林省电力发展规划的授权。公司对全省电网现状和存在的问题进行了调查摸底，确定了超前建设电网的思路。电网建设管理水平进一步提高。2003年，共安排大中型电网建设项目总投资5.65亿元，主要用于负荷增长较快，电力供应趋紧的城镇电网项目。开工建设了220kV通化长流变电所和白山临江变电所、66kV吉林化工变电所和四平开发区变电所工程；进行了66kV长春西汽甲乙线的改造、辽源友谊变电所增容改造工程等。还本着特事特办、急事急办的原则，异地新建了吉林黄旗屯变电所、开工了白城不二蛋白线路工程、进行了敦化开发区10kV电网改造工程、确定了通钢康斯迪电炉供电方案。农网改造工程基本竣工，累计完成投资57.61亿元。县城电网改造工程全面启动，完成投资7500万元。

电力体制改革

公司认真贯彻落实党中央、国务院和国家电网公司关于电力体制改革的决策和部署，稳步推进电力体制改革工作。①积极与发电公司协商，圆满完成了发电资产的移交工作。②认真总结公司层面关联公司的管理经验，改制、组建了吉能电力集团公司，代表公司行使出资人职能，监管投资收益。③将燃料总公司划归龙华公司，龙华公司按独立发电公司管理。④按国家电网公司的批复，积极组织实施农电体制改革。⑤积极推进设计、施工、修造企业的改革、改制工作，为主辅分离奠定了基础。施工、修造企业坚持眼睛向外，面向市场，积极改革，取得明显效果。⑥稳步推进养老保险、医疗保险和住房制度改革。

公司出台了《人事、劳动、分配制度改革指导意见》，鼓励所属单位按照“一厂一策”的思路深化三项制度改革；实行了人才代理制，面向市场聘用人才，推进了用工制度改革。

优质服务

公司坚持“人民电业为人民”的服务宗旨，深入贯彻“优质、方便、规范、真诚”的服务方针，加强窗口建设，客户服务中心支持系统建设工程进展顺利。向社会公开了20条承诺，公布了监督举报电话。公司在全省范围内开展了明察暗访，优质服务和行风建设投诉举报率同比下降40%，处理率达到100%。2003年，公司在行风测评中进入全省前列。

公司按照“三个代表”重要思想的要求，高度重视农电工作，加强了对农电工作的领导，加大了农电行风建设力度，取得了突破性进展。2003年，省、市公司受理的农村用电投诉举报率同比下降72%。有1个县农电局获得了国家电网公司一流县供电企业称号，供电所规范化管理达标率达到100%，受到国家电网公司通报表扬。

破产煤矿供电系统接收工作

按照国家经贸委和国家电网公司《关于资源枯竭矿山和中央所属关闭企业供电系统移交问题的意见》以及省委省政府的指示精神，吉林省电力有限公司对省内已经破产或进入破产程序的煤矿开展了调查摸底，拟定设备改造方案，落实改造资金，实施接收改造等项工作。2003年，投资1.9亿元，对破产的通化矿务局八道江煤矿、五道江煤矿、辽源矿务局太信煤矿、长春营城煤矿、吉林蛟河煤矿等五个煤矿完成了接收改造工作，接收破产煤矿供电人员150人。对2003年刚进入破产程序的通化矿务局、舒兰矿务局及珲春矿务局所属的七个矿，已研究确定了供电系统接收改造方案，落实了县网改造资金1.5亿元，以保证矿区的安全。

实施摘转供工程和城乡结合部改造工程

2003年，公司直接投入1.79亿元，接收改造农、渔、牧、林场和企业摘转供项目96个，涉及居民用户11万户。配合省经贸委，多方筹集资金3428万元，对长春航空机载设备公司、吉林碳素集团有限公司、吉林铝业公司以及吉林夹皮沟金矿公司等十三户大企业实施了摘转供电工程，涉及二万余户居民和其他用户。摘转供工程的实施，解决了长期困扰这些企业的难点问题，减轻了企业的包袱，为这些企业轻装上阵、快速发展创造了条件。2003年，公司还投入1.5亿元用于城乡结合部电网改造工程，解决由于历史遗留问题造成的供电设备老旧失修，无人维护，经常断电等问题，深得百姓的欢迎。

精神文明建设

公司坚持以邓小平理论和“三个代表”的重要思想为指导，认真贯彻落实十六大、十六届三中全会精神，坚持解放思想、实事求是、与时俱进，针对各级领导干部思想实际，强化理论学习，通过专题辅导、党组理论中心组（扩大）学习会等形式，使各级领导干部自觉地从不合时宜的观念和做法中解放出来，自觉地把本单位、本部门的工作纳入到国家电网公司的大坐标中去思考和定位，各级领导干部的思想认识和理论水平有了很大提高，理清了改革、发展、稳定中的一些深层次问题。

公司把领导班子和干部队伍建设作为重要工作来抓，端正了用人风气；开展了效能监察；通过述职与考核，加强了对领导干部的监督。2003年共考核了35个单位和部门，调整了138名干部，效果很好。坚持每季度召开一次机关干部大会，通报和布置工作，并对机关干部自身建设提出要求。机关干部的综合素质、管理水平和创新能力有了很大提高，机关工作上了一个新水平，受到基层单位的普遍好评。

公司连续16年保持省精神文明建设先进系统称号，有81个单位分别获得国家级、省级精神文明建设荣誉称号。调度局、通化供电公司、四平供电公司通过了国家电网公司一流企业考评验收。企业民主管理工作以目标管理考核体系为载体步入规范化轨道，员工的积极性和创造性得到充分发挥。成功举办了全省电力职工田径运动会和文艺汇演，展示了员工奋发向上的精神风貌。在打击盗窃、破坏电力设备和窃电犯罪活动中成效显著，公司公安保卫部门荣获省委、省政府严打整治集体三等功。

（刘春梅）

黑龙江省电力工业

概况

2003年是黑龙江省电力体制改革、厂网分开关键的一年，3月厂网分开工作正式开始操作，全省9个电业局（哈尔滨电业局、齐齐哈尔电业局、牡丹江电业局、佳木斯电业局、大庆电业局、绥化电业局、鸡西电业局、鹤岗电业局、黑河电业局）为主体组成黑龙江省电力公司。富拉尔基发电总厂、哈尔滨第三发电厂、哈尔滨热电厂、哈尔滨发电厂、佳木斯发电厂、牡丹江第二发电厂、牡丹江热电厂划归中国华电集团公司；双鸭山发电厂、北安发电厂划归中国国电集团公司；新华发电厂、鹤岗发电厂划为中国华能集团公司；鸡西发电厂、七台河发电厂、佳木斯第二发电厂、双鸭山筹建处划归中国大唐集团公司。

2003年虽然面临厂网分开的新形势及突如其来的“非典”疫情，但在“十六大”精神鼓舞下，在国家电网公司和省委省政府领导支持下，全面完成了与国家电网公司签定的安全生产、资产经营、党风廉政建设三项责任状的工作任务，全年实现利润1.27亿元，超额完成国家电网公司下达的利润指标。全省完成发电量494.3亿kWh，同比增长6.7%，其中水电完成10.3亿kWh，同比减少28.2%，火电完成484亿kWh，增长7.8%，全社会用电量492亿kWh，同比增长5%，省公司供电量360亿kWh，同比增长6.1%，省公司售电量342.4亿kWh，同比增长6.2%，省公司综合线损率完成8%，同比下降0.2个百分点，其中地区线损率完成4.9%，同比下降0.1个百分点。供电可靠率99.92%，同比提高0.14个百分点。综合电压合格率95.11%，同比提高1.43个百分点。电资收缴实现当年结零，回收陈欠电费5600万元，超额完成国家电网公司下达的陈欠回收任务。在精神文明建设方面，省公司保持了省文明行业建设先进系统标兵称号，有75%的供电单位进入全国文明行业工作先进单位和精神文明建设先进单位称号，有87%的单位成为省级文明单位标兵。省公司还保持了省级思想政治工作优秀企业标兵系统称号，继续保持各级先进党委称号（省级先进党委率达33%），有1个团委被评为国家级“五四”红旗团委，有2个集体被评为国家级青年文明号，1个青年集体被确定为国家电网公司首批青年安全生产示范岗。

公司领导

党组书记、董事长、总经理　路书军
副总经理　姜　魁
副总经理　陈　望
副总经理　屠　强
副总经理　丁广鑫
纪检组长　慕自为
工会主席　张庭斌
总会计师　赵东升
总工程师　高智树
总审计师　马怀生

组织机构

总经理工作部、计划发展部、人事与董事管理部、人力资源部（社保中心）、财务部、市场营销部、审计部、生产部、工程建设部、安全与环境监察部、科技技术部、公安保卫部、农电工作部、调度中心、信息中心、多种经营管理局、思想政治工作部、电力工会、纪检组（监察室、纠风办）、机关管理部、离退休管理部、机关基建办、行业协会、电机工程学会。

安全生产

2003年安全生产成绩显著。全年由始至终把安全生产摆在了首位工作去抓，认真贯彻《安全生产法》，严格执行国家电网公司一号令，落实了安全生产责任制，对厂网分开后电网安全的新情况，采取了积极的应对措施，严肃调度纪律，合理安排电网运行方式，加强了厂网协调和对并网运行电厂的安全管理，吸取美加大停电事故教训，建立了电网事故应急处置机制，并开展了电网联合反事故演习，积极开展设施保护工作，保证了电网安全稳定运行。开展生产技术培训，落实了标准化作业程序反习惯违章活动和全面落实安全规程等措施，有效地防止了人身事故的发生。全年未发生特大事故，未发生电网稳定瓦解和大面积停电事故，未发生有人员责任的重大电网设备损坏事故，未发生生产人身死亡事故，未发生恶性电气误操作事故。发生一般设备事故11次，比2002年同期增加6次，发生一类障碍45次，比2002年同期减少12次。鹤岗电业局、齐齐哈尔电业局、送变电公司等单位创造了2000天以上长周期安全生产纪录。

安全生产主要成果：①实现了安全年，开展了防污清扫工作，完成了全省206座变电所、258条线路、461点的监密测试和防污清扫工作，投入1916万元专项资金，落实防汛措施。②城网改造工程基本结束，全省城市电网建设与改造工程除哈尔滨电业局尚未进行验收外，其余已全部结束，工程总投资40.36亿元，新建改建35kV以上变电所127座，新建改建35kV以上送电线路595km，改建10kV线路2401km，改造低压线路2898km，改造一户一表98.2万户。③技改大修工程管理效果显著，技改工程投资14300万元，大修工程投资9600万元。④供电管理信息系统初见成效，全省供电管理信息系统建设基本完成，9个电业局中除哈尔滨电业局外已全部通过验收。⑤专业技术管理明显加强，重点进行了文明生产专项检查和送电、配电、变电运行及配电带电作业的专业互查。对人员配置、安全管理、设备管理、技术管理、培训管理、文明生产、维修运行、现代化管理等8个方面进行了专业检查和评估。全年8个专业共举办了20次培训班，培训专业人员1000余人次，省第六届职工技术运动会电力赛区的送电、开关和带电作业竞赛均取得了圆满成功。⑥摸清了电网设备现状，制定了老旧设备改造规划，送电线路中有6条日伪时期所建经简易升压后维持运行；少量早期设计制造的绝缘变压器、遮断容量较低的油开关及普阀和瓷吹式避雷器等老旧设备，严重影响电网运行安全；110kV以上开关无油化率仅有10%；全省有近30%的变电所是单电源或单台变压器运行；配电系统尚有部分高耗配电变压器和柱上油开关。上述老旧设备在模清现状后已制定规划将逐年加以解决。⑦水电厂管理进一步完善，一强化电站运行管理，二抓好技术监督，确保检修质量，三组织重点技术改造，解决影响安全生产的突出问题，进行坝体裂缝探测、引水隧洞补强加固，厂用电系统和开关站二次回改造等。

电力建设

电力基本建设稳步推进，全年完成电力基本建设投资19.63亿元，其中大中型电网工程4.45亿元，农网改造10.5亿元，县城电网改造2亿元，小型基建2.68亿元。220kV富锦、孙里输变电工程等年内投产的大中型项目全部实现达标投产。对黑河市高耗能工业小区实行特事特办，仅用57天就完成了黑河110kV星河工业园区变电工程建设任务。电力调度信息中心工程主楼实现冷封闭，辅楼实现暖封闭。加强电网规划，开展《黑龙江省电力工业“十一五”规划和2020年远景规划》的编制工作，组织编制和审查电网项目，县城电网改造，电厂接入系统等可研67项。配合东北电力公司完成冯大哈第二回500kV输变电工程可研工作。基建企业实施“走出去”战略取得良好成绩，共承揽国内外大中型项目48个，中标合同总价20亿元，基建施工企业实现了整体不亏损的目标，完成利润840万元。全省三个施工企业共计有52个施工现场，遍布6国12省，针对点多面广战线长的特点，全省加强了安全管理，注重提高职工的自我保护意识，全年没有发生一起人身重伤以上及机械交通、火灾事故，实现了连续七个安全年。全省三个施工企业在市场开发上成绩显著，全年共签约工程项目48个，合同总价20亿元，其中30万kW机组4台，60万kW机组1台，三个施工企业全年实现利润700万元，按照省建委的托管范围，2003年对17个地方电源建设项目和省公司7个电网大中型建设项目实施安全建设过程的质量监控和阶段监检。培训工程概算专业人员630名，培训电力工程建设项目经理157名，培训电力工程监理工程师59名，培训火电、送变电电气质检员207名，组织培训特殊施工机械操作员39名，配合中介组织完成了对三个施工企业的ISO14000环境管理体系和18000安全环境管理体系的认证和复检工作。电建集团公司按国家计划完成电建投资21424.6万元，新建线路总长度151km，新建变电容量51万kVA。220kV穆绥送电线路、220kV富锦变、中本变等工程，均实现了如期达标投产。由于加强管理，优化设计，在完成上述工程中，为省公司节余建设资金1000余万元。加强了公司的债权债务清理，全年清理债权120.6万元，并完成了南苑变电所、齐南输变电工程、七方哈50万kV输变电工程及微波、北孙输变电工程、鸡恒输变电等工程项目的竣工决算报告。云峰水电站建设进入关键年，主厂房、溢流坝、安装间、端副厂房主体已完工，引水渠挡墙完成80%，两岸副坝完成总工作量90%，4台机组可于2004年投产发电。

企业管理

2003年在企业管理方面，加强了综合性的管理，增强了省公司的整体协调能力，促进电力企业管理全面提高。通过经济活动分析，促进了各项生产经营指标的完成。完善财务管理制度加强了会计基础工作，完成了预算管理信息系统开发，使财务制度进一步完善和规范。重视营销管理，完成了省公司营销战略研究，开展了供电局营销管理达标竞赛，稳步推进营销数据集中工作，从而加强了营销管理。坚持依法经营，加强审计监督，全年完成审计项目263个，实现增收节支1617万元。在省公司系统积极配合国家审计署开展审计工作，对省公司和基层单位的审计工作顺利完成，经国家审计结果表明，省公司的总体经营情况良好。法律事务工作成绩显著，全年处理5起重大诉讼案件，挽回和避免直接经济损失5200万元，维护了省公司的合法权益。加强了人力资源管理，开展了人力资源现状分析规划工作，拓宽培训渠道，继续与高校合作培养人才。结合生产经营，进行岗位培训，全年培训7358人·次，完成国家电网公司下达的生产岗位30%职工职业技能鉴定任务。推进科技进步和信息化建设，0.1Hz试验装置等项目填补国内空白并实现了产业化，YX2000营销管理系统获国家电网公司科技进步三等奖，供电管理信息系统实现网络化运行。创一流工作取得新进展，齐齐哈尔电业局跨入国家电网公司一流行列，哈尔滨电业局恢复双达标称号。发电系统的企业管理，主要结合厂网分开的新形势，加强资产划拨后的核实与管理，搞清资产数据，明确资产管理权，建立健全资产、财务新秩序，完善资产、财务管理规章和制度。各发电企业在厂网分开后都加强了财务、审计、设备、安全、煤炭、物资、人力资源等方面的管理。在发供电企业管理方面，出现的主要问题是，生产一线员工素质偏低，年龄结构偏大，主要生产岗位出现人员断层，设备老旧，管理制度不够健全或执行不严格等。

电网调度

为确保省电网安全稳定运行：①积极开展了调度“五查”活动，强调调度纪律，编制省网预防大面积停电事故预案，成立了“六复核”工作小组，核查了保证电网安全稳定运行的各项技术措施和管理措施，并对大庆电业局、自备电厂、牡丹江电业局、牡丹江第二发电厂等4个单位进行了综合检查。在开展“五查”活动中，修编了《黑龙江省220kV电力网继电保护装置运行管理规程》。②在“两会”、“非典”期间，为保证正常作业供电，制定了应急预案、预防措施、保电方案等，统筹安排了运行方式。③建立了电网安全生产事故预防与应急处理机制。进一步细化了《黑龙江220kV及以上电网“黑启动”方案》，编制了地区电网大面积停电后电网快速恢复预案。进行了省网联合反事故演习，直接参加者近1000人，后来鸡西发电厂发生了一次与演习模拟情况相一致的事故，因处理事故的当值人员恰是参加了演习的人员，所以果断的处理了这起事故。④加强了省调与地调的自动化管理，按国家有关部门的要求，采取了安全隔离措施，有效预防了系统遭受攻击的可能。调度自动化系统应用水平逐步提高，在SCADA、AGC等应用功能实用化的基础上，又完成了本省8个地调电网调度自动化系统的PAS应用功能实用化验收。⑤开展了省网通信专业安全生产月活动，在全省范围内开展了一次通信专业安全大检查，对检查中发现的问题进行了整改，完善了各种专业管理制度，保证了信息、稳控、保护和话路通道的畅通。⑥水库安全度汛，最大限度地减少弃水，提高水能利用率，使镜泊湖的瀑布景观保持了相当长的时间，为发展地方旅游做出了贡献。⑦精心组织制订了新调度大楼的搬迁方案，使方案保证了调度系统的先进性、开放性和可扩充性，充分利用现有资源，为省公司节约资金5000余万元。

市场营销

营销部门，在市场营销工作中，始终坚持重指标、重效益、重管理、重真抓实干的系列，圆满地完成了各项指标和任务，全年实现销售收入145.58亿元，同比增长7.7%，全年售电量完成342亿kWh，同比增长6.1%，电费收缴实现了当年结零，并回收陈欠电费4401万元，超额2.6个百分点完成国家电网公司下达的清欠指标，佳木斯电业局首次实现了“双结零”。售电平均电价完成430元/kWh。营业外收入完成2713.84万元，超额完成计划指标。供电服务实现了多样化，“95598”供电服务热线已实现了功能的进一步完善，并已在全省60个县农电局中全面开通了；与供电部门合作开展代理购电业务的银行和营业网点增至1385个；电力网上商城已开通，可实现网上查询、交纳电费等功能；利用手机查询电费、提供用电信息制定服务的“电费在信”业务也在全省开通。完成上述指标的主要原因：①努力开发电力市场，大力增供扩销，深入开展扶持重点用户、推广电采暖、推进地方电厂上网统购统销等一系列专项推进工作，使市场开发有了新成果，全年销售电量19.6亿kWh。积极争取国家电网公司和东北电网有限公司的支持，本省的南送电量取得了历史性的突破，实现南送电量包括向华北送电量达13.5亿kWh。②狠抓电费收缴，加大对重点欠费大户依法催收力度，超额完成了电费收缴任务，牡丹江、鹤岗、黑河、大庆、绥化、佳木斯等6个电业局实现了“双结零”。③进一步完善以利润为核心的承包经营机制，推行内部模拟电力市场，收效显著，各电业局共完成内部利润7904万元。④加强线损管理，深化按线按台区承包工作，减少电量损失1.45亿kWh。⑤推行全面预算管理，压缩非生产性支出，使各项成本费用得到了较好的控制，机关、关联公司及经费单位费用支出降低了3%。并利用闲置资金开展委托贷款，获得投资收益4000多万元。提前还贷节约利息支出2233万元。⑥深入开展优质服务，在开展供电热线服务的基础上，又积极的实施“连心工程”和“放心用电工程”，按照国家电网公司的统一部署，层层开展了供电营业职工文明服务行为规范演示竞赛活动，促进了基层供电企业优质服务水平。省公司荣获全省“正行风、保发展民主评议行风”先进单位称号，李庆长荣获国家电网公司十佳服务标兵称号，佳木斯电业局被评为全国电力行业用户满意服务企业。在莲花水电站因耗水减发电量导致亏损的情况下，仍比计划利润增加4700万元，由于营销部门的积极努力，2003年的售电量是近十年增长最快的一年。

电力科技

2003年安排科技项目93项，技术开发费2299万元，其中成本1800万元，更改499万元。开发费的使用，①集中资金解决重点问题；②对先进成熟的新技术成果加大了推广力度；③重视管理创新，开始了企业信息资源的整合；④增加了重点项目前期调研费。2003年获省电力公司科技成果奖178项；获省政府科技进步奖3项；获国家电力公司科技进步奖1项。在技术开发上坚持有所为、有所不为的原则，注重三结合：①自主开发与科研院所联合相结合，②科研攻关与技术改造相结合，③技术开发与推广应用相结合。在科技项目管理方面，重视科技项目立项前的可行性论证；加强科技项目的全过程跟踪管理效果很好。为提高供电可靠性，广泛开展带电作业研究，哈尔滨电业局的带负荷更换分段开关项目，已通过省科技厅组织的技术鉴定，达到国内领先水平。继2002年哈尔滨热电厂4、5锅炉小油量气化点火改造成功，并通过省科技厅组织鉴定后，2003年又开展了直流燃烧器技术研究并分别进行了200MW锅炉等三个炉型的示范改造工程。该项技术在国内处领先地位。0.1Hz超低频高压试验装置通过一年的优化和试验，该项技术已达到实用化，具备了产业化的条件。暂态过电压在线监测装置、便携式电气量采集分析装置等技术和产品都达到实用化。在绥化电业局开展了线损日考核管理系统试点，实现了全网线损当日考核；在鹤岗电业局开展供电局二级模拟法人营销管理系统开发应用试点，已投入试运行。组织开展了哈大电气化铁路对电网稳定影响、安全生产管理系统开发、电网运行方式分析决策专家系统、省网无功优化研究。输配电线路预防鸟害装置、变电二次设备仿真培训及事故诊断专家系统相继开发成功。雷电定位系统经增站完善、有效覆盖了全部220kV送电线路。积极开展了科技信息工作，科技信息期刊发行质量越来越好，各局厂都开展了科技项目专题调研，立项质量明显提高，合理化建议活动成效显著。在技术监督上，理顺了电能计量管理工作，与省技术监督局联合下发了《关于加强贸易用电装置监督管理的通知》，完成东北电力市场计量系统黑龙江部分的表计配置完善工作，完成了量值传递、计量标准建立、复查和检定人员培训工作。全公司标准化工作，基本上保证了发供电生产、检修和经营管理的需要。2003年召开了三次标准化工作会议，讨论具体标准、进行人员培训。组织电力标准会完成省公司220kV电网继电保护运行规程的修订。在全面质量管理方面，获省公司优秀质量管理小组成果奖62个，获全国电力行业优秀质量管理小组成果奖4项，质量信得过班组2个。

信息化建设

在厂网分开的新形势下，信息工作的中心目标，放在加大力度加强信息网络的安全建设，推进供电生产管理信息系统的应用和省公司本部信息化建设上，使2003年的信息化建设取得了较好的成绩：①省公司信息系统运行状况良好，全面完成了国家电网公司对信息网络的运行考核指标，本地网络系统运行率达到99.5%，与2002年同期的98.2%相比，运行率有了稳定提高。②供电企业管理信息系统全面实现网络化运行，供电企业管理信息系统经过多年的设计、开发、应用，目前已经在各供电单位的生产管理工作中运行使用，利用网络实现了生产业务流程化管理，规范了管理程序、提高了工作效率，得到了生产系统各专业人员的普通认可。该系统已经通过了省公司生产部、信息中心、安监部组织的联合检查和验收。③按照国家电网公司要求，加强了信息系统安全建设，在基层单位的重要网络节点上配置了网络入侵检测系统。由于省公司本部网络设备性能较差，在几次计算机病毒爆发时，均引起网络阻塞，信息中心按照预案采取有效的措施及时切断病毒来源，最大可能的保证了省公司本部信息网络的畅通。④承担了国家电力公司《电力行业信息系统代码标准》的编写工作。⑤完善了办公自动化系统的功能，并已做好系统升级的技术准备工作。实现了与省政府、国家电网公司的办公自动化系统联网。对数据库系统、电子邮件系统进行了版本升级。引进了网站管理系统，大大简化了各部门对网站的维护工作。并协助计划、营业、财务、生产、人事等部门，完成了专业系统应用。⑥根据信息系统的建设和发展需要，积极进行信息技术培训，全年共举办了8期信息技术培训班，及时有效地提高了各个层次人员的信息技术水平，有力的支持了信息系统应用的开展。⑦成功的举办了省公司系统网页作品竞赛活动。信息网站是企业对外对内宣传自身形象和信息交流的平台，信息中心与电力工会联合举办了省公司系统信息网页竞赛，收效很好。通过活动提高了广大员工学习和掌握信息技术自觉性，从而推动了信息化的应用与建设。

电通自动化

①全省通信网一次系统安全运行7874天，全年无人身轻伤及以上事故，无火灾事故，无交通事故，无设备责任事故。②通信设备运行率，微波设备规定指标99.95%，完成99.99%；光线设备规定指标99.98%，完成99.99%；电力线载波设备规定指标99.93%，完成99.99%；交换机设备规定指标99.90%，完成99.99%。2003年通信调度共编制下发通信方案64个，通信电路调度通知单57个。③推出做好8h之外的优质服务，在用户方便的时候随时处理电话故障。④圆满地完成了技改、基建和大修工程任务。2003年技改项目4项，投资604万元，大修工程审定资金113.47万元，全部完成。在富锦变和黑河变项目中，承担了通信自动化部分的工程，配合省公司基建部、电建集团顺利完成变电所投产任务。220kV南苑变和恒山变电所工程（通信、自动化部分）被评为达标投产工程。富拉尔基一次变工程，被国家电力公司命名为2002年度“送变电优质工程”。⑤通过了ISO9001：2000质量管理体系认证。电通公司信息网页达到5339页，各部门网页数3044页，视频新闻101个。备受电力客户关注的《黑龙江省电力营销电子商务系统》投入试运行，在全国电力系统率先实现了客户使用银行卡通过电力客户服务系统www.hepc95598.com网站交纳电费，是黑龙江省第一个电子商务系统，为黑龙江省填补了电子商务系统的空白。开通5368系统电话的用户已接近5000户，因特网用户包括ADSL宽带网已超过1000多户。自2002年开通中山花园、龙电花园宽带网业务以来，又相继开通了中医街、大成街、三姓街、洁净街、永和街、中和街、巴陵街、人和街、上游街、道里西三道街电力家属区。2003年又申办了互联网信息服务（ICP）经营许可证，为因特网服务及相关信息业务的发展提供了法律保证。研制开发具有自己知识产权的DT2000电能量自动采集负荷预测系统在省外市场取得成绩，已完成了贵州省安顺电业局电能计量系统主站软件的开发和设备的安装调试工作并投入试运行，青海省电力公司已同意先实行试点安装，河北省电力公司也有了合作意向。

农村电力

2003年的农村电力事业有很大发展，主要表现在推进农电体制改革、实施农网建设与改造和城乡居民用电同价，以及加强企业管理、保障农村电网安全稳定运行和开展优质服务等方面：一是农村电网建设与改造，两期工程总投资91.44亿元，其中一期工程63亿元，二期工程28.44亿元。现已累计完成投资额88.73亿元，占两期工程总投资额的97.03%，其中一期工程完成61.53亿元，二期工程完成27.20亿元。建设与改造110kV线路692.7km，110kV变电所39座，容量为3790.4kVA，35（66）kV线路5826.64km，35（66）kV变电所542座，容量为16070.94kVA，10kV线路80036.1km，10kV低压线路108566.4km。更换高耗能配电变压器47193台，容量为35270.04kVA。改造配电台区63619个。全省一期农网改造工程基本完成，输变电工程和10kV以下配电工程全部通过预验收。由于采取倒排工期等措施，农村垦区二期改造进展顺利，完成投资12.8亿元，10kV及以下工程完成50%。二期农网改造工程总体可研与初步设计已完成，并上报省计委待批复。各地区按照典型范例组织工程结算审核，年底可完成12个县审核。县城电网改造方案正进行初审，待省公司还贷确定后下发。农网改造优化安排了4个局调度自动化项目。哈尔滨郊区、萝北电业局通过实用化验收。农网建设与改造后的成果表现在供电能力增强、供电量增加，全年农村购电量达63.5亿kWh，比2002年增长10%，趸售电量提成收入完6.95亿元，同比增长10.8%，电费收缴结零，回收陈欠电费5%。农村供电质量提高，线损下降，综合电压合格率94%，同比增加0.5个百分点，供电可靠率99.68%，同比增长0.01个百分点，综合线损率达26.99%，同比下降1.21个百分点。二是推进了农村供电所的规范化的管理，实现了县乡一体化和收支两条线管理，省农电部门管辖的70个县市农电企业的930个农村供电所中，有889个供电所达到了规范化管理标准。农村用电管理基本实现了“三公开”、“四到户”、“五统一”。2003年国家电网公司命名腰屯等4个供电所为第一批规范化管理先进供电所，省电力公司首批命名184个供电所为规范化管理供电所。佳木斯电业局率先完成全地区农村供电所规范化管理达标工作。三是农电企业管理得到加强，根据国电公司“抓队伍、抓发展、抓管理”、建设一流县供电企业要求，结合本省实际，制订了《黑龙江省电力有限公司建设一流县供电企业标准》，尚志县电业局在建设一流县供电企业复查名列前茅，哈尔滨市郊区电业局已通过国家电网公司建设一流供电企业考核。为农垦、森工代管供电企业制订、印发了各项规章制度52个。四是开展了“人民电业为人民”服务活动，本着“优质、方便、规范、真诚”的服务方针，坚持农村电力为农业、为农村经济、为农民生活服务的原则，严格执行各项服务标准，建立优质服务常态机制，兑现服务承诺，完善95598的服务功能。在地方行风测评中，多数供电企业被评为优胜单位，哈尔滨电业局西郊管理处、集贤电业局腰屯供电所被国家电网公司授予“农电优质服务标兵单位”，哈尔滨市郊局松北电管处、望奎电业局客户服务中心被授予“国家电网公司农电企业青年文明号示范创建集体”称号，有4人被国家电网公司授予“农电优质服务先进个人”称号。

多种经营

2003年多种经营工作，在积极推进转机建制、新项目开发、产业结构调整、加强企业管理、安全生产等方面成绩显著，全年实现多种经营总收入22.1亿元、利润1.83亿元，分别超年度计划指标0.1亿元和0.03亿元。①积极推进转机建制工作，年初省多种经营局与省电力公司系统的22家基层总公司签订了年度经理目标合同，明确转机建制目标和任务，到年底有6家总公司完成了集团公司改造，5家总公司完成有限责任公司改造。总公司所属二级企业，有63家进行了有限责任公司改造，37家进行了股份合作制改造。②调整产业和产品结构，根据多经企业现状，按中央“三改一加强”精神，省多种经营局对变压器、开关柜、线路金具和水泥杆等10家企业进行了摸底调查，做好了企业重组前期工作。通过调整产业和产品结构，逐步形成一、二、三产业较为合理的布局。使每个地区都有一、二个拳头产品企业。③积极开发新项目，寻找新的经济增长点，牡丹江电业局多经公司投资千万元全额收购了东宁热电厂，并已取得经济效益，开发的美式箱变和50万kV合成缘子等产品已进入试生产阶段。绥化电业局多经公司开发铁力滑雪场年底正式接待游客。绥化电业局多经公司与华富公司投资建设的木兰风电项目现处于建设中。齐齐哈尔电业局多经公司承建的黑河地区电力线路正在紧张施工。电建三公司多经公司开发的哈尔滨市垃圾处理厂项目，已获哈尔滨市政府批准。鸡西电业局多经公司对遥控抄表项目现处于进一步调研中。省送变电多经公司组建的出租车项目已投入运营。④加强企业管理，在安全生产方面，省多经局与所属二级企业签订了安全生产责任状，全年无人身死亡、重大火灾、交通、设备损坏事故，首次实现了安全年的目标。在营运资金收支、资本性资金收支、对外投资等重大财务管理上得到了加强，完善了财务管理方面的各项规章制度，实现了资产的完整性、合理性和效益性。举办了经营管理、安全生产、文秘、工会、养老保险等专业性讲座，培训了132名管理人员，提高了多经企业管理人员的综合素质。

环保与卫生

2003年环境保护与工业卫生工作有一定成绩。在环境保护方面面临着重大的工作重心转移，由主要侧重于火电厂污染治理和新建电厂项目的环境化环境保护，逐渐转向为考虑电网生产和建设的环境保护，电厂的环境保护工作将由各发电集团公司管理。在厂网分开的新形势下，省电网公司做了如下一些工作：①根据各发电集团公司的请求，向各发电集团公司提供了为其所属的各火电厂环保的基础资料及数据；②组织进行了2002年火电厂环保统计的数据审核汇总工作；③参加了省政府2002年度的环境保护目标考核，并通过了省政府年度环境保护目标考核；④根据财务制度要求，环保部门配合财务部门，编制完成了省公司《企业基础材料》非财务性经营指标中的环境保护指标；⑤按国家电网公司要求，完成了电网环保工作初步调查，将《电网环保工作初步调查表》上报国家电网公司；⑥参加了黑龙江省东部和吉林省电网联网的500kV输变电线路和变电所的选址工作，对工程的前期工作，提出了相关的环保要求；⑦应邀参加了华电集团公司哈尔滨热电有限责任公司2×300kW机组供热扩建工程和齐齐哈尔新建2×300kW机组热电厂的初步可行性研究工作，有无环保项目及工作，帮助协调并与省环保局衔接与沟通；⑧参加了省公司与省计委共同组织的《黑龙江电力行业“十一五”规划和2020年远景目标研究工作》，完成了《黑龙江电力行业“十一五”规划和2020年远景目标研究》环境保护部分的编写；⑨参加了国家电网公司和中国企业联合会共同召开的年度环保工作总结和环保工作议案，并参与讨论制定了会议纪要和《国家电网公司环境保护工作管理办法（征求意见稿）》、《电网工程建设项目环境影响评价管理规定（征求意见稿）》《环境影响评价技术导则——输变电工程》编制工作大纲（送审稿）；⑩配合思想政治工作部门，对基层单位双文明建设工作中的环保工作部分进行了考核。在工业卫生工作方面：①按中电联的要求，完成了2002年度全省劳动环境和职业病的相关统计工作；②顺利的完成了向发电集团公司移交了相关工业卫生基础资料；③加强事前防范，有计划地对重点项目的治理，并把工作重点转移到防毒、防辐射上来；④完成了2004年度工业卫生治理改造项目的审核工作；⑤完成了省工程学会环保专业委员会全年度学术论文的征集、整理和初评推荐工作；⑥完成了本部门网页更新维护，文件处理等日常工作；⑦参与了省公司信息中心组织的全省网页制作竞赛，并担当了评委工作。

电力行业协会

2003年电力行业协会主要做了如下一些工作：①加强了行协的基础工作，为行协进一步发展奠定了基础。根据省民间组织管理局的要求，认真准备了相关材料，进行财务审计，办理了社团组织年检，此项工作受到省民间组织管理局的表扬。还及时办理了社团法人机构代码证的年审工作，按照市统计局的要求，及时办理了统计登记。参照兄弟省电力行协的有关做法，结合本会实际，经过认真研究，提出了本会机构建设的意见和具体方案。进一步完善了本省电业协会的工作规划和财务管理制度，实现了财务管理电算化；②开展了行业调研咨询服务及进行管理成果评审。上半年围绕着电力行业在改革中出现的一些热点、难点问题，开展了调查研究，并有针对性地就多种企业改革、厂网分开后供电企业如何搞好经营管理等方面的课题展开了调研工作，还进行了调研咨询人员的培训工作，还加强了调研咨询专家网络建设。根据中电联建设人才库的要求，在全省电力行业认真选拔推荐了各方面的专家到中电联专家人才库，为全国电力行业人才库建设做出了贡献。对2002年度的企业管理现代化成果进行了评审。共评出企业管理现代化成果奖97项，其中一等奖3项、二等奖19项、三等奖75项。对2002年度优秀管理论文进行了评审，共评出优秀论文110篇，其中二等奖13篇、三等奖82篇、鼓励奖15篇；③编辑出版会刊、发行行业信息、进行行业交流。本会对本会刊的出版与交流工作进行了认真的自查自检，不断完善和提高，并通过了省市两级新闻出版管理单位的验收。2003年共出版《龙江电业》会刊5期，近100多万字，宣传了政府的方针政策和会员的精神风貌、传播交流了管理经验与行业信息、加强了同新闻的合作，受到会员单位的好评。2002年还发行了《黑龙江省电力行业信息》12期，共7万多字，以简短、集中、迅速的特点介绍全省电力行业和全国电力行业的各类信息，为电力企业经营者提供了信息服务；④受政府委托，开展部分行业管理，多种形式的为会员服务。认真地贯彻了《黑龙江省进网作业电工管理办法》，对全省进网电工进行了培训，经考核共发放电工证26320份。认定电工培训教师资质74人。协助省经委对全省各地方电厂和企业自备电厂进行了安全检查。对北方热电厂、饶河热电厂、庆安热电厂等部分地方电厂开展了计量标准化检查和计量升级复检工作。参加了饶河、黑河、宝清、金京热电厂及信恒热电厂、鸡东热电厂、建三江热电厂的工程质量检查验收工作。帮助庆安电厂、木兰电厂、饶河电厂和鸡东电厂等会员落实了安全生产措施。按照省企业家协会要求，组织省诚信企业和优秀企业家的申报评选工作。按照中电联要求，完成了《企业人员情况调查表》的调查统计填写工作。为实现知识更新，还举办了一期优秀论文与通讯报道协作培训班，培训50多人，有6个会员单位的代表介绍了经验。经省电力行协的积极推荐与协商，黑龙江省火电一公司、黑龙江省送变电工程公司的主要领导获“全国电力行业优秀施工企业家”称号，黑龙江省送变电工程公司获“全国电力行业用户满意施工企业”称号。

电机工程学会

黑龙江省电机工程学会，在省科协和省电力公司及各市学会和各专业委员会的支持下，认真贯彻了省科协和中国电机工程学会文件和会议精神，克服了“非典”等工作的影响，较好地完成了2003年初制定的各项工作计划。

(1)省科协“六大”会议后，电机工程学会学习会议精神，尤其针对电力改革的实际，对如何发挥学会的“桥梁纽带”作用进行了研讨，以为全省的改革、发展、稳定及电力科技发展服务，为此以电话通知形式要求各市电机工程学会组织广大电力科技人员，学习贯彻省科协“六大”提出的指导思想和五个方面的工作建议。

(2) 开展学术交流和论文评功审活动。2003年度省召开大型学术会，而以各市及各专业委员会活动为主，分别开展的小范围小规模学术交流会。召开了省各专业委员会秘书长会议，总结2002年工作，表彰奖励了10个专业委员会，表彰奖励了97名先进个人，经各专业委员会推荐、专家委员会的评审、学术委员会的认定、常委理事会的批准，有298篇论文进行了表彰奖励，其中一等论文6篇。2003年上报论文300篇，边上报、边整理、边组织专家审阅。

(3) 开展科普活动，办好一报一刊，加强学会自身建设。电力科普网站从正式在全省计算机广域网运行后，受到全省电力职工欢迎，职工上网率大为提高，起到了学习推广电力科技知识的作用。

(曲宏 刘廷辉 李愿忠)

辽宁省电力工业

2003年，辽宁省电力有限公司坚持“三个代表”的重要思想，正确处理改革、发展、稳定的关系，积极稳妥推进各项改革，努力开拓电力市场，加快电网发展，确保电网安全，完成了职代会确定的各项任务和国家电网公司签订的各项资产经营考核指标，为公司发展奠定了良好基础。

公司领导

赵首先任辽宁省电力有限公司总经理；

陈文彬、赵自力、杨金光任辽宁省电力有限公司副总经理；

邵维廉任辽宁省电力有限公司副总经理，免去其总工程师职务；

王相勤任辽宁省电力有限公司副总经理，免去其总经济师职务；

耿占东任辽宁省电力有限公司总会计师；

王建群任辽宁省电力有限公司总经济师；

王钢任辽宁省电力有限公司总工程师；

免去李效勇、韩水的辽宁省电力有限公司副总经理职务（另有任用）。

张文亮还宣读了中共国家电网公司党组对辽宁省电力有限公司领导班子成员任免决定：

赵首先同志任中共辽宁省电力有限公司党组成员、书记；

陈文彬、赵自力、杨金光、邵维廉、王相勤等同志任中共辽宁省电力有限公司党组成员；

魏振有同志任中共辽宁省电力有限公司党组成员、中共辽宁省电力有限公司纪律检查组组长；

杨金光同志任辽宁省电力有限公司工会主席（兼）。免去李效勇、韩水二同志的中共辽宁省电力有限公司党组成员职务。

组织机构

总经理工作部、领导干部管理部、机关管理部、企业创一流办公室、综合计划部、发展策划部、人力资源部、社会保险事业管理局（社会保险事业管理中心）、财务部、生产部、安全监察部、多种经营管理部、科技信息部、保卫部（公安保卫局）、营销部、农电管理部（省农电局）、审计部、辽宁省电力工会委员会、纪检组（监察专员办公室）、离退休人员管理部、直属机关党委（思想政治工作部）、调度通讯管理部、驻北京联络处、辽宁省电力行业协会、北方国际电力工业有限公司、辽宁电能发展有限公司、东北电力建设监理有限公司、辽宁电力房屋开发有限公司、辽宁电力经济开发有限公司、辽宁电力物资总公司、辽宁电力实业有限公司、通讯工程公司

基层单位

沈阳供电公司、大连供电公司、两锦供电公司、鞍山供电公司、抚顺供电公司、阜新供电公司、丹东供电公司、本溪供电公司、铁岭供电公司、营口供电公司、盘锦供电公司、朝阳供电公司、辽阳供电公司、辽电第一工程公司、辽电第二工程公司、辽电第三工程公司、辽电第四工程公司、辽电烟塔公司、沈阳电力机械总厂、鞍山铁塔制造总厂、葫芦岛电力设备厂、阜新电力修造厂、辽电通讯工程公司、辽宁电力科学研究院、辽宁电力勘测设计院、辽宁电力中心医院、辽宁电力兴城温泉疗养院、辽电锦州培训中心、辽电高培中心

完成考核指标

售电量完成686.23亿kWh，同比增加84.72亿

kWh，增长 14.09%；售电平均单价完成 366.52 元/MWh，按可比口径增加 0.52 元/MWh；实现销售收入 261.50 亿元，同比增加 27.71 亿元，增长 11.85%；购电平均单价完成 249.75 元/MWh，按可比口径减少 3.40 元/MWh；实现利润 2 亿元，完成考核指标的 200%；净资产收益率完成 0.74%，比考核指标提高 0.37 个百分点；资产负债率完成 66.23%，比考核指标低 1.77 个百分点；上缴投资收益 7788 万元，完成考核指标的 100%。当年电费 100%回收，陈欠电费压降 7.9%；应收电费余额 11.34 亿元，均超额完成考核指标。

由于始终坚持“安全第一，预防为主”的方针，认真贯彻《安全生产法》，全面落实国家电网公司关于安全生产工作的各项要求。为实现安全年的目标，以保人身、保电网、保设备、保重要用户为原则，加强运行管理，首次对辽宁电网 66kV 系统运行方式进行了全面审查和整改，认真开展标准化作业，积极落实各项反事故措施，加大对老旧设备的改造力度。还针对安全生产的薄弱环节，实行超前控制，不断强化配电安全管理，深入开展安全性评价工作，严厉打击破坏电力设施行为等，促进了电网安全生产水平的进一步提高，设备事故和电网事故均有较大幅度减少。

全年没有发生重特大电网、设备事故，没有发生重大火灾事故和发生对社会构成严重不良影响的电网事故，没有发生重大施工机械设备损坏事故。发生人身死亡事故 1 人·次，与去年持平；发生人身轻伤事故 2 人·次，同比下降 67%。一般设备、电网事故同比分别下降了 12% 和 25%。供电可靠率完成 99.912%。线损率完成 7.19%，同比下降 0.42 个百分点；劳动生产率完成 30.4 万元/（人·年），同比增加 8.7 万元/（人·年），增长 40%。

多种经营总收入 54.03 亿元，比计划指标增加 9.03 亿元，增长 20%；实现利润 2.22 亿元，比计划指标增加 0.62 亿元，增长 38.75%。

施工企业实现利润 1454 万元；同比增加 230 万元，增长 18.8%；修造企业同比减亏 1423 万元，减亏 28.7%；设计企业实现收费 6500 万元，同比增加 1735 万元，增长 36.41%，实现利润 106 万元。

经营管理

2003 年度，省公司同国家电网公司签订的年度资产经营责任书中的五项责任指标全部完成或超额完成。

省公司合并会计报表单位 44 个，其中：供电公司 13 个，全资子公司 12 个，控股公司 7 个，事业及其他单位 12 个。实现利润 2 亿元，比责任目标增加 1 亿元；净资产收益率 0.74%，比责任目标增加 0.37 个百分点；资产负债率 66.23%；比责任目标降低 1.77 个百分点；上缴投资收益 0.78 亿元，按照要求及时足额入库；应收电费余额 11.34 亿元，比责任目标降低 0.66 亿元。

2003 年末，省公司资产总额 532.74 亿元，其中流动资产 183.72 亿元，固定资产 319.73 亿元，长期投资 29.06 亿元，无形及递延资产 0.23 亿元。负债总额 352.84 亿元，其中流动负债 138.02 亿元，长期负债 214.82 亿元。所有者权益 179.90 亿元，其中注册资本 100 亿元。

2003 年实现销售收入 261.50 亿元，其中电力产品销售收入 257.29 亿元，同比增长 27.53 亿元，增幅 11.98%。销售成本 250.71 亿元，其中电力产品销售成本 247.16 亿元，同比增长 26.05 亿元，增幅 11.78%。销售税金及附加 1.15 亿元，财务费用 6.34 亿元，管理费用 0.94 亿元，实现利润 2 亿元。施工企业实现收入 20.23 亿元，实现利润 0.15 亿元。

折旧资金来源 23.45 亿元（不含施工、修造企业折旧资金），其中全年提取折旧资金 19.7 亿元，上年节余 3.75 亿元。折旧资金支出 20.98 亿元，其中电网改造及送变电工程资本金 5.7 亿元，技术改造工程资本金 1.18 亿元，小型基建工程 0.6 亿元，科研事业及其他 0.65 亿元，归还长期贷款 12.85 亿元，当年结余 2.47 亿元。

2002 年长期贷款余额 200.75 亿元，2003 年新增长期贷款 38.09 亿元，其中农网改造工程贷款 21 亿元，县城电网改造工程贷款 3.2 亿元，老旧设备改造工程贷款 5.8 亿元，沈大、沈秦工程贷款 4.94 亿元，其他工程贷款 3.15 亿元。偿还贷款 24.02 亿元，年末余额 214.82 亿元。

2003 年初福利费资金余额 0.18 亿元，全年提取 1.45 亿元，支出 1.38 亿元，年末结余 0.25 亿元。

2003 年，随着辽宁地方经济的复苏和公司增供扩销策略的实施，促使售电量稳步增长，全年实现售电量 686.23 亿 kWh，比预算增长 10.98%，比 2002 年增长 14.09%，其中营口、本溪、辽阳供电公司增幅超过 20%。

全年电力销售收入增长幅度高于电力销售成本增长幅度 0.2 个百分点。2003 年 13 个供电公司的销售收入均比 2002 年有所增长，有 9 个供电公司的收入增长幅度达到两位数，其中本溪、营口供电公司超过 20%。在电力销售收入增长的同时，电力销售成本增长幅度控制在收入增长幅度之内。

购电平均单价下降幅度高于售电平均单价下降幅度，两者相差 1.12 元/MWh。购售电平均单价分别完成 249.75 元/MWh 和 366.52 元/MWh。剔除售华北电量和增供扩销等因素影响，购电平均单价完成 262.01 元/MWh，同比下降 3.40 元/MWh。售电平均单价完成 379.39 元/MWh，同比提高 0.52 元/MWh，完成了职代会提出的目标。其中，盘锦、营口、两锦、沈阳、铁岭、抚顺、阜新供电公司售电平均单价比核定指标提高 0.90 元/MWh 以上。

全资、控股公司均完成了利润目标。其中：北方国际、物资公司的利润有较大幅度的增长。6 家施工企业均有盈利，实现利润 0.15 亿元。其中：送变电公司实现利润 677 万元，占施工企业总利润的 45%。4 家修造企业中，除葫芦岛电力设备厂微利外，其余三家亏损额有所降低，共减亏 0.14 亿元，均完成公司制定的减亏 20%的责任目标，其中沈阳电力机械厂完成减亏 39.8%。比 2002 年减亏 730 万元。设计单位实现利润 106 万元，比 2002 年增加 87 万元。

城、农网改造工程已形成固定资产 185.29 亿元，累计发生长期借款 195.01 亿元，其成本和债务压力已显现。2003 年折旧费比 2002 年增加 5.21 亿元，增幅 29.82%，财务费用虽然采取了提前还贷 16.7 亿元，存量贷款利率下降 10%，县城电网改造工程银行贷款融资招标等多项措施进行压降，但是抵消资本运作效益后，仍比 2002 年增加 0.31 亿元。售电量快速增长带来的增量效益，被城、农网改造增加的支出所抵消。

经济效益

2003 年，辽宁省电力有限公司把全面完成国家电网公司下达的资产经营考核指标作为全年经营工作的重点，采取了一系列增产降耗、增收节支措施和考核办法，收到了显著效果。通过抓效益源头，争取电价政策，促进增收增效；加强资金运作，不断优化负债结构，降低财务费用；发挥投贷管理委员会作用，控制投资规模，优化投资结构，力争投资效益的最大化；注重投资项目效果，实行分管领导对投资项目的全过程负责制；在认真总结经验的基础上，继续完善内部模拟电力市场运营机制，并积极开展模拟法人的试点工作；认真做好审计工作，规范企业经营行为。

开拓用电市场

在省政府有关部门的大力支持下，继续执行了优惠电价政策，及时研究并分析解决增供扩销中出现的新情况、新问题。全年实现增供、扩销电量 44.4 亿 kWh，拉动售电量同比增长 7.3%。认真落实省政府电采暖扶持资金项目，全年新增电采暖面积 160 万 m^2。电费回收和打击窃电工作取得好成绩。进一步规范供用电合同管理，营销现代化建设取得阶段性成果。

认真落实“确保优质服务，确保评议优胜”的工作思路，不断提高优质服务水平。以创建辽宁供电优质服务品牌为主题，使优质服务工作向规范化、标准化和科学化的方向发展。深入开展“优质服务是国家电网生命线”的宣传教育活动。进一步加强窗口建设，开展先进窗口评选活动。在东北电网公司举办的东北地区供电营业职工文明服务行为规范演示竞赛中，省公司代表队夺得所有比赛项目的第一名。

重点工程建设

组织修订和完善了辽宁电网发展规划，编制了 2003～2010 年建设现代化电网经营企业的实施纲要。结合国家振兴东北老工业基地战略的实施，满足地方经济发展对电力的需求，完成了省公司“十五”发展规划的滚动修改。

基本建设及电网建设进展顺利。全年投产 220kV 变电所 6 座，变电容量 117 万 kVA；66kV 以下变电容量 95.69 万 kVA；500kV 送电线路 4.6km，220kV 送电线路 236km。通过绥姜线完成东北向华北送电 42.7 亿 kWh。在做好电网输变电工程前期工作的基础上，省公司进一步加大了电网建设与改造力度，提出了总投资 49 亿元的电网建设与改造投资计划，其中包括沈阳至大连 500kV 送变电工程，年计划投资 10 亿元，完成 7.7 亿元；老旧设备改造投资 10 亿元，完成 8.6 亿元；资源枯竭矿山供电系统改造投资 5.6 亿元，完成 5.2 亿元；县城电网改造投资 15 亿元，完成 2.8 亿元。沈大 500kV 输变电和辽宁发电厂技术改造等重点工程顺利开工建设，并采取了一系列有效措施，确保创国优工程目标实现。施工企业除省公司系统内的工程项目外，中标省外火电工程项目 23 个、送变电工程项目 7 个、签订国外合同额 28 亿元，施工企业累计中标工程合同量达 50 多亿元。修造企业的市场营销和减亏工作也取得较好进展。

电力体制改革

根据国家电网公司的统一安排，本着尊重历史、实事求是的原则，积极配合各发电集团顺利实现了对发电资产的移交，全力支持东北电网公司的组建及东北区域电力市场的建设，确保了改革的平稳过渡。

按照国家电网公司的统一部署，稳步推进农电体制改革。辽宁省城乡居民生活用电实现了同网同价，每年减轻农民负担 5.4 亿元；重点强化供电营业所的规范化管理，巩固农村乡、站体制改革成果，全省乡镇电管站由 1080 个精简为 850 个；同时深入开展了县级农电体制改革思路及实施方案的调研。

多种经营企业产权改组改制工作取得新成绩。已有 10 个供电公司完成了集体企业的产权制度改革，其中有 4 个实现了属地化管理，3 个尚未完成改制工作的供电公司已完成了改制方案设计，正在积极进行操作；深入开展全民多种经营企业改制的调研，并提出了原则性方案；在实行改组改制的同时，多种经营产业产品结构逐步优化，产业发展门路得到拓宽。与许继集团合作，成立了辽宁许继电气有限公司，为多种经营开辟了新路。

在认真做好各项改革的同时，各级领导高度重视职工队伍的稳定工作，采取行之有效的措施，确保了职工队伍的稳定。

资源管理

按照人才需求预测规划，进一步完善了吸引人才的招聘机制，改善职工队伍的文化知识和专业结构，连续4年实现人员负增长、劳动生产率正增长；以增强岗位技能和综合素质为重点，完成了3163人·次的各种培训，并逐步做到系统化、规范化和制度化；努力实现职工的有序流动和合理配置，择优竞聘的用人机制正在形成，开始打破传统的人事制度的僵化局面；进一步转变全民终身制的传统观念，通过完善劳动合同的用工机制，深化了劳动用工制度的改革；切实注重能力和业绩，继续完善专家评选和专业技术职务聘任机制，鼓励广大工程技术和专业管理人员走专家成才之路；继续完善业绩效益挂钩的分配制度，包括绩效考核评价体系、工效挂钩的工资决定机制和内部模拟市场的考核办法；继续完善职业技能鉴定机制，15960人取得了职业资格证书，生产人员的职业技能有所提高。

社会保险工作得到强化，确保了养老金按时足额发放，进一步加强了企业年金和企业补充医疗保险的管理，在无风险的前提下，使企业年金做到了保值增值。

精神文明建设

加强干部管理，增加干部选拔任用的透明度。把得到群众认可作为干部选拔任用基本原则，把扩大民主贯穿干部推荐、考察和决策任用的各个环节，对所属11个单位、机关12个部门89名干部进行了调整，同时调整补充了69名控股、参股公司的董事、监事会人员；有针对性地开展了党风廉政建设教育，强化党风廉政建设责任制的落实；认真执行“五不准”，制定并执行了纪检组负责人对下级党政主要领导谈话、领导干部任前廉政谈话及领导干部诫勉谈话等3项制度；认真妥善处理信访举报、案件查处，加大执法监察和效能监察的力度；充分发扬尊老敬老的光荣传统，认真落实了离退休老同志的“两项待遇。”

不断加强干部作风建设。公司党组积极开展调查研究工作，逐项解决基层实际问题和困难。省公司机关本部认真开展作风建设年活动，先后提出了改革先进评比奖项和考核办法，除保留6项外，其余30多项全部取消；总经理奖励基金剩余部分全部划拨给工效挂钩单位，既减轻了基层单位负担，又提高了职工收入；坚持勤俭办企业，3年内不再购买公务用车；规定了节日期间的6条纪律和要求；机关各部门办事效率有所提高，为基层解决了实际问题。

认真组织学习贯彻“三个代表”重要思想。发挥思想政治工作优势，积极开展形势教育活动，确保改革发展过程中职工的思想稳定。

强化民主管理，努力维护职工合法权益。坚持职代会、平等协商和集体合同制度，通过建立总经理联络员制度以及厂务公开等多种形式拓宽了职工民主管理渠道。建立维权热线电话，及时解决处理涉及职工切身利益的热点问题。省公司2003年投入217万余元，加大了对困难企业和困难职工的扶持力度，并逐户落实帮困措施。

审计工作

根据国家审计署审经通字（2003）62号文，审计署驻沈阳特派员办事处于2003年2月～12月对公司本部及基层8个单位进行了审前调查和审计。审计资产总额为389亿元，占合并报表总额的62.5%。

为配合审计，公司成立了以赵首先总经理为组长的领导小组，基层单位建立了由行政一把手为组长的相应机构；并派出审计检查组对基层单位进行了重点检查，对已发现的有问题资金迅速整改，对一些政策层面拿不准的问题逐项进行了探讨，重大问题及时反馈，共性问题及时解决。通过审计，审计组认为：辽电公司在财务管理、会计核算方面基本上能够认真执行国家的各项财经法规和政策，财务收支基本真实、合规。内部控制及各项规章制度比较健全。此次审计辽电公司高度重视，多次组织下属单位认真自查，并在审计调查后，对一些单位存在的问题，进行了账务调整、补交了部分税款。审计中共列示了省公司在会计信息、资产质量、重大决策、三产多经、领导干部等5个方面存在的一些问题，这些问题属于一般管理和会计差错的约占60%，属于违规违纪的金额约占40%。

省公司以这次审计为契机，在全公司范围内广泛开展依法经营和廉政守纪教育。认真查找管理上的薄弱环节，举一反三，采取措施，健全制度，加强管理，做好工作。

主要事件

1月9日，在京举行的全国办公自动化典型应用系统颁奖仪式上，省公司广域网办公自动化系统被评为全国大型企业典型应用系统。

1月9日，省公司党组成员、副总经理赵自力与直属机关党委书记罗文生带队，携30万元扶贫款赴对口帮扶地区锦州义县刘龙台镇慰问。

1月13日，根据国家计委2704号文件和《国家电力公司发电企业划转移交实施方案》的通知精神，辽宁省电力有限公司将直管电厂的资产产权、经营管理权和安全管理责任等移交给相应的发电集团。

1月15日，省公司召开2003年社会监督员座谈会，副总经理陈文彬在座谈会上提出要把行风建设的制度化和规范化纳入工作重点。

1月27日，中央精神文明建设指导委员会表彰全国创建文明行业先进单位和精神文明建设工作先进，阜新供电局获得“创建全国文明行业工作先进单位”称号。

1月，在中国首批杰出CIO颁奖大会上，省公司信息中心主任潘明惠荣获2002年度中国优秀CIO殊荣，成为全国电力系统中惟一获奖者。

2月11日，省公司机关召开中层以上干部和在沈单位领导成员大会。国家电网公司党组书记、总经理赵希正，国家电网公司人事董事部主任张文亮，国电东北公司党组书记、总经理刘忱，中共辽宁省委组织部副部长陈政夫等领导出席了会议。

2月28日，辽宁省电力有限公司首届四次职工代表大会暨2003年工作会议在沈阳召开。

2月25日，全省城乡居民生活用电同价工作会议在沈阳召开。

经国家计委批准，辽宁省城乡居民生活用电同价水平为每kWh 0.45元。工业电价每kWh提高0.5分，非居民照明电价、商业电价、非普通工业电价、农业生产用电价格每kWh提高0.6分。

经省政府同意，我省城乡居民生活用电同价自2003年3月1日实行。

2月，由辽电一公司承建的抚顺发电厂二期技改20万kW机组建筑安装工程，获得辽宁省建筑业协会2002年度辽宁省建设工程世纪杯暨辽宁省优质工程称号。

3月3日，亚洲开发银行贷款项目——沈阳至大连500kV输变电工程及电网改造工程设备采购在沈阳开标。这次开标采购的电力设备14种。

3月14日，6点50分，丹东供电公司凤城一次变电所发生了一起恶性电气误操作事故，造成66万kV南北母线全停2min，损失电量1400kWh。

3月17～26日，为贯彻落实省公司首届四次职代会精神，关注弱势群体，进一步做好扶贫帮困工作，省电力工会分别在辽电二公司、辽电三公司召开扶贫解困工作座谈会。近10家单位的工会主席、生活部长重点汇报了省公司帮扶的104户贫困职工的详细情况，其中已有80%的困难职工走上自救岗位。

3月25日，辽阳供电公司灯塔变电所发生一次变电误操作事故，造成66kV线路停电4min，损失电量2400kWh。

3月31日，在辽宁省中直企业工委召开的2002年度先进集体和劳动模范表彰大会上，辽宁省电力有限公司荣获先进集体称号。

3月，省公司老年文体协会被中国老年人体育协会授予“全国老年人体育工作先进单位”称号，这是国家电网公司惟一获得此项殊荣的单位。

4月8日，辽宁发电厂老旧机组替代改造工程正式开工，建设规模为两台35万kW国产燃煤机组。

4月18日，辽宁省物价局以［2003］62号文件出台了高耗能企业优惠电价政策，平均售电单价为0.313元/（MWh)、上网电价为0.165元/MWh，保证了省公司输配环节电价0.148元/MWh。

4月21日，辽宁省电力有限公司召开2003年优秀QC成果视频发布会，发布16项QC成果。

4月，辽电三公司和辽电送变电公司被中国施工管理协会评为2002年度全国优秀施工企业。

4月，省公司获全国“五一劳动奖状”、辽电三公司经理高玉光获“五一劳动奖章”。

5月19日，根据国务院统一要求，国家审计署驻沈特派办进驻省电力有限公司进行审计。

5月，中华全国总工会命名表彰了一批先进集体和先进个人，辽宁省电力有限公司荣获“全国五一劳动奖状”；朝阳供电公司总经理石磊被授予全国“五一”劳动奖章。

6月26日，国内首条500kV与220kV同塔4回路超高压输电线路按计划提前5天竣工。

6月，本溪供电公司被全国总工会和国家安全生产监督管理局联合授予2002年度全国“安康杯”竞赛优胜企业称号。

7月21日，由沈阳供电公司与中国电力科学研究院联合开发的“低压配电网电力线高速通讯技术研究”项目，获国家电网公司科技进步一等奖；省公司生产部与沈阳东北电力调节技术研究所等单位联合开发的“集成型电液控制快速关断阀”项目获国家电网公司科技进步三等奖，后又获中国电力技术一等奖。

7月30日，沈阳供电公司66kV郑家变电所发生误操作事故，造成变电所10kV全停电50min，损失电量4000kWh。

8月11日，营口供电公司李锡成获“全国电力行业质量管理小组活动卓越领导者奖”；大连供电公司等8个单位的QC小组获“全国电力行业优秀质量管理小组奖”。

8月25日，省公司副总经理陈文彬会见了以执行总裁马尔科姆先生为团长的澳大利亚伊梅尔集团代表团。

9月4日，省公司副总经理陈文彬会见日本海外电力调查会电力国际协力中心副所长古市正敏先生一行。

9月5日，在国家电力公司2000年人才援藏工作总结暨表彰会议上，省公司被评为人才援藏先进单位，两锦供电公司李永卓被评为优秀援藏人员，赵自力、包丽敏、万贵忱被评为援藏先进工作者。

9月23日，沈阳供电公司苏家屯分公司发生一起配电人身死亡事故。

9月28日，辽宁省电力有限公司代表队，在东北地区营业职工文明服务行为规范演示竞赛中一举夺魁，包揽团体和个人所有项目桂冠，取得了代表东北地区参加全国各大区竞赛资格。

9月，辽电送变电公司中标西北750kV输变电示范工程的第四标段，此工程是国内电压等级最高、世界海拔最高的输变电工程。

11月7日，“十五”计划期间国家电网公司重点科研项目——“鞍山红一变国产化SVC示范工程”总承包协议签订暨开工仪式于在鞍山供电公司红旗堡一次变电所举行。

11月7日，辽电送变电公司项目经理张惠中获全国“五一劳动奖章”。

11月10日，在国家信息化评测中心和《互联网周刊》主办的展示信息化带动工业化的成果评测活动中，辽宁省电力有限公司荣膺年度“中国企业信息化500强”，排名第11位，并被授予“最具灵敏度奖”。

11月20日，在国家信息产业部和国务院信息化办公室联合召开的2003年度全国信息技术应用工作会议上，辽宁省电力有限公司《辽宁电力广域信息网络系统》被授予“国家倍增计划优秀项目成果奖”。成为全国电力系统惟一获此殊荣奖项。

11月，辽宁省电力有限公司、阜新农电局、辽宁电力勘测设计院、丹东供电公司等单位开发的科技项目，获辽宁省政府科技进步二等奖；两锦供电局、沈阳电力机械总厂、铁岭供电公司等单位开发的科技项目，获辽宁省政府科技进步三等奖。

12月16日，辽宁省电力有限公司与中国电力投资集团公司发电企业划转移交协议在沈阳正式签署。

12月26日，辽电策划［2003］441号文通知，按国家电网公司精神和东北电网有限公司、辽宁省电力有限公司《关于辽宁电力科学研究院和辽宁省电力有限公司大连培训中心资产划转和隶属关系变更的协商纪要》要求，从2004年1月1日起，辽宁电力科学研究院和大连培训中心移交东北电网有限公司负责管理。

（黄秀芳）

华 东 地 区

华东电网有限公司

综述

2003年，华东电网公司坚持团结治网，与省（市）公司同舟共济，充分依靠各级政府和公司全体员工，经受了电力供需矛盾非常突出的严峻考验，胜利度过了夏冬季用电高峰，保证了华东电网的安全稳定。完成了区域电网有限公司的组建，强化了安全生产和调度管理，加大了电网建设和发展的力度，加强了资产经营和全面预算管理，深化了党风廉政建设责任制的监督和考核，各项工作都取得了较好的成绩。实现了自1986年以来安全考核事故记录首次为零。资产经营实现利润总额31519万元，超额完成指标5.06％；上缴投资收益3000万元，完成计划100％；资产负债率61.87％，低于62％的指标，净资产收益率2.91％，高出指标0.2个百分点，名列国网公司系统第一位；应收电热费余额24135万元，低于28500万元的考核指标。党风廉政建设责任制考核，也在先进之列。在国家电网公司“三项责任制”考核中，华东公司综合成绩列国网系统第二名。

根据国家电网公司2003年工作的指导思想和华东公司2003年的工作安排，重点抓了八个方面的工作，取得了良好的成效。

1. 采取有效措施确保电网安全稳定和电力供应秩序

面对华东电网大范围和长时间的严重缺电形势，华东公司和省（市）公司一起，加快电网建设，年内新增500kV变电容量350万kVA，500kV输电线路413km。针对“厂网分开”后出现的新情况，进一步加强电网安全管理，召开网厂协调会议，保证了夏季高峰期间发电设备较高的可用率。

“8·14”美加发生大停电事故，公司立即进行分析研究，举一反三，严肃调度纪律，与省（市）公司一道组织对重要厂站的安全巡检，开展“六复核”检查，提出了电网薄弱环节的整改计划。成功避免了“8·29”、“9·4”等设备故障可能导致的电网大事故，提高了华东电网应对复杂事件的水平。

为保证夏季高峰期的有序供电，公司及时修正最高用电需求的预测，研究制定了《华东电网错峰计划管理办法》，按“缺多少，错多少”的原则，滚动调整全网的错峰指标，积极配合做好政府主管部门主导下的错峰工作。

在国家电网公司的支持下，公司想方设法争取区外电量的支援，包括与四川电网的错峰、争取三峡机组提前投产发电的电量。全年调动区外来电（包括福建，不含阳城）共计162.01亿kWh，同比增加124.4%，同时积极促进区内跨省市双边交易达159亿kWh，同比增长28%，使区内缺电矛盾有所缓解。

2. 通过了国家审计署对华东公司的全面审计

公司高度重视这次国家审计，并把它作为公司提高政策理论水平、完善经营管理、加强制度建设和强化依法经营意识的机遇。公司成立了“迎审工作”领导小组和工作小组，统一组织领导和配合协调，认真做好迎审的各项工作，对发现的问题及时进行整改。进驻公司的审计组在最后形成的审计报告中，评价公司总体资产质量情况良好，内控制度基本有效，未发现有重大的违规违纪情况。

3. 推进了公司体制改革的逐步深入

在国家电网公司的统一部署下，公司根据国务院5号文件精神以及国家电网公司党组关于区域电网公司组建工作的意见，9月28日完成了华东电网有限公司的组建。

在国家电网公司统一协调下，进行了望亭发电厂的移交工作，配合国家电监会等做好华东区域电力市场建设试点的基础工作、输配电价改革以及主辅分离等调研工作。同时，坚持对公司自身的改革，在劳动人事分配制度上取得了新的进步，为公司现代企业制度和管理职能的到位做好准备。

4. 实现了公司经济效益的稳步增长

应对“厂网分开”带来的电网经营企业赢利能力下降和由于电力电量严重短缺带来的购电成本大幅上升等不利因素。①从电价着手，积极利用国家有关政策，对省（市）联络线口子实行夏季和冬季高峰的季节性峰谷分时电价，适当加大了峰谷价价差。②优化了“水火联调”和新安江、富春江水库的梯级优化调度，最大限度地避免或减少富春江水库弃水损失。③继续强化全面预算管理，通过明确内容、规范流程、加强执行分析等措施，确保全面预算管理目标落到实处。④科学、合理安排调整公司融资，通过提前归还对嘉兴二期和天荒坪电站的借贷、加强工程财务管理，有效降低了财务费用支出，同时积极探索新的融资方式，解决自有资金不足的问题。⑤争取用好技术开发费、固定资产报废净损失税前扣除等政策，并积极采取技改项目利用国产设备以获得退税，减少税收支出。通过开源和节流并举，保证了国家电网公司利润指标的超额完成。

5. 坚持电网和电源的协调发展

为保证“十五”后期和“十一五”期间华东电网的电力电量供应，经过全面深入调研，完成了华东电网“十五”计划调整、2010年电力市场需求、电源规划情况分析，包括抽水蓄能等调峰电源规划情况和电网建设分析等报告，完成了包括外高桥电厂三期等25个电源项目的前期审查。

抓紧电网建设，对关系全网送、受电的华东安徽500kV输变电工程、华东江苏500kV输变电续建工程、江苏500kV锡东南变电站等扩建工程、上海500kV黄渡变电站扩建第4台500kV变压器工程、浙江500kV嘉善等输变电工程等电网项目，从工程技术、项目融资、资料准备、人员安排等方面，进行了精心组织和协调，千方百计加快项目的实施。

6. 重视抓好管理和科技创新

坚持以我为主、博采众长，在总结传统管理经验的同时，注重引进新的管理理念，通过企业流程诊断的专题消化、主题研讨等多种形式，提高员工参与企业管理创新的积极性，在生产和经营管理的实践中，梳理技改、设备管理和科技项目管理办法，制定日、月度计划申请流程、完善绩效考核办法等，进一步规范管理，为公司更好适应现代化要求打好基础。

注重把科技创新能力转化为加强电网管理的生产力，开展了“提高500kV变压器和输电线路负载能力”研究，开发了“变电站站用仿真培训系统”和“输电线路故障监测系统”等，其中“大型汽轮机部件寿命评定新技术”获得了国家科技进步二等奖。

7. 加强党风廉政建设和干部队伍建设

公司党组以落实党风廉政建设责任制为抓手，以抓好领导干部廉洁自律、特别是落实中纪委关于国有企业领导人员“五不准”规定为重点，突出抓好机制和制度建设。完善了党风廉政建设责任制检查考核办法，使考核评比更能体现单位特点和要求。开展了工程项目、物资采购招投标的监督管理工作调研，先后在公司本部和省（市）公司对招标监督管理中存在的问题进行分析，提出了建议和对策。

在干部队伍建设方面，首先抓好公司党组班子自身的建设。党组民主生活会的质量、中心组学习的组织及成效，都得到了上海地方党委的充分肯定。其次是加强了直（代）管单位领导班子的建设，制定了相应的考核办法。第三是加强后备干部的选拔和培养，颁发了公司本部干部到基层单位挂职锻炼的办法。第四是举办了中层及以上干部学习“三个代表”培训班，进一步提高干部的理论修养。

8. 注重依靠员工和关心员工的有机结合

在抗击“非典”中，公司把职工的身体健康和生命安全放在第一位：一方面采取了各种措施，关心每一个员工；一方面对直代管单位和调度等生产指挥一线，都制定了各种情况下的预案。做到了公司系统无一例“非典”或疑似病例发生，保证了电网生产建设和稳定运行不受影响。

年内举办了包括工商管理知识培训、计算机应用培训、现代财务管理远程网络课程培训等，既提高了员工的综合能力，也提升了企业的服务水平。

深入开展精神文明建设，新安江水电厂、天荒坪抽水蓄能有限公司、电试院、调通中心、培训中心等，都获得了省（市）、部级双文明单位称号。公司本部的创建文明部室活动，也开展得较有声色。

电力生产

2003 年，公司克服了历史仅见的电网严重缺电等困难，保证了电网安全和有序供电，实现了公司各项生产目标，在生产工作中取得八项主要成果。

1. 全面落实与国家电网公司签订的安全生产责任书

实现了 1986 年起存有安全档案以来公司范围内各类安全事故首次为零。新安江电厂年内实现四个百日安全无事故，富春江、天荒坪电厂完成了三个百日安全无事故。

2. 在电网严重缺电局势下，保证了有序供电，实现了用电大幅增长

在电网夏季用电高峰缺电 700 万 kW 以上，冬季高峰缺电 1000 万 kW 以上的情况下，实现华东电网四省一市统调用电量 4025.83 亿 kWh，同比增长 20.06%；最高用电负荷 6548 万 kW，增长 11%。电网供电秩序基本正常，减轻了缺电对网区国民经济发展和人民生活的影响。

3. 电网和直（代）管电厂设备健康程度达到新水平

500kV 输变电设备运行状况良好，主要一次设备可用系数超过 99%，其中线路可用系数为 99.2%，同比提高 0.75%；变压器为 99.3%，同比提高 0.4%。新安江、富春江、天荒坪机组运行平稳，机组平均等效可用系数达到 92.2%，同比增长 2.3%。其中新安江电厂机组等效可用系数最高，达 97.61%。

4. 按期完成华东 500kV 电网建设、改造项目

投运了 500kV 主变压器 5 组，变电容量 350 万 kVA，500kV 输电线路 413km。黄渡 6 号主变压器按时投产，缓解了上海北部地区用电困难。武南——东亭线路解决了苏锡地区主变压器超限问题。瓶窑 1 号主变压器更换后，缓解了浙北特别是杭州地区的用电矛盾。武南——斗山——石牌线路破例首次增容，保证三峡来电进入华东的通道畅通。

5. 加大区内外电力交易，圆满完成三峡首期电力的消纳任务

夏季高峰期间经龙政、葛沪直流最高受入电力达到创纪录的 330 万 kW，全年受进区外电量（包括福建）162.01 亿 kWh，同比增加 124.4%，其中三峡电量达 34.30 亿 kWh。省市间双边交易空前活跃，全年共成交 159 亿 kWh，其中短期和小时交易达到了 42.37 亿 kWh。

6. 提出并执行了一系列加强电网管理的规定，基本适应了电力体制改革和发展的要求

公司年初即出台了《关于在电力体制改革过程中加强华东电网安全管理的意见》（共 40 条）以及《华东电网加强对并网电厂服务和管理的规定》，规范了网厂间的协调和管理。在区域电网公司成立后，又迅速制定颁发了加强安全管理、调度管理、设备管理、生产计划管理等方面的若干意见。

7. 提高电网输送能力，加强新富梯级调度，实现了较好的社会效益和经济效益

完成斗南、斗牌四线增容改造，提高输送能力 40 万 kW，避免了三峡少送电，减少了苏北窝电损失，改善了苏南和上海、浙江用电，取得巨大的社会效益。在 60 年一遇的大旱条件下，新安江、富春江完成年度发电量 27.6 亿 kWh。通过经济调度，公司增收约 1.75 亿元。富春江减少汛期弃水电量损失，创造经济效益超过 650 万元。

8. 在科技创新和管理进步方面取得新成果

《大型汽轮机部件寿命评定新技术》获得国家科技进步二等奖，《亚临界汽包炉给水加氧处理技术的研究》、《华东区域电力市场研究》分获中国电力科技进步奖和国家电网公司科学技术进步奖，《华东电网功角监测技术及应用研究》等 5 项获得上海市科技进步奖。ECETS（华东电能交易系统）二期工程取得新的进展；开发了变电站站用仿真系统培训系统；落实了电网提高输送限额的措施；进行了瓶窑母线开断改造降低短路电流的前期工作。这些都代表了当前华东电网技术的新水平。编写了《华东电网错峰计划管理办法》、《科技项目管理规定》、《500kV 输变电设备

启动投产管理规定》、《备品备件管理办法》等管理文件；实施了过程管理项目、危险点预控以及开展了全网电能精细化时段配置等，都是管理进步的新成果。

公司领导

中共华东电网有限公司党组：邵世伟、程光杰、周永兴、王根和、邱国富、徐航、王祥富、李树林、庄毅群为党组成员；邵世伟任书记，程光杰、周永兴任副书记。李树林任党组纪检组组长，庄毅群任中国能源化学工会华东电力工作委员会主任。邵世伟为华东电网有限公司总经理，程光杰、周永兴、王根和、邱国富、徐航为副总经理，王祥富为华东电网有限公司总会计师，张启平为总工程师，徐伟良为总审计师。

机构设置

华东电网有限公司下属共 6 个直（代）管单位：即新安江水力发电厂、富春江水力发电厂、华东天荒坪抽水蓄能有限责任公司、华东电力试验研究院、华东电力培训中心和千岛湖培训中心。公司本部内设机构为九部一室一中心。即：总经理工作部、发展计划部、财务部、生产科技部、安全监察部、工程建设部、人力资源部、审计部、思想政治工作部、监察室、华东电力调度通信中心。

电力建设

2003 年，全网共投运 500kV 主变压器 5 组，变电容量 3500MVA；500kV 输电线路约 775km。为进一步缓解华东电网缺电状况和迎峰度夏做出了贡献。

同时积极加强江阴大跨越工程的管理。目前江南跨越塔已组立至 206m、铁塔组立抱杆升至 224m；江北跨越塔已组立至 206m。

全年投产发电机组 8 台，共 1838MW。具体项目为：夏港电厂二期 2×135MW；镇江电厂二期 2×135MW；太仓环保电厂一期 2×135MW；长兴电厂四期 2 号机组 300MW；秦山核电三期 2 号机组 728MW。

网内火电工程又有 2 项被评为 2002 年度“鲁班奖”（北仑电厂二期主体工程；合肥电厂二期 2×350MW），一项被评为国电公司优质奖（吴泾八期 2×600MW）。

积极组织网内 500kV 输变电工程达标投产工作，促进工程质量不断提高。组织了对 500kV 天一、王店、江苏盐城、泰兴、三官殿等输变电工程的达标复检。迄今为止，全网 500kV 输变电达标工程已有 18 个，工程总体质量不断提高。500kV 宁波天一输变电工程荣获 2003 年国家电网公司优质工程奖。

受原国家电力公司技经中心、定额总站委托组织的概预算考证培训班，共举办了 10 期（华东片：上海、江苏、浙江、华能、福建机务），参加培训的人员计 752 人，培训合格率 94.28%，受到定额中心站的好评。

电力经营

2003 年是电力体制改革后厂网分开运作的第一年，公司努力克服电力供需紧张以及水电来水偏少等给经营工作带来的不利因素，坚持以经济效益为中心，积极利用国家有关政策，着力发展主营业务，开源节流，全面完成了资产经营考核指标。

（一）资产经营考核指标完成情况

2003 年，公司实现利润总额 31519 万元，比国网公司下达的利润考核指标 30000 万元，超额 1519 万元，增长 5.06%；上缴投资收益 3000 万元，完成率 100%；资产负债率 61.87%，未超过国网公司下达的 62%考核指标；净资产收益率 2.91%，高于下达的 2.71%考核指标；应收电热费余额 24135 万元，低于 28500 万元的考核指标。超额完成了国网公司下达的五项经营考核指标。净资产收益率在国网公司系统中处于第一位。

（二）资产经营预算执行情况

1. 利润预算执行情况

2003 年公司共计实现利润 31519 万元。其中：发电利润 1800 万元，占 5.7%，输电 8283 万元，占 26%，资金收益 8386 万元，占 26.6%，投资收益 13050万元，占 41.4%。

2003 年，公司主营业务利润比预算减少 15.40%，主要是主营业务成本的增长幅度大于主营业务收入。公司的主营业务实际成本和预算相比增加了 12.45%，主要有以下三个方面的因素：①从发电成本来看，由于新富来水较少导致发电单位成本较上年同期增加了 44.73%，同时由于调整了固定资产的折旧率，折旧费增加较多，这两项因素使发电成本比预算增加了 17.93%。②从供电成本来看，主要是因为按有关政策调高了固定资产的折旧水平，折旧费增加了约 2 亿元，比预算增加了 23.07%。③从购电成本来看，主要是 2003 年华东以及全国电力市场电力供应紧张，外购电单价大于年初预算导致了这一购电成本比预算增长 11.21%。

面对由于来水少和资产折旧速度加快等减利因素，公司通过加强对新富水电调度，充分利用有限的库容，多发高峰电；提高资金管理效率，降低财务费用，按财政部关于厂网资产划分原则全额收回 2002 年投资收益等措施，使得主营业务收入比预算增长了 11.5%，从而确保了利润指标的完成。

2. 资本性预算完成情况

2003年资本性资金来源20.33亿元，比年度预算减少5亿元，其中自有资金来源11.54亿元，比年度预算增加0.35亿元，主要是当年可用税后利润增加和调整资产平均折旧水平，使当年折旧增加2.8亿元，而其他来源中减少国债回收3亿元；根据工程进度严格控制资金的拨付，结合经营过程中现金流量的变化调整融资预算，银行借款8.78亿元，比原预算减少5.35亿元。

2003年资本性资金支出20.74亿元，比年度预算减少9.63亿元，主要是电网建设项目支出减少了5.04亿元；技改项目支出减少0.75亿元；小型基建中的1亿元华东生产调度楼建设用款，2003年未使用。

2003年当年的资本性收支基本平衡。

（三）主要经营工作

1. 资产经营责任制得到进一步完善

2003年在总结2002年及以前年度公司部门资产经营责任制实施经验的基础上，把资产经营工作和资产经营目标进一步细化和分解并根据部门工作量、工作责任的不同确定合理的系数。

2. 进一步完善预算控制体系

首先是进一步规范预算管理流程，其次是严格按预算管理流程办理预算事项，最后经过一年多的努力，公司本部实现了预算管理网络化、信息化、预算管理的职责权限及流转均由网络设定和完成，为推进预算管理现代化创造了条件。

3. 强化财务管理，提高资金效率

一是加强基建工程管理，重点抓好招投标，控制工程成本，抓好资金管理降低财务费用，取消工程包干节余，做到依法经营。全年竣工项目节约概算15.6%；减少贷款5.35亿元。二是盘活资金，加强存量资金运作，全年共取得资金收益8386万元。三是抓住时机，收回嘉兴二期股权投资1.1亿元。四是研究和利用政策，争取政府退税。

4. 出台季节电价，探索合理的购电合同

拟定了《华东公司关于利用经济杠杆调节电力供求实施办法的请示》，在国网公司的支持下，实施办法得到了国家发改委批准并从9月开始执行。一是对省市联络线口子在夏季和冬季高峰（1月、7月、8月、9月、12月）实行季节性峰谷分时电价，二是全年峰谷电价比由原3∶1调整为4∶1。

经过一年的努力，公司与秦山核电联营公司、秦山第三发电公司购电合同和并网调度协议达成一致，并签订了原则协议。

5. 克服来水少困难，加大水火协调和梯级水库优化调度力度，取得明显实效

2003年，包括福建在内的华东全网的水库遭遇了60年未遇的梅雨期短、来水少、气温高的困难。同时，由于富春江水库是径流式，全年发生洪水9次，泄洪5次。在富春江泄洪期间，公司加大水火协调，优化调度力度，积极调减新安江电厂发电量，减少了出库水量，实现了对富春江水库的错峰。同时通过增加望亭电厂出力，平衡新安江电厂减少的发电出力，在控制新安江下泄水量的情况下，避免调整省市联络线关口计划。在富春江泄洪期间，通过水火电联调和梯级联调，新安江错峰使富春江所减少的弃水电量损失而创造的经济效益至少可达650万元。

精神文明建设

2003年公司努力发挥思想政治工作和党的组织优势，为电力改革、发展和稳定的大局提供思想保证和精神动力。

认真开展理论武装工作，精心组织好党组中心组学习，通过召开干部理论学习交流会、举办领导干部学习研讨班、配合国家电网公司召开系统学习贯彻“三个代表”重要思想座谈交流会等活动，把学习贯彻“三个代表”重要思想推向新高潮。

继续举办好学习型企业系列讲座，把公司BPR项目诊断消化作为学习型企业建设的最新实践，开展了一系列的团队学习、宣传沟通和理念创新工作。

推进企业文化建设，不断提高职工文明服务规范水平。组织开展了华东电网系统供电营业职工文明服务行为规范演示竞赛，通过演讲交流、知识测试、礼仪演示、现场模拟和随机抽查等五轮比赛，充分体现了供电营业职工全心全意为客户服务的良好精神风貌。

公司系统双文明单位创建工作如期实现年初预定目标，公司直（代）管单位全部达到了省（市）、部级双文明单位的荣誉级别。

主要事件

1月7～9日，国家电监会柴松岳主席一行到华东调研考察。

1月10日，国家电网公司及其党组，任命杨宁生为安徽省电力公司党组书记、总经理，免去邱国富安徽省电力公司党组书记、总经理职务。

1月31日，华东电力试验研究院联合上海发电设备成套设计研究所等单位完成的“大型汽轮机部件寿命评定新技术”项目荣获2002年度国家科学技术进步奖二等奖。

2月19日，浙江省委书记习近平、副省长陈加元、王永明等对建设中的嘉兴电厂二期工程进行视察。

3月13～14日，国电华东公司2003年工作会议在上海召开。邵世伟总经理在会上作了《认清形势，

奋发有为，加快发展，为全面建设小康社会做出新的贡献》的主报告。

4月7日，国家电网公司决定在国电华东公司设立国家电网公司审计派出机构即国家电网公司上海审计部。

4月9日上午，中共浙江省委书记习近平一行视察了天荒坪抽水蓄能电站。陪同视察的有浙江省委常委、秘书长张曦，浙江省副省长王永明。

4月15日，国家电监会副主席史玉波一行到华东电网专题调研，确定华东为区域电力市场试点。

4月17日，中共上海市委常委、副市长周禹鹏和副市长唐登杰及市计委、经委有关领导莅临华东公司，调研上海电网迎峰度夏供电工作，并就改善上海电网结构等与华东公司交换了意见。

4月17日，浙江500kV台南变电所开工奠基。

4月18日，太仓环保电厂2台30万kW机组工程开工。

5月5日，亚洲最大换流站——500kV常州政平换流站建成投运。

5月10日，扬行变电所75万kVA 2号变压器投产运行。

5月16日，车坊变电所100万kVA 2号变压器投产运行。

5月17日，中共中央政治局委员、全国人大副委员长、全国总工会主席王兆国，在福建省省长卢展工的陪同下，视察了华东最大水电企业福建水口发电公司，并向抗击"非典"重要时期坚守工作岗位的广大福建电力职工表示亲切慰问。

5月19日，国家电网公司决定李晶生、胥传普、郑惠民任中共江苏省电力公司委员会委员，李晶生、胥传普任江苏省电力公司副总经理，黄卫国任中共江苏省电力公司纪律检查委员会书记，免去其江苏省电力工会主席职务，郑惠民为江苏省电力工会主席。

5月22日，浙江长兴电厂4期30万kW 2号机组投产运行。

5月27日，宁波天一变电站扩建75万kVA 1号变压器投产运行。

6月12日，我国首座商用重水堆核电站——秦山三期核电站在浙江海盐成功并网发电。秦山三核电站工程是国家"九五"重点工程，是我国和加拿大两国合作建设的最大贸易项目，装机容量两台72.8万kW，设计寿命40年。7月24日，秦山三期2号机组投产运行。

6月16日、10月15日华东公司分别向国家电网公司和上海市发改委呈报建造华东电网调度中心大楼项目的请示。国家电网公司和上海市发改委分别于8月8日和12月31日批复同意在外马路以西、中山南路以东、复兴东路以北、老太平弄以南地块建设华东电网调度中心大楼，该工程建筑面积50000m^2、投资规模80000万元。

6月18日，黄渡变电所75万kVA 6号变压器投产运行。

7月17日，上海迎来了入夏以来最炎热的一天，当日最高气温突破39℃。上海电网最高用电负荷再创新高，达到1310万kW。17日下午，上海市副市长唐登杰冒着高温来到华东公司，亲切慰问华东电力调度通信中心的一线运行人员。

7月19日，国家电网公司决定帅军庆同志任中共上海市电力公司委员会书记、总经理，免去于新阳同志中共上海市电力公司委员会书记、总经理职务。

7月24日，浙江省委书记、省人大常委会主席习近平到浙江省电力公司调研考察。

7月28日，上海市人大常委会副主任、上海市总工会主席陈豪冒着酷暑来华东公司慰问。

8月1日，浙江省副省长王永明率政府有关人员在浙江省电力公司总经理陈积民陪同下，来国电华东公司讨论浙江用电事宜。

8月2日，江苏省省长梁保华等看望和慰问江苏省电网调通中心的职工。

8月4日，国电华东公司在本部召开年中工作会议。

8月8日，国家电网公司决定徐伟良任国家电网公司上海审计部主任。

8月19日，江苏宜兴抽水蓄能电站举行开工典礼。该电站是江苏省第一个大型水电项目，是江苏省"十五"期间建设的能源基础设施项目之一，也是利用世界银行贷款的项目。电站总装机容量100万kW，总投资47.63亿元人民币，其中世界银行贷款1.45亿美元，计划于2009年6月投入运行。

8月21日，华能淮阴电厂二期工程2台33万kW机组正式开工。

8月23日，福建南埔电厂一期工程2台30万kW机组正式开工。

8月30日，福建省省长卢展工率政府有关部门领导，到福建省电力公司检查工作并慰问电力职工。

9月11日，国家电网公司委派邵世伟、梅宗华、张丽英、帅军庆、寇士清、杨宁生、庄虎卿、马宗林为华东电网有限公司董事，邵世伟任董事长；委派张国厚、徐伟良为华东电网有限公司监事，张国厚任监事会召集人。

9月12日，江苏省李全林副省长带领，省政府韩庆华副秘书长、省经贸委顾瑜芳副主任、江苏省电力公司阮前途副总经理等一行，专程到华东公司商量今冬明夏电力供应工作。

9月22日，国家电网公司批准成立华东电网有限公司，9月28日，华东电网有限公司成立大会在上海召开。

10月12日，华东电网有限公司千岛湖培训中心落成开业，华东电力系统30多位省部级劳模成为首批住客。

11月25日，500kV福（州）双（龙）线调度关系移交工作启动。

12月4日，华东电网有限公司董事会发文同意庄毅群为华东电网有限公司董事会中的职工董事、李树林为华东电网有限公司监事会中的职工监事。

12月22日，华东安徽500kV洛（河）滁（州）输变电工程正式开工。

（王元相）

上海市电力工业

概况

上海市电力公司是国家电网公司的全资子公司，是从事电力生产和经营的特大型企业，负责上海电力的生产、经营和建设，统一调度上海电网，参与制定实施上海电力、电网发展规划，统管全市的安全用电、节约用电和农村电气化等工作。

公司领导

党委书记、总经理：于新阳　8月21日调离
党委书记、总 经 理：帅军庆
副总经理：吴　平
副总经理：李崇和
副总经理：陈方增
纪委书记：李永鸣
工会主席：沈志荣
总会计师：杨光照
总工程师：曾德君

机构设置

见上海市电力公司机构设置表

经营指标

2003年面对电力工业改革和发展的新形势，上海市电力公司紧紧抓住上海经济快速健康发展带动电力需求旺盛的有利时机，克服“非典”造成的困难，战胜历史罕见的高温，圆满地完成各项生产经营指标；售电量计划540亿kWh，实际完成550.73亿kWh，同比增长18.27%；购电量计划502亿kWh，实际完成589.05亿kWh，同比增长18.27%；用电量完成731.10亿kWh，同比上升15.43%；线损率完成6.50%，与计划持平，同比下降0.08个百分点。利润总额3.5亿元，比预算增加9000万元，上升了34.62%；净资产收益率0.15%；资产负债率26.5%；上交投资收益8580万元；财务应收电费余额11亿元。公司多经企业总产值同比增长34%，利润总额同比增长14.1%。

迎峰保电

针对电力缺口较大的实际情况，上海市电力公司加大电网建设与改造力度，夏峰前完成各项基建、技改和用改项目1690项，消除设备重要缺陷1519起。加强电力供应侧和需求侧管理，建立联席会议制度。配合市政府通过综合运用错峰、避峰、负控以及电价等行政、技术、经济手段，共限荷133万kW。尽管如此，当年夏季日用电最高负荷仍达到1361万kW，比2002年增长了10.3%，又创历史新高。在华东电网公司的大力支持下，上海市电力公司通过区外购电等手段缓解供需矛盾，电网设备又同时经受连续高温的考验，坚持限电不拉电，确保市民生活用电不受影响、确保重点企业用电需要、确保城市生产生活正常有序，被列入2003年上海市十大新闻。

电网建设

全年完成基建投资37亿元，超额完成预定计划。其中，新建、扩建500kV变电站3站3变，220kV变电站7站14变，110kV变电站3站6变，35kV变电站12站24变，新增输变电容量506.6万kVA。一批进入中心城区的架空线路获市政府批准并开始建设，吴淞口大跨越和500kV杨杨线的投运标志着上海500kV双环网已经形成，增强了电网稳定运行和区外来电吸纳能力。达标投产工作取得实效，已有9个工程通过验收，按照“创精品工程”要求建设的500kV顾路变电站、220kV中山变电站等一批输变电项目相继建成投运。

经营管理

围绕上海市电力公司发展战略和目标，进一步转变经营理念，ERP工程试点全面进入实施阶段，人力资源管理模块已首先上线；推行全面预算管理和效益审计，加强企业的经济活动分析和资金运作力度，严格控制成本；开发网上结算系统，加强资金集中管理，实现资金经济运作；多经企业进一步理顺集体资产的产权关系，初步形成以上海电力资产经营中心为母体的资产纽带关系，规范了经营管理，为多经企业

的发展打下基础；工程全面实施“新预规、新定额”，建立35kV典型概算参考体系；输变电设备采购坚持捆绑式招标，统一技术协议，降低工程造价；业扩接电工程迅速增加，新增容量447万kVA，同比增长16.7%，扩大了市场占有份额。电费回收措施有力，使当年电费基本结零，陈欠下降30%。反窃电力度加大，全年共查处违规户9078户，补收电量3109万kWh，补收电费2086万元，收缴违约金5373万元，降低了线损和成本。上海市电力公司还加强审计工作，对基层14家单位企业法人进行任期届满的经济审计，并配合国家审计署完成电力行业审计，公司经营状况在总体上得到肯定，国有资产保值增值在同行业中处于领先地位。

体制改革

根据国务院关于发电资产重组方案，上海市电力公司做好“厂网分开”的移交，将发电企业的生产、管理、运行以及财务和人事关系等平稳移交相关的发电集团。在移交过程中，认真落实国家电网公司有关加强安全生产的指标，高度重视电网安全运行，在迎峰度夏中做好新体制的磨合工作，加强电网调度管理，保证了上海电网的安全稳定运行。在继续承担上海市电网规划的同时，接受上海市政府委托，做好全市的电源规划，并完成了《上海电力安全战略研究》。

创建文明行业

上海市电力公司将创建市文明行业列为务期必成的目标，做到实现目标的信心、缩短差距的决心、优质服务的恒心三个“不动摇”。遵照“优质、方便、规范、真诚”的服务方针，服务窗口建立健全预警信息，对实施错峰避峰的客户做好回访工作，及时了解信息动态，加强与客户的沟通和协调，以取得客户的理解和支持。公司开展“塑造上海城市精神，争做可爱的供电人”大型主题活动，窗口服务人员做到首问负责制，利用信息化管理技术，拓展营销服务空间，收费网点通过延伸增加到3500多家。完善“95598”功能，与上海“夏令热线”联网，及时处理客户投诉，积极提供业务咨询和相关服务。采用先进的GPS卫星定位和带电作业技术，提高故障抢修速度和供电可靠性。用于积极推进优质服务的“服务质量指数”评价体系，被评为全国企业现代化管理创新成果一等奖。尤其在上海轨道4号线的抢险中，有关领导到岗到位，保证供电，受到市政府的表扬。在市重点工程建设中，由于主动配合，服务到位，有11家参赛单位评为优秀公司，其中市东供电公司夺得立功竞赛金杯奖，宝山供电分公司荣获金杯集体称号。上海市电力公司在全市26个部门和行业政风行风测评中再登榜首，评为上海市文明行业。

精神文明建设

上海市电力公司系统掀起学习贯彻“三个代表”重要思想、党的十六大和十六届三中全会重要文件新高潮，公司党委分期分批对公司管理干部组织了学习轮训。加强党风廉政建设，制定下发了2003年度公司《党风廉政建设责任制考核评分办法》和《考核评分标准》，量化了5个方面20项37条考核内容，并围绕公司经济工作开展执法、效能监察。围绕企业中心任务开展党内“创先争优”活动，充分发挥党组织的战斗堡垒作用。抓党风、促行风，大力开展学习型企业和学习型班组建设，不断增强职工队伍素质，有3个集体和5个个人被推荐为市劳模集体和劳模个人。切实抓好企业改革发展过程的稳定工作，及时化解矛盾，引导职工把精力集中到生产、建设、经营工作中来。

主要事件

1月7日，国家电监会主席柴松岳视察南桥和人民广场变电站。

1月20日，嵊泗直流输电工程建成投运。

1月17日，上海市电力公司向中国电力投资集团公司移交发电企业。

3月3日，上海市消费者协会、市工商行政管理局和市电力公司举行“12315”申（投）诉、举报中心和上电热线“95598”联网签约仪式。

5月15日，市南供电公司在闵行地区推出首创的一项全国带电作业新技术——10kV带电旁路作业法，填补了以往国内对更换10kV导线、杆上变压器、电缆登杆装置等综合检修项目只能依靠停电才能完成施工的空白。

6月8日，一项目前在国际上领先的带电作业法——旁路电缆不停电搭接施工法，由沪西带电作业班在姚虹西路虹桥路段不停电移杆工程中成功应用。

7月4日，公司与光大银行拓展银企合作扩大电费代收网点签约，上海市又新增1200家代收电费等公用事业费营业网点。

8月6日，上海市召开2003年精神文明建设工作会议，上海市电力公司被授予“上海市文明行业”称号，公司所属市区供电公司等8个单位被授予“上海市文明单位”称号，13个二级单位由所在区、县推荐为“上海市文明单位”，也同时受到表彰。

8月7～8日，由上海市电机工程学会等单位联合主办的高温超导电缆应用前景国际研讨会在上海召开。来自美国、日本、德国及我国从事高温超导电缆应用与研究的众多顶尖专家学者，国内科技、电力等部门负责人参加了会议。

上海市电力公司机构设置表

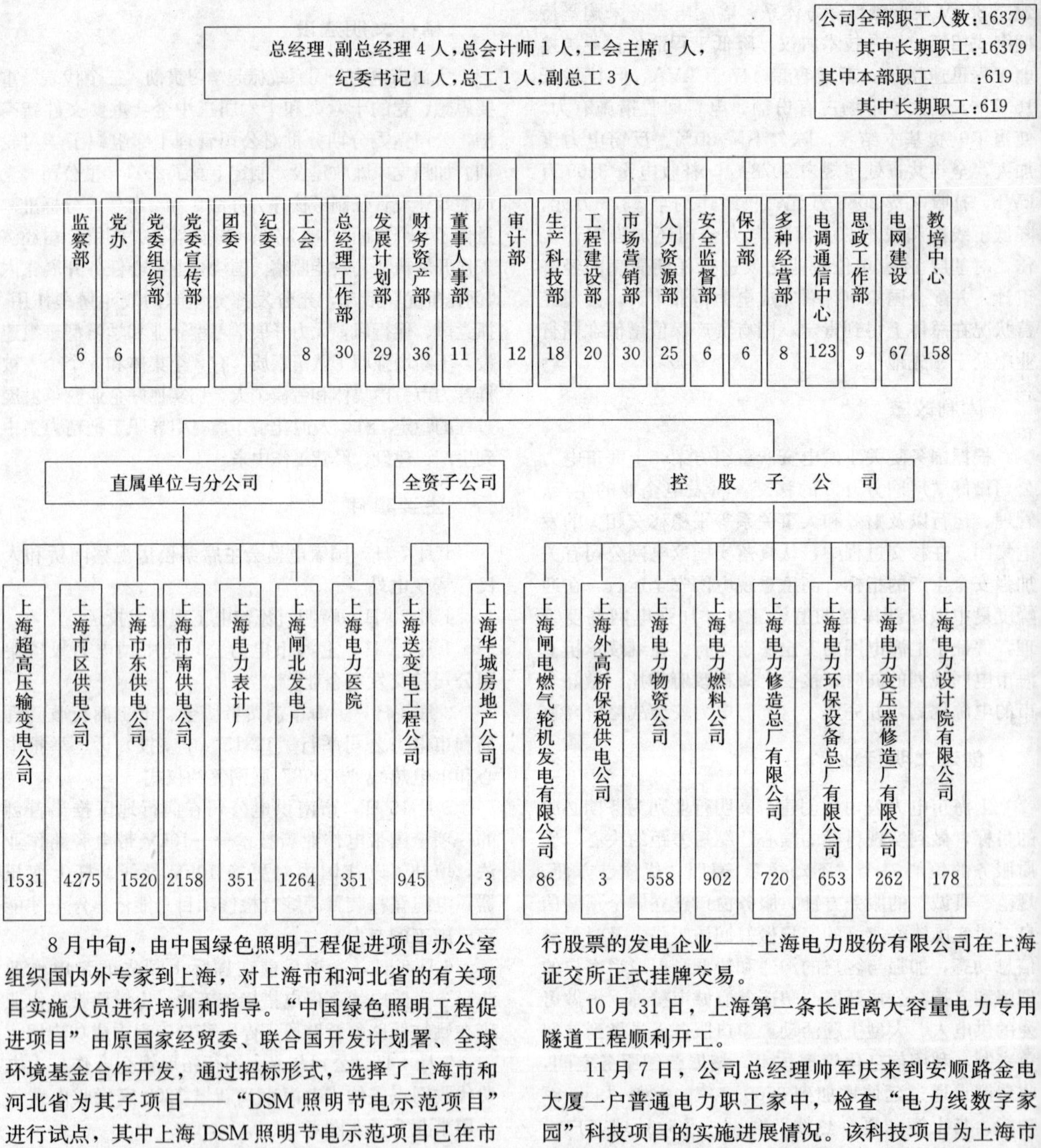

8月中旬，由中国绿色照明工程促进项目办公室组织国内外专家到上海，对上海市和河北省的有关项目实施人员进行培训和指导。“中国绿色照明工程促进项目”由原国家经贸委、联合国开发计划署、全球环境基金合作开发，通过招标形式，选择了上海市和河北省为其子项目——“DSM照明节电示范项目”进行试点，其中上海DSM照明节电示范项目已在市经委领导下，由市节能监察中心和市电力公司共同承担。

9月8～9日，由中国电力企业联合会主办，华东电网公司、上海市电力公司承办的《2003中国电力论坛》在上海召开。

10月28日，上海电力500kV环网工程中的重要配套项目——500kV杨杨线跨越外高桥电厂外7条220kV有电线路，由上海送变电工程公司进行不停电跨越施工获得成功。

10月29日，我国电力体制改革后，首家公开发行股票的发电企业——上海电力股份有限公司在上海证交所正式挂牌交易。

10月31日，上海第一条长距离大容量电力专用隧道工程顺利开工。

11月7日，公司总经理帅军庆来到安顺路金电大厦一户普通电力职工家中，检查“电力线数字家园”科技项目的实施进展情况。该科技项目为上海市电力公司于当年8月批准设立，9月在金电大厦择点30余户进行试验。项目组利用电力线进行网络、音频和视频信号传输试验，实现宽带上网、IP电话连通、电视机顶盒信息服务、安全保卫监视、远程集中抄表、家用电器智能控制等功能。

11月21日，在上海市委、市政府组织的全市26个政府部门和行业的政风行风测评中，电力部门以总体评价89.95分的成绩力拔头筹，继续荣登榜首，实现2001年行风测评以来的“三连冠”。

12月13日，由送变电工程公司承建、超高压公司管理的500kV顾路变电站建成投运。上海500kV环网即将实现联网。

12月20日，代表目前我国火电建设最高技术水准的上海外高桥电厂二期1号机组（90万kW）成功实现并网发电，比原计划提前42天。

（余勤德　包鹏）

江苏省电力工业

企业概况

江苏省电力公司（以下简称公司）隶属于国家电网公司和华东电网有限公司，主要负责江苏省内国家电网属和省属电网的经营管理。2003年公司资产总额达971.99亿元。公司服务的用电客户数达2400万户，全年电力销售总收入569.58亿元，居全省营业收入前50家企业集团之首。截至2003年末，公司职工总数为56988人，其中部网职工40845人，省网16143人。

公司是中国一流省电力公司、"江苏省文明行业"和"国家电力公司双文明单位"。

公司领导

党委书记、总经理：寇士清
党委副书记、副总经理：徐松达
党委副书记、副总经理：费圣英
党委委员、副总经理：徐斌
党委委员、副总经理：阮前途
党委委员、副总经理：李晶生
党委委员、副总经理兼总工程师：胥传普
党委委员、纪委书记：黄卫国
党委委员、江苏省电力工会主席：郑惠民
总会计师：赵元杰

机构设置

公司本部设有总经理工作部（国际合作部）、规划与计划部、人力资源部（组织部、社会保险办公室）、财务与产权管理部、工程建设部、生产运营部、安全监察部、电力营销部、农电工作部、科技环保部（信息中心）、审计部、法律事务部、招投标管理中心、企业管理部（电力改革办公室）、离退休干部工作部、党委工作部（机关党委）、监察室（与公司纪律检查委员会办公室合署）、多种产业部、保卫部、电力调度通信中心和省电力工会等21个机构。

组成单位

公司拥有13个市供电公司：徐州供电公司、南京供电公司、苏州供电公司、无锡供电公司、常州供电公司、镇江供电公司、扬州供电公司、泰州供电公司、南通供电公司、淮安供电公司、盐城供电公司、宿迁供电公司、连云港供电公司；9个全资或控股发电企业：徐州发电厂、南京热电厂、江苏射阳港发电有限责任公司（控股）、江苏镇江发电有限公司（控股）、南通天生港发电有限公司（控股）、江苏淮阴发电有限公司（控股）、盐城发电有限公司（控股）、江苏苏源贾汪发电有限公司（控股）、江苏抽水蓄能发电有限公司（控股）；16个直属单位及直属公司：江苏省电力科学研究院有限公司、江苏省电力设计院、江苏省电力公司高级管理培训中心、江苏省电力公司生产技能培训中心、江苏省电力公司外经分公司、江苏电力燃料集团有限公司、江苏电力发展股份有限公司、苏源电力咨询有限公司、苏源鸿达工贸有限公司、江苏电力报社（新闻中心）、苏源集团有限公司、苏源集团江苏发电有限公司、江苏苏源房地产开发有限公司、江苏苏源信息技术有限公司、江苏省电力通信有限公司、江苏苏源太阳宫广场有限公司；9个基建与修造企业：江苏兴源电力建设监理有限公司、江苏省电力建设第一工程公司、江苏省电力建设第三工程公司、江苏省送变电公司、江苏省宏源送变电监理有限公司、南京线路器材厂、江苏苏源电力装备有限公司、扬州电力设备修造厂、镇江华东电力设备制造厂；2个挂靠和代管单位：国家电力公司电力需求侧管理指导中心（挂靠）、国家电力公司电力环境保护研究所（代管）。

经营状况

2003年，公司主要经营指标全面完成。全省全社会用电量完成1505.12亿kWh，同比增长20.88%；公司完成售电量1186.2亿kWh，同比增长22.77%；公司统一核算电厂发电量为88.01亿kWh，同比增长10.44%；全年线损率全口径完成9.12%，同比下降0.23个百分点（原口径完成7.04%，同比下降0.14个百分点）；全年完成电力销售总收入569.58亿元，同比增长23.46%，实现利润总额6.55亿元；完成净资产收益率1.81%，资产负债率为64%，应收电费余额10.98亿元，上缴投资收益9120万元。

优质服务

优质服务常态运行机制进一步完善，推动了优质服务工作经常化、制度化。加快了企业文化在营销系统的导入工作，完成了公司标识系统的导入，培育公司优质服务品牌。开展了“窗口形象工程”、“95598网上服务工程”等8项工程建设活动，进一步树立公司良好形象。全面开通了“95598”网站，全省城乡所有电力用户都可以通过电话、互联网和营业厅三种途径得到所需的电力服务。公司所属的13个市供电公司全部获得“江苏省服务质量奖”，公司被评为“2003年全国用户满意服务企业”。

科技进步

2003年共安排省公司科技项目81项，新立项目69项，其中：部属69项，续建12项，省属12项。项目费用6896万元，其中：新增设备费3580万元，试验研究费3316万元。下达基层单位自定科技项目费用2352万元。年内共验收或鉴定科技项目32项，通过科技成果鉴定的项目中有2项达到国际水平，11项达到国内领先水平。有4个项目获2003年度国家电网公司科技进步奖、4个项目获2003年度江苏省科技进步奖。

2003年共申请专利33项：发明专利4项、实用新型29项；授权专利10项：发明专利1项、实用新型9项。

党的建设和精神文明建设

认真组织学习贯彻党的十六大和十六届三中全会精神，组织开展了“坚持两个务必，争先创优”主题教育活动。完成了对公司系统基层单位领导班子的届中考核工作，开展了年度党员领导干部民主生活会工作，企业党风廉政建设加大了从源头上预防和治理腐败的工作力度。理顺农电系统党的组织关系，公司所辖13家市供电公司已有6家完成转接工作。在公司文明创建活动中，公司系统涌现出3个全国精神文明建设先进单位和7个省级文明标兵单位。积极推进企业文化建设，公司获得“2003年江苏企业文化优秀奖”。公司成功地举办了首届职工文化艺术节。关心职工身体健康，建设了覆盖全公司的3个职工健康服务中心。公司系统有6个单位获得了2003年全国“五一”劳动奖状。

电网建设

工程建设任务和投资计划超额完成：2003年，公司完成基本建设项目投资131亿元。当年确定的在建和新开工项目特别是迎峰度夏项目，全面按计划及控制进度推进，投资完成情况创历年同期最好水平。全年建成投产500kV变电容量100万kVA、线路456.1km，220kV变电容量648万kVA、线路980km，110kV变电容量419.65万kVA、线路1522km，35kV变电容量168.325万kVA、线路1329km，均超额完成计划。重点项目和关键工程进展情况：2003年迎峰度夏工程均按期竣工投运；2004年迎峰度夏工程按进度要求抓紧建设。宜兴抽水蓄能电站4台25万kW工程和500kV西通道工程提前开工建设。全省电源在建或即将开工的容量近1900万kW，为未来电网适应经济增长奠定了基础。电力发展规划和前期工作：项目前期工作做到适度超前，按照500kV电网“十五”计划的目标框架，有序实施“三纵四横”核心主网架建设，主动开展“十五”和“十一五”电力发展规划的调整研究工作，积极开展输电过江通道的前期工作，加快电源配套送出工程的前期工作和建设进度，努力促进全省电源开发和合理布局。

企业规章

2003年公司共颁布制度文件61个，其中转发上级单位制度文件26个，公司制定颁布制度文件35个。公司制定颁布的比较重要的生产经营管理方面的规章制度有《江苏省电力公司部室综合目标责任书考核办法（试行)》、《江苏省电力公司双文明综合承包考核办法》、《江苏省电力公司效能监察暂行规定》、《江苏省电力公司优质服务常态运行工作监督管理办法》、《江苏省电力公司固定资产管理办法》、《江苏省电力公司物资招标评标暂行办法》、《江苏省电力公司招投标管理考核办法（试行)》、《江苏省电力公司基建资金集中管理实施办法（试行)》、《江苏省电力公司电力营销稽查工作管理办法》、《江苏省电力公司基层单位多种产业考核办法（试行)》、《江苏省电力公司多种产业产品龙头企业管理办法（暂行)》等11个。

发展策略

2001年，公司按照国家电力公司《关于编制公司“十五”计划及2015年远景规划的通知》，成立了战略研究与编制领导小组和工作小组，并聘请国家电力公司动经中心开展咨询活动，以“三个代表”重要思想为指导，研究和编制公司发展战略与“十五”发展计划。公司以“同类可比、同行领先”为总体要求，制定了“电为核心，多元发展；内强素质，外塑形象；国际比较，分区推进”，到2020年把公司建设成为“集团化、多元化、现代化、国际化，居于国内同行领先水平，跻身世界先进电力企业行列的现代电力公司”的总体发展战略，并确定分四步实施，推进公司实现“四转五化”（由传统体制转向建立现代企业集团、由政企合一的管理转为现代企业制度、由被动式满足需求转为主动谋求发展、由“官本位”转为以人为本，使企业真正实现管理科学化、技术专业化、经营集约化、公司信息化和水平国际化）。第一步，2001年达到国家电力公司一流电力公司的标准，跨入国内同行先进行列；第二步，2003年初步形成集团化、多元化、现代化和国内同行领先的国际一流电力公司的基本框架，初步形成具有江苏特色的企业文化和企业风貌；2005年建成集团化、多元化、现代化并以较高水平进入国家电力公司系统国际一流电力企业行列的公司；第三步，到2010年初步建成集团化、多元化、现代化、国际化的现代电力公司，在国家电力公司系统率先进入世界先进电力企业行列；第四步，到2020年建成国际上有一定知名度的电力公司，确立世界先进电力企业的地位。按此步骤，公司经过努力，2002年已建成中国一流电力公司、国家电力公司双文明公司和江苏省文明行业，实现了第一步战略目标。2003年，中国电力企业联合会和中国电机工程学会等组织对公司的业绩进行了同业调研比较，经与国内同行的电力企业重要指标进行比较评估，认为公司整体上已处于国内同行领先水平。

公司根据制定和实施发展战略三年来比较成功的实践进行了总结，得出了六条基本经验：①坚持以世界的眼光、开放的胸襟、改革的精神，坚定不移地建设国际一流公司；②坚持以争先、领先、率先的意识，推进公司形成鲜明的特色；③坚持创公司优质品牌和良好的企业风貌，建设诚信的电力公司；④坚持以发展为第一要务，以“安全、发展、服务”为己任；⑤坚持公司为本和员工为本，促进企业和员工的全面发展；⑥坚持贯彻“三个代表”重要思想，推进企业两个文明协调发展。

主要事件

1月，动态总投资达47.6亿多元、装机总容量100万kW的江苏宜兴抽水蓄能电站可行性报告获国务院批准。

1月12日上午，全省第一座抽水蓄能电站——江苏沙河抽水蓄能电站两台机组的投产庆典在溧阳举行。

2月11～14日，公司三届三次职代会和2003年工作会议相继隆重召开。副省长吴瑞林和国电华东公司党组副书记、副总经理程光杰，省总工会副主席李晓布到会讲话。

2月24日，公司党委书记、总经理寇士清被省第十届人民代表大会常务委员会第一次会议任命为省人大常委会城乡建设保护委员会委员。

2月，中央精神文明建设指导委员会命名表彰第二批全国创建文明行业和精神文明建设工作先进单位。苏州供电公司被命名为全国创建文明行业工作先进单位，镇江、泰州供电公司被命名为全国精神文明建设工作先进单位。

从2月20日后抄见电量起，全省农村电价全部降到城市水平，江苏成为全国率先实现城乡用电全面同网同价的省份。据有关部门测算，与农村电网建设改造前相比，全省每年可减轻农民电费支出负担27亿多元。

2月，公司获得中国保护消费者基金会颁发的“中国质量计量诚信单位”铜牌和荣誉证书。

3月4日，公司正式启动国际比较管理咨询工作。公司党委副书记、副总经理徐松达代表公司与麦肯锡（上海）咨询有限公司在项目合同上签字。

3月18日，公司博士后科研工作站揭牌。

3月27日，省电力公司和省电力工会以岗位为重心、员工为主体、技能为内容、竞赛为形式的“员工技能练兵年”和技能大赛活动拉开帷幕。

4月8日，由国家劳动和社会保障部、全国总工会、中国工程建设焊接协会主办，江苏省电建三公司承办的全国工程建设系统第六届焊工技术比赛在镇江开幕。4月12日，活动闭幕。由省电建一、三公司选手组成的江苏代表队获地方组团体冠军，省电建三公司获优秀组织奖。

4月17日，公司向公司系统各单位党政领导及时传达省政府16日召开的预防非典型肺炎工作会议精神。

5月5日，三峡直流送电到华东的落脚点——常州政平换流站极Ⅱ部分投入运行。至此，这座300万kW级、建设规模居亚洲之首的换流站全部建成投运。

5月18日，江苏田湾核电站送出配套工程之一的连云港500kV伊芦变电站工程正式开工建设。

自6月1日抄表起，按照省物价局发出的通知，在公司系统管理的用户已全部实现城乡用电同网同价的基础上，全省农林场圃系统生活照明用电也全部实行同网同价。

6月2日，国家审计署南京特派办进公司审计。

6月29日，利用世界银行贷款的华东江苏500kV最后一个项目——南京500kV龙潭输变电工程正式开工建设。

7月4日上午，国家电网公司人事董事部主任张文亮、副主任王彦亮等代表国家电网公司在宁宣布公司领导班子调整的任免决定：任命李晶生为江苏省电力公司党委委员、副总经理，胥传普为江苏省电力公司党委委员、副总经理，郑惠民为江苏省电力公司党委委员、江苏省电力工会主席人选；任命黄卫国为江苏省电力公司纪律检查委员会书记，免去其江苏省电力工会主席职务；免去徐斌江苏省电力公司党委委员、副总经理职务。

7月，全省普降大到暴雨，局部地区发生超过1991年汛情的洪涝灾害，同时遭受龙卷风袭击。电网遭受较严重损失，其中部分地区损失惨重。7月6日下午，公司党委书记、总经理寇士清专程赶赴淮安盱眙县，督战抗洪保电工作。强调供电部门在洪涝灾害面前要坚决做到“两个服从”、“三个确保”。按照寇士清总经理的要求，根据年初的部署，公司系统广大干部员工一方面加强防汛管理，重点针对变电站、输电杆塔、发电厂灰坝等部位落实防范措施，并快速抢修或加固遭破坏的设备，确保了主网安全并尽力维护了正常的供电秩序。另一方面，确保了各地排涝泵站等防汛相关设施的电力供应，并根据地方防汛防台的特殊需要，克服重重困难，快速架设了大量的临时用电设施，为各地区防汛抗灾工作做出了贡献。据初步统计，截至7月23日，绝大部分遭破坏的电力设施已经修复或更换并恢复送电，全系统没有发生重大设备和人身伤亡事故，没有发生大面积停电事故。此次洪涝灾害给公司造成的直接经济损失在1.23亿元以上。

7~9月底，省公安厅决定在全省集中组织开展打击整治盗窃破坏农村电力设施及盗窃电能违法犯罪活动专项整治行动。7月11日，公司召开专题电视电话会议，部署公司系统积极配合和协助公安部门开展好这次专项整治斗争。

7月18日，零点15分，三峡水电站电力首次正式送至江苏电网，总容量为7.6万kW。

在7月24日省电力工会召开的二届四次全委会上，郑惠民被增补为省电力工会委员、常务委员，并当选省电力工会主席。

8月1日，省物价局和公司联合召开新闻发布会，通报经省政府批准，全省8月1日起实行新的分时电价政策的有关情况。

8月18日，国家发展和改革委员会会同国家电监会、国家电网公司、国电动力经济研究中心、国电公司电力需求侧管理指导中心等单位的领导和专家对江苏开展电力需求侧管理工作情况进行调研后，充分肯定了江苏把加强用电侧管理作为缓和用电紧张矛盾重要措施的做法。

8月19日上午，宜兴抽水蓄能电站工程项目开工，标志着江苏首座百万千瓦的大型水电项目——宜兴抽水蓄能电站工程进入全面建设的新阶段。

9月3日下午，公司与中国国电集团公司关于谏壁电厂资产财务和劳动工资保险划转移交协议签字仪式在南京举行。谏壁电厂由此成为2002年底我国进行电力体制改革实施发电资产重组以来，5大发电集团公司与有关网省公司完成全面移交工作的第一家电厂。

9月8日，在省质量技术监督局召开的“全省质量振兴表彰大会”上，苏州、镇江、徐州和连云港供电公司被授予2003年“江苏省服务质量奖”。至此，公司系统所辖13个市供电公司全部获得此项荣誉。

9月23日，由省总工会、省劳动与社会保障厅、省电力行业协会和省电力公司联合举办的全省电力职工技能大赛在苏州举行开幕仪式。

9月29日下午，江苏电网500kV西通道输变电工程暨南京500kV江北变电站开工仪式在500kV江北变电站工地举行，标志着江苏打通北电南送瓶颈的西通道建设全线启动。

10月28日，常州武进自来水公司在敷设自来水管道工程中引起500kV江南5291线路故障跳闸。事故总计影响苏北地区发电出力100万kW，并导致上海地区紧急限负荷。事故直接电量损失41.6万kWh。10月30日，肇事吊车司机被常州警方拘留。

11月6日，来自连云港、宿迁供电公司和省电建三公司的援藏干部抵达西藏，开始为期一年的援藏工作。至此，公司系统已有4批共25人参加援藏工作。

11月18日，中国大唐集团公司与公司划转移交发电企业资产、财务及劳资、保险协议签订仪式在南京举行。中国大唐集团公司副总经理刘顺达和江苏省电力公司党委副书记、副总经理费圣英，分别代表大唐集团公司和省电力公司在移交协议书上签字。

11月27日，全省电力职工技能练兵年和技能大赛总结表彰大会在南京举行，有32个单位获团体奖；90名选手获“江苏省电力行业技术能手”称号，其中27名选手同时获“江苏省技术能手”和“江苏省群众性经济技术创新能手”称号。

12月8~9日，2003年全国用户工作会议暨纪念全国用户委员会成立20周年大会传出消息，公司供电服务项目被表彰为“2003年全国用户满意服务项目”。这是受到大会表彰的惟一一家省级电力公司。

12月8～11日，针对江苏电煤供应紧张状况，李全林副省长率领省经贸委、省电力公司、省电力燃料集团等部门和单位的有关人员，分别拜访安徽、山西省人民政府负责同志，走访济南铁路局徐州铁路分局、郑州铁路局等有关单位，协调电煤供应工作。

12月22~23日，国务院召开三峡工程建设工作会议，江苏省送变电公司被表彰为“三峡工程建设先进集体”。

（张怀廉　张建扬）

浙江省电力工业

概述

2003年是不平凡的一年，面对严重缺电等严峻形势和电力体制实施重大改革。浙江省电力公司坚定不移地贯彻落实国家电网公司、华东电网公司和省委、省政府的指示精神，紧紧依靠各级政府，团结广大干部职工扎实工作，正确处理改革、发展与稳定的关系，并取得了显著成绩。2003 年全社会用电量 1241.8 亿 kWh，比 2002 年增长 22.01%，其中统调用电量 991.37 亿 kWh，增长 26.75%，统调整点最高用电负荷 1586.6 万 kW，同比增长 24.6%，增幅均破历史最高纪录。

电力经营取得良好业绩。全年完成售电量 995.15 亿 kWh，同比增长 26.99%，实现销售收入 414.27 亿元，同比增长 25.60%，完成利润 4.03 亿元，电费回收率达 99.99%（部属营销口径），新增电力客户 51.45 万户，新增用电容量 1516.1 万 kVA。全员劳动生产率 59.0475 万元/（人·年）。

公司领导

党组书记陈积民；总经理庄虎卿；副总经理韦国忠、赵义亮、梁绍斌、姜雪明；总工程师张怀宇；总会计师牛汝涛；纪检组长唐信根。

机构设置

机关直属部门：总经理工作部、财务部、生产部、组织人事部、人力资源部、计划发展部、安全监察部、监察部、审计部、农电工作部、生活服务公司、多种经营部、招投标管理中心、营销部、科技信息部、浙江电力职业技术学院（筹）办公室、离退休干部工作部、思想政治工作部、基本建设部、电力调度中心。

企业单位：杭州市电力局、嘉兴电力局、湖州电力局、绍兴电力局、衢州电力局、金华电业局、宁波电业局、温州电业局、台州电业局、丽水电业局、舟山市电力公司（代管）、省火电建设公司、省送变电工程公司、省超高压建设公司、省电力试验所、省电力设计院、省电力设备总厂、杭州电力教育培训中心、浙西电力教育培训中心、浙江电力党校、紧水滩水力发电厂。

电力建设

2003 年，浙江省电力公司电网建设投资刷新历史纪录，共完成电力建设投资 93.54 亿元，其中电网投资 88.97 亿元，投产 500kVA 变电容量 100 万 kVA，线路 186.4km，投产 220kVA 变电容量 414 万 kVA，线路 843.19km，同时完成了一大批 110kV 输变电项目。500kV 宁波天一变电站，荣获“鲁班奖”，这是浙江省首个荣获此奖的电网项目。

浙江的用电水平连续 5 年保持两位数的增长，缺电状况是全国范围内最为严重的。2003 年，省委、省政府提出了 2003～2007 年电力发展的三个“1000 万”工程目标，即：1000 万 kW 投产，1000 万 kW 在建，1000 万 kW 筹备施工。根据省委的指示，省电力公司制定了适度超前、以市场需求为导向的电网规划，着手编制《浙江省电网“十一五”规划及 2020 年远景目标展望》，进行一批 500kV 输变电工程的可行性研究。并以电网规划引导电源布局，坚持电源送出工程与电源协调建设，增加负荷中心的电源支撑，提高电网安全稳定的运行水平。目前浙江在建设开发的火电项目有：嘉兴电厂二期工程、温州电厂三期工程、宁海电厂、半山电厂燃汽轮机项目、长兴电厂二期工程等，此外，还有玉环发电厂、兰溪发电厂、乌沙山发电厂、乐清发电厂和三门核电站也正在筹建中。浙江快速发展的经济和社会发展，为浙江的电力发展创造了良好的条件，但也提出了新的挑战。

安全生产

2003 年，浙江电力公司广大干部职工认真贯彻落实《安全生产法》和国家电网公司、华东电网公司关于搞好安全生产工作的一系列主要指标和规定，坚持“安全第一，预防为主”的方针，从严、从细、从实搞好安全生产各项工作，不断完善以行政第一责任人为核心的各级安全生产责任制，健全和完善安全生产管理的长效机制。保持了省电力公司比较平稳的安全生产局面，杜绝了特大、重大设备事故和施工机械损坏事故，杜绝了电网瓦解、大面积停电事故，杜绝了重大火灾和特大交通事故，特别是杜绝了电力生产人身死亡事故。继 2000 年和 2002 年后再次实现人身死亡零的目标，为省电力公司的改革、发展和稳定奠定了良好的基础。

体制改革

按照国家电网的统一部署，积极组建省级电网公司，配合华东电网公司扎实推进华东地区电力市场的试点工作，找准自我定位，早做准备，早做安排，在改革中努力争取有利的政策环境，赢得主动，稳妥推进主辅分离改革，在充分调研的基础上，做到总体设计、分步实施、政策配套、措施保证、谨慎推进，保持电网和职工队伍的稳定。

积极推进省电力公司内部组织结构、管理体制、经营机制的改革，建立健全适应新体制要求的管理系统和运作机制，并取得实质性进展。

2003 年，公司顺利完成了对发电企业划转移交的第一阶段工作，第二阶段的资产、财务和劳资、保险移交等工作，也已具备条件。同时还实施了对舟山电力公司的代管。

按照省政府的部署 ，在扩大试点的基础上推进了乡镇农电体制改革，并完成了乡镇农电体制改革的试点工作。

科技创新

根据国家电网公司技术创新战略和国内外电力发展新技术，结合浙江电网的特点，围绕省电力公司生产、建设、运行、管理和发展新要求，制定了省电力公司技术创新战略规划。在继续抓好研究开发类科技项目的总体规划，前期论证的同时，加强引进型、推广型科技项目的项目管理。2003年重点抓了500kV电网的远景规划，提高电网的输送能力，降低电力的短路电流，及实时数据应用和开发。加快了变电所接地与防振技术。电力企业信息系统集成技术控制系统与信息系统安全与防护等科技项目的开发和研究工作，尽最大努力为电网服务。

按照“四统一”原则，加快规范和完善信息化建设，理顺信息化管理与业务部门系统之间的关系，重点解决以SAP为核心的电力企业信息资源集成和运用推广，进一步完善办公自动化，提高应用水平。重视网络信息安全工作，完善网络信息安全保障体制。

优质服务

深入实施“可靠电源，可信服务”工程，把为客户提供优质可靠电能和优质可信服务作为省电力公司系统长期的中心任务，纳入企业常态运行，在当前用电紧张的形势下，制定和实施新的电力营销策略，加强有序用电管理，切实稳定供、用电秩序，主动与当地经贸委密切配合，切实落实好需求侧错峰用电和迎峰度夏工作，采取各种有效途径，及时向用户通报用电形势，争取用户对有序用电工作的理解和支持。关注各地各类园区的建设，根据新上用户和新增容量情况，做好供电预测和平衡工作，抓住浙江经济快速发展的有利时机，积极开拓电力市场，努力实现增供扩销，保证社会用电增长需求。

高水平的优质服务需要现代化的客户服务系统和现代化管理技术平台作为支撑。2003年省电力公司在继续全面推进电力营销管理，信息化建设的基础上，重点抓好17个县局的电力客户信息系统建设和农村用户纳入系统工作。完成了台州、丽水两市局“95598”客户服务系统的建设，并继续建设各县（市）供电局客户服务热线，开通了浙江电力服务网站，完善服务功能，使营销服务管理工作真正达到“国际一流、国内领先”的水平，同时还进一步做好农村电力营销一体化管理和供电营业窗口的规范化服务工作。

精神文明建设

精神文明建设包括思想道德建设和教学文化建设，把培养有理想、有道德、有文化、有纪律的“四有”职工队伍作为省电力公司精神文明建设的重点，着力于提高公司系统干部职工队伍的思想道德教育素质和科学文化素质，为公司的生产经营和改革发展提供强大动力。

企业文化建设是企业精神文明建设的重要内容，近几年来，浙江电力公司已经初步形成了“自强不息，探索不断，创业不怠，进取不止”的企业精神，建立了“发现问题，解决问题”的管理理念和“少说多做、求真务实”的管理风格，营造了“和谐融洽、协作共事”的内部人文环境，塑造了“可靠能源，可信服务”的企业形象，构筑了“政府信任、部门支持、地方满意、各方融通”的外部关系，引发了广大职工群众的积极响应和热情参与，使企业文化建设变成了职工群众的自我要求和自觉行动，为公司企业文化建设奠定了群众基础。2003年，省电力公司系统被命名为首批“浙江省文明行业”，受到了浙江省委和省政府的表彰。同时，还被国家经贸委、全国总工会授予“全国厂务公开先进单位”荣誉称号。

存在问题

（1）电力供需矛盾十分突出，对缺电形势缺乏充分估计，全省各地均出现了拉限电，少用电量约34.09亿kWh。

（2）安全生产仍存在薄弱环节，厂网分开后电网与电厂的安全管理协调还不够完善。

（3）严峻的经营形势将制约公司的发展。网厂分开后，公司收益大幅下降。2003年公司净资产收益率仅为1.03%，公司经营风险日趋增大，一方面，在电力严重短缺情况下，购电成本呈上升趋势；而实际销售电价不能同步上调，公司销售电量的增长不能带来效益的同步增长；另一方面，公司在电网建设与改造中，每年要投资100多亿元，负债率将逐年提高，还本付息压力不断加大。

（4）主辅分离改革任务艰巨复杂。随着电力体制改革的深入，实施主辅分离是全面推进电力体制改革的攻坚环节，但辅业系统的资产划分和界定，人员的管理和稳定，管理模式和运作机制等问题，情况繁杂，改革任务相当艰巨。

（5）部分干部职工的观念和队伍结构还不能适应电力改革和发展的要求。部分干部职工的市场意识、竞争意识和服务意识还没有真正确立，缺乏紧迫感和危机感。许多单位一方面人员富余，人浮于事，另一方面又存在结构性缺员的情况，一线生产人员和技术、管理骨干缺乏。

主要事件

1月1日，嵊泗直流输电工程投运，这是中国第一个双极长距离海缆输电、采用综合自动化技术、投入纯商业运行的直流输电工程。

1月9日，500kV温南变工程建设正式启动。一期工程投资估算为2.83亿元，建设规模为750kVA主变压器1组。

1月9日，浙江无损检测工程技术公司获得由国家质量技术监督总局颁发的国家最高等级的无损检测资格证书。这是浙江省第一家获此证书的企业，也是全国电力系统第一家获此证书的企业。

1月10日，500kV福（建）双（龙）二回线扩建工程顺利完成并投入运行。线路全长369.5km，总投资达7亿元。

1月14日，浙江省电力公司率先迈入浙江省首批文明行业行列。省委书记习近平向省电力公司总经理陈积民授牌。

1月15日，三门县第一大岛蛇蟠岛海底电缆工程竣工。该海缆全长2.5km，投资190多万元。

1月20日，北仑发电厂二期工程荣获中国建筑行业“鲁班奖”。

1月27日，嘉兴电力局被中央文明建设指导委员会命名为全国创建文明行业工作先进单位。

2月9日，湖州电力局、台州发电厂、乌溪江水力发电厂荣获“全国精神文明建设先进单位”称号。

2月19日，浙江省委书记习近平到嘉兴发电厂二期工程建设工地视察。

2月25日，浙江省电力公司系统工作会议在杭州召开。副省长王永明出席会议并讲话。

2月27日，宁波奉化供电局“小草”服务队被中共中央宣传部、中央文明办、解放军总政治部、共青团中央联合授予“全国学习雷锋志愿服务先进集体”称号。

2月，宁波电业局、台州发电厂团委被共青团浙江省委授予2002年度“五四红旗团委”荣誉称号；宁波电业局王翔被评为2002年度浙江省优秀团干部。

2月，绍兴电力局的马将、李国广、何建明和嘉兴电力局的韩中杰、衢州电力局的吴忠被浙江省劳动厅和社会保障厅评为2002年度“浙江省技术能手”称号。

3月1日，省电力公司分别向中国国电集团公司、中国华电集团公司、中国华能集团公司及省能源集团公司划转移交了相关的发电企业。

3月13日，宁波电业局海曙供电局郑峰当选为共青团第十五次全国代表大会代表，并赴京参加代表大会。

3月18日，浙江省电力调度通信中心荣获“全国电力通信重点工程先进单位”称号。

3月28日，长兴发电厂四期（技改）工程2号30万kW机组并网发电。

3月31～4月2日，浙江省副省长王永明在有关部门负责人陪同下，先后到萧山发电厂和桐柏抽水蓄能电站建设工地考察调研。

3月，全省67个县级电网调度机构经过10余年努力，全部通过了调度自动化系统实用化验收。

4月3日，浙江省省长吕祖善、副省长陈加元、钟山等领导，到嘉兴发电有限责任公司考察。

4月8日，中共浙江省委、省人民政府命名浙江省电力试验研究所、温州电业局、平阳电力有限责任公司、苍南电力有限责任公司为“省级文明”单位。

4月17日，500kV台南输变电工程开工，输电线路全长27.5km，由500kV宁（波）台（州）温（州）线路开口环入，整个工程总投资约4.54亿元。

4月22日，浙江省委书记习近平、副书记梁平波等领导到新安江水电站检查防洪度汛工作。

4月25日，全国人大常委会财政工委原副主任葛洪升和国家核工业部原部长蒋心雄到三门考察核电项目。

4月，浙江省电力公司被中纪委、中央组织部、国务院国资委、监察部、全国总工会授予“全国厂务公开工作先进单位”荣誉称号。

4月，浙江省送变电公司、新安江水力发电厂被浙江省委、省政府命名为“浙江省文明单位”荣誉称号。

5月10日，嘉兴电厂二期工程500kV输出线路全面启动。

5月20日，海宁220kV民谊输变电电工程竣工投运。一期安装1台15万kVA主变压器。

5月23日，增容改造后的500kV瓶窑变电所1号主变压器并入华东500kV主网运行。

5月27日，500kV天一变抢建工程比原计划提前1个月顺利投运。扩建变压器1组，容量75万kVA，项目总投资7000多万元。

6月12日，中国首座商用重水堆核电站——秦山核电站三期2号72.8万kW机组成功并网发电，比计划进度提前了91天。

7月16日，浙江省电力公司代管舟山市电力公司签字仪式在朱家尖举行。

7月17日，温州发电厂三期工程（建设2台30万kW燃煤发电机组）在工地举行奠基仪式，王永明副省长讲话。

7月30日，500kV湖州变电所工程开工。

8月6日，浙江省省长吕祖善、副省长王永明、省政协副主席张蔚文、省政府秘书长孙忠焕等领导冒着酷暑，专程到省电力公司调研，并到省电力调度通信中心了解浙江电网运行情况。

8月6日，省电力公司新一届领导班子产生，陈积民任党组书记；庄虎卿任党组副书记、总经理（法人代表）；韦国忠、赵义亮、梁绍斌、姜雪明任党组成员、副总经理；唐信根任党组成员、纪检组长；江华东任党组成员、省电力工会主席；牛汝涛任总会计师；张怀宇任总工程师。

8月21日，浙能兰溪发电厂4台60万kW超临界机组设备合同签字仪式在杭州举行。

8月31日，国家电监会主席柴松岳在浙江省省长吕祖善、常务副省长章猛进、副省长王永明、省政府秘书长陪同下，先后到萧山发电厂、杭州半山发电有限责任公司、浙江省电力公司考察。

8月，台州电业局、丽水电业局被国家电力公司命名为“中国一流供电企业”。至此，省电力公司所属市级供电企业全部实现“国一流”目标。

9月6日，原全国人大常委会委员长李鹏及夫人朱琳，在浙江省委书记习近平等陪同下，视察新安江水力发电厂。

9月16日，横跨钱塘江的500kV杭（州）兰（亭）输电线路投运。

9月17日，500kV宁（波）温（州）输电线路工程立塔工作全部完成，线路全长280km。

10月23日，秦山核电站三期（由两座70万kW级坎杜重水堆组成）工程全面建成庆祝大会在秦山召开。国务院副总理曾培炎与加拿大总理约瑟夫·让·克雷蒂安出席庆祝大会并祝词。

10月，温州500kV温南变电所工程动工建设。

10月，中国质量协会授予绍兴电力局“全国用户满意企业”称号。

11月1日，根据浙江省农村电网“两改一同价”工作的总体部署，除舟山外全省县（市）全面实行城乡各类用电同价，并于明年1月1日起实行城乡用电一体化管理。

12月7日，被誉为“中国第一爆”的镇海发电厂12.5万kW机组（150m高）烟囱在启爆后15s一次倾倒，烟囱爆破取得成功。

12月30日，浙江省委书记习近平在杭州市委书记王国平、省委秘书长张曦、副省长王永明、钟山，杭州市市长茅临生等陪同下，到杭州市电力局考察。

（任龙献　张振华　冯水英）

安徽省电力工业

2003年是安徽省电力公司定位于电网经营企业后的开局之年。经历了厂网分开的改革，遭遇了非典疫情带来的各种困难，承受了淮河流域洪灾带来的巨大损失，历经了迎峰度夏一波三折的保电艰辛。面对这些考验，公司按照“转变观念、调整思路、坚持改革、抓好开局”的总体工作思路，团结和带领全公司员工，坚定信心，锐意进取，各项工作有力推进，顺利实现了年初确定的10项目标任务。

机构及产权结构

安徽省电力公司是国家电网公司的全资子公司，具有从事电力建设、生产、经营、科研、设计和多种经营等综合功能。代表国家电网公司负责安徽省境内的部分发电资产和供电资产、负责安徽省的发电、输电、供电的电力调度运行。

截至2003年底，省公司本部设15部2中心，直接经营21家分公司性质的供电企业及分支机构，直接投资28家全资公司，59家控股公司和15家参股公司。省公司系统层层投资的户数达147家，其中，投资全资公司28家，投资控股公司67家，投资参股公司52家。

公司领导

总经理、党组书记：杨宁生

副总经理、党组成员：谢继康　孙昕　孙刚

副总经理、纪检组长、党组成员：闫少俊

工会主席、党组成员：张家贵

总工程师、党组成员：叶礼广

总会计师：康建瓴

资产及经营状况

2003年底，公司注册资本35.0446亿元，总资产规模259.13亿元，其中固定资产137.30亿元，净资产93.23亿元。

2003年实现销售收入158.56亿元；实现净利润1.13亿元；上缴国家各项税收8.33亿元；资产负债率64.02%；销售利润率0.87%；总资产报酬率1.19%；资本保值增值率105.03%；资本收益率2.90%；上缴投资收益3120万元。（均为母口径，不包括子公司）。见综合计划主要指标情况表。

省公司体制内多经企业全年创经营总收入48.8亿元，实现利润2.38亿元，分别是年初确定多产经营目标的122%和119%。

电力生产

2003年，省公司自1985年以来首次实现人身死亡“零”目标；没有发生人身重伤事故、重大及以上电网、设备事故、重大机械损坏事故、重大交通事故、火灾事故。

综合计划主要指标情况

	2003年	2002年同期	国网年度计划	计划完成率	较2002年增长
全部经营售电量（亿kWh）	469.93	382.06	—	—	22.93%
其中：省内	344.74	302.76	321	107.40%	13.87%
外送	125.19	79.5	—	—	57.47%
经营购电量（亿kWh）	496.63	405.17	426	116.58%	22.21%
经营线损率	6.60%	6.95%	6.85%	低0.25	低0.35
资产总规模（亿元）	259.13	254.37	—	—	1.87%
资产负债率	64.02%	65.88%	69.50%	低5.48	低1.86
利润总额（万元）	13735	19911	13000	105.65%	-31.02%
上缴投资收益（万元）	3120	5200	3120	100.00%	-40.00%
净资产收益率	1.27%	1.43%	1.03%	123.3%	低0.16
应收电费余额（万元）	81260	57051	·95000	完 成	42.43%

注 2002年同期的财务指标为网厂分开后的口径。

2003年发生人身轻伤事故3起，其中人身触电2起，高处坠落1起，与2002年同期相比，增加2起。发生电力生产事故24起，与2002年同期相比减少5起；发生误操作和三误事故6起，同比增加3起；发生设备一类障碍48次，同比减少14次。

发生电力设施外破案件共6起，破案查处5起。

全省发电量557.15亿kWh，同比增长18.39%。统调机组发电量524.36亿kWh，同比增长18.35%，其中水电11.56亿kWh，增长25.75%；火电512.8亿kWh，增长18.2%。

全年累计净送出111.74亿kWh，增长38.54%，其中500kV电网向华东净送网电量111.71亿kWh，增长41.49%。

全年全社会用电量7年来首次实现2位数增长，达到445.42亿kWh，同比增长14.23%，为改革开放以来历史最快增幅。全省有10个市供电公司实现售电量增幅超过2位数，公司经营售电量456.51亿kWh，同比增长19.49%，省内售电量增长14.39%；合计净外送电量111.74亿kWh，增长38.54%。全省日最大用电量16351.35万kWh，最大用电负荷784.62万kW，均创历史新高。

电力基本建设

2003年全省完成电力基建投资16.84亿元，完成年度投资计划的99.01%。其中完成大中型电力基建投资9.47亿元。

洛河至滁州500kV输变电工程初步设计审查工作完成；华东500kV滁州输变电工程开工建设；220kV电网新增生产能力合计变电容量1110MVA，合计线路长度251.3km；110kV电网新增生产能力合计变电容量300.5MVA，合计线路长度103km；主干光纤网架设光缆898.44km。

工程建设进一步规范化。出版了安徽省110kV变电所典型设计，220kV变电所典型设计也将出版。工程建设质量进一步提高，其中牛头山输变电工程被评为精品工程。

电力体制改革

实现厂网分开后，按照电网企业的定位，及时调整公司本部机构设置，对部分人员进行了调整、分流。将16个市供电局全部改组为省电力公司分公司，使省电力公司、市供电公司、县供电公司三个管理层次界面更加清晰。

利用省公司趋于闲置的教育资产和拥有的人力资源，组建了安徽电气工程职业技术学院，2003年首次招生形势可喜；对省公司的关联公司进行重组，产权关系进一步规范；行业协会也完成了机构设置工作。此外，向省水利厅移交了佛子岭水电站等三站四库。半汤电力疗养院划归巢湖供电公司管理，为该单位的稳定和发展拓展了新路。

精神文明建设

精心实施“三大工程”，增强了广大党员干部贯彻落实“三个代表”重要思想的自觉性和坚定性；领导班子思想政治建设坚强有力，党组中心组被评为省直厅局党组（党委）中心组理论学习先进单位；落实“六个不准”和“两个严禁”，党风廉政建设稳步推进；落实稳定工作责任制，为企业的稳定和发展创造了比较好的内部环境；加强和改进思想政治工作，省公司被省直工委推荐为全省思想政治工作先进集体；企业文化建设进一步深化；坚持纠建并举，抓窗口服务，树行业新风，企业诚信形象更加鲜明。

大力宣传“把满意写在人民心上”的优秀供电所所长刘延成的先进事迹，在国网公司系统内产生了积极影响。在国网公司供电营业职工文明服务行为规范演示竞赛华东片区的选拔赛上，安徽代表队表现突出，荣获第一。

农电工作

规范管理行为：①规范县公司内部机构设置和岗位职责。完成了对企业的人员编制核定，制定了县公司各管理岗位职责和规范。②规范安全生产管理。建立了安全生产责任制和安全管理网络，安全基础得到加强。2003年，农电生产事故较去年减少5起，下降了41.6%，农村用电责任事故减少3起，下降了25%。③规范经营管理，全省县公司均实行预算管理，统一会计核算，统一收支两条线，省公司统一下达资产经营指标，使资金使用和非生产性支出得到严格控制，扭亏增盈工作取得实效。④规范乡镇供电所管理。大力开展供电所规范化管理活动，通过试点—总结—指导—推广的形式，到2003年底有92.7%的供电所实行了规范化管理。此项工作得到国家电网公司的充分肯定，其管理标准被国网公司推荐作为管理规范。

目前，肥西、庐江、当涂、繁昌4个县公司创建国电公司一流企业已通过国网公司的验收；以创建人民满意的基层站所为载体，提高了农电企业优质服务水平；以创建双文明单位为载体，推动农电企业两个文明建设协调发展。我省已有3个农电企业荣获国电公司双文明单位称号，4个农电企业进入省公司双文明单位行列。

存在问题

（1）安徽电网基础还比较薄弱，确保电网安全运行责任重大，电网建设投资能力不足，电源、电网建设与需求侧之间的协调还存在诸多矛盾；

（2）厂网分开后，省公司经营压力较大，电力市场运作后的许多不确定因素给公司经营增加风险；

（3）省公司三个管理层面的管理体制还须进一步理顺，市公司层面经营意识和水平有待提高；

（4）农电发展困难很大，城乡同网同价后，县公司经营压力将进一步加重；

（5）省公司系统整体的管理水平不够高，体制和机制矛盾比较多，推进管理创新难度很大。这些问题需要在今后的工作中采取措施，切实加以解决。

主要事件

1月16日和1月20日，省公司按照国电公司［2003］1号文件要求，分别与大唐集团公司和中国电力投资集团公司召开发电企业移交会，双方对安徽省境内国电公司发电资产划入大唐集团公司和中国电力投资集团公司的发电企业进行了交接。

1月27日，国家电网公司对安徽省电力公司领导班子进行了调整。杨宁生任安徽省电力公司党组书记、总经理；国家电网公司华东公司副总经理邱国富不再兼任安徽省电力公司党组书记、总经理。

2月25～26日，省电力公司2003年工作会议在合肥召开，总经理杨宁生作了“转变观念、调整思路、坚持改革、抓好开局”的工作报告。

4月，省公司决定在全省农电系统开展向刘延成同志学习活动。（刘延成，滁州市城郊供电公司南谯、清流供电所长）。

6月20日，省委书记王太华到琅琊山抽水蓄能建设工地视察。

6月7日～7月，安徽境内淮河流域发生重大汛情，电力设施损失严重。

7月，在安徽省开展的全省万人评行风活动中，省电力公司以各项评价项目满意度86.71%的成绩获全省第一名。

8月1日，安徽省电力公司下属16个市供电公司统一挂牌。这是安徽省电力公司在厂网分开、定位于电网经营企业后，进行内部体制改革的重要一步。供电公司的改组完成，标志着过去由供电企业承担的政府管电职能将移交政府综合经济管理部门，将按照市场经济规则，实现公司化运作。

8月，由原省电力职工大学和合肥电力学校合并成立的安徽电气工程职业技术学院组成首届董事会，省公司总经理杨宁生任董事长。

9月16日，由安徽省电力公司、安徽康源电热有限公司、安徽明生电力发展股份合作公司和17个市供电公司的多产公司共同发起组建的安徽皖电物资有限责任公司成立。

10月17日，全省县城网改造工程正式启动。全省共安排65个县（市、区）开展县城电网建设与改造，工程动态总投资15亿元。

12月22日，500kV洛滁输变电一期工程在滁州开工建设。

（王小平）

福建省电力工业

概述

2003年，福建省电力公司面对体制改革、“非典”疫情、高温干旱、供电紧张和经济快速增长的重大考验，审时度势，把握大局，调整发展思路，制订发展战略，围绕福建经济发展和社会稳定，围绕建设现代化电网、创建学习型企业，凝心聚力，干事创业，开创了三个文明协调发展的良好局面。完成行业审计，电网稳定、队伍稳定，省电网连续安全生产3158天，全面完成了年度各项经营目标和与国家电网公司签订的三项责任状。全省完成发电量610.7亿kWh，同比增长14.6%；全省用电量585.74亿kWh，同比增长17.9%；福建省电力公司省内售电量441.07亿kWh，同比增长21.2%；向华东售电32.8亿kWh；线损率5.03%，比2002年下降0.11个百分点；全省实现利润总额2.1亿元，净资产收益率1.8%，上缴投资收益4800万元，资产负债率63.5%，电费回收率100%，陈欠电费回收率10.12%；全员平均劳动生产率49.26万元/(人·年)；多种经营总收入50.6亿元，实现利润2.9亿元。

福建省电力公司被授予全国精神文明建设工作先进单位、全国“五一”劳动奖状、全国厂务公开工作先进单位、全国“安康杯”竞赛活动优胜组织奖等荣誉称号；连续两届荣获省创文明行业工作先进行业称号；连续三届被评为省党建工作先进单位，行风建设在全省评比中实现“三连冠”。省长卢展工给予福建省电力公司“促发展，保民安，功不可没”的高度评价。

公司领导

总经理：马宗林

副总经理：林　野　肖世杰　许新生

党组纪检组长：严阿章

工会主席：李川德

总审计师：程章磊

总工程师：林韩

组织机构

总经理工作部、计划发展部、人事董事部、人力资源部、财务部、工程建设部、生产运行部、营销部、安全监察部、科技信息部、审计部、企业管理部、离退休职工管理部、多种产业部、政工部、监察部、机关事务部、调度通信中心、农电局、招标处。

安全生产

1. 电网安全稳定运行

福建省电力公司系统坚持“安全第一，预防为主”的方针，层层落实安全生产责任制，把主要负责人履行安全生产职责的情况作为领导班子考核的重要内容；严格执行安全生产“一票否决”制度、责任事故“说清楚”制度、“四不放过”制度，试行安全生产目标风险抵押制度。建章立制，分层次梳理、修订安全生产管理制度、标准体系，修订《操作票、工作票实施细则》。加强现场管理，强化防误装置管理和“两票”执行。标本兼治，加强安全教育与技能培训，聘请国家安全科学中心培训副主任宣讲事故应急救援预案的编制与评审，推行变电和调度运行岗位持证上岗。加强技术监督和反事故技术措施的落实，组织专家巡回宣讲变压器反事故措施。福建省电力公司系统没有发生人身死亡事故、重大及以上电网和设备事故、重大交通事故、重大火灾事故和220kV主变压器损坏事故。主变压器年事故率由2002年的1.46次/(百台·年)大幅下降到0.35次/(百台·年)，11个单位全面完成了安全生产责任状，三明电业局、莆田电业局分别连续安全生产1951天和1580天，安全状况总体好于2002年。

2. 电网装备、技术和管理水平进一步提升

加大生产投入，提高电网装备和自动化水平。把好设备入口关，选用性能优良、质量可靠的产品，抓好入网设备检测和重要设备的监造工作。加大设备更新改造力度，更新改造老旧变压器13台、开关278台、送电线路14条，实施变电站综合自动化7个，改造配电网550.9km，建设配网自动化主站2个，实现馈线自动化71回，建成全省一、二级光纤环网，三级光纤环网覆盖8个县。致力科技创新，提高电网技术水平。开展设备状态监测与状态检修，推广应用变压器色谱在线监测，开展农网配网自动化和自动抄表试点。电网自动电压控制系统开发工作取得重大突破，电网无功电压控制水平明显提高，初步建成全省故障信息管理系统。完善雷电定位系统，并与国家电力调度雷电信息中心联网。加强电网技术研究，“福建电网与华东联网的安全稳定经济运行研究”获2003年省科技进步一等奖，实现该等级成果零的突破。福建省电力公司获中国企业信息化500强称号。福建省电力公司系统获省科技进步二等奖1项、三等奖5项；获中国电力科学技术三等奖1项；获国家电力公司科技进步三等奖2项；获14届全国发明展金、银、铜奖各1项。提高管理人员水平，从人员、设备、技术、管理入手，整体推进500kV；220kV变电站及班组规范化建设，出台并落实变电站管理规范实

施细则和考核标准，有效提升了变电站和班组管理水平。建章立制，修订现场运行规程、作业规程，制定标准作业卡、检修工艺卡。完善技术监督体系，强化技术监督，加强对重要设备的跟踪与检查，抓好设备反事故技术措施的落实。认真研究、吸取美国、加拿大“8·14”大停电事故教训，邀请省内外专家和省政府有关部门领导召开专题研讨会，分析福建电网存在的问题，形成对策；分别向省、市政府提出了防止发生大面积停电事故的主要措施和建议，引起政府的高度重视；印发《福建电网存在的问题、措施及整改计划》，从规划、设计、建设、运行、调度、生产、安全、事故应急预案等17个方面，分析了存在的问题，提出了应对措施。

3. 齐心协力抗“非典”保供电

面对突如其来的“非典”疫情，福建省电力公司系统坚持一手抓预防“非典”这件大事不放松，一手抓安全可靠供电中心工作不动摇。面对1939年以来最严重的干旱，认真贯彻省领导关于抗旱保供电的指示精神，迎难而上，群策群力，科学调度，强化管理，优化电网运行方式，提前制订限电方案和落实各项措施，加强网局、网厂协调，利用市场机制累计向华东、华中购入电量8.5亿kWh，最大限度地减少限电损失，基本保证了城乡居民的正常生活用电，基本保证了全省经济的持续发展，得到政府高度评价。

电网建设

1. 积极调整电网发展规划

坚持电网统一规划、适度超前的原则，坚持以电网规划引导电源布局，推进电网和电源的协调发展。根据福建省国民经济发展规划和市场预测，在深入调研并广泛征求各设区市政府意见的基础上，编制了《2003～2010年福建电网发展规划调整方案》、《福建省农网“十一五”发展规划和2020年展望》。根据新规划，2003～2010年福建电网将新建、扩建500kV变电站14座，增加变电容量1240万kVA、线路1714km；新建、扩建220kV变电站114座，增加变电容量1994万kVA、线路3428km。其中，2003～2005年新建、扩建500kV变电站5座，变电容量365万kVA、线路241km，220kV变电站43座、变电容量794万kVA、线路1351km。

2. 电网建设加快步伐

全年完成资本性投资30.6亿元（含县城电网改选），建成投运500kV福建与华东联网的第二回路、后石—泉州线路，以及500kV泉州变电站、厦门变电站扩建工程；建成200kV罗塘、角美—李林等一批输变电工程；新增500kV变压器3台、变电容量240万kVA，500kV线路1条、139km；新增220kV变压器10台、变电容量162万kVA，220kV线路12条、129km；提前建设220kV变电站5座，变电容量90万kVA。在电网建设中，坚持工程“五制”，规范管理，推行标准作业，强化三级验收，确保了安全文明施工和工程质量，合理控制了工程造价。基建队伍面对工期短、时间紧、任务重等困难，精心组织、精心施工，仅用3个半月时间建成投运220kV罗塘变电站1号主变压器。

3. 推进电源、电网协调发展

经省政府授权，省电力公司同省计委进一步强化福建省“十一五”电力发展规划及2020年远景目标，积极以电网规划引导电源规划，多次向省政府提出电源建设布局、建设时间安排的建议，促进了南埔电厂的开工，加快了宁德、可门、江阴、龙岩坑口电厂、抽水蓄能电站的前期工作。尤溪流域街面电站已开工建设。“九五”国家重大技术装备研制项目——水口电站2×500t垂直升船机工程，建成并通过正式验收。

经营状况

1. 争取政策支持，用足用好政策

省电力公司积极向政府有关部门汇报电力规划、电网建设、电力供求等问题，争取政策支持。省政府有关部门出台了应用价格杠杆促进合理用电，多渠道筹集电网建设资金的有关政策，有效缓解了电网建设资金压力。主要政策有：制定疏导电价方案，加快峰谷电价、丰枯电价政策修订，扩大“两部制”电价实施范围；允许经济发达地区先垫资建设输变电工程项目；与华东电网计划内交易电量提价部分全部用于电网建设；提取一定比例的城市配套建设费用于电网建设；省计委每年提供1～2千万元贴息资金；出台电源侧、客户侧电网出资及建设范围规范的规定；积极争取住宅供电配套工程建设费政策的出台。

2. 向市场要机制，向管理要效益

做好网厂分开价格分离工作，清理整顿上网电价，优化上网电量结构和售电结构，拓展输配环节电价空间。积极参与华东电力市场交易，向区域市场要效益。全面开展财产清查工作，清理不良资产，盘活存量资产。加大对用户出资供电设备归属问题的研究，有选择地逐步接收。落实电费回收考核与奖惩制度。加强电网经济调度，严格购电合同管理。强化预算刚性，优化成本结构，严格控制非生产性支出、小水电购电单价和工程成本。利用规模优势，引入竞争机制，降低保费支出。运用金融政策，利用金融工具，盘活资金，降低财务费用，增加收益。

3. 坚持诚信为本，抓好经济安全

理顺内部审计体制，建立健全内控制度，强化内部监督。认真配合行业审计，审前做好自查自纠和政策梳理工作；审中主动配合，认真、细致、耐心做好政策依据解释工作。高度重视审计提出的问题，召开总经理办公会认真研究，总结经验教训，提出整改要求。下属各单位认真贯彻省电力公司会议精神，认真做好整改工作，充分利用审计成果，规范基础管理，促进了依法经营。

改革管理

1. 积极稳妥推进电力体制改革

认真做好发电企业划转移交工作，32个直属及参控股电厂移交给3个发电集团公司，移交总装机容量为356.569万kW。顺利解除了嵩屿电厂承包经营合同，并就人员等问题签订了一揽子协议。加强宏观改革政策研究，积极支持、参与国家电网公司、华东电网公司改革，研究区域电网公司、区域电力市场组建模式及其核心问题，科学确定省电网公司定位和发展战略，主动探索发展道路。

2. 全面推进内部管理体制创新

以建立现代企业制度为目标，突出市场经济要求和电网经营企业的特点，统一规范省电力公司本部和基层单位的组织机构，调整职能，优化流程，建立整齐规范、职责明晰的一体化组织管理体系。支持电力行业协会的规范和发展。实施营销、多经、教育培训体制改革。制定出台了物流体制改革、招投标集约化管理改革、完善基建管理体制、完善超高压局管理体制等方案。研究、探讨主辅分离改革问题。着手筹建抄表公司。

3. 农电体改和管理实现新突破

坚持积极稳妥、规范运作、先易后难、试点先行、一县一策、区别对待的原则，在深化代管的基础上，各地市农电股份制改革工作均实现突破。省电力公司与39个县签订了农电股改框架协议，占应改数的65%，尤其是与宁德市政府签订了总体改制协议，一揽子解决该市一区八县的供电体制问题。肖厝电力公司已上划，武夷山、连江、泰宁、罗源、连城、政和、德化、东山等8个电力公司已改制为由省电力公司控股的供电有限公司。以班子建设为龙头，以创建一流县供电企业、开展会计基础创一流为载体，通过开展安全性评价、规范经济活动分析和供电所、变电所、县调规范化建设等工作，不断夯实农电管理基础，提高安全生产、经营管理和优质服务水平。石狮、龙海电力公司接受了国家电网公司"一流县级供电企业"考评，86.8%的乡镇供电所达到规范化管理标准，79个营业窗口获得国家电网公司农电规范化服务示范窗口称号，35个县调自动化达到实用化标准。

4. 企业管理水平逐步提升

创新管理办法，启动标杆管理，印发《标杆管理实施意见》和宣传手册，开展知识宣贯和试点工作。推进业绩管理，制定省电力公司系统和机关本部业绩管理办法，初步建立绩效评价体系。建立财务评价体系，加强资本优化管理，着力提高资产和资本的运营效率。推行规范化管理，构建省电力公司标准体系和制度体系，采集技术标准2940个，制订规章制度537个。

5. 信息化建设步伐加快

在建成调度、财务、营销等业务子系统的基础上，着手建设省电力公司数据中心。做好全面计划和全面预算"两全"管理、物流管理信息系统的开发和应用。完善客户服务技术支持系统建设，推进营销数据的整合工作。完成农电信息化规划编制。重视信息安全及基础管理工作，开展网络信息安全性评估，初步构建信息安全保障体系和信息分类编码标准体系。

供电服务

1. 初步形成优质服务常态运行机制

"五常"管理（人员管理常自律、物品管理常整理、环境管理常改善、现场管理常规范、后台管理常优化）试点工作获得成功，并作为典型经验在国家电网公司营销会议上交流。在公开向社会征求意见的基础上，印发《供电服务标准》、《供电服务承诺》和《考核暂行办法》。强化优质服务意识，导入CS评价体系，初步形成评价、监督、考核、改进一体化的优质服务常态运行机制。南平电业局苏碧卿被授予全国电力系统十大优质服务标兵。

2. 整体推进营销现代化工程

从思想观念、组织体系、流程管理、技术支撑和员工素质五个层面，整体推进营销现代化工程，着手制定营销现代化发展规划。建成"95598"呼叫中心、网上客户服务中心和监管中心，完成业扩工程项目管理信息开发及试点工作，进行全省营销数据中心第一期和DSM系统第二期建设。

3. 不断夯实营销管理基础

出台《营销基础信息维护管理办法》、《关于进一步优化业扩流程报装的意见》等一系列管理制度。强化关口计量装置，提高反窃电能力。狠抓电费回收工作。实行供用电合同微机管理。开展营销普查工作，推行营销人员持证上岗。

4. 重视并加强需求侧管理

加强组织领导，加大研究力度，出台《需求侧管理实施细则》。强化电力市场分析预测，应用先进负荷管理技术，推广应用蓄冷、蓄热技术。严格执行"先错峰、后避峰、再限电、最后拉闸"的原则，认真编制、及时调整限电方案，建立限电约束机制，加强宣传解释和优质服务。积极依靠政府做好限电压荷期间的电力供应工作。

多种产业

1. 调整发展战略

坚持“巩固、调整、规范、提高”和“有所为、有所不为、抓大放小”的原则，紧扣发展主题，制定多种产业发展战略和经营发展五年规划。坚持走集体经济和民营经济共同发展的道路，建立了主导、基础、新兴三大产业，把能源、机械制造、高新技术三大领域作为发展方向，重点发展能源产业。实施股权重组、资产重组、业务重组、调整产业结构和投资结构，明确各产业公司核心业务。以实业发展为主，实施战略性投资，做大资产规模。研究金融市场，探索利用金融工具和资本市场，实现规模快速扩张。

2. 发展核心业务

组建和盛实业公司和电力产业发展公司，盘活集体资产。和盛公司参股江阴、宁德电厂，重组电力制造业取得实质性进展。新组建的能源投资公司参股南埔电厂和龙岩坑口电厂，整体收购河北涿州市热电厂，重组永安亿力热电公司，获准热电改造。着手整台水电资源，开工建设宁德后垄溪两级水电站，筹划参与抽水蓄能项目投资建设。亿力集团清理对外投资，通过收购、转让、置换、减持股权等形式，优化集团及各参控股公司股权结构。组建资金结算中心，搭建资金集约运作平台。亿力科技公司优化投资结构，培育队伍，开发自主知识产权的产品，获得“第一届中国技术市场金桥奖”、“厦门市科技进步一等奖”。电力通信公司和省教育厅成功合作经营全省教育科技网络。房地产公司福州、厦门项目开工，并整体收购厦门大西洋海景城。

3. 规范经营管理

成立各级多种产业管理委员会，建立独立董事、监事队伍。制定决策管理制度、派出董事汇报和责任追究制度、人事管理及薪酬分配考核办法。开展内部审计，实行一把手谈话诫勉制度，强化监管手段，规范经营行为。

党风廉政

1. 党建和思想教育取得实效

兴起学习贯彻“三个代表”重要思想和十六大精神高潮。广泛开展“两个务必”、“优质服务是国家电网的生命线”、“两个严峻、两个突出”宣传教育活动。组织党的先进性教育和党建互学活动，深化“二级联创”。大力加强党的基层组织建设，召开党建工作会议，完善党建工作制度。开展县级供电企业党建工作调研。制定创党建工作先进单位意见和2004～2006年文明建设规划。

2. 党风廉政建设取得新成效

层层落实党风廉政建设责任制，开展以“六个一”为主要内容的党风廉政宣传教育月活动。颁发《领导干部三项谈话制度实施细则》，建立领导干部廉政档案信息管理系统，严肃查处各类违法违纪案件。建立健全行风建设常态工作机制，强化供电服务质量的监督考核，特别加强限电期间优质服务的监督检查，得到了省行评考评组的高度评价。执法效能监察项目立项60项，避免经济损失721万元。党风廉政建设工作得到华东电网公司考核组的充分肯定。

干部人才

1. 干部队伍素质不断增强

突出抓好领导干部履行职责、抓工作落实和敢于负责三个能力建设，完善干部选拔任用机制，倡导求真务实、干事创业的工作作风，在考核的基础上，调整充实省电力公司直属12个领导班子和机关部门等54名领导干部，增强了整体功能。稳妥做好网厂分开后125名领导干部交接工作。对14个县供电企业领导班子进行考核调整，加快年轻化、专业化进程。逐步理顺委派到民营企业、县供电公司领导班子人员管理。加强人事干部队伍建设，各级班子讲政治，顾大局，守纪律，勇于负责，实事求是。干部人事工作受到国家电网公司高度评价。

2. 人才发展工程初见成效

以实施人才发展工程为切入点，积极创建学习型企业。以培养高素质经营管理人才、高水平专业技术人才和职业技能人才为核心，抓住培养、吸引、使用人才三个环节，确立人才发展战略和管理模式。规范机关本部和基层供电单位的岗位序列，调整了电网调度、变电运行岗位设置。按“盘活存量，用活增量，本人自愿，组织调配”的原则，在省电力公司本部开展岗位双向选择，实现了人员优化配置。完善培训管理制度，建立培训管理新机制，着力实施全员培训。开展“技能活动月”活动。成立省电力公司人力资源开发委员会。泉州电力学校升格为职业技术学院。形成以培训中心、职业技术学院、技术中心、研究生工作站、博士后工作站、首席专家工作站和“513人才工程”为主要载体的人才培养体系，初步构建面向全系统的开放式人才开发和培训网络。10430人·次参加各类岗位培训，1754人·次参加技术等级培训，获国家电网公司第二届农村电工岗位知识及技能竞赛银奖。

精神文明

推进企业文化建设，积极开展依法治企和普法教育。坚持正确的舆论导向，实现中央电视台新闻联播零的突破。电力工会履行产业工会和企业工会双重能职能，进一步完善厂务公开常态管理和考核机制，深化民主管理工作。加强信访和稳定工作，关心员工生活，努力解决员工子女就业问题，保持了队伍稳定。老年文体活动丰富多彩，成功承办省老年人体协第五次代表大会。离退休职工的生活质量明显提高。开展“保平安”行动，积极配合公安机关打击盗窃、破坏电力设施和窃电犯罪专项行动，破案198起，摧毁犯罪团伙19个，抓获犯罪嫌疑人163人。

省电力公司获得省希望工程杰出贡献奖和省“尊老敬老楷模”称号。公司系统省级文明单位的比例达86%，比上届高10个百分点，3个单位被授予全国精神文明建设先进称号。水口发电公司、第二电建公司、莆田电业局、厦门电业局、三明电业局和南平电业局被授予“全国模范职工之家”称号。郑聪明、黄建荧获全国五一劳动奖章。

（林耀庭）

华 中 地 区

华中电网有限公司

电网概况

截至到2003年底，华中地区全口径发电装机容量8325万kW，其中水电3352万kW、占40.3%，火电4973万kW、占59.7%。电网统调发电装机容量6117万kW，其中水电2467万kW、占40.3%，火电3650万kW、占59.7%。华中电网500kV输电线路8367km，500kV变电容量2135万kVA；220kV输电线路36681.7km，220kV容量7098kVA。

在华中电网内，五大发电公司都有电厂。中国华能集团公司装机容量553.86万kW，其中，水电96.50万kW，占17.42%，火电457.36万kW，占82.58%；中国大唐集团公司装机容量771.90万kW，火电比例为100%；中国华电集团公司装机容量353.15万kW，其中，水电82.75万kW，占23.43%，火电270.40万kW，占76.57%；中国国电集团公司装机容量781.18万kW，其中，水电355.68万kW，占45.53%，火电425.50万kW，占54.47%；中国电力投资集团公司装机容量744.94万kW，其中，水电210.84万kW，占28.30%，火电534.10万kW，占71.70%。华中电网公司保留了8个调峰、调频电厂，装机容量369.25万kW，其中水电243.25万kW，占65.88%，火电126万kW，占34.12%。

三峡开发总公司在华中下属三个电厂，葛洲坝水电厂装机271.5万kW；三峡电站装机1820万kW；三峡电站地下厂房装机420万kW；全部建成后，总装机容量2511.5万kW，全部为水电。

公司领导

张学知任公司党组书记、总经理，李强、付文灿、牛文波、肖创英任公司党组成员、副总经理，田新民任公司党组成员、纪检组组长、监察专员，刘常荣任公司总审计师，卢放任公司总工程师，丘智健任公司总会计师。

组织机构

总经理工作部、发展计划部、财务部、生产运行部、安全监察部、电网建设部、人力资源部、审计部、思想政治工作部、机关事务部、纪检组（监察专员办公室）、华中电力工委、华中电力调度通信中心、新闻中心、会计管理服务中心。

电网生产

（一）供电情况分析

1. 发、供、售电量完成情况

截至2003年末，华中六省（市）6000kW及以上装机容量7633万kW，完成发电量3452亿kWh，同比增长17.5%，其中水电1066.23亿kWh，同比增长14.14%；火电2385.76亿kWh，同比增长19.07%。河南、湖北、湖南、江西、四川、重庆同比分别增长12.71%、26.19%、20.46%、30.59%、11.28%和8.87%。

统调电厂完成发电量2745.59亿kWh，同比增长20.02%，其中水电845.7亿kWh，同比增长17.67%，火电1899.91亿kWh，同比增长21.09%。

华中六省（市）电力企业完成供电量 2977 亿 kWh，比 2002 年同期增长 14.62%；完成售电量 2706，比 2002 年同期增长 14.88%。国网公司系统完成供电量 2899 亿 kWh，比 2002 年同期增长 16.99%。

从售电量来看，国网公司系统售电量市场份额有所提高，2003 年售电量达 2686 亿 kWh，占全社会售电量的 99.27%，比 2002 年同期增加 1.94 个百分点。

2. 网省间电量交换情况

2003 年，以送出端计，华中电网网省间交换电量 232.56 亿 kWh，同比增加 124.81 亿 kWh。

网省间交换电量中，与华东电网交换电量 146.09 亿 kWh，其中华中送华东 141.83 亿 kWh，同比增加 97.99 亿 kWh；华东送华中 4.26 亿 kWh，同比减少 2.3 亿 kWh。

网内省间电量交换 86.47 亿 kWh，同比增加 29.12 亿 kWh。

（二）用电市场分析

2003 年，华中电网全社会用电量 3446 亿 kWh，比 2002 年同期增长 13.6%，其中河南增长 13.71%，湖北增长 11.97%，湖南增长 14.31%，江西增长 21.48%，从增长幅度看，华中地区全社会用电量增长率与 2002 年同期相比提高了 13.6 个百分点。

从行业分类看，第一、二、三产业用电占全社会用电量的比重分别为：4.72%、71.55% 和 9.98%，城乡居民生活用电量中占全社会用电量的比重达 13.75%，与 2002 年同期相比增长 11.99%。

与 2002 年同期相比，第一、二、三产业用电分别增长 6.03%、14.22% 和 12.44%。从三个产业的增长率来看，第二产业用电增长率 14.22%；第三产业用电量保持了快速增长的势头，主要原因为：①邮电通信业发展较快，其电量增长 13.26%；②消费市场继续保持活跃，商业仍保持了较高的增长速度，较 2002 年同期增长 25.06%。

（三）电网运行分析

1. 电网运行基本情况良好，各项技术指标正常

2003 年，华中电网发电最大出力 3595 万 kW，同比增加 450 万 kW，增长 14.3%；电网用电最大负荷 3445 万 kW，比 2002 年同期增加 366 万 kW，增长 11.9%，其中河南达 1302 万 kW；湖北 1018 万 kW，创历史新高。

全网平均最大用电负荷 2658 万 kW，同比增加 320 万 kW，增长 13.7%；最大用电峰谷差 1096 万 kW，同比增加 4 万 kW；平均用电峰谷差 829 万 kW，同比增加 50 万 kW，增长 6.4%；日均用电负荷率 82.41%，高出 2002 年同期 1.34 个百分点。

全网 50±0.2Hz 频率合格率为 99.9%，50±0.1Hz 的合格率为 99.93%，同比提高 0.04 个百分点；电压合格率 99.69%，同比提高 0.07 个百分点。

2. 全网线损率、煤耗率都有下降

2003 年华中地区线损率为 9.11%，同比减少 0.2 个百分点；华中电网线损率为 7.36%，同比下降了 0.14 个百分点。华中地区 6000kW 及以上口径火电厂供电标准煤耗率 404g/kWh，统调火电厂完成 373g/kWh，比 2002 年同期降低 5g/kWh。

电网安全

（一）基本情况

2003 年度，全网没有发生重大及以上电网及设备事故、重大火灾事故和大型施工机械设备事故。迄今为止，华中电网已经连续 21 年无主网稳定破坏事故和大面积停电事故，连续 20 年无垮坝、漫坝事故发生，1996 年以来无人员责任重大设备损坏事故发生。全网安全生产指标不断提高，保持了安全稳定的良好局面。

但是，一般事故及人身伤亡事故时有发生，对电网安全稳定运行产生的威胁不容忽视。据统计 2003 年，华中电网（含川渝电网）累计发生一般事故 158 次，同比减少 16 次，下降 9.2%。其中，一般电网事故 57 次，同比减少 3 次，下降 5.0%；供电设备事故 94 次，同比增加 5 次，上升 5.62%；发电设备事故 7 次，同比减少 18 次，下降 72.0%。

累计发生设备一类障碍 620 次，同比减少 189 次，下降 23.36%。其中，供电设备一类障碍 571 次，同比增加 6 次，上升 1.06%，发电设备一类障碍 49 次，同比减少 191 次，下降 79.6%。

累计发生电力生产 3 人重伤事故，比 2002 年同期减少 7 人；发生基建人身死亡事故 2 人·次。

（二）存在的问题

1. 电网事故比较频繁

全年华中电网虽然没有发生重大的停电事故，但是局部电网事故仍频频发生。全网共发生一般电网事故 57 次，共造成 220kV 变电站全停 9 座；110kV 变电站全停 171 座。局部地区频发电网事故主要原因是电网结构相对薄弱，设备运行维护不到位，110kV 及以下输配电系统单电源供电情况相对较多，同时也存在管理不到位的因素。

2. 违章行为在一些单位仍然严重存在

根据事故信息统计，因管理不善、运行监调不当、检修及调试质量不良等人员责任造成的事故、障碍所占比例为 31.7%。2003 年全网共发生 15 起恶性误操作事故（四川5起，湖北、湖南、重庆各 3 起，江西 1 起）。几起典型事故中均反映出事故单位在运行管理、设备管理、落实反事故措施等方面存在薄弱

环节，致使安全规程执行不力，违章现象依然存在，直接威胁安全生产。

3. 大机组运行不稳定，给电网安全运行造成困难

据统计，2003年网内200MW及以上火电大机组频繁跳闸，共发生310次非计划停运。主要原因是“四管”爆漏、给水系统故障、监调不当、汽包水位低（或高）、热工保护误动等，其中锅炉“四管”爆漏共发生82次，占全部非计划停运的26.45%，除了煤质原因外，在“厂网分离”的第一年，一些发电企业在运行管理、技术监督、检修管理等环节也存在滑坡的现象。

电力基本建设

（一）投资计划执行情况

2003年华中电网公司投资计划为1319821万元，实际完成1075538万元，计划完成率81.49%；其中国家电网公司计划为1301893万元，实际完成1046092万元，计划完成率为80.35%。

按电力基建计划和县城电网改造计划划分，电力基建项目计划为825421万元，实际完成800418万元，完成率为96.97%，其中国网计划为815493万元，实际完成771209万元，完成率为94.57%；县城电网改造计划为494400万元，实际完成275120万元，完成率为55.65%，其中国网计划为486400万元，实际完成274883万元，完成率为56.51%。

华中电网公司本部投资计划为59021万元，全部列入国网计划，其中，500kV电网建设项目计划为57021万元，实际完成57021万元，计划完成率为100%，小型基建计划为2000万元，实际完成2000万元，完成率为100%。

湖北省电力公司投资计划为200279万元，大部分列入国网计划，实际完成147606万元，完成率为73.7%，其中电源建设项目计划为36000万元，实际完成12664万元，完成率为35.18%，电网建设项目计划为47079万元，实际完成54540万元，完成率为115.85%，小型基建计划为17200万元，实际完成17744万元，完成率103.16%，县城电网改造计划为100000万元，实际完成62658万元，完成率为62.66%。

河南省电力公司投资计划为286890万元，全部列入国网计划，实际完成156568万元，完成率为54.57%，其中电网建设项目计划为170757万元，实际完成144835万元，完成率为84.82%，小型基建计划为6133万元，实际完成6133万元，完成率100%，县城电网改造计划为110000万元，实际完成5600万元，完成率为5.09%。

湖南省电力公司投资计划为254200万元，全部列入国网计划，实际完成231607万元，完成率为81.11%，其中电源建设项目计划为20000万元，实际完成40176万元，完成率为200.88%，电网建设项目计划为122600万元，实际完成133874万元，完成率为109.20%，小型基建计划为12200万元，实际完成11070万元，完成率90.74%，县城电网改造计划为99400万元，实际完成46487万元，完成率为46.77%。

江西省电力公司2003年投资计划为110269万元，全部列入国网计划，实际完成89678万元，完成率为81.33%，其中电网建设项目计划为40473万元，实际完成45063万元，完成率为111.34%，小型基建计划为13796万元，实际完成13796万元，完成率100%，县城电网改造计划为56000万元，实际完成308198万元，完成率为55.03%。

四川省电力公司2003年投资计划为251443万元，大部列入国网计划，实际完成234314万元，完成率为93.19%，其中电源建设项目计划为25000万元，实际完成21705万元，完成率为86.82%，电网建设项目计划为112741万元，实际完成102146万元，完成率为90.6%，小型基建计划为9702万元，实际完成6037万元，完成率62.22%，县城电网改造计划为104000万元，实际完成104426万元，完成率为100.41%。

重庆市电力公司本年投资计划为157719万元，大部列入国网计划，实际完成156744万元，完成率为99.38%，其中电网建设项目计划为122347万元，实际完成121262万元，完成率为99.11%，小型基建计划为10372万元，实际完成10352万元，完成率99.81%，县城电网改造计划为25000万元，实际完成25130万元，完成率为100.52%。

湖北、河南、湖南和江西四省县城电网改造投资完成率较低的主要原因：①专项投资计划下达较晚；②企业已面临经营困难，电价政策不到位将进一步加剧企业的亏损，为了争取政策、减少企业亏损负担，放缓了项目进度。

河南省电网建设投资完成率较低的主要原因：①有三个项目开工较晚，投资计划没有完成；②中低压项目初步设计批复时间过长，未能按计划如期开工；③有两个项目线路通道受地方政府干预，影响了工程进度。

湖北省电源建设投资完成率低的主要原因：①黄龙滩水电站扩机改造项目的新开工投资计划下达较晚；②下达的计划为开工计划，投资完成为当年数，故有较大的差异，实际累计投资完成约3.2亿元，完成计划的89%。

（二）建设规模情况

1. 电源项目建设规模

2003年电源新开工项目主要有：水电装机4台，分别为湖北黄龙滩2×170MW；湖南凤滩2×200MW机组；火电装机1台，为四川内江白马硫化床电站1×300MW机组。

2. 电网项目建设规模

(1) 500kV等级：2003年在建规模线路为1123km，其中公司本部632km，四川491km；变电容量350万kVA，其中公司本部275万kVA，四川75万kVA。

2003年投产线路491km。

(2) 220kV及以下等级：2003年在建规模线路为9866km，其中河南1114km，湖北392km，湖南5890km，江西1717km，四川381km，重庆372km；新开工线路1757km，其中河南763km，湖北246km，湖南75km，江西285km，四川206km，重庆181km。

2003年在建变电容量为1953万kVA，其中河南377万kVA，湖北181万kVA，湖南779万kVA，江西376万kVA，四川171万kVA，重庆69万kVA；新开工变电容量682万kVA，其中河南366万kVA，湖北115万kVA，江西12万kVA，四川129万kVA，重庆60万kVA。

2003年投产线路3007km，变电容量617万kVA。

(3) 县城电网改造项目：2003年在建规模线路5684km，新增线路2432km；在建变电容量290万kVA，新增容量139万kVA。

（三）资金到位情况

2003年全网投资计划为1319821万元，实际资金到位223494万元，到位率为84.67%。2003年全网资本金计划为263964万元，实际到位223494万元，到位率84.67%。

资金到位率较低的主要原因是投资完成与实际资金支付有一定的时间差。我们严格按照合同规定执行，只在需要付款时才从银行贷款，以减少建贷利息，提高资金运作效率。

（四）前期工作情况

1. 500kV电网工程

(1) 三板溪电站送出输变电工程。配合三板溪电站投产初期送出所建输变电工程的可行性研究报告，已由国家电网公司转报至国家发改委，计划2004年4月完成可行性研究报告批复工作。配合三板溪电站全部投产还需建设500kV怀化变电所，其工程选所计划2004年3月完成，4月编制上报工程可行性研究报告。

(2) 湘中500kV环网工程。500kV长沙西变电所的工程选所报告已经完成，待评审后即开展500kV岗云线剖接的论证工作。长沙西输变电工程建设规模为变电容量75万kVA、线路60km，投资估算约3.5亿元，计划2004年4月编制完成可行性研究报告上报国家电网公司。

(3) 500kV沙坪至岳阳线路工程。现已完成规划选线报告，线路长度约120km，投资估算约2.5亿元（含500kV沙坪和岳阳变电所扩建工程），计划与500kV长沙西输变电工程打捆上报。

(4) 鄂东500kV环网工程。现已完成鄂东500kV环网工程系统论证报告，具体建设方案及建设规模待系统论证报告评审后确定。初步估计一期工程的建设规模为变电所2座（变电容量225万kVA）、开关站1座、线路300km，投资估算约12亿元，计划2004年6月编制完成一期工程可行性研究报告，上报国家电网公司。

(5) 水布垭电站送出输变电工程。水布垭电站接入系统方案由于清江水电开发公司有不同意见，其送出工程的前期工作须待方案审定后开展。

2. 电网二次系统工程

(1) 华中电网继电保护及故障信息管理系统工程。该工程投资约3000万元，计划2004年完成本工程可研相关工作。

(2) 华中电网光纤通信骨干网完善工程。计划2004年完成斗笠至孝感、孝感至玉贤等光缆的工程可研相关工作。该工程投资约2000万元。

(3) 开展华中电网“十五”安全稳定控制系统可研工作，该工程投资约6000万元。

(4) 开展华中公司信息化应用系统中华中电网地理信息管理系统（GIS）、华中电网信息网络联网工程、华中公司公用信息平台可研工作，3项工程总投资约2400万元。

(5) 结合华中区域电力市场建设进度，开展华中电网电力市场技术支持系统前期工作，工程投资约4000万元。2004年计划开展本工程可研相关工作。

(6) 开展华中电力数据网络工程可研相关工作，工程投资约4000万元。

电网经营

（一）全网资产经营考核指标完成情况

1. 利润总额

全网实际利润2.39亿元，完成目标利润－2.56亿元的193.36%；其中华中公司实现利润1.51亿元，湖北、河南、湖南、江西、四川、重庆分别实现利润0.31亿元、－2.99亿元、1.04亿元、0.53亿元、1.48亿元和0.51亿元，都超计划完成了目标利润，其中湖北、四川实现扭亏为盈。

2. 净资产收益率

全网净资产收益率为0.18%，其中湖北为0.39%，河南为-2.95%，湖南为1.01%，江西为0.76%，四川为0.09%，重庆为1.03%。

3. 资产负债率

全网资产负债率为71.73%，其中湖北为77.66%，河南为76.28%，湖南为69.06%，江西为71.71%，四川为70.72%，重庆为67.02%。

4. 电热欠费

全网电热欠费为76.12亿元，其中湖北14.31亿元，河南11.17亿元，湖南29.26亿元，江西5.58亿元，四川14.6亿元，重庆7.01亿元。

5. 上交投资收益

及时足额上交投资收益1.58亿元。

(二) 其他主要指标完成情况

1. 发电量

全网6000kW及以上电厂（含三峡）完成发电量3452亿kWh，同比增长17.5%；统调电厂完成发电量2745.59亿kWh，同比增长20.02%。

2. 售电量

全网完成售电量2705.54亿kWh，同比增长14.88%，其中公司系统完成售电量2685.79亿kWh，同比增长17.17%。

3. 线损率

全网线损率完成7.36%，同比下降0.14个百分点。

4. 资产总额

全网资产总额1894亿元，同比增加4.51%，其中华中公司资产总额64.57亿元，同比减少6.31%。

5. 劳动生产率

全网劳动生产率27.91万元/（人·年），比2002年同期24.94万元/（人·年）增长11.91%。

(三) 全网财务分析

1. 利润总额分析

全网实现利润2.39亿元，与2002年同期相比，下降了76.76%，其中河南利润同比下降248.56%，湖北下降89.29%，湖南下降66.41%，江西下降40.72%，重庆下降65.56%，四川上升256.70%。

主要减利因素：

(1) 财务费用增加减利10.89亿元。2003年共发生财务费用42.19亿元，比2002年同期31.29亿元增加34.82%，其中湖北增加5亿元，湖南增加1.9亿元，四川增加1.6亿元，重庆增加2.1亿元，主要原因是城农网改造借款利息支出增加。

(2) 投资收益减少减利0.57亿元，2003年投资收益4.38亿元，比2002年同期4.95亿元减少11.52%。其主要原因是重庆因九龙公司划出及委贷投资收益下降0.55亿元，导致2003年投资收益同比下降77.44%。

(3) 营业外支出净额增加减利1.10亿元，主要原因是固定资产清理损失。

主要增利因素：

(1) 主营业务利润（含农网还贷基金，下同）增加增利5.38亿元：2003年实现主营业务利润41.30亿元，比2002年35.92亿元增加14.98%。

(2) 其他业务利润增加增利0.18亿元：其他业务利润5.26亿元，比同期5.08亿元增加3.5%。主要原因是河南省公司收取的上网服务费和并网费收入导致其他业务利润同比增加1.4亿元；而四川省公司因承包嘉陵成都电厂收入划出，减少收入0.94亿元；华中公司其他业务利润减少0.28亿元。

2. 主营业务收入分析

全网实现主营业务收入869.85亿元（其中电力收入869.11亿元），比2002年同期增加19.67%，其中湖北增加23.19%，河南增加10.85%，湖南增加16.58%，江西增加31.21%，四川增加25.78%，重庆增加21.37%。销售收入增加的主要原因是：

(1) 用电形势明显好转，跨区送电规模加大，全网售电量与2002年同期相比增长16.21%，其中江西售电量259.75亿kWh，同比增长35.40%，华中公司售电量同比增长31.17%，售电量增长引起收入增加117.71亿元。

(2) 电价调整增加收入25.21亿元。全网平均售电单价为338.61元/MWh，同比增加9.82元/MWh，电价调整主要原因一是疏导电价矛盾，整顿“优惠电价”，部分省（市）调价，二是葛洲坝电厂电价上调，三峡基金并入收入。

3. 主营业务成本分析

全网主营业务成本为828.56亿元，比2002年同期增加19.91%，主要增加原因是：

(1) 购电成本641.61亿元，比2002年同期增加99.72亿元，增长19.37%，其中购电量增长增加成本86.86亿元；购电价增长增加成本12.86亿元，全网购电单价为235.59元/MWh，同比增长4.82元/MWh。主要原因：①厂网分开后，购原直属电厂电量电价增加；②葛洲坝电厂电价上调也影响整体电价；③随着电量增长，火电比重增加也促使电价上涨。

(2) 发电成本17.54亿元，比2002年同期增加1.52亿元，主要原因是河南、重庆发电标煤每吨分别上涨26.6元、25.5元，导致燃料费增加。

(3) 供电成本195.93亿元，比2002年同期增加36.63亿元，主要增加原因是受城农网改造影响，折旧费比2002年同期增加15.69亿元；其他费用同比增加14.42亿元，主要原因是核销坏账损失12亿元。

4. 资产负债情况

截至2003年底，全网资产总额为1894.07亿元，基本与2002年持平。应收账款78.10亿元，其中应收电费76.12亿元，同比减少3.51%；3年以上应收账款40.46亿元，同比减少7.54%。

全网负债总额1358.68亿元，同比增加6.32%。长期借款855.79亿元，其中城农网长期借款692.39亿元，占长期借款的80.91%。

从总体情况来看，由于厂网分开以及城农网改造的影响，全网资产负债率达71.73%，其中湖北、河南两省达77.66%和76.28%，城农网改造带来的财务压力全面凸现；由于合理的输配电价机制没有形成，电网经营企业的成本增长高于收入增长，全网资资产收益率仅为0.18%，盈利能力偏低；巨额电热欠费依然存在，财务风险依然很大。

劳动工资

(一) 劳动生产率情况

2003年全网劳动生产率27.91万元/（人·年），增长11.91%，基本保持了和人均工资增长水平相当的增幅。除湖南、河南两省公司劳动生产率增幅低于但接近10%外，其他各公司增幅均在10%以上。这一方面是社会用电增加、电量销售增加的原因，另一方面也是严格控制进人、优化人力资源结构的结果。

华中公司本部劳动生产率为73.11万元/人。

(二) 职工工资情况

2003年全网共发放工资47亿元，比2002年增加5.6亿元，增长率13.59%。除河南省公司因效益原因增幅保持在10%以内外，其他公司增幅均在10%以上。收入的增长有助于保持职工队伍的稳定，留住和吸引人才。

(三) 职工人数及其变动情况

2003年末职工人数194672人，比2002年末增加2212人，增幅1.15%。增长的人员主要是接收大中专毕业生；减少人员主要是离退休。随着职工年龄、学历结构的变化以及人才的引进，职工队伍的结构将更趋合理，职工素质有望进一步得到提高。

华中电网公司职工人数从3038人减少到2957人，主要是离退休人员较多，同时因面临电力体制改革，严格控制进人的原因。

华中电网生产经营中存在的主要问题

(一) 安全稳定方面

(1) 三峡电厂投产和全国联网运行对华中电网安全、优质、经济运行影响较大。从三峡电站首台机组并网发电以来的实际运行情况看，三峡电站机组的投产对华中电网的安全、优质、经济运行带来的较大的影响。①三峡电站及配套输变电工程的投产，使得华中电网的运行方式变得十分复杂，无功调整、电压控制等问题尤其突出，特别是三峡电站机组及其输电系统故障直接影响着华中电网的安全、稳定运行；②华中电网承担了三峡电站电力外送的全部正负备用，三峡电站发电出力的波动和外送潮流的大幅度变化，势必造成华中电网机组频繁开、停机，增加了系统调峰、调频、调压和备用容量安排的难度。

(2) 厂网分开后，电网对发电机组的运行缺乏有效的监控手段。厂网分开后，部分大机组运行状况出现一定程度的滑坡，违反调度纪律的事件也时有发生，保证电网安全稳定运行和电力正常供应的难度加大。

(3) 大用户直供问题突出。近年来，许多地方政府把发展高能耗企业作为拉动地方经济发展的一项重要举措，将直供电作为地方招商引资的一种手段，在目前国家还没有出台相应的政策规定，也未经国家批准的情况下，纷纷开展了发电企业向大用户直供电试点，有的发电企业甚至用厂用电源擅自向大户供电，给电网安全带来了严重隐患。

(二) 生产运行方面

(1) 电网结构比较薄弱，“卡口”现象依然存在。近年来，华中地区的电网建设步伐不断加快，并取得了明显成效。但华中电网500kV主干网架不够坚强，抵御事故的能力较差；省间联络也还有待加强，受省间联络线输送能力制约，网内省间电力资源的余缺调剂不能充分实现；220kV电网在某些特殊方式下还存在输电能力不足的问题；城农网改造虽然取得巨大成就，但用电高峰期配电“卡口”现象依然存在。

(2) 煤炭的供应、水情的好坏直接影响全网电力供应状况。缺煤、少水成为近年来导致华中电网电力供应紧张的主要原因。煤炭的影响主要表现在：①电煤缺口较大，尽管在各方面的努力下，电煤供应有了较大增长，但仍满足不了火电增长的需要，国家统配计划煤炭得不到保证，2003年少到煤290万t；②煤炭质量下降，质次价高；③网厂分开后，电煤管理体制的变化，给电煤的组织和供应带来一定的影响。水电的影响表现在水情预测不确定因素较多，难度较大，水位控制不力。部分水电厂根据防汛主管部门的要求降低了汛限水位，在用电高峰到来前大量弃水，在汛期来水偏少的情况下，使得水电出力下降，一定程度上加剧了用电紧张的局面。

(3) 需求侧管理亟待加强。随着人民生活水平的提高，降温负荷所占比重越来越大，在用电本来紧张的夏季高峰时段，空调负荷接近全网负荷的1/4～1/3，如果完全靠增加装机来满足此类负荷的增长，既不现实也不经济。必须通过加强需求侧管理，采取技术的、经济的、行政的手段，引导用户错峰、让峰，改善电网负荷特性，从而提高发电设备利用效率。

（三）资产经营方面

（1）合理的电价机制没有形成，对电网企业的经营产生巨大影响。作为电网经营企业，近年来，网省公司投入了大量资金进行电网建设，但输变电项目合理的电价机制还没有形成，部分输变电项目投产后成本费用一直没有得到补偿，对电网企业的经营产生了巨大影响。

（2）电网企业的发展面临沉重的资金压力。随着国民经济水平的提高和国家“西部大开发”战略的实施，华中区域电网经营企业承担着极为繁重的输变电工程建设任务，在“十一五”期间华中电网将新建500kV变电站26座、变电容量3275万kVA，500kV交流线路6800km，是现在实际拥有量的一倍半以上，在“十一五”期间约需1500多亿元的建设资金，在当前合理的输配电价机制还未形成，全网平均资产负债率高达71.73%的情况下，电网企业的发展将面临沉重的资金压力。

（3）电网经营企业盈利能力偏低。随着厂网分开以及城农网改造的深入，电网经营企业的成本增长高于收入增长，整体盈利能力呈下滑趋势。2003年，全网利润总额仅为2.39亿元，净资产收益率只有0.18%，远远低于上市公司的平均水平，也低于银行短期贷款利率，甚至不到银行活期存款利率的一半，近期内改变这一状况的任务将异常艰巨。

（4）巨额欠费居高不下，财务风险依然很大。截至2003年底，全网电热欠费达76.12亿元，巨额的电力欠费给电网经营企业带来了巨大的经营风险，一是减少了电网经营企业的现金流量，影响了资金周转；二是增加了电网成本，减少了电网经营企业的利润；三是将会产生大量呆坏账。根据现行制度规定，电费坏账的核销只能依托于电网企业的经营利润，如果没有国家政策扶持，在目前电网经营企业面临亏损的情况下，要想在短期内消化巨额坏账，可以说是不可能实现的。

（5）缺乏有效实施国网公司发展战略和履行电网公司职责的基础和条件。国网公司“西电东送、南北互供、全国联网”的发展战略，对华中电网的发展壮大具有深远的影响。履行好国网公司电总［2003］402号文赋予我们的经营管理职责，困难还很多，特别是区域公司的经营管理责任界面不清晰，缺乏宏观决策能力和管理手段，电网资产总量和资产结构不尽合理，有效资产占比不多，区域公司所拥有的资产总量不到全网资产总量的4%（3.9%），其中电网资产仅为全网输配电资产的1.1%，缺乏有效实施国网公司发展战略和履行电网公司职责的基础和条件。

（四）其他方面

（1）主辅分离面临巨大压力。目前，华中电网辅业和多经规模都很小，盈利能力很低且对主业的依赖性大，市场竞争意识和竞争能力较差，历史包袱重，冗员多。如武汉电力设备厂，现有职工806人，离退休职工728人，产品技术含量低，仅能维持简单再生产，发展后劲乏力，希望在研究处理暂时留在电网公司的647万kW和划归辅业的920万kW发电资产时，充分考虑华中电网面临的实际困难，在解决电网资本金严重不足的问题和弥补人员分流的搁浅成本时能适当予以倾斜和照顾，保证改革任务的顺利完成。

（2）资产移交，情况复杂，矛盾突出。当前，资产移交已进入关键时期，交接双方在涉及利益调整上分歧很大，特别是在厂网分开价格分离问题、投资收益分配问题、空壳电厂承续问题、工资基金划转和工资节余的分配问题上，有待国网公司进一步协调。

科技与教育

（一）科技工作

由于厂网分开，科技工作的重点和范围进行了调整，由过去面向整个电力企业，改成面向华中电网；科研开发也由重视课题研究，重视电力生产，转为重视科技产业化，重视电网生产和建设，科技工作紧密结合了华中公司生产实际，根据电网生产和建设的实际情况，开展科学技术研究工作。科技与生产相结合，科技与工程相结合，充分发挥了第一生产力的作用。

（1）认真编制下达华中公司2003年度科技开发推广项目计划，共安排重点科技开发项目36项，2002年度接转项日9项，经费总额为500万元。积极配合国网公司申报国家863科技攻关项目，申报了“机载多角度成像技术在电力系统应用”的研究课题，该项目已得到国家科技部批准，863支持的经费为100万元。目前，华中公司正在积极稳妥地开展直升机首次飞行测距试验的方案设计和现场准备等方面的工作。

（2）发挥科技进步奖的激励作用，调动科技人员的积极性。对申报的科技成果进行了综合评审，共评定出获奖科技成果12项，其中一等奖2项，二等奖5项，三等奖5项。2个项目获得国家电网公司科技进步二等奖，1项获得湖北省科技进步一等奖，4项获得湖北省科技进步三等奖。华中公司参与完成的“静止无功补偿装置”还获国家科技进步二等奖、该项目曾获得国家电力公司科技进步一等奖。

（3）加大科技开发力度，提高科研整体水平。一是瞄准国内、外电力科技前沿开展科学研究，研究出了一批具有国内领先水平的科技成果。例如：技术中心研制的“大型地网接地电阻测量方法及装置研究”；

华中电力调度通信中心和国家电力公司电力自动化研究院共同研制的“华中电网水调自动化系统”；华中电力调度通信中心和华中科技大学共同研制的“华中电网继电保护整定计算及定值管理系统”；技术中心和华中科技大学共同研制的“输电线路故障GPS行波定位系统的开发研究”；华中电力调度通信中心和湖南大学湖大华龙公司共同研制的“华中电网智能式负荷预测系统”；技术中心和华中科技大学共同研制的“高压电网电压稳定分析系统的研制及其在华中电网中的应用”等。二是坚持科技开发走产学研相结合的道路，发挥产学研总体优势。科技开发中以本公司广大科技人员为主体，联合全社会科技力量进行科学研究。与武汉大学、华中科技大学、南京电力系统自动化研究院、武汉邮科院等单位合作，完成了光纤通信网的规划、水调自动化系统的建立。与华中科技大学合作开发的500kV组合式光学电流电压传感器（OMU），具有绝缘结构简单，抗电磁干扰能力强，不存在传统TA/TV固有的饱和及非线性问题，信号响应快/频带宽且易于与微机保护接口等突出优点。研制的样机已在国家电力公司武汉高压研究所完成了全部的型式试验，并通过了专家的评审。三是面向电网规划、建设、生产难题开展重点技术攻关。以调通中心为主完成了华中电网光纤网的规划；建设了华中电力企业内联网；启动了华中电网电力市场技术支持系统的建设；规划建设华中电网地理信息管理系统（AM/FM/GIS）；建立了全网故障录波管理系统、GPS线路故障定位系统和雷电定位系统；建立了能量管理系统（EMS），全网推广应用了自动发电控制（AGC）新技术，电网调频由人工调整升级为AGC控制方式，在电网稳定控制的关键技术方面，开发了智能投切稳定措施装置，将人工投切改为自动投切；在电网商业化运营及电力市场方面，引进了国外先进的电能量计费系统，开展了电力市场的研究和探索；华中公司建立了国电系统第一个博士后工作站，先后开展了华中电力市场模式和输电电价的研究、省间电力市场运营规则的研究等。建成投运了华中公司水库调度自动化系统。

（二）教育培训

（1）为保证公司教育培训“十五”规划提出的各项目标的实现，编制完成了对公司员工培训的计划和统计分析工作。2003年，共举办各类培训班近30期，培训员工965人·次，全员培训率达到66%。

（2）根据广大员工迫切希望通过参加培训提高自身素质的愿望，2003年，将加强公司一般员工培训作为重点工作来抓，积极开展公司一般管理人员及专业技术人员的培训。

（3）完成了国家电网公司委托我公司的《国家电网公司培训中心管理办法和评价标准》的编制工作，并组织全国的专家进行了讨论和修改。

（4）探索新的培养模式，积极组织开展境外培训。为适应改革开放的需要，不断提高自身的管理水平，在前几年组织华中电网员工赴加拿大蒙特利尔高等商学院攻读MBA工作的基础上，2003年，公司组织华中五省一市电网公司进行了报名考试工作，最终，共有6名学员被录取。同时，公司2002年选送的5名年轻的管理人员也顺利完成学业，安全返回公司。

（5）为进一步拓宽公司员工培训渠道、改进培训方式，为广大员工营造更好的学习氛围，华中电网有限公司E—Learning系统（原称远程教育培训系统）正式立项。

（6）认真做好博士后的招收和博士后工作站的日常管理工作。2003年，招收华中科技大学的袁晓辉博士进站从事《华中区域电力市场模拟交易系统的研究与开发》课题的研究。

主要事件

10月28日，华中电网有限公司成立。国家电网公司印发《华中电网有限公司组建方案》和《华中电网有限公司章程》，决定成立华中电网有限公司，同时撤销国家电力公司华中公司，并决定成立中共华中电网有限公司党组和中共华中电网有限公司党组纪律检查组。张学知、李强、付文灿、牛文波、肖创英、田新民等六同志任中共华中电网有限公司党组成员，张学知同志任党组书记；田新民同志任中共华中电网有限公司党组纪律检查组组长。同时，国家电网公司委派张学知、马治中、齐志坚、王远璋、李维建、卢健、毛日峰、朱长林、陈峰为华中电网有限公司董事，张学知任华中电网有限公司董事长。辛绪武、刘常荣为华中电网有限公司监事，辛绪武为监事会召集人。推荐田新民为监事会中的职工代表人选。

11月5日上午10：30，华中电网有限公司成立大会在华中公司27楼会议室隆重举行，中共湖北省委副书记、湖北省省长罗清泉，国家电网公司党组书记、总经理赵希正，湖北省副省长任世茂、河南省副省长史济春、湖南省副省长郑茂清、江西省副省长凌成兴、四川省副省长杨志文、重庆市副市长吴家农出席大会并共同为华中电网有限公司揭牌。

华中电网有限公司的成立标志着包括湖北、河南、湖南、江西、四川、重庆在内的新的华中电网正式确立。

国电华中公司荣获“全国五一劳动奖状”。

9月20日10：36，华中电网与华北电网首次并网成功，9月22日20：00，联网工程顺利完成24h试运行，华中电网与华北电网联网调试成功。

公司全面完成“三项责任制”目标。2003年度，华中公司安全生产责任制考核为“优”，全网实现安全稳定运行21年；实现利润1.51亿元，完成国电公司考核指标的302%；党风廉政建设责任制考核为“优”。

华中电网日最大用电负荷和日用电量创历史新高。7月29日，全网日用电量70709万kWh，首次突破70000万kWh。7月30日，全网最大日用电负荷3445万kW，创日最大用电负荷历史最高纪录。7月31日，全网日用电量71746万kWh，创日用电量历史最高纪录。

发电资产移交工作基本完成。9月22日，华中公司与华能集团公司签订发电资产移交备忘录。12月28日，华中电网有限公司和中国大唐集团公司发电企业划转移交协议签订。12月30日，中国国电集团公司与原国电华中公司发电资产移交有关问题达成初步协议。至此，公司发电资产移交工作基本完成。

电力建设力度空前加大。1月20日，500kV黄石下王太变电站开工奠基；4月29日，500kV襄樊变电站开工奠基；11月28日，湖北白莲河抽水蓄能有限责任公司成立，白莲河抽水蓄能发电工程按计划顺利推进；12月26日，鄂豫三回500kV送电线路工程正式开工。

国家审计署驻地审计工作基本结束。3月5日，由国家审计署派出的审计组进驻国电华中公司，开始对我公司开展审前调查工作。5月13日，受中央组织部委托，以国家审计署驻武汉特派员办事处黄道国特派员为组长的审计组正式进驻华中公司开展审计工作。12月底，审计工作基本结束。

资源优化配置和电力营销工作再上新台阶。2003年，面对持续高温和电力紧缺带来的电力供需紧张局面，华中公司积极组织资源，调剂省间电力电量余缺，最大限度地实现了资源的优化配置，顺利完成迎峰度夏工作。同时，通过华中公司的灵活组织和协调，网间、省间交易电量达到119.10亿kWh，新增计划外交易电量68.03亿kWh。

（刘胜鸿）

河南省电力工业

主要经济指标完成情况

河南省2003年发、用电量和电力建设指标提前两年完成河南“十五”电力发展目标，全省发、用电量首次突破千亿大关。全省发电量完成1009.85亿kWh，同比增长12.72%。全省社会用电量完成1041.89亿kWh，同比增长13.71%。公司售电量完成708.69亿kWh，同比增长8.9%。主营业务收入实现226.17亿元，同比增长10.85%。利润实现－2.98亿元，减亏131万元；净资产收益率完成－3.15%；资产负债率完成74.33%，低于年度考核指标0.17个百分点；应收电热费余额11.17亿元；上缴投资收益完成3799万元。工业企业劳动生产率完成28.5万元/（人·年）。多种经营收入实现74.61亿元，利润实现1.76亿元。全面或超额完成三项责任制目标和各项工作任务。

公司领导

总经理：卢　健

副总经理：赵运龙　秦启根　黄永皓　李俊杰

工会主席：魏　锁

纪检组长：张聪敏

总工程师：罗承廉

总会计师：丁世龙

总审计师：贺　华

组织机构

组织机构见2003年河南省电力公司组织机构图。

确立了电网发展战略目标

河南省电力公司坚持“人民电业为人民”、“河南电业为河南”的服务宗旨，坚持一切以电力事业为重，一切以经济发展为重，一切以人民群众的根本利益为重的指导思想。围绕把河南电网做高做大做强的战略目标，提出到2010年把河南电网建设成一个框架、两大通道、三个环网、四通八达，500kV电网覆盖全省各市，220kV电网覆盖全省各县，电压等级高、吞吐自如、安全可靠的现代化电网；按照经营型、服务型、学习型、市场化、现代化的要求，努力建设适应全面建设小康社会需要的、具有强大创新能力、较强竞争能力、持续盈利能力，在省域经济发展中具有带动力、影响力的电网企业的目标。

安全生产

“非典”疫情爆发后，省电力公司党组把职工生命安全放在高于一切的位置，迅速部署，积极应对，严防死守，经受住了严峻考验，把“非典”疫情拒之于公司系统大门之外。在抗击“非典”中体现出来的团结互助、同舟共济的精神，成为省电力公司发展的宝贵精神财富。

2003年河南省电力公司组织机构图

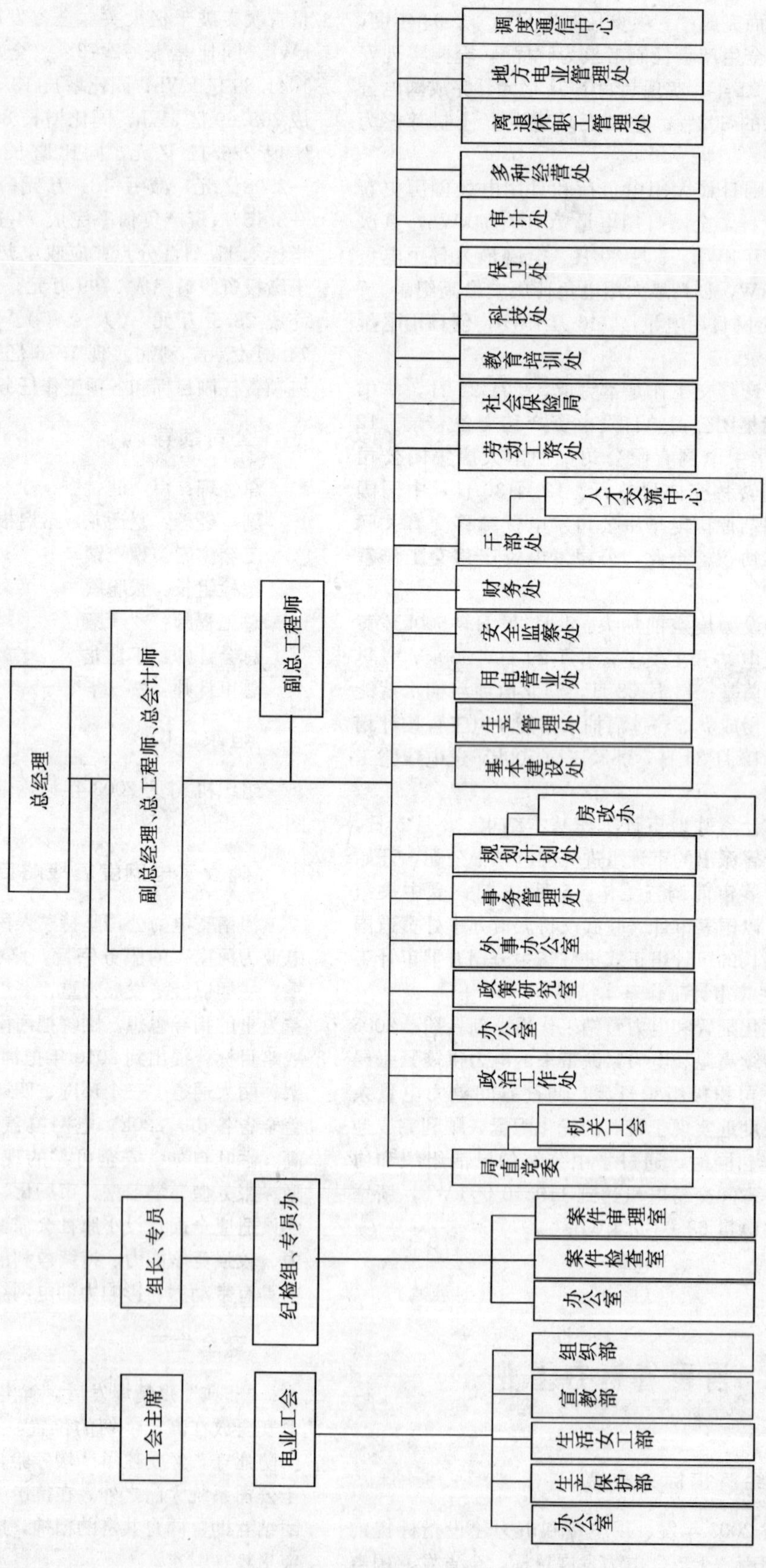

坚决贯彻上级安全生产会议和文件精神，落实安全生产责任制。以建设“无违章班组、工区”为基础，全面启动“无违章企业”建设。公司党组成员带队，开展春秋季安全大检查，认真整改安全隐患。重点实施了导线舞动治理、状态检修、无功优化等涉及电网安全稳定的专项技改项目。深入开展了电网调度“五无”、“五查”和“六复核”安全检查活动，电网安全防护和稳定措施得到落实。积极配合国家电网公司，顺利实现华中与华北联网运行。电网经受“2.9”暴风雪的考验。农电、多经、基建系统安全局面保持稳定。公司系统17个单位安全记录超过千天，实现77个安全生产百日。其中，施工企业安全生产保持全国同行业最高记录，平顶山市电业局安全记录保持全国供电企业第2位。与公安机关紧密配合，破获窃电和破坏电力设施犯罪案件1418起，抓获犯罪嫌疑人431人。

电网建设和企业发展

加快河南主网由220kV向500kV过渡，电网输送能力明显增强。全年完成投资30.33亿元，其中电网投资完成24.8亿元。新开工500kV线路646km，变电容量75万kVA；新开工220kV线路370km，变电容量228万kVA。建成投产500kV线路155km；220kV线路369km，新建、改扩建变电站15座，新增变电容量204万kVA。

跨区联网输变电工程取得新进展。新乡到邯郸500kV输变电工程建成，省内全国联网南北主干道贯通。500kV鄂豫第三回线路开工建设，漯河、安阳等500kV输变电工程顺利推进。农网二期投资全部完成，县城电网改造工程顺利启动。南阳回龙抽水蓄能工程实现阶段性目标，设备安装全面展开；配合国家电网公司，顺利推进宝泉抽水蓄能工程建设。超常规完成宁西铁路、新月铁路等配套输变电工程。及时安排沁北、登封、永城等电源送出项目，推动了河南省省火电基地建设。省公司基建工程管理取得新突破，承建的禹州电厂工程荣获“鲁班奖”，500kV新濮输变电工程、信阳华豫电厂工程荣获“国家优质工程”。

信息化建设稳步实施。省网光纤主干线路达到2586km。电力市场交易与电网调度管理系统，达到国内领先水平。开展公司系统信息资源整合和信息编码工作，生产、财务、基建、审计等信息系统建设全面展开。网络安全防护措施正在实施。

“走出去”战略不断推进，多种产业发展实现新突破。从资产关系入手，推动多种产业的体制和机制创新，加快多元化发展。在巩固传统项目优势的同时，积极调整产业结构，开辟新的优势领域，建成一批新的项目。省公司驻越南办事处挂牌成立，与越南合资的开关柜厂前期工作进展顺利。绝缘子等产品首次出口越南电力市场。省公司设计施工企业抓发展机遇，积极开拓市场，全年完成产值13.54亿元，同比增长18.94%；签订合同26.13亿元，同比增长116.43%。其中，河南送变电建设公司努力开拓亚非国家的电力建设市场，签订合同金额近1000万美元。

体制改革

2003年是国家电力体制改革深入推进的一年，也是河南省电力公司改革发展史上不平凡的一年，面对厂网分开、电力供需矛盾突现、经营压力巨大、改革发展任务繁重等严峻形势，努力把握厂网分开后新的公司定位，正确处理改革、发展、稳定的关系，立足全局、突出重点，积极稳妥、认真负责，各项改革工作全面推进。

按照国家计委计基础［2002］2704号文件要求，省公司所属发电资产重组到中国大唐集团公司和中国电力投资集团公司，另外省公司拥有沁北发电有限责任公司5%的股权划转到中国国电集团公司。截止到2002年12月31日，省公司应划转移交拥有的全资、控股和参股电厂的发电装机总容量为671.6万kW（不含沁北发电有限责任公司），权益容量480.79万kW，内部核算电厂资产总额33亿元，负债总额25.33亿元，所有者权益7.67亿元，控股、参股发电公司全部股权投资额28.13亿元；应划转全民职工16146人，离退休人员5247人。

2003年1月24日第一阶段划转移交工作全面完成，将划转电厂的安全、生产经营及干部、组织关系分别移交给中国大唐集团公司和中国电力投资集团公司。第二阶段的划转移交工作从7月初全面启动，移交工作本着尊重历史、面对现实、公平公正、求同存异的原则，积极同发电集团公司协商有关事宜，11月12日省公司同中国大唐集团公司就划转电厂的劳动工资保险和资产财务关系等达成了《关于发电企业划转移交第二阶段工作会谈纪要》。

积极协商，主动做好工作，将河南电力燃料公司整体划转移交给中国电力投资集团公司河南分公司。

双方按照电力体制改革的有关精神，就省公司在河南电力燃料公司中持有的41%的股权和有关的劳动人事管理关系等一揽子划转移交给中电投河南分公司的有关事宜进行了认真协商。双方本着着眼未来、友好协商、平等互利、实现多赢的原则，已经达成了一致意见，并于12月11日正式签订了《河南省电力公司与中国电力投资集团公司河南分公司关于河南电力燃料有限公司整体划转移交工作会议纪要》。《关于河南电力燃料公司整体划转中国电力投资集团公司的请示》已经上报国家电网公司，并与国家电网公司做了沟通，待正式批复后即可办理划转移交的相关手续。

公司经营

以资产经营考核为主线，加大预算执行刚性，强化收支两条线管理，加强资金运作，减少财务费用，降低公司负债，成本得到有效控制。深入进行购售电分析，积极实施经济调度。配合政府出台了峰谷分时电价，完成了电价调整方案测算，新的电价调整方案已经报国家发改委待批。根据政策征收好各项服务费用，努力减少公司亏损。加大电费分次划拨力度，完成了电费不新欠、旧欠回收5%的目标，其中，新乡市电业局连续30年实现电费双结零。

基础管理稳健扎实。狠抓管理的薄弱环节，建立和完善生产运行维护、计划基建程序、安全生产规程、财务预算管理、人才培养使用等规章制度，加快了规范化、制度化的建设。普遍开展质量管理活动，公司系统20个单位完成国际质量管理标准体系认证。加强电网设备管理和技术监督，开展了输变电环保研究，推动可靠性管理。3个市电业局被国家电网公司命名为一流企业，公司系统一流企业达到14个。

加强政策法规研究，妥善解决公司经营管理中的重点和难点问题，维护了企业的合法利益。开展了任期经济责任、年薪制、资产经营、改制县局、工程决算、财务收支等审计工作。积极配合国家审计署对公司系统的全面审计，审计结果表明，公司会计信息基本真实，重大经营决策没有明显失误和因此造成的损失，公司系统没有重大违法违纪行为。

电力供应与优质服务

认真落实国务院办公厅21号文件，服务经济发展大局，电力供应成效显著。一方面加强电网科学调度，挖掘省内发电潜力，确保各类机组稳发满发；加强用电需求侧管理，制订合理的避峰用电方案；严格执行峰谷分时电价政策，引导高耗能企业削峰填谷。另一方面争取区域电网支持，及早安排，购买江西、三峡、葛洲坝、丹江等外省电力100多万kW。同时，加快建设了祥崔输变电等一批电网度夏工程，消除豫东等地区的电网输送“瓶颈”。在省网新增发电能力严重不足，而全社会用电量增长近14%，高峰缺电140万kW的严峻形势下，全省基本没有拉闸限电，由全国严重缺电的省份成为电力供应相对平稳的省份，有力保障了我省生产总值10.5%的增长。

把“优质服务是电网企业生命线”摆在突出位置，实施营销管理创新，深化电力“金桥工程”，打造公司服务品牌，推进优质服务常态机制建设。业扩流程创新、内部服务机制建设、客户信用等级评价等试点改革，均取得成功经验。95598客户服务系统进入稳定运行阶段。完善供电应急服务机制，200多支抢修队伍活跃在城乡供电第一线。系统各单位普遍成立客户关系委员会，自觉接受社会各界监督，公司系统客户满意率达到98.7%。农村居民生活电价每千瓦时再降2分钱，全省城乡居民用电实现同价，推动了农村经济发展。

把为发电企业服务纳入优质服务范畴，从传统的管理思想转向服务和引导，坚持“三公”调度原则，合理安排各类机组的发电，定期召开电网运行信息披露会，在全国率先建立厂网联谊协调机制，出台发电机组并网服务指南和电网调度考核办法，规范了机组并网服务程序，促进了厂网关系协调。

党的建设和精神文明建设

围绕贯彻党的十六大和十六届三中全会精神，公司党组召开学习“三个代表”重要思想交流会，举办了7期处级干部培训班，促进领导干部的思想和作风建设，基层党组织的凝聚力和战斗力不断增强。

认真贯彻《党政领导干部选拔任用条例》，加强对领导干部的考核和调整，实施了干部考核预告制度。坚持原则，完善程序，严肃纪律，把好干部的入口关，按照“不考核不研究，不研究不任用，不优秀不提拔”的要求，全年完成27个单位的班子考核和调整，调整干部179名，干部队伍结构明显优化。

队伍作风持续好转。针对个别单位在节日值班、会风、基础管理等方面存在的问题，公开通报批评，在全系统开展对照整改。以领导干部廉洁自律为重点，深入开展“牢记两个务必、坚持执政为民”为主题的权力观教育活动，从源头上预防和治理腐败，全面完成党风廉政建设责任制目标。

全面启动学习型企业建设，成立指导委员会和研究促进中心，举办各类专题培训，宣传贯彻学习型企业的理念，推动职工的思想观念和行为方式不断转变，企业的学习力和创新力不断增强。国家人事部正式批准公司建立博士后科研工作站，为推动科技进步和人才培养提供了平台。整合教育培训资源，继续推进“111”人才培养工程，重点加强了电网运行检修、市场营销人员的培训，举办150期各类人才培训班，近7000人·次得到了相应的培训，公司系统职工队伍素质稳步提高。

认真落实党的依靠方针，加大企务公开力度，加强企业民主管理，凡是企业的重大事项和涉及职工利益的重大问题，都及时提交职代会审议，民主渠道畅通，职工的民主权利得到维护和落实。重视解决困难职工的生活，挤出有限资金帮助困难企业摆脱困境。深入开展思想政治工作，职工的思想政治素质、职业道德素质和科学文化素质稳步提高。坚持正确的舆论导向，树立了企业的良好形象。规范劳动用工和分配秩序，劳动效率持续提高，职工收入稳步增长，推出企业年金实施办法，完成职工医疗保险个人账户铺底资金，稳妥推进医疗和工伤保险制度改革。认真落实党和国家的离退休政策，确保离退休同志的政治和生活待遇落到实处。积极支援部队建设，军民共建取得新进展，被全国双拥工作领导小组授予“爱国拥军模范单位”称号。公司继续保持河南省创建文明单位先进系统、全国消费者信得过企业、河南省诚信先进单位等荣誉称号。

发电企业情况

中国大唐集团公司	
安阳电厂6号～8号机	25万kW
三门峡火电厂	60万kW
洛阳热电厂	17.5万kW
首阳山电厂	104万kW
安阳电厂9号～10号	60万kW
洛阳热电厂新厂	28.5万kW
信阳华豫发电公司	60万kW
许昌龙岗发电公司	70万kW
中国电力投资集团公司	
新乡电厂	53.5万kW
丹河电厂	21万kW
郑州新力有限公司	60万kW
开封火电厂	52万kW
平顶山电厂	22.5万kW
姚孟电厂	121万kW
蒲山电厂	25万kW

主要事件

1月10日，省电力公司获中央企业工委“厂务公开”先进单位称号，这是国家电网系统惟一获此殊荣的单位。

1月27日，省公司所属21家发电企业的生产经营管理、干部和组织关系分别移交中国大唐集团和中国电力投资集团公司。

1月31日，省委书记、省人大主任李克强到省电力公司慰问电力职工。

2月19日，省公司领导班子调整，卢健任公司党组书记、总经理，赵运龙、秦启根、黄永皓、李俟杰任党组成员、副总经理。

2月26日，省公司召开四届二次职代会及2003年全省电力工作会议。

3月7日，平顶山电业局实现安全生产9周年，列全国同类供电企业第二名。

3月8日，宝泉抽水蓄能电站破土动工。该电站设计安装4台30万kW水轮机组。

6月11日，省政府授予省公司完成责任目标优秀单位。

7月11日，河南省实行峰谷分时电价，全天分四个时段。

8月7日，河南电网最高用电负荷、日用电量分别达到1301万kW、26225万kWh。

8月17日，省公司与三峡电站签署购售电协议，河南将吸收三峡电站13亿kWh电量。

9月20日，经由新乡获嘉变电站出线的一条500kV线路与河北辛店变电站连接，标志华中华北电网联网成功。

10月22日，中共中央政治局委员李长春视察河南送变电公司国家级物业管理示范小区。

11月2日，河南火电二公司安全生产15周年，保持全国火电施工企业安全生产最高记录。

12月11日，省公司与中国电力投资公司签订协议，将河南电力燃料公司有限公司化归中国电力投资公司。

12月19日，省发改委举行电价听证会，城乡用电同价方案获各方代表认同。

12月29日，省公司与中国大唐公司签订协议，将所属7家发电企业移交大唐公司。

（孔志鹏）

湖北省电力工业

综述

全省电力工业经受住了“非典”疫情肆虐、供求矛盾突出和电力体制改革等考验，保持了平稳的增长势头，发电量持续增长，电力供需总量基本平衡、结构性矛盾突出，供电质量和供电服务水平提高，全省电网未发生稳定破坏和大面积停电事故、连续安全稳定运行21周年，保证了全省经济和社会发展的用电需要。主要经济技术指标好于2002年，全口径发电设备装机容量1971.05万kW，同比增长28.31%，居全国第3位；全口径发电量783.07亿kWh，同比增长25.99%，居全国第10位，全社会用电量629.20亿kWh，同比增长11.97%，居全国第11位。湖北是电力生产大省，但人均消费电量水平不高，人均用电量1048.37kWh，同比增长11.7%；人均生活用电146.53kWh，同比增长17.16%；均低于全国平均水平。全省电力工业规模情况见表1。

表1　2003年湖北省电力工业规模情况表

指　标　名　称	计量单位	2002年	2003年	增幅（%）
全口径发电设备装机容量合计	万kW	1536.17	1971.05	28.31
水电	万kW	721.39	1153.72	59.93
火电	万kW	814.78	817.33	0.31
6000kW以上电厂发电设备装机容量合计	万kW	1470.39	1897.91	29.08
水电	万kW	656.91	1081.48	64.63
火电	万kW	813.48	816.43	0.36
35～500kV公用变压器容量合计	万kVA	3999.17	4267.97	6.72
110kV	万kVA	1594.14	1723.85	8.14
220kV	万kVA	1510.50	1540.50	2.0
500kV	万kVA	578.20	581.80	0.62
35～500kV公用变电站合计	座	1121	1156	3.12
110kV	座	364	383	5.22
220kV	座	74	75	1.35
500kV	座	5	6	0.2
35～500kV输电线路回路长度合计	km	38500	39850	3.51
110kV	km	12200	13096.78	7.35
220kV	km	6767.97	6820.63	0.78
500kV	km	2723.15	3331.76	22.35

湖北省电力公司坚持“服从国家电网、服务湖北经济”的总体工作方针，在确保电网安全、保障电力供应、深化改革等方面取得明显成效，主要经济技术指标均达到历史最好水平。2003年，完成售电量461.03亿kWh，同比增长11.50%；实现利润3100万元，超出计划指标1.01亿元；年末资产负债率77.66%；应收电费余额10.13亿元（扣除跨月电费）；净资产收益率0.39%；上缴投资收益4746万元；全员劳动生产率17.20万元/（人·年），同比增长11.05%；多产业收入44亿元，同比增长4.8%，实现利润1.24亿元。全年科技资金投入4800万元，较2002年增长20%，其中科技推广项目384万元，科技信息2971万元（占年总费用的61.9%）。“微机保护测试仪”、“GPS输电线路巡视记录仪”等科技成果的推广应用走向全国。全公司城市地区（市中心＋市区＋城镇）供电可靠率（RS－1）99.87%，比2002年同期上升0.074个百分点，RS－3（不计电源不足拉闸限电）99.89%，同比上升0.024个百分点。全年省调电厂发电设备等效可用系数90.14%，同比下降1.51个百分点，非计划停运次数3.40次/台，同比上升0.65次/台。全年供电电压合格率累计值98.80%，同比下降0.02个百分点。其中居民用户端电压合格率（D点）98.23%，同比上升0.11个百分点。全年省公司线损率累计值8.85%，同比上升0.42个百分点，比年度计划值低0.31个百分点。

省内相关发电企业划转移交给中国国电集团、中国华电集团和中国华能集团等发电集团，各发电企业克服电煤紧张、安全生产形势严峻、改革及经营任务繁重等困难，服从电网统一调度，在迎峰度夏和冬季用电紧张时期，经受了机组高负荷长周期运行的严峻考验。各发电企业主要经济指标好于2002年。全年全口径发电量783.07亿kWh，同比增长25.99%。其中，水电厂发电量387.75亿kWh，同比增长39.21%，设备利用小时数由2002年的4008h上升到4567h；火电厂发电量395.32亿kWh，同比增长15.25%，设备利用小时数由2002年4204h上升到4846h。

安全生产

坚持电网统一调度，严肃调度纪律，优化运行方式。加强对发电厂并网运行的管理。强化安全管理措施，加强设备管理和电力设施保护。认真吸取美、加大停电事故教训，采取特殊组织措施与应急手段，制定并完善电网稳定事故处理预案，建立电网事故快速反应处理机制。认真落实国家电网公司二十五项反事故措施，开展创建无违章企业活动，推行安全性评价工作，并对存在的问题和隐患进行全面整改。全公司没有发生特大、重大事故，电网未发生稳定破坏和大面积停电事故，连续安全稳定运行21周年。

发电企业普遍加强安全生产管理、经营管理和燃料管理工作，安全生产呈现良好局面。湖北汉新发电公司在发生3号机组断油烧瓦的“4·24”事故、生产局面较被动的情况下，变压力为动力，精心组织，精心施工，按照ISO 9002质量管理体系要求，用最短时间完成了3号机组大修任务，扭转了生产被动局面。开展燃料储运设备整治，保证燃煤接、卸和上仓，满足机组发电需要，创造年上煤量279.5万t、年接卸煤（油）车47712节、单班上煤5250t、单班卸车158节的最高记录。武汉华能发电有限公司在夏季发电高峰到来前，认真组织3号机组计划大修，同时通过竞标方式承接井冈山电厂2号机组大修。此两台机组大修结束后都取得连续安全运行120天的好成绩。采取积极应对措施组织燃煤，年累计进煤281.3万t，刷新建厂以来年进煤量记录；发电生产记录屡创新高，年发电量60.15亿kWh，创建厂以来最高记录。公司实现安全事故“零目标”和“三个百日安全无事故”目标。

电网建设

编制完成湖北省电力工业“十一·五”规划和2020年远景目标研究报告，完成“十·五”计划调整工作。主网建设投资5.45亿元，完成武汉电网迎峰度夏改造项目和500kV龙泉、荆州换流站部分配套220kV输电工程等项目建设。投产110kV及以上线路310km，变电容量95.6万kVA，缓解了主网供电压力。对部分陈旧老化220kV及以下输变电设备，特别是继电保护和自动化装置进行技术改造，提高设备健康水平。西塞山电厂、蒲圻电厂倒送电配套工程完工。及时调整西塞山电厂、蒲圻电厂、青山“油改煤”、黄龙滩扩机工程进度，力争提前投产。全面规范工程招投标工作，加强施工质量监督和工程监理，工程质量和工艺水平进一步提高。

历时4年、总投资额分别为129亿元、52.89亿元的全省农网改造一二期工程和城市电网建设与改造工程全面完成。城乡电网改造工作启动于1998年年底。农网改造涉及81个县、市、区，950万农户。两期工程彻底改造了110kV、35kV、10kV及380V、220V输变电和配电系统。户表工程也全部配套完善，全省台区及以下线损由网改前的30%降到18%以下，供电可靠率由网改前的92%上升到99.4%。农村电力体制改革与农网改造同步推进，实现县级供电企业直接管理到户的目标。城乡用电同网同价已于2002年12月10日在全省启动，农村电价降幅普遍在每千瓦时0.3元以上。据初步测算，执行城乡用电同网同价后，全省每年可减轻农民电费负担3亿元以上。城网建设与改造工程新建和改造220kV、110kV、35kV变电站分别为3座、78座和13座，新建和改造220kV输电线路25km，110kV、35kV架空输电线路分别为613km和142km。通过城网改造，各地市供电公司均形成了连接主要生产单位及营业所的光纤网络，建成省级和各地区的光纤综合数据通信网。

在认真做好城农网改造竣工验收和总结工作同时，全省县城电网改造亦正式启动并加快进程，已累计完成投资5.92亿元。

电力供应和社会用电

年初年末，受缺水和煤炭供应紧张的影响，供电形势一度趋紧，主网出现限电拉闸情况，全省共限电拉闸3513次；夏季出现罕见高温天气，致使主网用电量和用电负荷激增，出现近几年来首次夏季限电情况。全省主网用电量累计529.39亿kWh，同比增长11.89%；主网最大用电负荷1022万kW（8月1日），最小用电负荷341.1万kW（2月4日）；最大峰谷差360.4万kW（7月24日）。全省主网平均用电最大负荷740.7万kW，同比增长11.06%；平均最小用电负荷490.2万kW，同比增长13.57%；平均峰谷差250.6万kW，同比增加15.3万kW。省电力公司高度重视安全供用电工作，认真开展负荷预测，超前制订迎峰度夏方案，加强需求侧管理，适时调整丰枯电价，引导用户削峰错峰避峰；修编限电序位表，建立限电责任制，在用电高峰期执行计划用电；加大资源投入，解决输、配电卡口和电厂外送卡口问题。面对缺煤少水、负荷增长较快的局面，副省长任世茂亲自带队组织电煤供应；厂网精诚团结，顽强拼搏，在全国特别是华中地区拉闸限电较严重的形势下，湖北是少数没拉大闸的省份，保障了湖北经济社会发展和人民群众生活用电。湖北电网的高温保电工作受到中央政治局委员、湖北省委书记俞正声和国家电网公司总经理赵希正的充分肯定。全省全社会用电构成情况见表2。

表2　2003年湖北省全社会用电量构成情况表

	单 位	2002年	2003年	增幅（%）	备 注
全年全社会用电量	亿kWh	561.96	629.2	11.97	
第一产业用电量	亿kWh	21.79	13.73	−36.99	
第二产业用电量	亿kWh	404.16	458.4	12.05	
第三产业用电量	亿kWh	61.11	69.11	23.05	
城乡居民生活用电	亿kWh	74.89	87.94	17.42	
其中：城市	亿kWh	53.46	64.01	19.73	
乡村	亿kWh	21.44	23.93	11.61	
人均用电量	kWh/人	938.51	1048.37	11.7	低于全国平均水平
人均生活用电	kWh/人	125.07	146.53	17.16	低于全国平均水平
其中：城镇	kWh/人	214.11	248.61	16.11	
乡村	kWh/人	61.42	69.83	13.69	

从行业用电分类来看，农业用电 17.86 亿 kWh，同比增长－37.8%；工业用电 451.94 亿 kWh，同比增长 13.62%；交通运输及邮电业用电 12.21 亿 kWh，同比增长 4.45%；商业用电 19.42 亿 kWh，同比增长 30.03%；其他事业合计用电 33.16 亿 kWh，同比增长 21.04%。居民生活用电 87.94 亿 kWh，同比增长 17.42%。全省工业用电受宏观经济形势影响呈快速增长，尤其是 8 月份以后，每月增幅均在 10%以上，工业用电增长主要体现在：①采掘业煤炭采选、黑色金属矿采选和建筑材料及其他矿选增幅较大；②制造业的食品、饮料和烟草制造、造纸、化学工业、建筑材料、黑色金属冶炼、有色金属冶炼和金属制品等增幅均超过两位数。

经营管理

受“厂网分开”及城农网改造巨额贷款等因素影响，国家电网公司下达省电力公司的经营目标允许政策性亏损 7000 万元。省公司确立增收节支措施。加大电力市场开拓力度，售电 461 亿 kWh，较 2002 年增长 11.5%，售电量实现近 20 年来首次两位数增长。加强经济调度，优化购电结构，在葛洲坝电量比计划少购近 6 亿 kWh 的不利情况下，积极采取措施，购三峡电厂电量 18.96 亿 kWh，购丹江水电厂电量 6.57 亿 kWh，降低购电成本。严格执行国家电价政策，加大营业稽查力度，售电均价 438.14 元/MWh，同比提高 33.24 元/MWh。强化营销管理，狠抓反窃电和降损节能工作。2003 年，全省查处违约用电和窃电案件超过 11895 起，挽回经济损失 3700 多万元，线损率完成 8.78%（含丹江），比计划降低 0.35 个百分点。积极组织季节性富余电量外销，完成计划外售电区电量 26.65 亿 kWh，同比增长 463.54%。加强财务管理，从严控制成本，财务状况明显改善。加强资金管理，依托资金规模优势，与有关银行谈判、协商，将公司贷款利率水平整体下调 10%，节约财务费用 9400 万元。电费清欠工作有所进展。至 2003 年底，全省用户累计欠电费 7.4 亿元，其中当年新增欠费 0.67 亿元；当年实收电费 206.90 亿元。通过努力，省公司由预算亏损 7000 万元到实现盈利 3100 万元，超额完成年初制定的扭亏增盈目标。

优质服务

开展“优质服务是国家电网的生命线”教育实践活动，创新业扩报装流程，解决报装难问题；开展银企合作，解决交费难问题；建立“95598”服务平台，解决投诉难问题。完善营销服务体系，完成城区营业网点营销广域网系统建设，在 7 个县级供电企业推广营销信息系统。狠抓营销业务培训考核，提高营销人员整体素质。开展农村供电所规范化管理，提高农村电力营销服务质量，70%的农村供电所达到国家电网公司建设标准。深入开展行风建设，积极推行服务标准，服务意识明显加强，服务行为更加规范，服务方式不断创新，服务品牌不断涌现，黄石供电公司王义举同志被国家电网公司授予“优质服务十大标兵”称号，荆门京山县电力局“红马甲”服务队、荆州“阳光电力”等品牌获得社会赞誉。

多产业发展

产业结构不断调整，经营范围涉及加工制造、建筑安装、小火电开发、轻化产品、商贸旅游、高科技产品、经济咨询和广告信息等多种产业，组建了一批专业化公司，运营基本正常。企业重组改制工作取得成效，为多产业企业逐步建立和完善现代企业制度奠定了基础，通过改制，一方面减轻了企业人员负担，另一方面为主业减轻了经济方面的压力。咸宁供电公司对长期亏损的咸宁电力铝厂进行民营化改制取得成功。多产业企业努力扩大就业岗位，使主业富余职工得到妥善安置，采取企业改制职工身份置换及清退临时工等措施，从业人员减少 1982 人。2003 年，省公司系统多产业企业完成经营收入 44 亿元，实现利润 1.24 亿元，资产保值增值率 100.5%，净资产收益率 2.87%，全员劳动生产率 49521 元/（人·年）。2003 年末拥有资产总值 72 亿元，其中固定资产净值 19 亿元，所有者权益 29 亿元。

体制改革

省电力公司完成所属供电单位变更企业名称和工商注册登记工作，实行公司系统内法人授权管理，实现政企分开。按照国家电网公司统一部署，分两个阶段基本完成相关发电企业划转移交工作。深化劳动人事工资制度改革，促进多产业人才向主业合理流动；调整在职和离退休职工工龄工资；对公司机关本部机构进行适当调整，机构设置进一步规范；对关联公司进行清理、整顿和重组，规范关联公司管理。进一步理顺物资采购供应体制。深化农电体制改革，积极探索农村低压电网管理的新模式。不断探索多产业企业运营机制改革，完成咸宁电力铝厂民营化改制。

文明建设

省电力公司组织文明单位创建工作专题调研，文明单位创建水平不断提高。加强与新闻媒体沟通，形成阶段性新闻宣传强势，为企业营造良好外部舆论环境。加强厂务公开工作，坚持完善职工代表大会和平等协商集体合同制度建设，建立维护职工合法权益、协调劳动关系的工作机制。加强职工思想政治工作和维护稳定工作，保持职工队伍和企业稳定。围绕企业中心工作，广泛开展群众性经济技术创新活动，有效提高职工队伍素质。坚持开展“青年文明号”、“青年安全生产示范岗”等活动，共青团组织作用得到进一步发挥。加强离退休干部职工管理工作，发挥关心下一代协会的积极作用。公司获得“湖北省五一劳动奖状”和“全国厂务公开先进单位”；孝感供电局获得“全国五一劳动奖状”，黄冈供电局局长张怀艳、宜昌供电局局长赖平获得“全国五一劳动奖章”先进个人；鄂州供电局获得“湖北五一劳动奖状”，黄龙滩水电厂厂长汤寿山、鄂州发电有限责任公司经理王少华获得“湖北五一劳动奖章”先进个人。

存在问题

突出表现在：改革任务繁重、电力供需矛盾突出、电网安全生产形势严峻、企业经营负担沉重。

领导班子

湖北省电力行业协会：

名誉会长：任世茂（副省长）
邱思胜（省经贸委主任）
谷玉川（省委大型企业工委副书记）

会　　长：王远璋（省电力公司总经理、党委书记）

副 会 长：龚友明　张春生（常务）　吕泊群　戚名辉　王幼平　朱　峰　肖宏江

湖北省电力公司党政领导班子成员：

党委书记、总 经 理：王远璋

党委委员、副总经理：龚友明　何兆成　汤文全

党委委员、纪委书记：易旺青

党委委员、工会主席：刘　勤

总工程师：周世平

中国国电集团公司华中分公司副总经理：戚名辉

中国华电集团公司湖北分公司副总经理：王幼平

中国华能集团公司武汉华能发电有限公司总经理：朱　峰

机构设置

湖北省电力公司机关：

总经理工作部　审计部
计划发展部　离退休管理部
保卫部　人事与董事管理部
人力资源部　党委组织部
财务部　党委宣传部
市场营销部　监察专员办公室
政策研究与法律事务部　湖北省电力工会委员会
多产业管理部　团委
生产技术部　基本建设部
安全监察部　调度中心
农电工作部　社会保险局

湖北省电力公司所属（代管）市（州、区）级供电公司：

武汉供电公司　黄冈供电公司
黄石供电公司　鄂州供电公司
孝感供电公司　咸宁供电公司
襄樊供电公司　十堰供电公司
宜昌供电公司　随州供电公司
荆州供电公司　恩施州电力总公司（代管）
荆门供电公司　神农架林区供电公司（代管）

湖北省电力公司所属（代管）县级供电单位均也更名为供电公司。

湖北省电力公司所属综合单位：

试验研究院　电力建设一公司
电力信息通信中心　电力建设二公司
物资公司　输变电工程公司
电力勘测设计院　武汉铁塔厂
电力职工疗养院　武汉电力学校
汉口电力设备厂　电力建设技工学校

湖北省电力公司所属（参股）发电厂

湖北汉新发电有限公司（20%股权）
湖北汉元发电有限责任公司（30.68%股权）
湖北鄂州发电有限责任公司（40%股权）
湖北长源第一发电有限责任公司（21.95%股权）
黄龙滩水力发电厂（100%股权）
白莲河水力发电厂（100%股权）

进入发电集团的发电厂（公司）：

中国华能集团公司：
华能苏家湾电厂（53.25%股权）
华中华能（阳逻）（40%股权+35%股权）

中国华电集团公司：
武昌热电厂（100%股权）
金源水电公司（28.36%股权）
黄石发电股份公司（52.41%股权+5.35%股权）
华能苏家湾（44.49%股权）
青山热电厂（100%股权）

中国国电集团公司：
汉新发电有限公司（3.76%股权）
长源江津电厂（37.64%股权）
华能江山电厂（38.13%股权+7%股权）
长源富水电厂（37.64%股权）
长源第一发电厂（19.2%股权）
十堰陡岭子（在建）（23.73%股权）
武汉高新（3.76%股权）

沙市热电厂（100%股权）
荆门热电厂（100%股权）
锁金山水电厂（6%股权）
宜昌东山寺水电厂（7.4%股权）
南河水电厂（100%股权）
松源发电有限公司（70%股权）

主要事件

2月15日，国家电网公司成立后的首次工作会议在武汉召开，省政府常务副省长周坚卫到会并讲话。16日，中央政治局委员、湖北省委书记俞正声到会看望出席会议的代表。

2月25日，副省长任世茂到省电力公司调研，就做好电力保障工作、拉升全省电力消费水平等提出了建设性意见。

2月，省电力公司相关发电企业于1月27日24时整、2月24日24时整先后正式移交给中国国电集团公司和中国华电集团公司。

3月6日，省电力公司2003年工作会议暨二届七次职代会在武汉召开。

3月26日，中国华电集团公司湖北分公司在武汉成立。副省长任世茂和华电集团公司总经理贺恭出席揭牌仪式，并分别在《湖北省人民政府与中国华电集团公司关于湖北电力发展的战略合作框架协议》上签字。

4月15日，副省长任世茂与中国国电集团公司总经理周大兵在武汉签订合作意向协议。

4月17日，国家电网公司总经理赵希正、副总经理郑宝森等考察龙泉换流站。

4月22日，国家电力监管委员会副主席邵秉仁到省电力公司调研。

4月29日，襄樊地区第一座500kV变电站开工。

4月，湖北正式启动县城电网改造工程。

4月，省电力公司所属市（州）县（市）供电局全部更名为供电公司，实行法人授权委托管理。

5月14日，省政府召开全省电力工业工作会议。省经贸委、省计委、各市州政府负责人，国电华中公司、省电力公司有关人员出席会议。会议重点研究了湖北电网建设、电费回收、冬夏两季计划用电以及狠刹窃电歪风、保护电力设施等问题。

5月20日，省长罗清泉视察华润赛德发电有限公司蒲圻电厂建设工地。

5月28日，全省首次开展的电力客户“满意度调查”结束。调查结果显示：全省电力客户满意度综合指数80%以上，抱怨度较大的客户主要集中在居民和城镇商业、工业用户；电力客户的需求已由“供给需求”向“服务需求”延伸。调查由湖北电力企业文化研究会、湖北省电力公司市场营销部、武汉电力职业技术学院共同组织实施。

7月14日，全省职工职业技能大赛焊工比赛中，省电建二公司周权荣获得第一名，并被授予“湖北省五一劳动奖章”；省电建一公司雷勇、匡天授分别获得第二名、第三名。

7月29日20：45，湖北电网最大用电负荷1006.5万kW，首次突破1000万kW大关。

8月初，经国家电网公司党组研究决定，王远璋同志出任湖北省电力公司党委书记、总经理。

8月，京山县电力局创意的电力“红马甲”，作为全国电力系统惟一的创新案例，被载入中央“文明办”《精神文明创建工作新方法100例》，该书已出版并向全国公开发行。

9月11日、15日，荆门供电局、黄石供电局分别获得国家电网公司创一流供电企业授牌。

9月21日，中央政治局委员、湖北省委书记俞正声视察鄂州发电公司生产现场和二期扩建工地。

11月5日，华中电网有限公司在武汉成立。国家电网公司总经理赵希正、湖北省省长罗清泉等出席揭牌仪式。

11月27日，省电力行业协会召开第二次会员代表大会，产生新一届理事会。副省长任世茂、省经贸委主任邱思胜、省大型企业工委副书记谷玉川任名誉会长；省电力公司总经理、党委书记王远璋任会长。

（杨　倧）

湖南省电力工业

概述

2003年，湖南省电力工业深入贯彻“三个代表”重要思想和党的十六大精神，全面实施“八字方针”和“两个一流”，认真落实年初“两会”提出的各项任务和上级下达的责任目标，把发展作为第一要务，坚持以发展战略总揽全局，同时坚持“两手抓，两手都要硬”的方针，大力加强思想政治工作、民主政治建设和行风建设，广泛开展文明创建活动，公司上下团结一心，奋力拼搏，攻克“非典”疫情、洪涝、干旱、缺电等诸多难关，取得了来之不易的成绩。

2003年，该公司实现利润1.04亿元，净资产收益率1.01%，上缴投资收益4500万元，资产负债率69.06%，应收电热费余额29.3亿元。售电量399.73亿kWh（其中省外16.23亿kWh），同比增长18.5%；主营业务收入134.06亿元，同比增长

16.78%。全省发电量538.9亿kWh（其中公司直属水电57.7亿kWh），同比增长18.4%；全社会用电量548.1亿kWh，同比增长14.8%。线损率8.42%，同比略有下降；全员劳动生产率24.9万元/（人·年），同比增长8.8%。实现多经总收入55亿元，利润总额2.1亿元，分别为年度计划的145%和150%。

公司领导

党组书记：周绍文

党组副书记、总经理：李维建

党组副书记、副总经理：孔志俊

副总经理：喻新强　贺锡强　秦红三

工会主席：姚斌湘

纪检组长：方　岳

总会计师：刘友夫

组织机构

1. 电业局

长沙电业局、湘潭电业局、株洲电业局、衡阳电业局、邵阳电业局、常德电业局、岳阳电业局、益阳电业局、娄底电业局、永州电业局、怀化电业局、郴州电业局、张家界电业局、湘西电业局。

2. 全资电厂

凤滩水电厂、东江水电厂、柘溪水电厂。

3. 施工修造企业

湖南省电力安装工程公司、湖南省火电建设公司、湖南省送变电建设公司、湖南省电力设备总厂、湖南电力电瓷电器厂、湖南省电力线路器材厂。

4. 中心机构

湖南电力调度通信中心、湖南省电力试验研究所、湖南省电力勘测设计院、湖南省超高压输变电公司、湖南电力职工温泉疗养院、湖南省电力建设开发总公司、省公司本部、湖南电力科技园建设办公室、长沙电力学校。

5. 控股公司

湖南电力建设监理咨询有限责任公司、湖南湘能电力股份有限公司、湖南电力实业开发总公司、湖南省会同电力有限责任公司、湖南创业电力高科技股份公司。

电力建设

1. 电网建设

2003年，湖南省电力公司在电网建设规模、建设投资、建设速度及竣工投产容量等方面均创历史新高。建成投产芙蓉、祁阳、保靖、红星、桂阳5座220kV变电站，新增主变压器容量136万kVA；110kV变电站7座，新增主变压器容量40.3万kVA；投产500kV线路185km，220kV线路34条，891.54km，110kV线路25条，329.68km；220kV变电间隔扩建26个；光纤通信工程全年共建成投产OPGW光缆1103.59km，ADSS光缆268.7km。辰溪、泸溪、东沛渡、涟源220kV输变电工程按网络计划正在抓紧施工，株西、邵阳南变电站已作开工前的准备工作，与省政府签订的主电网工程责任目标该年全部实现。

与此同时，城网投产110kV主变压器3台，容量11.3万kVA，10kV配电变压器447台，容量13.81万kVA，线路552km，400kV线路285km；农网投产110kV主变压器5台，容量15.3万kVA，线路18km。35kV主变压器7台，容量3万kVA，线路43km。10kV配电变压器411台，容量4.32万kVA，线路632km。400kV1833km；县城电网改造投产110kV线路4.47km。10kV配变107台，容量2.76万kVA，线路120km。400V线路168km。

2. 电源建设

2003年，由该公司投资建设的凤滩2×200MW扩机工程进展顺利，已完成土石方开挖54亿m^3，混凝土浇筑8.1亿m^3，6号机组的蜗壳已焊接完毕，变压器已安装就位。柘溪、东江扩机及宝庆电厂已上报项目建议书。该公司参与基建管理的株洲、耒阳、鲤鱼江三大火电厂6台300MW扩机工程已投运5台，全省新增火电装机容量1500MW。洪江水电站5台机组已全部投产，新增水电装机容量225MW。

安全生产

2003年，该公司在生产方面克服诸多困难，最大限度地保证了全省电力供应，全年没有发生生产人身死亡事故、重大及以上电网事故、重大及以上设备事故、重大火灾和交通事故，全面实现了年初确定的安全目标。截至2003年底，湖南电网已连续安全稳定运行22年7个月。

在设备治理方面，一是开展了防雷迎峰、防汛抗洪、防暑度夏、秋季安全大检查和电网安全稳定大检查，对重要输电线路进行了防污、接地为主的改造，及时组织对水毁输电线路事故处理和抢修，规范了无人值班变电站信息采集和分类，重新修改了污区分布图。二是建立健全制度，规范设备管理。三是完成重要保电任务，如张家界市区及旅游区域的保电工作取得了显著的成绩，城网供电可靠性大幅提高，圆满完成长沙市举办的全国“五城会”保电任务。四是代维资产运行管理规范，对国网公司的500kV输变电设施精心维护，对三峡电力南送通道三广直流输电线路认真验收，规范运行管理。在配网管理工作中，对全省的城市配电网运行管理，从运行制度、组织管理、接线图更新等方面入手，使配网的运行管理更加规范，配电事故及障碍较往年有较大幅度的下降。在线损管理工作中，除继续推行与单位经营承包，创一流和评先评优挂钩外，与供电营销体制相适应，全面推行线损分台区考核办法，使线损工作进一步落到实处。

农电工作

2003年，该公司在农电工作方面坚持发展和管理并重，网改和体改并进的总体思路，深化农电体制改革，着力抓好县城电网建设与改造，取得了明显的成效。一、二期农网改造累计完成投资79.64亿元，完成新建改造110kV变电站129座，主变压器容量2799.5MVA；35kV变电站269座，主变压器容量779.25MVA；新建改造110kV线路1705km；新建改造35kV线路2494km；光纤通信工程竣工12项，光纤线路434km；县级调度自动化工程竣工62项。完成新建改造110kV变电站19座，主变压器容量468.5MVA；完成35kV变电站21座，主变压器容量79.45MVA；新建改造110kV线路123.5km，新建改造35kV线路229km；光纤通信工程竣工4项；调度自动化工程竣工3项。

1. 农电管理工作进一步得到加强

供电所规范化管理整体水平提高，县局建设一流工作稳步推进，确保建设一流工作落到实处，收到实效，专业管理工作有了新的提高，农电队伍素质不断提高。2003年，农村低压用户电压合格率为93%，比2002年提高了2个百分点，农网综合低压线损率为15.82%，比2002年下降了0.7个百分点。同时涌现出一批有特色的先进供电所，安乡下渔口供电所刘丽君等所长被评为优质服务标兵和先进供电所所长，75个供电所被推荐为国家电网公司农电规范化服务示范窗口，2003年又有30%的供电所达到或基本达到了国网公司供电所规范化管理标准。农电系统保持了安全稳定运行的良好局面，没有发生重大设备损坏和内部人身伤亡事故。

2. 农电体制改革稳步推进

随着全国电力体制改革的深入，湖南加大了农电体制改革力度，组织力量对县级供电企业改革、供电所规范化管理、农电管理新模式进行调查研究，出台了《关于进一步深化农电体制改革的指导意见》等三个文件，因地制宜、分门别类，积极稳妥推进农电体制改革；对君山农场、大通湖农场的电力公司实行了代管；对泸溪和吉首市电力公司的上划工作已经完成了人员分流、资产评估等工作，签订上划协议；部署平江、新田、祁阳、中方、衡东县电力公司股份制改造的前期准备工作；探索农电管理新模式，在石门电力局开展农电服务有限责任公司试点，新组建公司于年底挂牌运作。试点的重点是理顺隶属关系，建立供电所的管理新机制，形成有利于省公司管理的劳动关系。

3. 城乡同网同价工作全面实施

经过五年农电“两改”工作，农村电价管理逐步规范，电价水平逐年下降，按照国家要求，该省从2003年3月开始实行城乡居民生活用电同网同价，照明电价统一为0.548元/kWh省公司管辖范围共有71个县（市、区）实行同价，减轻农民负担约2亿多元。

电力营销

2003年，该公司全面推行供电台区改革和改造，建立和完善电费回收的常态运行机制，营销管理的可控在控机制，面向市场的快速反应机制，优质服务的评价考核机制，各项工作取得新进展。全年完成售电量383亿kWh，比2002年增长15.59%，电费回收年末应收账款余额为29.36亿元，比国网公司下达的控制数降低3.14亿元；售电均价416元/kWh，同比增加18.68元/kWh。

(1) 全面启动供电台区改造工作，编制了省公司供电台区可行性研究报告、台区改造技术规范和典型设计，制定了台区改造可研报告的编制、审查原则，完成对各电业局台区改造可研报告的审查，并下达改造计划；全面启动台区改造，完成配电箱安装工作总量的60%、公变台区改造年度计划的55%、特困企业“两电分离”改造年度计划的50%。台区改造为推行供电台区综合管理和改善电力供应提供了较好的物质基础。

(2) 建立和完善电费回收的常态运行机制，对电费回收实施全过程、全方位管理，很好地完成国网公司下达的电费回收目标任务。

(3) 建立和完善营销管理的可控在控机制，进一步规范和强化营销稽查工作，从营销环节内部堵塞漏洞，加大了反窃电、反违章用电工作的力度，督办、查处典型窃电案件27例，并强化了供用电管理，基本完成大集成、一体化的营销管理信息系统试点建设工作。

(4) 建立和完善面向市场的快速反应机制，大力开拓电力市场，积极引导市场需求，加强电力需求侧管理工作，并深入、全面开展优质工作，强化电力110队伍建设，将电力“110”推广到县供电局，全年出警6万余次；不断创新营销服务手段对居民报装接电实施“零天工程”，开展“四个零”服务（零距离、零差错、零投诉、零欠费）和星级供电水平。

审计工作

2003年，该公司高度重视、密切配合国家审计署进行财务收支和领导班子任期经济责任审计，认真开展迎审和自查自纠，真实完整地提供有关资料，耐心细致地与审计组进行交流沟通，历时9个多月的现场审计圆满结束。审计中没有发现重大违纪违规问题，公司多年来依法经营、稳健经营、防范风险的经营管理成果得到了审计组的充分肯定。同时，强化内审工作，继续开展用电营销、城农网建设项目审计，对控制成本、堵塞漏洞、提高效益发挥了积极作用。

多种经营

该公司通过进一步落实扶持帮助多经企业摆脱困难、迎接新的挑战，使多经企业朝民营化、集约化、市场化方向又迈进了一步，取得较好经营成果。全年实现经营收入55亿元，利润2.1亿元，资产保值增值率119%，全员劳动生产率3.7万元/（人·年）；省公司归口管理的单位33个，共有法人企业323家，从业者24785人，其中支持主业的全民职工11612人。

保电工作

面对夏季开始出现的电力供应紧张局面，湖南省电力公司全力以赴，积极采取内部挖潜、优化调度、争取外援以及计划用电等有效措施，圆满完成了各个重要时期的保电任务，最大限度地保证了全省电力供应，受到了省政府的通报表彰。同时，克服困难，完成了国网公司下达的送电华东的任务。

体制改革

实施厂网分开，资产财务和劳动工资、保险关系划转移交工作基本结束，公司原所属13个发电厂和控股发电公司分别划转到了大唐和中电投，划出资产257.2亿元、负债176.4亿元，分出职工10506人。配合主辅分离改革，对辅业单位基本情况的摸底调查已基本完成。多经企业改制步伐加快，民营化取得实质性进展。积极探索农电管理新模式，农电用工制度改革取得突破，在常德组建了第一家农电服务有限责任公司。

精神文明建设

通过积极开展文明创建活动和“作风建设年”等主题活动，企业思想政治工作进一步加强，确保了职工队伍的稳定，保持了中央和省级思想政治工作优秀企业荣誉。系统内又有1个集体、2名个人荣获全国五一劳动奖状和奖章，9个单位荣获全国精神文明建设工作先进单位，省电力工会和10家基层工会荣获全国模范职工之家，2个单位荣获全国厂务公开先进单位，2个集体荣获国家级青年文明号。各级领导干部自觉遵守廉政规定，没有发生违法和严重违纪问题，公司系统没有发生影响政治稳定和行业形象的重大事件，确保了一方平安。

主要事件

1月9～11日，2003年湖南省电力公司工作会暨三届三次职代会在长沙召开。

1月10日，国家电网公司下文调整省公司领导班子，李维建任党组副书记，贺锡强任党组成员、副总经理。

1月21日，中国大唐集团公司与省电力公司签订协议，正式接管其在湖南的有关发电企业。

1月25日，中国电力投资公司与该公司举行移交会，移交中电投在湖南的发电企业。

1月28日，湖南省副省长郑茂清、省政府副秘书长王道生、省经贸委副主任陈学军等到省电力调度通信中心检查工作。

1月29日，湖南省省委副书记、常务副省长周伯华，省人大副主任王四连、长沙市市长谭仲池等一行到省公司检查春节保电工作，并慰问节日坚守岗位的电力职工。

2月27日，省政府召开2002年度全省重点工程建设总结表彰大会，省公司及所属的参建单位均获得通报表彰。

3月19日，长沙沙坪变电站被中国施工管理协会评为“全国用户满意工程”。

3月20日，自该日起，湖南省全省城乡居民用电开始同网同价，每千瓦时0.548元。

4月5日，湖南鲤鱼江至广东韶关500kV输电线路工程全面竣工，并通过验收。

4月28日，省委、省政府举行座谈会，表彰荣获全国“五一”劳动奖状、奖章的集体和个人，省公司系统邵阳电业局变电运行管理所继电保护班荣获全国“五一”奖状，省电力试研所刘武林、东江水电厂刘海波荣获全国“五一”劳动奖章。

5月19日，国家电网公司任命李维建为省公司总经理（法人代表），秦红三任总工程师；免去周绍文总经理（法人代表）职务。

7月23日，零时起全省开始有计划限电。

8月29日，湖南电力首家博士后科研工作站在长沙挂牌。

9月11日，湖南省省委副书记、常务副省长于幼军到省公司视察，并现场办公。

9月19日，湖南全面启动县城电网改造工程。

9月29日，省超高压公司完成亚洲最大的荆州换流站500kV GIS组合电气的现场耐压试验。

10月14日，在武汉举办的国家电网公司《供电营业职工文明服务行为规范》华中赛区选拔赛上，省公司夺得冠军。

10月17日，省政府在长沙召开专题会议，针对当前全省工业经济发展情况和电力工业面临的严峻形势，副省长郑茂清强调要从讲政治的高度搞好调煤保电工作。

11月28日，针对全省电费欠缴严重局面，省政府下达《关于加强电费收缴工作有关问题的通知》。

12月29日，国家电网公司任命秦红三为省公司党组成员、副总经理；方岳任省公司党组成员、党组纪检查组组长。

（刘　晖）

江西省电力工业

企业概况

江西省电力公司现有所属单位24个（供电公司12个，设计施工修造企业6个，学校2所，其他单位4个），员工2.67万人。资产总额183亿元。按照电力体制改革的总体部署，完成了厂网分开。适应形势的发展，公司确立了新的定位和任务，提出了建设现代化江西电网企业的目标，力争用3～5年建成以500kV为骨干、220kV为基本网架、城乡电网协调发展的坚强电网。

生产指标

2003年，是江西省电力公司改革发展不平凡的一年。公司系统克服缺煤少水、高温干旱、用电负荷高和“非典”影响，努力实施建设现代化江西电网企业的发展战略，全面完成了国家电网公司核定的资产经营考核目标。全年实现利润总额5255万元，超过国家电网公司下达计划指标的5.1%；应收电费余额为5.58亿元，比考核指标降低0.33%；净资产收益率完成0.76%，比考核指标提高0.47个百分点；资产负债率完成71.71%，比考核指标降低0.29个百分点；上缴投资收益完成1500万元。

电力供应

2003年，是江西电力增长速度最快的一年。全省统调发电量完成283.85亿kWh，同比增长37.84%；统调售电量完成259.7亿kWh，同比增长37.01%，其中售本省电量232.6亿kWh，同比增长26.16%，赣电外送电量完成27.06亿kWh；全省统调平均用电负荷299.8万kW，比2002年增长65万kW；全网最高用电负荷达503.6万kW，比2002年增长112万kW，均创下历史最高纪录。面对百年未遇的持续高温、干旱少雨天气，公司高度重视电力供应工作，通过狠抓迎峰度夏工程建设，采取特殊运行方式，发挥技术监督作用，在全国21个省（市、区）先后出现电力供不应求的情况下，全省没有出现拉闸限电。尤其是进入四季度，江西电网面临几十年来少见的缺煤少水、负荷居高不下、设备故障较多的情况，公司上下团结一心，精心优化调度，协调安排设备检修，采取各种技术和管理手段，一方面充分发挥现有发、输电设备潜力，提高设备利用水平，另一方面积极争取各级地方政府的支持，加强需求侧管理，积极推行计划用电和节约用电，缓解供电紧张矛盾，保证了重点城市、重要用户、重要节日、重大活动和广大居民生活用电，并组织了赣电外送支援周边省份，受到国家电网公司、华中电网公司和江西省委、省政府的高度评价。

电网安全

截至2003年12月31日，全网连续20年未发生电网瓦解大面积停电事故，连续16年消灭了重大火灾事故，连续10年未发生主要责任的重大及以上设备事故。2003年，江西电网全年实现了电网安全稳定运行，电网安全和治安状况保持了平稳态势，采取的主要措施如下：

（1）加强了对厂网分开后安全工作的研究，着力于建立电力体制改革后安全工作的新机制，组织对有关安全生产责任制条款作了相应补充和完善，制定了年度安全生产责任书并在公司年度工作会议上签订，及时组织召开了季度安全生产分析会，并邀请在赣发电企业参加，共商电网安全工作，确保电网安全稳定运行。

（2）开展了“反违章、无事故”和“安全生产月”活动，提高广大员工安全生产意识。通过开展危险点分析，推广规范化作业，始终把班组安全建设放在重要工作来抓。同时，规范和强化了公司系统交通安全管理。

（3）积极稳步开展安全性评价工作。完成了对吉安、宜春供电公司的安全性评价复查评工作和国家电网公司、华中公司输电网安全性评价专家组对江西电网开展的输电网安全性评价查评的配合工作，并针对专家组提出的查评报告，制定了《2003年江西输电网安全性评价整改计划》和《华中电网输电网安全性评价整改计划》（江西部分）。

(4) 组织了一系列安全检查工作，加大整改力度，确保了安全、稳定、优质、可靠供电。除了在公司系统进行统一部署和排查，还将并网发电企业纳入检查范围，以美、加、英等国大面积停电事故为鉴，认真排查了春季安全大检查发现的问题和迎峰度夏中暴露的隐患，着力提高设备健康水平，夯实了安全生产基础。

(5) 落实了反窃电工作责任制。与所属供电公司签订了《反窃电责任书》。会同省公安厅联合组织开展了全省打击破坏盗窃电力设施和盗窃电能专项行动。专项行动共计组织行动小组 697 个，投入行动人数 7375 人，其中电力企业 6767 人，公安机关 608 人，组织专项行动 1467 次，检查用电户 353 户，查处违章窃电案件 2989 起，追补电量 812 万 kWh，追补电费和违约使用电费 903.1 万元，专项行动共计查获破坏盗窃电力设施案件 82 起，犯罪分子被判刑 7 人，刑拘 10 人。在组织开展反窃电工作中，全年共计检查电力用户 52 万户，查处违章窃电案件 4798 起，追补电量 1231 万 kWh，追补电量和收取违约使用电费 1479 万元。有 12 名窃电犯罪嫌疑人被刑事拘留。

(6) 强化了电力设施保护工作。下拨了 140 万元电力设施保护资产性补助资金分发各供电公司，增设电力设施保护技防设施。着重抓了群众护线工作，全省共计聘请群众护线员 946 名，对全省 110kV 以上线路基本安排了群众护线员进行巡线守护，并认真落实了电力线路分段、分人、分责任的护线责任制。

(7) 开展了经常性的消防检查监督。先后对公司系统 13 个单位进行了消防工作抽查，同时，结合春季和秋冬季安全大检查，把消防工作列入重点检查内容，对系统各单位进行了两次全面检查，督促整改了火灾隐患，实现了全年无重大火灾事故的目标。

(8) 加强了内部保卫工作。省公司向各单位下达了“2003 年社会治安综合治理责任书”；组织开展了对不稳定因素的排查，加强了情报信息交流，深入基层开展工作调研，掌握企业内部治安动态，及时有效地调解了矛盾纠纷；开展了创建安全社区、安全小区活动和人防、物防、技防工作并加强了节假日和重大活动期间的安全保卫工作；高度重视做好“法轮功”重点人员的教育转化和布控，确保了原“法轮功”练习人员无进京滋事和在当地聚集滋事，同时积极配合公安机关开展了侦察破案和查处治安案件，全年治安状况保持平稳。

电网建设

2003 年江西电网建设有了突破性进展。全年开工建设 110kV 及以上电网工程 101 项，建成投产 35 项，建成投产的 220kV 变电容量 93 万 kVA，线路 654.95km；110kV 变电容量 92.59 万 kVA，线路 410.74km，创江西电网 2003 年新开工和建成投产项目之最。竣工了 500kV 南昌至乐平的降压运行线路工程，昌西、新余 500kV 变电工程和昌西—新余、昌西—南昌、鄂赣二回 500kV 输电线路工程进展顺利。吉安—赣州 500kV 输电线路工程已奠基，江西电网建设进入一个新的时期，主网架开始向 500kV 迈进；建成投运了七昌二回、九南四回和南昌双环网、顺外变等一批 220kV 重点工程；主动配合各级政府加强全省 109 个工业园区电网建设，由省公司投资建设的 24 个重点工业园区电网建设项目全部竣工投运。工程建设管理水平稳步提高，实现了公司系统电力安全基建项目安全“双零”目标。

经营管理

一年来，公司经营管理进一步强化，经济效益逐步提高。完成线损率 6.78%，比国家电网公司下达的计划指标低 0.07 个百分点；清收旧欠电费 2264 万元，当年电费回收率实现 100%；实现劳动生产率 212346 元/（人·年），同比增长 17.84%，生产成本得到有效控制。争取省政府有关部门出台了一户一表工程、电力技术监督服务、电力通信信息服务收费等政策；高度重视、全力配合做好“迎审”工作，积极开展自查自纠，实事求是地核实审计事项和反馈意见，及时整改审计中发现的问题，促进了经营管理水平的提高。2003 年，省公司获省政府“江西工业崛起年度贡献奖”等荣誉称号。

农电工作

国家批准我省第一、二期农网改造总投资规模为 77.71 亿元，已全部完成，截至 2003 年 12 月底，省公司已批复工程结算约 52 亿元，占可研总数的 76%。全省新建改造 110kV 变电站 65 座，线路 1504km；新建改造 35kV 变电站 580 座，线路 4504km；新建改造 10kV 线路 64450km，新建改造配电变压器台区 67006 个，更换高耗能配电变压器 49961 台，新建和改造低压线路 161128km，农户低压电网改造共完成 776.58 万户，全省农户改造面达 80%。启动并下达全省各县城电网改造投资计划 7.667 亿元（总投资规模为 14 亿元）。

全省 93 个县（市、区）政府和 4 个大、中型农垦企业全部与省电力公司签订了股改协议，均已挂牌运营。编制了《江西农村供电所建设规划》，原 1605 个乡（镇、场）电管站已有 1599 个改制为县公司的派出机构，完成率为 99.63%。同时积极推进县级供电企业股权多元化改革工作，已明确在上饶县、抚州东乡红星供电公司实施股权多元化改革试点。对全省小水电进行了一次普查。

农电管理年活动成效明显。通过开展“农电管理年”活动，进一步完善了县公司法人治理结构，加强了地市公司农电管理力量，促进了县公司领导班子建设，规范了县供电企业各项管理，巩固和发展了“两改一同价”成果，夯实了农电企业管理基础。同时与争创一流县供电企业紧密结合起来，有效地促进了这项活动的开展，广丰、南昌、南城等9个县（市）公司达到省公司“一流县供电企业”标准，被命名为一流县供电企业。

农电安全生产管理和经营管理进一步加强。指导县公司制定了《农电安全生产管理考核办法》、《县城电网改造工程安全管理实施细则》、《高、低压“两票”管理规定》和《习惯性违章管理考核办法》等文件和制度，下发了《关于切实加强农村县城电网改造工程安全管理工作的通知》，加大监督力度，对搭票工作、不做安措、不戴安全帽等违章行为进行处罚。2003年全省共处罚各县公司农改工程习惯性违章380起，处罚金额共计14万元。完成了24个县公司安全性评价工作，促使县公司不断提高安全文明施工水平。同时通过提高农网装备促进科技进步，强化生产技术管理，全省农电无功、电压、可靠性及线损等各项生产技术管理逐步走上正轨。全年完成供电量94.88亿kWh，同比增长33.89%；完成售电量83.21亿kWh，同比增长35.16%。

实现了全省城乡居民生活用电同价，电价为0.56元/kWh。

电力营销和优质服务

加大优质服务宣传力度。在营业窗口、收费网点公开悬挂电费电价、办事程序、用电常识和供用电有关规章制度，编辑供用电知识手册，组织形式多样的用电咨询活动。

积极开展走访客户活动，建立了挂点单位和定期与客户联系的制度，对日常用电营业，尤其是对一户一表改造后客户所反映出来的问题，诸如表计走速、漏电保护的正常运行、测试、维护等方面的问题，及时做好供电常识的宣传解释等服务工作。配合地方招商引资工作，出台了《对外商投资企业供电服务承诺》。

进一步规范营业窗口服务，制定下发了《江西省电力公司供电营业示范窗口考评标准》（简称《标准》），要求严格按《标准》对职工进行技能培训，建立健全相关规章并强化监督，使全省95%以上的城市供电营业窗口达到国家《城市供电营业规范化服务标准》。

继续推行一户一表改造工程。制定印发了《江西省电网直供城市居民用电一户一表工程管理办法》。完成了九江、景德镇、上饶等三个供电公司城网一户一表改造工程增补基础上的工程初设及工程概算审查批复，完成了全省城市居民用电一户一表改造投资核定以及南昌城网度夏可研、初设审批（低压电力设施及一户一表改造部分）。

开展对电力消费市场的调查研究，测算对已实行峰谷电价的企业若在用电高峰期执行平段电价所能增供电量。通过以优质服务促销电量，认真兑现服务承诺；通过落实电价优惠政策，利用电价杠杆激励用户多用电、用好电；通过加快报装接电的速度，做到“内转外不转”，把优质服务体现在报装速度与服务质量上；通过加大宣传力度，使用户进一步了解用电带来的安全、方便、环保、经济等优点，让用电客户用得“放心、安心、舒心”；积极推广应用电力蓄能技术，既开拓了低谷电力市场，又达到移峰填谷，已有50多个企业使用了该项技术。

科技教育和员工培训

员工教育培训工作质量不断提高。以发展为主题，以“科教兴电”为动力，坚持以人为本，树一流培训意识、创一流培训体系，突出“高层次、复合型人才”的培训，召开了教育培训工作会议，举办了各类员工培训班76期，组织了省公司220kV变电运行技术竞赛，开展了用电检查考试，进行了变电检修技术竞赛，参加了全国电力系统焊工技术竞赛，选派了人员参加加拿大MBA培训，与江西财经大学合办了MBA在职研究生学历班，提高了员工的业务素质和操作水平。同时，强化了农电培训工作，全年共举办培训班10期，培训县公司领导班子成员171人，供电所长400人。学校各项改革稳步推进。按照市场需求，指导专业学校开展招生、就业工作。2003年公司所属电力职业技术学院招收新生1592人，推荐就业198人，就业率达98%；电力高级技校招收新生933人，推荐就业234人，就业率达100%。

不断推动科技进步。制定了“十五”科技发展规划，全年的科技计划重点围绕提高电网生产建设的技术水平和市场营销手段的科技含量来安排，公司系统共安排资金1805.2万元，确定课题80项。课题紧扣电网运行和经营实际，其研究和实施对公司系统管理水平的提高，节能降耗、增收节支发挥了积极的作用，共有22项科研成果获2003年度省公司科技进步奖，其中一等奖5项，二等奖7项，三等奖10项。同时积极做好技术监督工作，促进厂网协调。全面完成了省政府委托的2003年水电厂防汛任务。

改革创新

按照电力体制改革的总体部署，顺利完成了发电企业资产、劳资、社保划转移交一、二阶段的工作。与此同时，积极研究与探索企业内部各项配套改革，将12个供电局全部改制为供电公司，对1个县供电公司开展了股权多元化改革试点；成立了赣电物业公司、电力通信公司、电力建设公司和大地投资公司，全部实现按公司化独立运作；完成了江西电力燃料公司股权重组与资产划转移交工作，探索了电力试验研究院改制工作。

公司本部和所属单位的机制创新迈出新步伐。尤其在公司本部改革上，瞄准打造一流江西电网企业指挥部的目标，建立了本部调研员制度、主管制度、员工退休恳谈制度和部门费用包干、汽车本票使用与管理等制度，进行了机构撤处改部和职能重组，实行了员工双向选择和定员定岗，本部制度建设得到加强，机构设置进一步优化。本部在编员工由改革前的320人减至157人，中层干部由71名减至44名，机构经撤并由31个减为16个。

多产业发展

进一步理顺关系，加强管理，各项工作步入正轨。做好了多经企业员工队伍稳定工作，建立了集体员工养老保险常态管理机制，参保多经企业有29家，参保人员4003人；抓好多经企业安全管理，特别对小水电防汛和大坝安全列为重点，实现了安全生产目标和3个百日无事故安全期；积极寻求新的经济增长点，促进多产业良性发展；配合做好了多经企业迎审工作。公司多种产业全年实现产值17亿元、利润0.97亿元。

党风廉政

加强了党风廉政教育，开展了以“读一本书，看一盘碟，做一份廉洁自律知识测试”的专题教育活动；深入开展了效能监察，全年立项167项目，避免、挽回经济损失528.9万元；加大了对“三重一大”监督力度，制定了《国有资产流失责任追究办法》，与基层单位签订了党风廉政建设责任书，重申并严格执行廉洁自律“四条规定”。通过举办公司系统学习贯彻“三个代表”重要思想研讨班、实行领导干部三项谈话制度、指导基层单位召开党代会、开展清房和清车、政务环境评议评价活动等，进一步加强了公司系统党的思想、组织和作风建设，增强了各级领导干部的思想政治素质。加大干部管理和使用力度，全年易地易岗易部门交流处级干部78人，提拔40岁以下的年轻处级干部35名。

精神文明建设

通过开展“远学郑培民、近学李洪应”活动、“党支部建设年”活动、争先创优活动和“优质服务是国家电网的生命线”活动，增强了广大员工的责任意识、服务意识和创新意识，浮梁县供电公司农电工朱润元荣获国家电网公司“优质服务十大标兵”和江西省“井冈之子”称号；通过深入开展精神文明创建活动，公司系统共有20个所属单位、28个县级供电企业通过第九届江西省文明单位公示。江西省电力公司及所属赣西供电公司被中央精神文明建设指导委员会授予“全国精神文明工作先进单位”荣誉称号。

民主管理

坚持职工代表大会制度，参与企业民主管理、民主监督。积极探索新形势下贯彻依靠方针到基层的实现途径，全省93个县级供电公司工会主席代表职工全部进入董事会；健全各类规章制度，纵深推进厂务公开；落实“二十字”团队精神，推动工会建设全面发展；加强领导班子建设，促进工会干部提高素质健康成长；树立精品观念，提升企业文艺品位；举办了江西省电力系统庆祝建国五十四周年“情聚中华”大型文艺汇演和江西省电力系统首届“金话筒”主持人大赛，承办了2003年全国电力系统职工羽毛球比赛。2003年江西省电力公司被中纪委、中央组织部、国资委、监察部、全国总工会联合授予全国厂务公开先进单位，省电力工会被全总授予“全国模范职工之家”，柘林水电厂荣获全国“五一劳动奖状”，谭永香、张建生同志获全国“五一劳动奖章”，江似火同志被全总授予“全国优秀工会工作者”并当选为中国工会十四大代表。

存在问题

(1) 电网安全管理还比较粗放，方式单一，手段落后，厂网安全管理机制不健全，部分员工安全意识淡薄、安全知识欠缺，违章行为没有得到根本杜绝。

(2) 外力破坏事件屡屡发生仍然是困扰电网安全的一个症结。电能被窃的问题还比较突出。

(3) 电网经营形势严峻，存在上网电价过高、资产负债率过高、农电企业亏损比例过高和获利能力低、再投资能力低的问题，电网建设与资金不足的矛盾突出，城乡电网改造还贷和旧欠电费回收压力大。

公司领导和机构设置

党组书记、总经理毛日峰：负责省电力公司全面工作，直接管理总经理工作部、人事劳动部（领导班子建设处、人事管理）、计划发展处、审计处、董事监事局。

联系：纪检组、监察专员办，工会。

党组成员、副总经理李宁生：协助总经理管理财务处、市场营销处、人事劳动部（劳资、社保中心、人才交流中心）、计划发展处。

联系：江西省电力燃料有限公司。

党组成员、副总经理张卫平：协助总经理管理总工办、生产技术部、安全监察部、科技教育处（科技）、青山湖基地办。

党组成员，纪检组长、监察专员熊家森：直接管理公司纪检组、监察专员办；协助党组书记管理思想政治工作办公室；协助总经理管理农电处、新闻中心。

党组成员、工会主席江似火：直接管理公司工会工作，协助总经理管理基建处、物业公司（机关事务部）、物资公司（物资处）。

联系：江西诚达咨询监理公司。

总会计师黄水龙：直接管理财务工作，协助总经理管理审计处、多产业工作管理部、科技教育处（教育）、省公司职工持股会工作。

联系：江西电业开发总公司、江西赣源实业总公司、华中电力国际经贸有限公司江西分公司、江西电能科技发展有限责任公司、华中电力集团财务公司江西分公司。

主要事件

1月1日零时，江西电网2002年统调电厂发电量达205.9亿kWh，全社会用电量为246.57亿kWh，分别比2001年增长17.07%和10.92%。

同日，省公司将万安水电厂等3家发电企业划转给中国国电集团公司。

1月24日，省公司与中国电力投资集团公司在南昌举行发电企业划转移交仪式，将南昌发电厂等10家发电企业正式转交给中国电力投资集团公司。

1月28日，中央精神文明建设指导委员会授予江西省电力公司“全国精神文明工作先进单位”荣誉称号，同获此殊荣的还有赣西供电公司。

2月13日，省政府办公厅印发《关于加快工业园区电网建设的实施意见》。与此同时，省公司制定了《关于加快工业园区电网建设的实施意见细则》。

2月20日，国家电网公司人董部代表国家电网公司党组宣布毛日峰同志任江西省电力公司党组书记、总经理。

2月26日，副省长凌成兴视察省公司新的生产调度科研综合楼。

同日，省公司2003年工作会议暨三届三次职代会在新的生产调度科研综合楼隆重召开。

2月27日，省公司与国电华中公司签订购售电合同，拟向缺电严重的河南省送电近20亿kWh。

2月28日，省政府办公厅印发“关于江西电网城市居民‘一户一表’，工程改造收费问题的通知”。

3月10日，省政府召开全省加快电网建设工作电视电话会议，专题研究部署全省电网建设工作。

3月28日，省政府办公厅印发《关于在我省县（市）供电企业实施产权多元化改革试点的意见》，提出了深化县供电企业改革的指导思想、基本原则和目标，制订了实施县供电企业产权多元化的主要措施。

3月31日，省委书记孟建柱视察万安水电厂。

4月2日，省经贸委、省工商行政管理局、省电力公司联合发出通知，决定全省各地市供电局统一更名为“供电公司”。

4月14日，国家电网公司党组、国家电网公司调整省公司领导班子：熊家森、江似火同志任江西省电力公司副总经理；因张卫平同志已调任新职，免去其江西省电力公司党组成员、副总经理职务。

4月中旬，省公司荣获“全国厂务公开先进单位”。

5月8日，副省长凌成兴视察南昌青山湖、顺外变电站。

5月9日，江西电力通信信息有限责任公司成立。

5月13日，副省长凌成兴率省计委、省经贸委、省电力公司等有关部门负责同志，专程赴武汉与国网华中公司领导商讨江西电网建设与发展问题。

5月17日，省委副书记彭宏松一行视察新余发电有限责任公司。

5月20日，省公司党组发出通知，决定集中3个月时间，在公司系统开展以“优质服务是国家电网公司的生命线”暨“弘扬井冈精神，兴我美好江西”的主题宣传教育活动，进一步塑造江西电力形象，提高电网服务水平。

5月23日，江西省投资公司与省公司正式签订地方控股发电公司移交协议，由省投资公司正式接管丰城、新余、萍乡、东津4个发电厂（公司）。

5月24日，省公司召开全省电力迎峰度夏与加强生产管理电话会，全面部署2003年迎峰度夏工作。

5月27日，副省长凌成兴视察宜春供电公司。

5月31日，220kV南盘Ⅰ、Ⅱ线送电成功，标志着南昌地区220kV双环网正式建成。

6月2日，按国家审计署统一部署，省审计厅正式进驻省公司开展审计。

6月4日，省委书记孟建柱视察贵溪火力发电厂。

6月6日，中国电力投资集团公司江西分公司成立。该公司在江西共接管了贵溪、南昌等 10 家发电企业，控股发电装机 160 万 kW。

6 月 12 日，省委常委、秘书长陈达恒，省委常委、南昌市委书记余欣荣及南昌市政府副市长卢晓健、罗为民等领导前来省公司视察工作。

6 月 16 日，江西大地电力投资开发有限责任公司成立。

6 月 24 日，省委书记孟建柱就江西电网频遭外力破坏事件作出批示："确保电网安全十分重要，这不仅是电力部门的责职，也是全社会的共同责任"。

7 月 1 日，江西省城乡居民用电实行同价，同价标准为 0.56 元/kWh。按照国务院的总体部署，这次同价第一步是全省县城内居民用电每千瓦时为 0.51 元。第二步从 2004 年 1 月 1 日起，全省城乡所有居民生活用电实现同价，标准为每千瓦时 0.56 元。

同日，省公安厅、省电力公司联合发文，决定从 2003 年 7 月 10 日～12 月 30 日，在全省范围内组织开展打击破坏、盗窃电力设施和盗窃电能专项行动。

7 月 14 日，省公司以赣电劳［2003］27 号文决定：撤销董事监事局，其职能分别划转人事劳动部和政法处；基本建设处更名为工程建设管理部；生产技术部内部撤销处、科设置，只设业务主管与专职。原发电处有关电厂机组检修计划管理职能移交给电力调度中心。

同日，江西电力建设公司成立。

7 月 19 日，省委书记孟建柱，省委常委、秘书长陈达恒，副省长蔡安季，南昌市市长李豆罗等领导视察南昌供电公司，看望并慰问该公司服务中心、用电抢修班一线员工。

7 月 20 日，省长黄智权、副省长凌成兴带领省直有关部门负责同志视察了 220kV 南昌顺外变电站、省电力调度中心，看望和慰问奋战在高温一线的电力企业干部员工。

7 月 22 日，省公司按照省政府的工作部署，开始开展政务环境评议评价工作活动。

7 月 30 日，省公司党组书记、总经理毛日峰在江西电视台发表电视讲话，向全省用电客户和社会各界公布了省公司新推出的 6 项服务承诺。

8 月 1 日，江西电网生产调度科研综合楼正式由武警担任警卫任务，这为全省电力生产管理和电网稳定运行提供了坚强有力的安全保障。

同日，全省统调最高发、用电负荷分别达到 547 万 kW、504 万 kW，分别比去年增加 141 万 kW、112 万 kW，其中南昌地区最高用电负荷达 119.7 万 kW，均创历史最高纪录。

8 月 12 日，全省打击破坏盗窃电力设施和盗窃电能专项行动电视电话会议在省公安厅召开，副省长蔡安季到会并发表重要讲话，提出要建立长效机制，坚决遏制破坏盗窃电力设施和盗窃电能现象。

8 月 13 日，省委书记孟建柱在刊发《电网缘何频遭破坏》一文的《江西日报》报头上批下"有关屡屡发生电网遭破坏之事，能否采取一些法律手段，予以惩罚"的重要批示，要求对破坏电力设施的行为给予严惩。

8 月 14 日，省公司副总经理、工会主席江似火在江西省工会第十一次代表大会上当选为全总十四大代表。

8 月 15 日，省公司获省政府颁发的 2002 年度江西工业崛起年度贡献奖。

8 月 19 日，省委副书记、常务副省长吴新雄视察九江发电厂。

9 月 5 日，省公司组织召开江西电网防止大面积停电研讨会，提出要吸取美、加、英等国大面积停电事故的教训，建设坚强的江西电网刻不容缓。

10 月 8 日，中国华能集团公司总经理李小鹏、副总经理黄永达等一行到江西省调研，参观了江西电网调度中心，并与省政府签订了在江西投资建设井冈山电厂二期、赣州电厂及参与投资洪屏抽水蓄能电站的意向协议。

10 月中旬，全国总工会授予省电力工会"全国模范职工之家"。

10 月 20 日，省公司在桃苑变施工现场举行 220kV 桃苑和 110kV 万溪、京东三个输变电工程开工典礼。省委副书记、常务副省长吴新雄，副省长凌成兴，南昌市市长李豆罗等省、市领导参加了开工典礼。

10 月 24 日，省公司与中国电力投资集团公司江西分公司在南昌举行了江西省电力燃料有限公司划转移交暨委托管理签字仪式，并签署了《划转移交工作备忘录》和《委托管理协议》。

12 月 5 日，省公司荣获由国家档案局、中央档案馆授予的"全国档案工作优秀集体"荣誉称号。

12 月 10 日，省公司以强化本部建设为重点的第一轮改革圆满结束，本部在编员工由改革前的 320 人减至 157 人，中层干部由 71 名减至 44 名，机构经撤并由 31 个减为 16 个。

12 月 25 日，省公司在赣州市举行吉安至赣州 500kV 输变电工程奠基仪式，副省长凌成兴出席并讲话，省委常委、赣州市委书记潘逸阳宣布工程奠基。

12 月 31 日，省公司与中国国电集团公司举行签字仪式，正式将九江发电厂、万安水电厂资产、劳资、社保等移交中国国电集团公司。

同日，江西省发展计划委员会发出通知，对我省电价进行调整。

江西省发电企业情况（统调）

1. 整体情况

全省共有发电公司5家，总装机容量610.72万kW，其中水电108.72万kW，火电502万kW。

2. 各发电公司装机容量及水、电比例

（1）中国电力投资集团公司：137.72万kW。其中水电16.72万kW，火电121万kW。

（2）中国国电集团公司：176万kW。其中水电40万kW，火电136万kW。

（3）中国华能集团公司：60万kW（火电）。

（4）江西省投资公司：195万kW。其中水电10万kW，火电185万kW。

3. 各发电公司所属企业

（1）中国电力投资集团公司：

江西罗湾水电厂（1.8万kW）；

江西江口水电厂（3.52万kW）；

江西三和洪门水电厂（4.2万kW）；

江西三和上犹江水电厂（7.2万kW）；

江西南昌发电厂（3.52万kW）；

江西分宜发电厂（10万kW）；

江西贵溪发电厂（50万kW）；

江西景德镇发电有限责任公司（35万kW）。

（2）中国国电集团公司：

江西万安水电厂（40万kW）；

江西九江发电厂（66万kW）。

（3）中国华能集团公司：

井冈山华能发电有限公司（60万kW）。

（4）江西省投资公司：

江西东津发电有限公司（水电：6万kW）；

江西赣能萍乡发电厂（25万kW）；

江西新余发电有限公司（40万kW）；

江西抱子石发电有限公司（40万kW）。

（崔保卫　谢智林）

四川省电力工业

年度特点

2003年四川电力工业的特点主要有：

（1）在稳步推进电力体制改革的同时，确保了电网安全稳定运行。

（2）电网经营状况有所改善。公司将扭亏为盈作为全年主要工作目标，在负荷和售电量大幅增长的情况下，综合线损率比2002年有所下降，补收、追收违约用电、计量误差等各种电费3500余万元，挽回和避免经济损失2.3亿元。通过与各大银行协商贷款降息，当年减少财务费用2500万元。

（3）电网进一步发展。加强了对电网发展规划和四川电力工业“十五”计划调整的研究工作；川渝电网目标网架已获国家电网公司审批。加强了对并网电源和小电网的管理和规范工作，实施了新建电源项目并网协议年审制，积极引导电源开发，适度超前建设电网，加大电网投资力度。

（4）科技创新取得积极成效。

（5）辅业单位和多经发展势头良好。各电力建设工程公司在任务不饱满的情况下得到较大改善；设备制造企业盈利128万元，实现三年扭亏目标。

（6）优质服务进一步深化，完善了优质服务常态运行机制。

（7）党的建设和精神文明建设不断加强，进一步促进了企业全面素质的提高。

企业概况

随着电力体质改革的深入发展，四川省的电力管理机构实行“厂网分开”，华电集团和国电集团分别在成都成立了分公司。到2003年底，全省电力主要管理机构有：四川省电力公司、华电集团四川公司、国电集团四川公司、华能集团四川公司、二滩水电开发有限责任公司、四川省地方电力管理局等。此外，电力建设与设备制造方面的企业有直属国家管辖的中国水利水电建设集团第五工程局、第七工程局、第十工程局、武警水电第三总队、西南电力设计院、成都勘测设计研究院、东方电机（集团）有限责任公司、东方锅炉（集团）有限责任公司、夹江水工厂等。

到2003年底，四川省电力公司下辖有电力设计、施工、修造、科研、调试、发电、供电、教育、医疗等企业30个。

供电企业（17个）：成都电业局、德阳电业局、绵阳电业局、广元电业局、巴中电业局、南充电业局、广安电业局、内江电业局、自贡电业局、泸州电业局、乐山电业局、西昌电业局、攀枝花电业局、达州电业局和四川省电力公司眉山公司、四川省电力公司资阳公司。

发电企业（1个）：映秀湾电厂。全厂发电装机总容量13.5万kW。

建设安装企业（3个）：四川电力送变电建设公司、四川电力建设二公司、四川电力建设三公司。

电力设备制造企业（3个）：成都铁塔厂、四川电力机构厂、都江电力设备厂。

电力调整试验企业（2个）：四川电力试验研究院、四川电力调整试验所。

职工教育学校（2个）：四川电力职业技术学院、

四川电力培训中心。

职工医院、疗养院（2 个）：四川电力医院、四川电力疗养院。

2003 年末四川省电力公司主业职工总人数 30952 人。

经营指标

四川省电力公司年末总资产 405.56 亿元；实现销售收入 178.16 亿元；上缴税金 11.32 亿元；利润总额 1.57 亿元，比下达指标高出 2.77 亿元；净资产收益率 1.33%，比下达指标高出 2.46 个百分点；资产负债率 71.25%，比下达指标下降 4.25 个百分点。应收电热费余额 15.44 亿元，比下达指标下降 4.06 亿元；上缴投资收益 600 万元，与下达指标持平。劳动生产率 36.5 万元/（人·年），比 2002 年提高 19.14%。全面完成国家电网公司下达的资产经营考核指标。

电网建设

全年共完成投资 21.56 亿元，电网新增生产能力：500kV 线路 482km；220kV 变电站 2 座、24 万 kVA，线路 230km；110kV 变电容量 44 万 kVA，线路 243km；35kV 变电容量 18 万 kVA，线路 103km。县城电网改造工程已经正式启动，完成投资 10.4 亿元。南充 500kV 输变电工程基本建成，省内第一条 500kV 输电环网全线贯通，二滩送出工程及华阳、德阳 500kV 输变电项目前期工作已经展开。年内先后建成投产的输变电工程主要有南充 500kV、桐子林、马家田、塘坎街、嘉陵 220kV 输变电工程。

安全生产

2003 年四川省电力公司系统的安全生产形势基本稳定。全面完成国家电网公司下达的安全生产目标，未发生电网大面积停电事故，全年没有发生重大和特大事故以及农电生产（农电工）人身死亡事故，实现了农电安全生产历史性突破。全年共发生一般设备事故 24 次，比 2002 年增加 4 次；一类故障 74 次，比 2002 年减少 30 次，下降 33%；恶性误操作事故 5 次，比 2002 年同期增加 2 次上升 40%。全口径统计人身死亡共 3 人，比 2002 年同期下降 25%。

电力营销

2003 年四川省电力公司的营销工作以不断提高销售均价、努力降低购电单价、积极扩充市场份额为主线，以营业、电费电价、并网管理等三大检查为手段，有力地促进了电力营销工作。全省用电需求和公司售电量继续保持快速增长，在限电 60 万 kW 的情况下，主网最高负荷达 997 万 kW，增长 11%；日最高电量 1.91 亿 kWh，增长 9.28%，创历史最高水平。省电力公司售电量 539.33 亿 kWh，为年计划的 102.8%，增长 16.97%；省内售电量 494.95 亿 kWh，为年计划的 103.87%，增长 15.7%。“川电东送”累计完成 81.61 亿 kWh（含二滩送重庆），其中送华东 22.68 亿 kWh，送福建 1.06 亿 kWh，送重庆 57.87 亿 kWh。全年实现销售收入 178.16 亿元。

农电管理

2003 年四川省电力公司的农电管理工作，主要是积极推进农村电网改造工程，研究和探索深化农电体制改革，强化农电管理，提升农电安全生产水平。主要完成的工作有三方面。

（1）完善第一、二期农网工程的后续工作，规范、稳妥地开展县城电网改造工程。建立了县城电网改造的各项规章制度和技术标准，下发了《县城电网改造工程管理办法》、《电网项目投资管理与考核办法》、《县城电网改造计划管理原则》、《县城电网改造工程概预算管理办法》、《县城电网改造技术导则实施细则》以及《县城电网改造 10kV 及以下工程典型设计》等制度标准。全年省电力公司共计安排县城电网改造投资 13.5 亿元，完成投资 10.4 亿元。

（2）认真抓好农电管理工作。2003 年省电力公司提出了“抓队伍、抓管理、抓发展，创规范化管理”的农电工作指导思想，及时解决了农村供电所在“两改”后到底“抓什么，怎么抓？”的问题。经组织验收，有 541 个农村供电所达到省电力公司制定的标准，其中直供区供电所 417 个，达标率为 63%。共组织 14700 名农电工参与考试，合格率为 91.5%。强化了农电安全管理，首次实现了省电力公司有史以来农电生产人身死亡为零的目标。全公司有 650 个供电所达到省电力公司规范化服务示范窗口标准。57 个供电所被国家电网公司评为“农村规范化服务示范窗口”，成都双流黄甲供电所周相智、德阳什邡元厂供电所廖模清、南充顺庆共兴供电所谢明德、内江东兴新江供电所曾蜀平 4 名职工被国家电网公司授予农村供电所优质服务先进个人。

（3）继续深化农电体制改革，逐步建立适应新时期要求的农电管理体制。按照“整体把握，因地制宜，分类指导，抓好试点，稳步推进”的原则，将县级电力体制改革分为两步走：①首先抓好代管县电力企业的管理，为深化县级电力体制改革奠定基础；②积极稳妥地开展县级电力体制改革。对条件成熟的县电力企业，以股份制改革为重点，积极推进。在抓好试点的基础上，着手解决供电所劳动用工、社会保险问题。到年底，有 6 个电业局 4870 名供电所人员签订了劳动合同，办理了保险，规范了供电所劳动用工，稳定了农电队伍。

科技进步

按照公司发展战略，突出重点，集中资金安排科技项目，解决了一批影响安全生产和经营管理的具体问题。2003年共安排科技项目34项，总费用7078万元，其中资本金1500万元，成本5578万元，这些项目正在按计划进度进行。其中《500kV高海拔、重冰区导线用配套金具研究》成功，加快了重冰区（30mm）导线用配套金具的国产化进程。该项目在国内技术领先，工艺成熟，因而获得很大市场比例。当年全公司共获各类科技进步奖项37项，其中国家科技进步奖1项，四川省科技进步奖4项，是省电力公司2000年以来获政府科技进步奖项目最多、获奖等级最高的一年。在这些奖项中：

（1）获国家科学技术进步二等奖1项，即《变电站电气设备绝缘参量多功能在线监测及故障诊断技术研究》。

（2）获四川省科学技术进步一等奖1项，即《四川水电仿真系统研究》。

（3）获四川省科学技术进步二等奖1项，即《500kV塔双回线带电作业厂研究》。

（4）获四川省科学技术进步三等奖2项，分别是《多谐波源响应的Monte—Carlo模拟及谐波监测的数据库查询》和《220kV交流输电系统用有串联间隙复合外套金属氧化物避雷器开发与应用》。

优质服务

2003年四川省电力公司结合自身实际，深入开展了“优质服务是国家电网的生命线”宣传教育活动，进一步提高了广大职工对电网公司的性质、职责、定位和优质服务对公司重要性的认识，推动了思想观念、服务理念的转变。大力推广“共产党员服务队”模式，全公司各电业局基本都已成立了“服务队”，明确了“服务队”的机构编制和定员，进一步完善了优质服务常态运行机制。成都电业局“共产党员服务队”荣获国家电网公司“优质服务十大标兵集体”荣誉称号。加强营业窗口和营销管理信息系统建设，不断完善“95598”系统，积极开展营业窗口优质服务竞赛活动，坚持推行服务标准化、规范化、现代化。组织报社记者对优质服务工作进行暗访，对不规范行为进行曝光，进一步巩固了优质服务成果。

多种经营

2003年是四川省电力公司多种产业系统“稳定、规范、发展”的一年。公司多种产业管理部门实施了以启明星信息、多经政策研究定期发布制、重大事项报告制、对口联系制和对基层多经课题研究制为内容的“一港四制”制度，有力地促进了多种经济企业的发展。共有多经企业269家，其中工业41家，建安125家，商业42家，旅游服务28家，其他33家。资产总额56.69亿元，负债38.79亿元，净资产18.17亿元。职工总人数18282人。

2003年省电力公司系统的多种经营结构调整继续加强，对外投资进一步优化，龙头项目进展顺利。经过艰苦努力，眉山启明星电解铝项目得到国家发改委批准。该项目一期工程已建成投产，目前生产经营状况良好，后续建设正常进行。格鲁吉亚卡杜里水电站首台机组已具备投产条件。公司系统多种经营实现收入39.46亿元，实现利润2.83亿元，多经实力进一步增强。

体制改革

2003年是深化电力体制改革的一年。四川按照国家电网公司电网体制改革部署，本着“总体设计、分步实施、积极稳妥、配套推进”的原则，顺利完成了当年电力体制改革任务，分阶段、分步骤地开展了发电企划转工作。在21家发电企业的安全生产、经营管理及干部组织关系的移交工作全面完成后，从2003年2月开始进行了财务资产与劳动工资保险的移交划转。到年底已经基本完成各项移交划转工作。同时组织职工认真学习国家电网公司有关组建区域电网的决定，统一职工对体制改革的认识，增强了对电力体制改革的信心和自觉性。并结合四川省国民经济的发展和四川省电网的实际，向国家电力监管会提出了四川省电力公司关于《区域电力市场建设指导意见》、《发电厂并网管理意见》、《电力市场运营基本规划（试行）》、《电力市场监管办法（试行）》等建议稿和向国家电网公司提出了对华中区域电网组建的建议意见。在体制改革中，根据国务院国有资产监督委员会《关于贯彻落实全国再就业工作座谈会精神，进一步做好主辅分离辅业改制工作的通知》精神和国家电网公司的统一安排，按照省公司辅业单位的分类，对辅业单位的资产结构、组织结构、财务状况、业务范围、在职和离退休人员情况、市场前景以及急需解决的问题和政策支持进行了详细调查，做好主辅分离方案的调研工作，使改革取得了预期的结果。

精神文明建设

2003年四川省电力公司在思想政治工作和精神文明建设上均取得一定新成果。

（1）省电力公司围绕公司全年重点工作，层层开展形势任务宣讲，大讲公司改革、经营、安全生产形势，做好职工的思想引导工作。坚持对职工的思想动态调查分析，分季度确定重点和专题进行分析研究，及时掌握职工思想动态的第一信号。大力开展寓教于文、寓教于乐的文体活动，充分发挥思想政治工作的应有作用。中央宣传思想工作领导小组办公室到公司进行了思想政治工作专题调研，对四川省电力公司的工作给予了充分肯定。

(2) 积极推进职业道德建设和文明行业创建活动，广泛开展以“弘扬新风、奉献社会”为主题的扶贫济困服务活动，组织“共产党员义务服务队”、“青年志愿者服务队”分赴巴塘、理塘、木里等县，安装、维修微型水电站和开展捐资助学活动，赢得了社会的赞誉。深入开展以创文明单位为重点的系列活动，巩固了公司省级文明行业创建成果，涌现出一大批先进典型。其中成都、绵阳、攀枝花电业局和映秀湾电厂分别被授予全国创建文明行业工作和精神文明建设先进单位、全省职业道德建设十佳标兵单位，成都电业局“共产党员服务队”荣获国家电网公司优质服务十佳标兵集体。

(3) 坚持正确的舆论导向，社会宣传工作围绕供电形势的变化和电网重点工程建设及时组织了报道，为公司发展创造良好的舆论环境。《西南电力报》在宣传公司重点工作，宣传公司系统的新思路、新发展、新亮点、新经验以及在开展舆论监督上发挥了积极的作用。2003 年，中央电视台多次报道了四川省电力公司的两个文明建设成就。

公司领导

中共四川省电力公司委员会成员

书　记：石万俭

副书记：朱长林　甘德一

委　员：陈晓林　马怀新　李成玉　宋丕　邓天杰

四川省电力公司主要领导成员

总经理：朱长林

副总经理：陈晓林　薛嘉璋

工会主席：邓天杰

总会计师：胡柏初

存在问题

2003 年四川省电力公司在经营、改革发展中存在的问题主要有以下 4 个方面：

(1) 缺电形势严峻，安全压力大。枯水期主网电力缺额在 130～200 万 kW 之间，电量缺在 3000～4000 万 kWh 左右，在这样的严重缺电情况下，电网安全生产与供应压力非常大。

(2) 经营仍然困难，管理尚有漏洞。优惠电价未能全部取消，2003 年通过竞价等取得资金来源 4.42 亿元，公司仍承担了 3 亿优惠资金缺口。公司资本金严重赤字，长期借款逐步增加，资产负债率进一步攀升，财务压力大。部分单位违反财务规定设立小金库的现象比较突出。这些都说明在管理上还存在一定漏洞。

(3) 改革任务繁重，各种矛盾复杂。在厂网分开、区域电网相继成立后，由于新的电价机制尚未设施，电力市场体系没有完全建立，加上过渡期间出现电厂要求暂停竞价、要求高峰调频付费以及主辅分离等问题，既是改革的重点，又是改革的难点。

(4) 四川大小电网之间的矛盾长期存在而且非常突出。全省共有县（市、区）180 个，公司直供的仅 35 个，在遂宁、雅安、甘孜等地区尚无国家电网，既影响了电力资源的优化配置，又制约了公司的市场拓展，特别是在缺电的情况下，地方小水电无序建设的情况抬头，不仅无助于缓解缺电矛盾，而且进一步恶化了电源结构。

主要事件

1 月 8 日，由四川省电力公司控股年产 1000 余 t 的多晶硅生产线在乐山破土动工。

1 月 16 日，四川省电力公司与中国国电集团公司发电企业移交签字仪式在成都举行。

1 月 16 日，装机 330 万 kW 的大渡河瀑布沟水电站经国务院批准正式立项。

2 月 13 日，四川省电力公司与中国华电集团公司移交签字仪式在成都举行。

2 月 18 日，来川视察工作的全国人大常委会委员长李鹏接见四川省电力公司总经理朱长林，要求加快四川电力工业的发展。

3 月 19 日，中共中央宣传部发出通知，并组织《人民日报》、《新华社》、《光明日报》等 12 家新闻媒体，隆重推出成都电业局“共产党员服务队”先进事迹的典型报道，在全国引起强烈反响。

3 月 23 日，中国华电集团公司四川分公司成立大会在成都锦江宾馆隆重举行。

4 月 2 日，中国华电集团公司广安电厂二期 2×30 万 kW 扩建工程正式开工。

5 月 19 日，眉山思蒙 500kV 变电站一期项目——220kV 东坡开关站正式投运。

5 月 31 日，四川省电力公司县城电网建设与改造工程开工仪式在四川温江举行。县城电网建设与改造工程总投资 50 亿元，计划 2004 年完成。

6 月 2 日 17 时，省内第一条 500kV 输电环网全线贯通。

6 月 18 日 14 时 30 分，川渝两地电网和华中电网实现成功对接。川渝两地的电力可以直接通过三峡电网，经华中电网向华东电网输送。

6月21日凌晨1时44分，按照国家电网公司调度中心指令，四川电力调度中心负责监控川电东送负荷频率和实时数据的电子系统正式投入运行。

7月16日，四川省政府召开全省农村电网建设与改造总结表彰暨县城电网改造工作会议。

7月27～30日，雅砻江锦屏一级水电站项目建议书经中国国际工程咨询公司组织专家、院士在成都进行评估后获得通过，并形成《评估报告》报国家审批立项。

7月31日，四川电网日用电量和日最高负荷再创历史新高，日用电量达到1.87亿kWh，高峰负荷达997万kW，直逼1000万kW大关，全网正式启动错峰填谷计划和限电措施。

9月1日13时48分，南充500kV输变电工程带电一次启动成功，四川省第一条500kV环网正式带电运行。

9月20日10时36分，通过500kV辛嘉线，华北电网的河北辛安500kV变电站与华中电网的河南获嘉500kV变电站联网，华北电网和华中电网并网成功。

10月28日，紫兰坝水电站前期工程开工。

11月5日，华中电网有限公司在武汉成立。华中电网由湖北、河南、湖南、江西、四川和重庆电网组成。

11月10日，“川电东送”电量已达21.27亿kWh，超计划多送电量6.27亿kWh。

11月25～28日，水电水利规划设计总院受国家发展与改革委员会委托，会同四川省发展计划委员会组织专家、院士在成都对雅砻江锦屏一级水电站可行性研究报告进行了审查，形成具体审查意见上报国家审批立项开工。

12月1日，四川电网进入枯水期第一天，华东电网开始为期一个月的每天30万kW负荷、700万kWh电量返送四川电网，以缓解四川电网枯水期供电的严峻形势。

12月4日，四川省电力公司召开县城电网改造第二次协调会，要求加快县城电网改造进度。

（程彦韬、陆远兴）

重庆市电力工业

综述

2003年，全重庆地区发电量199.1亿kWh，比2002年增长8.09%；全市由重庆电力调度中心直接调度发电厂发电量140.39亿kWh(水电14.95亿kWh，火电125.44亿kWh)，同比增长10.53%。其中：重庆发电厂28.46亿kWh，同比减少9.28%；白鹤发电厂5.99亿kWh，同比减少7.56%；狮子滩水力发电总厂4.13亿kWh，同比增长34.53%；华能珞璜电厂73.51亿kWh，同比增长14.88%；华能江北燃机电厂1.47亿kWh，同比增长44.12%；九龙电力股份公司12.35亿kWh，同比减少7.14%；石板水电站3.82亿kWh，同比增长4.09%；江口水电站5.51亿kWh(2002年尚未建成)。重庆市主网发购电量197.25亿kWh，其中购二滩电量37.23亿kWh，增长0.35%；购四川电量10.94亿kWh，增长15.16%；购贵州电量2.5亿kWh，增长105.92%；购三峡电站电量7.72亿kWh，购华中电网电量2.52亿kWh(2002年均未发生)。主网售电量175.82亿kWh，增长13.63%。重庆市电力公司售电收入77.16亿元(含税)，同比增长19.61%；全员劳动生产率29.86万元/(人·年)，增长6.07%。

2003年重庆全社会用电量269.26亿kWh；售电量242.95亿kWh。其中：工业用电量173.87亿kWh（轻工业26.6亿kWh；重工业147.28亿kWh）；农、林、牧、渔、水利业4.54亿kWh；地质普查勘探与建筑业5.6亿kWh；交通邮电通信业5.08亿kWh；商业与其他行业32.25亿kWh；城乡居民生活用电47.93亿kWh（乡村居民16.62亿kWh；城市居民31.82亿kWh）。全市工业万元产值耗电量657.2kWh，每千瓦时产值15.22元。

截至2003年底，全市发电装机容量434.1万kW（水电127.21万kW，火电306.89万kW）。其中主网直调294.56万kW（水电59.85万kW，火电234.71万kW，水火电比例分别为20.32%和79.68%）。重庆市电力公司直属电厂44万kW；中国电力投资集团公司所属九龙电力股份有限公司20万kW，白鹤发电厂10万kW，狮子滩水力发电总厂13.2万kW，共计43.2万kW；华能电力公司所属珞璜发电厂144万kW，江北燃机电厂10.86万kW，共计154.86万kW；地方电网159.57万kW（水电121.24万kW，火电38.33万kW）；企业自备电厂39.1万kW。主网拥有变电站218座，容量1702万kVA。其中：500kV变电站3座，容量300万kVA；220kV变电站29座，容量624万kVA。35～500kV输电线路472条，长度7783.7km。其中：500kV线路6条722km，220kV线路78条2210.7km。

2003年，重庆市电力公司获得“全国厂务公开先进单位”称号，陈峰总经理荣获“全国五一劳动奖章”。

公司领导

董事长、总经理：陈峰

副总经理：邹正平　孙渝江　陈安伟

工会主席：黄凤洲

纪检组长：曹宁
总经济师：杨锡友
总会计师：学习
总工程师：莫文强

组织机构

1. 公司本部

总经理工作部、思想政治工作部、外事办、新闻中心、战略规划部、监察室、计划部、财务资产部、人事董事部、结算中心、人力资源部、农电工作部、社保中心、审计部、职鉴所、综合管理部、生产技术部、机关事务部、安全监察部、保卫部、市场营销部、调度通信中心、工程建设部、技术经济室、重庆电力工会、公司团委、机关党委。

2. 供电局

万州供电局、城区供电局、沙坪坝供电局、南岸供电局、杨家坪供电局、江北供电局、北碚供电局、綦南供电局、长寿供电局、永川供电局、壁山供电局、江津供电局。

3. 发电厂

重庆发电厂。

4. 其他单位

重庆电力建设总公司、重庆电力超高压局、重庆电力试验研究所、重庆电力设计院、重庆电力高等专科学校、重庆电力教育培训中心、重庆电网科技信息中心、重庆市电力公司客户服务中心。

5. 控股中心

潼南供电有限责任公司、武隆供电有限责任公司、綦江供电有限责任公司、永川供电有限责任公司、南川供电有限责任公司、巴南供电有限责任公司、大足供电有限责任公司、蟠龙抽水蓄能有限公司、广汇劳务有限责任公司、巫山县三溪火电厂。

电力生产

重庆市电力公司坚持“安全第一，预防为主”的方针，认真贯彻落实国家电网公司1号令及一系列对安全生产的要求和部署，全面落实安全生产责任制，不断探索安全生产管理的新举措。认真组织以“一反五查”为主要内容的“安全生产整顿月”活动和“三无”活动，加强危险点分析和预控措施，开展事故预想和反事故演习，推行安全管理关口前移；积极推进安全性评价工作，大力开展秋季安全大检查，严格整治设备隐患和各种违章行为，安全形势明显好转。全年公司未发生特别重大事故、人身死亡事故、重大电网事故、重大设备事故和重大火灾事故，设备事故次数同比降低53%，一类障碍同比降低2%，人身事故同比降低48%。

为避免美国、加拿大电网大停电事故在重庆电网重演，8月18日，重庆市电力公司提出六项防范措施，避免重庆电网发生大面积停电事故，确保电网安全。①进一步加大电网特别是电网接地系统的检查整治力度，设备的工作接地和保护接地一定要可靠，防止雷击、短路等引发电网事故；②进一步加强防雷整治，提高绝缘强度，提高电网设备的配置水平，适应电网发展的安全需要；③进一步加强潮流稳定计算和安全控制分析工作，使电网安全随时处于可控状态；④进一步加强继电保护及安全自动装置的运行维护，确保主保护和快速保护百分之百投入；加快继电保护设备的更新换代工作；要特别注意防止保护的“拒动”，安控系统要正常运行；要重视和加强低周减载管理工作；⑤高度重视继电保护、通信、自动化装置计算机系统的安全问题，进行有效的安全隔离，防止计算机病毒的侵入和破坏；⑥按国家电监会委托国家电网公司加强对并网电厂安全监督管理工作的要求，加强对并网电厂安全监督管理，重点防止并网电厂故障导致主网事故。

2003年夏季，重庆市遭遇持续高温天气，7月31日重庆市电力负荷刷新历史纪录，达到428.4万kW，日供电量8320万kWh；8月5日电力负荷上升到431.6万kW，日供电量达到8571万kWh；8月29日再次刷新历史纪录，达到435.5万kW，同比增长15.6%，日供电量8686万kWh，同比增长16.44%，最大峰谷差184.7万kW，同比增长17.12%，均创历史新高。重庆市电力公司未雨绸缪，精心安排，从2002年就开始抓好2003年迎峰度夏工程建设，安排好电网和发电设备的检修；积极组织外购电力，缓解电力供需矛盾；加强需求侧管理，安排企业合理躲峰；科学预测，合理调度，及时开展事故抢修。重庆电网在2003年夏季经受住了考验，当全国21个省市都出现拉闸限电的情况下没有拉闸限电，保证了全市生产、生活用电。

9月21日上午，华北—华中电网成功实现联网。华北—华中联网是实现西电东送、南北互供、全国联网战略目标的一项重大举措，有利于电力资源在更大范围内的优化配置。华北—华中联网后，华北、东北、华中、川渝电网将实现交流互联，形成北自黑龙江伊敏电厂、南至四川二滩电站，跨越14个省市，发电装机容量超过1.4亿kW，南北跨距4600km的大型链式连接的同步交流电网，这将使得重庆电网电力得到有效的供应候补。

电力建设

2003年，重庆电网建设进展顺利，电网输送能力增强，电网结构进一步改善。顺利完成5个度夏工程、

4个民心工程、4个渝东南工程和渝怀电铁配套供电工程年度计划以及酉阳接入国网系统过渡方案工程，建成220kV贵州习水—黄荆堡输电线路工程。全面完成农网改造二期工程，正式实施县城电网改造工程。全年新建、扩建、增容改造并投产110kV及以上输变电工程项目46项，新增变电容量121.18万kVA，投产线路670km。新增并网酉阳、奉节、石柱、彭水电力公司，国家电网已覆盖全市37个区（市、县），供电面积7.3万km^2，约占全市总面积90%。

11月9日凌晨零点整，由重庆鼎泰能源（集团）有限公司控股建设的江口水电站1号100MW机组顺利结束了72h的试运行，正式投产。至此，江口水电站3台机组，总装机容量300MW全部投运。

江口水电站位于重庆市武隆县江口镇芙蓉江河口以上约2km处，是一座以发电为主的综合利用工程。电站距用电负荷中心重庆市区约130km，正常蓄水位300m，坝顶高程305m，电站装机容量3×100MW。枢纽建筑物主要由混凝土双曲拱坝、左岸地下引水发电系统组成。电站年发电量10.71亿kWh。水电站于1999年5月开工建设引水洞，2000年10月大江截流，12月开始大坝混凝土浇筑，建设工期历时4年半。

体制改革

长期以来，重庆市实行国家电网与地方电网并存的供电体制，严重阻碍了电力资源优化配置和经济社会发展。在国家电网没有覆盖的区域，缺乏稳定可靠的电源，电网脆弱，供电质量差，难以保证当地经济发展和人民生活日益增长的用电需求。而且，这些区域电价偏高，人民群众很不满意。为此，重庆市委市政府决心用两年时间理顺电力体制，2003年6月市政府审议通过了《重庆市电力体制改革意见》。《意见》提出，重庆市将按"一市一网、一县一公司、厂网分开、同网同质同价"和"总体设计、分类指导，积极稳妥，先易后难，分步推进"的指导原则进行电力体制改革，并按"两步走"的实施步骤抓紧推进。第一步，从现行供电体制实际出发，以资产为纽带，按《公司法》以重庆电网配售电分公司、重庆电网公司全资子公司、多家股东进入有限责任公司等3种模式组建"一县一公司"，在2003年年底前完成。第二步，继续进行资产重组，使国家电网进入各区县电网，将在2004年底前完成。两步改革完成后，最终构建起全市统一、稳定、高效的骨干电网，理顺国家电网和地方小电网关系，建立覆盖全市域的配售电网络，实现城乡居民用电同质同价，支撑全市经济社会持续快速发展，满足人民生活水平不断提高的要求。

8月27日，酉阳地方电网成功并入重庆电网，至此，国家电网在渝东南已经和石柱、酉阳、武隆和彭水等地方电网并网。并网为推动重庆"一市一网"的实施和促进渝东南地区的地方经济发展迈出了坚实的一步。

经过充分协商，至2003年底，已有潼南县、武隆县、南川市、大足县、永川市、綦江县、巴南区分别由重庆市电力公司或重庆市建设投资公司控股组建了供电有限责任公司。由于这两个有实力的公司分别进入，增强了七县（区、市）电力建设的投融资能力，加快其电力工业的发展步伐。

经营管理

重庆市电力公司1997年成立以来，在改革中创新，在创新中发展，取得了令人瞩目的成绩。但与国内外一流电力公司比较，仍存在较大的差距：①主要指标的差距；②经营管理水平上的差距；③人员素质的差距，其中指标的差距是现象，管理的差距是根源，人员素质的差距是本质。随着电力体制改革的深化，许多原来通过企业内部行政指令和计划手段调整的生产关系，变成需要通过市场和法律手段来调整和规范，由此而引发的新的问题和矛盾逐步显现。尤其是厂网分开后，公司的核心业务发生重大转变，面临着新的机遇与挑战。为实现国际一流电力公司目标，公司按照改革方案的总体要求，经过认真考察和讨论，决定引入国际先进的管理理念和思想，邀请国际一流的咨询公司——埃森哲公司（Accenture）对公司的管理进行全面的咨询和诊断，通过对未来的业务战略进行明晰，对现有的业务流程进行优化来达到管理创新、机制创新、体制创新和科技创新，提高效率，降低成本，最终实现成为国际一流电力公司的目标。

重庆市电力公司开展公司经营战略咨询，通过对公司业务现状的诊断和经营战略的明晰，进一步优化业务流程、组织架构和信息架构，全面提升公司综合管理水平和核心竞争力。成立了投资风险管理委员会，对投资项目进行风险分析和优化，规范投资行为，降低投资风险。预算管理逐步完善，预算管理委员会在预算编制、审批、执行中发挥重要作用，使公司的预算执行可控、在控。工程、物资招投标管理进一步规范，保证了公司生产、经营、基建的物资供应，降低了采购支出。优化上网电量结构，控制购电成本。减少长期贷款，降低财务费用。以利润为中心的承包机制不断完善，年中兑现考核，调动基层单位的积极性。积极探索市场化用工新路子，集中管理全公司市场化用工。建立公司本部绩效考核机制，促进部门提高工作效率和工作质量。信息化建设取得新的成绩，形成了公司系统基于广域网的一体化办公自动化系统，全面实现网上收发文，提高了工作效率和工作质量。

继完成"业务现状诊断"、"业务战略定位"之后，至2003年末，公司经营战略咨询项目已进入第三阶段——“业务能力设计”阶段。在此阶段，项目组将结合与最佳业务实践比较得出的诊断结论，在明晰后的经营战略指导下，充分考虑重庆电力的实际情况，设计出兼具先进性和可操作性的未来业务能力蓝图。在蓝图中，项目组将设计出未来的业务流程、组织架构、部门职责、能力素质库、绩效指标库，制订速效方案和业务能力的实施规划，并对转变收益进行分析和评估。

重庆市电力公司认真贯彻落实“优质、方便、规范、真诚”的服务方针，切实履行“八项承诺”。为客户提供多种交费方式，有效缓解了客户交费难的问题。结合低压网改的进程，为居民客户合表分户创造条件。积极开展客户的评级，建立大客户经理制、VIP客户代表制，为客户提供个性化、差异化的增值服务。大力推行企业识觉识别系统。完成“95598”客户服务热线二期工程的建设，实现全公司供电范围内的统一热线、统一投诉和统一故障报修，在主城区内实行统一报装，统一取费标准，优化报装流程，实行控制监督，真正让客户享受到“零时间，零距离”、“足不出户，方便快捷”的服务。

电力规划

为保证重庆电力建设持续、稳健发展，2003年初重庆市政府召开了前所未有的第一次电力工作会议，这次会议进一步明确了重庆市电力发展思路和重点任务，从全面建设小康社会和加快建设长江上游经济中心的总体要求出发，立足重庆市能源资源，以电源建设为基础，以电力市场为导向，以电网改建为保障，以电力管理体制改革为动力，全面加快重庆市电力建设的步伐，确保在2010年前建立起稳定、安全、可靠的电力供给保障系统。按照会议精神，完成了《重庆2020年目标网架规划设计》、《重庆电网2010年500kV输变电项目规划报告》以及《重庆市2015五年电力发展规划》修编工作，组织完成各供电局五年配网规划。《重庆市2010年电网建设方案》经市委常委会、市政府常务会审议通过，为重庆电网的发展打下坚实的基础。目前，重庆市电力工业具有四大特点：典型的受端电网、日益扩大的负荷峰谷差、多元化的电力资产格局和复杂的电力管理体制。电力工业虽然发展迅速，但仍存在一系列亟待解决的矛盾和问题，主要是：电力工业发展水平较低；电源结构不合理，小水电、小火电比重大；电网结构薄弱；电力供应不能满足经济快速增长的需求。

精神文明

市电力公司响应市委市政府号召，积极开展全民抗“非典”工作。面对突如其来的非典型肺炎，重庆市电力公司按照市委、市政府的部署和要求，积极配合和支持重庆市的防治“非典”工作，为防治非典提供了坚强的电力保障。同时，电力公司还积极响应市委、市政府的号召，慷慨解囊，捐款支持防治非典工作，充分体现了电力企业高度的社会责任感，表现了电力公司支持我市防治非典的信心和决心。2003年5月15日，在全市工业系统捐赠仪式上重庆市电力公司向全市抗非典捐赠237万元（其中系统职工个人捐款50.4万元）。5月21日，重庆电力职工怀着对抗“非典”一线医务工作者和工作人员的敬意和感激之情，再次捐献150万元。

在“三八节”全国总工会召开的表彰大会上，重庆市电力工会女职工委员会获“全国工会先进女职工集体”称号。

在中共重庆市委企业工作委员会召开2003年“七一”表彰会上，重庆市电力公司党组荣获先进企业党组，沙坪坝供电局党委荣获先进企业党委，万州供电局、三峡供电局党支部荣获红旗党支部称号，原公司党组成员、副总经理罗维同志荣获优秀党务工作者称号。

主要事件

1月9日，奥地利VA TECH HYDRO公司（北京）总经理Holzinger先生一行三人拜访赵贤正副总经理。双方就今后电力建设项目加强合作事宜交换了意见，取得了共识。

1月17日，国家电力公司副总经理、华能集团公司总经理、党组书记李小鹏到渝调研并慰问电力职工，会见了陈峰总经理，就珞璜电厂三期扩建工程等方面问题交换了意见。

1月21日，重庆市电力公司荣获“2002年集团扶贫先进单位”称号。

1月23～24日，重庆市电力公司隆重召开一届五次职代会暨2003年电力工作会，公司系统的职工代表及有关负责人共224余人参加了会议。

1月27日，公司与中国电力投资集团公司举行了九龙电力、狮子滩、白鹤电厂划转移交签字仪式。

2月28日，由重庆市电力公司和重庆大学等四个单位合作完成的《变电站电器设备绝缘多参数多功能在线监测及故障诊断技术研究》在全国科学技术奖励大会上获国家科技进步二等奖。

3月5日，公司95598客户服务系统一期工程暨科技成果顺利通过专家验收。

3月10日，重庆市电力电量交易（EMOS）系统正式投入运行，并依托EMOS系统开展重庆电网电力电量交易。

3月14日，公司与市邮政局签订代收电费协议。

3月28日，重庆市电机工程学会第二次代表大会暨二届一次理事会隆重召开。

4月1日，国家电力监管委员会邵秉仁副主席一行到市公司调研。

4月7日，重庆市电力工作会议在公司召开。王鸿举市长主持会议，市委书记黄镇东、常务副市长黄奇帆在会上作了重要讲话。本次会议旨在加快重庆市电力建设步伐，研究和部署重庆市电力建设工作。

4月10日，全国厂务公开电视电话会议在北京召开，会议表彰了全国厂务公开工作先进单位，重庆市电力公司荣获“全国厂务公开工作先进单位”殊荣。

4月15日，重庆发电厂东厂主厂房13时准时进行了整体爆破。

4月16日，重庆市召开“安康杯”竞赛总结表彰大会，重庆市代国家安全生产管理局和全国总工会向重庆市电力公司颁发2002年度“全国安康杯竞赛优胜企业”奖牌。这是公司第三次荣获“全国安康杯竞赛优胜企业”称号。

4月29日下午，重庆市总工会隆重召开全国“五一劳动奖章”获得者表彰大会，公司党组书记、总经理陈峰荣获全国“五一劳动奖章”。

5月21日，公司抗“非典”捐赠仪式在市政府办公厅举行。陈峰总经理代表公司捐赠150万元支持重庆市抗“非典”。

6月3日，由电建总公司承建的鸡冠石变电站扩建工程在电气安装过程中，因违规操作造成110kV对外失电的恶性电网事故。

6月12日，市公司与华中电网公司签订了购售电合同。公司向华中公司购电38864万kWh（含原购江西电力公司的1亿kWh电量），双方确定的购售电时间为2003年7月1日～12月31日。

6月18日，重庆城网改造日元贷款项目配电变压器、电缆包合同签字仪式在重庆举行。

6月18日，渝怀电气化铁路外部供电的配套输变电工程——220kV秀山输变电工程顺利投运，该项目为重庆市2003年重点建设工程项目。

6月20日，市公司与招商银行重庆市分行举行电费自助缴费业务签字仪式。

8月12日下午，市公司与埃森哲公司举行经营战略咨询项目服务协议签字仪式。

8月17日，“三峡售电签字仪式”在北京举行。2003年重庆消纳三峡电量7.7亿kWh。三峡电平均上网电价为0.25元，平均落地电价为0.33元。重庆落地电价目前敲定为0.2799元/kWh。

8月29日21：00，重庆电网最大负荷4350MW，日电量8686万kWh，均创历史最高纪录。

9月10日，公司与兴业银行重庆分行签订银企合作协议。

9月26日，在国家调度通信中心的统一组织、指挥下，重庆调度通信中心举行了长江流域相关电网联合反事故演习（重庆部分），此次演习为长江流域大电网的安全稳定运行及事故处理积累了经验，演习取得圆满成功。

11月18日，国家电监会副主席史玉波一行来到市公司，就电力市场建设进行专题调研。

11月19日，重庆市电力公司第二届电力科技成果展示会在电力试验所开幕。

12月19日，重庆市环保局验收组到重庆发电厂对2×200MW机组烟气脱硫装置进行环保验收。

（姚家晨）

西北地区

西北电网有限公司

概况

2003年，在国家电网公司和西北五省（区）党委、政府的正确领导下，西北电网克服“非典”疫情、局部地区地震和洪涝灾害、黄河上游来水特枯、电煤供应矛盾突出等一系列不利因素影响，正确处理改革、发展、稳定的关系，确保电网安全稳定运行，加快电网发展，努力保证电力供应，各项工作取得了显著成绩。

2003年，西北电网统调发电量1032.45亿kWh，同比增长19.42%。公司系统供电量完成1094.98亿kWh，同比增长16%；售电量完成1020.19亿kWh，同比增长15.97%，其中宁夏公司增幅最高，同比增长23.09%。跨省（区）互供交易电量完成45.35亿kWh，同比增长410.70%，其中陕西向甘、宁、青三省送电43.3亿kWh。

公司系统实现利润9818万元；资产负债率60.5%；应收电热费余额23.73亿元；上缴投资收益4201万元。其中公司本部实现利润4280万元，完成预算的142.67%；净资产收益率1.17%，比年度目标值提高0.35个百分点；资产负债率35.91%，较年度预算下降了1.54个百分点，足额上缴投资收益565万元。

公司系统固定资产投资完成51.73亿元。330kV线路新投产8条902.8km，变电容量新增183万kVA。电网综合线损率6.83%；频率合格率99.9946%。保留发电厂供电煤耗完成356g/kWh，同比下降5g/kWh。

公司领导

行政职务：

董事长、总经理：刘肇绍

副总经理：邵仲仁　张嗣兴　李卫东

纪检组长：薛传殿

工委主任：史高社

总工程师：房喜

党内职务：

党组书记：刘本粹

党组副书记：刘肇绍

党组成员：邵仲仁　张嗣兴　李卫东　薛传殿　史高社

组织机构

西北电网有限公司组织机构示意图

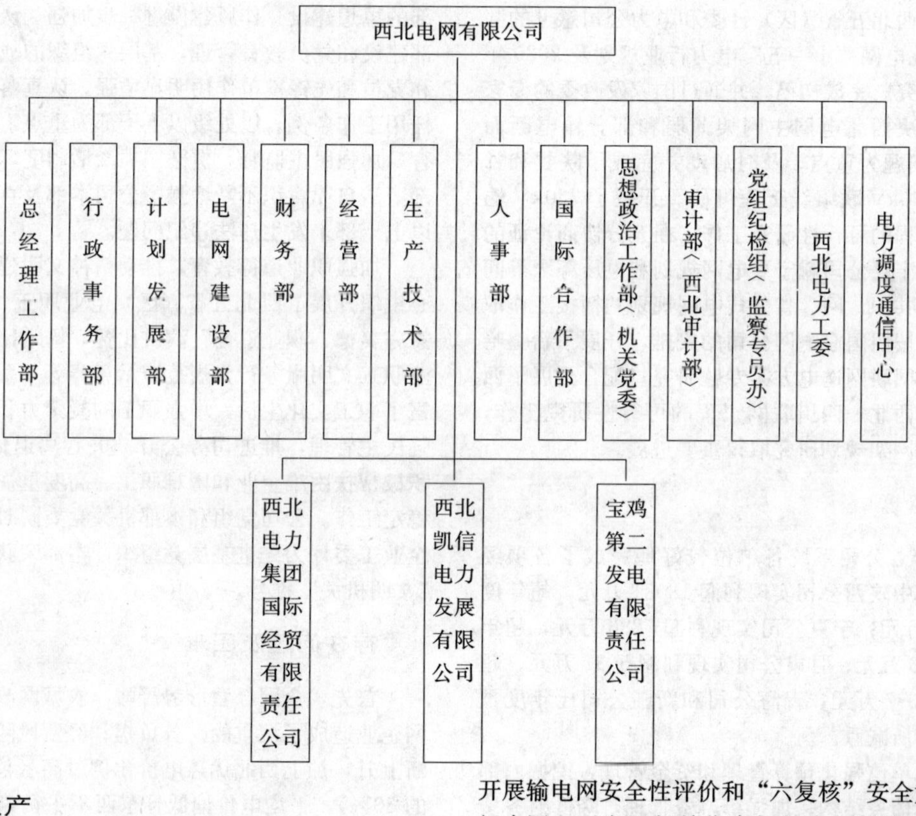

安全生产

认真贯彻国家电网公司关于确保电网安全稳定运行的各项部署，落实安全生产责任制，认真吸取美加大停电事故的教训，公司系统电网安全监督和生产技术管理不断加强，电网调度与管理进一步规范。通过制定《重特大生产安全事故预防与应急处理办法》，开展输电网安全性评价和“六复核”安全大检查，组织全网上百个运行单位参加的大规模联合反事故演习，完成对电网“黑启动”方案的局部试验，坚持开展西北电网330kV变电站、保线站站际竞赛等活动，确保了电网的安全稳定运行，保证了重要节日、重大政治活动以及神州5号飞船发射任务的可靠供电。2003年，公司系统未发生主网稳定破坏、电网瓦解和大面积停电事故，未发生重大及以上电网、设备和调度责任事故，未发生影响企业形象的重要用户停电事故。西北电网累计实现安全稳定运行1922天。

在黄河上游来水特枯，沿黄各省（区）灌溉用水矛盾异常尖锐的情况下，加强流域水量调度，合理安排电网运行方式。8月份以后，抓住黄河中下游和汉江流域降雨增多的有利时机，积极实施水火电及跨流域互补调度，龙刘两库年底蓄水量比前年同期增加近70亿m^3，为电网迎峰过冬和黄河中下游的冬灌、春灌储备了宝贵的水量。

电网建设

受国家电网公司委托，西北公司在较短的时间内，组织完成了750kV输变电工程设计、咨询、关键技术研究和工程施工、监理、主设备招投标等前期准备工作。2003年9月19日，具有里程碑意义的西北750kV示范工程正式开工建设，揭开了西北电网发展的新篇章。

在征求西北五省（区）计委和电力公司意见的基础上，《西北电网“十一五”电力行业规划及2020年远景目标研究》完成初稿，并通过国家发改委的专家评议。以解决西北电网主网架薄弱和部分输电断面“卡脖子”问题为重点，及时启动并完成了陕甘和甘宁第四回330kV联络线工程可研。开展了750kV输变电后续工程的可行性研究工作。在充分协商论证的基础上，与宁夏公司就宁夏电网规划和电压等级等问题达成重要共识，网、省公司电网规划的衔接工作取得新进展。按照国家电网公司的安排，开展了新疆哈密与西北电网联网送电方案专题研究；配合开展了西北—华北、西北—四川联网工程的可行性研究工作，西北电网主网架规划研究取得重要进展。

经营管理

2003年，公司系统各单位较好地完成了各项经营指标。其中陕西公司实现利润18081万元，超年度预算8081万元；宁夏公司实现利润7886万元，超年度预算5886万元；甘肃公司实现利润5037万元，超年度预算1037万元；青海公司和新疆公司比年度预亏指标均有所减亏。

系统各单位强化预算管理和资金管理，挖掘内部潜力，优化债务结构，加强筹融资管理，降低财务费用。坚持依法经营，积极疏导电价矛盾，争取优惠政策，取得了明显成绩。公司系统仅在争取贷款利息下浮、提前还贷方面，当年节约财务费用9300多万元。

电力营销

电力市场营销工作紧扣“服务与效益”主题，转变观念，强化优质服务。按照“分省实施、全网协调推进”的工作原则，五省（区）公司通过建设电力生态营销新体系，改革趸售电价，清理优惠电价，规范自备电厂备用管理和上网价格，建立高耗能产品价格与电价联动机制等形式，使营销工作取得显著进步。按照国家电网公司关于加强电力需求侧管理的要求，坚持把优质服务常态运行机制的建立、优质服务技术支持系统的建设、高素质职工队伍的培养作为一项长期任务认真落实，实现了优质服务从内容到方式上的新转变，提升了服务水平。

精神文明建设

深入学习贯彻党的十六大精神和“三个代表”重要思想，分层次抓好干部理论学习。公司党组中心组带头坚持每月集中学习一次；本部处级以上干部认真开展了学习郑培民先进事迹活动，先后举办两期理论学习班；本部以形势任务教育为主，多次开展十六大精神、体改政策等学习活动，收到良好效果，各级干部的思想建设、作风建设进一步加强。认真抓好党支部建设和党员教育管理，基层党组织的战斗堡垒作用和党员和先锋模范作用明显增强。认真落实干部选拔任用工作条例。以处级以上干部为重点，加强警示教育，加强民主监督，贯彻三项谈话制度，各级领导干部廉洁自律意识不断增强。公司本部及直属单位处级以上干部未发生违法违纪问题。

加强职业道德教育，推动精神文明建设。公司精心组织开展了西北五省（区）电业职工“社会公德、家庭美德、职业道德”演讲比赛、舞蹈比赛、供电营业职工文明服务行为规范演示竞赛等一系列活动，丰富了职工文化生活，增强职工的凝聚力和向心力。加强民主管理，推进司务公开。关心离退休职工生活，积极帮扶困难企业和困难职工。高度重视做好信访和稳定工作。公司党组和本部机关党委同时被陕西省委企业工委评为先进基层党组织，本部荣获了陕西省直“文明机关”称号。

存在问题及困难

首先，全网经营形势严峻。农城网改造给西北电网企业造成了沉重的财务负担和经营风险，负债率不断上升，加上西北优惠电价比例过高（超过年售电量的30%），平均电价偏低且东西不平衡，已出台电价不能完全到位，巨额欠费回收困难等因素影响，厂网分开后全网利润已从2002年的2.9亿元下滑到2003年的9818万元。其次，安全生产形势不容乐观。2003年，全网发生电力生产、基建人身死亡事故和电网一般事故比2002年明显增加，人员责任事故比例较高，暴露出安全生产管理仍存在明显薄弱环节。

“三项措施”和防护手段还没有完全到位。第三，电力供需矛盾突出。西北地区各省（区）经济快速发展，电力负荷不断攀升，受黄河上游来水、电煤供应、输送断面稳定水平等因素限制，全网电力供需矛盾依然十分尖锐，而且还有扩大的趋势。第四，企业管理需要进一步加强。公司系统在依法治企，规范经营，改善管理，完善监督约束机制方面还有一定差距。第五，公司发展战略及一些重大问题的研究需要进一步加强。

主要事件

1月8日，西北电网最大负荷1376万kW，同比增长22%；日用电量29348万kWh，同比增长24%，均创出历史新高。

1月10日，公司举行2003年首次安全生产委员会会议，部署安排今年电力安全生产工作，并对春节期间确保电网安全运行和可靠供电工作进行具体安排。

1月13～17日，国家电网公司党组副书记、副总经理刘振亚一行来西北调研。

1月20日24时起，公司控股的黄河上游水电开发有限责任公司企业资产及安全生产、经营管理工作正式移交中国电力投资集团公司。

1月22日，青海省委常委、常务副省长蒋洁敏带领省计委、经贸委、电力公司和黄河水电公司等有关部门和单位负责人来西北公司进行视察和慰问。

1月26～28日，韩国晓星株式会社社长李敦英率代表团一行7人来公司就750kV输变电工程技术进行了交流。

1月30日，陕西省副省长洪峰来公司看望并慰问电力职工。

2月13日，西北网调实现连续安全运行1600天。

2月19日，《西北电网公伯峡水电站送出工程及750kV输变电工程可研报告》喜获国务院总理办公会通过。

2月21～22日，国电西北公司2003年工作会在西安召开。

2月28日，经在陕注册的24家金融单位推荐评审，国电西北公司被陕西银行同业协会理事会审定为陕西省首批“诚信企业”，并名列榜首。

3月1～3日，西北电力工委2003年度全委会议在陕西华阴召开。

3月3～15日，国家审计署驻西安特派员办事处进驻公司开展经济责任制和财务收支审计的审前调查。

3月4日，经国电西北公司主持协调，青海省电力公司与陕西蒲城发电有限责任公司签订购售2.5亿kWh电量协议。

3月5～6日，公司在西安组织召开西北电网750kV输变电示范工程开关类和变压器类电气设备的技术参数、结构型式和试验等相关问题的专题讨论会。

3月7日，国家计委以计基础［2003］360号文印发了经国务院总理办公会通过的《国家计委关于审批西北电网公伯峡水电站送出及青海官亭至甘肃兰州东750kV输变电示范工程可行性研究报告的请示》。

3月20日，加拿大德索国际公司执行副总裁Mr. pierre Hotte、亚洲区副总裁石硕先生，德索能源公司执行副总裁Mr. jean Tousignant以及魁北克水电公司Mr. yvon Hotte一行四人来公司交流750kV输变电技术。

4月10～24日，刘本粹总经理率西北电力高级代表团一行8人对韩国765kV电网和765kV超高压输变电设备制造技术、日本东京电力公司的1000kV输电线路和UHV实验站进行了考察，对日本四国电力公司进行了回访，双方成功举办了第十一次技术交流（电网管理和电力体制改革专题）。

4月15～16日，公司在陕西安康组织召开了西北电力市场2003年上半年营销工作座谈会，重点研究了目前电力供应紧缺的应对策略，部署了西北电力营销迎峰过夏工作。

4月20～22日，公司在西安组织召开西北电网750kV输变电示范工程电气主设备招标文件（技术部分）专家工作组评审会。会议宣布成立专家工作组，明确了招标文件技术部分评审工作原则。

4月24～28日，公司分别以西电总［2003］4号、5号文对加强非典型性肺炎预防工作进行了周密部署，同时成立防治非典型性肺炎工作领导小组及办公室。

4月26～27日，《西北电网750kV输变电示范工程电气主设备招标文件（商务部分）》在西安通过由国电西北公司主持的专家工作组的审查。

4月底，“五一”国际劳动节前夕，公司党组书记、总经理刘本粹荣获全国“五一”劳动奖章，受到中华全国总工会表彰。

5月11日，因黄河来水持续特枯及保证下游生产生活用水，龙羊峡水库水位降至2530.43m（发电死水位2530m），成为龙羊峡水电站建成投运以来的历史最低点。

5月20日，西北电网采用网上直播形式，成功举行了历来规模最大的一次联合反事故演习。参演单位共计104个，总人数849人。

5月30日，国家审计署驻西安特派员办事处姜民权副特派员一行6人正式进驻国电西北公司，对2002年度任期经济责任和财务收支执行情况进行审计。

6月2日，宝鸡第二发电有限公司实现连续安全生产1300天运行记录，创全国百万千瓦级电厂安全生产先进水平。

6月17日，公司召开处级干部大会，国家电网公司人事董事管理部主任张文亮宣读了国家电网公司党组和国家电网公司文件，任命刘肇绍同志任国电西北公司党组成员、党组副书记和总经理，刘本粹同志不再兼任国电西北公司总经理职务。国家电网公司党组书记、总经理赵希正在会上作了重要讲话。

6月20日，全网用电负荷1428万kW，同比增长21%；日用电量31348万kWh，同比增长27%，均创出历史最高纪录。

6月23日，公司召开西北电网省际互供电领导小组会议，讨论通过了《西北电网省际电力电量交易管理办法（暂行）》，经报国家电网公司批复后可正式实施。

6月23～25日，南非ESKOM/TAP总经理Mr. Van Zyl及香港顺兴公司董事长冼纬中率代表团一行6人应邀来公司洽谈750kV输变电工程项目技术咨询合作事宜。

6月24～25日，经公司牵线，韩国晓星株式会社（重工）社长金载学率9人代表团抵达西安，与西安高压开关电气公司就750kV高压电气设备合作制造事宜进行洽谈。

6月26日，西北电网750kV输变电示范工程首批变压器、电抗器类主设备采购开标仪式在西安举行，国内6家企业参与投标。

6月26～30日，党组书记刘本粹带领有关人员在京就西北750kV输变电示范工程断路器选型的综合意见分别向国家发改委能源局副局长王俊，国家电网公司副总经理李彦梦、郑宝森，中国机械工业联合会副会长陆燕荪，国资委副主任吴晓华等有关领导作了专题汇报，得到有关方面领导的认可。

6月30日，公司隆重召开庆祝建党82周年暨“一先两优”表彰大会。

7月10日，国家电网公司西北片发电企业划转移交第二阶段工作汇报会暨企业年金工作会在西安召开。

7月29日，全网最大用电负荷1455万kW，同比增长19.26%；日用电量31916万kWh，同比增长21.49%，均创新的历史最高纪录。

8月1～2日，西北750kV输变电示范工程官亭、兰州东变电所预初步设计审查会在北京举行。

8月3日，750kV输变电示范工程750kV变压器、电抗器采购合同签字仪式在北京举行。

8月18～19日，西北电力系统首次网厂联席会议在西安召开。

9月1～2日，公司在西安召开2003年西北电网运行分析会议。

9月1～3日，西北750kV输变电示范工程初步设计在京通过评审。

9月18日，中共中央政治局委员、国务院副总理曾培炎为西北750kV输变电示范工程开工作出批示：“西北750kV输变电工程开工，对我国电网建设具有重要意义。希望国家电网公司高质量、高标准完成建设任务，为西部大开发，促进经济社会发展做出新的贡献。”

9月18日，公司在新疆组织召开西北五省（区）电价工作座谈会。

9月19日，西北750kV官亭至兰州东输变电示范工程开工典礼在青海隆重举行。

9月22日，西北电网成功举行黑启动试验。

9月30日下午，西北电网新老调度系统顺利完成交接，西北电力调度通信大楼正式启用。

10月16日，西北电网圆满完成了我国第一艘载人航天飞船“神舟”五号发射工程保电任务。

11月5日，西北电网有限公司第一届董事会第一次会议在西安召开。

11月5日，海石湾——硝湾、马营——天水OPGW光缆缆路工程全线建成投运。

11月6日，西北电网有限公司在西安挂牌成立。

12月1日，2003年第四季度西北网厂联席会议在西安召开。会议讨论通过了《西北电网有限公司与直调发电企业联席会议章程》。

12月9日，西北网调实现安全运行1900天。

12月25日，全网最大负荷1609万kW，创历史新高，比2002年最大负荷增长了17.86%（2003年全网最大日用电量33684万kWh，出现在11月18日，比上年最大日用电量增长了18.64%）。

（程军生）

陕西省电力工业

综述

2003年末，陕西省发电装机容量878.87万kW。其中火电732.64万kW，水电146.23万kW。330kV送电线路45条，3249km；220kV送电线路9条，823.75km；110kV线路567条，10479km；35kV线路763条，10049km。拥有330kV变电站23座，变电容量831万kVA；220kV变电站6座，变电容量96万kVA；110kV变电站297座，变电容量1315万kVA；35kV变电站400座，变电容量255.47万kVA。

陕西省发电量完成427.05亿kWh，同比增长

22.8%，其中火电 381.44 亿 kWh，水电 45.6 亿 kWh。全社会用电量 393.68 亿 kWh，同比增长 10.6%，其中，农、林、牧、渔、水利业用电 25.83 亿 kWh，工业 263.64 亿 kWh，地质勘探业 2.22 亿 kWh，建筑业 31.11 亿 kWh，交通运输、邮电通信业 21.98 亿 kWh，商业、公共饮食、供销仓储业 12.44 亿 kWh，其他事业 22.53 亿 kWh，城乡居民生活用电合计 43.91 亿 kWh，其中乡村用电 15.7 亿 kWh，城市 28.21 亿 kWh。全社会净用电量 329.82 亿 kWh，同比增长 12.32%。

陕西省电力公司计划管理电厂发电装机容量 746.1 万 kW,其中火电 643.6 万 kW,水电 102.5 万 kW。发电量完成 374.18 亿 kWh,同比增长 25.45%,其中火电 339.35 亿 kWh,同比增长 22.1%;水电 34.83 亿 kWh,同比增长 71.42%。公司累计售电量完成 304.94 亿 kWh,同比增长 10.86%。利润完成 1.808 亿元,同比增长 62.31%,线损率完成 7.11%,同比下降 0.17 个百分点。用户供电可靠率完成 99.91%,当年电费回收完成 100%。全公司在职职工 35889 人,全员劳动生产率 257970 元/(人·年)。

公司领导

党组书记、总经理：赵杰臣
党组副书记、副总经理：王天才
党组成员、副总经理：万明善
党组成员、副总经理：吕云仑
党组成员、副总经理、纪检组长：李顺典
党组成员、副总经理：李长安
党组成员、工会主席：李新建
总工程师：何晓英

机构设置

公司机关下设 22 个部门：

总经理工作部、国际合作部、计划发展部、生产技术部、市场营销部、安全监察部、财务部、思想政治工作部、人事部、机关工作部、审计处、公安处、离退休管理处、电业工会、纪检组、农电工作部、调度中心、卫生处、咨询部、电力行协、史志办公室、新闻中心、陕西银河电力职工培训中心(北京办事处)。

直属各单位共 31 个：供电单位 11 个，发电厂 1 个，施工企业 5 个，修造企业 7 个，科教卫生单位 5 个，二级机构 2 个。

电力建设

1. 电网建设

2003 年，加强电网建设，330kV 蒲泾北线路、扶风输变电工程、延安变扩建工程 2 号变电站、西安南郊变扩建工程、宝天电铁扩能供电工程、西南电铁供电等重点工程均已建成投运；330kV 渭南变扩建工程、新建西安西北郊变、金州变工程均按计划推进。城网建设改造遵循有电量、有负荷、有效益的原则，加大西安等中心城市电网建设改造力度。农网改造一期工程审计接近尾声，二期改造工程不断总结经验，管理进一步规范。启动了县城电网改造工程，安排投资计划的 40%。

2. 配合电源建设

积极配合各发电公司，支持电源项目建设。韩城第二发电厂、户县热电厂技术改造工程进度正常，铜川电厂前期工作稳步推进。银河榆林电厂顺利实现了“三到顶”，创全国同类型机组先进水平。府谷庙沟门电厂完成了可研收口、项目评估，项目建议书已上报国家发改委待批。

3. 农电

2003 年，公司直供直管县级供电企业完成供电量 87.07 亿 kWh，售电量完成 80.08 亿 kWh，分别比 2002 年同期增长 17.3%和 16.6%。综合线损率 8.03%，同比下降 0.09 个百分点；平均电价完成 393.3 元/MWh（含税），较 2002 年同期增加了 13.5 元/MWh；完成销售收入 31.5 亿元，较 2002 年同期增加了 5.455 亿元。农村供电可靠性为 99.75%，农村居民端电压合格率 98.5%，分别较 2002 年同期增长 1.25 和 1.4 个百分点。

农网建设改造完成一期在建工程及组织实施省政府划拨的一期 1.7 亿元投资计划，二期工程 6 亿元投资已全部完成。下达县城网建设改造工程计划 2.65 亿元，其中输变电工程 1.95 亿元，配网工程 0.7 亿元。2003 年完成投资计划 5.45 亿元，其中输变电工程 2.3 亿元。建设 110kV 变电站 8 座，线路 283km；35kV 变电站 5 座，线路 68km。配网工程 3.15 亿元，建设改造 10kV 线路 1516km；400V 线路 2055km。新增、更换配电变压器 1275 台/185.5MVA，农户电表改造 47300 户，建成县级电网调度自动化系统 8 个。

电力生产

1. 电网调度

2003 年，陕西电网调度系统在电力发展任务重，电力负荷增长快，电网方式变化大，安全形势严峻，“非典”影响的情况下确保了电网安全稳定运行。截至 2003 年 12 月 31 日，实现连续安全运行 1903 天。优化资源配置，争取最优经济调度成果，追求全网效益最佳成绩，经济调度为公司创造效益 4000 多万元。经济技术指标均达到或超过国内一流电网调度机构动态考核的要求。

责任频率合格率：99.9982%

考核点电压合格率：99.81%

主网线损率：1.94%

220kV以上系统继电保护及安全自动装置正确动作率：99.84%

主保护投运率：99.93%

EMS调度端计算机系统可用率：100%

调度日报制表合格率：100%

职工培训率：85.8%

“两票”合格率：100%

2.技术改造

2003年，公司共下达直属12个发、供电企业技术改造资金计划5513万元，其中安排电网改造资金4213万元（60个项目，均为限下项目）。安排安康水电厂改造资金1300万元（20个项目，均为限下项目）。2003年完成技术改造资金5300万元，占计划资金的96%。电厂技改项目和资金已全部完成，电网改造部分由于计划停电影响有213万元的工作量没有完成。根据电网运行情况，这部分工作将在2004年一季度相继完成，资金来源均为企业自筹。

多种经营

2003年，公司多种产业系统共建大小项目20个，实现投资7.63亿元，引进资金117万元，创造就业岗位451个。银河榆林2×13.5万kW发电项目顺利实现了厂房、水塔、烟囱三到顶，创西北地区同类火电机组建设速度最快的纪录。府谷清水川4×30万kW电厂配套的冯家塔煤矿项目取得重大突破，开始实施厂址“三通一平”。陕西电力银河集团公司作为公司发展的重要支柱，能源和房地产业迅速崛起。银河科技园一期工程建成并开始运营。宝鸡电力设备厂110—220kV高压交联电缆项目施工进展顺利。信通公司网络建设、运营取得明显效果。银河旅游公司万年饭店二期建成营业，草滩千亩花卉园初具规模。

2003年，燃料公司向管理要效益，完成了统调电厂全年发电用煤供应工作。供应发电用煤1650万t，同比增加280万t，其中国有重点煤矿768万t，地方矿882万t，组织省际间电煤82万t，为发电企业安全稳定运行提供了保障。全年销售发电用煤726万t，同比增加185万t，实现销售收入79367万元，同比增加19895万元，实现利润总额1022.9万元，同比增加7.5万元。

2003年，物资总公司全年实现利润2049万元，超额完成省公司下达的1500万元任务。确立了两大核心任务，在管理上实现了经验形象规范标准型转变，特别是在电源建设上的16大基本服务模块和10大增值服务模块的创新管理，在全国同行处于领先地位。

截至2003年底，公司多种产业实现总收入55.7亿元，同比增长28.3%，实现利润1.53亿元，同比增长13.7%，资产总额达到了58.3亿元，安置主业职工11221人。

管理

1.安全生产

2003年，公司进一步强化各级各类人员的安全生产责任制，全面实施现场危险点分析预控措施，加大反违章力度，认真落实国家电网公司《重特大生产安全事故预防与应急处理暂行规定》。在保电任务多、电力负荷增长迅猛、确保“非典”定点医院和科研单位用电、防汛抗洪及电力发展任务繁重的情况下，圆满完成了重要时期、重大活动，特别是“神舟五号”飞船发射的安全保电任务，电网经受住了考验。全年未发生重大及以上电网事故，未发生重大及以上设备事故，未发生大面积停电事故及对重要用户有影响的停电事故，未发生火灾事故。

2.生产经营

2003年，公司逐步向战略管理转变，机关部门的管理向岗位延伸；基层单位的管理向车间延伸，向班组延伸，向班组要效益。坚持集约管理，深化、优化对资金、工程、物资等集中统一管理。系统资金归集率达到了95%以上，在现行利率基础上全面降低银行贷款利率10%，年节约财务支出约2400万元。加强供用电合同管理，强化抄、核、收各环节制度化、规范化建设，实行银企收费联网，推行客户缴费等级评估办法，确保电费100%回收。

积极配合审计工作，建立了财务、审计联合办公机制，相互兼顾，责任到位，健全相关内控制度，完善财会基础工作，规范运作，加强管理和审计监督。2003年审计工作使公司系统经受了依法、依规经营的全面检验，维护了企业利益，展示了公司合法经营的良好形象。

3.体制改革

到2003年底，公司与蒲城发电有限责任公司和陕西发电有限公司等发电企业的安全生产、经营管理以及职工关系移交给华电集团公司和大唐集团公司，顺利完成移交工作。公司内部改革不断深化，物业公司全面改制，开始独立运作；机关车辆改革取得成功。

精神文明

2003年公司系统结合实际贯彻落实十六大精神，提高了各级领导干部自觉运用“三个代表”解决问题的能力。在国家电网公司上海会议上，介绍了公司学习“三个代表”重要思想的经验和做法。贯彻“两个务必”的要求，进一步转变工作作风。

党风廉政建设以领导干部为重点，继续抓好以“四治”为核心的以权治权反腐倡廉机制建设的研究和实践，健全了干部考核、奖惩、评价、责任追究体系，突出了领导干部廉政述职、群众评议、责任区巡视检查、程序建设等工作，形成了常态运行局面。2003年公司就“优质服务是国家电网的生命线”召开了座谈会，强化干部职工优质服务意识，提高优质服务水平，树立良好形象，促进公司发展。

截至2003年底，公司系统4个单位荣获全国“五一”劳动奖状；4个单位被国家文明委授予“全国文明行业先进单位”称号；9个青年班组被命名为“全国青年文明号”；18个单位被授予“全国电力系统双文明单位”称号；公司连续5年被省委、省政府评为“创佳评差”最佳厅局；连续4年被省委、省政府授予“精神文明建设文明机关”称号；荣获“全国厂务公开先进单位”和“陕西省模范职工之家”称号；两个单位获得省级“厂务公开先进单位”称号。

人物

1. 全国人大代表

赵杰臣，公司党组书记、总经理。2003年1月15日，在陕西省第十届人代会第一次会议上当选为全国第十届人大代表。

2. 全国“三八”红旗手

张淑珍，女，陕西电业工会女职工委员会主任，被评为2003年度全国“三八”红旗手。

2003年陕西上网电厂设备情况

单位名称	发电容量（万kW）	机组台数（台）	设备平均利用小时（h）		比同期增减（+/−）
			本年累计	2002年同期	
陕西上网电厂合计	746.10	64	5354	4602	752
水电	102.50	9	3399	1983	1416
火电	643.60	55	5692	5096	596
一、省网公司调峰电厂	80.00	4	3478	2074	1404
安康水电厂	80.00	4	3478	2074	1404
二、大唐全资及控股电厂	112.90	20	5531	5024	506
水电	22.50	5	3115	1657	1458
火电	90.40	15	6186	6091	95
石泉水电厂	13.50	3	3634	1933	1701
石泉发电有限公司	9.00	2	2336	1242	1094
户县热电厂3号、4号机	10.00	2	6881	6820	60
灞桥热电厂3号、4号、8号机	4.90	3	5557	5503	54
渭河发电厂1号、2号机	10.00	2	5919	5798	121
略阳发电厂1号、3号机	7.50	2	7211	7186	26
韩城发电厂	38.00	4	6133	5851	282
灞桥发电有限公司	20.00	2	5637	5178	459
三、华电控股电厂	132.00	6	5405	4812	593
蒲城发电公司1号、2号机	66.00	3	5406	4811	595
蒲城发电公司3号、4号机	66.00	3	5403	5133	270
四、部分股权待出售电厂	120.00	4	5904	3886	2019
宝鸡第二发电有限责任公司	120.00	4	5904	3886	2019
五、部分股权划转辅业电厂	202.00	8	5347	5078	268
渭河发电有限公司	120.00	4	5302	4997	305
秦岭发电有限责任公司	82.00	4	5412	5197	214
六、其他电厂	99.20	20	6028	6248	−220
秦华发电有限责任公司	25.00	4	5589	5699	−110
陕西新力发电有限责任公司	11.00	2	4813	4310	503
神木国华发电有限公司	20.00	2	7818	7169	649
略阳电厂4号、5号机	10.00	2	5670	6493	−823
延安电厂3号机	1.20	1	8109	8365	−256
宝源热电公司	10.00	2	5740	5614	127
户县1号、2号、5号机	10.00	3	5874	10005	−4131
灞桥5号、6号机	2.00	2	3772	5835	−2063
西郊热电厂3号、4号机	10.00	2	5548		
其中：					
灞桥发电有限公司试运行					
蒲城发电公司3号、4号机试运行					
西郊热电厂3号、4号机试运行					

主要事件

1月15日18：00～1月20日24：00，陕西蒲城发电有限责任公司和陕西电力发电有限公司、韩城发电厂、灞桥热电有限责任公司、户县热电厂、渭河发电厂、延安发电厂、略阳发电厂、石泉水电厂、石泉水电有限责任公司等发电企业的安全和生产经营管理以及干部和组织关系正式移交给中国华电集团公司和中国大唐集团公司。

1月13～15日，国家电网公司党组副书记、副总经理刘振亚率慰问团到公司慰问生产一线职工，走访特困职工家庭，看望为电力事业做出贡献的劳动模范，拜访离退休的老领导、老同志。

2月24～25日，公司隶属国家电网公司后的第一次工作会议在西安召开。传达了国家电网公司2003年工作会议精神，认真总结公司系统2002年的工作，部署2003年各项工作。

4月11日，国家电网公司总经理赵希正到西安供电局检查指导工作。

4月14日，公司成立非典型性肺炎防治工作领导小组。

4月24日，公司发出通知，要求直属各供电单位全力做好工作，确保全省防治非典型肺炎工作用电。强调，凡列入《陕西电网紧急事故断电序位表》、《陕西电网事故断电序位表》中涉及的卫生防疫、“非典”定点医院、“非典”药品研制和生产等单位的断电馈路，即日起暂时取消，并统计上报公司市场营销部和省调度中心备案。

5月9日，公司和银河集团捐款300万元，西安地区的电力职工踊跃捐款12万元，用于战斗在抗击“非典”一线的医护人员和补贴生活困难的患者治疗，支援陕西省抗击“非典”工作。

8月5日，公司召开陕西供电系统电视电话会议，布置公司系统优质服务工作。

8月22日，国家电监会副主席邵秉仁先后来到西安供电局，西安高压供电局视察，对两局的工作给予肯定，并强调安全生产和优质服务工作要持之以恒，常抓不懈。

9月1日，公司总经理赵杰臣率有关部门同志冒雨前往渭南抗洪第一线，检查电力设施安全和抗洪保电工作。

11月28日，公司与中国大唐集团公司发电企业划转移交协议签字仪式在西安举行。

12月18日，公司机关第一届工会会员代表大会第二次全体会议，审议通过了《陕西省电力公司机关车辆改革方案》以适应公务用车实行社会化、市场化、货币化改革的消费趋势。

12月26日，省市领导慰问陕西电力职工。省长贾治邦一行来到陕西送变电工程公司社区，听取了社区劳动保障工作站的工作情况汇报，参观了老年活动中心，并向老同志致以新年问候。

（原增光）

甘肃省电力工业

企业概况

甘肃省电力公司成立于1990年2月，是由国家出资设立的国有独资公司，是国家电力公司的全资子公司，是所属企事业单位和全资及控股、参股公司中相应的国有法人资本的出资者，是管理经营甘肃省主电网，从事电网调度、发电供电、电网规划设计、科研教育及基建施工的企业法人。甘肃电网处于由甘肃、宁夏、陕西、青海四省（区）组成的西北电网中，主网电压等级330kV，分别与宁夏、陕西、青海电网联网运行，发挥着水电与火电互济、各省（区）互补的作用。

2003年省公司荣获第二届全省优秀企业称号，步入全省“双十”工程行列。圆满完成神州五号发射等重大活动和突发事件的保电任务，电网安全稳定运行；甘肃主网建设规模达到历史新高，在西北电网中枢纽和核心地位更加突出；售电量及销售总收入创历史最高水平，公司整体经营状况逐步趋好；荣获全省思想政治工作先进集体称号，两个文明建设协调发展。

根据国家电力公司关于发电企业划转移交实施方案的精神，甘肃省电力公司与中国华能集团公司于2002年12月1日完成了对平凉发电公司的划转移交工作。2003年1月15、16、17日，甘肃省电力公司又分别与中国大唐集团公司、中国国电集团公司、中国电力投资集团公司顺利完成了对13家发电企业的划转移交工作。

公司领导

党委书记兼总经理：曹友治
副总经理：陈华德　陈小伦　韩君　刘克俭
纪检组长、监察专员：史秦毅
工会主席：任大康
总工程师：杨玉林

机构设置

机构设置见 2003 年甘肃省电力公司组织机构图。

2003 年甘肃省电力公司组织机构图

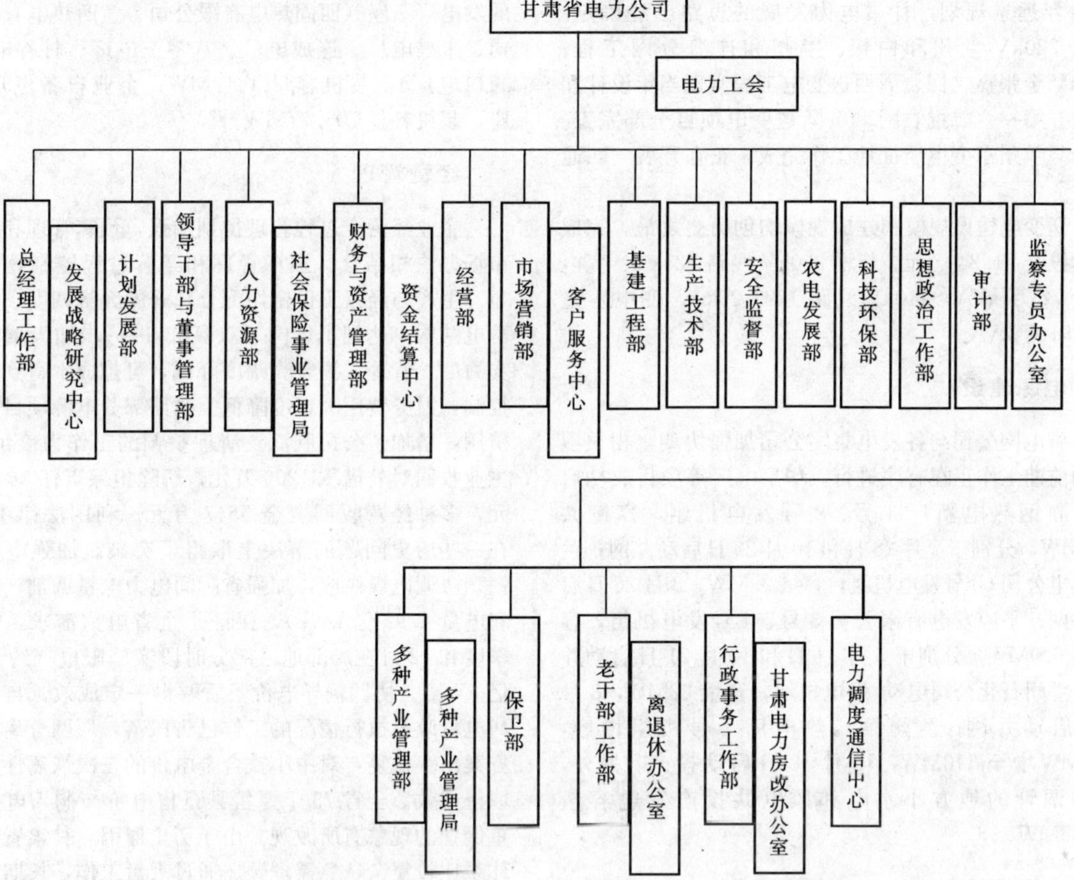

生产经营指标

2003 年甘肃电网全网用电负荷及用电量总体保持增长势头，全网用电量为 356.3515 亿 kWh，同比增长 19.12%。全省全社会用电量为 398.3407 亿 kWh，同比增长 17.28%。省网公司售电量 317.2818 亿 kWh，同比增长 19.17%。大用户增长 17.68%，中小硅铁（冶炼）增长 36.52%，增长的主要因素为连铝、兰铝、白银铝等铝厂新增负荷。电网最大日用电负荷 5603MW（11 月 10 日），最大峰谷差 1237MW（8 月 20 日），平均峰谷差 897MW。月平均最大负荷 4763MW，夏季最大负荷 4894MW（6 月 22 日）。

全面完成国家电网公司下达的资产经营目标，平均售电单价 261.84 元/MWh（不含税），同比增加 14.40 元/MWh。在消化当年两网改造财务负担的基础上，实现利润 5037 万元，高于预算 25.93 个百分点。净资产收益率 0.65%，高于考核指标 0.15 个百分点。资产负债率 71.48%，低于考核指标 0.52 个百分点。足额上缴投资收益 1061 万元。应收电费余额 108274 万元，压减 726 万元。线损率 6.88%，高于计划 0.28 个百分点（主要原因是省际间电力交换造成潮流增大、联络线统计口径变化增加网损）。

电力安全

发生一类障碍及以上设备不安全情况 103 起，同比下降 18.9%。发生一般电网事故及一般设备事故 26 起，同比下降 25.7 个百分点。没有发生重特大设备事故、大面积停电事故、恶性误操作事故和电力生产人身死亡事故。发生 1 起电力基建人身死亡事故（死亡 1 人）和 1 起电力生产人身重伤事故。交通事故次数较 2002 年大幅度下降。

成立省公司与并网发电企业安全生产协调办公室，加强沟通和协调，每季度召开一次厂网工作协调会。全年发电设备非计划停运次数、时间同比分别减少0.06次/台、36.37h/台。

电网建设

编制甘肃省电力工业“十一五”发展规划和2020年远景规划，甘肃电力发展的思路已经确定。完成220kV兰州和白银、兰州和连海分网工程。330kV金张嘉二回、眉西送变电工程实现当年设计和投产。第一、二批农网110kV送变电项目全部完工。750kV兰州东变电所征地工作完成，正在开展“四通一平”。

送变电建设规模和建成规模均创历史之最。完成基建投资21.24亿元。新增330kV线路721km、变电容量72万kVA，110kV线路1223.26km、变电容量116.91万kVA。

电源建设

省电网公司与各发电集团公司加强协调，相关项目的前期工作正在有序进行。华亭电厂等项目成功启动；酒钢热电新厂1号、2号发电机组，容量共270MW，分别于2月28日和10月28日启动并网；兰西热电公司00号发电机组，容量25MW，3月26日启动并网；平凉发电有限公司3号、4号发电机组，容量共600MW，分别于5月11日和10月21日启动并网；兰州石化公司电动/发电机组，容量22MW，8月8日启动并网；兰州第二热电厂1号机组增容，100MW增至110MW，10月18日启动投产。另外，地调调管的地方小水电和风电共投产发电容量48.65MW。

电网调度

2003年，甘肃电网统调全口径装机容量7986.06MW（五级调度调管范围）。其中火电4732MW，占总装机容量的59.25%；水电3145.46MW（包括地方小水电），占总装机容量的39.39%；风电及燃机108.6MW，占总装机容量的1.36%。

直接接入330kV电压等级的发电容量2520MW；直接接入220kV电压等级的发电容量2254.5MW。

网调调度管理的装机容量2750MW；省调调度管理的装机容量4798.3MW（其中委托地调调度的装机容量245MW）；地、县调调度管理的装机容量437.76MW；地方小水电353.16MW。

在甘肃省境内，国家电网公司控股管理的发电厂1座（刘家峡水电厂），装机容量1350MW；中国国电集团公司控股管理的发电厂2座（兰州第二热电厂、靖远第一发电有限公司），装机容量1041.6MW；国投电力集团公司控股管理的发电厂2座（靖远第二发电有限公司、大峡水电厂），装机容量924.5MW；中国华能集团公司所属发电厂1座（平凉发电有限公司），装机容量1200MW；中国电力投资集团公司控股管理的发电厂2座（盐锅峡水电厂、八盘峡水电厂），装机容量684MW；中国大唐集团公司控股管理的发电厂7座（西固热电有限公司、兰西热电有限公司、永昌电厂、连成电厂、八零三电厂、甘谷电厂、碧口电厂），装机容量1417MW；企业自备电厂21座，装机容量705.77MW。

经营管理

企业经营全过程管理得到加强，预算管理和模拟市场办法相结合，预算管理和经营过程控制效果明显。生产与经营工作密切配合，开展经济调度，优化购电结构，达到了厂网“双赢”。进一步加大增收节支力度，管理线损较大幅度降低，可控成本得到有效控制，财务费用大幅度降低。收回部分电源项目前期费用，增加了公司利润。清理整顿的工作力度加大，主业收回对外借款1206万元，解除担保责任3646万元，多种经营收回资金5547万元。利用法律手段，在一些历史问题的解决上取得了突破。加强电力营销，协调电煤供应，加强省际间电力电量调剂（购外省电量4.92亿kWh），保证了全省电力需求，仅一季度和12月在局部地区部分时段实施限电（约1.54亿kWh）。协调输导电价矛盾取得一定成效，自查自纠电价政策执行情况的工作已告段落，厂网分离电价方案已获批复，对中小铁合金电价的三次恢复性调整取得成效。全省73个趸售县趸售电价与购入电价严重倒挂的现象有所改观。由于历史原因，甘肃省电价体系比较复杂，急需理顺。通过大量工作，长期保持历史形成的电价状况和不正常的低电价水平对地方经济与社会发展可能带来的不利影响等问题，已被越来越多的政府领导同志所认识。配合国家审计署审计工作，开展自查自纠，完善制度建设，规范财务行为，尽可能维护公司和广大职工的利益。国家审计署对网公司系统的审计已经结束。在内部审计方面，重点开展两网工程全面审计和领导干部任期经济责任审计。

优质服务

优质服务常态机制建设进一步深化，建立领导接待日工作制度、责任追究制度，加大行风建设和优质服务在党风廉政建设责任制考核中的比重。开展《供电营业职工文明服务行为规范》培训和推广活动，提高职工的服务素养。进一步健全社会监督员和内部监督两个机制，初步形成投诉举报受理、处理、整改、反馈的闭环程序。营销信息系统在11个供电单位全面推广，“95598”客户服务系统全部开通。全省959个乡镇供电所中，18个达到国家电网公司示范窗口要求，135个成为省公司示范窗口，781个达到农村规范化服务供电所标准。各单位优质服务工作取得新的进步。省网公司被中国消费者协会评为“诚信单位”。

科技进步

2003年科技经费主要用于提高生产力和开发科技含量高项目、开拓电力市场等基础项目上，取得显著成效。“220kV碧成线国产化可控串补装置应用”完成阶段任务；国家863项目“220～330kV变电设备带电清扫机器人研制”进展顺利；330kV紧凑型单回线路工程已经实施；750kV相关技术的研究工作开展顺利，为现场施工、运行维护储备了技术条件；在供电企业推广了OA系统。

电网公司认定科技成果25项。送省鉴定10项，其中6项科技成果达到国内领先水平，2项国内先进，2项新产品鉴定。公司系统科技成果72项。全年获国家电网公司科技进步奖1项，获省级科技进步奖6项。例如：甘肃电力通信公司研究开发的“DT512电能量远方采集终端”项目通过省级科技成果鉴定；经国家电网公司2003年度科技进步奖评选，甘肃省电力公司推荐的一项科技成果“兰州电网谐波对电能计量影响的实验研究”荣获三等奖；由甘肃省电力设计院和兰州理工大学联合开发的复合型高压静电滤槽除尘/脱硫一体化技术通过甘肃省科技厅组织的专家鉴定，鉴定结果显示，该技术在不改变粉煤灰性质、不影响粉煤灰综合利用的前提下，对现有除尘设备进行改造，具有除尘、脱硫双重功能和比较明显的环保效益与社会效应。

企业改革

深化改革的预案正在逐步完善，省公司在改革问题上遵循两条原则，一是必须确保稳定，二是必须严守纪律。成立改革工作组，由党组直接负责，下设多经发展、主辅分开和农电体改等专题组，在网公司层面研议改革预案和相关政策支持。完成与大唐、华能集团公司财物资产、劳动人事的移交工作。初步明确了多经管理机制和发展方向。

多种经营

2003年，省电力公司的多种经营结合电力体制改革形势和公司的集体资产现状，建立、完善了集体资产统计报表及台账制度，推进多种产业稳步发展，加快小水电建设，加快重组步伐，进一步理顺公司系统多种产业的产权关系和管理关系，在多种经营企业中开展了明晰产权、清晰资产和构架集体资产监管体系等工作。结合明晰集体资产产权关系，加快多种产业的清理整顿。经过清理，省公司系统27个单位（不含发电企业）多种产业对外投资、借款、担保等基本情况已初步摸清、理顺。

至2003年底，省公司多种产业实现总收入23.5%；实现利润0.95亿元，完成年计划的138%，同比增长37%。

精神文明建设

公司系统兴起了学习“三个代表”重要思想的新高潮。两级中心学习组坚持理论学习制度。对248名处级干部进行“三个代表”重要思想学习轮训。两级领导班子较好地坚持了民主集中制原则和党委议事规则。实施工作联席会议制度，进一步加大对干部管理和资金管理的监督力度。三项谈话制度得到认真贯彻执行。注重党内情况通报，党内监督机制进一步健全。党风廉政建设向规范化、制度化发展。文明单位（行业）创建工作继续推进。目前公司系统省级文明单位达到64%以上。

坚持和完善以职代会为基本形式的民主管理制度，全心全意依靠职工办企业的方针得到贯彻和落实。厂务公开的内容更加充实，多层次、多渠道地调动了广大职工群众参与民主监督、投身企业改革的积极性和主动性。捐资100万元用于全省“非典”防治工作。在全省捐建的第8所希望小学已经投入使用。民乐、山丹、岷县等地发生地震后，公司广大干部职工积极向灾区群众捐助救灾物资，公司明确免收灾区群众重建家园后户表改造的相关费用。省委省政府肯定和表彰了公司在“工业强省”战略和推动社会经济发展中做出的突出贡献。

主要事件

1月14～17日，中国国际工程咨询公司受国家计委委托对兰州西固天然气发电项目建议书进行评估，专家经4天的专业论证后同意实施该项目，待国家计委报国务院办公会审定后正式立项。

1月15～17日，甘肃省电力公司已顺利完成全部14家发电企业向中国华能集团公司、中国大唐集团公司、中国国电集团公司、中国电力投资集团公司的划转移交工作。

1月11日，由北京大唐发电股份有限公司、甘肃省电力公司、甘肃电力建设投资开发公司共同发起组建的连城电厂二期扩建工程可行性研究报告获国务院审查通过，以国家发展计划委员会（计基础）[2003] 88号文批复。

2月24日，甘肃省电力行业协会在兰州召开首届五次常务理事会议。甘肃省电力公司、甘肃省电力建设投资公司、甘肃小三峡水电开发公司、甘肃平凉发电公司等常务理事单位的23位常务理事出席了会议。

2月25～26日，甘肃省电力公司在兰州召开2003年工作会议。会上，甘肃省副省长杨志明发表重要讲话，省电力公司党组书记、总经理刘肇绍作题为《把握形势，准确定位，全面提高企业运营水平》的工作报告。

2月19日，甘肃省电力公司信息广域网络安全项目中防火墙、入侵监测设备投入运行。

3月4日，兰州电力修造厂学雷锋小组被中共甘肃省委宣传部、甘肃省文明办、甘肃省军区政治部、共青团甘肃省委授予“全省学雷锋、志愿服务先进集体”光荣称号。

4月2日，连城电厂二期扩建工程正式开工。省委副书记省长陆浩、副省长孙小系、中国大唐集团公司副总经理钟俊、省政府秘书长程正明、北京大唐发电股份有限公司总经理兼甘肃大唐连城发电有限责任公司董事长张毅、兰州市市长张志银等领导为开工庆典剪彩。

4月25日，甘肃省电力公司总经理刘肇绍荣获全国“五一”劳动奖章，甘肃送变电工程公司荣获全国“五一”劳动奖状，表彰大会及授奖仪式在甘肃省兰州市宁卧庄礼堂隆重举行。

5月9日，甘肃省电力公司捐赠100万元人民币，用于全省“非典”防治工作。

5月19日，国家审计署驻兰特派办审计组一行42人正式进驻省电力公司，首批分6个小组开始对甘肃电力公司系统进行经济责任审计。

6月1日，由甘肃电力试验研究所调试的酒钢热电厂技改工程125MW1号机组在顺利完成72h试运消缺后又安全运行24h，移交生产。各项指标均达到优良水平，其中负荷率、主要仪表投入率、保护投入率三项指标均达到100%，自动投入率达80%。

6月4日，甘肃省电力行业协会职业技能鉴定中心经甘肃省劳动和社会保障厅同意建立国家职业技能鉴定所。

6月5日，平凉发电有限责任公司3号30万kW机组顺利完成各项调试工作，通过168h满负荷试运行，机组各项主要性能指标均达标。机组由工程建设阶段转入商业化运营，比预定工期提前25天投产。

同日，甘肃电网日用电量达到10154万kWh，首创历史新高。

6月6日，省电力公司与省电力行业协会正式签订协议书，由省电力公司向省电力行业协会移交归口管理五个学会、协会，质量监督中心站以及有关行业职能。

同日，永昌电厂2×30万kW机组改扩建工程《初步可行性研究报告》通过审查。

6月14日，省电力公司召开领导干部大会，由国家电网公司人董部主任张文亮宣布了国家电网公司党组、国家电网公司的干部任免通知：曹友治同志任甘肃省电力公司党组书记、总经理；免去刘肇绍同志甘肃省电力公司党组书记、总经理职务，另有任用。

6月26日，国家电网公司重大科技项目，陇南碧成（碧口至成县）220kV系统可控串补工程在兰州通过了国家电力科技院等专家的初步设计审查。计划2003年8月开工，2004年6月竣工投产。

7月20日，国家电网公司2003年度科技进步奖评选揭晓，甘肃省电力公司推荐的一项科技成果“兰州电网谐波对电能计量影响的实验研究”荣获三等奖。

8月3日，由甘肃省电力设计院和兰州理工大学联合开发的复合型高压静电滤槽除尘/脱硫一体化技术通过甘肃省科技厅组织的专家鉴定。

8月15日，国电西北公司在兰州举行了“西北750kV输变电示范工程施工暨监理招标抽签仪式”，工程预计2004年9月开工，2005年建成投运。

8月26日，应邀参加中国兰州第十一届投资贸易洽谈会的国家电力监管委员会副主席邵秉仁一行到甘肃电力公司视察指导工作，省公司党组书记、总经理曹友治陪同并汇报工作。

9月15日，中国建设的最高电压等级750kV输变电示范工程首期工程在西安开标。甘肃省送变电工程公司中标兰州东变电站标段和750kV官亭至兰州东送电线路工程第二标段。与此同时，甘肃光明电力工程咨询监理有限责任公司在750kV输变电示范工程监理竞标中荣夺两标。

9月19日，当选为中国工会第十四次全国代表大会代表的任大康同志赴京参加会议。

9月19日，中国最高电压等级750kV官亭至兰州东输变电示范工程在青海省民和县官亭镇举行开工典礼。

9月20日，国家电网公司和国电西北公司在甘肃兰州召开西北五省区电力公司主要负责人参加的座谈会。国家电网公司党组书记、总经理赵希正主持会议，就安全生产和西北电网建设提出要求。

9月29日，华亭发电有限责任公司成立暨揭牌仪式在兰州举行。

10月15日，甘肃省电力公司嘉峪关电业局圆满完成中国第一次载人航天飞船——“神舟”五号飞船发射升空的保电任务。

10月18日，甘肃张掖电厂一期工程动工建设。

10月22日，甘肃省电力公司捐款修建的第八所希望小学在镇原县落成，落成典礼暨扶贫物资捐赠仪式同时举行。

11月8日，甘肃送变电工程公司诚信电线电缆厂生产的中国第一条750kV超高压输变电示范工程导线通过了国家电网公司武汉高压研究所组织的技术实验鉴定。

11月30日，甘肃平凉发电有限责任公司4号机组顺利通过168h满负荷试运，转入商业化运营。

12月4日，甘肃省电力行业协会在兰州召开首届六次常务理事会，共有电力公司、电力建设投资公司等19家常务理事单位的常务理事出席了会议。

12月14日，甘肃景泰电厂初步可行性研究报告在兰州通过专家审查。

（柏　敏）

青海省电力工业

综述

2003年，青海电力公司面对全省经济快速增长、龙羊峡水电同比减发32.51%、电量供需矛盾突出、建设任务繁重、经营十分困难的严峻形势，新一届公司领导班子带领广大干部职工，狠抓电网安全，加强电网建设，积极采取措施，应对缺电和经营亏损，各项工作稳步推进，保持了公司改革、发展、稳定的局面，有力地保证了青海省国民经济发展和人民生活的用电需求。

截至2003年底，全省发电装机容量424万kW，其中水电334万kW，火电90万kW；35～330kV输电线路，青海电网为7880km，省公司所属7413km。变压器总容量青海电网为859万kVA，省公司所属620万kVA；公司综合线损完成5.76%，较2002年下降0.02个百分点；公司参股桥头铝电有限责任公司供电标准煤耗393g/kWh，与2002年持平；火电机组平均年利用小时7603h；2003年公司完成工业总产值88370亿元（现价），全员劳动生产率完成200745元/（人·年），较2002年增加18718元/（人·年）。公司所辖供电、电力建设、科研、设计、电力调度、通信、电力培训等企事业单位14个，职工总数7751人，固定资产净值61.85亿元。

领导班子

总经理兼党委书记：王季平

副总经理：魏海平　李葛明　高苏杰　左玉玺

纪委书记：陈永浩（省公司工会主席暂缺，由纪委书记临时负责）

组织机构

组织机构见青海省电力公司2003年组织机构图。

青海省电力公司2003年组织机构图

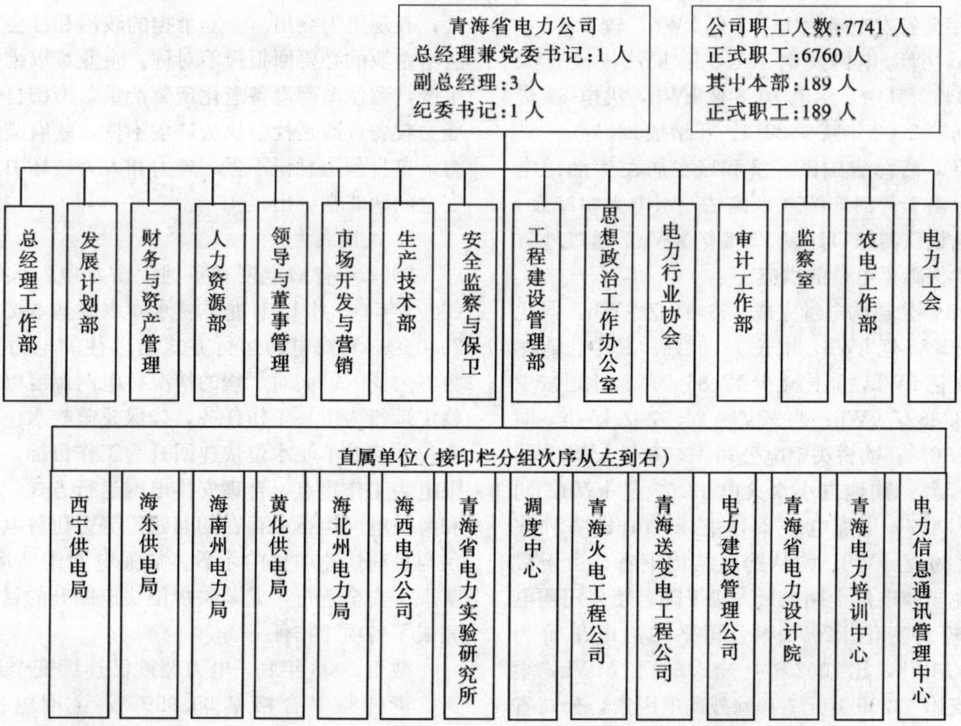

电网建设

2003年计划下达电网建设投资63500万元，计划项目主要有：县城电网建设改造工程32463万元，其中110kV项目16263万元；青藏铁路供电工程（青海段）6294万元；330kV景阳输变电工程24743万元，截至2003年底完成计划投资35400万元。新增330kV变电容量48万kVA，330kV线路51km，110kV变电容量1.26万kVA，110kV线路125km。

县城电网改造工程年内主要完成了工程前期准备工作，但由于国家对县城农网改造工程计划下达较晚，且国债资本不到位，加之2003年公司经营形势严峻，因此，仅进行了部分110kV和35kV项目的实施，年底完成计划投资4363万元；青藏铁路110kV纳赤台段变电工程批准概算6764万元，2003年4月开工，已下达年度投资计划8294万元（含后段前期投资），累计完成投资8294万元，年底完成本年计划投资6294万元；330kV景阳输电工程是“十五”期间青海电网的重点工程，对提高330kV电网供电能力及满足西宁北川电解铝项目和地区负荷的用电将起重要作用，该工程总投资24743万元，已全部完成计划投资并于12月31日投运。

电力生产

1. 发、购电量

2003年全省发电量为135.8亿kWh，较2002年减少4.1%，青海电网发电131.8亿kWh，较2002年增加4.3%，其中：水电70.8亿kWh，火电61亿kWh，分别较2002年减少22.4%和增加31.2%。

2003年，青海省国民经济和城乡居民生活用电需求旺盛，由于黄河连续来水偏枯，水电大幅减发，致使全年电量供需缺口达到22.8亿kWh。通过外省购进，基本保障了电量的供应。

2003年，公司购电量完成136.94亿kWh，同比增加电量20.55亿kWh，增长17.66%。其中：购龙羊峡22.14亿kWh，同比减少17.86%，比计划减少上网电量3.36亿kWh；购李家峡24.97亿kWh，同比减少17.86%；购桥头铝电公司46.18亿kWh，同比增长21.5%；购地方小水火电18.75亿kWh，同比增长23.24%；尼那电厂2.11亿kWh；购省外陕西电量22.80亿kWh。购从购电结构上看，由于最低电价的龙羊峡电厂上网电量大幅下降，使公司购电结构发生较大变化。2003年公司平均购电单价为198.49元/MWh，比2002年上升8.88元/MWh，增加购电费支出13299万元。扣除外购电因素，公司省内平均购电单价实际为196.64元/MWh，比2002年上升7.03元/MWh，增加购电费8024万元。

2. 安全

2003年全面完成公司提出的年度安全目标，全公司的安全状况总体基本稳定。

年内未发生人身重伤及以上事故、重大及以上设备事故、重大电网事故、重大火灾事故、基建重大质量事故，无农电事故。实现了无电力生产人身死亡事故纪录4031天，无电力建设人身死亡事故纪录1019天，无农电人身死亡事故纪录1019天，无设备重大事故纪录847天。年内发生1次电力生产人身轻伤事故，比2002年减少1人·次；发生1次电网事故，比2002年减少6次，下降85.72%；发生一般设备事故12次，与2002年持平，其中输电事故2次，变电事故10次，发生事故的总数占全年下达指标的65%；发生设备一类障碍83次，较2002年增加23次，上升38.33%；发生负次要责任的重大交通事故1次，较2002年减少5次，下降83.33%；发生电力设施被盗案件105起，其中一般案件13起，重大案件71起，特大案件21起，被盗输电导线88.47km，直接经济损失82.98万元。

2003年安全工作中存在的主要问题，一是在电力体制改革过程中，电网企业与电厂、用户之间各个层次、各个方面沟通机制建设和相互之间以及政府相关制约机制建设明显滞后，从而带来难以克服的困难；二是安全管理水平和管理手段需要进一步提高；三是企业承担着巨大的社会责任，尤其是后发展地区，表现更为突出。企业承担的政治和社会责任与社会给企业的必要回报极不对称，企业难以维持简单再生产，致使电网设备老化现象严重，抵御自然灾害的能力较弱；四是社会执法环境不良，政府监督制约不力，自身预防意识不强，外力和人为破坏引起的电网安全问题非常突出。

3. 电网调度

2003年青海电网在黄河上游水电厂大幅度减发（2003年）5月12日龙羊峡水库水位基本接近死水位2530m），青海电网运行方式由以往的电力送出改变为电力受入。面对严峻的情况，电网调度以电网安全稳定运行为中心工作任务，确保龙羊峡水位不低于死水位并使龙羊峡水位快速回升为工作目标，以尽量少限电为工作重点，合理安排电网运行方式，及时协调和解决电网运行中存在的问题，努力化解电网出力不足与负荷快速增长的矛盾。加强电网调度运行管理，实现了安全运行，龙羊峡水位快速回升的目标，全面完成了各项工作任务。

截至2003年底，电力调度已连续安全运行1861天，责任频率合格率99.999%，主网电压合格率99.33%，主网线损率1.91%，全网全部保护装置正确率99.80%，其中110kV及以上系统保护装置正确动作率 99.15%，330kV 系统保护装置正确动作率 99.17%，故障录波装置录波完好率 100%。年内青海电网最高负荷 212.1 万 kW，比 2002 年最高负荷增加 35.5 万 kW；日最大用电量 4553 万 kWh，较 2002 年增加 830 万 kWh；最大峰谷差 45.8 万 kW，较 2002 年增加 6.3 万 kW。

4. 设备技术改造与大修

2003 年全公司共安排技改、大修项目 86 项，资金 3000 万元。其中技改项目 37 项，资金 1000 万元；大修项目 49 项，资金 1066.87 万元。总的项目完成率 97%，计划资金完成率为 100%。

各项投资比重：输电 14 项，资金 259.09 万元；变电 34 项，资金 1483.8 万元；自动化 3 项，资金 107 万元；继电保护 10 项，投资 384 万元；通信、仪器仪表、直流系统等 22 项，投资 502.18 万元，全网防汛、改善工作生活环境等其他项目 32 项，投资 158.5 万元；全网安全措施费 200 万元。

经营管理

1. 电力营销与用电构成

2003 年青海经济继续快速发展，电力需求增长迅猛，用电量和用电负荷大幅上升，供需矛盾十分突出。一是在严重缺电及限电 1.78 亿 kWh 的情况下，全年售电量完成 129.06 亿 kWh，增加 19.39 亿 kWh，增长 17.69%，创历史新高，在国网系统也居较高水平；二是积极疏导电价矛盾，平均销售电价稳中有升。2003 年平均销售电价完成 290.84 元/MWh，较 2002 年同期 277.76 元/MWh，提高 0.013 元/MWh；三是严格落实责任制，电费回收再创佳绩。2003 年当年电费回收率完成 100%，连续两年实现公司电费结零。陈欠电费回收率 14.26%，较 2002 年提高 11.6%；四是电力营销技术开发工作取得新进展。2003 年，按照《青海省营销技术支持系统规划》全面启动了公司营销技术支持系统的建设项目，完成了营销数据中心硬件设备的购置、验收、初装等工作；五是电力营销机制创新和基础管理工作取得新成果。年内组织了《青海电力公司营销业务重组规划》的调研、拟订和论证工作。强化“一口对外”工作机制，加快了客户业务报装和送电进度，调整下放了负荷审批权限；在公司营销部门设立了客户经理，初步建立了业扩工程和市场预测工作与公司业务部门及供电企业的协调机制；减少了相互配合之间的盲点，提高了办事效率，同时推动并协调省政府出台了《青海电力服务收费标准》，合理界定了客户无偿服务和有偿服务的界线；重新调整了公司购电关口电能计量装置的管理范围，制定下发了《青海电力公司贸易结算用电能表质量检验管理办法》，进一步规范了公司系统的电能计量管理工作。

受青海省国民经济快速增长的拉动，2003 年全社会用电量和公司售电量呈现高速增长。主要表现在：电解铝用电增长强劲，电力消费仍以高耗能用电为主，是稳定和拉动用电量增长的决定因素；人民生活水平日益提高以及城乡电网建设与改造工程效益逐步显现，城乡居民生活用电持续高位增长；基础设施建设步伐加快，建筑业及相关产业用电量上升。

2003 年，青海电网用电量为 136.94 亿 kWh（不含桥头铝电公司，下同），比 2002 年同期增长 17.66%。其中：第一产业完成 0.51 亿 kWh，下降 28.15%，占全社会用电总量的 0.37%；第二产业完成 122.02 亿 kWh，增长 17.88%，占全社会用电总量的 89.11%；第三产业完成 6.62 亿 kWh，增长 16.92%，占全社会用电总量的 4.83%；城乡居民生活用电完成 7.79 亿 kWh，增长 19.75%，占全社会用电总量的 5.69%。第二产业依然是带动用电量增长的主要动力，第三产业用电量虽不大，但其良好的增长趋势对改善青海电网的用电结构具有重要的作用。

2. 财务

2003 年省电力公司经营形势依然严峻。一是青海经济持续快速发展，用电量大幅度上升，同时黄河上游来水持续特枯，水电发电量锐减，特别是上网电价较低的龙羊峡水电站上网电量同比降低 33%，迫使省外购电量大幅度增长，导致购电价格上升，购电成本大幅度增加；二是随着城农网改造及新建输变电工程项目的完工投运，供电区域不断扩大，资产规模迅速增长，折旧、贷款利息等固定费用增加较快，因而，电力销售收入的增长大大低于电力销售成本的增长幅度，财务压力进一步加大。针对以上不利因素，通过调动各方面积极因素，落实电价政策，疏导电价矛盾，加大资金运作力度，强化内部考核和控制，规范财务秩序等，较好完成了预算考核指标。利润总额下达亏损 10000 万元，实际亏损 9728 万元，减亏 272 万元。

应收电费余额下达 12000 万元，年末应收电费余额 9414 万元，比预算减少 2586 万元，降低 21.55 个百分点。

净资产收益率下达－2.68%，实际完成－1.17%，比年度指标增长 1.51 个百分点。

资产负债率下达 57.69%，实际完成 40.15%，比年度指标降低 17.54 个百分点。

上缴投资收益下达 369 万元，实际上缴 369 万元，完成 100%。

存在的主要问题：①由于缺电，使外省购电成本大幅增加，接收地方电网增加人员工资和管理费用，城农网成本增加，亏损形势严重；②由于投资兴建的电网建设工程以及一批新建小水电站和中型水电站相继投产，其投资在现行电价中未能及时疏导，使得电网输配环节电价收入无法弥补输配环节的投资和成本支出；③由于公司长期借款已高达33.26亿元，年利息达2亿元，资产负债不断攀升，巨额债务给公司带来了沉重的财务负担；④由于青海属后发展地区，近年经济发展势头迅猛，未来几年电网投资将不断增加，但电力建设基金、贴费等可用于新项目的自有资本性资金来源却逐年减少，资本金来源严重短缺，自我发展能力不足。

3. 人力资源管理与社保工作

2003年围绕国家电网公司改革和发展目标，认真研究制定符合省公司发展的人力资源规划，维护职工队伍稳定，研究探索精干、高效的组织管理体系，为省公司的改革与发展提供人才保障和智力支持。截至2003年底，省公司全部职工人数为7751人，比2002年减少5人，其中：长期职工6770人，同比增加18人；临时用工981人，同比减少23人，长期职工增加的主要原因是接受地方电网人员及复转退伍军人。公司工资总额完成23009万元，人均28142元，较2003年增加3268元，增长13%，增长的主要原因是2003年职工年工津贴调整。在工资总额构成中，岗位工资占36%。奖金占20%，技能工资占18%，各种津贴17%，其他9%。

2003年内对各供电企业进行了全面摸底调查，完成了2003年供电企业定员的测算工作。同时，对专业技术人员资格聘后管理进行了研讨；经调研提出制定了《公司职工流动管理办法》征求意见稿，在电力物业公司组织首次公司系统公开招聘的尝试工作，为下一步进行的人员市场化流动打下了基础；组织有关人员对青海省电力公司辅业单位和“三产”多种经营企业如何重组、如何与电网剥离、省公司若为子公司，省公司及供电公司的管理层次如何精简、省公司的法人治理结构如何建立等问题进行了有益的探索，同时还研究了主辅分离、辅业改制、分流安置剩余人员的实施意见；以深化企业内部分配制度改革为重点，完善经营者激励机制，改进工资总量决定机制，建立与电网企业相适应的工资分配制度；在认真履行解缴各项基本、保险职责的基础上，维护企业和职工的利益，规范补充养老保险，修订了《省公司职工补充医疗保险暂行规定》，待适时审批；实施制定了《省公司职工住房货币化分配实施细则》，待审议审批；针对职工和离退休人员就医保改革和住房由实物分配向货币分配改革中提出的问题，在保证资金、安全、完整、合法和不承担任何风险的前提下，为求保企业补充和个人储蓄性养老保险基金在国家改革规定的范围内取得最大的回报率，积极采取多种合法措施，多方面实行保值增值，使得2003年补充和个人储蓄养老保险增值回报金额净增835.80万元。

优质服务与行风建设

2003年在缺电及限电的新形势下，各供电企业做到了“缺电不缺服务”，采取措施积极疏导限电引发的各种矛盾。对用电1亿kWh及以上的大客户实行VIP服务新模式，为客户提全方位的服务。海南、海北电力局和海西电力公司改进和完善电费收缴方式，采取走收、双月收、委托代收、银行联网等多种方便客户的交费、收费形式。年内客户满意率较2002年有较大的提高，未发生影响公司形象的电力服务违规、违纪事件。

在行风建设方面，在突出常态运行机制的基础上坚持“优质、方便、规范、真诚”的服务方针。①公司调整了纠风及行风建设领导小组及办公室成员，并制定了工作职责，形成了分工负责、责任明确的格局；②在电力供需矛盾十分突出的局面下，加大了对员工的职业道德、职业纪律的教育力度和对限电过程的监督检查力度；③加强对城乡供电营业窗口行风建设的指导检查，省公司先后对6个供电企业的8个城市规范化服务供电营业窗口单位，20个农村供电营业示范窗口及95598特服电话进行了检查；④认真抓好行风投诉、受理、处理、反馈的闭环管理工作。2003年全公司共受理行风投诉12件，处理12件，其受理、处理、反馈率为100%，与2002年同期比投诉率下降54%，社会民主评议行风工作从2002年的排序第14名，提升到第9名，在企业中名列第一。

科技与教育

2003年下达科技开发项目23个（其中上年结转2项），资金400万元，总的项目完成率80%。本年度结合电网运行下达研究项目8个，电网管理13项，年内科技各项工作的重点是在项目的前期研究，为科技项目的准确立项提供依据。如变压器油在线监测数据远传研究，GIS设备的监测研究，金属铠装柜温度监测研究等。在提高电网安全运行水平方面，重点对330kV龙羊峡——乌兰输电线路自投运以来连续发生30余次污闪跳闸，严重威胁电网安全运行的情况进行专题研究，找出线路走廊地区盐气蒸发，绝缘子表面盐密值短期内急剧增加，以及鸟类在杆塔上排粪等导致事故的原因。采取了加装增爬裙，安装防鸟罩、防鸟刺等措施，基本解决了污闪事故。此外，还针对已经开工建设的750kV输变电系统的运行维护工作进行了立项，重点研究了750kV运行、试验、检修、培训工作，并制定了750kV运行、技术、管理标准。

同时，根据城网维护管理的需要，还开展城网带电作业应用研究，对10kV配电带电作业工具进行改进，扩大带电作业范围。

根据省公司职工教育培训计划，按照计划分层次、分级组织实施，全年共举办各种专业培训班40期，参加培训人员达1788人，初步建立起较为完善的三级培训网络管理体制。

为加强职工教育经费的管理，年内调研了全公司2002年职工教育经费开支情况，并制订了教育培训经费的使用管理办法；开办了省公司财务会计专业成人高考大专班、本科班考前辅导班；组织省公司电力市场营销大专班全年开课、考试及计算机NIT上机考试等项工作；安排了2003年电气工程研究生报名及2004年MBA学习班人员报名；举办农电工培训班9期，其中在培训中心集中五期，乌兰、大通、湟源、化隆各一期，统一培训、统一标准，实行考培分离，对提高农电工的业务素质起到了极大的推动作用；举办营销培训班14期，共培训550人。此外，针对所属海西电力公司生产实际，对其教育培训工作提出了指导性意见，先后安排了变电运行、送电、配电、电力调度、线路运检等专业工种的人员对口专业帮扶培训。

农网建设

2003年农电工作主要进行了3项：①完成了二期农网建设改造任务并组织了竣工验收；②加强并规范了供电营业所为重点的农电管理工作；③编制了县城电网改造规划、计划以及工程启动工作。继续深化农电体制改革，加强对乡镇供电营业所的管理，依靠各级政府，协调多方关系，逐步建立起农网安全生产、文明用电秩序，巩固了“两改”成果，拓展了农村电力市场，全面完成了农网建设与改造任务。

年内公司系统农电安全形势稳定。全年杜绝了5种对社会造成重大影响、对电力企业生产经营造成重大损失事故的发生；杜绝了农网建设改造中人身死亡事故；未发生农村触电死亡事故，是多年来农电安全形势最好的一年。第二期农网建设与改造投资规模为128700万元，其中35kV及以下农网工程投资为104368万元，其农网改造工程已全面投运。全省42个县（市、区、行委）二期农网建设与改造工程，农村电力体制改革和城乡用电同价工作，通过了省政府组织的省级竣工验收；整改后的农村综合线损13.08%，年内全公司低压线损率为20.92%，最低12.96%；供电营业所管理年活动取得了阶段性成果，134个供电营业所纳入省公司统一管理，并按照省公司统一制定的标准、制度、账卡、报表要求，逐步规范了工作行为，其中103个农村供电营业所基本达到规范化管理；农村生活用电保证率平均达到97%，排灌用电保证率达100%，实现了年初预定目标。此外，湟源大华、贵德河阴、乐都高庙、互助威远、平安沙沟等5个乡镇供电营业所基本达到国网公司系统文明示范窗口验收条件。

城网建设与改造

2003年西宁城网建设与改造工作为全面收尾阶段，年内完成的主要工作为2003年续建工程。年内下达计划两批，项目12个，资金1567.11万元，其中西宁配网建设改造工程下达5项，资金826.05万元，海晏路55号院供电工程下达7项，资金741.06万元。

县城电网建设与改造，根据电网的实际状况，针对电网的薄弱环节，按照“总体规划，分步实施，重点突出，实事求是，讲求效益”的原则，编制了青海省县城电网建设与改造可行性研究报告。国家计委批复工程投资总规模117026万元，2003年国家安排投资计划32463万元，由于资金不到位，计划下达时间晚等因素，当年完成投资24700万元。

电力体制改革

2003年根据国务院5号文件精神，结合2000年实现厂网分开的实际，慎重负责地研究遗留历史问题，及时上报了《关于处理青海电网发电企业划转移交后遗留问题的请示》，在公司体改领导小组的领导下，相继就省公司及供电公司管理层次，省公司关于主辅分离改革，省公司对重组西北区域和省级电网公司有关问题等意见提出意见和建议。针对青海农牧区电网面广、线长、分散，电量小的情况，开展了农村牧区电网管理服务试点；对青海智鑫电力建设监理公司进行了股份制改造；撤销青海电力工程承包公司，成立了青海电力建设管理公司，理顺了青海电网建设管理体制；结合电力物业公司成立以来出现的问题，提出了《关于进一步完善电力物业公司体制的意见》。

党建与精神文明建设

公司党委在党建工作中重点加强党组织自身建设、干部队伍建设和党风廉政建设，三者工作有机结合，收到了较好的效果。按照“党要管党，从严治党”的要求，建立健全两级党委议事规则，坚持班子成员分工负责和民主集中制，从公司党委到基层企业党委全部按制度召开了民主生活会，规范了党内正常活动；落实基层企业党委（支部）工作目标责任制，及时调整补充健全基层组织，深入开展规范化党支部建设，制定实施了《发展党员公示制》和《预备党员跟踪考察制》规范党组织发展工作，制定了《青海省电力公司中层领导人员公开选聘试行办法》，健全了公开竞聘程序和工作制度。

在精神文明建设方面，公司党委高度重视思想政治工作，一是坚持两级党委中心组学习制度，落实学习内容，完善学习审读和学习情况上报制度；二是开展形势教育，加强思想政治工作，引导职工发扬“两个务必”精神，强化主人翁意识，齐心协力，共度难关，为实现公司各项年度任务目标营造了良好的氛围；三是围绕企业生产经营中心，开展“优质服务是国家电网的生命线”和“青海光明行”等电力优质服务宣传活动；在青海人民广播电台开办青海电力成就、《电力之声》专栏，拓展与社会的沟通渠道；完善青海电力信息网络系统，提高点击率；利用社会各媒体，及时解答热点问题，增进了社会对电网企业的了解。

多元产业

2003年，青海省电力公司系统各多元企业积极开展公司化改造，法人治理结构进一步完善。部分龙头企业进入高速发展期，经营管理日趋规范，核心竞争力进一步提高，呈现出前所未有的良好发展势态。万立水电股份公司初步实现以小水电为主的规模化经营，实现利润1837万元；华电铁合金公司，以管理创效益，以优质争市场，全年实现利润1804万元；同时，由于公司农网改造结束，部分施工企业和电气制造业利润下降，面临产业结构调整的抉择。

至2003年末，青海电力公司系统多元企业资产达11.9亿元，比2002年同期增长6.25%；利润总额4994万元，比2002年同期增长113.6%。

主要事件

1月10日，国家电网公司研究并征得中共青海省委同意，决定对青海省电力公司领导班子成员作如下任免和排序：王季平任青海省电力公司总经理；魏海平、李葛明、高苏杰任青海省电力公司副总经理；免去林涛的青海省电力公司副总经理职务；免去许山城的青海省电力公司总会计师职务。中共国家电网公司党组研究并征得中共青海省委同意，决定对青海省电力公司领导班子成员作如下任免和排序：王季平同志任中共青海省电力公司委员会委员、书记，免去其中共青海省电力公司纪律检查委员会书记职务；魏海平、李葛明、高苏杰三同志任中共青海省电力公司委员会委员；陈永浩同志任中共青海省电力公司委员会委员、中共青海省电力公司纪律检查委员会书记；王志平同志任中共青海省电力公司委员会委员、工会主席。

1月26日，海西地区电力发展规划通过了审查。

2月9日，由于黄河上游来水持续偏枯，造成青海电网严重缺电，自该日起被迫限电。从2～8月先后三次限电，限电量共计1.78亿kWh。限电范围包括五小企业、碳化硅、硅铁、电解铝、电石、烧碱、炼钢等52户企业。

2月10日，国家电网公司研究决定：免去任书辉同志的青海省电力公司总经理职务；中共国家电力公司党组研究决定：免去任书辉同志的中共青海省电力公司委员会书记、委员职务。

3月1日，330kV景阳输变电工程开工建设。

3月14日下午，正在北京参加第十届全国人民代表大会一次会议的青海省委副书记、省长赵乐际和省委党委、常务副省长蒋洁敏抽出时间，赴国家电网公司，同国网公司副总经理李彦梦、陈进行、郑宝森等有关职能部门负责人进行会晤，就青海电力规划、建设与发展等问题进行了广泛的交流。

3月31日，为解决2003年外购电价差问题，省计委召开外购电价差问题协调会，并形成会议纪要，会议决定对现行高耗能企业电价优惠标准按每千瓦时降低1分钱执行，将这部分金额作为电力平衡资金处理，专项解决外购电价差问题。

4月8日，根据省公司基建体制改革和重组方案的精神，青海电力建设管理公司（与青海省电力公司工程管理部合署办公）于2003年4月8日正式成立。撤销青海电力工程承包公司。

4月16日，青海省发展计划委员会以青计基础(2003) 352号文批复了青海省县城电网改造工程可研报告。

4月16日，海西电力公司35kV戈壁梁变电站正式运行，从而结束了连湖地区几十年来无电的历史。

4月21日，中共国家电网公司党组研究并征得中共青海省委同意，决定：免去王志平同志的中共青海省电力公司委员会委员、工会主席职务。王志平同志调中国水利水电建设集团公司工作。

4月29日，青藏铁路供电工程110kV格尔木—纳赤台输变电工程开工建设。

5月24日，尼那水电站（4×4万kW）首台机组并网发电，该电站是目前国内最大的灯泡贯流式机组、河床式电站。

6月1日，根据青海省计委《关于对新增外购电量实行挂牌销售的批复》（青计价格［2003］528号），自6月1日起，至12月31日止，对青海电网供电营业区内所有大工业生产用电（除电石生产和海西电力公司所辖供电营业区外）20%的生产用电量实行0.32元/kWh的挂牌销售办法，以解决省电力公司外购电价差。

6月7日，公司党委会研究决定，营销部设立客户经理2名，以加强市场调研和客户服务工作。

6月11日，省委书记苏荣到省电力公司调研指导工作。

6月17日，副省长苏森到省电力公司调研指导工作。

6月18日，青海万立投资股份有限公司创立。这是按照现代企业制度要求，适应省电力公司职工投资需求，保护相应的投资利益，建立电力基础建设新型融资渠道，促进青海电力工业发展的股份制企业而创立的。

7月5日，中电投集团公司总经理王炳华一行专程到青海电力公司与公司领导班子成员进行座谈。并就龙羊峡电厂电价、拉西瓦供电问题以及省公司和黄河水电开发公司如何体现双赢问题谈了具体意见。

8月20日，由青海送变电工程公司施工的海石湾—阿兰—硝湾OPGW光缆工程光缆正式展放，线路全长89.662km。

8月20日下午，青海省委副书记、常务副省长蒋洁敏、副省长苏森与国家电网公司西北公司党组副书记、总经理刘肇绍举行会谈，就发展电力、保障供给、支持青海电力改革与发展等广泛交换意见。

9月2日～10月18日，全省42个县（市、区）的二期农网建设改造工程顺利通过了省政府组织的竣工验收。

9月8～11日，国务院电力体制改革工作小组办公室来青调研。电监会政策法规部杨昆副主任等一行4人来青海就黄河上游水电开发和黄河上游水电公司有关问题进行了专题调研。

9月19日，青海省委书记、省长赵乐际与国家电网公司总经理赵希正在胜利宾馆进行了亲切会见，就有关青海电力发展建设等问题进行认真交谈。

9月19日上午11时18分，750kV官亭—兰州东输变电示范工程开工典礼在青海民和县官亭镇举行。

9月25～28日，省公司总经理王季平同志带领公司扶贫救助领导小组部分成员和有关部室人员专程前往玉树称多县开展扶贫帮助工作，该县是省委、省政府确定的对口扶贫帮助的贫困地区。省公司安排实施了该县一、二期农网建设改造，完成工程资金2967万元，列网外各县之首。

9月28日，国家电网公司表彰全国电力营销、优质服务“双十佳”先进单位、先进个人，西宁供电局城东供电所荣获国网公司“十佳”优质服务先进集体。城西电力营业所高延明、海东供电局平安县电力局张金云、海南州电力局同德县电力局王蜀江分别获得电费回收和优质服务先进个人。

10月8日，青海电网又一大型枢纽变电站——330kV大石门变电站开工建设。

10月13日10时16分，330kV湟源—花园变输电线路因导线、地线覆冰严重（导线覆冰厚度约200mm，均匀）造成29号塔（ZM5－28型）自第三段以上部位弯曲折断倾倒，28号塔身有轻微的变形，花园变侧3320号、3322号断路器跳闸。由于当时负荷较小，没有对供电造成较大的影响。

10月28日，国家电网公司研究并征得中共青海省委同意，决定：左玉玺同志任青海省电力公司副总经理；中共国家电网公司党组研究并征得中共青海省委同意，决定：左玉玺同志任中共青海省电力公司委员会委员。

10月29日，青海省发展计划委员会组织召开了青海电网城乡居民生活用电调整价格方案听证会，对青海电力公司申请提出的《关于青海电网城乡居民生活用电价格调整方案》进行论证，来自全省各地各行业的消费者、经营者、人大代表、政协委员、省社科院、省司法厅专家等28名代表参加了会议。

11月5日，西宁供电局日售电量突破3000万kWh大关，6日再创新高达3083kWh，创历史最高水平。

11月20日，由青海送变电工程公司施工的西北750kV输变电示范工程330kV公伯峡至官亭送电线路工程第一标段在2012号基础进行试浇，标志着该段基础工程全面开工。

12月17日，坐落在海拔4000m的青藏铁路配套输配电工程——纳赤台变电站一次投运成功。

12月18日，青海送变电工程公司获中国电力企业联合会认证中心颁发的“三标一本”管理体系认证书（“三标一本”指：质量、职业健康安全和环境管理体系），走在了青海省建筑企业乃至全国电力建设企业的前列。

12月29日，330kV景阳输变电工程带电投入运行。

（尹兰英）

宁夏回族自治区电力工业

2003年是电力体制改革实施厂网分开后的第一年，也是宁夏电力改革与发展史上具有里程碑意义的一年。在国家电网公司等上级主管单位和自治区党委、政府的领导关怀下，宁夏电力系统广大干部职工同心协力、奋力拼搏，经受住了“非典”疫情、电力体制改革、严重缺电带来的考验，克服了电网结构薄弱、负荷迅猛增长等方面的困难，保证了电力系统生产安全形势的平稳和职工队伍的稳定，各项工作都取得了好的成绩。

电力体制改革厂网分开后，在宁夏区内有两家发电集团公司，拥有发电企业分别是中国国电集团公司和中国电力投资集团公司。

中国国电集团公司有3家发电企业，总装机容量1500MW，在建330MW。

中国电力投资集团公司有1家发电企业，为青铜峡水电厂，装机容量302MW。

电力生产安全经营

1. 电力生产

2003年底全区总装机容量328.7万kW，其中水电30.2万kW，占比例9.2%。发电量195.36亿kWh，其中火电187.28亿kWh，水电8.08亿kWh。全区用电负荷突破300万kW，达到325万kW；社会用电量突破200亿kWh，达到212.12亿kWh。全网最大日用电量达到7328万kWh；售电量完成183.65亿kWh，同比增长23.1%；购电量完成197亿kWh，同比增长22.9%；外购电完成22.46亿kWh，同比增长27.6%；线损率6.79%，同比下降0.06个百分点；城市供电可靠率99.925%，同比下降0.014个百分点；电压合格率98.94%，同比下降0.018个百分点。电网主设备一类率100%。全网继电保护正确动作率99.84%，同比上升0.04百分点，其中220kV及以上电压等级继电保护正确动作率99.23%。

至2003年底，全网共有220kV公用变电所18座，主变压器34台/4140MVA，220kV线路1723km，330kV变电所2座，主变压器4台/900MVA，330kV线路796km。110kV以上变电容量8341MVA，110kV以上输电线路4534km。

全年共完成更新改造计划项目110项，投入资金5023.1万元，主要对新城变220kV线路工程进行了改造；对石嘴山和银川地区的几个变电站的变压器进行了增容改造，增加变电容量25万kVA；建成了银川城市10kV电缆沟通道39.05km，电缆线路121.18km；110kV电缆沟通道5.1km，电缆线路18.6km。全年共完成输变电、配电网、调度通信等各类大修487项，投入资金9403万元，重点对输电线路交跨和对地距离不够的隐患进行了整改，共计30余项，投资440万元；对运行中的少油开关和变压器进行大修；增加了配电网大修的资金计划，共计1100万元，为配网大修提供了资金保证。

2003年电网负荷快速增长，电网的输变电能力承受着巨大的压力，部分输电线路接近安全电流运行，部分变电站的主变压器满负荷甚至过负荷运行，新增负荷无法接入电网供电。为改变这种状况，电力公司重点对石嘴山等地区的老旧变电站进行增容改造，提高了电网的接待能力。

2003年电力供不应求的形势依然严峻，最大限电负荷42万kW，累计限电量约5.9亿kWh。面对严重的缺电形势，发、供电系统密切合作，主要采取了以下措施：①加强同区内各发电厂的协调，采取电厂超发电量价格从优的激励措施，实现了多开满发；②各发电厂不断提高发电机组运行维护水平，使发电机组利用小时数达到7528h；③积极向西北电网购电，全年外购电量达22.46亿kWh，使严重的缺电局面得到有效缓解；④在建的石嘴山发电厂扩建工程，加强施工管理，积极采取措施，使机组提前投产发电；⑤加强了电力需求侧管理，按照“度电效益”原则，对部分高耗能企业科学地实施了错峰用电和高峰时段计划限电，尽量减少高耗能企业的损失。同时还采取积极措施，全力以赴保障社会用电，使人民的生产、生活免受缺电的影响。

2003年建成了覆盖宁夏电网全网的光纤通信网，建成了基于光纤传输的1000M广域信息网，该网络覆盖了四个地区供电局及各县市级供电局、220kV以上的变电站及部分110kV变电站，5个发电厂，为进一步提高电网的生产设备管理、营销管理、经营管理、办公自动化等的管理水平和全网的信息化水平提供了良好的基础平台。完成了国电通信主干光缆宁夏段（青铜峡——靖原Ⅱ回线地线换光缆工程）的施工，顺利渡过了施工期间同时跨越大固、铜靖Ⅰ回线两条330kV线路时，宁夏电网独立网的安全稳定运行。还先后开发了220kV变电站主设备绝缘在线监测系统、地下电缆的监测系统等，为设备的运行监测和检修积累了经验。

2003年评审出公司级技术进步奖51项，管理创新成果奖11项，QC成果奖23项。获得省部级的进步奖1项，国家级QC成果奖1项，省部级QC成果奖7项。

2. 安全管理

2003年，由于全区用电负荷的快速增长，宁夏电网承受了严峻的考验，设备满发满供、检修不能按期进行，为解决缺电和电网供电能力不足，提高电网运行的可靠性，电源和电网建设工程量超常增加，建设速度超常加快，开工项目多，作业面广，安全管理的难度增大，“大银川”建设以及多个新建、扩建工程接入电网过程等因素对电网安全稳定运行的影响，同时随着电力体制改革的不断深入，厂、网分开，电网安全管理模式发生重大变化。面对这些错综复杂的局面，电力系统广大干部职工，顶着压力，以严谨的态度对待安全生产，“严”字当头，严格管理、严格考核，把安全工作的重心放在生产、施工现场，发扬了特别能战斗、特别能吃苦的精神，通过坚持不懈的努力，保证了电网运行、电力生产和施工的安全。

电力系统全年未发生人身伤亡事故，未发生重大事故，未发生重大电网事故，未发生人员责任的重大设备损坏事故，未发生重大火灾事故和特大交通事故，安全总体形势平稳。

主要做法有：

(1) 落实责任严格管理。

(2) 抓施工、检修现场确保人身安全。如在新城变四回线路改造工程，铜靖Ⅱ回线光缆架设等工程，电力公司高度重视，专门成立了协调机构，反复研究施工方案，努力把施工带来的电网和人身安全风险降到最低，以确保人身和电网安全。

(3) 开展安全性评价，夯实安全生产基础。2003年开始了第二轮发供电企业安全性评价工作，并于11月中旬完成了由公司组织的专家组对固原供电局的安全性评价工作。

(4) 落实安全生产法，建立事故应急处理机制。

3. 电力经营

宁夏电力公司销售收入达到56.85亿元，公司主业利税达到5.58亿元，公司资产总额达到110亿元。

宁夏电力公司完成了与国家电网公司签订的经济责任书的五项指标，其中利润实现7887万元，为考核指标的394.35%；应收电费余额为1.25亿元，净资产收益率为2.03%，资产负债率为62.92%，上缴投资收益576万元。

厂网分开，划转各发电集团的电厂实现销售收入12.3亿元，利润4204.2万元。

电力建设项目完成投资总额8.034亿元，其中220kV电网工程完成4.087亿元，110kV电网工程完成5052万元。二期农网建设改造工程完成投资1.4418亿元；技改项目完成投资5023.18万元；县城电网建设与改造工程完成投资2亿元；小型基建完成投资8800万元。

2003年划转电厂与电网正式分开各自独立运作，而国家有关电力市场的运营规则却尚未正式出台。为了保证电力生产与经营工作连续稳定运行，鼓励发电厂多发电以缓解电力供需矛盾，宁夏电力公司在原内部电力市场运营方案的基础上，对增量电价进行了调整，即将原方案中增量电价改为三级梯级增量电价。调整后的电力市场运营方案得到自治区政府有关部门的首肯后付诸实施。

宁夏电力公司对所属四个供电局2003年上半年综合计划的执行情况及经营情况进行了跟踪调研，了解与分析了各局售电量、售电单价、用电负荷、成本控制、基建投资等指标的实际完成情况，对下半年经营指标进行了预测。并对已下发执行的《年度综合计划中供电局自控资金管理暂行办法》进行修改，以便合理有效地发挥自控资金的作用。

多种经营

多经产业全年总收入达到25.6亿元，比2002年增长9%；利润完成1.38亿元，比2002年增长17%；上缴税金1.05亿元。厂网分开划转各发电集团的电厂多经销售收入3.99亿元。

宁夏电力公司系统多种经营在理顺体制、重新定位、调整结构的基础上，进一步明确了发展方向。英力特集团公司重组民族化工获得国家证监委批准，整个重组工作全面完成；参与控股组建了宁夏发电集团有限责任公司、西部聚氯乙烯有限责任公司，并开工了50万t PVC一期工程，确立了一手抓高载能化工的发展和经营，一手抓投资电源建设的战略，为实现跨越式发展奠定了坚实的基础。

天净集团公司在进行重组的同时，坚持边改革边发展，成功建成投产贺兰山风电场1万kW机组，标志着天净集团公司进入新的发展阶段。天嘉公司、天鹰公司经过艰苦探索，进一步明确了战略定位和发展方向，实现了精干高效，创造了生存发展的良好条件。

电力建设

1. 电网规划与建设

组织专家和技术人员进行了深入的调研，先后编写了《宁夏电网调研报告》、完成了《宁夏电力工业"十五"规划滚动研究报告》和《宁夏"十五"电力行业规划及2020年远景目标研究报告》。经与西北电网有限公司共同研究，确定了宁夏电网目标网架规划思路：南部加快建设330kV电网主网架，停止发展220kV电网，并逐步取消220kV电网。北部电网暂维持现状，并以满足用户用电和解决电网"卡脖子"为目的，建设完善220kV电网。

2003年电网建设项目完成投资8.034亿元，投运线路386.44km，其中220kV线路326.44km，110kV线路60km；投运220kV变电站2座，变电容量30万kVA；投运110kV变电站1座，变电容量4万kVA。

随着"大银川"城市建设的启动，对银川市内的输电线路和走廊进行了改造和规划建设。将新城变三回220kV出线和一回110kV出线进行改造，建成了跨越银川城市中央的同塔四回路线路走廊，安全、高效、优质地完成了工程的建设和投运工作。按照城市规划的要求，对高丰变接入系统方案进行了重新设置，建设了沿北京路的110kV电缆沟，敷设四回110kV电缆，解决了高丰变的接入问题和银川热电厂第二回线路的走径问题，为今后银川市核心区的供电做好了准备。同时，建设了丽景街、北京路等一批电缆沟工程，以打通城市供电的主干通道。

全面完成了二期农网建设与改造工程并通过自治区政府组织的整体验收，农户通电率达到98.87%，大大超过了国家确定的95%的农户通电率的长远目标，从而使宁夏“两改一同价”基本完成。全面开展了县城电网建设与改造工程，积极支持自治区县域经济发展。

积极配合国家电网公司、西北电网公司开展了“西电东送”北通道规划和西北电网750kV主网架规划工作；协助完成了750kV变电站和±500kV直流换流站在宁夏的选址工作，以及宁夏银南至天津东郊±500kV直流输电工程可行性研究报告的评审工作，为早日开工建设创造了条件。

2. 电源规划与建设

2003年，石嘴山发电厂4×330MW扩建工程2号、3号机分别投产发电，实现了一年双投的好成绩。新机的投产极大地缓解了宁夏的缺电局面。中宁电厂2×330MW扩建工程年初开工建设，工程进展顺利，1号机组计划2004年底发电。年内马莲台电厂一期2×330MW工程也正式破土动工。电源前期方面，国内各大发电集团公司分别对大坝电厂三期、石嘴山电厂、灵武电厂、水洞沟电厂、枣泉电厂、大武口电厂扩建、鸳鸯湖电厂等电源项目开展了前期工作，从而进一步确定了各个电厂建设与投产的目标，使宁夏建设两个千万千瓦级电力基地目标任务更加具体清晰。同时，随着中宁电厂和马莲台电厂的开工建设，标志着宁夏两个千万千瓦级电力基地建设进入了一个全面展开的新时期；随着贺兰山风电场的开工建设和首期项目部分机组的投产运行，标志着宁夏新能源发展进入了一个规模建设的新时期。

电力体制改革

在基本完成厂网分开发电资产划转移交工作后，电力公司进行了省公司层面的主辅分开、主多分开的工作。继组建宁夏电力建设工程公司使其正常运转后，对公司本部和各供电局所属的多经企业进行了资产重组和企业整合，成功地组建了宁夏天净电能开发有限公司；为主导区内用电和引导“西电东送”大型电源项目建设，受自治区党委、政府委托，成功地组建了宁夏发电集团有限责任公司；为适应国家电网公司、西北电网公司成立后的工作需要，对应调整了公司职能部门和相关职责；为适应电力市场的需要，对系统内电能计量检测检定职能和资源进行整合，成立了宁夏电能计量检定中心，并取得政府授权的法定电能检定资质；为综合利用中试所、银川电校现有人力资源、科技资源和科教资产，对中试所、银川电校进行了合并重组，组建了宁夏电力科技教育工程院；为适应宁东能源重化工基地建设的需要，适时组建了宁东供电局；为加快全面完成农网建设与改造工程，完成了盐池等部分乡镇供电营业区的划转工作，从而全面理顺了农电体制。

至此，按照国家电网公司的统一部署，全面完成了宁夏电力工业政企分开、厂网分开的改革工作，全面完成了旨在适应主辅分开、主多分开需要的改革准备工作，全面完成了农电体制改革工作，宁夏电力工业的新格局已经形成，为深化电力体制改革和加快发展奠定了坚实的基础。

精神文明和党风廉政

认真学习十六大精神、“三个代表”的重要思想，先后组织各类学习班15期；坚持中心组学习与解决实际问题相结合，在党员干部中开展向郑培民同志学习活动，促进了思想作风、工作作风的转变。坚持干部选拔“五条原则”，严格执行干部选拔考核任用程序，进行了“五大公司”及基层单位干部的聘任和考核调整工作，一批不同年龄结构的优秀干部走上领导岗位，干部队伍结构得到优化，各级领导班子整体功能得到加强。认真落实党风廉政建设责任制，加强检查考核，有针对性地开展警示教育，坚持从源头上预防和治理腐败。深入细致地开展思想政治工作和“三德”教育，着力解决改革中的热点、难点和涉及职工切身利益的问题，广泛开展群众性精神文明创建活动，取得了丰硕成果，公司系统没有发生法人违法问题，处级以上干部没有发生违反政治纪律和廉政规定问题；没有发生违反干部选拔任用程序和造成恶劣影响的问题，没有发生影响公司稳定和行业形象的重大事件。2003年宁夏电力公司被自治区授予“民族团结先进集体”；“自治区优秀企业”称号；获“全国厂务公开先进单位”称号；被评为防治“非典”先进单位；团委被中宣部授予“全国学习雷锋志愿服务先进集体”；宁夏电力公司系统在全国、西北、全区专业技术和大赛中均取得好成绩；各基层单位全年共获得全国和自治区精神文明建设各类荣誉称号20多个。

存在的问题与不足

在生产安全中还存在明显的薄弱环节。一方面电网结构薄弱，与西北电网的交换能力不能适应负荷增长的需求；另一方面电网“卡脖子”问题依然存在，不仅给电网的安全稳定运行增加了难度，也导致一些用户的项目建成后不能及时供电。同时，由于多种经营企业在体制整合后没有及时建立起完善的安全管理体系，安全基础不平衡，尤其是主多混岗、车辆管理混乱等突出问题，是安全工作中存在的漏洞和薄弱环节。2003年副业单位所发生的几起事故，就是深刻的警示。

电力供应严重不足，缺电形势依然严峻。预计宁夏电网缺电形势到2007年才可能得到缓解，缓解缺电将是公司一项比较长期的任务。

公司管理基础薄弱。从审计中揭示和工作中暴露出的问题看，大多是正规的管理制度、决策程序、执行程序、监督机制没有得到严格落实的结果。如不及时下大气力进行整治，就会进一步损害公司运营赖以支撑的管理基础。

主要事件

1月14～15日，宁夏电力公司先后召开划转发电企业交接会议，正式将大武口发电厂、石嘴山发电厂移交给中国国电集团公司，将青铜峡水电厂移交给中国电力投资公司，同时明确了自2003年1月1日零时起，这些企业的资产及安全、生产、经营等项工作由新的发电集团公司负责。

1月15日,宁夏电力公司、宁夏电业工会联合印发宁电总发[2003]22号文件,对宁夏电力系统2002年度的先进企业、先进集体、先进个人进行表彰。

1月20日,《中华人民共和国电力工业史·宁夏卷》一书正式出版发行，首发式在银川举行。

1月20～21日，宁夏电力公司2003年工作会议暨七届四次职工代表大会在银川召开。

1月28日，宁夏英力特中宁发电有限公司正式与为中宁电厂2×300MW扩建工程提供主机设备的厂商签订了供货合同。

3月15日，公司总经理刘应宽、副总经理曹友治、纪委书记韩瑞祥和公司有关部室人员冒着大雪在南门广场向广大消费者宣传安全用电知识，并承诺要为广大用户提供称心的、满意的、快速的、可靠的服务。

4月16日，公司总经理刘应宽主持召开了公司本部及电力系统驻银单位第一责任人会议，对公司系统预防非典型性肺炎工作进行了安排部署，提出了具体要求，确保宁夏电力系统不出现非典型性肺炎疫情。

4月24日，宁电农发［2003］18号文，对荣获全国第一批农村电网建设与改造工程的先进集体及个人进行表彰奖励。

4月21～25日，受国家计委委托，中国国际工程咨询公司在银川主持召开会议，对宁夏大坝三期2×600MW扩建工程项目进行了调研评估。

6月6日，中宁电厂2×330MW扩建工程和贺兰山风力发电厂分别举行了开工仪式。

6月19日，宁夏电力公司团委受到国家电网公司、共青团中央的联合发文表彰。

6月28日，宁夏发电集团有限公司正式挂牌成立。

7月13日，石嘴山发电厂4×330MW扩建工程2号机组顺利通过168h试运，正式投入电网运行，为缓解宁夏电网缺电局面发挥了重要作用。

10月24日，宁夏电力公司荣获自治区党委、人民政府表彰的“民族团结进步先进集体”称号。

11月7日，宁夏电网企业与发电企业首次联席会议在银川召开。

11月10日，宁夏电力公司电能计量检定中心在银川挂牌成立。

11月11～12日，国家电网公司副总经理陆启洲及西北电网公司副总经理邵仲仁一行10人来宁夏进行工作调研。

11月14日，自治区党委书记陈建国、副书记马文学、韩茂华，自治区常务副主席马锡广和自治区《发展县域经济观摩交流会》的代表100余人，在石嘴山市及石电公司领导陪同下到石电公司进行了考察指导。

11月17～18日，国家电网公司副总经理刘振亚、总经济师李振生，在自治区党委书记陈建国，自治区副主席项宗西和宁夏电力公司总经理刘应宽的陪同下考察了英力特化工股份有限公司和宁东能源重化工基地。

11月26～28日，宁夏电力行业2003年度QC成果发布暨经验交流会在固原供电局举行。

12月3日，贺兰山风电一期5～10号机组并网发电，从此填补了宁夏地区无风力发电的空白。

12月7～10日，4×300MW马莲台电厂可行性研究会议在银川召开。

12月11日，宁电党发［2003］56号文，决定成立宁东供电局。宁电党发［2003］57号文，决定组建宁夏电力科技教育工程学院。

公司领导

党委书记、总经理：刘应宽

党委副书记、副总经理：曹友治

党委委员、副总经理：田世存　马力克　郭少铎　韩瑞祥

党委委员、工会主席：高凤林

总工程师：王向东

总会计师：赵华威

组织机构

组织机构见宁夏电力公司2003年组织机构图。

宁夏电力公司2003年组织机构图

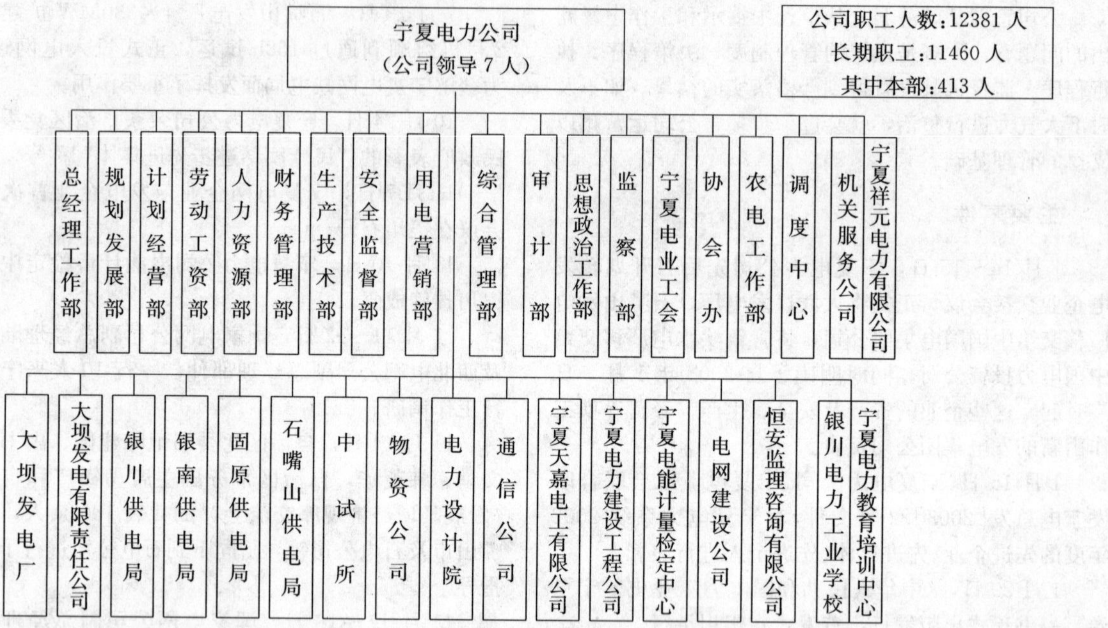

注：

①2003年宁夏电力公司新增加单位2个，大坝发电有限责任公司，宁夏电能计量检定中心；更名单位1个，宁夏送变电工程公司和宁夏电力建筑安装工程公司合并更名为宁夏电力建设工程公司。

②机关本部新增加1个部门劳动工资部：原计划发展部、经营管理部、营销与配电部改名为规划发展部、计划经营部、用电营销部。

（高爱革）

新疆维吾尔自治区电力工业

概况

2003年新疆电力公司面对网厂分开改革的新形势，在自治区党委、政府和国家电网公司的正确领导下，坚持以“三个代表”重要思想为指导，认真贯彻党的十六大和十六届三中全会精神，深入开展“效益年”活动，狠抓安全生产、资产经营和党风廉政建设责任制的落实，各方面工作都取得了新的成绩。全公司完成售电量131.02亿kWh，同比增长9.63%；实现主营业务收入53.8亿元，同比增长9.6%；上缴税金6.2232亿元。完成综合线损率9.38%，同比上升0.13个百分点。

为了解决公司投资规模与经营规模不相适应的矛盾，公司制定了《资本性投资管理办法》，重点抓投资程序和投资收益的管理与考核，保障了资本性投资的有序进行和投资收益的提高。为有效控制和管理各项经营指标，公司制定了《经济活动分析管理办法》，加大了经济活动分析的深度和广度，增强了经济活动分析的时效性和可借鉴性，促进了经营管理水平的提高。重新修订了公司《合同管理办法》，明确合同管理审查程序和考核评价制度，降低了企业经营风险，减少了债务法律纠纷。

公司所属各单位以实现资产经营责任制为目标，开展了各具特色的管理活动。如：准东电业局针对客户特点，制订不同的电费回收措施，确保按时足额回收，获得了国家电网公司“电费回收先进单位”称号；天山电力股份有限公司在生产班组中积极推行定额指标管理，完善班组核算体系，降低了生产成本；阿克苏电力有限责任公司在狠抓平均售电价格的同时，深入挖潜增效，线损同比下降2.65个百分点，超额完成了利润指标；阿勒泰电力有限责任公司依法破产重组北屯发电厂，核销巨额债务，降低了企业财务费用和经营风险；送变电工程公司和电力宾馆被乌鲁木齐市政府命名为首批“AAA级信用企业”。

公司机关围绕企业中心工作抓管理，面向基层经营搞服务，促进了“效益年”活动的深入开展。电力调度中心在千方百计优化调度方式，降低主电网线损的同时，充分利用网内调峰电厂技术改造形成的调峰能力，最大限度地减少机组启停，降低了运行费用，提高了设备健康水平；公安处积极争取政府部门和执法机关的支持，共同发布《关于反窃电的通告》，为供电企业打击违章用电和反窃电提供了有力的政策依据和法律保障，受到了基层单位的广泛好评；机关工作部从严控制各部室“四项费用”，同比减少费用支出18%；审计部门全年完成审计项目125项，审减各类资金支出5396万元。

在各方面的共同努力下，公司较好地完成了国家电网公司下达的资产经营指标。完成利润总额－1.98亿元，比考核指标减亏200万元；完成净资产收益率－5.43%，比考核指标提高了0.05个百分点；完成资产负债率74.49%，比考核指标降低了3.31个百分点；完成应收电热费余额2.49亿元，比考核指标减少116万元；完成上缴投资收益460万元，完成率为100%。

公司领导

总经理、党组书记：张铭洲

副总经理：洪连忠　许伯通　刘　光

沙拉木·买买提

总会计师：夏乾元

纪检组长：木沙·亚库甫

工会主席：李纪全

总经济师：王向红

机构设置

总经理工作部	经营企划部	发展部
生产技术部	安全监察部	电力调度中心
人力资源部	市场营销部	财务与资产管理部
审计工作部	农电工作部	政治工作部
监察办公室	离退休办公室	公安处
多经工作部	机关工作部(机关党委、机关工会)	
电力工会		

电网建设

为了适应网厂分开改革和全面建设小康社会的新形势，公司重新确定了电力发展的总体思路和电网建设的两大目标。组织完成了新疆电力工业“十五”后三年规划的调整和“十一五”规划的编制工作。配合西北电网有限公司开展了新疆与西北电网联网工程的论证工作。全疆联网工程稳步推进。220kV库（库尔勒）一兹（库车，古称龟兹）、奎（奎屯）一皇（皇宫村）输变电工程通过了达标投产验收，结束了新疆电网没有达标投产工程的历史。220kV皇（皇宫村）一吉（吉林台）输变电工程和锦华变电所工程建设进展顺利。110kV铁（铁厂沟）一和（和什托洛盖）输变电工程的投运，实现了主电网与阿勒泰电网的联网运行。

控制工程造价成效显著。以公司《控制工程造价管理办法》为指导，以设计为龙头，通过引入设计监理、限额设计等措施，狠抓优化设计。经过反复比较、论证和评审设计方案，220kV皇（皇宫村）一吉（吉林台）输变电工程初设概算降低了3664万元。通过规范工程施工招投标，合理运用预算政策，公司全年减少施工费用支出210万元。同时，严把设备选型关，坚持物资统一采购，注重工程的技经管理和审计监督，有效地控制了工程造价。

工程安全和质量管理水平稳步提高。严格执行施工队伍准入制度，把安全生产管理的重点放到施工班组，扎实细致地开展安全性评价和安全大检查工作，强化了安全监督。深入开展文明施工和“达标创一流”活动，营造了良好的安全文明施工氛围。狠抓工程质量监理，不断改进质量管理体系，优化施工组织设计，提高了工程的工艺和质量水平。择优选择工程调试单位，确保了调试数据真实可靠，为工程达标投产奠定了基础。

基建企业管理水平不断提高，市场拓展有了新的突破。送变电工程公司承建的500kV贵（贵州）一广（广东）直流输变电工程，实现了工程验收零缺陷的目标，受到了业主的好评。电力设计院获得全国电力行业“优秀质量管理单位”称号，与新疆特变电工股份有限公司联合中标了苏丹260km220kV输电线路工程设计。

安全运行

坚持“安全第一，预防为主”的方针，认真落实安全生产责任制，加强了安全管理和考核，进一步完善了安全运行保障和监督体系。网厂分开改革后，及时调整运行组织方式，坚决贯彻国家电网公司“一号令”，坚持统一调度，加强了与发电企业的沟通协调。吸取美加大停电事故教训，认真制定事故防范预案和电网黑启动方案。开展了电网和调度系统安全性评价以及设备健康状况的评估，切实抓好电网“六复核”工作，保证了电网的安全稳定运行，圆满完成了重大政治活动和重要节假日的保电工作。巴楚、伽师和昭苏地震发生后，疆南电力有限责任公司和伊犁电力有限责任公司迅速投入救灾抢险，保证了抗震救灾的及时供电，系统各单位共向灾区捐款58万元，受到了自治区的嘉奖和好评。在抗击“非典”工作中，认真落实领导责任制和各项防治措施，确保了正常的生产工作秩序和卫生防疫等重要部门的可靠供电。

通过推广标准化检修和加强技术监督，提高了设备健康水平。优化电力调度方式，实施节能技术改造，强化技术经济指标管理，节能降耗工作取得了新的成绩。加强城区配网建设与改造，供电可靠性指标有所提高。继续深入开展“达标创一流”活动，在巩固已有成果的基础上，电力设计院、奎屯电业局等4个单位通过了省级一流企业和达标企业验收。

全年公司未发生特大事故、重大人身伤亡事故、重大及以上电网事故、重大火灾事故和有人员责任的重大设备事故，发生一般设备事故和一般电网事故32次，比去年同期下降25%，安全生产形势基本平稳。

经营服务

加强供用电合同管理，按五种类别制定了新的供用电合同范本，规范了供用电秩序。按照国家电网公司的统一部署，全面深入地开展了用电营业大普查。共查出违章用电和窃电3364户，追补电量2463万kWh、电费995万元。其中，乌鲁木齐电业局追补的电量和电费分别占总数的66.8%和63.1%。同时，积极开拓用电市场，全年新增用电负荷55.63万kVA。

面对电力体制改革的新形势，主动研究政策，加强了与有源地网、有源用户的沟通和联系，拓展了公司售电市场的增长空间。主动向国家有关部门说明情况，协调解决了阿勒泰635水电站直供电问题，保证了阿勒泰电网的安全稳定运行。多次向自治区人民政府和有关部门汇报欠费情况，积极争取政府下发了《关于加强电费回收工作的通知》，为电费回收工作的顺利进行创造了有利条件。

大力开展了“优质服务是国家电网生命线”的主题教育活动，增强了职工优质服务意识，初步建立了全员参与的优质服务和行风建设常态机制。深入开展了供电规范化服务达标活动，14个地州均建立了客户服务中心，开通了95598客户服务电话，对老、弱、病、残、军烈属等用电客户实行亲情服务。缩短业扩流程，实现紧急服务和业扩报装电话回访率100%。深入开展“心桥工程”，“心桥卡”统计客户满意率达到95%以上。完善了客户代表体系，向用电容量250kVA及以上的客户签约委派了客户代表。继续对供电服务承诺实行量化考核，全公司供电可靠率达到99.46%，客户端电压合格率达到97.33%，同比提高了0.21和0.06个百分点。紧急服务到达现场时限合格率和计划检修兑现率为100%。狠抓窗口创建工作，树立行业形象，公司被自治区纠风办列为“免签订纠风目标责任书、免参加行风评议员评议”的“双免”单位。

农电工作

为巩固“两改一同价”工作成果，发挥农网工程投资效益，公司将农电工作的重心转移到规范化管理上来。认真界定农电管理职能，明确了相关部室的分工和管理职责，加强了对农电各项工作的检查和指导。重视农电安全管理工作，从强化安全意识、狠抓安全培训、完善安全设施三个方面入手，逐步健全了安全生产保障和监督体系。进一步规范了农电经营管理，重点加强了财务与成本、电费以及维管费的收支管理，建立了较完备的经营核算体系。

进一步加强了对“两改一同价”工作的组织领导。加强了工程项目计划管理，项目投资基本做到了可控和在控。狠抓农电多种经营施工队伍清理整顿，严格审核施工队伍资质，保证了施工安全和质量。规范工程技经工作，保证了竣工验收的顺利进行。重视工程回访，发现问题及时解决。全年完成投资1.74亿元，一、二期农网工程累计完成投资75.42亿元，占总投资规模的98.1%。继续推进农电管理体制改革，研究制定了县乡两级供电企业规范化管理的办法和措施，共组建了85个县级供电企业（含农场），成立了636个乡镇供电营业所，794个乡镇实现了城乡用电一体化管理。在地州电力公司和各级物价管理部门的共同努力下，有57个县市（新增22个）实现了城乡用电同网同价。

在认真总结一、二期农网工程管理经验的基础上，制定了县城电网建设与改造工程管理办法。在保证安全、质量的前提下，坚持“从严控制投资规模、降低工程造价、确保投资效益”和“项目成熟一个、实施一个”的原则，认真进行了项目的审查和前期准备工作。全年下达县城电网改造开工计划10.42亿元，完成投资3997万元。

深入开展创建“一流县级供电企业”、建设“规范化管理供电所”和“供电所管理年”活动，阜康供电公司等5个单位被公司命名为一流县级供电企业，阿勒泰电力有限责任公司等单位的131个供电所被命名为规范化管理供电所。

体制机制创新

按照国家电网公司的统一部署，积极稳妥地完成了发电企业第一阶段的划转移交工作，基本完成了财务、资产及劳动工资保险移交的准备工作。配合自治区审计厅审计组，顺利完成了对公司的审计工作。

根据网厂分开后公司性质和定位的变化，及时整合公司本部机构设置和部室职能，提高了机关的工作效率。乌鲁木齐电业局、昌吉电业局相继进行了供电管理和营销体制改革，在全面理顺劳动关系，实行全员竞聘上岗的同时，进一步强化了客户服务中心在电力营销中的核心地位，推动了企业的转型和职工思想观念的转变。伊犁、巴州、阿克苏等电力有限责任公司，结合实际情况适时推进劳动人事分配制度改革，取得了明显的成效。各单位按照公司“三项制度改革”经验交流会的要求，以清理和规范劳动合同为突破口，加快了深化内部改革的步伐。为建立适应现代企业制度的市场化用人机制，公司制定了《人员流动管理办法》、《岗位动态管理指导意见》，取消了行政调配，对新聘用人员和系统内人员流动的管理一律实行人事代理制，公司系统“三项制度”改革呈现出整体推进的良好势头。

多种经营

公司所属各单位按照“一个单位一个多经总公司”的要求，进一步加强了对多经工作的领导。通过资源整合、深化改革、加强管理，乌鲁木齐电业局、巴州和阿克苏电力有限责任公司的多种经营都取得了较好的经营成果，大部分多种经营企业完成了主办单位下达的经营指标，安全生产形势有了明显好转。

新能集团公司及各专业公司面对网厂分开后市场急剧变化的不利形势，围绕发展和效益两大主题，理清经营思路，积极调整产权、产业和产品结构，不断拓展业务领域。引进了国内知名企业的产品、技术和管理，组建了新能许继自动化和新能泰开电气有限公司，促进了新能制造业的发展。组建了新能保险代理公司，取得了较好的收益，为向保险经纪公司发展创造了条件。新能监理公司加快了“小监理、大咨询”的结构调整步伐，有效地拓展了市场空间。完善企业激励约束机制，强化了职工的市场、效益和危机意识。注重企业文化建设和服务质量的提高，集团品牌效应已经显现，进一步增强了集团的发展活力。

新能集团充分发挥产业发展、政策研究、战略管理、资本运作中心的地位和作用，集中力量抓好产业基地建设，新能大厦已完成施工前的准备工作，新能科技园一期200亩征地工作已经完成，新能工业园500亩土地正抓紧办理审批手续，“两园”的规划和厂房设计工作已经开始，为新公司组建、新项目建设和招商引资创造了条件。

党风廉政建设

认真贯彻中纪委二次全会和国家电网公司纪检监察工作会议精神，通过完善组织领导机制，明确落实责任，形成了层层负责的管理体制和工作机制。开展了以“立党为公，执政为民，率先垂范”为主题的第五个党风廉政教育月活动，通过强化理想信念、党纪政纪、警示教育，提高了党员和领导干部拒腐防变的意识。根据《中央企业领导人员廉洁自律若干规定的实施办法》和国有企业领导人员“五不准”的要求，建立完善约束机制，强化了事前预防和过程控制。落实领导干部“三项谈话制度”，把任前廉政评价、任中述廉、信访核查等内容列入干部廉政档案，完善了干部廉政档案制度。把好民主生活会质量关，公司和基层单位民主生活会质量有所提高，受到了自治区纪委和组织部的好评。

坚持“查清问题，惩治腐败，减少损失，维护稳定，促进发展”的工作思路，加大了案件查处和责任追究力度。将企业领导人员工作中的失职渎职、职工损害企业利益、“人情电”等行为列为责任追究的范围，提高了领导干部围绕经营管理抓党风廉政建设的主动性和自觉性。认真开展执法监察和效能监察工作，全年效能监察立项293项，查处违纪金额3万元，避免经济损失204万元。重点工程项目党风廉政建设工作成效显著，基本未发生违法违纪问题，得到了自治区纪委的肯定。

精神文明建设

认真学习贯彻党的十六大和十六届三中全会精神，按照中央的要求和部署，对公司系统深入学习胡锦涛总书记“七一”讲话和兴起学习贯彻“三个代表”重要思想新高潮，提出了具体的安排和措施，先后举办了5期厂处级领导干部学习班。提高了全体党员干部对“三个代表”重要思想的认识，为公司改革发展提供了强有力的思想保证。

以宣传抗震救灾精神为主题，进一步加强了民族团结教育工作。开展了“规范化服务标准”和“文明服务行为规范”的教育培训，职工职业道德建设取得新成果，公司代表队荣获文明服务行为规范演示竞赛西北赛区团体第一名。各单位以公司《创建学习型企业规划》为指导，以培育经营理念、提炼企业精神、树立企业形象为落脚点，开展了创建学习型企业活动，营造了浓厚的企业文化建设氛围，公司荣获自治区文明行业称号和“开发建设新疆奖状”。

电力工会紧紧围绕中心工作，较好地完成了“一项专题教育、两大创建活动、三项技能竞赛、四大机制建设”的目标和任务，被全国能源化学工会和自治区总工会评为先进工会、自治区模范职工之家。共青团组织以创建青年文明号为载体，深入开展青年安全生产示范岗活动，发挥了生力军和突击队作用，奎屯电业局客户服务中心市场开发运营部被共青团中央、国家电网公司命名为“全国青年文明号”。

主要事件

1月1日，昌吉电业局所辖供电区内的昌吉市、呼图壁县、玛纳斯县及兵团农六师芳草湖、新湖农场等调整电价，其中居民生活照明到户电价由0.65元/kWh下调为0.592元/kWh，同时规定未“四直”到户的电价以新电价为最高限价，供电部门与转供电单位间结算电价，按新电价规定的范围倒扣。

1月5日，新疆电力公司2003年工作会议暨三届一次职工代表大会召开。

1月8日，自治区十届人大一次会议召开，本届人大选举产生了42名常委会委员，新疆电力公司党组书记、总经理张铭洲当选。

1月10日，新疆电力公司团员青年代表走访慰问自治区粮食运输工贸公司20户特困青工家庭，送去了大米、面粉、食用油等生活必需品，并为老人、孩子提供了医疗服务，赠送了药品。

1月17日，新疆电力公司所属红雁池第二发电有限责任公司、苇湖梁发电有限责任公司（含吐鲁番发电有限责任公司）、昌吉热电有限责任公司、哈密天光发电有限责任公司（含哈密二电厂）、喀什发电有限责任公司移交中国华电集团公司，由其负责以上5家发电企业及在建电源项目的安全生产、经营管理及干部任免等工作，并承担相应责任。

1月20日，新疆电力公司所属吉林台水电梯级开发有限责任公司、红雁池第一发电有限责任公司（含在建库车发电有限责任公司）、塔城铁厂沟发电有限责任公司（含塔城铁厂沟发电厂）、精河发电有限责任公司、风力发电公司（天风股份有限公司、风力发电厂、达坂城风电有限责任公司）、天石燃气发电有限责任公司移交中国国电集团公司，由其负责以上6家发电企业及在建电源项目的安全生产、经营管理及干部组织管理等工作，并承担相应责任。

1月23日，春节和穆斯林传统节日古尔邦节前夕，新疆电力公司党组成员、工会主席李纪全带领慰问组来到对口扶贫县—和田策勒县，将价值5万元的面粉、清油、茯茶和一些科技图书送给540户贫困农牧民。

1月24日，山东鲁能、新疆新能集团公司与哈密地区行署就建设煤电化基地项目签署合作框架协议。中央政治局委员、自治区党委书记王乐泉出席签字仪式。

1月，国家电力公司系统28家单位荣获全国创建文明行业工作先进单位称号，新疆电力公司昌吉电业局名列其中。

2月11日，新疆电力公司机关一届四次职工代表大会召开，公司党组书记、总经理张铭洲作了题为《深化改革，转变观念，创新管理，加快发展，为全面提高公司经济效益而努力奋斗》的工作报告。

2月20日，新疆电力公司2003年电力服务营销工作座谈会召开。

2月24日，新疆电力公司党组对荣获2002年自治区级文明单位称号的准东供电公司、博尔塔拉电力公司、电力科学研究院给予一次性奖励，奖励标准为该单位2002年底在册人数300元/人。

2月24日，10时03分，喀什地区巴楚—伽师发生6.8级地震，震中琼库尔恰克乡电力线路损坏严重。疆南电力公司立即成立抗震保电领导小组，抽调20名专业技术人员会同巴楚供电公司职工组成抢险队伍，11时40分到达琼库尔恰克乡，12时30分抢险人员及设备全部到位，是第一支到达灾区的抢险队伍。19时20分乡政府、医院、邮电、通信等重点部位相继迅速恢复供电，同时保证了抢险现场的临时用电。22时疆南电力公司机关、喀什水电公司、喀什供电公司变电工区职工捐献被褥220床、大衣34件、毛毯37条、衣服5550件、鞋子114双等物品连夜送往灾区。

5月8日自治区召开抗震救灾总结表彰大会，新疆电力公司系统的疆南电力公司、博尔塔拉电力公司被授予抗震救灾先进集体。新疆电力公司被自治区红十字会授予抗震救灾工作先进集体称号。

3月2日，新疆电力公司机关、乌鲁木齐电业局、电力教培中心、新能物业公司的团员青年，参加自治区团委在乌鲁木齐人民广场组织的纪念学习雷锋四十周年青年志愿者服务活动。

3月5日，自治区纠风办批准：新疆电力公司2003年免签纠风目标责任书、免予行风测评。新疆电力公司近年来加大行业作风建设，连续两年获得自治区行风建设先进单位称号，所属14个地州供电企业有12家获得当地政府2002年度行风评议优秀企业。

3月31日，新疆电力公司系统主要负责人会议召开。

4月1日，阿勒泰地区哈巴河县城乡各类电费实现同网同价。每千瓦时居民照明电价0.49元，农业生产0.3元，商业0.55元。普通工业低谷期0.39元，平段0.55元，高峰期0.77元；大工业电价1～10kV低谷期0.326元，平段0.381元，高峰期0.65元。35～110kV低谷期0.29元，平段0.34元，高峰期0.58元。110kV及以上低谷期0.275元，平段0.324元，高峰期0.55元。各类电价中均含农村电网维管费0.066元/kWh，其中商业、普通工业、大工业电价中包括0.02元/kWh农网还贷资金。大工业用电最大需量每月22元/kWh基本电价，变压器容量每月15元/kVA基本电价。未装设峰谷计量装置的工业用户暂按平段电价收取电费。城乡同网同价后，每年可为农牧民减负90余万元。

4月9日，新疆电力公司系统玛纳斯发电有限责任公司、乌鲁木齐电业局、哈密电力公司、奎屯电业局、博尔塔拉电力公司、新疆电力建设公司、新疆电力调度中心被国家电网公司授予安全生产先进集体称号。

4月16日，新能信息通信有限责任公司与中国联通新疆分公司全面合作协议签字。

4月17日，新疆电力公司本部职能机构调整，撤销计划发展部、基建工作部，成立发展部，承担原基建工作部的主要职能及原计划发展部的前期、规划等职能，原计划发展部其他管理职能移交经营企划部承担。

4月21日，国家电网公司经研究并征得中共新疆维吾尔自治区委员会同意，决定刘光、沙拉木·买买提任新疆电力公司党组成员、副总经理，王向红任新疆电力公司总经济师，免去买买提艾明·沙比提、孙寿年新疆电力公司党组成员、副总经理职务。

4月24日，220kV库（库尔勒）—兹（库车，古称龟兹）输变电工程通过国家电网公司西北公司考评复检，实现了新疆输变电工程建设史上达标投产“零”的突破。

4月24日，新疆电力公司成立“非典”防治工作领导小组，总经理张铭洲任组长。

4月25日，阿勒泰地区通过农网建设改造工程，实现了地区整体110kV电网联网，5县1市实现城乡用电同网同价，其中城乡工业、商业用电0.55元/kWh（富蕴县为0.512元/kWh），城乡居民生活照明用电0.49元/kWh（富蕴县为0.492元/kWh），农业生产用电0.30元/kWh。

4月25日，伊犁地区通过农网建设改造工程，实现了地区电网联网，8县1市实现城乡用电同网同价，其中城乡居民生活照明用电0.55元/kWh，工业用电10kV以上0.53元/kWh，10kV及以下0.55元/kWh，商业用电0.75元/kWh，农业排灌用电0.316元/kWh。

4月30日，自治区总工会授予新疆电力公司“开发建设新疆奖状”，授予阿克苏电力公司党委副书记、总经理阮定骏“全心全意依靠职工办好企业的党政好领导”称号。

5月13日，国务院国有资产监督管理委员会批准玛纳斯发电有限责任公司成立新疆天山电力股份有限公司（国资函［2003］6号），发起人分别是新疆电力公司、中国信达资产管理公司、新疆投资公司、玛纳斯县佳华实业总公司和乌鲁木齐昆仑集团生物有限责任公司。22日天山电力股份有限公司创立大会暨第一届股东大会在中国信达资产管理公司乌鲁木齐办事处召开。6月18日天山电力股份有限公司在新疆人民会堂举行揭牌仪式和新闻发布会。

5月14日，中央政治局委员、自治区党委书记王乐泉，自治区副主席熊辉银等一行视察巴音郭楞州库车县220kV龟兹变电所。

5月20日，新疆电力公司本部职能机构调整，撤销科技教育部，其原有职能分别移交生产技术部和人力资源部。

5月23日，新疆电力科学研究院“火电机组运行寿命损耗监测系统”和“GCM—7型发电机特性测录仪”两项科研成果，荣获自治区2002年度科技成果三等奖。

5月25日，巴音郭楞州通过农网建设改造工程，除且末、若羌县外，实现了城乡用电同网同价。每千瓦时居民照明用电0.56元，工业用电0.54元，商业及服务业用电0.78元，农业排灌用电0.34元。供电公司与转供电单位（含物业小区）结算电价：每千瓦时居民照明用电0.49元，工业用电0.53元，商业及服务业用电0.68元，农业排灌用电0.284元。对农二师团场不收取农村低压维护费，结算电价：每千瓦时居民照明用电0.475元，工业用电0.515元，商业及服务业用电0.595元，农业用电0.269元。以上各种电价包含三峡基金0.004元/kWh。

5月，新能信息通信有限责任公司经自治区信息化办公室审核，通过软件企业认定，成为全疆电力系统惟一获此认证的企业。

6月30日，新疆电力公司安全生产电视电话会议召开。

7月10日　新疆电力公司机关党委下发《机关员工廉洁自律八不准》文件。

7月11日，新疆电力公司电力调度中心和中国华电集团新疆公司红雁池第二发电有限责任公司签署并网调度协议。这是新疆电力体制实施网厂分开改革后与协议到期的并网发电企业签订的第一份并网调度协议。

7月23日，国家电网公司2003年年中工作会议在乌鲁木齐召开。

7月23日，国家电网公司党组书记、总经理赵希正，党组成员、副总经理郑宝森等一行，在自治区副主席阿曼·哈吉、新疆电力公司总经理张铭洲和昌吉州委书记钱智、州长马明成等陪同下视察新疆特变电工股份有限公司。

7月30日　新疆电力公司2003年年中工作会议召开。

7月30日，喀什市区供电线路遭到一次严重的外力破坏，造成市区大面积停电，电力部门损失惨重。19时30分，喀什鑫隆房地产公司建筑工地一宽37m、高18m的施工脚手架墙倾倒，砸压喀什供电公司10kV喀东一、二线60～61号杆，造成线路接地，速断保护动作，两条线路同时跳闸，致喀什市区东湖小区、健康路、天南路、解放南北路、体育路、吐曼路、滨河路、艾孜来提路等区域停电，至31日0：

45恢复供电，损失供电量7.4万kWh，直接经济损失4.8万元。

7月，伊犁电力有限责任公司与中国国电集团吉林台水电梯级开发有限责任公司签署协议，吉林台水电开发公司所属吉林台一级水电站的运行维护委托伊犁电力公司承担。

7月，新疆电力科学研究院退休高级工程师杨卓安开发的AS150系列共振场效应声波清灰器在新疆电力市场推广使用。

8月1日，乌鲁木齐电业局用电大普查开始，对违章用电、窃电行为，及计量装置安装、运行及铅封使用规范等问题进行了全方位检查。仅两个月，普查用电客户23369户，查出窃电434户，违章用电306户，有表无卡320户，表计故障187户。收回追补电费52.72万元，违约金191.76万元。

8月15日，新疆电力公司营业用电专业技能竞赛在昌吉电业局落下帷幕。

8月25日，新疆电力公司2003年劳动人事分配制度改革工作经验交流会召开。

8月25日，昌吉州准东供电公司电网内的米泉市、阜康市、吉木萨尔县、奇台县、木垒县以及兵团农六师108团场、109团场、110团场、奇台农场实现城乡用电同网同价。每千瓦时居民生活照明到户电价为0.626元，下调0.084元；非到户电价0.543元，下调0.057元；每千瓦时商业照明到户电价为0.866元，下调0.064元。其他类别电价也有所下降。同时规定，未"四直"到户电价以新电价为最高限价。供电部门与转供电单位结算电价，按新电价规定的范围倒扣。

9月6日，新疆电力公司2003年电费回收工作经验交流座谈会在阜康市召开。

9月24日，疆南电网举行全网瓦解"黑启动"反事故演习，以完善电网因峰谷差大，在发生甩负荷、电网瓦解事故时的紧急预案。

9月26日，新疆电力公司维护稳定工作会议召开。

9月27日，乌鲁木齐市7时40分降雨，28日1时17分雨夹雪，2时18分雨停后大雪，至7时36分雪停。10余条线路跳闸，主要包括西山、新华北路、仓房沟、板房沟、乌拉泊地区线路和4条用户专线。28日16时故障线路陆续恢复送电。

10月22日，新疆电力公司在供电营业职工文明服务行为规范演示竞赛西北赛区选拔赛中获得团体第一名，并将于12月代表西北片区参加全国比赛。

10月29日，新疆电力公司保护电力设施暨反窃电工作会议召开。乌鲁木齐电业局等9家企业进行了经验交流。公司系统每年因盗窃破坏电力设施犯罪行为造成损失约300余万元，其中2002年窃电损失折合金额1748万元，2003年1～8月窃电量达6450万kWh，折合金额2451万元。

11月5日，新疆电力公司在昌吉电业局召开人身事故分析专题会议。10月24日昌吉电业局呼图壁供电公司石梯子乡供电所，在户表迁移过程中发生1起高空坠落死亡1人事故。10月25日和田电力公司洛浦供电公司玉龙喀什供电所，在低压线路拆旧换新施工中发生1起倒杆致死1人事故。

11月，奎屯电业局金茂电力实业总公司开发的CLL—8/16/24智能抄表控制器被国家电网公司确定为2004年科技推广项目。

11月，吐鲁番电业局被自治区文明委授予自治区级文明行业称号。该局2001年被新疆电力公司命名为"一流供电企业"，2002年获国家电力公司系统"双文明"单位称号，在地区行风建设评比中连续两年为第一，所属3家供电局均获得自治区级文明单位称号。

12月1日9时38分，伊犁哈萨克自治州昭苏县发生6.1级地震，震中距县城约80km，昭苏县及周边地区震感强烈，倒塌房屋800余间，造成2206间危房，造成10人死亡73人受伤，受灾人数6000余人，重灾区是农四师76团。灾情发生后，新疆电力公司所属伊犁电力公司立即制订保电措施，所辖昭苏供电公司6辆抢险车分赴昭苏县各乡镇场，冒着零下25℃的严寒全方位巡查输变电线路和电力设施。由于近年农网改造的实施，网架趋于合理，变电设施具备了一定的抗震性能，故地震未造成大面积停电事故。3日昭苏供电公司抗震保电小分队奔赴重灾区，支援农四师电力公司为搭建的400余顶临时帐篷布线接电。全疆电力系统各企业纷纷为灾区捐款、捐物。

（旷路明）

南 方 五 省 区

广东省电力工业

概况

2003年，广东省广电集团有限公司（以下简称集团公司）面对广东经济加快发展和用电负荷大幅攀升的巨大压力以及电力体制改革带来的深刻变化。在中国南方电网公司和中共广东省委、省政府的正确领导下，认真学习贯彻党的十六大和十六届三中全会精神，按照中国南方电网公司2003年工作会议的统一部署和要求，围绕建设“经营型、服务型、一体化、现代化”的发展战略和把南方电网建设成为“结构合理、技术先进、安全可靠、统一开放”的现代化电网的发展目标，全公司统一思想，开拓进取，克服各方面的困难，较好地完成了全年各项工作任务。

2003年，广东全省装机容量3866万kW，其中统调电厂2300.55万kW，非统调电厂1565.45万kW。统调可调最大容量为2846万kW，其中，省内电源2176万kW，西南500万kW，湖南鲤鱼江电厂60万kW，香港110万kW。

广东电网是全国最大的省级电网，最高电压等级为500kV，已形成以珠江三角洲地区500kV主干内环网为中心、向东西北三翼辐射的形式，通过“五交一直”500kV线路与广西、贵州、云南电网及湖南鲤鱼江电厂互联［天广直流（双极）、梧罗Ⅰ回、梧罗Ⅱ回、贺罗Ⅰ回、玉茂线、鲤曲线］，通过4回400kV专线与香港中华电力系统互联，通过2回110kV线路向澳门地区供电，通过110kV线路向湘南供电。

至2003年底，集团公司共有110kV及以上变电站1062座，主变压器容量13633万kVA，输电线路31389km。其中：500kV变电站12座，变电容量2350万kVA，输电线路3280km；220kV变电站142座，变电容量4893万kVA，输电线路9420km；110kV变电站908座，变电容量6390万kVA，输电线路18689km。

2003年，完成供购电量1808.5亿kWh，同比增长22.3%；完成售电量1625.16亿kWh，同比增长18.26%。购西南电量195.1亿kWh（不含鲤鱼江电厂电量17.7亿kWh），同比增长22.2%；购香港电量21.7亿kWh，同比增长51.5%。实现销售总收入900.9亿元，同比增长14.8%；实现税后利润为9.87亿元，同比下降66.34%。广东电网线损率7.48%，电网频率合格率99.998%，电网电压合格率99.64%。全年完成输变电工程建设投资145.3亿元，建成投产110kV及以上输电线路2803km、变电容量1900万kVA。

2003年底，集团公司资产总额1105.29亿元，其中固定资产原值870.35亿元。负债总额449.19亿元，所有者权益656.10亿元。净资产收益率1.53%，同比下降8.36个百分点。

公司领导

总经理：吴周春
副总经理：陈广生　梁周　江毅
总工程师：林雄
助理巡视员：杨文伟
党委委员：黄建军　吴周春　陈广生　翁镇演
　　　　　梁　周　江　毅
党委书记兼纪委书记：黄建军
工会主席：翁镇演

11月18日，中国南方电网公司召开集团公司领导班子调整宣布大会，陈荣真、赖佳栋任集团公司党委委员、副总经理；于俊岭任集团公司党委委员、工会主席；江毅兼任深圳供电分公司总经理、党委书记。

组织机构

2001年8月8日，广东省广电集团有限公司正式挂牌成立，承继了原广东省电力集团公司的电网、电建资产，供电等相关业务，以及大部分人员。2002年12月29日，国家实施电力体制改革，中国南方电网有限责任公司成立，广东省广电集团有限公司成为中国南方电网有限责任公司的全资子公司。集团公司注册资本480亿元人民币。公司业务范围包括电网投

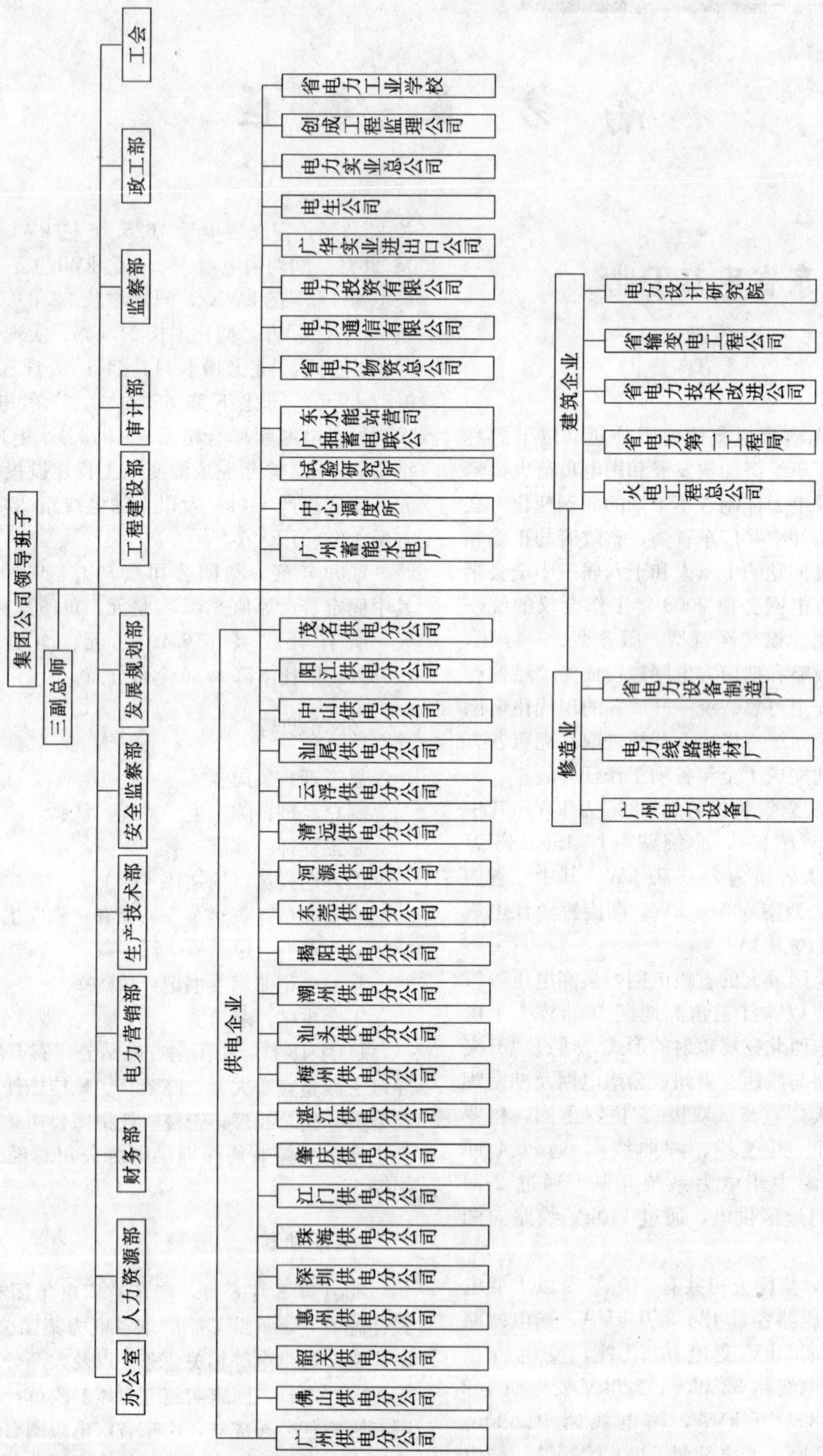

广东省广电集团公司2003年组织机构图

资、运行维护、电力营销、统一调度全省电网，以及电力设计、施工、修造等。

2003 年，集团公司直接管理全省 21 个地级市供电企业，以及电力调度、通信、设计、基建、物资供应、科研、修造、学校等 38 家企事业单位。集团公司本部设 12 个部室：办公室、人力资源部、财务部、发展规划部、生产技术部、安全监察部、电力营销部、工程建设部、审计部、监察部（纪检）、政工部（团委）、工会，详见广东省广电集团公司组织机构。

电网规划与建设

1. 电网规划

结合广东全面建设小康社会的目标和中国南方电网公司的战略定位和战略目标，集团公司按照适度超前的原则，开展《广东省“十五”电网规划》的滚动修编工作和“十一五”电力发展规划及 2020 年目标网架研究。组织安排国内电网专家和高校、科研单位的力量开展 13 项西电东送及电网专题系列研究。配合南方电网骨干网架规划，优化省内主网架方案及输电方案；研究解决好电网与电源的规划配合问题，建设容载比合理、结构坚强、运行灵活、安全可靠的受端电网，保证西电“送得到、落得下”，并使省内电源安全送出。尤其重视东莞、深圳、粤东等用电紧张、矛盾比较突出的地区，切实解决好“卡脖子”的问题。同时，还注意到电网发展规划要与地方经济发展相适应，与城市建设规划相配套，注重环境保护和可持续发展等问题。

2. 电网建设

2003 年，电网建设任务之重，时间之紧，困难之大，前所未有。其中 12 项迎峰度夏工程能否顺利投运是广东电网能否安全度夏的基础，是重中之重。因此，集团公司上下全力以赴，按照原定目标，精心组织，倒排工期，在保证安全和质量的前提下，设计、施工、监理等参建单位通力合作，千方百计克服地形复杂险峻，气候多变、施工条件恶劣等困难；同时，加强工程建设管理，层层落实建设管理责任制，严格控制工程安全、质量和进度，确保 500kV 东莞横沥输变电工程、惠州变电站 3 号主变压器扩建工程、汕头变电站 2 号主变压器扩建工程、曲江变电站 2 号主变压器扩建工程以及 500kV 曲北二回线路工程、深鹏乙线工程、惠汕二回线路工程和 220kV 鹏公二回线路工程等重点项目全部按计划在 6 月 30 日前竣工投运。

同期投产了一大批新建、扩建和技改的输变电项目，如：江门变电站 1 号主变压器 5 月送电成功，对缓解江、中、珠地区供电紧张和提高该地区的供电可靠性有很大帮助；500kV 惠汕乙线、500kV 东惠乙线、500kV 曲北乙线、沙鹏线、鹏深乙线、岭深乙线、500kV 茂名变电站 1 号主变压器（75 万 kWh）、鹏城变电站 1 号、2 号主变压器、500kV 曲江变电站 2 号主变压器、220kV 罗文线、220kV 妈平甲乙线、鹏公甲乙线等设备在 6 月底前顺利投产，大大提高广东电网稳定水平，提高了电网输送能力，有效地缓解了全省供电压力。

11 月 27 日，广电集团公司未雨绸缪，提前确定 500kV 佛山西江输变电工程等 12 项 2004 年广东电网迎峰度夏重点输变电工程项目，并分别与中国南方电网公司和工程建设单位签订重点工程建设责任书，保证在 2004 年广东电网 12 项迎峰度夏重点工程如期投产。

电网运行

在对广东电网进行深入分析、年度运行分析计算和方式安排的基础上，集团公司从 4 月起认真开展度夏方式的研究，重点对深圳、东莞、增城、粤东地区和江中珠电网的供电能力进行详细的分析、计算，明确各项控制策略，制定事故预想及应对方案。在 6 月底前，将各项组织措施及技术措施落实到位。

在夏季高峰负荷到来之前，对电网重要输变电设备的消缺工作进行统筹安排，确保设备在健康的状态运行，提高电网的抗事故能力，保证供电安全，避免发生设备重大故障。各供电分公司也分别成立事故应变指挥机构和设备抢修小组，对关系电网安全的重要设备，加强运行维护和特巡，避免因设备事故造成电网事故。主要消缺的重大设备有：500kV 惠州 1 号主变压器乙炔超标、蓄能 3 号主变压器高压套管漏油、220kV 珠北线电缆受沉船的威胁、500kV 罗北线和沙增线等线路绝缘子存在击穿、掉串等重大缺陷。认真落实反事故措施，确保设备安全运行。集团公司通过加强安全施工管理、全面质量管理，调动施工人员积极性等措施，倒排工期，严密组织，实现了 500kV 江门变电站 1 号主变压器于 5 月 31 日前投运的目标。为电网稳定运行打下坚实基础。

采取一系列的技术措施和组织措施，严格控制电网各设备 $N-1$ 不出现电网稳定破坏事故或过载问题，避免发生连锁反应，造成局部电网瓦解。严格按制定的供电能力控制各分区的网供负荷，严格按各断面稳定控制极限控制断面的输送功率。严禁超负荷、超稳定极限运行，确保电网安全稳定运行。

吸取“8·14”美加大停电教训，加强安全自动装置的运行维护和管理工作，确保安全自动装置的正确投入。高峰负荷到来前，集团公司组织对全系统安全自动装置作了一次检查，核对整定值及运行情况。完成韶关电网在线安全预决策安全稳定控制系统、清远—阳山—连州遥测遥控安控系统、梅县电网安稳控制系统的专项检查和部分改造工作。完成蓄能电厂安控系统专项检查。完成全网过流切负荷安全自动装置的定值校核，提高电网稳定运行的可靠性。完成2003年安全度夏安全自动装置技改项目。完成2003年广东电网低频减载配置方案的整定、调整和实施，确保广东电网在大量功率缺额的情况下稳定运行，防止广东电网发生频率崩溃和电压崩溃。

与此同时，各级调度部门严格执行《电网调度管理条例》严肃调度纪律，严格执行调度命令。要求各级运行调度人员必须遵循“统一管理，统一调度”原则，下级调度必须绝对服从上级调度指挥，保证调度指令畅通，做到有令即行、有禁即止，绝不允许出现拖延或不执行调度指令的行为。并针对西电解列、500kV主要联络线跳闸、珠海电厂跳机、广州地区线路$N-2$、500kV惠州站主变压器跳闸等严重影响系统安全供电的事故开展联合反事故演习，使调度运行人员对电网存在问题及事故处理有全面的认识，提高事故处理能力及应变能力。

安全生产

集团公司认真贯彻落实中国南方电网公司“安全生产1号令”，调整充实广电集团公司安全生产委员会，重新设立安全监察部，把安全生产工作放在先于一切、重于一切的位置上，层层落实安全生产责任制，加强基础管理工作，加强调度管理，坚决与“违章、麻痹、不负责任”三大安全敌人作斗争，依靠科技进步，开展一系列安全生产工作。全年广东电网保持安全稳定运行，没有发生重大、特大电网事故，一般电网事故发生18次，一般设备事故89次，同比升高30%。至12月15日，广东电网连续安全运行突破8周年。

(1) 安全生产规范化管理。为加强安全生产规范化管理，集团公司制定、修订并颁发《规范化设备检修和维护管理办法》、《生产统计管理办法》、《电力可靠性工作管理规定》、《技改项目管理办法》、《反事故措施管理规定》、《安全生产重大事件报告制度》、《继电保护专业管理办法》等管理办法和制度。同时，积极推进电网设备检修标准化工作，制定《设备规范化检修和维护实施细则》，以减少工作的盲目性和随意性，确保检修质量和检修过程的安全控制。

(2) 迎峰度夏安全大检查。4月23～25日，集团公司开展迎峰度夏安全大检查工作，分别检查深圳、东莞、佛山、中山、江门等11个供电分公司。重点检查领导到位情况，全体员工安全意识、安全行为、安全责任心以及贯彻执行安全管理各项规章制度情况，电网工程建设进展以及工程施工安全措施落实情况电网安稳措施落实情况，重点地区防洪安全、汛期保供电措施落实情况等。

(3) 防风防汛工作。2003年，广电集团公司加强防汛、防旱、防风工作，确保“三防”组织机构和专业抢险队伍工作到位、措施到位、行动到位。

2003年7月24日、8月25日、9月2日，强台风“伊布都”、“科罗旺”和“杜鹃”先后袭击广东。3次台风共造成广东电网4251条供电线路停电，损失负荷达819.8万kW，直接经济损失超过2.6亿元，对广东电网安全运行和供电设施造成严重破坏。在每次台风到来之前，各单位均积极做好台风的防御准备，未雨绸缪；灾害过后，立即启动应对预案，组织广大职工日夜奋战，抢救、抢修受损的供电设施，减少损失。灾区重要负荷基本上在第一时间内恢复供电，保证了广东电网设备安全和社会的稳定，为灾区抢险复产，恢复生产生活正常秩序创造了条件。

(4) 安全生产专项整治。

1)人身安全专项整治。2003年1～8月，广电集团公司系统发生3起人身死亡事故，与不发生人身死亡事故的安全目标差距很大，安全形势相当严峻。根据中国南方电网公司的通知要求，集团公司从9月12日起，在全公司范围内分5个阶段组织开展以人身安全为主题的专项整治工作。经过3个月的努力，人身安全专项整治工作取得初步成效，事故得到有效遏制。12月15～25日，经专家组抽检评估，整治工作达到预期目标。

2)“两票三制”专项整治。2003年8月，集团公司积极开展“两票三制”专项整治工作，制定《防止电气误操作安全管理制度》、《电气误操作奖惩管理规定》和《电力生产企业安全设施规范大纲》。组织专家组对广州、深圳、佛山、东莞等供电企业进行专项检查和调研。并在东莞组织“两票三制”的培训学习，交流防止电气误操作工作经验，提出防止电气误操作的对策。

3)“三线”专项整治。2003年，广电集团积极配合广东省政府和各级安全生产监督管理部门做好电力线、通信线、广播电视线（简称“三线”）交越和挂搭的安全整治工作，共完成35kV及以上输电网整改“三线”违章交越和挂搭问题161宗，10kV及以下配电网整改“三线”违章交越和挂搭问题35364宗。

科技与信息工作

2003年，集团公司科技工作遵循“力创效益，多出成果”的指导思想，在规范化管理、电网运行、电网建设、网络信息化等方面，加大科技投入的力度。投入科技经费7785万元，同比增长74%，其中技术开发费5885万元，同比增长57%。项目立项力求以点带面，突出重点，选择条件较好的单位试点开发，开发成功后再全面推广，形成规模效益。同时发挥科技人员的积极性和创造性，激发广大科技人员参与技术创新的热情，确认一批具有自主知识产权的科技成果，大部分成果解决了电力生产、建设、经营管理中的技术难题，创造出了良好的经济效益和综合效益。其中，各有1项获广东省科技进步二等奖、三等奖。

加大电力技术改造力度，安排的技改投资达6亿元，创历史新高。重点实施改造有：电网“卡脖子”、主要老旧设备（主变压器、隔离开关）更新、开关无油化、继电保护微机化、变电站综合自动化以及电网调度自动化系统的建设，在加大对威胁电网安全的设备进行改造的基础上，逐步提高电网技术装备水平。

加快通信传输网络建设，加强通信网络运行管理，为生产调度与信息业务提供优质服务。工程建设方面，省主干通信网络共计完成工程项目22项，架设OPGW光缆613km、ADSS光缆151km、管道光缆25km，安装46台光端设备、25套载波设备、13套电源设备。运行维护方面，针对220kV ADSS光缆的多发事故，组织专题研究和讨论，决定暂停220kV及以上电压等级上ADSS光缆的工程建设，并逐步改造现有的220kV ADSS光缆线路，确保电网常安全与稳定运行。

集团公司重视信息化工作，积极开展财务、电力营销、生产、人力资源等核心业务管理信息系统的可行性研究、需求分析与应用调研工作。在对集团公司网络与信息安全现状进行评估的基础上，组织编制了《广电集团网络与信息安全总体策略规划书》、《广电集团网络与信息安全建设规划书》、《集团公司城域网建设技术规范》和《城域网项目建设管理办法》等。组织完成深圳计量遥测系统建设、集团公司对外Internet网站和短信息发布系统的建设、Call-Center项目二期工程建设、集团公司本部局域网设备升级改造以及综合布线改造、集团公司IDC网络建设项目工程等。

市场营销和客户服务

1. 电力供应

2003年，广东经济快速发展带动了全省用电需求大幅增长，而省政府连续5次降低销售电价，也拉动了用电消费。广东用电负荷，尤其是省电网统调负荷呈超常规增长态势。4月23日，省电网统调负荷首次超过2002年全年最高负荷后，全省夏季用电高峰负荷一浪高过一浪，不断创出新高。8月4日，省网统调负荷达到2531.2万kW，同比增长31.76%，第14次创出历史新记录。

集团公司从政策、经济、技术、服务等多个层面入手，采取了多购西电、港电，落实省政府地方电厂顶峰发电、错峰用电和峰谷电价政策等组织措施和技术措施，全力做好电力供应工作。

（1）挖掘电力资源潜力。2003年，集团公司克服统调负荷高、出力紧张、机组非计划停运和燃料供应紧张等不利因素，加强与统调电厂的沟通、联系，并动员部分地区实现错峰用电。经多方协调，基本完成发电设备的计划检修，最大限度避免因出力不足造成的直接拉闸限电。全年安排机组大修23台·次，小修50台·次，临修143台·次。配合做好新机组调试工作及机组临时停运后的出力平衡。创造良好条件给茂名5号机等6台新机组进行并网调试工作，使其能尽早投入运行，增加新的电源。

加快西电东送工程建设，提前在2003年6月30日夏季到来前完成西电输送500万kW容量工程项目，使西电输送负荷从320万kW增加到500万kW，增加180万kW；增购香港电力从110万kW增加到150万kW。两项合计增购电力220万kW，缓解了广东供电压力。

加强对地方电厂的调度管理，在用电负荷高、电网出力相对紧张的情况下，合理安排发电。同时对地方燃油电厂上网电价实行燃油浮动电价补贴政策，鼓励燃油电厂在8～23时段顶峰发电，充分调动地方电厂发电积极性。

（2）实行峰谷电价政策。从4月1日始，广东对315kVA及以上大工业用户实行峰谷电价政策，峰平谷时段为“三八制”（峰平谷各8h），峰谷比价为1.5∶1∶0.5。并规定部分特殊行业（自来水、煤气、公交、电气化铁路等）用电和对峰段自发电.谷段用网电的企业不实行峰谷电价。

经过4个月的实施，鉴于削峰填谷效果不太明显。广东省政府从8月1日起对峰谷电价再次进行调整，将全省21个地市分为两组（早峰和晚峰定义为第一组，午峰和晚峰定义为第二组），将原来的“三八制”调整为高峰6h、平段10h、低谷8h。峰谷比价调整为1.35∶1∶0.6。并取消“对于峰段自发电、谷段用网电的企业不实行峰谷电价”的规定。

峰谷电价政策对电网削峰填谷产生明显的效果，低谷时段的负荷增高，负荷率连续升高。地处山区的河源市，大部分钢铁厂低谷用电，使低谷负荷比高峰段负荷还高。问卷调查显示，约三成用户愿意配合峰谷电价政策改变生产安排，电网平均负荷率上升约3.5个百分点，削峰填谷效益约50万kW。

（3）实施错峰用电。2003年7、8、9月电网迎峰度夏期间，负荷超常规大幅度增长。由于部分机组存在缺陷影响出力，再加上深圳、东莞、粤东等9市和江中珠地区供电能力不足，局部电网输送功率接近稳定极限。省调从7月16日开始实施强制错峰方案，全年有

14个市实施强制错峰，错峰线路4437条·次，日最大错峰负荷46万kW。

集团公司积极配合省政府制定夏季错峰用电方案，并将错峰用电分为自觉错峰和强制错峰两类，分而治之，引导和安排用电客户合理避峰错峰用电，尽量避免无序拉闸限电。鼓励用户积极采取轮休制度、避峰用电制度、负荷控制措施，并视实际情况，在确保居民生活用电、重要外资企业和承担国家重点工程任务的企业用电的前提下，合理选择有错峰潜力的用户，将方案落实到位，以缓解高峰时段电力供应压力。由于及时制订严格、周密的错峰用电方案，措施得力，供用双方加强沟通，大部分用电客户都能积极参与自觉错峰，错峰用电管理为缓解电网电力供需矛盾发挥了积极作用。

各供电分公司根据自身特点，在执行过程中对错峰方案进行充实和完善，如广州分公司在市政府的支持下，充分利用现有电力负荷控制装置，对负荷控制系统监控范围工业用户150户执行避峰用电措施；根据电网实际和用户特点分别制订3套应急预案，需避峰时视负荷紧张程度选择执行，最大可压减负荷约15万kW。

(4) 取消居民用电优惠电价。广东从2003年12月1日起取消原来鼓励居民多用电优惠电费的电价政策，利用价格杠杆，引导广大电力用户节约用电，合理消费。

以上几项措施的贯彻实施，取得明显的效果。2003年全省强制错峰限电大幅度减少，由2002年的错峰限电9643条·次降至4437条·次，降幅54%。全年完成供购电量1808.5亿kWh，同比增长22.3%。完成售电量1624.4亿kWh，同比增长18.2%，保证了广东经济发展和人民生活用电。

2. 电费回收

(1) 继续实行电费回收考核指标与各分公司领导班子业绩挂钩、与年薪挂钩、与企业工资总额挂钩，继续实行电费回收风险责任金制。

(2) 进行用户信用等级分类及欠费风险防范对策研究，提出以预购电制为核心内容的电费回收办法，力图从根本上扭转电费回收工作的被动局面。

(3) 统一全省抄表时间，规范管理，减少线损的波动，解决了月末电费在途资金的问题，使报表反映真实及时，口径一致。

2003年11月，针对用户拖欠电费这一长期困扰企业经营的难题，集团公司在全省范围内开展电费追收专项活动月活动，分别针对欠费户开展追收电费的“统一法律行动”，通过媒体宣传、发律师函、申请支付令和起诉、停电等一系列手段，给欠费企业造成强大压力，营造依法用电、诚信用电的良好社会氛围。

2003年电费回收工作取得较好成绩，年末用户总欠费为14.46亿元，当年电费回收率完成100%，旧欠回收率完成25.19%。但电费回收任务仍是一个老大难的问题。就欠费分布情况看，欠费最多的是工业用户，占总欠费三成以上；其次是趸售县供电企业，约占总欠费的两成，欠费额较大的有梅州、湛江、汕尾、揭阳、潮州等。从账龄方面看，当年欠费占总欠费的23%，旧欠电费占77%，其中3年以上欠费6.14亿元，占总欠费的42.46%，占旧欠费的55%，这部分欠费多数实际上已成为呆坏账，回收难度很大。

3. 客户服务

2003年，全面完成全省21个客户服务呼叫中心系统的建设和实用化验收工作，建立优质服务的常态机制，使客户服务从过去的被动应急型转变为主动功能型。全省全年“95598”客户服务中心系统的电话呼入总量共342.72万个。认真做好投诉举报的处理工作。全省客户服务呼叫中心2003年共受理投诉举报14775宗（包括省监管中心238宗），各分公司对供电投诉举报非常重视，认真处理，能按省公司承诺的时间内处理办结，及时办结率为99%。

2003年，因电力供应紧张而对部分用电客户实施错峰用电，加上强台风对供电系统的影响较大，“95598”客户服务中心做了大量的宣传解释工作，在迎峰度夏中发挥了强大的服务功能。

供电营业窗口建设和规范化服务取得明显成效。供电营业规范化服务窗口达标建设738个，达标率90.9%，其中：城市供电营业规范化服务窗口139个，达标率为99.3%，乡镇供电营业规范化服务窗口599个，达标率为89.1%。

优质服务、供电服务承诺得到政府和社会普遍认可。为加强与客户的沟通，了解客户服务需求，定期召开客户座谈会，2003年全省召开客户座谈会约443次，共6200人参加；发放征求意见表约14.3万份，回收9.3万份；组织供电服务走访活动，走访用户约3.6万户。用户对供电服务的满意率在96%以上。客户服务呼叫中心对客户的回访数量共65.1万个，已作评议的有26.6万个，满意的有26.5万个，满意率为99.75%。年底，广州市社情民意研究中心进行的“广州社会心理与情绪追踪调查”显示，市民对电力供应的满意度达82.9%，继续稳居各行业榜首。12月，中国南方电网公司抽查广东供电行风建设情况，调查结果显示广东供电服务公众形象良好。

体制改革

三项制度改革。中国南方电网公司组建后，为更好地适应领导管理体制的要求，构建集团公司精简高效的组织体系。作了以下工作：①在直属供电企业全面完成领导班子规范化组建、企业内部机构规范化设置、管理岗位竞争上岗、生产岗位优化组织、富余人员分流安置和实行岗位月薪工资制度等改革工作的基础上，为全面总结三项制度改革所取得的成效和工作经验，分析存在问题，开拓今后工作思路。2003年初，组织对21个供电企业三项制度改革完成情况进行全面的评估验收，对三项制度改革工作绩效做出综合评价，指出存在的主要问题，提出改进意见。②在保证四大业务流正常运行的基础上，研究制订集团公司本部机构调整方案，对现行的组织机构做出适当的调整。同时，对厂网分开后广东蓄能发电公司和蓄能水电厂的管理体制进行研究。进一步完善了集团公司组织体系。③配合中国南方电网公司开展主辅分离改革的调研，并根据集团公司以及下属辅业单位的历史和现状，向中国南方电网公司提出实施主辅分离改革的有关意见和建议。

农电体制改革。2003年，广东省共有102个农电单位。其中，52个农电单位由集团公司直管，直供范围已全部实现由镇供电所直接销售、抄表、收费、服务“四到户”管理；687个镇级供电机构中有673个属县（市）供电企业派出机构，仍有14个保留趸售体制。另外的50个趸售县（市）供电企业由广电集团公司代管。

2003年，集团公司配合省政府及有关部门，完成对廉江市、潮阳市、澄海市、南澳县、中山市小榄镇、云浮市郊腰鼓镇、台山市上下川岛的农电体制改革问题调研工作，并将具体的意见和建议上报省政府。11月3～14日，集团公司成立4个组，对全省农电管理和代管企业基本情况进行为期1个月的调研，基本摸清直供范围和代管县供电企业人、财、物等各方面的情况。调查发现代管县企业问题多，主要是：农电管理体制不顺，农电资产产权关系复杂，农网残旧、结构不合理，农电人员素质低，农电安全问题突出。代管企业负债率高，普遍亏损，经营难以为继。据此，调查组根据调研的情况将下一步农电体制改革的思路和措施上报省政府，为摸索一条适合广东省电力发展、农电发展的农电体制改革模式作必要的准备。

资产经营

2003年，集团公司围绕资产经营责任制考核目标，积极主动地开展财务管理工作，克服电价降低带来的困难和矛盾，采用“预算准入”实施财务管理控制，加强资金集中管理，推进收支两条线，努力开源节流，控制成本。配合完成了国家审计署驻广州特派办对广电集团公司的财务审计，如实反映情况，认真整改问题。

坚持依法经营，加强内部审计，堵塞管理漏洞。配合完成国家审计署驻广州特派办对集团公司及广州、深圳、东莞、佛山等13个供电分公司的审计，如实反映情况，认真整改审计中发现的问题，切实提高经营管理水平。

集团公司新班子上任后，本着实事求是、对企业负责的精神，经过认真反复慎重研究，妥善处理粤电大厦建设等历史遗留问题，保护了国有资产安全和集团公司的利益。

2003年，集团公司经营情况呈现如下几个特点：①资金管理工作取得一定成效，货币资金存量比2002年降低85.88亿元，但资金支出的压力较大。通过合理控制基建资金分散沉淀，积极利用商业手段加大资金运作力度，推迟外部融资时间，有效降低融资规模和财务费用，但公司资金支付能力减弱，自有资金不足。②盈利能力大幅度下降，公司面临较大的经营压力。销售电价多次下调，售电收入的增长幅度远低于电量增长，部分电厂年终提价和燃油电厂顶峰发电燃油补贴支出，使购电成本增幅较大，企业利润大幅度减少。③单位供电成本没有完成资产经营考核指标。随着固定资产投资规模不断扩大，与资产相关的费用有较大增长；“同网同价、小区接管”管理范围扩大带来的费用支出缺少合理的电价补偿；借款规模的增加导致公司的利息支出大幅增长。合理控制费用增长将是成本管理的长期任务。四是电网建设资金严重不足，对外融资规模较大，公司偿债能力降低。电网建设投资规模空前扩大，电网建设和改造资金来源主要依靠对外债务融资，2003年长期借款余额高达212.23亿元，盈利能力下降和借款规模剧增，使公司偿债能力降低。

按年初与南网公司签订的资产经营责任书要求，公司上下全面加强经营管理，开源节流，积极理财，较好地完成了资产经营考核指标。利润总额完成15.54亿元，比考核指标14.79亿元高0.75亿元；资本保值率完成103.12%，比考核指标102.34%高0.78个百分点；资产负债率完成42.61%，比考核指标46.94%低4.33个百分点；应收电费余额31.3亿元，比考核指标47.4亿元少16.1亿元；购电单位成本完成391.69元/kWh，比考核指标401.5元/kWh低9.81元/kWh；考核口径供电单位成本完成74.5元/kWh，比考核指标71.9元/kWh高2.6元/kWh，完成预算指标，但未完成考核指标。

2003年的综合效益考核，按工效挂钩考核范围和口径，进行单项考核，考核剔除电价因素等政策性变化及部分不可控成本变动所带来的影响。大部分基层单位较好地完成2003年综合效益单项考核，供电企业的综合效益增长率均超过10%，广州、佛山、韶关、惠州、江门、湛江、茂名、肇庆、深圳、珠海、梅州、东莞、中山、清远、汕尾、潮州、揭阳等17个供电分公司，综合效益增长超过20%，省电力调度中心、物资总公司也都较好地完成可控费用考核。

干部队伍建设

根据电力体制改革的形势要求，集团公司十分重视各级领导班子和干部队伍建设，按照中国南方电网公司党组的有关规定和干部考核任免程序，重点研究部署，集中力量考核，慎重选拔配备，对公司本部中层干部进行重新选聘，新聘任干部已经全部到位。同时，对部分下属分公司的领导班子进行调整和充实。通过调整和充实，使各级领导班子和干部队伍的整体素质得到改善与提升，知识结构、专业结构和年龄结构更加优化合理，为公司改革与发展提供有力的组织保证。

1. 领导班子建设工作

2003年，集团公司坚决贯彻执行《党政领导干部选拔任用工作条例》和中国南方电网公司党组关于《领导干部管理暂行规定》，坚持德才兼备和“忠诚、能干”的用人标准，严格按干部任免程序办理，加大干部交流力度，对集团公司本部部室领导干部和13个直属单位领导班子进行调整、配备，共调整、配备干部118人，其中提拔使用39人，交流干部43人。经过这次调整和配备，班子建设得到加强：①本部部室和部分直属单位领导班子得到加强，使一批求真务实、忠诚能干、群众公认的干部充实到领导班子中来；②班子结构得到进一步完善。集团管理的副处以上干部平均年龄46.5岁，大学本科以上学历的比例占75%，具有高级专业技术职务的占61%，知识结构、专业结构、年龄结构更加合理；③加大干部交流力度，使干部交流工作走上正常轨道，实现集团公司内部人才资源共享和优化配置。

2. 人才队伍建设工作

集团公司以建立高素质经营管理人才、专业技术人才、技能型人才3支队伍为重点，紧密结合公司的工作目标和任务，逐步建立鼓励优秀创新人才脱颖而出的机制，为进一步提高集团公司的整体管理水平、安全生产水平提供有力人才支持。

重视科技专家的选拔推荐和管理。2003年，集团公司有中国工程院院士1名、享受国务院政府特殊津贴专家23名、省突出贡献专家2名，主要分布在公司本部、调度中心、试研所、设计院、广蓄公司等单位。集团公司充分重视和发挥专家的“传、帮、带”作用，为广东电力事业的发展做出贡献。

重视高层次技术人才的培养。集团公司重点培养系统内各专业技术带头人，实施“技术人才培养管理办法”，在专业技术、外语水平、科研创新能力等方面有计划地进行进修、培训和提高，从而增强企业的凝聚力和竞争力。至2003年底，已建立一支近200名具有大学本科及以上学历的优秀中青年技术人才队伍，其中博士及博士后16人、硕士75人。

重视和实施人才开发战略，积极做好各级专业技术人员的培训工作。对专业技术人员分层次、有针对性地加大现代企业制度、WTO知识、管理创新、人力资源管理、营销财务管理、安全生产、客户服务等方面的培训力度，加强对培训工作的指导与规范管理，建立和健全各级培训网络，配备精干的培训师资队伍，完善培训基地的建设管理。

2003年底，集团公司职工人数42600人。其中：高级职称技术人员902人，中级职称技术人员3941人，初级职称技术人员6698人，总计10729人；研究生及以上学历614人，占总人数的1.9%；本科生4622人，占总人数的14.6%；大专生6720人，占总人数的21.3%；中专生及以下16377人，占总人数的62.2%。

党建与精神文明建设

1. 党建和反腐倡廉工作

广电集团公司以十六大精神统一思想，统揽全局，指导实践，推动工作，进一步加强党的建设和精神文明建设。通过抓好责任分解和责任延伸，建立健全配套制度，严格责任考核，落实责任追究，公司系统形成“党委统一领导、党政齐抓共管、纪委组织协调、部门各负其责、群众参与支持”的良好局面。开展“纪律教育月”活动，举办“我身边的共产党员”演讲活动。落实国有企业领导人员廉洁自律各项规定，推行任前廉政谈话、厂务公开等6项制度，加强监督检查。从对下属38个单位落实党风廉政建设责任制和领导干部廉洁自律规定检查考核情况看，各单位结合电力体制改革和企业生产经营的实际，采取针对性较强的措施，取得较好的效果。

紧密联系改革发展的新形势，联系本单位的工作实际，学习贯彻十六大和十六届三中全会精神。实施省委“固本强基”工程，重视在机构改革中及时建立健全党组织，加强对各级党组织工作的检查和指导，较好地发挥党组织的政治核心作用和党员的先锋模范作用。加强职工思想政治工作和民主管理，维护职工的合法权益，重视基建、修造企业和离退休职工思想动态，及时妥善处理各种可能引发不稳定的事件，保证职工队伍稳定。

充分发挥党组织对企业工作的领导和保证、监督作用，充分发挥广大党员在公司改革和发展中的先锋模范作用。加强廉政建设，贯彻落实中纪委二次全会精神，全面落实党风廉政建设责任制，严格责任考核和责任追究，建立和健全企业内部监督和制衡机制，加大从源头上预防和治理腐败的力度。加强对腐败易发生部位和环节的管理和监督，完善重大决策、工程招投标、物资采购、资金调拨和使用、干部选拔聘用等相关制度，提高工作的透明度。7月3日，集团公司隆重纪念建党82周年，对先进基层党组织、优秀共产党员和优秀党务工作者进行表彰。

2. 精神文明建设

2003年，集团公司精神文明建设取得丰硕成果。2月19日，深圳、茂名、清远供电分公司分别被中央精神文明建设指导委员会授予“全国创建文明行业工作先进单位”称号和“全国精神文明建设工作先进单位”称号；韶关、佛山供电分公司机关、广州蓄能水电厂3个首批全国精神文明创建工作先进单位复查合格继续保持“全国精神文明建设先进单位”称号。此外，集团公司还被广东省政府授予“广东省机关扶贫工作先进单位”称号。被中华全国妇女联合会、中央电视台联合授予“中国妇女公益事业爱心单位”。

集团公司注重发挥思想政治工作的保证作用。加大思想教育力度，把灌输引导和自我教育结合起来，把传统经验和现代媒体结合起来，创新、拓宽思想政治工作方法和渠道，增强思想政治工作的针对性、实效性和主动性。关心职工生活，重视离岗退养人员和下岗人员的安置问题、离退休职工的思想生活问题、基建修造等困难企业的职工生活问题，及时掌握职工思想动态，妥善解决职工反映的实际问题，及时化解各种不稳定因素，保证职工队伍稳定。重视职工精神文化权利，丰富职工的文体生活。12月16～18日，集团公司在广州成功地承办了全国电力职工保龄球赛。

以深化厂务公开为重点，不断健全和完善民主管理、民主监督机制，使职工有知情权、参与权、监督权、管理权。掌握职工的思想动态，正确处理好改革和利益调整过程中出现的问题，及时化解各种矛盾。4月10日，集团公司在全国厂务公开电视电话会议上被授予“全国厂务公开工作先进单位”。

按照中国南方电网公司关于建设一体化的企业文化的要求，积极创建学习型组织和企业文化建设。创建文明单位，提升企业整体素质和文化内涵。积极推广和宣传中国南方电网公司的形象标识和经营理念，以文化力提升亲和力、凝聚力、创造力，增强团队精神，为实现南方电网的共同利益和目标而努力。

主要事件

3月1日，500kV曲江变电站值班人员误操作，造成韶关电网环网解开，整个地区仅靠220kV韶马线与主网连接。

3月12日，国家审计署驻广州特派办开始对广电集团公司的财务收支情况进行审计。现场审计于工作11月7日结束。集团公司积极配合审计，得到了国家审计署驻广州特派办的高度评价。

3月23日，中国南方电网有限责任公司召开广电集团公司领导班子任免宣布大会。广电集团公司领导班子确定，吴周春任总经理，陈广生、梁周、江毅任副总经理，林雄任总工程师，杨文伟任助理巡视员；黄建军、吴周春、陈广生、翁镇演、梁周、江毅任集团公司党委委员，黄建军任党委书记兼纪委书记，翁镇演任工会主席。11月18日，南方电网公司召开广电集团公司领导班子调整大会，陈荣真、赖佳栋任集团公司党委委员、副总经理；于俊岭任集团公司党委委员、工会主席；江毅兼任深圳供电分公司总经理、党委书记。

4月1日始，广东对315kVA及以上大工业用户实行峰谷电价政策，峰平谷时段各为8h，峰谷比价为1.5∶1∶0.5。8月1日起，对峰谷电价进行调整，将全省21个地市分为两组，将原来的“三八制”调整为高峰6h、平段10h、低谷8h。峰谷比价调整为1.35∶1∶0.6。

4月8日，广电集团公司、省电力调度中心、广电集团公司公司工程部分别被省经贸委授予“2002年迎峰度夏保障供电成绩显著单位”。

4月28日，由于汕头电厂设备故障，造成“惠汕线＋东桂线＋兴揭线＋长揭线”及“惠汕线＋枫兴线＋东桂线”界面严重过载，需省调对该地区实施事故限电。

5月1～14日，500kV沙鹏线计划停电，使主网对东片电网的安全供电构成很大威胁，经过省调的多方协调和有关单位的配合，安全地完成停电工作，解除威胁。

至6月30日止，500kV东莞横沥输变电工程、惠州变电站3号主变压器扩建工程、汕头变电站2号主变压器扩建工程、曲江变电站2号主变压器扩建工程以及500kV曲北二回线路工程、深鹏乙线工程、惠汕二回线路工程和220kV鹏公二回线路工程等8项迎峰度夏重点项目全部竣工投运，有效地提高了电网输送能力，缓解了全省供电压力。

6月，在公布的2002年广东50家最大企业的排行榜上，广电集团公司以769.46亿元营业收入名列榜首，这是广电集团公司成立后连续第二年位居广东企业50强之首。8月23日，根据中国企业联合会、中国企业家协会发布的中国企业500强消息，广电集团公司名列全国第14位。

7月和10月，500kV沙鹏线2次因事故退出运行，导致东片电网大范围错峰。

7月24日、8月25日、9月2日，强台风“伊布都”、“科罗旺”和“杜鹃”先后正面袭击广东。3次台风共造成广东电网4251条供电线路停电，损失负荷达819.8万kW，直接经济损失超过2.6亿元，对广东电网安全运行和供电设施造成严重破坏。

8月22～30日和10月3日～11月25日期间，广东抽水蓄能B厂退出备用，使系统高峰时段减少120万kW可调出力，低谷时段减少132万kW，给系统运行调峰带来极大的困难。

9月12日起，根据中国南方电网公司的通知要求，广电集团公司在全公司范围内分5个阶段组织开展以人身安全为主题的专项整治工作。经过3个月的努力，人身安全专项整治工作取得初步成效，事故得到有效遏制。

从11月3日起，集团公司派出4个调查组，分赴河源等13地市以及江苏、云南开展为期1个月的代管县情况和农电体制改革问题调研工作，基本摸清代管县供电企业人、财、物等各方面的情况，并形成调查报告上报省政府，为下一步广东农电体制改革作准备。

从12月1日起，广东正式取消实施了三年多的居民住宅用电电量实行电价优惠的政策，广电集团按照有关文件要求对全省原实行优惠的居民住宅用户，统一按各地电价价目表中的“住宅电度电价”标准收取电费。

（覃桂平　龙建平）

广东省粤电集团有限公司

2001年8月8日，广东省粤电集团有限公司的前身——广东省粤电资产经营有限公司正式挂牌成立，是广东省率先在全国进行电力体制改革的成果。公司由原广东省电力集团公司分立组建而成，承接其发电资产和业务，是广东省政府授权经营的特大型国有企业。2003年5月28日，经省政府同意，公司更名为“广东省粤电集团有限公司”。

公司现有下属单位55个，涉及火电、水电、风电、核电、LNG等多种能源。公司主要投资项目有黄埔发电厂、沙角A电厂、沙角C电厂、珠海发电厂、湛江发电厂等10个火电厂，新丰江水电厂、天生桥一级水电厂等8个水电厂，并控股广东省最大的上市公司——广东电力发展股份有限公司（证券简称：粤电力）。

截至2003年底，公司全资、控股电厂发电量达1567.83亿kWh。公司全资及控股电厂装机容量合计1076万kW，股权折算装机容量787万kW（含中国广东核电集团有限责任公司所属大亚湾及岭澳核电站折算装机容量149.9万kW）。公司资产总额847.45亿元，净资产366.51亿元（含中广核资产248.85亿元、净资产82.35亿元）。2003年，公司实现营业收入245.6亿元，位列2004中国企业500强第74名。

公司成立三年来，按照广东省政府的授权范围积极开展工作。大力抓好安全生产，提高机组运行水平，机组等效可用系数、煤耗、厂用电率等各项经济技术指标达到良好；优化资产结构，实现国有资产的保值增值；通过提高管理水平，实施成本领先战略，不断提高公司的核心竞争力；积极参与电源建设和新能源的开发，开拓新的经济增长点；依托上市公司，开展资本运营，拓宽融资渠道。

2002年，全国范围内的电力体制改革开始实施，公司身处的经营环境和面临的竞争格局发生重大变化。面对新形势，公司以“三个代表”重要思想为指导，认真分析国家电力体制改革对未来电力发展趋势的影响，顾全大局，与时俱进，及时果断地将公司发展战略从“卖厂建网、资产重组”调整为“做大做强”，并获省政府批准；2003年，公司发展获得历史性机遇：2月25日，黄华华省长、游宁丰副省长率领省有关部门负责人来公司调研，并做出“一个中心、四个为主”，做大做强粤电公司的重要指示，为公司今后的发展指明了方向。5月28日，经省政府同意、省经贸委批准，公司正式更名为“广东省粤电集团有限公司”，同时实收资本转增到120亿元；2004年6月11日，黄华华省长再次率队来公司调研，指示公司要“抓住机遇、加快发展”，公司迎来了新一轮的发展高潮。

公司将积极贯彻广东省政府关于全省经济发展的战略部署，以能源为核心，相关产业协同发展，立足广东、面向全国、开拓国际市场。坚持“团结、创新、诚信、高效”的粤电精神，内强素质，外求发展，全面提升公司综合竞争力，将公司打造成为国内一流并具有国际竞争力的能源集团和广东经济发展的主力军。

（曾承志）

广西壮族自治区电力工业

概况

广西电力有限公司在南方电网公司成立前是国家

电力公司的全资子公司，是统一管理经营广西电网的企业法人。2002年12月南方电网公司成立后，广西电力有限公司归属南方电网公司领导，成为南方电网公司的全资子公司，负责经营国家在广西的国有电网资产、广西电网的统一规划、建设、管理和对广西发电、输电、配电实施统一调度。实行独立核算，自主经营，自负盈亏，具有企业法人资格。

2003年，广西电力有限公司有职工24171人，其中长期职工20330人，公司机关286人。广西电力有限公司本部设有总经理工作部、计划发展部、财务部、人力资源部、生产技术部、安全监察部、市场开发与营销部等17个部室。公司下辖南宁供电局等12个直属供电局，1个控股供电公司，3个分支机构（电网调度中心、电力试验研究院、物资供应公司），2个辅业公司（水利电力建设集团有限公司、力元集团有限公司）。代管县级电力公司43个。

有500kV变电站2座、变压器4台，变电容量275万kVA，线路558.105km；220kV变电站43座、变压器63台、变电容量765.6万kVA、线路5327.521km；110kV变电站164座、240台、变电容量717.85万kVA、线路6117.118km；35kV变电站71座、变压器91台、变电容量43.37万kVA。负责统调的电厂有27座，其中水电厂17座、火电厂4座，装机容量491.072万kW，其中水电269.972万kW、火电221.1万kW。

2003年，广西全社会用电量达414.9亿kWh，同比增长16.2%；全区发电量362.9亿kWh，增长14.5%；电网最高负荷524.8万kW，较2002年高出22.3%。

2003年广西电力有限公司完成：购电量311.7亿kWh，增长19.07%，其中，购区外电量54.62亿kWh，增长28.06%；售电量294.93亿kWh，增长18.86%。

主营业务收入88.09亿元（不含税），增长21.19%；应收电费余额7.12亿元，比2002年末减少1.03亿元。

电网综合电压合格率98.58%；电网责任频率合格率99.998%；城市供电可靠率99.895%。

固定资产投资27.08亿元，资产总额255.93亿元，增长11.27%。

完成了南方电网有限公司下达的安全生产责任制中除人身伤亡外的其他7项考核指标。基建企业发生2起人身死亡事故，死亡2人，比2002年减少了1起，减少了5人；发生3起重伤事故，重伤3人，比2002年减少了2起，减少了3人。生产企业人员责任事故下降了33%。

全面完成了南方电网有限公司下达的党风廉政建设责任制考核的9项目标，并在网公司的年终考核中获得第一名。

被评为广西壮族自治区首批“诚信文明行业”、全国“五一”劳动奖状单位。

组织机构

2003年，广西电力有限公司有职工24171人，其中长期职工20330人、公司机关286人。公司本部设总经理工作部、计划发展部等15个部室及电力工会、离退休管理办公室等部门。下属单位有南宁供电局等12个供电局及广西电网调度中心、广西电力试验研究院、广西电力物资供应总公司、广西水电建设集团、广西力元集团等单位，详见公司2003年组织机构图。

公司领导

党组成员、书记、总经理：曲曙

党组成员：林荣华　赖崇能、黄进平　卢柳春　庞　准　李一平

纪检组组长、工会主席：卢柳春

副总经理：林荣华　赖崇能　黄进平　庞准

总工程师：李一平

电力建设

2003年，广西电力有限公司完成电网投资23.8亿元，其中：建成投产220kV线路609.4km，变电容量420MVA；110kV线路315.5km，变电容量379MVA。在面临严重亏损的情况下，该公司顾全大局仍主动承担了总投资13.5亿元的平班、合山、北海等六个电厂的电源送出工程建设任务。

调整了广西电力“十五”计划，完成了“十一五”发展规划和2020年远景目标前期研究工作。此项工作得到了广西壮族自治区政府的充分肯定，并明确授权该公司负责广西境内220kV及以上电网的统一规划工作。

积极协助配合广西壮族自治区政府和项目业主加快电源建设。先后协调了北海、钦州、贵港、防城港等电厂建设的有关工作。协助广西壮族自治区政府做好桥巩水电站、大藤峡水利枢纽电站、百色火电厂等电源项目的前期工作，与中国电力投资集团公司及中电亚洲有限公司启动了核电、风电的前期工作。至2003年底已有中国华电集团公司、国投电力公司、中电亚洲有限公司等六大发电公司进入广西电力市场。

2003年，该公司城市电网建设与改造总投资21.5亿元，累计完成的投资19.44亿元，项目投资完成率100%。一期农网直供部分及35kV部分总投

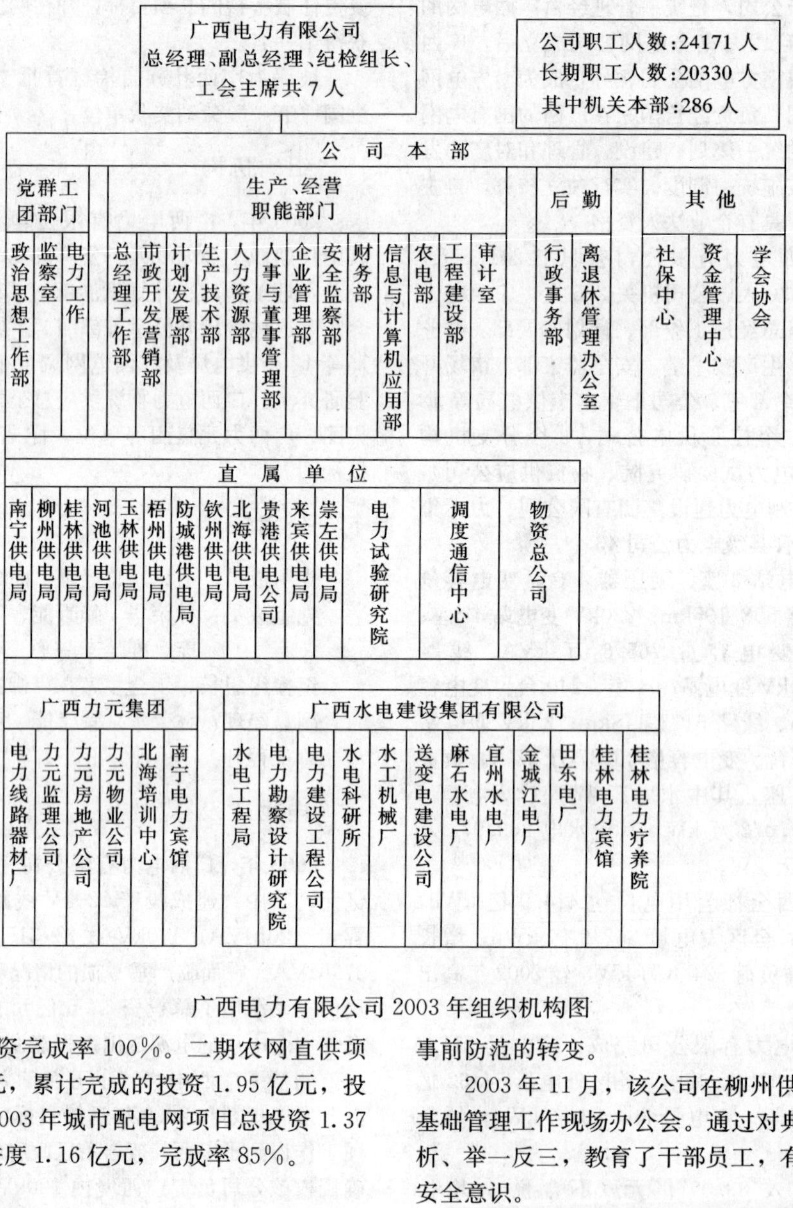

广西电力有限公司2003年组织机构图

资约11亿元，投资完成率100%。二期农网直供项目总投资2.0亿元，累计完成的投资1.95亿元，投资完成率97%。2003年城市配电网项目总投资1.37亿元，完成形象进度1.16亿元，完成率85%。

安全生产

2003年是电力体制改革实行厂网分开的第一年，广西电力有限公司面对厂网分开、电力供应紧张、安全形势严峻的局面，采取各种有效措施，确保了电网安全稳定运行，扭转了安全生产的被动局面，各项安全生产指标比2002年有明显提高。

广西电力有限公司针对2003年一些单位连续发生几起误操作事故和事故暴露出的设计、安装、调试、运行等各环节中存在的问题，大张旗鼓地进行安全整顿，对负有责任的领导和人员进行严肃处理，引起了全公司员工的震动，解决了部分单位领导班子安全生产认识不到位的问题，使事故频发的现象得到遏制，并推动了安全生产的全过程管理和从事后整治向事前防范的转变。

2003年11月，该公司在柳州供电局召开了加强基础管理工作现场办公会。通过对典型事例的提级分析、举一反三，教育了干部员工，有效地提高了全员安全意识。

认真贯彻南方电网公司安全生产一号令，开展与“违章、麻痹、不负责任”三大安全敌人作斗争活动。先后五次召开安全生产电视电话会议，派出多个工作小组，开展多次安全检查。重点开展以“两票三制”、生产现场、输变电设备、基建工程、交通安全以及继电保护为主要内容的“5+1”专项安全整治活动，检查发现了165个重大问题，落实了整改措施，促进了安全生产。

加大对科技和技改的投入，大胆采用技术成熟的先进设备，城市变电站主设备基本采用进口或合资设备。全年投资1.82亿元，完成了线路保护微机化和变电站综合自动化等改造项目，夯实了安全生产的物质基础，使电网运行可靠性得到提高。

面对电力供应紧张，电网设备满负荷运行，机组故障增多的不利情况，该公司及时采取有效措施，制定了迎峰度夏、防汛度汛、抗“非典”保供电和加强安全生产确保电网稳定运行等预案。吸取“美加大停电”事故教训，制订了防止电网大面积停电预案，重新修订了“黑启动”方案，组织电网两次开展反事故演习；举办了首届电力科技论坛。

加强电网调度，密切与发电企业联系，想方设法提高机组利用小时。全年统调电厂水电平均发电利用小时4709h，同比提高160h；统调主要火电厂平均发电利用小时6598h，同比提高1718h。统调火电厂全年增发电量39.97亿kWh。通过合理调度，广西全年发电量比多年平均水平增加了8%，完成发电量56.2亿kWh，仅次于历史最高水平。

2003年广西电力有限公司安排在建技改项目387项，资金17194.23万元，完成15183.02亿元；下达大修项目747项，安排资金9628.86万元，资金完成率99.6%；下达三批科技计划项目和一项专项计划，共计67项，安排资金2431.83万元，同比增加431.83万元，增幅21.6%。

2003年广西电网责任频率合格率为99.999%；220kV及以上电压监视考核点电压合格率为99.65%，同比提高0.29个百分点。

2003年主电网网损率为1.80%，同比下降0.30个百分点。

2003年广西电网没有发生重大电网事故、主网稳定破坏事故、大面积停电事故和220kV及以上枢纽变电站全站停电事故；没有发生恶性误操作事故；没有发生因广西电网调度中心误调度、误整定、通信不畅等引发的电力事故；没有发生因违反调度纪律而造成的性质恶劣的事故。截至2003年12月31日，广西电网实现连续安全生产5986天。

经营管理

2003年，广西电力有限公司把解决电价问题作为经营工作的突破口，对电价问题进行重点研究，提出疏导调整意见。配合广西壮族自治区物价部门，制订广西电价调整方案，并上报国家发改委。成立了优化购售电、协调来宾B厂上网电价等6个专项工作小组，分别由分管领导负责。通过协商，推动了与桂东电网、百色电网的网间互供电价逐步到位。

成立营销稽查机构，加强销售环节的监督和检查，堵塞管理漏洞。重点稽查纠正电价执行过程中出现的问题，为该公司追回2000多万元的流失资金。加大电费回收力度，将八一锰矿等单位多年所欠的电费全部收回，提高陈欠电费回收率，实现了年末应收电费余额减少10%的目标，全面完成了电费回收任务。密切配合公安部门开展打击破坏电力设施及盗窃电能专项行动，维护了正常的供电秩序。

根据电网和电源的结构特点，定期研究、制订优化购电结构方案，有效控制了购电成本。通过签订经营责任书，将控制供电成本的责任落实到各供电局领导班子。严格执行有关招投标的法律法规，控制了工程造价和物资采购成本。优化债务结构，争取优惠政策，减少了贷款利息。严格控制了各项费用的支出。妥善处置不良资产，解决了柳州银都大厦的遗留问题，化解了经营风险。

2003年，广西电力有限公司进一步完善对各分公司、全资子公司、控股公司领导班子“三项责任制”考核办法，对责任目标实行分级管理，层层落实，加强了指标量化和考核工作的力度。由于考核严格，指标具体，要求明确，奖罚与各单位领导班子工作业绩、政绩、经济利益挂钩，只有全面完成责任目标才能获得相应额度的奖励，从而有力地调动和提高了企业领导班子成员的工作积极性和责任心，对广西电力有限公司全面完成2003年工作目标，搞好安全生产、提高公司经济效益和管理水平，起到了很大作用。

进一步完善模拟内部电力市场，将各单位的内部收入直接与成本费用、经营指标考核等紧密地联系起来，实行工效挂钩。促使企业领导转变观念，从只重视安全生产转变到安全生产与生产经营并重，从“等米下锅”到“找米下锅”，企业管理理念和行为发生了根本的变化，经营积极性不断提高。该公司每月对供电局进行月度预结算，按预结算结果拨付有关费用，并每月召开经营分析会，做到目标管理和过程管理相结合，为确保该公司整体经营目标的实现打下坚实基础。

加强审计监督。配合国家审计署对原国家电力公司系统开展2002年度财务收支和领导人任期经济责任审计，认真进行审前自查，做好各项迎审工作，及时整改存在的问题。加强内部审计，做到“公司经济活动到哪里，审计工作就跟到哪里”，2003年共完成审计项目2173项，审减工程项目投资，促进节支4561.9万元，控制了成本费用。

建成了广西电力有限公司信息广域网，公司本部和各供电局均已实现了无纸化办公；建设营销、生产、财务经营等信息管理系统和客户呼叫服务系统，提升了公司管理、服务的技术水平。

电力供应与优质服务

2003年，广西电力有限公司面对严重的缺电局面，想尽了一切办法，利用了一切可以利用的条件，做好电力供应工作，维护社会正常用电秩序，最大限度地减小缺电带来的影响和损失。

(1) 建立应对缺电局面的工作机制。在广西壮族自治区电力供应协调小组的领导下，该公司成立了由两位副总经理挂帅的工作小组，分别联系南方电网公司和政府有关部门；总经理定时听取电网运行情况汇报，针对不同阶段电力供需矛盾和特点，及时研究问题，部署应对措施。

(2) 及时主动向政府汇报，争取政府和经贸委的支持，广西壮族自治区政府 2003 年 6 月 2 日召开了常务会议，研究全区电力供应和发展问题。随着下半年电力供需矛盾进一步加剧，该公司又多次向广西壮族自治区政府汇报电力紧缺形势及应对措施，引起了政府的高度重视，两次召开全区电力工作会议，加大了计划用电力度。区、市、县三级政府牵头成立了电力供应协调领导小组，采取了八项措施，在全区多年没有出现缺电的情况下，保证了计划用电有序进行。

(3) 争取南方电网公司支援，有效缓解电力供需矛盾。多次向网公司汇报缺电情况，网公司领导高度重视，在南方电网电力趋紧的情况下，调动全网资源支持广西。全年在计划外多购入区外电量 6.62 亿 kWh。同时，积极拓展思路，购买广东低谷电量，12 月购进电量 8282 万 kWh。2004 年元旦春节期间，抓住广东电力相对富余的时机，每天购进电力 132 万 kW，2 月 10 日止累计购进电量 4.2 亿 kWh。全区放开用电，让城乡老百姓过了一个亮亮堂堂的春节，同时组织了网内 8 台机组检修，达到蓄煤、蓄水的目标。

(4) 挖掘发电潜力，鼓励各类电力上网。加强电网调度，密切与发电企业联系，想方设法提高机组利用小时。全年统调电厂水电平均发电利用小时 4709h，同比提高 160h，统调主要火电厂平均发电利用小时 6598h，同比提高 1718h，统调火电厂全年增发电量 39.97 亿 kWh。出台鼓励地方小水电上网办法，鼓励其电量上网，增加电网供电能力。

(5) 加强需求侧管理，做好计划用电和节约用电。做好错峰避峰计划，落实计划用电方案，每周研究保障电力供应的措施，每月对全区数以千计的用电大户制订供用电计划。本着“保重点，保稳定，促发展”的原则，严格按用电侧“先错峰，后避峰，再限电，后拉路”的原则，最大限度地引导用户有序用电，缓解缺电局面。在确保居民生活用电、党政机关、新闻单位、医院等重要单位用电，合理安排其他行业和工业企业供电次序，尽可能减少限电造成的损失。同时，还密切配合相关部门和新闻媒体对加强错峰、避峰用电和节约用电的宣传，积极宣传电力需求侧管理的相关政策和措施，节能技术和成功案例，以期社会各界和用电客户的理解和支持。配合政府采取关停亮化工程、路灯减半开启等措施，节约了 10 万 kW 的电力；停止对部分不符合产业政策的高耗能、污染大企业、“五小”企业的供电。各供电局主动深入厂矿企业，协调用电工作，帮助调整生产班次，努力减少停电损失；配合广西壮族区人民政府加大对计划用电的稽查力度，确保计划用电方案得到执行。

由于措施得力，广西电力有限公司最大限度地保证了城乡居民和农副产品加工用电，保证了重点单位、重大活动的供电，保证了柳钢等 46 家重点企业的生产用电。在电力紧张情况下，除第一产业用电下降外，第二、第三产业及城乡居民生活用电同比分别增长了 18.23%、23.83%、11.07%。

2003 年，广西电力有限公司大力开展优质服务活动，为政府、社会公众和发电企业提供全方位的服务，做好电力供应工作。

该公司领导先后七次向自治区主要领导汇报工作，两次走访了各市政府征询地方政府意见；各供电局也建立了定期向地方政府汇报工作制度；配合崇左、来宾建市，先后成立了崇左、来宾供电局；理顺贵港市供电管理体制，支持了地方经济发展。

推出客户经理制，颁布供电服务承诺，开展营业窗口“创三佳”等活动。在此基础上，启动了“服务广西，诚信广西，政府放心，人民满意”供电优质服务活动，2003 年 9 月 13 日在南宁等 53 个会场举行了共有 2.3 万多名员工参加的、声势浩大的启动仪式。开展“百千万”大行动，即百支青年服务队进社区、千名共产党员进村屯、满意服务进万家。到 2003 年底，共开展大规模统一行动 4 次，派出党员、青年服务队 1350 次、员工 16130 人次，接待客户咨询 8950 次，发放各类宣传材料 3 万多份，为 1270 户城乡居民解决用电困难。优质服务取信于民，赢得了各级党委、政府和社会各界的广泛好评。

适应厂网分开的新形势，把为发电企业服务作为优质服务的重要内容和缓解广西缺电局面的一项重要举措，建立了定期联系制度，4 次召开座谈会，征求发电企业意见，主动协助解决燃煤供应、机组检修等问题。为发电企业推出了月度生产协调会制度等九项服务承诺。在电力紧缺的情况下，积极主动协调来宾 B 厂合理安排检修，使检修工期缩短到 6 天，增发电量 1 亿多 kWh；组织广东后夜低谷电为岩滩水库蓄水创造条件，合理安排其下泄流量，使岩滩电厂在来水仅有正常年份 77% 的情况下，2003 年发电量比多年平均水平增加了 8%，完成发电量 56.2 亿 kWh，仅次于历史最高水平。

农电工作

2003 年广西电力有限公司完成了第二期农网建

设与改造任务。新建与改造10kV线路22486km，低压线路44732km，累计新增和更换配变18102台、变电容量895MVA，新建与改造台区18960个。农村供电可靠率和电压合格率比改造前分别提高了20和15个百分点。农村到户电价由改造前平均每千瓦时0.85元降低到0.546元，初步统计全年减轻农民电费负担4.05亿元。在公司代管供电企业营业区内，乡通电率达100%，村通电率达99.6%户通电率达98.71%。农网改造的完成和农村电价的下降，使农村用电量大幅增长，极大地促进了农村经济发展和农民生活水平的提高。

代管供电企业管理进一步规范。各代管供电企业逐步将工作重点从工程管理转向企业管理，通过整章建制，使管理水平有了质的提高。加强对农村电工的统一管理，通过考核竞聘，农村电工从34724人减少到6422人，仅此一项就减轻农民负担7000多万元。同时，各供电局加大了网区内代管供电企业干部交流和挂职锻炼的力度，拓宽了视野，提高了干部的能力和水平。

加大农电服务力度。响应自治区政府号召，参与“东巴凤”（即：东兰、巴马、凤山县三个革命老区）基础设施大会战，投入1600多万元资金，建设东兰—凤山110kV输电工程，实施东兰县无电村通电工程。积极筹措资金在代管县供电企业营业范围内实施农村通电工程，使3.21万农户用上了电。组织开展乡镇供电所营业窗口达标活动，目前已有90%的乡镇供电所通过了达标验收。认真兑现农电服务承诺，全面实现了“三公开、四到户、五统一”管理。

电力体制改革工作

2003年广西电力有限公司组织完成了发电企业第一阶段划转移交工作；制订了《广西电力有限公司发电企业划转移交第二阶段工作方案》，组织发电企业第二阶段划转移交工作；提出随发电资产移交有关问题的意见并形成书面材料向南方电网公司汇报；组织并参与大唐电力集团公司、国电电力集团公司的商谈，协调发电企业移交过程中出现的问题。

将广西电力有限公司《主辅分离工作意见》的初步方案报南方电网公司；按照南方电网公司对主辅分离辅业改制调研的要求，组织填报《中国南方电网公司系统辅业、多经单位现状调查问卷》和汇报材料；并提出了广西电力试验研究院、广西物资总公司的改制方案。

做好贵港市政府要求将供电资产上划广西电力有限公司的各项工作，制订来宾、崇左、百色供电局组建方案，协调筹建中有关问题。对梧州市供电体制改革前期工作进行调查研究，拟订《梧州电力体制改革方案》。

做好了钦州郊区供电公司的人员分流、债务划分、离退休人员管理等问题，指导、督促钦州郊区供电公司与分离后的服务公司签订《农村电网运行维护承包合同》；对防城港供电局拟接收企沙镇电厂电力资产和人员进行研究，并对金城江政府制订的金城江市电业公司实行厂网分开的方案进行研究，提出处理意见。

干部、职工队伍建设

2003年，广西电力有限公司以“解放思想、更新观念、统一认识、共谋发展”作为全年工作的主线，组织全体员工认真开展解放思想再讨论，重点抓各级领导班子思路的转变，要求大家走出电力看电力，跳出广西看广西。先后五次召开了机关部室和各单位主要负责人会议，统一思想认识，理清工作思路；该公司领导分批带领机关部室和基层单位的主要负责人，赴广东、山东、上海、浙江等省市电力公司学习考察，对照自己，查找差距，明确发展方向；举办四场报告会，邀请《经济日报》原总编艾丰同志等多位知名学者和自治区有关部门领导作报告，开阔视野，更新观念。

广西电力有限公司领导班子在工作中身先士卒，真抓实干，严于律己，当好榜样。进一步制订和完善了公司党组加强自身建设的若干规定和总经理议事规则。严格干部考核、监督，分两次对公司机关和基层单位112名领导干部进行考核评议，摸清了公司干部队伍的整体状况。根据评议结果，公司党组成员分别找机关部室领导、基层单位党政一把手谈话，肯定成绩，指出不足，提出整改意见。严肃组织纪律，对失职的干部进行了处理，对个别不服从组织安排的处级干部给予撤职处分。

以机关建设推进全系统员工队伍建设。整顿机关劳动纪律，强化为基层服务的意识。严格执行不准以权谋私、不准收受基层礼品、不准接受基层宴请的“三不准”禁令。开展机关提速活动，提高了工作效率。建立健全基础工作规范和基本工作制度，重点完善公司“三大标准体系”，发布实施了各类标准3727个。开展创建学习型机关活动，努力营造学习氛围。在加强机关作风建设的同时，改革机关奖金发放办法，加大部室主任对本部室员工考核发放奖金的权重。机关员工的工作责任心、积极性和服务意识明显增强。各单位以机关为榜样，加强了作风建设，员工精神面貌焕然一新，“高标准、严要求、快节奏”的工作作风初步形成。

广西电力有限公司机关多次派出专项工作组深入基层检查工作，查找问题，帮助整改；组织基层对机关的管理工作、办事效率、服务态度和廉政建设四个方面的情况进行评价；并由基层干部组成专项小组，对机关的思想作风、办事效率和基础管理进行检查。通过双向检查，机关和基层互相学习、互相促进。通过对干部严格要求、严格管理、严格考核，干部队伍作风明显好转。

精神文明建设

2003年，广西电力有限公司大力推进公司的企业文化建设。确定了“人民满意、政府放心”的企业宗旨、“高标准、严要求、快节奏”的企业作风、“同心同德、追求卓越”的企业精神、“创建学习型、经营型、服务型、现代化的电网公司”的企业目标，并通过举办企业文化知识竞赛、演讲比赛、印发小册子、宣传画等方式大力进行宣传推广，使企业理念深入人心。

开展广西电力十大劳动模范评选等活动，弘扬浩然正气，抑制歪风邪气，争优创先的风气初步形成。党建工作和思想政治工作得到加强，组织职工深入学习“三个代表”重要思想，用“三个代表”指导工作实践。开展“两个务必”教育和“一个党员一面旗·党员责任区”、“党员身边无事故、无违纪、无邪气”活动，与党员签订了责任书。全面落实党风廉政责任制，与所属单位党政一把手及机关各部室负责人签订了廉政责任书，并与广西壮族自治区检察院共同开展了预防职务犯罪工作。继续开展政工评价工作，用科学的手段对10个供电局和8个代管县级供电企业进行测评，客观地评价了思想政治工作的成效。加大文明单位创建力度，除新成立的单位外，该公司所属单位及代管供电企业全部进入文明单位行列，2003年共有136个供电营业窗口被评为公司级双文明窗口。积极参加自治区组织的“创建文明行业·诚信建设年”活动，2003年底已通过了自治区组织的“诚信文明行业”考核验收。加强与《广西日报》、广西电视台等新闻媒体的沟通，充分利用新闻媒体宣传电力政策，介绍电力供应情况，争取社会公众理解和政府支持。召开了4次新闻媒体座谈会，公司机关在省部级以上媒体发表报道250多篇。

积极开展“十大杰出青年”、50名青年岗位能手争创活动，2003年共有5个集体获得“全国青年文明号”、31个集体获得“广西青年文明号”。

主要事件

1月27日24时，按照国家电力体制改革工作小组的部署，广西电力有限公司完成了划转给中国大唐集团公司和中国国电集团公司的发电企业的安全和生产经营管理及干部组织关系的移交工作。

2月27～28日，广西电力有限公司在南宁召开2003年工作会议。

3月12日，广西电力有限公司在南宁召开干部会议，中国南方电网有限责任公司董事长、党组书记袁懋振，自治区党委组织部副部长张延吉到会并讲话。中国南方电网有限责任公司副总经理周继太宣布关于广西电力有限公司领导班子的任免决定：曲曙任中共广西电力有限公司党组成员、书记、总经理；林荣华、赖崇能、黄进平、卢柳春、庞准、李一平任中共广西电力有限公司党组成员，卢柳春任纪律检查组组长兼工会主席；林荣华为副总经理（享受正职级待遇）；赖崇能、黄进平、庞准为副总经理；李一平为总工程师。

6月20日，自治区经贸委和广西电力有限公司联合召开全区迎峰度夏保供电座谈会，岩滩、大化、合山、柳州等10个主力水、火电厂有关领导参加了会议。

6月26～27日，南方电网公司董事长袁懋振一行，到正在进行送电调试的贵州至广东交流500kV输变电工程枢纽变电站柳州沙塘、河池500kV变电站检查指导工作。

6月26日，在柳州沙塘500kV变电站，贵州至广东交流500kV输变电工程试送电成功。

7月7日，广西壮族自治区党委书记曹伯纯在南宁会见来广西调研的中国南方电网公司党组书记、董事长袁懋振一行。

7月8日广西壮族自治区副书记、政府代主席陆兵在南宁会见中国南方电网公司党组书记、董事长袁懋振一行。

8月4日21时，广西电网最高负荷达到523.2万kW，刷新了历史最高纪录。

9月13日上午，广西电力公司在南宁民族广场隆重举行“服务广西、诚信广西、政府放心、人民满意”供电优质服务活动全区统一联动的启动仪式。

10月30～31日，东亚及西太平洋电力工业协会CEO会议在桂林召开。来自东亚及太平洋15个国家和地区的100多位电力企业首脑，首次在中国内地召开CEO会议。

11月6日，中国第二大水电站——龙滩水电站截流成功。

11月12日，广西壮族自治区党委书记曹伯纯，自治区政府代主席陆兵在南宁会见了前来广西考察防城港电厂项目的香港中华电力亚洲有限公司常务董事麦礼志先生，执行董事及中华区总裁陈少芝女士一行。

（林　建）

云南省电力工业

2003年，随着厂网分开的实施，云电集团发电侧利润完全消失，新的电价机制尚未真正建立起来，购电成本大幅度增加，公司赢利能力下降，电网建设资本金短缺，云电集团经营非常困难；受经济增长加速，电力需求旺盛，以及电源建设滞后，电源结构不合理、电煤供应紧张等因素的影响，全省出现全局性、整体性缺电；厂网分开以后，新的安全管理协调机制尚未形成，厂网之间的安全关系和安全责任并未完全理顺，西电东送的大规模实施，主通道长时间压稳定极限运行，电网主网架结构不尽合理，配网设施相对落后，电网缺乏备用等原因，使云电集团的安全生产面临严峻考验；随着厂网分开的实施和中国南方电网公司的成立，实施公司重组，融入南方电网公司有一个过程，和发电企业需要建立一种新型的伙伴关系，与政府需要畅通沟通渠道等，各种关系需要理顺，云电集团处于一个复杂的磨合期。在这种困难情况下，云电集团新一届领导班子精诚团结，同舟共济，沉着应对，树立过紧日子的思想，坚定不移推进改革，持续不断加强管理，强化领导班子建设，坚持物质文明和精神文明建设协调发展，狠抓安全生产、电力供应、电力规划和电网建设等工作，云电集团系统全体员工识大体、顾大局，各单位正确处理好改革发展稳定的关系，全公司上下一盘棋，突出重点，狠抓落实。通过全体干部员工的共同努力，云电集团成功实现了在巨大变革中的创新发展，多项工作取得新的突破，在南方电网公司对各子（分）公司的2003年度资产经营、安全生产、党风廉政建设三项考核中，综合排名第一，圆满完成了公司年初制定的各项工作任务，得到云南省委、省政府、国家电力监管委员会和南方电网公司的充分肯定。

云电集团及云南电网概况

2003年，随着中国电力体制改革的实施。厂网分开后，云电集团成为南方电网公司的全资子公司，公司业务主要以电网运营为主，负责对云南电网实行统一规划、统一建设，统一管理，并负责对云南省发电、输电、配电实施统一调度。

云电集团管理直属供电企业10个：昆明供电局、滇东电业局、个旧供电局、玉溪供电局、滇西电业局、滇中电业局、思茅供电局、临沧供电局、西双版纳电业局、昭通供电局。控股（或参股）、代管县级电力公司90个。输电网络已覆盖至全省16个地州中的10个，其中大理州、西双版纳州、思茅地区、临沧地区等地州为地方多家电力公司与省网共同供电。在省网尚未覆盖的6个地州中：文山州、怒江州、迪庆州、保山地区、丽江地区基本为自发自供与省网处于弱联系状态，德宏州通过保山地区电网可与省网间接联网。

云南电网500kV网络已形成了“日”形环网结构，220kV网络在昆明地区形成了以草铺、普吉、金刀营、东郊、果林、马鞍山变的六边形双环网，该环网汇集了系统内的各大水火电源，负荷占全网的一半，是电网的核心。云南电网通过220kV鲁马双回线和500kV罗天线与南方互联电网相连。

截止2003年底，云南电网统调电厂23个，总装机容量为743.5万kW，占全省装机容量的71.5%；其中：水电厂17个，装机容量为433.5万kW，占总装机容量的58.31%；火电厂6个，装机容量为310万kW，占装机容量的41.69%。接入220kV电网发电装机容量为422.6万kW，接入500kV电网发电装机容量为220万kW。

组织机构

公司下设：总经理工作部、战略研究与计划发展部、人力资源部、财务与产权管理部、电力营销与交易部、生产技术部、工程建设部、政治工作部、安全监察室、审计室、纪检组、监察室、法律事务室、电力工会、公司团委、机关党委、纪委等部门，详见组织机构图。

云电集团管理直属供电企业10个：昆明供电局、滇东电业局、个旧供电局、玉溪供电局、滇西电业局、滇中电业局、思茅供电局、临沧供电局、西双版纳电业局、昭通供电局。控股（或参股）、代管县级电力公司90个。输电网络已覆盖至全省16个地州中的10个，其中大理州、西双版纳州、思茅地区、临沧地区等地州为地方多家电力公司与省网共同供电。在省网尚未覆盖的6个地州中：文山州、怒江州、迪庆州、保山地区、丽江地区基本为自发自供，与省网处于弱联系状态，德宏州通过保山地区电网可与省网间接联网。

公司领导

党组书记、总经理：王大骞

党组成员、副总经理：李海南　廖泽龙　廖建华　张滇生　张慧清

党组成员、纪检组长：江兴国

党组成员、工会主席：刘智宏

总经济师：夏蜀

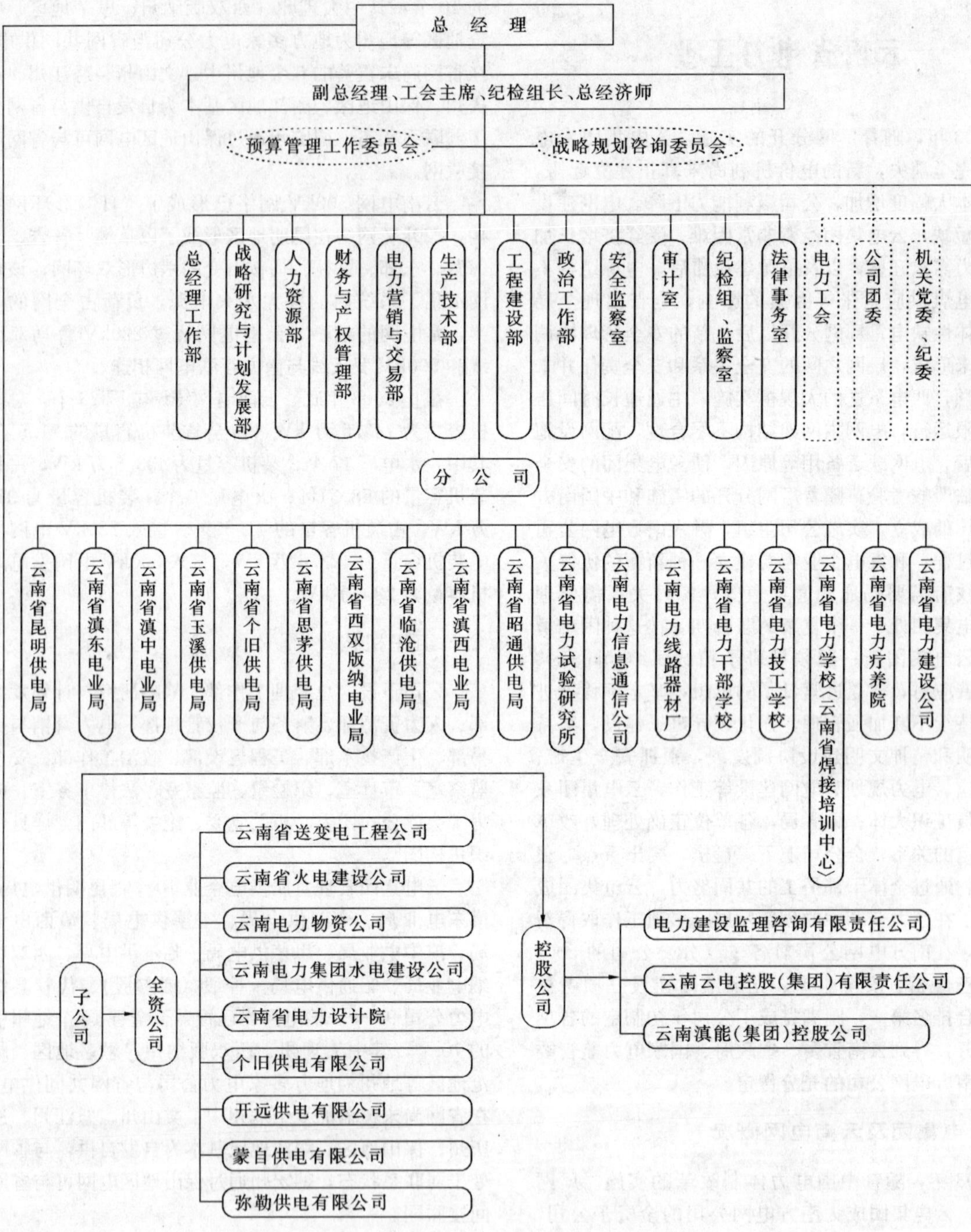

云南电力集团有限公司2003年组织机构

企业战略规划计划

云电集团坚持发展这个最大的硬道理，启动了云电集团战略管理体系和体制建设工作，按照南方电网公司“两型两化”发展战略和南方电网发展目标，加强电网统一规划，编制上报了云南电力工业“十一五”发展规划。通过本次规划，提出并初步建立了厂网分开新形势下，确保电网电源协调发展，电网电源企业以中长期合约为基础的相互约束机制。同时，实现了电源规划重点从具体电源前期工作向能源的中长期供应分析转移，并更加注重对中小型电源的引导和电力市场的掌控。这对于保障云南省国民经济的持续发展、培育云南省以水电为主的电力支柱产业、实现云电集团确定的各项战略目标均具有十分重要的意义。

云电集团对2020年远景目标进行了规划。通过对云南电力发展2020年的远景目标进行科学论证，提出了实现该远景目标分三步走的构想。即：2010年实现外送480万kW，奠定云南电力发展的坚实基础；2015年全省装机突破4000万kW，云电外送1500万kW，可以形成云南省重要的支柱产业；2020年全省装机7000万kW，云电外送总规模超过4000万千瓦，电力将成为云南第一大支柱产业，云南省将成为西电东送的重要基地。

围绕确保2006年“云电送粤”280万kW的目标，制定了云电集团2004～2006年电网重点项目建设计划。组织完成全省16个地州电力发展规划和17条流域中型水电接入系统规划，为抓住全省中小水电蓬勃发展的机遇、积极推进全省统一电网建设、实现公司的跨越式发展打下了良好基础。同时，云电集团还启动了云南电力“十一五”通信发展规划等专项规划。

通过积极向有关方面汇报沟通，获得了省政府对建设全省统一电网的支持，220kV电网延伸进入文山、保山、丽江地区，取得了较大的突破。

安全生产、运行情况

电网安全事关人民群众的根本利益，是保证全省经济和社会持续、快速、健康发展的重要基础条件，责任重于泰山。云电集团始终高度重视安全生产，把安全生产作为公司管理工作中的首要任务，努力保证了电网的安全稳定运行，为各项工作的顺利开展奠定了基础。

2003年，云南省内500kV、220kV电网实现了环网运行，电网的输电能力和运行可靠性均有了大幅提高。

云电集团围绕提高设备“五化”水平，加大设备的技术改造力度，完成大修、技改项目726项，设备健康水平和自动化水平明显提高，为电网安全、稳定、经济运行提供了坚实的物质基础。

2003年，云南电网平稳运行，统调发电厂完成发电量累计349.96亿kWh，比2002年增加16.25%。其中，水电完成178.40亿kWh，比2002年增加11.19%；火电完成171.56亿kWh，比2002年增加22.02%。统调最高发电负荷584.8万kW，比2002年增加14.2%，最小发电负荷215.9万kW，比2002年增长17.6%，最大峰谷差为261万kW，比2002年增长18.4%。

2003年用电需求大幅增长，电力电量缺口很大；全省干旱，主力水电厂流域来水少，水库长期低水位运行，煤炭供应严重不足，煤质恶化严重，发电设备非计划停运增多，造成电网运行缺乏备用，使限电面积和受影响企业不断扩大，电网可调发电能力日益减少，降低了对事故的抵御能力，安全稳定运行存在隐患。云电集团通过采取一系列有效措施，制定相应对策，千方百计挖掘潜力、多发多供，积极采取技术措施，加强反事故预想，编制紧急电网事故应对方案，建立电网预警机制，严肃调度纪律，加强对各地调的管理，严格执行省政府下达的限电计划，协调西电东送月电量和负荷曲线调整，努力完成了生产任务和各项技术经济指标，确保了电网安全稳定运行，杜绝了人员责任事故的发生，发供电单位无违反调度纪律情况发生。

为贯彻落实南方电网公司针对美国8.14大停电事故提出的电网反事故措施，云电集团领导高度重视，组织完成了云南电网黑启动调度实施方案，经过近两年的准备，于2003年11月9日由云电集团组织了云南电网的首次黑启动试验，在全国率先全面模拟了电网黑启动的整个恢复过程。通过试验，检验了已制定的云南电网黑启动方案的可行性，证实了研究方案中提出的启动方法和电网恢复新思路的科学性，为黑启动方案的进一步完善提供了第一手宝贵资料。

云电集团严格按照“公平、公正、公开”的原则进行电网调度，按时发布、披露电网信息，合理安排电网运行方式，提高电网运行经济效益，严格执行电网调度规程，研究开发了云南电网调度信息管理系统，提高了管理的科学性和工作效率。

在强化电网管理的同时，云电集团还加强和发电企业的联系和沟通，统一协调发供电设备检修时间，优化停电方案，减少停电时间。在省内电网网架薄弱，设备比较落后，系统高峰时段无备用容量的情况下，保证了电网安全、可靠、经济运行。

通过认真学习贯彻《安全生产法》、南方电网公司1号令，坚持“安全第一，预防为主”的方针，强化“关注安全，关爱生命”的安全理念，以保人身、保电网、保设备为重点，建立安全管理的长效机制。开展“两票三制”、现场设施标准化等专项整治活动。强化目标管理，健全和完善安全监督管理体系，落实各级人员安全责任制。进行生产现场安全文明标准化策划，加强施工现场的安全监督与管理。建立安全责任体系，加强施工现场的安全监督与管理。

2003年云电集团未发生有责任的重大电网及设备事故，未发生因违反调度纪律造成的性质恶劣事故，未发生人身死亡事故和重大施工机械设备损坏事故，未发生重大火灾事故，未发生生产性重大交通事故，在南方电网的考核中名列第一。

电力营销和计划用电工作

由于省内用电需求高速增长，加上缺煤、少水、燃油紧张等问题，造成了发电能力不足。同时，受燃煤价格、购电价格上涨，电价机制不到位和打造电力支柱产业，培育省外电力市场的外部形势变化等因素的影响，电力营销工作经受了较大的冲击和考验。通过在购售电管理，计划用电，营销管理，优质服务等方面的努力工作，云电集团保证了经营目标和各项营销工作任务的完成，完成售电量 319.7 亿 kWh，其中省内 258.3 亿 kWh，外送 61.4 亿 kWh。

为适应改革和发展的要求，云电集团根据国家政策和云电集团实际情况及时研究和制定营销策略，并就两部制电价、丰枯、峰谷电价方案、发电侧电量分配与电价作价原则、利用价格机制调整用电需求和建设区域电力市场等课题进行专题研究并取得一定成果。云电集团加大电费回收力度，充分利用市场和技术手段回收电费，电费回收率实现 100%，陈欠电费回收 6597 万元。打击盗窃破坏电力设备窃电犯罪专项活动效果明显，查处有窃电行为用户 290 户，实际追收电费 91 万元。

2003 年我省出现了严重的电力紧缺局面，全年缺电 41 亿 kWh，其中枯期用电缺口高达 30%～40%。针对这一形势，云电集团认真贯彻《国务院办公厅关于认真做好电力供应有关工作的通知》精神，统一思想，加强领导，全力以赴保证供电。坚持公平、公正和公开的原则，完成了与发电公司的购售电合同签订工作。

按照省政府“保人民生活、保重点、保增长、保效益、保行业整合”和“保障重点、兼顾一般”的原则，云电集团协助政府研究制定计划用电方案并认真组织实施。基本保证了人民群众生活和重点企业、行业的用电需求，最大限度地降低了因限电对工业经济和人民生活的影响。同时，云电集团加大对负荷预测力度，提高负荷预测水平，积极开展需求侧管理，实施错峰让峰，提高资源的利用率。在省内电力供应十分困难的局面下，按照滇粤两省签订的协议和南方电网公司下达的计划指标完成了“云电送粤”任务，维护了西电东送大局和云电的信誉。

虽然 2003 年度缺电形势严峻，但云电集团始终坚持优质服务工作，继续实施“云电彩虹工程”，开展“诚信云电、服务云南”优质服务系列活动。全面提高云电集团系统优质服务意识和服务水平，为树立云电的企业形象起到良好的社会效果。重新修订并公布了供电服务承诺，推出客户服务首问责任制和回访制。聘请行风监督员，成立客户关系委员会，形成外部监督网络。结合南方电网公司Ⅵ视觉识别系统的推广，把供电营业窗口规范化建设和监督检查纳入日常工作并进行动态管理。云电集团 755 个供电服务窗口中，292 个被命名为“供电营业规范化服务窗口”，41 个被命名为“为人民服务、树行业新风”示范窗口。农电供电所示范窗口率达到 38.67%。

电网建设

2003 年是云电集团的又一次电网建设高峰年，为实现“西电东送”战略，云电集团开展了以“云电送粤”500kV“三变五线”（500kV 七甸变电所、曲靖变电所、厂口开关站、草厂线、七厂线、厂曲线、曲曲线、曲罗线，简称“三变五线”）工程为代表的一大批工程的建设工作。为满足云南经济发展，实现云南电网的安全稳定运行以及为西电东送的顺利实施发挥了重要作用。

500kV“三变五线”工程于 2003 年 6 月按期投产，云南电网正式形成以 500kV 为主干，220kV 为主网的新格局，网架结构和输送能力得到加强，西电东送通道能力达到 160 万 kW。

2003 年投产的工程项目共计 43 项，其中 220kV 及以上的工程建设项目 30 项，共计完成大中型电网项目投资 19 亿元。新增 500kV 变电容量 2250MVA，线路 405.2km；220kV 变电容量 1020MVA，线路 456km；110kV 变电容量 323MVA，线路 286km。

2003 年我省输变电工程的开工项目创造了云南电网建设历史的最高记录，全年共有 2 座 500kV 变电所、1 座 500kV 开关站，2 个 500kV 间隔工程、5 条 500kV 输电线路、37 个 220kV 输变电工程及若干 110kV 输变电工程项目同时在建。保山输变电工程正式开工建设，文山输变电工程前期工作基本完成，为 220kV 电网进入其他地州打下了良好基础。

在工程建设中云电集团坚持高起点、高标准、高质量，以创国优工程和精品工程为目标，狠抓工程质量和施工工艺水平的提高，取得了很好成效。由火电建设公司承建的宣威电厂五期工程获得云南电力系统首个国家建筑工程质量最高奖“鲁班奖”，500kV 七甸、曲靖变电站、厂口开关站成为云南电力建设史上土建、安装优良品率最高的工程，500kV 大昆南回输电工程被命名为达标投产输变电工程，一批工程项目获省优、部优。

云电集团负责的 10 个地州的农网二期工程通过省级验收。总投资 22.64 亿元的县城电网改造工程开始启动，51 个县的城网改造技术方案通过审查，40 个县已经开工建设。在一、二期农网建设改造、县城配网改造的基础上，正式启动了解决全省 30 万农村无电人口用电工作。

科技创新

在社会主义市场经济条件下，云电集团的科技进步与创新工作坚持走科技产业化、市场化的道路，旨在充分利用、积极转化、合理配置、优化整合云电集团的科技资源，本着“有所为，有所不为”的原则，在对云南电网安全经济运行及企业跨越式发展有显著推动作用的关键领域优选了一批科技项目，集中有限力量，形成重点突破，力求全面提升云南电力科技持续能力和科技工作水平。

2003年，云电集团投入资金进行了云南电力市场技术支持系统、云南电力客户服务中心应用系统、云南电力技术监督管理信息系统、云南电力安全生产管理信息系统、输变电工程项目管理系统、办公自动化系统的开发建设，以及进行了超导电缆在云南挂网运行研究、云南电力集团有限公司专业技术人才队伍培养与管理体系的开发、云南电网水调自动化系统设计、建设与应用研究工作、利用遥控飞艇展放放线引绳技术等重点项目的研究与实施，取得了显著的经济和社会效益。

2003年云电集团全面完成了下达的科技计划，科技成果应用水平得到了提高：其中1项科技成果获国家科技进步二等奖，2项成果获云南省科技进步三等奖。云南电力市场总体方案研究；云南电网“黑启动”方案制定及试验成功；云南电力集团有限公司客户服务技术支持系统开发等取得了重大成果。

财务与产权管理

2003年云电集团会计报表汇编单位由原来的48个变为52个，其中统一核算单位减少7个，全资子公司增加4个，控股公司7个。电网企业经营利润全面下降，体制改革对电网经营企业的深刻影响初步显现。购电单价、购电费急剧上升，资产负债率升高，偿债能力下降，对电源的投资收益散失，主营业务利润下降，盈利空间受到挤压，可持续发展能力严重削弱，经营形势和压力巨大。面对压力和困难，云电集团系统认清形势，深化改革，上下同欲，共度难关，基本完成了南方电网公司下达的主要资产经营考核指标。云电集团所属各供电单位、综合单位和全资子公司也全面完成云电集团资产经营考核。

2003年云电集团强化资金管理，积极探索有效的资金管理方式和运营方式。针对资金“条、块”分散管理意识严重，进一步理顺资金管理工作流程，严格执行现金流量管理暂行办法，建立系统内资金监控、考核及信息机制；积极调整资金资源配置，利用电网企业良好的信誉度，争取降低资金成本，缓解财务费用的压力，发挥财务工作的基础性、先导性作用。继续抓好会计基础工作标准化，坚持“从严治本、基础取胜”的思想，切实改进传统的企业财务管理模式，更新财务管理理念，有效整合企业资源，改变财务信息与其他信息系统相互分割的现象，增强财务工作的前瞻性、主动性和创造性，为云电集团经营发展和改革奠定基础。

改革发展

2003年是电力体制改革之年，改革迈出了实质性步伐，各种改革举措纷纷出台。云电集团始终坚持以积极的态度对待改革、支持改革、参与改革和推进改革，坚持在发展中解决问题，在改革中保持了活力，在改革中实现了发展。

2003年云电集团完成了发电企业第一阶段移交划转工作。就第二阶段资产财务、劳动工资和保险的移交工作与发电集团进行了第一轮正式谈判。与云南大唐红河发电有限责任公司签定资产划转协议，资产移交工作已经完结。完成了对辅业单位的情况调查，并上报了主辅分离建议意见。

进一步强化基础管理工作。云电集团加强依法治企、从严治企，根据新的机构调整和岗位设置情况，制定了涉及规划、建设、生产、安全、营销、财务、农电以及人力资源、监察、审计、法治等方面的一系列规章制度、管理办法，进一步夯实了管理基础，规范了管理流程。结合咨询公司的意见，制订了本部各岗位的工作目标、职责、岗位关系。完成了本部机构改革和新一轮人员组聘，根据核心职能管理业务流程，对非核心业务进行了剥离，按管理要素重新整合机构设置，把原来的8部、3室、4中心精简为8个综合部，4个专业室，本部定员由原来的288人减为186人，顺利、平稳地实现了和南方电网公司的管理对接，实现了云电集团在新的电力体制格局下组织机构和业务流程的一次再造。

成立农电资产管理公司，为建立农电资产管理的资本纽带关系，构筑农电管理统一平台奠定基础。成立外经贸公司，搭建了云电集团实施国际化战略的操作平台。

进一步理顺区域供电和农电管理体制。以提升云电集团运营输配电网的核心业务能力为目的，逐步理顺电力管理体制。2003年云电集团按行政区域划分供电营业区，理顺全省六个交叉供电区域的管理体制，撤销滇北供电局，成立昭通供电局，实现了生产、人员、资产的顺利平稳过渡。积极稳妥地实施县供电企业体制改革，初步理顺了农电管理关系，为建立和完善适合我省实际情况的农电管理体制进行了积极探索。加快县级供电企业的股份制改造工作，2003年云电集团与9个县（市）政府签订了组建供电有限责任公司协议书，25个供电公司完成工商注册登记挂牌运营，13家供电公司完成资本纽带的建立工作，成立个旧、开远、蒙自、弥勒、江川5个全资子公司。到2003年末，在云电集团负责农网改造的95个县（市区）中，有64个县（市）签订了供电有限责任公司协议书，其中52家正式挂牌运营。

多角化产业发展

滇能集团快速发展。积极进行水电资源开发，分别获得昭通牛栏江、彝良洛泽河、禄劝普渡河、洗马河等流域的水电开发权。快速推进项目建设，相继组建了牛栏江水电开发有限公司、楚雄水电开发有限公司等8个公司。与楚雄州人民政府签定了转让装机容量3.76万kW老虎山电站的协议。组建云南滇能禄劝电磷开发有限公司。滇能个旧铝业公司一期、二期共5万吨电解铝生产能力已基本形成。累计获各大银行授信近100亿元。在经营形势十分严峻的情况下，母公司实现利润8100万元，同比增长11%。资产保值增值率105%，可控资产规模达40亿元。滇能集团已发展成为在省内具有广泛知名度、省委、省政府扶优扶强的发电企业集团。

积极探索多种产业发展途径。按照“主业更主、辅业更辅”的原则和专业化管理的需要，整合科技产业，以重组云电控股为契机，对云电集团多角化产业进行结构性调整，成立了云南电力试验研究院（集团）公司、云电财金管理咨询有限公司。云电阳光房地产触角延伸到地州。云电信通公司在为云电集团服务的同时，积极进行市场化运作，发展情况良好。

党的建设和精神文明建设

党的建设不断加强。深入学习十六大精神、十六届三中全会精神、胡锦涛总书记“七一”重要讲话精神和新党章，兴起学习“三个代表”重要思想新高潮，对党员干部进行了“三个代表”重要思想的集中轮训。围绕改革中凸现的诸多矛盾，开展员工思想政治工作，为云电集团的两个文明建设创造了稳定和谐的经营环境。不断加强各级党委、党支部的建设，深入开展“先锋行”、民主评议党员、“树组工干部形象”等活动。切实加强作风建设，大力倡导罗文精神，提倡“讲实话、做实事、求实效、看实绩”，全面推进党的建设和作风建设。

认真做好纪检监察工作。云电集团严格执行南方电网公司《关于实行党风廉政建设责任制的实施办法》，全面落实党风廉政建设责任制。开展对党员、干部的廉洁自律教育和警示教育，认真总结正反两方面的经验和教训，制定了领导干部勤政廉政八条要求并在云电集团系统宣贯落实。创办了云电监督保障网站。加大对领导干部的监督约束力度，严格领导班子民主制度，重点抓好“五不准”和南方电网公司党组对领导干部提出的各项廉洁自律规定的贯彻执行。进一步开展预防职务犯罪工作，加大查办案件工作力度，强化效能监察和执法监察。

通过各级纪检监察人员的努力，取得了明显成绩，实现了2003年云电集团系统党风廉政建设和反腐败工作目标。

精神文明建设全面推进。面对繁重的改革、发展和稳定任务，云电集团新一届领导班子精诚团结，坚持改革创新，与时俱进，大力倡导忠诚、敬业、奉献的罗文精神，在全体员工中掀起了学罗文、做罗文的活动，忠诚敬业的罗文精神和“讲实话、做实事、求实效、看实绩”的求实作风得到了员工的广泛认同，罗文精神逐渐树立并体现到大家的行动中。云电集团全体干部员工万众一心、同舟共济，共同推进了云电集团的健康发展。

通过深入开展创建双文明单位、文明部室活动。扎实推进学习型组织创建，进行愿景体系建设。云电集团系统普遍建立了个人愿景、团队共同愿景和单位共同愿景构成的三级愿景体系。围绕云电集团中心工作，持续加强以一报一刊为核心的新闻宣传工作，云南电力报获得“全国电力系统十佳报纸”荣誉称号。云电集团对外形象宣传力度进一步加大。

云电新文化体系建设不断推进，各个企业文化子系统建设工作成功启动并向纵深发展。为加快云电新文化建设，启动了云电集团安全文化、服务文化、伦理文化、法治文化等子系统的建设。2003年，11家基层单位被命名为云电集团“双文明单位标兵”，22家单位被命名为“双文明单位”，云电集团保持了全省文明行业的荣誉。

工会和共青团工作

各级工会组织充分发挥、调动职工的积极性、创造性，围绕云电集团中心工作号召广大员工建功立业。职代会工作水平有所提高，民主管理效能不断发挥，厂务公开工作继续推进，云电集团获得“全国厂务公开工作先进单位”称号。成功组织了“云电送粤500kV三变五线”输变电工程建设创优竞赛活动、以贯彻实施《安全生产法》为重点的“安康杯”竞赛活动和“班组安全文化创新”活动。倡导全民健身活动。积极组织参与“同心结南网”系列活动。配合云电集团农网管理体制改革，理顺县级电力公司工会关系。做好离退休管理工作，保持了离退休队伍的稳定。

云电集团的共青团工作坚持思想育人、项目育人、活动育人，持续开展“青年文明号”和“青年人才工程”，成功组织了“爱心成就未来”捐资助学活动、“诚信云电、服务云南”青年志愿者系列活动取得较好成效。

法制建设

2003年云电集团法治工作的目标是努力实现“三个转变”，即从传统的运作方式向以制度为核心的运作机制转变；从行政管理方式向依法经营管理方式转变；从事后法律补救、被动依法办事的法律救济方式向事前依法防范、事中依法规范、事后依法完善的全方位、规范化、程序化的法治化管理方式转变。

通过创办云电法治论坛，推进“四五”普法工作，提高干部、职工的法律素质和依法治企水平。云电集团从体制创新、制度安排、资源配置的成本和风险控制、生产的规范管理、营销成本和风险的控制及企业法治文化建设六个环节入手，加强法制建设和依法治企，使云电集团的生产、经营进一步走向正规。

为维护电力投资者、经营者和使用者的合法权益，维护正常的供用电秩序，保证电网的安全稳定运行。云电集团大力推进《云南省供用电条例》的出台。同时，对加强电力设施保护立法的问题，云电集团也正积极反映，争取人大、政府的立法计划，争取出台规范电力设施保护的地方性法规，以应对目前日见猖獗的电力设施偷盗现象。

国际合作

2003年，云电集团在开展对外项目合作、友好往来、技术交流等方面共接待了28批团组310人次，主要有来自法国、瑞士、瑞典、美国、加拿大、韩国、泰国、老挝、缅甸等国家和地区的国际知名公司和机构组织。其中一般访问20批228人·次，技术交流2批9人·次，会议5批26人·次，参观1批47人·次。

同时，为加快大湄公河次区域合作，开拓国际市场，云电集团开展了与周边国家的合作。目前正在就中泰合作向泰国送电300万kW项目、中越合作项目对越送电项目、中老合作向老挝北部供电项目等进行积极的探索和接洽，努力为我省和我国电力行业的开拓发展做出积极的贡献。

（孙　巍）

贵州省电力工业

概述

2003年是实施电力体制改革，省电力工业按厂网分开格局管理运作的第一年。西部大开发的重头戏——“西电东送”第一批电源建设项目在贵州进入投产高峰期，向省外送电大幅度增长，“黔电送粤”战略实施已初见成效。至年末，全省发电装机容量为918.327万kW（其中水电装机容量为269.752万kW，占29.4%，火电装机容量为646.575万kW，占70.6%），年发电量为497.24亿kWh，比2002年增长16.3%，贵州电网统调装机容量为873.77万kW（其中水电装机容量为254.172万kW，占29.1%，火电装机容量619.6万kW，占70.9%）。年发电量为477.76亿kWh，同比增长24.46%。500kV变电站6座，变电容量575万kVA，500kV输电线路15条，长1334.8km；220kV变电站32座，变电容量713.26万kVA，220kV输电线路95条，长4485.49km。

组织机构

2003年，随着全国电力体制改革的推进，贵州省电力公司形成“厂网分开”管理格局，将原管理的国有发电厂剥离，无偿划归中国国电集团公司和中国华电集团公司。改革后，贵州省电力公司归属南方区域电网，成为中国南方电网有限责任公司的全资子公司，管辖贵州电网，下辖23家电网、建设和综合企事业单位，经营中央在黔国有电网资产，担负贵州电力建设的任务。详见2003年组织机构图。

人员状况。2003年职工总人数：22759人；高级职称人数：710人；中级职称人数：1783人；初级职称人数：3702人。

公司领导

党组书记、总经理：向德洪

党组成员、副总经理：匡忠雄　王和　晁剑　廖新和

党组成员、纪检组长、工会主席：孙兆媛

助理巡视员：袁昌隆

电力生产

2003年是贵州向广东实现大规模送电的第一年，同时随着全省经济社会的快速发展，省内用电需求旺盛。贵州电网最高日负荷为743.8万kW，比2002年增加170.6万kW，最高日发电量为1.6483亿kWh，比2002年增加4351万千瓦时。贵州电网供电标准煤耗377g/kWh，同比下降4g/kWh。全网线损率6.55%，综合电压合格率达到99.19%。

供电情况

2003年，贵州电网售电量425.46亿kWh，比2002年多售82.7亿kWh，增长24.13%。全年外送

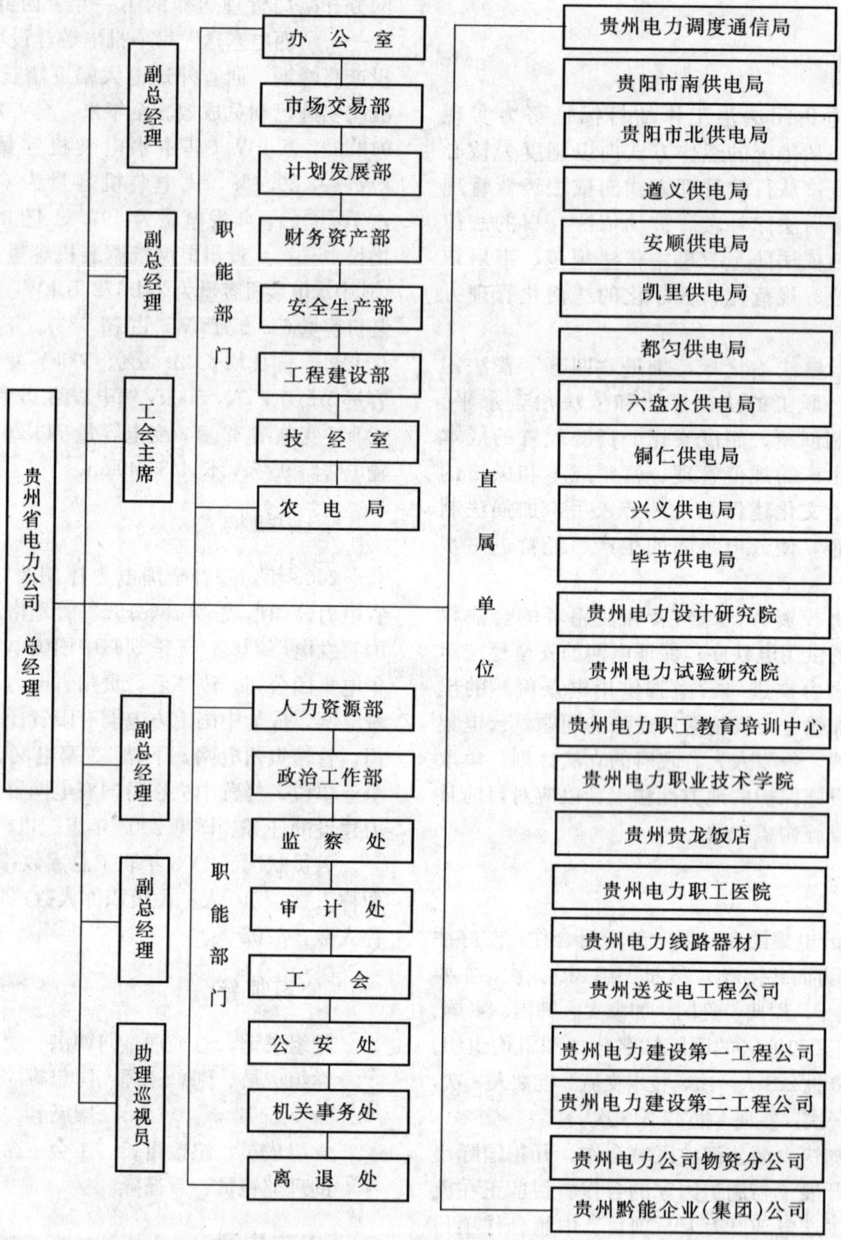

贵州省电力公司 2003 年组织机构

电量 85.53 亿 kWh，同比增长 54.25%，其中送广东电量 57.64 亿 kWh，同比增长 61.53%；送湖南 7.68 亿 kWh，同比增长 27.83%；送广西 17.7 亿 kWh，同比增长 42.03%；送重庆 2.5 亿 kWh，同比增长 105.45%。省内售电量 339.92 亿 kWh，比 2002 年多销售电量 52.62 亿 kWh，同比增长 18.3%。

电力基本建设

2003 年，贵州电力行业固定资产投资完成 125.2 亿元，其中电源项目 102.6 亿元，输电项目 22.6 亿元。新增发电装机 271 万 kW，新增 110kV 以上输电线路 1553km，其中 500kV 输电线路 527km，220kV 输电线路 384km，110kV 输电线路 642km，新增变电容量 328.8 万 kVA。全省一、二期农网建设与改造工程全面完成。

西电东送第一批开工项目大规模投产

以优化能源资源配置，实现东、西部经济共同发展的“西电东送”战略，为贵州把能源资源优势转化为经济优势，创造了千载难逢的历史发展机遇。2000

年11月和2001年11月，贵州西电东送第一批“四水四火”相继开工：洪家渡电站（3×20万kW）、乌江渡扩建工程（2×25万kW+3×4万kW）、引子渡电站（3×12万kW）、索风营电站（3×20万kW）；安顺电厂二期（2×30万kW）、黔北电厂（4×30万kW）、纳雍电厂（4×30万kW）、贵阳电厂煤气脱硫技改工程（1×20万kW），共538万kW。

经过贵州电力建设者的共同努力和日夜奋战，贵州西电东送第一批项目于2003年进入投产高峰。从2003年2月3日安顺电厂3号机组成功并网发电拉开投产序幕，至12月9日乌江渡发电厂扩机工程5号机顺利并网发电。安顺电厂、黔北电厂、纳雍电厂、乌江渡发电厂扩机工程机组“双投”，引子渡电站机组“三投”。五个项目，11台机组提前投产，加上六盘水响水水电站投产1台5万kW机组，为贵州电网新增水、火电装机容量共271万kW，投产容量超过了贵州自建国到1993年全网装机容量总和，年终电网总装机达873.77万kW。

新增装机建设工期短、造价低、质量优、市场竞争力强，其中6台30万kW火电机组，全年发电达83亿kWh，比指令性工期提前投产493天，多发电量近30亿kWh，及时缓解了我省及广东省夏季的用电紧张局面。

500kV“日”字形环网建成投运

“九五”期末，随着贵州电力市场的扩大和省内高参数、大机组的投产，以及省外南方区域电网的互联，客观要求贵州有500kV的主干电网来支撑和保证电网实现安全运行。贵州省电力公司电网发展规划要求：在2001年底前建成鸭溪和福泉两座500kV变电站，并相应建成鸭溪—贵阳—福泉—鸭溪500kV三角形环网，同时根据贵州东部电网的供电负荷增长需要，建成玉屏500kV变电站和福泉—玉屏500kV线路。2002年底建成安顺和惠水500kV变电站，并将安顺电厂—贵阳、天生桥—贵阳500kV线路开断“π”接入安顺变电站，再建设安顺—惠水—福泉500kV线路，形成鸭溪—贵阳—福泉—鸭溪及安顺—惠水—福泉500kV“日”字形环网。

2000年5月，贵州省500kV三角环网开工建设，经过贵州省送变电工程公司等有关单位一年多的紧张工作，于2001年末形成了鸭溪—贵阳—福泉—鸭溪的500kV三角环网。于2002年1月29日正式投运。2002年在原有三角环网的基础上，开始建设更加可靠的500kV“日”字形环网工程。历时一年多时间，先后建成500kV安顺、青岩两座变电站，扩建了500kV福泉变电站和500kV福（泉）青（岩）、青（岩）安（顺）双回、安（变）电（厂）双回和安（顺）贵（阳）双回共7条线路。连同2001年末形成的三角环网一起，构成了由容量约475万kVA、线路总长约800km的“5站10线”组成的500kV“日”字形环网。

2003年1月30日20时，我省500kV“日”字形环网正式建成并带电投运，贵州电网主网架的加强，不仅使省内用电更加可靠，并且使“黔电送粤”的送端网架结构更加坚强。为贵州“西电东送”第一批开工项目2003年大规模投产和黔电外送打下了坚实基础。

向广东送电任务完成

按照贵州广东两省政府签订的黔电送粤协议，2003年贵州向广东大规模送电。由于电网装机容量不足，电煤供应紧张，水库来水偏枯，电力供需矛盾突出。贵州在抓紧电网、电源建设的同时，精心组织，科学调度，优化电网运行方式，合理安排机组及电网设备检修，加强需求侧管理，尽最大能力发挥电网供电能力。6月随着500kV贵州到广东的500kV交流双回输电线路建成，贵州电网开始向广东大规模送电，最高负荷达到192万kW，为实现西电送广东500万kW和南方电网迎峰度夏做出了重要贡献。全年向广东送电57.64亿kWh，比2002年增长61.53%。

农村电网建设与改造工程全部完成

省农村电网建设与改造工程计划投资75亿元，其中一期农网改造投资计划55亿元、二期投资计划20亿元。经过五年奋战，至2003年底工程计划项目已全部完成，共建成110kV变电站113座、110kV线路3372.5km、35kV变电站359座、35kV线路5092km、10kV线路64693km、低压线路122575km。农村电网的覆盖面也进一步扩大，全省行政村通电率提高到99.18%，较2002年提高了1.57%。

2003年全省县及县以下用电量仍保持良好的增长势头，总用电量为154亿kWh，其中农村用电量33.9亿kWh、县城用电量119.7亿kWh，分别比2002年增长21.3%、32.9%和17.8%。

城乡居民用电实现同网同价

在农电体制改革和农网改造取得良好进程的基础上，2003年3月起贵州全省实现了城乡居民生活用电的同网同价（0.403元/kWh），农村到户平均电价从2002年的0.54元/kWh下降到2003年的0.41元/kWh，全年为全省农民减负约1.7亿元。同价工作得到了社会的高度评价，尽管同价使很多县级供电企业的经营受到较大影响，但省电力公司坚定信念，不折不扣地执行了国家的同价政策，而且要求各供电局、县电力企业加快农村一户一表安装的进度，继续提高农村户表率和同价面，仅2003年的后4个月内各供电局就为41.5万农户新装了一户一表，超额5万户完成了省电力公司下达的指标，年末全省农村的户表率达到了57.24%。

电力体制改革

2003年2月24日，贵州省电力公司与中国华电集团公司在贵阳举行滇镇发电厂等发电企业移交接收仪式。贵州省电力公司将所属的滇镇发电厂、遵义发电厂、大龙发电厂、头步发电厂（60%股份）及安顺发电厂二期（18%股份），黔源电力股份有限公司（27.4%股份）的有关资料，移交给中国华电集团公司。从2003年3月4日零时起，由中国华电集团公司负责清镇、遵义、大龙、头步发电厂的安全生产、经营管理、干部人事及组织关系、职工队伍稳定，对安顺电厂二期、黔源公司履行股东权利和义务，贵州电力体制改革第一阶段任务完成，实现了厂网分开。

此前，贵州省电力公司于2003年1月20日将所属的红枫发电总厂、凯里发电厂、都匀发电厂、贵阳发电厂及控股的安顺发电厂（一期）的有关资料移交给中国国电集团公司。从1月28日零时起，中国国电集团公司负责移交电厂的安全生产、职工队伍稳定和管理的责任。

贵州省电力公司制定的上述发电企业工资、社保、资产财务划转方案，已经中国南方电网有限责任公司批准。

贵州电力供求矛盾加剧

2003年，贵州省电力供求矛盾进一步加剧，全年短缺装机200万kW以上，短缺电量达50亿kWh以上。

贵州电力供不应求早在2000年就已出现，当年限电最高达34万kW，2001年限电最高达57万kW，2002年限电最高达100万kW。上述3年均为季节性缺电，即每年的枯水期由于水电出力受限被迫限电。2003年，全省电力短缺进一步加剧，由过去的季节性短缺发展为全年性的短缺。2000年、2001年、2002年，贵州电网分别建成投产发电装机仅12.5万kW、53.5万kW、40.5万kW，均不能满足省内经济发展的需要，致使电力的短缺日趋严重、愈来愈烈。

2003年，尽管全省发电装机投产规模达271万kW，创历史之最。但由于全省经济迅猛发展、特别是高能耗产业的迅猛发展，以及省外对贵州电力的需求持续增长，仍然不能满足需要。

全省发电装机不能满足负荷增长的需要，2003年又遇到了两大困难：①来水偏小，属历史最枯年份之一，大中型电站水库贮水较往年大幅下降。②电煤供应严重不足，致使火电厂出力受限。全省有8成火电厂的电煤供应不能满足发电需要。电煤供应的严重不足，使电力供应更为紧张，不得不加大了全省限电的力度。

在缺装机、缺煤、缺水，发电出力严重不足的情况下，省政府、省经贸委和省电力公司多次就加强计划用电、严格计划用电进行了安排部署。

加快启动西电东送后续项目

为了满足省内外电力市场的需要，贵州西电东送工程将在“十五”初期开工538万kW的基础上，力争后3年再开工发电项目“八火四水”共1684万kW，以确保在“十五”期送电广东400万kW的基础上，“十一五”期再增送广东400万kW的目标能够如期实现。

目前，后续项目的前期建设正紧锣密鼓地加快实施：纳雍第二发电厂4×30万kW工程、鸭溪发电厂4×30万kW工程、构皮滩电站5×60万kW工程、盘南电厂一期2×60万kW工程、野马寨电厂3×20万kW工程已于年内正式动工；黔西发电厂4×30万kW、大方电厂4×30万kW工程、大龙电厂2×30万kW和发耳电厂4×60万kW正加快施工准备，2004年可望正式动工；思林水电站4×25万kW工程、光照水电站4×26万kW工程已开始施工准备，沙砣电站4×25万kW工程即将开始施工准备。这批项目总投资超过600亿元，是第一批开工项目总投资的两倍多。据预测“十一五”期全网需新增装机1400万kW以上，才能满足省内外电力市场的需要。因此，加快启动西电东送的后续项目已迫在眉睫。

省电力公司高度重视电力规划及项目前期工作，为了抢抓“西电东送”历史机遇，对常规条件下要3～5年才能完成的大型发电项目的前期工作，采取了超前规划、超前工作的方法，尽早地储备了一批电源项目，完成了大量的前期工作，配合国家10多个有关部门尽快地完成了审查，使这批项目的前期工作缩短到2～2.5年。

这批后续项目中，火电项目大都留有扩建余地，并首次在贵州采用单机容量为60万kW的大型超临界机组。

为了保证贵州“十一五”再增送广东的400万kW电力，配合这批项目的建设，中国南方电网有限公司已确定：在贵州再建设两条500kV交流输电线路和一条±500kV直流输电线路，并计划于2004年动工，“十一五”初期开始投产。

引子渡电站实现“一年三投”

引子渡水电站位于乌江南源三岔河上，装机(3×12万kW)，动态投资15.93亿元。大坝相对高度130m，水库容量5.31亿m^3，属不完全年调节水库，年平均发电出力9.78亿kWh，是贵州2000年11月8日西电东送首批开工的“四水”电源项目之一，贵州黔源电力有限责任公司是项目业主。

黔源电力有限责任公司在电站建设中以切实抓好“工期控制、质量控制、投资控制”为目标，将贵州多年来运用在火电施工管理中的限额设计、控制造价手段，第一次运用到水电工程上。并聘请全国的水电专家为引子渡电站优化设计出谋划策。使工程造价从最初的设计概算20亿元，优化到总投资控制在16亿元内。

通过专家的分析比较和反复查勘，首先是优化电站大坝坝型的设计，将原碾压混凝土坝的方案变更为更适合引子渡的地质条件的面板堆石坝，不仅节约了资源，最大限度地保护了电站的生态环境，而且可缩短工期近一年。其次是通过公平、公开、公正的招投标，选择信誉好、实力强的监理和施工单位，分别承担大坝、溢洪道、引水系统、主厂房建设、机电安装等工程的施工和监理工作。所有参战单位在黔源电力有限责任公司的精心组织下，团结一心，在确保质量和安全文明施工的基础上，千方百计加快工程进度，经过参战单位的努力，工程于2001年10月16日实现大江截流；又用了不到18个月的时间，1号机组于2003年5月24日建成发电，2号机组于8月18日建成发电，3号机组于12月5日建成发电，使引子渡水电站圆满实现了“一年三投”的目标。并取得了同类电站中淹没损失较少、单位千瓦造价较低、建设工期较短的成绩。

《贵州省反窃电条例》实施一周年

2003年是《贵州省反窃电条例》实施的第一年，自1月1日开始实施以来，省电力公司和各供电局用各种形式宣传《贵州省反窃电条例》，同时加大了用电检查工作的力度。2003年共检查用户348347户，比2002年增加了5.23%；查处窃电及违章用电1375户，比2002年减少22.22%；追补电量9017650kWh，比2002年减少10.41%；追补电费4075871元，比2002年减少14.89%；收取违约使用电费3968961元，比2002年减少25.44%；《贵州省反窃电条例》的宣传和贯彻实施，全社会的依法用电意识提高了，违章及窃电现象得到了有效遏制。

贵州省电力行业协会获政府部门授权

2003年4月1日，贵州省经济贸易委员会根据国家经贸委《关于加快培育和发展工商领域协会的若干意见（试行）》的通知精神，发挥行业协会协助政府实施行业管理的作用。授权贵州省电力行业协会承担或参与部分电力行业管理工作。这些工作包括电力行业统计、进网作业电工培训，技术、职业培训，电力发展规划，地方性电力法规、规章、标准，电力市场运行规则，营业区划分，承装（修、试）许可证、评先选优、行检行评、成果评审、质量管理等。

打击盗窃、破坏电力设施、窃电犯罪专项行动

2003年9～12月，公安部在贵州省等15个省、区组织开展了打击盗窃、破坏电力设施、窃电犯罪专项行动。9月28日，全省打击盗窃、破坏电力设施、窃电犯罪专项行动部署会议在贵阳召开。为加强对专项行动的组织领导，成立了专项行动协调领导小组，由常务副省长王正福任组长、公安厅厅长姜延虎任副组长，省政法委、公安厅、电力公司、工商、检察、法院等有关部门领导为小组成员。省电力公司协同省公安厅拟订了专项行动方案，确定了15起省公安厅督办案件及5名督捕逃犯。并要求各地相应认真梳理2002年以来积案，确定地市督办案件，做好环境整治。各地（州、市）相继召开专项行动动员部署会议，成立专项行动领导小组，拟定了行动方案，确定了10起公安机关督办案件。

专项行动期间，省电力公司列出全省300处输电线路易遭受盗窃破坏区域、路段，组织人员重点巡查守护。9～12月，各供电企业保卫部门配合公安机关共破获盗窃破坏电力设施案件47起，破获窃电案件17起，5名犯罪分子分别被判处3至15年有期徒刑。

专项行动期间，全省共摸底排查出废旧金属收购站点1612个，通过明察暗访，对检查中发现有收购涉电犯罪赃物的53个废旧金属点进行了打击处理。

精神文明建设

2003年初，贵州省电力公司和省精神文明建设指导委员会共同行文，与省文明办联合在全省开展了创建“诚信经营、文明服务”示范样板工程活动，以“95598客户服务系统”为创建载体，力争用一至两年的时间将“95598客户服务系统”建设成贵州省精神文明建设“三高一大”（有较高科技含量、较高文化品味、较高服务水平、较大社会影响力）的精品样板工程。全省10个地区级供电局已全部建成了“95598客户服务系统”，实用化达标

率达到了90%，系统运行一年来，服务量已达260多万人·次；2003年1月，贵州省电力公司（本部）通过中央文明委“全国精神文明建设先进单位”复查，自1999年开始，连续两届保持全国先进；贵阳市南供电局、都匀供电局客户服务中心通过中央文明委“全国创建文明行业工作先进单位”复查，自1999年开始，连续两届保持全国先进；安顺供电局、遵义供电局被中央文明委授予“全国创建文明行业工作先进单位”称号，截至2003年，公司所属企业全部被评为地区级以上“文明单位”，其中，省部级文明单位在70%以上。

（包雪龙）

海南省电力工业

概述

2003年，海南省电力有限公司经受住了电力供应紧张、电网安全严峻、资产经营压力大的“三个十分严峻”的考验，在海南省委、省政府以及南方电网公司的正确领导和关怀下，海南电力系统职工奋力拼搏，艰苦奋斗，战胜了突如其来的“非典”疫情，采取了避峰错峰的有力措施，千方百计保证了全省电力供应，取得了电力生产建设、企业经营管理、三项制度改革、党风廉政建设和精神文明建设的丰硕成果，为海南省国民经济和社会发展做出了新贡献，得到海南省委、省政府、南方电网公司的充分肯定，被评为海南省工业发展重大贡献企业。

2003年，海南省电网最高负荷达96.18万kW，同比增长9.8%。统调最高负荷92.57万kW，同比增长9.5%。统调电厂完成发电量52.1亿kWh，同比增长18.2%。海南省电力有限公司完成售电量46.92亿kWh，同比增长17.1%。完成线损率12.18%，同比下降1.03个百分点。完成城乡电网建设与改造投资10.27亿元。该公司实现工业总产值30.34亿元，工业增加值10.36亿元。该公司资产负债率控制在57%的水平，资产运营水平明显提高。

组织机构

海南省电力有限公司2003年组织机构如图。

公司领导

海南省电力有限公司领导班子成员一览表如下。

姓　名	职　务
朱万顺	总经理、党委副书记
唐义治	党委书记
潘超	党委副书记、纪委书记
李品清	副总经理、党委委员
陈钢	副总经理、党委委员
曾卫和	副总经理、党委委员
吴建宏	副总经理、党委委员
齐雨田	总工程师、党委委员
陈琼生	工会主席、党委委员

人员情况如下：

（1）人员分布：截至2003年12月底，公司系统正式职工8399人（不含离退休人员），其中管理岗位人员1111人；生产岗位人员4044人；其他人员3244人（含内退人员2966人）。

（2）学历情况：大学本科及以上448人，占全员比例5.3%；大学专科1130人，占全员比例13.5%；中专815人，占全员比例9.7%；技校901人，占全员比例10.7%；高中2667人，占全员比例31.8%；初中及以下2438人，占全员比例29%。

（3）专业技术人员情况：到2003年底共有专业技术人员1560人，其中，高级职称132人，中级职称394人，初级职称1035人。

电力生产与供应

（一）发电装机

海南电网是一个孤立运行的电网。截至2003年末，海南省发电装机总容量175.96万kW，其中，水电装机55.14万kW，占总装机的31.34%；火电（包括煤电、气电、油电等）装机119.95万kW，占68.17%；风电装机0.88万kW，约占0.5%。直调发电厂容量152万kW，其中水电32万kW、火电120万kW，比2002年增加3.4万kW。主要电厂装机容量为：大广坝水电厂24.2万kW，牛路岭水电站8万kW，海口火电股份有限公司海口火电厂35万kW，中海能源股份有限公司马村电厂25万kW，南山电厂10万kW，洋浦电厂31.55万kW，清澜电厂15万kW。

（二）主网

海南现已形成统一电网，最高电压等级220kV，属海南电网主网架，110kV及35kV网架覆盖全省。截至2003年末，全省拥有220kV变电站7座，主变压器11台141万kVA；220kV线路13条/748km，已建成由海南北部经西部至南部单环线，沿西部工业走廊联结各主要电源和主要负荷区的220kV输电网架。全省已建成投运的110kV变电站53座，主变压器82台/223万kVA，线路100条/2023km。

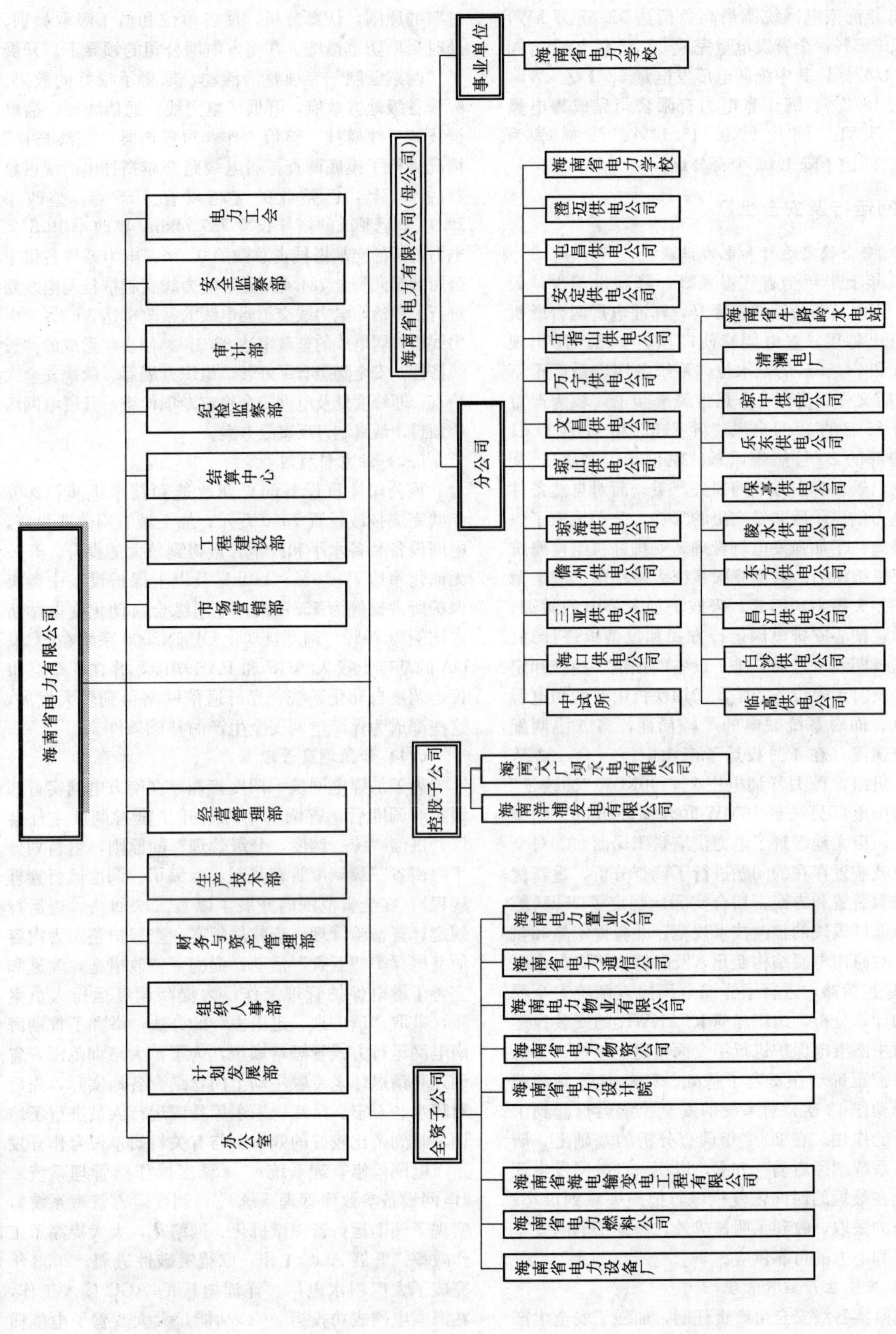

海南省电力有限公司2003年组织机构图

（三）电量与负荷

2003年海南电网统调最高负荷达92.57万kW，同比增长9.5%；全省发电量完成59.42亿kWh，同比增长14.47%，其中统调电厂发电量52.1亿kWh，同比增长18.2%。海南省电力有限公司完成售电量46.92亿kWh，同比增长17.14%；线损率为12.18%，同比下降1.03个百分点。

电网运行及安全生产

（一）安全稳定运行和电力供应

2003年上半年全省气温偏高，降雨量偏少，天气炎热，用电负荷持续快速攀升，洋浦电厂两台燃机油改气退出备用，水电调峰使广坝、牛路水库出现115.94m和74.52m的低水位，系统备用容量严重不足。7月后又先后受到4个热带风暴袭击，较为严重的有8月25日的12号台风“科罗旺”和11月17日横穿岛南部的20号热带风暴“尼伯特”，海口、文昌、三亚、乐东、东方电网损失严重。面对自然条件挑战和电力供需矛盾非常突出的形势，公司采取了以下几项措施：①加强发电侧管理，安排好机组检修维护，保证机组出力。省调克服系统大机小网、网架薄弱、峰谷差大等不利因素，吸取美加大停电的教训，未雨绸缪，精心安排电网运行方式和设备检修计划。在负荷高峰期到来之前安排了设备的预试、检修和定检工作，及时消除设备缺陷。②加快机组改造和电源建设进度。面对系统缺电的严峻局面，多方协调配合，加快速度，在4月投运了南山电厂一台16MW联合循环机组，10月洋浦电厂2×140MW“油改气”机组和南山电厂另一台16MW联合循环机组又相继并网发电，极大地缓解了电力供应紧张局面。③对全网低频减载装置存在的问题进行了调查分析，重新优化低频减载装置和方案，切合实际地制定了35kV综自站部分低周模块的整改技术规范，并督促实施和整改联；针对海南电网结构变化，及时修改了海口火电FWK的稳控策略，进行了洋浦电厂接入系统安全稳定运行的计算分析，组织洋浦电厂KWK的安装投运工作；对主网继电保护进行了全面整定、校核，为保证继电保护正确动作奠定了基础。2003年低频减载装置正确动作12次，对系统的安全稳定运行起到了非常重要的作用。在2002年调查分析的基础上，研究制定了系统“黑启动”方案，以便一旦电网发生瓦解事故能在最短的时间恢复供电，把损失减到最小。这些措施的采取，收到了明显成效，保证了电网安全稳定运行和电力的可靠供应。

（二）安全生产监督管理

认真落实各级安全生产责任制，加强了安全生产监督力度，与“违章、麻痹、不负责任”作斗争，对有一定影响的生产安全事故和隐患，按照“三不放过”的原则，认真分析，使各单位和员工吸取教训，及时采取防范措施。在南方电网公司的领导下，开展了“两票三制”专项整治活动，取得了很好的效果。配合各级地方政府，开展了电力线、通信线、广播电视线“三线搭挂”整治工作。对各市县“三线搭挂”情况进行了摸底调查，弱电线路交越搭挂电力线占总数的90.7%，已整改的交越点有9765点，整改率29.9%，已整改的搭挂长度789.74km，整改率19.5%。电力责任的交越搭挂占总数的9.3%，电力系统各供电公司共投入资金124.4万元对电力线交越搭挂弱电线路进行了整治，电力线交越弱电线的整改率达30.2%，电力线搭挂弱电线的整改率达33.3%。使多年形成的“三线搭挂”安全隐患有了好转。组织开展春、秋季安全大检查、迎峰度夏及电网安全稳定专项检查，开展电网事故预想，认真制订反事故方案。

（三）注重科技进步

该公司注重设备的更新改造和技术进步，2003年共完成技改投资7050万元，加上城农网改造投资，电网设备装备水平和技术含量得到较大的提升。开关无油化率达77.16%。110kV及以上保护设备中微机保护所占比例为75.78%，电网综合自动化变电站所占比例为79%。调度自动化OPEN2000系统在SCADA的基础上投入AGC和PAS功能，并在9个县市投运调度自动化系统，光纤通信网络得到较大发展，这些都成为保障电网安全生产的基础条件。

（四）加强调度管理

为了加强电网统一调度管理，在南方电网实行四级实时调度后，省调于8月召开了全省调度主任会议，贯彻“统一调度，分级管理”的原则，重新划分了海南省三级调度管辖范围，修编了《调度运行管理规程》；在全省范围内开展了以查二次回路、查运行规定、查检验管理、查软件版本、查保护整定为内容的继电保护“五查”活动，提出了整改措施，改进和完善了继电保护管理工作；为提高调度运行人员素质，采取“请进来、走出去”的办法，举办了首期海南电网运行方式管理培训班，为了扩大培训范围，省调还聘请退休老专家主动上门，结合各地实际，先后对陵水、万宁、昌江、乐东等县调运行人员进行了培训，收到了比较好的效果。与有关科研单位合作开发了《电网检修管理系统》、《调度操作票管理系统》、《电网设备参数库管理系统》、《调度运方管理系统》，实现了调度运行管理微机化、网络化，大大提高了工作效率。开展AGC工作，取得突破性进展。2003年完成了大广坝水电厂、洋浦电厂的AGC接入工作，在海南电网成功投运AGC功能，大大改善了电能质量，提高了电网的运行控制水平，减轻了调度人员和现场人员的劳动强度。同时编制了《海南电网AGC管理暂行规定》，加强对AGC的管理。自动发电控制功能的投运标志着海南电网的运行控制和管理水平迈上了一个新台阶。

加强电力特种光缆建设，逐步建设655MSDH主干通信网络，为调度自动化、继电保护、安全稳定控制装置提供可靠通道。通过租用中国电信带宽，利用现有的PCM设备，实现了海南电网与南方电网公司的会议电视、EMS、行政交换机的通信联网工作。

2003年，电网频率合格率99.17%，电网综合电压合格率88.74%，设备完好率97.8%，Ⅰ类设备率83.26%。开关的无油化率77.16%。全系统继电保护装置共动作4873次，其中正确动作4859次，不正确动作14次，正确动作率为99.71%，与去年相比下降0.06个百分点，全系统保护微机保护所占比率为75.78%（不包括35kV及以下系统）；电网综合自动化变电站所占比率为79%。

市场营销

随着全省经济的快速发展和大规模城乡电网建设与改造，电力需求快速增长，尤其是电网高峰负荷增长迅猛。4月以来，海南省统调高峰负荷屡创历史新高，加之天气持续高温干旱，24.2万kW的大广坝水电厂和8万kW的牛路岭水电厂水库水位均接近死水位，发电能力锐减，系统备用容量严重短缺，电力缺口达10万kW，电量缺口达100万kWh/天，电网调峰、调频十分困难，电力电量难以平衡，电网安全运行如履薄冰。面对严峻的形势下，海南省电力有限公司把抓好迎峰度夏、保证电力供应作为各项工作的重点，认真落实国发21号文件。①强化发电侧安全管理，增强发电能力。海口马村电厂发电设备基本处于长时间、满负荷运行，为确保电网安全和保证电力供应做出重大贡献。南山电厂抓紧如期完成了两台1.6万kW余热发电机组的建设，增加了发电容量。洋浦电厂也按预定计划完成了两台单循环油改气和一台机组的余热发电，于8月15日进行调试并网发电和顶峰，缓解系统发电紧张局面。②强化电网统一调度管理。由于电力供应紧张，不少配电变压器和配电线路满负荷或过负荷运行，在电网调度部门的统一调度和指挥下，认真做好负荷预测，调整电网运行方式，制订各种预防方案，提高了电网运行可靠性，电网经受住了严峻的考验。③加强需求侧管理。紧紧依靠省政府和各级政府的支持，提前制定用电需求侧迎峰度夏方案，落实错峰用电、避峰用电和计划限电等措施，在全省开展了避峰用电和计划限电工作，切实做到“限电不拉路”，有效缓解了电力供需十分严峻的局面。④及时召开现场会议，开拓思路，调整措施，加快计划安排，落实大修更改措施。

电网建设与改造

2003年，海南省电力有限公司完成投资10.28亿元，其中，主网建设工程1.16亿元，二期农网改造工程3亿元。

三亚城网改造工程完成投产1.36亿元，其他工程完成1.16亿元，技改完成7050万元。罗带、培兰、东坡等一批重点工程项目按期投产，产生了良好的社会效果。

2003年一期农网建设与改造工程项目已全部完成，部分市县已完成了二期农网建设。城乡电网于2002年9月开始实现了同网同价，居民照明用电全省统一实现0.60元/kWh。2003年，开工并建成了官塘220kV变电站，完成了玉洲220kV变电站、鸭仔塘220kV变电站主变压器扩建工程，新增220kV主变压器容量390MVA，开工并建成输电线路玉洲至马村线路（简称玉马线）、玉洲至洛基线路（简称玉洛线）、玉洲至官塘线路（简称玉官线）。官塘220kV工程以达标投产为目标，实现了高标准的建设管理，高标准的工程质量，为海南电网建设积累了很好的经验，它的建成投运，为海南省经济发达的东部地区注入了强大动力，对提高全省电网经济安全可靠运行具有重要意义，为博鳌“亚洲论坛”供电提供了可靠保证。玉马线、玉洛线的投产，结束了入夏以来拉闸限电局面，确保了海口电厂、洋浦电厂的发电输出，使全省电网调度成本显著下降，电网安全水平显著提高。

为迅速解决局部地区供电不足矛盾，向社会供好电服好务，海南省电力有限公司领导大胆决策，采取特事特办等积极有效手段，加快供电卡脖子工程建设。迅速建成了一批项目，解决了局部地区供电不足的矛盾。

2003年在建设二期农网的同时，还涉及到了农垦及华侨农场、松涛水库、部队等农电体制改革问题。海南省电力有限公司制定了“先改制，后改造”的稳妥措施，克服经营管理的各种困难，全年共接管了55个农场，并组织农垦农网改造的实施。

目标管理和资产经营

（一）目标管理

2003年在海南省电力有限公司党政领导班子的正确领导下，公司广大员工高举改革发展的旗帜，努力实践“三个代表”的重要思想，继续认真贯彻“以安全生产为基础，以经济效益为中心，以优质服务为宗旨”的经营理念，一手抓改革，一手抗“非典”，积极进取，努力工作，克服了电源紧张、负荷居高不下、油电、税收和接收农垦电网不良资产导致的成本大幅增加等等困难，超额完成了南方电网公司下达给我们的各项经营指标，较好地满足了全社会对电力的需求，促进了海南省的经济建设，售电量及线损等主要经济指标均创历史最好水平，取得了可喜的经营业绩。

（二）资产经营

海南省电力有限公司执行统一的财务会计核算制度，对所属供电分公司按“模拟内部市场”进行财务管理和经营考核，公司对供电分公司按月汇集各项收入、支出、资产、负债等项目，按公司规定的统一报表格式，编制财务报表上报，由省公司审核，合并编制统一的对外报表。在内部会计处理业务上，省公司对供电分公司全面实行“收支两条线”管理，电费收缴通过银行网络业务定期划转。内部款项往来和资金上缴下拨，通过“内部往来、上级拨入资金、拨付所属资金”核算反映。所属的全资子公司执行省公司的有关财务管理规定，依法独立经营，独立纳税，独立承担责任。

（三）经营结果

2003在海南省电力有限公司领导和全体员工的共同努力下，克服“非典”和取消特区增值税优惠政策及2002年末电价调整、平均电价下降等因素所造成严重影响，面对电力紧缺、避峰用电、计划限电的突出矛盾，抓住电力需求旺盛的大好机遇，圆满地完成了年初制定的各项经济指标，经营结果令人满意。

产品销售收入完成28.64（含税）亿元，比预算指标27.34亿元增长4.73%，比2002年同期增长15.20%。全部成本费用完成26.48亿元，比预算指标增长4.73%；比2002年同期增长13.70%。全年实现利润总额4346万元，比预算指标2008万元增长116.43%；比2002年同期9252万元下降53.03%。

造成利润总额下降的主要因素是，由于随着农、城网和县城电网改造的深入，进入生产成本折旧、财务费用不断增加。此外，由于海口火电股份股权转让给华能集团，及海南取消增值税优惠政策等因素的影响，投资收益较2002年同期下降较大。

企业改革和人员结构

经过3年时间的企业三项制度改革，到2003年底，海南省电力有限公司三项制度改革取得突破性进展。①管理机构进一步精简。②主业上岗人员大幅度减少。改革后主业中层以上管理人员精简幅度达60%。③人员整体素质明显提高，年龄结构、专业技术结构和文化程度结构均比改革前发生显著变化。④初步建立新的用人机制和分配机制。

（一）企业改革

2003年，完成了19个供电公司管理岗位和一般岗位的竞争上岗。经统计，19个供电公司共有5845人报名参加竞岗考试，共有3233名同志通过竞争上岗走上了新的岗位。改革成效主要体现在：

（1）建立了全体员工岗位靠竞争、管理人员上下靠业绩、收入分配多少靠贡献的新机制。经过三年改革，摆脱了旧的用人分配体制的压抑和羁绊，员工的思想观念从根本上得到转变，人人有压力、有危机感和竞争向上的意识，蕴藏在员工身上的潜在能量得到很大程度的发挥，职工的精神面貌发生了深刻变化，使企业充满了生机，保持着进取的精神和旺盛的活力。

（2）优化了人员结构，提高了队伍素质。①形成了一支高素质的中层管理人员队伍，成为海南电力事业发展的中坚力量。改革后，省公司本部正副部长平均年龄39.6岁，全部具有大专以上文化程度，中级以上职称。基层供电公司领导班子平均年龄由改革前的47.9岁降为37.9岁，年轻了10岁，大专以上文化程度的比例由68.9%上升到91.7%，中级以上职称人员比例由43.2%上升到70.8%。②全体员工的知识水平、思想素质和专业素质上了一个新的台阶。公司本部管理人员的平均年龄由改革前的39.1岁降为36.8岁，大专以上文化程度人员比例由85.2%上升到98%。供电公司主业人员的平均年龄由改革前的40岁降为36岁，具有大专以上文化程度人员的比例由15%上升到24%。竞争上岗对每一个员工都是一个极大的鞭策，促进每个人加紧学习，不断超越自我。

（3）精简了机构，精干了主业。基层供电公司主业从业人员由4511人减少至3233人，减幅为28%，管理层次减少，办事程序简化，管理更加趋向“扁平化”。19个供电公司中层及以下管理人员的竞争上岗改革，已于2003年8月完成。

（4）发电企业的改革。形成了以牛路岭水电站、大广坝水电厂主业和南山电厂、清澜电厂、洋浦电厂等几个发电企业精干高效的运营模式。海口火电股份有限公司于2003年6月完成了股权转让，8月完成由海南省政府、海南省电力有限公司与中国华能股份有限公司签订股份转让协议。

（5）“两改一同价”工作。农村电力体制改革从1998年开始实施以来，基本实现市县供电企业一体化管理模式，海南省乡镇通电率100%，行政村通电率99.35%，自然村通电率88.38%。

（二）人员结构

（1）人员分布：截至2003年12月底，公司系统正式职工8399人（不含离退休人员），其中管理岗位人员1111人；生产岗位人员4044人；其他人员3244人（含内退人员2966人）。

（2）学历情况：大学本科及以上448人，占全员比例5.3%；大学专科1130人，占全员比例13.5%；中专815人，占全员比例9.7%；技校901人，占全员比例10.7%；高中2667人，占全员比例31.8%；初中及以下2438人，占全员比例29%。

(3) 专业技术人员情况：到2003年底共有专业技术人员1560人，其中，高级职称132人，中级职称394人，初级职称1035人。

党建工作和精神文明建设

2003年公司党委高度重视稳定工作，牢固树立稳定压倒一切的思想。①以党的十六大和十六届三中全会精神统一全系统干部职工的思想，引导干部职工聚精会神搞建设，一心一意谋发展。②加强思想政治工作，既完善与干部职工沟通的渠道，广开言路，认真听取群众意见；又注重教育干部工积极参与改革、支持改革。③实实在在关心群众，为职工解决实际问题。④全面落实党风廉政建设责任制，统一思想认识，增强使命感和紧迫感，切实加强措施，做到党风廉政建设与安全生产、经营情况挂钩，真正落实了责任。⑤加强民主管理，推行厂务公开，维护了团结稳定的大局，促进了企业的改革与发展。

加强党风廉政建设，强化教育，构筑思想防线。2003年，按照省纪委和省企业纪工委、南方电网公司的部署，重点开展了"学习实践'三个代表'重要思想"、"党员先进性教育"、"廉洁自律教育月"、"艰苦奋斗，廉洁经营"和"严明执纪，严格自律"等为主题的宣传教育活动。公司党校举办"三个代表"重要思想理论学习班5期，培训基层单位领导及公司中层管理人员202人·次；向基层单位中层及以上和公司机关全体人员印发了《海南省电力有限公司管理人员廉洁自律手册》，加强廉洁自律方面的法律法规和党纪政纪的学习；组织全省电力系统各单位中层以上和公司机关全体人员680人进行了廉洁从政知识测试(其中：公司领导9人，公司中层管理人员及基层单位领导154人，基层单位中层管理人员454人，公司机关一般管理人员63人)，优秀率达64.71%，及格率97.79%。落实廉洁自律各项规定，规范领导人员从业行为。

加强党组织的建设，不断培养新生力量。全公司系统内2003年共有党组织(党委、总支、支部)156个，党员2636人，其中包括女党员401人，2003年新发展入党99人。党员在电力安全生产和经营管理中发挥着重要作用。

海南省电力行业协会成立

根据党中央、国务院有关行业管理的精神，为适应海南省电力体制改革的发展，2003年12月28日海南省电力行业协会正式成立。

(汪年凤)

2004
中国电力年鉴

其 他 地 区

西藏自治区电力工业

概况

2003年末，全区各类电站总装机容量38.2万kW，年发电量10亿kWh。全区用电人口150万人，为总人口的56%。人均装机143W，人均用电量375kWh，乡(镇)、行政村通电率分别为71%和41%。

全区现有藏中电网(拉萨、山南、日喀则)和昌都、林芝、那曲、阿里5个电网。藏中和四地市电网供电范围为30个县。其余为一县一网。藏中电网和昌都电网最高电压等级为110kV，其他地区最高电压等级为35kV。110kV变电站9座，总容量31.45万kVA，110kV输电线路总长度1700多km。35kV变电站40座，总容量20.53万kVA，35kV输电线路长度1000多km。

2003年底，西藏电力公司经营管理范围为藏中电网(拉萨、山南、日喀则)和昌都电网。公司经营装机容量22.57万kW，年发电量7.38亿kWh，售电量6.21亿kWh。公司所属企事业单位18个，在职职工3443人。在职员工中，藏族和其他少数民族占58%，汉族职工42%。

组织机构

西藏自治区电力公司组织机构由公司机关及所属16个企业组成，其具体情况如下：

公司本部由总经理工作部、规划计划与投融资部、人事劳动部、财务与产权管理部、生产技术部、工程建设部、安全监察部、审计部、思想政治工作与监察部、公司工会组成。

公司所属16个企业为：拉萨电业局、调度通信局、羊卓雍湖抽水蓄能电厂、羊八井地热开发公司（地热电厂）、沃卡电厂、纳金电厂、平措电厂、拉萨西郊电厂、拉萨火电厂、山南电力公司、日喀则发电公司、日喀则电力公司、昌都电力公司、林芝电力公司、电力物资公司、电力建设总公司。

西藏电力公司系统党的基层组织17个单位（含公司本部），党组织设置情况：党组5个、党委5个、党总支3个、党支部4个。

公司领导

党组书记：白玛朗杰

党组副书记：王庆华

党组成员：加央群培　刘晓明
　　　　　李华　张韧　索朗江村

工会主席：索朗江村

总经理：王庆华

副总经理：白玛朗杰　刘晓明
　　　　　李华　张韧

总工程师：高应云

总会计师：扎西央索

总经济师：陈新民

电力生产

2003年，全区全口径发电量首次突破10亿kWh。地市以上电网完成发电量8.5亿kWh，增长24%，售电量6.69亿kWh，增长24%。其中，公司直属完成发电量7.88亿kWh，增长24.9%，售电量6.21亿kWh，增长25.18%。

2003年，藏中电网最高负荷比2002年增长30%左右。12月底最大负荷达到17万多kW，高峰时段已没有备用容量。1997年羊湖电厂发电以来低水平供求平衡的局面再度打破，藏中电力缺口3万kW左右。针对电力负荷快速增长，电力供应日趋紧张的新形势，公司和基层各单位积极采取应对措施，千方百计组织好电力生产，加强统一调度，合理安排运行方式，错峰、避峰，加强服务，团结治网，加强设备检修维护，挖掘发供电潜力。针对电网“卡脖子”的问题，提前制定预案，在冬季用电高峰到来之前实施了拉萨西郊变电站、金珠变电站主变压器增容，完成了拉泽环网投运等。满足了用电负荷增长的需要，保证了社会经济发展和人民群众生活供电。羊湖电厂4号、2号机组水轮机水斗事故发生后，公司果断决策，采取有力措施，及时组织抢修，使事故机组在较短的时间恢复发电。

安全工作

坚持“安全第一、预防为主”的方针，认真贯彻《安全生产法》和国家电网公司一系列安全生产规定，以制度化建设为基础，以目标管理为手段，坚持有效的安全管理运行机制，全面落实安全生产责任与措施，加大了安全生产宣传教育和安全生产监督工作力度，保持了安全形势总体平稳。2003年，局、公司系统生产和基本建设没有发生人身死亡事故和重大机械设备及工程质量事故，圆满地完成了重大节日、重要会议和重要活动、重点场所等一系列的保电任务。基本完成了年度安全生产目标。

重点电力工程建设

2003年新开工建设的项目：直孔水电站、青藏铁路供电工程、昌都电网工程、日喀则至拉孜送电工程和羊湖5号机续建工程等5个项目。在建项目3项：金河水电站、藏中电网网架完善工程已建成投运、二期农网建设与改造工程全部完成。

2003年，8个重点建设项目完成投资10亿元，比2002年增长15%。在建的电源项目18万kW，在建110kV线路700km，110kV变电站4座。

积极吸纳农牧民群众参与工程施工，增加收入，共支付费用1500万元。

规划前期工作

2003年，重点开展的规划前期工作是：“十一五”电力发展规划的编制；小康社会电力发展规划研究；拉萨河水电规划；雅江中游下段（曲松至米林）水电查勘；那曲地区怒江上游水电查勘；昌都地区水电查勘。林芝与藏中电网联网研究；火电电源研究；林芝巴河老虎嘴水电站预可研。

2003年，完成和基本完成的前期工作：①阿里狮泉河水电站已经国务院批准立项，开工前的各项准备工作正在进行；②昌都电网工程已批复立项；③巴河雪卡水电站可研已上报国家发改委；④基本完成了拉萨、山南和日喀则城网规划和藏中电网“村村通电”规划；⑤全区农村电力规划编制完成上报自治区计委。

优质服务

2003年，西藏电力公司积极创造条件，进一步深化优质服务工作，提升优质服务水平。在国家电网公司的支持下，完成了五个地区用电营业系统的建设，对部分营业窗口、客户服务中心进行了改造。为五地区供电企业配备了农电服务专用车辆。电力抢修机制不断健全，基本做到了报修畅通、抢修迅速及时。在出现缺电局面后，加强行风建设，主动走访客户，征求意见，接受监督，认真核实查处用户反映的问题。拉萨电业局开通了“95598”客户服务呼叫系统。客户满意率进一步提高。

企业管理

坚持以“四项责任书”和“主要工作目标责任制”统揽工作，责任到人，措施到位。大力加强制度建设，各项规章制度逐步建立和完善。强化预算管理，严格控制成本费用支出，压缩非生产性开支，稳定了公司经济效益。加强电力营销管理，实现了当年电费回收率99%的目标。在系统内开展了防范经营风险，加强合同管理检查活动，促进了企业依法经营，依法治企。加强审计监督，在规范经营、规范工程建设管理和规范领导干部行为等方面取得了成效。民主管理、厂务公开进一步深化。

安全文明生产“双达标”工作继续深入开展，新增达标单位4个。先期“达标”企业正在向创一流方向推进。

电力体制改革

根据自治区人民政府的意见，进一步明确了我区电力体制继续按照国家经贸委［1999］1213号文件和自治区政府与国家电力公司2000年纪要确定的原则，在目前发展水平下，暂不具备“厂网分开”改革的条件，继续保留“两块牌子”的体制模式。稳步推进区内电力体制改革，已与林芝、那曲、阿里地区行署就体制改革有关问题进行了协商，基本形成了一致意见，林芝电力体制改革方案已经自治区政府批准实施。组织力量对全区农电体制和藏中电网电价情况开展了深入细致的调查研究，正在形成农电体制改革和藏中电网电价改革建议方案。

在2002年电网企业进行“三项制度”改革的基础上，2003年所属子公司“三改”工作也基本结束，初步建立起了科学的用人机制和收入分配机制，较好地调动了职工的积极性。

援藏工作

在国家电力体制发生重大变革期间，国家电网公司对西藏电力公司实施代管，以高度的政治责任感重视和关心西藏电力工作。国家电网公司陈进行副总经理率工作组赴藏考察，对西藏电力公司工作和西藏电力工业发展以及援藏工作进行了检查指导，与自治区人民政府形成了《关于加快西藏电力发展若干问题的商谈纪要》。9月，召开了人才援藏工作会议。国家电网公司领导和办公厅、人董部、人资部、计投部、工程建设部、财务部、生产运营部和成都援藏办等部门以及对口援藏单位以不同的方式对西藏电力公司给予了积极的帮助和指导，有力地支援了西藏电力事业的发展。

“十五”头两年援藏技改项目基本完成。

干部职工队伍建设

按照客观、公正、公开、民主的原则，完成了公司系统17家企业领导班子及其成员的2002年度考核工作。对部分企业领导班子进行了调整充实。接收安置24名大中专毕业生和8名退伍军人。

认真落实党风廉政建设责任制，加强廉政建设工作领导，不断完善廉政建设工作机制。认真执行“三项谈话”制度，加强领导干部党风廉政教育，提高廉政自律意识。及时查处举报案件，及时纠正不良苗头，从源头上预防和治理腐败。党风廉政建设工作得到加强，群众对班子、对干部廉洁自律的满意程度明显提高。各级领导班子贯彻执行民主集中制，执行纪律，讲政治、讲团结、讲大局的自觉性明显增强，维护和发展了顾大局、干事业、谋发展的良好局面。

根据《电力工程中、高级专业技术职务评审条件》、申报规定，经中评委和高评委评审，10人获得工作师任职资格；6个获得高级工程师任职资格。

完成了《西藏自治区电力工程系列专业技术职务任职资格专业知识考试大纲》的编制、修订工作，依据《考试大纲》，组织有关专家完成了热能动力、水能动力、输配电及用电工程、电力系统及其自动化四个专业初、中、高三个级别的试题库组建和评卷工作。

教育培训

根据西藏电力公司教育培训“十五”规划纲要和2003年教育培训计划，2000多人次参加岗位培训，170人参加脱产学习。16人参加自治区党校举办的“三个代表”培训班，3人参加国家电网公司党校（高培中心）举办的领导干部培训班。45人取得公司与武汉大学联合举办的水电站动力设备大专证书班结业证书；50人参加了公司与西藏大学联合举办的自学考试会计大专班的学习；40人参加了公司与兰州电力学校联合举办了水电站及电力系统中专班。

精神文明和企业文化建设

正确处理改革、发展、稳定的关系，反分裂斗争继续深入，“四观”、“两论”教育成果进一步巩固，社会治安综合治理工作成效显著，内部矛盾调处及时有效，思想政治工作针对性增强，职工队伍和系统局势保持了长期稳定。

发挥公司、企业和职工三个积极性，筹集资金建设职工住宅3万多m^2。积极创造就业岗位，安排200多名困难职工子女就业。组织开展“送温暖”、“献爱心”活动，建立“帮困基金”，解决了一批困难家庭生活难、就医难、子女上学难的问题。

在预防“非典”中，加强领导，高度负责，投入资金和物资，确保了防“非典”各项措施落实到位。

结合实际制定了精神文明建设规划和员工道德规范。各级工会、共青团积极组织开展“青年文明号”、“公民道德日”、“除陋习、树新风”和纪念毛泽东同志诞辰110周年等活动，举办职工业余文艺汇演和体育运动会，陶冶干部职工的道德情操，增强企业的凝聚力。

主要事件

1月6日，国家电网公司党组任命领导班子。

1月9日,国家电力公司确定西藏电力公司为直孔水电站建设项目法人,全面负责直孔水电站工程建设、管理和运营。直孔水电站工程建设指挥部为西藏电力公司的派出机构,代行其项目法人职责。西藏电力公司为招标人,对直孔水电站工程建设实行自行招标。

1月21～22日,西藏电力局、公司工作会议在拉萨召开。自治区副主席杨海滨出席并作了重要讲话。

2月18日,西藏电力公司与满拉电厂在拉萨签订《满拉电厂与藏中电网并网协议》。

3月15日,金河水电站压力管道斜井段导洞顺利贯通,标志着全长约1.2km的引水系统全线贯通。

4月25日,西藏电力局、公司安排布置预防非典型性肺炎工作。

4月27日,负责运输金河水电站大件机电设备的28辆运输车安全抵达金河水电站建设工地,标志着金河水电站全面进入机电安装阶段。

4月28日,青藏铁路供电工程(西藏段)开工典礼在拉萨市当雄县隆重举行。

5月18日,西藏拉萨河直孔水电站开工典礼在拉萨隆重举行。

5月27日,六〇六电厂与八一电网成功实现并网运行,百巴、更张两座35kV无人值班箱式变电站成功投运。

6月6日,西藏电力局、公司党组召开干部大会,认真传达学习全区新任地厅级以上领导干部廉政培训班精神。

6月26～28日,全国水力资源复查工作领导小组办公室在拉萨主持召开西藏自治区水力资源复查成果审查验收会议。

7月4日,西藏电力局、公司举办安全生产知识竞赛。

7月15日,全国人大常委会副委员长、中科院院长路甬祥,在自治区党委常务副书记杨传堂、自治区人大常委会副主任群培,自治区副主席吴英杰等陪同下,视察西藏羊八井地热电厂。

7月28日,由西藏电力局、公司负责的24个县(区)的二期农网建设与改造工程33个项目进入竣工验收阶段。

8月10～14日,国家电网公司副总经理陈进行率考察工作组赴藏,听取西藏电力公司工作汇报。

8月22日,西藏电力局、公司党组召开党组(扩大)会议,专题研究探讨西藏电力工业“十一五”发展规划和2020年远景目标思路,对“十一五”及2020年电力发展规划编制工作提出了建议。

9月4日,自治区人大常委会副主任、中华环保世纪行——西藏行组委会副主任洛桑顿珠率检查团到直孔水电站工程建设施工现场检查环保工作。

9月2～6日,由自治区经贸委、自治区对援办主持召开了那曲地区夏曲卡水电站工程竣工验收会议。

9月9日20时43分,拉萨电网羊湖电站至拉萨西郊变电站110kV双回线路因雷击跳闸。21时30分,电网恢复正常运行方式,拉萨电网所有客户全部恢复供电。

10月18日,由国家投资2.7亿多元的西藏藏中电网网架完善工程投运仪式在拉萨墨竹工卡110kV变电站举行。

10月24日,羊湖电厂4号机组发生水轮机转轮水斗断裂,停运抢修。

10月29日,自治区党委书记郭金龙一行到直孔水电站工地视察工程建设情况。

11月12日,羊湖电厂2号机组出现水斗裂纹,停运抢修。

11月16日,电力局、公司召开安全生产工作会议。

11月24日，从国家电网公司10个单位选派的26名援藏人员全部到位，对口支援西藏电力公司系统12个单位。

12月8日，广东省第三批电力援藏项目之一的八一电厂调度中心自动化系统工程通过验收，正式投入运行。

12月8日，羊湖电厂4号、2号机组事故抢修工作提前完成，恢复正常运行。

12月15日23点，那曲电网并入藏中电网运行。

12月26日，西藏电力局、公司隆重召开纪念毛泽东同志诞辰110周年座谈会。

12月30日，林周县二期农网建设与改造工程竣工，标志着由西藏电力公司负责的二期农网建设与改造任务基本完成。

12月31日，拉萨西郊、金珠变电站增容改造工作按期完成。

（腾华杰）

（香港）中电控股有限公司

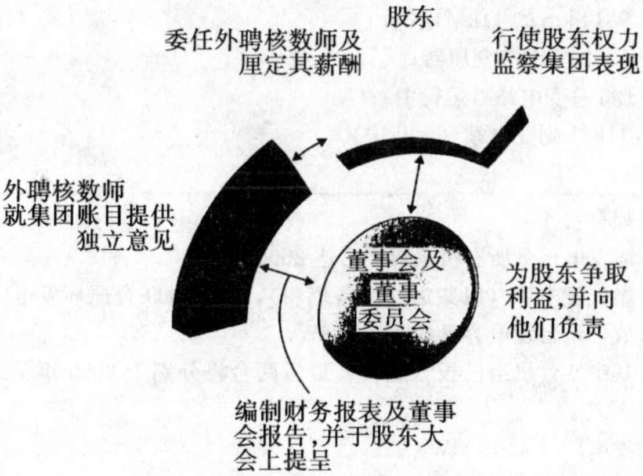

董事会

董事会须向股东负责，以负责任、重效益的态度领导中电集团。董事会成员明白，须就公司的管理和营运事宜向股东承担共同和个别的责任。每位董事均须以公司的最佳利益为前提，诚信行事。董事会的职务是制订中电集团的策略方针、确立管理会的目标，以及监察管理层的表现。此外，董事会重视中电与政府代表、客户、社群及关注集团履行企业公民责任的人士的关系。

董事会共有17位董事，所有董事（集团常务董事和3位执行董事除外）均为独立于管理层的非执行董事，这有助于严格检讨及监控管理程序。董事会成员包括5名具影响力及积极主动的独立非执行董事，股东可以向他们表达所关注的事宜，这有助于确保董事会考虑所有股东的利益。非执行董事拥有丰富的业务和财务经验，对有效领导集团方面作出重大贡献。

董事

非执行董事：米高嘉道理　毛嘉达
李德信　麦高利　利约翰
毕绍傅　贝思贤　陈培璋

独立非执行董事：钟士元　冯国纶
莫伟龙　陆钟汉
简文乐

执行董事：包立贤　谢伯乐　林英伟
李锐波

董事会主席与集团常务董事是两个独立不同的职位，分工明确，主席负责管理董事会的运作，而集团常务董事则负责公司业务的营运。

董事会最少每季及于需要作出重大决策时召开全体会议。

董事委员会

董事会下设多个委员会，以监察公司个别范畴的事务，并按实际需要邀请中电管理人员及外界人士加入。各委员会的职权范围载于中电网站。

1. 审核委员会

审核委员会于1981年成立，所有委任成员均为独立非执行董事，而主席则由具备适当财务事业资格和经验的人士担任。审核委员会的职权范围符合香港会计师公会颁布的《审核委员会有效运作指引》中所提出的建议。

2. 财务及一般事务委员会

财务及一般事务委员会按需要召开会议，以审议公司的财务运作。审议范畴包括集团的财务、会计、库务及风险管理政策、主要融资交易、企业计划及财务预算等。委员会亦检讨重大的收购或投资项目，以及有关项目所需的资金。

3. 人力资源及薪酬福利委员会

人力资源及薪酬福利委员会按需要召开会议，以审议及检讨人力资源政策，特别是集团雇员的服务条件、薪酬（包括执行董事和高层管理人员的薪酬）、退休福利，以及管理发展及培育继任人员计划等政策。现时全体委员均属非执行董事，以符合良好的实务守则。

4. 提名委员会

集团于2003年成立提名委员会，负责为董事会推荐董事人选，借以提高新董事任命的透明度。提名委员会由董事会主席和两位独立非执行董事组成。提名委员会负责检讨董事会的架构、人数和组合，并向董事会提出建议，尤其是要确保董事会的大多数成员均独立于管理层。在董事会需要增加董事职位或填补董事空缺时，提名委员会专责物色并提名合资格的人选，再经董事会批准落实。

5. 公积及退休基金委员会

公积及退休基金委员会负责就集团的退休基金投资政策向受托人提供意见。委员会定期召开会议，以审议基金的状况、监察投资经理的表现，并就委任和撤换投资经理向受托人提出建议。

6. 规管事务委员会

规管事务委员会按需要举行会议，以负责就中电香港电力业务目前或日后的规管事宜进行检讨及提供意见。

资产/投资项目

1. 香港

投资项目	净权益	简介
①中华电力有限公司（中华电力）	100%	中华电力拥有及经营输电及供电网络，所覆盖的供电范围约1000，其中包括： • 538km的400kV电线； • 1079 km的132kV电线； • 414km的33kV电线； • 9614 km的11kV电线； • 53684 MVA变压器； • 196总变电站（运行中）； • 11861副变电站（运行中）。
②青山发电有限公司（青电）装机发电容量为6283MW	40%	青电拥有： 龙鼓滩发电厂（所有机组投产后达2500 MW） • 燃气发电厂（以柴油作后备燃料），由8台联合循环发电机组组成，每台发电容量为312.5MW； • 其中6台机组已投入运行，最后两台将分别于2005年及2006年投产。 青山发电厂（4108 MW） • 于1982年至1990年间投产； • 装有8台发电机组，每台发电容量由350MW至677MW，是全球最大的燃煤发电厂之一； • 其中两台发电容量各677MW的机组，可同时采用天然气或燃油发电。 竹篙湾发电厂（300MW） • 装有3台（每台100MW）柴油发电机组，于1992年投产

注意：中华电力经营青电的发电厂，并向青电和广东大亚湾核电站购电。此外，中电持有广州蓄能水电厂第1期装机容量的50%使用权。综合上述的有关发电设施，中电可运用的总装机容量为8263 MW。

2. 中国内地

投资项目 总容量/所占容量（MW）	净权益	简介
③中电国华电力股份有限公司（中电国华）2100/630	49%	中电国华拥有3间燃煤电厂的权益，分别为北京第一热电厂、天津盘山电厂和河北三河电厂（装机总容量为2100 MW）
④山东中华发电有限公司（山东合营企业）3000/882	29.4%	山东合营企业拥有4间燃煤电厂，分别为石横1期及2期电厂（共1200MW）、聊城电厂（1200MW）和菏泽2期电厂（600MW）
⑤中电国华神木电力股份有限公司（神木）200/98MW	49%	陕西神木2期发电厂拥有两台各100MW的燃煤机组，由中电国华管理
⑥贵州中电电力有限责任公司（贵州中电）600/420	70%	贵州中电负责发展、兴建及营运两台各300MW的燃煤机组，为贵州电网供应电力，并透过其电网为广东省提供电力

续表

投资项目 总容量/所占容量（MW）	净权益	简　　介
⑦广东核电合营有限公司（核电合营公司）1968/492	25%	核电合营公司于1985年成立，负责兴建和营运广东大亚湾核电站（核电站）。核电站共有两台各984MW的压水式反应堆，其大部分设备均由法国及英国进口。核电站两台机组已于1994年起投入商业运行。所生产的70%电力供应予香港，其余30%则售予广东
⑧香港抽水蓄能发展有限公司（港蓄发）1200/600	49%	中电有权使用广州抽水蓄能水电厂第1期1200 MW的50%容量，该使用权将于2034年结束
⑨怀集水力发电项目（怀集）98/41	41.5%	该项目包括8个已投产及1个兴建中的小型水电站，总发电容量为98MW

3. 亚太区

投资项目 总容量/所占容量（MW）	净权益	简　　介
⑩印度 Gujarat Paguthan Energy Corporation Private Limited（GPEC）655	100%	GPEC在印度古加拉特邦营运655MW的燃气联合循环发电厂
⑪台湾和平电力股份有限公司（和平电力）1320/528	40%	和平电力在台湾和平拥有一家1320 MW的燃煤电厂，已于2002年投产
⑫泰国 Electricity Generating Public Company Limited（EGCO）2422/543	22.4%	EGCO营运泰国两间燃气联合循环发电厂（2056MW）。此外，EGCO亦在泰国及菲律宾投资多个规模较小的电力项目，净权益合共366MW
⑬泰国 BLCP Power Limited（BLCP）1434/717	50%	BLCP负责发展现时在泰国 Map Ta Phut 施工中的1434 MW燃煤电厂
⑭澳洲雅洛恩能源有限公司（雅洛恩能源）1480/1362	92%	雅洛恩能源拥有及营运一家位于澳洲维多利亚省的1480 MW燃煤电厂及专用煤矿场

香港电力业务

1903年4月2日，中电开始为九龙区居民供应电力。一个世纪后的2003年，中电的可用发电总容量为8263MW，客户人数达2.1百万。以一个典型工作天来说，中电敷设约2km的电缆、建设1个变电站、处理约700宗开户或更新资料及400个终止账户的申请，并解答超过8000个电话查询。

在中国内地和亚太区，中电目前只参与发电业务，香港方面，中电同时从事发电、输电及供电业务。凭着累积百年的经验，中电继续提供切合客户需要和期望的供电服务。

2003年，经常性业务的每股盈利为3.09港元，较2002年增加13.6%。截至2003年12月31日，全年度管制法则业务盈利增加8%至6281百万港元。非管制法则业务的盈利则上升了60.3%，由998百万港元增加至1600百万港元。

2003年度的总盈利为7687百万港元，而2002年度的总盈利则为7104百万港元。本年度总盈利已包括集团所占鹤园重建项目的溢利为3.19港元，即增加了8.1%。

董事会已建议派发2002年末期股息每股0.65港

元及来自鹤园生建项目的溢利的特别末期股息每股0.10港元。连同年内已派出的3次中期股息在内，全年总股息为每股1.98港元。

回顾2003年的财务业绩，以下三大范畴的业务提升了集团盈利：

（1）受管制法则监管的香港电力业务；

（2）中国内地的电力投资项目；

（3）亚太区多个国家的私营电力项目。

近年来，中电加强在中国内地以及亚太区拓展业务，以把握这些市场巨大发展潜力所带来的商机。同时，在本地电力规管架构可能出现转变，以及经济趋于成熟导致用电需求放缓之时，这些香港以外的业务，更可以舒缓集团以香港电力业务作为惟一盈利来源的风险。

尽管如此,香港的电力业务仍然是集团主要的盈利来源(占2003年在扣除未分配费用之前的集团营运盈利的80%)和投资重点(占集团总资产的62%)。

在香港拥有及营运纵向工综合电力供应业务，包括：

（1）发电：香港的装机容量为6283MW；

（2）输电：输、供电线路总长度超过11640km；

（3）供电及客户服务：2.1百万名客户（约占香港总人口80%）。

中国内地电力业务

（1）自1985年起发展、投资、兴建和营运私人电力项目；

（2）为中国内地电力市场上最大的外来投资者，在广东、北京、山东、陕西和贵州拥有发电资产净权益3163MW；

（3）持有1个核电站、9热电厂（其中一个正在兴建中）和多个小型水电站的权益。

亚太区电力业务

（1）自1994年起发展、投资、兴建和营运私人电力项目；

（2）为亚太区内具领导地位的跨国私人电力公司，在澳洲、印度、中国台湾及泰国拥有发电资产净权益3805MW；

（3）直接持有3个营运中及1个施工中的大型热电厂的权益，并间接持有另外两面个营运中的大型电厂的权益。

股东意见

2003年的中期报告附件中邀请股东参观在香港设施，逾1100名股东参与了有关活动。股东反映的意见主要环绕香港未来的电力规管架构以及中电在环境管理方面的表现。事实上，董事会及管理层也一直密切关注这两方面的事务。

自1964年起，香港政府按管制计划协议监管中电在香港的电力业务。

中电在稳定的监管机制下经营业务，确保提供的电力服务具备以下特征：

（1）高度可靠；

（2）电价合理而且符合市民的负担水平；

（3）高生产力，高效益；

（4）优质客户服务；

（5）以负责的态度，管理业务对环境造成的影响。

回顾过去40年，香港市民的社会和经济活动从未因供电问题而受到限制或不便。香港在供电业务的表现远比区内及其他国家优越。此外，香港的电力基建与其他地区或本港其他公用事业不同，是完全由私人机构投资建设的，香港的纳税人从来无须直接或间接资助本港的供电服务。

中电在过去数年已经指出，若改革电力规管架构过于急进或思虑不周，后果可能适得其反。2003年，北美和西欧等地区发生连串严重的停电事故，突显了可靠供电的重要性。即使是在先进国家，稳定的电力供应也非理所当然。从中可汲取以下的教训：

（1）电力故障会对先进的经济体系造成严重后果，带来庞大的社会及经济损失；

（2）公众认为电力故障难以容忍；

（3）投资及维修保养不足，加上规管架构不鼓励电力公司对系统作出充分投资及适当维修的话，日积月累，对供电素质将造成负面影响；

（4）不按照原来设计地使用电力基建设施（例如对已有系统进行复杂的联网安排），将构成危险；

（5）由多家机构共同供应电力，在出现事故时，责任会模糊不清，问责性也大为削弱；

（6）电力改革涉及重大风险，而且一旦实施便无法逆转。改革的风险未必会即时显现，但将会在中长期内浮现。

与香港特别行政区政府就未来的电力规管架构进行商讨，料会在未来一年左右取得进展。中电将以正面的态度，积极参与，发挥应有的影响力。中电连同占在港电厂60%权益的长期合作伙伴埃克森美孚，在供电区内一直投资、拥有和经营所有电力基建设施，并参与规管架构方面的讨论。更重要的是，百年来中电贯彻服务承诺，一直能够为社会提供切合需要的供电服务。

环境管理

首先，中电参与可再生能源的发展，积极参与和推广可再生能源项目。在广东投资兴建多座水力发电厂，在四川开发新的水力发电项目。在香港研究风力发电计划，并在广东股沿岸研发商业风力发电项目。

另一个备受关注的环境问题是香港的空气质量。香港的空气污染成因，主要是来自珠江三角洲一带的废气排放。因为，香港政府知道必须从整个珠江三角洲着手，包括与广东省政府紧密合作，协力解决本港的空气污染问题。

中电亦必须尽己所能，改善本身的废气排放表现。过去10年间，中电在香港经营的发电厂已降低了废气排放量。中电能透过燃料多元化政策，以及引进实际可行的国际标准和科技等营运措施，继续改善本身的废气排放政策，订立清晰长远的排放量指标，并允许电力工业灵活地选择和推行最有效的策略以满足规范，包括改装现有设备。

除了订立清晰的废气排放政策外，当局更需认同股东必须在改装工程上做出庞大投资，以便引进环保技术。我们应该为2008年后的电力工业制订一个清晰、平衡的规管架构，从而鼓励业界做出所需的长线投资，为客户继续提供一流的供电服务，以及在管理环境方面，不断改善表现。

投资表现

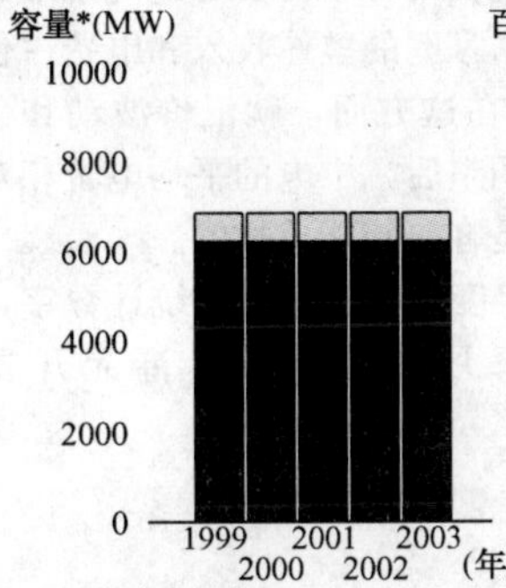

■ 已投产
□ 兴建中
* 未扣除财务开支及税项前溢利
包括由青山发电有限公司拥有、中电营运的100%发电容量

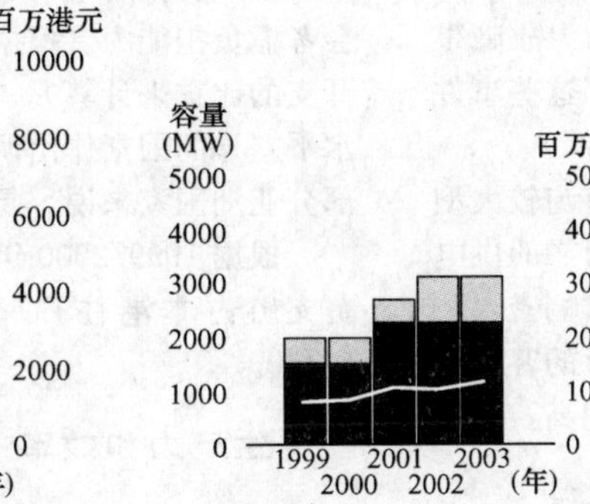

■ 已投产
□ 兴建中
未扣除财务开支及税项前溢利

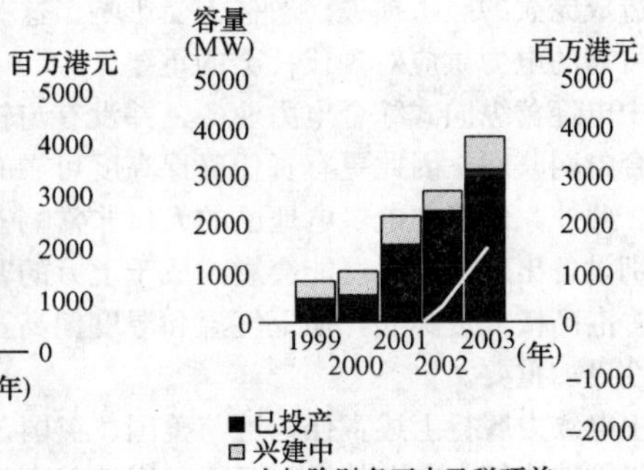

■ 已投产
□ 兴建中
未扣除财务开支及税项前溢利/(亏损)

2003年营运统计

(1) 售电量为31.043百万kWh；

(2) 本地及系统的用电需求量于7月分别创下5.874MW和7.646MW的历史新高；

(3) 连续6年冻结电价；

(4) 宣布向客户提供总额达960百万港元的电价回扣；

(5) 供电可靠度达99.99%，跻身全球前列位置；

(6) 在贵州，安顺2期电厂(2×300MW)的兴建工程依期完成，并符合财政预算。两台机组均已进入试验运行阶段；

(7) 在山东，菏泽2期电厂(2×300MW)已投入商业运行，聊城电厂(2×600MW)则进行试验运行；

(8) 在北京一热、天津地区三河、盘山电厂及陕西神木电厂的机组运行稳定可靠，产电量较预期高。这些电厂的安全标准已达到国际认可的高水平；

(9) 完成收购Powergen在BLCP Power Limited (BLCP)雅洛恩能源有限公司(雅洛恩能源)和Gujarat Paguthan Energy Corporation Private Limited (GPEC) 3家合营企业的余下权益；

(10) 完成泰国BLCP电力项目(1434MW)的财务安排；

(11) 澳洲雅洛恩能源创下营运以来最高的产电量，以及自1996年私有化以来的最高收入；

(12) 台湾和平电厂完成首个全年度运行；

(13) 印度GPEC电厂取得新的天然气供应并重新投入全面运行，就较长远购电条款的修订达成协议，并提供有关支援，协助发债安排，以减少逾期的应收账款。

监管机制

中电在香港的电力业务，受到与香港政府签订的管制计划协议所监管。现行的管制计划协议将于2008年终止。这个监管机制于1964年生效，至今无大改变，其要点包括：

(1) 中电每年溢利的上限为固定资产平均净值的13.5%(利用股东资金购置的资产，则为该等固定资产平均净值的15%)减去若干扣除项目，是为［纯利］(中电于2003年的纯利为公司固定资产平均净值的12.87%)；

(2) 电价水平及资本投资由政府进行财务审批；

(3) 政府每年进行审查，检讨中电的财务及营运表现；

(4) 在任何年度内，电费收入若超过准许溢利及营运成本的总和，则差额拨入发展基金。发展基金的结余乃用以购置固定资产和稳定电价；

(5) 中电有责任对香港的发展做出贡献，必须提供电力设施以满足未来的用电需求；

(6) 中电本身及其股东享有赚取合理回报的权利，但中电亦须向政府保证，以最低的合理，为市民提供足以应付需求的高效率，高素质的电力供应。

供电可靠

北美洲和欧洲于2003内发生严重的电力故障事件，造成庞大的经济损失，逾亿人受影响。这些事件反映可靠的电力供应对现代社会的重要。

中电经营纵向式综合电力业务，并没有与较大型的综合电网联网，因此更有责任确保高度可靠的供电服务。此外，由于中电供电地区的人口非常稠密（一旦个别设备出现故障，可能会影响成千上万的客户），而且香港高楼大厦林立，加上气温和湿度偏高，供电可靠性更加重要。

中电致力履行上述责任，可与美国、英国、澳洲及西兰等地比较，中电的供电可靠程度媲美全球最高水平。

中电每年客户的意外停电时间（计算供电可靠性的标准方法）在过去5年间减少了69%。2003年，两个猛烈的台风伊布都和杜鹃先后吹袭香港，期间录得客户的意外停电时间只等于强度相若的台风森姆于1999年吹袭香港的所录得的1/10，足证中电电网的运作运比以前稳定。

中电供电范围内的典型客户在2001～2003年间，平均每年的意外停电时间是8.26min；相比之下，美国城市在该段期间，每年平均的意外停电时间则超过100min。

电价合理、符合市民的负担能力

中电的电价维持在合理水平，且符合市民负担能力。在1983～2003年期间，每千瓦时电的平均电价实质下降37%（已计算通胀及通缩）。自1982年以来，中电的整体电价一直为全港最低。

中电自1998年起冻结电价，并于2003宣布2004年继续冻结电价。2003年非典型性肺炎肆虐香港。由于中电在成本控制方面表现卓越，在年内宣布提供两次电费回扣，总额达960百万港元。第一次早在年结周期前2003年5月推出单次特别电费回扣。2003年12月，宣布做出第二次电费回扣，根据客户在2003年的用电量提供每千瓦时电1.7港币的回扣优惠。客户所支付的平均电价因而下降了3.8%。自1998年至今，中电已经6次为客户提供电费回扣。

由于各地的电价架构不同，加上公开的资料不多，因此中电的工商客户电价难以与其他地区作出比较。但住宅客户的电价则比其他主要城市相对优惠。

电价高低往往与供电素质成正比，评估电价水平，必须一并考虑供电的可靠程度。以中电的服务来说，价格既具竞争力，可靠程度亦高。此外，大部分亚洲国家的电力事业均为政府拥有，因此或公有政府大幅补贴电价的情况出现。中电的电价则并无政府资助。

客户衡量中电的电价时，不但要看绝对水平，更会考虑负担能力（根据家庭的整体收入和电费占住户开支的比重来计算）。在这方面，就汇价波动和生活水平差异的因素作出调整后，中电的平均电价相对大部分亚洲国家来说，是客户较能负担的。

根据1999/2000年度已掌握的最新统计数字，电费支出占本港住户每月平均21.797港元开支的1.7%。

生产力和效率

中电致力维持高生产力，提升运作效率以及节省经营成本，使近年在控制电价方面卓有成效。

中电在香港电力业务的雇员人数由1993年的6500名减至2003年12月底的3915名。在这段期间，本地电力需求上升大约41%，反映按人均产电量计算的生产力在过去10年内提高了135%。

中电近年亦透过以下措施提升营运效率：

(1) 引进企业工作管理系统，提升网络资产管理的成效，包括大型输电及供电网络项目；

(2) 使用能源管理及供电管理系统，遥控支援恢复供电的工作；

(3) 推出综合性保护监控系统，方便遥距监察和操控变电站；

(4) 用直升机清洗带电的架空线绝缘体，提高输电网络的可靠性。

客户服务

中电以细心聆听客户的心声，作为提升客户服务水平的主要动力。除了设立客户服务中心和进行专题小组研讨等固定的沟通渠道，也很重视透过中电客户咨询小组和14个分区客户咨询委员会建立的社区网络。

中电的客户经理团队，因应主要工商客户的需要提供一站式服务和能源方案的技术意见。2003年，中电为60个企业客户提供能源审核服务，协助他们节省了2%～10%的能源。此外，中电为客户举办技术座谈会和工作坊，加强他们对电力素质和其他电力相关事宜安全、健康、环境及品质等方面工作的认识。

除了可靠性外，供电素质对香港日后发展成为区内金融中心和高科技业务基地亦越见重要。供电素质未臻完善，足以对自动化生产设备等敏感的现代高科技设备造成负面影响。中电于2003年成立电力质量科技中心。中心展示提升电力素质的最新科技，以及中电为保障客户的设备和设施而提供的方案。

中电作出了15项具体及严格的服务承诺，涵盖中电各主要客户服务范畴。这些承诺和2003年内履行承诺的表现均载于中电网站。

雇员安全

中电为员工提供安全、健康和能够发挥所长的工作环境、建立公平的薪酬和管理制度，并提供培训和专业发展机会，从而建立一支忠心尽责、技术精湛和锐意争取卓越表现的员工团队。

中电集团奉行安全至上的原则。安全表现的指标不仅在于公司及雇员推广安全工作环境的努力，而且基于实际取得的成绩。集团在香港的业务以及在澳洲和印度的附属公司，均于2003年内录得卓越的安全表现。

2003年内的安全表现摘要如下：

(1) 自安全统计数字于20世纪80年代初公布以来，中电的意外率是全港最低；

(2) 于2003年12月31日，GPEC创下1974天超过1百万工时零意外纪录；

(3) 雅洛恩能源的安全表现取得重大进展，自2003年5月以来并无录得损失时的工伤事故。

在中电致力促进下，合营企业亦取得良好的安全表现，包括：

(1) 石横电厂创下1958天运作零意外纪录；

(2) 广东大亚湾核电站在2002年核反应安全比赛中勇夺工业安全及辐射保护奖第一名（这项赛事由法国同类核厂举办）。

(3) 由中电国华营运的4家电厂在一年一度的国家职业安全协会五星审查中取得显著的进步，其中3家电厂获得四星评级，神木电厂则取得三星评级。

强化人才资本

在香港，中电集团必须具备所需的经验和技术，以确保继续为客户提供优质可靠的电力供应。

为了长期保持这些优势，公司需要维持员工年龄的均衡例，平稳地注入新血。年资少于3年的员工现占员工总数16%，新聘员工平均较离职雇员年轻10年。中电将继续聘请工程师和见习技术员，并会不断举办“中电行政人员计划”，为集团吸呐及栽培潜质优厚的年轻员工，作为日后技术及管理范畴的领导人员。

2003年内，中电集团各部门继续推行一系列广纳人才和提升领导能力的人力资源措施。集团的业务前景有赖于：

(1) 拥有最佳领导能力及各具所长的年轻人才；

(2) 拥有专业技术和人力资源，以争取卓越的业务表现和配合不断转变的营运需要。

中电主要透过“管理发展及育继任人员计划”来发掘及投资栽培未来领导人员。此计划制订了严谨的程序和清晰的标准，以及早发掘潜质优厚的人才。2003年，有关计划确认了大约80位具有领导潜质的员工。在集团常务董事的领导下，高层管理人密切检讨这些高潜质员工的事业发展。集团现已为77%的管理要职认定内部接班人。在2003年的有关空缺之中，按照继任安排，让内部接班人填补了67%的空缺。

所有员工均应享有培训机会，以提升及发展他们的事业技能。以香港员工为例，集团每年检讨他们的工作表现，以确认其培训及发展需要，然后有系统地作出跟进。雅洛恩能源为每名雇员制订公司业务发展目标为前提示的个人发展计划，包括所需培训。

2003年，中电集团全体雇员参与培训和发展课程的时间共40066工作天（2002年为30930工作天）。换言之，每位员工获得8.5工作天的培训时间。

精益求精

中电致力建立以工作表现为本的企业化。我们的薪酬与工作表现挂钩制度包括两部分——基本报酬和年度赏金。集团因应市场竞争情况和惯例，以及员工的个人表现，每年检查员工的基本报酬水平。雇员所得的年度赏金将视乎是否能达到既定的个人、部门、企业及集团目标而定，以取代之前的固定赏金和津贴。中电子2001年开始实施这个论功行赏的薪酬制度，并将2004年全面推行。截至2003年底，共有48%的香港员工根据此制度获发赏金。

雅洛恩能源按既定的发展计划来衡量雇员的发展进度，并据此拟定以表现为本的薪酬。

同心同德

中电必须清晰地向员工说明集团的价值观，确保员工完全了解和接纳。要使集团上下的目标和价值观一致，大家必须互相了解、尊重和信任。为此，需要加强坦诚的双向沟通，乐于与任何职级的员工商讨他们提出的事宜。2003年，集团通过联席协商委员会（包括员工及管理层的代表）、内联网、管理层简报会、管理层和雇员沟通，以及小组汇报等渠道，贯彻执行持续坦诚沟通的政策。

为确保所有雇员均秉持共同的目标和价值观，中电向集团其他业务地区的雇员推广价值观架构。而价值观架构其中的《纪律守则》所列出的道德标准，已为GPEC采用。中电亦已将根据《纪律守则》制订的原则和操守声明，发放给雅洛恩能源全体雇员。

电力工业性质使然，中电必须妥善管理营运程序，以保持环境素质。中电已制订清晰的政策，致力善用资源，倡导环境管理。

这个政策绝非有言无实，所有关乎环境的声明和承诺均具实质内容和成效。中电集团上下高度关注环境表现。在董事会层面，董事密切监察集团的环境表现，而集团环境事务总监直接向集团常务董事负责。此外，集团常务董事向董事提呈的季度报告也特别涵盖有关环境事项，而且每年均向董事会汇报集团的整体环境管理表现和具体的环境事务。集团将环境管理工作指标纳人为定员工薪酬准则之一，确保管理环境事务表现能达至或超越目标。

珍惜资源

珍惜及善用资源，有助改善环境及可持续发展。

自1993年起，中电开始在香港推广利用发电厂在燃煤发电过程中产生之副产品——粉煤灰——制造混凝土。粉煤灰混凝土。粉煤灰混凝土广获本港建造业接纳，因此粉煤灰得以尽量循环再用。

中电在香港的发电厂采取了一系列节约能源措施，2003年内节省了29.67百万kWh的电力，减少了约17000t二氧化碳排放量，相等于5800位客户平均一年的用电量。

过去一年，中电特别关注节约和循环用水：

(1) 中电国华的盘山电厂利用循环用水系统，将3000百万l的废水循环再用。北京一热电厂亦将超过300百万l含有煤和炉底灰的水循环使用。

(2) 在山东的合营企业积极减少废水排放。在过去12个月，石横和菏泽电厂的废水循环使用率分别达70%和80%。

(3) 自1999年起，雅洛恩能源利用冷冻塔来增加循环用水，将生产每度电的用水量大幅减少。至今所节省的用水量相等于特拉罗布河每天6900百万l的流量，有助保护和善用下游河道和湖泊资源。

(4) 自1999年起，GPEC生产每度电的总用水量已减少20%。

可再生资源

中电相信，可再生资源与未来的业务发展息息相关。通过开发可再生能源，可减少废气、污染物和温室气体的排放量，并为后代节省矿物燃料，对环境做出更大的贡献。

中电持有广东省西北部怀集县9个小型水力发电站的重大权益，其中8个已投入运行。此项目以可再生能源取代燃煤发电，对该贫困地区的经济发展做出相当贡献。与此同时，中电正积极在中国西部寻求拓展大型水力发电项目的商机。

2003年9月，中电在广东省沿岸两个风场进行风力资源评估。本港方面，正积极探讨在新界发展风力发电的可行性。

2003年8月，中电在香港推出为期两年的可再生能源基金，透过在社区推行教育工作，以加强市民对可再生能源的认识，并鼓励各界应用可再生能源科技。此基金目前赞助9个将于2004年推行的项目，并将于2004年秋季再次接受申请，资助计划于2005年推行的项目。

废气排放

控制废气排放一直是主要的环境问题，也是管理层长期关注的重点。在香港，中电自20世纪90年代初推行燃料多元化、改善发电厂设施及发电程序等措施，将废气排放量大幅减少。

与以前数年比较，中电旗下个别发电厂的营运，有稳定或较出色的表现，但由于增加燃煤，生产每度电所排放的废气因而上升。中电增加了采用燃煤发电，是由于燃料的成本和供应量受市场因素影响，以及广东省的用电需求上升。基于类似原因，中电在20世纪90年代中期的废气排放量也曾出现波动。中电正努力寻求新方法以减少在港的废气排放量，包括继续筹划安装新燃气发电设施，以及制订计划，减少燃煤发电厂的废气排放。

在中国内地和亚太区其他地方，中电持有权益的发电厂在2003年也实行减少废气排放的措施，例如：

(1) 雅洛恩能源继续自发参与澳洲政府推行的挑战温室的（Greenhouse Challenga）计划，透过改善发电设施来提高热效能，成功大幅减少温室气体的排放量。自1996年起，雅洛恩能源持续提升发电效益，二氧化碳的排放量每年减少超过200000kg。

(2) 中电国华合营企业旗下的北京一热电厂，成为中国内地其中一家首先全面加装烟气脱硫装置的发电厂，令二氧化硫排放量减少超过95%。

(3) 正处于调试阶段的安顺2期电厂将成为贵州省首间安装烟气脱硫装置的发电厂。

(4) GPEC以天然气化替石脑油作燃料，成功将生产每度电的废气排放量减少接近一半。

(5) BLCP将安装烟气脱硫装置和低氧化氮燃烧系统，以尽量减少废气排放。

(6) 和闰电厂已安装烟气脱硫装置和催化脱硝设

备，令燃煤发电机级所产生的废气排放量达致最低。

澳门电力股份有限公司

一、概况

澳电属于中华人民共和国澳门特别行政区的私营机构，拥有澳门之电力专营权，包括发电、输送、配置、输入、输出和销售电力。澳电目前的总发电设备容量为488MW，客户超过196000人，见表1。

表1　公司资料表

公司名称	澳门电力股份有限公司（简称澳电）
主席	马兆麟
成立年份	1972
资本	580000000
地址	澳门马交石炮台马路澳电大楼
电话	+853－339933
传真	+853－308361
员工人数	740
业务范畴	发电、输送、配置、输入、输出和销售电力
发电厂数量	3
变电站数量	11所高压/中压变电站；2所高压开关站以及900所变电站

股东会主席团

主席：中法能源投资有限公司（由何鸿燊代表）

副主席：民政总署

秘书：荣兴贸易有限公司（由廖泽云代表）

董事会

董事长：郑家纯

副董事长：Arnaldo Navarro Machado

成员：José Vaz Marcelino

Álvaro Guerreiro de Sousa

Daniel Rene Bettembourg

陈锦灵

李小琳

Michel Detay

柯为湘

执行委员会

主席：José Vaz Marcelino

成员：Álvaro Guerreiro de Sousa

Daniel Rene Bettembourg

监事会

主席：澳门特别行政区（由唐锡根代表）

在职成员：中法能源投资有限公司（由石建明代表）

大西洋银行（由 Herculano Jorge de Sousa 代表）

候补成员：刘明珍

按章程第34条设立之薪酬委员会

中法能源投资有限公司

葡电-投资、控股及技术支援有限公司

百利顺发展有限公司

公司管理架构

公司架构

CE	执行委员会
管理部门	
GOP	预算及计划办公室
GAI	内部审核办公室
AC	客户申诉专员
GAC	通信事务办公室
SHEQ	安全、健康、环境及质量办公室
支援部门	
ISD	资讯系统部
HRD	人力资源部
PLD	采购及总务部
ECD	工程及建设部
DSF	财务部
运作部门	
GED	发电部
DVP	发展部
PND	电力系统调度部
CSD	客户服务部
DDI	输配电工程部

澳电最高领导层高度关注安全、健康、环境及质量范畴。而设立安全、健康、环境及质量办公室的目的正是统筹有关方面的工作，并直接向执行委员会汇报。该办公室立意为澳电各部门提供有效且能定立解决方案的支援，协助澳电建立一体管理系统，并为这套管理系统争取 ISO 14001、ISO 9001 及 OHSAS 18001 国际标准的认证。

1. 公司及部门安全、健康、环境及质量委员会

要在日常活动中融入安全、健康、环境及质量方面的意识，首先必须做到文化的转变。要达到这样的目标，紧密沟通、经验交流以及问题讨论同样重要。为此，澳电设立了多个委员会，定期举行会议。

公司策划委员会由执行委员会及第一线管理人员组成及报告，每年举行最少两次会议。

另外，亦设有3个部门委员会，正好代表澳电的三大功能部门。各委员会均向高级经理赋予自治权，

确保部门的风险和需要得到妥善处理。部门委员会每月举行一次会议。

这些委员会的主要功能如下：

● 提供一个提出、讨论及管理有关安全、健康、环境及质量事宜的平台，确保全公司对相关事项有充分理解、沟通和贡献。

● 确保安全、健康、环境及质量范畴达到持续改善。

● 为推行和控制管理系统提供重要资源，包括人力资源财政支持、特殊技能和技术。

2. 2003年主要活动

为达到以客为尊的精神，澳电展开多项活动作为长远目标，以回应客户不断提升的要求和需求，并配合社区的持续发展。

在2003年的整体活动计划内，环保项目在投资和活动计划方面均占着很大比重。

当中最重要的项目，包括安装少氧化氮的选择性催化还原系统、设置废气排放持续监察系统，以及开展建造污水、废油及化学品处理厂的计划。

2003年度的投资计划令人满意，总投资额为澳门币4.24亿元，生产方面占澳门币2.8亿元，输配电方面占澳门币0.85亿元。为了配合澳门的经济发展，网络方面的投资较往年有所增加。

澳电重新检讨组织架构，以确保公司的灵活性和效率，于2003年成立了工程及建设部（ECD），负责统筹重大工程及建设项目，并将采购及物料部（DAP）和总务部（DAL）合并为采购及总务部（PLD）。

为改善运作效率，澳电重新整顿内部程序，其中最重要的是推行SAP系统作为一体管理系统平台。

澳电一向极注重客户关系，除制订有关方面的策略外，亦订立多项计划，其中较重要的是任命两位“主要客户组经理”，负责管理重要客户的账户。

电力客户咨询委员会继续成为澳电与客户之间的有效沟通渠道，向澳电提供客户的需求和期望，同时亦让客户更清楚了解澳电的工作计划和方向。委员会与澳电保持紧密合作关系，贡献良多，更派员直接参与部分客户服务计划，例如在“神秘客户计划”中担任客户服务质量调查员。

与澳门自来水携手推出澳门首个公用事业机构综合电子服务网——“澳门一网通”（macauservices.com），为客户提供另一个沟通渠道。

澳电着重提升员工的学历水平，这除视为员工的晋升条件之一外，主要目的是令他们具备条件和能力背负更大的责任。为此，澳电推行了针对年轻及新人职员工的全新综合培训计划，并重新检讨整体职级，职能及内部晋升机制，此机制将于2004年推出。

（1）生产。除了在2003年耗资澳门币0.18亿元完成路环发电厂B厂的尾期工程及澳门币1.84亿元安装减少氧化氮的选择性催化还原系统外，其他投资项目还包括：

● 为G7/G8机组装设海水化淡化系统；

● 更换柴油发电机组的冷却系统；

● 于澳门发电厂建造污水、废油及化学品处理厂；

● 更换锅炉外壳及蒸发器。

（2）输电及配电。表2为2001～2003年输电及配电方面项目的比较，同时反映出澳门的经济活动模式见表2：

表2 2001～2003年输电及配电方面项目比较

	2003	2002	2001
新接管楼宇			
中压电网	18	4	10
低压电网	33	15	20
工程计划分析			
建筑方面	71	79	67
电力方面	239	195	127

网络扩充之数据如下表3：

表3 网络扩充数据表

	现时网络规模	2003年完成数目	扩充比率%
高压电缆（km）	175	10	6.6
中压电缆（km）	764	35	4.8
低压电缆（km）			
架空电缆	388	15	4.1
地下电缆	1190	29	2.5
公共照明电缆（km）	594	28	4.9
公共照明设备（设点）	15094	981	7.0
变压站	954	26	2.8

值得注意的是，承接2003年的趋势，澳门的空置单位数目下跌了9%，这些无论是住宅或商业用途的空置单位均没有耗电量或耗电量极低。2003年年末录得的空置单位数字超过4万，其中约3万个单位并无任何电量。

输电及配电方面的主要活动还包括：

● 为建造新口岸新变电站进行招标；

● 为新凼仔变电站安装新变压器进行招标；

● 开展修订输配电网的总工程计划；

● 在新凼仔、葡京及黑沙环变电站之间安装66kV的新电路，用作输出路环发电厂B厂生产的电能；

● 经研究后，采取行动稳定和保护电网；

● 完成第二期连接广东省输电联络的建造工程。

(3) 客户。以客为尊是澳电的策略性方向，而客户服务正承担着此重任，发挥以客为尊的精神。

在客户服务方面，除上述提及的项目外，还包括下列项目：

● 实施电力质量管理系统（PQMS）；

● 扩展更多与客户沟通的渠道；

● 实施客户分类系统；

● 主办“电力同乐日”，让学生了解电力的不同应用方法。此活动举办3年来，得到普遍社会的认同和肯定；

● 为自动读表的首期工程进行招标；

● 继续进行问卷调查和“神秘客户”计划，监察前线服务的质量；

● 扩展ISO品质认证至读表管理系统；

● 继续更换旧楼宇的电能表板，是年一共为4000名客户更换132个电能表板；

● 与澳门自来水进一步合作，促进两家专营机构与客户的联系。

(4) 全新业务及服务发展。设立此部门的目的是为了发展专营合约中并无涵盖的新业务，并扩展专营合约涵盖范围内的服务，为客户及社会提供更多新服务，并在持续发展的方向下，致力改善整体素质。

澳电于2003年所开展的新业务中，尤以与东帝汶政府签订为期3年的国家电力服务管理合约最为重要。

此外，澳电亦推行了其他措施，作为澳电对客户及社会提供优质服务的承诺：

● 在节约能源的计划内，为客户进行预先审查能源研究；

● 由澳门多所大专院校进行客户满意度问卷调查，评估澳电的服务水平；

● 更新客户的资料库；

● 与澳门妇女联合会合作，举办电器化烹饪课程；

● 加强自动缴费的推广活动。

(5) 采购及存货。显然燃油及柴油价格上升18%，但平均存货总额却由2002年的澳门币1.588亿元下降至澳门币1.571亿元，显示存货流动指数有重大改善，由2002年的3.3上升至4.1，此数字已包括使用量低的备用部件。

(6) 资讯系统。2003年资讯系统方面的主要活动为实施一体资讯系统——SAP/R3平台。此外，澳电仍继续采取行动，确保各应用系统的安全运行及质量标准。

澳电为配合在资讯科技方面的政策，设立“资讯科技策划委员会”，负责统筹和跟进不同资讯科技项目的实施情况，并让所有部门参与有关活动。

(7) 人力资源及培训。在实施一体资讯系统后，人力资源及培训方面的主要活动，包括集中推行职程管理培训计划，以及修订职级，职能和内部晋升机制，此机制预计于2004年贯施。

澳电继续与澳门多所大专院校保持紧密的合作关系，一方面提供培训，另一方面与校方合作进行研究工作。此外，澳电亦与相关的政府部门开展合作关系，与行政暨公职局签订合作协议，为澳电在招聘程序上提供协议。

澳电的人力资源政策并无改变。虽然持续扩展服务范畴，以及第二组复式循环系统正式投产，但随着架构重组及效率得到改善，员工人数得以由2002年的746人下降至740人，保持多年来员工人数稳定的趋势。

截至2003年末，员工人数、工作类别及学历水平如表4所示。

表4　员工、工作类别及学历水平表

	员工人数				
	2003年	2002年	2001年	2000年	1995年
流外雇员	39	37	36	38	60
本地技术人员	110	106	91	79	69
其他本地雇员	591	603	623	631	709
雇员总数	740	746	750	748	835

	工作类别（%）		
	2003年	2002年	2001年
高、中级管理层	2.6	2.4	2.5
技术员	17.4	16.5	14.4
主管级	8.7	8.4	8.5
行政及运作人员	60.8	61.0	62.8
半技术及非技术性人员	10.5	11.7	11.8

	学历水平（%）		
	2003年	2002年	2001年
大学程度	23.7	21.7	20.2
大专程度	9.7	9.2	10.0
中学程度	50.1	52.0	52.7
小学程度	16.5	17.1	17.1

本地员工人数保持升势，而且随着新政策的实施，员工的学历水平亦有所提升，澳电全力支持和鼓

励员工进修，自我增值。另一值得注意的是，行政及运作人员和半技术及非技术性人员占整体员工的比率均有所下降。

由于获得晋升员工的薪酬及员工医疗费等相关费用上升，抵消了员工人数下跌的跌幅，所以人事费用较2002年增加了0.3%。

因生病而缺勤的情况大幅上升，较2002年增加了47%，导致缺勤率由2002年的3.0%增加至3.8%，同时亦导致医疗费用上升17%，反映员工持续老化的问题。

员工的平均年龄为45.5岁（2002年为44.8岁），其中37%的员工超过50岁，只有4%的员工少于30岁。平均服务年期为19.9年（2002年为19.3年），其中17%的员工服务超过30年。

从上述数据显示，员工的技能和经验虽然起着积极作用，但仍有需要进行纠正措施，而澳电亦已开始研究有关内容，并可能引致员工人数暂时增加。

为加强澳电与澳门医疗机构的关系，并且更有效控制医疗成本，澳电与镜湖医院签订合作协议，为澳电提供医疗服务。

以客为尊是澳电培训员工的大方向，并已实施综合培训计划，致力培训最近新聘或具管理潜质的年轻员工。

2003年的培训计划有一段长时间受到中断，这是由于非典型性肺炎期间不宜旅游或聚会所致。故此，与过去3年比较，在培训范畴的数据如表5所示。

表5 培训范畴数据表

活动			
	2003年	2002年	2001年
培训项目	102	112	172
参与人数	3410	3045	1280
培训时间	2023	2931	4385
各项培训之参与人数			
	2003年	2002年	2001年
行政管理	670	823	196
技术	508	769	485
语言	246	13	120
电脑技巧	773	527	52
安全、质量、健康及环境	1213	913	427
参与者之职位(%)			
	2003年	2002年	2001年
经理/主管	12	13	8
技术员	37	31	33
文员	18	24	24
电厂人员	33	32	35

值得注意的是，澳电为加强安全、质量、职业安全及环境方面而做出的培训，于2003年曾进行防火培训和急救课程等。其中参与培训的技术人员有所增加，确定了澳电的发展方向。

澳电与本澳各教育机构继续保持合作关系，特别是大专院校及理工学院。另一方面亦加强与政府相关部门的联系。

收费

经澳门特区政府批准，澳电于2003年推出了长者电费援助计划及支持霓虹灯招牌用电计划。这两个计划均向相关的用户提供特别优惠。

为减轻最受非典型性肺炎影响的市民和商户的经济压力，澳电于疫症期间推出特别电费预缓计划及专为商户而设的特别缴费计划。

上述计划均得到社会的欢迎及认同，再次证明澳电不但致力提供优质服务，在困难时期中，亦同样支持本澳的经济发展。

二、特事要辑

1. 环境

回顾过去数年的记录，澳电在清洁及保护环境方面都取得有目共睹的成果。多项测量结果显示，目前的环境比数年前更为健康。澳电承诺致力环保工作，为市民带来更清新的空气、更纯净的食水，并大大改善废物处理的方法。

2003年，澳电最大的环保工程是为路环发电厂的柴油机组安装选择性催化还原系统。安装先择性催化还原系统及相关系统后，将大大减低空气排放中的氧化氮、微粒物和碳氢化合物，此三种物质均是燃烧石油类燃料时产生的主要污染物。从已安装该系统的2台机组得到的初步结果显示，氧化氮的排放量减少达95%以上，微粒物排放量则减少30%，而碳氢化合物排放量则减少70%。

2003年3月，澳电为路环发电厂所有柴油发电机组的烟囱完成安装在线废气监察系统，可说是污染防治的第二步。在线废气监察系统持续提供燃烧石油时产生相关污染物的资料数据，包括氧化氮、微粒物、二氧化硫和一氧化碳。有了该系统提供的资料，再结合由2002年开始从空气质量监测系统（AQSN）取得的数据，即能有效控制空气排放，确保废气排放量维持在限制之内。

2003年，澳门发电厂设置全新的含油废水处理厂，为路环发电厂建造新的工业废水处理厂进行招标工作。这两项投资均对减低环境负面影响起重大作用。

2. 质量

（1）电力质量监察系统计划。电力质量监察系统计划于2002年展开，并于2003年完成。澳电分别在供电网及客户设施安装监察供电质素的仪器，所取得的资料将用于侦查和纠正电网或输送点的不正常供电状况。

（2）神秘客户计划。澳电定期推行“神秘客户计划”，评估前线客户服务的质量，并找出有需要改善的地方。神秘客户扮作普通客户，前往澳电客户服务中心及交费中心接受服务，并致电“咨询通”进行电话查询。在接受服务的过程中，神秘客户记录排队及接受服务所需时间，并评估客户服务代表在礼貌、回应速度、工作能力、沟通技巧、接待礼仪及个人仪表上的种种表现。

（3）ISO 9001：2000。继化学化验室及电能计量实验室后，客户部计电设备管理组也成功于2003年将ISO 9002认证提升至ISO 9001：2000认证。计电设备管理组不断努力配合ISO 9001质量管理系统，终于取得ISO 9001认证升级，达到持续改善的目标。计电设备管理组全体员工全力以赴，努力提高运作效率和加强合作，为澳电客户提供最满意的服务。

（4）主要客户组经理。为达到以客为尊的精神，澳电委任专业工程师担任主要客户组经理（KAM），专门负责管理主要客户，并加强与他们的联系。主要客户组经理的主要工作包括：

评估客户需要；

监督供电质量，确保符合服务协议；

建立和管理目标决策者的关系，满足他们的特别要求，并处理这些客户/机构的所有事务；

推行和管理供电及服务合约。

（5）讲座。澳电分别于10月及11月举办“第八届港澳电力服务研讨会”及“电力安全常识讲座”，加强与客户及有关方面的沟通之余，亦提高公众对电力安全的意识。

3. 健康及安全

（1）管理系统。2003年在健康及安全工作环境方面所实施的主要项目，是开展了职业健康及安全管理系统（OHSMS）。澳电将于2004年全面建立和推行此管理系统，并争取获得OHSAS 18001国际标准的认证，此为全球最获认可的管理系统架构。

（2）培训。为提高员工对安全及健康的意识，澳电推行了大规模的培训计划，大部分员工接受不同领域的培训，包括：

由澳门劳工局提供的“建造业职安全”课程；

由消防局提供的消防培训，包括灭火器的应用及逃生撤离的程序；

由香港圣约翰救伤队提供的急救培训补充课程；

由BVQI提供的职业健康及安全管理系统高级审核员培训课程，此课程得到IRCA认可。

（3）室内空气质量评定。为评定澳电物业的室内空气质量，澳电于3月及6月在选定的澳电物业进行室内空气质量评估，包括实地考察及详细测量，受评定的地点涵盖澳电大楼的办公室、食堂、医疗中心，控制室、化验所及客户服务中心、电厂及变电站。该评定按照香港环境保护署的室内空气质量指引进行，结果显示在澳电物业抽取的空气样本普遍符合室内空气质量的第二级，代表可保障一般公众人士，包括幼童及长者的室内空气质量。

（4）健康检查。澳电实施了全面的健康监测计划，发确保员工的健康状况。随着职业健康及安全管理系统的实施，澳电将进一步发展该健康监测计划。

（5）克服非典型性肺炎。非典型肺炎在亚洲肆虐初期，澳电即从不同部门中捡选同事组成特别工作小组，负责以下事项：

监察相关指引及措施的推行情况及效力；

如有需要，加强或改善相关措施，向公司提供新措施或指引的建议；

与澳门卫生局保持联络，更新抗炎情况的资讯，并公布最新指引。

澳电分别在路环发电厂及澳电总公司举办多个预防非典型性肺炎讲座，并组织清洁运动，提高员工的防炎意识。

三、保护环境

1. 空气

澳电投放了大量资源改善废气排放的情况，现在的空气比往年更清新，也更健康。废气排放中，五项最相关的污染物排放量都大为减少，而更值得注意的是，2003年的用电需求较往年上升约5%，但废气排放量仍然大幅下降。

有了理想的进展，澳电仍须确保空气质量得到稳定的改善。澳电不断降低运作对环境的影响，高度关注空气污染和相关健康及生态影响，因此投放大量资源或资金，致力进行污染防治的工作。

氧化氮（NO_x）、一氧化碳（CO）、二氧化碳（CO_2）、二氧化硫（SO_2）和微粒物为内燃机，复式循环燃气涡轮机及锅烟引致的首要污染物。氧化氮的形成与燃烧过程中的高压和温度，以及燃料中氮含量直接有关。其他污染物如一氧化碳主要由未完全燃烧的燃油所产生，而氧化硫则在气体排放时出现，主要有二氧化硫，并与燃料中的硫磺含量直接有关。

2. 水

废水处理方面，澳电在降低对环境的影响和环境保护均有稳定的进展。澳电推行了全面的废水监察计划，确保流出的废水必定符合质量标准。为达到改善成效表现的目的，澳电更在澳门发电厂设置全新的含油废水处理厂，并为路环发电厂建造新废水处理厂展开招标工作。

3. 废物

澳电建立了一套废物管理计划，确保特殊废物的处理，临时贮藏及弃置方法的完善。然而，澳门并无处理多种废物类别的循环再造及/或废物弃置设备，因此，安全、健康、环境及质量办公室通过采购环保产品和服务，设法减少制造有害或无害的废物。

路环及澳门发电厂两座废物贮藏区的招标工作已经展开。废物贮藏区确保废物在最后弃置前得到妥善处理，而当具备不同弃置废物的方案后，废物分类将可扩展至其他种类。

澳电亦推行了回收计划，专门回收可循环再造的废物，包括铝质、塑料、纸张以及已使用的打印机墨匣和传真机碳粉匣。

现时所推行的回收计划，还包括与本地水泥厂签订协议，由水泥厂从路环发电厂的含油废物焚化炉中收集灰烬，以作混合水泥之用。

4. 噪声

澳电于 2003 年推行了一次大型的环境噪声评定，分别于发电厂、变电站及邻近的选定接收地点进行测量调查。

测量结果显示，澳电运作并无构成严重影响，而指数亦符合本地法律。

四、电力统计资料

电力统计资料

	单位	1985	1994	1995	1996	1997	1998	1999	2000	2001	2002	2003
发电设备总容量(1)	MW	137	260	312	367	352	352	352	352	352	397	488
最高负荷	MW	112	286	296	305	317	335	337	350	365	374	390
电机发电量	GWh	445	1159	1176	1276	1312	1445	1432	1478	1510	1611	1704
购入电量（中国内地）	GWh	47	130	177	174	175	173	194	195	193	194	179
购入电量（垃圾焚化场）	GWh		41	39	48	52	55	56	55	56	59	60
总电度	GWh	492	1330	1392	1498	1539	1672	1682	1727	1760	1864	1943
厂用电量	GWh	22	53	57	58	64	68	66	69	69	76	77
输电电量	GWh	413	1221	1268	1348	1413	1523	1529	1573	1602	1688	1758
无偿供电电量	GWh	4	8	8	7	8	8	8	8	8	9	9
售电量	GWh	409	1214	1261	1341	1405	1515	1521	1565	1594	1679	1749
输配电损耗电量	GWh	57	56	67	91	63	81	87	85	88	100	108
人均用电量(2)	kWh	1693	3241	3280	3294	3648	3885	3851	3946	3997	4239	4360
燃油消耗量												
重油	Mkg	117	241	230	244	251	284	275	288	292	307	286
柴油	Mkg	5	2	2	2	1	1	1	1	7	19	51
售电收入	百万元澳门币	371	1111	1242	1397	1538	1636	1626	1726	1743	1796	1952
燃油支销	百万元澳门币	180	193	207	216	259	245	225	422	402	436	540
购电支销	百万元澳门币	30	101	107	107	120	129	142	147	161	172	156
输配电设备(1)												
发电容量												
电机变压器容量	MVA	130	290	359	428	428	428	428	428	428	608	608
联网变压器容量	MVA	250	250	250	250	250	250	250	250	500	500	500
配电变压器容量（66/11kV）	MVA	445(3)	696	712	712	872	992	992	1072	1152	1152	1152
66kV 输电网电缆长度	km	41	112	139	141	145	150	151	154	155	155	166

续表

	单位	1985	1994	1995	1996	1997	1998	1999	2000	2001	2002	2003
开关站	单位	13	5	6	7	7	7	8	8	9	9	10
中压电网电缆长度	km	213	455	485	519	547	589	633	674	710	729	764
用户变电房容量	MVA	326	1044	1131	1212	1270	1328	1383	1404	1433	1453	1470
用户变电房数目	单位	386	696	737	793	818	862	885	901	914	928	954
低压电网电缆长度	km	347	1096	1197	1275	1317	1369	1421	1456	1494	1534	1577
公共照明	km	—	284	331	373	405	456	493	504	529	566	594
客户数目(1)	千人	70	148	152	160	168	175	180	183	187	191	196
雇员人数(1)	人	800	832	835	813	794	777	766	748	750	746	740
全年投资总额	百万元澳门币	87	655	585	237	183	267	239	362	549	500	424

(1) 12月31日；

(2) 2003年人口数目（445600）乃第三季估数；

(3) 包括29MVA于66/11kV以外的变比值。

五、提供优质可靠的服务

1. 安全可靠的供电服务

就改善调度中心方面，澳电加强了遥控及信号功能，以减少及避免典型故障，缩短查明故障的时间，并降低电力中断的时间。

2. 改善客户服务

改善客户服务是澳电一贯的首要任务。客户投诉个案不断减少。从客户对前线服务的满意度调查所得，客户的满意度维持高水平。然而，客户中心于10s内接听客户来电的比率却稍微下跌，这是由于查询有关非典型性肺炎特别支援计划的来电骤增，但目前的指数仍然突出其高效率。

3. 电力客户咨询委员会定期聚会

电力客户咨询委员会由不同社团及澳电代表组成，目的是加强与客户的沟通，进一步提升澳电的透明度及工众认知。委员会的成立，可为改善澳电客户服务打好基础，亦成为澳电与客户之间具咨询性质的沟通渠道。

委员会成为澳电与商户及住宅用户之间有效的沟通渠道，向澳电反映不同阶层客户的宝贵意见。与此同时，委员会亦成为澳电的代言人，向所属的社团成员或社区人士推广澳电的信息，让他们更清楚了解澳电的工作计划和方向。更重要的是，委员会逐渐由原来的问题讨论小组，演变为付诸行动的工作队伍，主动协助澳电解决与电力服务有关的问题。

重 要 文 献

重要文献细目

国家综合管理部门文件索引

关于继续贯彻落实国务院有关精神暂停电力系统职工投资电力企业的紧急通知(国资改革[2003]37号)

关于对区域和省级电网企业资产界定意见的复函(国资厅产权函［2003］357号)

国家电力监管委员会文件索引

国家电力监管委员会2003年工作要点（电监办［2003］3号）

关于开展有关电价检查规范电价行为的通知（电监价财［2003］5号）

关于印发《国家电力监管委员会工作规则》的通知（电监发［2003］8号）

关于规范电力市场秩序保证电力供应有关问题的通知（电监市场［2003］11号）

关于印发区域电力市场建设指导意见的通知（电监市场［2003］21号）

关于配合公安部的开展部分省区打击盗窃破坏电力设备窃电犯罪专项行动的通知（电监稽查［2003］35号）

印发《关于促进电力调度公开、公平、公正的暂行办法》的通知（电监市场［2003］46号）

关于认真做好电力安全生产工作的通知（电监办［2003］49号）

关于建立东北区域电力市场的意见（电监供电［2003］15号）

国家电网公司文件索引

国家电网公司令第1号

关于印发《国家电力公司发电企业划转移交实施方案》的通知（国电总［2003］1号）

关于印发《国家电网公司跨区电能交易管理办法(试行)》的通知（国家电网计［2003］49号）

关于命名一流企业的通知(国电发[2003]97号)

关于印发《国家电网公司预算管理暂行办法》的通知（国家电网财［2003］115号）

关于印发《国家电网公司水电工程建设监理招标投标管理规定》的通知(国家电网工[2003]121号)

关于颁发《电力建设工程施工技术管理导则》的通知（国家电网工［2003］153号）

关于印发《国家电网公司水电工程建设项目招投标管理规定》的通知（国家电网工［2003］155号）

关于印发国家电网公司农村电网建设与改造有关管理办法的通知（国家电网农［2003］157号）

关于印发《国家电网公司电力建设安全健康与环境管理工作规定》的通知(国家电网工[2003]168号)

关于印发《国家电网公司水电建设项目法人单位安全生产管理规定》的通知(国家电网工[2003]175号)

关于印发《国家发展改革委关于加强用电侧管理的通知》及《国家电网公司关于加强电力需求侧管理的实施办法》的通知（国家电网生［2003］183号）

关于部分冠“国家电力公司”名称的单位相应更名的通知（国家电网人资［2003］188号）

关于印发《国家电网公司科技项目管理办法》的通知（国家电网科［2003］200号）

关于成立国家电网公司安全生产委员会的通知(国家电网人资［2003］217号)

关于印发《防止电气误操作装置管理规定》的通知（国家电网生［2003］243号）

关于印发《国家电网公司跨区电力电量交易调度实施办法》的通知（国家电网调［2003］282号）

关于印发《国家电网公司三峡输变电工程投资管理实施细则》的通知（国家电网计［2003］308号）

关于印发《国家电网公司电力生产安全性评价工作实施办法(试行)》的通知(国家电网生[2003]386号)

关于印发国家电网公司《变电站管理规范（试行)》的通知（国家电网生［2003］387号）

关于印发《输电网安全性评价》的通知（国家电网生［2003］404号）

关于印发《安全生产工作规定》的通知（国家电网总［2003］407号）

关于印发《安全生产监督规定》的通知（国家电网总［2003］408号）

关于印发《安全生产工作奖惩规定》的通知（国家电网总［2003］413号）

关于印发《电业生产事故调查规程》的通知（国家电网生［2003］426号）

关于印发《国家电网公司工程建设项目优质工程评选办法》的通知（国家电网工［2003］470号）

关于印发《供电服务规范》的通知（国家电网生［2003］477号）

关于印发国家电网公司《架空输电线路管理规范（试行）》的通知（国家电网生［2003］481号）

印发《关于加强电力营销工作的若干规定》的通知（国家电网生［2003］490号）

关于43家电力产品质量检测机构更名的通知（国家电网人资［2003］209号）

关于成立国家电网公司安全生产委员会的通知（国家电网人资［2003］217号）

中国南方电网公司文件索引

关于印发《关于印发《中共中国南方电网有限责任公司党组办事规则（试行）》的通知（南方电网党［2003］2号）

《关于印发《中国南方电网有限责任公司党风廉政建设责任制实施办法（暂行）》等制度的通知（南方电网党［2003］28号）

关于印发《中国南方电网有限责任公司工作规则（暂行）》的通知（南方电网行［2003］28号）

关于印发《中国南方电网有限责任公司工程建设管理办法》的通知（南方电网建［2003］9号）

关于印发《中国南方电网有限责任公司经济合同管理办法(暂行)》的通知(南方电网计[2003]24号)

关于印发《中国南方电网有限责任公司综合计划管理办法(试行)》的通知(南方电网计[2003]26号)

关于印发“中国南方电网有限责任公司新建电厂并网管理办法(暂行)”的通知(南方电网计[2003]37号)

关于修订《中国南方电网有限责任公司工程建设管理办法》的通知（南方电网计［2003］63号）

关于印发《中国南方电网有限责任公司电力发展规划管理办法(试行)》的通知(南方电网计[2003]65号)

关于印发《中国南方电网有限责任公司统计管理办法（试行）》的通知（南方电网计［2003］67号）

关于印发《中国南方电网有限责任公司供电营业员工文明服务行为规范》的通知（南方电网纠［2003］2号）

关于印发《城市供电营业规范化服务标准》等规定的通知（南方电网纠［2003］4号）

关于印发《农村供电营业规范化服务标准》等规定的通知（南方电网纠［2003］5号）

关于印发《中国南方电网有限责任公司三项责任制考核管理暂行办法》的通知（南方电网人［2003］16号）

关于印发《中国南方电网有限公司本部部门职责（暂行）》的通知（南方电网人［2003］26号）

关于印发《中国南方电网有限责任公司资产经营考核暂行办法》的通知（南方电网财［2003］4号）

关于印发《中国南方电网有限责任公司资金管理办法（试行）》的通知（南方电网财［2003］7号）

关于印发《中国南方电网有限责任公司预算管理办法（试行）》的通知（南方电网财［2003］8号）

关于印发《中国南方电网有限责任公司工程项目财务管理办法》的通知（南方电网财［2003］32号）

关于印发中国南方电网公司《安全生产目标责任书考核管理办法》的通知(南方电网安监[2003]7号)

关于印发《中国南方电网有限责任公司安全生产工作规定》的通知（南方电网安监［2003］29号）

关于印发《中国南方电网有限责任公司安全生产监督规定》的通知（南方电网安监［2003］30号）

关于印发《中国南方电网有限责任公司外事活动管理规定(试行)》的通知(南方电网国际[2003]9号)

关于印发《中国南方电网有限责任公司国际合作管理工作的规定》的通知(南方电网国际[2003]10号)

关于印发《中国南方电网有限责任公司因公出国（境）管理办法（试行）》的通知（南方电网国际［2003］36号）

关于印发《中国南方电网有限责任公司监察办法（暂行）》的通知（南方电网监察［2003］4号）

《关于加强安全生产确保电网稳定运行的规定》（中国南方电网有限责任公司令第1号）

关于颁发《中国南方电网调度管理暂行规定》的通知（南方电网调［2003］6号）

关于成立中国南方电网有限责任公司党风廉政建设责任制领导小组的通知(南方电网党[2003]3号)

关于印发《中国南方电网有限责任公司领导干部管理暂行规定》的通知（南方电网党［2003］19号）

关于印发《中国南方电网有限公司公文处理办法》的通知（南方电网行［2003］4号）

关于印发《中国南方电网有限责任公司督促检查工作制度》等四项制度的通知(南方电网行[2003]23号)

关于印发《中国南方电网有限责任公司信访工作管理办法》的通知（南方电网行［2003］26号）

关于印发《中国南方电网有限责任公司档案管理

制度》的通知（南方电网行［2003］32号）

关于表彰公司2003年迎峰度夏工作先进集体和先进个人的决定（南方电网行［2003］50号）

关于印发《公司基本建设投资计划管理办法》和《公司小型基本建设项目管理办法》的通知（南方电网计［2003］36号）

关于颁发《电网建设安全健康与环境管理办法》的通知（南方电网计［2003］56号）

关于印发《中国南方电网有限责任公司农村电网和县城电网建设与改造工程档案管理办法（试行）》的通知（南方电网计［2003］81号）

关于印发《中国南方电网有限责任公司农村电网和县城电网建设与改造工程施工安全管理办法（试行）》的通知（南方电网计［2003］85号）

关于印发《中国南方电网有限责任公司农村电网和县城电网建设与改造工程施工现场安全措施管理办法（试行）》的通知（南方电网计［2003］86号）

关于表彰广电集团公司提前完成东莞迎峰度夏5项电网建设重点工程的通报(南方电网建[2003]5号)

关于成立南方区域电力市场研究领导小组和工作小组的通知（南方电网交易［2003］33号）

关于成立南方电力调度通信中心的通知（南方电网人［2003］3号）

关于成立中国南方电网有限责任公司超高压输变电公司的通知（南方电网人［2003］4号）

关于成立中国南方电网有限责任公司电力财务公司的通知（南方电网人［2003］5号）

关于成立中国南方电网有限责任公司电力交易中心的通知（南方电网人［2003］21号）

关于成立中国南方电网有限责任公司专家委员会的通知（南方电网人［2003］27号）

关于成立中国南方电网有限责任公司体制改革工作领导小组的通知（南方电网人［2003］30号）

关于成立中国南方电网社会保险事业管理中心的通知（南方电网人［2003］42号）

关于成立中国南方电力建设定额站的通知（南方电网人［2003］46号）

关于成立中国南方电网有限责任公司新闻中心的通知（南方电网人［2003］60号）

关于成立公司安全生产委员会的通知（南方电网安监［2003］4号）

关于印发《中国南方电网有限责任公司防汛管理办法（试行）》的通知（南方电网生［2003］16号）

关于印发《中国南方电网有限责任公司电力可靠性管理办法(试行)》的通知(南方电网生[2003]17号)

关于成立南方电网公司科技创新（信息化）领导小组的通知（南方电网生［2003］12号）

关于成立中国南方电网有限责任公司纠正行业不正之风工作领导小组的通知(南方电网监察[2003]5号)

关于成立中国南方电网公司企业文化建设推进委员会的通知（南方电网党群［2003］5号）

中国大唐集团公司文件索引

关于印发《中国大唐集团公司委派、推荐董事监事管理办法》的通知（大唐集团制［2003］6号）

关于颁发《中国大唐集团公司安全性评价工作管理办法》的通知（大唐集团制［2003］11号）

关于印发《中国大唐集团公司区域电力市场协作网工作规则》的通知（大唐集团制［2003］16号）

关于印发《中国大唐集团公司借款管理办法》的通知（大唐集团制［2003］23号）

关于印发《中国大唐集团公司安全生产工作规定》的通知（大唐集团制［2003］25号）

关于印发《中国大唐集团公司电业生产事故调查规程》的通知（大唐集团制［2003］27号）

关于印发《中国大唐集团公司预算管理办法》的通知（大唐集团制［2003］53号）

关于印发《中国大唐集团公司企业年金管理暂行办法（试行）》的通知（大唐集团制［2003］73号）

中国华电集团公司文件索引

中国华电集团公司创建优秀发电企业管理办法（试行）（中国华电生［2003］358号）

中国华电集团公司生产计划管理办法（试行）（中国华电计［2003］464号）

中国华电集团公司预算管理办法（试行）（中国华电财［2003］487号）

中国电力投资集团公司文件索引

中国电力投资集团公司安全生产工作规定（试行）（中电投安生［2003］108号）

中国电力投资集团公司安全生产监督规定（试行）（中电投安生［2003］109号）

中国电力投资集团公司财务管理暂行办法（中电投财务［2003］81号）

中国电力投资集团公司董事、监事工作规则（试

行）（中电投内规［2003］200号）

中国电力投资集团公司建设工程项目经理管理办法（试行）（中电投工程［2003］66号）

中国电力投资集团公司关于因共出国（境）和邀请外国相关业务人员来华事项审批管理办法（中电投国际［2003］163号）

中国电力投资集团公司党组关于领导干部管理的暂行规定（中电投党［2003］32号）

中国电力投资集团公司安全生产工作奖惩规定（试行）（中电投安生［2003］110号）

中国电力投资集团公司企业监察办法（试行）（中电投内规［2003］146号）

中国电力投资集团公司燃料管理办法（试行）（中电投营销［2003］161号）

发电企业业绩目标和评估准则（试行）（中电投内规［2003］256号）

中国电力投资集团公司预算管理暂行办法（中电投内规［2003］207号）

中国电力投资集团公司资金集中管理暂行办法（中电投内规［2003］233号）

中国电力投资集团公司规章制度管理办法（试行）（中电投内规［2003］14号）

中国电力投资集团公司工作规则（试行）（中电投内规［2003］150号）

中国电力投资集团公司经济活动分析管理办法（试行）（中电投内规［2003］197号）

中国电力投资集团公司预算管理委员会工作制度（中电投财务［2003］97号）

中国电力投资集团公司预算管理暂行办法（中电投内规［2003］207号）

中国电力投资集团公司燃料管理办法（试行）（中电投营销［2003］161号）

中国电力投资集团公司生产工程管理规定（试行）（中电投生产［2003］31号）

中国电力投资集团公司生产工程招标投标管理办法（试行）（中电投安生［2003］115号）

中国电力投资集团公司发电设备可靠性管理办法（试行）（中电投内规［2003］255号）

中国电力投资集团公司公文处理办法（试行）（中电投内规［2003］18号）

中国电力投资集团公司效能监察暂行办法（中电投监审［2003］71号）

中国电力投资集团公司内部审计办法（试行）（中电投监审［2003］120号）

中国电力投资集团公司任期经济责任审计办法（试行）（中电投监审［2003］119号）

中国电力投资集团公司燃料管理审计办法（中电投内规［2003］204号）

中国电力投资集团公司审计委员会工作制度（中电投内规［2003］160号）

中国电力投资集团公司党风廉政建设责任制实施办法（中电投党［2003］8号）

中国电力投资集团公司技术监督管理办法（试行）（中电投内规［2003］206号）

国家综合管理部门文件

关于继续贯彻落实国务院有关精神暂停电力系统职工投资电力企业的紧急通知

（国资改革［2003］37号）

各省、自治区、直辖市经贸委（经委）、计委、财政厅（局），各有关中央企业：

近年来，各地一批国有及国有控股电力企业进行职工持股的改革，电力系统职工投资新建发电企业，形成了多元股东结构，对职工参与公司治理、调动生产经营积极性，起到了一定的作用。但是在一些地区和企业，电力系统职工投资电力企业存在一些问题。如违规实施国有电力企业职工持股改制；企业改制未经中介机构进行财务审计，国有资产未经评估或未通过公开竞价方式出售；国有电力企业的利润向电力系统职工投资的企业转移等。为规范电力市场秩序和企业改制工作，防止国有资产流失，现就继续贯彻落实

《国务院办公厅关于电力工业体制改革有关问题的通知》（国办罚［2000］69号）精神，暂停电力系统职工（指经营发电和电网业务的各类企业和单位的职工，简称职工）投资发电或电网业务的电力企业的有关问题通知如下：

一、暂停将经营发电或电网业务的中央和地方各级国有或国有非上市控股企业（简称电力企业）改制为职工持股的企业。改制的形式包括有限责任公司、股份有限公司、股份合作制企业；职工持股的方式包括职工自然人直接持股、工会或职工持股会持股、职工通过持股“三产”及多种经营等企业间接持股电力企业。

二、暂停将电力企业的发电设施、变电设施和电力线路设施及其有关辅助设施等实物资产出售给职工或职工持股的企业。暂停违规改制或新设立职工持股的企业投资新设立发电企业。

三、凡涉及以上内容的电力企业改制方案、实物资产出售方案和新设立企业，各级政府有关部门和各电力企业暂停办理新的审批，正在审批的要立即停止。严禁未经审批实施企业改制、出售资产和新设立企业。

四、严格执行国务院有关规定，凡违反国办发［2000］69号文件有关规定的投资和交易活动一律无效。

五、电力企业必须严格执行国家有关电力生产、电网调度的法律法规，坚持公平、公开、公正的原则，不得违反规定通过电网调度让职工持股的发电企业多发电，不得违反规定擅自改变大电网对市、县供电公司的售电价格，不得擅自提高对职工持股的发电企业的购电价格，不得在采购、委托承包工程、提供服务等业务中通过不合理的价格将电力企业利润转给职工持股企业或者通过其他关联交易造成国有资产流失。

国务院有关部门近期将组织专项调查，抓紧制订有关规范实施的具体办法。待新办法出台后，电力企业职工持股和职工投资新建发电企业按照新办法执行。各级政府有关部门、各电力企业，要严格执行本通知的各项规定，对违反规定的要追究有关责任人的责任。电力企业要加强管理，明确责任，确保正常的电力生产经营和电网的安全运行。

请各省、自治区、直辖市经贸委（经委）、计委、财政厅（局）向各电力企业联合转发此文。

二〇〇三年八月六日（印）

关于对区域和省级电网企业资产界定意见的复函

（国资厅产权函［2003］357号）

发展改革委办公厅：

你厅《征求对关于区域和省级电网企业资产界定原则的指导意见（征求意见稿）的意见的函》（发改办能源［2003］1117号）收悉。经研究，现函复如下：

一、2003年3月政府机构调整后，原由财政部承担的包括产权界定和纠纷调处、产权登记、资产划转、资产评估、国有产权交易和国有股权管理等国有资产监管职能已移交我委。2003年7月18日电力体制改革工作小组第六次工作会议明确由我委牵头界定中央与地方产权问题（详见发改能源［2003］779号）。原国家电力公司“厂网分家”中资产财务划分和产权界定工作应当由国资委履行出资人职责。

二、《关于区域和省级电网企业资产界定原则的指导意见（征求意见稿）》中，既涉及电力行业布局规划问题，同时更多的是关于中央企业与地方企业、电网企业与发电企业、电网企业之间的资产界定与管理问题，我们建议此类问题由我委牵头会商你委及有关部门，在充分调查研究的基础上制定政策法规并组织实施。

二〇〇三年十一月二十一日（印）

国家电力监管委员会文件

国家电力监管委员会2003年工作要点

（电监办［2003］3号）

2003年是国家电力监管委员会（简称电监会）工作的开局之年，做好这一年工作，对于今后全面履行电力监管职责，推进电力体制改革和保证电力工业的健康发展至关重要。

2003年电监会工作总的要求是：以邓小平理论和“三个代表”重要思想为指导，全面贯彻党的十六大和中央经济工作会议精神，紧紧围绕中央关于电力工业发展和电力体制改革的总体部署，完成机构组建工作，研究建立电力监管法律法规和组织体系，扎实推进电力体制改革和电力市场建设，按照平稳过渡、打好基础、突出重点、有所作为的指导思想，积极开展监管业务，内抓基础建设，外树良好形象，与时俱进，艰苦创业，争取电力监管工作有一个良好的开端。

按照以上工作要求，2003年电监会着重做好以下几个方面的工作：

一、完成机构组建工作，为电监会全面履行职责提供组织保证

1. 根据“三定”方案，完成机关各部门的组建工作，研究制定机关工作人员管理办法，确保机关正常运作。

2. 着手组建电监会信息中心，建立电监会网站，推进机关办公自动化；充分利用中电联及原国电公司的信息员队伍，建立电力系统信息交流制度，畅通信息传递渠道。

3. 在人员到位、完善机构的基础上，抓好人员的培训工作，提高人员素质。

4. 研究监管组织体系，完成电监会分支机构的方案设计，提出分支机构组建方案，并着手进行分支机构组建工作的试点。

5. 建立健全各项工作规章和制度，使机关工作逐步走向规范化、程序化。

二、围绕《电力法》修改和《电力监管条例》制定，提出电力监管法规框架

1. 做好现有电力法律法规的清理工作，研究提出电力监管法规框架计划。

2. 组织研究《电力法》和《电网调度管理条例》，提出修改建议，为建立适应社会主义市场经济体制要求的电力监管法规框架奠定基础。

3. 研究起草《电力监管条例》，制定《电力市场监管办法》和《电力许可证管理办法》，为开展监管提供法律依据。

三、推进电力市场建设，加快区域电力市场的建立

1. 全面总结浙江、上海等六省市“厂网分开、竞价上网”试点工作经验，研究提出电力市场建设的指导意见，为开展区域电力市场的试点提供指导。

2. 研究制定《电力市场运营基本规则》和《电力市场技术支持系统功能纲要》，为建立电力市场提供保证。

3. 有重点地选择不同类型的区域电网，开展区域电力市场的试点。

四、深化电力体制改革，督促落实《电力体制改革方案》

1. 根据国家的有关部署，组织制定电力体制改革实施方案，研究提出电力体制改革实施意见或实施规划，报请国务院或电力体制改革领导小组批准。

2. 根据第五次电力体制改革工作小组会议的部署，参与区域电网和省级电网公司的组建，督促落实各网省公司层面的主辅分离和发电企业重组的后续工作。

3. 组织落实电力体制改革工作小组交办的其他改革任务。

五、制定电力监管程序和办法，逐步开展监管业务

1. 制定电力市场准入监管办法，完善市场准入

制度，为全面建立许可证监管与规则监管相结合的新的市场准入制度奠定基础。

2. 参与电力企业的清产核资。按照国家统一规定的财务、会计制度，研究输配电企业成本规则。提出电价监督检查的实施办法。

3. 加快监管程序建设，研究制定规则制定、行政执法、争议解决、申请裁决、违规处理等监管程序。

六、推进机关作风建设和党的建设，加强对外交流宣传，树立良好形象

1. 积极开展调查研究工作。在制定和修改有关法律、法规以及实际工作中，以调查研究为基础，广泛听取社会各方面意见，善于借鉴国外成功的经验，努力使电监会工作公开、透明。

2. 树立良好的社会形象。通过务实的工作作风、兢兢业业的工作精神、良好的服务态度，在公众中塑造电监会服务的形象、开放公正的形象。

3. 成立电监会专家委员会。在制定改革实施方案和各项监管政策的过程中，广泛听取专家意见，形成改革的合力和开门搞改革的风气。

4. 加强对外交流宣传工作。积极开展国际交流与合作，充分借鉴国外经验。加强对外宣传，引导舆论导向，扩大电监会对外影响，营造有利于电力改革和发展的良好氛围。

5. 加强机关党的建设，成立机关党组织，开展思想政治工作，建设一支思想作风过硬的职工队伍。

二〇〇三年二月十一日（印）

关于开展有关电价检查规范电价行为的通知

（电监价财［2003］5号）

国家电网公司，中国南方电网有限责任公司，各发电（集团）公司，国家开发投资公司，北京国华电力有限责任公司，中国三峡建设开发总公司（中国长江电力股份有限公司），中国广东核电集团有限公司，秦山核电联营有限公司，内蒙古自治区电力公司，各省、自治区、直辖市电力（能源）投资公司，各省、自治区、直辖市地方电力公司：

根据国务院确定的国家电力监管委员会（简称电监会）监督检查有关电价的职能和原国家计委《关于整顿电价秩序规范电价管理有关问题的通知》（计价格［2003］202号）精神，为整顿电力市场秩序，规范电价行为，维护公平竞争，保障发电企业、供电企业和消费者的合法权益，我会决定对目前电价政策执行中存在的不规范行为进行检查。现就有关事项通知如下：

一、检查范围和重点

检查范围：国家电网公司及所属的网、省电力公司，中国南方电网有限责任公司及所属的省电力公司，内蒙古自治区电力公司及各省、自治区、直辖市地方电力公司；五大发电集团公司及所属的发电企业，其他发电集团公司及所属的发电企业，各省、自治区、直辖市电力（能源）投资公司及所属的发电企业。

检查重点：发电企业和电网企业之间、电网企业和电网企业之间的上网电价、上网竞价、跨区送电的输配电价等行为及各种收费行为。

二、检查内容

发电企业：

1. 是否严格按照国家批准的上网电价及对应的上网电量执行？如未执行到位，原因是什么？

2. 是否严格按照原国家计委《关于规范电价管理有关问题的通知》（计价格［2001］701号）的规定，重新核定或降低不合理的上网电价？

3. 是否按照原国家计委《关于核定新建电力项目上网电量临时结算电价的通知》（计价格［1998］2075号）的有关规定执行临时上网电量的结算电价？

4. 经国家批准实行竞价上网试点地区，上网电价降低产生的竞价盈余使用是否合理合规？管理是否规范？

5. 未经国家批准，一些地方自行实施大用户直接供电，降低上网电价和输配电价的行为。

电网企业：

1. 是否存在以开拓市场增加电量、竞价电量、置换电量、计划外电量、基数外电量等名义，减少国家批准电价对应的电量，变相降低发电企业上网电价的行为？

2. 是否存在未经批准在上网电价以外，擅自收取调度费、上网服务费等费用的行为？

3. 是否存在超越原国家计委、原国家经贸委《关于利用价格杠杆促进电力消费有关问题的通知》（计价格［1999］2189号）的规定，擅自降低国家制定的销售电价的行为？

4. 跨区送电中，上网电价属于双方协商定价的，是否与发电企业充分协商？有无因达不成协议而影响跨区电量供应的情况发生？

5. 是否存在超越原国家计委《关于整顿电价秩

序规范电价管理有关问题的通知》（计价格［2003］202 号）规定的权限自定跨区送电输电电价的行为？

6. 是否存在未经国家批准，自行采取市场采购、模拟市场等方式，降低上网电价的行为？如果存在，是否已按照原国家计委《关于整顿电价秩序规范电价管理有关问题的通知》（计价格［2003］202 号）的要求停止执行？

三、检查工作时间安排及要求

本次检查，分两个阶段进行：

第一阶段，自查自纠。时间为 2003 年 3 月下旬至 4 月底。各单位要按照本通知要求，加强对检查工作的领导，明确一位领导同志专门负责，并落实到职能部门，尽快组织所属企业认真开展自查自纠，全面查找存在的违规问题，对违反国家规定的行为要立即纠正；对政策界限不清的要说明情况和理由；对于非企业自身原因造成的违规问题，也要据实反映。要按文件及附表要求填报有关材料，对附表范围之外的违规行为也要据实上报。要在全面自查的基础上对问题进行清理，分析问题类别及产生原因，有针对性地制定纠正措施。要将检查出来的问题、纠正情况及有关建议形成检查报告，于 4 月底前上报电监会（价格与财务监管部）。

第二阶段，总结与整改。时间为 5 月初至 6 月中旬。电监会将在企业全面自查的基础上，有针对性地选择部分企业进行检查。对这次电价检查中发现的问题进行认真梳理、研究和分析，形成检查总结报告，提出处理意见。对存在违规行为的企业，下发整改通知书，督促企业整改；对有令不行、有禁不止的企业除责令其限期纠正外，视情节轻重做出相应处理；属于政策界限不清或需要作出进一步规定的，将向有关部门反映并提出建议，尽快完善和明确政策界限和规定，以规范企业行为。

随着电力体制改革的深入进行，我会将按照改革的统一部署，逐步建立规范、透明的电价监管制度，以维护电力市场秩序和公平竞争，确保电价改革的顺利实施。

附件 1：发电企业 2002 年、2003 年 1～3 月电价执行情况及费用交纳情况调查表

附件 2：电网企业 2002 年、2003 年 1～3 月电价执行情况及费用收取情况调查表

二〇〇三年三月二十五日（印）

附件 1：

发电企业 2002 年电价执行情况调查表

填报单位：　　　　　　　　　　　　　　单位负责人：

项　目	实际电量电价构成														
	总电量与加权平均电价		以计划电量划分			以基数电量划分			其他形式的电量电价						
			计划内		计划外	基数内		基数外	竞价		置换		超发		……
	2002年	与2001年比(±%)	2002年	与2001年比(±%)		2002年	与2001年比(±%)		2002年	与2001年比(±%)	2002年	与2001年比(±%)	2002年	与2001年比(±%)	
上网电价(元/MWh)															
上网电量(亿 kWh)															
平均利用小时(h)															
批准电价	机组		装机容量(万 kW)			电价(元/MWh)			对应电量(亿 kWh)		对应利用小时(h)			批准部门、文号及时间	

填报说明：　　　　　　　　　　　　　　填报时间：

1. 填报单位为实行独立核算的发电企业。
2. 若发电企业各机组的批准价格不同时，则以机组为单位填报表格，并将各机组的数据加权汇总表一并上报集团公司或母公司。
3. 各集团公司或母公司对各发电企业表格汇总后，附发电企业原表（机组报表和汇总表）上报国家电力监管委员会。
4. 本报表须由单位负责人签字、单位盖章后上报。
5. 实行市场采购或其他竞价方式的上网电价，也在竞价电价电量中反映。

发电企业 2003 年 1～3 月电价执行情况调查表

填报单位： 单位负责人：

<table>
<tr><td rowspan="4">项 目</td><td colspan="15">实 际 电 量 电 价 构 成</td></tr>
<tr><td colspan="2" rowspan="2">总电量与加权平均电价</td><td colspan="3">以计划电量划分</td><td colspan="3">以基数电量划分</td><td colspan="7">其他形式的电量电价</td></tr>
<tr><td colspan="2">计划内</td><td rowspan="2">计划外</td><td colspan="2">基数内</td><td rowspan="2">基数外</td><td colspan="2">竞 价</td><td colspan="2">置 换</td><td colspan="2">超 发</td><td rowspan="2">……</td></tr>
<tr><td>2002年</td><td>与2001年同期比(±%)</td><td>2002年</td><td>与2001年同期比(±%)</td><td>2002年</td><td>与2001年同期比(±%)</td><td>2002年</td><td>与2001年同期比(±%)</td><td>2002年</td><td>与2001年同期比(±%)</td><td>2002年</td><td>与2001年同期比(±%)</td></tr>
<tr><td>上网电价（元/MWh）</td><td></td><td></td><td></td><td></td><td></td><td></td><td></td><td></td><td></td><td></td><td></td><td></td><td></td><td></td><td></td></tr>
<tr><td>上网电量（亿 kWh）</td><td></td><td></td><td></td><td></td><td></td><td></td><td></td><td></td><td></td><td></td><td></td><td></td><td></td><td></td><td></td></tr>
<tr><td>平均利用小时(h)</td><td></td><td></td><td></td><td></td><td></td><td></td><td></td><td></td><td></td><td></td><td></td><td></td><td></td><td></td><td></td></tr>
<tr><td rowspan="2">批准电价</td><td colspan="2">机组</td><td colspan="2">装机容量（万 kW）</td><td colspan="3">电价（元/MWh）</td><td colspan="3">对应电量（亿 kWh）</td><td colspan="3">对应利用小时（h）</td><td colspan="2">批准部门、文号及时间</td></tr>
<tr><td colspan="2"></td><td colspan="2"></td><td colspan="3"></td><td colspan="3"></td><td colspan="3"></td><td colspan="2"></td></tr>
</table>

填报说明： 填报时间：

1. 填报单位为实行独立核算的发电企业。
2. 若发电企业各机组的批准价格不同时，则以机组为单位填报表格，并将各机组的数据加权汇总表一并上报集团公司或母公司。
3. 各集团公司或母公司对各发电企业表格汇总后，附发电企业原表（机组报表和汇总表）上报国家电力监管委员会。
4. 本报表须由单位负责人签字、单位盖章后上报。
5. 实行市场采购或其他竞价方式的上网电价，也在竞价电价电量中反映。

发电企业费用交纳情况调查表

填报单位： 单位负责人：

费用名称	2002 年			2003 年 1～3 月		
	收取标准（元/MWh）	费 用（万元）	批准部门、文号及时间	收取标准（元/MWh）	费 用（万元）	批准部门、文号及时间
调度费						
上网服务费						
辅助服务费						
……						
合计（万元）						

填报说明： 填报时间：

1. 发电企业以电厂为单位填报表格，由集团公司或母公司汇总后，附发电企业原表上报国家电力监管委员会。
2. 本报表须由单位负责人签字、单位盖章后上报。
3. 各种收费中未注明部分，请根据实际发生情况填报。

附件 2：

电网企业 2002 年电价执行情况调查表

填报单位： 单位负责人：

项目	实际电量电价构成														
	总电量与加权平均电价		以计划电量划分			以基数电量划分			其他形式的电价电量						
			计划内		计划外	基数内		基数外	竞价		置换		超发		……
	2002年	与2001年比(±%)	2002年	与2001年比(±%)		2002年	与2001年比(±%)		2002年	与2001年比(±%)	2002年	与2001年比(±%)	2002年	与2001年比(±%)	
购电电价（元/kWh）															
购电量（亿 kWh）															

项目						
跨区电价（元/kWh）	上网电价		批准部门、文号及时间		与 2001 年同期比增减(%)	
	输电电价		批准部门、文号及时间		与 2001 年同期比增减(%)	
	电量(亿 kWh)		批准部门、文号及时间		与 2001 年同期比增减(%)	

项目	批准电价		优惠企业电价	
平均销售电价（元/kWh）	电价水平		电价水平	
	批准部门、文号及时间		优惠幅度(%)	
			电量(亿 kWh)	
			批准部门、文号及时间	

填报说明： 填报时间：

1. 电网企业以网、省公司为单位填报表格，由国家电网公司和南方电网公司分别汇总后，附网、省公司原表上报国家电力监管委员会。
2. 本报表须由单位负责人签字、单位盖章后上报。
3. 实行市场采购或其他竞价方式的上网电价，也在竞价电价电量中反映。
4. 跨区电价指华中—华东送电、川电东送、东北—华北送电、福建—华东送电、山西阳城电厂—江苏送电、天广交直流送电电价。
5. 优惠企业电价指超出国家计委审批范围的优惠电价部分。

电网企业2003年1～3月电价执行情况调查表

填报单位：　　　　　　　　　　　　　　　　　　　　　　　　　　　　单位负责人：

项目	实际电量电价构成														
	总电量与加权平均电价		以计划电量划分			以基数电量划分			其他形式的电价电量						
			计划内		计划外	基数内		基数外	竞价		置换		超发		
	2002年	与2001年同期比(±%)	2002年	与2001年同期比(±%)		2002年	与2001年同期比(±%)		2002年	与2001年同期比(±%)	2002年	与2001年同期比(±%)	2002年	与2001年同期比(±%)	……
购电电价(元/kWh)															
购电量(亿kWh)															

项目						
跨区电价(元/kWh)	上网电价		批准部门、文号及时间		与2001年同期比增减(%)	
	输电电价		批准部门、文号及时间		与2001年同期比增减(%)	
	电量(亿kWh)		批准部门、文号及时间		与2001年同期比增减(%)	

项目	批准电价		优惠企业电价	
平均销售电价(元/kWh)	电价水平		电价水平	
	批准部门、文号及时间		优惠幅度(%)	
			电量(亿kWh)	
			批准部门、文号及时间	

填报说明：　　　　　　　　　　　　　　　　　　　　　　　　　　　　填报时间：

1. 电网企业以网、省公司为单位填报表格，由国家电网公司和南方电网公司分别汇总后，附网、省公司原表上报国家电力监管委员会。
2. 本报表须由单位负责人签字、单位盖章后上报。
3. 实行市场采购或其他竞价方式的上网电价，也在竞价电价电量中反映。
4. 跨区电价指华中—华东送电、川电东送、东北—华北送电、福建—华东送电、山西阳城电厂—江苏送电、天广交直流送电电价。
5. 优惠企业电价指超出国家计委审批范围的优惠电价部分。

关于印发《国家电力监管委员会工作规则》的通知

（电监发［2003］8号）

会内各部门，中电联，电力报社：

现将《国家电力监管委员会工作规则》印发给你们，请认真贯彻执行。

二〇〇三年四月二日（印）

国家电力监管委员会工作规则

第一章　总　　则

一、根据《国务院关于印发电力体制改革方案的通知》（国发［2002］5号）、《国务院办公厅关于印发国家电力监管委员会职能配置内设机构和人员编制规定的通知》（国办发［2003］7号）和《国务院工作规则》，制定本规则。

二、国家电力监管委员会（简称电监会）的工作坚持以邓小平理论和“三个代表”重要思想为指导，贯彻执行党的路线、方针和政策，根据国务院授权，认真履行职责。建设行为规范、运转协调、公正透明、廉洁高效的电力监管机构。

三、电监会各职能部门要各司其职，各负其责，在各自职权范围内，独立负责地做好工作，切实贯彻落实电监会的各项决策和工作部署。

四、电监会工作人员要解放思想，实事求是，与时俱进。坚持开拓进取，严谨务实，依法公正，清正廉洁。

第二章 电监会领导及有关负责人职责

五、电监会实行主席负责制，主席是电监会的法定代表人，领导电监会的全面工作，副主席协助主席工作。

六、主席召集和主持电监会主席办公会议、全国电力监管工作会议和有关重要会议。

七、副主席按分工负责处理分管工作，对主席负责。受主席委托，负责其他方面的工作或者专项任务，并可代表电监会进行社会公务和外事活动。

八、总监、首席会计师、首席工程师在主席、副主席领导下工作，受主席、副主席委托，处理电监会监管业务和财务、工程技术等方面的工作。

九、各部门主任负责本部门的工作，对分管本部门的主席、副主席负责。

十、主席、副主席的具体工作分工，经主席办公会议讨论，由主席决定。

第三章 依 法 监 管

十一、电监会按照国务院授权，行使行政执法职能，依照法律、法规统一履行全国电力监管职责。

十二、根据社会主义市场经济发展、社会全面进步和扩大对外开放的需要，适时研究电力发展与改革的新情况和新问题，构建和不断完善政府监管下的政企分开、公平竞争、开放有序、健康发展的电力市场体系。

十三、坚持科学决策，建立健全决策机制，完善重大决策的规则和程序。

十四、加强工作的计划性、系统性和预见性，科学合理地确定年度工作安排布局和工作要点。

十五、严格实行执法责任制和执法过错追究制，切实做到依法办事，严格执法。

十六、加强电力监管信息网站建设，发布监管信息，便于群众知情、参与和监督。重视人民来信来访，维护人民群众的根本利益。

第四章 会 议 制 度

十七、电监会实行主席办公会议、专题会议和全国电力监管工作会议制度。

十八、主席办公会议由主席、副主席、总监、首席会计师、首席工程师和办公厅主任组成，由主席或主席委托的副主席召集和主持。根据会议内容，由主席确定有关负责同志列席会议。主席办公会议的主要任务是：

（一）传达和贯彻党中央、国务院有关重要文件、指示和重大决策部署；

（二）讨论决定电监会工作中的重大事项；

（三）讨论通过由电监会制定和发布的重要规章；

（四）研究讨论重大纠纷的仲裁决定；

（五）审议电力监管工作会议和重要专题会议文件；

（六）讨论决定各派出机构和所属单位请示电监会的重要事项；

（七）通报和讨论电监会其他事项。

主席办公会议一般每月召开两次，主席可根据情况决定临时召开。

十九、专题会议由主席、副主席（或委托总监、首席会计师、首席工程师）根据工作需要确定议题，召集有关人员研究、协调和处理电力监管工作中某一方面的问题。

专题会议不定期召开。

二十、全国电力监管工作会议由主席主持召开，参加人员为：主席办公会议成员，各部门、各派出机构和所属单位主要负责人。全国电力监管工作会议的主要任务是：总结交流、研究部署电力监管工作。

二十一、主席办公会议、全国电力监管工作会议的议题由主席确定，会议的组织工作由办公厅负责。

主席办公会议和专题会议的会议纪要，由会议主持人签发。

二十二、电监会视工作需要，可召开专业会议。专业会议以电监会名义或电监会有关部门名义召开，由有关部门主办，参加人员为全部或部分派出机构和所属单位负责人。

二十三、建立会议制度，严格会议审批。电监会及各部门召开会议要贯彻精简、高效、节约的原则，尽量压缩会议时间，精简会议人员，不得在高级宾馆和风景名胜区开会。在不需要保密的情况下，要尽可能采用电视电话会议等快捷、高效、节俭的会议形式。

第五章 公文审批管理制度

二十四、电监会办理的公文，应当符合《国家行政机关公文处理办法》（国发［2000］23号）的有关规定；公文的审批按电监会领导同志分工负责的原则办理。

二十五、电监会收文及办理原则：

（一）党中央、国务院的文件及党和国家领导人批示报送主席阅批；

（二）国务院办公厅、有关部委、各省（自治区、直辖市）人民政府和电力企业集团及电监会派出机构、所属单位的重要文件，按分工报送主席或副主席阅批；

（三）国务院其他部门和电力企业集团及电监会派出机构、所属单位的一般业务文件，按分工送有关部门阅办；

（四）需要报送领导阅批的或需要办理的文件须由办公厅提出拟办意见。

二十六、电监会签报及办理原则：

电监会本部各部门向主席、副主席请示、报告事项用签报。

办公厅为签报的管理部门。除人事任免、案件查处等内容的签报按有关规定办理外，其余签报经会领导阅批后，由办公厅登记并复印，原件留存，复印件返回报送部门或送交承办部门。

二十七、电监会发文及办理原则：

（一）呈报党中央、国务院的请示、报告和发送国家有关部门的重要文件，经分管副主席审核后，由主席签发。其中，副主席以上领导出国请示由分管外事的副主席签发；

（二）电监会一般发文按分工由主席或副主席签发，发文内容如涉及两位以上领导分管的工作，则应经有关领导核签；

（三）发文内容如涉及其他部门业务，应事先会签。

二十八、各级领导在审批公文时，应明确签署意见，并注明签批时间。对于一般报告性公文，圈阅表示“已阅知”；对于有具体请示事项的公文，圈阅则表示“同意”请示的事项。

第六章　作风纪律

二十九、电监会领导和全体工作人员，要不断加强学习，充实新知识，丰富新经验。同时，要深入实际，调查研究，了解新情况，解决新问题。

三十、电监会领导同志深入基层调查研究，指导工作，解决问题，要轻车简从，不吃请，不收礼。

三十一、除党中央、国务院以及电监会统一组织安排的活动外，电监会领导同志一般不出席剪彩、颁奖、揭牌、首映首发式等事务性活动。

电监会领导同志一般不接受各派出机构、所属各单位、各电力企业出席会议和事务性活动的邀请，如确有需要，应事先报电监会办公厅，由办公厅提出意见报批。

中直机关、中央国家机关各部门和各省（自治区、直辖市）人民政府邀请电监会领导同志参加会议、出席重要活动或要求会见电监会领导同志，由办公厅提出初步意见请示会领导后统一安排。

三十二、电监会对外发布信息和进行宣传报道统一由办公厅负责。电监会其他职能部门对外发布信息和进行宣传报道，以及以公务身份接受记者采访，需经办公厅协调。

除外事活动外，以电监会名义开展的各种社会活动，印制各种书籍、资料，举办各种展览展示活动等，均由办公厅统一负责；向电监会领导约稿公开发表，请电监会领导题辞题字等，均需办公厅统一协调；以电监会名义公开发表或收录入书的文章，均应经办公厅审核后，报送有关领导审定。电监会工作人员发表个人署名文章，涉及电监会有关工作内容，应经部门领导同志审核。

三十三、主席出差、休假按国务院规定办理，并委托一位副主席主持全面工作。副主席出差、休假，应事先报告主席，并将离京外出的时间、前往地点、联系方式等事项告知办公厅。

总监、首席会计师和首席工程师出差、休假，应事先请示主席或副主席同意。各部门正职领导出差、休假应事先请示分管的主席或副主席同意，明确一位副职主持本部门工作，并报办公厅；部门副职出差、休假要经正职同意。各部门的领导不得同时出差、休假，必须有一位领导在本部门主持工作。

三十四、电监会领导的外事活动，由会领导决定，或由外事部门提出建议，经分管外事工作的会领导审核后，报送参与外事活动的会领导审定。

三十五、主席、副主席出国访问，按国务院有关规定办理。

总监、首席会计师、首席工程师和各部门正职出国，由有关部门提出申请，经外事部门提出办理意见后，由分管该部门和外事工作的副主席审核，主席签批。各部门副职出国，由所在部门提出申请，经外事部门提出办理意见后，由分管该部门和外事工作的副主席批准，重要的出访应报经主席同意。

关于规范电力市场秩序保证电力供应有关问题的通知

（电监市场［2003］11号）

国家电网公司，南方电网公司，华能、大唐、国电、华电、中电投集团公司，各有关发电公司：

2003年以来，国民经济快速发展，社会用电需求稳步增长，全国电力供需总体平衡，部分地区在用电高峰时期出现电力供应紧张。2003年是电力工业按新体制开始运作的第一年，新的电力工业管理体系和管理制度正在逐步形成和完善，为规范电力市场秩序，保证电力供应，根据《国务院办公厅关于认真做好电力供应有关工作的通知》（国办发［2003］21号）精神，现就有关问题通知如下：

一、加快电力市场建设，规范电力市场秩序。加快电力市场建设，符合电力工业市场化改革的方向，符合电力工业发展的客观规律，有利于促进电力资源的优化配置。电力市场建设要按照统一部署、整体设计、分步实施的原则进行。已明确进行电力市场试点的地区，要按照批准的方案和总体部署，规范运作，加快实施。未开展电力市场试点的地区，可根据各地区的实际，进行电力市场建设的研究准备工作，条件成熟时，适时开展电力市场建设。未经批准，任何单位不得自行出台电力市场建设的方案。

二、打破市场壁垒，促进电力资源的优化配置。区域电网之间、省级电网之间以及省内电网之间都应按要求开放电力市场，尤其是电力供应紧缺的地区，应鼓励本地区以外的电能进入本地市场，鼓励企业的自备电厂将富余电量上网。不同地区、电网之间的电量交换应满足电网安全运行的技术条件，遵循市场经济的基本规律，并按规定签订购售电合同。国家电力监管委员会正在组织制订优化电力调度的有关规则，以加快市场开放步伐，促进电力资源的优化配置。

三、加强购售电和并网调度管理，规范电力企业的权利、责任和义务。电网经营企业与发电企业应按照有关规定签订购售电合同，通过合同明确购售电的电量、电价、计量、结算等有关问题，并认真履行合同。电网经营企业的购电计划，应根据政府有关部门制定的年度发电量预期目标，根据政府有关部门批准的上网电价以及批准上网电价时的基本条件，按照公平、公正、公开的原则确定。电网经营企业应与并网运行的发电企业签订并网调度协议，通过协议明确有关技术和安全要求，按规定承担相应的安全责任。国家电力监管委员会正在组织拟订《购售电合同范本》和《电厂、电网并网调度协议范本》，以促进购售电合同和并网调度协议的规范运作。

四、合理安排系统检修和电网运行方式，提高经济运行水平。合理安排设备检修计划和电网运行方式是保证电网安全稳定运行的重要方面。发电设备检修计划由发电企业根据设备检修规程和机组运行状况提出申请，由电网经营企业根据电力供需形势、安全约束条件和系统运行状况统筹考虑后，商发电企业确定并报有关部门备案。电网经营企业应合理安排，保证发电设备按计划检修。电力调度机构要合理安排各类机组的运行方式，保证发电设备以比较经济的状态并网运行。发电机组非计划停运考核办法由国家电网公司和南方电网公司商发电企业提出，经国家电力监管委员会审定后执行。所有考核扣减的违约电量、违约金不作为电网企业的经营收入，专项用于对非计划停运产生影响的必要补偿以及对参加考核电厂的奖励。电网经营企业要定期（至少按季度）公布非计划停运考核情况。

五、维护电力调度秩序，保证电网安全稳定运行。各电力企业要严格执行电力调度的有关规定，各电力调度机构要依法行使电力调度职能。发电企业应严格执行调度指令，按规定向电网提供系统备用和辅助服务，对直接涉及电网运行安全的继电保护、自动化及安全自动装置、无功调节以及发电励磁系统等，应纳入电力系统的统一规划和技术监督范畴，由电网经营企业会同发电企业定期检测。

六、加强电力信息披露工作，促进电力企业公平竞争。大区和省级电网经营企业要做好电力负荷预测工作，深入分析电网运行特点，制订电力电量平衡方案，并定期向有关发电企业通报。各电力调度机构要认真执行电网调度信息披露的有关规定，按月、季、年公布电力运行的有关信息。电网经营企业与发电企业应建立联系会议制度，定期沟通情况。电力市场运行中出现的重大问题，应及时报告国家电力监管委员会。

国家电力监管委员会将在适当时机，对各地区和有关电力企业执行上述要求的有关情况进行检查。

二〇〇三年五月十九日（印）

关于印发区域电力市场建设指导意见的通知

（电监市场［2003］21号）

国家电网公司，南方电网公司，华能、大唐、华电、国电、中电投集团公司，各有关电网经营企业，各有关发电企业：

为推进区域电力市场建设，国家电力监管委员会制订了《关于区域电力市场建设的指导意见》，现印发你们，请依照执行。

已经开展区域电力市场建设试点工作的，要精心组织，积极推进。尚未进行的，应结合区域电网实际，认真研究。执行中的有关重大问题，请及时向国家电力监管委员会报告。

二〇〇三年七月二十四日（印）

关于区域电力市场建设的指导意见

根据《国务院关于印发电力体制改革方案的通知》(国发［2002］5号)精神，为推进区域电力市场建设，提出以下指导意见。

一、电力市场建设的指导思想、原则和任务

(一)电力市场建设的指导思想是：从我国的国情出发，借鉴国外电力市场建设的经验，遵循社会主义市场经济规律和电力工业发展规律，以厂网分开、竞价上网为基础，以区域电力市场建设为重点，打破市场壁垒，充分发挥市场配置资源的基础性作用，优化电力资源配置，促进电力工业持续健康发展，满足国民经济发展和人民生活水平提高对电力的需要。

(二)电力市场建设的基本原则是：统筹规划，合理布局，总体设计，分步实施，因地因网制宜。电力市场建设要有利于电力系统安全稳定运行；有利于促进电力工业持续健康发展；有利于消除市场壁垒，实现电力资源的优化配置；有利于促进电力企业公平竞争，降低成本，提高效率。

(三)电力市场建设的任务是：到“十五”末期，初步形成华北、东北、华东、华中、西北、南方六大区域电力市场，基本建立电力市场运营的法规体系和电力监管组织体系，全国大部分地区大部分发电企业实行竞价上网，符合条件的大用户(含独立配售电企业，下同)直接向发电企业购电。

二、区域电力市场建设的基本目标和模式

(四)区域电力市场建设的目标是：构筑政府监管下的统一、开放、竞争、有序的电力市场体系。区域电力市场包括统一市场和共同市场两种基本模式。

统一市场是指在一个区域内设置一个电力市场运营机构，电能交易(包括合约交易和现货交易)和交易价格均在一个市场运营机构内形成。区域电力市场内实行统一规划，统一规则，统一管理，统一运作。

共同市场是指在一个区域内设置一个区域市场运营机构和若干个市场运营分支机构，电能交易(包括合约交易和现货交易)和交易价格在市场运营机构内分层形成。区域电力市场内实行统一规划，统一规则，统一管理，协调运作。

(五)在区域电力市场建设初期，区域电力市场运营机构暂时不能覆盖或电网联系比较薄弱的地区，可设立相对独立的市场运营机构，实行与区域电力市场统一规划，统一规则，统一管理，在区域市场运营机构的指导下相对独立运作，条件成熟时，逐步向统一市场或共同市场过渡。

(六)选择区域电力市场模式，应根据区域内电力资源与用电负荷特点、电网技术条件、电力体制状况，结合当地社会经济的客观情况综合考虑确定。

(七)无论选择何种市场模式，在同一区域内均应统一制定电力市场建设方案，统一考虑市场布局，统一市场运营规则和竞争模式，统一市场技术标准，统筹规划，配套建设，协调推进。

三、区域电力市场的主要交易方式

(八)区域电力市场的电能交易按照“合约交易为主，现货交易为辅”的原则组织。合约交易是指市场主体通过签订电能买卖合同进行的电能交易，现货交易是由发电企业竞价形成的次日(或未来24小时)电能交易以及为保证电力供需的即时平衡而组织的实时电能交易。

(九)合约交易可以按周、月、季、年或一年以上时段组织，合约交易原则上通过竞争的方式形成，竞争电量的比例由电力监管机构确定。随着电力市场的发育和改革的深化，应逐步扩大参加竞争的电量比例。

(十)现货交易可以采用全电量竞价和部分电量竞价的方式。全电量竞价指参与竞价上网机组的全部电量均在现货市场中竞价，其中大部分电量由购售电双方签订差价合同；部分电量竞价指参与竞价上网的发电机组按规定安排一定比例的电量参加现货市场竞价，大部分电量由购售电双方签订物理合同。

(十一)各区域电力市场应合理确定电费结算方式，按规定报批后执行。在国家电价制度改革之前，竞争电量部分按市场竞争形成的价格结算，其余电量按国家批准的价格结算，或按购售电企业签订的差价合约结算。具备条件的可实行容量电价和电量电价两部制模式。在电力市场运行初期，为维护市场稳定，电力监管机构可以会同有关部门对竞争形成的电价实行最高和最低限价。

(十二)建立有利于促进电网健康发展的输配电价格机制。经核准的大用户向发电企业直接购电，其购售电价格由双方协商确定，输配电价格按国家规定执行。

(十三)辅助服务分为基本辅助服务和有偿辅助服务，辅助服务的具体分类由区域电力监管机构根据区域电网的实际情况研究确定。电力市场主体应按规定向系统提供基本辅助服务。有偿辅助服务原则上通过市场有偿获得。在电力市场建设初期有偿辅助服务可暂不纳入交易范围，随着市场发育，辅助服务逐步实行市场竞争。

四、加快区域电力市场建设的主要措施

（十四）深化厂网分开改革，培育和规范市场竞争主体。对集资建设或合作建设的发电企业，要抓紧明晰产权，完善法人治理结构，落实出资人权利，按现代企业制度组建独立发电公司；对跨省跨区经营的发电企业，要理顺发电企业参与电力市场的组织关系；在政府依法监管下，按照市场引导、企业自愿、优势互补、规模经营的原则，推动发电企业的联合、重组，并创造条件，逐步优化发电企业的产权结构。

（十五）按照国务院文件精神和电力改革的总体要求，重组电网经营企业。区域电网公司应按照区域电力市场建设的需要，理顺组织关系，完善功能，加强区域电网规划，加快电网建设，加强对区域电力市场运营机构的管理，保证电网安全稳定运行。

（十六）加快电力市场运营机构建设。在现有电力调度通信体系的基础上，建立和健全电力交易、计量、结算等功能，合理确定电力调度交易机构的功能分工，逐步建成与市场运作相适应、综合配套的电力市场运营机构。

（十七）健全电力市场法规体系。加强电力市场法规建设，制定电力市场运营的基本规则、区域电力市场运营规则和有关细则，加强市场准入和退出管理，保证电力市场运营规范、有序。

（十八）加快建立电力市场监管体系，加强电力市场培育和市场运营监管。电力监管机构要与电力市场整体设计、同步建设，具备条件的，可根据需要先行建立电力监管机构，以加快电力市场的培育。

（十九）加强电力市场技术支持系统建设。区域电力市场技术支持系统应按照统一规划、统一标准、统一管理的原则，由区域电网公司按规定商发电企业统一开发，各市场主体按规定配套建设。

五、推进电力市场建设的步骤及组织实施

（二十）电力市场建设要积极稳妥、因地制宜、试点先行、梯次推进。2003 年先选择部分地区进行区域电力市场建设的试点，加强对其他区域电力市场研究的组织协调，2004 年、2005 年再按条件依次启动其他区域电力市场，用三年的时间初步形成六大区域电力市场。在此基础上，结合电力体制改革的总体进程，进一步推进电力市场的建设。

（二十一）国家电力监管委员会根据电力体制改革的总体部署和各区域电网实际，确定电力市场建设的任务、目标和实施步骤；电力监管分支机构会同有关电网经营企业和发电企业研究区域电力市场建设方案，经国家电力监管委员会批准后实施。未经批准，任何单位不得擅自出台电力市场建设方案。

（二十二）电力市场建设问题复杂、涉及面广，需要统筹规划、统一领导、分工负责、协调推进。开展电力市场建设的区域，要成立由电力监管机构牵头，电网经营企业、发电企业和有关方面参加的工作领导机构，明确分工，密切配合，系统推进电力市场建设，保证电力市场的健康发展。

关于配合公安部门开展部分省区打击盗窃破坏电力设备窃电犯罪专项行动的通知

（电监稽查［2003］35 号）

各电网公司，各发电集团公司：

为了严厉打击盗窃破坏电力设施、窃电等犯罪行为，确保电力生产及运行安全，根据中央有关领导的批示精神，公安部决定从 9 月中旬开始到年底，在河北、山西、江苏、浙江、安徽、福建、山东、河南、广东、广西、四川、贵州、云南、甘肃、青海等 15 个重点省（自治区）开展一次打击盗窃破坏电力设施窃电犯罪专项行动，并要求其他省份也要主动加强对涉电违法犯罪案件的侦破工作。为积极配合公安部门严厉打击盗窃破坏电力设施窃电犯罪，现将有关要求通知如下：

一、提高认识。盗窃破坏电力设施和窃电等违法犯罪行为严重危及电力生产和运行安全，直接影响到广大人民群众的生产和生活，给国家和企业造成巨大的经济损失。因此，各电力企业要以党的十六大精神和胡锦涛同志“七一”讲话为指导，从实践“三个代表”重要思想的高度，充分认识这次打击盗窃破坏电力设施和窃电等犯罪专项行动的重要性，以高度的政治责任感和紧迫感，全力配合公安机关做好相关工作。

二、积极主动配合工作。电力企业要主动与公安部门及地方有关部门取得联系，在公安部门的统一领导下，做好相关工作。未列入重点整治的省份，省电力公司要制订重点整治方案，积极开展重点整治，严厉打击盗窃破坏电力设施和窃电等犯罪行为。为确保专项整治行动的顺利进行，电力企业要积极提供有关线索，主动做好有关服务和保障工作。

三、严格公正执法。按国务院办公厅国办发［2003］7 号文规定，由电监会负责电力行政执法。鉴于目前国家电力监管分支机构尚未成立，请各地经贸委等有关部门给予配合。电力企业要结合专项整治积极开展企业依法自保活动。在这次专项整治行动中发现的尚不构成刑事犯罪但须按有关法律法规进行行政处罚的违法违规案件，由地方有关部门按规定及时进行处理；如需国家电力监管委员会直接处理的案件，请将有关案宗材料加密后报送我会。

四、做好宣传教育工作。各电力企业要高度重视此次专项行动，充分利用各种媒体，采取多种形式，大力宣传依法护电用电的典型事例和专项行动中成绩突出的公安干警的先进事迹，营造一个震慑犯罪、扬正压邪、鼓舞群众积极支持专项行动的舆论环境，进一步提高全社会依法护电用电的意识。

五、加强信息沟通。在专项行动期间，各电力企业要保持与公安部门之间信息传递的畅通，主动沟通，配合当地公安机关按照公安部的要求，严格执行信息报告制度。

本次专项行动结束后，请各电网公司、各发电集团公司对配合公安部门开展专项斗争的情况进行总结，并将总结材料于2004年1月底前报送我会。

二〇〇三年九月二十三日（印）

印发《关于促进电力调度公开、公平、公正的暂行办法》的通知

（电监市场［2003］46号）

国家电网公司、南方电网公司，华能、大唐、华电、国电、中电投集团公司，各有关电网经营企业、发电企业，各省（区、市）发展改革委（计委）、经贸委（经委）：

为适应电力体制改革后厂网分开和市场主体多元化的新形势，规范电力市场秩序，维护各市场主体的合法权益，我会制定了《关于促进电力调度公开、公平、公正的暂行办法》。现印发你们，请依照执行。

二〇〇三年十二月二十九日（印）

关于促进电力调度公开、公平、公正的暂行办法

第一章 总 则

第一条 为适应电力体制改革后厂网分开和市场主体多元化的新形势，规范市场秩序，维护电网经营企业和发电企业的合法权益，促进电力调度公开、公平、公正，根据《中华人民共和国电力法》、《电网调度管理条例》及国家有关法规，制定本办法。

第二条 电力公开、公平、公正调度是指电力调度机构遵循国家法律法规，在满足电力系统安全、稳定、经济运行的前提下，按照公平、透明的原则，在调度运行管理、信息披露等方面，平等对待各市场主体。

第三条 电力公开、公平、公正调度应当遵循以下原则：

（一）遵守国家有关法律法规，贯彻国家能源政策、环保政策和产业政策，认真执行国家和行业的有关标准、规范；

（二）保障电力系统的安全、优质、经济运行，充分发挥系统能力，最大限度地满足社会的电力需求；

（三）维护电力生产企业、电网经营企业和电力用户的合法权益；

（四）发挥市场调节作用，促进电力资源的优化配置。

第四条 本办法适用于省级及以上电力调度，省级以下电力调度可参照执行。

第五条 开展电力市场试点和建设的地区，电力调度机构应当按照市场运营规则的规定，公开、公平、公正调度。

第二章 调度运行管理

第六条 电力调度机构应当依据购售电合同及并网调度协议，按照电网运行的整体需要，制定调度计划，合理安排运行方式，提高电网运行的经济效益和社会效益。

第七条 电力调度机构应当对年度购售电合同完成进度适时进行滚动调整，在同一电网内年度购售电合同完成进度应当大致相当。

因用电市场变化需调整发电企业年度购售电合同电量时，电力调度机构应当依据购售电合同及并网调度协议有关条款，按公平原则调整。

第八条 实行峰谷电价的，电力调度机构应当根据电网运行需要、考虑发电设备状况和兼顾各发电企业利益，公平合理地安排各发电企业的峰、谷调度计划。

第九条 电力调度机构应当充分利用跨区跨省输电线路和现有发电资源，实现电网间优势互补，发挥错峰效益和联网效益。

第十条 发电企业应当按规定报送本企业的发电设备检修计划建议，电力调度机构应当根据电网运行需要和电力系统设备运行状况，统筹安排并网运行的发电设备的检修计划。因故需要调整发电设备检修安排时，应当征求发电企业的意见。

第十一条 为保证电力系统安全稳定运行而需要发电企业参与的电力系统试验，应当事先与有关发电

企业协商，对发电量影响较大的，在安排发电计划时考虑适当补偿。

第十二条 新建发电设备并网，电力调度机构应当依据并网调度协议，商发电企业及时编制启动并网调试调度方案，积极安排新机组的调试试运行。

第十三条 电力调度机构根据电网运行需要编制电网反事故预案，应当征求有关发电企业意见，由电力调度机构下达执行。由电力调度机构组织的事故分析，应当按规定及时将分析结果通报有关发电企业。

第十四条 电力调度机构应当根据有关规定，商有关发电企业提出并网发电厂运行管理考核办法，经批准后定期开展运行状况考核。考核结果应当向发电企业公布，并报电力监管机构和省级政府经济运行主管部门备案。

第三章 信息披露

第十五条 电力调度机构负责按规定收集、管理、披露有关信息；发电企业应当按规定向电力调度机构提供有关信息。

提供、收集、管理、披露电力调度信息，必须及时、真实、准确、完整。

第十六条 电力调度信息的公布和使用，应当遵守相关保密制度。

第十七条 电力调度机构应当按月、季、年组织调度信息披露。同时应当创造条件，逐步缩短信息披露的周期。

第十八条 信息披露可采用简报、网站等形式；具备条件的，季度、年度信息披露应当发布书面材料。

第十九条 应当披露的电力调度信息主要包括：

（一）电网结构情况，并网运行机组技术性能等基础资料，新建、改建发输电设备投产运行情况；

（二）电网安全运行的主要约束条件；电网重要运行方式的变化情况；

（三）发电设备、重要输变电设备的检修计划及执行情况，主要水电厂（站）来水情况；

（四）年度电力电量需求预测和电网中长期运行方式，电网年度分月负荷预测；电网总发电量、最高最低负荷及负荷变化情况；年、季、月发电量计划安排及执行情况；

（五）跨大区、跨省电力、电量交换情况；

（六）各发电企业机组的上网电量和年度合同电量完成情况，发电利用小时数；实行峰谷分时电价的，各发电企业峰、谷、平段发电量情况；

（七）各发电企业执行调度指令和调度纪律情况，发电机组非计划停运情况，调峰、调频和调压情况；

（八）并网发电厂运行考核情况，考核所得电量、资金的使用情况；

（九）其他需要披露的信息。

第四章 实施与监管

第二十条 国家电力监管委员会负责监督电力公开、公平、公正调度的实施。

第二十一条 建立电力调度联席会议制度，研究决定电力调度运行管理中的重大问题，通报有关情况。电力调度联席会议由电力调度机构或电网经营企业牵头，有关发电企业参加。

第二十二条 建立电力公开、公平、公正调度情况报告制度。电力调度机构应当定期向电力监管机构报告电力公开、公平、公正调度实施情况。国家电力调度机构每半年向国家电力监管委员会书面报告一次；区域和省级电力调度机构每季度向区域电力监管机构书面报告一次，抄送国家电力监管委员会和有关省级政府经济运行主管部门。

第二十三条 电力监管机构应当会同省级政府经济运行主管部门定期组织对电力公开、公平、公正调度情况进行监督评价，监督评价情况应当及时公布。

电力公开、公平、公正调度监督评价办法由电力监管机构会同有关部门另行制定。

第五章 附 则

第二十四条 本办法自2004年1月1日起施行。

关于认真做好电力安全生产工作的通知

（电监办［2003］49号）

国家电网公司，南方电网公司，华能、大唐、华电、国电、中电投集团公司，各有关电力企业：

电力安全生产事关国家安全和社会稳定大局，安全可靠的电力供应对于保持社会稳定和促进经济发展具有十分重要的意义。党中央、国务院十分重视电力安全生产工作，针对当前电力改革与发展的新形势，国务院办公厅近日专门下发了《关于加强电力安全工作的通知》（国办发［2003］98号），对电力安全生产工作提出了明确要求。为了认真贯彻落实国办发［2003］98号文件精神，加强电力安全生产管理，确保电力安全生产和供应，特通知如下：

一、加强领导，依法管理，把电力安全生产的各项措施切实落到实处。电力企业要从实践“三个代表”重要思想和讲政治、促发展、保稳定的高度，切实重视电力安全生产，牢固树立安全第一、“责任重于泰山”的思想观念，认真做好电力安全生产工作。要始终坚持“安全第一、预防为主”的方针，加强对电力安全生产的领导，层层落实电力安全生产责任制。要严格执行《安全生产法》等有关安全生产的法律、法规、规章和各项安全生产标准，依法加强电力安全管理，要完善并认真执行各项规章制度，制定并落实确保电力安全生产的各项措施。

二、协调配合，齐心协力做好电力安全生产工作。厂网分开改革后，电力安全责任主体发生了新的变化，但电力安全生产的整体性和电网运行的客观规律没有改变，电力企业要密切配合，同心协力，做好安全生产工作。发电企业要认真做好电力设备的检修维护工作，避免因设备故障影响电力安全生产，要按规定完善各项技术措施，服从统一调度，严格按照调度指令安排运行方式。电网经营企业要做好电力供需平衡，加强需求侧管理，科学合理引导电力消费，要建立有效的电力系统突发事件应急机制，提高紧急情况和事故情况下的处理能力，要建立与发电企业的协商机制，及时沟通情况，做到网厂协调配合。电力调度机构要科学合理调度，在电网运行方式、备用容量安排、设备检修计划、紧急事故处理等方面要做到统筹安排，坚持公开、公平、公正调度，按规定及时披露有关信息，接受有关方面的监督。

三、认真做好“两节”期间的电力安全生产工作。2004年元旦和春节即将来临，电力企业要按照国务院安全生产委员会办公室《关于认真做好元旦、春节期间安全生产工作的通知》（安委办字［2003］3号）要求，切实做好元旦、春节期间电力供应和安全生产工作。电力企业要按通知要求，立即组织开展一次安全生产检查，并精心组织、突出重点，切实把检查工作落到实处，对检查中发现的问题要抓紧整改。当前，一些地区的电力供应紧张，电网经营企业要切实组织好节日期间的电力安全供应，要制订并落实好紧急情况下的限电和事故处理预案，要将确保人民群众生活用电、重要场所及重要负荷用电放在电力供应的首位。

四、认真做好电力安全信息报送工作。为了加强电力安全监管工作，国务院授权国家电监会具体负责电力安全监督管理。为更好地履行电力安全监督管理职责，国家电监会拟建立电力安全信息报送制度。各电力企业要将有关电力安全方面的情况和信息及时报送国家电监会（值班电话：010－66597388，传真：010－66597310）。

请各单位将贯彻落实情况于2004年1月10日前报国家电监会办公厅。

二〇〇三年十二月二十二日（印）

关于建立东北区域电力市场的意见

（电监供电［2003］15号）

国家电网公司，国电东北公司，中国华能集团公司，中国大唐集团公司，中国华电集团公司，中国国电集团公司，中国电力投资集团公司，辽宁、吉林、黑龙江省电力公司，各有关发电公司：

根据《国务院关于印发电力体制改革方案的通知》（国发［2002］5号）精神，为推进东北区域电力市场建设，指导东北区域电力市场试点工作，提出如下意见。

一、建立东北区域电力市场必须统一认识

当前，我国已进入全面建设小康社会、加快推进社会主义现代化的新的发展阶段。为适应社会主义市场经济发展的需要，有效实施电力工业可持续发展战略，必须深化电力体制改革，培育区域电力市场，打破垄断，引入竞争，实现区域乃至全国范围的电力资源优化配置。

东北电网是我国最早形成的跨省统一电网，长期实行统一规划、统一建设、统一调度、统一核算和统一管理，现已基本形成了比较完善的跨省主网架；东北三省综合销售电价水平比较接近，有利于新电价机制的形成；1999年开始的东北三省“厂网分开、竞价上网”试点，为建设东北区域电力市场积累了一定的实践经验；目前，东北地区电力供需环境相对宽松，引入竞争机制、建立区域电力市场的时机基本成熟。

二、建立东北区域电力市场的指导思想、原则和目标

（一）指导思想

以《国务院关于印发电力体制改革方案的通知》（国发［2002］5号）为指导，按照我国建立电力市场的总体要求，总结和借鉴国内外电力市场改革的经验教训，遵循市场经济的一般规律和电力工业发展的特殊规律，建立统一的东北区域电力市场，实现区域电力资源优化配置，使电力建设与环境保护相协调，促进电力工业可持续发展。在东北地区建立起政府监管下的政企分开、公平竞争、开放有序、安全可靠、健康发展的电力市场体系。

（二）原则

1. 坚持区域电力资源优化配置的原则。充分利用现有资源，最大范围地实现区域资源的优化配置。

2. 坚持安全第一的原则。实行全网统一调度，分级管理，保障电力系统安全稳定运行。

3. 坚持公开透明、公平竞争、公正监管的原则。做到调度、交易、结算信息定期公开发布，遵循市场交易规则、依法监管。

4. 坚持统筹兼顾各方利益的原则。正确处理好政府、发电企业、电网企业和电力用户之间的利益关系。

5. 坚持积极推进与循序渐进相结合的原则。东北区域电力市场建设要总体设计、分步实施、稳定推进。

（三）目标

初期目标：组建东北区域电网公司，网、省电网公司之间构建母子公司关系；开放部分发电市场；逐步对配电业务实行内部财务独立核算；允许发电权转让；有步骤地开展发电公司与大用户双边交易试点；建立区域电力市场监管体系和市场运营规则，初步形成以区域电力调度交易中心为交易平台的、省为结算中心的、统一的东北区域电力市场。

中期目标：随着电力体制改革的深入、配套电价政策的出台，进行输配分开的改革；逐步加大电力市场竞争力度，开展发电公司与独立配电公司和大用户的双边交易；建立辅助服务市场；完善区域电力监管体系，形成以区域电力调度交易中心为交易平台的、输配电网开放的、统一的东北区域电力市场。

远期目标：在售电端引入竞争机制，实现所有市场主体参与的全面竞争；建立电力期货、期权等电力金融市场；形成政府监管下的、公平竞争的、全面开放的东北区域电力市场。

三、东北区域电力市场框架

根据东北电力市场的实际和特点，在东北电网覆盖区域（含辽宁省、吉林省和黑龙江省，蒙东的赤峰市、通辽市以及兴安盟、呼盟）建立一个区域电力调度交易中心，在辽宁、吉林、黑龙江三省设电力结算中心，区域电力市场实行统一市场规则、统一交易平台和统一电力调度。

（一）东北区域电力市场主体

实施厂网分开，重组发电企业和电网企业，按照建立现代企业制度的要求进行公司化改组。取得电力监管机构颁发的电力业务许可证的电力企业，可以成为区域电力市场主体；通过市场准入程序，有资格进入区域电力市场。

近期，东北区域电力市场的主体主要有：东北电网公司及辽宁、吉林和黑龙江省电网公司，独立发电公司，与东北电网联网的其他电力公司等。

区域电力市场对市场主体有序开放。初期参与竞价机组原则上为网内10万kW及以上火电机组（不含供热电厂和企业自备电厂），随着市场条件的成熟，非竞价机组应逐步进入区域电力市场。

（二）东北区域电力市场调度交易和结算机构

在东北电网公司设立东北区域电力调度交易中心，在三省电网公司保留省级调度机构，设省级电力结算中心。电力调度实行全网统一调度，分级管理。区域电力调度交易中心负责电力市场交易、调度和结算，披露电力市场信息，规范服务行为，并接受电力监管机构的监管。各省电力结算中心接受区域电力调度交易中心的业务指导，由本省电网公司负责管理，为省内电力企业提供结算服务，并接受电力监管机构的监管。

（三）东北区域电力市场交易模式

东北区域电力市场主体统一在区域电力市场交易平台上进行交易，交易方式分为远期合同交易和现货交易，以远期合同交易为主。初期可以采取由区域电网公司统一购买方式，但应逐步过渡到多边交易方式。非竞价机组在未参与区域电力市场竞争前，在电力监管机构和区域电力调度交易中心的指导下，与省电网公司签订购售电合同。区域电网公司所保留的电厂，应首先用于调峰、调频及备用等辅助服务，不参加竞价上网，并按国家核定的电价结算。

（四）东北区域电力市场电价与竞争模式

发电侧上网电价。初期，东北区域电力市场采取单一过渡电价、有限电量竞争模式；中期，国家出台两部制电价政策后，采取两部制电价、全电量竞争模式；远期，实行单一制电价、全电量竞争模式。为避免现货市场价格非正常涨跌，对发电侧上网报价，实行最高和最低限价。

输配电价。按照合理成本、合理赢利、依法计税、公平负担的原则由政府确定。

销售电价。改革的方向是在允许用户自由选择供电商的基础上，由市场决定。初期由政府确定。

在上网电价与销售电价形成联动机制之前，上网机组竞价产生的差价部分资金由电力监管机构负责监管，用以规避电力市场价格波动等带来的风险。该资金的使用应规范、透明，并按照国家有关专项资金管理的规定管理。

（五）东北区域电力市场的竞争性电量

竞争性电量分为合同电量和日前电量、实时电量。

初期，竞争性电量占区域电力市场实际交易电量的20%左右，由日前和实时竞价方式确定，在技术支持系统不具备条件之前，可先以月竞价方式确定。非竞争性电量原则上按同类型机组、同等利用小时数并参照东北电网近年来平均利用小时数合理核定，执行政府批准的上网电价，按合同电量方式管理。在输电能力等许可的条件下，允许进行发电权转让。

中期，随着电力市场的成熟和技术支持系统的完善，开展全电量竞争，建立竞争性的合同市场。竞争性电量由远期合同市场（包括发电公司与大用户、独立配电公司的双边交易）和现货市场竞争确定。

远期，随着电力市场的完善，实现全电量竞争，建立电力期货、期权等电力金融市场。

（六）东北区域电力市场的辅助服务

进入区域电力市场的机组有义务承担电力系统的备用、调频、无功等辅助服务。初期，对备用、调频、无功等辅助服务建立合理的补偿机制；中期，初步建立竞争性的备用和调频等辅助服务市场，完善无功辅助服务补偿机制；远期，完善备用和调频等竞争性辅助服务市场。

（七）东北区域电力监管机构

设立东北区域电力监管机构。电力监管机构的设置按国家有关部门统一规定执行。

四、建立东北区域电力市场的配套措施

（一）制定东北区域电力市场监管和运营规则

为加快东北区域电力市场建设，在总结东北三省“厂网分开、竞价上网”经验基础上，尽快制订《东北区域电力市场监管办法》、《东北区域电力市场准入管理办法》、《东北区域电力市场运营规则》、《东北区域电力市场技术支持系统功能规范》以及有关实施细则。

（二）理顺电价机制

按照国家出台的《电价改革方案》，促进分环节的上网电价、输配电价和销售电价合理机制的形成，同时尽快出台发电排放的环保折价标准，为建立东北区域电力市场创造良好市场环境。

（二）授权非市场调控手段

为保障电力系统运行安全，根据系统的安全等级，经东北区域电力监管机构授权，东北区域电力调度交易中心在《东北区域电力市场运营规则》规定的非正常情况下，可以中止市场。

（四）加强区域市场基础建设

为适应东北区域电力市场的需要，应加快区域电网网架建设，重点加强省间和区域电网联络线及重点变电枢纽的建设，优化网络结构，提高电力输送能力。开展电网和电源综合规划工作，优化电力调度，保障东北区域电网安全、稳定和协调发展。

五、建立东北区域电力市场的组织领导及实施步骤

（一）组织领导

成立东北区域电力市场试点工作领导小组，负责试点工作的总体领导，决定试点工作中的重大问题。领导小组由国家电力监管委员会副主席宋密同志任组长，国家电网公司、国电东北公司、国家电力监管委员会供电监管部负责人任副组长，成员由中电联、华能、大唐、华电、国电、中电投集团公司及辽宁、吉林、黑龙江省电力公司负责人组成。国家电力监管委员会供电监管部负责日常工作。

（二）实施步骤

2003年6月底前，国家电网公司组织国电东北公司按照《关于建立东北区域电力市场的意见》提出东北区域电力市场实施方案，完成国电东北公司改组工作。

7月底前，国家电力监管委员会批复东北区域电力市场实施方案，组建东北区域电力监管机构筹备组。

8月底前，完成制定《东北区域电力市场监管办法》、《东北区域电力市场准入管理办法》、《东北区域电力市场运营规则》、《东北区域电力市场技术支持系统功能规范》以及《东北区域电力改革研究预案》等工作。完成区域电力调度交易中心、省级电力结算中心的组建工作。

10月底前，东北区域电力市场初步具备试运行条件，进行模拟运行。

2004年1月，正式运行。

（三）总结经验

东北区域电力监管机构和有关方面，要认真总结区域电力市场试点的经验及教训，对于实践中遇到的重大问题，应及时向国家电力监管委员会反映。

附件：《关于建立东北区域电力市场的意见》有关名词解释

二〇〇三年六月六日（印）

附件：

《关于建立东北区域电力市场的意见》有关名词解释

为了便于理解《关于建立东北区域电力市场的意见》（简称《意见》）中一些电力市场主要专业名词，国家电力监管委员会组织有关专家对其作了解释。现作如下表述，供参考。

一、上网电价

指发电企业向购电商（目前指电网经营企业）提供上网电量时，与购电商之间的结算价格。上网电价形成方式主要有政府定价、协商定价和市场竞价等。

二、单一制、两部制上网电价和单一过渡电价

（一）单一制上网电价

指仅按上网电量计价的电价。它一般是根据发电成本（包括固定成本和变动成本）形成的综合上网电价。发电成本由上网电量和上网电价结算电费回收。

目前，世界上大多数国家采用单一制上网电价。

（二）两部制上网电价

指将上网电价分为容量电价和电量电价。容量电价（元/kW）主要反映发电厂的固定成本，电量电价（元/kWh）主要反映发电厂的变动成本。固定成本主要通过容量电费（按可用容量计算）回收，变动成本主要通过电量电费回收。

（三）单一过渡电价

即过渡性的单一制电价。特指东北区域电力市场在国家两部制电价政策出台之前，非竞争性电量按照国家批准的上网电价或协商的电量和电价结算，竞争性电量按照市场竞争形成的价格结算。

三、远期合同交易

远期合同指在确定的将来时间（如年、季、月等）以某一事先确定的价格、数量和方式购买或出售电力商品的合同，包括交易电量、交割日期、地点以及价格等条款。远期交易最早是在交易所内设专门柜台进行交易，又称为柜台式交易或场外交易，后来发展成在交易所进行的拍卖式交易。

远期合同按标的物划分，可分为以实际货物为标的物的商品远期合同和以某种金融工具为标的物的金融远期合同。《意见》中的远期合同仅限于以实际电量为标的物的远期合同。

四、合同交易与合约交易

合同交易，即合约交易。在英文中“合同”与“合约”是同一个单词“CONTRACT”。我国的《中华人民共和国合同法》可对合同交易进行调整，而对合约交易没有相关法律进行调整，为规范起见，《意见》中统一称为“合同交易”。

五、现货交易

一般指实际运行前一天到运行前数小时，市场参与者之间进行的电力商品交易。按照交易时间，现货市场一般可分为日前市场和实时市场，也可分为日前市场、小时前市场和实时市场，还可只将日前市场称为现货市场。建立日前和实时市场的目的，是将电力供需平衡问题进行分层次处理，以利于电力系统安全稳定运行。一般来说，现货交易主要采取拍卖的方式确定市场参与者买卖电能的数量和价格，以减少交易过程的复杂程度，提高时效性，便于监督管理。

（一）日前交易

指提前一天进行的次日24h的电力交易。

（二）实时交易

指在实际运行前15min～1h进行的电力交易。一般来讲，实时交易的电量较少，但对交易操作的时效性要求较高，对参与者和运营者都需要有一定的技术准备。在电力市场建设初期，可先采用实时平衡调度方式进行供需平衡调整与控制，待市场逐步完善和技术条件成熟后，再开展实时交易。

六、金融交易

指利用金融衍生工具、从事电力商品而不以电力商品实物交割为目的的买卖活动，其目的是套期保值。对应的市场为电力金融交易市场。目前，电力金融商品主要有期货、期权以及差价合同等。

七、期货交易

指交易者支付一定数量的保证金，通过交易所进行的、在未来某一地点和时间交割某一特定数量和质量的电力商品标准合同的买卖。期货合同在规定交割时间之前，可随时在交易所内进行买卖（如在北欧电力市场中，将4周～1年的电力金融交易称为期货交易；将1～4年的电力金融交易称为远期交易）。

八、期权交易

是一种具有选择权的标准合同交易，而不是以电力商品为目的物的交易。它赋予期权持有者在约定的期限内，按期权合同约定的价格购入或售出一定数量电力商品权利。为取得期权，其持有者必须支付期权费。对于期权购入者来说，其从合同中得到的是一种可以在期限内行使或不行使的权利；对于出售者来说，则有义务按照合同规定，在期限内出售或购进期货商品。

九、发电权转让交易

指在未形成电力金融市场情况下，由于燃料、水等一次能源不足、机组计划外检修、发电成本高等原因，无法按照远期交易合同上网发电时，同一发电集团公司内部或不同发电公司之间转让部分或全部远期合同电量的交易。

十、单一购买、双边及多边交易

从电力市场交易主体的角度，电力交易大体可分为三类：

（一）单一购买交易

指在发电市场中，由电网公司作为惟一购买方，多家发电商作为卖方的一种电力交易。

（二）双边交易

指买卖双方本着自愿互利原则，在双方协商基础上进行一一对应的电力交易。通过双边交易，可以签订远期合同等。

（三）多边交易

指多买方（供电商）和多卖方（发电商）共同参

与的竞争性电力市场交易。

十一、竞争与竞价

竞争是指在电力市场中，以拍卖或双边协商等形式进行电力交易的市场行为。竞价是指在电力市场中，由电力交易中心组织的拍卖形式等交易过程。竞争包括竞价，《意见》中，初期的竞争性电量即为竞价电量，由东北区域电力调度交易中心组织并通过拍卖等方式确定未来某月（远期合同）电量和电价的交易活动，称为月竞价。

十二、有限电量竞争、全电量竞争、有限电量竞价上网、部分开放发电市场和全面竞争

（一）有限电量竞争

指部分上网电量及电价通过市场拍卖或双边协商方式（在远期交易和现货交易市场上）确定的竞争。其余上网电量，按照政府确定的电量和电价结算。

（二）全电量竞争

指所有上网电量及电价均通过市场拍卖或双边协商方式确定的电力市场竞争状态。

（三）有限电量竞价上网

指在电力市场初期，仅部分上网电量及电价通过市场拍卖等方式（包括远期交易和现货交易）确定的电力市场竞争状态。

（四）部分开放发电市场

指东北电力市场初期，允许部分竞争条件基本相当的火电机组参与发电市场的竞争，供电商和用户（与发电厂进行双边交易试点的大用户除外）未参与市场竞争，输电网、配电网和零售市场暂时未开放的市场。

（五）全面竞争

指输电网、配电网开放，发电、售电及辅助服务由竞争决定的电力市场状态。

十三、输电能力

在保障电力系统安全、稳定运行情况下，输电线路和断面的最大输送功率。

十四、辅助服务

指为了保障电力系统安全运行和电力商品质量（包括频率、电压和可靠性），发电厂有义务提供的除正常电能生产外的额外服务。《意见》中，辅助服务包括备用、调频和无功等。

目前，世界大多数电力市场中，越来越倾向将辅助服务作为一种特殊电力商品，并建立辅助服务市场。

（一）备用服务

指电力系统除满足预计负荷需求外，为保障电能质量和系统安全稳定运行而保持的有功功率储备。

（二）调频服务

调频服务也称频率控制，指发电机组提供足够的调整容量、一定的调节速率，在允许的调节偏差下实时处理较小的负荷和发电功率的不匹配，以满足系统频率要求的服务。

（三）无功服务

无功服务又称无功支持服务或无功电压控制服务，指发电机组向电网注入或吸收无功功率，以维持系统正常运行时节点电压波动水平在允许范围内，在电力系统故障后提供足够的无功支持以防止系统电压崩溃的服务。

国家电网公司文件

国家电网公司令

第1号

《关于加强调度管理确保电网安全稳定运行的规定》，已经国家电网公司总经理办公会议审议通过，现予公布，自2003年9月12日起施行。

总经理　赵希正

二〇〇三年九月十二日（印）

关于加强调度管理确保电网安全稳定运行的规定

为适应电力体制改革和电网发展的新形势，认真

落实中央领导关于电网安全的重要指示，贯彻“安全第一，预防为主”的方针，确保电网及并网电厂安全、稳定、可靠、优质运行，根据相关法律、法规，制定本规定。

第一条　认真落实《中华人民共和国安全生产法》，完善各级安全生产责任制，严格执行电力生产重大事故责任追究制度和安全生产奖惩规定。完善事故报告制度，建立健全有系统分层次的安全生产保障体系、安全生产监督体系和安全应急机制，充分利用安全性评价等手段，切实加强电网运行安全管理。

第二条　严格执行《电网调度管理条例》，严格执行现行各项规程、制度和各级电网调度规程、规定。强化统一调度管理，维护电网运行秩序。各有关电力生产运行单位必须服从电网统一调度，对违反调度纪律者要严肃处理。任何单位和个人不得非法干预电网调度。要提高各级电网调度人员和厂站运行人员的安全意识，严格执行“两票三制”，坚决杜绝误下令、误操作等人为责任事故。

第三条　严格执行《电力系统安全稳定导则》，强化细化电网安全分析，开展互联电网特性研究，适应大区电网互联的新情况。合理安排运行方式，加强对电网特殊运行方式的研究并落实应对措施，及时校核相关安全控制标准和安全控制措施的适应性，确保电网在可控的安全范围内运行。

第四条　进一步加强电网运行管理，各级调度机构和厂站运行人员要加强对电网和发电设备的实时运行监视，严禁超稳定极限和设备能力运行。严格按照电能质量标准和调度机构下达的电压曲线，控制电网频率和中枢点电压。做好负荷预测工作，合理安排机组发电计划和负荷控制方案，保证电网在高峰负荷期间留有必要的旋转备用和事故备用。

第五条　加强对继电保护和安全稳定装置的全过程管理。加强技术监督，从设计和建设等各环节着手，不留隐患，把好设备投产验收关；作好定值整定、预试和校验等各项运行维护管理工作；认真落实《“防止电力生产重大事故的二十五项重点要求”继电保护实施细则》等有关反措的要求，提高设备运行水平；加快二次设备更新改造步伐，提高设备技术水平。确保在电网发生故障时，继电保护和安全稳定装置正确动作。构筑可靠的保证电网稳定的第一、二道防线。

第六条　进一步加强电网安全稳定第三道防线的建设。合理制定本网低频（压）减载方案，定期开展实测分析工作，确保配置容量和实切容量，保证措施的有效性。同时深入研究电网可能出现的各种严重故障情况，根据需要落实必要的切机、切负荷方案，继续研究部署各类解列措施，防止电网崩溃。

第七条　完善反事故预案，抓好反事故演习，提高反事故能力。编制电网可能发生的局部和全网性事故的处理方案，制定并落实本网的黑启动方案，建立健全电网事故应急处置的组织措施和技术措施。有针对性地开展反事故演习，不断提高运行人员处理事故的实际能力和效率。加强对调度管辖范围内电厂反事故工作的监督指导，制定并落实各种运行方式条件下保厂用电措施。对重要用户，要督促其完善应急措施，准备应急电源。

第八条　强化电网调度自动化和电力通信的管理，确保通信、电网调度自动化相关设备与一次系统同步设计、同步建设、同步验收、同步投入运行。确保电网通信、调度自动化系统及其相关设备的安全、稳定、可靠运行，确保远动、计量等信息的完整、准确。严格执行设备停服役申请批复制度，重视系统数据备份，做好应急方案和系统关键设备的故障处理预案，保证电网事故状态下调度自动化信息准确、通信电路畅通。

第九条　认真贯彻执行《电网和电厂计算机监控系统及调度数据网络安全防护规定》，全面落实全国电力二次系统安全防护总体方案的要求，建立健全电力调度系统信息安全防护体系，防止二次系统遭受攻击造成一次系统故障，保证各类计算机监控系统及调度数据网络安全有效运行。

第十条　认真贯彻落实国家电力监管委员会《关于发电厂并网运行管理的意见》，规范并网双方行为，重视做好与并网电厂签订《并网调度协议》，明确双方的安全责任及义务，依法坚持“三公”调度。加强对所属并网电厂的安全管理，加强网机协调，做到安全措施统一制定、统一部署和统一管理，做好网厂分开和市场环境下的安全校核，保证电网安全稳定运行。

关于印发《国家电力公司发电企业划转移交实施方案》的通知

（国电总［2003］1号）

中国华能、大唐、华电、国电、电力投资集团公司，各分公司、集团公司、省（区、市）电力公司：

为贯彻落实《国务院关于印发电力体制改革方案的通知》（国发[2002]5号），根据《国家计委关于国家电力公司发电资产重组划分方案的批复》（计基础[2002]2704号）等文件及电力体制改革工作小组会议精神，国家电力公司组织制订了《国家电力公司发电企业划转移交实施方案》,并经国家电力公司党组(扩大)会议讨论通过。现印发给你们,请严格遵照执行。

附件:《国家电力公司发电企业划转移交实施方案》

二〇〇三年一月七日(印)

附件:

国家电力公司发电企业划转移交实施方案

为贯彻落实《国务院关于电力体制改革方案的通知》(国发[2002]5号)和《国家计委关于国家电力公司发电资产重组划分方案的批复》(计基础[2002]2704号)等文件及电力体制改革工作小组会议精神,积极稳妥地推进电力体制改革工作,保证电网和发电企业安全稳定运行,特制定本实施方案。

一、划转移交工作的基本原则

(1)保证电网和发电企业的安全稳定运行,实现发电企业管理平稳过渡的原则。

(2)保持发电企业职工队伍稳定,保证改革顺利进行的原则。

(3)坚持统一安排、分步实施、分区移交、积极稳妥的原则。

(4)坚持尊重历史、公平合理、简化手续、降低改革成本的原则。

二、划转移交工作的范围、内容和时间

(1)划转移交范围为《国家计委关于国家电力公司发电资产重组划分方案的批复》(计基础[2002]2704号)所确定的参与发电资产重组的发电企业及其兴办和管理的单位。

(2)划转移交主要内容为上述企业中涉及的企业安全和生产经营管理、干部和组织关系、劳动工资保险、资产和财务等工作。

(3)企业劳动工资保险、资产和财务工作的移交基准时点为2002年12月31日24时整;企业安全和生产经营管理及干部和组织关系的移交按分步分区的安排确定。

三、划转移交工作的组织管理和责任

(1)发电企业划转移交工作由国家电力公司统一部署,各分公司、集团公司、省(区、市)电力公司与各发电集团公司具体办理。

(2)各分公司、集团公司、省(区、市)电力公司与各发电集团公司应成立移交工作领导小组以及相应的专业工作组,并明确主管领导和归口管理部门,具体负责发电企业移交工作。

(3)国家电力公司电力体制改革领导小组办公室为国家电力公司发电企业划转移交的归口管理部门,负责发电企业划转移交的组织工作。

四、划转移交工作的程序和要求

(1)划转移交工作分两个阶段进行。第一阶段进行企业安全和生产经营管理以及干部和组织关系的移交,由各发电集团公司对发电企业实施生产经营管理,并承担相应的安全责任;第二阶段进行发电企业劳动工资保险、资产和财务等工作的移交。

(2)划转移交工作按照东北、华北(含山东)、西北、华东(含福建)、华中(含四川、重庆)和南方六大区域的顺序,分大区统一向各发电集团公司整体移交,完成一个区域再进行下一个区域。

(3)发电企业安全和生产经营管理工作的移交按《关于发电企业安全和生产经营管理移交工作的意见》(见附件1)执行。

(4)发电企业干部和组织关系的移交按《关于在电力体制改革过程中做好干部管理(干部资料、档案)移交工作的意见》(见附件2)执行。

(5)发电企业劳动工资保险的移交按《关于移交划转劳动工资保险工作中若干问题的原则意见》(见附件3)执行。

(6)发电企业资产财务的移交按照财政部国家电力公司资产重组有关财务问题处理的有关规定和关于国家电力公司关于厂网资产划分移交工作规程(另发)执行;资产与产权变动档案处置按照《国家电力公司系统资产与产权变动档案处置暂行办法》(国电办[2002]773号)执行。

五、划转移交工作的时间安排

(1)各大区完成发电企业安全和生产经营管理以及干部和组织关系移交工作的截止时间点原则安排为:

东北和华北(含山东):2003年1月14日24时整;

西北和华东(含福建):2003年1月20日24时整;

华中(含四川、重庆)和南方:2003年1月27日24时整。

(具体安排以国家电力公司和各发电集团公司联合下文确定的时间点为准)

(2)发电企业劳动工资保险、资产和财务等工作的移交完成时间根据具体工作情况确定。

附件1:关于发电企业安全和生产经营管理移交工作的意见

附件 2：关于在电力体制改革过程中做好干部管理（干部资料、档案）移交工作的意见

附件 3：关于移交划转劳动工资保险工作中若干问题的原则意见

附件 1：

关于发电企业安全和生产经营管理移交工作的意见

为保证电网和发电设备的安全稳定运行，实现发电企业安全和生产经营管理工作平稳过渡，现就发电企业安全和生产经营管理移交工作提出以下意见：

一、基本原则

（1）移交过程中，发电企业的生产指挥体系和管理关系明确，安全责任清晰，坚持“谁主管、谁负责”的原则。

（2）各分公司、集团公司、省（区、市）电力公司和发电集团公司对发电企业生产及安全管理有明确的时间交割点，责任链在时间上清晰、连续。

（3）发电企业安全和生产经营管理按区域由国家电力公司统一部署，采用统一的移交形式。

二、划转移交的程序和要求

（1）国家电力公司和发电集团公司联合行文通知有关分公司、集团公司、省（区、市）电力公司和发电企业，明确参加移交的发电企业和移交时间点。

（2）各分公司、集团公司、省（区、市）电力公司应在交接时间的 7 天前，完成发电企业安全和生产经营管理以及干部和组织关系移交的准备工作，并在交接时间点前完成移交工作。

（3）发电集团公司在交接时间点前 7 天起，与有关分公司、集团公司、省（区、市）电力公司商谈发电企业移交事宜；召集有关发电企业负责人会议以及进入现场调研；对所属发电企业下达有关的安全和生产经营管理规定，明确接收后的安全和生产经营管理体系以及安全责任。

三、划转移交的意见

1. 责任体系

发电企业的生产和安全管理责任随企业干部和组织关系变更而转移，并有明确的时间界限。

（1）发电企业的安全和生产经营管理及干部和组织关系正式移交发电集团公司前，按照国家电力公司的资产及管理关系，仍由分公司、集团公司、省（区、市）电力公司对发电企业进行安全和生产经营管理，并承担相应的安全责任。

（2）发电企业的安全和生产经营管理及干部和组织关系正式移交发电集团公司后，发电集团公司对其所属发电企业实施安全和生产经营管理，并承担相应的安全责任。

2. 规章制度

（1）在发电集团公司未颁发新的安全和生产经营管理制度之前，原国家电力公司颁发的安全管理制度应在发电企业中继续贯彻执行。发电企业移交后，由发电集团公司发文明确有关安全生产管理制度。

（2）所有安全管理制度中，凡涉及网省（区、市）电力公司与发电企业管理关系的，改变为相应发电集团公司与发电企业的管理关系。

3. 事故处理

（1）按照国家规定由政府部门组织的事故调查仍由政府部门组织；发电企业移交前，其他事故调查处理仍执行现《电业生产事故调查规程》；发电企业移交后，按新的管理模式组织进行，原规程中需要网省（区、市）电力公司组织调查处理的，由相关发电集团公司组织进行；波及电网的发电企业事故调查，现暂时以电网经营单位为主，发电企业参加，今后再另行明确。

（2）发电企业移交前，发电企业事故统计仍按原口径统计上报，并抄报有关发电集团公司；发电企业移交后，发电企业事故统计从移交之时起报发电集团公司。

（3）国家电力公司的历史事故统计资料，由国家电力公司有关部门负责将相关部分移交给各发电集团公司。

4. 安全考核

（1）各分公司、集团公司和省（区、市）电力公司对发电企业 2002 年度的三项责任制考核继续执行，以保持发电厂安全责任制的连续。

（2）2002 年度的三项责任制考核由各分公司、集团公司和省（区、市）电力公司兑现。

四、资料的移交

各分公司、集团公司和省（区、市）电力公司根据发电资产划分方案，按不同发电集团公司分类，将以下资料进行整理并移交。

（1）发电企业的事故统计资料和重大及以上事故的调查报告。

（2）2002 年度、2003 年度发电计划、机组检修计划、技术改造计划。

（3）国家有关部门和国家电力公司对发电企业的国债、重大技术改造等项目的批复文件。

（4）其他双方商定的资料。

附件 2：

关于在电力体制改革过程中做好干部管理（干部资料、档案）移交工作的意见

随着电力体制改革方案的逐步实施，国家电力公司系统内参与划转移交单位的管理关系发生了相应的改变，有关干部管理方面的工作和资料需要向新组建的各发电集团公司、电网经营企业等单位移交。为保证有关单位干部资料、档案等移交工作的顺利开展，现提出如下意见：

一、划转移交工作的组织管理和责任

（1）国家电力公司直接管理的单位：根据电力体制改革方案，葛洲坝集团公司、水电总公司、电规总院、水规总院划入中央企业工委管理；华北电力大学交由教育部管理；国电热工研究院、云南澜沧江水电开发有限责任公司划入中国华能集团公司；中国水利水电物资有限公司、龙滩水电开发有限公司划入中国大唐集团公司；中国华电工程（集团）公司、贵州乌江水电开发有限责任公司、四川杂谷脑水电开发有限责任公司划入中国华电集团公司，龙源电力集团公司、国电电力发展股份有限公司划入中国国电集团公司；中国电力国际有限公司、黄河上游水电开发有限责任公司、中国电能成套设备有限公司划入中国电力投资集团公司；国电南方公司，云南、广西、贵州省电力公司划入中国南方电网公司。

以上所列单位的干部配备和干部资料、档案等划转移交工作由国家电力公司人事与董事管理部负责。

（2）各分公司、集团公司，省（区、市）电力公司管理的单位：各分公司、集团公司，省（区、市）电力公司管理的发电企业干部配备和干部资料、档案等划转移交工作由各分公司、集团公司、省（区、市）电力公司负责。

二、人事资料和文书资料移交

（1）移交内容：领导班子的考察报告、领导班子成员的任免考察材料、述职报告，民主生活会记录、民主测评、回复诫勉材料；后备干部材料（后备干部花名册、后备干部基本情况表、后备干部考察材料、后备干部廉政鉴定表及其软盘）；人民来信和来往的请示、报告等文书资料。

（2）移交程序：移交方将上述有关资料均做好整理工作，并填写移交干部材料清单（见表 1）；接管单位对其所列的清单内容需进行认真清点，核对材料内容和清单内容一致后，接收和移交双方在清单上签字，方可完成移交工作（可以通过开座谈会或交接大会的形式进行）。

表 1　　　　移交干部材料清单

序号	材料名称	份数	页数	备注

移交单位：　　　　　　　　移交人：

接收单位：　　　　　　　　接收人：

年　月　日

三、干部档案移交

根据中组部《干部档案工作条例》（组通字［1991］13 号）的有关规定将移交的干部档案材料收集齐全，进行分类、排序、编目后，装订成卷。填写《移交干部档案清单》（见表 2），移交接管单位。移交程序同上。

表 2　　　　移交干部档案清单

序号	姓名	现任职单位及职务	档案数目		备注
			正本	副本	

移交单位：　　　　　　　　移交人：

接收单位：　　　　　　　　接收人：

年　月　日

为确保干部档案材料的齐全、完整，在移交过程中，接管方要重点核实移交方交接的每卷干部档案的以下材料是否齐全：

（1）1988 年以后填写的干部履历表和考核登记表；

（2）评聘专业技术职务（资格）和学历材料；

（3）入党入团志愿书、党员登记表；

（4）1990 年以来的干部任免材料(包括考察材料)；

（5）1993 年以来的各种工资材料。

若发现以上材料不全或有疑义，要及时与移交方提出，以便进行补充和确认。

四、组织关系移交

移交方的党、群、团组织关系具备条件的由接管方征求地方党委意见，一次性交接；不具备条件的也要与其党委联系，做好过渡工作。在移交过程中移交方要将其党风廉政建设，群、团组织设置等情况一并介绍交接，并准备好书面材料。

附件3：

关于移交划转劳动工资保险工作中若干问题的原则意见

为保证电力体制改革的顺利进行，规范电力企业劳动工资、保险关系移交划转工作，根据《国家电力公司发电企业划转移交实施方案》的精神和国家有关劳动保障政策，现就移交划转劳动工资、保险关系工作中有关问题提出以下原则意见：

一、基本原则

移交划转工作应在国家电力公司电力体制改革领导小组的统一部署下，本着尊重历史、面对现实、公平公正、求同存异、平等协商的原则，实行分级管理、整体移交。

二、移交划转的主要内容

参与发电资产重组的发电企业及其兴办和管理的单位中涉及的人员、劳动工资计划、工效挂钩工资和有关社会保险关系等。

三、移交划转的原则意见

各分公司、集团公司、省（区、市）电力公司为移交企业的主管单位，负责本公司范围内移交企业的具体移交划转事宜；华北电力集团公司负责集团内各省电力公司的协调工作；国电华东、华中、西北公司分别负责原集团公司内各省电力公司的协调工作。

1. 人员的移交

移交范围内的企业全部职工和离退休人员的移交，原则上以2002年末实有人数为基础进行。

2. 工资的划转

国家电力公司劳动计划管理范围内的移交企业的工资划转按以下原则意见进行：

(1) 劳动工资计划的划转，原则上以原主管单位下达的2002年劳动工资计划为基础进行，各分公司、集团公司、省（区、市）电力公司的工资总额不得突破国家电力公司下达的2002年劳动工资计划。

(2) 工效挂钩工资的划转，原则上以2002年实际结算额为基础，经主管部门确认，综合考虑各种实际情况调整后，双方协商确定。各分公司、集团公司、省（区、市）电力公司工效挂钩工资不得突破国家电力公司批复的2002年实际结算额。对实行统一核算单位范围内的结余工资原则上按人均数划转，具体办法由各分公司、集团公司、省（区、市）电力公司根据实际情况提出，双方协商确定。

国家电力公司劳动计划管理范围外的其他电力企业劳动工资计划和工效挂钩工资的划转问题，由各分公司、集团公司、省（区、市）电力公司提出划转意见，移交双方协商一致后，与地方劳动部门办理移交有关事宜。

3. 对社会保险问题的原则意见

(1) 原参加行业统筹的各单位职工和离退休人员可继续享受电力企业5年过渡期的政策。为了保持政策的连续性，维护职工队伍的稳定，在过渡期内移交企业的基本养老保险可仍由原管理单位归口代管，统一对地方社保部门。也可由双方协商并征得地方社保部门同意后另行确定管理方式。5年过渡期结束后，各移交企业基本养老保险的管理方式由其主管单位确定。

(2) 电力体制改革后各发电企业基本医疗保险仍按劳动保障部劳社部函［2001］208号文件的有关规定，参加所在地的基本医疗保险制度改革。

(3) 企业补充养老保险和补充医疗保险的移交由分公司、集团公司、省（区、市）电力公司根据实际情况提出移交意见，协商处理。

(4) 国家电力公司直接管理的其他单位劳动工资保险移交划转事宜，由国家电力公司负责，与发电集团公司协商办理。

四、移交划转工作的组织管理

移交划转工作按照东北、华北、西北、华东、华中和南方六大区域的顺序，分大区统--向各发电集团公司整体移交，完成一个区域再进行下一个区域。移交完成时间根据具体情况确定。

五、移交划转工作的程序

(1) 移交划转工作由国家电力公司统一部署，各分公司、集团公司、省（区、市）电力公司与发电集团公司具体办理。

(2) 各分公司、集团公司、省（区、市）电力公司应按照上述原则和意见提出移交划转方案，并及时提供需移交的基础资料。

(3) 移交双方应成立劳动工资保险移交工作小组，在移交工作领导小组的统一领导下，就移交划转有关事宜和移交划转中出现的问题进行充分协商，达成一致意见，签订移交协议。移交协议经双方盖章后生效。

六、移交中应提供的基础资料

各分公司、集团公司、省（区、市）电力公司应向有关发电集团公司提供的移交企业基础材料主要有：

（1）劳动工资保险管理的基本情况及相关附表和软盘（见表1、表2、表3）；

（2）2000、2001、2002年劳动统计年报；

（3）双方协商需要提供的其他资料。

表1　2002年电力企业劳动工资保险基础资料

填报单位：

单位	所属网省电力公司	资产纽带关系	接收单位	对应移交单位名称	计划范围	工效挂钩范围	年末职工人数（人）	内退职工人数	职工平均人数（人）	年末离退休人数（人）	实发工资总额（千元）	工资计划	挂钩范围人数（人）	上年累计工资结余（千元）
甲	1	2	3	4	5	6	7	8	9	10	11	12	13	14
总计														

单位	本年结算工资（千元）						本年支出（千元）	工资性支出	本年累计工资结余（千元）	补充资料		移交划转情况					备注
	合计	挂钩内计提工资	挂钩工资基数	挂钩外计提工资	上级核拨	其他				兴办和管理单位集体职工年末人数（人）	兴办和管理单位临时职工年末人数（人）	职工人数（人）	离退休人数（人）	工资计划（千元）	挂钩工资（千元）	结余工资（千元）	
甲	15	16	17	18	19	20	21	22	23	24	25	26	27	28	29	30	31
总计																	

负责人：　　　　填表人：　　　　填表日期：

注　1. 填报范围为国家电力公司劳动计划管理范围、工效挂钩管理范围和移交范围内的所有发供电等企业单位；

2. 资产纽带关系按内部核算、全资、控股、参股和其他填报；

3. 接收单位按中国国电，中电投、华电、大唐和华能填报；

4. 对应移交单位名称按计基础［2002］2704号文件附表中的单位名称填报；

5. 计划范围和工效挂钩范围按中央管理，地方管理，省局自管、董事会管理和其他填报。

表2 **移交企业劳动工资保险基本情况表**

填报单位： 填表日期： 年 月 日

单位	2002年末职工人数（人）	内退职工人数	2002年职工平均人数（人）	2002年末离退休人数（人）	2002年实发工资（千元）	2002年工资计划	补充资料		2002年移交划转情况		
							2002年末兴办和管理单位集体职工人数（人）	2002年末兴办和管理单位临时职工人数（人）	职工人数（人）	离退休人数（人）	工资计划（千元）
甲	1	2	3	4	5	6	7	8	9	10	11
总计											
一、内部核算											
二、全资											
三、控股											
四、参股											
五、其他											

注 本表分别按各发电集团公司汇总填报。

表3 **移交企业工效挂钩基本情况表**

填报单位： 填表日期： 年 月 日

单位	2002年挂钩范围人数（人）	2001年累计工资结余（千元）	2002年结算工资（千元）						2002年支出（千元）		2002年累计工资结余（千元）	移交划转情况	
			合计	挂钩内计提工资		挂钩外计提工资	上级核拨	其他		工资性支出		挂钩工资（千元）	结余工资（千元）
					挂钩工资基数								
甲	1	2	3	4	5	6	7	8	9	10	11	12	13
总计													
一、内部核算													
二、全资													
三、控股													
四、参股													
五、其他													

注 本表分别按各发电集团公司汇总填报。

(3) ＝ (4) ＋ (6) ＋ (7) ＋ (8)

(11) ＝ (2) ＋ (3) － (9)

七、其他事项

(1) 各分公司、集团公司、省（区、市）电力公司按照移交双方签订的协议，将国家电力公司计划管理范围内的发电企业移交划转情况（见表4）汇总后，同表1、表2、表3一并报国家电力公司，所有附表同时要求以Excel报盘，由国家电力公司审核汇总后报劳动保障部。

按照分级管理的原则，华北电力集团公司仍按集团公司范围汇总上报；国家电力公司华中、华东、西北公司及原华中、华东、西北电力集团公司内省电力公司，仍按原集团公司范围分别由国家电力公司华中、华东、西北公司汇总上报；东北公司、南方公司、辽宁、吉林、黑龙江、云南、贵州、四川、重庆、广西、福建、山东电力公司汇总后报国家电力公司。

(2) 其他未尽事宜，由移交双方协商解决。

表4　2002年计划管理范围内电力企业劳动工资移交情况汇总表

填报单位：　　　　单位：人；千元

项目	职工人数	离退休人数	工资计划	挂钩工资	结余工资
甲	1	2	3	4	5
合计					
一、移交发电集团公司合计					
其中：中国国电集团公司					
中国电力投资集团公司					
中国华电集团公司					
中国大唐集团公司					
中国华能集团公司					
二、电网公司合计					

负责人：　　填表人：　　填表日期：

关于印发《国家电网公司跨区电能交易管理办法（试行）》的通知

（国家电网计［2003］49号）

各网、省（市、区）电力公司：

目前，我国社会用电量快速增长，但各地之间供需状况仍不平衡，地区间调剂余缺有很大余地。为打破省间壁垒，充分利用现有发输电设备能力，促进资源在更大范围优化配置，调剂电力余缺，提高电力资产的整体利用率水平，国家电网公司制定了《国家电网公司跨区电能交易管理办法（试行）》（详见附件）。现将本办法印发给你们，请认真贯彻执行。

本办法执行中有关问题，请及时向国家电网公司计划投融资部反映。

附件：国家电网公司跨区电能交易管理办法（试行）

二〇〇三年三月二十日（印）

附件：

国家电网公司跨区电能交易管理办法

（试　行）

第一章　总　　则

第一条　为规范国家电网公司（以下简称公司）跨区电能交易管理，充分利用现有发输电设备能力，促进资源在更大范围优化配置，依据国务院国发［2002］5号文、国家计委计办基础［2003］105号文，制定本办法。

第二条　跨区电能交易以电网安全为基础，以市场为导向，以整体效益最优为原则，结合资源情况、负荷特性等，充分发挥价格杠杆作用，促进电能资源在更大范围的优化配置。

第三条　本办法所指跨区电能交易指经由公司直接经营的区域电网间联络线进行的电能和备用容量交易，以及通过公司直接经营的输电线路实现的电源点对电网的电能交易。

第四条　跨区电能交易的主体为国家电网公司、与跨区电能交易有关的区域电网公司和第三条所述有关的发电公司。

第二章　交易类型

第五条　跨区电能交易按交易确定时的时限分为长期交易、年度交易、月度交易、日交易和实时交易。

长期交易指交易发生年度上一年以前确定的交易和国家确定的计划内交易。

年度交易指交易发生年度前一年（含一年）以内确定的交易。

月度交易指当年内、交易发生月度前确定的交易。

日交易指当月内、交易发生日前确定的交易。

实时交易指当日内确定的交易。

第六条　跨区电能交易按照交易电能的性质分为电力电量交易、容量交易和事故支援交易。

正常情况下，交易各方按照约定同时进行电力和电量交易。

容量交易指电力设备能力备用容量的交易，交易的备用使用后发生的电能按照预先约定结算。

事故支援交易指参与交易的任一方内发生事故后，在规定的时间段内与其他参与方发生的除去容量交易涉及的电能外的交易。事故的定义以及事故后交易时间段的确定按照有关规定及相关参与交易各方的共同约定确定。

第三章 交易管理

第七条 跨区电能交易实行合同管理。月度、日、实时交易，按照参与交易各方的共同约定，也可以通过传真文件等实施。

第八条 跨区电能交易合同的修改，必须在参与交易各方协商一致的基础上进行，并严格按照修改后的合同实施。

第九条 跨区电能交易按缔约先后顺序依次优先实施，参与交易的送、受双方按交易的优先程度依次纳入各自电网的电能平衡。

第十条 参与跨区电能交易各方必须严格服从电网调度。

第十一条 参与跨区电能交易各方应保证交易的顺利实施，送方负责组织落实电能，受方负责落实电能销售市场，输电方负责落实电能输送通道。

第十二条 公司有关部门对跨区电能交易实行分工负责。

(1) 计划部门负责编制、下达和调整跨区交易年度计划，跟踪、检查和分析计划执行情况，组织签订长期、年度跨区输电交易合同，参与审核月度交易电量结算清单，协调跨区电能交易中出现的重大问题。

(2) 财务部门负责落实跨区输电送、输、受电价格，确定电费结算方式，参与审核月度交易电量结算清单，并向各方下达电费结算清单。

(3) 生产管理部门负责制定跨区输变电设备检修计划，负责跨区输变电设备的生产管理和运行维护，确定跨区输电关口计量点。

(4) 调度部门负责会同计划投融资部编制年度分月计划，负责组织实施跨区电能交易和编制、下达月度、日、实时交易计划，负责安排跨区输电线路运行方式，编写跨区输电运行月报，出具月度交易电量结算清单。

第四章 年度跨区输电计划

第十三条 长期交易和年度交易纳入年度跨区输电计划管理，年度跨区输电计划是长期交易合约的体现和制定年度交易合约的基础。

第十四条 年度跨区输电计划包含年度最大输送能力、年度交易电量和分月交易电能等主要内容。

第十五条 年度跨区输电计划原则上按以下程序制定：

每年 10 月，送、受双方根据长期交易合同、资源和需求情况，向公司上报下一年度跨区电能交易计划建议，包括电量、电价、送电曲线等。

每年 11 月，公司有关职能部门按职责分工，落实下一年度跨区输电计划相关问题。

每年 12 月，公司计划部门会同公司有关职能部门，研究提出下一年度跨区输电计划草案，报公司总经理办公会审批后下达。

第十六条 年度跨区输电计划下达后，有关各方应及时签订年度交易合同。年度交易合同签订前，年度跨区输电按公司下达的计划执行。

第五章 交易定价

第十七条 交易定价应遵循合理成本、合理收益、利益共享、风险共担的原则，促进跨区电能交易业务的发展。

第十八条 国家计划内交易的上网电价、输电电价按照国家价格主管部门和公司有关文件规定执行。

第十九条 国家计划外的长期交易和年度交易输电电价由公司财务部门按照国家计委经营期电价办法，商送、受方确定；对于电源点对电网的电能交易，其上网电价按照国家价格管理部门的有关规定执行；对于电网间电能交易，其上网电价根据送受双方电网平均购电电价水平、受端电网销售电价水平和送受双方电力供需情况等商定。

第二十条 月度、日、实时交易电量的上网电价、输电电价，可参照其年度交易定价原则，由公司组织送、受方商定。

第二十一条 事故支援交易实行月度双方支援电量互抵，其净送电量的上网电价按照不高于送方月度最高购电电价原则确定；为发挥跨区互联电网的事故支援作用，暂免收取事故支援交易输电电费。

第二十二条 容量交易的输电电价和上网电价，原则上根据备用容量提供方备用设备平均单位容量的固定成本、税金和合理利润等确定，电量电价原则上根据备用容量提供方变动成本、税金和合理利润等确定。

第六章 交易合同

第二十三条 长期交易合同原则上包含交易发生期间年度最大输送能力、年度交易电能和价格等主要内容，具体条款由参与各方商定。

第二十四条 年度交易合同包括但不限于以下内

容：年最大输送能力、年度交易电量、分月交易电能、典型峰谷比、送电价格、输电价格、受电价格、关口计量点、结算方式、合同变更以及违约责任等内容。

第二十五条 月度交易包括但不限于以下内容：月最大输送能力、月度交易电能、典型日送电曲线、交易电价等。

第二十六条 日、实时交易原则包括交易的电力曲线、交易时段、交易电价等内容。

第二十七条 事故中以及事故后发生的电能交易，根据电能交易的性质分别结算。

第七章 电能计量与电费结算

第二十八条 跨区输电线路的送方与输电方、受方与输电方产权分界点分别装设电能量表，计量跨区电能交易的送、受电量。原则上以送电侧为结算计量点，受电侧为校核计量点。

第二十九条 电能交易计量点电量的抄计原则上以公司调度部门的电能量计量系统采集的数据为准。公司调度部门的电能量计量系统主站系统停运期间，送、受双方分别负责本侧跨区电能交易计量点电量的抄计，并于每月始 3 个工作日内将上月末 24 时止的电量等相关数据送达公司调度部门，并同时抄送跨区电能交易的另一方。

公司调度部门在收到抄计电量后 5 个工作日内完成审核工作，将月度输送电量结算单报送公司计划、财务部门审核。公司有关部门收到月度输送电量结算单后，2 日内无反馈意见，视同核准。

公司财务部门根据审定的月度输送电量结算单，于 5 个工作日内将电费结算单据送达送、受双方。

付费方于收到电费结算单据 5 个工作日内将送电费和输电费款项分别解付送电方和国家电网公司账户。

第三十条 跨区电能交易电量结算实行日清月结。

第八章 附 则

第三十一条 参与跨区输电交易各方应根据本办法制定实施细则和考核办法。

第三十二条 本办法解释权属国家电网公司。

第三十三条 本办法自颁布之日起执行。

关于命名一流企业的通知

（国电发［2003］97 号）

各分公司，华北电力集团公司，省（自治区、直辖市）电力公司：

根据“一流企业”考核标准，国家电力公司组织有关单位对申报 2002 年度一流企业的国家电力调度通信中心等 40 家单位进行了审查和核准。根据审定结果，国家电力公司决定命名张家口供电公司等 30 个供电企业为“一流供电企业”、菏泽发电厂等 2 个发电企业为“一流火力发电厂”，天荒坪抽水蓄能电站等 2 个水电厂为“一流水力发电厂”，上海超高压输变电公司等 3 个超高压为“一流超高压输变电企业”，国家电力调度通信中心等 3 个调度机构为“一流电网调度机构”（详见附件）。

受内蒙古电力集团有限责任公司的委托，对呼和浩特供电局、内蒙古超高压供电局、内蒙古电力中心调度所一流申报材料进行了考核审定，认为达到了一流标准。

上述单位要珍视这一荣誉，认真总结经验，进一步加强管理，建立和完善企业的管理机制，提高服务质量；坚持依靠科技进步，提高自动化水平，实现合理分流富余人员；牢固树立“人民电业为人民”的意识；坚持建设一流企业目标，不断增强企业对社会主义市场经济的适应能力和竞争能力，使企业经济效益进一步提高。

对命名为“一流企业”的物质奖励，由上级主管部门根据具体情况决定。

附件：2002 年度一流企业名单

二〇〇三年七月三十日（印）

附件：

2002 年度一流企业名单

1. 供电企业：张家口供电公司、秦皇岛电力公司、天津城西供电分公司、天津城东供电分公司、临汾供电分公司、晋城供电分公司、长治供电分公司、齐齐哈尔电业局、通化供电公司、四平供电公司、台州电业局、丽水电业局、芜湖供电公司、滁州供电公司、宿州供电公司、郑州电业局、南阳电业局、鹤壁电业局、黄石供电局、荆门供电局、永州电业局、衡阳电业局、常德电业局、湘西电业局、赣州供电局、重庆市北碚供电局、咸阳供电局、铜川供电局、南充电业局、鞍山供电公司。

2. 火力发电厂：菏泽发电厂、河津发电厂。

3. 水力发电厂：天荒坪抽水蓄能电站、李家峡发电分公司。

4. 超高压输变电企业：河北省超高压输变电分公司、湖南省超高压输变电公司、上海超高压输变电公司。

5. 电网调度机构：国家电力调度通信中心、重庆电力调度通信中心、吉林电力调度局。

关于印发《国家电网公司预算管理暂行办法》的通知

（国家电网财［2003］115号）

公司系统各单位：

为了加强预算管理，强化内部控制，规范运作，防范风险，提高效益，国家电网公司制定了《国家电网公司预算管理暂行办法》。现印发给你们，请认真贯彻执行。

附件：《国家电网公司预算管理暂行办法》

二〇〇三年五月二十三日（印）

附件：

国家电网公司预算管理暂行办法

第一章 总 则

第一条 为适应建立现代企业制度的要求，在国家电网公司系统内全面建立科学、高效、有序的预算管理体系，加强管理，规范运作，防范风险，提高效益，保障国有资产保值增值，制定本办法。

第二条 本办法所称预算管理是采用价值形式对企业经营活动进行预测、决策和目标控制的管理方式。预算管理包括预算的编制、审批、执行、调整、考核及监督等环节。

第三条 预算管理的基本任务是：

（1）确定企业的经营目标并组织实施；

（2）明确企业内部各个层次的管理责任和权限；

（3）对企业经营活动进行控制、监督和分析；

（4）保证企业预算的全面完成。

第四条 预算管理的基本原则是：

（1）量入为出，综合平衡；

（2）目标控制，分级实施；

（3）权责明确，严格管理；

（4）注重效益，防范风险。

第二章 预算管理的组织

第五条 企业法定代表人是企业预算管理的第一责任人。

第六条 各企业都应建立预算管理决策机构。预算管理决策机构的主要职责是：

（1）决定企业预算管理制度；

（2）审议并批准企业预算方案；

（3）协调解决预算编制和执行过程中出现的问题；

（4）督促企业预算方案的实施。

第七条 预算管理决策机构的日常办事机构设在财务部门。在预算管理方面的主要职责是：

（1）负责建立和健全企业内部预算管理制度；

（2）负责组织本企业预算编制、审查、汇总、平衡、上报、下达、修订、分析、控制、考核、报告等具体工作，并向本企业预算决策机构提交预算报告草案；

（3）负责预算管理的其他日常工作。

第八条 企业其他职能部门或内部单位是预算责任部门，按照职责分工具体负责本部门或本单位分管业务的专项预算编制、执行、分析、控制等工作，并配合财务部门做好企业总预算的综合平衡、分析、控制、考核等工作。

第三章 预算管理的范围和内容

第九条 企业预算涵盖企业生产、经营和建设的各个环节，企业的经济活动全部纳入预算管理。

第十条 企业预算是对现金收支、经济效益、资金筹集与使用及预算年度末资产负债情况做出的预计、安排。按内容划分主要包括损益性预算、资本性收支预算、资产负债预算、现金流量预算和其他相关预算。

第十一条 损益性预算综合反映企业预算期内的利润目标及其构成要素情况。

第十二条 资本性收支预算反映企业预算期内资本性资金的筹集与使用情况。

第十三条 资产负债预算反映企业预算期末资产、负债、所有者权益总量的变动情况。

第十四条 现金流量预算反映企业预算期内现金的流入、流出情况。

第十五条 其他相关预算是损益性预算、资本性收支预算、资产负债预算等资产经营预算的补充预算，包括其他主要财务指标和主要经济技术指标的预算。

第四章 预算编制和审批

第十六条 企业预算编制依据是：

（1）国家法律、法规、财务政策和有关规定；

（2）国家电网公司关于预算编制的总体原则和要求；

（3）企业经营发展战略和目标；

（4）企业生产经营、建设计划和投资、融资协议；

（5）企业改组改制、收购兼并等重大经营事项安排。

第十七条 企业应该根据费用消耗水平制定科学合理的预算定额标准，并依据定额标准进行相关预算项目的编制。

第十八条 预算编制一般遵循“自上而下、自下而上、上下结合、分级编制、逐级汇总”的程序进行。

第十九条 企业年度预算编制、审批程序为：

(1) 国家电网公司于每年10月底前向系统内各企业下达下一年度预算编制的原则和要求。

(2) 企业预算管理决策机构根据本企业长期发展规划和上级单位的预算编制原则和要求，提出下一年度的预算目标。

(3) 企业有关职能部门按照职责分工先编制分部门的预算，然后由财务部门编制企业预算草案，提交企业预算管理决策机构审查。

(4) 企业财务部门和其他有关职能部门应根据企业预算管理决策机构的审查意见对预算草案修改完善，直至预算管理决策机构审查通过。

(5) 国家电网公司的分公司、全资子公司和控股子公司下一年度的预算建议方案应于每年11月底前上报国家电网公司审查。

(6) 国家电网公司根据总体经营目标和各企业上报的预算建议方案确定下达各分公司、全资子公司的主要预算指标，并对控股公司的预算草案提出审查意见。

(7) 各分公司、全资子公司应于国家电网公司下达主要预算指标一个月内编制上报正式预算。

第二十条 各企业应根据年度预算编制月份或季度预算，以分期预算控制确保年度预算目标的实现。

第五章 预算的执行

第二十一条 企业预算一经确定，必须严格执行。各企业应将预算指标进一步分解，落实到企业内部的各个部门、各个单位、各个环节和各个岗位，形成全方位的预算执行责任体系，任何部门和个人不得超越权限调整、变动预算方案。

第二十二条 企业财务部门应建立预算管理台账，实时监控预算执行情况。

第二十三条 企业应积极组织收入，确保收入预算的完成。严格控制预算外支出，对于未纳入年度预算但确需发生的支出，一律由有关职能部门提出申请，经财务部门审查后提交预算管理决策机构审定。

第二十四条 企业预算确定后原则上不得调整。当遇到国家重大政策性变化或不可抗力因素等影响，或根据市场形势或企业经营战略的变化，企业预算需要进行调整时，应及时编制预算调整方案，并按照规定程序审批。

第二十五条 国家电网公司分公司的年度预算调整方案应报国家电网公司审批；全资子公司的年度预算调整方案应报国家电网公司备案。

第六章 预算的分析

第二十六条 企业应建立健全预算分析制度，定期召开预算分析会议，对预算的执行情况进行全面分析，反映预算执行中发生的新问题，查找形成的原因，提出改进管理的措施和建议，适时控制预算的执行，确保预算目标的完成。

第二十七条 预算分析按照职责分工由有关职能部门共同完成。有关职能部门负责对本专业预算执行情况进行基础分析；财务部门负责对预算的总体执行情况进行分析，撰写预算执行情况分析报告。

第二十八条 预算分析的主要内容包括：

(1) 企业年度预算的执行情况及存在的问题；

(2) 企业经营方针、经营策略、增收节支措施对损益性预算的影响；

(3) 企业的投融资方案对资本性收支预算的影响；

(4) 企业外部经济环境变化对企业预算的影响；

(5) 企业的融资风险、偿债能力和企业的财务状况的趋势分析；

(6) 企业的现金流动性状况；

(7) 影响预算完成的其他因素分析；

(8) 解决预算执行偏差的措施；

(9) 全年预算完成情况的预测。

第二十九条 预算分析应根据预算期限，突出分析重点：

(1) 月度预算分析突出分析损益预算的执行情况，及时监控利润预算的执行；

(2) 季度预算分析应全面分析预算的执行情况，并通过趋势预测，及时调整下季度预算安排，确保年度预算的完成；

(3) 年度预算分析应全面系统分析企业年度预算的执行情况，总结年度各项经济活动对企业预算的影响，评价企业预算目标的完成，提出下一年度的预算目标。

第三十条 企业也可根据管理需要和特殊情况对预算执行进行不定期分析和专题分析，对于预算执行中发现的重大问题，要及时提交预算管理决策机构决策。

第三十一条 国家电网公司对分公司、全资子公司实行预算执行情况分析报告制度，分公司、全资子公司要定期报告预算执行情况，季度预算执行情况分析报告要于每季后15日内报国家电网公司；年度预算执行情况分析报告应随下一年度预算报告一并报国家电网公司。

第七章 预算的考核

第三十二条 国家电网公司将分公司、全资子公司的主要预算指标纳入资产经营考核范围，并按照资产经营考核办法，每年进行一次考核兑现。

第三十三条　国家电网公司建立预算管理工作考核制度，将分公司、全资子公司的日常预算管理工作纳入考核范围，对预算编制、审批、预算执行的分析、预算调整等工作进行考核，每年进行一次。

第三十四条　所有企业都应建立预算考核制度，定期对预算执行情况进行考核，并与各职能部门和所属单位的利益挂钩。对不履行审批手续发生的预算外开支，要追究有关部门和当事人的责任。

第八章　附　　则

第三十五条　本办法适用于国家电网公司系统各企业，各企业应根据本办法制定本企业的预算管理实施细则。

第三十六条　本办法自发布之日起执行。

第三十七条　本办法由国家电网公司负责解释。

关于印发《国家电网公司水电工程建设监理招标投标管理规定》的通知

（国家电网工〔2003〕121号）

各分公司、华北电力集团公司、省（自治区、直辖市）电力公司、中国安能建设总公司：

为规范公司系统水电工程建设监理招标投标工作，确保水电工程建设质量，根据《中华人民共和国招标投标法》和国家有关规定，结合水电行业的实际，公司制定了《国家电网公司水电工程建设监理招标投标管理规定》（试行），现予印发执行。执行过程中有何建议和意见，请及时向国家电网公司工程建设部反映。

附件：国家电网公司水电工程建设监理招标投标管理规定（试行）

二○○三年四月二十五日（印）

附件：

国家电网公司水电工程建设监理招标投标管理规定（试行）

第一章　总　　则

第一条　为贯彻《中华人民共和国招标投标法》（简称招标投标法），规范水电工程建设监理招标投标工作，提高水电工程建设质量和效益，结合水电行业的实际和《水电工程建设监理规定》，特制定本规定。

第二条　本规定适用于国家电网公司系统参股、控股和投资的新、改、扩建的水电工程项目的监理的招标投标。

第三条　水电工程前期设计阶段的监理和水库移民的监理招标投标可参照本规定执行。

第四条　招标投标活动应当遵循公开、公平、公正和诚信的原则。

第五条　任何单位和个人不得以任何名义、任何形式干预正当的招标投标活动，或实行地方和部门保护。

第六条　国家电网公司授权工程建设部对水电工程监理招标投标工作实施监督管理。

第七条　本管理规定附有《水电工程建设监理招标投标指南》，供参照使用。

第二章　招　　标

第八条　招标人必须是本项目的法人（业主）。

第九条　招标人具有编制招标文件和组织评标能力的，可以自行办理招标事宜，也可以选择招标代理机构委托办理招标事宜。

第十条　招标代理机构必须依法设立，具有水电工程建设监理招标资格，经水电行业部门认定，才能从事水电工程建设监理招标代理业务并提供相关业务。

第十一条　招标分为公开招标和邀请招标。

公开招标　由招标人通过报刊、电视、信息网络等发布招标公告。

邀请招标　由招标人向具有相应规定资质等级的三个以上监理单位发出招标邀请书。

第十二条　不宜公开招标的项目，经批准后可进行邀请招标。

第十三条　招标人应当根据招标项目的特点和需要编制招标文件。招标文件应当包括监理招标项目的范围、内容、技术要求、对投标人资格审查的标准等。

由于水电工程项目工程规模比较大，施工周期长、技术复杂，监理招标项目可配合施工承建合同划分标段和确定分期，招标人应当合理划分标段和确定分期，并在招标文件中载明。

第十四条　招标人设有标底的，标底必须保密。

第三章　投　　标

第十五条　水电工程建设监理的投标人必须具有水电工程建设监理能力，并依法取得水电监理资质主管部门颁发的水电工程建设监理资格等级证书。相应等级资格只能投相应等级工程监理招标，不得越级投标。

第十六条 投标人应当按照招标文件的要求编制投标文件，投标文件应当对招标文件提出的实质性要求和条件做出响应。

投标人应按投标须知中要求的内容，次序编制投标文件，包括监理单位业绩、监理大纲、总监理工程师及主要监理人员简历、监理的取费等。

第十七条 投标人应在招标文件要求提交投标文件截止日期前，将投标文件送达投标地点，招标人收到投标文件后，应当签收保存，不得开启。

在招标文件要求提交投标文件的截止时间后，送达的投标文件，招标人应当拒收。

第十八条 投标人在招标文件要求提交投标文件的截止时间前，可以补充、修改或者撤回已提交的投标文件，并书面通知招标人，补充、修改的内容为投标文件的组成部分。

第十九条 两个以上法人可以组成一个联合体，以一个投标人的身份共同投标。

联合体各方均应具备承担招标项目相应的资质和能力，由同一专业的单位组成的联合体按照资质等级较低的单位确定资质等级。

联合体各方应当签订共同投标协议,明确约定各方拟承担的工作和责任,并将投标协议作为投标文件的组成部分,联合体中标后,联合体各方应当共同与招标单位签订合同,就中标项目向招标人承担连带责任。

招标人不得强制投标人组成联合体共同投标，不得限制投标人之间的合法竞争。

第二十条 投标人不得相互串通投标报价，不得排挤其他投标人的公平竞争，损害招标人或其他投标人的利益。

第二十一条 投标人不得以低于成本价报价竞标，也不得以其他方式弄虚作假，骗取中标。

第二十二条 实行监理回避制，不得“同体监理”，设计单位一般对其所设计的项目不得进行监理。

第二十三条 监理单位、总监理工程师、监理工程师资质，应符合《水电工程建设监理单位资质管理办法》和《水电工程监理工程师资质管理办法》。

第四章 开标、评标和中标

第二十四条 开标的时间和地点均应在招标文件中确定,开标由招标人负责主持,邀请所有投标人参加。

第二十五条 开标时，应首先由各投标人代表检查其投标文件密封完整情况，也可以由招标人委托的公证机构检查并公证，经确认无误后，由招标工作人员当众启封，当众宣读有效投标函的投标人名称、修改或撤回通知、投标价格、投标保证金（如投标文件已注明）以及招标人认为有必要的内容。

第二十六条 评标由招标人依法组建的评标委员会负责，评标委员会由招标人代表和有关技术、经济等方面的专家组成，成员人数为五人以上的单数，其中技术、经济专家不得少于成员总数的2/3。

专家的资质条件应是具有从事水电工程建设监理八年以上经历，具有高级技术经济职称，有丰富的水电实践经验和业务水平的专业人员。由招标人从水电建设监理分会专家库中选定，特殊项目可以由招标人直接确定。

第二十七条 与投标人有利益关系的人不得进入相关项目的评标委员会，评标委员会成员的名单在中标结果确定期之前应当保密。评标过程应在保密情况下进行。

任何单位或个人不得非法干预、影响评标的过程和结果。

第二十八条 评标委员会应当按照招标文件确定的评标标准和方法,对投标文件进行评审和比较,设有标底的,应当参考标底。评标委员会完成评标后,应当向招标人提出书面评标报告,并推荐合格的中标候选人,由招标人确定。中标人确定后十五日内,招标人应将招标投标情况书面报告国家电网公司工程建设部。

第二十九条 中标人的投标应当符合下列条件之一：

（一）能够最大限度地满足招标文件中规定的各项综合评价标准；

（二）能够满足招标文件的实质性要求,并且经评审的投标价格最低;但是投标价格低于成本的除外。

第三十条 评标委员会经评审，认为所有投标都不符合招标文件要求的，可以否决所有投标，招标人应当依照本规定重新招标。

第三十一条 在确定中标人前，招标人不得与投标人就投标价格、投标方案等实质性内容进行谈判。

第三十二条 评标委员会成员应当客观、公正地履行职务，遵守职业道德，对所提出的评审意见承担个人责任。

评标委员会成员不得私下接触投标人，不得收受投标人的财物或者其他好处。

评标委员会和参与评标的有关工作人员不得透露对投标文件的评审和比较，中标候选人的推荐情况以及与评标有关的其他情况。

第三十三条 中标人确定后，招标人应当向中标人发出中标通知书，并同时将中标结果通知所有未中标的投标人。

中标通知书对招标人和中标人具有法律效力。中标通知书发出后，招标人改变中标结果的，或者中标人放弃中标项目的，应当依规定承担责任。

第三十四条 招标人和中标人应当自中标通知书发出之日起三十日内，按照招标文件和中标人的投标文件订立书面合同（参照《水电工程建设监理合同范本》）。招标人和中标人不得再行订立背离合同实质性内容的其他协议。

投标文件要求中标人提交履约保证金的，中标人应当提交。

第三十五条 中标人应当按照合同约定履行义务，完成中标项目。中标人不得向他人转让中标项目，也不得将中标项目肢解后分别向他人转让。

第五章 罚 则

第三十六条 招标投标活动中，任何单位或个人违反本规定及《中华人民共和国招标投标法》，其处罚办法，依据《中华人民共和国招标投标法》执行。

第六章 附 则

第三十七条 使用国际组织或者外国政府贷款、援助资金的项目进行监理招标投标，贷款方、资金提供方对招标投标的具体条件和程序有不同规定的，经审核批准后可以适用其规定，但违背中华人民共和国的社会公共利益的除外。

第三十八条 本规定由国家电网公司工程建设部负责解释。

第三十九条 本规定自发布之日起施行。

关于颁发《电力建设工程施工技术管理导则》的通知

（国家电网工［2003］153号）

各分公司，华北电力集团公司，各省（直辖市、自治区）电力公司：

国家电力公司颁发实施的《电力建设工程施工技术管理导则》，对规范电力建设工程施工技术管理，提高施工水平起了重要作用。现根据国家电网公司的实际，对《电力建设工程施工技术管理导则》进行了修改、审定，作为国家电网公司内部标准，现颁发执行。执行过程中有何建议和意见，请及时向国家电网公司工程建设部反映。

附件：电力建设工程施工技术管理导则（略）

二〇〇三年五月十八日（印）

关于印发《国家电网公司水电工程建设项目招投标管理规定》的通知

（国家电网工［2003］155号）

各分公司、华北电力集团公司、各省（自治区、直辖市）电力公司、中国安能建设总公司：

为进一步规范公司系统水电建设工程项目招投标工作，提高工程建设管理水平，公司制定了《国家电网公司水电建设项目工程招投标管理规定》，现予印发执行。执行过程中有何建议和意见，请及时向国家电网公司工程建设部反映。

附件：国家电网公司水电工程建设项目招投标管理规定

二〇〇三年五月十九日（印）

附件：

国家电网公司水电工程建设项目招投标管理规定

第一章 总 则

第一条 为进一步规范水电工程项目建设的招投标工作，提高管理水平，切实保障工程建设各方的合法权益，确保水电工程建设项目的招标投标在公正、公平的基础上健康有序地进行，根据《中华人民共和国招标投标法》和《中华人民共和国合同法》以及国家有关法律、法规的规定，制定本规定。

第二条 本规定适用于国家电网公司及其子公司，全资或控股建设的水电工程项目和国家电网公司系统内从事水电建设的有关企业。国家电网公司及其子公司参股建设的水电建设工程可参照执行。

第三条 水电工程建设项目的管理应全面推行项目法人责任制、招标投标制、合同管理制和建设监理制。项目法人应对建设项目的投资方负责。

第四条 大中型水电工程建设项目的设计、监理、前期工程、主体工程施工、主要材料和永久设备采购（包括根据招标计划需要由项目法人采购的大型施工设备）均必须进行招标。

第二章 招标前的准备工作

第五条 水电工程建设项目筹备阶段和招标前应

具备以下条件：

（一）工程建设项目投资方已确定，项目公司（项目法人单位）经批准成立；

（二）工程建设项目的可行性研究报告（包括工程概算）已经国家电网公司组织审查，并报政府主管部门批准；

（三）承担工程建设项目招标设计和编制招标文件的设计单位，已由项目法人在筹备阶段通过招标确定，并经国家电网公司批准；招标前，工程建设项目设计单位编制的招标设计报告，已经项目法人组织审查批准；

（四）工程建设项目监理单位已由项目法人通过招标选定（监理招标执行国家电网工［2003］121号文），并报国家电网公司备案。国家电网公司直接投资项目要上报国家电网公司批准；

（五）工程开工报告已经国务院主管部委批准下达（省、自治区和直辖市管辖的地方工程项目应由其主管委、局批准下达）；

（六）工程建设项目资金已基本落实，各投资方的项目资本金已按出资协议约定到账，按资金进度计划到位的资金应能满足工程建设的需要。

（七）主体工程招标和开工所需完成的前期准备工程，已按施工总进度计划实施，并能满足主体工程招标的进度要求。

第三章　招　　标

第六条　水电工程建设项目招标必须遵循公开、公平、公正和诚实信用的原则。

第七条　招标前项目法人要成立招标工作的领导小组并报国家电网公司批准，国家电网公司工程建设部参加招标领导小组；项目法人必须依法组建评标委员会开展工作。

领导小组主要职责：

(1) 审查项目筹备阶段和招标前的准备工作情况；

(2) 通过工程建设项目标段划分、招标计划，确定招标形式；

(3) 讨论批准评标委员会人员组成；

(4) 审查评标委员会的评标报告，确定中标单位。

第八条　项目法人可自行组织招标或委托有资质的招标代理机构办理招标事宜，但均需报国家电网公司批准。

第九条　水电工程建设项目的招标文件应满足以下要求：

（一）使用《水利水电工程施工合同和招标文件范本》，《合同条件》中的通用合同条款应全文引用。专用合同条款应针对各工程的实际情况进行编写，不得在专用合同条款中修改通用合同条款的实质内容。

（二）永久设备的采购和安装的招标文件，可参照有关主管部门的规定进行编制。

（三）招标文件中的工程建筑物和永久设备的招标图纸，应满足技术设计和施工设计的深度要求。

（四）设计单位在编制招标文件时，应同时编制详尽的施工规划，并根据施工规划确定施工总进度、施工总布置以及施工措施计划，采用满足招标设计深度的实物法原理编制标底。

第十条　招标文件应由项目法人聘请技术、经济和合同管理专家进行审查，聘请专家的人数应根据工程的具体情况确定。

大型水电工程建设项目主体工程的招标文件，应报国家电网公司备案，国家电网公司直接投资项目要报国家电网公司审查同意。

第十一条　大中型水电工程建设项目主体工程的招标均应对投标人进行资格预审。

招标人（即项目法人）应根据工程规模、施工技术要求，主要考察投标人类似工程业绩、财务、资信等情况。或是联营体投标，联营体各方均应具备承担招标项目的资质，由同一专业的企业组成的联营体，按照资质等级较低的企业确定资质等级。

第十二条　招标人应组织专家对投标人的资质进行公正、公平的评审。大型水电工程建设项目投标的资格预审结果应报国家电网公司备案。招标人应向所有取得投标资格的投标人发送投标邀请书。

第十三条　招标人、参加招标工作的各单位代表及人员不得利用工作之便谋取不正当利益。

第四章　投　　标

第十四条　投标人应按照招标文件的要求编制投标文件，并按照招标文件规定的格式和内容提交完整的投标文件和必要的补充资料，投标文件应对招标文件提出的实质性要求和条件做出响应。

第十五条　在投标有效期内，招标人可以修改招标文件的内容，但应在投标截止时间的14天之前发出修改补充通知，以保证投标人有足够的时间修改其投标书。

第十六条　投标人应在投标邀请书规定的截止时间前递交投标书，投标书应予密封和标记，迟于截止时间送达的投标书无效，招标人应予拒收。在投标截止时限前，投标人可以修改投标书。

第十七条　投标人应按照招标文件规定的格式和金额，在递交投标书的同时提交投标保证金，未提交投标保证金的投标书无效。

投标保证金可采用国内银行出具的投标保函或招

标人同意的其他形式。若投标人在投标有效期内撤回投标书，招标人将没收其保证金。

第十八条 投标人报价应体现实际成本加合理利润，反对盲目压价投标。

第五章 开标、评标、中标和签订合同

第十九条 招标人应在投标邀请书规定的时间和地点公开开标，所有投标人均应参加开标。必要时，可请公证部门进行公证。

开标时，由投标人推选的代表检查投标文件的密封情况，再由工作人员当众拆封，宣读投标人名称、投标总报价及其他需要宣读的内容。

第二十条 评标委员会的委员人数应为 7 人以上（含 7 人）的单数，其成员组成应包括招标人代表以及聘请的技术、经济和合同管理等方面的专家，聘请专家的人数应至少占评标委员会委员总数的 2/3。所聘专家应与本工程项目的投标人无利害关系。评标委员会中的招标人代表主持评标委员会的工作。

大型水电工程建设项目的评标委员会，需由项目法人报国家电网公司备案。

第二十一条 评标委员会应按照招标文件的规定和招标人的要求编制评标规则和评标工作大纲，并由全体委员讨论通过。评标委员会成员一般分为技术和商务两个小组分别开展工作。

第二十二条 评标委员会应在不受干扰的封闭环境中进行评价，任何评标人员不得借故向外通报评标信息，泄露评标机密。

第二十三条 评标的主要条件是：

（一）投标书应响应招标文件实质性的规定和要求；

（二）施工布置、施工技术和方法先进可行；

（三）施工人员和设备的数量以及质量能保证工程顺利施工；

（四）进度、质量和安全的保证措施可靠；

（五）投标人的工程业绩、财务状况和企业信誉良好。

第二十四条 评标委员会可要求投标人对投标书中含义不明确的内容作必要的澄清或说明，但澄清或说明不得超出投标文件的范围或者改变投标的实质性内容。

第二十五条 评标委员会委员应仔细阅读投标文件，按评标工作大纲制定的评标方法进行科学的统计分析，并按评标条件对各投标人进行客观公正的评比。

第二十六条 评标委员会完成评标后，应向招标人提交书面评标报告，推荐合格的中标候选人。中标候选人可包括 1 家首选中标人和 1～2 家备选中标人。

招标领导小组在评标委员会推荐的中标候选名单中确定中标人。

大型水电工程建设项目主体工程和主要设备的中标人要上报国家电网公司备案，国家电网公司直接投资项目工程要上报国家电网公司批准。

第二十七条 经评标委员会评审，认为所有投标人均未实质性响应招标文件规定的，招标人可以宣布本次投标无效，重新招标。

第二十八条 招标人应在投标有效期内向中标的投标人发出中标通知，并应将评标结果同时通知其他未中标的投标人，同时退还未中标投标人的投标保证金。

第二十九条 项目法人应在发出中标通知书 28 天内邀请中标人进行合同谈判和签订合同。

第三十条 签订合同前，投标人应按照招标文件规定的格式和要求提交履约担保文件。

若是联营体中标，则应在规定的时间内提交联营体在工商行政管理部门的注册证明。

第三十一条 若中标人不按照规定的时间签订合同或中标后提出超出招标文件中承诺范围的额外要求，或中标后不按规定提交履约担保文件，招标人可以取消其中标资格，没收其投标保证金，另选中标人。

第三十二条 若项目法人因自身原因不能如期签订合同，致使招标失败，则招标人除应退还投标保证金外，还应付给本应中标的投标人以额度相同于投标保证金的赔偿金。

第六章 工程合同的管理

第三十三条 项目法人与中标人签订合同后，项目法人即成为合同的发包人（甲方），中标人即成为合同的承包人（乙方）。

合同生效后，发包人和承包人应严格执行合同协议书及其合同文件的全部规定，遵守双方约定的合同条款，共同致力于按质、按量、按期完成合同规定的工程建设内容。

第三十四条 在工程建设阶段，发包人应在现场设置精干、高效的管理机构，根据发包人与参建各方签订的合同，监督合同履行并协调监理、设计、设备制造和施工等承包人的工作。

第三十五条 发包人应按照国家批准的工程概算，严格控制工程建设资金的使用，发包人应编制与工程概算相对应，并与各项合同项目支付相衔接的执行概算，并报国家电网公司备案，建设投资的重大变更应报国家电网公司审查批准。

第三十六条 发包人应严格控制非生产性开支，新组建的项目公司应采用“小业主，大监理”的管理

模式，按照国家电网公司批准的定员和标准安排后方基地和现场管理设施的建设。现场的永久性设施应尽量结合电厂投运后的永久性设施统一安排。

第三十七条 国家电网公司定期对工程建设项目的进展情况和建设资金的使用情况进行监督和检查。

发包人应定期按照国家电网公司的要求，提交财务报表和有关材料。

第三十八条 工程建设项目所需的机电设备、闸门和启闭机等的永久设备应由发包人根据工程施工进度计划进行招标采购，由项目法人、监理单位和承包人共同验收后移交给承包人，并应由发包人和承包人按合同规定承担各自的责任。

第三十九条 工程建设项目所需的主要材料应由承包人在发包人和监理单位的监督下进行招标采购。承包人应对其负责采购的、用于工程的所有材料负全部责任。

对于采购周期较长、需要由发包人在招标前提前采购的大型专用施工设备，可以由发包人采购后在招标文件中明确有偿提供或租借给承包人使用，但这些设备只能用于本工程，未经监理工程师批准不得转移它用。

第四十条 承包人应按合同规定组织工程施工，严格按技术条款规定的工艺要求和质量标准进行各项工程建筑物的施工，承包人应对工程施工质量负全部责任。

第四十一条 未经发包人同意，承包人不得将工程的任何部分分包出去。已经发包人同意的工程分包，不允许转包或再分包，承包人应对其分包出去的工程以及分包人的任何工作和行为负全部责任。

第四十二条 发包人应与监理单位签订监理服务合同，委托监理单位在发包人授权范围内负责现场的合同管理。监理单位应按照监理服务合同的要求和施工合同的规定履行其职责，公正、公平地处理日常合同事宜。

第四十三条 监理单位对工程质量负有监督管理责任，监理单位应有权对工程的所有部位及任何一项工艺、材料和工程设备的质量进行检查和检验，并按合同规定参加每一项隐蔽工程和工程隐蔽部位的检查和验收。发包人应授予监理单位充分的质量否决权。

第四十四条 发包人应与设计单位签订设计服务协议，明确设计单位在工程建设期间的职责和现场服务工作的内容。设计单位应按批准的施工进度计划的要求向监理单位提交施工图纸，并应对施工图纸的质量负全部责任。

第四十五条 设计单位应派出设计项目经理或其授权代表进驻现场，根据工程施工中的实际情况和施工揭示的地质情况，及时修改和优化设计，并及时配合监理单位按合同规定处理变更和索赔事宜。

在现场工作的设计项目经理应对发包人负责，设计单位不得向承包人直接发出指示。

第四十六条 在合同履行期间，发包人应聘请一个3～7人的顾问专家组，定期对工程施工过程中遇到的重大技术问题进行咨询。监理单位、设计咨询单位和承包人应定期向发包人和顾问专家组提交专题报告供专家审议，由发包人会同监理、设计和施工各方共同研究落实顾问专家组的咨询建议，并由发包人组织有关单位提交执行报告。

第四十七条 发包人与承包人签订合同后，应共同协商聘请成立合同争议调解组，负责调解双方在履行合同过程中发生的争议。争议调解组由双方共同聘请3～5名有合同管理和工程实践经验的专家组成。

第四十八条 为及时化解工程风险，保证工程建设顺利进行，发包人和承包人应共同促进索赔和争议调解工作的正常开展，支持和配合争议调解专家组的工作。

第四十九条 发包人和承包人应落实索赔和争议调解工作达成的协议。当合同双方未能就合同纠纷达成协议，并且合同双方或其中任何一方不接受专家组的调解意见时，可提交仲裁机构仲裁。

第五十条 工程完成后，发包人应按照合同规定组织工程完工验收。工程建设项目合同全部完成后，发包人应按照国家有关部门的规定，组织工程竣工安全鉴定，鉴定合格后进行工程的竣工验收。

第五十一条 工程竣工验收后，由国家电网公司聘请专家对工程建设项目的完成情况进行后评估，评估的内容包括：

（一）工程的投资控制和财务评价；

（二）工程的设计质量和施工质量的鉴定意见和工程质量的总评价；

（三）项目法人的工程管理能力评价；

（四）工程投运后的效益评估。

第七章 附 则

第五十二条 使用国际组织或外国政府贷款、援助资金的项目应按照本规定进行招标投标。但工程项目的贷款方和资金提供方的规定与本规定不一致时，应执行贷款方或资金提供方的规定。

第五十三条 本规定由国家电网公司工程建设部负责解释。

第五十四条 本规定自发布之日起施行。

关于印发国家电网公司农村电网建设与改造有关管理办法的通知

（国家电网农［2003］157号）

华北电力集团公司、东北分公司，省（直辖市、自治区）电力公司：

为了进一步规范公司系统农村电网建设与改造工作，国家电网公司根据近年来农网建设与改造的实际情况，对原国家电力公司制定的有关农村电网建设与改造工作的文件重新进行了修订，现将修订后的《国家电网公司农村电网建设与改造管理办法（试行）》、《国家电网公司农村电网建设与改造工程验收管理办法》、《国家电网公司农村电网建设与改造工程施工安全管理办法》、《国家电网公司农村电网建设与改造工程施工现场安全措施》和《国家电网公司农村电网建设与改造工程档案管理办法》印发给你们，望认真组织学习，并严格贯彻执行。

附件1：国家电网公司农村电网建设与改造管理办法（试行）（略）
附件2：国家电网公司农村电网建设与改造工程验收管理办法（略）
附件3：附件国家电网公司农村电网建设与改造工程施工安全管理办法（略）
附件4：国家电网公司农村电网建设与改造工程施工现场安全措施（略）
附件5：国家电网公司农村电网建设与改造工程档案管理办法（略）

二〇〇三年五月十九日（印）

关于印发《国家电网公司电力建设安全健康与环境管理工作规定》的通知

（国家电网工［2003］168号）

各分公司、华北电力集团公司、省（自治区、直辖市）电力公司：

为进一步规范电力建设安全生产监督、管理工作，不断提高电力建设安全生产管理水平，公司制定了《电力建设安全健康与环境管理工作规定》，现予印发，请认真贯彻执行。

在执行过程中有何意见和建议，请及时向国家电网公司工程建设部反映。

附件：国家电网公司电力建设安全健康与环境管理工作规定（略）

二〇〇三年五月二十三日（印）

关于印发《国家电网公司水电建设项目法人单位安全生产管理规定》的通知

（国家电网工［2003］175号）

各分公司、华北电力集团公司、各省（自治区、直辖市）电力公司、中国安能建设总公司、各水电建设项目法人单位：

为了进一步强化公司系统水电建设项目法人责任制，落实工程建设安全生产责任制，加强和完善水电建设项目的安全生产管理，确保劳动者和国家财产的安全和工程建设的顺利进行，根据国家有关安全生产的法规和国家电网公司的有关规章、制度精神，制定了《国家电网公司水电建设项目法人单位安全生产管理规定》，现予印发，请认真贯彻执行。

在执行过程中有何意见和建议，请及时告国家电网公司工程建设部。

附件：国家电网公司水电建设项目法人单位安全生产管理规定

二〇〇三年五月二十八日（印）

附件：

国家电网公司水电建设项目法人单位安全生产管理规定

第一条 为加强国家电网公司系统投资建设的水电项目的安全生产管理，落实项目法人安全生产责任制，保障劳动者和国家财产安全，保证建设项目顺利实施，根据《中华人民共和国安全生产法》、《国家电网公司电力建设安全健康与环境管理工作规定》，结合水电项目建设管理的具体情况，制订本规定。

第二条 工程项目法人单位是工程建设安全管理第一责任者，对项目建设全过程的安全生产负总责，承担项目建设安全生产的组织、协调、监督责任。

第三条 工程项目法人单位必须认真贯彻国家有关安全生产的法令、法规、方针、政策，认真贯彻国家电网公司有关电力建设的各项规章制度。坚持“管工程必须管安全”的原则，在工程建设工作的计划、布置、检查、总结、评比的同时，计划、布置、检查、总结、评比安全工作。

第四条 工程项目法人单位要根据施工安全的需要，建立、健全项目的安全管理制度。安全管理制度主要包括：安全生产责任制，安全检查制度，重大危险作业、重大安全技术措施审批制度，安全措施补助费审批制度，安全培训制度，施工供、用电管理制度，施工区交通安全管理制度，防尘、防毒、防火、防爆安全管理制度，安全例会制度，安全考核制度和安全奖惩制度，事故统计、报告制度，施工单位安全资质审查制度等。

第五条 项目法人单位要根据有关规定，制定工程建设期和年度安全目标、安全工作计划、安全技术措施计划，经项目安全生产委员会审议后，组织落实，并报上级主管部门备案。

第六条 建设项目设立由项目法人单位牵头组建的安全生产委员会，其行政一把手任主任，设计、监理、施工单位的主要领导为委员。安全生产委员会的主要职责是：动员和组织参建单位、职工贯彻落实国家有关安全生产的法令、法规、方针、政策，上级关于安全生产的部署和要求；讨论通过项目法人单位制定的项目安全目标、安全工作计划、安全技术措施计划；讨论通过项目法人单位制定的安全生产管理制度，并动员和组织参建单位、职工落实；讨论项目安全措施补助费的使用；协调参建单位之间的相互干扰及其他安全问题。

第七条 项目法人单位必须设立独立的安全监督机构，配备必要的工作人员。安监机构是项目法人单位的安全管理职能机构，同时也是安全生产委员会的办事机构。

第八条 项目安全生产委员会每季度应召开一次全体会议，研究解决项目安全工作方面的重大问题。每月召开一次安全生产例会，传达上级安全文件、会议精神，通报安全生产情况，检查和布置安全生产工作。

第九条 项目法人单位应定期组织安全检查，检查的主要内容：各参建单位各项安全生产管理制度是否完善，安全保证体系和监督体系是否健全，运行是否正常；预防安全事故的措施是否得当；必要的安全投入是否得到保证；安全文明施工是否得到落实；各施工项目工作面存在的安全隐患是否得到及时、妥善的处理。检查应使用检查表，发现的隐患和管理漏洞用“安全生产监督通知书”通知各有关单位，要求限期整改。整改结果经监理单位验收签字后，报项目法人单位安全监督部门。

第十条 为加大工程项目安全投入，保证安全施工，项目法人要设立项目安全措施补助费，其计列标准按建安工程量造价的5‰～7‰控制。安全措施补助费列入工程概算；安全措施补助费的使用应由施工、监理单位根据实际情况制订统一方案，经项目安全生产委员会讨论后，由项目法人单位批准使用。项目法人要监督安全措施补助费专款专用。

第十一条 项目法人单位要把安全文明施工的状况和业绩作为选择工程承包商的重要依据。建立严格的承包商安全文明施工业绩审查制度，在招标工作中进行专项审查。安全文明施工业绩审查必须包括以下内容：近3年的安全施工纪录；施工技术人员及特殊工种人员质资情况；安全机构及专职安全管理人员配备；安全生产管理制度等。

第十二条 项目法人和承包商在签订工程承包合同时，要将安全生产要求列入技术和商务条款中，要根据有关法规的要求，在合同中明确双方应承担的安全责任。项目法人要根据合同的规定，监督、协调承包商的安全管理工作。

第十三条 在承包商进场后，项目法人单位应对其安全监督机构的设置，技术及安全监督人员、特种作业人员的配备，劳务组织的状况等情况进行检查。

第十四条 项目法人单位要根据项目安全考核制度和安全奖惩制度的规定，与各承包商签订安全生产责任书，并组织对承包商安全生产情况进行考核和奖惩。

第十五条 项目法人单位对承包商的人员和招用的劳务人员应进行有效的监督。对不合格的人员及违反规定私招乱雇的人员有权责令退场。

第十六条 项目法人单位要加强对承包商分包行为的监督。大坝，主要隧道、井、洞、水轮发电机组，高、中压管道，主厂房及其基础，升压站等主体工程不得由分包单位单独承建。分包单位的资质等情况须报项目法人单位备案。

第十七条 项目法人单位或其所属人员不得违反规定和约定向承包商指定分包单位，也不得向承包商介绍劳务组织或劳务人员。否则，严格追究项目法人单位或有关人员责任。

第十八条 项目法人单位要根据工程建设项目事故统计报表制度的规定，要求承包商定期向项目法人单位安全监督部门报送事故统计月、年报表。项目法人单位汇总后，按要求报上级主管部门。在工程设计、施工区域内发生的施工安全事故，都应纳入建设项目事故统计。

第十九条 工程建设中发生安全事故后，项目法人单位要按事故统计、报告的各项规定，报告主管单位、政府主管部门。

第二十条 项目法人单位应该根据有关安全事故调查规程的规定，组织、参与事故的调查和善后处理工作。要按照“四不放过”原则和上级有关规定对事故的责任者进行严肃处理。发生人身死亡事故的要按照有关规定到上级安全管理部门进行“说清楚”，并组织事故的整改工作。

第二十一条 本规定自发布之日起执行。

第二十二条 本规定由国家电网公司解释。

印发《国家发展改革委关于加强用电侧管理的通知》及《国家电网公司关于加强电力需求侧管理的实施办法》的通知

（国家电网生［2003］183号）

各分公司，华北电力集团公司，省（自治区、直辖市）电力公司：

为保证电力安全、稳定和充足的供应，针对电力供需形势的新情况和新问题，国务院办公厅下发了《关于认真做好电力供应有关工作的通知》（国办发［2003］21号），并对加强用电侧管理，科学引导电力消费，缓解电网峰谷差矛盾提出了明确要求。国家发改委下发了《国家发展改革委关于加强用电侧管理的通知》（发改能源［2003］469号），对加强用电侧管理提出了八个方面的具体要求。现将发改能源［2003］469号文件转发给你们，请认真贯彻执行。

为认真贯彻落实国办发［2003］21号、发改能源［2003］469号文件精神，国家电网公司制订了《国家电网公司关于加强电力需求侧管理的实施办法》。现印发给你们，并将有关要求通知如下：

一、各网省公司要认真贯彻落实国办发［2003］21号、发改能源［2003］469号文件精神，将电力需求侧管理作为保证电力供应和促进电力可持续发展的一项重要内容，加强电力需求侧管理工作的组织领导。要在当地政府的领导下，系统研究本地区开展电力需求侧管理工作的内容和目标，制订相应的可操作性强的电力需求侧管理方案并予以实施，最大限度地满足全社会的用电需求，确保安全度过用电高峰期。

二、要针对本地区电源结构、电网运行和负荷结构特点，研究提出转移高峰负荷及提高电网用电负荷率的潜力，并采取积极的电力需求侧管理手段和措施，优化电力资源配置，合理引导电力消费，使电力需求有序发展。要通过电力需求侧管理方案的实施，合理有效地削减或转移电网高峰最大负荷，提高用电负荷率，缓解电网峰谷差矛盾。

三、用电负荷的错峰、避峰是做好电力供需平衡，实现合理有序供用电的重要措施。各网省公司要在负荷预测的基础上，正确把握电力需求的发展和变化规律。当电力供应紧张时，要在地方政府的领导下，采用行政、经济和技术手段，分解并落实错峰、避峰负荷，绝不能因局部的用电矛盾而影响全网的安全稳定运行。在落实错峰、避峰方案时，要按“先错峰、后避峰、再限电、最后拉路”的原则，结合国家产业政策，做到错峰、避峰负荷定企业、定设备、定容量、定时间，保证重要负荷和人民生活用电的需要。

四、要根据《国家发展改革委关于运用价格杠杆调节电力供求促进合理用电有关问题的通知要求》（发改价格［2003］141号）文件的要求，科学分析并测算运用价格杠杆后可能实现的移峰效果和对电力客户的影响程度，因地制宜、积极稳妥地提出峰谷分时电价、丰枯季节电价和避峰电价的实行范围、时段、电价水平等具体操作方案，保证电网经营企业的合理利益。利用经济手段引导电力客户主动调荷避峰，改善电网负荷特性。

五、要制订电力供应应急预案，编制《超电网供电能力限电序位表》和《紧急情况拉路序位表》，经当地政府批准并备案执行。在用电需求超出电网供电能力的紧急情况下，启动电力负荷管理系统的控制功能，按政府批准的预案，用技术手段有序地实施短时避峰。

六、电力需求侧管理工作也是优质服务的重要内容。各网省公司要建立有利于推动电力需求侧管理的机制，加强电力需求侧管理职能，将事业心强、业务能力好的人员充实到电力需求管理的队伍中。要加大电力需求侧管理的技术和资金投入。要重视并加强从事电力需求侧管理工作人员的服务意识、技术标准及业务能力的培训，在电力供应紧张地区，更应做到耐心、细致、周到的服务，通过广告宣传、资料发放、经验交流、现场咨询等多种形式，广泛深入地宣传电力需求侧管理的知识、技术、产品和成功案例，努力创造有利于电力需求侧管理的实施环境。

七、电力需求侧管理新技术、新设备、新材料的推广应用，对提高终端用能效益、抑制电网高峰负荷，推进环境保护有积极的促进作用。各网省公司要结合本地区的实际情况，积极引导社会采用先进的需求侧管理技术、设备和工艺，选择移峰（节电）潜力大、投入产出效益好的项目为突破点，推动电力需求侧管理示范工程的建设。

八、各网省公司要将开展电力需求侧管理的工作落到实处，特别要解决好今年夏季用电高峰期间的错峰、避峰问题，并将实施电力需求侧管理的效果纳入评价电力公司生产经营和优质服务工作的内容。请各网省公司于6月底前将贯彻落实情况及制订的实施细则报国家电网公司生产运营部。

附件1：国家发展改革委关于加强用电侧管理的通知（发改能源［2003］469号）

附件2：《国家电网公司关于加强电力需求侧管理的实施办法》

二〇〇三年六月五日（印）

附件1：

国家发展改革委关于加强用电侧管理的通知

（发改能源［2003］469号）

各省、自治区、直辖市计委、经贸委（经委）、物价局，国家电网公司、中国南方电网有限责任公司：

为了贯彻国务院办公厅《关于认真做好电力供应有关工作的通知》（国办发［2003］21号）中关于加强用电侧管理的要求，现将有关事项通知如下：

一、制定加强用电侧管理方案

各地计委、经贸委（经委）、物价局要按现行的职责分工，根据电力供需情况，在2003年夏季用电高峰前，制定本地区用电侧管理的方案。削减或转移电网高峰最大负荷，提高电力负荷率，以便缓解电网峰谷差矛盾。要认真研究电力负荷和电力需求，提高电力负荷的预测水平。把握其变化规律，提出有效的措施。

对电力需求的分析，要重点研究电力负荷对气温、电价、用电结构、供电可靠性、供电保证率和电能质量等因素变化的敏感程度，提出本地区转移高峰用电负荷和提高电网负荷率的目标。

二、制定错峰、避峰措施

要选择电力需求大的用户和行业，作为用电侧管理的重点。准确掌握其用电规律，在用电紧张时合理安排其错峰用电。

根据电网安全运行和保证供电的要求，结合电力负荷的预测情况，组织供、用电双方以合同形式确定错峰、避峰指标和高峰时段超最大需量用电限制的措施。

在用电紧张的地区，必要时，也可用行政措施实行错峰，对工业用户实行周轮休制度，均衡周负荷，降低工作日的高峰负荷水平；安排电力大用户、高耗能企业，在用电高峰季节和日高峰时段进行设备检修，以腾出负荷空间等；各地计委、经贸委（经委）在采取措施前，要与用户充分协商，报当地政府批准后实施。

三、制定应急预案

按照确保居民生活和重要机构用电以及企业安全生产用电的原则，组织电网经营企业编制电力供应的应急预案，内容应包括超供电能力限电序位表和紧急情况拉路序位表。对不符合产业政策，高污染、高耗能企业，必要时可首先考虑为瞬间避峰限电的单位。

在电力供应出现紧张情况或为保证电网安全稳定运行而确有必要时，可按照预先经政府批准的应急预案，启动电力负荷控制技术管理系统，按限电序位表实施技术限电，限电前应事先通知电力用户。

各地计委、经贸委（经委）应建立发电企业、电网经营企业和电力用户的协调机制，通报电网电力供需情况，保证信息通畅和紧急情况的及时处理。

四、大力做好节电工作

采用先进技术，推广对削峰填谷、优化电网运行方式、降低环境污染、提高电能利用效率作用明显的技术和产品。如：蓄冷、蓄热技术；绿色照明技术及产品和节能型家用电器；高效风机、水泵、电动机、变压器；大功率低频电源冶炼技术；交流电动机调速运行技术；建筑节能技术等。

五、运用价格杠杆引导电力消费

各地计委、经贸委（经委）、物价局在推进用电侧管理时，要充分调动电力生产经营者和使用者的积极性。要积极发挥价格杠杆的调节作用，合理引导电力生产和消费。在保持电价总体水平稳定的前提下，在上网和销售环节加大推行峰谷分时、丰枯分季电价等电价措施的力度，逐步完善两部制电价制度，在具备条件的地区试行避峰电价，促进移峰填谷和节约用电。各地要按照《国家发展改革委关于运用价格杠杆调节电力供求促进合理用电有关问题的通知》（发改价格［2003］141号）的有关要求认真贯彻执行。

六、正确引导高耗能产业发展

各地要认真贯彻国家产业政策，对产品供大于求、经济规模不足、市场竞争力差的高耗能企业，进行清理整顿，按国家规定坚决取消自行颁布实施的优惠电价政策。

七、加强宣传和培训工作

各地计委、经贸委（经委）、物价局和各电网经营企业要做好宣传工作，利用营业厅（展示厅）、互联网、客户服务电话和电视、广播、报纸等大众媒体，广泛深入地宣传用电侧管理的技术、产品和成功案例，引导用户采用科学的用电方式，先进的用电技术、设备和材料，节约用电。

电网经营企业要重视并加强从事用电侧管理工作人员的服务意识、技术标准及业务能力的培训。在电力供应紧张时期，更应做到耐心、细致、周到的供电服务。同时，对安装负荷控制装置的用户，开展基本业务和装置使用的培训工作，消除系统运行和管理缺陷，确保在电网紧急情况下负荷控制系统能够正常投运。

八、加强监管工作

国家电力监管委员会要按照上述要求，加强电力市场监管，维护市场秩序，保证用电侧管理工作的正常进行。

各地计委、经贸委（经委）、物价局，国家电网公司、中国南方电网有限责任公司要高度重视用电侧管理工作，将加强用电侧管理作为保证当前电力供应和促进电力可持续发展的一项重要内容。各级电网经营企业要努力配合当地政府，做好用电侧管理方案的编制和执行工作，并将实施用电侧管理的效果纳入评价电网企业生产经营工作的内容。

请各地计委、经贸委将加强用电侧管理的有关情况及时报告我委。

二〇〇三年六月三日（印）

附件 2：

国家电网公司关于加强电力需求侧管理的实施办法

第一章 总则

第一条 为了促进电力与经济、能源、环境的协调发展，优化电力资源配置，满足国民经济快速可持续发展和人民生活不断提高对电力的需求，保证电力安全、稳定和充足的供应，缓解电网峰谷差矛盾，制定本办法。

第二条 电力需求侧管理是指通过提高终端用电效率和优化用电方式，采取有效的激励措施，引导电能消费者改变用能方式，使电力资源得到优化配置，达到节约能源、保护环境的用电管理活动。

第三条 推行电力需求侧管理是具有公益性的社会行为，是在各级政府的领导和大力推动下，为法规、体制、标准、政策和监控、协调、服务等方面创造一个有利于电力需求侧管理的实施环境。通过政策的引导，调动发电企业、电网企业和电力客户的积极性，共同参与，共享受益，最大限度地实现全社会的资源优化配置和环境保护，取得最好的社会效益。

第四条 国家电网公司将实施电力需求侧管理作为保证电力供应和促进电力可持续发展的重要内容。各省（区、市）电力公司、供电公司在制订电力发展规划、电网调度运行、电力供需平衡及电力市场营销管理等工作中，执行本办法。

第二章 工作内容与目标

第五条 电力需求侧管理是一项系统工程，涉及面广，其基本内容包括：调查资源，选择管理对象，设置管理目标，制订政策、法规、标准，选择管理手段，制定管理计划，组织项目实施，评估项目实施效果等。

第六条 电力需求侧管理的主要手段有：行政手段、经济手段、技术手段、引导手段等。

第七条 各省（区、市）电力公司要在各级政府的领导下，系统研究本地区开展电力需求侧管理工作的内容和目标；制订相应的可操作性强的工作规划、目标、措施或实施细则。

第八条 各省（区、市）电力公司要采取积极的电力需求侧管理手段和措施，引导用户经济合理用电，使电力需求有序发展。合理有效地实现转移电网高峰负荷 5%～10%，提高年平均日负荷率 1～2 个百分点，替代能源新增用电量比重提高 1 个百分点以上。

第三章 综合资源规划

第九条 各地在编制电力规划时，要把电力需求侧管理放在与电源和电网建设同等重要的地位，将实施电力需求侧管理提高用电效率而减少的电量消耗，以及改变用电方式而降低的电力需求视为一种资源纳入规划编制方案。

第十条 各省（区、市）电力公司应对本地区的电源结构、负荷结构、用电发展需求以及电力需求侧资源进行分析，提出一定比例的高峰用电负荷通过实施电力需求侧管理措施来解决。

第四章 负荷预测

第十一条 要加大负荷预测力度和电力需求分析

工作，提高负荷预测的水平。加强中长期、短期和超短期的负荷预测，及早制订不同情况下的错峰、避峰预案和措施，引导用户参与调荷避峰。

第十二条 要结合本地区的电力资源和需求情况，分析因用电结构变化引起电网负荷特性变化的规律，并重点分析不同负荷特性对气候、电价、供电可靠性、电能质量等相关因素的敏感程度，挖掘转移电网高峰用电负荷及提高电网负荷率的潜力，为决策提供参考依据。

第五章 错峰、避峰管理

第十三条 用电负荷错峰、避峰管理是做好电力供需平衡，实现合理、有序供用电的重要手段和措施。错峰、避峰主要采取行政、经济和技术手段。行政手段主要是调整电力客户的生产班次、错开上下班时间、调整周休息日以及将用电设备检修安排在用电高峰季节或高峰时段。经济手段主要通过峰谷分时电价、季节性电价和避峰电价直接激励电力客户控制和调整负荷需求。技术手段是指采用可以实现移峰填谷、明显提高电能利用效率的生产工艺、材料和设备，以及启动负荷管理系统的控制功能在负荷高峰时段实施可中断用电和短时限电。

第十四条 各省（区、市）电力公司要根据全网装机、区外来电等资源和本地区用电需求预测情况，进行电力电量平衡，并将综合平衡情况向政府有关部门报告。根据政府有关部门的意见和电网安全运行要求，提出年（季、月、周、日）错峰、避峰计划和方案，并随时跟踪用电负荷和供电资源的变化情况，及时对错峰、避峰计划和方案进行滚动修正，经省（区、市）政府有关部门批准后执行。

第十五条 在安排和落实用电负荷的错峰、避峰方案时，要按“先错峰、后避峰、再限电、最后拉路”的原则，实现错峰、避峰负荷“定企业、定设备、定容量、定时间”，保证电网安全运行，确保重要负荷和人民生活用电的需要。

第十六条 制订电力供应应急预案，编制《超电网供电能力限电序位表》和《紧急情况拉路序位表》，经政府批准后备案执行。必要时，可按各地用电水平分配负荷最高限额，由各地自行平衡控制，以减少越级拉闸限电。

第十七条 建立电力供需形势预警报告制度。当用电负荷超出电网供电能力时，通过新闻媒体发出预警信号，号召广大用户（包括居用用户）主动关停部分用电负荷，参与短时避峰。

第六章 错峰、避峰措施

第十八条 行政措施。对工业用户实行周轮休制度以均衡周负荷，降低工作日的高峰负荷水平；安排电力大客户、高耗能企业（重点是大中型冶金企业、化肥厂、电解类化工企业、水泥厂、机械行业的冶炼设备等）在用电高峰季节和日高峰时段进行设备检修，以腾出负荷空间；下达各地以及企业的错峰、避峰指标；根据用电负荷的实际增长情况和气象预报，预计日、周电网供需情况，及时调整并提前通知参与错峰的企业执行错峰方案。

第十九条 经济措施。在保持电价总体水平稳定前提下，加大推行峰谷分时电价、丰枯电价、季节性电价的力度，适时扩大执行范围，合理拉大价差比例，推行尖峰电价；对大工业用户中的可中断负荷，积极推行避峰电价；在电网尖峰负荷时段对用电最大需量实行控制。

第二十条 技术措施。当用电需求超过电网供电能力时，根据政府批准的应急预案，启动电力负荷管理系统的控制功能，按限电序位表进行技术限电，有序地实施短时避峰。

第二十一条 大力推广削峰填谷、优化电网运行方式、改善用能结构、降低环境污染、提高电能利用效率的技术和产品，提高全社会终端用电效率。如负荷管理技术；蓄冷、蓄热技术；绿色照明技术和节能型家用电器；高效风机、水泵、电动机、变压器的应用技术；大功率低频电源冶炼技术；交流电动机调速运行技术；建筑节能技术等。

第七章 组织实施

第二十二条 各省（区、市）电力公司是实施电力需求侧管理的主体，要主动向当地政府有关部门汇报，宣传实施电力需求侧管理的重大意义，协助政府制订相应的政策措施、规划、标准，并积极贯彻落实。

第二十三条 各省（区、市）电力公司应结合本地区实际情况，认真分析测算实行上网与销售环节峰谷分时电价联动、尖峰电价、可避峰电价等政策后，可能达到的移峰效果和对用户的影响程度。在此基础上，提出实施经济措施的范围、对象及具体方案，经省（区、市）价格主管部门审核后，报国务院价格主管部门批准执行。

第二十四条 供用电双方以合同形式确定错峰、避峰和高峰时段超最大需量用电限制的实施方式和办法。

第二十五条 建立政府有关部门、发电企业、电网企业、供电企业及电力客户之间的快速反应机制，及时通报电网供用电平衡情况，保证信息畅通。

第二十六条 建立有利于推动电力需求侧管理的

电力营销管理机制，将电力需求侧管理作为供电咨询和客户服务的具体内容纳入电力营销管理工作的全过程。利用营业厅（展示厅）、网站、客户服务电话、《电力需求侧管理》专业刊物及各种新闻媒体，通过广告宣传、资料发放、经验交流、现场咨询等多种形式，广泛深入地宣传电力需求侧管理的知识、技术、产品和成功案例，引导用户采用科学的用电方式，先进的用电技术、设备和材料，合理用电。

第二十七条 要建立电力需求侧管理的激励机制，加强电力需求侧管理的组织机构建设，高度重视电力需求侧管理技术的研究开发，充实技术人员，加大并落实宣传和推动电力需求侧管理的资金投入，并将实施电力需求侧管理的效果纳入评价电力公司生产经营及优质服务工作的内容。

第二十八条 重视并加强对从事电力需求侧管理工作人员的服务意识、技术标准及业务能力的培训。在电力供应紧张时期更应做到耐心、细致、周到的供电服务。对安装负荷控制装置的电力客户，要开展基本业务和装置使用的培训工作，消除系统运行和管理的缺陷，确保在电网紧急情况下负荷管理系统的正常运行。

第二十九条 各省（区、市）电力公司应在当地政府领导下，结合本地实际，积极引导社会采用先进的电力需求侧管理技术、设备和工艺，选择移峰潜力大、投入产出效益好的项目为突破点，推动电力需求侧管理示范工程的建设。

第八章 附则

第三十条 各省（区、市）电力公司应结合本地区实际情况，提出具体实施细则，报国家电网公司备案。

第三十一条 本办法自发布之日起实施。

关于部分冠“国家电力公司”名称的单位相应更名的通知

（国家电网人资［2003］188号）

公司系统各单位：

根据国务院已批准的《国家电网公司组建方案》和《国家电网公司章程》，为理顺管理关系，经研究，决定对已划入我公司管理的部分冠“国家电力公司”名称的单位进行相应更名，具体更名单位见附件。其他已划入我公司管理的冠“国家电力公司”名称的单位未予更名的，再另行通知。

请更名单位据此到有关部门办理名称变更、刻制印章等事宜。

附件：更名单位名单

二〇〇三年六月六日（印）

附件：

更名单位名单

一、原国家电力公司宜昌超高压管理处更名为国家电网公司宜昌超高压管理处；

二、原国家电力公司常州超高压管理处更名为国家电网公司常州超高压管理处；

三、原国家电力公司高级培训中心更名为国家电网公司高级培训中心；

四、原国家电力公司人才交流服务中心更名为国家电网公司人才交流服务中心；

五、原国家电力公司社会保险事业管理中心更名为国家电网公司社会保险事业管理中心；

原国家电力公司在京直属企业社会保险管理中心更名为国家电网公司在京直属企业社会保险管理中心；

六、原国家电力公司驻深圳经济发展联络处更名为国家电网公司驻深圳经济发展联络处；

七、原国家电力公司成都援藏办事处更名为国家电网公司成都援藏办事处；

八、原国家电力公司上海出国签证办公室更名为国家电网公司上海出国签证办公室；

九、原国家电力公司美国办事处更名为国家电网公司美国办事处。

关于印发《国家电网公司科技项目管理办法》的通知

（国家电网科［2003］200号）

公司系统各单位：

为加强国家电网公司科技项目的科学化、规范化和制度化管理，确保项目的研究成果有效地为公司的生产建设和发展服务，公司组织制定了《国家电网公司科技项目管理办法》，现印发执行。请认真贯彻实施。

附件：国家电网公司科技项目管理办法（略）

二〇〇三年六月十六日（印）

关于成立国家电网公司安全生产委员会的通知

（国家电网人资［2003］217号）

公司系统各单位：

为进一步加强公司系统的安全生产工作，保证电网的安全稳定运行，经研究，决定成立国家电网公司安全生产委员会（简称安委会）。现将有关事项通知如下：

一、安委会的主要职责

贯彻落实国家有关安全生产的法律、法规、方针和政策以及国家安全生产会议精神；审定公司系统安全生产规划和安全生产管理制度；决定公司系统安全生产方面的重大事项；协调解决公司系统安全生产工作中的有关重大问题。

二、安委会的组成

主任委员：赵希正　国家电网公司总经理

副主任委员：刘振亚　国家电网公司副总经理
祝新民　中纪委驻国家电网公司纪检组组长
李彦梦　国家电网公司副总经理
陆启洲　国家电网公司副总经理
陈进行　国家电网公司副总经理
郑宝森　国家电网公司副总经理
陈月明　国家电网公司副总经理

委员：赵遵廉　国家电网公司总工程师
李振生　国家电网公司总经济师
欧阳胜英　国家电网公司总审计师
马治中　国家电网公司总经理工作部主任
梅宗华　国家电网公司战略规划部主任
张文亮　国家电网公司人事董事部主任
许世辉　国家电网公司人力资源部主任
张国厚　国家电网公司财务部主任
魏昭峰　国家电网公司计划投融资部主任
舒印彪　国家电网公司工程建设部主任
张丽英　国家电网公司生产运营部主任
刘建明　国家电网公司科技信息部副主任
吕振勇　国家电网公司法律事务部主任
齐志坚　国家电网公司国际合作部主任
徐　磊　国家电网公司离退休干部工作部主任
曹志安　国家电网公司思想政治工作办公室主任
王中兴　国家电网公司监察局局长
朱国祯　华北电力集团公司总经理
刘　忱　国电东北公司总经理
邵世伟　国电华东公司总经理
张学知　国电华中公司总经理
刘肇绍　国电西北公司总经理

三、安委会办事机构的设置

安委会下设办公室，具体承担安委会的日常工作。

办公室设在国家电网公司生产运营部，张丽英同志兼任办公室主任，李向荣、余卫国同志兼任办公室副主任。

办公室联系电话：010－66598266；010－66598271。

办公室传真电话：010－66598244。

二〇〇三年六月十九日（印）

关于印发《防止电气误操作装置管理规定》的通知

（国家电网生［2003］243号）

各分公司，华北电力集团公司，省（区、市）电力公司，宜昌超高压管理处、常州超高压管理处，电科院：

为了加强防止电气误操作装置的管理，有效防止电气误操作事故的发生，保障电网安全运行，根据有关规程规定和电网安全运行需要，国家电网公司组织制定了《防止电气误操作装置管理规定》，现印发给你们，请认真贯彻执行。执行中遇到的问题和意见请及时告国家电网公司生产运营部。

附件：《防止电气误操作装置管理规定》（略）

二〇〇三年七月七日（印）

关于印发《国家电网公司跨区电力电量交易调度实施办法》的通知

（国家电网调［2003］282号）

各网、省（直辖市、自治区）电力公司：

为贯彻落实国务院关于加强电网优化调度、促进地区间电能交换的有关文件精神，促进网间丰枯、峰谷和余缺互济，在更大范围内实现资源优化配置，缓解供电紧张的局面，进一步提高跨大区电网的联网效益，促进大区间电力交易，确保电网安全、优质、经济运行，国家电网公司制定了《国家电网公司跨区电力电量交易调度实施办法》，对跨区电力电量交易进行规范，通过优化调度，以进一步加大跨区交易力度。现将本办法印发给你们，请认真贯彻执行。

附件：国家电网公司跨区电力电量交易调度交易办法

二〇〇三年七月二十八日（印）

附件：

国家电网公司跨区电力电量交易调度实施办法

第一章 总则

第一条 为促进跨大区互联电网的资源优化配置，充分发挥国家电网公司输电网络的送电能力，进一步提高跨大区电网的联网效益，促进大区间电力交易，确保电网安全、优质、经济运行，依据《中华人民共和国电力法》，《电网调度管理条例》和《国家电网公司跨区输电交易管理办法（试行）》，制定本实施办法。

第二条 国家电网公司应在保证电网安全稳定运行的基础上，采用公开、公平、公正的交易方式，实现跨大区的电力交易，以实现电力资源的优化配置，提高运行的经济性。

第三条 按照统一调度、分级管理的原则，跨区联网的各网省公司应积极参加跨大区电网电力电量交换，合理利用资源，余缺互济，提高电网运行的安全性和经济性。

第四条 本办法中的市场交易电量是指在国家电网公司明确的年度合同和长期合同两者以外的月度、日、实时电力电量交易。

第五条 跨区电力电量交易的市场成员包括：

（1）华北电力集团公司，国电东北公司、国电华东公司、国电华中公司（简称网公司）；

（2）福建、四川、重庆等省市电力公司；

（3）国家电网公司直调发电企业。

上述参加跨区电力电量交易的电力企业，以下简称市场成员。

第六条 市场成员参加国家电网公司跨区电力电量交易，国家电网公司为跨区电力电量交易的经纪人。国家电力调度通信中心（简称国调中心）为跨区电力电量交易的实施和执行部门。

第七条 在国调中心建立跨区电力电量交易管理系统（简称交易管理系统），市场成员按照本办法的要求，向交易管理系统提供购售电信息。

第八条 交易管理系统向所有市场成员开放，任何市场成员均可从国调中心的交易管理系统获得所有市场成员的购售电需求信息，国调中心应保证信息的公开。

第九条 区域电网内各省市电力公司如有向跨区交易市场购售电的意向，应向所在网调提出交易请求。网调将省市公司上报的交易数据和对该交易校核的结果，上报国调中心并在交易管理系统公布。在网络安全允许的情况下，国调、网调应积极安排交易电量的输送。

第十条 所有跨区电力电量交易必须经过国调中心的申报、校核和批准程序，方可实施。

第十一条 交易电量的安排和执行，应优先保证年度合约和计划的完成。

第十二条 交易电量的安排、执行和结算顺序，以交易达成的时间顺序确定。

第十三条 本办法适用于所有参加国家电网公司跨区电力电量交易的市场成员。

第二章 交易数据的申报

第十四条 市场成员应向国调中心交易管理系统提出购售电需求数据。交易数据应按照统一格式申报，包括需要购售电的价格、电力、时间等内容。

第十五条 市场成员可提前申报交易数据，在交易未达成前，允许修改。国调中心交易管理系统最晚于交易实施前的1h冻结交易数据。

第十六条 市场成员可采用网上上传、传真、电话三种方式提出交易申请。市场成员可登录至国调中心交易管理系统网页，将交易申请上传至国调中心，或通过传真电话，上报交易申请。市场成员在不能登陆网页且无法传真，或在时间比较紧张的情况下，可通过电话向国调中心调度台直接提出交易电量申请。国调中心将及时将传真或电话的交易申请输入交易管理系统。

第十七条 根据合同法，采用网上上传形式提出交易申请的，以该申请数据进入交易管理系统的时间视为到达时间，采用电话、传真等方式提出交易申请的，以国调中心确认视为交易到达时间。

第十八条 所有市场成员可通过国调中心交易管

理系统查阅交易信息是否上报并已确认。

第三章 交易的时段

第十九条 为便于进行交易协商和达成，各市场成员提出的购售电信息中，应划分不同的时段，在每个时段内的购售电电力和购售电价格保持不变。

第二十条 交易申请的最小时间间隔单位为1h。

第四章 交易的达成

第二十一条 国调中心交易管理系统根据直调系统的运行情况，实时发布跨大区联络线可用输送容量。

第二十二条 市场成员（除发电公司外）的调度交易中心应根据电网运行情况，进行安全校核，提出本电网不同方向能够送出或受入的最大电力，将最终结论上报国调中心，并在交易管理系统中实时公布。当跨区联络线和区域网能够送出或受入的最大电力发生变化时，应及时在交易管理系统中进行数据更新。

第二十三条 当市场成员的购售电申请在交易管理系统公布后，其他市场成员方可开始应标。

第二十四条 国调中心依据市场成员上报的交易申请，进行交易匹配和确认工作。

第二十五条 购售电交易的确定：国调中心交易管理系统对市场成员上报的交易数据和联络线可用传输容量数据进行汇总并进行安全校核。当市场成员申报的交易信息能够达成交易时，国调中心交易管理系统将下达最终的购售电交易计划，同时将结果在交易管理系统公布。

第二十六条 当市场成员申报的交易信息不能自动达成交易时，允许相关市场成员自行进行场外交易磋商，并将经磋商所达成的交易意向，向国调中心交易管理系统申报。如果同时有其他市场成员竞争，在满足安全校核的前提下，按照价格优先、时间优先的原则进行交易匹配。

第二十七条 跨区电力电量交易结果由国调中心最终审核批准，并纳入调度交易计划执行。

第二十八条 交易方的调度交易中心应将国调中心最终下达的调度交易计划纳入本网发供电平衡计划，并对其系统安全性负责。

第五章 交易的执行、调整和中止

第二十九条 在正常情况下，调度交易计划一经确定，原则上必须执行，不得更改。

第三十条 在计划执行过程中，如果出现系统安全限制，跨大区联络线输送功率不能满足送电要求或受电方突然来水，造成大量弃水时，国调中心可根据实际运行情况对输电计划进行调整。调整的原则是优先保证年度合约和计划的完成，交易计划按照交易达成的时间安排优先等级。

第三十一条 如因系统安全原因，交易方不能执行交易计划时，应及时向国调中心提出交易修改的申请并说明原因，经国调中心审核同意后，通知交易双方，修改交易曲线，并在交易管理系统公布。

第三十二条 交易方因故不能执行交易计划时，可对已达成的交易合同提出修改申请，经交易对方同意，并经国调中心审核批准后，按修改的交易计划执行。申请方应对交易对方和输电方进行补偿，对交易对方的补偿由交易双方事先商定，对输电方的补偿为交易修改电量×交易输电价格。

第六章 计量和结算

第三十三条 交易电量根据结算点关口表计的计量值进行统计和结算。

第三十四条 跨区送电计量关口点的设置、网损率按国家电网公司所下达的年度输电计划确定，交易电量的输电电价可参照长期及年度交易定价原则，只收取电量电价部分（有另行规定者除外）；区域内跨省送电计量关口点的设置、网损率及过网费由区域公司确定，并向各市场成员公布。

第三十五条 同一通道上的实际潮流与计划潮流的运行偏差，在结算顺序最后的电能中平衡调整。

第三十六条 申报价格为含税价格。

第三十七条 交易电量按照日结账、月结算的原则，由国调于每日12时前在国调中心的交易管理系统公布前一日交易电量结算结果，交易有关市场成员如有异议，应于次工作日内提出书面意见，由国调组织协调解决。

第三十八条 国调中心应于次月5日前在交易管理系统公布上月月度电量交易结果，提供给有关市场成员确认。如认为有误，应在公布结果后的5个工作日内提出，逾期未提出异议的，视为承认该结果。最终电力电量考核单于每月15日前，由国调中心寄给各相关市场成员并在交易管理系统公布。

第七章 信息发布

第三十九条 为了促进跨区电网电力电量交易，国调中心及时公布互联电网的电量需求和富裕能力信息。

第四十条 互联电网内网、省公司应向国调上报第二天负荷预测值，国调中心应及时将上述信息在交易管理系统公布。

第四十一条 国调中心应在交易管理系统及时公布跨区联络线检修情况和可用容量信息。

第四十二条 各网公司应及时向国调中心上报省间交易的情况。

第八章 附则

第四十三条 本办法自发布之日起执行。

第四十四条 本办法由国家电力调度通信中心负责解释。

关于印发《国家电网公司三峡输变电工程投资管理实施细则》的通知

（国家电网计［2003］308号）

各有关单位：

三峡输变电工程是三峡工程的重要组成部分。为履行国家电网公司对本工程建设、管理、经营和投资控制的责任，根据三峡建委颁发的《三峡输变电工程投资管理办法》及国家电网公司投资管理等有关规定，制定了《国家电网公司三峡输变电工程投资管理实施细则》，现印发执行。

执行中有何问题和改进意见，请及时反馈国家电网公司计划投融资部。

附件：国家电网公司三峡输变电工程投资管理实施细则

二〇〇三年八月八日（印）

附件：

国家电网公司三峡输变电工程投资管理实施细则

第一章 总则

第一条 为加强三峡输变电工程投资管理，根据国务院三峡工程建设委员会（简称三峡建委）《三峡输变电工程投资管理办法》（简称《办法》）以及国家电网公司（简称公司）投资管理等有关规定，制定本实施细则。

第二条 三峡输变电工程是三峡工程的重要组成部分。国家电网公司作为本工程项目法人，负责三峡输变电工程的建设管理和经营；制定有关规章制度并监督执行，承担控制系统概算总投资责任。各建设单位（电网分公司、国调中心、电通中心）根据批准的单项工程初步设计和概算组织建设实施，承担单项工程投资控制责任。

第三条 三峡输变电工程投资管理要认真执行《中华人民共和国公司法》、《中华人民共和国合同法》、《中华人民共和国招投标法》等法律法规；实行“项目法人责任制”、“资本金制”、“招标承包制”、“工程监理制”及“合同管理制”等制度。

第二章 投资控制和管理目标

第四条 三峡输变电工程投资实行“静态控制、动态管理”。

第五条 三峡输变电工程投资实行静态控制，是指本工程按国三峡委发办字［2002］13号文件批复的322.7446亿元静态投资（1993年价格水平）进行总量控制，并按《办法》要求进行合理调整。动态管理是指对建设期物价、汇率变动以及融资成本按规范的办法进行核定。“静态控制，动态管理”贯穿于三峡输变电工程系统设计、单项工程初步设计、工程建设以及监督、评价的全过程。

第六条 三峡输变电单项工程初步设计分别按1993年5月价格水平和现价水平编制投资概算。以现价投资概算作为该单项工程建设动态投资控制的依据。

第七条 三峡输变电工程建设规模为：500kV交流线路6519km；交流变电容量2275万kVA；直流输电线路2965km（含三广直流线路975km）；直流换流容量1800万kW（含三广直流换流站600万kW）。

第三章 项目前期管理

第八条 项目前期管理是指组织开展三峡输变电系统方案优化调整及项目前期工作，审核年度开工项目和前期费计划安排等内容。公司计投部为项目前期管理的业务部门，根据批准的三峡输变电工程方案，以确保三峡电力安全送出为原则，适时组织开展单项工程项目前期工作，并对新开工项目进行审查，报三峡建委同意后列入年度计划。

第九条 根据三峡电站受电地区电力供需变化的客观需要，结合三峡电能消纳方案和电力发展规划，在不突破三峡建委批复的总规模和总投资的基础上，经三峡建委同意，可对工程项目、进度、投资等进行合理的调整。

第十条 三峡输变电各项投资及费用的调整原则和范围执行三峡建委《办法》有关规定。

第十一条 工程项目优化调整、单项工程前期工作等前期费用在三峡输变电工程前期费中列支，执行公司前期费管理有关规定。

第十二条 各区域集团公司、省公司或分公司在电网统一规划的基础上，组织开展本区域内配套输变电工程的可行性研究，按照规定程序报批。

第四章 计划管理

第十三条 年度投资及资金计划由公司计投部负责编制，商三峡建委综合平衡后，按程序报国家计委，纳入国家计划。

第十四条 三峡输变电单项工程多，建设周期长，必须严格按照基本建设程序进行。已经2002年调整审定的项目和经过规定程序批准立项的项目可列入年度计划。新开工项目必须按国家有关规定具备开工条件。

第十五条 工程项目计划一经下达，各建设单位须严格执行和认真组织实施。建设单位认为确需调整时，按程序报批。

第十六条 各项目建设单位要根据计划项目的实际工程进度和资金需求情况，于每季度末月的中旬提出下个季度的用款计划申请，公司计投部负责审核后下达季度用款计划。

第十七条 工程项目列入年度计划后，各建设单位应根据《中华人民共和国统计法》的要求，以批准的投资概算（包括1993年价和现价）为依据，按照单项工程形象进度和实际完成工程量据实计列，专项费用按其实际支出计列，并定期向公司计投部报送固定资产投资统计月报和年报。公司计投部负责汇总和审核建设单位的统计报表；公司三峡输变电工程建设综合管理办公室（简称三峡综合办）负责向三峡建委报送统计报表。

第十八条 统计报表应符合以下要求：

（一）各建设单位于次月第五个工作日报送上月报表，每年的2月底前报送上年统计报表；

（二）项目要与单项工程初步设计概算项目相一致，统计时段应与结算时段一致；

（三）统计年报和月报应附投资完成、建设进度、工程质量、施工安全、存在问题等方面的分析总结报告，月报可简要分析；

（四）统计数据要准确真实地反映工程建设的实际情况，不得隐瞒和虚报。

第五章 资金管理

第十九条 三峡输变电工程投资计划纳入公司综合计划和预算管理，分别履行公司规定的审批程序；建设资金的拨付按照公司季度用款计划和预算管理的有关规定执行。

第二十条 三峡输变电工程投资按批准的资金筹措方案执行。资本金来源为三峡基金及其利息收入等，融资来源为国内银行贷款、利用外资、企业债券等。

第二十一条 工程建设资金由公司财务部按照下达的季度用款计划及有关财务规定拨付。其中，三峡基金必须专款专用，由公司财务部负责统一申请，按用款计划及有关财务规定拨付，并定期将三峡基金的到位情况、资金拨付情况报送公司三峡综合办、抄送计投部。

第二十二条 其他专项费包括：①系统前期及科研费用、②工程监理费、③单项工程招标费、④单项工程科研费、⑤工程保险费、⑥公司费用等六项。除①、⑥两项外，其他专项费之间可相互调剂，履行报批程序。

第二十三条 单项工程竣工决算与三峡建委审批的初步设计概算（现价）之差称为单项工程投资节余或超支。经财务部审核后的投资节余，可供项目之间调配使用。

第二十四条 三峡输变电系统二次部分按照调整后的动态投资14.0612亿元包干使用，必要时由公司计投部报经三峡建委批准后，项目之间可相互调剂使用。公司工程部负责随一次项目同时建设的光纤通信工程初步设计及概算审批；计投部负责三峡二次系统其他单项工程初步设计及概算审批，负责投资调剂和项目调整。三峡二次系统项目及建设单位划分见附表。

第二十五条 工程项目总预备费是在单项工程概算预备费外单独计列的预备费，由计投部归口管理，动用时需报三峡建委批准后，纳入公司综合计划和预算管理。

第六章 建设管理

第二十六条 根据三峡建委要求，从2003年起，三峡输变电各单项工程初步设计投资概算需分别编制1993年价和现价两本概算，前者作为三峡输变电工程静态投资总量控制的依据，后者作为该单项工程建设动态投资控制的依据。

三峡建委对投资管理由年度审批价差改为审批单项工程初步设计及现价投资概算。

第二十七条 公司对单项工程初步设计管理程序：

（一）公司计投部根据工程建设总体进度和项目前期工作条件，适时下达开展单项工程初步设计的任务书。

（二）各建设单位负责组织开展单项工程初步设计，公司工程部与三峡建委共同委托中介机构进行评审。根据评审意见，工程部提出单项工程初步设计及概算的审查报告，并会签计投部后上报三峡建委。

（三）各建设单位按三峡建委批准的单项工程初步设计及概算负责工程实施。

（四）直流工程初步设计前的工作（包括设备功能规范书、系统专题研究及成套设计），由公司审批，抄送三峡建委。

第二十八条 按照 1993 年价格水平编制的工程概算，应使用当时执行的定额，取费标准，主要设备、材料价格，概算编制办法及计算程序。线路部分的定额执行电力部 1993 年颁发的《电力建设安装工程预算定额》（送电部分）；变电部分的定额采用根据电力部 1996 年颁发的《电力建设工程概算定额》编制的《1993 年价目本》。输变电工程项目划分及取费标准采用 1993 年版的《电力工业基本建设预算管理制度及规定》。

第二十九条 按照现价编制的工程概算，采用编制当年使用的行业定额及配套的取费标准。概算编制应附有关综合取费率的详细计算公式和必要的说明，同时编制现价投资概算与系统设计概算相应投资的对比投资报告。

概算的编制详见《三峡输变电单项工程概算编制办法》。

第三十条 初步设计及投资概算一经审定，原则上不再调整。公司以此作为考核建设单位控制工程造价的依据。

第三十一条 工程项目的施工、监理及主要设备材料的采购等应通过招标确定，并签订合同进行管理。招标应按照国家招标法及公司有关规定，坚持公开、公平、公正的原则进行。合同应按照公司的有关规定进行管理。

第三十二条 工程项目投产后，建设单位应在工程竣工投产移交后 3 个月内按照决算编制要求完成竣工决算编制工作。竣工决算报告经公司财务部审定后，项目转入固定资产管理。

第七章 财务、审计监督

第三十三条 公司财务部负责对工程项目的财务管理和会计核算实行财务稽核。

第三十四条 公司财务部负责项目竣工决算的审批及各项资金使用、费用开支等审查工作。单项工程财务决算管理按国家现行规定执行，报有关部门及三峡建委。

第三十五条 工程项目实行内部审计监督制度，对项目实行开工前、建设期和竣工决算全过程审计监督。公司审计部依据有关法规对财务计划或预算的执行和决算，财务收支及有关经济活动，国有资产保值增值等方面进行审计。在审计终结后，提出审计报告。对审计工作中发现的重大问题，应及时向公司汇报。

第三十六条 建立内部稽查和评价制度。对工程项目的质量、投资、进度和施工安全等方面进行内部稽查和评价，总结工程建设和管理方面的经验，吸取教训，为今后工程项目的建设和管理服务，同时接受三峡建委的稽查。各有关单位应做好稽查配合工作。

第八章 考核与奖惩

第三十七条 公司三峡综合办对工程质量、建设进度、投资控制和施工安全等工程项目建设管理中的主要绩效指标进行考核评价。考核原则是按不同的权重，对每项指标从定量和定性两部分进行考核。定量部分主要包括工程合格率、优良率，投资节余率，死亡率等，定性部分主要包括各项管理体系和管理措施等。

第三十八条 公司于下一年度 6 月前提出对上一年度管理绩效的自评意见报三峡建委。

第三十九条 公司根据竣工项目的考核结果，经三峡建委批准，对为工程项目建设和管理作出突出贡献的有关人员进行奖励。

第四十条 由公司三峡综合办根据国家有关规定，组织研究具体考核与奖励办法。各建设单位可依据此办法，制定对工程项目建设考核与奖励办法。

第四十一条 在工程项目建设管理过程中，人为失误和管理不善等造成重大经济损失的有关人员，要给予必要的经济和行政处罚。构成犯罪的，要追究法律责任。

第九章 附则

第四十二条 本细则由国家电网公司负责解释。

第四十三条 本细则自颁布之日起施行。

附表： 三峡输变电工程二次系统项目建设单位划分表

序号	项目名称	建设单位
一	调度自动化系统	
1	国调后备调度中心 *	国调中心
2	国调新 EMS 系统 *	国调中心
3	国调水调自动化系统 *	国调中心
4	国调调度生产管理系统 *	国调中心

续表

序号	项目名称	建设单位
5	国调调度员培训仿真系统＊	国调中心
6	华中网调 EMS 系统更新及二级网络建设＊	国调中心
7	重庆市调 EMS 系统＊	国调中心
8	国调雷电定位监测系统＊	国调中心
二	电能量计费系统和交易管理系统	
1	电能量计费系统国家电力公司主站系统＊	国调中心
2	电能量计费系统重庆电网主站系统＊	国调中心
3	电能量计费系统华中电网主站系统＊	国调中心
4	电能量计费系统华东电网主站系统＊	国调中心
5	电能量计费系统四川电网主站系统＊	国调中心
6	交易管理系统（含频率控制、联络线电力电量考核及信息发布）＊	国调中心
三	继电保护及故障信息管理系统	国调中心
四	系统安全稳定控制装置及功角监测	
	系统安全稳定控制装置＊	国调中心
	电网动态安全监测系统（功角监测）	国调中心
五	系统通信	

续表

序号	项目名称	建设单位
1	跨省主干光纤通信电路	
	三峡—北京＊	电网建设分公司、电通中心
	三峡—上海以及T接武汉＊	电网建设分公司、电通中心
	三峡—重庆＊	电网建设分公司
	北京光纤环网＊	电通中心
	北京—上海	电通中心
2	华中光纤通信电路	
	荆门—双河	电网建设分公司
	岗市—长沙	电网建设分公司
	荆门—荆州	电网建设分公司
	左二—荆州	电网建设分公司
	荆州—益阳	电网建设分公司
	荆州—潜江	电网建设分公司
	南昌—乐万	电网建设分公司
	南昌—昌西	电网建设分公司
	昌西—新余	电网建设分公司
	咸宁—凤凰山	电网建设分公司
	潜江—咸宁	电网建设分公司
	右一—宋家坝	电网建设分公司
	右二—右换	电网建设分公司
	右换—荆州	电网建设分公司
	东山—三峡总公司—宋家坝	电通中心
3	华东光纤通信电路	
	瓶窑—武南—东善桥—繁昌	电网建设分公司
	阜东—洛河电厂	电网建设分公司
	政平—宜兴	电网建设分公司
	双林—王店	电网建设分公司
	车坊—吴江	电网建设分公司
4	微波通信电路	
	京汉微波改造＊	电通中心
	京沪微波改造＊	电通中心
5	综合网管系统＊	电通中心

续表

序号	项目名称	建设单位
6	同步网*	电通中心
7	国家电力数据网*	电通中心
8	国家电力调度专网	国调中心
9	北京地区数据网*	电通中心
10	三峡电话电视会议系统	电通中心

注 带“*”者为原批复的三峡输变电工程二次系统设计中已有项目（7.83亿元以内）。

关于印发《国家电网公司电力生产安全性评价工作实施办法（试行）》的通知

（国家电网生［2003］386号）

国电各分公司，华北电力集团公司，省（自治区、直辖市）电力公司，宜昌、常州超高压管理处：

为了规范和促进安全性评价工作的实施，保证安全性评价落实到企业安全生产管理的各个环节之中，实现安全性评价工作的全过程动态管理，逐步建立基于风险管理理念的安全生产长效管理机制，公司结合安全性评价工作的实际，制定了《国家电网公司电力生产安全性评价工作实施办法（试行）》，现予发布，自发布之日起在公司系统内贯彻执行。执行过程中的问题和意见请及时告公司生产运营部。

附件：《国家电网公司电力生产安全性评价实施办法（试行）》（略）

二〇〇三年九月二十四日（印）

关于印发国家电网公司《变电站管理规范（试行）》的通知

（国家电网生［2003］387号）

国电各分公司，华北电力集团公司，省（自治区、直辖市）电力公司，宜昌、常州超高压管理处：

为了规范电网生产管理，促进变电站运行管理工作水平的提高，保证电网安全稳定运行，国家电网公司在吸取部分网、省电力公司经验、广泛征求意见的基础上，组织编制了国家电网公司《变电站管理规范（试行）》（以下简称《规范》），现将《规范》印发给你们。请各单位组织有关专业管理人员和变电站值班人员，认真做好《规范》的学习和贯彻工作。按照《规范》要求，结合本单位实际情况，制定相应的实施细则，保证《规范》在实际工作中得到充分落实。各单位在执行过程中有何意见和建议，请向国家电网公司生产运营部反映。本《规范》自2004年1月1日起试行。

附件：变电站管理规范（试行）（略）

二〇〇三年九月二十五日（印）

关于印发《输电网安全性评价》的通知

（国家电网生［2003］404号）

东北、华东电网有限公司，国电华中、西北公司，华北电力集团公司，省（自治区、直辖市）电力公司，宜昌、常州、惠州超高压管理处：

为了促进电网的安全管理，确保电网安全、稳定、优质、经济运行，国家电网公司组织编制了《输电网安全性评价》，现印发给你们。请依照国家电网公司下发的安全性评价管理办法，结合本网实际认真贯彻执行，对于贯彻评价过程中的问题和意见请及时告国家电网公司生产运营部。

附件：《输电网安全性评价》（略）

二〇〇三年十月八日（印）

关于印发《安全生产工作规定》的通知

（国家电网总［2003］407号）

国电华中、西北公司，东北、华东电网有限公司，华北电力集团公司，省（自治区、直辖市）电力公司，安能总公司，宜昌、常州超高压管理处：

为贯彻落实《中华人民共和国安全生产法》，理顺网厂分开后国家电网公司系统的安全管理关系，国家电网公司在原国家电力公司《安全生产工作规定》的基础上，制订了《安全生产工作规定》，现予印发。自颁布之日起在公司系统内执行。执行中的问题，请及时告国家电网公司生产运营部。

附件：《安全生产工作规定》（略）

二〇〇三年十月八日（印）

关于印发《安全生产监督规定》的通知

（国家电网总［2003］408号）

国电华中、西北公司，东北、华东电网有限公司，华北电力集团公司，省（自治区、直辖市）电力公司，安能总公司，宜昌、常州超高压管理处：

为了规范国家电网公司系统安全生产监督工作，充分发挥监督体系的作用，促进公司系统安全生产水平的提高，国家电网公司在原国家电力公司《安全生产监督规定》的基础上，制订了《安全生产监督规定》，现予印发。自颁布之日起在公司系统内执行。执行中的问题，请及时告国家电网公司生产运营部。

附件：《安全生产监督规定》（略）

二〇〇三年十月八日（印）

关于印发《安全生产工作奖惩规定》的通知

（国家电网总［2003］413号）

东北、华东电网有限公司，国电华中、西北公司，华北电力集团公司，省（自治区、直辖市）电力公司，安能总公司，宜昌、常州超高压管理处：

为进一步贯彻《国务院关于特大安全事故行政责任追究的规定》，落实国家电网公司系统各级人员安全生产责任制，国家电网公司制订了《安全生产工作奖惩规定》，现予印发。自2004年1月1日起在公司系统内执行。执行中的问题，请及时告国家电网公司生产运营部。

附件：《安全生产工作奖惩规定》（略）

二〇〇三年十月十日（印）

关于印发《电业生产事故调查规程》的通知

（国家电网生［2003］426号）

东北、华东电网有限公司，国电华中、西北公司，华北电力集团公司，省（自治区、直辖市）电力公司，安能总公司，宜昌、常州超高压管理处：

《电业生产事故调查规程》经审查通过，批准为国家电网公司系统内强制性标准，现予印发，自2004年1月1日起执行。执行中的问题，请及时告国家电网公司生产运营部。

附件：《电业生产事故调查规程》（略）

二〇〇三年十月二十七日（印）

关于印发《国家电网公司工程建设项目优质工程评选办法》的通知

（国家电网工［2003］470号）

公司系统各区域电网公司、省（自治区、直辖市）电力公司：

为鼓励国家电网公司系统工程项目法人、建设、施工、设计、监理、调试等单位加强科学管理，提高工程建设质量，公司制订了《国家电网公司工程建设项目优质工程评选办法》（简称办法），该办法经2003年国家电网公司基建工作座谈会讨论通过，现予以印发，请认真贯彻落实。

本办法的实施细则由国家电网公司制定，将另行印发。

附件：国家电网公司工程建设项目优质工程评选办法

二〇〇三年十一月十三日（印）

附件：

国家电网公司工程建设项目优质工程评选办法

第一章 总则

第一条 为贯彻国家《质量振兴纲要》、国务院《建设工程质量管理条例》及“百年大计，质量第一”的方针，鼓励国家电网公司系统工程建设项目法人、建设、施工、设计、监理、调试等单位加强科学管理，提高工程建设质量，创建优质工程，把我国电网建设成为世界一流电网，满足电力生产需要，为用户提供安全、优质、高效的电力供应，更好地为国民经济发展服务，特制定本评选办法。

第二条 本办法适用于由国家电网公司及其所属单位投资或控股、由中国企业在中国境内建设的新建电源工程、新建直流输电工程和电压为220kV及以上的新建交流输变电工程，其中交流输变电工程还需满足第六条（一）所规定的规模要求。

第三条 国家电网公司建设项目优质工程的评审工作每年进行一次，是国家电网公司工程建设质量管理的重要环节。

第四条 国家电网公司建设项目优质工程评审重点考核工程建设项目的技术性能先进性、功能可靠性、建设质量优良性、投资经济性、建设管理规范性。

第五条 国家电网公司要求公司系统各单位通过争创优质工程活动，促进工程建设质量的逐年提高。

第二章 申请的必备条件

第六条 申报国家电网公司工程建设项目优质工程必须同时满足以下条件，凡不全部满足的，作为否决条件，不能申报，也不得评为优质工程。

（一）申报的工程必须是列入国家或省、自治区、直辖市及计划单列城市投资建设计划的工程，其中交流输变电工程要满足以下规模要求：

(1) 变电工程的电压等级为220kV及以上，其中220kV变电工程仅限于省级电网最高电压等级为220kV，或省级电网公司负责建设的最高电压等级为220kV的工程；

(2) 输电线路工程电压等级为330kV及以上、长度超过100km。

（二）工程经规定的基建程序实施建设，建成移交生产运行时间已满一年且不超过两年。

（三）申报的工程项目必须已经按照启动及竣工验收规程，在启动验收委员会领导下进行了启动、试运行、竣工验收检查，已颁发启动竣工验收证书，工程质量总评必须为优良，工程遗留问题已经处理完毕，工程主要技术经济指标、工程质量和施工工艺达到国内同类工程的先进水平。

（四）申报的工程项目已按国家电网公司颁发的达标投产考核评定标准进行了达标投产考核，并获得了达标投产命名。

（五）工程建设期间未发生人身死亡事故和工程重大质量事故；投入运行以来，未发生因工程建设原因造成的重大及以上电网事故或设备事故。

第三章 优质工程的考核内容

第七条 优质工程按以下内容和所占权重进行评定和考核：

（一）技术性能及主要技术经济指标（30%）；

（二）施工质量及施工工艺（30%）；

（三）工程建设管理（30%）；

（四）生产运行准备（10%）。

第八条 国家电网公司将另行制定颁布针对电源工程、输变电工程的优质工程考核评定细则。

第四章 优质工程的申报

第九条 国家电网公司工程建设项目优质工程由工程项目法人单位进行申报。

第十条 具备申报必备条件的工程，由工程项目法人在每年度通知的申报截止日期内（过时不予受理）向国家电网公司工程建设部申报，每个项目法人如当年申报超过一个工程项目，要提出排序建议。

第十一条 申报国家电网公司优质工程需提交以下材料：

（一）国家电网公司工程建设项目优质工程申报表一式2份；

（二）本工程批准建设立项文件复印件一式2份；

（三）工程建设有关批准文件（应包括：土地使用证、规范许可证、开工批复文件、施工许可证）复印件各2份；

（四）工程项目法人单位及主要参建单位（设计、施工、监理）的创优质工程计划各1份；

（五）工程启动竣工验收证书复印件2份，遗留问题处理结果说明2份；

（六）工程质量监督部门对工程质量的评价和推荐意见2份；

（七）达标投产复检报告和全部项目评分表、复印件一套、达标投产工程命名文件复印件1份；

（八）工程参建单位（包括：施工承包、施工分包、设计、监理、调试等）工程总结各1份；

（九）反映工程情况和质量情况的工程彩色数码照片一套，应包括：工程全貌 1～2 张、土建工程 2～4张，安装工程 4～6 张，独具特色部位若干张，投产后现状 2～4 张；

（十）以 SVCD 或 DVD 格式录制的介绍工程基本情况和创优工作的光盘一套，其长度为 5～10min，需配有解说词。

在提交的工程总结材料和图片、声像材料中要包括反映建设期间开展创优活动、建设期间质量安全及文明施工管理、隐蔽工程施工质量工艺方面的内容。

第五章　优质工程的评审

第十二条　国家电网公司每年度在收到正式申报材料后组织进行优质工程评审。

第十三条　优质工程评审工作，分为申报材料审查、现场检查和终评颁奖三个阶段。

第十四条　申报材料审查主要检查各工程申报材料是否符合本办法规定的对申报条件和申报材料内容的要求。

第十五条　优质工程评审现场检查阶段按照本办法及其实施细则规定的优质工程评审考核条件进行实地综合检查。

第十六条　终评阶段根据预评审及现场检查结果对所有申报工程进行综合评审，并提出评审报告。

第十七条　国家电网公司优质工程评审工作由国家电网公司组织的专家组负责。国家电网公司建立优质工程评审专家库，每年从专家库中随机抽取　定数量的专家参加优质工程评审工作。

第十八条　评审工作结束后，国家电网公司工程建设部负责将专家组评审意见上报主管领导，经审批同意后办理命名手续。

第六章　奖励

第十九条　国家电网公司工程建设项目优质工程由国家电网公司审批后行文命名，颁发统一制作的奖牌和证书，奖牌发给项目法人单位，证书发给建设管理单位、施工总承包或主体施工单位、设计单位、工程监理、主体调试、生产运行单位以及承担任务较多的分包单位。获奖单位的名单由工程项目法人单位按贡献大小和工作质量推荐，经专家组核查后由国家电网公司工程建设部核定。

第二十条　获得国家电网公司优质工程是项目法人单位和有关参建单位参加先进单位、先进个人评选的重要依据。

对荣获国家电网公司优质工程的有关参建单位，可由项目法人单位给予适当的物质奖励。

第二十一条　获国家电网公司优质工程证书的施工企业、设计、监理、调试等单位，在获得证书后两年内在国家电网公司同类工程（电源工程、220kV 及以上变电或直流工程、220kV及以上线路工程）招标中享有加分优惠。加分优惠的具体办法由各招标人在招标文件中明确。

第二十二条　国家电网公司在每年评选优质工程的基础上推荐产生代表性工程，通过有关机构申报参加国家级优质工程的评选。

第二十三条　国家电网公司对每年命名的工程建设项目优质工程在中国电力报和行业刊物上发布。

第七章　附则

第二十四条　各区域电网公司和省级电网公司不组织电源工程和 330kV 及以上输变电工程的优质工程评选工作。

第二十五条　国家电网公司系统工程建设项目原则上不参加地方建设部门组织的省级以下优质工程的评选，参加省级优质工程的评选或通过地方渠道参加国家级优质工程评选需报国家电网公司工程部备案。

第二十六条　本办法的实施细则由国家电网公司工程建设部负责制定，本办法由国家电网公司工程建设部负责解释。

第二十七条　本办法自 2004 年 1 月 1 日起实施。

关于印发《供电服务规范》的通知

（国家电网生［2003］477 号）

公司系统各区域电网公司、省（自治区、直辖市）电力公司：

为坚持“人民电业为人民”的服务宗旨，认真贯彻“优质、方便、规范、真诚”的供电服务方针，进一步强化服务意识，切实做好对用电客户的供电服务，加强供电服务的规范化和制度化建设，公司制订了《供电服务规范》，现印发给你们，并提出以下要求，请一并贯彻执行。

一、各单位要认真学习并贯彻落实《供电服务规范》。要强化服务观念、服务规范、服务质量的教育，提高在新形势下对供电优质服务工作的重要性和长期性的认识，抓住关键，狠抓落实，努力在完善服务措施，提高服务质量上下功夫，将供电服务工作纳入规范化、制度化建设的管理轨道。

二、贯彻执行《供电服务规范》要强调以人为本，坚持把增强全体员工的素质、强化内部管理作为搞好供电服务的核心，办实事，求实效，不流于形式，不做表面文章。各单位要根据《供电服务规范》提出的基本行为规范和质量标准，制订实施细则，规范供电服务行为，提升供电服务水平，并接受全社会的监督。

各单位在贯彻执行中遇到的问题，请及时与国家电网公司生产运营部联系。

附件：供电服务规范（略）

二〇〇三年十一月十三日（印）

关于印发国家电网公司《架空输电线路管理规范（试行）》的通知

（国家电网生［2003］481号）

公司系统各区域电网公司、省（自治区、直辖市）电力公司，宜昌、常州超高压管理处：

为了规范电网的生产管理，促进架空输电线路管理工作水平的提高，保证电网安全稳定运行，国家电网公司在吸取部分网省电力公司经验、广泛征求意见的基础上，组织编制了国家电网公司《架空输电线路管理规范（试行）》（简称《规范》）。现将《规范》印发给你们。请各单位组织有关专业和人员，按照《规范》要求，结合本单位情况，制定相应的实施办法，保证《规范》在实际工作中得到充分落实。各单位对在执行过程中的经验、问题和建议请及时反馈到国家电网公司生产运营部。本《规范》自2004年1月1日起执行。

附件：架空输电线路管理规范（试行）（略）

二〇〇三年十一月十七日（印）

印发《关于加强电力营销工作的若干规定》的通知

（国家电网生［2003］490号）

公司系统各区域电网公司、省（自治区、直辖市）电力公司：

为适应电力体制改革与市场发展，全面推进电力营销工作市场化、法制化、现代化的建设步伐，根据国家电网公司市场营销工作会议精神，公司制订了《关于加强电力营销工作的若干规定》（简称《若干规定》），现印发给你们，并提出以下要求，请一并贯彻执行。

一、各单位要加强对营销工作的领导，深入学习现代营销管理思想，积极推进营销工作的改革与发展，强化客户意识、服务意识、市场意识、效益意识，建立和完善适应市场经济发展并符合电网生产经营特点的电力营销组织模式和管理体系。

二、各单位要根据《若干规定》提出的要求和任务，结合实际，研究制订本单位的发展规划和工作任务。要以加强营销管理基础建设为重点，不断改革粗放型、分散型的营销管理方法，按照有利于加强内部管理，有利于提高市场应变能力，有利于提高服务水平，有利于降低经营成本和风险的原则，努力实现“集约型、服务型”的营销管理模式。

三、贯彻实施《若干规定》要真抓实干，务求实效。实施中遇到的问题，请及时与国家电网公司生产运营部联系。

附件：《关于加强电力营销工作的若干规定》

二〇〇三年十一月十八日（印）

附件：

关于加强电力营销工作的若干规定

为适应电力体制改革与市场发展的需要，加强电力营销管理，提高企业经济效益，强化供电优质服务，提高企业经营管理和市场服务的综合能力，全面推进电力营销工作市场化、法制化、现代化的建设步伐，现就进一步加强电力营销工作特作如下规定。

一、加强领导，转变观念，加快建立适应市场经济发展需要的电力营销体系

（一）电力营销在电网经营企业的主营业务中具有基础性、先导性的重要作用。各网省公司要进一步转变观念，正确认识电力营销工作在电网经营企业中的地位和作用，加强对电力营销工作的领导，进一步改革创新营销管理机制，使电网经营企业的生产经营活动服从和服务于电网营销的需要，加大营销投入，完善营销功能，建立科学、完善、有效的营销工作保障体系，支持营销活动高效有序开展。

（二）积极推进电力营销工作的改革与发展，坚

持以市场为导向，以服务为宗旨，以效益为中心来组织电网经营企业的生产经营活动，建立适应社会主义市场经济需要和电网生产经营特点的，以电力营销为核心的，生产、计划、调度、财务、科技等各部门整体协同运作的营销组织模式和管理体系。

（三）深入学习现代营销管理思想，全面提高营销队伍素质，加强营销人员的思想作风、工作作风、学习作风的建设。

二、努力完成电力营销工作的基本任务

（一）电力营销工作的基本任务是完成好电力销售、电费回收的经营目标和供电服务目标。要抓住营销工作的基本环节，对营销管理实行过程控制，实现动态管理。

（二）加强电费风险管理与研究，建立信用风险分析制度。对电费回收工作面临的欠费结构、资金流转方式、在途资金周转、呆坏账增加等风险进行分析。加强和改进电费抄、核、收管理工作，提前采取防范措施，确保完成电费回收任务。

（三）实施需求侧管理战略，积极开拓和培育优良的用电市场。加强对电力销售市场的分析研究，掌握客户的用能结构，引导电能消费。加强负荷分析与预测，开展以错峰、避峰为主要内容的有序用电工作。积极推进电价改革，运用价格杠杆，促进合理用电。

（四）推动电能计量的技术进步，优化电能计量手段。分析影响电能计量准确性的因素，对确定电能计量方案，选配电能计量器具，验收、检定、安装、运行维护电能计量装置等各环节实行全过程质量控制与管理，提高电能计量的准确性和可靠性。

三、建立供电服务的长效化管理机制

（一）贯彻执行《供电服务规范》，严格按规范要求约束员工行为，用心、细致、扎实地对待每一个供电服务环节，实现从“活动型”向“管理型”的转变。

（二）实施服务品牌建设，注重团队意识的培养，增强全体员工的服务意识和服务技能，前台为客户服务，后台为前台服务，形成经营与服务相互促进、一体化发展的良性循环的运行机制，不断提高客户满意度。

（三）加强与社会各界的沟通和联系，接受社会各界监督。重视企业形象的策划和宣传工作，建立良好的社会公共关系，树立企业的良好形象。

四、强化营销基础管理工作，建立营销工作标准化体系

（一）建立健全营销管理的各项规章制度，推行营销目标管理，量化营销指标。采取有效措施，在报装接电、电费回收、客户满意度等关键指标上逐步得到改善和提高。

（二）加强营销基础信息资源的管理，不断整合优化营销业务流程，实现营销业务流程再造。

（三）制订统一的营销业务流程规范、营销岗位工作标准、营销工作质量标准、营销经济运行技术标准、营销工作评价标准，进一步推进营销各项工作的规范化和标准化建设。

（四）建立营销责任事故追究制度。在营销工作中，因未按有关法律法规、技术规程、工作规定及制度开展工作，给公司造成较大经济损失和社会影响的，要追究责任。

（五）建立“电力营销指标”发布制度。根据《电力营销工作评价标准》、《电力营销管理信息系统实用化评价办法》、《95598电力客户服务系统实用化评价办法》等，每年对各网省公司的电力营销工作指标进行发布。

五、加快实现营销管理手段的现代化

（一）大力推进营销新技术、新产品的研究和应用，提高营销的技术管理水平。

（二）2005年建设完成电力营销管理信息系统，并与“95598”电力客户服务系统实现有效集成。要尽快建设和完善“95598”电力客户服务网站，积极推进电子付费方式。

（三）在市供电公司建设营销数据中心，对营销信息资源实行集中整合与管理。努力建设客户关系管理系统（CRM），实现与国际水平接轨。

（四）建立营销管理手段现代化的定期分析评估制度。对营销技术支持系统的实用化程度实行动态自查，持续得到改进和完善。

六、积极推进改革创新，实现营销集约化管理模式

（一）积极创造条件组建专业抄表公司。以合同的方式委托抄表公司进行抄表（主要是对大量的居民用户），降低抄表成本，加强抄表质量的控制管理。

（二）积极改进电费管理方式，在市供电公司创建电费结算中心，使销售电量、销售收入、电费资金处于可控状态。对电费回收率、电费差错、电费资金、电价执行等情况实行有效的集中监管和控制。

（三）积极推动电能计量管理模式的改革，在市

供电公司组建电能计量管理中心，实行电能计量器具的检定与现场装、拆、换业务分离，降低运行成本，提高管理质量和工作效率，保证电能计量的准确、可靠和公证性。

七、加强营销队伍建设，全面提高人员素质

（一）分层次对营销人员进行市场意识、服务意识、法律意识、创新意识以及工作责任心和业务水平等方面素质的培训和培养，努力造就一支数量充足，素质全面，结构合理的营销专业技术骨干队伍。

（二）注重营销队伍知识结构调整，努力做到新进营销队伍管理岗位的人员具有大专以上学历。

（三）2005 年起营销人员全面实行持证上岗制度。

八、建立切实有效的科技投入和营销费用保证制度

（一）加大营销现代化建设的科技投入，积极支持营销现代化手段的技术进步与发展，为营销与服务活动的开展提供可靠的技术支持。

（二）建立健全营销费用的预算管理制度，保证营销的资本性和成本性资金投入，规范使用，加强监督，为实现电力销售、电费回收、供电服务的目标提供有效的资金保障。

关于 43 家电力产品质量检测机构更名的通知

（国家电网人资［2003］209 号）

各网、省电力公司及有关单位：

为适应电力体制改革的需要，充分利用现有电力产品质量检测资源，继续发挥电力产品质量检测机构的作用，确保电力产品的质量，经国家认证认可监督管理委员会认可，决定将挂靠在国家电网公司所属企事业单位的电力产品质量检测机构进行统一更名，即将现冠有“电力工业部”及“国家电力公司”名称的电力产品质量检测机构统一变更为“电力工业”名称（具体更名的电力产品质量检测机构见附件），其原挂靠单位保持不变。

更名后的电力产品质量检测机构，应本着全心全意为电力工业服务的宗旨，严格按照国家相关的法律、法规和标准，规范自身的行为，搞好自身的建设，充分发挥技术优势，做好电力产品的质量检验测试工作，继续为电力建设、电力生产和电网安全服好务，并提供切实可靠的技术质量保障。

请你们接此通知后，立即与地方有关部门联系，办理其相关手续及刻制印章事宜。

附件：更名的电力产品质量检测机构名单

二〇〇三年六月二十三日（印）

附件：

更名的电力产品质量检测机构名单

序号	原名称	现名称	挂靠单位
1	电力工业部电力设备及仪表质量检验测试中心	电力工业电力设备及仪表质量检验测试中心	中国电力科学研究院
2	电力工业部电气设备质量检验测试中心	电力工业电气设备质量检验测试中心	国电武汉高压研究所
3	电力工业部电力系统自动化设备质量检验测试中心	电力工业电力系统自动化设备质量检验测试中心	国电电力自动化研究院
4	电力工业部电力线载波机质量检验测试中心	电力工业通信设备质量检验测试中心	国电电力自动化研究院
5	电力工业部电力工程材料部件质量检验测试中心	电力工业电力工程材料部件质量检验测试中心	国电电力建设研究所
6	电力工业部电力电容器质量检验中心	电力工业电力电容器质量检验中心	安徽省电力试验研究所
7	电力工业部无功补偿成套装置质量检验测试中心	电力工业无功补偿成套装置质量检验测试中心	浙江省电力试验研究所

续表

序号	原名称	现名称	挂靠单位
8	电力工业部直流电流柜成都质量检验测试中心	电力工业直流电流柜成都质量检验测试中心	四川省电力试验研究院
9	电力工业部华东低压电器质量检验测试中心	电力工业华东低压电器质量检验测试中心	华东电力试验研究院
10	电力工业部杭州低压电器质量检验测试中心	电力工业杭州低压电器质量检验测试中心	浙江省电力试验研究所
11	电力工业部液压控制质量检验测试中心	电力工业液压控制质量检验测试中心	辽宁省电力有限公司
12	国家电力公司东北发电用煤质量监督检验中心	电力工业东北发电用煤质量监督检验中心	辽宁电力科学研究院
13	国家电力公司吉林发电用煤质量监督检验中心	电力工业吉林发电用煤质量监督检验中心	吉林省电力科学研究院
14	国家电力公司湖北发电用煤质量监督检验中心	电力工业湖北发电用煤质量监督检验中心	湖北省电力试验研究院
15	国家电力公司河南发电用煤质量监督检验中心	电力工业河南发电用煤质量监督检验中心	河南省电力试验研究所
16	国家电力公司江西发电用煤质量监督检验中心	电力工业江西发电用煤质量监督检验中心	江西省电力试验研究院
17	国家电力公司湖南发电用煤质量监督检验中心	电力工业湖南发电用煤质量监督检验中心	湖南省电力试验研究所

续表

序号	原名称	现名称	挂靠单位
18	国家电力公司华东发电用煤质量监督检验中心	电力工业华东发电用煤质量监督检验中心	华东电力试验研究院
19	国家电力公司江苏发电用煤质量监督检验中心	电力工业江苏发电用煤质量监督检验中心	江苏省电力科学院有限公司
20	国家电力公司安徽发电用煤质量监督检验中心	电力工业安徽发电用煤质量监督检验中心	安徽省电力试验研究所
21	国家电力公司浙江发电用煤质量监督检验中心	电力工业浙江发电用煤质量监督检验中心	浙江省电力试验研究所
22	国家电力公司山东发电用煤质量监督检验中心	电力工业山东发电用煤质量监督检验中心	山东省电力研究院
23	国家电力公司福建发电用煤质量监督检验中心	电力工业福建发电用煤质量监督检验中心	福建省电力试验研究院
24	国家电力公司四川发电用煤质量监督检验中心	电力工业四川发电用煤质量监督检验中心	四川省电力试验研究院
25	国家电力公司华北发电用煤质量监督检验中心	电力工业华北发电用煤质量监督检验中心	华北电力科学研究院有限责任公司
26	国家电力公司河北发电用煤质量监督检验中心	电力工业河北发电用煤质量监督检验中心	河北省电力试验研究所
27	国家电力公司山西发电用煤质量监督检验中心	电力工业山西发电用煤质量监督检验中心	山西省电力试验研究院

续表

序号	原名称	现名称	挂靠单位
28	国家电力公司西北发电用煤质量监督检验中心	电力工业西北发电用煤质量监督检验中心	西北电力试验研究院
29	国家电力公司新疆发电用煤质量监督检验中心	电力工业新疆发电用煤质量监督检验中心	新疆电力试验研究所
30	国家电力公司天津发电用煤质量监督检验中心	电力工业天津发电用煤质量监督检验中心	天津电力科学研究院
31	国家电力公司宁夏发电用煤质量监督检验中心	电力工业宁夏发电用煤质量监督检验中心	宁夏电力试验研究所
32	电力工业部福州混凝土电杆质量检验测试中心	电力工业电力设备及线路器材质量检验测试中心	福建省电力有限公司
33	电力工业部电力金具质量检验测试中心	电力工业电力线路器材质量检验测试中心	南京电力设计研究所
34	电力工业部铁塔质量检验测试中心	电力工业铁塔质量检验测试中心	辽宁省电力有限公司
35	电力工业部阻波器滤波器质量检验测试中心	电力工业阻滤波器及变电设备质量检验测试中心	北京电力设备总厂
36	电力工业部混凝土电杆质量检验测试中心	电力工业电力及通信混凝土电杆质量检验测试中心	国电电力建设研究所
37	电力工业部带电作业工器具质量检验测试中心	电力工业带电作业工器具质量检验测试中心	辽宁电力科学研究院

续表

序号	原名称	现名称	挂靠单位
38	电力工业部土建工程质量检验测试中心	电力工业土建工程质量检验测试中心	国电电力建设研究所
39	电力工业部旋转机械振动检验测试中心	电力工业旋转机械振动检验测试中心	国电电力建设研究所
40	电力工业部施工机械质量检测中心	电力工业施工机械质量检测中心	国电电力建设研究所
41	电力工业部保温耐火工程质量检测中心	电力工业保温耐火工程质量检测中心	国电电力建设研究所
42	电力工业部电力建设工程质量检测中心	电力工业电力建设工程质量检测中心	国电电力建设研究所
43	电力工业部北京建设工程质量检测中心	电力工业北京建设工程质量检测中心	国电电力建设研究所

关于成立国家电网公司安全生产委员会的通知

（国家电网人资［2003］217号）

公司系统各单位：

为进一步加强公司系统的安全生产工作，保证电网的安全稳定运行，经研究，决定成立国家电网公司安全生产委员会（简称安委会）。现将有关事项通知如下：

一、安委会的主要职责

贯彻落实国家有关安全生产的法律、法规、方针和政策以及国家安全生产会议精神；审定公司系统安全生产规划和安全生产管理制度；决定公司系统安全生产方面的重大事项；协调解决公司系统安全生产工作中的有关重大问题。

二、安委会的组成

主任委员：赵希正　国家电网公司总经理

副主任委员：刘振亚　国家电网公司副总经理

祝新民　中纪委驻国家电网公司纪检组组长

李彦梦　国家电网公司副总经理

陆启洲　国家电网公司副总经理

陈进行　国家电网公司副总经理

郑宝森　国家电网公司副总经理

陈月明　国家电网公司副总经理

委员：赵遵廉　国家电网公司总工程师

李振生　国家电网公司总经济师

欧阳胜英　国家电网公司总审计师

马治中　国家电网公司总经理工作部主任

梅宗华　国家电网公司战略规划部主任

张文亮　国家电网公司人事董事部主任

许世辉　国家电网公司人力资源部主任

张国厚　国家电网公司财务部主任

魏昭峰　国家电网公司计划投融资部主任

舒印彪　国家电网公司工程建设部主任

张丽英　国家电网公司生产运营部主任

刘建明　国家电网公司科技信息部副主任

吕振勇　国家电网公司法律事务部主任

齐志坚　国家电网公司国际合作部主任

徐　磊　国家电网公司离退休干部工作部主任

曹志安　国家电网公司思想政治工作办公室主任

王中兴　国家电网公司监察局局长

朱国祯　华北电力集团公司总经理

刘　忱　国电东北公司总经理

邵世伟　国电华东公司总经理

张学知　国电华中公司总经理

刘肇绍　国电西北公司总经理

三、安委会办事机构的设置

安委会下设办公室，具体承担安委会的日常工作。

办公室设在国家电网公司生产运营部，张丽英同志兼任办公室主任，李向荣、余卫国同志兼任办公室副主任。

办公室联系电话：010－66598266；010－66598271。

办公室传真电话：010—66598244。

二〇〇三年六月十九日（印）

中国大唐集团公司文件

关于印发《中国大唐集团公司委派、推荐董事监事管理办法》的通知

（大唐集团制［2003］6号）

集团公司系统各单位：

《中国大唐集团公司委派、推荐董事监事管理办法》已经集团公司党组研究通过，现予印发，请遵照执行。

二〇〇三年四月十八日（印）

附件：

中国大唐集团公司委派、推荐董事监事管理办法

第一章　总　则

第一条　为规范中国大唐集团公司（简称集团公司）委派或推荐董事、监事的管理，维护集团公司合法权益，根据《中华人民共和国公司法》（简称《公司法》）和《中国大唐集团公司章程》等有关规定，结合集团公司实际，制定本办法。

第二条　本办法适用于集团公司全资子公司和控股公司。

第二章　董事、监事任职条件

第三条　董事、监事的任职条件

（一）贯彻执行党的路线、方针、政策，政治坚定，廉洁奉公，有较强的事业心和责任感；

（二）具有与拟任职务相适应的财务、法律等专业知识和较强的组织管理能力；

（三）能够坚持原则，依法办事，努力维护集团公司合法权益；

（四）具有大学专科以上学历，并具有中级以上专业技术职称和五年以上工作经验；

（五）男一般不超过 60 周岁，女一般不超过 55 周岁，身体健康。

第四条　如有《公司法》第五十七条、第五十八条规定情形之一的，不能被委派或推荐为董事、监事。

第五条　不得委派或者推荐国家公务员兼任公司的董事、监事。

第三章　董事、监事的产生

第六条　董事、监事人选可从集团公司系统在职职工中产生，也可从社会上选聘。

第七条　集团公司人力资源部提出董事、监事选派方案和推荐人选，经考核后提出推荐意见，由集团公司党组讨论决定。

第八条　全资子公司的董事、监事，由集团公司直接委派和更换。

第九条　控股公司的董事、监事，设股东会的，由集团公司向股东会推荐；未设股东会的，由集团公司根据该公司章程委派和更换。

第十条　董事、监事任期由公司的章程规定，但每届任期不得超过三年，董事、监事任期届满，可连选连任。

第四章　董事、监事的权力与义务

第十一条　董事、监事享有法律和公司章程规定的权力。

第十二条　董事、监事应履行下列义务：

（一）忠实勤勉地维护集团公司合法权益；

（二）保守公司的商业秘密；

（三）按规定向集团公司请示和报告；

（四）《公司法》和公司章程中规定的董事、监事应履行的其他义务。

第十三条　下列事项，董事、监事应向集团公司请示：

（一）公司的发展战略、经营方针和重大经营决策；

（二）公司经营范围发生重大变化；

（三）公司发生或可能发生重大债务和重大亏损；

（四）委托他人代为出席董事会或者监事会；

（五）集团公司规定的其他事项；

（六）董事、监事认为应当请示的其他事项。

第十四条　董事、监事向集团公司请示，应采用书面形式，并附建议方案。

第十五条　董事、监事接到召开董事会、监事会会议通知后，应做好充分准备并及时将会议拟决议事项等向集团公司报告。

第十六条　董事、监事应按时出席董事会或者监事会会议，或者经集团公司同意后委托他人出席；因故缺席的，可事先提交书面意见或书面表决。

第十七条　董事、监事执行职务，应按照集团公司确定的原则发表意见，行使职权。

第十八条　董事、监事应及时以书面形式将董事会、监事会会议情况向集团公司报告。

第十九条　涉及本办法第十三条规定的事项或公司的其他重要事项，监事应根据公司章程的规定和监事会的委托，对董事、经理进行询问，或对公司有关材料（包括营业报告书、财务报表、合同、账册、会计档案、笔录登记簿、财产目录等）进行审核，并将其书面意见及时报告集团公司。

第二十条　董事应接受、配合监事监督检查工作。

第二十一条　董事未经集团公司同意，不得兼任其他有限责任公司、股份有限公司或者其他经营组织负责人，不得从事与其公司经营范围具有竞争性的商业活动。

第二十二条　监事不得兼任公司的董事、经理、财务负责人；未经集团公司同意，不得兼任其他公司的董事、监事、经理、财务负责人。

第二十三条　董事、监事不得利用职权为自己或他人谋取私利。

第五章　董事、监事的考核和奖惩

第二十四条　董事、监事实行年度考核和任期考核，由集团公司人力资源部组织进行。

第二十五条　董事、监事考核的主要内容包括：

（一）履行董事、监事职责的情况；

（二）勤奋敬业，遵纪守法，廉洁自律的情况；

（三）维护集团公司合法权益的情况。

第二十六条　董事、监事的考核程序：

（一）董事、监事述职；

（二）征求董事会、监事会、公司高级管理人员及职工代表的意见；

（三）查阅董事会、监事会会议记录等有关资料；

（四）征求集团公司有关部门的意见；

（五）撰写考核材料，提出评价意见。

第二十七条 董事、监事成绩突出的，由集团公司给予奖励，奖励办法另行规定。

第二十八条 董事。监事经考核不称职的，由集团公司依法更换或提出更换意见。

第二十九条 董事、监事因过错给集团公司造成损失的，应当依法承担赔偿责任；情节严重的，给予处分；构成犯罪的，依法追究其刑事责任。

第三十条 董事、监事利用职权收受贿赂，谋取其他非法收入的，依法没收非法所得，并给予处分；构成犯罪的，依法追究其刑事责任。

第三十一条 董事、监事侵占公司财产的，责令其退还公司财产，并给予处分；造成损失的，应当依法承担赔偿责任；构成犯罪的，依法追究其刑事责任。

第三十二条 董事、监事泄露公司商业秘密的，给予处分；造成损失的，依法承担赔偿责任；构成犯罪的，依法追究其刑事责任。

第三十三条 董事、监事没有按规定向集团公司请示、报告，或报告不及时，或隐瞒真实情况，报告虚假信息，给集团公司决策造成影响的，给予处分；给公司造成损失的，依法承担赔偿责任。

第三十四条 董事会决议违反法律、法规或公司章程，致使公司遭受严重损失的，参与决议的董事应承担相应责任；但经证明在表决时曾表示异议并记录在案的，该董事可免除责任。

第六章 附 则

第三十五条 集团公司向参股公司委派或推荐董事、监事参照本办法。

第三十六条 本办法由集团公司人力资源部负责解释。

第三十七条 本办法自印发之日起执行。

关于颁发《中国大唐集团公司安全性评价工作管理办法》的通知

（大唐集团制［2003］11号）

集团公司系统各单位：

为规范对集团公司安全性评价工作的管理，不断提高设备健康水平，夯实安全基础，提高安全生产管理水平，制定《中国大唐集团公司安全性评价工作管理办法》（略），请遵照执行。

二○○三年六月十二日（印）

关于印发《中国大唐集团公司区域电力市场协作网工作规则》的通知

（大唐集团制［2003］16号）

东北、华东地区集团公司所属各发电企业：

为适应电力体制改革和区域电力市场的建设，加强集团公司内部发电企业的相互协调和沟通，积极应对区域电力市场，集团公司市场营销部制订了《中国大唐集团公司区域电力市场协作网工作规则》（见附件）。现印发给你们，请遵照执行。

二○○三年七月一日（印）

附件：

中国大唐集团公司区域电力市场协作网工作规则

第一章 总 则

第一条 为适应电力体制改革和区域电力市场的建设，加强中国大唐集团公司（简称集团公司）内部发电企业的相互协调和沟通，积极应对区域电力市场，制订本规则。

第二条 本规则用于规范集团公司区域电力市场协作网（简称协作网）的组织设立、职责任务、工作程序及工作内容。

第三条 协作网以电力体制改革方案所确定的区域电力市场范围为一个组织单位，由集团公司的成员单位参加，在集团公司的统一领导下，依据本规则工作。

第四条 协作网以应对区域电力市场为目的，便于集团公司成员之间相互沟通信息、分析和研究对企业的影响、协调和统一应对意见和办法，为集团公司提供决策依据，提高企业营销工作的水平。

第五条 协作网是由集团公司组织、成员单位参加、按照内部规则开展活动的内部组织形式，对外不具有承担行政和民事责任的能力。

第六条 集团公司成员单位应在集团公司的统一部署下，加强协调与合作，积极参加协作网的活动并提供必要的支持。

第七条 本规定适用于集团公司内部核算单位，全资、控股子公司，接受委托直接管理的参股公司。

第二章 组织设立

第八条 集团公司根据电力体制改革和区域电力市场的建立情况，组织该区域内的成员单位参加协作网的活动。协作网的建立和组成由集团公司决定。

第九条 协作网设立秘书长单位和秘书长。秘书长单位由集团公司在该区域的成员单位轮流担任，按照成员单位的排列顺序每年依次轮换。秘书长由同单位主管领导担任。

第十条 集团公司在区域内设立代表处的，不设协作网秘书长单位和秘书长，由代表处组织协作网的活动。

第十一条 协作网以定期和不定期会议形式活动。根据区域市场的建立和变化情况一般每年至少开会两次，遇重大问题和集团公司有要求时，也可根据情况由秘书长单位或代表处召集临时会议。

第十二条 协作网会议由秘书长单位或代表处召集并组织，成员单位主管领导和营销工作部门负责人参加。临时会议可以根据议题的内容，由秘书长单位或代表处建议各相关单位提出适当的人员参加。

第十三条 协作网会议的参加人员一般不超过20人，时间一般不超过3天。集团公司根据会议议题和会议内容决定是否派人参加。

第十四条 协作网会议一般不邀请集团公司系统外的单位和人员参加，特别情况报集团公司。

第三章 职责任务

第十五条 协作网的核心任务是完成集团公司交办的涉及应对区域市场方面的工作任务，为集团公司提供信息和决策依据。

第十六条 协作网成员单位负责收集、整理分析当地的政策、规则和市场信息，提出各自的分析意见和建议，由秘书长单位或代表处负责对其进行汇总。

第十七条 协作网秘书长单位或代表处应定期征求各成员单位在应对区域电力市场工作中的意见和建议。

第十八条 协作网成员单位通过简报、传真、电子邮件等形式相互通报自己以及区域市场内的各种情况，保持成员之间的密切联系。

第十九条 协作网成员单位要及时整理总结在应对区域电力市场工作中所积累的经验和教训，定期向协作网成员单位介绍。

第二十条 协作网成员单位要认真完成集团公司交办的各项任务，为集团公司的决策提供支持和工作依据。

第二十一条 协作网成员单位要积极配合协作网秘书长单位或代表处的工作，认真落实各项要求，努力完成所分配的任务。

第四章 工作程序

第二十二条 协作网秘书长单位或代表处负责在年初将当年的定期会议的时间、地点、内容等会议计划报集团公司。

第二十三条 协作网秘书长单位或代表处可以根据集团公司的要求和区域市场内的情况更改会议内容和议题，但应提前一星期将会议讨论题目、内容及相关材料发送成员单位。

第二十四条 协作网成员单位可根据区域电力市场的情况和自身所遇到的问题，向协作网秘书长单位或代表处提出会议议题建议，并可提出召开临时性会议的请求。

第二十五条 协作网秘书长单位或代表处可以根据区域市场的情况和成员单位的要求自行决定召开临时会议，并将会议议题提前通知集团公司。

第二十六条 协作网秘书长单位或代表处负责汇总各成员单位提交的会议议题建议，并根据集团公司要求和实际情况确定会议议题、内容和议程，落实会议时间和地点。

第二十七条 协作网秘书长或代表处负责人主持协作网会议的各项议程。在不能履行责任时，可以委托协作网其他成员代为履行职责，并提前告知集团公司。

第二十八条 协作网秘书单位或代表处在定期和临时协作网会议结束后的一星期内完成必要的会议纪要，报送集团公司并发送给各成员单位。

第二十九条 协作网会议上如遇到无法统一的意见，协作网秘书长要在纪要中记载并报告集团公司。

第五章 工作内容

第三十条 协作网秘书长单位或代表处负责收集整理区域电力市场建设过程中的政策、规则、意见、建议以及执行情况，提交协作网会议。

第三十一条 协作网会议负责对收集整理的各种市场信息资料进行分析，提出分析意见和建议。

第三十二条 协作网会议就应对区域市场所遇到的各项需要解决的问题，提出应对建议，统一应对策略。

第三十三条 协作网秘书长单位或代表处根据协作网会议的内容，负责整理并形成会议纪要，报告集团公司并通报各成员单位。

第六章 其 他

第三十四条 协作网的活动费用由成员单位共同

协商解决。经费开支应遵循节俭、高效的原则。

第三十五条 协作网会议的地点一般设在秘书长单位或由代表处确定，一般不得在区域以外地点召开。特殊情况报集团公司批准。

第三十六条 协作网会议的会务工作由秘书长单位负责或由代表处确定负责单位。

第三十七条 本规则由集团公司市场营销部负责解释。

第三十八条 本规则自发布之日起执行。

关于印发《中国大唐集团公司借款管理办法》的通知

（大唐集团制［2003］23号）

集团公司陕西代表处，系统各单位：

为规范集团公司系统各单位的借款行为，防范财务风险，制定《中国大唐集团公司借款管理办法》。现印发给你们，请遵照执行。

二〇〇三年七月二十一日（印）

附件：

中国大唐集团公司借款管理办法

第一章 总 则

第一条 为规范集团公司系统各单位借款行为，防范财务风险，根据国家有关规定，结合中国大唐集团公司（简称集团公司）实际，制定本办法。

第二条 本办法所称“借款”是指集团公司系统向国内外金融机构或政府组织借入的中长期及短期借款或委托借款。

第三条 借款必须本着“充分利用企业信用优势、量出为入、严格控制、统筹管理、规范运作”的原则，以充分发挥资金的使用效能，降低资金成本，改善和优化公司财务状况为目标。挖掘内部资金潜力，优化外部融资结构，科学合理控制融资规模，灵活安排融资时间，合理安排资金使用。

第四条 本办法适用于集团公司内部核算单位，全资、控股子公司（简称企业）。

第二章 借款人的资格和权限

第五条 企业作为借款人应具备以下条件：

（一）具有企业法人资格，能独立承担民事责任；

（二）具有良好的资信及偿债能力；

（三）具有本办法规定的权限。

第六条 全资、控股子公司对外借款由全资、控股子公司作为借款人；借款方案（借款用途、金额、期限、利率条件、贷款方情况以及还款计划、还贷资金来源等）应报董事会批准。在报董事会前，全资、控股子公司应报经集团公司审定；上市公司和外商投资企业需征求集团公司的意见。

第七条 集团公司内部核算单位原则上不得擅自对外借款，由集团公司实行统借统还或授权内部核算单位借款。内部核算单位经集团公司授权借款的，必须在授权范围内办理。

第八条 企业不得为非被投资企业、多经企业或个人借款。

第九条 国家有关部门批准的利用外资借款，按照国家有关部门的规定办理。

第三章 借款资金使用范围和借款程序

第十条 企业借款资金使用范围：

（一）国家有关部门和集团公司批复的大中型基建工程、技改工程基建借款；

（二）短期基建周转资金借款；

（三）正常生产经营所需的流动资金借款；

（四）弥补还贷不足所需借款；

（五）调整债务结构，降低利息支出所需的借款；

（六）集团公司或控股子公司董事会认定需要的其他借款。

第十一条 企业的基本建设（技改）借款（简称基建借款）应有国家有关部门批复的投资概算和集团公司下达的投资计划。年度基建借款，应纳入年度资本性支出计划。

第十二条 在基建借款意向阶段，由企业财务部门商计划、基建等部门，根据借款环境、用款需求、还贷能力等因素就借款的期限、利率、资金到位、还款计划、借款担保方式等拟定借款方案。

第十三条 企业弥补还贷不足所需的借款，纳入企业资本性收支预算进行管理，财务部门年初结合当年现金流预测、当年还贷资金来源、还贷支出需求以及资本性支出等情况，拟定借款方案。

第十四条 企业流动资金借款应从严掌握，财务部门根据集团公司确定的年度损益预算，综合流动资金状况、以前年度流动资金借款及当年应归还情况，确定全年流动资金借款需求，拟定流动资金借款方案。

第十五条 债务置换资金借款，企业财务部门应根据财务状况及资金运作情况，外部理财环境制定债务置换方案。

第十六条 借款方案在报集团公司和董事会前，

应先经厂长（总经理）办公会讨论通过，并形成由参会领导签字的专题会议纪要。

第十七条 借款方案按规定权限和程序审批后，企业财务部门牵头，就借款方案的借款期限、利率、资金到位、还款计划、借款担保方式等与贷款方协商并达成一致意见。

第十八条 借款方案批准后，企业财务部门根据批准的借款额度和借款方案，负责办理具体借款事宜。

第十九条 企业应本着快捷、高效、方便的原则，选择信誉好、结算服务全面周到、信贷规模大、办事效率高的金融机构办理借款。借款合同中，对资金到位应争取便于企业灵活掌握的条款，以利于资金的按需到位，避免借款资金沉淀浪费。

第二十条 企业签订的借款和相应的担保合同，应经过企业法律事务机构的审查认可后方可签订。

第二十一条 全资、控股子公司应争取通过信用评级方式取得信用额度，并优先使用信用借款，也可采取抵押、质押方式取得免担保借款。但抵押和质押方式，需报董事会批准，报董事会审批之前，内部核算单位、全资子公司要经集团公司同意，控股子公司要经集团公司审定，上市公司和外商投资企业要征求集团公司意见。

第二十二条 企业借款需集团公司担保的，按照《中国大唐集团公司担保管理办法》的有关规定办理。

第四章 借款管理

第二十三条 企业借款由财务部门统一归口管理，设置专责对借款进行管理。

第二十四条 借款管理内容：

（一）借款银行选择；

（二）借款额度控制；

（三）借款担保方式的选择；

（四）协商、审查和签订借款合同；

（五）建立借款卡片，对企业借款资金的需求及还贷进行中长期预测，拟定借款资金管理方案并负责实施；

（六）根据年度资金需求和借款合同做好借款资金的适时到位；

（七）借款资金的支出审核，保证借款资金按规定用途使用；

（八）审核借款有关单据，做好还本付息工作；

（九）按照集团公司的统一要求，填制并报送借款报表。

第五章 附 则

第二十五条 集团公司行使管理权的参股公司参照本办法执行。

第二十六条 本办法由集团公司财务部负责解释。

第二十七条 本办法自发布之日起执行。

关于印发《中国大唐集团公司安全生产工作规定》的通知

（大唐集团制［2003］25 号）

集团公司陕西代表处，系统各单位：

为规范集团公司安全生产工作，保障员工在电力生产中的人身安全，保证安全可靠供电，集团公司现印发《中国大唐集团公司安全生产工作规定》（略），请遵照执行。

二〇〇三年七月二十二日（印）

关于印发《中国大唐集团公司电业生产事故调查规程》的通知

（大唐集团制［2003］27 号）

集团公司陕西代表处，系统各单位：

为规范集团公司系统的事故调查、统计、分析工作，提高设备健康水平和安全生产管理水平，制定《中国大唐集团公司电业生产事故调查规程》（略），请遵照执行。

二〇〇三年七月三十一日（印）

关于印发《中国大唐集团公司预算管理办法》的通知

（大唐集团制［2003］53 号）

集团公司各分支机构，系统各单位：

为加强预算管理，规范运作，防范风险，提高效益，保证国有资产保值增值，集团公司制定《中国大唐集团公司预算管理办法》，现印发给你们，请遵照执行。

二〇〇三年十月二十三日（印）

附件：

中国大唐集团公司预算管理办法

第一章 总 则

第一条 为适应建立现代企业制度的要求，在中国大唐集团公司（简称集团公司）系统内全面建立科学、高效、有序的预算管理体系，加强管理，规范运作，防范风险，提高效益，保证国有资产保值增值，提高企业经营管理水平，制定本办法。

第二条 本办法适用于集团公司各分公司（代表处），内部核算单位，全资、控股子公司（简称企业）。

第三条 本办法所称预算管理是采用价值形式对企业经营活动进行预测、决策和目标控制的管理方式。预算管理包括预算的编制、审批、执行、调整、考核及监督等环节。

第四条 预算管理的基本任务：

（一）确定企业年度经营目标并组织实施；

（二）明确企业内部各个层次的管理责任和权限；

（三）对企业经营活动进行控制、监督和分析；

（四）保证企业预算的全面完成。

第五条 预算管理的基本原则：

（一）量入为出，综合平衡；

（二）目标控制，分级实施；

（三）权责明确，科学管理；

（四）注重效益，防范风险；

（五）检查分析，严格考核。

第二章 预算管理体系

第六条 集团公司实行分级管理、归口负责的预算管理体系，集团公司总经理办公会议为集团公司预算管理决策机构。预算管理决策机构的主要职责是：决定企业预算管理制度；审议并批准企业预算方案。

第七条 集团公司及各企业要设立预算管理委员会，预算管理委员会的主要职责是：

（一）负责本企业预算编制及执行的组织、协调节作；

（二）审查、平衡预算草案；

（三）预算草案报本企业预算管理决策机构审定；

（四）已获批准预算的下达执行；

（五）重大预算调整事项的审核；

（六）督促企业预算方案的实施。

预算管理委员会主任由经理（厂长）担任，成员由公司（厂）相关领导和财务、发展计划、市场营销、安全生产、工程管理、人力资源、燃料、物资、审计等有关职能部门人员组成。预算管理委员会日常办事机构（预算管理办公室）设在财务部门。

第八条 集团公司相关职能部门为集团公司本部预算责任中心，按照业务分工对专业预算承担归口管理职责，负责专业预算的完成。

集团公司各职能部门预算管理主要职责如下：

（一）财务部是集团公司预算管理归口部门，负责建立和健全预算管理制度；组织制定集团公司预算标准定额；编制预算期产品销售收入、燃料费、固定费用、财务费用、投资收益及资本性收支等预算；提出集团公司预算安排初步建议报总经理办公会议审定；对审定后的预算进行分解，下达分公司（代表处）、内部核算单位、全资子公司预算，对控股公司预算草案提出审查意见；监控集团公司及各单位预算执行情况，定期组织预算分析；对预算调整因素进行审核并提出意见；年末根据各单位预算完成情况进行考核；负责预算管理的其他日常工作。

（二）发展计划部负责预算期集团公司电力电量资源平衡，编制预算期发电设备容量、发电量、上网电量、供热量、厂用电率、供电标准煤耗、耗油量等生产指标预算及基本建设项目年度投资计划和小型基建资金需求预算，并负责经集团公司总经理办公会议审定后确定的专业预算的完成。

（三）市场营销部负责编制预算期全口径结算电量（价）、分类结算电量（价）、售热量（价）、电（热）费回收等专业预算，并负责经集团公司总经理办公会议审定后确定的专业预算的完成。

（四）安全生产部负责编制预算期生产企业修理费、科技开发、环境保护、技术监督以及固定资产更新改造项目等专业预算，制定运行材料、生产用水、检修及其他有关技术经济指标定额，并负责经集团公司总经理办公会议审定后确定的专业预算的完成。

（五）工程管理部负责编制预算期工程进度预算，并负责经集团公司总经理办公会议审定后确定的专业预算的完成。

（六）燃料管理部门负责编制预算期燃料供应计划，编制预算期煤种煤价、油种油价、天然煤（油）平均发热量、运距等燃料采购预算，做好订货、调拨、催运、监装、验收、煤场管理和盘点等燃料全过程管理，并负责经集团公司总经理办公会审定后确定的标煤单价预算的完成。

（七）人力资源部按照以定员组织生产的原则，建立科学的用人机制，实现劳动力资源的合理配置，规范工资及社会保险费用的列支渠道和支付方式，在此基础上负责编制预算期工资来源及工资发放、社会保险、员工培训等预算，提供职工人数、离退休人数等预算指标，并确保预算指标的分解落实。

（八）审计、监察部门负责监督、检查预算的执行情况，对发现的问题及时予以纠正。

（九）总经理工作部是集团公司本部预算管理归口部门，负责根据集团公司下达的预算编制原则和要求编制集团公司本部预算建议方案，并上报集团公司；根据集团公司下达的预算编制正式预算；根据正式预算编制执行预算，对预算指标进一步分解，将分解后的预算指标下达集团公司本部各职能部门，保证预算指标的完成；监控集团公司本部预算执行情况，定期组织预算分析；遇有重大事项需要调整预算的，将调整原因及调整额以文件形式及时上报集团公司；年末根据预算完成情况将初步考核结果报送集团公司本部。

各企业可参照集团公司本部各职能部门预算管理工作分工，结合本单位的实际情况，合理确定本单位各预算责任中心在预算管理工作中应承担的管理职责。

第三章 预算范围和内容

第九条 企业预算涵盖企业生产、经营和建设的各个环节。企业的经济活动全部纳入预算管理，明确预算目标，进行预算控制。

第十条 企业预算是对现金收支、经济效益、资金筹集与使用及预算年度末资产负债情况做出的预计、安排。按内容划分主要包括损益预算、资本性收支预算、资产负债预算、现金流量预算和相关专业预算。

第十一条 损益预算综合反映集团公司预算期内的利润目标及各项构成因素。

第十二条 资本性收支预算反映集团公司预算期内固定资产购置、基本建设、更新改造、还贷等资金来源及其支出情况。

第十三条 资产负债预算反映集团公司预算期末资产、负债及所有者权益总量及其结构变动情况。

第十四条 现金流量预算反映集团公司预算期内现金流入、流出情况。

第十五条 专业预算指基于各专业业务流程编制的反映各专业业务活动的预算，是对损益预算、资本性收支预算和资产负债预算的补充。

第四章 预算编制和审批

第十六条 企业预算编制依据是：

（一）国家法律、法规、财务政策和有关规定；

（二）集团公司有关规定和制度；

（三）集团公司关于预算编制的总体原则和要求；

（四）企业经营发展战略和目标；

（五）企业年度生产经营、建设计划；

（六）企业投资、融资协议；

（七）企业改制、收购兼并等重大经营事项安排。

第十七条 企业应根据费用消耗水平制定科学合理的预算定额标准，并依据定额标准进行相关预算项目的编制。

第十八条 预算编制一般遵循“自上而下、自下而上、上下结合、分级编制、逐级汇总”的程序进行。

第十九条 预算编制、审批程序：

（一）集团公司于每年10月中旬向系统内各企业下达下一年度预算编制原则和要求；

（二）企业预算管理决策机构根据本企业发展规划和集团公司预算编制原则和要求，提出下一年度的预算目标；

（三）企业预算管理委员会根据预算管理决策机构提出的下一年度预算目标，组织有关职能部门按照职责分工编制各专业预算，财务部门根据专业预算及相关预算资料综合平衡后编制预算草案；

（四）企业预算管理委员会对预算草案进行审查，审查通过后报企业预算管理决策机构；

（五）企业财务部门和其他有关职能部门根据企业预算管理决策机构的审查意见对预算草案修改完善，直至预算管理决策机构审查通过；

（六）集团公司分公司（代表处）、内部核算单位、全资子公司、控股子公司下一年度预算建议方案应于每年11月中旬上报集团公司审查；

（七）集团公司根据总体经营目标和各企业上报的预算建议方案确定分公司（代表处）、内部核算单位、全资子公司主要预算指标，对控股公司预算草案提出审查意见。

第五章 预算下达与调整

第二十条 每年12月末，集团公司以文件形式下达分公司（代表处）、内部核算单位、全资子公司主要预算指标；控股子公司预算经集团公司审查后，由股东会（董事会）批准实施。

第二十一条 各企业应根据集团公司下达（或股东会（董事会）批准）预算编制正式预算，于次年2月末前上报集团公司。同时根据正式预算编制执行预算，对预算指标进一步分解，将分解后的预算指标下达给各预算责任中心。

第二十二条 企业预算确定后，原则上不做调整。当发生自然灾害、意外事件和国家政策法规、集团公司规定及制度出现重大调整等情况企业预算需要进行调整时，应及时编制预算调整方案以文件形式上报集团公司，集团公司财务部和相关职能部门对预算调整方案进行审核并提出处理意见。如确需调整，分公司（代表处）、内部核算单位、全资子公司预算调整方案经集团公司总经理办公会议审定后，由集团公司下达调整预算；控股子公司预算调整方案经集团公司审定后，报公司股东会（董事会）审批。

第六章　预 算 分 析

第二十三条　企业应建立健全预算分析制度，定期召开预算分析会议，对预算的执行情况进行全面分析，反映预算执行中发生的新问题，查找形成的原因，提出改进管理的措施和建议，适时控制预算的执行，确保预算目标的完成。

第二十四条　预算分析按照职责分工由有关职能部门共同完成。有关职能部门负责对本专业预算执行情况进行基础分析；财务部门负责对预算的总体执行情况进行分析，撰写预算执行情况分析报告。

第二十五条　预算分析的主要内容包括：

（一）企业年度预算的执行情况及存在的问题；

（二）企业经营方针、经营策略、增收节支措施对损益性预算的影响；

（三）企业的投融资方案对资本性收支预算的影响；

（四）企业外部经营环境的变化对企业预算的影响；

（五）企业的融资风险、偿债能力和企业财务状况的趋势分析；

（六）企业现金流量分析；

（七）影响预算完成的其他因素分析；

（八）解决预算执行偏差的措施；

（九）全年预算完成情况预测。

第二十六条　预算分析应根据预算期限，突出分析重点：

（一）月度预算分析突出分析损益预算的执行情况，及时监控利润预算的执行；

（二）季度预算分析应全面分析预算的执行情况，并通过趋势预测，及时调整下季度预算安排，确保年度预算的完成；

（三）年度预算分析应全面系统分析企业年度预算的执行情况，总结年度各项经济活动对企业预算的影响，评价企业预算目标的完成，提出下一年度的预算目标。

第二十七条　企业也可以根据管理需要和特殊情况对预算执行进行不定期分析和专题分析，对于预算执行中发现的重大问题，要及时提交预算管理决策机构决策。

第七章　预算监督、评价、考核

第二十八条　企业审计部门应对本企业预算编制和执行情况进行审计监督。

第二十九条　集团公司对各企业预算执行情况进行评价、考核，主要指标纳入企业经济责任制考核和企业领导班子资产经营考核体系。

第三十条　企业应建立预算考核制度，定期对预算执行情况进行考核，考核结果与各预算责任中心利益挂钩。对不履行审批手续发生的预算外开支，要追究预算责任中心和当事人的责任。

第八章　附　　则

第三十一条　集团公司参股公司可参照执行本办法。

第三十二条　本办法由集团公司财务部负责解释。

第三十三条　本办法自发布之日起执行。

关于印发《中国大唐集团公司企业年金管理暂行办法（试行）》的通知

（大唐集团制［2003］73号）

集团公司各分支机构，系统各单位：

为规范集团公司企业年金管理工作，制定《中国大唐集团公司企业年金管理暂行办法（试行）》（略）。现印发给你们，请遵照执行。

二〇〇三年十二月三十一日（印）

中国华电集团公司文件

中国华电集团公司创建优秀发电企业管理办法（试行）

（中国华电生［2003］358号）

第一章 总 则

第一条 根据中国华电集团公司（简称集团公司）发展战略，为进一步加强企业管理工作，在总结电力行业达标创一流工作经验的基础上，结合集团公司实际情况，特制定本办法。

第二条 集团公司优秀发电企业创建工作以目标管理、过程控制和动态评价相结合为原则，以勤俭节约、务实高效为导向，通过科学和规范化的管理，加强安全文明生产，树立企业“诚信、合作、奉献、服务、环保”的形象，提高企业整体经济效益。

第三条 集团公司生产运营部是公司创建优秀发电企业工作的归口管理部门，负责贯彻落实集团公司创建优秀发电企业工作目标及要求，制定相关的政策，对优秀企业的申报和复查进行组织、控制和监督。

第四条 本办法适用于公司全资发电企业、控股发电企业、委托管理企业以及愿意创建优秀发电企业的公司参股发电企业。

第二章 申报单位必备条件

第五条 创建年度及申报期内，企业未发生造成不良社会影响的事件。

第六条 在创建年度内获得（保持）集团公司或省部级单位颁发的“文明单位”称号；

第七条 创建年度及申报期内，无重大火灾事故，无灰场灰坝垮坝事故，无漫坝、垮坝和水淹厂房事故，无生产人身死亡或一次事故中造成3人及以上重伤、本单位责任的设备重大及以上事故。

第八条 创建年度及申报期内，党风廉政建设考评在良好及以上，外部审计（含集团公司对所属企业进行的审计）、税务稽查及监事会检查均不发生重大违纪问题。

第九条 完成集团公司下达的年度资产经营责任制指标，且不发生年度亏损。

第十条 各项污染物的排放符合国家和地方规定的排放标准和总量控制指标。未发生重大污染事故。

第十一条 新改扩建企业在创建年度和申报期内若有新机组投产，新投机组实现达标投产。

第三章 评价指标体系及标准

第十二条 评价指标体系内含四个项目，每个项目占100分，总分400分。火电评价指标包括安全生产、设备管理、经营管理、环境保护与技术进步；水电评价指标包括安全生产、设备管理、经营管理、技术进步与文明生产。

第十三条 指标体系及评价标准列于附件1及附件4。

第十四条 具备所有必备条件，且评价指标体系中各项得分都在90分及以上的电厂由公司授予“优秀发电企业”荣誉称号。集团公司对被命名的优秀发电企业颁发奖牌和证书。

第十五条 对于首次获得“优秀”称号的企业按主业上一年工资基数的3%的额度给予一次性奖励。全资发电企业的奖励由集团公司负责在评价当年兑现，控股及参股发电企业的奖励由集团公司提出建议，企业董事会通过后执行。

第四章 申报程序及评价

第十六条 申报单位自评。

（一）具备所有必备条件。

（二）对照评价指标体系进行自评。

（三）自评合格后完成申报材料。于每年3月底前向分公司、代表处（简称分支机构）申请形式审查。北京、河北、辽宁、陕西地区发电企业及江苏望亭电厂，直接报集团公司生产运营部。

第十七条 分支机构进行形式审查。

（一）分支机构接到形式审查申请后，对申报材料进行认真、全面、详细的形式审查，确保申报材料的完整、齐全、准确和规范。

（二）分支机构应在接到申请后的10个工作日内

完成形式审查工作，并将审查意见正式通知申报单位。

（三）申报单位根据分支机构的形式审查意见，修改、完善申报材料后，重新报分支机构进行形式审查。

（四）形式审查通过后，申报单位于每年5月底前向集团公司提出优秀发电企业评价申请。

第十八条 优秀发电企业的评价。

（一）集团公司在接到优秀评价申请报告后，根据实际情况，成立评价工作组，组织开展评价工作。

（二）评价工作组对申报单位进行评价，编写评价报告，7月底前报集团公司。

第十九条 集团公司审批。

（一）集团公司生产运营部会同总经理工作部、计划发展部、人力资源部、财务资产部、工程建设部、政治工作部及监察审计部等部门对评价报告进行审核。

（二）审核通过后报主管副总经理，由总经理办公会研究批准。

第二十条 申报优秀发电企业应提供以下申报汇总材料。

（一）《优秀发电企业评价申报（复查）表》一式五份及电子文档，格式见附件。

（二）申报单位的《自评报告》以及有关评价指标的计算说明一式五份及电子文档。

（三）“文明单位”、“资产经营责任制完成指标”、“党风廉政建设考评”等必要的证明材料复印件和其他基础材料一式五份。

第二十一条 优秀评价工作组成员应由行业内具有丰富生产经验和较高管理水平的专家担任。

第二十二条 评价工作主要在申报单位现场进行。评价过程一般包括评价准备、信息收集、分析研究、总结归纳和报告编写五个阶段。评价工作时间为一周左右。

第二十三条 评价报告除对必备条件和指标体系进行评定外，还应对评价单位存在的问题提出意见建议以及对值得推广的经验加以评述和分析。

第二十四条 评价工作要严肃认真，坚持标准，实事求是，客观公正。申报单位对有关数据、资料、凭证的正确性、真实性和有效性负责。

第二十五条 集团公司可根据实际情况，采取不定期抽查方式对申请报告和评价报告进行核实。

第五章 动态管理

第二十六条 优秀发电企业实行动态管理。

（一）每年优秀发电企业的复查工作由集团公司授权分支机构，按申报程序组织进行。

（二）根据电力技术进步和装备水平的提高，结合公司的实际，集团公司将适时修改优秀企业评价标准。

第二十七条 发生如下情况之一，由公司给予通报警告，限期一年整改。

（一）有一项及以上必备条件达不到要求。

（二）指标体系中有一项或一项以上复查得分低于90分。

（三）安全文明生产出现严重滑坡现象。

（四）集团公司认为有必要给予通报警告的其他情况。

第二十八条 发生如下情况之一，撤销优秀称号。

（一）生产人身死亡事故。

（二）经查实有弄虚作假行为。

（三）经通报警告，限期内整改无明显成效。

（四）集团公司认为有必要撤销称号的其他情况。

第二十九条 凡发生瞒报、谎报有关数据、资料、凭证的，集团公司将给予申报单位通报批评，并取消其本年度及下一年度的优秀申报资格。

第六章 附 则

第三十条 本办法所指评价年度为1月1日至12月31日。

第三十一条 本办法由中国华电集团公司负责解释。

第三十二条 本办法自颁发之日起施行。

附件1：评分项目（火电部分）.xls（略）
附件2：有关计算公式（火电部分）.doc（略）
附件3：申报（复查）表（火电部分）.doc（略）
附件4：评分项目（水电部分）.xls（略）
附件5：计算公式及标准（水电部分）.doc（略）
附件6：申报(复查)表(水电部分)(1).doc(略)

中国华电集团公司生产计划管理办法（试行）

（中国华电计［2003］464号）

第一章 总 则

第一条 为加强中国华电集团公司（简称集团公司）电力生产计划管理，保证年度生产计划目标的实现，提高集团公司经营效益，特制定本办法。

第二条 本办法所指生产计划包括发电量计划和供电煤耗计划。

第三条 本办法执行范围为集团公司本部、分公司及各发电企业（含内部核算单位、全资及控股发电企业）。

第二章 生产计划的编制原则和依据

第四条 生产计划的编制应以市场为导向，以安全生产为基础，以经济效益为中心，坚持统筹兼顾、综合平衡的原则。

第五条 编制生产计划的主要依据为电力市场供需情况、同网同类型机组利用小时水平、年度经营目标以及设备状况、检修情况等。

第三章 生产计划的内容和编制的基本要求

第六条 生产计划的编制内容包括计划指标和计划编制的报告，计划指标包括发电量和供电煤耗。

第七条 发电量指电厂（机组）在报告期内生产的电能量，基本计量单位为 kWh。计划发电量不含新装机组或机组改进、大修后的试运期间所发电量。

第八条 供电煤耗是指火力发电机组每供出 1kWh 电能平均耗用的标准煤量，单位为 g/kWh。计算公式为：供电标准煤耗＝发电标准煤量/（发电量－发电厂用电量）或＝发电标准煤耗率/（1－发电厂用电率）。

第九条 年度计划编制报告要分析上一年度的计划执行情况，说明本年度的电力市场供求变化及其发展趋势，阐明计划制定的原则和依据，研究可能存在的问题及相应的解决措施。

第十条 火电机组应根据运行状况、效率、煤耗等因素，参照同网同类型机组的平均利用小时数，编制生产计划。水电机组应依据来水预测、水库特性，合理安排生产计划。

第四章 生产计划的编制和下达

第十一条 集团公司计划发展部是集团公司生产计划的管理部门，负责组织集团公司生产计划的编制、汇总和平衡，负责向总经理办公会提出生产计划草案。经总经理办公会审核批准的生产计划，由计划发展部负责下达。

第十二条 集团公司生产运营部、财务资产部配合编制集团公司的生产计划，并为生产计划编制提供机组改造和检修计划、成本和费用管理目标、资产经营目标等重要依据。

第十三条 分公司按集团公司授权管理生产计划，负责提出集团公司授权管理的本地区发电企业的生产计划建议。本地区没有分公司或有分公司但集团公司未授权分公司管理的发电企业，直接向集团公司编报生产计划。集团公司直接下达各发电企业的生产计划，抄送有关分公司。

第十四条 集团公丝控股的发电企业负责所属企业的生产计划编制工作，并向集团公司上报计划编制建议。集团公司下达控股发电企业的生产计划，控股发电企业下达其所属发电企业的生产计划。

第十五条 生产计划每年编制和下达一次，并分解到月度。

第十六条 集团公司每年第四季度部署下一年度的生产计划编制工作。分公司和各发电企业按要求编制并上报全年的分月度生产计划建议。

第十七条 集团公司计划发展部在生产运营部、财务资产部的配合下，经充分调查研究和协调、平衡，在下一年度的 1 月提出各发电企业的生产计划草案，报总经理办公会审核后下达各发电企业的生产计划。

第十八条 生产计划一经下达，原则上不作调整，各发电企业须严格执行。确需调整的，须及时向集团公司计划发展部提出计划调整申请并说明调整理由，由集团公司总经理办公会研究审批后，按调整后的计划执行。

第五章 管 理

第十九条 集团公司对各发电企业的生产计划考核，纳入资产经营目标考核范围，执行《中国华电集团公司资产经营责任制实施办法（试行）》。其中，发电量原则上按全年实际发电设备利用小时不低于同网同类型机组水平进行考核，供电煤耗按下达的计划进行考核。分公司按集团公司授权承担连带责任。

第二十条 分公司、各发电企业要高度重视生产计划管理工作，明确责任人和职能部门，建立健全生产计划管理制度，确保生产计划管理工作有序进行。

第二十一条 分公司、各发电企业要实事求是、细致深入地开展生产计划完成情况的月度分析工作，按要求及时向集团公司上报分析报告。

第二十二条 分公司须在月度分析报告中，分析本地区用电量、发电量及其他发电企业发电量情况。没有分公司的地区，由集团公司专门委托的发电企业进行此部分分析。

第二十三条 各发电企业要按《中国华电集团公司系统统计报表制度》和《中国华电集团公司统计管理办法》，开展生产统计工作，及时、准确地报送和提供有关生产统计资料，为生产计划的制定和执行情况分析提供依据。

第六章 附 则

第二十四条 本办法由中国华电集团公司负责解释。

第二十五条 本办法自发布之日起执行。

二〇〇三年八月十八日（印）

中国华电集团公司预算管理办法（试行）

（中国华电财［2003］487号）

第一章 总 则

第一条 为加强和规范企业管理，提高企业经济效益，确保国有资产保值增值，制定本办法。

第二条 预算管理的基本原则是：

（1）艰苦奋斗、勤俭办企业；量入为出，综合平衡，统筹安排；

（2）效益优先，严格管理，控制风险；目标明确，权责清晰，分级实施。

第三条 预算管理的基本任务是：

（1）确定企业的预算目标并组织实施；

（2）明确企业内部各个环节的管理责任和权限；

（3）对企业经营活动进行控制、监督和分析；

（4）保证企业经营目标的全面实现。

第四条 预算年度与会计年度一致。

第五条 本办法适用于华电集团公司本部、分公司（代表处）、内部核算单位和全资子公司（简称企业）。控股公司参照执行。

第二章 预算管理的组织

第六条 企业法定代表人是企业预算管理的第一责任人。华电集团系统各企业在华电集团公司的统一领导和部署下，负责本企业的预算管理工作。

第七条 各企业都应建立预算管理决策机构。预算管理决策机构的主要职责是：

（1）决定企业预算管理制度；

（2）审议并决策企业预算方案；

（3）协调解决预算编制和执行过程中的问题；

（4）监督企业预算方案的实施；

（5）组织预算考核和兑现。

第八条 预算管理决策机构的日常办事机构设在财务部门。其预算管理的主要职责是：

（1）负责建立和健全企业内部预算管理制度；

（2）负责归口组织本企业的预算编制、审查、汇总、平衡、上报、下达、修订、分析、控制、考核、报告等具体工作，并向本企业预算决策机构提交预算建议。

（3）负责预算管理的其他日常工作。

第九条 企业其他职能部门或内部单位均是预算责任部门，按照职责分工具体负责本部门或本单位分管业务的专项预算的编制、执行、分析、控制等工作，并配合财务部门做好企业总预算的综合平衡、分析、控制、考核等工作。

第三章 预算的管理范围与内容

第十条 企业的所有财务收支均应纳入企业预算管理。

第十一条 企业预算主要包括：

（1）损益性预算。综合反映企业预算期内的利润目标及其构成要素。

（2）资本性收支预算。反映企业预算期内资本性资金的筹集与使用情况。

（3）资产负债预算。反映企业预算期末资产、负债及所有者权益总量的变动情况。

（4）现金流量预算。反映企业预算期内现金的流入、流出情况。

（5）其他相关预算。包括其他主要财务指标和主要经济技术指标的预算，是损益性预算、资本性收支预算、资产负债预算和现金流量预算的补充。

第四章 预算的编制与审批

第十二条 预算编制的主要依据是：

（1）国家有关法律、法规、财务政策和有关规定；

（2）上级单位关于预算编制的总体原则和要求；

（3）企业经营发展战略和目标；

（4）企业生产、经营、投资计划；

（5）企业重大经营事项安排；

（6）市场环境因素。

第十三条 企业应根据费用消耗水平制定科学合理的预算定额标准，并依据定额标准进行相关预算项目的编制。

第十四条 预算编制程序

（1）预算编制遵循“自上而下、自下而上、上下结合、分级编制、综合平衡”的程序进行。

（2）企业决策机构根据本企业长期发展规划和上级单位的预算编制原则和要求，提出下一年度的预算目标，并组织本企业的预算编制。

（3）企业有关职能部门按照职责分工先编制分部门的预算，然后由财务部门编制企业预算草案，提交企业预算管理决策机构审查。

（4）企业财务部门和其他有关职能部门根据企业预算管理决策机构的审查意见对预算草案修改完善，

直至预算管理决策机构审查通过。

(5) 华电集团分公司（代表处）参与所在地区企业预算建议方案的初审。

(6) 企业预算建议方案于每年12月底前上报华电集团公司审查。

第十五条 预算的下达

(1) 华电集团公司根据总体经营目标和各企业上报的预算建议方案，于第二年一季度确定下达各企业的主要预算指标，并对控股公司的预算草案提出审查意见。

(2) 各企业应于华电集团公司下达主要预算指标一个月内编制上报正式预算。

第十六条 各企业应根据集团公司批复的年度预算编制月度或季度预算，以分期预算控制确保年度预算目标的实现。

第五章 预算的执行与调整

第十七条 预算方案一经批准，必须严格执行。

第十八条 各企业应将预算指标进一步分解，层层落实到企业内部的各个部门和环节；企业财务部门应建立预算管理台账，实时监控预算执行情况。

第十九条 企业预算批准后原则上不得调整。但遇到国家重大政策性变化或不可抗力因素等影响，或市场形势及企业经营战略的重大变化，企业预算需要进行调整时，应及时编制预算调整方案，并按照规定程序，于每年9月底前，报华电集团公司审批，控股公司报华电集团公司审核备案。

第六章 预算的分析

第二十条 华电集团公司对各预算单位实行预算执行分析定期报告制度。企业应相应建立定期分析制度，适时控制预算的执行，确保预算目标的完成。

第二十一条 预算分析按照职责分工由有关职能部门共同完成。有关职能部门对本专业预算执行情况进行基础分析，由财务部门对预算的总体执行情况进行分析，撰写预算执行情况分析报告。

第二十二条 预算分析的主要内容包括：

(1) 企业年度预算的执行情况及存在的问题；

(2) 企业经营方针、经营战略、增收节支措施对损益性预算的影响；

(3) 企业的投融资方案对资本性收支预算的影响；

(4) 企业外部经营环境变化对企业预算的影响；

(5) 企业的融资风险、偿债能力和企业的财务状况的趋势分析；

(6) 企业的现金流动性状况；

(7) 影响预算完成的其他因素分析；

(8) 解决预算执行偏差的措施；

(9) 对全年预算完成情况的评价。

第二十三条 企业应定期开展预算执行情况分析。月度分析报告应于每月3日内、季度分析报告应于每季5日内上报华电集团公司，年度预算分析报告应随下一年度预算报告一并上报。

第七章 预算的考核

第二十四条 华电集团公司建立预算管理考核制度，将主要经营指标纳入资产经营考核范围，并按照资产经营考核办法，每年进行一次考核兑现。

第二十五条 所有企业都应相应建立预算考核制度，定期对预算执行情况进行考核。

第二十六条 对不履行审批手续发生的预算外开支，要追究有关部门和当事人的责任。

第八章 附 则

第二十七条 各企业应根据本办法制定本企业的预算管理实施细则。

第二十八条 本办法由华电集团公司负责解释。

第二十九条 本办法自发布之日起执行。

统 计 资 料

电力行业统计资料

2003 年国民经济主要指标

指　　标	单　位	2003 年	比 2002 年增长（%）
全国总人口	万人	129227	0.60
城镇人口	万人	52376	4.31
乡村人口	万人	76851	−1.78
年末从业人员	万人	74432	0.94
国内生产总值	亿元	116898.4	9.10
第一产业	亿元	17092.1	2.50
第二产业	亿元	61131.3	12.60
第三产业	亿元	38675.0	6.60
规模以上工业增加值	亿元	41045.0	17.00
轻工业	亿元	14653.0	14.60
重工业	亿元	26392.0	18.60
全社会固定资产投资总额	亿元	55117.9	26.71
国有及其他经济投资	亿元	39748.0	28.25
集体经济投资	亿元	7806.9	30.39
个体经济投资	亿元	7563.0	16.01
基本建设投资	亿元	22729.0	28.66
更新改造投资	亿元	8443.9	25.08
房地产开发投资	亿元	10106.1	29.72
其他投资	亿元	13838.9	22.56
一次能源生产总量（标准煤）	亿 t	16.03	15.85
原煤	亿 t	11.89	20.71
原油	亿 t	2.44	2.09
天然气	亿 t	0.46	6.98

注　1. 本表数据摘自国家统计局编《2004 年中国统计摘要》；
2. 国内生产总值、工业增加值绝对数按现价计算，增长速度按可比价格计算。

2003年电力生产基本情况

指 标	单 位	2003年	2002年	比2002年增长（%）
一、发电装机容量	万kW	39140.78	35657.09	9.77
水 电	万kW	9489.62	8607.46	10.25
火 电	万kW	28977.09	26554.67	9.12
核 电	万kW	618.60	446.80	38.45
二、单机6000kW及以上机组	台	6459	6100	359
	万kW	35599.69	32570.57	9.30
水 电	台	1492	1424	68
	万kW	7131.26	6458.22	10.42
火 电	台	4959	4670	289
	万kW	27849.83	25665.55	8.51
其中：供热	台	2121	1937	184
	万kW	4369.18	3743.67	16.71
其中：国外机组	台	1147	1125	22
	万kW	10179.34	9318.07	9.24
水 电	台	161	151	10
	万kW	2056.12	1624.92	26.54
火 电	台	986	974	12
	万kW	8123.22	7693.15	5.59
平均单机容量	万kW/台	5.51	5.34	0.17
三、35kV及以上输电线路长度	km	879479	803505	9.46
其中：500kV	km	44364	36745	20.73
330kV	km	10389	9612	8.08
220kV	km	152400	142362	7.05
110kV	km	253228	226567	11.77
四、35kV及以上变电设备容量	万kVA	138834	124481	11.53
其中：500kV	万kVA	16166	13750	17.57
330kV	万kVA	1899	1755	8.21
220kV	万kVA	42588	37209	14.46
110kV	万kVA	50276	44762	12.32
五、发电量	亿kWh	19052.08	16542.04	15.17
水 电	亿kWh	2813.3	2745.65	2.46

续表

指　　标	单　位	2003 年	2002 年	比 2002 年增长（%）
火　电	亿 kWh	15789.66	13522.04	16.77
核　电	亿 kWh	438.54	265.32	65.29
六、6000kW 及以上电厂供热量	万百万 kJ	148421.13	139150.48	6.66
七、6000kW 及以上电厂供电煤耗	g/kWh	380	383	−3
八、6000kW 及以上电厂发电煤耗	g/kWh	355	356	−1
九、6000kW 及以上电厂厂用电率	%	6.07	6.15	−0.08
水　电	%	0.55	0.49	0.06
火　电	%	6.93	7.10	−0.17
十、6000kW 及以上电厂利用小时	h	5245	4860	385
水　电	h	3239	3289	−50
火　电	h	5767	5272	495
十一、供电量	亿 kWh	16351.16	14032.27	16.53
售电量	亿 kWh	15090.48	12976.89	16.29
线损电量	亿 kWh	1260.68	1055.38	19.45
线路损失量	%	7.71	7.52	0.19
十二、6000kW 及以上电厂燃料消耗				
发电消耗标准煤量	万 t	55042.06	47290.08	16.39
发电消耗原煤量	万 t	76543.12	65594.55	16.69
发电消耗燃油量	万 t	1321.99	1089.12	21.38
发电消耗燃气量	万 m^3	3165713	2143826	47.67
供热消耗标准煤量	万 t	6032.19	5633.19	7.08
供热消耗原煤量	万 t	8549.94	7689.5	11.19
供热消耗燃油量	万 t	132.62	153.75	−13.74
供热消耗燃气量	万 m^3	1028817	1042125	−1.28
十三、6000kW 及以上电厂热效率				
电厂热效率	%	34.68	35.12	−0.44
电厂供热效率	%	83.95	84.28	−0.33
能源转换总效率	%	39.55	40.36	−0.81
十四、发用电设备比				
发电设备容量：用电设备容量		1∶2.57	1∶2.68	
十五、电力弹性系数				
电力生产弹性系数		1.67	1.43	0.24
电力消费弹性系数		1.68	1.45	0.23
十六、电力消费能源占一次能源的比重	%	43.80	43.56	0.24

2003 年发电、供热消耗燃料

地　　区	6000kW 及以上电厂消耗原煤量（万 t）	供热用原煤量（万 t）
全国总计	**76543.12**	**8549.94**
北 京 市	734.18	186.06
天 津 市	1385.07	258.15
河 北 省	5342.13	697.27
山 西 省	4786.57	314.74
内蒙古自治区	3763.92	374.85
辽 宁 省	4233.52	1153.44
吉 林 省	2004.84	586.42
黑龙江省	2952.14	552.95
上 海 市	2648.08	247.52
江 苏 省	6142.78	176.31
浙 江 省	3433.36	752.22
安 徽 省	2444.77	138.05
福 建 省	1753.99	125.86
江 西 省	1535.71	
山 东 省	6580.16	1424.23
河 南 省	5123.08	260.99
湖 北 省	2112.42	306.45
湖 南 省	1429.68	179.38
广 东 省	4784.84	197.33
广西自治区	821.76	
海 南 省	172.87	
重 庆 市	852.65	36.52
四 川 省	2350.02	159.50
贵 州 省	2164.72	
云 南 省	1377.67	
西藏自治区		
陕 西 省	2027.08	79.97
甘 肃 省	1422.11	161.91
青 海 省	326.19	
宁夏自治区	875.28	
新疆自治区	961.52	179.84
全国 6000kW 及以上电厂发电消耗燃油量（万 t）		1321.99
全国 6000kW 及以上电厂发电消耗燃气量（万 m^3）		3165713.00
全国供热消耗燃油量（万 t）		132.62
全国供热消耗燃气量（万 m^3）		1028817.00

2003年底单机6000kW及以上发电机组分类情况

地区	计算单位	发电机组总计	水轮机组合计	汽轮机组合计	其中：高温高玉机组 合计	高温高玉机组 供热	次高压机组	中温中压机组 合计	中温中压机组 供热	低温低压机组	燃汽轮机组	柴油机组	其他机组	在总计中：国外机组 合计	国外机组 水电	国外机组 火电
6000kW	台	6459	1492	4265	1507	410	342	2272	1331	144	173	521	8	1147	161	986
及以上机组合计	万kW	35599.69	7131.26	26573.27	23156.78	2481.80	625.57	2646.92	1354.99	144.00	706.38	570.18	618.60	10179.34	2056.12	8123.22
一、30万kW	台	404	57	339	339	2							8	158	33	125
及以上机组	万kW	14763.10	2150.20	11994.30	11994.30	60.00							618.60	6900.10	1381.20	5518.90
二、20万～不足	台	264	47	217	215	30	2							31	4	27
30万kW机组	万kW	5468.60	1041.00	4427.60	4383.60	600.00	44.00							643.00	80.00	563.00
三、10万～不足	台	510	100	388	380	50	3	5	4		20	2		70	11	59
20万kW机组	万kW	6162.19	1306.60	4589.87	4499.37	635.70	34.50	56.00	45.00		237.98	27.74		855.29	154.20	701.09
四、5万～不足	台	536	122	397	336	150	23	38	13		17			86	31	55
10万kW机组	万kW	2991.37	804.61	2071.42	1747.10	779.90	126.72	197.60	68.30		115.34			521.75	203.41	318.34
五、2.5万～不足	台	792	211	499	178	140	32	276	68	13	80	2		180	57	123
5万kW机组	万kW	2326.26	745.81	1288.53	464.00	360.20	91.42	699.61	173.25	33.50	286.92	5.00		577.23	192.12	385.11
六、1.2万～不足	台	1554	401	1074	43	29	227	763	474	41	22	57		136	22	114
2.5万kW机组	万kW	2135.15	640.25	1374.35	56.16	39.06	295.18	968.11	597.89	54.90	36.05	84.50		207.23	41.89	165.34
七、0.6万～不足	台	2399	554	1351	16	9	55	1190	772	90	34	460		486	3	483
1.2万kW机组	万kW	1753.02	442.79	827.20	12.25	6.94	33.75	725.60	470.55	55.60	30.09	452.94		474.74	3.30	471.44

2003 年发电技术经济指标

地　区	发电设备平均利用小时（h）	发电厂用电率（%）	标准煤耗 发电（g/kWh）	标准煤耗 供电（g/kWh）
全国总计	**5245**	**6.07**	**355**	**380**
其中：水电	**3239**	**0.55**		
火电	**5767**	**6.93**		
北 京 市	4248	7.52	316	340
天 津 市	5362	6.79	327	351
河 北 省	6086	6.50	350	375
山 西 省	6283	7.69	366	397
内蒙古自治区	5727	7.66	352	381
辽 宁 省	5204	7.17	348	376
吉 林 省	3619	7.32	363	393
黑龙江省	4236	8.48	381	417
上 海 市	6133	5.14	331	349
江 苏 省	6247	5.90	348	370
浙 江 省	5546	5.31	325	345
安 徽 省	5685	6.06	362	340
福 建 省	4685	5.07	332	354
江 西 省	4534	6.43	354	382
山 东 省	5048	6.79	361	387
河 南 省	5371	7.68	376	409
湖 北 省	4711	3.81	363	391
湖 南 省	4831	4.58	373	404
广 东 省	5296	4.99	338	358
广西自治区	5004	4.09	357	390
海 南 省	3424	5.71	351	376
重 庆 市	4616	8.97	354	424
四 川 省	4541	4.41	435	482
贵 州 省	6454	6.57	379	412
云 南 省	5156	3.77	378	410
西藏自治区	3593	6.10		
陕 西 省	5337	6.94	361	391
甘 肃 省	5336	6.35	351	376
青 海 省	3263	4.50	506	435
宁夏自治区	6891	5.25	340	362
新疆自治区	4297	8.19	418	461
不 分 区	4758	0.12		

2003年全国分地区装机容量及发电量

地 区	2003年装机容量（万kW）)	同比增减（%）	2003年发电量（亿kWh）	同比增减（%）
全国总计	39140.78	9.77	19052.08	15.18
其中：水电	9489.62	10.25	2813.30	2.46
火电	28977.09	9.12	15789.66	16.77
核电	618.60	38.45	438.54	65.56
北京市	440.56	-0.91	192.87	5.10
天津市	601.35	-3.79	322.00	18.06
河北省	1847.64	5.37	1088.02	7.28
山西省	1583.15	4.68	958.52	13.93
内蒙古自治区	1209.04	15.73	659.47	26.36
辽宁省	1635.01	3.94	823.36	14.16
吉林省	940.85	5.25	338.83	9.53
黑龙江省	1188.90	2.31	495.98	6.38
上海市	1109.26	-2.55	694.44	12.65
江苏省	2238.27	7.94	1336.77	14.37
浙江省	2382.14	15.21	1092.20	22.83
安徽省	993.40	2.36	557.15	18.39
福建省	1386.58	2.53	610.71	14.56
江西省	771.52	5.31	310.29	25.12
山东省	3054.52	21.44	1395.65	12.39
河南省	2007.35	9.44	1009.75	12.70
湖北省	1971.05	28.31	783.07	25.99
湖南省	1304.99	17.45	539.03	18.76
广东省	3920.20	9.26	1895.77	17.74
广西自治区	771.53	2.60	363.67	14.71
海南省	175.96	-1.17	59.42	14.47
重庆市	445.60	6.10	202.92	9.83
四川省	1844.54	2.49	827.83	14.37
贵州省	1017.95	44.01	513.14	20.05
云南省	1010.00	15.18	458.91	12.34
西藏自治区	37.62	3.55	10.05	22.86
陕西省	878.87	7.21	427.05	22.78
甘肃省	804.72	12.88	393.40	14.76
青海省	424.69	5.91	135.81	-4.12
宁夏自治区	342.02	26.96	199.99	22.20
新疆自治区	549.50	9.21	236.10	10.02
不分区	252.00	0.00	119.91	-7.56

2003年火电100～800MW机组按独立发电公司（部分）分类的可靠性指标

机组容量	电力企业名称	台数	平均容量（MW/台）	等效可用系数 EAF（%）	每千瓦装机发电量（MWh/kW）
100～800MW	深圳能源	7	314.29	96.27	6.43
	河北建投	10	240.00	94.98	6.91
	华电国际	22	281.36	93.91	4.71
	大唐国际	27	227.78	93.08	6.07
	北京国际电力	6	183.33	92.87	4.92
	江西国际电力	8	200.00	92.77	6.69
	北方电力	18	184.44	92.64	6.43
	浙江能源集团	24	236.25	92.58	7.22
	山东鲁能集团	17	137.94	92.23	5.69
	国电电力	11	230.00	91.91	6.77
	华能国际	46	320.20	91.78	6.02
	上海电力股份	16	191.20	91.67	6.81
	河南建投	6	250.00	91.54	6.14
	新力能源	8	265.63	91.16	6.42
	山西漳泽电力股份	8	217.50	90.77	7.30
	安徽能源集团	11	172.73	90.36	5.81
	广东粤电集团	29	285.52	89.99	6.43
	江西省投	8	231.25	89.51	5.18
	中电国际	18	266.67	89.39	6.14
	北京国华电力	12	379.96	89.31	5.93
	湖南华银电力	6	125.00	87.90	5.81
	国投电力公司	8	256.25	87.53	6.60
100～199MW	北京国际电力	1	100.00	97.52	6.48
	广东粤电集团	10	120.00	96.52	5.83
	国投电力公司	2	125.00	96.18	7.12
	华电国际	7	132.14	95.54	4.17
	新力能源	1	125.00	95.13	5.57
	安徽能源集团	8	125.00	94.86	6.16
	大唐国际	10	105.00	94.64	6.10
	江西国际电力	4	100.00	94.62	6.91
	中电国际	4	100.00	94.41	6.29
	山东鲁能集团	15	116.33	93.77	5.71
	上海电力股份	10	125.92	92.04	6.80
	北方电力	8	100.00	91.64	6.97
	北京国华电力	2	100.00	91.55	7.82
	浙江能源集团	12	125.83	90.42	7.19
	华能国际	6	120.83	90.18	5.27
	山西漳泽电力股份	2	100.00	88.96	7.41
	江西省投	2	125.00	88.50	5.98
	湖南华银电力	6	125.00	87.90	5.81

续表

机组容量	电力企业名称	台　数	平均容量（MW/台）	等效可用系数 EAF（%）	每千瓦装机发电量（MWh/kW）
200～299MW	河南建投	4	200.00	95.15	6.69
	华能国际	2	220.00	94.33	5.95
	河北建投	6	200.00	93.56	7.14
	国电电力	8	200.00	93.15	6.64
	北京国际电力	5	200.00	92.41	4.77
	大唐国际	7	214.29	92.30	6.53
	北方电力	6	200.00	91.93	6.09
	北京国华电力	2	199.75	91.90	5.95
	广东粤电集团	5	200.00	91.54	7.25
	山西漳泽电力股份	4	210.00	90.55	7.58
	浙江能源集团	4	200.00	89.51	7.16
	新力能源	3	200.00	88.30	5.39
	江西省投	2	200.00	88.09	4.68
	中电国际	4	200.00	85.38	5.17
300～399MW	河北建投	4	300.00	96.40	6.68
	深圳能源	7	314.29	96.27	6.43
	北京国华电力	4	340.00	94.39	6.21
	北方电力	4	330.00	93.88	6.41
	华电国际	13	312.69	93.08	4.64
	浙江能源集团	5	312.00	92.51	7.20
	大唐国际	8	300.00	92.46	5.79
	华能国际	34	324.82	92.33	6.12
	江西国际电力	4	300.00	92.15	6.61
	新力能源	4	350.00	92.03	6.93
	山西漳泽电力股份	2	350.00	91.55	6.94
	上海电力股份	6	300.00	91.41	6.81
	中电国际	8	300.00	90.57	6.40
	江西省投	4	300.00	90.20	5.18
	国电电力	3	310.00	89.79	7.00
	广东粤电集团	9	300.00	88.18	6.27
	山东鲁能集团	2	300.00	87.80	5.61
	河南建投	2	350.00	87.41	5.51
	国投电力公司	6	300.00	86.32	6.53
	安徽能源集团	3	300.00	85.36	5.43
500～800MW	浙江能源集团	3	600.00	95.79	7.27
	华电国际	2	600.00	95.49	5.39
	大唐国际	2	600.00	93.94	6.00
	华能国际	4	630.00	89.40	5.82
	广东粤电集团	5	676.00	88.66	6.53
	中电国际	2	600.00	88.03	6.19
	北京国华电力	4	650.00	86.09	5.63

注　本表摘自电力可靠性管理中心《2003 年发电设备运行可靠性报告》。

2003年供、用、售电量及线损情况

单位：亿 kWh

地区	全部			其中：电力企业				
	供电量	用电量	最高负荷（万 kW）	购电量	供电量	售电量	线损电量	线损率（%）
全国总计	**17189.86**	**15926.12**		**4634.40**	**16351.16**	**15090.48**	**1260.68**	**7.71**
北京市	448.78	414.55	822.30		426.72	399.41	27.31	6.40
天津市	279.85	261.49	463.39		259.99	247.53	12.45	4.79
河北省	1017.48	958.78	932.00		992.94	937.29	55.65	5.60
山西省	637.56	585.92			580.96	529.32	51.64	8.89
内蒙古自治区	433.77	412.47		17.27	422.47	401.16	21.30	5.04
辽宁省	831.17	778.03			739.37	686.23	53.14	7.19
吉林省	297.34	281.13	485.62	280.62	284.06	260.78	23.28	8.20
黑龙江省	429.07	412.95			370.98	342.00	28.98	7.81
上海市	707.09	666.55			600.86	560.31	40.55	6.75
江苏省	1422.11	1296.97	2215.40		1311.33	1186.20	125.14	9.54
浙江省	1131.66	1054.36		27.22	1091.17	1013.87	77.30	7.08
安徽省	402.86	384.78	741.47	8.56	372.95	348.36	24.60	6.60
福建省	556.29	510.87			464.44	441.07	23.37	5.03
江西省	256.67		503.64	276.62	249.56	232.64	16.92	6.78
山东省	1147.26	1072.52		1094.42	1094.42	1039.69	54.73	5.00
河南省	824.63	769.45		720.05	755.50	708.69	46.81	6.20
湖北省	594.35	544.81	1022.00		514.30	467.40	46.90	9.12
湖南省	542.78	471.19	719.60	366.33	519.78	470.10	49.68	9.56
广东省	1878.42	1978.30	3400.00		1808.28	1673.02	135.26	7.48
广西自治区	396.70	364.22	504.70	311.72	383.98	351.50	32.48	8.46
海南省	53.43	46.92	96.18	53.43	53.43	46.92	6.50	12.18
重庆市	279.18	254.99	495.00	268.14	268.14	243.95	24.19	9.02
四川省	718.75	643.40	997.00	722.24	742.74	667.38	75.35	10.15
贵州省	374.34	350.33	500.60	3.79	366.70	342.70	24.00	6.55
云南省	446.61	409.04		346.64	423.97	386.48	37.50	8.84
西藏自治区	7.66	6.67			7.66	6.67	0.99	12.87
陕西省	355.73	329.23		25.75	355.73	329.23	26.50	7.45
甘肃省	373.20	346.98			352.73	326.51	26.22	7.43
青海省	143.68	135.59	217.00		136.94	129.06	7.89	5.76
宁夏自治区	201.46	183.65			197.02	183.65	13.37	6.79
新疆自治区				111.60	144.70	131.36	13.35	9.22
跨区网损					28.67		28.67	100.0

2003年底35kV及以上输电线路及变电设备情况

地区	输电线路（km）		变电设备（万kVA）	
	合计	其中：500kV	合计	其中：500kV
全国总计	**879479**	**44364**	**138834**	**16166**
北京市	8204	915	4366	1031
天津市	6693	423	2408	315
河北省	44279	2200	8069	455
山西省	29959	1677	4848	350
内蒙古自治区	27243	1334	2311	225
辽宁省	32278	2256	6645	961
吉林省	21651	831	2501	357
黑龙江省	34220	1945	3826	507
上海市	6673	490	6489	1034
江苏省	48122	4394	12086	1275
浙江省	32897	2425	8253	1075
安徽省	29209	1384	3806	360
福建省	25733	1302	3782	480
江西省	28329	276	1846	
山东省	50122	1718	9538	650
河南省	40291	1422	6474	600
湖北省	39850	3332	5006	582
湖南省	38795	1073	4111	425
广东省	43342	3228	14540	2350
广西自治区	35312	558	2870	275
海南省	4981		459	
重庆市	16810	722	2159	300
四川省	53526	2287	4906	300
贵州省	28494	1045	2968	450
云南省	44289	1569	3874	800
西藏自治区	1878		16	
陕西省	24847		3011	
甘肃省	29610		2777	
青海省	8849		859	
宁夏自治区	7545		1232	
新疆自治区	29690		1791	
跨区	5760	5560	1009	1009

2003年用电设备容量和用电量

	用电设备容量（万kW）			用电量（万kWh）		
	2003年	2002年	增　长	2003年	2002年	增　长
全社会总计	100469.56	95732.44	4.95	188912117	163862757	15.29
A：按产业类别分						
一次产业	6591.50	7210.21	－8.58	5958327	5902461	0.95
二次产业	46049.55	44346.18	3.84	139485064	119573041	16.65
三次产业	19677.72	17281.93	13.86	21088294	18372923	14.78
B：城乡居民生活合计	28150.79	26894.12	4.67	22380432	20014332	11.82
其中：城市居民	17012.23	16050.61	5.99	13573724	11689453	16.12
乡村居民	11138.55	10843.51	2.72	8806708	8324879	5.79
按行业类别分	0.00	0.00				
全行业合计	72318.77	68838.32	5.06	166531685	143848425	15.77
一、农林牧渔水利业合计	8396.70	8977.55	－6.47	7731588	7762287	－0.40
二、工业合计	44107.55	42688.81	3.32	137587260	117931635	16.67
三、地质普查和勘探业	71.04	75.07	－5.37	108942	99232	9.79
四、建筑业	1942.00	1657.38	17.17	1897804	1641406	15.62
五、交通运输邮电通信业	3200.60	2834.27	12.92	3897470	3318578	17.44
六、商业饮食物资供销仓储业	5461.06	5075.25	7.60	6198164	5364287	15.54
七、其他事业	9139.83	7530.00	21.38	9110457	7731000	17.84

2003 年 人 均 指 标

地　　区	人均装机容量 (kW/人)	人均用电量 (kWh/人)	人均生活用电量 (kWh/人)
全国总计	**0.303**	**1461.86**	**173.19**
北 京 市	0.303	3211.58	482.77
天 津 市	0.595	3023.11	313.87
河 北 省	0.273	1623.57	170.69
山 西 省	0.478	2188.29	107.89
内蒙古自治区	0.508	1749.75	120.12
辽 宁 省	0.388	2156.55	257.12
吉 林 省	0.348	1252.61	200.42
黑龙江省	0.312	1293.23	205.94
上 海 市	0.648	4359.83	484.35
江 苏 省	0.302	2032.29	201.85
浙 江 省	0.509	2633.63	324.86
安 徽 省	0.155	694.88	98.26
福 建 省	0.398	1679.30	280.81
江 西 省	0.181	704.11	100.19
山 东 省	0.335	1529.56	169.41
河 南 省	0.208	1077.79	109.09
湖 北 省	0.328	1048.32	146.52
湖 南 省	0.196	819.20	122.88
广 东 省	0.493	2553.80	323.92
广西自治区	0.159	856.15	126.73
海 南 省	0.217	698.09	105.10
重 庆 市	0.142	860.27	153.14
四 川 省	0.212	873.34	151.04
贵 州 省	0.263	1032.49	86.46
云 南 省	0.231	846.23	110.88
西藏自治区	0.139	254.13	90.92
陕 西 省	0.238	1095.17	118.41
甘 肃 省	0.309	1530.31	91.17
青 海 省	0.795	2812.03	148.95
宁夏自治区	0.590	3657.31	142.41
新疆自治区	0.284	1220.79	114.62

中国南方电网公司统计资料

2003 年全国和南方五省（区）GDP（初步核算结果）

指标		全国	南方五省（区）合计	广东	广西	云南	贵州	海南
国内生产总值（亿元）	合计	116694	20664	13450	2733	2459	1344	678
	第一产业	17247	2731	1052	628	499	295	257
	第二产业	61778	9845	7048	1006	1068	572	151
	第三产业	37669	8088	5350	1099	892	478	269
国内生产总值比重（%）	第一产业	14.8	13.2	7.8	23.0	20.3	21.9	37.9
	第二产业	52.9	47.6	52.4	36.8	43.4	42.5	22.3
	第三产业	32.3	39.1	39.8	40.2	36.3	35.6	39.7
国内生产总值比 2002 年增长速度（%）	合计	9.1	12.2	13.6	10.2	8.6	10.1	10.5
	第一产业	2.5	3.6	1.2	4.0	5.0	4.6	9.0
	第二产业	12.5	16.5	18.0	14.5	10.4	13.2	18.9
	第三产业	6.7	10.3	10.8	10.0	8.6	10.1	7.7

注 1. 全国数据摘自国家统计局公报。
2. 南方五省（区）分省（区）数据摘自各省（区）统计局公报。
3. 国内生产总值绝对数按现价计算，增长速度按 2000 年可比价格计算。

2003 年南方五省（区）发电装机容量和发电量情况

指标		南方五省（区）合计	广东省	广西区	云南省	贵州省	海南省	天生桥一级电站 天生桥二级电站
发电装机容量（万 kW）	合计	7147.64	3920.20	771.53	10010.00	1017.95	175.96	252.00
	水电	2356.06	570.72	452.52	654.32	371.37	55.14	252.00
	抽水蓄能	240.00	240.00					
	火电	4164.36	2723.14	319.01	355.68	646.58	119.95	
	其中：煤电	3086.51	1705.78	318.47	355.68	646.58	60.00	
	油电	1035.76	1016.27	0.54			18.95	
	气电	41.20					41.20	
	垃圾发电	1.10	1.10					
	核电	378.00	378.00					
	风电	9.21	8.34				0.87	
其中：统调电厂容量（万 kW）	合计	4828.90	2314.55	491.07	745.85	873.27	152.15	252.00
	水电	1338.85	97.55	269.97	433.46	253.67	32.20	252.00
	抽水蓄能	240.00	240.00					
	火电	2872.05	1599.00	221.10	312.40	619.60	119.95	
	核电	378.00	378.00					
	风电							

续表

指标		南方五省（区）合计	广东省	广西区	云南省	贵州省	海南省	天生桥一级电站 天生桥二级电站
发电量（亿 kWh）	合　计	3410.81	1895.77	363.67	458.91	513.14	59.42	119.91
	水　电	825.15	149.30	192.88	268.37	80.19	14.51	119.91
	抽水蓄能	22.06	22.06					
	火　电	2272.58	1433.51	170.79	190.55	432.95	44.79	
	其中：煤电	1873.92	1044.59	170.77	190.55	432.95	35.07	
	油电	389.50	388.28	0.02			1.20	
	气电	8.52					8.52	
	垃圾发电	0.64	0.64					
	核　电	289.30	289.30					
	风　电	1.72	1.59				0.12	
其中：统调电厂发电量（亿 kWh）	合　计	2582.02	1316.92	264.88	351.63	476.59	52.10	119.91
	水　电	516.67	28.30	127.14	178.40	55.61	7.31	119.91
	抽水蓄能	22.06	22.06					
	火　电	1753.99	977.26	137.75	173.22	420.98	44.79	
	核　电	289.30	289.30					
	风　电							

注　1. 鲁布革水电站位于云南省境内，其装机容量和发电量已计入云南省。

2. 广东粤电集团所属天生桥一级水电站不在广东省境内，其装机容量和发电量未计入广东省。

2003 年南方五省（区）电力基本情况

指　　标	计算单位	2003 年	2002 年
发电装机容量	kW	71476397	63537439
水　电	kW	23560649	21068608
火　电	kW	41643608	37193236
发电量	万 kWh	34108146	29446437
水　电	万 kWh	8251512	8241558
火　电	万 kWh	22725835	18875802
购五省外电量	万 kWh	478627	218021
售五省外电量	万 kWh	1168266	1149467
全社会用电量	万 kWh	33415181	28514991
发电平均设备利用小时*	h	5317	4381
水　电	h	3685	3255
火　电	h	5889	4832
发电厂用电率*	%	4.90	4.37
水　电	%	0.38	0.27
火　电	%	6.29	5.91
发电标准煤耗率*	g/kWh	350	367
供电标准煤耗率*	g/kWh	374	369
发电消耗标准煤量*	t	76979013	64040805
发电消耗原煤量*	t	93218621	76518375
发电消耗燃油量*	t	8721266	7413912
供电线路损失率	%	9.48	7.91
供电线路损失量	万 kWh	3191933	2038704
变电设备容量（35kV 及以上）**	万 kVA	32975.29	28903.30
500kV	万 kVA	6031.00	5514.60
220kV	万 kVA	11393.51	9620.07
110kV	万 kVA	12804.69	11277.74
35kV	万 kVA	2746.10	2490.89
输电线路长度（35kV 及以上）	km	165481.10	139703.41
500kV	km	11960.05	8963.43
220kV	km	24334.50	21825.57
110kV	km	54084.63	45005.29
35kV	km	75101.93	63909.12

注　*为 6000kW 及以上电厂数据。

**含电厂升压、企业自备变压器。

全社会用电量＝发电量＋购五省外电量－售五省外电量。

供电线路损失量扣除了各省之间互送电量产生的线损电量。

2003年广东省电力基本情况

指 标	计算单位	2003年	2002年
发电装机容量	kW	39202010	35879936
水 电	kW	5707156	5375342
火 电	kW	27231414	25237754
发电量	万kWh	18957650	16100755
水 电	万kWh	1492954	1464765
火 电	万kWh	14335124	12308137
购外省电量	万kWh	2429953	1814357
售外省电量	万kWh	1074681	1036860
全社会用电量	万kWh	20312922	16878252
累计平均设备利用小时*	h	5296	4815
水 电	h	3112	3111
火 电	h	5556	4973
发电厂用电率*	%	5.19	5.05
水 电	%	0.76	0.67
火 电	%	5.50	5.58
发电标准煤耗率*	g/kWh	338	338
供电标准煤耗率*	g/kWh	358	358
发电消耗标准煤量*	t	48335638	41451287
发电消耗原煤量*	t	47848439	40791844
发电消耗燃油量*	t	8648673	7352888
用电设备容量	万kWh	12318	
供电线路损失率	%	10.94	7.97
供电线路损失量	万kWh	2054989	1226474
变电设备容量（35kV及以上）**	万kVA	18276.59	16239.55
500kV	万kVA	3066.20	2716.20
220kV	万kVA	6415.30	5541.00
110kV	万kVA	8253.46	7450.44
35kV	万kVA	541.63	531.91
输电线路长度（35kV及以上）	km	43342.00	40818.00
500kV	km	3228.00	2536.00
220kV	km	9285.00	8628.00
110kV	km	18961.00	17712.00
35kV	km	11868.00	11942.00

注 *为6000kW及以上电厂数据。

**含电厂升压、企业自备变压器。

2003年广西壮族自治区电力基本情况

指　　标	计算单位	2003年	2002年
发电装机容量	kW	7715254	7519504
水　电	kW	4525195	4363319
火　电	kW	3190059	3156185
发电量	万kWh	3636719	3170265
水　电	万kWh	1928843	1863363
火　电	万kWh	1707876	1306902
购外省电量	万kWh	546156	426741
售外省电量	万kWh	24538	27507
全社会用电量	万kWh	4158336	3569499
累计平均设备利用小时*	h	5004	4421
水　电	h	4539	4498
火　电	h	5595	4323
发电厂用电率*	%	4.09	3.52
水　电	%	0.42	0.38
火　电	%	8.43	8.31
发电标准煤耗率*	g/kWh	357	346
供电标准煤耗率*	g/kWh	390	378
发电消耗标准煤量*	t	5203577	3779204
发电消耗原煤量*	t	8217622	5924707
发电消耗燃油量*	t	10976	14055
用电设备容量	万kW	2518	2209
供电线路损失率	%	8.46	8.23
供电线路损失量	万kWh	324843	270145
变电设备容量（35kV及以上）**	万kVA	3679.15	3435.75
500kV	万kVA	419.00	419.00
220kV	万kVA	1280.43	1193.28
110kV	万kVA	1261.66	1162.55
35kV	万kVA	718.06	660.92
输电线路长度（35kV及以上）	km	35311.00	32283.17
500kV	km	558.11	558.04
220kV	km	5327.52	4719.03
110kV	km	8554.95	7934.82
35kV	km	20871.33	19071.28

注　*为6000kW及以上电厂数据。

**含电厂升压、企业自备变压器。

2003年云南省电力基本情况

指 标	计算单位	2003年	2002年
发电装机容量	kW	10100033	8769066
水 电	kW	6543198	5836331
火 电	kW	3556835	2932735
发电量	万 kWh	4589146	4084873
水 电	万 kWh	2683681	2506164
火 电	万 kWh	1905465	1578709
购外省电量	万 kWh	3127	4562
售外省电量	万 kWh	653194	342862
全社会用电量	万 kWh	3939079	3746573
累计平均设备利用小时*	h	5156	5004
水 电	h	4386	4664
火 电	h	6588	5562
发电厂用电率*	%	3.77	3.66
水 电	%	0.33	0.32
火 电	%	8.01	8.21
发电标准煤耗率*	g/kWh	378	381
供电标准煤耗率*	g/kWh	410	415
发电消耗标准煤量*	t	7031757	5863092
发电消耗原煤量*	t	13776671	11249360
发电消耗燃油量*	t	9746	9393
用电设备容量	万 kW	2372	1819
供电线路损失率	%	8.84	10.12
供电线路损失量	万 kWh	374995	363984
变电设备容量（35kV及以上）**	万 kVA	4863.31	3963.56
500kV	万 kVA	915.80	690.80
220kV	万 kVA	1579.45	1336.25
110～154kV	万 kVA	1471.07	1163.80
35～66kV	万 kVA	896.99	772.71
输电线路长度（35kV及以上）	km	44289.03	34593.80
500kV	km	1568.83	1205.86
220kV	km	4604.44	4383.03
110～154kV	km	12168.00	9679.21
35～66kV	km	25947.76	19325.70

注 *为6000kW及以上电厂数据。

**含电厂升压、企业自备变压器。

2003 年贵州省电力基本情况

指　　标	计算单位	2003 年	2002 年
发电装机容量	kW	10179500	7068587
水　电	kW	3713700	2426087
火　电	kW	6465800	4642500
发电量	万 kWh	5131400	4274275
水　电	万 kWh	801900	951169
火　电	万 kWh	4329500	3323106
购外省电量	万 kWh	104	824
售外省电量	万 kWh	855301	593906
全社会用电量	万 kWh	4276203	3681193
累计平均设备利用小时*	h	6454	6047
水　电	h	3056	3921
火　电	h	7604	7158
发电厂用电率*	%	6.57	6.66
水　电	%	0.48	0.43
火　电	%	7.40	7.90
发电标准煤耗率*	g/kWh	379	355
供电标准煤耗率*	g/kWh	412	386
发电消耗标准煤量*	t	15166741	11664485
发电消耗原煤量*	t	21647227	16978448
发电消耗燃油量*	t	23781	13269
用电设备容量	万 kW		1573
供电线路损失率	%	6.55	5.40
供电线路损失量	万 kWh	240025	169374
变电设备容量（35kV 及以上）**	万 kVA	4029.32	3269.09
500kV	万 kVA	730.00	372.00
220kV	万 kVA	1340.93	1282.74
110kV	万 kVA	1473.99	1180.76
35kV	万 kVA	484.41	433.60
输电线路长度（35kV 及以上）	km	31797.28	23444.70
500kV	km	1044.59	599.63
220kV	km	4169.66	3385.40
110kV	km	12377.51	7855.80
35kV	km	14205.53	11603.90

注　*为 6000kW 及以上电厂数据。

**含电厂升压、企业自备变压器。

2003年海南省电力基本情况

指 标	计算单位	2003年	2002年
发电装机容量	kW	1759600	1780346
水 电	kW	551400	547529
火 电	kW	1199500	1224062
发电量	万kWh	594156	519069
水 电	万kWh	145059	158897
火 电	万kWh	447870	358948
购外省电量	万kWh		
售外省电量	万kWh		
全社会用电量	万kWh	594156	519069
累计平均设备利用小时*	h	3424	3003
水 电	h	2538	2806
火 电	h	3734	3076
发电厂用电率*	%	5.71	5.95
水 电	%	0.99	1.96
火 电	%	6.78	7.10
发电标准煤耗率*	g/kWh	351	358
供电标准煤耗率*	g/kWh	376	385
发电消耗标准煤量*	t	1241300	1282737
发电消耗原煤量*	t	1728662	1574016
发电消耗燃油量*	t	28090	24307
用电设备容量	万kW	335	323
供电线路损失率	%	12.18	13.21
供电线路损失量	万kWh	65048	60961
变电设备容量（35kV及以上）**	万kVA	730.03	672.95
500kV	万kVA		
220kV	万kVA	288.00	261.00
110kV（含132kV）	万kVA	337.01	320.20
35kV（含66kV）	万kVA	105.02	91.75
输电线路长度（35kV及以上）	km	4980.77	4372.80
500kV	km		
220kV	km	748.29	583.11
110kV（含132kV）	km	2023.17	1823.46
35kV（含66kV）	km	2209.31	1966.24

注 *为6000kW及以上电厂数据。

**含电厂升压、企业自备变压器。

2003年南方五省（区）行业用电分类情况

指标	分类	合计 全口径	合计 不完全口径	广东省 全口径	广西区 全口径	云南省 全口径	云南省 不完全口径	贵州省 全口径	贵州省 不完全口径	海南省 全口径	海南省 不完全口径	南方电网超高压公司
全社会用电量（亿kWh）	合计	3341.52	3287.07	2031.29	415.83	393.91	370.31	427.62	399.57	59.42	56.62	13.45
	第一产业		64.28	30.20	15.47		6.26		8.69		3.65	
	第二产业		2353.96	1395.44	305.31		284.64		327.05		28.07	13.45
	其中：工业		2317.15	1368.83	302.45		281.05		323.94		27.42	13.45
	第三产业		459.13	348.00	33.50		30.89		30.37		16.37	
	城乡居民生活用电		409.71	257.65	61.55		48.52		33.46		8.52	
全社会用电量比重（%）	第一产业		1.92	1.49	3.72		1.69		2.17		6.45	
	第二产业		70.45	68.70	73.42		76.86		81.85		49.58	100.00
	其中：工业		69.34	67.39	72.73		75.90		81.07		48.43	100.00
	第三产业		13.74	17.13	8.06		8.34		7.60		28.92	
	城乡居民生活用电		12.26	12.68	14.80		13.10		8.37		15.06	
全社会用电量比2002年增长速度（%）	合计	17.68	16.83	20.35	16.50	5.14	4.84	16.16	8.99	14.47	15.71	
	第一产业		1.72	12.75	−7.96		0.27		−14.95		16.54	
	第二产业		18.17	21.14	18.44		3.79		14.98		18.78	
	其中：工业		18.28	21.41	18.22		3.70		15.01		18.94	
	第三产业		24.03	26.32	23.33		10.99		21.26		10.99	
	城乡居民生活用电		5.56	10.29	11.28		8.10		−28.69		14.94	

注 1. 本表中，云南、贵州、海南等子公司从各行业用电统计汇总而来的全社会用电量，不含本省孤立电网的用电量，属于不完全口径数据。根据本省发电情况、购（售）外省电量情况经全省发购电平衡统计而来的全社会用电量是全口径数据。

2. 本表中的合计数为五省（区）用电量和跨省送电损失电量（含天生桥一、二级电厂生产全部耗用电量、超高压公司线路损失电量）的总和。由于上述原因，存在全口径和不完全口径两种情况。

2003年底南方五省（区）变压器和线路情况（一）

指标		合计	广东省	广西壮族自治区	云南省	贵州省	海南省	南方电网超高压公司
变压器总容量（万kVA）	合计	32975.29	18276.59	3679.15	4863.31	4029.32	730.03	1396.90
	500kV	6031.00	3066.20	419.00	915.80	730.00		900.00
	220kV	11393.51	6415.30	1280.43	1579.45	1340.93	288.00	489.40
	110kV	12804.69	8253.46	1261.66	1471.07	1473.99	337.01	7.50
	35kV	2746.10	541.63	718.06	896.99	484.41	105.02	
其中：公用变压器容量（万kVA）	合计	23361.51	13910.98	2401.08	3405.18	2457.45	436.82	750.00
	500kV	4325.00	2200.00	275.00	650.00	450.00		750.00
	220kV	7567.20	4935.00	765.60	1053.00	672.60	141.00	
	110kV	9999.63	6545.90	977.95	1142.80	1109.73	223.25	
	35kV	1469.69	230.09	382.53	559.38	225.12	72.57	
架空线路长度（km）	合计	165481.10	43342.00	35311.90	44289.03	31797.28	4980.77	5760.12
	500kV	11960.05	3228.00	558.11	1568.83	1044.59		5560.52
	220kV	24334.50	9285.00	5327.52	4604.44	4169.66	748.29	199.60
	110kV	54084.63	18961.00	8554.95	12168.00	12377.51	2023.17	
	35kV	75101.93	11868.00	20871.33	25947.76	14205.53	2209.31	

注 1. 变压器总容量含电厂升压变压器、公用变压器、企业自备变压器容量、联络变压器和换流变压器容量；线路长度是指回路长度。

2. 本表中广东省、广西壮族自治区变压器总容量和公用变压器容量中均未含超高压公司委托代管的变压器。

2003年底南方五省（区）变压器和线路情况（二）

指标		合计		广东省		广西壮族自治区		云南省		贵州省		海南省		南方电网超高压公司	
变电站和变压器总数量	合计	13558 座	9068 台	47 座	186 台	1699 座	3010 台	1531 座	3336 台	1022 座	1732 台	212 座	770 台	13 座	34 台
	500kV	33 座	134 台	11 座	45 台	2 座	8 台	6 座	53 台	5 座	14 台			9 座	14 台
	220kV	144 座	426 台	12 座	47 台	47 座	105 台	44 座	134 台	30 座	101 台	7 座	22 台	4 座	17 台
	110kV	871 座	1656 台	12 座	47 台	266 座	464 台	259 座	557 台	275 座	478 台	59 座	107 台		3 台
	35kV	3476 座	6852 台	12 座	47 台	1384 座	2433 台	1222 座	2592 台	712 座	1139 台	146 座	641 台		
其中：公用变电站和变压器数量	合计	12583 座	7704 台	1448 座	2722 台	1201 座	1682 台	1312 座	2024 台	733 座	1005 台	187 座	260 台	9 座	11 台
	500kV	33 座	75 台	11 座	28 台	2 座	4 台	6 座	26 台	5 座	6 台			9 座	11 台
	220kV	264 座	520 台	146 座	304 台	43 座	63 台	40 座	93 台	28 座	49 台	7 座	11 台		
	110kV	1666 座	2926 台	916 座	1754 台	239 座	354 台	236 座	391 台	222 座	345 台	53 座	82 台		
	35kV	2927 座	4183 台	375 座	636 台	917 座	1261 台	1030 座	1514 台	478 座	605 台	127 座	167 台		
架空线路数量	合计		13753 条		3116 条		2202 条		2195 条		1353 条		4854 条		33 条
	500kV		95 条		39 条	4 条		13 条		14 条				25 条	
	220kV		1269 条		339 条		99 条		94 条		93 条		636 条		8 条
	110kV		4965 条		1703 条		355 条		472 条		450 条		1975 条		
	35kV		7424 条		1035 条		1734 条		1616 条		796 条		2243 条		

注 变电站和变压器总数量含电厂升压变压器、公用变压器、企业自备变压器、联络变压器和换流变压器数量。

2003年南方五省（区）电量交换情况

单位：kWh

年份			2003年	2002年
一、西电东送情况				
（一）西电东送合计（受端）			2665295	2021483
超高压公司	西电送广西		536056	424498
	其中：	1. 天生桥一级电站送	122040	95568
		2. 天生桥二级电站送	241880	210671
		3. 盘县电厂送	168840	118259
		4. 云南电网送	944	
		5. 贵州电网送	2352	
	西电送广东		2129238	1596985
	其中：	1. 天生桥一级电站送	319583	396880
		2. 天生桥二级电站送	508838	570114
		3. 云南电网送	589536	299214
		4. 贵州电网送	533395	330778
		5. 鲤鱼江电厂送广东	176826	
		6. 三峡电厂送广东	1060	
（二）广东送广西			8282	
（三）广西地方电网送广东			24538	27330
二、购售国家电网公司系统电量				
	其中：购电量		177965	512
	售电量		171620	112743
广东	购鲤鱼江电厂		176826	0
	购三峡电厂		1060	0
	售湖南		9705	862
	售三峡电厂		60	0
广西	售湖南		0	177
云南	购四川		79	512
贵州	售重庆		80020	47728
	售湖南		81835	63976
三、购售港澳地区电量				
广东	购香港		300662	217509
	其中：蛇口购		84184	74626
	售澳门		17942	19361
	核电输香港		1006867	988131
	抽水蓄能送香港		318252	28506

2003年南方五省（区）主要指标占全国比重

指标	全国	南方五省	比重（%）
人口（万人）	129227	21867	16.92
国内生产总值（亿元）	116694	20664	17.71
全社会用电量（亿kWh）	18891	3342	17.69
发电装机容量（万kW）	39141	7148	18.26
水电	9490	2596	27.36
火电	28977	4164	14.37
发电量（亿kWh）	19052	3411	17.90
水电	2813	847	30.11
火电	15790	2273	14.39
人均国内生产总值（元/人）	9057	9496	104.84
人均全社会用电量（kWh/人）	1466	1536	104.73
人均发电量（kWh/人）	1479	1567	106.00
人均发电装机容量（kW/人）	0.3029	0.3269	107.92

注 本表中的水电含抽水蓄能电站的数据。

2003年南方五省（区）主要发电厂基本情况

电厂名称	2003年				2002年			
	发电设备容量（万kW）	发电量（亿kWh）	发电最高负荷（万kW）	发电设备平均利用小时（h）	发电设备容量（万kW）	发电量（亿kWh）	发电最高负荷（万kW）	发电设备平均利用小时（h）
广东								
以下电厂合计	2774.96	1501.16		5575	2497.49	1246.51		4991
其中：水电	268.40	30.16		1124	268.40	30.53		1137
火电	2128.56	1182.05		5771	1950.09	1020.83		5235
核电	378.00	288.95		7683	279.00	195.15		6995
青溪水电厂	14.40	3.39		2354	14.40	2.74		1904
飞来峡水利枢纽电站	14.00	4.71		3364	14.00	5.13		3661
广州抽水蓄能电站	240.00	22.06		919	240.00	22.66		944
沙角A电厂1～3号机	60.00	45.69		7615	60.00	43.70		7283
沙角A电厂4、5号机	60.00	36.03		6005	60.00	33.31		5551
沙角C电厂	198.00	130.00		6566	198.00	124.23		6274
黄埔电厂1～4号机	50.00	24.27		4853	50.00	19.01		3803
黄埔电厂5～6号机	60.00	46.26		7711	60.00	42.31		7052
韶关电厂4号机	5.00	2.74		5475	5.00	3.48		6969
韶关电厂5、6、8号机	30.00	21.22		7074	30.00	14.22		4739
韶关电厂9号机	20.00	11.32		5662	20.00	11.56		5782
韶关电厂10号机	30.00	17.03		5677	30.00	15.42		5141
茂名热电厂	22.50	13.78		6125	25.00	12.33		4933
茂名电厂5号机	20.00	6.74		5656				
云浮电厂（1、2号机）	25.00	17.27		6906	25.00	14.42		5768
云浮B电厂（3、4号机）	27.00	16.87		6250	27.00	11.69		4329
梅县电厂1、2号机	10.00	8.34		8345	10.00	8.39		8387
梅县电厂3、4号机	25.00	16.67		6668	25.00	15.17		6070
湛江电厂	120.00	68.79		5732	120.00	59.46		4955
珠海电厂	132.00	90.67		6869	132.00	84.17		6377
沙角B电厂	70.00	45.44		6491	70.00	40.96		5852
华能汕头电厂	60.00	44.52		7420	60.00	41.80		6967
连州发电厂	27.00	15.06		5579	27.00	13.98		5176
瑞明电厂2号机	12.50	9.18		7345	12.50	6.20		4959
广州发电厂	20.00	17.34		8670	20.00	14.41		7205
珠江发电厂	120.00	80.49		6707	120.00	67.17		5598
妈湾发电厂	180.00	105.67		6438	120.00	72.18		6015
瑞明发电厂1号机	12.50	8.62		6893	12.50	6.37		5093
恒运B发电厂	15.00	11.81		7874	15.00	9.17		6111
恒运C发电厂	42.00	17.42		4147	42.00	12.05		2869
员村电厂	10.00	7.95		7949	10.00	6.93		6927
三水恒益电厂	10.00	7.14		7136	10.00	6.80		6801
南海A发电厂	40.00	24.27		6068	40.00	19.01		4753

续表

电厂名称	2003年				2002年			
	发电设备容量（万kW）	发电量（亿kWh）	发电最高负荷（万kW）	发电设备平均利用小时（h）	发电设备容量（万kW）	发电量（亿kWh）	发电最高负荷（万kW）	发电设备平均利用小时（h）
中山火电厂	10.00	6.63		6633	10.00	4.82		4818
横门发电厂	25.00	16.39		6555	25.00	14.12		5646
砰石发电有限公司B厂	12.00	7.34		6115	12.00	6.92		5769
万丰电厂	10.00	5.35		5348	10.00	3.38		3377
南海里水发电厂（南联）	15.00	3.60		2397	15.00	3.58		2389
广东国华粤电台山电厂	60.00	3.13		8271				
新会双水火电厂	10.00	7.79		7792	10.00	8.45		8449
广州花都市巴江发电厂	17.15	5.36		3128	17.15	6.02		3512
广州明珠C厂	13.60	5.02		3689	13.60	5.14		3780
莲花山电厂	19.40	7.00		3609	19.14	6.68		3490
广盛电力有限公司	15.12	1.24		819	15.12	0.77		506
南沙电厂	11.56	4.81		4160	11.56	4.79		4144
佛山市发电厂（光明）	17.40	6.10		3508	17.40	7.65		4394
佛山沙口发电厂	28.32	14.54		5134	28.32	13.71		4842
桂城发电厂（龙光集团）	13.53	4.92		3639	13.75	4.73		3441
全顺电厂有限公司	12.24	5.68		4638	12.24	5.65		4617
顺德德胜发电厂	28.32	13.64		4817	28.32	13.02		4599
新会柴油机电厂	18.28	2.24		1227	18.28	0.33		183
开平柴油机电厂	6.53	1.17		1797	10.27	0.45		441
洪湾燃机电厂	10.50	4.40		4187	10.50	3.55		3384
洪屏柴油机电厂（洪湾）	11.19	2.39		2134	11.19	1.50		1341
中山第二柴油机发电厂	10.81	3.44		3182	10.81	2.08		1927
中山第三柴油机发电厂	11.19	3.77		3367	11.19	2.41		2158
西江柴油机电厂（肇庆）	10.24	1.29		1264	10.24	0.27		261
惠州市东江发电厂	10.44	4.12		3947	10.44	4.68		4479
虎门电厂	13.50	0.10		70	18.00	2.10		1167
东华电厂	10.26	4.56		4440	10.26	5.03		4905
南山热电厂	82.52	31.45		3811	34.82	26.33		7561
月亮湾电厂（妈湾电力）	34.43	16.35		4748	33.13	15.73		4747
美视B电厂	24.32	9.26		3809	24.15	9.08		3759
湛江新村电厂	10.00	0.22		218	10.00	0.16		157
汕头陀浦电厂（长浦）	11.41	3.97		3479	11.41	3.54		3104
华能汕头燃机电厂	10.32	3.07		2972	10.32	2.14		2072
汕头特区燃机电厂	10.50	3.13		2978	10.50	2.11		2007
大亚湾核电站	180.00	50.03		8335	180.00	147.48		8193
岭澳核电站	198.00	138.92		7084	99.00	47.67		4815
广西								
以下电厂合计	477.19	257.99		5406	477.19	218.26		4574
其中：水电	260.79	123.03		4717	260.79	118.52		4545

续表

电厂名称	2003年				2002年			
	发电设备容量（万kW）	发电量（亿kWh）	发电最高负荷（万kW）	发电设备平均利用小时（h）	发电设备容量（万kW）	发电量（亿kWh）	发电最高负荷（万kW）	发电设备平均利用小时（h）
火电	216.40	134.96		6237	216.40	99.75		4609
岩滩水电厂（大唐集团）	121.00	56.20	121.00	4645	121.00	53.98	121.00	4461
大化水电厂（大唐集团）	45.60	21.34	47.40	4680	45.60	20.37	45.20	4467
百龙滩水电站（大唐集团）	19.20	9.79	19.20	5101	19.20	8.89	19.20	4628
合山火电厂（国电集团）	43.00	24.66	35.00	5735	43.00	18.21	35.00	4234
桂林虹源发电有限公司（国电集团）	27.00	17.62	28.00	6527	27.00	11.50	27.70	4259
恶滩水电厂（广西开发投资公司）	6.00	4.61	6.20	7676	6.00	4.45	6.20	7418
柳州发电有限公司（广西开发投资公司）	42.00	26.35	43.84	6273	42.00	16.41	43.15	3908
来宾火电厂（广西开发投资公司）	25.00	16.83	25.00	6732	25.00	12.56	25.00	5025
桂平航运枢纽（地县属）	4.65	2.31	4.50	4964	4.65	2.10	4.50	4507
贵港航运枢纽（地县属）	12.00	6.46	12.00	5381	12.00	5.98	12.00	4985
左江美亚水电公司（地县属）	7.20	2.67	7.27	3703	7.20	2.86	7.27	3968
融江美亚水电有限公司（地县属）	5.40	2.29	5.40	4247	5.40	2.65	5.43	4900
来宾B厂（地县属）	72.00	44.57	72.00	6190	72.00	38.18	72.00	5303
西能公司西津水电厂（其他）	23.44	10.49	24.10	4476	23.44	9.92	23.80	4233
水利电力建设集团麻石水电厂（其他）	7.20	2.63	6.89	3657	7.20	3.15		4371
水利电力建设集团宜州水电厂（其他）	9.10	4.24	9.75	4658	9.10	4.18		4592
水利电力建设集团田东综合火电厂（其他）	7.40	4.93	7.50	6666	7.40	2.88		3892
云南								
以下电厂合计	710.02	337.89		5401	605.02	288.12		5069
其中：水电	400.02	166.33		4475	355.02	147.53		4634
火电	310.00	171.56		6756	250.00	140.60		5624
以礼河水电厂	32.15	11.84		3684	32.15	15.29		4755
以礼河三级水电站	14.40	5.32	12.70	3694	14.40	6.79	12.70	4716
以礼河四级水电站	14.40	5.47	14.20	3800	14.40	7.07	14.20	4911
滇西电业局	25.50	7.83		3069	25.50	12.39		4860
滇西电业局一级电站	10.50	3.14	10.50	2986	10.50	4.79	10.50	4558
鲁布革发电总厂（含鲁布革、大寨电厂）	65.32	25.80		3950	65.32	26.20		4011
鲁布革发电厂（南方电网公司直属）	60.00	24.14	61.50	4023	60.00	23.77	61.70	3962
昆明发电厂	20.00	13.53	21.30	6765	20.00	13.41	21.50	6706
绿水河水电厂	6.55	3.91	6.55	5968	6.55	3.76	6.75	5744
巡检司电厂	10.00	6.56	10.00	6559	10.00	4.55	10.00	4549
小龙潭电厂	60.00	44.28	61.00	7379	60.00	39.15	61.00	6524
漫湾发电有限责任公司	125.00	59.91	126.00	4793	125.00	55.15	125.40	4412
阳宗海发电有限责任公司	40.00	28.13	41.00	7032	40.00	21.54	21.00	5384
云南田坝水电站	10.50	3.51	12.50	3345	10.50	3.90	10.70	3718
云南宣威发电有限责任公司	90.00	41.45	90.10	6790	60.00	31.18	61.00	5197
曲靖发电有限责任公司	90.00	37.62	60.00	5983	60.00	30.77	60.00	5128
大朝山发电有限责任公司	135.00	53.53	135.00	5017	90.00	30.83	90.00	5778

续表

电厂名称	2003年				2002年			
	发电设备容量（万kW）	发电量（亿kWh）	发电最高负荷（万kW）	发电设备平均利用小时（h）	发电设备容量（万kW）	发电量（亿kWh）	发电最高负荷（万kW）	发电设备平均利用小时（h）
贵州								
以下电厂合计	755.81	440.19		6517	595.87	383.87		6650
其中：水电	209.01	50.28		2999	159.16	63.58		3995
火电	546.80	389.92		7678	436.71	320.29		7660
贵阳发电厂（国电集团）	20.00	13.87	20.60	6936	20.31	16.53	21.10	8140
凯里发电厂（国电集团）	50.00	37.84	50.00	7567	50.00	36.89	50.00	7378
红枫发电总厂（国电集团）	23.90	5.62	25.00	2352	24.05	9.50	26.00	3950
清镇发电厂（华电集团）	53.00	40.29	54.00	7602	62.60	46.43	63.40	7417
遵义发电厂（华电集团）	25.00	20.95	25.00	8381	25.00	20.11	25.00	8044
大龙发电厂（华电集团）	2.40	2.06	2.40	8578	2.40	2.04	2.40	7556
头步发电厂（华电集团）	2.40	2.09	2.40	8698	2.40	2.08	2.40	8661
乌江渡发电厂（华电控股51%）	113.00	21.39	97.20	2987	63.00	27.53	63.00	4369
东风发电厂（华电控股51%）	51.00	15.15	51.00	2971	51.00	17.05	51.00	3342
海里水电站（省属地方投资电厂）	1.60	0.77	1.60	4783	1.60	0.88	1.60	5509
红旗水电站（省属地方投资电厂）	1.28	0.73	1.28	5739	1.28	0.74	1.28	5805
观音岩水电站（省属地方投资电厂）	1.26	0.44	1.26	3482	1.26	0.61	1.26	4837
镇宁关脚水电站（省属地方投资电厂）	4.80	1.88	4.80	3909	4.80	2.15	5.10	4487
遵义角口水电站（省属地方投资电厂）	1.89	0.78	1.80	4141	1.89	0.88	1.65	4640
李官水电站	1.30	0.24	1.30	1872	1.30	0.39	1.30	2998
安定落洼电站	1.48	0.74	1.45	5007	1.48	0.78	1.46	5299
普定电站	7.50	2.53	8.40	3367	7.50	3.07	8.40	4090
盘县发电厂	100.00	80.45	100.00	8045	100.00	75.33	100.00	7533
安顺发电厂	120.00	73.70	120.00	7784	60.00	42.80	60.00	7133
水城发电厂	10.00	8.45	11.00	8455	10.00	8.21	11.00	8212
习水发电厂	54.00	44.36	54.00	8215	54.00	28.92	54.00	8236
黔北发电厂	110.00	65.84	110.00	6833	50.00	40.95	50.00	8191
海南								
以下电厂合计	152.15	52.10		3502	148.75	44.08		2963
其中：水电	32.20	7.31		2270	32.20	8.22		2554
火电	119.95	44.79		3843	116.55	35.85		3076
牛路岭水电站	8.00	1.80		2244	8.00	2.44	8.10	3047
大广坝水电厂	24.20	5.51		2279	24.20	5.79	24.83	2391
清澜电厂	15.00	1.20		799	15.00	0.96	15.04	643
华能海口火电厂（一期）	10.00	3.42		3418	10.00	3.00	10.00	2997
华能海口火电厂（三期）	25.00	17.05		6820	25.00	14.17	25.00	2670
海南中海能源股份有限公司马村火电厂（二期）	25.00	14.60		5840	25.00	13.51	25.00	5404
海南中海能源股份有限公司南山电厂	13.20	6.04		6043	10.00	4.20	9.90	4202
海南洋浦发电有限公司洋浦发电厂	31.75	2.48		786	31.55	0.01	9.50	2
天生桥一级水电站（广东粤电集团所属电厂）	120.00	46.74	122.00	3895	120.00	52.09	120.00	4341
天生桥二级水电站（南方电网公司直属电厂）	132.00	73.17	135.00	5543	132.00	75.60	138.00	5727

2003年南方五省（区）分省（区）电力基本情况

指　　标	计算单位	合　计	其　　中					
			广东省	广西壮族自治区	云南省	贵州省	海南省	天生桥一级水电站南方电网超高压公司
发电装机容量	万kW	7147.64	3920.20	771.53	1010.00	1017.95	175.96	252.00
水　电	万kW	2356.06	570.72	452.52	654.32	371.37	55.14	252.00
火　电	万kW	4164.36	2723.14	319.01	355.68	646.58	119.95	
发电量	亿kWh	3410.81	1895.77	363.67	458.91	513.14	59.42	119.91
水　电	亿kWh	825.15	149.30	192.88	268.37	80.19	14.51	119.91
火　电	亿kWh	2272.58	1433.51	170.79	190.55	432.95	44.79	
购外省电量	亿kWh	47.86	243.00	54.62	0.31	0.01		142.28
售外省电量	亿kWh	116.83	107.47	2.45	65.32	85.53		248.74
全社会用电量	亿kWh	3341.52	2031.29	415.83	393.91	427.62	59.42	13.45
发电设备平均利用小时*	h	5317	5296	5004	5156	6454	3424	4758
水　电	h	3685	3112	4539	4386	3056	2538	4758
火　电	h	5889	5556	5595	6588	7604	3734	
发电厂用电率*	%	4.90	5.19	4.09	3.77	6.57	5.71	0.07
水　电	%	0.38	0.76	0.42	0.33	0.48	0.99	0.07
火　电	%	6.29	5.50	8.43	8.01	7.40	6.78	
发电标准煤耗率*	g/kWh	350	338	357	378	379	351	
供电标准煤耗率*	g/kWh	374	358	390	410	412	376	
发电消耗标煤量*	万t	7697.90	4833.56	520.36	703.18	1516.67	124.13	
发电消耗原煤量*	万t	9321.86	4784.84	821.76	1377.67	2164.72	172.87	
发电消耗燃油量*	万t	872.13	864.87	1.10	0.97	2.38	2.81	
供电线路损失率	%	9.48	10.94	8.46	8.84	6.55	12.18	5.04
供电线路损失量	亿kWh	319.19	205.50	32.48	37.50	24.00	6.50	13.20
变电设备容量（35kV及以上）	万kVA	32975.29	18276.59	3679.15	4863.31	4029.32	730.03	1396.90
500kV	万kVA	6031.00	3066.20	419.00	915.80	730.00		900.00
220kV	万kVA	11393.51	6415.30	1280.43	1579.45	1340.93	288.00	489.40
110kV	万kVA	12804.69	8253.46	1261.66	1471.07	1473.99	337.01	7.50
35kV	万kVA	2746.10	541.63	718.06	896.99	484.41	105.02	
输电线路长度（35kV及以上）	km	165481.10	43342.00	35311.90	44289.03	31797.28	4980.77	5760.12
500kV	km	11960.05	3228.00	558.11	1568.83	1044.59		5560.52
220kV	km	24334.50	9285.00	5327.52	4604.44	4169.66	748.29	199.60
110kV	km	54084.63	18961.00	8554.95	12168.00	12377.51	2023.17	
35kV	km	75101.93	11868.00	20871.33	25947.76	14205.53	2209.31	

注 1. 标记“＊”的是6000kW及以上电厂数据。

2. 变电设备容量是电厂升压变、公用变压器和企业自备变压器的总容量。

3. 全社会用电量＝发电量＋购外省电量－售外省电量。

4. “云南省”项含鲁布革水电站的装机容量和发电量；“天生桥一级水电站、南方电网超高压公司”项含天生桥一级、二级水电站发电装机容量和发电量，以及超高压公司购云南、贵州和地方小水电的电量，售给广东、广西的电量，还有超高压公司变电设备和输电线路情况。

2003年南方电网公司供电情况

指 标	供电量（万kWh）	售电量（万kWh）	线损率（%）
公司合计	28396857	25746589	9.33
广 东	18082807	16251720	7.48
广 西	3117174	2949260	5.39
云 南	3424337	3208726	6.30
贵 州	4492976	4254613	6.55
海 南	534264	469216	12.18
超高压	2619441	2487408	5.04

注 公司合计数扣除了各分公司、子公司之间互送电量。

2003年南方电网调峰调频电厂发电情况

指标名称	合计	主电网			海南电网	
		鲁布格水电站	天生桥二级水电站	广州抽水蓄能电站	牛路岭水电站	清澜电厂
一、期末设备容量（万kW）	455	60	132	240	8	15
二、发电量（亿kWh）						
2003年累计	122.36	24.14	73.17	22.06	1.80	1.20
2002年同期累计	127.43	23.77	77.60	22.66	2.44	0.96
增长率（%）	−3.98	1.54	−5.71	−2.62	−26.36	24.22
三、利用小时（h）						
2003年累计	2689	4023	5543	919	2244	799
2002年同期累计	2801	3962	5879	944	3047	643
增长率（%）	−3.98	1.54	−5.71	−2.62	−26.36	24.22
四、发电厂用电率（%）						
2003年累计	0.20	0.20	0.06	0.25	0.49	7.13
2002年同期累计	0.18	0.20	0.08	0.25	0.40	6.05
增长百分点	0.01	0.00	−0.02	0.00	0.09	1.07
五、上网电量（亿kWh）						
2003年累计	121.78	23.79	73.21	21.91	1.76	1.11
2002年同期累计	126.99	23.45	77.72	22.53	2.39	0.91
增长率（%）	−4.10	1.46	−5.80	−2.74	−26.55	22.80

2003年底南方电网公司变压器和线路情况（一）

指标	分类	南方电网公司合计	广东省广电集团公司	广西电力有限公司	云南电力集团公司	贵州省电力公司	海南省电力公司	超高压输变电公司
公用变电站容量（万kVA）	合 计	20859.31	13044.76	1801.82	2613.39	2219.75	429.59	750.00
	500kV	4325.00	2200.00	275.00	650.00	450.00		750.00
	220kV	7567.20	4935.00	765.60	1053.00	672.60	141.00	
	110kV	8594.60	5848.30	717.85	842.30	965.90	220.25	
	35kV	372.51	61.46	43.37	68.09	131.25	68.34	
架空线路长度（km）	合 计	91278.35	27943.00	13769.05	18208.12	20709.28	4888.77	5760.12
	500kV	11658.05	2926.00	558.11	1568.83	1044.59		5560.52
	220kV	24123.50	9074.00	5327.52	4604.44	4169.66	748.29	199.60
	110kV	37308.52	13448.00	6095.54	7660.30	8081.51	2023.17	
	35kV	18188.28	2495.00	1787.89	4374.55	7413.53	2117.31	

注 1. 线路长度是指回路长度。

2. 本表中广东省广电集团公司、广西电力有限公司公用变电站和变压器数量均未含超高压公司委托代管的变压器。

2003年底南方电网公司变压器和线路情况（二）

指标	分类	南方电网公司合计	广东省广电集团公司	广西电力有限公司	云南电力集团公司	贵州省电力公司	海南省电力公司	超高压输变电公司
公用变电站和变压器数量	合计	6132座 3884台	981座 1976台	280座 398台	360座 561台	445座 687台	184座 251台	9座 11台
	500kV	34座 75台	12座 28台	2座 4台	6座 26台	5座 6台		9座 11台
	220kV	264座 520台	146座 304台	43座 63台	40座 93台	28座 49台	7座 11台	
	110kV	1305座 2365台	737座 1470台	164座 240台	168座 268台	184座 307台	52座 80台	
	35kV	656座 924台	86座 174台	71座 91台	146座 174台	228座 325台	125座 160台	
架空线路数量	合计	4699条	1994条	533条	765条	1099条	275条	33条
	500kV	92条	36条	4条	13条	14条		25条
	220kV	635条	327条	99条	94条	93条	14条	8条
	110kV	2499条	1398条	271条	329条	401条	100条	
	35kV	1473条	233条	159条	329条	591条	161条	

注 本表中广东省广电集团公司、广西电力有限公司公用变电站和变压器数量均未含超高压公司委托代管的变压器。

2003年南方电网公司固定资产投资情况

指标 \ 项目	计划总投资（万元）	2003年计划投资（万元）	自开工累计完成投资（万元）	2003年实际完成投资额（万元）	2003年新增固定资产（万元）
总　计	12441466	3145850	7978883	3034039	2434908
一、电力基建项目	7374722	2432851	3961787	2270196	2004030
1. 电网项目	7049187	2352343	3769843	2192626	1969395
其中：500kV	2999454	897533	1579447	921498	784497
220kV	1995043	485123	882972	484913	471377
110kV	1202768	439103	581361	440304	375571
35kV及以下	798792	430278	696106	335087	319879
其他	53130	100306	29957	10823	18070
2. 其他项目	325535	80508	191944	77570	34635
二、技改项目	340521	339500	296481	295460	6203
1. 限上技改项目	6203	5182	6203	5182	6203
2. 限下技改项目	334318	334318	290278	290278	
三、城乡电网项目	4726223	373499	3720615	468383	424676
1. 城网工程	752635	41020	759434	55117	148486
2. 农网工程	2863352	210559	2847286	299371	240561
3. 县城电网工程	1110236	121920	113895	113895	35629

2003年超高压公司固定资产投资情况

指标 \ 类别	计划总投资（万元）	2003年计划投资（万元）	自开工累计完成投资（万元）	2003年实际完成投资额（万元）	2003年新增固定资产（万元）
总　计	1593037	467681	772466	458964	340306
一、电力基建项目	1575837	450481	765604	452102	340306
1. 电网项目	1546682	437820	740739	439439	334151
其中：500kV	1538637	431670	734089	433289	326106
220kV	8045	6150	6650	6150	8045
110kV					
35kV及以下					
其他					
2. 其他项目	29155	12661	24865	12663	6155
二、技改项目	17200	17200	6862	6862	0
1. 限上技改项目					
2. 限下技改项目	17200	17200	6862	6862	
三、城乡电网项目					
1. 城网工程					
2. 农网工程					
3. 县城电网工程					

2003年广电集团公司固定资产投资情况

指标＼类别	计划总投资（万元）	本年计划投资（万元）	自开工累计完成投资（万元）	本年实际完成投资额（万元）	本年新增固定资产（万元）
总　　计	6801567	1800860	4277359	1726359	1335844
一、电力基建项目	4150146	1575472	2157310	1392413	1180830
1. 电网项目	3904612	1523778	2034484	1342931	1159424
其中：500kV	850766	301969	409502	325396	261442
220kV	1363563	336666	478582	338337	299335
110kV	891491	361728	444294	338111	278768
35kV及以下	798792	430278	696106	335087	319879
其他		93137	6000	6000	
2. 其他项目	245534	51694	122826	49482	21406
二、技改项目	192721	191700	226203	225182	6203
1. 限上技改项目	6203	5182	6203	5182	6203
2. 限下技改项目	186518	186518	220000	220000	
三、城乡电网项目	2458700	33688	1893846	108764	148811
1. 城网工程	508700	3368	515499	17465	70892
2. 农网工程	1350000	0	1357344	70296	70296
3. 县城电网工程	600000	30320	21003	21003	7623

2003年广西电力公司固定资产投资情况

指标＼类别	计划总投资（万元）	2003年计划投资（万元）	自开工累计完成投资（万元）	2003年实际完成投资额（万元）	2003年新增固定资产（万元）
总　　计	1624566	277756	1191011	256855	317063
一、电力基建项目	625965	91887	309410	95589	99669
1. 电网项目	593549	86411	286856	90113	99669
其中：500kV	38560	28000	30719	27158	335
220kV	358366	30752	199159	38788	59695
110kV	145493	22490	35021	21343	22568
35kV及以下					
其他	51130	5169	21957	2823	17070
2. 其他项目	32416	5476	22554	5476	
二、技改项目	37100	37100	11600	11600	
1. 限上技改项目					
2. 限下技改项目	37100	37100	11600	11600	
三、城乡电网项目	961501	148769	870001	149666	217394
1. 城网工程	215149	23972	215149	23972	67671
2. 农网工程	653352	123297	653352	124194	148223
3. 县城电网工程	93000	1500	1500	1500	1500

2003 年云南电力公司固定资产投资情况

类别 指标	计划总投资（万元）	2003 年计划投资（万元）	自开工累计完成投资（万元）	2003 年实际完成投资额（万元）	2003 年新增固定资产（万元）
总　　计	1000190	237000	535688	233514	167415
一、电力基建项目	728717	139400	441822	139648	167415
1. 电网项目	726344	137400	439820	137646	167149
其中：500kV	511491	94200	306899	94200	127525
220kV	149069	26315	94840	26561	27389
110kV	65784	16885	38081	16885	12235
35kV 及以下					
其他					
2. 其他项目	2373	2000	2002	2002	266
二、技改项目	45000	45000	41266	41266	0
1. 限上技改项目					
2. 限下技改项目	45000	45000	41266	41266	
三、城乡电网项目	226473	52600	52600	52600	0
1. 城网工程					
2. 农网工程					
3. 县城电网工程	226473	52600	52600	52600	0

2003 年贵州电力公司固定资产投资情况

类别 指标	计划总投资（万元）	2003 年计划投资（万元）	自开工累计完成投资（万元）	2003 年实际完成投资额（万元）	2003 年新增固定资产（万元）
总　　计	1093600	225008	1012804	257047	205502
一、电力基建项目	237100	155746	251732	171297	205502
1. 电网项目	232000	150646	246632	166197	200402
其中：500kV	60000	41694	98238	41455	69089
220kV	70000	68952	82429	58777	68313
110kV 及以下	100000	38000	63965	63965	62000
35kV 及以下					
其他	2000	2000	2000	2000	1000
2. 其他项目	5100	5100	5100	5100	5100
二、技改项目	6500	6500	5400	5400	
1. 限上技改项目					
2. 限下技改项目	6500	6500	5400	5400	
三、城乡电网项目	850000	62762	755672	80350	
1. 城网工程					
2. 农网工程	750000	57262	750012	74690	
3. 县城电网工程	100000	5500	5660	5660	

2003年海南电力公司固定资产投资情况

指标＼类别	计划总投资（万元）	2003年计划投资（万元）	自开工累计完成投资（万元）	2003年实际完成投资额（万元）	本年新增固定资产（万元）
总计	328506	137545	189555	101300	68779
一、电力基建项目	56957	19865	35909	19147	10308
1. 电网项目	46000	16288	21312	16300	8600
其中：500kV					
220kV	46000	16288	21312	16300	8600
110kV					
35kV及以下					
其他					
2. 其他项目	10957	3577	14597	2847	1708
二、技改项目	42000	42000	5150	5150	
1. 限上技改项目					
2. 限下技改项目	42000	42000	5150	5150	
三、城乡电网项目	229549	75680	148496	77003	58471
1. 城网工程	28786	13680	28786	13680	9923
2. 农网工程	110000	30000	86578	30191	22042
3. 县城电网工程	90763	32000	33132	33132	26506

2003年南方电网公司220kV及以上投产项目明细表

投产项目名称	总投资（万元）	变电			送电		
		台数	容量（万kVA）	投产时间	条数	长度（km）	投产时间
合计	1459064	93	1934		106	5615.6	
500kV	880515	12	950		23	2957.5	
220kV	578549	81	984		83	2658.1	
超高压公司	334151	1	75		2	1488.0	
500kV项目：	326106	1	75		1	1408.0	
贵州至广东500kV交流输变电工程	290369	1	75	2003年06月	1	1408.0	2003年06月
天广（平果）可控串补工程（补偿容量82万kvar）	19965			2003年07月			
贵广（河池）可控串补工程（补偿容量160万kvar）	15772			2003年11月			
220kV项目：	8045				1	80.0	
鲁布革至天生桥第二回220kV输电工程	8045				1	80.0	2003年06月
广东	672668	46	1250		60	1578.7	
500kV项目：	281777	6	500		8	654.0	
东莞横沥（石排）输变电	78724	2	200	2003年11月	3	70.8	2003年11月
东莞—惠州Ⅱ回线路	11397				1	42.0	2003年06月
岭澳—深圳—鹏城线路	21973				1	28.7	2003年06月
茂名变电站扩建第二台主变压器	6696	1	75	2003年05月			

续表

投产项目名称	总投资（万元）	变电			送电		
		台数	容量（万kVA）	投产时间	条数	长度（km）	投产时间
罗洞—江门Ⅱ回线路	23209				1	71.5	2003年12月
惠州—汕头Ⅱ回输变电	83792	1	75	2003年05月	1	279.0	2003年05月
韶关曲江—北郊Ⅱ回输变电	45768	1	75	2003年06月	1	162.0	2003年06月
惠州变电站扩建3号变压器	10218	1	75	2003年06月			
220kV项目：	390891	40	750		52	924.7	
广州北郊—从化Ⅱ回线路	8973				1	51.0	2003年07月
广州黄开增Ⅱ回线路	5770				1	27.9	2003年07月
广州嘉禾站扩建3号变压器	1881	1	18	2003年06月			
广州荔湾输变电	13021	2	36	2003年12月	1	5.6	2003年12月
深圳马坳输变电	26011				2	64.0	2003年06月
深圳鹏城—公明线路	6336				2	39.0	2003年06月
深圳新州输变电	18310	2	36	2003年12月	1	8.0	2003年12月
深圳平安站3号变压器扩建	5189	1	18	2003年11月			
汕头西港桥输变电	21783	1	18	2003年12月	2	20.0	2003年12月
佛山南海仙溪输变电	21730	2	48	2003年12月	2	20.0	2003年12月
佛山市区大富输变电	12360	2	48	2003年11月	2	18.0	2003年11月
佛山罗洞—文华（佛山）线路	15339				3	51.0	2003年05月
江门市区群星输变电	9231	1	18	2003年08月	2	0.2	2003年08月
台山广海输变电	25887	1	15	2003年11月	4	105.0	2003年11月
惠州大亚湾凤田输变电	9865	1	18	2003年04月	2	0.1	2003年04月
惠州博罗九潭输变电	12275	2	36	2003年09月	1	3.0	2003年09月
湛江雷州站扩建2号变压器	3663	1	15	2003年09月			
韶关市区武江输变电	8174	1	18	2003年08月	2	3.0	2003年08月
韶关仁化董塘扩建2号变压器	2942	1	15	2003年05月			
韶关乐昌廊田坊站扩建2号变压器	2076	1	15	2003年08月			
肇庆市区端州2号变压器扩建	2680	1	15	2003年12月			
梅县电厂配套送出双回	19694				2	239.6	2003年12月
梅州丰顺输变电	7281	1	15	2003年12月	2	3.9	2003年12月
东莞葵湖（青溪）输变电	14678	2	36	2003年04月	2	50.0	2003年04月
东莞景湖（河田）输变电	12324	4	72	2003年07月	2	22.0	2003年07月
东莞石碣（陈屋）输变电	17672	3	54	2003年01月	4	6.8	2003年01月
东莞下沙输变电	22787	3	72	2003年11月	1	30.4	2003年11月
东莞长安信垅输变电	14578	2	48	2003年12月	2	0.8	2003年12月
东莞莆心站扩建4号变压器	2620	1	18	2003年03月			
东莞古坑3号变压器扩建	2540	1	18	2003年04月			
中山三乡站扩建3号变压器	2428	1	15	2003年04月			
汕尾海丰输变电	9678	1	15	2003年07月	1	22.0	2003年07月
云浮罗定电厂至泷州站线路	3761				2	23.0	2003年11月

续表

投产项目名称	总投资（万元）	变电			送电		
		台数	容量（万kVA）	投产时间	条数	长度（km）	投产时间
惠汕揭阳段220kV配套线路					1	50.5	2003年08月
东莞横沥220kV配套线路					1	2.0	2003年11月
惠州3号变压器扩建220kV配套线路					1	15.0	2003年03月
汕头上华站2号变压器扩建配套线路	4687				1	6.7	2003年05月
中山沙溪输变电	17025				1	21.0	2003年01月
潮州金砂站2号变压器扩建	5642				1	15.3	2003年05月
广西	57793	3	42		13	609.4	
220kV项目：	57793	3	42		13	609.4	
梧州－苍梧送变电工程	6978	1	15	2003年10月27日	2	20.7	
其中：梧州500kV变电站－苍梧送电工程	1056				1	15.8	2003年10月
梧州500kV变电站－平浪线π接入苍梧变送电工程	377				1	4.9	2003年10月
苍梧变电站	5545	1	15	2003年10月			
林村－石西送电工程	1962				1	18.1	2003年04月
祥周（田东）送变电工程	6664	1	12	2003年06月	1	29.6	2003年01月
其中：沙坡－马头线路π接入　祥周（田东）变送电	1479				1	29.6	2003年01月
祥周（田东）变电站	5185	1	12	2003年06月			
南宁500kV变电站－西津送电工程	2204				1	29.1	2003年01月
南宁500kV变电站－新兴送电工程	9011				1	127.9	2003年12月
南宁－沙田Ⅰ送电工程	202				1	6.5	2003年12月
大新下雷送变电工程	11008	1	15	2003年01月	1	97.9	2003年01月
其中：田东－大新下雷送电工程	6399				1	97.9	2003年01月
大新下雷220kV变电站	4609	1	15	2003年01月			
大新－下雷（桃城）送电工程	3491				1	49.1	2003年05月
田岭－挡村送电线	5333				1	84.5	2003年01月
博白－陆川送电	2275				1	30.7	2003年04月
河池500kV变电站－六圩双回送电	6479				1	76.4	2003年07月
河池500kV变电站－永丰送电工程	2186				1	39.0	2003年12月
云南	221894	35	327		11	909.1	
500kV项目：	179504	3	225		6	368.6	
云电送粤500kV电网工程	179504	3	225		6	368.6	2003年06月
其中：七甸至厂口送电线路					1	64.1	2003年06月
宝峰至罗平π接进七甸变送电线路					1	2.4	2003年05月
曲靖电厂至曲靖变电站送电线路					1	37.7	2003年06月
曲靖变电站至厂口开关站送电线路					1	128.3	2003年06月
曲靖变电站至罗平变电站送电线路					1	80.4	2003年06月
七甸至草铺π接进厂口开关站					1	55.6	2003年06月
七甸变电站		2	150	2003年05月			
曲靖变电站		1	75	2003年06月			

续表

投产项目名称	总投资（万元）	变电			送电		
		台数	容量（万kVA）	投产时间	条数	长度（km）	投产时间
220kV 项目：	42390	32	102		5	540.6	
云电送粤 220kV 接入系统					1	367.0	2003年06月
220kV 花山送变电	5200	2	36	2003年11月	1	104.5	2003年11月
220kV 剑川二期工程	1150	1	12	2003年10月			
220kV 南湖送变电	8800	1	15	2003年03月	1	29.8	2003年03月
成昆电铁供电工程	19440	27	27	2003年03月			
内昆电铁供电工程 220kV 大关送变电工程	4500	1	12	2003年12月			
220kV 鲁青线 π 接进罗平变	1200				1	14.0	2003年06月
220kV 个旧铝业供电工程	2100				1	25.3	2003年04月
贵州	158358	7	225		17	911.4	
500kV 项目：	93128	2	150		8	527.0	
惠水（青岩）变电所	18471	1	75	2003年01月			
安顺 1 号主变压器扩建	3676	1	75	2003年01月			
安顺变—惠水（青岩）Ⅰ回线路	13052				1	99.8	2003年01月
安顺变—惠水（青岩）Ⅱ回线路	13140				1	99.3	2003年01月
安贵 π 接线路	3228				1	25.3	2003年01月
安电—安顺变线路	2437				1	17.6	2003年01月
纳安 500kVⅠ回线路	12287				1	85.5	2003年02月
纳安 500kVⅡ回线路	12290				1	90.0	2003年09月
黔鸭Ⅰ回线路	7297				1	53.5	2003年01月
黔鸭Ⅱ回线路	7250				1	56.0	2003年09月
220kV 项目：	65230	5	75		9	384.5	
金阳输变电工程	7800	1	15	2003年09月			
南白输变电工程	7500				1	36.0	2003年04月
瓮安输变电工程	9030	1	15	2003年12月	1	34.6	2003年12月
青溪输变电工程	6000	1	15	2003年10月	1	25.4	2003年10月
铜仁（川硐）输变电工程	6300	1	15	2003年12月	1	1.4	2003年12月
红果输变电工程	6000	1	15	2003年12月	1	11.3	2003年12月
安顺变 220kV 配套工程	7000				1	74.5	2003年09月
乌江渡扩机接入系统	4500				1	49.8	2003年09月
引子渡水电站接入系统	5600				1	88.0	2003年05月
习水电厂—重庆黄荆堡线路	5500				1	63.5	2003年12月
海南	14200	1	15		3	118.8	
220kV 项目：	14200	1	15		3	118.8	
洛基—玉洲 220kV 线路	5600				1	75.6	2003年09月
马村—玉洲 220kV 线路	5300				1	43.0	2003年09月
马村—永久—玉洲“T”接改造	1300				1	0.2	2003年12月
玉洲 220kV 变电站扩建	2000	1	15	2003年12月			

2003年南方电网公司500kV变压器明细表

变电站名称	500kV公用变压器		
	变压器台数	变压器容量（万kVA）	投产时间
合　　计	75	4325	
广东	28	2200	
增城变电站	1号	75	1995年07月
	2号	75	1992年07月
	3号	75	1999年04月
北郊变电站	1号	75	2000年05月
	2号	75	2000年05月
曲江变电站	1号	75	2000年12月
	2号	75	2003年06月
深圳变电站	3号	75	1995年05月
	4号	75	1997年09月
	5号	75	2002年06月
鹏城变电站	1号	100	2002年11月
	2号	100	2002年11月
汕头变电站	2号	75	1997年12月
	3号	75	2003年05月
罗洞变电站	1号	75	1993年09月
江门变电站	1号	75	1987年10月
	2号	75	1994年11月
茂名变电站	1号	75	1999年06月
	2号	75	2003年05月
惠州变电站	1号	75	1995年12月
	2号	75	1998年06月
	3号	75	2003年06月
东莞变电站	1号	75	2000年01月
	2号	75	2000年01月
	3号	75	2001年12月
	4号	75	2002年06月
横沥变电站	1号	100	2003年11月
	2号	100	2003年11月

续表

变电站名称	500kV 公用变压器		
	变压器台数	变压器容量（万 kVA）	投 产 时 间
广西	4	275	
平果变电站	1	50	1994 年 09 月
沙塘变电站	1	75	1995 年 07 月
沙塘变电站	1	75	2002 年 10 月
玉林市	1	75	2000 年 12 月
云南	26	650	
宝峰变电站	7	175	2002 年 08 月
草铺变电站	7	175	1994 年 12 月
七甸变电站	6	150	2003 年 05 月
罗平变电站	3	75	2002 年 08 月
曲靖变电站	3	75	2003 年 06 月
贵州	6	450	
福泉变电站	2	150	4 号变 2002 年 07 月， 3 号变 2002 年 12 月
铜仁变电站	1	75	
鸭溪变电站	1	75	
青岩变电站	1	75	2003 年 01 月
安顺变电站	1	75	2003 年 01 月
超高压公司	11	750	
马窝变电站	1	75	2002 年 05 月
南宁变电站	1	75	2002 年 05 月
贵阳变电站	2	125	1 号变 1992 年 11 月， 2 号变 1999 年 11 月
平果变电站	1	50	1993 年 02 月
来宾变电站	1	50	1992 年 12 月
梧州变电站	1	75	2001 年 01 月
罗洞变电站	2	150	1993 年 08 月
天二（联络变电站）	1	75	1995 年 12 月
河池变电站	1	75	2003 年 06 月

注 云南省按相统计，每一相作为一台，总台数和总容量含备用相。

2003年南方电网公司500kV线路明细表

起止地址	型　号	长度（km）	投产时间
广东			
沙角电厂—增城站	4×LGJQ—400	53.86	1992年07月
增城站—东莞站	4×LGJQ—300	75.52	2002年10月
蓄能站—增城站	4×LGJ—300/40	83.30	1999年02月
蓄能站—增城站	4×LGJ—300/40	82.52	1998年08月
蓄能A站—蓄能B站	4×LGJ—300/40	1.90	1999年02月
北郊站—增城站	4×LGJ—300/40	43.94	2000年06月
北郊站—增城站	4×LGJQ—400	42.35	2000年05月
蓄能站—北郊站	4×LGJ—300/40	102.02	2000年08月
增城站—深圳站	4×LGJX—400/35	75.62	2002年06月
曲江站—北郊站	4×LGJX—400/35	174.38	2001年08月
沙角电厂—深圳站	LGJQ—400×4	58.14	1992年06月
岭澳电厂—东莞站	LGJX—400/35×4	32.98	2001年07月
岭澳电厂—东莞站	LGJX—400/35×4	32.95	2001年07月
岭澳电厂—深圳站	LGJX—400/35×4	42.40	2002年06月
岭澳电厂—深圳站	LGJX—400/35×4	42.40	2002年06月
惠州站—汕头站	4×LGJX—400	267.44	1997年12月
罗洞站—北郊站	4×LGJQ—400	37.13	2000年05月
罗洞站—北郊站	4×SACA—300	37.77	2000年09月
沙角电厂—江门站	4×ACSR—455	107.22	1987年12月
沙角电厂—江门站	4×LGJ—400/50	108.32	1993年12月
江门站—茂名站	4×LGJX—400/50	289.32	1999年06月
江门站—茂名站	4×LGJX—400/50	290.75	2002年07月
大亚湾核电站—惠州站	4×LGJQ—300	54.88	1995年12月
东莞站—惠州站	4×LGJ—300	51.38	2000年01月
岭澳电厂—东莞站	4×LGJ—300	28.00	2001年07月
岭澳电厂—东莞站	4×LGJ—300	21.31	2001年07月
横沥—东莞		70.80	2003年11月
东莞—惠州Ⅱ回		42.00	2003年06月
岭澳—深圳—鹏城		28.70	2003年06月
罗洞—江门Ⅱ回		71.50	2003年12月
惠州—汕头Ⅱ回		279.00	2003年05月
曲江—北郊Ⅱ回		162.00	2003年06月
广西			
岩滩电厂—平果变电站	4×LGJ—300/40	94.90	1992年09月
岩滩电厂—沙塘变电站	4×LGJ—300/40	214.17	1995年07月
沙塘变电站—来宾变电站	4×LGJ—300/40	98.63	1995年09月
来宾变电站—玉林变电站	4×LGJ—300/254×LZGJ—300/25	150.34	2000年04月
贵州			
福泉—铜仁	LGJ—400/50	162.63	2001年11月
安电—贵阳	LGJ—300/40，LGJ—300/50，A3/SIA—366/60	120.45	1998年09月
鸭溪—福泉	LGJ—400/50	130.31	2001年07月
贵阳—福泉	LGJ—400/50	86.90	2002年01月

续表

起止地址	型 号	长度（km）	投产时间
贵阳—鸭溪	LGJ—400/50	99.34	2002年01月
安顺—青岩（Ⅰ回）	4×LGJ—400/50	99.76	2003年01月
安顺—青岩（Ⅱ回）	4×LGJ—400/50	99.26	2003年01月
安顺—贵阳π接线路	4×LGJ—400/50	25.33	2003年01月
纳雍—安顺（纳雍Ⅰ回）	4×LGJ—400/50	85.50	2003年02月
纳雍—安顺（纳雍Ⅱ回）	4×LGJ—400/50	90.00	2003年08月
黔北电厂—鸭溪镇（黔鸭Ⅰ回）	4×LGJ—400/50	53.50	2003年01月
黔北电厂—鸭溪镇（黔鸭Ⅱ回）	4×LGJ—400/50	56.00	2003年08月
安电—安顺	4×LGJ—400/50	17.60	2003年01月
云南			
漫昆1回线（漫湾—草铺）	4×LGJ—300	220.42	1993年06月
漫昆2回线（漫湾—草铺）	4×LGJ—300	219.61	1995年05月
草宝1回线（草普—宝峰）	4×LGJ—300/60	52.47	2002年09月
宝罗线（宝峰—罗平）	4×LGJ—400/50	140.23	2002年06月
大宝1回线（大朝山—宝峰）	4×LGJ—300/60	247.79	2002年10月
大宝2回线（大朝山—宝峰）	4×LGJ—300/60	247.45	2001年12月
鲁罗线（罗平变—鲁布革发电厂）	4LGJ—400/40	78.03	2002年06月
七甸至厂口送电线路	LGJ—300/60	64.08	2003年06月
宝峰至罗平π接进七甸变送电线路	LGJ—300/60	2.43	2003年05月
曲靖电厂至曲靖变电站送电线路	LGJ—300/60	37.70	2003年06月
曲靖变电站至厂口开关站送电线路	LGJ—300/60	128.33	2003年06月
曲靖变电站至罗平变电站送电线路	LGJ—300/60	80.39	2003年06月
七甸至草铺π接进厂口开关站	LGJ—300/60	55.62	2003年06月
超高压公司			
罗平—马窝	LGJ—4×400	87.10	2002年07月
天二—马窝	LGJ—4×400	19.50	2002年05月
百色—马窝	LGJ—4×400	212.00	2002年05月
百色—南宁	LGJ—4×400	215.10	2002年05月
平果—南宁	LGJ—4×300	103.40	2002年06月
玉林—南宁	LGJ—4×400	212.00	2002年05月
玉林—茂名	LGJ—4×400	141.00	2002年06月
马窝—广州（直流）双极	LGJ—4×400	986.52	2000年06月
天二—安顺	LGJQ—4×300	179.00	2003年03月
安顺—贵阳（第二回）	LGJQ—4×300	125.50	2003年03月
天二—平果（双回）	LGJQ—4×300	629.00	1993年1月、1995年7月
平果—来宾（双回）	LGJQ—4×300	360.40	1993年1月、1998年10月
来宾—梧州（双回）	LGJQ—4×300	476.00	1993年1月、1998年12月
梧州—罗洞（双回）	LGJQ—4×300	408.00	1993年7月、1998年12月
青岩—河池（双回）	LGJ—4×400/50、35	611.00	2003年05月
河池—沙塘（双回）	LGJ—4×400/35	244.00	2003年05月
沙塘—贺州（第一回）	LGJ—4×400/35	230.00	2003年06月
贺州—罗洞（第一回）	LGJ—4×400/35	253.00	2003年03月
罗洞—江门	LGJ—4×400/35	68.00	1993年10月

2003年全国各省（市、自治区）人口、GDP、全社会用电量及其排位

地区	年底总人口（万人）		GDP（亿元）				全社会用电量（亿kWh）			
	总计	排位	按现价计算	排位	同比增长（%）	排位	总计	排位	同比增长（%）	排位
全国	129227		116694		9.1		18891.21		15.29	
北京市	1456	25	3612	15	10.5	20	467.61	15	6.28	29
天津市	1011	27	2387	22	14.5	2	305.64	24	11.39	24
河北省	6769	6	7095	5	11.6	14	1099.00	5	13.79	18
山西省	3314	19	2446	20	13.2	7	725.20	10	15.33	14
内蒙古	2380	23	2093	24	16.3	1	416.44	17	29.96	2
辽宁省	4210	14	6003	8	11.5	15	907.91	7	12.16	22
吉林省	2704	21	2522	18	10.2	24	338.70	23	10.58	25
黑龙江	3815	16	4433	13	10.3	23	493.37	14	5.32	30
上海市	1342	26	6251	7	11.8	12	745.97	9	15.53	13
江苏省	7406	5	12452	2	13.5	6	1505.12	2	20.88	5
浙江省	4680	11	9200	4	14.0	3	1232.54	4	21.95	3
安徽省	6410	8	3973	14	9.2	30	445.42	16	14.23	17
福建省	3488	18	5242	11	11.5	15	585.74	12	17.89	9
江西省	4254	13	2830	16	13.0	8	299.53	25	21.48	4
山东省	9125	2	12430	3	13.7	4	1395.72	3	12.40	21
河南省	9667	1	7026	6	10.5	20	1041.89	6	13.71	19
湖北省	6002	9	5396	10	9.3	29	629.20	11	11.97	23
湖南省	6663	7	4634	12	9.6	28	545.83	13	14.31	16
广东省	7954	4	13450	1	13.6	5	2031.29	1	20.35	6
广西区	4857	10	2733	17	10.2	24	415.83	18	16.50	11
海南省	811	28	698	28	10.5	20	56.62	30	15.54	12
重庆市	3130	20	2250	23	11.4	17	269.26	26	8.57	28
四川省	8700	3	5456	9	11.8	12	759.81	8	15.03	15
贵州省	3870	15	1344	26	10.1	26	399.57	20	8.99	27
云南省	4376	12	2459	19	8.6	31	370.31	22	4.84	31
西藏区	270	31	185	31	12.1	10	6.86	31	88.20	1
陕西省	3690	17	2399	21	10.9	18	404.12	19	13.53	20
甘肃省	2603	22	1301	27	10.1	26	398.34	21	17.28	10
青海省	534	30	390	29	12.1	10	150.16	29	19.64	7
宁夏区	580	29	385	30	12.2	9	212.12	28	18.67	8
新疆区	1934	24	1875	25	10.8	19	236.10	27	10.02	26

注 1. 年底总人口、GDP除江西省数据来源于江西省人民政府网站之外，其他省份及全国数据均为统计公报数。

2. 全社会用电量全国和各省（市、自治区）数据来源于中电联统计信息部，其中云南、贵州、海南三省数均系不完全口径数（全口径数见本汇编资料相关部分）。

2003年全国各省(市、自治区)发电装机容量和发电量排位

地区	发电装机容量（万kW）						发电量（亿kWh）	
	合计	排位	水电	排位	火电	排位	合计	排位
全国	39140.78		9489.62		28977.09		19052.08	
北京市	440.56	27	105.81	19	334.75	25	192.87	28
天津市	601.35	24	0.50	31	600.85	19	322.00	23
河北省	1847.64	7	76.43	23	1769.87	4	1088.02	5
山西省	1583.15	10	79.57	22	1503.58	7	958.52	7
内蒙古	1209.04	13	59.21	25	1142.17	9	659.47	12
辽宁省	1635.01	9	139.62	17	1481.64	8	823.36	9
吉林省	940.85	19	358.58	10	579.26	20	338.83	22
黑龙江	1188.90	14	83.46	21	1105.44	11	495.98	17
上海市	1109.26	15	0.00	32	1109.26	10	694.44	11
江苏省	2238.27	4	13.78	29	2224.50	3	1336.77	3
浙江省	2382.14	3	605.45	7	1532.12	6	1092.20	4
安徽省	993.40	18	64.91	24	928.49	12	557.15	14
福建省	1386.58	11	676.11	4	709.28	15	610.71	13
江西省	771.52	23	230.74	15	540.78	21	310.29	24
山东省	3054.52	2	5.08	30	3049.44	1	1395.65	2
河南省	2007.35	5	243.80	14	1763.55	5	1009.75	6
湖北省	1971.05	6	1153.72	2	817.33	13	783.07	10
湖南省	1304.99	12	660.31	5	644.67	17	539.03	15
广东省	3920.20	1	810.72	3	2723.14	2	1895.77	1
广西区	771.53	22	452.52	8	319.01	26	363.67	21
海南省	175.96	31	55.14	26	119.95	29	59.42	31
重庆市	445.60	26	132.98	18	312.62	27	202.92	26
四川省	1844.54	8	1234.15	1	610.40	18	827.83	8
贵州省	1017.95	16	371.37	9	646.58	16	513.14	16
云南省	1010.00	17	654.32	6	355.68	24	458.91	18
西藏区	37.62	32	31.14	27	3.46	31	10.05	32
陕西省	878.87	20	146.23	16	732.64	14	427.05	19
甘肃省	804.72	21	328.06	12	474.50	22	393.40	20
青海省	424.69	28	334.11	11	90.58	30	135.81	29
宁夏区	342.02	29	30.82	28	310.20	28	199.99	27
新疆区	549.50	25	98.98	20	441.35	23	236.10	25
不分区	252.00	30	252.00	13	0.00	32	119.91	30

注 本表数据来源于中电联统计信息部，其中“不分区”是指天生桥一级水电站、天生桥二级水电站。

2003 年全国各省(市、自治区)发电装机容量和发电量

项目 地区	发电装机容量（万 kW）					发电量（亿 kWh）				
	合 计	水 电	火 电	核 电	其 他	合 计	水 电	火 电	核 电	其 他
全 国	39140.78	9489.62	28977.09	618.60	55.45	19052.08	2813.30	15789.66	438.54	10.57
北京市	440.56	105.81	334.75			192.87	6.79	186.08		
天津市	601.35	0.50	600.85			322.00	0.09	321.91		0.00
河北省	1847.64	76.43	1769.87		1.35	1088.02	5.04	1082.61		0.37
山西省	1583.15	79.57	1503.58			958.52	18.90	939.62		
内蒙古	1209.04	59.21	1142.17		7.66	659.47	6.97	651.06		1.44
辽宁省	1635.01	139.62	1481.64		13.75	823.36	23.83	797.51		2.02
吉林省	940.85	358.58	579.26		3.01	338.83	40.80	297.39		0.64
黑龙江	1188.90	83.46	1105.44			495.98	11.05	484.93		
上海市	1109.26		1109.26			694.44		694.44		
江苏省	2238.27	13.78	2224.50			1336.77	4.00	1332.77		
浙江省	2382.14	605.45	1532.12	240.60	3.97	1092.20	111.23	830.89	149.24	0.85
安徽省	993.40	64.91	928.49			557.15	15.60	541.56		
福建省	1386.58	676.11	709.28		1.20	610.71	188.99	421.46		0.24
江西省	771.52	230.74	540.78			310.29	38.64	271.65		
山东省	3054.52	5.08	3049.44			1395.65	0.19	1395.47		
河南省	2007.35	243.80	1763.55			1009.75	54.57	955.18		
湖北省	1971.05	1153.72	817.33			783.07	387.75	395.32		
湖南省	1304.99	660.31	644.67			539.03	244.01	295.01		
广东省	3920.20	810.72	2723.14	378.00	8.34	1895.77	171.36	1433.51	289.30	1.59
广西区	771.53	452.52	319.01			363.67	192.88	170.79		
海南省	175.96	55.14	119.95		0.87	59.42	14.51	44.79		0.12
重庆市	445.60	132.98	312.62			202.92	39.51	163.41		
四川省	1844.54	1234.15	610.40			827.83	500.00	327.82		
贵州省	1017.95	371.37	646.58			513.14	80.19	432.95		
云南省	1010.00	654.32	355.68			458.91	268.37	190.55		
西藏区	37.62	31.14	3.46		3.02	10.05	9.13	0.05		0.88
陕西省	878.87	146.23	732.64			427.05	45.00	381.44		
甘肃省	804.72	328.06	474.50		2.16	393.40	98.12	294.94		0.33
青海省	424.69	334.11	90.58			135.81	71.36	64.46		
宁夏区	342.02	30.82	310.20		1.00	199.99	8.22	191.75		0.01
新疆区	549.50	98.98	441.35		9.13	236.10	35.69	198.34		2.08
不分区	252.00	252.00				119.91	119.91			

注 本表数据来源于中电联统计信息部，其中“不分区”是指天生桥一级水电站、天生桥二级水电站。

2003年南方五省（区）分省（区）农村电力基本情况

指标	计算单位	合计	其中				
			广东省	广西区	云南省	贵州省	海南省
总用电量	亿kWh	1717.22	1213.37	161.81	158.99	153.55	29.50
其中：农村用电量	亿kWh	1112.77	950.70	59.90	55.52	33.88	12.77
县城用电量	亿kWh	604.45	262.68	101.91	103.46	119.67	16.73
其中：直供电量	亿kWh	1160.31	1037.80	13.35	17.40	64.67	29.09
趸售电量	亿kWh	366.77	115.96	100.85	67.20	80.36	2.41
售电量	亿kWh	1571.11	1200.64	71.91	115.51	153.55	29.50
用电设备容量	万kW	11737.82	7179.08	1184.58	2661.67	574.13	138.36
其中：农村用电设备	万kW	7233.22	5800.58	591.35	574.16	205.95	61.18
县城用电设备	万kW	4504.60	1378.50	593.23	2087.51	368.18	77.18
其中：乡镇工业	万kW	3569.28	3242.72	117.98	117.58	78.33	12.67
县城工业	万kW	3266.45	808.14	359.93	1768.92	297.02	32.43
变电站容量	万kVA	7736.78	4913.94	708.40	996.58	887.70	230.17
110kV	万kVA	6410.00	4667.58	350.50	572.16	659.46	160.30
35kV	万kVA	1326.78	246.36	357.90	424.42	228.24	69.87
配电变压器容量	万kVA	9082.35	6548.40	843.54	1033.68	515.35	141.39
35/0.4kV	万kVA	266.89	123.78	88.94	29.83	23.57	0.78
3～10/0.4kV	万kVA	8815.46	6424.63	754.60	1003.84	491.78	140.61
供线路长度	km	2134112.43	935949.34	431429.79	376544.92	330545.03	59643.35
110kV	km	29197.43	14303.93	3398.11	5357.79	4825.70	1311.90
35kV	km	64017.52	11968.90	18313.36	20239.61	11337.56	2158.09
10kV	km	579317.53	180870.11	130403.20	141437.99	104685.99	21920.24
220～380V	km	1461579.95	728806.40	279315.12	209509.53	209695.78	34253.12
农村供电所个数	个	4323	1606	1017	911	687	102
农电职工人数	人	146992	51551	37135	35715	17639	4952
其中：专业技术人员	人	29981	8681	8143	8445	4001	711
农村电工人数	人	74766	24012	23657	13789	10989	2319
县通电率	%	100	100	100	100	100	100
乡（镇）通电率	%	100	100	100	100	100	100
行政村通电率	%	99.51	100.00	99.61	99.10	99.18	99.83
农户通电率	%	97.66	99.92	98.62	94.55	94.74	97.82
发电装机数量	台	32892	25171	3468	2708	991	554
小水电站	台	21639	14340	3275	2569	987	468
小火电厂	台	569	254	167	136	4	8
柴油机发电	台	10592	10506	23	3		60
风力发电	台	43	25				18
其他	台	49	46	3			
发电装机容量	万kW	2037.24	1481.66	187.36	283.24	61.64	23.35
小水电站	万kW	895.04	420.99	146.09	246.53	60.44	20.98
小火电厂	万kW	389.11	312.23	39.85	35.30	1.20	0.54
柴油机发电	万kW	733.07	729.90	0.82	1.40		0.95
风力发电	万kW	3.25	2.37				0.88
其他	万kW	16.78	16.18	0.60			
发电量	亿kWh	540.59	330.65	59.72	119.95	23.88	6.38
小水电站	亿kWh	317.46	130.62	50.27	107.24	23.13	6.19
小火电厂	亿kWh	99.69	76.73	9.45	12.71	0.75	0.05
柴油机发电	亿kWh	119.61	119.60	0.00			0.01
风力发电	亿kWh	0.26	0.14				0.13
其他	亿kWh	3.57	3.56	0.01			

中国华能集团公司统计资料

中国华能集团公司历年在运行发电企业装机容量和发电量占全国比例

年份（年）	全国合计		华能集团		华能集团占全国比例（%）	
	装机容量（万kW）	发电量（亿kWh）	装机容量（万kW）	发电量（亿kWh）	装机容量	发电量
1986	9382.00	4495.00	111.32	0.19	1.19	
1987	10290.00	4973.00	178.82	49.90	1.74	1.00
1988	11550.00	5452.00	322.32	82.97	2.79	1.52
1989	12664.00	5847.00	476.37	175.97	3.76	3.01
1990	13789.00	6213.00	754.88	252.39	5.47	4.06
1991	15147.00	6775.00	1013.68	393.75	6.69	5.81
1992	16653.24	7541.89	1284.68	526.92	7.71	6.99
1993	18291.07	8364.29	1475.78	697.51	8.07	8.34
1994	19989.72	9278.78	1712.58	816.33	8.57	8.80
1995	21722.42	10069.48	1733.68	937.98	7.98	9.32
1996	23654.00	10794.00	1879.28	977.51	7.94	9.06
1997	25423.82	11342.04	2022.04	985.37	7.95	8.69
1998	27728.90	11576.97	2446.54	985.69	8.82	8.51
1999	29876.79	12331.41	2751.34	1118.27	9.21	9.07
2000	31932.00	13685.00	3089.52	1323.70	9.68	9.67
2001	33861.19	14838.56	3003.52	1416.45	8.87	9.55
2002	35657.09	16541.64	2676.92	1314.35	7.51	7.95
2002			3117.42	1559.34	8.74	9.43
2003	38450.00	19080.00	3166.42	1742.50	8.24	9.13
2003			3714.92	1917.92	9.66	10.05

注 2002年以前各项统计指标为全口径数据，即包含全资、控股和参股企业。

中国华能集团1989～2003年合并资产、净资产、利润总额表

单位：万元

年　份	1989年	1990年	1991年	1992年	1993年	1994年	1995年	1996年
合并资	1879464	2761214	3413872	3991204	4607845	8013418	9091065	11276133
净资产	199613	272109	377081	491835	675546	2416766	2762013	3005367
利润总	27210	35760	66387	103417	183214	217096	324985	349770

年　份	1997年	1998年	1999年	2000年	2001年	2002年	2003年
合并资	13138650	14293005	14536331	15040317	14557074	12468053	14605129
净资产	3353072	3819503	4398001	4443490	4211966	4386693	5559747
利润总	365300	82559	201663	357357	435790	489799	642988

国外电力工业部分统计资料

世界主要国家发电设备容量

（2001 年底）　　单位：MW

国　别	合　计	水　电	火　电	核　电
美　国	911724	95944	707090	103937
俄罗斯	214800	44700	147400	22700
日　本	261730	46387	168729	45907
中　国	338487	83006	253012	2100
法　国	116000	25400	27400	63200
加拿大	111301*	67407*	33183*	10615*
德　国	120856*	9044*	88249*	23563*
英　国	79562	4296	61760	12486
意大利	76210	20433	55110	
西班牙	58025	21410	28799	7816
澳大利亚				
瑞　典	33835	16568	7536	9436
韩　国	56701	3876	39109	13716

注　1. * 为 2000 年数据；
2. 数据摘自日本海外电力调查会《2003 年海外电气事业统计》。

世界主要国家发电量

（2001 年底）　　单位：亿 kWh

国　别	合　计	水　电	火　电	核　电
美　国	37633.85	2081.43	27875.11(1)	7677.31
俄罗斯	8910.00	1760.00	5780.00	1370.00
日　本	10758.9	938.720	6584.75	3198.59
中　国	14838.56	2611.08	12044.78	174.72
法　国	5227.72	773.23	458.64	3995.85
加拿大	5647.22	3281.94	1641.74	723.54
德　国	5644.5*	259.62*	3688.82*	1696.06*
英　国	3858.26	64.12	2792.13	900.93
意大利	2789.95	539.26	2238.86	
西班牙	2372.89	511.64	1223.81	637.14
澳大利亚	2030.95**	167.97**	1862.98**	
瑞　典	1616.15	790.83	99.41	721.09
韩　国	3096.55	41.51	1933.71	1121.33

注　1. （1）其中含风电和太阳能发电；
2. * 为 2000 年数据，** 为 1999 年数据；
3. 数据摘自日本海外电力调查会《2003 年海外电气事业统计》。

世界主要国家人均电力指标

(2001年)

国　别	人均装机容量 (kW/人)	人均发电量 (kWh/人)	人均用电量 (kWh/人)
美　国	3.20	13214	12834 (98)
俄罗斯	1.49	6170.69	5332
日　本	2.06	8463	6614
中　国	0.27	1163	1150
法　国	1.96	8832	7073
加拿大	3.58	18152	16105
德　国	1.47*	6328	6095*
英　国	1.33	6456	5747
意大利	1.31	4814	4927
西班牙	1.44	5892	4835
澳大利亚		10706**	8880
瑞　典	3.83	18303	15690
韩　国	1.13	6152	5960

注 1. *为2000年数据，**为1999年数据；

2. 数据摘自日本海外电力调查会《2003年海外电气事业统计》。

世界主要国家主要技术经济指标

(2001年)

国　别	设备利用率 (%)	热效率 (%)	线路损失率 (%)
美　国	48.7	36.9	3.8
俄罗斯		36.3	12.05
日　本		40.8	5.1
中　国	52.4	40.6	7.55
法　国	54.5	37.6**	6.7
加拿大	59.2*	32.3*	7.6
德　国	53.1*		4.6*
英　国*	53.1	35.7	9.1
意大利	41.8	39.9	6.3
西班牙	56.3		7.9
澳大利亚	50.2**	35.4	
瑞　典	55.0		7.8
韩　国	64.4	39.6	4.5

注 1. *为2000年数据，**为1999年数据；

2. 数据摘自日本海外电力调查会《2003年海外电气事业统计》。

2004 中国电力年鉴

人　　物

2003年度全国"五一劳动奖状"获得单位

河北衡水供电公司
山西太原第二热电厂
山西霍州煤电有限责任公司
内蒙古电力（集团）有限责任公司
内蒙古送变电有限责任公司
辽宁省电力有限公司
丰满发电厂
吉林四平热电有限责任公司发电部
黑龙江鸡西电业局
黑龙江哈尔滨第三发电有限责任公司
黑龙江牡丹江电业局
黑龙江佳木斯电业局七台河供电局
黑龙江黑河电业局继电保护科
上海电力安装第一工程公司
江苏南通供电公司
江苏泰州供电公司
江苏南京供电公司
江苏新海发电有限公司
江苏电力建设第一工程公司
江苏淮安供电公司变电工区上河变电所
核电秦山联营有限公司
福建九仙溪水电开发总公司
福建省电力有限公司
江西柘林水电开发有限公司
山东黄岛发电厂
华能辛店电厂
山东济宁供电公司
山东莱芜供电公司
山东德州供电公司
山东青岛供电公司
山东菏泽供电公司
河南焦作丹河电厂
河南平顶山姚孟发电有限责任公司
河南鹤壁市电业局
国家电力公司华中公司
湖北宜昌市夷陵水电公司沙坪电站运行二班
中国长江三峡总公司工程建设部航建项目部
湖北省电力公司孝感供电局
湖南湘潭电厂
湖南省水利水电勘测设计总院
湖南邵阳电业局变电管理所继电保护班
广电集团有限公司佛山高明供电分公司
广西电力工业勘察设计研究院勘察分院
华能珞璜电厂
贵州电力建设第一工程公司
贵州电力调度通信局调度室
云南省鲁布革发电总厂
中国水利水电第十四工程局
陕西秦岭（秦华）发电有限责任公司
陕西西安供电局
甘肃送变电工程公司
国家电力公司西北院工程勘察研究院

2003年度全国"五一劳动奖章"获得者

徐建义	北京供电局变电管理处检修工区技师
李金明	天津高压供电公司北郊变电站站长
杨　志	山西大唐神头发电有限责任公司高级工程师
曹志强	山西国际电力集团公司吕梁分公司柳林县公司党支部书记
李茂清	赤峰市元宝山发电厂车间副主任
张　明	内蒙古乌兰察布电业局局长
梁洪春	辽宁沈阳供电公司大东供电分公司维修班班长
王广泉	辽宁能港发电有限公司工程师
张占宇	辽宁凌海农电局党委书记
高玉光	东北电业管理局第三工程公司项目经理部主任
尹荣志	辽阳热电厂锅炉班班长
石　磊	辽宁朝阳市农电局局长
王品刚	辽宁葫芦岛市绥中发电有限责任公司副总工程师
杨　勇	黑龙江富拉尔基发电厂厂长
刘丽君（女）	黑龙江牡丹江第二发电厂总会计师
张文学	黑龙江佳木斯电业局局长
赵建中	黑龙江电力有限公司大庆分公司经理
王明波	黑龙江电力有限公司绥化供电分公司经理
关永贵	黑龙江西沟水电有限责任公司车间主任
周荣贵	江苏洪泽县供电公司继电保护班班长

王崇礼	江苏徐州供电公司变电检修工区工长
姚建远	秦山核电公司检修部工人
朱尚全	国投新集能源集团有限公司工会主席
张家贵	安徽省电力工会主席
黄建荧	福建省水口发电有限公司工人
郑聪明	福建厦门电业局装表班班长
杨跃进	江西丰城发电有限责任公司高级工程师
谭永香	江西宜春供电局局长
张建生	江西电力公司万年县供电分局局长
翟纪庆	山东电力集团鲁能恒源经贸公司党委书记
赵爱国	山东威海热电厂厂长
赵长水	山东邹平电力集团有限公司电解铝厂调度员
郭光黎	河南焦作电厂车间主任
陈少明	湖北孝感市孝南区供电局高级工程师
张怀艳	湖北黄冈供电局高级工程师
吴传林	葛洲坝水利水电工程集团公司三峡指挥部综合二队队长
王跃辉	葛洲坝水利水电工程集团公司三峡指挥部综合一队党支部书记
赖　平	湖北省电力公司宜昌供电局局长
龙维智	湖南株洲电厂运行部主任
陈元桂	湖南城步苗族自治县儒林供电所工人
余章贵	湖南澧县艳州水利水电工程管理局局长
刘海波	湖南东江水力发电厂发电部小东江值守长
刘武林	湖南省电力试验研究所热工室副主任
马广平	广东韶关发电厂副总工程师
林育明	广电集团清远供电分公司变电部经理
陈　峰	重庆市电力公司总经理
马邦凯	中国水电七局基础工程分局局长
陈　军	四川省电力公司调度中心技术员
刁继金	中国水电第五工程局司机
李　莲（女）	云南保山电力股份有限公司检修组组长
方建忠	陕西八大电力股份有限公司榆林热电分公司车间主任
梁向峰	陕西省水电工程有限责任公司部门经理
刘本粹	国家电力公司西北公司总经理
刘应宽	宁夏电力公司总经理
刘肇绍	甘肃省电力公司党组书记
张洪武	青海省电力公司花园变电站工人
郭秉周	黄河上游水电开发有限责任公司工会主席
陈坤孝	中国水利水电第四工程局调度室主任

企业风采

Nexans

耐克森 – 全球电缆制造及工程专家

www nexans com cn

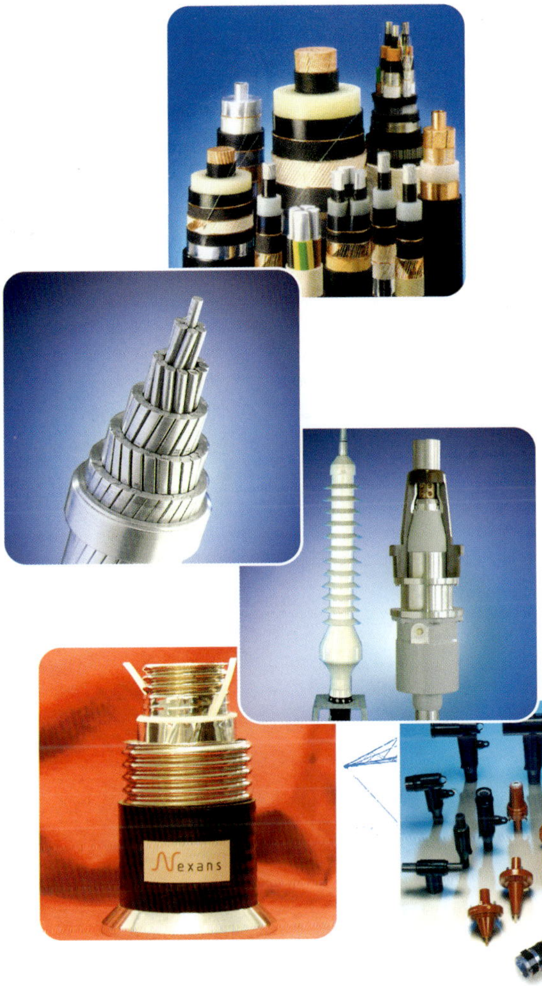

耐 克 森 在 您 生 活 的 每 一 处

作为拥有百年专业生产电线电缆经验的跨国集团，耐克森能满足电力行业客户对电缆的所有需求。无论是陆地还是海洋，耐克森为输配电网提供全系列的电力电缆及相关附件，包括电力电缆(10～550kV)、电力电缆附件(10～550kV)、海底电缆(10～550kV)、超导电缆、新型高压架空导线Aero-Z®(大容量、节能、防冰雪、大跨距)和用于大型电力变压器的换位导线(CTC)等。

耐克森还提供交钥匙解决方案，积极参与输配电系统发展的每一个阶段，如从初始规划、测试、安装到项目后期的培训、维护和服务。耐克森在全球各地的研发中心，不断改进和开发用于电力输配电系统的各类新产品和新技术，以保证耐克森电缆的可靠性、安全性和使用寿命，并能面对距离、容量和在恶劣环境下安装的挑战。凭借着优质的产品、专业的技术、完善的客户服务、全球范围内的丰富经验，耐克森为您带来崭新的电力前景。

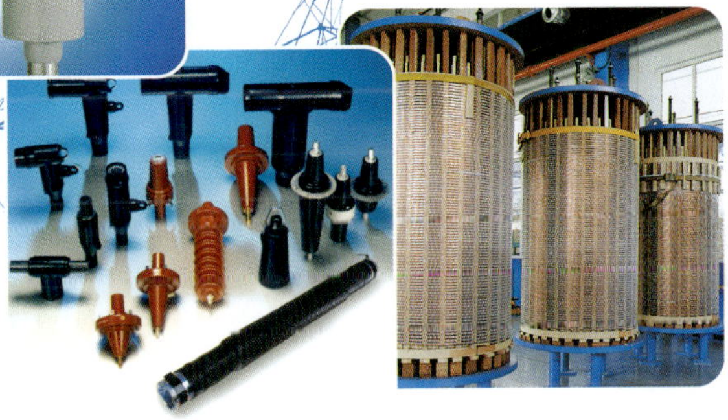

在陆地、在天空、在海洋，

耐克森电缆确保电力畅通无阻

耐克森（上海）投资服务有限公司
上海市南京西路1168号中信泰富广场40楼（200041）
电话：021 - 5292 5100　传真：021 - 5292 5099

耐克森（上海）投资服务有限公司北京代表处
北京市朝阳区工体北路甲2号盈科中心A座9层910室（100027）
电话：010 - 6539 2282/2283　传真：010 - 6539 1164

耐克森香港有限公司
香港中环亚毕诺道3号环贸中心23楼2303室
电话：852 - 3413 9800　传真：852 - 3413 9900

www.sac-china
永恒服务
敬业、创业、提供国
发电厂解决方案、变电站解决方案、输电系统解决方

无限创新
一流产品和真诚服务
电解决方案、电网解决方案、工业自动化解决方案、环保系列解决方案……
2004

适用范围

- 大客户用电现场管理
- 配变监测

CL7100 用电管理系统

主要功能

- 电能量采集
- 负荷控制
- 用电检查与防窃电
- 线损分析
- 用电分析
- 负荷预测

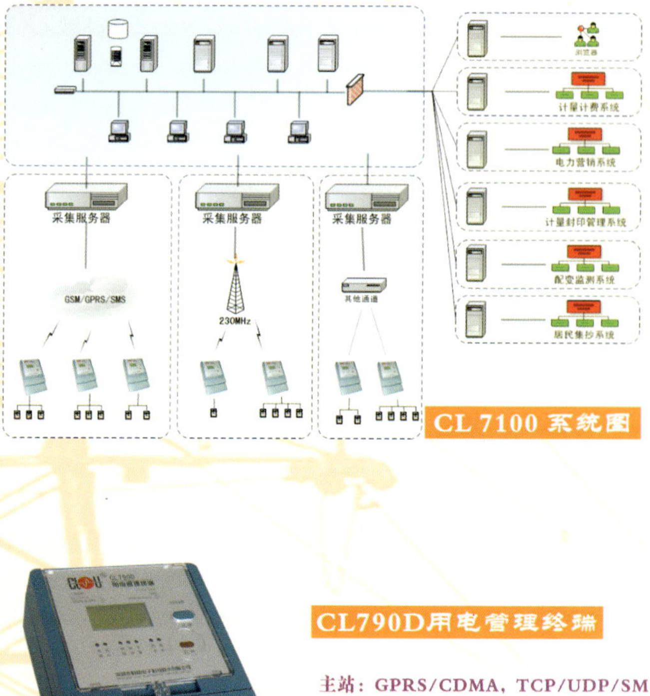

CL 7100 系统图

系统特点

- 基于J2EE构架的三层结构,系统更灵活、健壮
- 支持GPRS/CDMA、230MHz、光纤、拨号等通信方式
- 终端采用主频为600MHz的32位嵌入式处理器+16位DSP的一体化CPU，8MB RAM，4MB Flash，平台起点高，可以满足未来更复杂的功能要求
- 支持国内大部分厂家表计、国外主流电能表如ABB、兰吉尔、红相等

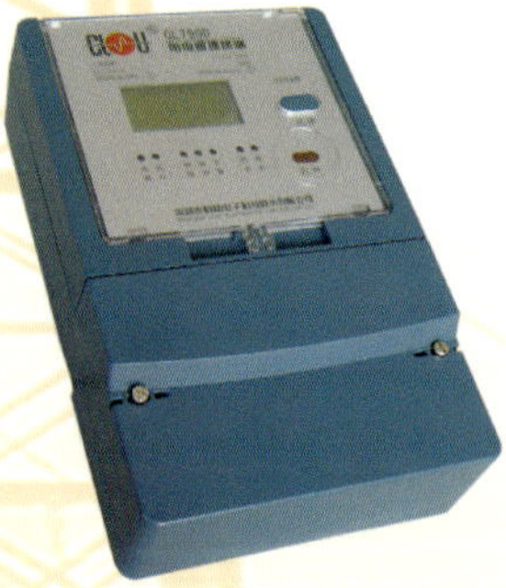

CL790D用电管理终端

主站：GPRS/CDMA，TCP/UDP/SMS
抄表：RS485，1路
本地：红外，1路
遥控：4轮
遥信：5路
门接点：1路
显示：LCD汉字

迅速崛起的全球光网络第四大供应商
——华为技术有限公司

1．华为技术有限公司简介

华为技术有限公司成立于1988年，专门从事通信网络技术与产品的研究、开发、生产与销售，致力于为电信运营商提供固定网、移动网、数据通信网和增值业务领域的网络解决方案，是中国电信市场的主要供应商之一，并已成功进入全球电信市场。2003年，华为的销售额为317亿元人民币，目前有员工22000多人。

华为在全球建立了30多个分支机构，在美国达拉斯、印度班加罗尔、瑞典斯德哥尔摩、俄罗斯莫斯科以及中国北京、上海等地建立了研究所。华为产品已经进入德国、法国、西班牙、巴西、俄罗斯、英国、日本、埃及、泰国、新加坡、韩国等50多个国家。

华为每年将不少于销售额的10%投入研发。华为在坚持在自主开发的基础上进行开放合作，现在已经与TI、摩托罗拉、英特尔、AT&T、ALTERA、SUN、微软等世界一流企业广泛开展技术与市场方面的合作。

2．近三年成绩斐然，崛起为全球光网络第四大供应商

华为公司从1994年起，涉足于光网络通信领域，目前，光网络传输产品已为华为公司重点发展战略之一，近年来得到迅速的发展。目前，华为公司是业界极少数掌握了光网络核心技术、能提供全面解决方案的通信厂商，光网络产品在电信网络及专用网络建设中得到了广泛的应用。

在全球光网络市场低迷的大环境下，华为光网络产品线依然保持快速发展。据国际著名咨询公司RHK的报告显示，在全球光网络产品市场份额中，华为在短短的三年当中迈出了三大步：

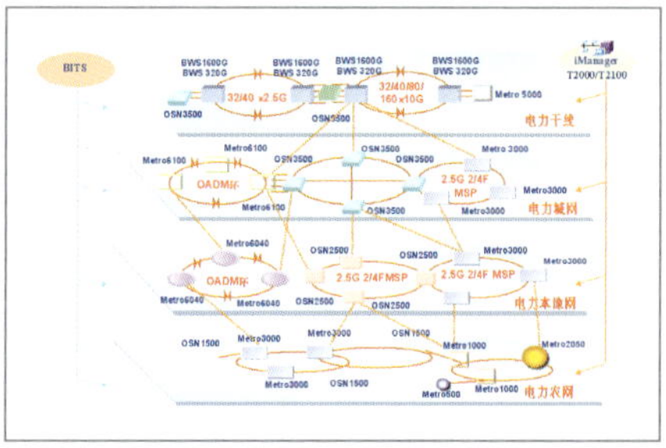

图1　电力传输网解决方案

2001年全球排名第十位（份额3.0%），2002年排名第六位（份额7%），到2003年，华为已崛起成为全球光网络设备第四大供应商（份额9.1%），也是排名前十位中唯一的中国通信设备公司。其中，长途波分市场全球占用率已上升至第三位（前两位为NORTEL、NEC），增长速度全球排名第一。

3．锲而不舍追求一流品质，千锤百炼打造世界品牌

产品质量一直是华为公司不懈追求的目标。经过多年的努力，华为已建立了完善的质量保证体系。

在产品可靠性设计方面，华为确立了“以客户需求为中心、以业界最佳为方向、以客户满意度为准绳、以业界标准为依据”的可靠性目标制订原则。同时，根据通信产品使用的场所和复杂环境条件（温度、湿度、灰尘、大气腐蚀、包装运输振动等），进行了产品环境工程设计、环境可靠性试验，从全流程保证产品的环境适应性。

通过多年的努力，华为已拥有世界一流的工艺分析实验室、环境试验室、可靠性实验室、器件失效分析实验室及国家级EMC认证测试实验室。完善的试验手段，使产品的各项可靠性指标得到准确的验证和质量一致性保证。

经过IBM顾问专家团近五年的跟踪调查，并采用国际上通用的评估方法进行全面评估，华为公司光网络产品的制造能力2002年已经达到国际先进水平（2001年的评估结果为国际平均水平）。

2002年12月，华为光网络产品正式通过在美国NTS（National Technical Systems，Inc.）进行的NEBS level 3（最高级别）测试。此次测试历时5个月，华为成为国内首家通过此项测试的厂商，极大提升了中国通信产品的国际影响力。获得NEBS许可证已成为业界公认的设备品质卓越的标志。

4．建立全方位服务体系，铸就华为客户化服务金牌

华为秉承“以客户为中心，以客户满意为衡量准绳”的服务宗旨，向客户提供持续、高效、快捷的服务，构造华为优质服务品牌。公司拥有成熟完善的工程安装、技术支持、培训、资料等一体化服务体系，和一支高素质、经验丰富的售后服务队伍，通过不断完善自己的服务网络，向客户提供专业化、多元化、标准化的服务。

华为目前已在全国各省建立了35个技术支援中心、7个片区集中受理中心，形成了公司总部、片区集中受理中心、各省技术支援中心的三级服务体系；拥有500余人职业化的光网络售后服务队伍，并在各个本地网建立了备板备件库。

5．关注电力用户需求，提供稳定、可靠的电力通信网解决方案

华为公司凭借自己多年服务于电力行业的经验和对电力传输网的理解，提出了基于新一代波分技术和MSTP技术以及下一代智能光网络技术的全网解决方案。

目前，电力传输网的建设普遍采用分层建网模式，即干线传输网、城域传输网、农网等独立建设，在国电、网局、地调、中调、县局实现各层网络之间互连互通。华为公司本着高起点，低配置的建网原则，在充分考虑到目前业务对网络需求的同时，也考虑到网络扩容改造和网络演进的需要。

在干线层采用华为公司新一代10G MSTP设备Metro5000/（下一代智能光网络设备）OSN3500，初期由于业务量较小，可建成2.5G的网络，随着业务的增长，网络可以从 2.5G平滑升级到10G ，通过叠加波分设备BWS1600G/BWS320G，使网络从2.5G /10G平滑升级到80G或100G，充分保护设备前期投资。在中心节点，为满足大业务量的业务上下、调度和多局向组网，简化网络层次，采用一台OSN9500设备。干线网络建成后，在国电、网局、中调（地调）之间，就建立起了一条高速直达路由，实现业务大容量、长距离的传送。

城网传输层根据业务量的不同，可以采用华为公司新一代10G MSTP设备/OSN3500，建成2.5G的网络，也可以采用METRO3000设备，建成622M的网络，网络拓扑可以是环形、链形或环带链形，充分考虑到业务特性对设备的特殊要求，组建城域多业务平台。不同的业务，可以采用不同的传送技术，对实时性要求较高的窄带业务，建议使用TDM技术，充分发挥TDM技术成熟，安全性高、成本低的特点；对实时性要求较高的数据业务，建议采用数据RPR环网技术或采用ATM方式，采用VP-RING技术方式，实现业务的保护和带宽的共享；对QOS要求不高的统计复用业务，建议采用IP方式，充分发挥IP技术协议简单、成本较低的特点；通过搭建多业务平台，使用户可以享受到差异化服务，更好地满足电力企业生产办公的需要。如果以后的业务增长以小颗粒业务为主，网络可以从622M或2.5G平滑升级到2.5G或10G，充分发挥MSTP设备对小颗粒业务的调度能力；如果以后的业务增长以大颗粒的数据业务为主，可以通过增加华为公司城域波分设备Metro6040或Metro6100，将网络带宽提高到80G或320G，小颗粒业务通过SDH设备汇聚后上波分设备进行传送，大颗粒的业务如GE、10GE业务，可以直接上波分进行传送。

本地网主要功能是实现县局和地调的互联互通，实际上只起到中继网的作用，建议采用华为公司新一代2.5G MSTP设备OSN2500或Mero3000，建成2.5G的中继网。

针对农网站点分散、需要接入业务类型多的特点，可以采用华为公司OSN1500/Metro2050/Metro1000/Metro500等设备，搭建农网传输平台。网络拓扑可以是环形、链形、星形、环带链形结构。充分发挥传输平台业务接口丰富，接入方式灵活、覆盖能力强的特点，快速地实现各变电所及营业网点的互联互通，为农网的信息化建设服务。

目前，华为公司凭借其稳定可靠的产品性能，良好的用户适应性，已广泛应用在全国电力通信行业。部分用户名单如下：

国电三峡传输干线东北段	广州市供电公司
国家电力公司东北公司传输干线	佛山市供电公司
国家电力公司西北公司传输干线	福州市供电公司
南方电力公司时钟同步工程	厦门市供电公司
吉林电力省干32波DWDM干线	南京市供电公司
黑龙江电力干线	上海市供电公司
湖北电力干线	沈阳市供电公司
内蒙古电力干线	哈尔滨市供电公司
山东电力干线	兰州市供电公司
江苏电力干线	银川市供电公司
安徽电力干线	四川电力干线
陕西电力干线	青海省电力干线

华为光网络将以最优质的设备、最满意的服务，为中国的电力通信事业做出新的贡献。

华为技术有限公司
地址：深圳市龙岗区坂田华为基地
电话：（0755）28780808
传真：（0755）28780808　邮编：518129
网址：http://www.huawei.com
华为技术有限公司通信产品代理部
地址：北京市宣武门外大街6号北京庄胜广场中央办公楼南翼10层
电话：（010）63108688　传真：(010)63108788　邮编：100052

SAP中国公司

SAP简介

SAP公司是全球最大的企业管理软件和协同商务解决方案供应商、全球第三大独立软件供应商。2003年的年销售额超过80亿美元。SAP拥有“财富500强背后的管理大师”的美称，财富500强中80%以上的企业采用了SAP的管理系统来作为其企业日常运作的管理平台。即使是全球最大的软件企业Microsoft公司也采用SAP的管理软件作为其企业日常经营的平台。SAP提供的解决方案已经包括了企业管理软件的方方面面：ERP、企业门户、客户关系管理、供应链管理、财务管理、企业战略管理、商务智能等跨行业的解决方案以及电力、高科技等超过25个行业的专业解决方案。根据最新的IDC排名，SAP在2003年全球企业管理软件市场份额达到了54%，比其它软件提供商如PeopleSoft、Sieble等的总和还要多。（如欲了解更多信息，请访问http://www.sap.com.cn）

SAP电力行业解决方案

作为资产密集型行业的代表，电力行业从多个角度都不同于传统的制造行业，对信息化的要求也就自然非常不同。SAP不仅可以提供单个的EAM、基建管理、门户、财务、人力资源、厂网数据交换、电力营销、网上采购解决方案，还可以提供ERP、ERPII等全面集成的解决方案。SAP满足了一个行业软件所要求的全面性。

SAP电力行业解决方案成功地摆脱了以前的所谓封闭式平台ABAP的束缚，全面地转向了为Gartner等分析公司称道的NetWeaver技术平台。不仅能够兼容J2EE还可以兼容.Net。SAP满足了一个软件技术方面的先进性和灵活性。

SAP电力行业用户

大多数全球领先的电力企业都采纳了SAP的信息化企业管理解决方案作为其企业管理运营的平台。中国大陆的上海电力和浙江电力、广西EDF来宾电厂、中国香港最领先的一体化电力企业中华电力、韩国最大发电企业KHNP、日本东京电力、加拿大Ontario能源、美国PSEG、First Energy、法国的EDF、德国的RWE、E.ON、EnBW、沃达封、欧洲最大的几家独立电力供应商如沃达封、欧洲最大的几家独立电力供应商如Electrabel、Ringhals等都是采用SAP的应用软件作为企业的管理平台。良好的客户基础使得SAP不仅可以在现有的系统中，充分反映电力企业运行的最佳业务实践，更可以确保系统能够持续获取建议并进行提升。SAP电力行业解决方案满足了一个行业解决方案非常重要的可参照性、先进性和成熟性。

SAP全流程实例

以发电企业为例，SAP能够处理完全实现从电厂筹建到退役的全流程管理，下表是不同阶段发电企业的问题和SAP的解决方案：

设计	对于新的建设项目，发电企业通常在工程设计阶段就会扮演相应的角色，具体的参与程度从“全部自己做”到“完全不参与的交钥匙工程”不等。小型的电厂（如染气轮机、风电等）一般会采用交钥匙的模式。	工程设计阶段成功的关键就是在于评估和选择承包商 要想控制设计阶段就必须实现同第三方工程单位和供应商的协同	为了评估业务合作伙伴并管理项目需要采购和合同管理功能的支持.对多个合作伙伴协同周期的具体监控将大大降低工厂设计阶段相关的成本和提前期.	财务 ◆成本会计 ◆资产会计 供应链管理： ◆招投标处理 ◆联系管理 产品生命周期管理： ◆项目管理 ◆项目成本核算 ◆排程 ◆协同项目 ◆协同目录 ◆文档管理 ◆工程变更管理
建造	这一流程涵盖了基建的整个生命周期,从选点,买地,批准到最后建设和启动.多数情况下，发电公司会检查项目的某些部分,但通常整个项目和子承包商的监控是总承包商的职责.	发电公司付出的资本成本很高.电厂建设成功的关键在于评估和选择正确的承包商.要监控基建流程就必须实现同第三方工程单位和供应商间的协同.良好的基建外包是必须的.	为了评估业务合作伙伴并管理项目需要采购和合同管理功能的支持.基于电厂建设的资本密集性质,需要对承包商和供应链管理给予足够的重视.通过同供应商和承包商的集成实现业绩管理,例外管理和持续的	财务 ◆成本会计 ◆资产会计 供应链管理： ◆RFP处理 ◆物资采购管理 ◆联系管理 产品生命周期管理： ◆项目管理 ◆项目成本核算 ◆排程 ◆协同项目 ◆协同目录 ◆文档管理 ◆工程变更管理
生产	电厂最核心的能力就是发电.其最重要的目标就是确保在最安全和最经济的条件下持续发电.中间的变数包括燃料成本、人力成本和设备的可用性.	电厂获利能力的关键就是成本控制，这同燃料采购和环境管理密切相关.	需要系统支持燃料的采购和追踪.	财务 ◆成本会计 供应链管理： ◆采购和库存管理

核心流程	定义	主要问题和瓶颈	对相应方案的要求	SAP相应的解决方案
销售	可以通过长期供应合同或公开的能源市场来销售电力。长期供电协议能够保证一个连续的销售，但利润较低。公开的能源市场虽然回报高但市场波动大。由于电力无法储存，因此在绝大多数市场都会倾向采用混合的模式进行电力销售。	发电企业需要能够成功处理多种类型的贸易和相关的风险管理.	需要一个强大的能源贸易解决方案.	SAP目前不提供完整的能源贸易解决方案，但提供强大的能源数据管理和企业间的能源数据交换功能，同时支持诸如实时定价等接
维护	在过去的5到10年中，如何优化发电设备的维护成为了重中之重，象对于很多致力于不断提示电厂效率的企业而言以可靠性为中心的维护已经成为最为前沿的战略.	机组的可靠性和资源优化非常关键. 无论对于社会还是员工安全问题都是一个主要问题. 标准化的最佳业务实践可以协助优化维护作业.	设备维护主要的两大成本是人工和材料. 如何优化和协调这两大资源是高效经营的关键. 在处理诸如停机这样的维修时，为了获得一些并不需要全职的特殊技能。通常会向外部的承包商雇佣一些额外的人力. 因此需要紧密集成能力评估、合同管理和维护管理来对这些流程进行优化. 需要强大的分析功能来协助对诸如"修还是换""预测性维修""预防性维修优化"等进行决策支持。相关的分析必须充分考虑到"维护历史""预防性维修计划""当前资产价值""采购标准"等的综合影响；因此分析手段必须同后台系统进行紧密的集成。 电厂的工作环境存在一定的危险，维修中应用的有毒化学和其它物资. 要确保安全就要求能够将维护、工作控制、安全和健康、物资管理这些功能非常紧密地集成在一起.	财务： ◆成本会计 ◆资产会计 业务智能： ◆集成分析功能 ◆以可靠性为中心地维持 产品生命周期： ◆环境、安全和健康 ◆工作清场管理 ◆维护管理 ◆跨模块的时间表（CATS） 供应链管理： ◆采购 ◆库存管理
改造	任何发电设备的生命周期中通常都要进行技改. 技改的驱动力有法律法规的要求也有财务上的原因. 如为了员工安全、公众的安全、环境要求等的法律要求；为了控制成本和延长电厂生命周期等的财务目的	要评估电厂的技改就需要对历史维护数据、资本成本、故障数据、建议的技改成本和效益进行详细的分析. 要想控制整个技改流程还需要同第三方的工程人员和供应商进行非常紧密的协同.	要想对电厂的技改做出决策就必须要有强大的分析功能作为支持，而相关的分析必须充分考虑到"维护历史"、"预防性维修计划"、"当前资产价值"、"采购标准"等的综合影响；因此分析手段必须同后台系统进行紧密的集成。 如果能够对同技改相关的多个组织进行紧密的协同处理将可以大幅度地降低成本和提前期.	财务： ◆成本会计 ◆资产会计 ◆集成的业务智能分析 供应链管理： ◆招投标管理 ◆联系管理 产品生命周期： ◆项目管理 ◆成本核算 ◆排程 ◆项目协同 ◆协同文件夹 ◆文档管理 ◆工程变更管理
报废	设备生命地终结就是报废. 因为随着设备的老化和新技术的出现，工厂设计的经济性逐渐过时. 虽然比较困难，但企业必须在再造工程和报废间做出决策. 这对于很多核电企业尤为关键，因为很多企业会面临是延长寿命还是进行拆卸的问题.	随着设备的老化和新技术的出现，对原有设备进行维修和继续进行运行的成本可能比直接报废的成本高. 因此需要强大的分析功能来评估是否报废. 必须尽可能监控设备报废的成本，多数情况下，这些成本并不会在设备的生命周期中转移到第三方，因此通常成本都会超越底	强大地分析能够帮助建立业务案例，相关的分析必须充分考虑到"维护历史"、"预防性维修计划"、"当前资产价值"、"采购标准"等的综合影响；因此分析手段必须同后台系统进行紧密的集成. 电厂报废的资本密集性质要求对承包商和工作管理给予足够的重视. 同承包商间的协同使业绩管理、例外管理和持续的关系管理得以展开. 在报废的过程中将会使用或者回收多种有毒的化学或其它物资. 要严密地控制这个过程就要求能够将维护、工作控制、安全和健康、物资管理这些功能非常紧密地集成在一起	财务： ◆成本会计 ◆资产会计 ◆集成的业务智能分析 产品生命周期： ◆项目管理 ◆成本成本核算 ◆排程 ◆能力计划 ◆协同项目 ◆协同文件夹 ◆文档管理 ◆环境、安全和健康

随需应变 把握机遇

——IBM全面帮助中国电力信息化越上新台阶

作为全球最大的信息技术和业务解决方案公司， IBM对于中国的电力行业的发展一直保持着高度关注，为各电网公司、发电集团的信息化建设献技献策。IBM与其战略伙伴密切合作，向企业提供一系列包括最佳实践和可靠的硬件与软件的管理系统，旨在根据客户的需求制定出相应的解决方案，为电力系统在新世纪顺利地将信息技术应用进一步发展到综合应用，由操作层向管理层延伸，实现应用、管理信息化提供了有力的保证。

IBM的竞争价值优势

面向电力行业，IBM的竞争价值优势表现在以下几个方面：(1)在技术、产品和服务等方面，IBM在全球领域对提供大的行业解决方案是有经验的；(2)IBM能够提供业内最广泛的产品线和服务，这些产品和技术服务是世界领先的，从高端到低端的系列化产品频频获奖；(3)IBM在对于安全和可靠性要求很高的行业，有着广泛扎实的客户群体。经验、产品线和客户群体构成了IBM对电力行业客户重要的价值基础。

IBM与中国电力系统的合作是一种长期的全方位的合作关系，IBM拥有一大批在电力系统中主要的合作伙伴，如东方电子、东软、国电南瑞、迪斯、朗新等主要的解决方案提供商形成合作，共同为最终用户设计IT架构。清华同方、浙大快威、北大青鸟等也在电力领域同IBM广泛合作。从产品的角度看，从简单的PC系统到“刀片”服务器，一直到使用POWER4+精简指令集CPU产品的IBM P系列服务器，在电力行业信息化过程中都有应用。范围涉及电力调度自动化系统、电力营销信息化系统、供电企业生产管理系统（MIS）/ 办公自动化系统（OA）、发电企业资源管理系统（ERP）/ 生产管理系统（MIS）、电力客户服务系统（CRM / CALL CENTER）、地理信息系统（GIS）等。

IBM的电力信息化解决方案

现在的很多电力企业在信息化建设方面所面临的主要问题有：缺少数据传输、整合应用的统一平台；没有统一的用户访问入口；信息采集、审批、发布缺乏电子化的手段；缺乏内部工作一致协调能力和没有对广泛分布在厂内的知识进行综合管理等。IBM所提供的电力解决方案主要有基于CC2000平台的EMS电网调度系统；电力企业知识门户解决方案和企业MIS系统解决方案；企业资产管理解决方案等。

IBM的建议是，电力企业应该先从基础架构开始计划，不一定一开始就要把系统搭建起来，但是一定要对网络未来的扩展性进行预先的规划，保证企业即使最初没有能力搭建一个完整的平台，但是企业最开始的每一分投入都不会成为将来的包袱，而能够继续支持企业未来完整平台的建立。然后就是对企业当前分散系统的整合以及业务流程的梳理。电力业务中专项的信息技术应用很多，但大

的系统对企业资产、财务、人事、项目、物流等诸多方面的业务进行全面的整合。而且，实施ERP，也要求企业必须对业务流程进行清晰梳理，同时业务流程也绝不能仅仅停留在对企业当前业务的支持上，而应该为企业的未来留下发展的空间，比如通过咨询公司或者从国外的一些先进的电力企业，了解他们创新的业务模式，从中获得启发。在基础架构的建立、系统的整合、业务的创新这三个方面，电力企业都需要IT厂商来进行参与。

其实很多IT厂商都能参与到这三个部分的建设中来，但IBM郑小聪先生认为，有可能存在这样的问题，做平台的厂商可能会过多地强调自己基础架构的搭建，软件厂商可以一味地只关注软件的开发、系统的整合，咨询公司则只热衷于流程设计、业务创意，彼此都很难从系统整体的高度给予相应的协调与平衡。而IBM则全面具备了上述三个方面的综合实力，而不是只做其中的一个软件，或者一个网络产品，IBM从用户构架自己系统第一步开始，从网络平台、硬件平台、服务器、数据库、中间件、顾问服务、整合创新等方面，就已经全为用户做好了齐全的准备。

IBM在电力系统的部分应用系统

我们相信，在最终用户、电力应用解决方案提供商和IBM的共同努力下，IBM面向电力行业的解决方案会为电力行业的自动化、信息化建设提供稳定高效的IT平台，全面提高企业的竞争力，实现企业腾飞的梦想！

IBM公司在电力系统的部分应用系统

电力用户名称	隶属的省、网电力公司	应用系统
西北电力集团公司	西北电力集团公司	西北电网调度系统
西北电力集团公司	西北电力集团公司	西北电网水调系统
西北电力集团公司	西北电力集团公司	西北电网调度MIS系统
西北电力集团公司	西北电力集团公司	大楼OA
榆林电业局	陕西省电力公司	电力MIS系统
石嘴山电厂	宁夏电力公司	电厂管理系统
银北电业局	宁夏电力公司	配网自动化系统
蒲城电厂	陕西省电力公司	MIS系统
宁夏电力公司	宁夏电力公司	电力营销系统
甘肃电力公司	甘肃电力公司	电力MIS系统
华能财务公司	华能电力集团公司	ERP 系统
华北电力集团公司	华北电力集团公司	MIS系统
北京供电局	华北电力集团公司	生产MIS系统

整合资源，提升竞争力

Oracle与合作伙伴携手助力中国电力行业信息化

Oracle发电企业全面解决方案

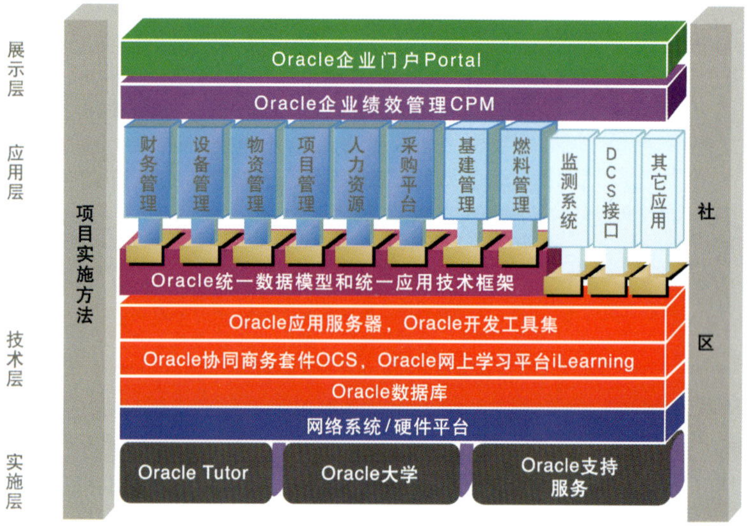

Oracle 部分电力行业客户

中国华能集团公司
中国大唐集团公司
中国国电集团公司
中国华电集团公司
东北电网有限公司
辽宁省电力公司
吉林省电力公司
华北电网有限公司
北京供电公司
天津电力公司
上海电力公司
浙江省电力公司
湖北省电力公司
河南省电力公司
广东省电力公司
云南省电力集团公司
中国华能财务公司

欲了解更多信息，请访问Oracle中文网址：www.Oracle.com/cn 或拨打免费热线：8008100161

Oracle 增值分销商

ECS 佳杰科技　佳杰科技（中国）有限公司　电话：010-88575588　www.ecschina.com

Oracle 电力行业合作伙伴

IBM业务咨询部	电话：021-63262288	北京朗新信息系统有限公司	电话：0571-87213000
毕博管理咨询（上海）有限公司	电话：021-52925392	广东远光软件股份有限公司	电话：0756-3362116
南京富岛信息工程有限公司	电话：025-58848545	北京中电普华信息技术有限公司	电话：010-62910862

ORACLE CERTIFIED ADVANTAGE PARTNER

顺兴电力及输变电设备有限公司
SHUN HING POWER & TRANSMISSION EQUIPMENT CO.,LTD.

广东顺兴电力设备有限公司
GUANGDONG SHUN HING POWER EQUIPMENT LTD.

顺兴电力及输变电设备有限公司于1979年在香港创立。20多年来，公司致力于引进国外先进的输变电技术与设备，提高国内电源质量。凭着不懈的努力、优质的产品与快捷一流的服务，公司在电力行业中独树一帜，赢得了广大电力用户的信赖与支持。

随着中国电力工业的发展，国内生产的输变电设备和电力电子产品的质量已接近、甚至超过国际先进水平。公司自90年代初期便积极推动和参与国内外电力同行间的交流，将国产设备推向海外电力市场。香港中华电力第一次从国内购买的变压器就是由公司推荐和采购。

为加强与用户的沟通和提供更好的服务，1995年顺兴电力在广州设立了独资子公司——广东顺兴电力设备有限公司，并于1998年10月通过ISO9002质量体系认证。随着业务范围与业务量的不断扩展，公司分别在北京、上海、西安、重庆、武汉、沈阳等地设立了办事处，构成了覆盖全国的销售和服务网络。

公司始终致力于工贸一体化的多元发展。除了合资公司的输变电产品生产之外，公司引进了南非先进技术的变压器油再生与净化设备，成为国内首家提供变压器油专业维护的公司。作为南非国电公司的合作伙伴，我们成功地将南非765kV特高压技术介绍给国内同行，并有幸参加了中国第一条750kV特高压输 电线路示范工程的设计咨询工作。

在新的世纪里，我们将继续秉承开拓进取，竭诚服务的精神，不断拓展新的领域，多元化发展。我们将与更多的欧美厂商合作，引进国外的先进生产工艺与产品，并将国产输变电产品推向国际市场，为中国电力工业的发展作出更大贡献。

公司网址：www.shunpower.com

西北750kV输变电工程设计咨询项目

【咨询顾问方：南非Eskom Enterprises，顺兴电力及输变电设备有限公司】

ESKOM（南非国家电力公司）的765kV输电工程是非洲大陆第一个765kV输电系统，世界第一批金属全封闭变电站也在这里诞生。这条765kV电压等级的ALPHA至BETA变电站双回路输电线路全长440km，位于与我国西北地区类似的高海拔环境，平均海拔高度为1500m。自1987年建成投运至今，该线路已成功运行16年之久。ESKOM在765kV特高压输电技术的研究、设计、建设、运行和维护等方面都积累了丰富的经验。

顺兴电力及输变电设备有限公司是南非ESKOM在中国的合作伙伴，协助ESKOM拓展在华业务。通过不懈地努力，顺兴公司成功地将ESKOM在765kV特高压输电工程设计、建设、运行和维护等方面的经验介绍给中国的电力同行。

西北750kV输变电示范工程于2003年9月19日正式开工。受工程项目法人国家电网公司的委托，由西北电网有限公司负责整个工程的建设和管理。此项工程是国内目前电压等级最高、世界上同电压等级海拔高度最高的输变电工程。工程面临海拔高、重污秽、湿陷性黄土、强紫外线、覆冰严重等严酷的环境条件，国内没有现成的设计经验，也没有现成的设计标准、技术规定或规范。为充分贯彻设计革命思想，借鉴国外750kV电压等级输变电工程设计的先进经验，优化工程设计，保证工程设计的质量和先进性，合理降低工程造价，确保建设一流、精品示范工程目标的顺利实现，2003年4月国家电网公司“西北750kV输变电示范工程领导小组”第一次会议研究同意，邀请南非ESKOM ENTERPRISES（EE）公司对西北750kV输变电示范工程的初步设计成品进行技术咨询。2003年10月14日，西北电网有限公司与南非EE公司和其中国合作伙伴顺兴电力及输变电设备有限公司签订了《中国750kV输变电示范工程技术咨询协议》。咨询范围为工程设计的关键性阶段初步设计阶段。设计咨询内容侧重在变电站设计部分，主要是变电站初步设计方案复审与评估、继电保护系统的复审和评估、变电站监控系统的复审和评估以及关键技术估算与计算校核。

北京电力建设公司

铸盛世电业辉煌　展北京电建雄风

经理：王国忠

党委书记：邢建海

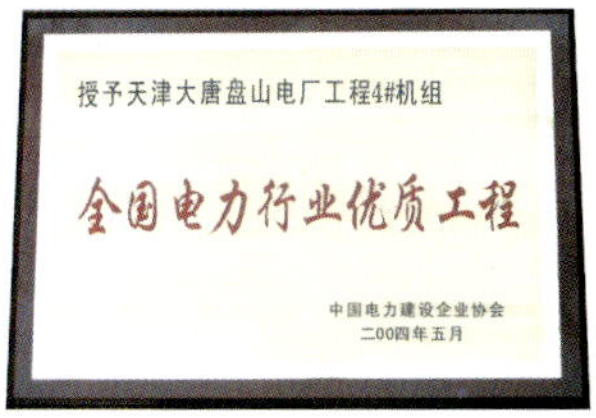

北京电力建设公司始建于1964年，现隶属于华北电网有限公司。

北京电力建设公司是国家一级施工企业，主要承担大型电力工程、房屋建筑工程、市政公用工程等施工建设，是国家认定的500强建筑企业之一。

公司管理规范，1997年通过ISO9002质量体系认证，2002年通过职业安全健康管理体系与环境管理体系认证。被中国建设银行评为“AAA”级信用等级单位，被北京市工商局评定为“守信企业”。被原国家电力公司评为“双文明单位”、被首都精神文明建设委员会授予“首都文明单位”称号。

2004年更是公司收获最丰硕的一年。公司喜事不断，工程建设捷报频传，在国庆前夕已圆满完成四台机组投产发电目标，装机容量共计1800MW，为祖国55岁华诞献上了一份厚礼。

2004年元月27日，公司承建的河北大唐国际唐山电厂技改一期工程1×300MW机组顺利通过168h试运并移交生产，各项指标优良。2月16日，顺利通过华北五省、市联合监督检查，工程质量认定为优良等级。公司在该工程施工过程中，克服了复杂多变的地质结构、场地狭小、二次搬运多、工期异常紧张等诸多困难，仅以20.5个月的较短工期出色的完成了机组建设任务，为唐山市区供热和缓解地区供电紧张局面作出了巨大贡献。该工程荣获了唐山市“新唐杯”优质工程奖。

2004年7月14日23时58分，内蒙古大唐托克托电厂二期工程3号600MW机组一次高水平完成168h满负荷试运。整个工程仅用时26.5个月，创造了全国三类地区同类机组施工工期最短的记录，创造了全国高寒地区电力施工的最短记录。该机组的提前投产，对支撑首都夏季大负荷用电，缓解京津唐地区电力紧张状况发挥了重要作用。8月1日顺利通过华北五省、市联合监督检查，工程质量认定为优良等级。

2004年9月10日9时整，公司承建的河北国华定洲发电厂一期工程2号机组，一次高质量地顺利完成168h满负荷试运行。汽轮发电机轴系振动≤0.05mm；机组真空严密性0.12kPa/min；发电机漏氢量4.85NM/d等指标创全国一流水平。比合同工期提前81天投产，有力地缓解了河北南网用电紧张的局面。

2004年9月14日上午10时整，公司承建的河北大唐国际热电有限责任公司技改二期工程1×300MW机组圆满完成168h试运。业主方高度评价了北京电建在唐电技改工程建设中做出的突出贡献，赞扬唐电技改二期工程创造了全国同类型机组厂地最小，工期最短，质量最优，造价最低等多项记录。二期工程的顺利移交，为唐山市的经济建设做出了突出的贡献。

今后，公司将紧抓机遇，坚持以“依靠管理创新、拓展电力市场、遵守法规标准、创建名牌企业”为企业方针，一如既往地与社会各界同仁真诚合作，总结发扬移交机组的成功经验，努力为各方业主奉献最佳质量的工程，提供最优质的服务。

（背景图为河北国华定洲发电厂一期工程全景图）

内蒙古大唐托克托发电厂＊3号机组移交仪式

河北大唐国际唐山热电厂一期工程移交机组

河北大唐国际唐山热电厂二期工程转子吊装现场

Sieyuan® 上海思源电气股份有限公司

我们努力做到比客户期待的更好！

上海思源电气股份有限公司是上海市重点高新技术企业，是国内知名的专业电力设备供应商。公司拥有一支以工程院院士和行业内知名教授为带头人的专业技术队伍，致力于为电力工业提供以现代信息技术、新材料等高科技手段与传统电气相结合的综合解决方案及产品。公司依托科技创新和稳健经营，已经建立起具有完备自主知识产权的技术开发体系，获得了多项技术发明专利，拥有多项国家级重点新产品，公司主导产品及核心技术在国内均处于领先地位。

目前，思源电气股票已在深圳交易所成功上市，拥有上海思源电气与江苏如高高压电器等多家公司及其品牌。思源电气将一如既往地追踪和引领世界电气技术发展趋势，凭借一流团队、一流产品、一流服务、一流管理，朝着集团化的发展道路稳步前进，努力将思源电气建设成为引领世界电力设备技术发展方向的国际化企业集团。

主要产品

XHK-Ⅱ型消弧线圈自动调谐及接地选线成套装置（国家重点新产品）

VFSR系列变频串联谐振耐压试验成套装置（国家重点新产品）

DWKN型动态无功补偿及电能质量监控装置

OSM-1000型高压设备绝缘在线监测系统

BKSC系列干式铁心并联电抗器

CKSC/CKDC系列干式铁心串联电抗器

BKS系列油浸式并联电抗器

M-8000型变频抗干扰介损测试仪

JC1型避雷器在线监测仪

MC1系列容性设备在线监测仪

Sieyuan® 上海思源电气股份有限公司

SHANGHAI SIYUAN ELECTRIC CO., LTD

总部地址：上海市莘庄工业区金都路4399号　邮编：201108

总机：86-21-64420909　销售热线：86-21-64420088

传真：86-21-64892460　Http://www.syec.com.cn

江苏省如高高压电器有限公司

公司简介

江苏省如高高压电器有限公司是研制和生产输变电系统高压电器的高新技术企业，公司前身江苏省如皋高压电器厂创建于1967年，是原电力部、机械部的定点企业，2002年12月与上海思源电气股份有限公司合资，实现优势互补、强强联合，成立江苏省如高高压电器有限公司，公司注册资金4000万元。

公司现有员工700余人，工程技术人员和专业管理人员占员工总人数的40%。公司主要生产220kV及以下六氟化硫断路器、真空断路器，高压隔离开关，高压油浸式、干式、六氟化硫电流电压互感器。产品遍布全国二十多个省市，产品多次荣获部省优质产品奖、科技进步奖。拥有国家级新产品两项，自主知识产权的专利四项。

2004年公司投资近亿元在江苏省如皋市开发区新建具有国际先进水平的高压电器生产基地，公司的目标是在近五年之内发展成为国内生产高压输配电设备的一流企业、国内高压电器生产领域最优秀的、最具竞争力的高科技企业之一。

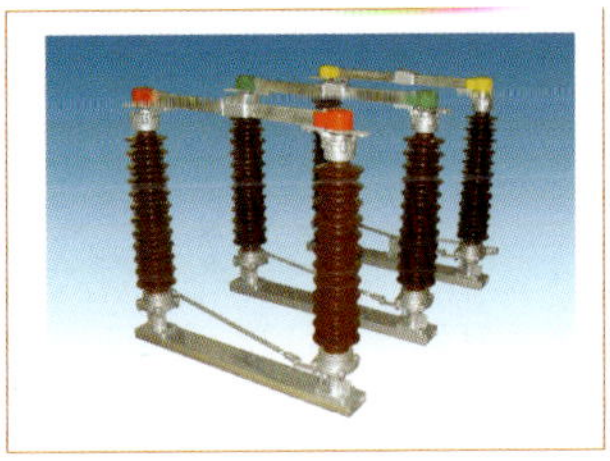

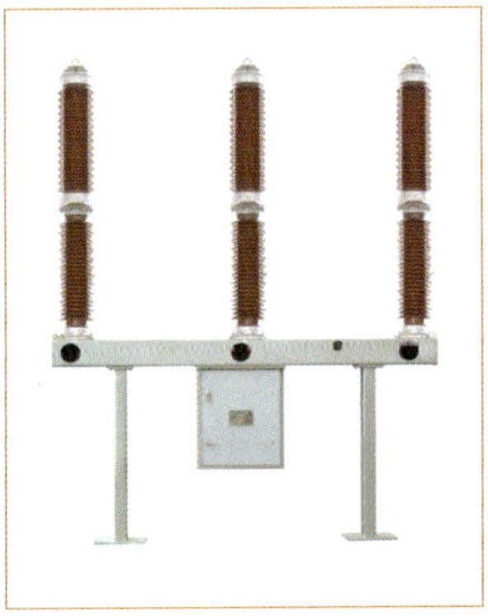

公司地址：江苏省如皋市如城镇环西路

邮编：226572

联系电话：0513－7512292

传　　真：0513－7512898、7514904

网　　址：http://www.rggydq.com.cn

E-mail：rggydqc@pub.nt.jsinfo.net

高压断路器

LW36－126型自能式高压六氟化硫断路器

LW8－40.5型户外高压六氟化硫断路器

LW16－40.5型六氟化硫断路器

ZW39－40.5型户外高压真空断路器

高压隔离开关

GN2、GN16系列户内隔离开关

GW4系列户外高压隔离开关

GW4A系列户外高压隔离开关

GW5系列户外高压隔离开关

GW7系列户外高压隔离开关

GW8、GW13系列中性点隔离开关

GW18－27.5系列高压隔离开关

GW22系列高压隔离开关

GW23系列高压隔离开关

CJ2、CJ5、CJ6、CJ7、CJ9型隔离开关用电动机操动机构

电流互感器

LVOB系列电流电流互感器

LGJB型系列干式电流互感器

LB7－220型电流互感器

LB3－110型电流互感器

LB6－110型电流互感器

LABN－35型电流互感器

LABN1－35型电流互感器

LABN6－35型电流互感器

电压互感器

TYD110、220/√3型系列电容式电压互感器

JDCF－220型电压互感器

JDC6－110型电压互感器

JDCF－110型电压互感器

JDX－110型电压互感器

JDN－35、JDN2－35、JDN6－35型电压互感器

JDXN－35、JDXN2－35、JDXN6－35型电压互感器

中国华电集团公司

中国华电工程（集团）有限公司

中国华电工程（集团）有限公司是中国华电集团公司所属的资产和生产经营为纽带的跨地区、跨行业的全国大型企业集团——简称：华电工程。

华电工程战略指导思想

在华电集团发展战略指导下，以市场为导向，以发展为主题，以效益为中心，坚持生产经营和资本经营为重，以产品、系统工程承包和服务为核心业务，以新技术发展和关键产品为核心竞争力，坚持企业发展与员工发展相协调，坚持走市场化、产业化、集团化、国际化的路子，把公司建成实力雄厚、管理一流，具有可持续发展能力和国际竞争力的经营型、控投型现代化企业，为华电集团的多元化经营，国际化发展战略做出贡献。

华电工程产业定位

一、　产业定位：华电工程是华电集团综合产业四大板块之一，将积极发挥产品研发和国内外工程总承包的平台作用，整合华电内部资源，达到优势互补资源共享，提高效益。

二、　服务定位：为华电集团服务，为电力行业服务，为国内外两大市场服务。

三、　业务定位：工程总承包；高科技产品开发、应用及产业化；工程监理和产品监造服务；高新技术产业化的资本运营。

2003年总承包工程得到发展

1、在华电集团的支持下，与FW公司签定戚墅堰电厂燃机余热锅炉总包项目，该项目的合作把华电工程与FW公司的合作提高到一个新的水平。

2、2003年12月签定了河北遵化电厂2×300MW机组的总承包项目。

3、与内蒙古鄂尔多斯电力冶金股份有限公司签定了鄂电一期2×330MW发电机组托管运行合同。

4、启动了山西原平市4×600MW发电机组项目投资工程。

脱硫工程有新突破

2003年4月签定的天津大港电厂2×300MW脱硫项目、山东青岛2×300MW海水脱硫项目后，又中标韩城电厂1×600MW湿法脱硫项目和扬州电厂2×300MW、内蒙古东华电厂2×300MW、湖南石门电厂2×300MW的脱硫项目。

主营业务不断扩大

2003年顺利完成天津散货物流中心9km大型长距离曲线皮带机工程。

通过自身实力中标华能沁北电厂2×600MW机组管道项目。

在完成山西河曲电厂2×600MW超临界机组凝结水精处理项目后，又中标云南玉溪市城市污水处理工程，为进入水务市场打下了坚实的基础。

海外市场逐步拓展

2003年，华电工程海外市场得到继续拓展，与印尼签定了2×90MW水电和2×300MW火电项目总承包，巴基斯坦132MW项目已获得进出口银行，保险公司的认可。

韩国P&C技术公司

产品/服务/展品：

Products/Services/Exhibit

韩国P&C技术公司一直处于电力系统保护和控制领域的领先水平。公司主要提供配电网和变电站自动化系统的全套软、硬件产品和整体设计与解决方案。主要产品包括用于配电网自动化的各种负荷开关、自动重合器、环网柜、开闭所等的全系列智能终端设备FTU；另外，还包括用于变电站自动化SCADA系统、EMS系统的多功能RTU和系列保护设备等。

1、 FTU（Feeder Terminal Unit），配网自动负荷开关控制器（分柱上型和多回路型）；

2、 配网自动化重合闸控制器

3、 SCADA与EMS系统的RTU（Remote Terminal Unit）；

4、 全系列数字式保护装置（过流保护、馈线保护和控制继电器）；

5、 基于Windows NT的HMI/SCADA系统软件；

6、 用于电气化铁路AT配电自动化系统故障定位仪。

概述及功能：

Summary and merit ability

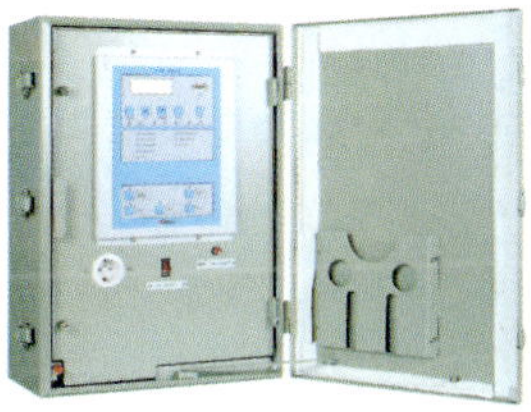

P&C科技的FTU—100系列是基于微处理器的全数字化产品，属于配电网自动化的智能电子装置IED（Intelligent Electronic Device）。它的基本功能是测量各种电气量值，监控和管理负荷开关LBS（Load Break Switch）和重合器。它支持多种通信方式和通信协议，可方便地实现与各种上层系统的实时数据通信。

FTU—100系列产品具有满足自动化系统要求的强大RTU功能，如监控各种相关状态信息，测量相关电力数据，控制负荷开关和重合器本体，实现就地或远方操作。

FTU系列产品还具有用于故障分析和负荷管理的事件和故障记录功能。

与一般产品不同是，FTU—100系列产品可检测如下故障：相故障（A/B/C）、接地故障（N）、小电流接地故障（SEF）等。对应不同开关类型，FTU—100系列产品已有4种主要型号投入使用。

P&C科技的GridWay配网子站系统包含馈线自动化（故障定位、故障隔离和恢复功能）处理和远方网络RTU的全部功能。在整个配网自动化系统中，GridWay可以灵活配置，使用极其简单，可通过Internet/Intraner进行远程在线维护、管理和系统升级。

◆采用高可靠、高性能的嵌入式硬件平台；

◆基于嵌入式Linux系统（微内核，2.4.XX版本）；

◆内置算法先进可靠、高效快速的DA处理软件；

◆提供3～5个以太网络通信接口，最多24个RS232/422/485串行接口；

◆支持RS485总线、电力线载波、光纤双环自愈网、GPRS等多种通信方式；

◆内置多种国际国内标准通信协议或国内厂家自定义通信协议；

◆可实现“一发多收”、“多发多收”等多种方式的数据通信方式；

◆可实现多协议、多通道和多种接口的数据转换和数据服务（转发）。

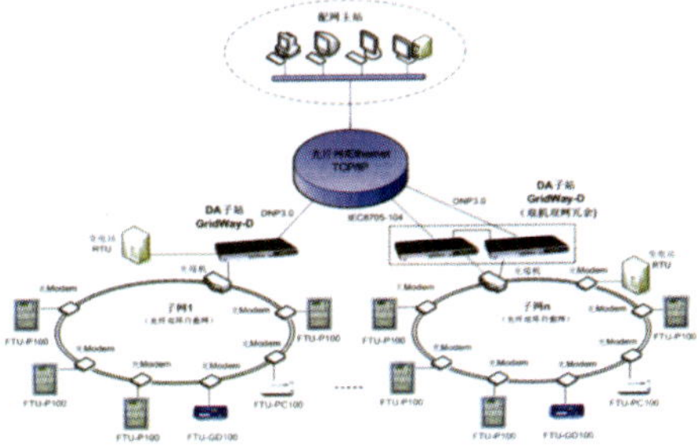

（GridWay-SC01与FTU-100系列终端设备组建完整的配网子站系统—无线通信模式）

韩国P&C技术公司
北京事务所：北京市朝阳区望京利泽西园110—1603
邮编：100102
电话：010 64716062，13301305977 13701110567
传真：010 64716062
电子信箱：qlong@vip.sina.com

浙江中变变压器有限公司

浙江中变变压器有限公司是沈阳变压器有限责任公司生产、技术联合企业，是国内变压器重点骨干企业之一，公司主要生产制造110kV等级以下油浸电力变压器，SC（B）系列、SG系列干式变压器，电炉、整流等特种变压器，美式、欧式箱式变电站，电缆分支箱等。产品广泛运用于大同煤矿、大庆油田、新疆克拉玛依油田、马鞍山钢铁公司、首都钢铁公司等国内重点工程中。

以“诚实、守信”作为公司发展原则，注重产品质量和售后服务，对质量层层把关，实现产品出厂零缺陷。产品被中国国际贸易促进委员会确认为向欧洲市场推荐产品。公司产品通过ISO9001质量体系认证、国家变压器质量检验中心质量认证，被原国家经贸委列入为“全国城乡电网建设与改造推荐目录企业”，中国质量万里行定点单位，国家变压器协会会员，连续五年被市人民政府评为“先进单位”“重合同、守信用”单位，工商银行信用AA级企业。

浙江中变变压器有限公司生产的电力变压器

地址：浙江省乐清市城西路288号
总机：0577-62555138　传真：0577-62556138　邮编：325600

天安电气 宁波天安(集团)股份有限公司

宁波天安(集团)股份有限公司，始创于1969年，前身为地方国营象山高压电器厂，1994年转为股份制企业，集团总部地处浙东象山港畔，风景秀丽，交通便捷。

集团公司是以输变配电设备为主业的国家大型企业、国家重点高新技术企业、中国输变电行业的重点骨干企业和浙江省行业龙头企业。现下辖1家省级研发中心，10大专业公司，50个销售分公司，员工2000多名(其中，科技人员占35%)，占地面积40余万m^2，总资产12.5亿元，综合效益连续多年居行业领先，规模跻身行业前五强。

集团公司为国内输配电行业中“规模最大、品种最多、规格最全、档次最高”的生产和科研企业之一。企业拥有雄厚的技术开发力量和国内一流、完善的高科技生产检测试验装备，每年还以销售收入的6%以上用于科研开发，以确品的技术领先优势和制造的精益求精。现主导产品包括110kVSF_6断路器和油浸式变压器、252kV以下户外高压隔离开关、35kV及以下箱式变电站、环网开关柜、中置式开关柜、固定式开关柜、低压开关柜、高压负荷开关、高低压断路器、电缆(环网)分接箱、熔断器、互感器、智能化电器设备、干式和油浸式变压器等8大类万余种规格。产品遍布全国城乡，在核电站、电厂、化工、铁路、地铁、机场以及卫星发射中心等国家重点工程中广泛应用，并远销亚非欧等20多个国家和地区。其中，箱式变电站、环网开关柜和高压负荷开关三项重要产品以领先技术、品种齐全，销量12年蝉联全国之冠。

面对新世纪，面对经济全球化，天安人居安思危，永不满足，奋发有为，与时俱进。当前，投资9亿元、占地2000余亩的“中国天安电工城”已拉开了建设序幕，计划在5年内将其建成集科研、生产、经营、文化于一体的综合化、智能化、现代化的输变电行业的“航空母舰”，努力将“天安”塑造成为长盛不衰的“百年名企”。

北京北开电气股份有限公司

总经理　黄平

北京北开电气股份有限公司（简称北开电气）是北京开关厂于上世纪末发起，由六家企业投资组建的股份制企业。她继承和发展了原北京开关厂50年的辉煌、先进的研发、制造技术和管理经验。北开电气的成立之时适逢北京市CBD商贸区的城市规划的历史机遇，投资4亿多元在北京高新科技经济技术开发区永昌南路5号，经过三年建设，建成占地11万m^2的亚洲一流现代化的新厂。

北开电气现在拥有1200人（其中技术人员占到近50%），致力于以客户为中心的高压、中压、低压开关及成套设备的研发、制造及服务。服务领域是：核电站、城乡电网、发电厂、变电站、石油、化工、钢铁、造船、电气化铁道、地铁、城市轻轨、垃圾电站及环保产业的企业。产品拥有3大类，13个系列，2166种规格。

主要产品有：SF_6封闭式组合电器；SF_6瓷柱式断路器；SF_6罐式断路器；户外真空断路器；户内真空断路器及真空接触器；AH新型低压框架式陆用、船用、舰用空气断路器；高、低压成套开关配电装置及核电站控制设备。

北开电气拥有国家级技术中心——北京高压电器设备研究所，与国内、外同行、专业研究部门、大专院校进行广泛的合作。

北开电气乘迁入新址之机遇，围绕客户需求，缩短订单完成周期，采用企业资源计划管理系统（ERP），从前端的引进CAD三维设计软件，采用产品数据管理系统CAE、CAPP、PDM系统，实现工程设计时间最短。

迁入新址的北开电气，成立了物流中心，拥有4700多个货位全部自动化立体仓库，实行公司统一检验入库，统一配送到位。

迁入新址的北开电气，更新了钣金生产线，采用数控冲、数控剪、数控折弯、激光切割，并应用意大利的板材冲剪复合加工柔性线、焊接机器人及先进的带喷淋前处理的喷塑生产线。数控母线加工设备、绝缘母线流化涂覆设备，以及多种加工中心和现代的检测仪器设备。

迁入新址的北开电气，在实现了企业硬件设备更新改造的同时，实施了企业组织、机制、管理、现代企业文化的企业软件的改造，从而加强了企业科学决策能力，引进了经济机制的改革，对人力资源实行全过程开发管理，实施适应PDM系统的业务流程再造工程。

北开电气的事业是：以开关制造业为轴心，圆中国电力事业现代化之梦想。

北开电气的核心使命是：为客户创造价值。

北开电气的目标是：具有国际竞争力的中国电气产业旗舰。

北开电气的经营哲学是：用户是恒星，北开是行星，行星永远围绕恒星运行。

北开电气的企业精神是：“挺”字当头，敢问天高，要么不干，要干就干最好。

新的北开，在新厂址，新一代的北开人能够实现“创造开关电气世界品质，尽在开合一瞬间”“21世纪电气时代有我一份奉献”。

北开电气坚持“用户永远是正确的”经营思想，恪守“诚实守信，公平公正”的职业道德，以新的面貌、新的能力，欢迎国内、外客户的光临，我们将以一流的技术、一流的设备、一流的管理，提供一流的产品、一流的质量和周到的服务。

附　　录

2003年电力版新书图书目录（摘要）

规 程 法 规

1. 电力行业标准

中华人民共和国电力行业标准

110kV～500kV架空电力线路工程施工质量及评定规程 DL/T 5168—2002

12kV少维护户外配电开关设备通用技术条件 DL/T 844—2003

变电所岩土工程勘测技术规程 DL/T 5170—2002

抽水蓄能电站选点规划编制规范 DL/T 5172—2003

大容量煤粉燃烧锅炉炉膛选型导则 DL/T 831—2002

大型锅炉给水泵性能现场试验方法 DL/T 839—2003

大型汽轮发电机交流励磁机励磁系统技术条件 DL/T 843—2003

大中型水轮机选用导则 DL/T 445—2002

单相交流感应式长寿命技术电能表使用导则 DL/T 828—2002

单相交流感应式有功电能表使用导则 DL/T 829—2002

灯泡贯流式水轮发电机组启动试验规程 DL/T 827—2002

低压并联电容器装置使用技术条件 DL/T 842—2003

电力工程勘测制图 DL/T 5156.1～5156.5—2002

电力工业焊接操作技能教师资格考核规则 DL/T 816—2003

电力建设安全工作规程　第1部分：火力发电厂 DL5009.1—2002

电力金具制造质量 DL/T 768.1～768.7—2002

电力水文地质钻探技术规程 DL/T 5171—2002

电力装置安装工程质量检验及评定规程 DL/T 5161.1～5161.17—2002

电能计量装置安装接线规则 DL/T 825—2002

发电企业设备检修导则 DL/T 838—2003（代替SD230—1987）

发电设备可靠性评价规程 DL/T 793—2001

高压并联电容器使用技术条件 DL/T 840—2003（代替SD205—1987）

高压并联电容器用阻尼式限流器使用技术条件 DL/T 841—2003

供电系统用户供电可靠性评价规程 DL/T 836—2003

管道焊接接头超声波检验技术规程 DL/T 820—2002

光纤复合架空地线 DL/T 832—2003

光纤复合架空地线（OPGW）用预绞式金具技术条件和试验方法 DL/T 766—2003

混凝土坝安全监测技术规范 DL/T 5178—2003

火力发电厂汽轮机防进水和冷蒸汽导则 DL/T 834—2003

火力发电厂热工控制系统设计技术规定 DL/T 5175—2003

继电保护专用电力线载波收发信机技术条件 DL/T 524—2002

交流电能表现场测试仪 DL/T 826—2002

静态备用电源自动投入装置技术条件 DL/T 526—2002

静态继电保护装置逆变电源技术条件 DL/T 527—2002

静止式单相交流有功电能表使用导则 DL/T 830—2002

汽轮机电液调节系统性能验收导则 DL/T 824—2002

全介质自承式光缆（ADSS）用预绞式金具技术条件和试验方法 DL/T 767—2003

燃气—蒸汽联合循环电厂设计规定 DL/T 5174—2003

输变电设施可靠性评价规程 DL/T 837—2003

水电厂计算机监控系统试验验收规程 DL/T 822—2002

水电工程三相交流系统短路电流计算导则 DL/T 5163—2002

水电工程预应力锚固设计规范 DL/T 5176—2003

水电枢纽工程等级划分及设计安全标准 DL/T 5180—2003

水电水利工程混凝土预热系统设计导则 DL/T 5179—2003

水电水利工程锚喷支护施工规范 DL/T 5181—2003

水电水利工程启闭机设计规范 DL/T 5167—2002

水电水利工程施工测量规范 DL/T 5173—2003

水工钢闸门和启闭机安全检测技术规程 DL/T 835—2003

水工混凝土钢筋施工规范 DL/T 5169—2002

水力发电厂厂房采暖通风与空气调节设计规程 DL/T 5165—2002

水力发电厂厂用电设计规程 DL/T 5164—2002

水力发电厂继电保护设计导则 DL/T 5177—2003

微机型反时限电流保护通用技术条件 DL/T 823—2002

溢洪道设计规范 DL/T 5166—2002

中华人民共和国电力行业标准化指导性技术文件

采用配电线载波的配电自动 第1－4部分：总则 中低压配电线载波传输参数 DL/Z790.142002/IEC61334－1－4：1995

采用配电线载波的配电自动化 第3－21部分：配电线载波信号传输要求中压绝缘电容型相相结合设备 DL/T 790.321—2002

采用配电线载波的配电自动化 第3－22部分：配电线载波信号传输要求中压相地和注入式屏蔽地结合设备

远动设备及系统 第5－101部分：传输规约基本远动任务配套标准 DL/T 634－5101—2002/IEC608－70－5－101：2002（代替 DL/T 634—1997）

远动设备及系统 第5－104部分：传输规约采用标准传输协议子集的 IEC60870－5－101 网络访问

2. 规定、规范、企业标准

BP－2A 母线保护装置检验规程

安全生产工作规定

安全生产工作规定（试行）安全生产监督规定（试行）安全生产工作奖惩规定（试行）

变电站标准化管理条例

变电站管理规范（试行）

电测量指示仪表检验规程

电力安全工器具预防性试验规程（试行）

电力工程技术改造项目经济评价暂行办法（试行）

电力建设工程施工技术管理导则

电力建设工程施工技术管理导则

电力生产设备评估管理办法

电力市场技术支持系统功能规范（试行）

电力市场监管办法（试行）

电力市场运营基本规则（试行）

电网调度系统安全性评价（网、省调部分）

发电厂并网运行安全性评价

防止电气误操作装置管理规定

供电企业创一流与国际一流规定（2002年版购售电合同（示范文本）

关于发电厂并网运行管理的意见

关于区域电力市场建设的指导意见

国家电力公司农网高压电气测试设备配置导则（试行）

国家电网公司安全生产规程规定

国家电网公司电力生产安全性评价工作管理办法（试行）

国家电网公司电力生产安全性评价工作实施办法（试行）

国家电网公司电业生产事故调查规程

国家电网公司系统县城电网建设与改造技术导则

火电、送电、变电工程限额设计控制指标（2002年水平）

火力发电厂创一流与国际一流规定（2002年版）

火力发电工程施工组织设计导则

冀北地区城市中低压配电网规划技术原则

架空送电线路状态维修技术规范

农村低压电气安全工作规程宣贯读本

农网输配电线路及设备标准化管理规定

水电厂大坝安全监测自动化系统实用化验收细则（试行）

水电厂无人值班的若干规定（试行）

水电工程设计概算编制办法及计算标准（2002年版）

水电设备安装工程概算定额（2003年版）

水力发电厂创一流与国际一流规定（2002年版）

供电企业职业技能操作导则

变电检修

变压器检修

电力电缆

电能表修校和电测仪表

高压电气试验

高压线路带电检修

架空送电线路

配电运行、检修、安装

装表接电

国家电网公司企业标准

750kV 变电站设计暂行技术规定（电气部分）

Q/GDW101—2003

750kV 架空送电线路设计暂行技术规定 Q/GDW102—2003

750kV 系统用电流互感器技术规范 Q/GDW107—2003

750kV 系统用电压互感器技术规范 Q/GDW108—2003

750kV 系统用高压交流断路器技术规范 Q/GDW105—2003

750kV 系统用高压交流隔离开关技术规范 Q/GDW106—2003

750kV 系统用金属氧化物避雷器技术规范 Q/GDW109—2003

750kV 系统用油浸式并联电抗器技术规范 Q/GDW104—2003

750kV 系统用主变压器技术规范 Q/GDW103—2003

国家职业标准

机械设备安装工

起重工

中央空调系统操作员

职业技能鉴定指导书

（职业标准　试题库　电力工程）

汽轮机运行与检修专业（共 1 个分册）

水电机械运行与检修专业（共 2 个分册）

变电运行与检修专业（共 4 个分册）

发电厂电气安装专业（共 1 个分册）

送变电安装专业（共 2 个分册）

水电厂机电安装专业（共 6 个分册）

水电施工专业（共 4 个分册）

教　　材

1. 高等学校教材

高等学校教材

工程制图

普通高等教育“十五”规划教材

电厂金属材料（第二版）

电力市场营销管理

电力系统概论

电力系统远动

高电压工程基础

循环流化床燃烧锅炉

高等教育学习辅导丛书

电机学同步训练

电力系统自动装置同步训练

2. 高职高专教材

高职高专“十五”规划教材

会计学原理

计算机网络实验与实践指

建筑配电与设计

统计学基础

3. 中等职业教育教材

中等职业教育国家规划教材　建筑设备安装专业

安装工程识图与制图

安装工程预算与组织管理

电气设备安装实习

建筑电气工程

建筑概论

建筑给水排水工程

建筑智能技术

暖通与空调工程

水暖通风空调基础知识

水暖通风空调设备安装实习

4. 自学考试教材

全国高等教育自学考试

《电力企业管理概论》同步练习册

《电力市场法律法规选读》同步练习册

《电力市场基础》同步练习册

《电力销售与管理》同步练习册

全国高等教育自学考试指定教材　电力市场营销专业（专科）

电力企业管理概论

电力市场法律法规选读

电力市场基础（2003 年版）

电力销售与管理

多种经营管理

农村电力市场基础

应用文写作（2003 年版）

5. 培训教材

95598 供电客户服务值班员技能培训考核题库

SF_6 断路器技能考核培训教材

电厂化学仪表与计量考核培训教材

电力生产安全监督培训教材

电能计量技能考核培训教材

进网作业电工通用培训教材

进网作业电工考试必读

农村电工知识技能培训教材．试题库．考试大纲

300MW 火电机组培训丛书

电气设备及运行

汽轮机设备及运行

燃料管理及设备

大型火电厂生产技术人员培训系列教材

计算机控制系统及其在火电厂中的应用
电工进网作业考核培训教材
　　电工安全技术部分
电力营销培训教材　配套习题与解答
电力职业技能鉴定辅导教材
　　变电检修工（中级工）
　　变电站值班员（高级工）
　　变压器检修工（中级工）
　　电厂水化验员（高级工）
　　电气值班员（高级工）
　　锅炉本体检修工（高级工）
　　集控值班员（高级工）
　　汽轮机运行值班员（技师）
　　汽轮机运行值班员（高级工）
供电企业职工技能培训教材
　　变压器检修
　　报装接电
　　电力电缆安装运行与检修
　　电气设备试验
　　架空配电线路
供用电工人技师培训教材
　　变电检修
　　变电站值班
　　送电线路
　　用电检查
　　直流设备检修
管理体系理解与推行培训丛书
　　GB/T 28001—2001 职业健康安全管理体系的理解与运作
　　质量、环境和职业健康安全管理体系内部审核员培训教程
国家职业资格培训教程
　　常用电机检修工（基础知识、初级、中级）
　　变配电室值班电工（基础知识、初级、中级）
　　变配电室值班电工（高级、技师、高级技师）
　　变电设备安装工（基础知识、初级、中级）
　　变电设备安装工（高级、技师、高级技师）
　　电气设备安装工（基础知识、初级、中级）
　　电气设备安装工（高级、技师、高级技师）
　　锅炉设备安装工（基础知识、初级、中级）
　　锅炉设备安装工（高级、技师、高级技师）
水电厂生产人员岗位技能培训教材
　　水电自动装置检修
　　水工机械检修
　　水轮发电机机械检修
　　水轮发电机组值班（上、下册）
　　水轮机调速器机械检修
水电建设工程质量监督工程师培训教材
　　水电工程设计基础
　　水电工程施工试验与检验
　　水电工程施工质量监督
现代物业管理职业技能培训丛书
　　房屋结构与维修
　　给水排水系统运行管理与维护
　　供配电系统运行管理与维护
　　空调与供暖系统运行管理与维护
　　消防与监控系统运行管理与维护
质量管理体系理解与推行培训丛书
　　ISO9001：2000 质量管理体系的理解与运作

工　具　书

1. 词典

英汉·汉英电力工程技术词典
英汉智能建筑词典

2. 手册

电工安全作业手册
电工进网作业手册
电力安全技术与管理手册
电力工程高压送电线路设计手册　第二版
电力工程建设设备监理手册
电力互感器产品样本（上、下）
电力系统继电保护及其自动化产品选型手册
工业与民用配电安装手册
供电企业安全生产实用手册
供用电实用手册
规矩方圆——电力系统纠风和行风建设工作手册
火电厂分散控制系统检修运行维护手册
简明工程建设电气监理工程师手册
进网作业电工操作手册
实用电工材料手册
输电线路绝缘子运行技术手册
水电建设质量管理工作手册
县级供电企业安全性评价查评手册
有载分接开实用手册
工厂常用电气设备手册
火电工程调试技术手册
　　综合卷
　　锅炉卷
　　汽轮机卷
　　金属卷
输变电工程建设管理手册
　　第一册　工程建设管理（上、下）

第二册　标准规定汇编

3. 图集

10kV及以下电力电缆线路施工图集
35kV及以下典型线路杆型装置图
变电站自动化工程图集
农电安全规范图册
现代电站图册
现代小住宅施工图集
乡镇供电营业所电工安装图册
最新电机绕组布线和接线图册
国家电力公司农村电网工程典型设计
　　第二分册　35kV及以上工程（上、下）

4. 年鉴

中国电力年鉴（2003）
中国水力发电年鉴·第七卷（2001～2002）

科　技　图　书

1. 技术类图书

300MW火电机组调试技术
300MW火电机组建设工程危险点预测与预控措施
35kV箱式变电站模式设计
安全生产作业过程控制法
变电运行现场技术问答
变电站综合自动化原理及应用
变压器设计原理
大型电站锅炉安全及优化运行技术
带电作业工具及安全工具试验方法
低压电气装置的设计安装和检验
低压降损的金钥匙——就地平衡降损法
电动机变频调速图解
电工仪表的使用与调修
电力工程经济评价和电价
电力控制理论及其应用
电力设备测量——传感与测控技术
电力设备红外检测诊断101例
电力生产标准化作业安全措施卡
电力生产危险点预测及预控
电力系统光纤通信线路设计
电力系统运行实用技术问答
电力系统暂态
电力线通信
电力用煤采制化技术及其应用（第二版）
电能质量技术问答
电气工程基础（上册）
电气设备检修工艺
电线电缆载流量
电站锅炉运行与燃烧调整
短路电流实用计算
发电厂变电所及电力系统的无功功率
风力发电
风力发电机设计与运行维护
焊接安全与卫生技术
黄河龙羊峡水电站勘测设计重点技术问题总结（第二卷）
混凝土坝施工实时动态仿真
火电厂烟羽的传输与扩散
架空送电线路的电线力学计算（第二版）
架空送电线路施工技术问答
检测技术与应用
建筑工程电气设计（上册）
建筑工程电气设计（下册）
交流调速原理及应用
接地技术与接地装置
可编程序控制器在运煤自动化中的应用
农村电工岗位知识与技能问答
配电网无功优化及无功补偿装置
配电系统及其自动化技术
汽轮机数字式电液调节系统
燃气——蒸汽联合循环发电设备及运行
燃烧爆炸危险与安全技术
三峡大坝混凝土施工
三轴试验原理与应用技术
实用农电工技术与操作技能
输电线路舞动
水工混凝土施工规范DL/T 5144—2001宣贯辅财材料
送电线路施工
送电线路运行和检修
图解电工知识要诀
图解家庭装修中的电、水、风、气设施安装
图解三相电动机使用与维修技术
微机原理及应用
维修电工技术问答
现代电力工程直流系统
乡镇供电营业所电工问答
小波分析及其在电力系统中的应用
新能源发电技术
新能源在建筑中的应用
循环流化床锅炉设备与运行
氧化镁混凝土筑坝技术
油库电气实用技术
余热发电
制冷空调系统的安全运行、维护管理及节能环保

125/135MW 火力发电机组技术丛书
  电厂化学
  汽轮机设备及其系统
  燃煤锅炉机组
300MW 火电机组培训丛书
  燃煤锅炉机组
300MW 火电机组危险点预测预控
  检修部分
  运行部分
安全生产技术丛书
  工业企业防火防爆
大型火电机组检修实用技术丛书
  锅炉分册
  金属与焊接分册
  汽轮机分册
电力设备预防性试验技术丛书
  第一分册 旋转电机
  第二分册 电力变压器与电抗器
  第三分册 互感器与电容器
  第五分册 套管与绝缘子
  第六分册 电线电缆
  第八分册 绝缘油
水力发电
  第一卷 低水头电站（第三版）
  第二卷 高水头电站（第三版）
电力工人技术问答丛书
  变电检修技术问答
电力设备故障与诊断丛书
  断路器故障与监测
电力生产安全教育系列读本
  带电安全作业
电力企业班组安全学习读物
  安全在我心中——百篇演讲话安全
电力工程建设技术经济丛书
  电气与热工控制
  高压送电线路
  工程造价综合知识
  机务
  建筑
电力技术继续教育科目指南丛书
  高压带电作业技术
  火电厂环境监测
  汽轮机调节及保护系统
电力生产“1000 个为什么”系列书
  电力营销与使用 1000 问
  变电运行与检修 1000 问
  电力安全生产规程规定 1000 问
  线路运行与检修 1000 问
  供电所工作人员应知应会 1000 问
电力市场研究丛书
  电力工业管制与市场监管
  电力目标市场
  输配电市场
电机修理技术丛书
  单相电动机使用与维修
  电动机常见故障修理
  电动机的选型及应用
  电机故障处理实例
  三相异步电动机使用与维修
  中小型同步发电机使用与维修
电器制造与应用丛书
  低压断路器设计与制造
电业安全教育与管理丛书
  安全管理实效问答
  安全事故与法律责任问答
电业工人技术问答丛书
  变压器运行技术问答
  电测仪表技术问答
  电厂化学设备检修技术问答
  电机检修技术问答
  电能表修理技术问答
  发电厂集控运行技术问答
  锅炉检修技术问答
  内线安装技术问答
  汽轮机检修技术问答
  送电线路技术问答
火力发电厂工人实用技术问答丛书
  电气设备检修技术问答
  锅炉设备检修技术问答
机电工程师继续教育丛书
  传感器与测控技术
  电力电子与运动控制技术
  可编程序控制器应用技术
  现场总线技术
  现代制造企业信息化技术
  模糊控制技术
建筑电气实用技术丛书
  建筑弱电工程及施工
  建筑电气工程概预算
  建筑电气工程施工与安装
  建筑防雷与接地技术
  建筑供电
农村电气设备故障排除及检修丛书
  变压器

低压电气设备
电工测量与测量仪表
电力通信设备
高压电器
农用电动机
配电线路
剩余电流动作保护器

实用电工技能丛书
电梯安装维修电工
建筑维修电工
农村电气设备运行维护工
汽车电工

装饰工程施工丛书
建筑装饰材料
建筑装饰构造

2. 管理类图书

地方电厂的运行管理与市场研究
电力建设工程概预算编制要点
电力企业班组建设100问
电力企业实施国际标准管理体系认证实务（ISO9000、ISO14000&OSHMS）
电力市场辅助服务理论及其应用
电力市场交易与电价理论及其应用
电力营销账务管理系统设计与应用
电网建设安全健康和环境管理"二欣"标准评价体系
供电客户服务220问
供电企业安全性评价查评依据（第二版）
供电企业运行管理及降损营销知识问答
供电企业质量管理体系文件的编制与实施
管理信息系统及应用实例
火电建设工程竣工技术资料编制指南
火力发电厂安全性评价查评依据（第二版）
面向世界的水电厂管理——二滩水电厂管理系统企业接待知识读本
世界银行贷款项目管理实务
投资项目可行性研究典型范例
现代企业管理理论与实践研究
中国农村供电资产清产核资实务

3. 科普类图书

农村安全用电（宣传画）
农村安全用电对话（插图本）
霹雳娃娃和安全用电——少年儿童安全用电指南

4. 综合类图书

"砖头集"——一个实践者的理论探索
2003中国电力市场分析与研究
大亚湾核电生产文件档案使用指南
第二十八届中国电网调度运行会议论文选编
电力后勤改革探索与实践
电力建设施工项目现代管理——电力施工企业项目经理优秀论文集（第二集）
电力企业常用文书大全
电力英语应用口语
电力营销英语时文选读
潘家铮院士文选
企业战略价值化——企业战略的制定、控制、评价与激励
实践　探索　攀登——上海电力学院第二课堂巡礼
文明之光——供电企业文化建设与评价
我的人生历程
中国电力市场分析与研究（2003年春季报告）
中国绿色照明发展报告（2002）

音像电子出版物

1. 音像制品

防止电力生产重大事故安全系列片（新增四项）
防止锅炉尾部再次燃烧事故
防止锅炉汽包满水和缺水事故
防止分散控制系统失灵、热工保护拒动事故
防止重人环境污染事故

电力企业班组安全管理培训录像片
第一集　现代电力企业班组安全管理新观念
第二集　电力安全生产的法律责任
第三集　电力企业安全生产和安全管理
第四集　电力企业班组安全责任和日常安全工作
第五集　发供电企业执行"两票三制"的基本要求
第六集　现代安全管理知识及应用
第七集　运用质量管理理论促进安全管理
第八集　新型安全管理模式——安全生产综合预控法

电力安全录像专辑（2003，6期6盘）
六集系列剧《浪漫晚餐》

2. 电子出版物

电力工业标准汇编（升级）
进网电工考核试题库管理系统
《CY5液压操动机构原理及检修工艺》多媒体教学系统
《火力发电厂生产过程》CAI教学软件

索　　引

内　容　索　引

说　明

一、本索引是全书条目和条目内容的主题分析索引。索引主题按汉语拼音字母的顺序并辅以汉字笔画、起笔笔形顺序排列。同音时，按汉字笔画由少到多的顺序排列，笔画数相同的按起笔笔形一（横）、丨（竖）、丿（撇）、丶（点）、㇇（折，包括㇆乚㇛等）的顺序排列。第一字相同时，按第二字，余类推。

二、索引主题之后的阿拉伯数字是主题内容所在的页码，数字之后的小写拉丁字母表示索引内容所在的版面区域。本书正文的版面区域划分见右图。

a	d
b	e
c	f

E

F

G

H

J

K

L

M

N

O

P

Q

R

S

T

W

X

Y

《中国电力年鉴》支持单位

耐克森（上海）投资服务有限公司

国电南京自动化股份有限公司

深圳市科陆电子科技股份有限公司

华为技术有限公司

思爱普（北京）软件系统有限公司上海分公司（SAP）

法国 AREVA 输配电有限公司北京代表处

国际商业机器中国有限公司（IBM）

甲骨文（中国）有限公司（Oracle）

广东顺兴电力设备有限公司

重庆横河川仪有限公司

北京电力建设公司

上海思源电气股份有限公司

江苏省如高高压电器有限公司

中国华电工程（集团）有限公司

韩国 P & C 技术公司

浙江中变变压器有限公司

宁波天安（集团）股份有限公司

颇尔过滤器（北京）有限公司

北开电气股份有限公司

施耐德电气公司

《中国电力年鉴》编辑出版人员

责任编辑	肖　兰	姜丽敏	高　军
	刘丽平	王　晶	邓　春
	栾广杰	陈　雷	刘　薇
封面设计	杨晓东		
版式设计	张秋雁		
责任校对	罗凤贤	刘振英	
出版印制	蔺义舟	杨志国	